Agrarwirtschaft

Fachstufe Landwirt

Lehr- und Arbeitsbuch für berufsbildende Schulen in zwei Bänden:

Grundstufe Agrarwirtschaft (BGJ)	Fachtheorie für Boden, Pflanze, Tier, Biologie, Chemie, Physik, Ökologie, Ökonomie, Technik, Betriebslehre, Buchführung, Kaufmännische Grundlagen
Fachstufe Landwirt	Fachtheorie für Ackerbau, Grünland, Waldwirtschaft, Tierzucht, Tierhaltung, Landtechnik, Ökologie, Ökonomie

Agrarwirtschaft

Fachstufe Landwirt

Fachtheorie für Ackerbau, Grünland, Waldwirtschaft, Tierzucht, Tierhaltung, Landtechnik, Ökologie, Ökonomie

Schriftleitung:
Ltd. RSchD Walter Fruhstorfer, Regierung von Niederbayern, Landshut
Std Dr. Ulrich Mayer-Ötting, Kreisberufsschule Lübbecke

Mitarbeiter:
LOR Stefan Auer, Landmaschinenschule Landshut-Schönbrunn,
Ltd. RSchD Walter Fruhstorfer, Regierung von Niederbayern, Landshut,
StD i. HD Dr. Heinrich Gamringer, TU München,
OStR Rudolf Hoffmann, Bayerisches Staatsministerium für Unterricht und Kultus,
OStR Anton Höcherl, Staatliche Berufsschule Schwandorf, Außenstelle Neunburg v. W.,
StD Walter Karlstetter, Staatliche Berufsschule Pfarrkirchen,
Dr. med. Ulrike Lange, Tierärztin, Lippstadt,
OStR Heinrich Müller, Staatliches Berufsbildungszentrum Neustadt a. d. Waldnaab,
StD Rudolf Schacherl, Staatliche Berufsschule I Passau

Sechste, überarbeitete Auflage

BLV Verlagsgesellschaft München
Landwirtschaftsverlag Münster-Hiltrup

Die Deutsche Bibliothek – CIP-Einheitsaufnahme

Agrarwirtschaft, Fachstufe Landwirt:
Fachtheorie für Ackerbau, Grünland, Waldwirtschaft, Tierzucht, Tierhaltung, Landtechnik, Ökologie, Ökonomie / Schriftl.: Hans Herrmann; Ulich Meyer-Ötting.
Mitarb.: Heinrich Gamringer ... – 6., überarbeitete Aufl. – München: BLV-Verl.-Ges.;
Münster-Hiltrup: Landwirtschaftsverl., 2000
(Lehr- und Arbeitsbücher für Berufsbildende Schulen)
ISBN 3-405-15786-2
NE: Fachstufe Landwirt

Bildnachweis

ADR: 881; Agrarpress Schiffer: 372; AID: 795, 921, 1015; Dr. Alsing: 48, 63, 138, 215, 230, 245, 258, 261, 279, 295, 296, 309, 400, 405, 413, 414, 437, 444, 446, 448, 454, 455, 499, 521-523, 528, 562, 619, 621, 650, 749, 755, 808, 849, 862-864, 992-994, 1024, 1133, 1218; P. Althammer: 954; Fa. Amazone: 1111, 1117-1119, 1124; T. Angermaier: 1069, 1099; St. Auer: 1116, 1122, 1132, 1134, 1158, 1167, 1168, 1171-1173, 1193, 1199, 1209-1211, 1225, 1232, 1255, 1256, 1303, 1308, 1311, 1312; Fa. BASF: 68, 70, 71, 73, 76-78, 80-85, 88-90, 93-95, 97-113, 116-121, 124-127, 130-133, 135-137, 139, 151, 202-207, 209-214, 217-221, 224-226, 241-243, 299, 302, 312, 326-330, 332, 334, 361-363, 365, 369, 370, 391-396, 407, 408, 445, 509; Prof. Bachthaler: 441; Bay. Staatsforstverwaltung: 583; Fa. Bayer: 72-75, 79, 86, 87, 91, 92, 96, 114, 115, 122, 123, 128, 129, 134, 142-144, 150, 208, 222, 244, 301, 325, 333, 371, 373; Fa. Bayer. D¸ngekalk: 1110; Fa. BayWa: 1203, 1204; J. Berchtold: 641, 643; Fa. Bergmann: 1254, 1128; R. Berling: 145-149; Fa. Bermann: 1129; BLT Grub: 642, 645, 714, 737, 798, 879, 914, 916, 932, 722; Dr. Bomme / LBP: 450, 451; Fa. Bosch: 1320-1322; Bundesanstalt f. Fleischforschung, Kulmbach: 871; Dr. Burgkart: 1079, 1080, 1084-1086; Fa. Busatis: 1213-1217, 1221-1223, 1227, 1228; Fa. Claas: 1212, 1231, 1235, 1236, 1242, 1247, 1253, 1258, 1259, 1262, 1263, 1265, 1272-1274, 1283, 1284, 1287, 1288, 1290; CMA: 308, 837; J. Daxwanger: 422, 423; Fa. J. Deere: 266, 1285, 1289; Fa. Deutz-Fahr: 1286; DLG-Gesellschaft: 882; dlz/Zaufall: 1196; Dr. D˜rfler: 438-440; A. Drews: 665-668, 679, 682-684, 686, 691, 694, 700, 701, 705, 706, 709, 713, 718-720, 723, 726, 728-731, 738, 739, 754, 756, 757, 768, 769, 773-776, 785, 786, 788-790, 807, 811, 812, 815-817, 825, 841, 845, 853, 861, 873, 883, 905, 909, 912, 934, 944, 951, 955, 967, 970-973, 979, 980, 1008, 1009, 1011, 1018, 1019; dtp: 1-7, 9-18, 21-29, 32, 33, 36-38, 41-43, 45-47, 50, 52, 53, 55, 59, 62, 154, 155, 232, 284, 307, 348, 351, 353, 380, 385, 399, 401, 403, 507, 508, 514, 536, 552, 560, 607, 626-632, 635, 637-639, 652, 657, 670, 685-688, 707, 708, 727, 758, 760, 838, 866, 928, 942, 953, 1020, 1021, 1025, 1033, 1070, 1325; EGO (Erzeugergem. Osnabr¸ck): 1066; K.O. Eich: 1037-1041, 1043-1050, 1052-1054; Fa. Eicher: 787; Fa. Eichholz: 1016; FAL Institut f. Pflanzenbau und Pflanzenz¸chtung: 447, 449; D. Farnhammer: 8, 19, 20, 39, 40, 158, 200, 201, 263-265, 271, 275, 276, 286, 356, 381, 389, 390, 404, 452, 453, 456, 457, 461, 463, 502-505, 533-535, 538, 539, 542-544, 555-557, 622, 623, 625, 636, 653-656, 669, 671, 674, 675, 732, 735, 736, 762, 763, 828, 830-833, 835, 836, 839, 840, 843, 844, 846, 850-852, 854, 880, 907, 935, 939-941, 943, 950, 986, 987, 1004-1006, 1062, 1067, 1068, 1087, 1105, 1120, 1121, 1156, 1159, 1161; Fa. Fendt: 1205, 1313, 1324; Dr. Gamringer: 633, 733, 743-745, 753, 848, 870, 704, 721, 876; B. Geier: 1102; M. Gemke: 66, 140, 152, 156, 159-180, 181, 194, 252, 285, 320, 321, 340, 359, 382, 388, 515, 516, 545, 564-574, 586, 590, 598, 599, 601, 602, 660, 697, 702, 703, 710-712, 716, 759, 779, 784, 793, 797, 821, 865, 923, 929, 968, 974, 975, 1028, 1034; Dr. Gottschalk: 676; Fa. Grimme:1307; Dr. G¸nzler/TGD: 901; Fa. Hagedorn: 374; Dr. Hammer: 1007, 1017; Hampl/dlz: 1103, 1104; Fa. Hassia: 1150, 1151, 1181; A. Heiflenhuber: 878; H. Herrman: 30, 34, 35, 56-58, 60, 64, 65, 69, 153, 157, 182, 184, 187-190, 193, 216, 227, 229, 231, 235-237, 246, 247, 249-251, 253-257, 259, 260, 262, 268, 277, 282, 283, 287-291, 293, 298, 300, 303-305, 315-319, 322, 324, 338, 341, 343, 346, 354, 358, 375, 377-379, 384, 386, 387, 397, 398, 402, 406, 409-411, 421, 425-432, 442, 443, 458, 459, 462, 498, 501, 510, 517, 519, 520, 524-527, 529, 530, 537, 547, 548, 551, 579, 580, 582, 610-612, 624, 672, 677, 692, 693, 770, 826, 827, 842, 858, 924, 926, 927, 930, 931, 945, 949, 952, 957, 958, 962, 964-966, 977, 978, 982, 983, 999, 1001, 1010, 1022, 1059-1061, 1063-1065, 1096, 1100, 1123, 1157, 1164, 1165, 1314, 1315; A. H˜cherl: 600, 606; R. Hochrein: 141; H. Hoffmann: 563, 578, 584, 587, 591-597, 603-605, 618, 777, 782, 783, 791, 810, 956, 995-997, 1023, 1029-1031, 1081-1083, 1088, 1095, 1233; Fa. Holder: 1160, 1197; Dr. Hollwich: 872, 1051; Fa. Holmer: 337, 1291, 1295, 1298, 1301; H. Huber: 867, 1056-1058; M. Hutschenreiter: 1138, 1139, 1143, 1252; Institut f. Landtechnik TU Weihenstephan: 272, 549, 1000, 1178, 1191, 1192, 1239, 1243, 1268, 1269, 1275; C. Jahndorf: 673, 689, 698, 747, 752, 766, 796, 804, 806, 809, 814, 824; K. Jo-as: 558, 559; Fa. Kali + Salz: 280, 617; Karthographie Huber: 198, 724, 725, 734, 740-742, 748, 750, 761, 818, 829, 847, 855, 857, 859, 860, 908, 911, 933, 946-948, 959-961, 963, 969, 976, 981, 984, 985, 988-991, 1002, 1003, 1012-1014, 1027, 1032, 1097, 1098; Fa. Kleine: 1293; Dr. Koller et al.: Rindviehst‰lle, 2. Auflage. 1981, BLV: 764, 772, 778, 780, 781, 800, 802, 805; Fa. Kongskilde-Becker: 1154; W. Krefl: 1101, 1108; H. Krimmer: 1302; Fa. Kverneland: 1185; Landw. Bildberatung (M¸nchen)/BLT Grub: 661, 662-664; Fa. Lemke: 919, 1149, 1155, 1163, 1166, 1170; M. Mack: 765; Dr. Maier-÷tting: 640; Fa. Mengele: 751, 1246, 1270, 1271, 1126; Fa. Miele: 822; Dr. M¸ller, Wels: 885; W. Neuerburg: 1109; Fa. New Holland: 1280; Fa. Nordsten: 1148, 1183; S. Padel:1107; H.G. Pf‰nder: 292; Dr. Pirkelmann:345, 347; Fa. P˜ttinger,1240, 1244; W. Preifl: 183, 228, 240, 313, 342, 360, 513, 518, 553, 581, 589, 680, 813, 823, 868, 884, 903, 1112, 1114, 1127, 1162, 1187, 1188, 1195, 1198, 1208, 1224, 1226, 1267, 1292, 1304, 1317, 1318, 1323, 1135; Prof. Preuschen: 51, 433; Fa. Rau: 1106, 1174, 1189, 1200-1202, 1207; H. Reinhard: 561; Prof. Dr. Rosenberger: 658, 659, 886, 888, 894-898; Dr. R¸ppold/BayWa: 223; Prof. Sambraus: 634, 646-649, 917, 1071-1078, 1089-1094; K. Scheerer: 746, 998; J. Schemmer: 577, 585, 608, 609; Fa. Schmotzer: 1190, 1194, 1206; M. Sch˜nberger: 49, 54, 61, 185, 186, 191, 192, 195, 196, 199, 238, 239, 269, 270, 273, 278, 281, 290, 294, 297, 306, 310, 311, 323, 335, 339, 349, 352, 355, 412, 415-419, 420, 424, 434, 436, 460, 465-496, 497, 506, 532, 540, 541, 546, 550, 554, 575, 588, 1130, 1131, 1136, 1145-1147, 1152, 1153, 1175-1177, 1179-1182, 1184, 1186, 1219, 1220, 1229, 1230, 1234, 1237, 1238, 1241, 1245, 1248, 1249, 1257, 1266, 1276-1279, 1281, 1282, 1296, 1299, 1305, 1306, 1309, 1310, 1316, 1319; Dr. Schrag: 715, 717, 890-893, 900, 902, 1035, 1042, 1055; P. Sch¸tt et al.: 613-616; D. Steinert: 690; Fa. Stoll: 336, 1294, 1297; R. Strahl: 274; E.C. Straiton: Rinderkrankheiten, 4. Auflage, BLV: 887, 899, 1036; TGD Bayern: 889; Vereinigte Kunstm¸hlen: 233; Fa. Vicon: 794, 1113; Fa. Vredo, Holland: 531; Fa. Welger: 267, 1260, 1261, 1264; ZDS: 910, 913, 915, 918, 920, 922; D. Zernecke: 614; Fa. Zunhammer: 1137, 1142, 1144.

BLV Verlagsgesellschaft mbH
80797 München 0 1 2 3 4 5 6 7 8 9 0

Lektorat: Dr. W. Alsing
Herstellung: Hermann Maxant

Satz: Design-Typo-Print GmbH, Ismaning
Druck: Georg Appl, Wemding
Bindung: Ludwig Auer, Donauwörth
Gedruckt auf chlorfrei gebleichtem Papier
Printed in Germany · ISBN 3-405-15786-2

Vorwort

Nachdem der im Jahr 1995 verbindlich eingeführte bundeseinheitliche Rahmenausbildungsplan für den Ausbildungsberuf Landwirt eine umfassende und gründliche Neustrukturierung der 5. Auflage der »Agrarwirtschaft Fachstufe Landwirt« erforderlich gemacht hatte, konnte sich die jetzt vorgenommene Überarbeitung der vorliegenden 6. Auflage im Wesentlichen auf die Aktualisierung der Inhalte beschränken.
Das Lehrbuch begleitet die Berufsausbildung zum Landwirt und konzentriert sich auf die Darstellung wesentlicher Ausbildungsinhalte. Das umfangreiche und komplexe Berufsbild kann daher in seiner gesamten Breite und Tiefe nicht erschöpfend behandelt werden.
Die Überarbeitung des Buches erfolgte mit der Maßgabe, den Auszubildenden in der Regelausbildung sowie den externen Bewerbern für die Teilnahme an der Berufsabschlussprüfung ein den fachlichen Anforderungen entsprechendes Grundlagenwerk für eigenes, autodidaktisches Arbeiten an die Hand zu geben und den Berufsschulen ein Unterrichtsmittel für eine vielseitige methodische Unterrichtsgestaltung zur Verfügung zu stellen.
Auf der Grundlage des Lehrbuches lassen sich alle Möglichkeiten einer zeitgemäßen, multimedialen Gestaltung eines flächenübergreifenden, handlungsorientierten und EDV-gestützten Unterrichts nutzen. Das enthaltene Zahlenmaterial wurde wieder weitestgehend aktualisiert. Als Folge des raschen Strukturwandels in der Agrarwirtschaft bedarf es jedoch stets auch eigener Initiative, um die jeweils neuesten Statistikdaten vorliegen zu haben. Die Zahlenangaben im Buch erfüllen dennoch die pädagogisch-fachlichen Absichten: sie fördern das Verständnis der fachlichen Inhalte; sie verbessern die Transparenz der Sachverhalte und unterstützen damit die Merkfähigkeit des fachlichen Hintergrundes; sie zeigen Zusammenhänge und Entwicklungstendenzen auf und erläutern sie; Bewertungen und Einschätzungen in verschiedener Hinsicht sind möglich.
Allen Mitarbeitern und Beratern gebührt Dank und Anerkennung für ihre freundliche Unterstützung, für die Anregungen und Anmerkungen sowie für die Überlassung von Bild-, Text- und Zahlenmaterial.
Möge auch diese vorliegende 6. Auflage der »Agrarwirtschaft Fachstufe Landwirt« die anspruchsvolle Berufsausbildung der künftigen Landwirte wirkungsvoll unterstützen und mit dem Zugewinn an Wissen und Können ihre Freude an der Ausbildung und am Beruf fördern.

Schriftleitung und Verlage

Inhaltsverzeichnis

Kapitel 1 Wirtschaftslehre

Kapitel 2 Pflanzenbau

Kapitel 4 Landtechnik

Wirtschaftslehre

1

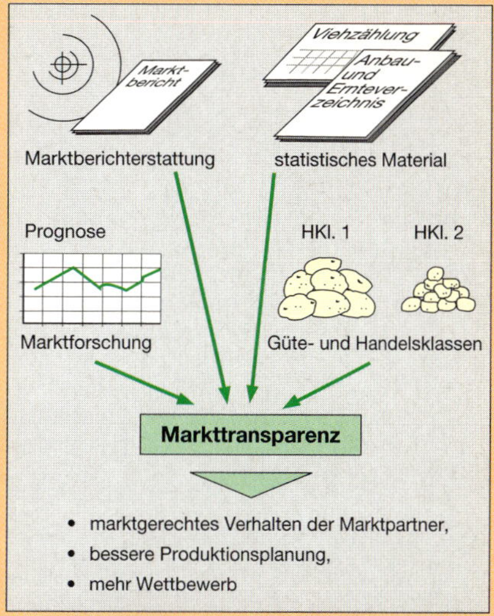

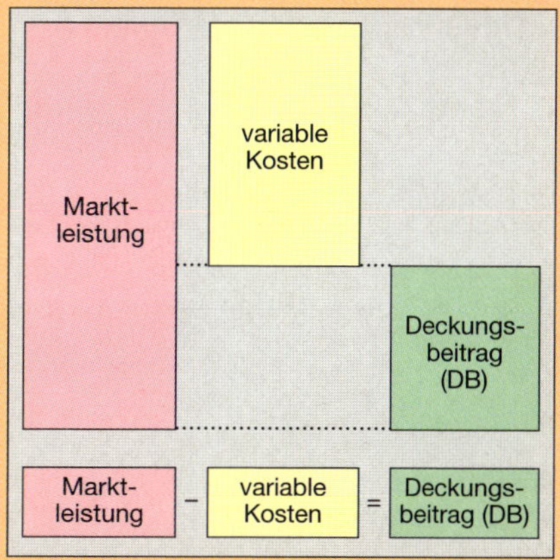

Produktionsbereich	Betriebszweig	Produktionsverfahren (Beispiele)
Pflanzliche Erzeugung	Marktfruchtbau	Winterweizen
		Wintergerste
		Speisekartoffeln
		Zuckerrüben
		Körnerraps
	Futterbau	Silomais
		Kleegras
		Grünland (Silage)
		Grünland (Heu)
		Futterrüben
Tierische Erzeugung	boden**ab**hängige Tierhaltung	Milchkühe
		Mastbullen
		Färsen
		Mutterkuhhaltung
		Schafe
		Pferde
	boden**unab**hängige Tierhaltung	Mastschweine
		Zuchtsauen
		Legehennen
		Masthähnchen
		Bienen

Abb. 1 Produktionsverfahren sind die kleinsten Produktionseinheiten.

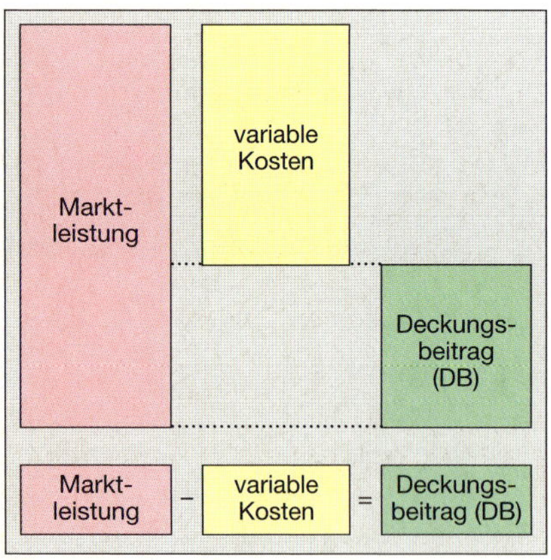

Abb. 2 Der Deckungsbeitrag ergibt sich aus der Marktleistung nach Abzug der variablen Kosten.

1 Rentabilität von Produktionsverfahren

Begriffe – Jeder Betriebsleiter will, dass sich sein Unternehmen lohnt, d. h., dass der *Betriebsertrag* den *Betriebsaufwand* übersteigt.

Den Nachweis darüber liefern **Rentabilitätsberechnungen.** Hierbei wird unterschieden zwischen *zeitraumbezogenen* Ertrags-Aufwands-Berechnungen, wie sie zum Beispiel aufgrund der Buchführungsergebnisse am Ende eines Wirtschaftsjahres möglich sind, und den *produktbezogenen* Leistungs-Kosten-Rechnungen, die nur auf ein Produktionsverfahren bezogen sind.

Die wichtigsten **Kenndaten** sind für die Ertrags-Aufwands-Rechnung der Gewinn bzw. Verlust (siehe auch »Agrarwirtschaft«, Grundstufe) und für die Leistungs-Kosten-Rechnung der *Deckungsbeitrag*. Im Folgenden wird seine Bedeutung und Ermittlung dargestellt.

1.1 Deckungsbeitrag (DB)

Begriff – Der Deckungsbeitrag (DB) ist rechnerisch die Differenz zwischen der *Marktleistung* und den *variablen Kosten* eines Produktionsverfahrens. Er ist, wie der Name sagt, der Beitrag, den das einzelne Produktionsverfahren zur Deckung der Festkosten und für den Gewinn des gesamten Betriebes leistet. Damit ist er ein *innerbetrieblicher* Wettbewerbsmaßstab.

Der DB wird immer auf eine Einheit, z. B. 1 ha, je Tier, je erzeugtes Tier, je Arbeitskraftstunde (AKh) und in der Regel auf 1 Jahr bezogen.

Produktionsverfahren – Das Produktionsverfahren beschreibt die Produktion auf einer kleinsten Einheit, z. B. 1 ha einer Fruchtart, 1 Tier einer Nutzviehart, um einen Vergleich der Wirtschaftlichkeit (Rentabilität) anstellen zu können.

Die **Kenndaten** eines Produktionsverfahrens sind daher

- Art des **Hauptprodukts,** z. B. Winterweizen, Mastschwein;
- **Leistungen:** Hierbei unterscheidet man *marktfähige*, z. B. Körner, Milch, und *nicht marktfähige*, z. B. Stroh, Gülle;
- **zuteilbare** (variable) **Kosten,** z. B. für Saatgut, Dünger, Kraftfutter;
- **Faktoransprüche:** Ansprüche des Produktionsverfahrens an die in der Regel knappen Produktionsfaktoren Bodenfläche, Arbeit, Stallraum, Kapital und Ähnliche.

Kombinierte Produktionsverfahren – Betriebe mit Viehhaltung verwerten nicht marktfähiges Futter von Ackerfutterflächen oder Grünland. Für die Ermittlung des Deckungsbeitrages fasst man hier 2 Produktionsverfahren zusammen, z. B. 1 ha Futterfläche + Milchvieh oder 1 Milchkuh + Futterfläche. Diese Kombination wird auch als *aggregiertes* Produktionsverfahren bezeichnet.

Leistungen – Die gesamte Leistung eines Produktionsverfahrens umfasst die in Geldwert ausgedrückten marktfähigen Haupt- und Nebenleistungen (= Marktleistung) und mengenmäßig erfassten nicht marktfähigen Haupt- und Nebenprodukte. Am **Beispiel** für 1 ha Winterweizen sind dies die in Abb. 3 dargestellten Werte.

Kosten – Die Abb. 4 (Seite 14) zeigt die Zuordnung der Kosten zu den einzelnen Kostengruppen. Für die Berechnung des Deckungsbeitrages sind nur die variablen Kosten zu berücksichtigen.

Berechnung des Deckungsbeitrages – Der DB wird berechnet nach der Formel:

Deckungsbeitrag = Marktleistung – variable Kosten

Beispiele: Tabelle 1 bringt zwei Beispiele für verschiedene Produktionsverfahren. Für die Produktionsverfahren »Winterweizen« und »Mastschweine« sind jeweils die Marktleistungen und die variablen Kosten dargestellt. Dabei wurde der Deckungsbeitrag im ersten Beispiel auf 1 Hektar, im zweiten Beispiel auf 1 Stück (Mastschwein) bezogen.

Deckungsbeitrag für Grundfutterflächen – Die Produktionsverfahren Ackerfutter oder Grünland bringen in der Regel selbst noch keine Marktleistung. Diese wird erst über die Tierart erzielt, die das dort gewonnene Grundfutter verwertet. Zur Berechnung des Deckungsbeitrages kombiniert man deswegen beide Produktionsverfahren miteinander.

Das folgende **Beispiel** zeigt eine Möglichkeit, wie man dabei vorgehen kann.

Produktionsverfahren			Winterweizen	Milchkuh
Einheit			1 ha	1 Stück
Gesamtleistung	Hauptleistung	marktfähig	Körner (Konsumware)	Milch
		nicht marktfähig	Körner (Futterware, Abputz)	
	Nebenleistung	marktfähig	(Stroh)	Schlachtkuh, Kalb
		nicht marktfähig	(Stroh)	Wirtschaftsdünger
variable Kosten			Saatgut Dünger Pflanzenschutz variable Maschinenkosten Dreschkosten Trocknung Hagelversicherung	Bestandsergänzung Kraftfutter Mineralfutter Besamung Tierarzt, Medikamente Stallgeräte Energie, Wasser Klauenpflege Tierseuchenkasse variable Kosten Melkanlage Gülle ausbringen

Abb. 3 Wichtige Kenngrößen eines Produktionsverfahrens **(Beispiele)**.

Tabelle 1: Beispiele für die Berechnung des Deckungsbeitrags verschiedener Produktionsverfahren

Produktionsverfahren 1 ha Winterweizen		1 Mastschwein	
76 dt × 22 DM/dt = (Stroh untergepflügt)	1672 DM	1 Schlachtkörper 90 kg × 2,40 DM/kg =	216 DM
Marktleistung	**1672 DM**		**216 DM**
Saatgut (eigen) 1,1 dt × 27 DM/dt =	30 DM	Ferkel	85 DM
Saatgut (Zukauf) 0,6 dt × 70 DM/dt =	42 DM	Futtermittel	65 DM
Beize	28 DM	Tierarzt/Hygiene	7 DM
Mineraldünger		Energie, Wasser, Stallgeräte, Sonstiges	10 DM
N 165 kg × 1,15 DM/kg =	190 DM		
P_2O_5 60 kg × 1,10 DM/kg =	66 DM		
K_2O 45 kg × 0,65 DM/kg =	29 DM		
Pflanzenschutz	249 DM	Erzeugerring, Betriebskontrolle	3 DM
veränderliche Maschinenkosten	119 DM	Zinsanspruch Umlaufvermögen	4 DM
Lohnmaschinen, Maschinenring	210 DM		
Hagelversicherung	18 DM		
Trocknungskosten	97 DM		
Zinsanspruch Umlaufvermögen	29 DM		
– variable Kosten	1107 DM		174 DM
= **Deckungsbeitrag** (ohne Ausgleichszahlung)	**565 DM**		**42 DM**
= Deckungsbeitrag einschließlich Ausgleichszahlung (Bayern 1998: 586 DM/ha)	1151 DM		

Gesamtkosten des landwirtschaftlichen Betriebes			
fixe (feste) Kosten		einem bestimmten Produktionsverfahren nicht zuteilbare AK	
		feste Kosten der Zugkräfte	
		feste Kosten von Maschinen, die nicht nur für ein bestimmtes Produktionsverfahren eingesetzt werden	
		Pachten	
		Versicherungen	
		Steuern und Lasten (z. B. Austrag)	
		Kosten für Gebäude, soweit es sich nicht um Spezialgebäude für ein bestimmtes Produktionsverfahren handelt	
		feste Kosten von Spezialmaschinen	
variable (veränderliche) Kosten	Tierhaltung	Bestandsergänzung	Kraftfutter
		Mineralfutter	Deckgeld
		Tierarzt, Medikamente	Stallgeräte
		Energie, Wasser	sonstige Unkosten
	Bodennutzung	Lohnmaschinen	Saatgut
		Löhne für nicht ständige AK	Dünger
		Vermarktungskosten	Pflanzenschutz
		Hagelversicherung	variable Maschinenkosten
		Trocknung und Lagerung	

Abb. 4 Einteilung der Kostenarten eines landwirtschaftlichen Betriebes.

Beispiel: Deckungsbeitrag für 1 ha Silomais + Bullenmast

1. Berechnung der variablen Kosten für 1 ha Silomais
Voraussetzungen: Grünertrag 550 dt/ha
Energieertrag 150 000 MJ ME/ha

variable Kosten:			
Saatgut 2,2 EH (je 140,00 DM)		=	308 DM
Handelsdünger			
150 kg N	× 1,15 DM/kg	=	173 DM
65 kg P_2O_5	× 1,10 DM/kg	=	72 DM
40 kg K_2O	× 0,65 DM/kg	=	26 DM
Pflanzenschutz			170 DM
variable Maschinenkosten			126 DM
überbetrieblicher Maschineneinsatz (Lohnhäcksler)			470 DM
Flachsilo Anstrich, Folie			90 DM
Hagelversicherung			16 DM
Zinsanspruch Umlaufvermögen			30 DM
Summe variable Kosten			1481 DM

2. Berechnung des Deckungsbeitrages für einen Mastbullen ohne Grundfutter (Silomais)
Voraussetzungen: Gewicht bei Mastbeginn 87 kg, bei Mastende 640 kg; Schlachtgewicht 370 kg; Preis 5,70 DM/kg einschließlich MwSt.

Marktleistung 370 kg × 5,70 DM/kg		= 2109 DM
variable Kosten:		
Kalb einschließlich Aufzucht (85–125 kg)		906 DM
Getreide	370 kg × 0,26 DM/kg	96 DM
Sojaschrot	400 kg × 0,40 DM/kg	160 DM
Mineralfutter	45 kg × 0,85 DM/kg	38 DM
Schroten, Mischen		12 DM
Tierarzt, Medikamente		45 DM
Energie, Wasser, Stallgeräte		13 DM
Vermarktungskosten		70 DM
Verluste 1,5 % von der Markleistung		31 DM
Zinsen für das zur Produktion nötige Kapital (Umlaufvermögen)		100 DM
Summe variable Kosten		1471 DM
DB ohne Grundfutter 2109 DM – 1471 DM =		638 DM

3. Berechnung des Deckungsbeitrages für das kombinierte Produktionsverfahren Silomais und Bullenmast.

Weil der Silomais als Grundfutter für die Bullen »eingekauft« wurde, muss die Marktleistung des Silomaises nun vom Deckungsbeitrag des Bullen abgezogen werden.
Die Marktleistung des Silomaises ergibt sich aus der Umstellung der Formel zur Berechnung des Deckungsbeitrages:

Marktleistung = Deckungsbeitrag + variable Kosten

Die variablen Kosten für 1 ha Silomais wurden bereits ermittelt (1481 DM). Anstelle des noch fehlenden Deckungsbeitrages vereinbarte man, den Deckungsbeitrag für 1 ha Weizen einzusetzen, weil ja statt des Silomaises auch Weizen hätte angebaut werden können. Damit ergibt sich die Marktleistung für 1 ha Silomais als Summe aus dem Deckungsbeitrag für 1 ha Weizen und den variablen Kosten für 1 ha Silomais.

Marktleistung für 1 ha Silomais	=	Deckungsbeitrag für 1 ha Winterweizen	+	variable Kosten für 1 ha Silomais

Bevor nun im letzten Rechenschritt der Deckungsbeitrag des kombinierten Verfahrens ermittelt wird, muss man sich vergegenwärtigen, dass das von 1 ha Silomais geerntete Grundfutter für ca. 6 Mastbullen reicht.[1])

Deckungsbeitrag 1 ha Ackerfutter (Silomais) + Bullenmast	=	Deckungsbeitrag für 6 Mastbullen ohne Grundfutter	–	Markleistung 1 ha Ackerfutter (Silomais)		
	=	Deckungsbeitrag für 6 Mastbullen ohne Grundfutter	–	(Deckungsbeitrag 1 ha Winterweizen	+	variable Kosten 1 ha Ackerfutter (Silomais))
	=	Deckungsbeitrag für 6 Mastbullen ohne Grundfutter	–	Deckungsbeitrag 1 ha Winterweizen	–	variable Kosten 1 ha Ackerfutter (Silomais)
	=	6 × 638 DM	–	565 DM	–	1481 DM
	=	**1782 DM**				

Das kombinierte Produktionsverfahren Silomais und Bullenmast liefert also, bezogen auf die Einheit 1 ha, einen Deckungsbeitrag von 1782 DM. Bezogen auf die Einheit 1 Mastbulle ergibt sich folgender Deckungsbeitrag:

DB für 1 Mastbullen ohne Grundfutter	638 DM
– variable Kosten für 0,16 ha Silomais = 0,16 × 1481 DM =	237 DM
Deckungsbeitrag für 1 Mastbullen einschließlich Grundfutter	401 DM

Hinzu kommen noch die EU-Prämien (in Bayern 1998: 263 DM/Tier bzw. 797 DM/ha Silomais).
In gleicher Weise lässt sich auch der Deckungsbeitrag für die Kombination der Produktionsverfahren Milchviehhaltung + Grünland berechnen.

1.2 Standard-Deckungsbeitrag (StDB)

Der Deckungsbeitrag stellt, wie schon dargelegt, immer nur einen *innerbetrieblichen* Vergleichsmaßstab der einzelnen Produktionsverfahren dar. Marktleistung und veränderliche Kosten können je nach *Standort, Können des Betriebsleiters* und anderen Rahmenbedingungen recht unterschiedlich sein.

[1]) Ein Mastbulle benötigt für 1200 g Zunahme täglich im Abschnitt von 87 bis 640 kg LM 23,90 GJ ME aus Silomais. 1 ha Silomais liefert 152,40 GJ ME, also reichen für 1 Mastbullen 0,16 ha.

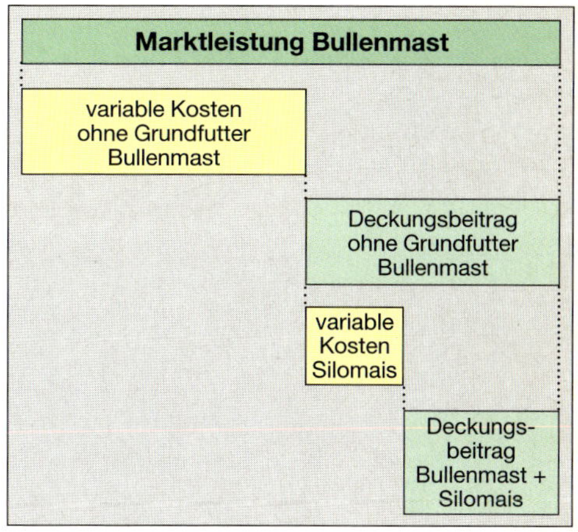

Abb. 5 Deckungsbeitrag eines kombinierten Produktionsverfahrens (Schema).

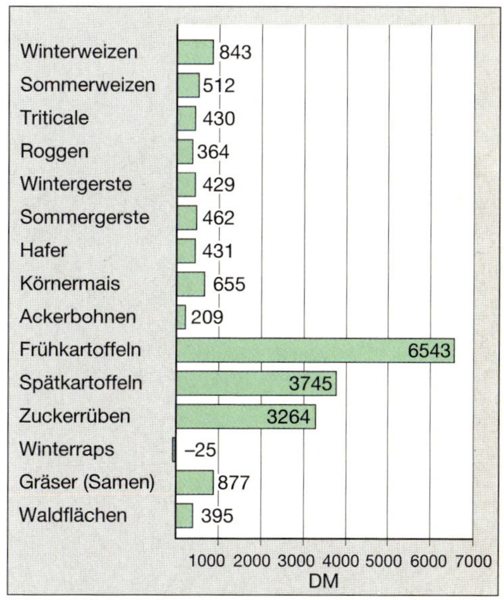

Abb. 6 Standard-Deckungsbeiträge (in DM/ha) für die Jahre 1993–1998, mittlere Leistungsklasse (3).

Abb. 7 Standard-Deckungsbeiträge (in DM/Tier und Jahr) für die Jahre 1993–1998, mittlere Leistungsklasse (3).

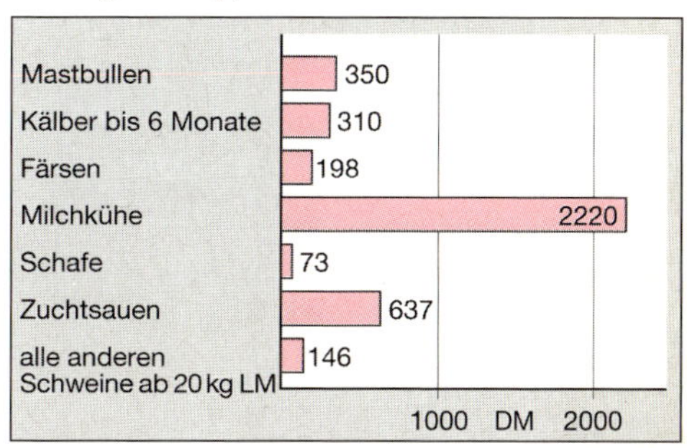

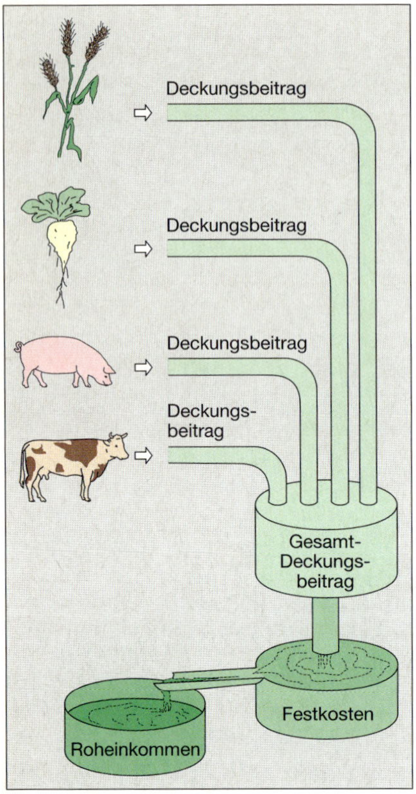

Abb. 8 Die Deckungsbeiträge der einzelnen Produktionsverfahren ergeben zusammen den Gesamt-Deckungsbeitrag zur Deckung der Festkosten. Was übrig bleibt, ist das Roheinkommen.

Abb. 9 Landwirtschaftliche Betriebe (ab 1 ha LF) in Deutschland nach ihrem Erwerbscharakter (Agrarbericht 1999).

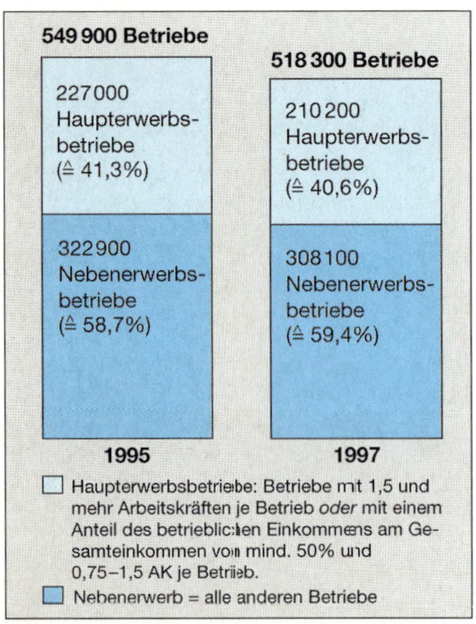

Trotzdem ist es sinnvoll, für einen Vergleich von Betrieben mit *gleichen* Produktionsverfahren (= gleiches Betriebssystem) Deckungsbeiträge aus durchschnittlichen Marktleistungen und durchschnittlichen veränderlichen Kosten zu berechnen. Die so erhaltenen Werte nennt man **Standard-Deckungsbeiträge** (StDB). Sie werden jährlich vom KTBL im Auftrag des Bundesministeriums für Ernährung, Landwirtschaft und Forsten (BML) berechnet und herausgegeben.
Die Berechnung des Durchschnitts erfolgt dabei für verschiedene *Leistungsklassen* der wichtigsten Produktionsverfahren. Jeder Betriebsleiter kann anhand dieser Standard-Deckungsbeiträge die Leistungsfähigkeit seines Betriebes selbst einordnen.

1.3 Gesamt-Deckungsbeitrag

Jeder landwirtschaftliche Betrieb hat in der Regel mehrere Produktionsverfahren. Addiert man ihre Deckungsbeiträge, erhält man den Gesamt-Deckungsbeitrag.
Beispiel zur Ermittlung des Gesamt-Deckungsbeitrages:

Produktionsverfahren	Deckungsbeitrag
15 ha Winterweizen	1150 DM/ha[1]) × 15 ha = 17 250 DM
15 ha Silomais zur Bullenmast	1800 DM/ha × 15 ha = 27 000 DM
15 ha Körnerraps	1100 DM/ha[1]) × 15 ha = 16 500 DM
Gesamt-Deckungsbeitrag	**60 750 DM**

Hier muss noch einmal darauf hingewiesen werden, dass der Gesamt-Deckungsbeitrag *nicht* den Gewinn des Betriebes darstellt. Es ist vielmehr der Betrag, den die einzelnen Produktionsverfahren zur Deckung der festen Kosten des Betriebes und zum Roheinkommen beitragen.

[1]) Einschließlich Flächenbeihilfe.

Aufgaben

1. Was versteht man unter dem Deckungsbeitrag eines Produktionsverfahrens?
2. Welche Bedeutung haben Standard-Deckungsbeiträge?
3. Weshalb ist der Deckungsbeitrag nur ein innerbetrieblicher Wettbewerbsmaßstab?
4. Berechnen Sie den Deckungsbeitrag für 1 ha Zuckerrüben mit Hilfe folgender Daten:
   Ertrag 550 dt/ha, Erzeugerpreis einschließlich Schnitzelvergütung 10,93 DM/dt, Saatgut 352 DM/ha, Handelsdünger 418 DM/ha, Pflanzenschutz 359 DM/ha, variable Maschinenkosten 240 DM/ha, Maschinenringkosten 744 DM/ha, Hagelversicherung 98 DM/ha, Verladekosten 0,27 DM/dt.
5. Berechnen Sie auf der Grundlage der vorgegebenen Beispiele die Deckungsbeiträge für die Produktionsverfahren Ihres Ausbildungsbetriebes.
   Erörtern Sie die Ergebnisse mit Ihrem Ausbilder, mit Ihrem Lehrer der Berufsschule oder mit dem Ausbildungsberater.

2 Einsparungsmöglichkeiten durch bessere Maschinenauslastung

Ohne Maschinen ist moderne Landwirtschaft nicht möglich. Sie sparen Zeit, erleichtern die Arbeit und verbessern die Arbeitsqualität.
Die Technisierung führte zu einem wachsenden Anteil des Maschinenkapitals am Gesamtvermögen des Betriebes. Er liegt in Deutschland für Betriebe zwischen 30 und 50 ha LF bei etwa 10 000 DM Anschaffungswert/ha. Die Festlegung einer so großen Geldsumme beeinträchtigt die Wirtschaftlichkeit enorm, zumal viele landwirtschaftliche Maschinen, anders als im Gewerbe oder in der Industrie, nur in kurzen Zeitspannen des Jahres voll ausgenützt werden.
Die Kalkulation der Maschinenkosten ist daher eine wichtige Aufgabe für jeden Landwirt.

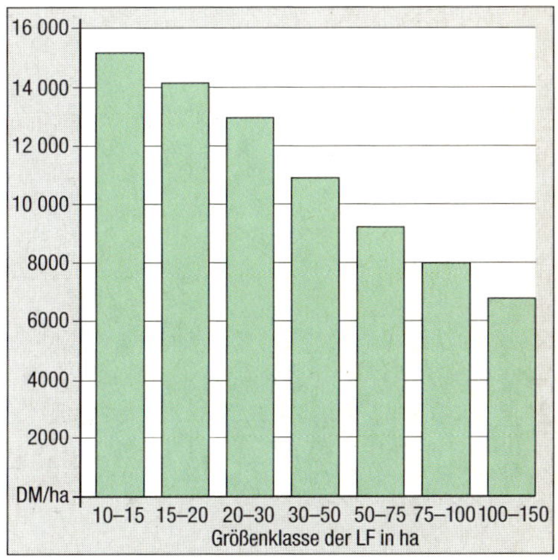

Abb. 10 Anschaffungswert (in DM/ha) der Maschinenausstattung in deutschen landwirtschaftlichen Betrieben.

2.1 Maschinenkosten

Die Maschinenkosten lassen sich unterteilen in benutzungsunabhängige feste Kosten und in benutzungsabhängige veränderliche Kosten.
Feste Kosten – Sie entstehen von dem Zeitpunkt an, an dem der Landwirt Eigentümer der Maschine wird. Dabei ist es gleichgültig, ob die Maschine eingesetzt wird oder nicht.
Zu den festen Kosten zählen:

- **Abschreibung** = Kosten für die Kapital*ab*nutzung,
- **Verzinsung** = Kosten für die Kapital*be*nutzung,
- **Kosten für Unterbringung** und **Versicherung,**
- allgemeine **Geschäftskosten** beim **gewerblichen Betrieb.**

Die Abschreibung kennzeichnet die **Wertminderung** einer Maschine. Ihre Höhe richtet sich nach dem Anschaffungspreis und der wirtschaftlichen Nutzungsdauer.
Die **Nutzungsdauer** einer Maschine ist technisch zwar unbegrenzt, weil alle Teile ausgetauscht oder repariert werden können, doch in der Praxis hat die Lebensdauer dort ihre Grenze, wo eine Wiederinstandsetzung unwirtschaftlich wird. Deswegen unterscheidet man einerseits eine Nutzungsdauer, die von der *Leistung* der Maschine, gemessen in Betriebsstunden, Arbeitsfläche oder Arbeitsmenge, abhängt, und andererseits eine Nutzungsdauer in *Jahren*, nach der sie auch bei geringer Auslastung technisch überholt oder korrodiert ist. Die Abschreibung muss immer nach der Nutzungsdauer kalkuliert werden, die am *kürzesten* ist.
Die **Höhe der Abschreibung** berechnet sich nach der Formel:

$$\text{Abschreibung} = \frac{\text{Anschaffungspreis}}{\text{Nutzungsdauer}} = \frac{A}{N}$$

Kosten einer Maschine	fixe (feste) Kosten	Abschreibung
		Verzinsung des Anschaffungskapitals
		Versicherung
		Unterbringung
	variable (veränderliche) Kosten	Reparaturen
		Betriebsstoff
		Hilfsmittel

Abb. 11 Faktoren, die bei der Berechnung der Maschinenkosten berücksichtigt werden müssen.

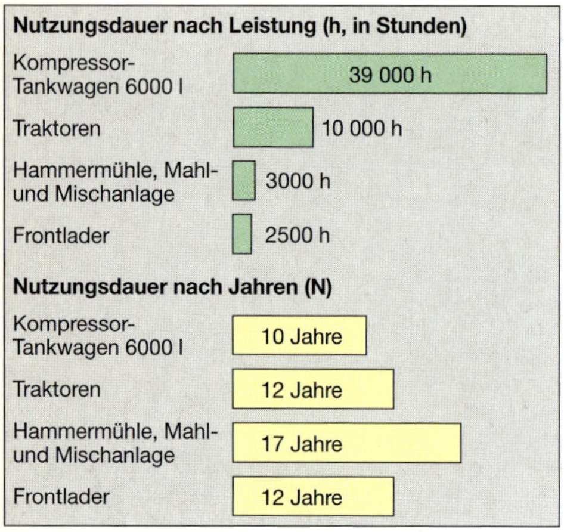

Abb.12 **Beispiele** für die Nutzungsdauer von Maschinen nach Leistung (in h) und Jahren (nach KTBL).

Abb. 13 Nutzungsdauer nach Leistung und Jahren bei verschiedenen Maschinen (nach KTBL).

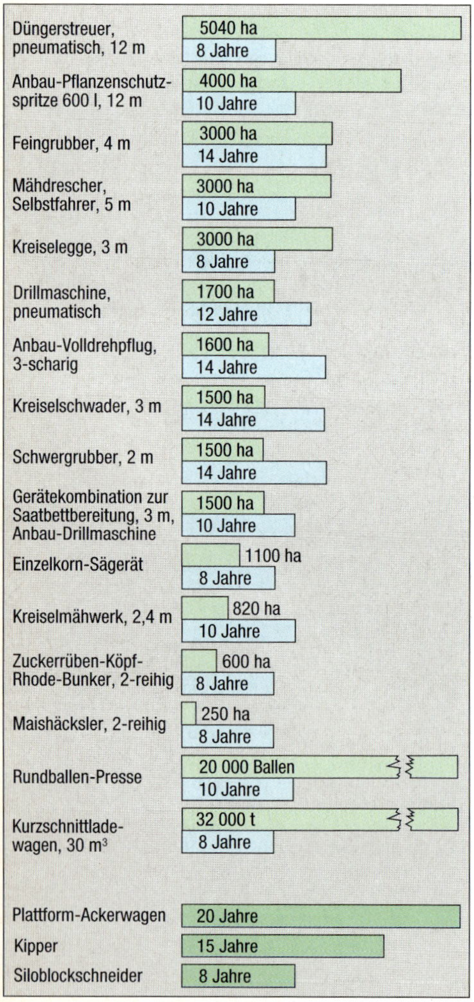

Beispiel: Anschaffungspreis 40 000 DM
Nutzungsdauer 8 Jahre

$$\text{Abschreibung: } \frac{40\,000 \text{ DM}}{8 \text{ Jahre}} = 5000 \text{ DM/Jahr}$$

Tatsächlich ist die Wertminderung natürlich in den ersten Jahren höher als in den späteren. Für die Kalkulation geht man jedoch von einer *gleichmäßigen* (linearen) Abschreibung aus.
Beim Kauf einer Maschine wird Kapital festgelegt, das sonst Zinsen eingebracht hätte. Dieser **Zinsanspruch** ist für die Maschine ein Kostenfaktor. Die Höhe des Zinsfußes hängt dabei davon ab, welche Gewinne bei anderweitiger Kapitalanlage zu erzielen bzw. wie viel Prozent Zinsen für eine Finanzierung der Maschine zu berücksichtigen wären.
Die Tabelle 2 zeigt die Ermittlung des Zinsanspruchs.

Tabelle 2: Beispiel für die Ermittlung des Zinsanspruchs für festgelegtes Kapital (Anschaffungspreis 40 000 DM, Nutzungsdauer 8 Jahre, Zinsfuß 6 %)

Jahr	Abschreibung DM	zu verzinsender Maschinenwert DM	Zinsen DM
1	5000	37 500[1])	2250
2	5000	32 500	1950
3	5000	27 500	1650
4	5000	22 500	1350
5	5000	17 500	1050
6	5000	12 500	750
7	5000	7 500	450
8	5000	2 500	150
insgesamt[2])		160 000	9600

[1]) Bei linearer Abschreibung wären am Anfang des 1. Jahres 40 000 DM, am Ende 35 000 DM zu verzinsen, im Durchschnitt also 37 500 DM.
[2]) Die Zinsen von 9600 DM für insgesamt 8 Jahre entsprechen jährlich 1200 DM. Das ist eine Verzinsung von 6 % des halben Anschaffungspreises.

Die Formel zur Berechnung des jährlichen Zinsanspruches lautet daher

$$\text{Zinsanspruch} = \frac{\text{Anschaffungspreis}}{2} \times \frac{\text{Zinsatz}}{100}$$

Maschinen müssen möglichst vor Witterungseinflüssen geschützt werden. Ihre **Unterbringung** verursacht Kosten. Diese berechnen sich aus der Abstellfläche und den Gebäudekosten. Zur Vereinfachung wird für die Unterbringungskosten eine jährliche Pauschale von 0,5 % des Anschaffungspreises der Maschine angesetzt.
Für die **Versicherungskosten** bei Traktoren und selbst fahrenden Maschinen wird der gleiche Wert wie für die Unterbringung eingesetzt, wenn die tatsächlichen Kosten für Haftpflicht- und Teilkasko-Versicherung nicht ermittelt werden können.
Veränderliche Kosten – Sie entstehen, sobald die Maschine bewegt bzw. eingesetzt wird. Deswegen werden sie als *benutzungs-*

abhängig bezeichnet. Die veränderlichen Kosten werden in gleicher Höhe über die gesamte Nutzungsdauer pro Stück, je Stunde oder je Hektar ausgewiesen.

Zu den veränderlichen Kosten zählen

- **Reparaturkosten,**
- **Betriebsmittelkosten** (z. B. Energie, Schmiermittel, Hilfsstoffe wie Bindegarn, Folien).

Die **Reparaturkosten** nehmen zwar mit dem Alter der Maschine zu, für die Kostenrechnung dividiert man jedoch die während der gesamten Nutzungsdauer anfallenden Reparaturkosten durch die Zahl der geleisteten Stunden bzw. ha, oder dt, und erhält dann einen jeweils gleichen Wert auf die Leistungsgröße bezogen.

Der **Reparaturkosten-Faktor** gibt an, wie viele Teile des Neuwerts einer Maschine an Reparaturkosten insgesamt für die gesamte Nutzungsdauer wirtschaftlich vertretbar sind. Ein Reparaturkosten-Faktor von 0,5 heißt, dass 50% des Neuwerts an Reparaturkosten vertretbar sind.

Eine genaue Erfassung der Reparaturkosten ist nur über exakte Aufschreibungen möglich. Neben den unterschiedlichen Einsatzbedingungen und der Sorgfalt bei Bedienung und Pflege hängt ihre Höhe auch von der Entwicklung der Ersatzteilpreise und der Lohnkosten für Reparaturen ab. In der Praxis setzt man daher *kalkulatorische* Werte aus Tabellen (z. B. KTBL-Taschenbuch) ein.

Die **Betriebsstoffkosten** sind leichter zu ermitteln. Sie ergeben sich aus der Menge und dem Preis der verbrauchten Kraftstoffe bzw. der elektrischen Energie und der Hilfsmittel.

Der spezifische Kraftstoffverbrauch von Traktor-Dieselmotoren beträgt bei einer durchschnittlich 60%igen Auslastung der Motornennleistung 150 g/kWh. Bei einer Dichte des Gasöls von

0,85 g/cm³ sind das $\frac{150 \text{ g/kWh}}{0{,}85 \text{ g/cm}^3} = 176{,}47 \text{ cm}^3\text{/kWh} = 0{,}18 \text{ l/kWh}$.

Ein Traktor mit 90 kW verbraucht somit in der Stunde im Durchschnitt 0,18 l/kWh × 90 kW = 16,2 l Gasöl.

Der Schmiermittelverbrauch liegt bei etwa 2% des Kraftstoffverbrauchs.

Beispiel für die Berechnung der Maschinenkosten

Traktor 90 kW; Anschaffungspreis (A) 105 000 DM; Nutzungsdauer (N) 12 Jahre, n = 1000 h

Feste Kosten

Abschreibung	$\frac{105\,000 \text{ DM}}{12 \text{ Jahre}}$	=	8750 DM/Jahr
Verzinsung des Anschaffungskapitals 6% von	$\frac{105\,000 \text{ DM}}{2}$	=	3150 DM/Jahr
Unterbringung 0,5% von	105 000 DM	=	525 DM/Jahr
Versicherung 0,5% von	105 000 DM	=	525 DM/Jahr
Summe feste Kosten			12 950 DM/Jahr

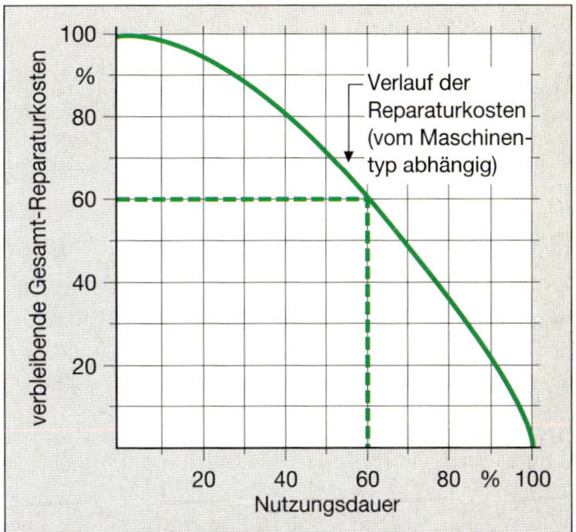

Beispiel: Beim Kauf einer gebrauchten Maschine, die 60% ihrer Gesamt-Nutzungsdauer hinter sich hat, fallen für die restliche Nutzungsdauer von 40% noch ca. 60% der für die gesamte Lebensdauer geschätzten Reparaturkosten (= Reparaturkosten-Faktor x Neuwert) an.

Abb. 14 Reparaturkostenanteil einer Maschine in Abhängigkeit von der Nutzungsdauer.

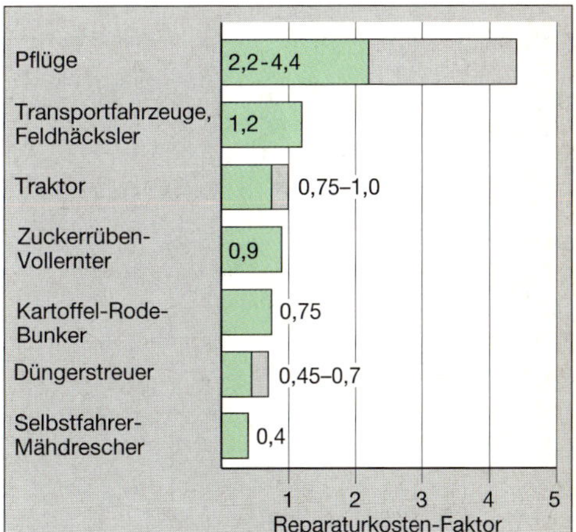

Abb. 15 Reparaturkosten-Faktoren geben an, welcher Anteil des Neuwertes einer Maschine insgesamt als Reparaturkostenaufwand während der gesamten Nutzungsdauer vertretbar ist.

Veränderliche (variable) Kosten

Reparaturen	
kalkulierte Kosten für die gesamte Nutzungsdauer 7,5% von A/1000 h (KTBL-Taschenbuch) = 7,5% von A = 7875 DM bei 1000 Betriebsstunden	
je Betriebsstunde	7,88 DM/h
Betriebsmittel	
Kraftstoff 16,2 l/h · 0,85 DM/l =	13,77 DM/h
Schmiermittel 2% von 16,2 l/h =	
= 0,324 l/h · 4,00 DM/l =	1,30 DM/h
Summe veränderliche Kosten	22,95 DM/h
Gesamtkosten je Betriebsstunde (bei 500 h/Jahr)	
feste Kosten 12 950,00 DM : 500	25,90 DM/h
veränderliche Kosten	22,95 DM/h
Summe	48,85 DM/h

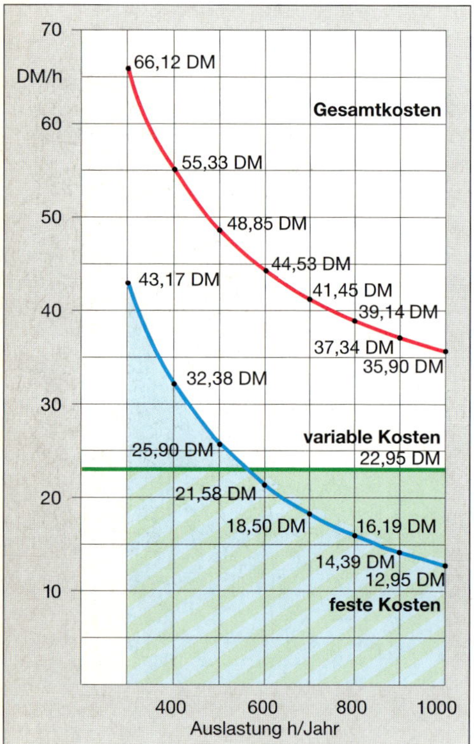

Abb. 16 Kosten für eine Einsatzstunde eines 90-kW-Traktors bei unterschiedlicher Auslastung. Der Anteil der festen Kosten sinkt mit zunehmender Auslastung, die variablen Kosten bleiben gleich.

2.2 Überbetrieblicher Maschineneinsatz

Vorteile – Der überbetriebliche Maschineneinsatz *senkt* die Produktionskosten, weil sich die hohen *Festkosten* einer Maschine auf mehrere Betriebe verteilen. Er macht die *Vollmechanisierung* möglich, ohne dass der einzelne Betrieb übermechanisiert ist. Damit erhöht er die *Schlagkraft* und verbessert die *Liquidität* des einzelnen Betriebes, weil das sonst in Landmaschinen investierte Kapital nun für andere Zwecke zur Verfügung steht. Überbetrieblicher Maschineneinsatz verbessert auch die *Arbeitsqualität*, weil in der Regel immer die neueste Technik eingesetzt werden kann und die Maschinen von Spezialisten bedient werden. Die größere Schlagkraft senkt das *Wetterrisiko* und bringt mehr *Freizeit* für die ganze Familie.
Formen überbetrieblichen Maschineneinsatzes – Die Formen der überbetrieblichen Maschinennutzung reichen von der gelegentlichen und meist unentgeltlichen **Nachbarschaftshilfe** über den **Maschinenring** (siehe »Agrarwirtschaft« Grundstufe), die **Maschinengemeinschaft** und den **Gemeinschaftsmaschinen** bis zum gewerblichen **Lohnunternehmen.**
Welche Form in Anspruch genommen wird, hängt von ihrem Vorhandensein vor Ort ab, wird aber auch von der Neigung des jeweiligen Betriebsleiters bestimmt.
Vor jeder neuen Anschaffung einer Maschine sollte daher eine sorgfältige Kostenkalkulation (siehe Seite 17ff.) durchgeführt werden. Die ermittelten Kosten je Leistungseinheit müssen dann mit den Preisen für die überbetriebliche Nutzung verglichen werden. Vielfach sind Letztere günstiger. Falsches Prestigedenken ist teuer!
Crop-sharing – Unter diesem Begriff (to crop = Acker bebauen; to share = teilhaben) versteht man die vertragsmäßige Vergabe aller Arbeiten der Pflanzenproduktion an einen anderen Landwirt. Dieser führt als Auftragsnehmer nicht nur die Arbeiten mit seinen Maschinen aus, sondern entscheidet auch *selbstständig* über den Einsatztermin von Düngung und Pflanzenschutzmaßnahmen.

Im Gegensatz zur reinen Lohnarbeit entlohnt der *Auftraggeber* (Flächenbesitzer) den Auftragnehmer nicht mit festen Geldbeträgen, sondern mit vorher ausgehandelten *Anteilen* an der Ernte. So wird für den Auftragnehmer ein Anreiz geschaffen, qualifizierte Arbeit zu leisten. Der Vorteil dieses Verfahrens liegt in der deutlich besseren Auslastung der Maschinen auf Seiten des Auftragnehmers.

Maschinengesellschaft des bürgerlichen Rechts (GbR) – Hierbei handelt es sich um *Personengesellschaften* zwischen Landwirten zum Zwecke des gemeinsamen Maschineneinsatzes. Das gesamte Maschinenkapital der Gesellschafter wird *anteilig* auf die eingebrachten Flächen verteilt. Die Arbeit erledigt aber der jeweilige Flächenbesitzer.

Der Gesellschaftsvertrag enthält Regelungen, wie Ungleichgewichte zwischen eingebrachtem Flächenanteil und eingebrachtem Maschinenanteil ausgeglichen werden, z. B. durch Ausgleichszahlungen oder Verzinsung des Maschinenkapitals, das den Flächenanteil übersteigt.

Arbeiten bei *Nichtmitgliedern* der Gesellschaft dürfen aus steuerlichen Gründen nicht ausgeführt werden.

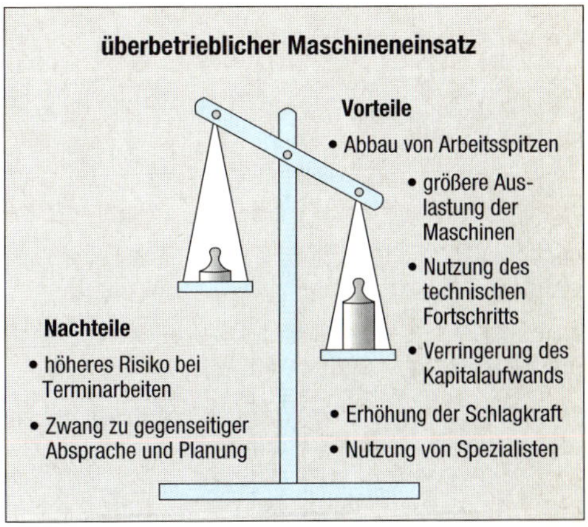

Abb. 17 Überbetrieblicher Maschineneinsatz bringt mehr Vorteile als Nachteile.

Aufgaben:

1. Welche Kosten zählen zu den festen, welche zu den veränderlichen (variablen) bei den Gesamtkosten für eine Maschine?
2. Berechnen Sie die Maschinenkosten je Jahr (100 ha Einsatzfläche) und je Hektar für eine Feldspritze: Anschaffungspreis 4200 DM, Nutzungsdauer 10 Jahre, veränderliche Kosten 1,15 DM/ha, Zinsanspruch 3% vom Neuwert, Unterbringung und Versicherung 1% vom Anschaffungspreis.
3. Berechnen Sie die Kosten je Hektar für einen Vierschar-Anbau-Volldrehpflug aus folgenden Daten bei einem jährlichen Einsatz von 30 ha, 70 ha, 110 ha: Anschaffungspreis 18 000 DM, Nutzungsdauer 14 Jahre, Zinsanspruch 6% vom halben Neuwert, veränderliche Kosten je ha 20 DM (ohne Unterbringung).
4. Ein Mähdrescher kostet 180 000 DM. Die Nutzungsdauer beträgt 10 Jahre. Berechnen Sie die Kosten je Hektar für den Mähdrescher bei einer jährlichen Druschleistung von 50 ha, 120 ha, 160 ha sowie 210 ha, wenn folgende Daten zugrunde gelegt werden: Zinsanspruch 6 % vom halben Anschaffungspreis, veränderliche Kosten 45 DM/ha (ohne Fahrerlohn), Unterbringung und Versicherung 1,5 % vom Anschaffungspreis. Vergleichen Sie das Ergebnis mit den Kosten für Lohndrusch bzw. den Kosten für den überbetrieblichen Maschineneinsatz.
5. Stellen Sie die Ergebnisse der Aufgabe 4 in einem Schaubild (Grafik) dar.

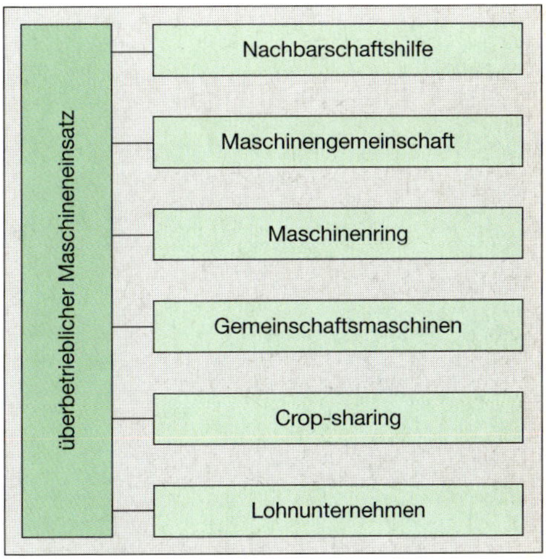

Abb. 18 Formen überbetrieblichen Maschineneinsatzes.

3 Der Agrarmarkt

Die landwirtschaftlichen Betriebe in Deutschland erzeugen heute nicht nur Produkte für die eigene Versorgung, sondern verkaufen die überschüssigen Erzeugnisse und versuchen damit ein möglichst hohes Einkommen zu erzielen.
Der Landwirt ist also heute in hohem Maße *marktabhängig*. Das bedeutet, die Erzeugnisse nicht nur abzuliefern; sie müssen vermarktet werden. Deshalb muss er mit den Grundlagen des Marktgeschehens allgemein und mit den Besonderheiten des Agrarmarktes vertraut sein.

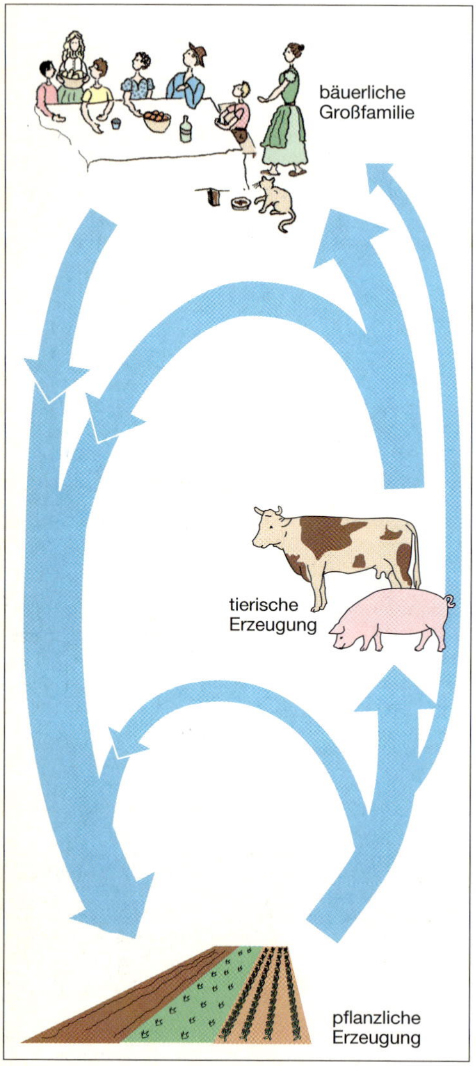

Abb. 19 Ursprünglich diente Landwirtschaft der Selbstversorgung der bäuerlichen Großfamilie. Es lag ein mehr oder weniger geschlossener Kreislauf vor. Heute ernährt ein Landwirt durchschnittlich ca. 110 weitere Personen.

3.1 Besonderheiten des Agrarmarktes

Probleme beim Angebot – Anders als im industriellen und gewerblichen Bereich können die landwirtschaftlichen Betriebe viele ihrer Produktionsbedingungen nicht verändern, wie z. B. Boden, Klima, Entfernung zu den Orten des Bedarfs der erzeugten Güter.
Das hat auch Folgen für das **Angebot** landwirtschaftlicher Erzeugnisse:

- Das Angebot ist *zersplittert*. In Deutschland erzeugen rund 500 000 Betriebe Agrarprodukte. Damit stehen viele kleine Anbieter untereinander in Konkurrenz. Der Einfluss des einzelnen Betriebes auf die Preisbildung ist daher nur gering.
- Das Angebot ist häufig nur *beschränkt lagerfähig*. Viele Agrarprodukte sind dem raschen Verderb ausgesetzt und müssen daher rasch verkauft werden, z. B. Milch, Obst. Das setzt entweder eine große Nachfrage voraus oder es drückt den Preis. Man spricht hier von einem **dringlichen Angebot.** Aber auch weniger verderbliche Güter bereiten Probleme. Sie müssen gelagert werden, z. B. Körner, Kartoffeln. Das kostet Geld und dabei entstehen Verluste, z. B. durch Schwund. Beides schmälert den Verkaufserlös.
- Das Angebot ist *wenig flexibel*. Eine Vergrößerung des Angebotes scheitert an den knappen Produktionsfaktoren wie vorhandener Fläche, Arbeitskapazität und Kapitalbedarf. Außerdem unterliegen höhere Flächenerträge dem Gesetz des abnehmenden Ertragszuwachses, was den Gewinn wegen des immer höher werdenden Aufwandes schmälert.
  Das Angebot lässt sich auch nicht so schnell verringern, wenn die Preise für Agrarprodukte sinken. Die Zeitdauer für die Produktion landwirtschaftlicher Güter ist größer als in anderen Bereichen, so bauen große Autofirmen ein Auto in weniger als einer halben Stunde zusammen, die Mast eines Bullen dauert aber einschließlich der Aufzucht des Kalbes 1,5 Jahre.
- Das Angebot ist teilweise *kontingentiert*. Bei einigen Produkten, z. B. bei Zuckerrüben oder Milch, bestehen Obergrenzen für die Erzeugung (Quoten). Sie machen eine darüber hinaus-

gehende Erzeugung wegen der damit verbundenen geringeren Erlöse unwirtschaftlich.

Nachfrage nach landwirtschaftlichen Erzeugnissen – Die Nachfrage nach Agrarprodukten hängt von folgenden Faktoren ab:

- **Nahrungsbedarf** der Einwohner: Der Energiebedarf des einzelnen Menschen ist heute infolge des Trends, menschliche körperliche Arbeit durch Maschinen zu ersetzen, gesunken.
- **Bevölkerungsentwicklung:** Sie zeigt in Deutschland und anderen Industrienationen nur einen geringen Anstieg, so dass hier die Nachfrage nach Nahrungsmitteln sich ebenfalls nur gering verstärken wird.
  Allerdings wächst die Weltbevölkerung insgesamt noch stark. Die Nachfrage nach Nahrungsgütern wird daher absolut zunehmen. Die geringe Kaufkraft der Menschen in den Ländern mit großem Bevölkerungswachstum wird aber vor allem die Nachfrage nach Grundnahrungsmitteln erhöhen.
- **Verbrauchereinkommen:** Das *Engel'sche Gesetz* besagt, dass der Anteil für Nahrungsmittelausgaben an den gesamten Verbraucherausgaben mit steigendem Einkommen abnimmt. Im Gegensatz dazu steigt der Anteil der Ausgaben für Luxus-, Gebrauchs- und Kulturgüter. Höhere Verbrauchereinkommen steigern die Nachfrage nach teureren Veredelungsprodukten und ökologisch erzeugten Nahrungsmitteln.
- **Verzehrgewohnheiten:** Sie sind sehr unterschiedlich und haben oft eine *gebietstypische Tradition*, wie z. B. der hohe Milchverbrauch in Großbritannien, der große Bedarf an Teigwaren in Italien. Es spielen aber auch *Tendenzen* eine Rolle, wie z. B. die Rücksichtnahme auf Körpergewicht und Kondition (Fitnesswelle), die Bequemlichkeit der Zubereitung, z. B. die höhere Nachfrage nach halbfertigen und Fertiggerichten (Convenience-Produkte), Geschmacksrichtungen wie z. B. die Bevorzugung trockener Weine.
- **Preise für Lebensmittel:** Hier unterscheidet man Lebensmittel, bei denen sich die Nachfrage mit dem Preis ändert. Sie werden als *preiselastisch* bezeichnet. In der Regel sind dies die höherwertigen Veredelungsprodukte und jene Nahrungsmittel, bei denen der Käufer auf gleichwertige andere Produkte (Substitute) ausweichen kann.
  Als *preisunelastisch* gelten solche Produkte, die unabhängig vom Preis im gleichen Umfang nachgefragt werden. Hierzu gehören vor allem die Grundnahrungsmittel.

3.2 Preise für Agrarerzeugnisse

Wettbewerbspreis – Markt entsteht immer dort, wo Angebot und Nachfrage aufeinander treffen. Der Preis bildet sich dabei auch für die meisten Agrarerzeugnisse nach folgenden Merkmalen:

- Menge des Angebotes,
- Dringlichkeit des Angebots (mangelnde Lagerfähigkeit der Ware, dringender Geldbedarf des Anbieters),
- Größe der Nachfrage und Wettbewerb der Käufer,

Abb. 20 Der moderne landwirtschaftliche Betrieb ist eng mit dem Markt verflochten.

Abb. 21 Die Probleme des landwirtschaftlichen Angebots beeinträchtigen die Marktchancen.

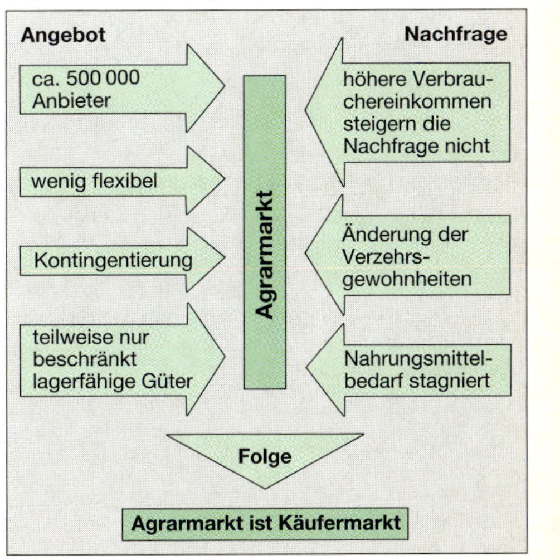

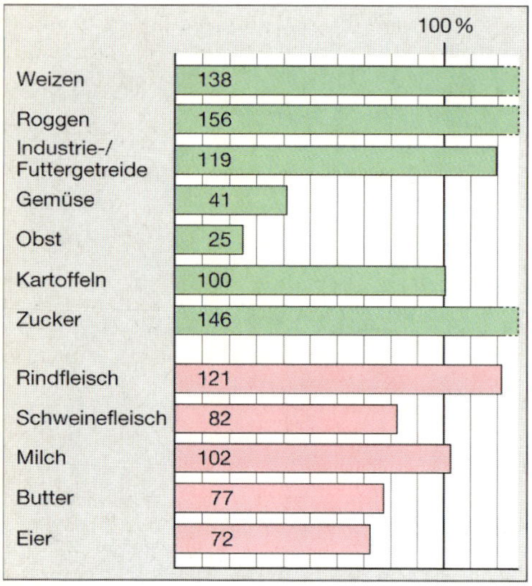

Abb. 22 Selbstversorgungsgrad (in %) in Deutschland (**Beispiele**, 1998).

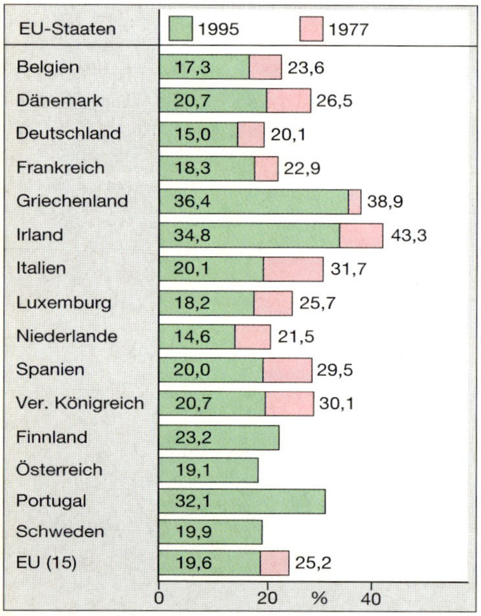

Abb. 23 Verbraucherausgaben für Nahrungsmittel in % der gesamten Lebenshaltungskosten, DBV).

Abb. 24 Anteil der Landwirtschaft an den Verbraucherausgaben für Lebensmittel (in %, Agrarbericht 1999)

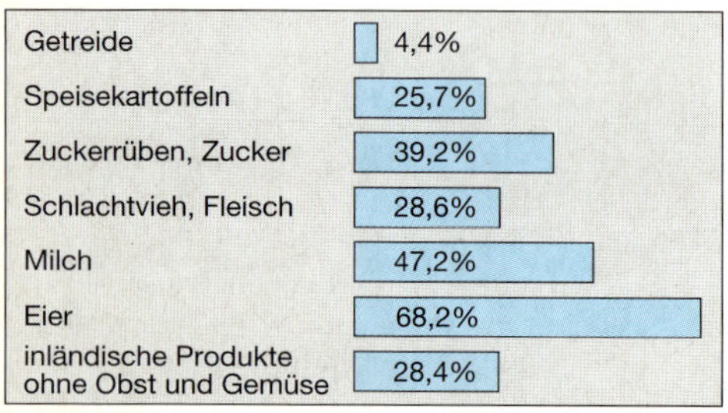

- Dringlichkeit des Bedarfs (z. B. Sicherung des Lebensunterhaltes oder nur Deckung von Luxusbedürfnissen),
- Kaufkraft (Geldmenge und Zahlungsfähigkeit der Käufer),
- Wert der Ware, den ihr der Käufer zubilligt.

Käufermarkt, Verkäufermarkt – Die meisten Agrarpreise bilden sich also im Wettbewerb zwischen Angebot und Nachfrage. Ist das Angebot nun gering, haben die Anbieter Vorteile. Man spricht dann von einem **Verkäufermarkt.** Am eindeutigsten ist dies beim sog. *Schwarzen Markt* der Fall.

Bei einem größeren Angebot hat dagegen der Käufer größere Chancen, Preisvorteile zu erreichen. Deswegen spricht man hier vom **Käufermarkt.** Bei Agrarprodukten handelt es sich heute oft um Käufermärkte.

Staatliche Eingriffe – In der *sozialen Marktwirtschaft* sind begrenzte staatliche Eingriffe auf die Preisbildung nötig, um Auswüchse zu unterbinden und die allgemeine Versorgung auch der wirtschaftlich Schwachen zu sichern. Sie reichen von *Interventionen* (staatliche Ankäufe mit festgesetzten Preisen) über die *Regelung des Angebots* (Importe, Exporte, Kontingentierung) und der *Nachfrage* (Ein- bzw. Auslagerung) bis zur *Geldpolitik* (Verteuerung bzw. Verbilligung von Krediten, Vergrößerung bzw. Verringerung der Geldmenge).

Entwicklung der Agrarpreise – Eine Vorausschau, wie sich die Agrarpreise in Zukunft entwickeln, muss folgende *Tendenzen* berücksichtigen:

Auf der **Erzeugerseite:**

- Produktivitätsänderungen durch den technischen Fortschritt,
- Kostenänderungen für landwirtschaftliche Produktionsmittel (Futtermittel, Dünger, Pflanzenschutzmittel, Energie usw.),
- Änderung der Preise für die knappen Produktionsfaktoren Arbeit (Löhne), Kapital (Zinsen für Investitionskredite) und Boden (z. B. Pachtpreise),
- Auflagen des Umweltschutzes.

Auf der **Nachfragerseite:**

- Änderung der Ernährungsgewohnheiten (Gesundheitsbewusstsein, negatives Image des Fleischkonsums),
- Änderung der Einkommen,
- Änderung der Preise für Ersatzprodukte (z. B. Margarine statt Butter).

3.3 Marketing

Begriff – Der englische Begriff *Marketing* ist weiter reichend als der deutsche Ausdruck »Vermarktung«. Er umfasst nicht nur die Erfassung, Be- und Verarbeitung und Verteilung eines Produkts, sondern beinhaltet auch alle Maßnahmen, die die Marktchancen der Produkte erhöhen, also auch die *Marktforschung*, *Werbung*, *Marktpflege* und die *Methoden* des *Verkaufs*.

Im Wesentlichen lässt sich Marketing in die folgenden vier Maßnahmenbereiche gliedern:

- **Produktpolitik:** Sie beinhaltet alle Maßnahmen, die der Verbesserung der Produktbeschaffenheit dienen, also z. B. der

Verbesserung von Qualität und Gebrauchswert, der Verwendung ansprechender, produktgerechter Verpackung und der Qualitätssicherung.

- **Preispolitik:** Darunter versteht man Informationen über Preise (Höhen, Differenzen, Tendenzen, Marktbeobachtung), Preisnachlässe (Vorzugspreise, Rabatte, Skonti).
- **Distributionspolitik:** Das sind alle Maßnahmen, die die Standardisierung, Sortierung, Erfassung, den Transport, die Lagerung sowie die Be- und Verarbeitung betreffen.
- **Kommunikationspolitik:** Hierunter versteht man alle Werbemaßnahmen und Anstrengungen, die der Verkaufsförderung dienen (Verkaufsgespräch, Kundenservice).

Mit **Marketing-Mix** wird die Kombination aller genannten Maßnahmen bezeichnet, um die größten Marktchancen zu erzielen.

Markttransparenz – Anbieter und Käufer können sich nur dann marktgerecht verhalten, wenn sie die Marktsituation überschauen können. Das ist beim Agrarmarkt besonders schwierig, weil hier eine große Zahl von Produzenten landwirtschaftliche Erzeugnisse anbietet.

Typisch für mangelnde Überschaubarkeit sind *zyklische Schwankungen* (periodisch auftretende Hoch- und Niedrigpreisphasen) bei Angeboten und Preisen, z. B. der sog. *Schweinezyklus*. Die Überproduktion wird zu spät erkannt und die Produktion kann dann der veränderten Marksituation nicht folgen.

Mangelnde Überschaubarkeit des Marktes behindert auch den Wettbewerb. Günstige Anbieter können ohne Markttransparenz nicht erkannt werden. Genauso können sich teure bzw. leistungsschwache Anbieter behaupten, weil den Marktpartnern der Vergleich fehlt.

Landwirte und Verbraucher müssen daher gleichermaßen an der Verbesserung der Markttransparenz interessiert sein.

Dies wird sichergestellt durch:

- **Marktberichterstattung:** Voraussetzung dafür ist die *Marktnotierung*. Sie wird von amtlichen Notierungskommissionen, in denen alle Marktpartner vertreten sind, durchgeführt. Die Ergebnisse bilden die Basis für die in den Medien veröffentlichten *Marktberichte* (z. B. ZMP = **Z**entrale **M**arkt- und **P**reisberichtsstelle für die Erzeugnisse der Land-, Forst- und Ernährungswirtschaft GmbH, Bonn, Bad Godesberg).
- **Statistisches Material** über Erzeugung, Verbrauch, Vorräte und Preise. Es dient nicht nur der *Information*, sondern auch der *Marktregelung*. Dazu liefert die Landwirtschaft Anbau- und Erntestatistiken und Viehzählungsergebnisse.
  Hier wirken sich falsche Ergebnisse auch auf den Markt aus. In der Statistik verheimlichte Produktionsmengen führen zu Überangeboten und drücken die Preise.
- **Marktforschung:** Sie dient der Ermittlung der mittel- bis langfristigen Marktentwicklung. Die langen Produktionszeiträume in der Landwirtschaft erfordern solche Vorausschaubarkeit. Die Analysen der *Marktforschungsinstitute* (z. B. Institut für Marktforschung der Bundesforschungsanstalt Völkenrode) stellen ein wichtiges Hilfsmittel für die Produktionsplanung in der Landwirtschaft dar.

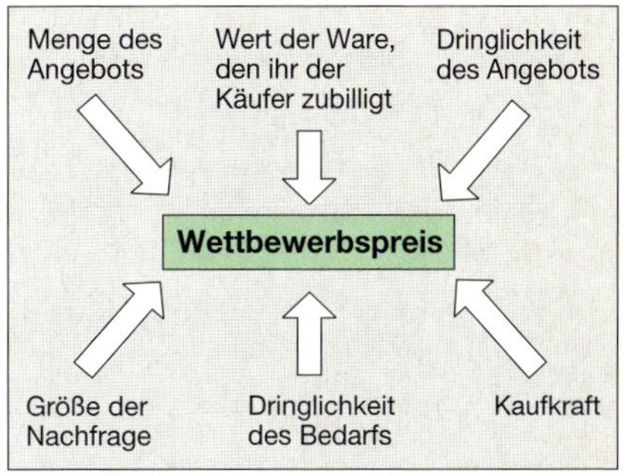

Abb. 25 Die meisten Agrarpreise sind Wettbewerbspreise. Viele Faktoren wirken auf die Preisbildung.

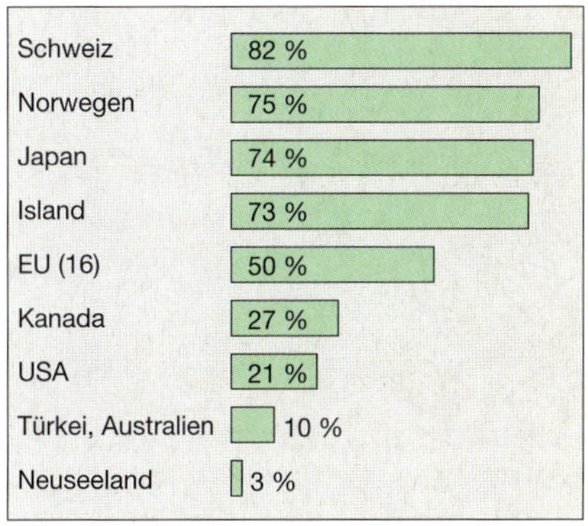

Abb. 26 Einkommensanteile, die die Landwirte aus staatlichen Subventionen, Preis- und Stützungsmaßnahmen erhalten (in %).

Abb. 27 Einflussfaktoren auf die Entwicklung der Agrarpreise.

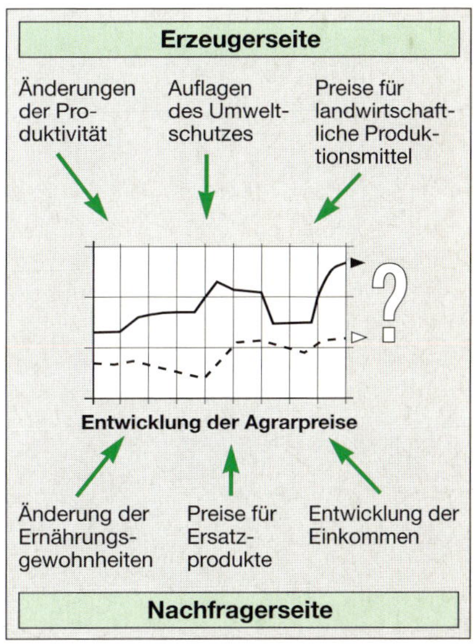

Marketingkonzept

Angebot: Ferien auf dem Bauernhof

1. Erforschung der Voraussetzungen

- persönliche Neigung,
- Lage des Betriebs,
- Arbeitskapazität,
- notwendige Investitionen,
- Rechtsvorschriften,
- Steuerfragen,
- Grenzen zur Gewerblichkeit,
- Voranschlag zur Wirtschaftlichkeit

2. Bereitstellung der Ferienwohnung/en

- Information über Einrichtungsstandard und Preise,
- Einrichtung

3. Werbung

- Hofprospekt, Anzeigen (Tageszeitung, Touristikkatalog),
- Hinweis auf besondere Attraktivitäten (z. B. Reiten, Tennis, Jagd),
- regelmäßige Hofveranstaltungen (z. B. Grillabend)

4. Gästebetreuung

5. Wirtschaftlichkeitskontrolle

Abb. 28 Marketing-Mix am **Beispiel** »Urlaub auf dem Bauernhof«.

Abb. 29 Bedeutung der Markttransparenz (Schema).

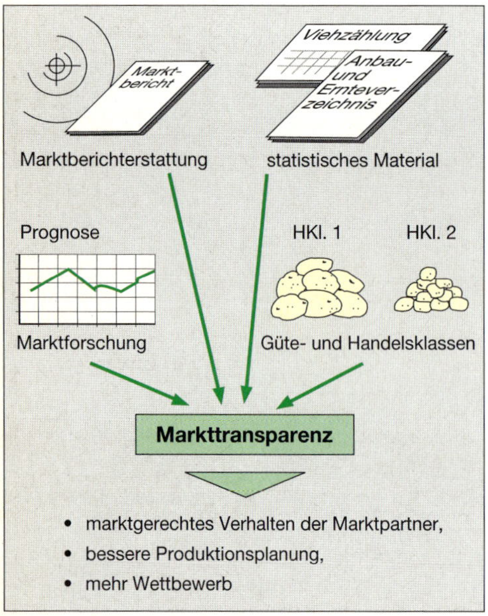

■ Einführung von **Qualitätsnormen:** Die Benützung von einheitlichen Qualitätsbegriffen, wie z. B. *Güte-* und *Handelsklassen*, stellen Vergleichsmaßstäbe dar und ermöglichen so einen echten Preisvergleich.

Werbung – Werbung hat die Aufgabe, den Absatz zu steigern, bestehende Nachfrage zu festigen und neue Bedürfnisse zu wecken. Auch die Landwirtschaft kann darauf nicht verzichten. Die *Werbemöglichkeiten* sind sehr vielfältig. Für den einzelnen Landwirt reichen sie von Kleinanzeigen in der Tagespresse über Handzettel, Hinweisschilder als Wegweiser und Autoaufkleber bis zu besonderen Veranstaltungen auf dem Hof (»Tag der offenen Stalltür«, »Ponyreiten«, »Streichelzoo«). Hier ist Kreativität des Einzelnen gefragt.

Marktinformation, Werbung und Absatzförderung für die gesamte deutsche Landwirtschaft nimmt von Gesetzes wegen (Absatzfond-Gesetz) die *Centrale Marketing Gesellschaft der deutschen Agrarwirtschaft mbH* (CMA) wahr. Ihre Arbeit wird durch Pflichtbeiträge und durch Steuermittel finanziert.

Marktgerechtes Angebot – Der Verbraucher kann heute aus einem reichen Angebot an Agrarprodukten nicht nur aus Deutschland auswählen. Dabei verlässt er sich auf seine persönlichen *Eindrücke* oder eigene bzw. mitgeteilte *Erfahrungen*.

Eine wesentliche Hilfe für den Verbraucher ist die **Kennzeichnung** der Produkte. Sie umfasst im Wesentlichen die Angabe der *Menge*, des *Preises* und der *Qualität*.

Letztere wird durch Gütezeichen (z. B. Gütezeichen der DLG: Adler, Deutsches Weinsiegel), regionale Herkunftszeichen (z. B. Qualität aus Bayern), Warenzeichen, Handelsmarken (z. B. Deutscher Brie), Markenprogramme (z. B. Markenfleisch-Programme), Handelsklassen und die Angabe von Herstellungsdatum bzw. Haltbarkeitsdauer deutlich gemacht.

Außer der Kennzeichnung ist die **Aufmachung** einer Ware für ein marktgerechtes Angebot wichtig. Das bedeutet sorgfältige Sortierung nach Handelsklassen und die Entfernung wertmindernder Bestandteile. Die Verpackung soll den Käufer nicht nur ansprechen, sondern ihm möglichst auch die Beurteilung der Ware gestatten. Klarsichtpackungen, die sich auch für die Selbstbedienung eignen, erfüllen diesen Anspruch.

Zusammenschlüsse – Der Grundsatz, dass Einigkeit stärker macht, gilt auch für den Absatz von Agrarprodukten. Im Wesentlichen unterscheidet man *Erzeugerringe* und *Erzeugergemeinschaften*. Ihre Aufgaben und Ziele werden im Kapitel »Vermarktung« näher dargelegt.

Verträge zwischen Erzeugern und Abnehmern landwirtschaftlicher Produkte, z. B. Vertragsanbau von Getreide, Gemüse, Obst, gewinnen zunehmend an Bedeutung. Sie wirken auf dem Agrarmarkt preisstabilisierend.

3.4 Vermarktung

Aufgaben – Während, wie schon dargelegt, im industriellen Bereich die Zahl der Anbieter einer Ware oder Warengruppe

überschaubar ist, gilt dies nicht für die Landwirtschaft. Ihr Angebot ist zersplittert, deswegen sind die *Erfassung* und *Zusammenfassung* zu großen einheitlichen Mengen und Partien die erste Aufgabe der Vermarktung.
Die meisten landwirtschaftlichen Produkte können nicht unmittelbar verkauft werden, sondern bedürfen vorher der *Be-* und *Verarbeitung*. Andere müssen vor dem Verzehr gereinigt, zerlegt, sortiert, verpackt, gekennzeichnet und haltbar gemacht werden.
Die Verbraucher kaufen heute in der Regel nur so viel Lebensmittel ein, wie sie unmittelbar benötigen. Die *Vorratshaltung* ist also hauptsächlich auf die Vermarktungseinrichtungen übergegangen. Sie müssen die Produkte bis zum Verkauf lagern.
Die letzte Phase der Vermarktung ist die *Verteilung*, d.h. der Verkauf an den Verbraucher. Bei Nahrungsmitteln konzentriert sich diese Stufe immer mehr auf wenige große Handelsketten.
Vermarktungswege – Erzeuger und Verbraucher profitieren, wenn mehrere Wege der Vermarktung miteinander konkurrieren. In der Agrarwirtschaft sind die wichtigsten Vermarktungswege die

- Direktvermarktung,
- Vermarktung über Erzeugergemeinschaften,
- Vermarktung über private Händler,
- Vermarktung über Genossenschaften.

Abb. 30 Korrekte Preisangaben und Kennzeichnung der Produkte sind wesentliche Hilfen für den Verbraucher.

3.4.1 Direktvermarktung

Sie ist die *ursprünglichste* Form der Vermarktung. Dabei verkauft der Erzeuger eben direkt an den Endverbraucher. Erst mit der zunehmenden Verstädterung und der Ausdehnung der Ansprüche des Menschen wurden eigene Verarbeitungs- und Handelsunternehmen für Agrarprodukte nötig.
Der Anteil der Direktvermarktung heute schwankt je nach Produkt. Er ist aber insgesamt gering.
Bedeutung – Die Bedeutung der Direktvermarktung liegt vor allem in folgenden Gesichtspunkten.

- Es werden meist **höhere Preise** erzielt, weil der Zwischenhandel mit seinen Handelsspannen ausgeschaltet ist. Die Preise orientieren sich an den Preisen des nächsten Großmarktes einschließlich eines entsprechenden Gewinnzuschlages. In der Regel schwanken die Preise auch weniger stark als bei anderen Vermarktungsformen.
- Für die Direktvermarktung eignen sich vor allem solche Produkte, die entweder **keine** oder nur eine **geringe Aufbereitung** für den Verbraucher benötigen (z. B. Obst, Gemüse, Eier, Kartoffeln), weil dann der Anteil des Landwirts am Verkaufserlös am höchsten ist.
- Vorteilhaft ist die **Nähe zum Verbraucher,** weil sonst die Transportkosten und der Zeitaufwand den Landwirt zu stark belasten. Da die Direktvermarktung der kürzeste Vermarktungsweg ist, gewährleistet sie am ehesten dem Verbraucher frische Ware.

Abb. 31 Kennzeichnung der Qualität durch Gütezeichen, regionale Herkunftszeichen, Warenzeichen, Handelsmarken und Markenprogramme **(Beispiele)**.

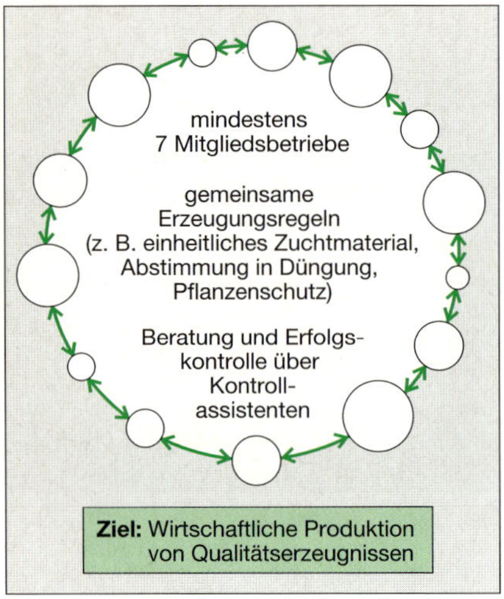

Abb. 32 Schema Erzeugerring.

- Die Direktvermarktung erfordert einen höheren **Arbeitsaufwand** des Anbieters für die Präsentation bzw. die Verpackung der Erzeugnisse, die Beachtung der Lebensmittelhygiene und des Gesundheitsschutzes. Besonders für Milch und Fleisch gelten strenge Vorschriften.
  Bei Milch und Milcherzeugnissen finden sich diese im Milchgesetz mit den Ausführungsbestimmungen, der Käse- und Butter-Verordnung und der Hygiene-Verordnung für den Ab-Hof-Verkauf.
  Bei Fleisch und Fleischerzeugnissen gilt, dass die Schlachtung durch kundige Personen oder unter deren Aufsicht und in geeigneten Räumen durchgeführt wird. Auch hier sind die einschlägigen Hygiene-Bestimmungen für Transport, Aufbewahrung und Verkauf zu beachten.
- Direktvermarktung erfordert **Bereitschaft** für diese Tätigkeit und **kaufmännisches Geschick.** Verbraucherwünsche müssen berücksichtigt und die Waren in ausreichender Menge und zeitlich bedarfsgerecht angeboten werden.
- Das **Risiko** für Verpackung, Lagerung, Transport und Preis trägt der Landwirt alleine. Der Erfolg der Direktvermarktung hängt weitgehend vom Vertrauen des Verbrauchers gegenüber dem Vermarkter ab.

3.4.2 Vermarktung über Erzeugergemeinschaften

Abb. 33 Schema Erzeugergemeinschaften.

Man unterscheidet Erzeugerringe und Erzeugergemeinschaften.

Erzeugerringe greifen nicht in die Vermarktung ein. Es sind freiwillige Zusammenschlüsse von mindestens 7 Landwirten, die ein bestimmtes Produkt erzeugen, z. B. Ferkel, Qualitätsweizen.

Die vom Ring angestellten *Kontrollassistenten* beraten die Mitglieder über die Senkung der Produktionskosten und die Erzeugung eines marktgerechten Angebotes. Die notwendigen Daten werden vor Ort ermittelt.

Erzeugergemeinschaften (EG) sind freiwillige Zusammenschlüsse von mindestens 7 Landwirten, die zwar auch die Ziele der Erzeugerringe wahrnehmen, aber vornehmlich über das Zusammenfassen der Produktion ihrer Mitglieder zu großen einheitlichen Partien und das marktgerechte Angebot selbst vermarktend höhere Preise anstreben.

Erzeugergemeinschaften besitzen eine *Rechtsform* (Verein, Gemeinschaft, GmbH, AG) und sind auf ein *bestimmtes Produkt* ausgerichtet, z. B. Mastrinder oder Braugerste. Gewählte Mitglieder der Erzeugergemeinschaft und angestellte Geschäftsführer bilden das *Management*. Sie betreiben den Absatz der Erzeugnisse.

Die Bedeutung dieses Vermarktungsweges stellt sich so dar:

- Die Vereinheitlichung der Produktion der Mitgliedsbetriebe und die Zusammenfassung zu großen Partien erhöhen den Einfluss auf die Preisbildung.
- Die intensive Beschäftigung mit dem Markt für ein Produkt oder für wenige verwandte Produkte ermöglicht dem Mana-

gement eine gezielte Beratung der Mitglieder und sichert eine bedarfsgerechte und qualitätsorientierte Marktbeschickung.

- Die Erzeugergemeinschaften versuchen durch Rationalisierung der Vermarktung deren Kosten niedrig zu halten und sorgen für eine verbesserte Qualitätskontrolle (Klassifizierung) und -bezahlung.
- Das Risiko für Lagerung, Verpackung, Transport und Preis trägt auch hier der Erzeuger. Zur Finanzierung der Organisation erhebt die Erzeugergemeinschaft Umlagen.

3.4.3 Privater und genossenschaftlicher Handel

Dieser Vermarktungsweg ist recht *vielseitig*. Die unmittelbaren Handelspartner des Landwirts können z. B. reisende Vertreter einer Firma, örtliche Händler, Gewerbetreibende und Lagerhäuser, aber auch überregional arbeitende Großunternehmer sein.

Meistens sind sie unter einer *Dachorganisation* vereinigt, um ihre Marktposition zu verstärken und gegenüber Nachbarorganisationen konkurrenzfähig zu bleiben. Der scharfe Wettbewerb untereinander bietet dem Landwirt die Auswahl des geeignetsten Geschäftspartners. Der Landwirtschaft muss an leistungsfähigen Unternehmen für eine langfristige Absatzsicherung gelegen sein.

Bedeutung – Sie liegt bei diesem Vermarktungsweg in Folgendem:

- Trotz der guten Marktinformationen der Landwirte überwiegt immer noch der Einfluss des Handels bei der Preisbildung. Verbraucherpreissteigerungen erreichen den Erzeuger meist nur teilweise und verzögert, während die Verbraucher sinkende Erzeugerpreise ebenfalls nur teilweise und verzögert bemerken.
- Alle Handelsunternehmen müssen wirtschaftlich denken, d. h., sie müssen neben der Abdeckung ihrer Unkosten auch einen Gewinn erwirtschaften. Die Handelsspanne wird umso größer, je mehr Zwischenhandelsstationen ein Vermarktungsweg besitzt. Die betrieblichen Investitionen, die ein leistungsfähiges Vermarktungsunternehmen erfordert, müssen wieder erwirtschaftet werden.
- Der Erfassungshandel kauft die landwirtschaftlichen Erzeugnisse auf und vermarktet sie auf eigene Kosten weiter. Beim Übergang der Ware auf den Einkäufer geht auch das Risiko der Lagerung, des Transportes, der Verpackung und des Preises auf den Käufer über. Die Handelsspanne passt sich der Höhe des Risikos an.

Verhandlungsposition des Landwirts – Sinkende Agrarpreise zwingen den Landwirt, seine Verhandlungsposition gegenüber den privaten und genossenschaftlichen Erfassungsbetrieben so gut wie möglich zu nutzen.

Dazu gehören genaue Informationen mit Hilfe der Medien über *Angebot* und *Nachfrage* sowie über *EU-Marktordnungspreise* für Standardqualitäten und *aktuelle* Erzeugerpreise.

Erfassung und Zusammenfassung des zersplitterten Angebots

Be- und Verarbeitung, Haltbarmachung, Sortierung, Verpackung, Kennzeichnung

Vorratshaltung

Verteilung (Verkauf an den Verbraucher)

Abb. 34 Vermarktung landwirtschaftlicher Erzeugnisse am **Beispiel** Milch.

Abb. 35 Ein eigener Hofladen ist der Wunsch engagierter Direktvermarkter, der zugleich den Wünschen der Verbraucher entgegenkommt.

Abb. 36 Verteilung der landwirtschaftlichen Nutzfläche (in Mio. ha) in den Bundesländern.

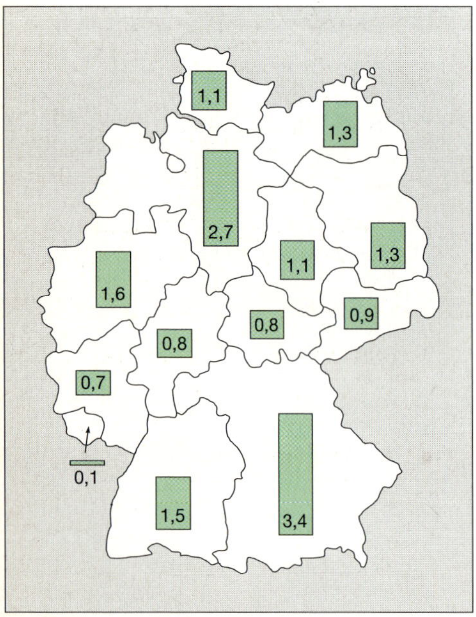

Für die Produkte, für die EU-Marktordnungen bestehen, wie z. B. Getreide und Raps, sind *Standardqualitäten* festgelegt: Feuchte, Hektolitergewicht, Besatz, Mahl- und Backeigenschaften bei Getreide; Ölgehalt, Feuchte und Besatz bei Raps. Ebenso können die *Interventionspreise* erfragt werden.

Damit der vom Marktpartner genannte Ankaufspreis richtig eingeordnet werden kann, sind *mehrere* Angebote einzuholen. Dabei ist aber nicht nur der »nackte« Preis zu erfragen, sondern es sind auch die Kriterien der Preisgestaltung mit einzubeziehen, ohne die ein objektiver Leistungsvergleich nicht möglich ist.

Es sind also folgende Punkte im Einzelnen zu klären und dann zu verhandeln:

- Der Erzeugerpreis,
- Ab- und Zuschläge für Abweichungen vom Standard,
- Vorkosten, die den Preis beeinflussen, z. B. bei Getreide und Raps der benutzte Umrechnungsfaktor für die Berechnung des Masseverlustes beim Trocknen und die Trocknungskosten selbst,
- das Zahlungsziel.

Ohne Klarheit über diese Verhandlungspositionen sollte nicht angeliefert werden.

Im Folgenden sind die einzelnen Positionen für den Getreideverkauf dargestellt.

Beispiel Getreideverkauf – Verhandlungspunkte sind zunächst der Erzeugerpreis und die Anliefermenge. Bei Letzterer gibt es kaum Probleme, weil das *Gewicht der angelieferten Menge* mit der geeichten Fahrzeugwaage ermittelt und nach der anschließenden Reinigung das Gewicht der sauberen Ware mit einer Durchlaufwaage ermittelt wird. Hierüber liegen die Wiegekarten vor.

Anders ist es mit dem *Gewichtsverlust* beim Trocknen, der sich aus Wasserentzug und Verlusten aus Abrieb, Sieb- und Windabgang beim Trocknungsprozess ergibt. Die Erfassungsbetriebe errechnen beide Verlustkomponenten mit einem Prozentwert, auch Umrechnungsfaktor genannt.

Dabei ist der

$$\text{Teilfaktor für den Wasserentzug} = \frac{100}{100 - \text{Endfeuchte}}$$

eine gleich bleibende Größe, weil die Endfeuchte nach EU-Vorgabe 15 % beträgt; manche Betriebe rechnen allerdings auch mit 14,5 % Endfeuchte. Daraus ergäbe sich entweder ein Umrechnungsfaktor von

$$\frac{100}{100 - 15} = 1{,}18 \quad \text{oder} \quad \frac{100}{100 - 14{,}5} = 1{,}17$$

Die Berücksichtigung des mit zunehmender Anfangsfeuchte steigenden Masseverlustes durch Abrieb, Sieb- und Windabgang beim Trocknen geschieht durch Vergrößerung des oben genannten Umrechnungsfaktors, so dass sich der gesamte Gewichtsverlust beim Trocknen mit diesem einen Umrechnungsfaktor erfassen lässt:

Gewichtsverlust in % = (Anfangsfeuchte – Endfeuchte) × Umrechnungsfaktor

Beispiel: Anfangsfeuchte 18,3%, Endfeuchte 15%, Umrechnungsfaktor 1,3.
Gewichtsverlust in % = (18,3 % – 15 %) × 1,3 = 4,29%

Für den Erzeuger ist es nun wichtig, darauf zu achten, dass folgende Werte für übliche Umrechnungsfaktoren nicht überschritten werden:

Anfangsfeuchte	Umrechnungsfaktor	
	Weizen und Roggen	Gerste und Hafer
15,1–22,0%	1,2	1,3
ab 22,1%	1,3	1,4

Preiszuschläge für mit Unterfeuchte angelieferte Ware sind ebenfalls auszuhandeln. Nachträgliche Einsprüche führen in aller Regel nur zu gegenseitigem Ärger.
Die Trocknung verursacht *Energiekosten*. Auch hierfür können die in Rechnung gestellten Beträge erheblich schwanken. Die genannten Werte sollten dabei nicht überschritten werden.
Lohntrocknung (nach KTBL 1998):
- bis 4% Wasserentzug 2,30 DM/dt Trockengut,
- für jedes weitere % 0,40 DM/dt Trockengut.

Ein weiterer Grund für **Preisabschläge** ist das *Hektolitergewicht*. Es wird vor allem bei Gerste und Hafer zur preislichen Abstufung benutzt.
Hier sind die aktuellen Interventions-Standards richtungweisend. Wo es keine Interventions-Standards gibt, z. B. bei Hafer, sind die Grenzen selbst auszuhandeln.
Der Interventions-Standard sieht genaue Anforderungen hinsichtlich des *Besatzes* (Bruchkörner, max. Kornbesatz, Auswuchs, Schwarzbesatz) vor. Wird er als Preisbildungsmerkmal herangezogen, muss er auch ermittelt werden. In der Regel fehlen den Erfasserbetrieben dazu die Möglichkeiten. Ein pauschaler Abzug ist deswegen in jedem Fall abzulehnen.
Das Aushandeln von *Zuschlägen für Qualitätsweizen* oder *-roggen* mit hoher Mahl- und Backqualität lohnt sich immer.
Schließlich ist das *Zahlungsziel* ein oft übersehenes Kriterium beim Vergleich verschiedener Angebote. Dabei sollte es doch im Interesse des Anbieters liegen, das Geld möglichst schnell auf seinem Konto zu haben. Ein Zahlungsziel von 14 Tagen ist angemessen.
Bei der Anlieferung der Ware sollte sich der Landwirt einen Lieferschein mit Datum, Gewicht und Bezeichnung der Ware sowie weiteren bei der Anlieferung erfassbaren Daten (z. B. Feuchtigkeit) geben lassen.

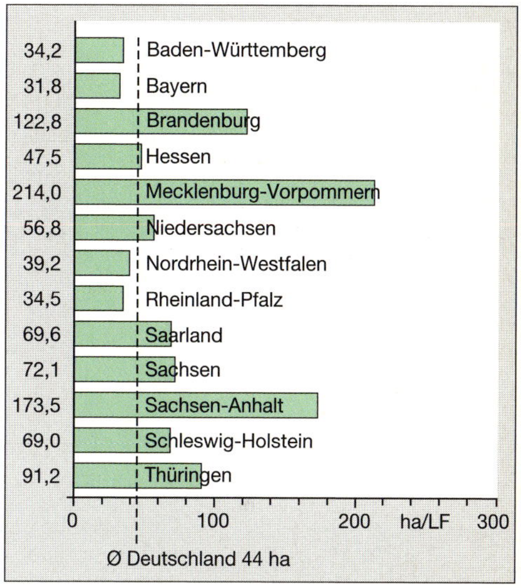

Abb. 37 Durchschnittliche Größe landwirtschaftlicher Haupterwerbsbetriebe (in ha LF) in Deutschland (Agrarbericht 1998).

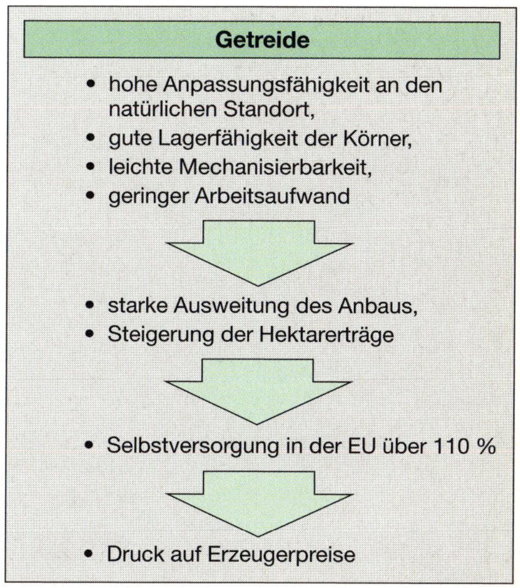

Abb. 38 Situation auf dem Getreidemarkt (Schema).

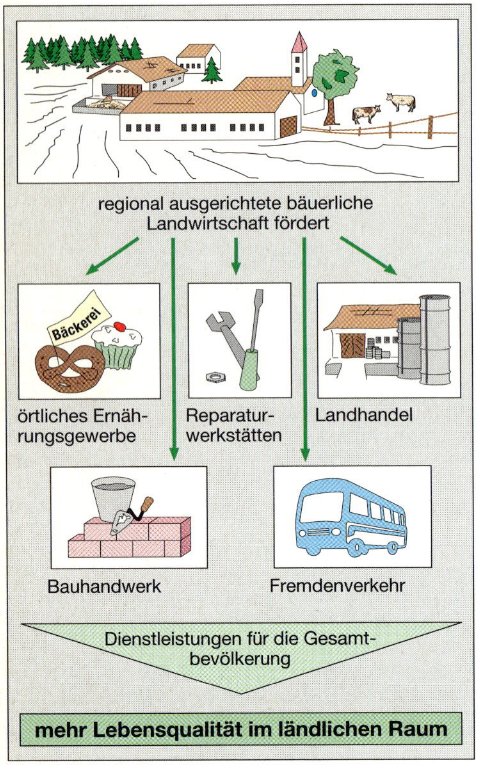

Abb. 39 Bäuerliche Landwirtschaft fördert die Attraktivität des ganzen ländlichen Raumes.

Wenn sich der Erfasser als Marktpartner versteht, wird er alle Einzelwerte im Angebot offen legen. Der Landwirt hat dann die Möglichkeit, dies auf der Rechnung nachzuprüfen.
Für die Verhandlungsposition des Landwirts gilt: Erfolge in einzelnen Preismerkmalen bringen oft mehr als allgemeine Preiszugeständnisse.

Aufgaben:

1. Welche Besonderheiten prägen den Agrarmarkt?
2. Beobachten Sie die Marktberichte in den Medien. Notieren Sie jede Woche die Durchschnittspreise für nach Schlachtgewicht abgerechnete Schweine (HKl. E bis P gesamt) für einen deutschen Schlachtviehmarkt und die jeweiligen Ferkelpreise. Stellen Sie das Ergebnis grafisch dar (Preiskurve).
3. Stellen Sie die Preisentwicklung während eines Jahres bei Speisekartoffeln (Erzeuger- und Verbraucherpreise) grafisch dar.
4. Wodurch unterscheiden sich Erzeugerringe und Erzeugergemeinschaften?
5. Weshalb spielt die Direktvermarktung von Agrarprodukten bisher nur eine geringe Rolle?
6. Erstellen Sie ein Marketingkonzept für die Direktvermarktung eines Produkts.

Pflanzenbau

2

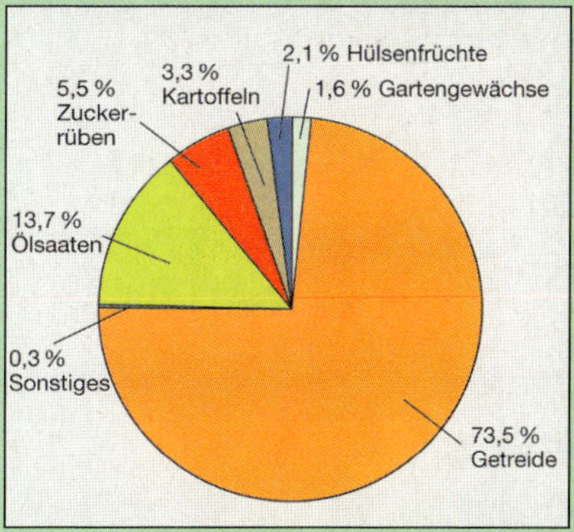

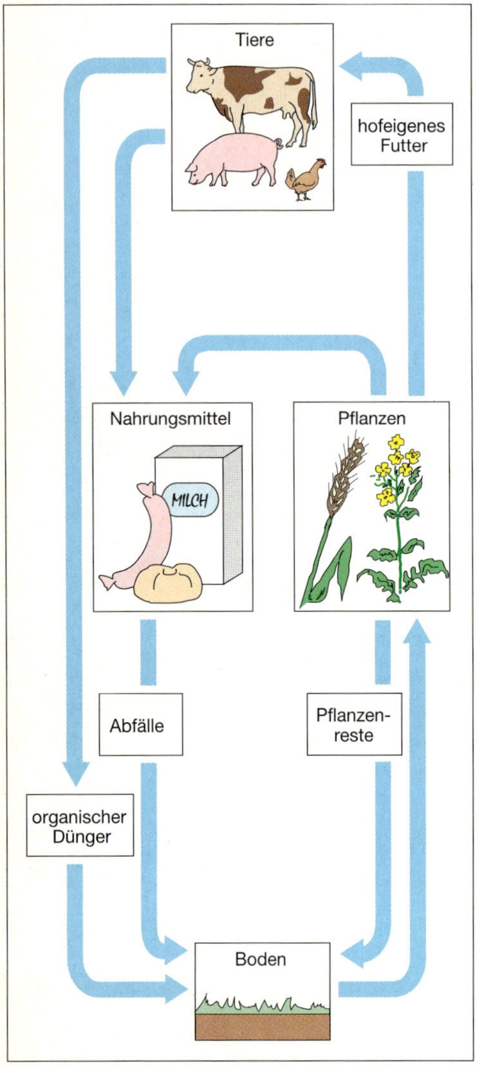

Abb. 40 Stoffkreislauf im Ökologischen Landbau (Schema).

1 Ökologischer Landbau

1.1 Entwicklung und Ziele

Abgrenzung, Ziele – Während die Landwirtschaft in den letzten Jahrzehnten immer mehr alle angebotenen Möglichkeiten nutzte, um mehr und rentabler zu produzieren, wuchs gleichzeitig bei einigen Landwirten, gestützt durch Ideen, die bereits 1924 in der Schweiz formuliert wurden, die Abneigung gegen den Einsatz chemischer Hilfsmittel.

Ziel ist eine Wirtschaftsform, die

- möglichst *vielseitig* ist, d. h. mit vielen verschiedenen Pflanzen und Tieren wirtschaftet,
- die *Bodenfruchtbarkeit* durch verstärkten Anbau von Leguminosen und Tiefwurzlern, ausgeglichene Humusbilanz und schonende Bodenbearbeitung *nachhaltig fördert*,
- die *natürlichen Widerstandskräfte* gegen Krankheiten und Schädlinge stärkt,
- Tiere nach *artgmäßen Bedürfnissen* füttert und hält und
- einen möglichst *geschlossenen Nährstoffkreislauf* ermöglicht.

Diese Wirtschaftsweise belastet die Umwelt nur wenig, führt zu aktivem Natur- und Artenschutz und erhält nicht zuletzt Arbeitsplätze in der Landwirtschaft. Für diese Art der Bewirtschaftung gibt es eine Reihe unterschiedlicher Bezeichnungen. Immer mehr setzt sich aber der Begriff »**Ökologischer Landbau**« dafür durch.

Inzwischen sind ökologische Wirtschaftssysteme durch internationale und nationale Rahmenrichtlinien genau beschrieben. Seit 1991 ist eine EU-Verordnung über den Ökologischen Landbau in Kraft, die u. a. auch die Kennzeichnung der Erzeugnisse und Lebensmittel aus anerkannten Ökobetrieben regelt.

Formen, Verbreitung – Auf der Grundlage der genannten Richtlinien entstanden *Verbände*, die den Mitgliedsbetrieben die *Erzeugungsbedingungen* vorschreiben und die Durchführung kontrollieren. Sie verleihen den Produkten ein geschütztes *Markenzeichen*.

Tabelle 3 zeigt die in Deutschland vertretenen Verbände des Ökologischen Landbaus. Neben den Mitgliedsbetrieben der Ökoverbände gibt es *Übergangsformen*. Dabei handelt es sich meist um Betriebe, die teilweise und/oder zeitweise Flächen nach ökologischen Gesichtspunkten bewirtschaften, um so in den Genuss höherer Preise zu kommen.

Ein **Beispiel** ist der sog. »Kontrollierte Anbau«. Der Unterschied zum Ökologischen Landbau besteht vor allem darin, dass dieser immer den Gesamtbetrieb erfasst und auf Dauer angelegt ist.

1.2 Maßnahmen des Ökologischen Landbaus

Ziel – Ökologischer Landbau (ÖL) will die natürlichen Kreisläufe so wenig wie möglich stören. Der Verzicht auf direkte Ein-

Tabelle 3: Verbände des Ökologischen Landbaus. Diese Verbände haben sich zu einer Arbeitsgemeinschaft Ökologischer Landbau (AGÖL) zusammengeschlossen (Stand: 1.1.2000)

	Demeter	ANOG	Bioland	Biokreis Ostbayern	Naturland
Gründungsjahr	1924	1962	1971	1979	1982
Warenname und Schutzzeichen	demeter	ANOG kontrollierte biologische Produkte	Bioland ÖKOLOGISCHER LANDBAU	BIO KREIS e.V.	Naturland
Anbaufläche ha	48 065	3287	116 739	3397	57 440*
Zahl der Betriebe	1333	85	3385	200	1125*
Adresse	Forschungsring für Biologisch-Dynamische Wirtschaftsweise e. V. Demeter-Bund e. V. Baumschulenweg 11 D-64295 Darmstadt Tel.: (0 61 55) 26 74 Fax: (0 61 55) 57 74	ANOG e. V. Pützchens-Chaussee 60 D-53227 Bonn Tel.: (02 28) 46 12 62 Fax: (02 28) 46 15 58	Bioland e. V. Postfach 2 08 D-73002 Göppingen Tel.: (08 51) 3 16 96 Fax: (08 51) 3 23 32	Biokreis Ostbayern e. V. Theresienstraße 36 D-94032 Passau Tel.: (08 51) 3 16 96 Fax: (08 51) 3 23 32	Naturland-Verband für naturgemäßen Landbau e. V. Kleinhaderner Weg 1 D-82166 Gräfelfing Tel.: (0 89) 8 54 50 71 Fax: (0 89) 85 59 74

	BÖW (ECOVIN)	Ökosiegel	Gäa	Biopark	
Gründungsjahr	1985	1988	1989	1991	
Warenname und Schutzzeichen	ECOVIN	ÖKOSIEGEL	Gäa ÖKOLOGISCHER LANDBAU	ÖKOLOGISCHER LANDBAU BIOPARK	
Anbaufläche ha	877	1296	35 254	107 754	
Zahl der Betriebe	198	23	313	587	
Adresse	Bundesverband Ökologischer Weinbau e. V. (BÖW) Zuckerberg 19 D-55276 Oppenheim Tel.: (0 61 33) 16 40 Fax: (0 61 33) 16 09	Ökosiegel e. V. Fischerweg 8 D-31787 Hameln Tel.: (0 51 51) 95 96 99 Fax: (0 51 51) 95 96 99	Gäa e. V. – Vereinigung Ökologischer Landbau Plauenscher Ring 40 D-01187 Dresden Tel.: (03 51) 4 01 23 89 Fax: (03 51) 4 01 23 89	Biopark e. V. Zarchlinerstr. 1 D-19395 Karow Tel.: (03 87 38) 2 29 Fax: (03 87 38) 2 26	

1) Einschließlich zertifizierten Waldes: 14 394 ha; 18 Betriebe.

griffe mit chemischen Dünge- und Pflanzenschutzmitteln erfordert den Einsatz alternativer pflanzenbaulicher Maßnahmen sowie deren *Vernetzung*. Diese Handlungsweise hat zumindest teilweise auch schon im konventionellen (bisher üblichen) Landbau Eingang gefunden, so z. B. im Integrierten Pflanzenbau (IP). Die Unterschiede werden daher in den jeweiligen Kapiteln des Buches behandelt. Die folgenden Abschnitte sind eine allgemeine Übersicht über die Maßnahmen des Ökologischen Landbaus.
Bodenpflege – Ziel aller Maßnahmen ist die Erhaltung und Verbesserung der *Bodenfruchtbarkeit*, das heißt, über die Aktivie-

rung des *Bodenlebens* muss die *Nährstoff-Nachlieferung* im Boden verstärkt werden.
Das wird erreicht durch
- Zufuhr *organischer Masse*,
- Vermeiden *offener Bodenoberflächen* durch verstärkten *Zwischenfruchtbau* (auch durch Untersaaten),
- *schonende Bodenbearbeitung* (flach bearbeiten, tief lockern),
- *vielseitige Fruchtfolgen*, Berücksichtigung von Tiefwurzlern,
- verstärkten Anbau von *Leguminosen* zur N-Versorgung,
- Befahren des Bodens nur im *tragfähigen* Zustand.

Fruchtfolge – Neben der Aufgabe, das Futter für das Vieh sicherzustellen und entsprechende Marktfrüchte zu berücksichtigen, hat die Fruchtfolge im Ökologischen Landbau vor allem das ganze Bewirtschaftungssystem zu unterstützen.
Im Einzelnen sind dies die Verbesserung der Humusbilanz und damit Förderung der Bodenlebewesen, die Stickstoff-Anreicherung des Bodens durch verstärkten Leguminosenanteil (bis zu 50 %), Unterdrückung der Konkurrenzpflanzen durch mehrjährigen Feldfutterbau, Lockerung des Bodens durch Anbau von Tiefwurzlern, Eindämmung von Schädlingen und ständige Bedeckung des Bodens. Zwischenfrüchte sollen so oft als möglich in der Fruchtfolge berücksichtigt werden, um die oben genannten Wirkungen noch zu erhöhen.

für Rinder haltende Betriebe

- Ackerfutter
- Ackerfutter
- Winterweizen
- Winterroggen
- Hafer
- Ackerbohnen
- Dinkel
- Sommergerste

für Schweine haltende Betriebe

- Grünbrache
- Winterweizen
- Winterroggen
- Mohrrüben
- Körnerleguminosen
- Dinkel
- Hafer

für viehlose Betriebe

- Leguminosen zur Samengewinnung
- Kartoffeln
- Winterweizen
- Hafer
- Ackerbohnen
- Winterweizen
- Winterroggen

Abb. 41 **Beispiele** für Fruchtfolgen im Ökologischen Landbau.

Pflege der Pflanzenbestände – Die chemische Bekämpfung der Konkurrenzpflanzen und Schädlinge ist im Ökologischen Landbau verboten, weil sie immer einen Eingriff in das Ökosystem darstellt, Abbauprodukte der verwendeten Mittel (Metaboliten) nicht genügend in ihrer Wirkung erforscht sind und ins Grundwasser gelangen können. Herbizide führen zur Artenverarmung, während die Maßnahmen des Ökologischen Landbaus auf eine Eindämmung der gesamten Pflanzenkonkurrenz, nicht auf eine Auslese ausgerichtet sind.
Die Tabelle 4 zeigt Pflanzenschutzmaßnahmen im Ökologischen Landbau.

Tabelle 4: Pflanzenschutzmaßnahmen im Ökologischen Anbau

Regulierung des Unkrautbesatzes	Eindämmen von Pilzkrankheiten	Eindämmen von Schadinsekten
indirekte Maßnahmen – vielseitige Fruchtfolgen mit mehrjährigem Futterbau, – Zwischenfruchtbau, – Wahl standortgerechter Sorten mit schneller Anfangsentwicklung	– vielseitige Fruchtfolgen, – resistente Sorten, – Förderung der Krümelstruktur	– Unterstützung natürlicher Feinde durch Hecken, Raine und Feldgehölze, – vielseitige Fruchtfolge mit Mischkulturen
direkte Maßnahmen – Striegeln, – Hacken, – Abflammen	– z. B. Schachtelhalmtee, – Artanax, – Wasserglas, Kupferpräparate und Netzschwefel nur beschränkt zugelassen	– Gesteinsmehl, – Pheromone

Düngung – Auch der ökologisch wirtschaftende Betrieb *verkauft* Marktfrüchte, Milch, Milchprodukte und Fleisch, das heißt, der Stoffkreislauf weist eine *Lücke* auf, durch die der Boden allmählich verarmen würde. Diese Nährstofflücke muss die Düngung schließen. Das ist im vielseitig wirtschaftenden Betrieb leichter als im viehlosen, weil viele Futterpflanzen ein gutes Nährstoff-Aneignungsvermögen besitzen.
Der wichtigste Grundsatz der Düngung ist die Erhaltung des *biologischen Gleichgewichts*. Es kommt also zunächst darauf an, das Bodenleben durch Zufuhr organischer Masse zu aktivieren und die Bodenstruktur zu verbessern, damit die natürliche Nährstoff-Nachlieferung des Bodens verstärkt wird.
Zur Düngung können *Gesteinsmehl*, *Algenmehle*, langsam wirkende *Kalkdünger*, *Rohphosphate*, *Patentkali* und *Spurenelementdünger* nach Vorgabe der jeweiligen Ökoverbände benutzt werden.
Die Versorgung mit *Stickstoff* ist ausschließlich durch Wirtschaftsdünger, Kompost und Anbau von Leguminosen sicherzustellen.

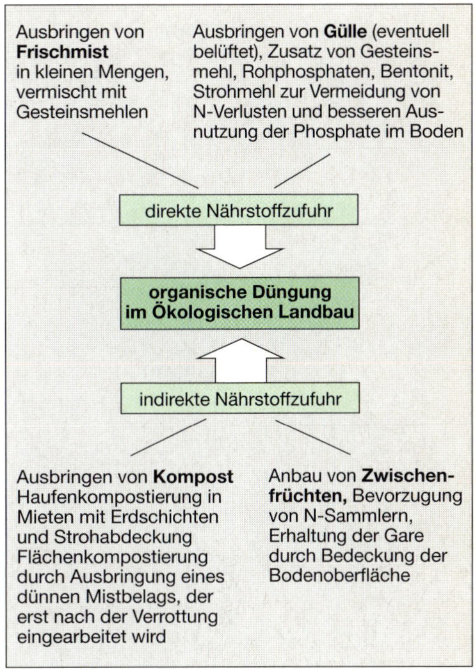

Abb. 42 Stellung der organischen Düngung im Ökologischen Landbau.

1.3 Bewertung des Ökologischen Landbaus

Ökologische Vorteile – Die wichtigste Auswirkung des Ökologischen Landbaus ist die **Schonung der Umwelt.** Die *Nitrat-Auswaschung* ist deutlich geringer als bei üblicher Wirtschaftsweise. Weil keine chemischen Pflanzenschutzmittel eingesetzt werden dürfen, entfällt auch die davon ausgehende Umweltbelastung. Der Einwand, dass Pflanzenbestände im Ökologischen Landbau stärker mit Pilzgiften belastet seien, trifft nicht zu, weil die Pflanzen durch einen geringeren Turgordruck und widerstandsfähigere Oberhautgewebe weniger von Krankheiten befallen werden als bei üblicher Wirtschaftsweise mit hoher Stickstoffdüngung.
Ein weiterer Vorteil ist der **verbesserte Artenschutz.** Vergleichende Untersuchungen zeigten mehr als doppelt so viele Pflanzenarten als auf konventionell bewirtschafteten Flächen. Eine vielseitige Pflanzengesellschaft fördert auch die Anzahl der Lebewesen im Boden und im Bereich der Insekten.
Diese Vorteile sind der Grund, weshalb auch im konventionellen Landbau wieder immer mehr Elemente der ökologischen Wirtschaftsweise Eingang finden.
Ökonomie im Ökologischen Landbau – Für den ökologisch wirtschaftenden Betrieb gelten die *gleichen* ökonomischen **Regeln** wie für den konventionellen. Maßgebend für den Betriebserfolg sind auch hier *Erträge, Preise* und *Erzeugungskosten.*
Im Ökologischen Landbau sind die ackerbaulichen **Erträge** im Vergleich mit denen konventionell wirtschaftender Betriebe an gleichen Standorten niedriger, weil chemischer Pflanzenschutz und gezielte Mineraldüngung auch bei guter ökologischer Bewirtschaftung nicht ersetzt werden können. Bei Grünlandflächen unterscheiden sich dagegen die Erträge kaum.

	Gehalt in %		
	Silikat	CaO/MgO	Spurenelemente
saure Urgesteinsmehle aus Granit, Gneis	75	0	wenig
basische Urgesteinsmehle aus Diabas	50	5–10	reichlich
Basalt	40–50	10–30	reichlich
vulkanische Asche	50	bis 20	reichlich
Kalk, Dolomit	0–5	50	wenig

Abb. 43 Zusammensetzung von Gesteinsmehlen unterschiedlicher Herkunft.

Abb. 44 **Beispiel** für ein überregional verwendetes Qualitäts- und Herkunftszeichen.

Tabelle 5: Ertragseinbußen beim Ökologischen Landbau

Fruchtart	Höhe der Ertragseinbußen	wesentliche Ursachen
Kartoffeln	hoch	Krautfäule, Verunkrautung, geringeres N-Angebot im Frühjahr
Winterweizen Wintergerste		geringere N-Versorgung im Frühjahr, Verunkrautung, Krankheiten, Lager
Silomais	mittel bis hoch	Verunkrautung, geringere N-Versorgung
Feldgemüse		wie Silomais, Schädlinge
Roggen Sommerweizen Hafer Futterrüben	mittel	Verunkrautung, geringere N-Versorgung
Dinkel Sommergerste	gering bis mittel	Verunkrautung, geringere N-Versorgung
Körnerleguminosen	keine oder nur gering	Verunkrautung
Futterleguminosen	keine, eher Mehrerträge	größere Leistung N-sammelnder Bakterien, verbesserte Bodenfruchtbarkeit

Abb. 45 **Beispiel** eines Deckungsbeitrages für 1 ha Weizen im Ökologischen Landbau bei unterschiedlichen Vermarktungsformen.

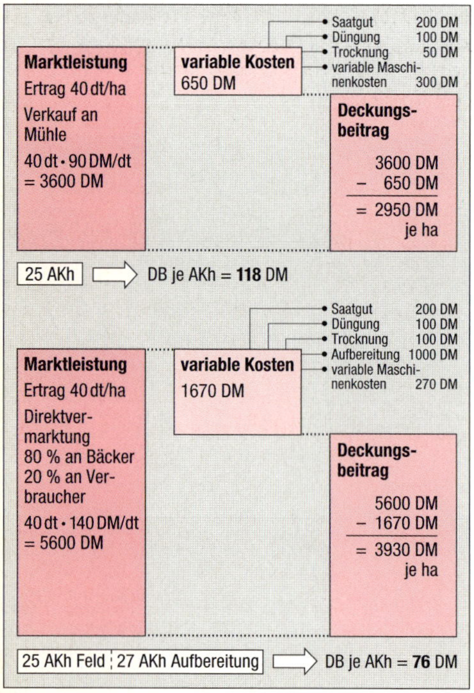

Hinsichtlich der **variablen Kosten** können sich ökologische und konventionelle Wirtschaftsweise erheblich unterscheiden. Während Erstere wegen des Verzichts auf chemische Dünge- und Pflanzenschutzmittel Kosten spart, fallen Mehrausgaben im Bereich der Unkrautbekämpfung an. Sie sind natürlich bei Getreidebeständen, die nur gestriegelt werden, kaum höher als bei einem Herbizideinsatz. Sie steigen aber dann stark an, wenn in Reihenkulturen bei ungünstigen Bodeneigenschaften und schlechten Witterungsbedingungen mit fremden Arbeitskräften von Hand gehackt werden muss.

Bezüglich der **Marktleistung** gilt, dass im Ökologischen Landbau hohe Preise nur über die *Direktvermarktung* erzielt werden. Der Verkauf an Großhändler oder Verarbeiter bringt geringere Erlöse.

Wegen der aber insgesamt noch höheren Preise für Produkte aus Ökologischem Landbau und der weiter sinkenden Erzeugerpreise in der üblichen Landwirtschaft bringt der Betriebszweig Ackerbau im Ökobetrieb einen höheren Gewinn. Das gilt nicht nur für die Vermarktung der pflanzlichen, sondern auch der tierischen Produkte.

Grünland-Ökobetriebe, die ihre Marktleistung mit üblichen Milch- und Fleischpreisen erzielen, fangen die Mindereinnahmen mit geringeren variablen Kosten und höheren Grundfutterleistungen auf.

Ausweitungsmöglichkeiten – Weiterhin sinkende Erzeugerpreise in der Landwirtschaft, zunehmende Auflagen im Bereich des Umweltschutzes und staatliche Förderung extensiven Landbaus legen vielen Landwirten die Frage nahe, ob sie ihren Betrieb nicht ebenfalls auf Ökologischen Landbau umstellen sollten.

Entscheidend für den künftigen Betriebserfolg dieses Wirtschaftssystems ist die *Entwicklung des Marktes.* Ökologischer Ackerbau, weniger die Grünlandbewirtschaftung braucht höhere Preise, um rentabel zu sein. Solange diese am Markt zu erzielen sind, ist eine Ausweitung möglich.

Dabei spielt das *Marketing der Ökoverbände* eine wichtige Rolle. Gelingt es ihnen, mit Großhandelsketten und großen Lebensmittelherstellern zusammenzuarbeiten und ein gemeinsames Markenzeichen mit großem Bekanntheitsgrad zu entwickeln, ist ein großer Schritt zur ökonomischen Sicherung der Ökobetriebe getan.

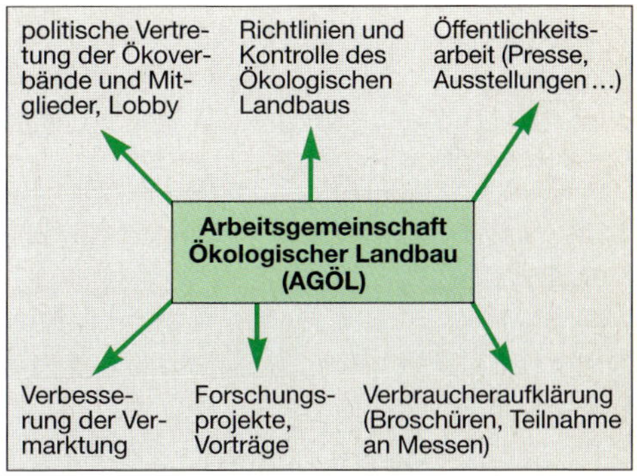

Abb. 46 Aufgaben der Arbeitsgemeinschaft Ökologischer Landbau.

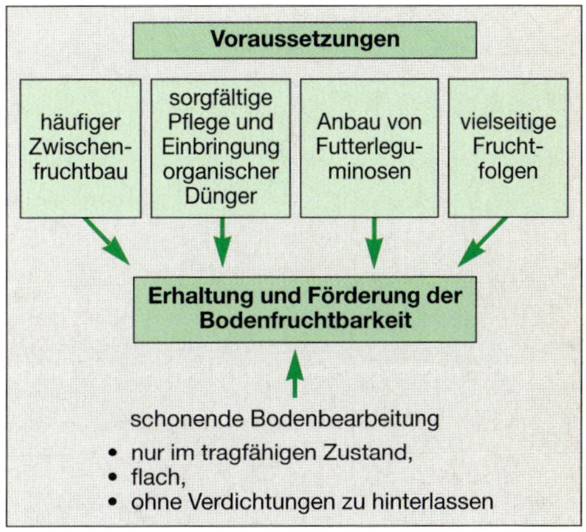

Abb. 47 Bodenbearbeitung ist im Ökologischen Landbau in das gesamte Bewirtschaftungssystem eingebunden.

Aufgaben:

1. Wie ist der Ökologische Landbau gegenüber dem konventionellen abgegrenzt?
2. Welche Ökoverbände gibt es in Deutschland?
3. Weshalb Ist die Fruchtfolge das Herzstück des Ökologischen Landbaus?
4. Die landwirtschaftliche Nutzfläche in Deutschland beträgt 17 181 600 ha. Ermitteln Sie mit Hilfe der Angaben in Tabelle 3 den Anteil der ökologisch bewirtschafteten Fläche.
5. Welche Ursachen haben Ertragsminderungen im Ökologischen Landbau gegenüber der konventionellen Wirtschaftsweise?
6. Welche ökologischen Vorteile bringt der Ökologische Landbau?
7. Zwei in nachbarschaftlicher Nähe gelegene Betriebe mit konventioneller bzw. ökologischer Wirtschaftsweise erzielten folgende Ergebnisse beim Produktionsverfahren »Speisekartoffel-Anbau«:

1 ha Kartoffeln	Betrieb mit konventionellem Landbau	Betrieb mit ökologischem Landbau
Ertrag insgesamt	330 dt	220 dt
Verluste	33 dt	20 dt
verkaufte Speiseware	250 dt je 29 DM	180 dt je 59 DM
Futterware	33 dt je 10 DM	20 dt je 10 DM
Pflanzgut		
eigenes	14 dt je 29 DM	14 dt je 59 DM
zugekauft	14 dt je 110 DM	14 dt je 110 DM
Dünger	377 DM	240 DM
Pflanzenschutz, chemisch	572 DM	–
variable Maschinenkosten	480 DM	460 DM
Säcke für Direktvermarktung	–	620 DM
Transportkosten	60 DM	120 DM

a) Berechnen Sie jeweils den Deckungsbeitrag für 1 ha Kartoffeln.
b) Bewerten Sie die Ergebnisse.

2 Pflanzenbau auf dem Acker setzt eine Fruchtfolge voraus

Abb. 48 Großflächige Monokulturen können das ökologische Gleichgewicht stören.

Überlässt man den Boden sich selbst, entwickeln sich je nach Standort typische *Pflanzengemeinschaften* aus vielen Arten. Sie bewahren die Bodenfruchtbarkeit auf Dauer. Der Mensch stört dieses Gleichgewicht, wenn er auf dem Acker großflächig und über längere Zeit nur eine einzige Pflanzenart (Monokultur) anbaut. Bald lassen die Erträge spürbar nach. Die wichtigsten Gründe dafür sind:

- Verschlechterung der Bodenstruktur,
- Vermehrung spezifischer pflanzlicher und tierischer Schädlinge,
- Vermehrung standorttypischer, unerwünschter Pflanzen,
- einseitiger Nährstoff- und/oder Wasserentzug.

Abgesehen von einigen sog. Dauerkulturen (z. B. Hopfen oder Wein) wechselt man deswegen mit dem Anbau von Nutzpflanzen auf dem gleichen Feld.

Die fachlich begründete periodisch wiederkehrende Aufeinanderfolge der Fruchtarten auf ein und demselben Feld wird als Fruchtfolge bezeichnet.

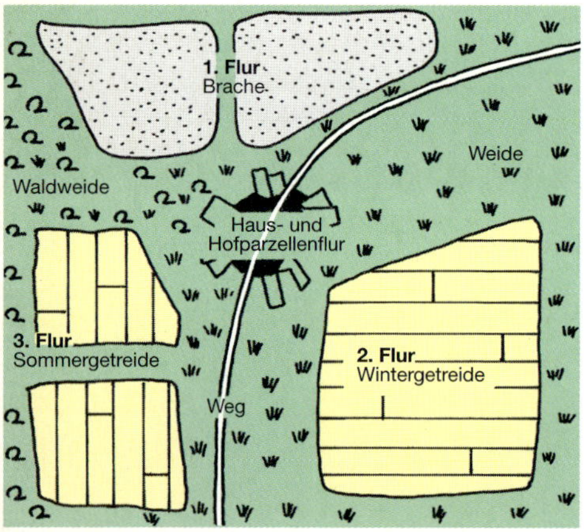

Abb. 49 Darstellung der alten Dreifelderwirtschaft (Schema).

2.1 Entstehung

Bis vor ca. 200 Jahren waren die Getreidearten die einzigen Feldfrüchte. Sie wurden als Sommer- und Winterform angebaut (*Sommerung* bzw. *Winterung*). Dann folgte eine gleich lange oder längere *Brache*, d. h., das Feld wurde aufgebrochen, schwarz gemacht. Diese Anbaupause wurde infolge der oben beschriebenen Gründe und wegen fehlenden Nährstoffnachschubs nötig. Die Brache wurde meist als Weide (Düngung!) genutzt.

Auf den niederschlagsärmeren Standorten wurde, nicht zuletzt durch den Flurzwang, der die Gemeindeflur in drei etwa gleich große Bezirke aufteilte und in denen jeder Hof jeweils einen Anteil hatte, jedes Jahr im Anbau der Ackerfrüchte gewechselt.

Die Fruchtfolge bestand also aus folgenden Feldern: Wintergetreide – Sommergetreide – Brache. Dieses System wird als **Alte Dreifelderwirtschaft** bezeichnet.

Erst im 18. Jahrhundert verdrängte der Rotklee allmählich die Brache. Gegen Ende desselben Jahrhunderts begann man mit dem Anbau der Kartoffel und ab 1805 beanspruchten zunächst die Futterrüben und später die Zuckerrüben zusätzliche Anbauflächen. So verdrängten die neuen Früchte die Brache und ergänzten die Alte Dreifelderwirtschaft.

Die Folge Wintergetreide – Sommergetreide – Blattfrucht wird als **Verbesserte Dreifelderwirtschaft** bezeichnet. Sie stellt noch heute in Deutschland die Grundform der Fruchtfolge im Ackerbau dar.

2.2 Fruchtfolgebegriffe

Pflanzenbauliche und betriebswirtschaftliche Anforderungen bestimmen das **Ackerflächen-Verhältnis** eines Betriebes. Es drückt den Anbauumfang der einzelnen Fruchtarten in Prozent aus. Die biologischen und ökonomischen Gegebenheiten führen zur Einhaltung von **Fruchtfolgen.** Diese regeln die *zeitliche Aufeinanderfolge* und die *periodische Wiederkehr* einer Pflanzenart auf dem gleichen Schlag **(Fruchtfolgefeld).**
Die Anzahl der Fruchtfolgefelder als kleinste Einheiten der Fruchtfolge bestimmt also die Dauer eines Fruchtfolgeumlaufes, einer **Rotation.** Dabei entspricht die Zahl der Fruchtfolgefelder der Zahl der Jahre für einen Umlauf.
Zwei aufeinanderfolgende Fruchtfolgefelder werden als **Fruchtfolgepaar** bezeichnet. Alle Einflüsse der vorangestellten Frucht auf die nachfolgende werden **Vorfruchtwirkung** genannt.
Die in Fruchtfolgen angebauten Kulturpflanzen lassen sich in zwei große Gruppen einteilen:

- **Blattfrüchte,** sie werden auch als *tragende* Kulturpflanzen bezeichnet, und
- **Halmfrüchte** (alle Getreidearten außer Mais), sie werden als *abtragende* Kulturpflanzen bezeichnet.

Die jeweils tragende Blattfrucht und die darauf folgenden Halmfrüchte werden zu einem **Fruchtfolgeglied** zusammengefasst. Je nach der Zahl der Blatt- und Halmfrüchte werden zwei-, drei- und vierfeldrige Fruchtfolgeglieder unterschieden. Sie sind wieder die Bausteine der zwei- und mehrgliedrigen Fruchtfolgen.

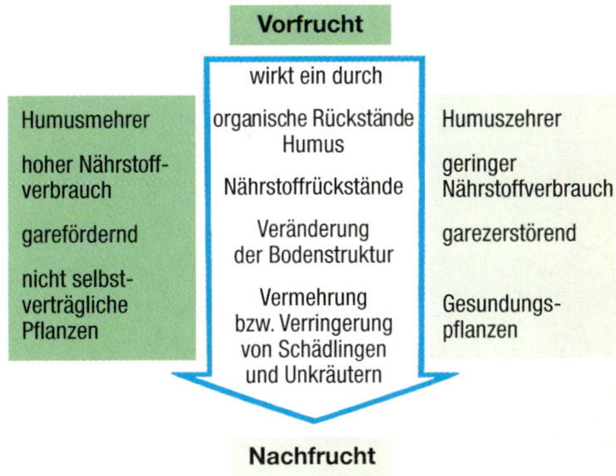

Abb. 50 Bei der Fruchtwechselwirtschaft gleichen sich positive und negative Einflüsse der Vorfrüchte aus.

Abb. 51 Dieser schwere Tonboden mit 5 Wochen alter Gründüngung kann durch gute Bewurzelung die nächstjährige Ernte ohne Mineraldüngung sichern.

2.3 Fruchtfolge-Systeme

Die zahlreichen **Fruchtfolge-Systeme** lassen sich grob einteilen in

- Felderwirtschaften
- Fruchtwechselwirtschaften
- Wechselwirtschaften

Felderwirtschaften – Sie sind durch ihre Fruchtfolgeglieder gekennzeichnet. Die **Alte Dreifelderwirtschaft** bestand aus dem Brachschlag mit zweimaliger Getreidefolge (Winterung, Sommerung). Die **Verbesserte Dreifelderwirtschaft** besteht aus einer Blattfrucht und zwei nachfolgenden Halmfrüchten (eingliedrige Fruchtfolge). Sie wird heute wieder vielfach unter dem Spezialisierungszwang der Betriebe angewendet.
Fruchtwechselwirtschaften – Unter einem *einfachen Fruchtwechsel* versteht man den jährlichen Wechsel zwischen Halm- und Blattfrüchten auf einem Schlag. Kombiniert man zwei Blattfrüchte mit zwei Halmfrüchten, entsteht ein *Doppelfruchtwechsel.*
Wechselwirtschaften – Diese Fruchtfolgesysteme sind ausschließlich in viehstarken Betrieben anzutreffen, in denen ein Teil des Futters über den Ackerfutterbau gewonnen wird.
Werden Ackerflächen mehrjährig als Grünland genutzt, spricht man im Grünlandgürtel Süddeutschlands von *Egartenwirtschaft,* von *Weide-Wechselwirtschaften* in Norddeutschland.

Abb. 52 Beispiele für Fruchfolgen nach der Verbesserten Dreifelderwirtschaft.

Raps	Winterweizen	Wintergerste
Zuckerrüben	Weizen (Winter- oder Sommerweizen)	Sommergerste
Körnermais	Weizen (Winter- oder Sommerweizen)	Sommergerste

	Jahr	
Luzerne	1.	Kleegras
Luzerne	2.	Kleegras
Winterweizen	3.	Winterweizen
Wintergerste	4.	Kartoffeln
Zuckerrüben	5.	Hafer
Winterweizen	6.	Felderbsen
Kartoffeln	7.	Winterweizen
Sommergerste mit Luzerneeinsaat	8.	Sommergerste mit Kleegraseinsaat

Abb. 53 **Beispiele** für Fruchtfolgen mit Fruchtwechselwirtschaft.

2.4 Bedeutung

Jedes moderne Fruchtfolgesystem muss folgenden Zielen dienen:

- Die angebauten Früchte müssen im eigenen Betrieb veredelt werden können oder sie müssen marktfähig sein und den Standortverhältnissen entsprechen.
- Die *Bodenfruchtbarkeit* muss auf Dauer gesichert bleiben (Humusversorgung!).
- Die Fruchtfolge muss das *Anbaurisiko* im Hinblick auf Pflanzenverträglichkeit und Vermehrung von Schaderregern mindern.
- Die *Mechanisierungskosten* sollen nach Möglichkeit gesenkt und die Arbeitsspitzen gebrochen werden.
- Das Anbauverhältnis muss einen möglichst hohen Deckungsbeitrag garantieren.

Im **ökologisch wirtschaftenden Betrieb** ist die Fruchtfolge das Herzstück der Betriebsorganisation. Sie richtet sich in viehstarken Betrieben nach dem Futterbau, in viehschwachen Betrieben mehr am Verkaufsfruchtbau aus. Dabei sollte der Getreideanteil 60 % nicht überschreiten und der Leguminosenanteil mindestens 20 % betragen. Getreide- und Futterpflanzengemenge sind wie die Untersaaten und Zwischenfrüchte wesentliche Bestandteile der Fruchtfolge.

Aufgaben:
1. Weshalb ist im Feldbau eine Fruchtfolge nötig?
2. Welche Ziele muss eine Fruchtfolge berücksichtigen?
3. Weshalb bezeichnet man im ökologischen Landbau die Fruchtfolge als Herzstück der Betriebsführung?
4. Weshalb ist auf Grünland kein Fruchtwechsel nötig?

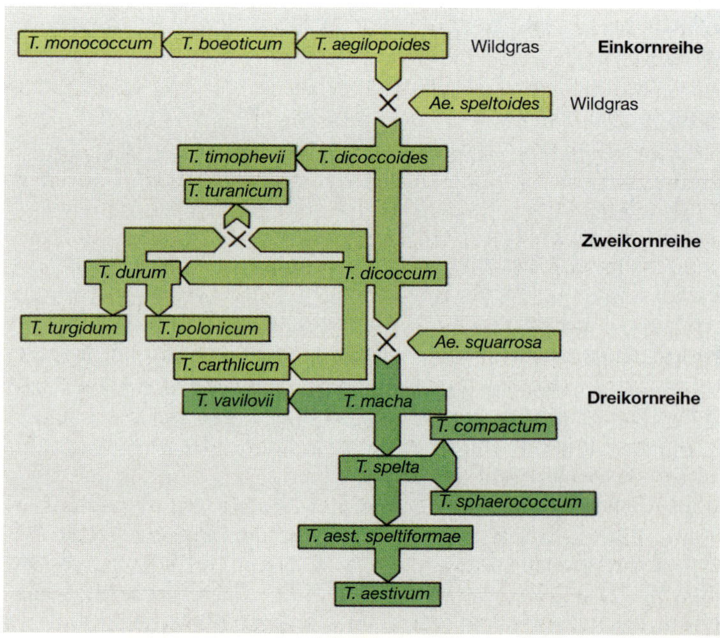

Abb. 54 Entwicklungsgeschichte des Weizens (Schema).

3 Pflanzenzüchtung und Saatgut

Abb. 55 In einem Zuchtgarten müssen die Blüten vor Fremdbestäubung durch Umhüllung geschützt werden.

3.1 Leistungsfähige Sorten – Voraussetzung für erfolgreiche Pflanzenproduktion

Eine Verbesserung der Anbautechnik lohnt sich nur, wenn die Kulturpflanzen durch züchterische Bearbeitung zu hohen Leistungen veranlagt sind. Ziel der Pflanzenzüchtung ist es, die bereits vorhandenen Sorten hinsichtlich Ertragsfähigkeit, Qualität (Geschmack, Nährstoffgehalt, Verarbeitungseignung), Widerstandsfähigkeit und Toleranz gegen Krankheiten durch bessere, neue Züchtungen zu ersetzen.
Die Arbeit des Pflanzenzüchters ist eine *schöpferische Tätigkeit*. Sie erfordert großes Wissen, viel Erfahrung und verursacht hohe Kosten. So bedarf es für die Züchtung einer neuen Sorte heute einer Zeit von 12–18 Jahren, wobei insgesamt Kosten in Millionenhöhe anfallen können. Der gesetzliche **Sortenschutz** würdigt diesen Einsatz des Züchters.

3.2 Züchtungsverfahren

Selektion – Die älteste Methode, zu leistungsfähigeren Kulturpflanzen zu kommen, ist die immer wiederholte Auswahl (Selektion) jener Pflanzen, deren Eigenschaften am ehesten dem Zuchtziel entsprechen. Dieses Verfahren führte über Jahrtausende zur Entstehung der sog. **Landsorten,** die den jeweiligen Standortbedingungen angepasst waren. Selektion von Einzelpflanzen oder großen Pflanzengruppen (Individual- oder positive Massenauslese) wird auch heute noch als Teilschritt in der Pflanzenzüchtung angewandt.
Kreuzung – Die Selektion führte bei Selbstbefruchtern wie z. B. beim Weizen bald dazu, dass der genetische Unterschied zwischen den einzelnen Pflanzen immer geringer wird, d. h. ein Fortschritt nur noch dann zu erzielen ist, wenn die Erbanlagen (Genpotenzial) verändert werden. Dies kann durch Kreuzung mit anderen Sorten geschehen, von denen jede zwar wertvolle, aber auch nachteilige Eigenschaften besitzt. Das Ergebnis ist eine Anzahl von Pflanzen (Population), unter denen sich solche befinden können, die alle gewünschten Eigenschaften besitzen.
Kreuzungen werden auch bei solchen Pflanzen vorgenommen, die üblicherweise wegen ihrer *Mischerbigkeit* nur vegetativ vermehrt werden (Kartoffel, Pappel). Hier muss man allerdings erst **Klone** bilden. Das bedeutet, die zur Zucht benützten Pflanzen einer Sorte müssen von *einer* Mutterpflanze abstammen, damit die Kreuzungspartner reinerbig werden.
Lassen sich keine Sorten mit den gewünschten Eigenschaften finden, wobei die ursprüngliche Heimat der jeweiligen Kulturpflanze ihr **Genzentrum** darstellt, müssen andere Wege gefunden werden. Eine Möglichkeit stellt die Kreuzung verschiedener Arten dar, z. B. zwischen Weizen und Roggen (Triticale).

Abb. 56 Auch im Labor müssen Kreuzungspflanzen vor Fremdbestäubung geschützt werden, um für Versuche dienen zu können.

Abb. 57 Haploide Pflanzen erhält man aus Antheren-(= Staubgefäße-)Kulturen. Entfernen der Antheren (oben), Keimbettung der Antheren im Kulturgefäß (Mitte), Bildung der neuen Pflanze auf einer Nährlösung (unten).

Abb. 58 Meristemkultur, hier bei Arnika.

Hybridzucht – Dies ist die Kreuzung von möglichst reinerbigen Pflanzen verschiedener Sorten. Dabei ergeben sich einzelne Nachkommen, die besonders leistungsfähig sind, man nennt dies **Heterosiseffekt.** Voraussetzung für Hybridzucht ist gezielte Bestäubung. Daher wurde dieses aufwändige Zuchtverfahren bei uns zunächst bei getrenntgeschlechtigen Pflanzen angewendet, z. B. Mais, Futter- und Zuckerrüben. Erst heute wird versucht, auch bei Roggen, Raps, Gerste und Weizen Hybriden zu züchten. Die Erfolge in der Roggen-Hybridzucht führten bereits zu einer weitgehenden Verdrängung der Populationssorten.

Die reinerbigen Kreuzungspartner erhält man durch **Inzucht** und anschließende Selektion jener Pflanzen, die die gewünschten Eigenschaften am besten zeigen. So erhält man sog. *Inzuchtlinien*. Hierzu ist viel Arbeit und Zeit nötig. Die aus der Kreuzung der Inzuchtlinien entstandenen Hybriden übertreffen die Leistungen der Ausgangsformen, spalten in der F_2-Generation jedoch wieder auf, d. h., die Leistungen streuen stärker und gehen wieder zurück.

Eine Festigung der Heterosiswirkung kann durch Kreuzung von Hybriden erzielt werden **(Doppelhybriden). Top-Cross-Hybriden** entstehen aus der Kreuzung einer Hybride mit einer Sorte. Die Kreuzung einer Hybride mit einer Inzuchtlinie wird als **Drei-Wege-Hybride** bezeichnet.

Biotechnologie – Unter diesem Begriff werden alle Verfahren zusammengefasst, deren Endprodukte das Ergebnis biologischer Verfahren sind. Dazu zählen im Grunde alle Verfahren der Pflanzenzucht, man versteht jedoch im Besonderen darunter

- **Haploidenzucht:** Die Staubgefäße einer diploiden Pflanze werden vor ihrer Reifeteilung auf künstlichen Nährboden gebracht. Aus ihnen entwickelt sich eine haploide Pflanze. Weil diese meist wenig leistungsfähig ist, behandelt man sie mit dem Gift der Herbstzeitlose, Colchizin, und erreicht so die Verdoppelung des Chromosomensatzes, so dass die Pflanze wieder diploid, aber reinerbig ist.
- **Zellfusion:** Mit Hilfe eines Enzymgemisches lässt man die Protoplasten zweier Zellen verschmelzen. Auf diese Weise können Pflanzen kombiniert werden, die auf natürlichem Wege nicht kreuzbar sind.
- **Meristemkultur:** Unter besonderen Bedingungen kann aus jeder Zelle wieder eine ganze Pflanze erwachsen. Für Resistenzzüchtungen (z. B. bei Kartoffeln oder Bäumen) werden deswegen aus den jungen, teilungsfähigen Geweben (Meristeme) Zellen oder Zellverbände entnommen und im Reagenzglas zu neuen Pflänzchen herangezogen. Später topft man sie ein und stellt sie ins Gewächshaus.

  Auf diese Weise lässt sich schnell eine große Menge Pflanzen mit gleichen Erbanlagen gewinnen. Bei Kartoffeln und Ulmen wurde damit ein wesentlicher Fortschritt im Kampf gegen Viruskrankheiten erzielt.
- **Gentechnologie:** Hierbei handelt es sich um das gezielte Übertragen einiger Gene. Dazu wird aus einem Chromosom ein DNA-Abschnitt mit der gewünschten Erbinformation isoliert und in ein Bakterium eingebaut. Dies vermehrt das

DNA-Stück. Die so gewonnenen DNA-Stücke werden nun abermals isoliert und in die Pflanzenzelle eingeschleust. Aus ihr entsteht eine Pflanze, die neben ihren ursprünglichen Eigenschaften auch noch das mit dem Gen übertragene Merkmal besitzt. Erste nutzbare Erfolge der Gentechnologie sind z. B. mit der Erzeugung Rizomania-resistenter Zuckerrüben oder Zünsler-resistenter Maissorten erzielt worden. Eine Anwendung gentechnisch veränderter Sorten in der Landwirtschaft stößt in Deutschland jedoch auf große Skepsis weiter Bevölkerungsschichten.

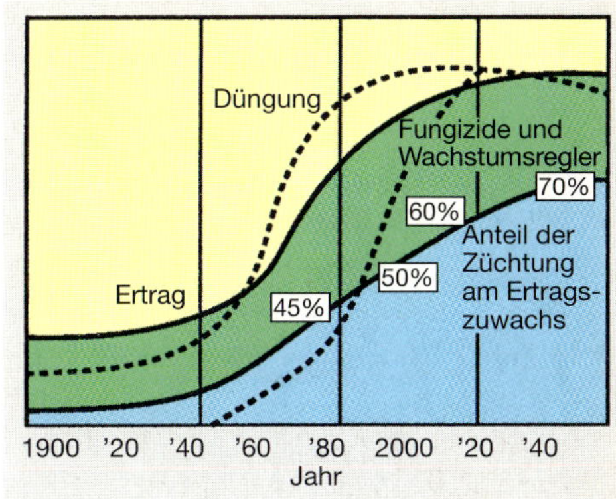

Abb. 59 Anteil des Züchtungsfortschrittes am Ertragszuwachs bei Getreide (Schema).

3.3 Saatgutwesen

Bedeutung – Saatgut ist ein wertvolles Betriebsmittel. Herstellung und Vertrieb sind gesetzlich geregelt. Das Saatgutwesen befasst sich daher mit der Zulassung von Sorten, der Vermehrung, Anerkennung und Kontrolle von Saat- und Pflanzgut.
Entstehung einer neuen Sorte – Im Zuchtgarten des Züchters werden zunächst typische, das Zuchtziel verkörpernde Pflanzen selektiert und gekreuzt. Nach Vermehrung in der 3. oder 4. Generation werden die aussichtsreichsten Zuchtstämme *Leistungsprüfungen* unterworfen. Nach erneuter Selektion und Vermehrung der jeweils besten Stämme stellt der Züchter nach der 8. oder 9. Generation Antrag auf **Sortenschutz** beim Bundessortenamt. Dieses prüft in einer *Registerprüfung*, ob die neue Sorte tatsächlich neu, hinreichend gleichmäßig und beständig ist.
In einer gleichzeitigen *Wertprüfung* werden Anbau, Resistenz, Ertrag und Qualität geprüft. Nach Bestehen beider Prüfungen wird die neue Sorte in die **Sortenliste** eingetragen. Erst jetzt darf Saatgut dieser Sorte in ganz Deutschland anerkannt und verkauft werden.
Die *Landes-Sortenversuche* der Länder schließen sich an die Wertprüfung an und sollen Ergebnisse für die Anbauempfehlung an unterschiedlichen Standorten liefern.
Erhaltungszucht – Ihre Aufgabe ist es, Jahr für Jahr genügend Saatgut einer Sorte für die Vermehrung zu erzeugen. Bei selbstbefruchtenden Pflanzen werden dafür Einzelpflanzen mit guter Ausprägung der Sorteneigenschaften ausgewählt und deren Nachkommen von allen minderwertigen Pflanzen bereinigt (Negativauslese). Bei Fremdbefruchtern, z. B. Roggen, oder bei Hybriden müssen die sortentypischen Erbanlagen und deren zweckmäßige Kombination gesichert werden.

Abb. 60 Laborversuch auf Gelbrost-Resistenz bei Gerste.

Abb. 61 Organisation der Saatgutvermehrung (Schema).

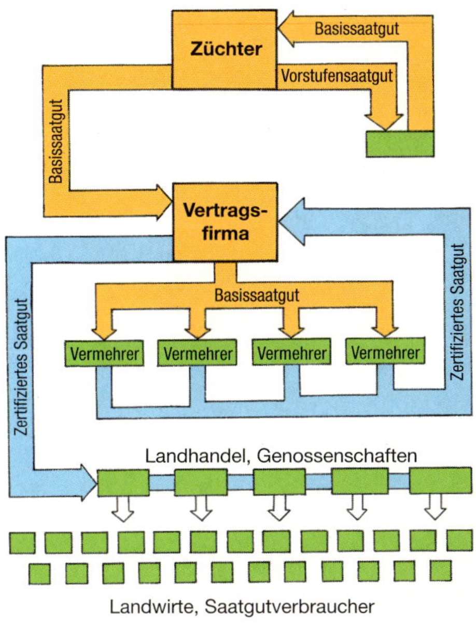

3.4 Saatgutrecht

Saatgut ist ein wertvolles *Betriebsmittel*. Seine Herstellung und sein Vertrieb sind gesetzlich geregelt.
Gesetz über den Schutz von Pflanzensorten – Es sichert dem Züchter den Schutz seiner Sorte zu. Nur er hat das Recht, Vermehrungssaatgut einer geschützten Sorte zu erzeugen und zu verkaufen. Voraussetzung ist, dass er seine Sorte zur Prüfung

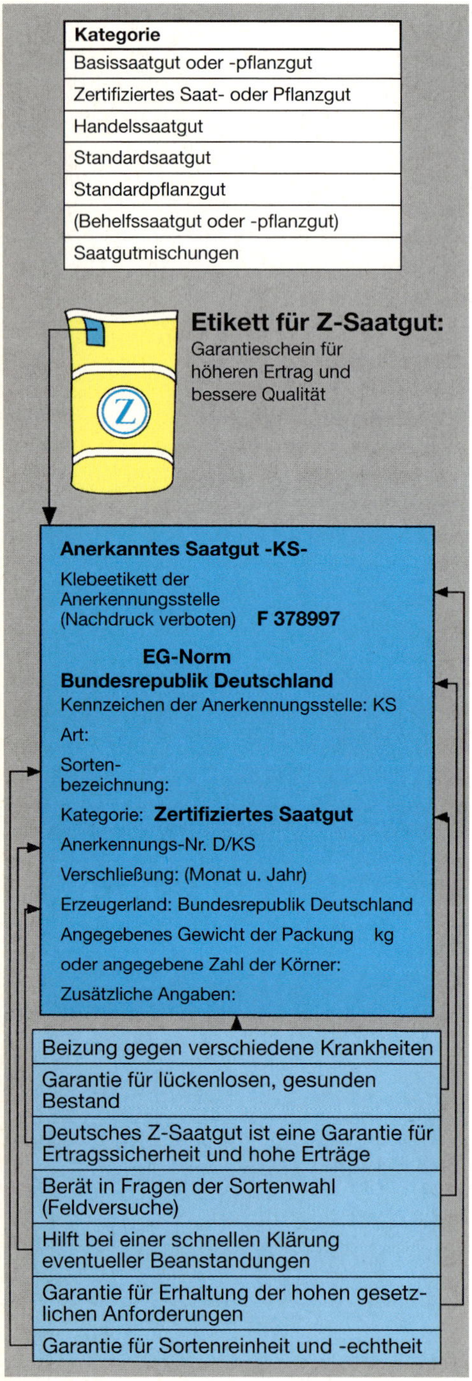

Abb. 62 Erklärung der Saatgutkategorien und ihre Kennzeichnung.

beim *Bundes-Sortenamt* in Hannover anmeldet. Das Amt prüft, ob die Sorte *neu, homogen* (= in ihren wesentlichen Merkmalen gleich) und *beständig* ist. Nach erfolgreicher Prüfung wird der *Sortenschutz* erteilt. Er dauert bei den meisten Pflanzen 20 Jahre. Seit 1997 muss dem Inhaber des Sortenschutzes beim Nachbau einer geschützten Sorte ein Entgelt bezahlt werden.

Saatgut-Verkehrsgesetz – Dieses Gesetz schützt den Saatgutverbraucher. Es unterscheidet folgende *Saatgutkategorien:*

- **Vorstufensaatgut** entstammt der dem Basissaatgut vorausgehenden Generation;
- **Basissaatgut** des Züchters (Vorstufe für Zertifiziertes Saatgut), es muss gleichfalls vor dem Verkauf anerkannt werden;
- **Zertifiziertes Saatgut** ist in der Sortenliste eingetragen, amtlich überprüft (Feldbesichtigung) und vor dem Verkauf anerkannt (Zertifikat und Plombe).

3.5 Saatgutvermehrung

Organisation – Züchter sind nicht in der Lage, auf ihren Betrieben den Saatgutbedarf für die ganze Landwirtschaft sicherzustellen. Daher haben sie mit *Firmen* Verträge über die Vermehrung ihrer Sorten abgeschlossen. Diese Vertragsfirmen schließen ihrerseits Verträge über die *Vermehrung* mit ihnen geeignet erscheinenden landwirtschaftlichen Betrieben (Vermehrer).

Saatgutanerkennung – Die Anerkennung des Saatguts wird von den Bundesländern durchgeführt. Sie besteht aus:

- Anmeldung der Vermehrungsflächen;
- Feldbesichtigung, mindestens einmal vor der Ernte;
- Saatgutuntersuchung (Reinheit, Feuchtigkeitsgehalt, Keimfähigkeit; bei Mais Triebkraftprobe; bei Kartoffeln Prüfung auf Viruskrankheiten).

Bei Erreichen der Anforderungen wird die *Saatgutanerkennung* erteilt. Etikett und Plombe sichern dies zu.

Saatgut-Verkehrskontrolle – Das Saatgut-Verkehrsgesetz regelt den Vertrieb von Saat- und Pflanzgut. *Saatgut-Erzeugerbetriebe* haben genaue Aufzeichnungen über Eingang und Verkauf von Saatgut zu machen. Neben Betriebsprüfungen in unregelmäßigen Abständen werden laufend Proben aus anerkanntem Saatgut entnommen und auf die Einhaltung der Normen überprüft.

Saatgutverbraucher sollten die Etiketten des Saatgutes bis zur Ernte aufbewahren. Sie stellen einen Garantieschein dar.

Aufgaben:

1. Weshalb ist der Nachbau von Saatgut, das aus Hybridsorten gewonnen wurde, nicht zu empfehlen?
2. Was versteht man unter Heterosiseffekt?
3. Beschreiben Sie die Entstehung einer neuen Sorte.
4. Welche Bedeutung hat das Gesetz über den Schutz von Pflanzensorten?
5. Welche Saatgutkategorien unterscheidet das Saatgut-Verkehrsgesetz?

4 Unkrautregulierung auf dem Acker

4.1 Unkräuter und ihre Bedeutung

Begriff – Als Unkräuter werden alle *wild wachsenden* Pflanzen in einem Nutzpflanzenbestand bezeichnet. Sie gehören zur Biozönose der Nutzflächen, sind dem Standort angepasst und stehen meist in enger Beziehung zur Nutzpflanze. Im Ökologischen Landbau bezeichnet man die Schadpflanzen auch als **Wild-** oder **Beikräuter.** Die meisten zählen zu den Blütenpflanzen und unter ihnen ist die Gruppe der zweikeimblättrigen (Kräuter) am größten. Bei den einkeimblättrigen Pflanzen treten vor allem einige Grasarten (z. B. Windhalm, Ackerfuchsschwanz, Hirsen) als Ungräser auf. Auch Kulturpflanzen können zu Unkräutern werden, wenn sie nicht in den Nutzpflanzenbestand hineingehören, z. B. durchgewachsener Raps.
Schadwirkung – Unkräuter ab einer bestimmten Dichte konkurrieren mit den Nutzpflanzen um die Wachstumsfaktoren, deswegen mindern sie den Ertrag. Starke Verunkrautung verändert aber auch das *Bestandsklima*. Dadurch erhöhen sie u. a. den *Krankheitsdruck* in den Nutzpflanzenbeständen. Pflege- und Erntearbeiten werden durch Unkräuter erschwert. So behindert z. B. durchgewachsenes Unkraut den Mähdrusch erheblich und verursacht einen höheren Feuchtigkeitsgehalt des Erntegutes. Oft sind Unkräuter Wirtspflanzen für Erreger von Krankheiten bei den Nutzpflanzen.

Abb. 63 Mischverunkrautung in diesem Ausmaß lässt keine gute Ernte erwarten.

Abb. 64 Später Bestandsschluss fördert die Verunkrautung.

4.2 Regulierung des Unkrautbesatzes

Allgemeines – Auch bei der Unkrautbekämpfung gilt es, zunächst im Sinne des Integrierten Pflanzenbaues nach allgemeinen ackerbaulichen Maßnahmen zu suchen, die das Unkrautwachstum behindern und unter der Schadensschwelle halten. Dazu gehören die Förderung der Jugendentwicklung der Nutzpflanzen und das rasche Schließen der Bestände ebenso wie Mulchsaat und der Anbau von Zwischenfrüchten. Allerdings haben alle diese Maßnahmen enge Grenzen für die Unkrautbekämpfung.
So schränken zwar enge Fruchtfolgen die Zahl der Unkrautarten ein, erzeugen dafür aber hartnäckige **Problemunkräuter.** Außerdem bewirkt die ackerbaulich zwar wünschenswerte Saatbettbereitung und Saat in einem Arbeitsgang das gleichzeitige Auflaufen der Unkräuter mit den Nutzpflanzen und erschwert deren Bekämpfung.

Anders als noch vor Jahren sind völlig unkrautfreie Nutzpflanzenbestände heute nicht mehr das Ziel. Unkräuter decken den

Abb. 65 Unkräuter konkurrieren mit den Nutzpflanzen um die Wachstumsfaktoren.

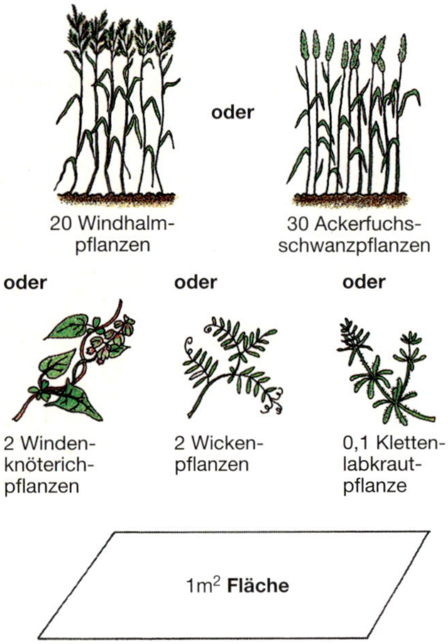

oder 25 Gräser zusammen
oder 40–50 zweikeimblättrige Pflanzen

Abb. 66 Die wirtschaftliche Schadensschwelle entscheidet über eine Bekämpfungsmaßnahme.

Abb. 67 Göttinger Zählrahmen für die Bestimmung der Schadensschwelle bei der Verunkrautung.

Boden und sind Nahrungspflanzen für viele Lebewesen der Biozönose (z. B. Schmetterlinge). Man spricht deswegen heute auch von der Regulierung anstelle der Bekämpfung von Unkräutern.

4.2.1 Mechanische Maßnahmen

Zu den mechanischen Pflanzenschutzmaßnahmen zählen:

- **Bearbeiten von Brachflächen** zwischen Ernte und Neuansaat (Stoppelbearbeitung) mit Scheibenegge, Schälpflug, Grubber, Fräse oder Kreiselegge, um ein günstiges Keimbett für die Unkrautsamen zu schaffen. Bei der Saatbettbereitung für die Nutzpflanzen werden die aufgelaufenen Samenunkräuter vernichtet. Bei Arten mit Rhizomen (z. B. Quecke) kann jedoch, zumal bei feuchtem Wetter, eine verstärkte Vermehrung eintreten. Nach späträumenden Früchten scheidet eine solche Bekämpfung ohnedies aus.
- **Maßnahmen nach der Aussaat** bzw. dem **Auflaufen der Nutzpflanzen,** wie Hacken, Eggen oder Striegeln. Oft ist eine Wiederholung der Maßnahme nötig, deren Wirkung im Wesentlichen auf dem Verschütten der Unkräuter beruht.
- **Abflammen des Unkrautes** bei Reihenkulturen oder vor dem Auflaufen bzw. vor der Aussaat.
- Eine Behandlung mit γ-, UV- oder Laserstrahlen ist in Entwicklung. Eine biologische Bekämpfung, z. B. durch den Einsatz von Insekten, brachte in unseren Breiten bisher keine ausreichenden Ergebnisse.

4.2.2 Chemische Unkrautregulierung

Ziel ist, die Verunkrautung der Getreidebestände umweltschonend so zu regulieren, dass Ertrag, Qualität und Ernte möglichst wenig beeinträchtigt werden. Außerdem soll der Aufwand für die Unkrautregulierung nicht höher sein als der zu erwartende Nutzen **(Schadschwellen-Prinzip).**

Das Pflanzenschutz-Gesetz verlangt, durch Kombination aller biologischen, pflanzenzüchterischen sowie anbau- und kulturtechnischen Maßnahmen den Einsatz von chemischen Pflanzenschutzmitteln auf das notwendige Maß zu begrenzen. Dieser Grundsatz wird auch als »Integrierter Pflanzenschutz« bezeichnet.

Herbizidwahl – Die Industrie bietet eine Vielzahl von Präparaten an, es gibt aber kein Universalmittel. Der Landwirt muss immer wieder das geeignetste Mittel entsprechend den Leitunkräutern, der Sortenverträglichkeit, der Abhängigkeit von den Witterungsbedingungen, der Auflagen des Gewässerschutzes und der Kosten auswählen. Hilfen hierzu bieten Sortenblätter, Merkblätter der DLG und Gebrauchsanweisungen. Heute stehen EDV-Programme (Herbizid-Beratungssysteme) zur Verfügung.

Tabelle 6 stellt nur eine grobe Übersicht über die wichtigsten Mittelgruppen und ihre Vor- und Nachteile dar.

Tabelle 6: Herbizide im Getreidebau gegen breitblättrige Unkräuter

Mittelform	Wirkungsweise	Vorteile	Nachteile
Kontaktmittel	verätzen die Pflanze nur an der Kontaktstelle, kaum Transport in andere Pflanzenteile, daher Anwendung im Nachauflauf	kaum Abdriftschäden, gute Verträglichkeit	gegen Wurzelunkräuter kaum wirksam
Wuchsstoffmittel	Wirkstoff (Salz oder Ester) dringt über das Blatt in alle Pflanzenteile ein	wirken auch gegen Wurzelunkräuter, lange Anwendungsmöglichkeiten: vom 4-Blatt-Stadium bis zum Ende der Bestockung, relativ preiswert	Verträglichkeit mit den Kulturpflanzen nicht immer sicher
Kombinationen von Wuchsstoffmitteln mit anderen Herbiziden	Ätz- und Wuchsstoffwirkung, Einsatz während der Bestockung, einige Mittel auch im Herbst (3-4-Blatt-Stadium des Getreides)	wirken sowohl auf breitblättrige Samenunkräuter als auch auf Wurzelunkräuter	wie Wuchsstoffmittel
Sulfonyl-Harnstoffmittel	stören die Eiweißbildung in der Pflanze, langsames Absterben der Unkräuter	ungiftig, geringe Aufwandmengen, keine Wasserschutzauflagen	wirken meist sehr spezifisch, deswegen oft Mischung mit anderen Mitteln nötig

Abb. 68 Aus ökologischen Gründen sollten Randstreifen von der Behandlung ausgespart werden, um der Wildpflanzenflora eine Nische zu gewähren.

Abb. 69 Wirkung von Wuchsstoff-Herbiziden.

Die häufigsten **Ungräser** in Getreidebeständen sind Ackerfuchsschwanz, Windhalm, Flughafer und Rispenarten (Einjährige und Gemeine Rispe). Sie können mit Bodenherbiziden bekämpft werden.

Da die Gräser den Wirkstoff über den Boden aufnehmen, ist eine ausreichende Bodenfeuchtigkeit Voraussetzung für den Erfolg. Die Wirkung wird auch bei einem Humusgehalt über 5 % stark eingeschränkt.

Bodenherbizide sind häufig Spezialherbizide, die nur auf eine Ungrasart wirken.

Anwendungszeitpunkt – Einige Bodenherbizide gegen Ungräser in Wintergetreide können schon im Herbst vor dem Auflaufen gegeben werden. Die meisten Bodenherbizide werden vom Auflaufen bis Mitte der Bestockung der Getreidebestände eingesetzt.

Wuchsstoffe, Breitbandherbizide und Sulfonyl-Harnstoffe bringt man während der Bestockungsphase aus. Spezial-Grasherbizide können während der Bestockung bis Mitte des Schossens angewendet werden.

Tabelle 7: Im Pflanzenbau bedeutsame Unkräuter und Ungräser

Pflanze botanischer Name	Vorkommen	Keimblätter	
Unkraut Ackerdistel, *Cirsium arvense*  Abb. 70	Getreide, Hackfrüchte, Raps		rundlich, derb, 5–6 mm lang, deutlich geadert Abb. 71
Ackergauchheil, *Anagallis arvensis* Abb. 72 	Getreide, Hackfrüchte		mit deutlicher Spitze, derb, lederartig, glänzend, kurzer Stiel, im unteren Drittel am breitesten Abb. 73
Ackerhahnenfuß, *Ranunculus arvensis* Abb. 74 	Getreide, besonders Sommergetreide		oval, derb, 10–12 mm lang, kurz gestielt Abb. 75
Ackersenf/Hederich, *Sinapsis arvensis/Raphanus raphanistrum* Abb. 76 	Getreide, besonders Sommergetreide, Hackfrüchte, Raps		herzförmig, am Ende tiefe Einkerbungen, allmählich in den Stiel verschmälert Abb. 77
Ackerspörgel, *Spergula arvensis* Abb. 78 	Hackfrüchte, Sommergetreide, Raps		fadenförmig, in der ganzen Länge fast gleich breit, 10–15 mm lang Abb. 79

Fortsetzung Tabelle 7

Pflanze botanischer Name	Vorkommen	Keimblätter
Ackerstiefmütterchen, *Viola arvensis* Abb. 80 	Getreide, Hackfrüchte, Raps	 Abb. 81 breit, trapezförmig, Ecken abgerundet, Blattrand deutlich gekerbt
Ackerwinde, *Convolvulus arvensis* Abb. 82 	Getreide, Hackfrüchte, Raps	 Abb. 83 schwach herzförmig, deutlich geadert, lang gestielt
Amarant, *Amaranthus retroflexus* Abb. 84 	Hackfrüchte	 Abb. 85 länglich-oval, am Ende abgerundet, allmählich im Stiel verschmälert, ca. 10–12 mm lang
Ampfer, Stumpfblättriger, *Rumex obtusifolius*  Abb. 86	Getreide, besonders Winter- getreide, Hackfrüchte, Raps	länglich-oval, kurz gestielt, leicht gekrümmt
Bingelkraut, *Mercurialis annua*  Abb. 87	Hackfrüchte	 Abb. 88 spatenförmig, deutlich gelb geadert, 10–12 mm lang, 8–10 mm breit

Fortsetzung Tabelle 7

Pflanze botanischer Name	Vorkommen	Keimblätter
Ehrenpreis, *Veronica persica* Abb. 89 	Getreide, Hackfrüchte, Raps	 Abb. 90 spatenförmig bis dreieckig, deutlich gestielt, am Stiel deutlich abgerundet
Erdrauch, *Fumaria officinalis* Abb. 91 	Hackfrüchte	 Abb. 92 lanzettlich, mind. zehnmal länger als breit, bläulich bereift
Franzosenkraut, Kleinblättriges, *Galinsoga parviflora*, Franzosenkraut, Behaartes, *Galinsoga ciliata* Abb. 93 	Hackfrüchte, Raps	 Abb. 94 keulenartig, am Ende abgestutzt mit flacher Einkerbung, zum Stiel allmählich verschmälert
Gänsefuß, Weißer, *Chenopodium album* Abb. 95 	Sommergetreide, Hackfrüchte, Raps	 Abb. 96 lang-oval, fleischig, gestielt, ca. 15 mm lang, unterseits rotviolett, oberseits silbrig-mehlig bestaubt
Hellerkraut, *Thlaspi arvense*  Abb. 97	Getreide, Hackfrüchte, Raps	 Abb. 98 rund-oval, 6–8 mm lang, deutlich lang gestielt

Fortsetzung Tabelle 7

Pflanze botanischer Name	Vorkommen	Keimblätter	
Hirtentäschel, *Capsella bursa-pastoris*  Abb. 99	Getreide, Hackfrüchte, Raps	 Abb. 100	sehr klein, 2–3 mm lang, rundlich, kurz gestielt
Hohlzahn, *Galeopsis tetrahit* Abb. 101 	Getreide, Hackfrüchte, Raps	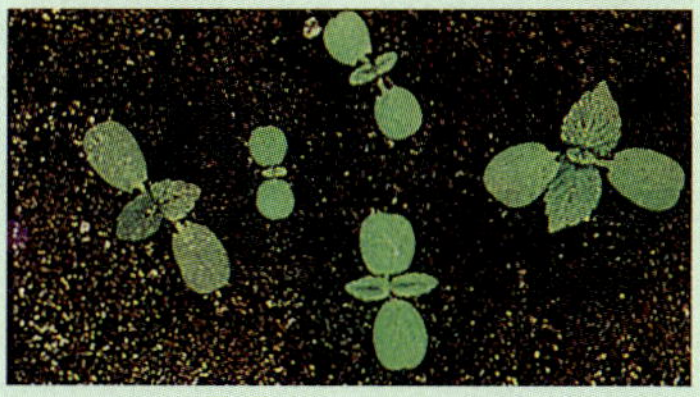 Abb. 102	rund-oval, Stiel in einer Kerbe eingesetzt, Stiel mit zwei Haarleisten, Öhrchen an Blatt-spreite neben dem Stiel
Huflattich, *Tussilago farfara*, Abb. 103 	Getreide	 Abb. 104	groß, beidseitig abgerundet, gestielt
Kamille, Echte, *Matricaria chamomilla*, Kamille, Hunds-, *Triplensparmum inodorum* Abb. 105 	Getreide, Hackfrüchte, Raps	 Abb. 106	Echte Kamille: keulenförmig, am Ende dreieckig Hundskamille: rundlich bis oval, am Ende abgerundet
Klettenlabkraut, Klebkraut *Galium aparine* Abb. 107 	Getreide, Hackfrüchte, Raps, Mais	 Abb. 108	derb, ca. 15 mm lang, deutlich in Stiel abgesetzt, am Ende des Mittelnervs eingekerbt

Fortsetzung Tabelle 7

Pflanze botanischer Name	Vorkommen	Keimblätter
Knöterich, Floh-, *Polygonum persicaria,* Knöterich, Vogel-, *Polygonum aviculare,* Knöterich, Winden-, (Abb.) *Polygonum convolvulus* Abb. 109 	Getreide, Hackfrüchte, Raps	 Floh-Knöterich: elliptisch, schlank, 10–15 mm lang, Stiel meist rötlich Vogel-Knöterich: sehr schmal und schlank, 10–15 mm lang, 1–2 mm breit, Laubblätter lanzettlich Winden-Knöterich: Keimblätter kräftig, ca. 20 mm lang, Laubblätter verkehrt herzförmig
Kreuzkraut, *Senecio vulgaris*	Hackfrüchte, Mais, Getreide seltener	 klein, linear-lanzettlich, abgerundete Spitze, unterseits teils purpurfarbig Abb. 111
Melde, *Atriplex patula*  Abb.112	Hackfrüchte, Raps	 langgestreckt elliptisch, in kurzen Stielen auslaufend Abb. 113
Nachtschatten, Schwarzer, *Solanum nigrum*  Abb. 114	Hackfrüchte	 eiförmig, am Ende deutliche Spitze, am Grunde gerundet Abb. 115
Rainkohl, *Lapsana communis*  Abb. 116	Getreide, Hackfrüchte	 rund-oval, in den langen Stielen verschmältert Abb. 117

Fortsetzung Tabelle 7

Pflanze botanischer Name	Vorkommen	Keimblätter
Saatwucherblume, *Chrysanthemum segetum*  Abb. 118	Sommergetreide, seltener Kartoffeln	rundlich, keulig, fleischig, fast sitzend, ca. 10 mm lang  Abb. 119
Taubnessel, Rote, *Lamium purpureum*, Stengelumfassende, *Lamium amplexicaule*  Abb. 120	Getreide, Hackfrüchte, Raps	rund-oval, Stiel in einer dreieckigen Kerbe eingesetzt, Stiele ohne Haarleisten, Öhrchen an Blattspreite, neben dem Stiel schwach ausgeprägt  Abb. 121
Vergissmeinnicht, *Myosotis arvensis*  Abb.122	besonders Wintergetreide, Mais, Hackfrüchte	breit, eiförmig mit leicht abgeplatteter und eingezogener Spitze, kräftig behaart  Abb. 123
Vogelmiere, *Stellaria media* Abb. 124 	Getreide, Hackfrüchte, Raps	schlank, eiförmig, spitz, Stiel so lang wie die Blattspreite  Abb. 125
Ungräser Ackerfuchsschwanz, *Alopecurus myosuroides* Abb. 126 	Getreide, Hackfrüchte, Raps	Abb. 127  Keimpflanze im 1½–2-Blatt-Stadium Blatt: schmal, gerollt, nicht tordiert und oberseits gerieft, unterseits glatt, aber nicht glänzend, spitzlich ausgezogen Blatthäutchen: lang, unregelmäßig gezähnt Blattöhrchen: keines

Fortsetzung Tabelle 7

Pflanze botanischer Name	Vorkommen	Keimblätter
Borstenhirse, *Setaria panicum*  Abb. 128	besonders Mais, Hackfrüchte	 jüngstes Blatt gerollt, Blatthäutchen durch einen Kranz von feinen Haaren ersetzt, Blattöhrchen fehlt Abb. 129
Rispe, Einjährige, *Poa annua*  Abb. 130	Getreide, Hackfrüchte, Mais	 Abb. 131 Keimpflanze im 1½–2-Blatt-Stadium Blatt: gefaltet, Doppelrille oberseits matt bis schwach glänzend, unterseits matt, kahnförmige Blattspitze Blatthäutchen: lang, kragenförmig, reinweiß, nicht gefranst Blattöhrchen: keines
Flughafer, *Avena fatua*  Abb.132	vor allem Sommergetreide, Hackfrüchte	Abb. 133  Keimpflanze im 1½–2-Blatt-Stadium Blatt: gerollt, Blattrand unten bewimpert, linksdrehend Blatthäutchen: weiß bis gelblich-weiß, spitzlich ausgezogen, gezähnelt Blattöhrchen: keines
Hühnerhirse, *Panicum crus-galli* Abb. 134 	in allen spätschließenden Kulturen	 jüngstes Blatt gerollt, ohne Blatthäutchen und Blattöhrchen Abb. 135
Quecke, *Agropyron repens* Abb. 136 	in fast allen Kulturen	Abb. 137  Keimpflanze im 1½–2-Blatt-Stadium Blatt: gereift, etwas gekielt, Blattgrund mit sehr kurzhaarigem Haarkranz Blatthäutchen: sehr kurz, oft nur als Saum erkennbar Blattöhrchen: krallig, weißlich-grün

Fortsetzung Tabelle 7

Pflanze botanischer Name	Vorkommen	Keimblätter	
Windhalm, *Apera spica-venti*  Abb. 138	vor allem Wintergetreide, Raps	 Abb. 139	Keimpflanze im 1½–2-Blatt-Stadium Blatt: oberseits schwach gerieft, schwach rau, gerollt und leicht tordiert Blatthäutchen: lang, weiß bis schwach grünlich-weiß, tiefer gefranst Blattöhrchen: keines

Aus ökologischen Gründen sollten wenigstens *Randstreifen* unbehandelt bleiben. Die dort wachsenden Unkräuter stellen Nahrungsquellen für viele Nutzinsektenarten und Falter dar (Ackerrandstreifen-Programme in verschiedenen Bundesländern).

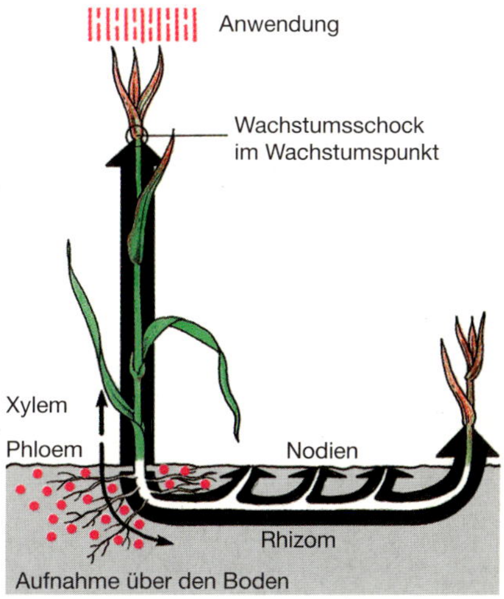

Abb. 140 Aufnahme und Wirkung bei systemischen Mitteln (Schema).

Aufgaben:

1. Welche Probleme bringen Unkräuter und Ungräser im Getreidebestand?
2. Was versteht man unter der Unkrautbekämpfung nach Schadensschwellen?
3. Erstellen Sie ein Protokoll der Unkrautbekämpfung für einen Getreidebestand in Ihrem Betrieb.
4. Wie wird die Unkrautregulierung im ökologischen Anbau durchgeführt?
5. Auf 1 ha sind 1,5 kg eines Mittels auszubringen. Die Feldspritze stößt 250 l/ha aus, der Behälter fasst 600 l.
   a) Wie viele Kilogramm des Mittels benötigt man für eine Behälterfüllung?
   b) Wie viele Liter Spritzbrühe können aus einer 10-kg-Packung hergestellt werden?
6. Eine Feldspritze mit 18 m Spritzbreite soll mit 8 km/h gefahren werden. 300 l/ha Spritzbrühe sind auszubringen. Der Düsenabstand im Gestänge beträgt 50 cm.
   Wie viele l/min muss jede Düse im Mittel ausstoßen?

Abb. 141 Abflammgerät im Einsatz.

5 Biologische Schädlingsregulierung

Jedes Ökosystem enthält verschiedene Nutzorganismen, die auf Schädlinge unserer Nutzpflanzen Jagd machen. Neben zahlreichen Insektenarten findet man auch unter Pilzen, Bakterien und Viren solche Nützlinge. Bei den drei zuletzt genannten handelt es sich meist um Krankheitserreger für Schädlinge.
Von den ca. 25 000 bei uns lebenden Insektenarten ist etwa die Hälfte weder nützlich noch schädlich, ein Viertel ist für unsere Nutzpflanzen schädlich und das andere Viertel zählt zu den Nützlingen. Ihre Bedeutung wird allgemein noch *unter*schätzt. Der Nutzen wird meist erst dann offenbar, wenn z. B. durch einen unbedachten Einsatz chemischer Mittel ihr Bestand vernichtet wurde und die Schädlinge sich schneller als die Nützlinge erholt haben.
Im Rahmen des Integrierten Pflanzenbaus kommt es daher darauf an, alle Maßnahmen zu ergreifen, um die Nützlinge zu schonen, um mit ihrer Hilfe die Schadorganismen unter der wirtschaftlichen Schadensschwelle zu halten. Ziel ist die Regulierung, nicht die Selektion der Arten.
Die Tabelle 8 zeigt eine Auswahl der Nützlinge, die jeder Landwirt kennen sollte.

Tabelle 8: Nützlinge im Pflanzenbau (Auswahl)

Name	Aussehen		Nutzwirkung
Schlupfwespen *Ichneumonidae* Abb. 142		½ mm bis 3 cm große Insekten	legen ihre Eier in die Nähe oder in die Körper von Larven und Puppen schädigender Insekten ab; die Schlupfwespenlarven zerstören ihre Wirtstiere
Florfliegen *Chrysopidae* Abb. 143		zarte Fliegen mit meist grünem bis gelbem Körper, Netzflügel	Larven und Fliegen saugen Blatt-, Blut- und Schildläuse, Milben und Räupchen aus (1 Florfliegenlarve kann im Laufe ihres Lebens bis zu 160 Blattläuse aussaugen)
Schwebfliegen *Syrphidae* Abb. 144		unterschiedliche Körperformen, manche mit wespenähnlicher schwarz-gelber Färbung	Fliegen helfen bei der Bestäubung von Nutzpflanzen; Larven ernähren sich von saugenden Insekten (z. B. Blattläuse)

Fortsetzung Tabelle 8

Name	Aussehen		Nutzwirkung
Raupenfliegen *Larveavorinae* Abb. 145		Aussehen ähnelt der Stubenfliege	Raupenfliegen sind Parasiten von Schädlingen, z. B. Schmetterlingsraupen
Raubwanzen *Anthocoridae* Abb. 146		meist zierliche, bunt gemusterte Wanzen	vertilgen Spinnmilben, Blattläuse, Zikaden, Schmetterlings- und Käferlarven
Laufkäfer *Carabidae* Abb. 147		viele Arten und Größen (5–50 mm); meist schöne, glänzende Färbung und gezeichnete Flügeldecken	nützlich sind alle Fleisch fressenden Vertreter; sie jagen schädigende Bodeninsekten, z. B. Erdraupen
Weichkäfer *Cantharidae* Abb. 148		länglicher, wenig gewölbter Körper, häufig schwarze bis braune, längliche Flügeldecke, rotes bis braunes Halsschild	jagen Schadinsekten auf dem Boden und an Pflanzen
Kurzflügler *Staphylinidae* Abb. 149		verkürzte Flügeldecken lassen ⅔ des Hinterleibs unbedeckt	verzehren Schadinsekten, einige Arten auch Pilze und Blütenpollen und sogar Raupen
Marienkäfer *Coccinellidae* Abb. 150		bei uns leben 14 verschiedene Arten, charakteristische Färbung (Abb. zeigt eine Larve)	Käfer und Larven ernähren sich von Blattläusen, Spinnmilben und Blattsaugerlarven (1 Käfer vertilgt täglich bis zu 60 Blattläuse)
Spinnen *Aranae* Abb. 151		keine Insekten, aber große Insektenvertilger	

Abb. 152 Schon zur Zeit der Pharaonen war Ackerbau eine wichtige Angelegenheit (Fellache beim Pflügen, 2000 Jahre v. Chr., Ägypten).

Abb. 153 Getreide spielte bereits bei den Völkern des Altertums eine große Rolle.

Abb. 154 Getreide-Anbauflächen in Deutschland (Agrarbericht 2000).

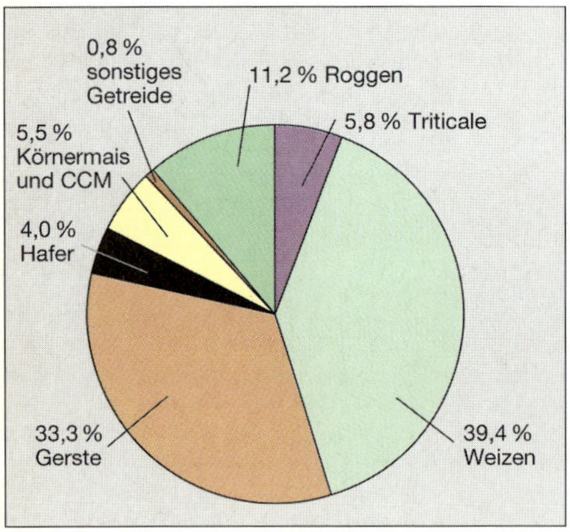

6 Getreidebau

6.1 Bedeutung des Getreidebaus

Geschichtliches – Heute sind Weizen, Roggen, Gerste, Hafer und Mais die Hauptgetreidearten.

Seit der Steinzeit, vor ca. 10 000 Jahren, werden *Gerste* und *Weizen* als Kulturpflanzen angebaut. Die ältesten Brote wurden in Ägypten gefunden. Sie wurden schon aus Weizen gebacken. Gerste wurde anfänglich nur als Brei gegessen und verhältnismäßig bald in vergorenem Zustand zur Herstellung von alkoholischen Getränken verwendet.

Gegen Ende der Bronzezeit wurde in Deutschland der *Hafer* heimisch, der bei den Römern noch als Unkraut galt.

Im 7. Jahrhundert v. Chr. ist erstmals im Gebiet des heutigen Schlesiens der *Roggen* festzustellen, der ursprünglich ebenfalls ein Unkraut im Weizen war. Langsam verbreitete er sich westwärts.

Grundsätzlich lässt sich feststellen, dass die Getreidearten aus Mittel- und Vorderasien über den Mittelmeerraum nach Deutschland gekommen sind.

Der *Mais* stammt eigentlich aus Mexiko. Dort fand man Überreste, deren Alter auf etwa 7000 Jahre geschätzt werden. Die spanischen Eroberer brachten die Pflanze nach Europa, wo sie über Italien in der Türkei zum nationalen Getreide wurde. Seine große Verbreitung im übrigen Europa verdankt der Mais den amerikanischen Bemühungen nach dem 2. Weltkrieg, Armut und Hunger in der Alten Welt so rasch wie möglich zu beseitigen. Über die Welternährungsorganisation (FAO) informierten und unterstützten die USA die Maiszüchter Europas.

Entwicklung der Anbauflächen – In Deutschland umfasst der Getreidebau mehr als die Hälfte des Ackerlandes. Der ständige Anstieg des Getreideanteils an der Ackerfläche ist auf die Rationalisierung der Betriebe durch Betriebsvereinfachung, die günstige Mechanisierbarkeit von Anbau, Pflege und Ernte des Getreides und den Rückgang des Hackfruchtanbaus, besonders der Kartoffel, aus arbeits- und marktwirtschaftlichen Gründen zurückzuführen.

Lange Zeit war Roggen die wichtigste Brotgetreidefrucht in Deutschland und nahm die größte Anbaufläche ein. Heute folgt Roggen erst nach dem Weizen und der Gerste auf dem dritten Platz. Die Anbauflächen von Mais, Futter- und Industriegetreide nahmen zu, weil deren Erträge auch die Grundlage der tierischen Veredelungsproduktion darstellen.

Obwohl aus arbeitswirtschaftlichen Gründen (Mechanisierbarkeit) der Getreidebau insgesamt stetig zunimmt, muss darauf hingewiesen werden, dass Getreide (ohne Mais) gegenüber den Hackfrüchten nur etwa die Hälfte des Ertrages an Energieeinheiten je Flächeneinheit bringt.

Fruchtfolgewert – Obwohl Getreidepflanzen relativ flach wurzeln und der Strohanteil an der Gesamternte ständig geringer wird – zugunsten einer größeren Standfestigkeit –, können die Getreidearten als *Humusmehrer* bezeichnet werden, wenn das Stroh auf dem Acker bleibt. Getreide räumt das Feld frühzeitig, so dass anschließend Zwischenfruchtbau möglich ist, der die Bodenfruchtbarkeit verbessert. Unter den Getreidearten ist der Hafer die beste Vorfrucht.

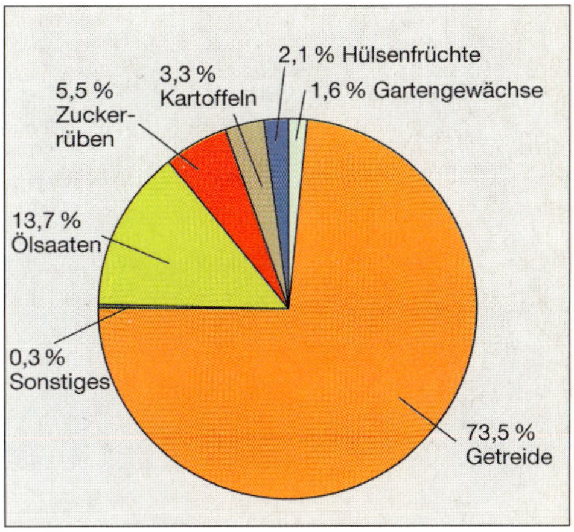

Abb. 155 Ackerflächennutzung in Deutschland (Agrarbericht 2000).

6.2 Der Getreidemarkt

Der Welthandel mit Getreide hat in den letzten Jahren stark zugenommen. *Exportländer* sind vor allem die großen Flächenstaaten mit günstigem Klima (USA, Kanada, Australien, Frankreich, Argentinien). *Importländer* sind die unterentwickelten Staaten, aber auch die bevölkerungsreichen Industrienationen. Der Wettbewerb um den Absatz ist gewaltig.

In der EU besteht zum Schutze gegen ungeregelte Einfuhren eine **Marktorganisation** für Getreide. Für den Handel mit Getreide gilt die wiederholt geänderte EG-Verordnung Nr. 120/67 (Getreide-Marktordnung).

Sie regelt für den **Binnenmarkt:**

- Festlegung eines einheitlichen Interventionspreises; danach können Interventionsstellen Getreide zwischen November und Mai aufkaufen, wenn der Marktpreis auf 94 % des Interventionspreises gesunken ist.
- Produktionserstattungen für Stärke aus Mais und Weichweizen (Ausgleich von Wettbewerbsnachteilen).
- Festsetzung der monatlichen Preiszuschläge (Reports) für Richt- und Interventionspreise (Ausgleich von Lagerkosten).
- Ausgleichszahlungen in Form einer Flächenprämie. Bedingung: Stilllegung eines festgesetzten Prozentsatzes (1999: 10 %) der Getreide-, Öl- und Eiweißpflanzenfläche bei Betrieben über 92 t Getreideerzeugung (Basisertrag 56 dt/ha) im Jahr.

Abb. 156 Aufbau einer Getreidepflanze (Schema).

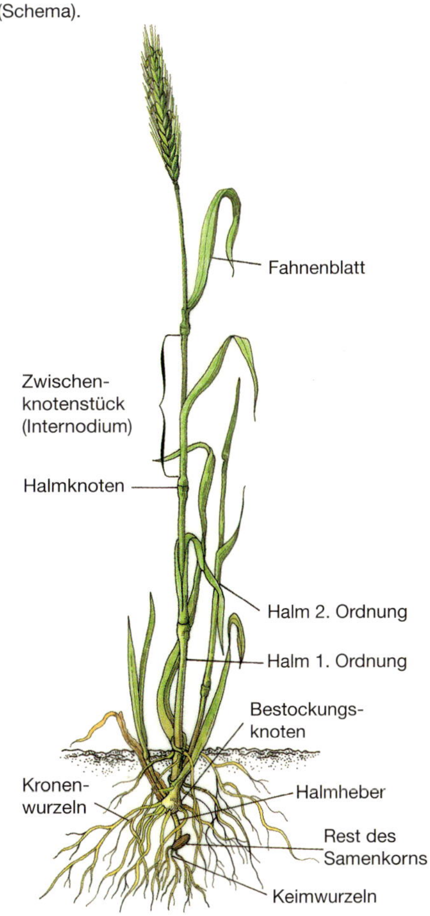

6.3 Aufbau der Getreidepflanze

Alle Getreidearten gehören zu der wichtigen Pflanzenfamilie der **Gräser** (Gramineae). Weizen, Gerste und Roggen werden bei uns als Winter- und Sommerformen angebaut.

Wurzel – Die Getreidearten besitzen keine Haupt- oder Pfahlwurzel, deswegen bezeichnet man sie als *Büschelwurzler.* Die Hauptwurzelmasse befindet sich zwischen 15 und 25 cm Bodentiefe. Bei lang andauernder Trockenheit dringen die Getreidewurzeln auch wesentlich tiefer (mehr als 2 m) in den Boden ein. Wintergerste, Winterweizen, Hafer und Sommerweizen besitzen die größte Wurzelmasse. Bei Sommergerste ist sie am geringsten. Je größer die Wurzelmasse, desto größer ist das Nährstoffaneignungsvermögen.

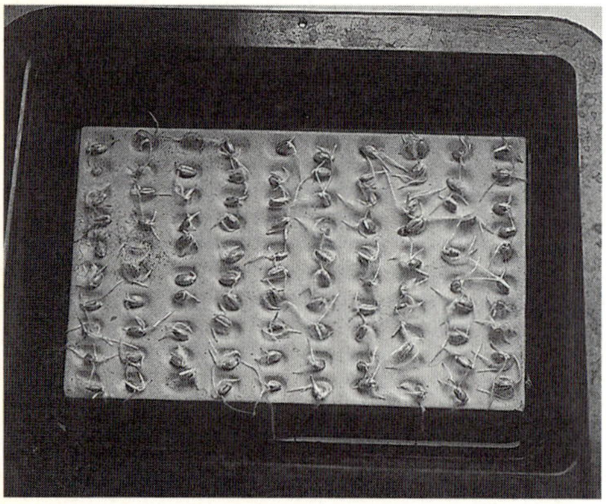

Abb. 157 Die Keimprobe gibt über die Keimfähigkeit des Saatgutes Aufschluss.

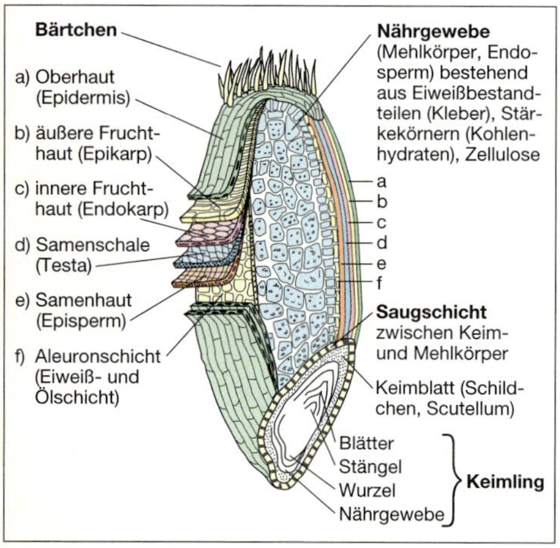

Abb. 158 Schematischer Schnitt durch ein Getreidekorn.

Rund um die Pflanze verlaufen die *Kronenwurzeln* wie Strahlen schräg nach unten. Sie verleihen der Getreidepflanze die nötige Standfestigkeit.

Halm – Die Konstruktion des Getreidehalmes ist ein Wunderwerk der Natur. Sie ermöglicht eine hohe Biege- und Tragefestigkeit. Trotzdem gilt die Sorge der Züchter und Landwirte der Standfestigkeit unserer Getreidesorten.

Der Halm besitzt etwa 5–7 *Halmknoten*. Ihre Abstände werden von unten nach oben größer. Die Zwischenstücke heißen *Internodien*.

Blätter – Neben dem Halm stellen die Blätter die Hauptassimilationsfläche dar. Die einkeimblättrigen Pflanzen, und dazu gehört das Getreide, besitzen Blätter mit parallel verlaufenden Leitungsbahnen (Blattnerven). Blattstiele fehlen. Die *Blattscheide* entspringt an einem Halmknoten und umschließt als schützende Röhre den untersten und damit noch weichsten Teil der Internodien.

Die Blattscheide endet erst am nächsten Halmknoten. Dort umschließen außer beim Hafer die sog. *Blattöhrchen* den Halm. An der Ansatzstelle des Blattes an der Blattscheide findet man unmittelbar am Halm die *Blatthäutchen (Ligula)*. Die Art der Ausbildung von Blattöhrchen und Blatthäutchen ist ein Erkennungsmerkmal der Getreidearten, bevor die Ähre sichtbar ist.

Blüte – Weizen, Roggen und Gerste haben zusammengesetzte Ähren, der Hafer eine Rispe mit Ährchen als Blütenstand. Die Ährchen umschließen mit ihren zwei *Hüllspelzen* ein, zwei oder auch mehrere Blütchen. Jedes Blütchen besitzt eine *Deckspelze*, die mehr oder weniger lang begrannt ist. Sie umschließt, mit Ausnahme der Blühdauer, die *Bauchspelze* fast völlig.

Die *Staubbeutel* enthalten die winzigen Pollenkörner. Der *Fruchtknoten* besitzt zwei federförmige Narben.

Weizen, Gerste und Hafer sind Selbstbefruchter, Roggen und Mais sind *Fremdbefruchter*.

Korn – Das Getreidekorn ist eine *Frucht* (kein Samen) und von der Fruchtschale umgeben. Die Körner von Gerste und Hafer sind zudem bespelzt.

Am unteren Ende des Kornrückens sitzt der *Keimling*. Obwohl er bei den Hauptgetreidearten nur 2–5 % und beim Mais 11–14 % des gesamten Korngewichts ausmacht, ist in ihm die *Wurzel-* und *Sprossanlage* für eine neue Getreidepflanze vollständig vorhanden. Das Schildchen verbindet ihn mit dem Mehlkörper, dessen Aufgabe es ist, den Keimling zu ernähren, bis die Wurzeln gebildet sind.

6.4 Unterscheidungsmerkmale der Getreidearten

Die wichtigsten Unterscheidungsmerkmale der Getreidearten sind in der Tabelle 9 zusammengestellt.

Im *blütenlosen* Zustand sind die einzelnen Arten vor allem an *Blattöhrchen* und *-häutchen* zu unterscheiden.

Tabelle 9: Unterscheidungsmerkmale der Getreidearten einschließlich Mais

Getreideart	Weizen	Gerste	Roggen	Hafer	Mais
botanischer Name	*Triticum aestivum*	*Hordeum vulgare*	*Secale cereale*	*Avena sativa*	*Zea mays*
Blütenstand	 Ähre Abb. 159	 Ähre Abb. 160	 Ähre Abb. 161	 Rispe Abb. 162	 Kolben Abb. 163
Ährchenform	 Abb. 164 Weizenährchen mit 5 Blüten-Kornanlange	 Abb. 165 Ährchen einer zweizeiligen Gerste	 Abb. 166 Spindelglied der Ähre	 Abb. 167 Außenkorn	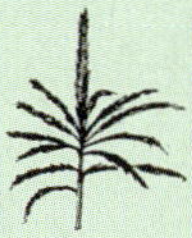 männlicher Blütenstand: gipfelständige Rispe  Abb. 168 weiblicher Blütenstand: blattachselständiger Kolben mit Lieschenblättern und Narbenfäden
Blattöhrchen	 Abb. 169	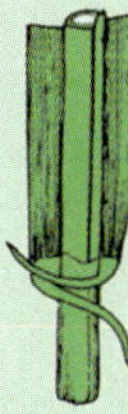 Abb. 170	 Abb. 171	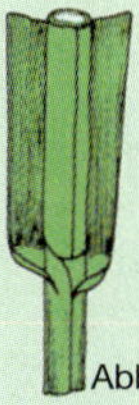 Abb. 172	
Blatthäutchen	 Abb. 173 lang	 Abb. 174 kurz	 Abb. 175 kurz	 Abb. 176 lang, fransig	
Form der Keimpflanze	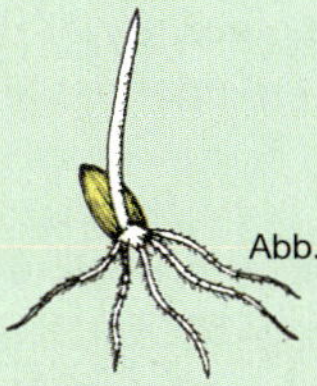 Abb. 177	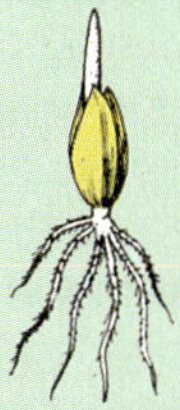 Abb. 178	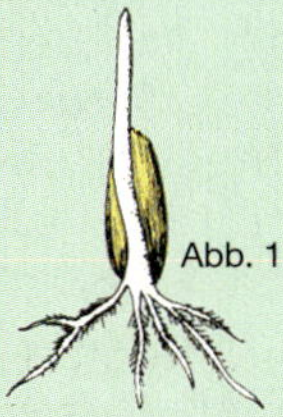 Abb. 179	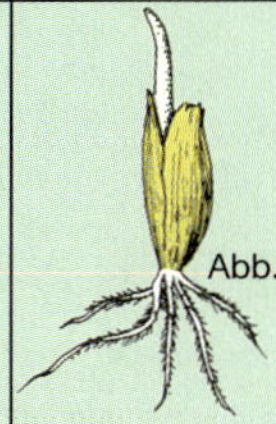 Abb. 180	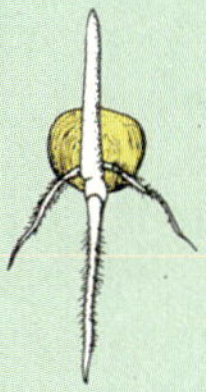 Abb. 181
Tausendkorngewicht (TKG) in g	Winter- Sommer-weizen 41–52 38–49	Winter- Sommer-gerste mehrzeilig 37–47 – zweizeilig 42–53 38–48	Winterroggen 31–39	29–37	150–400

Abb. 182 Gekeimtes Weizenkorn.

Abb. 183 Auflaufen von Getreide bis zum Drei-Blatt-Stadium.

Abb. 184 Bereits gegen Ende der Bestockung bilden sich im Innern der Pflanze die Ährenanlagen.

6.5 Entwicklung der Getreidepflanze

Die Maßnahmen zur Bestandsführung sind jeweils ganz bestimmten Entwicklungsabschnitten der Pflanze zugeordnet. Deshalb ist es nötig, für diese Wachstumsphasen eindeutige Bezeichnungen festzulegen. Bei Getreide gilt dafür der Code der Biologischen Bundesanstalt (BBCH-Code), der die Entwicklungsstadien mit zweistelligen Ziffern bezeichnet. In abgewandelter Form kann er auch für andere Pflanzen verwendet werden.

Keimung – Voraussetzungen sind die Beendigung der Samenruhe und die Wasseraufnahme, wodurch der Samen aufquillt (ab 30 % H_2O). Pflanzenhormone veranlassen bei entsprechenden Temperaturen das Zellwachstum und die Zellteilung im Keimling. Gleichzeitig beginnt die **Zelldifferenzierung** für die Organe der neuen Pflanze. Schließlich treten die erste, die Primärwurzel und der Primärspross aus dem Keimling hervor.

Bei optimalen Temperaturen (16–25 °C) dauert die Keimung ca. 8–12 Tage, beim Temperaturminimum (2–4 °C) kann sie mehr als 30 Tage dauern. Im Quellungszustand ist das Samenkorn sehr *frostgefährdet*. Für die beginnenden Lebensvorgänge im Samenkorn wird viel Sauerstoff benötigt, weswegen ein durchlässiges, krümeliges Saatbett unerlässlich ist.

Auflaufen – Das erste unterirdische Internodium streckt sich und hebt den Keimspross, der vom ersten Laubblatt und der Keimscheide (Koleoptile) umhüllt ist. Man nennt dieses Internodium deswegen auch *Halmheber*. Die Koleoptile durchstößt schließlich die Bodenoberfläche. Dieser Vorgang heißt Auflaufen. Bis zu diesem Stadium können Saaten geeggt werden.

Lückiges Auflaufen kann verursacht werden durch

- verkrustete Bodenoberflächen (O_2-Mangel),
- mangelhaften Bodenschluss (H_2O-Mangel),
- unzureichende Keimfähigkeit bzw. Triebkraft,
- Fröste unter –5 °C im Quellstadium.

Während des Auflaufens verlängert sich gleichzeitig die Primärwurzel und nacheinander entstehen 2, selten bis zu 4 sekundäre Keimwurzeln. Mit den Wurzelhaaren der Primärwurzel kann die Keimpflanze schon Wasser und mineralische Nährstoffe aufnehmen, sie bleibt aber bis zum 4-Blatt-Stadium von der Versorgung aus dem Restsamenkorn abhängig. Ab jenem Stadium entwickeln sich dann die sprossbürtigen Wurzeln.

Bestockung – Darunter versteht man die Fähigkeit der Getreidepflanze, mehrere **Seitensprosse** (Halme) aus dem ersten Halm hervorzubringen. Dabei entwickeln sich aus dem Bestockungsknoten des ersten Halmes zunächst 2 Seitenhalme. Man bezeichnet sie als *Sprosse 1. Ordnung*. Aus deren Knoten können sich nun wieder 2 Seitenhalme bilden (Sprosse 2. Ordnung) und so weiter.

Natürlich sind der erste Halm und die Halme der 1. Ordnung am kräftigsten. Während der weiteren Entwicklung unterliegen daher die Halme höherer Ordnungen der Konkurrenz mit den anderen Halmen um die Wachstumsfaktoren, so dass etwa nur die Hälfte der gebildeten Triebe übrig bleibt (Reduktion).

Die Bestockung bringt den Bestand auf seine größte Dichte und ist damit ein *Ertragsfaktor*. Bei Wintergetreide können so auch Auswinterungsverluste ausgeglichen werden. Allerdings bringen die Bestockungstriebe höherer Ordnungen weniger Leistung, so dass nach der Bestockung nicht mehr als 3 Triebe je Einzelpflanze vorhanden sein sollten.
Von außen unsichtbar beginnt bereits gegen Ende der Bestockung die **Ährenbildung.** Dabei wird die Zahl der *Kornanlagen*, ein weiterer Ertragsfaktor, festgelegt. Leidet die Pflanze zu diesem Zeitpunkt unter Wasser- und Nährstoffmangel, bedeutet dies kleinere Ähren mit niedrigerer Kornzahl.

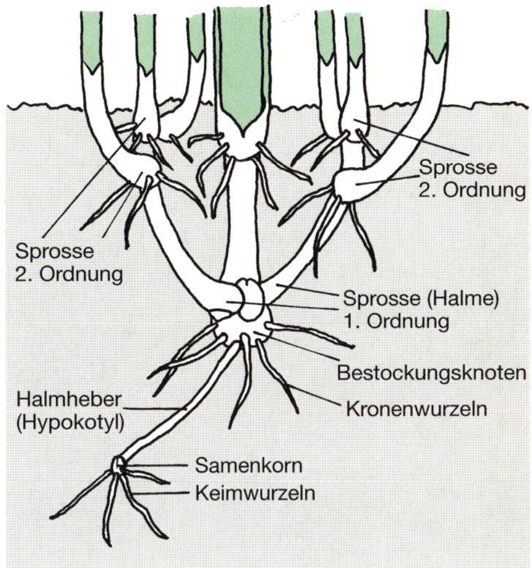

Abb. 185 Bestockung des Getreides.

1. Die Bestandsdichte wird hauptsächlich durch Aussaatstärke und Bestockung bestimmt.
2. Hohe Bestandsdichte erhöht Lagerneigung und Krankheitsrisiko.
3. Bestockungstriebe höherer Ordnung bringen geringeren Ertrag. Je stärker also die Bestockung ist, desto weniger Ährchen/Ähren können gebildet werden, weil zunächst immer die Bestockungstriebe mit Assimilaten versorgt werden. Höhere Erträge sind aber eher über eine größere Kornzahl/Ähre als über mehr Ähren tragende Halme zu erreichen.

Schossen – Darunter versteht man die Streckung der Getreidehalme, ausgelöst durch zunehmende Tageslänge und höhere Temperaturen. Je länger diese Periode dauert, desto mehr Blüten können in den Ährchenanlagen ausgebildet werden. Nährstoffmangel infolge der Konkurrenz mit den anderen Pflanzenorganen, die in dieser Phase stark wachsen, führt zur Verkümmerung eines Teiles der Ährchenanlagen (Reduktion). Deswegen ist die N-Schossergabe für den Ertrag so wichtig.
Ährenschieben – Die Ähre entwickelt sich während des Schossens weiter. Wenn die Ährenbildung abgeschlossen ist, endet auch das Schossen und die Ähre bzw. Rispe schiebt sich heraus. Kühles Wetter verzögert den Vorgang, warmes beschleunigt ihn.

Abb. 186 Entwicklungsstadien bei Getreide nach BBCH-Code (Schema, ohne Mais).

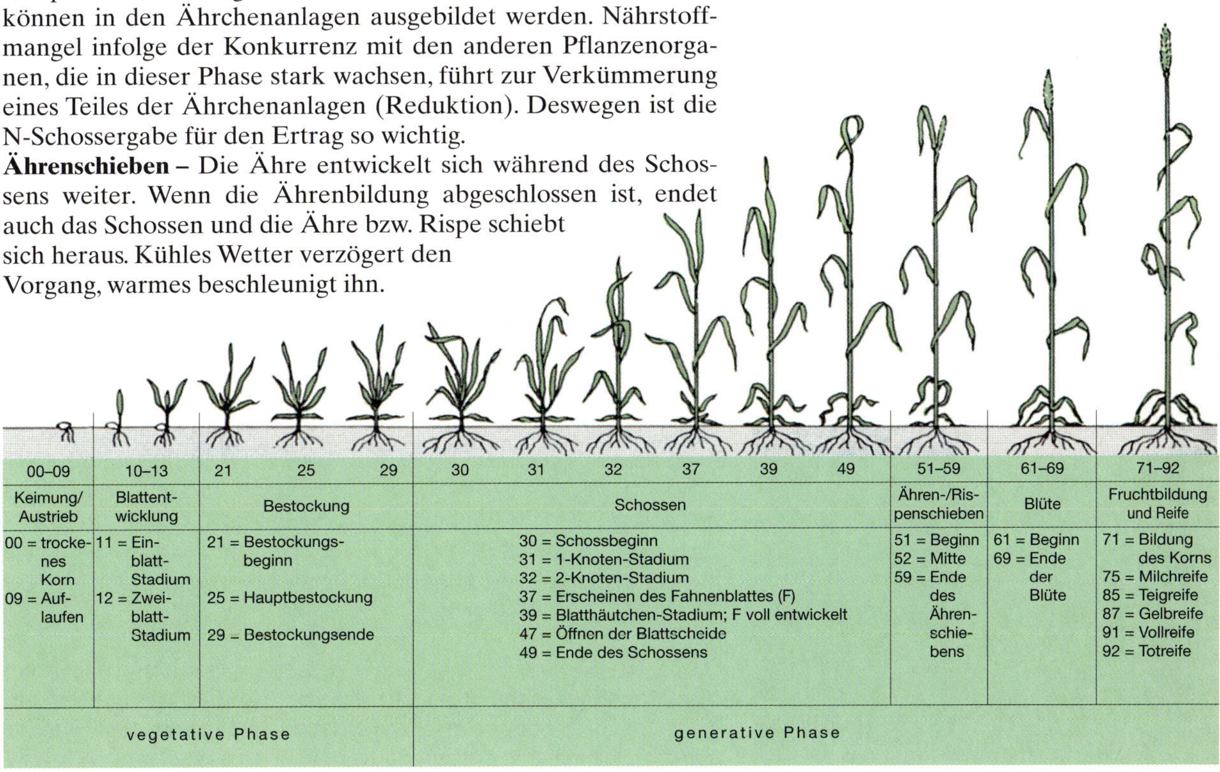

00–09	10–13	21 25 29	30 31 32 37 39 49	51–59	61–69	71–92
Keimung/ Austrieb	Blattentwicklung	Bestockung	Schossen	Ähren-/Rispenschieben	Blüte	Fruchtbildung und Reife
00 = trockenes Korn 09 = Auflaufen	11 = Einblatt-Stadium 12 = Zweiblatt-Stadium	21 = Bestockungsbeginn 25 = Hauptbestockung 29 = Bestockungsende	30 = Schossbeginn 31 = 1-Knoten-Stadium 32 = 2-Knoten-Stadium 37 = Erscheinen des Fahnenblattes (F) 39 = Blatthäutchen-Stadium; F voll entwickelt 47 = Öffnen der Blattscheide 49 = Ende des Schossens	51 = Beginn 52 = Mitte 59 = Ende des Ährenschiebens	61 = Beginn 69 = Ende der Blüte	71 = Bildung des Korns 75 = Milchreife 85 = Teigreife 87 = Gelbreife 91 = Vollreife 92 = Totreife
vegetative Phase			generative Phase			

Abb. 187 Schossen des Getreides.

Abb. 188 Links: Blühender Weizen.

Abb. 189 Rechts: Blühender Roggen.

Abb. 190 Typisches Krümmen der Weizenähren in der Vollreife.

Blüte und Kornfüllung – Kurz nach dem Ährenschieben, bei der Gerste schon gleichzeitig damit, beginnt die **Blüte.** Zuerst werden die Spelzen der Blütchen gespreizt, damit die Staubgefäße hervortreten können. Diese platzen auf und die winzigen Pollenkörner werden von den gefiederten Narben aufgefangen. Nur jeweils ein Pollenkorn befruchtet eine Fruchtanlage, indem ein feiner Samenfaden in den Fruchtknoten hineinwächst und so die Eizelle befruchtet. Aus dem Fruchtknoten bildet sich dann das neue Korn. Nach der Befruchtung werden die Staubgefäße abgestoßen.

Der ganze Vorgang dauert beim Einzelblütchen zwischen einer halben und einer knappen Stunde. Die Blühdauer eines Bestandes erstreckt sich aber auf ca. 10–14 Tage, weil ja nicht alle Blütchen gleichzeitig blühen.

Bei Weizen, Gerste und Hafer genügt der Blütenstaub derselben Blüte *(Selbstbefruchtung)*. Deshalb ist hier im Gegensatz zum Roggen kein Stäuben der blühenden Felder zu erkennen. Beim Roggen dagegen ist der fliegende Blütenstaub erkennbar *(Fremdbefruchtung)*. Dies bringt die Gefahr »schartiger« Ähren mit sich, wenn Roggen vor der Blüte lagert oder in der Blütezeit Regenwetter oder gar Frost eintritt. Mais und die meisten Futtergräser sind ebenfalls Fremdbefruchter.

Nach Bestäubung und Befruchtung folgt die **Kornfüllungsphase.** Zunächst bilden sich im Mehlkörper des Kornes in etwa 14 Tagen mehr als 100 000 Zellen, die sich anschließend strecken und die Stärke einlagern.

Reife – Wenn das Korn sein größtes Volumen erreicht hat, setzt die Reife ein. Obwohl für den Landwirt nur die Mähdruschreife von Bedeutung ist, unterscheidet man im Wachstumsverlauf der Getreidepflanze mehrere Reifestadien.

Tabelle 10: Erkennungsmerkmale der Reifestadien bei Getreide

Reifestadium	Erkennungsmerkmale	Wassergehalt des Korns
Milch- bis Teigreife (75–85)	Korn milchig weich, Halm und Blätter oben noch grün, Knoten noch prall, Korn biegt sich bei Nagelprobe	ca. 50–35 %
Gelbreife (87)	Halme und Blätter gelb, Knoten schrumpfen und trocknen, Korn zäh, lässt sich über den Nagel brechen	ca. 30 %
Vollreife (91)	Halm völlig ausgetrocknet, Korn hart, lässt sich nicht mehr über den Nagel brechen	20–25 %
Totreife (Mähdruschreife) (92)	Korn fällt leicht aus, Stroh spröde, das Korn lässt sich nicht mehr brechen, Bestand »knistert«	14–16 %

Reift der Bestand durch Trockenheit oder Krankheit zu schnell ab, bilden sich Schmacht- und Schrumpfkörner *(Notreife)*. Ein Vergleich des Hektoliter- bzw. Tausendkorngewichts (TKG) zeigt dies deutlich an.

6.6 Erträge

6.6.1 Ertragspotential

Die Getreideerträge in Deutschland stiegen in den vergangenen Jahren stetig. Wissenschaftler behaupten, die Erbanlagen z. B. unserer Weizensorten würden Erträge bis zu 200 dt/ha zulassen. Immerhin werden nicht nur im norddeutschen Tiefland Erträge um 100 dt/ha erreicht. Der Durchschnitt in Deutschland lag aber 1998 nur bei 63,3 dt Getreide/ha.
Der Grund dafür liegt in der Tatsache, dass die Erträge nicht nur von den Erbanlagen (genetisches Potenzial) und der Produktionstechnik abhängen, sondern zumindest zur Hälfte von den natürlichen Standortbedingungen beeinflusst werden, die der Landwirt kaum verändern kann.

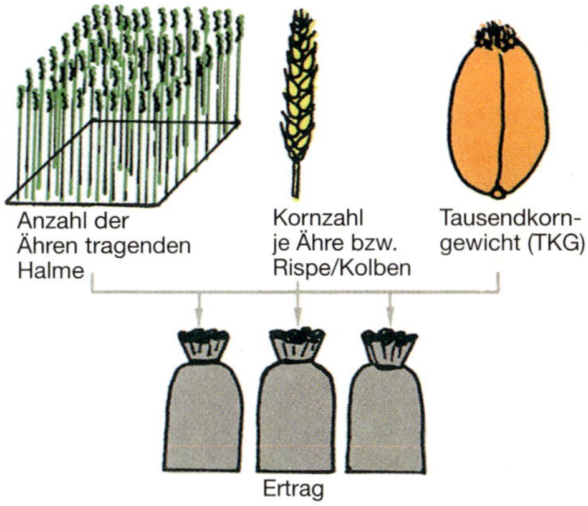

Abb. 191 Ertragsfaktoren bei Getreide (Schema).

Abb. 192 Entwicklung der ertragsbildenden Organe bei Winterweizen (Schema).

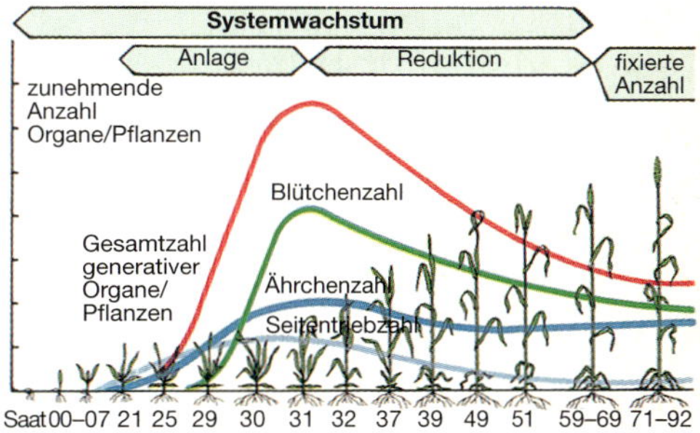

6.6.2 Ertragsfaktoren

Der Getreideertrag wird hauptsächlich bestimmt von

- der Anzahl der Ähren tragenden Halme/m^2,
- der Kornzahl der Ähre bzw. Rispe oder des Kolbens,
- dem Tausendkorngewicht (TKG).

Die Natur ist stets bemüht, die *Arterhaltung* zu sichern. Deshalb bildet auch die Getreidepflanze zunächst weit mehr Organe, die der Vermehrung dienen, als sie auch bei günstigsten Bedingungen bis zur Fruchtreife entwickeln kann. Mit Beginn des Schossens werden diese Ertragsanlagen (z. B. Triebe, Ährchen und Blüten) infolge der sich verschärfenden Konkurrenz um die Wachstumsfaktoren wieder *reduziert.*
Bestandsdichte – Darunter versteht man die Zahl der Ähren tragenden Halme/m^2. Sie wird hauptsächlich durch *Aussaatstärke* und *Bestockung* reguliert.
Bei der Festlegung der Aussaatstärke ist zunächst zu prüfen, welche Kornzahl/m^2 unter Berücksichtigung der Sorteneigenschaften, Standortbedingungen und Keimfähigkeit auszusäen ist. Die **Saatstärke** wird dann nach folgender Formel berechnet:

$$\text{Saatstärke in kg/ha} = \frac{\text{Zahl der Pflanzen [je m}^2\text{]} \times \text{TKG [in g]}}{\text{Keimfähigkeit [in \%]}}$$

Beispiel: Zahl der Pflanzen (vor der Bestockung) je m^2 = 400
Tausendkorngewicht = 47 g
Keimfähigkeit = 95 %

$$\text{Saatstärke [in kg/ha]: } \frac{400 \times 47}{95} = 198 \mathrel{\hat{=}} 198 \text{ kg/ha}$$

Die **Bestockung** bringt den Bestand auf seine größte Dichte. Nach der Reduktionsphase während des Schossens, bei der etwa die Hälfte der gebildeten Seitentriebe wieder reduziert werden, sollte die Bestandsdichte z. B. bei Winterweizen 500–600 Ähren tragende Halme/m^2 betragen. Sie lässt sich leicht auf dem Feld ermitteln, wenn man die durchschnittliche Zahl der Halme/m Reihenlänge durch den Reihenabstand dividiert.

Abb. 193 Die Bestockung bringt den Bestand auf seine größte Dichte.

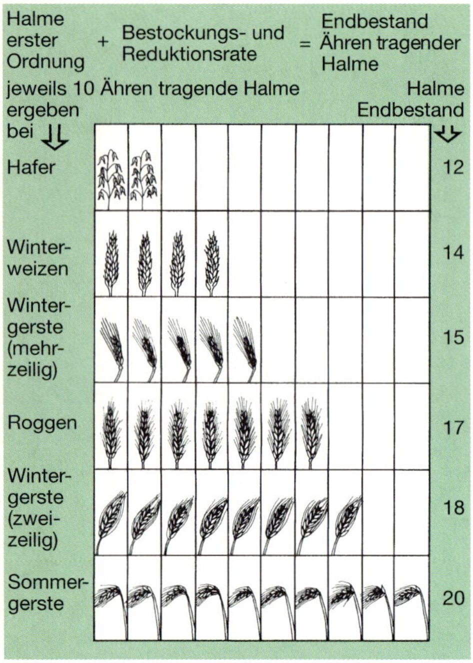

Abb. 194 Ergänzung der Bestandsdichte durch die Bestockung (im Mittel), bezogen auf 10 Halme.

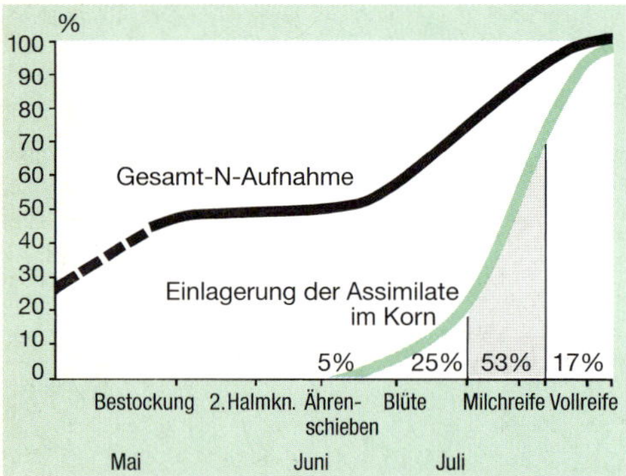

Abb. 195 Einlagerung von Assimilaten in das Weizenkorn vom Ährenschieben bis zur Reife (Schema).

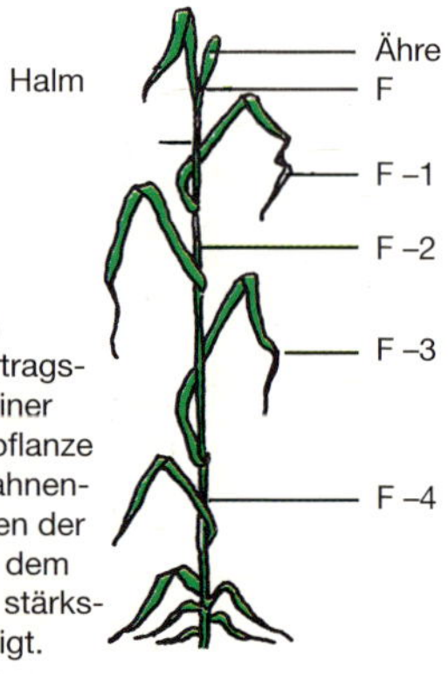

Abb. 196
An der Ertragsbildung einer Getreidepflanze ist das Fahnenblatt neben der Ähre und dem Halm am stärksten beteiligt.

Beispiel: Durchschnittliche Zahl der Ähren tragenden Halme/m^2
Reihenabstand = 12 cm; Halme/m Reihenlänge: $\frac{60\ \text{Halme}}{1\ \text{m}}$

Zahl der Ähren tragenden Halme/m^2:

$$\frac{60\ \text{Halme}}{1\ \text{m} \times 0{,}12\ \text{m}} = 500\ \text{Halme/m}^2$$

Zu große Bestandsdichten beeinträchtigen die Standfähigkeit, erhöhen den Infektionsdruck für Halm- und Blattkrankheiten und führen zu einer geringeren Blütenzahl. In zu dichten Beständen wird Unkraut mit *Kontaktherbiziden* behandelt (auch Kalkstickstoff). Dies hemmt gleichzeitig die Bestockung und reduziert geschwächte Triebe. Die Bekämpfung der Pilzkrankheiten fördert die Bestandsdichte.

Zu geringe Bestandsdichten mindern den Ertrag und fördern die Verunkrautung. Sind anfangs zu wenige Keimpflanzen vorhanden, kann man mit einer N-Düngung sowie mit Walzen oder Striegeln die Bestockung anreizen. Zu schwach bestockte Bestände werden bis zum Stadium 29 mit einer erhöhten 2. N-Gabe (eventuell auch als Gülle) gedüngt.

Anzahl der Körner/Ähre – Sie wird zunächst von der Zahl der Ährchen/Fruchtstand bestimmt. Diese werden unter Kurztagsbedingungen, also z.T. schon im 4–6-Blatt-Stadium, angelegt. Wasser- und Nährstoffmangel sowie Pilzkrankheiten (z. B. Mehltau), aber auch eine starke Bestockung, die zusätzlich Assimilate erfordert, vermindern die Zahl der Ährchenanlagen erheblich. Bei Weizen werden je nach Bestäubung 3–4, bei Roggen 2 und bei Gerste 1 Korn/Ährchen gebildet.

Anhaltende Trockenheit oder Nässe während der Blüte vermindern nicht nur bei Fremdbefruchtern (Roggen, Mais), sondern auch bei den Selbstbefruchtern die Kornzahl. Deswegen gilt es, durch ausreichende Nährstoffversorgung, vor allem aber durch eine N-Gabe bis zum Stadium 31/32 die weitgehend verborgen ablaufenden Prozesse der Ährchenanlage (ab 4-Blatt-Stadium) zu fördern und deren Reduktion, die sich bis kurz nach der Befruchtung hinziehen kann, einzuschränken. Bei Weizen können so 23, bei Gerste 32 Ährchendrillinge erreicht werden. Außerdem ist darauf zu achten, die Pflanze durch Bekämpfung der Fuß- und Blattkrankheiten gesund zu erhalten.

Korngewicht – Neben dem sortenbedingten Fassungsvermögen des Korns sind vor allem die *Dauer* und *Intensität* der Kornfüllungsphase entscheidend. Sie beginnt nach Bestäubung und Befruchtung und wird anfangs durch kühles, feuchtes Wetter, das eine starke Zellteilung begünstigt, gefördert. Für die anschließende Zellstreckung und Stärkeeinlagerung ist es wichtig, dass ausreichend Assimilate zur Verfügung stehen. Dies ist umso mehr gewährleistet, je gesünder das **Fahnenblatt** ist und je günstiger es zum Licht steht (Lichtabsorption). Eine optimale Kaliversorgung fördert zusammen mit einer ausreichenden Wasser- und Stickstoffversorgung die Kornfüllung.

Je besser die Kornanlagen infolge einer sorgfältigen Bestandsführung ausgebildet sind, desto größer sind die Nährstoff- und Wasseransprüche.

6.7 Bestandesführung

Unter dem Begriff »Bestandesführung« werden alle Maßnahmen zusammengefasst, die von der Saat bis zur Ernte die sortentypisch festgelegten Ertragsmerkmale optimal fördern. Dabei ist es unmöglich, alle Ertragsfaktoren in gleicher Weise zu verbessern. Manchmal steht der Förderung des einen die Einschränkung des anderen gegenüber. So verhindern große Bestandesdichten in der Regel große Ähren. Geringe Bestandesdichten fördern eher die Kornzahl und das TKG. Zwei wesentliche Möglichkeiten der Bestandesführung sind die N-Düngung und Anwendung von Wachstumsregulatoren.

N-Düngung – Obwohl mit einer N_{min}-Untersuchung der Bodenvorrat an Stickstoff im Frühjahr ermittelt werden kann, lässt sich wegen der witterungsbedingten Umwandlungsprozesse seine Wirkung nur durch ständige Beobachtung des Pflanzenbestandes feststellen. Auf jeden Fall ist der Stickstoff wegen der Auswaschungsgefahr auf mehrere Gaben zu verteilen, von denen die letzte gegen Ende des Schossens bis zum Ährenschieben größtenteils zur Eiweißbildung im Korn verwendet wird (qualitätsbetonte N-Düngung).

Die Düngung ist eine der wichtigsten Maßnahmen zur Bestandesführung. Besonders mit der N-Düngung lässt sich die Bestandesdichte erhöhen. Damit verschlechtert sich aber meist das Bestandesklima, was sich wiederum auf die Pflanzengesundheit negativ auswirkt. Außerdem erhöht sich mit der Zahl der Pflanzen/Fläche und der Vergrößerung ihrer Masse der Wasserbedarf.

Anwendung von Wachstumsregulatoren – Eine ertragsbetonte N-Düngung bei Getreide ist ohne den Einsatz von Wachstumsregulatoren, wie z. B. Cycocel (CCC) oder Terpal C nicht möglich. Sie erhöhen die Standfestigkeit durch Verkürzen der unteren Internodien und Verstärkung der Halmwand (CCC) bzw. durch Einkürzen der oberen Halmglieder und Einlagerung von Gerüstsubstanzen (Terpal C). Die Stauchung der Blattetagen erhöht allerdings den Krankheitsdruck im Bestand.

Wachstumsregulatoren zur Verkürzung der unteren Internodien und zur Verstärkung der Halmwand werden daher ab der Bestockung eingesetzt, die Einkürzung der oberen Halmglieder erfolgt während des Schossens bzw. Ähren- und Rispenschiebens. Seit einigen Jahren gewinnt das flexibel einsetzbare Mittel Moddus an Bedeutung.

Voraussetzung für den Einsatz der Wachstumsregulatoren sind gute Bodenstruktur und Nährstoffverfügbarkeit. Eine Kombination mit Bodenherbiziden (Gebrauchsanweisung beachten!) oder Fungiziden bzw. Harnstoff ist möglich. Die Aufwandmenge hängt von Standort, Getreideart und Sorte ab.

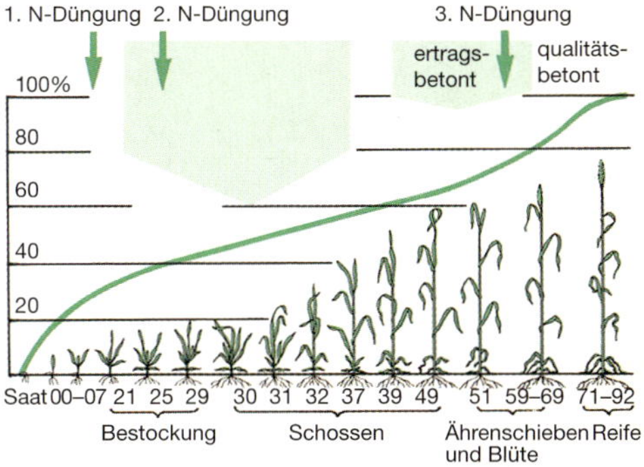

Abb. 197 Aufteilung der Stickstoffdüngung bei Getreide (Schema).

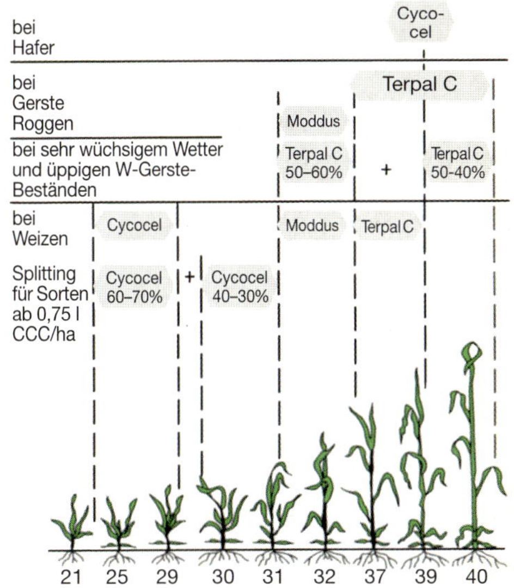

Abb. 198 Anwendungszeiten von Wachstumsreglern zur Halmverkürzung in Getreide (Schema).

Abb. 199 Wachstumsregler bewirken eine Verkürzung der unteren Internodien und stärken dadurch die Standfestigkeit von Getreide.

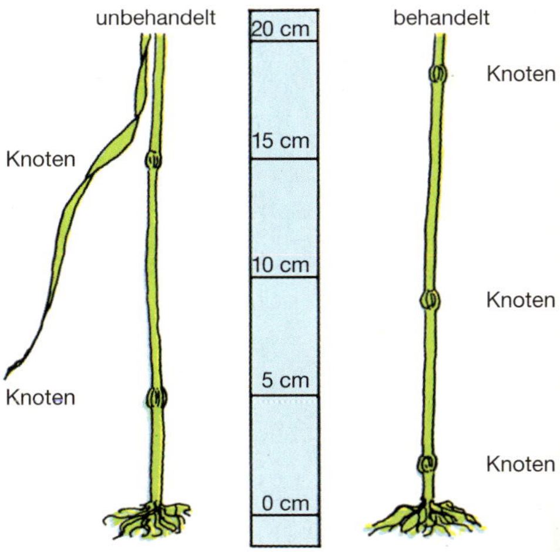

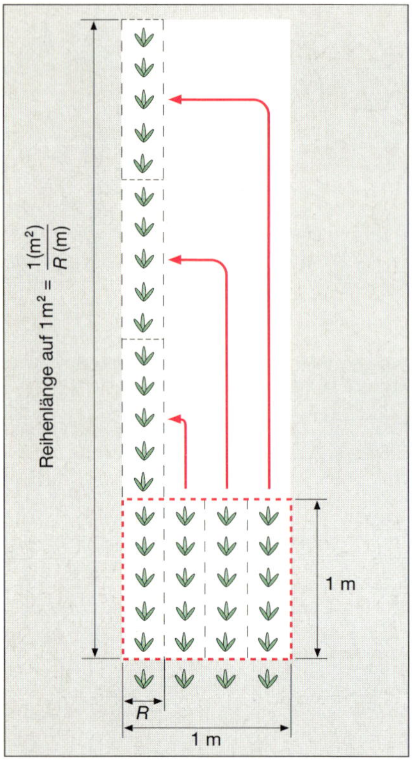

Abb. 200 Die Pflanzendichte/m^2 ist die Zahl der Pflanzen auf einem Reihenabschnitt, dessen Länge so viele Meter beträgt, wie der Reihenabstand R (in m) in 1 m^2 enthalten ist.

Abb. 201 Die Bestandsdichte ist von der Zahl der ausgesäten keimfähigen Körner, dem Feldaufgang und der Bestockung abhängig.

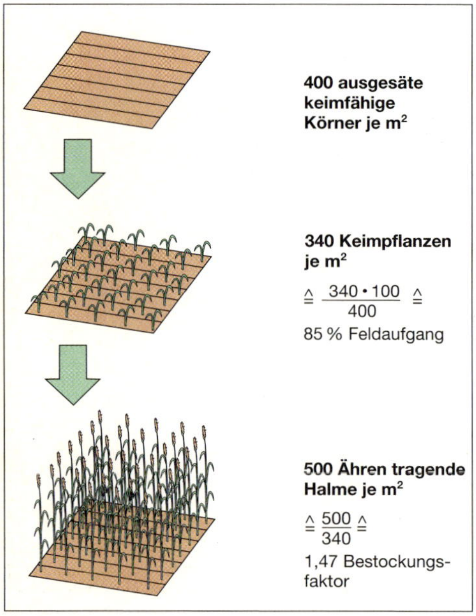

Aufgaben:

1. Welche Faktoren bestimmen den Ertrag bei Getreide?
2. Weshalb gehören der Einsatz von Wachstumsregulatoren und die N-Spätdüngung bei Getreide zusammen?
3. Welchen Einfluss hat die Bestockung auf die Bestandsdichte?
4. Auf 1 m Reihenlänge werden im Mittel 63 ährentragende Halme gezählt. Die Reihenweite beträgt 13 cm. Wie groß ist die Ährendichte je m^2?
5. In Stichproben wurde ein mittlerer Kornbesatz je Ähre von 28 ausgezählt. Die zu erwartende Einzelkornmasse betrage 52 g je 1000 Körner. Die ermittelte Bestandsdichte betrug 570 Ähren tragende Halme je m^2.
   Mit welchem Ertrag in dt/ha ist ungefähr zu rechnen?
6. Die Drillweite in einem Getreide bestand beträgt 12 cm. Wie viele Ähren tragende Halme sollen im Mittel auf einem laufenden Meter in der Reihe stehen, wenn die Bestandsdichte 350/m^2 (450/m^2; 700/m^2) betragen soll?
7. Unterstellt wird ein Weizenertrag von 80 dt/ha.
   a) Welches mittlere Ährengewicht ist erforderlich bei einer Bestandsdichte von 400/m^2 Ähren tragenden Halmen?
   b) Welche Bestandsdichte ist erforderlich, wenn ein mittleres Ährengewicht von 1,7 g zugrunde gelegt wird?
8. Auf einem Getreideschlag wurden 350/m^2 keimfähige Körner ausgesät. Nach dem Auflaufen zählte man 280/m^2 Keimpflanzen. Später ermittelte man 500/m^2 Ähren tragende Halme.
   a) Wie hoch ist der Feldaufgang in %?
   b) Wie groß ist der Bestockungsfaktor?
9. 350/m^2 aufgelaufene Weizen-Keimpflanzen seien erwünscht. Man rechnet mit einem Feldaufgang von 85 %. Die Keimfähigkeit des Saatguts beträgt 94 %, das TKG 51 g. Wie viele kg Saatgut sind je ha auszusäen?
10. 600 Halme/m^2 Ährendichte sei erwünscht. Die Einzelkornmasse beträgt 0,048 g, die Keimfähigkeit 98 %, der zu erwartende Feldaufgang 85 % und der Bestockungsfaktor 1,8. Wie viele Kilogramm Saatgut benötigt man für 15 ha?
11. Berechnen Sie die erforderliche Saatmasse für 7,8 ha Wintergerste. Gewünschte Keimpflanzendichte 350/m^2, TKG 51 g, Keimfähigkeit 97 %, erwarteter Feldaufgang 80 %.
12. Berechnen Sie die erforderliche Saatmasse für 5,75 ha Hafer. Saatstärke an keimfähigen Körnern 370/m^2, TKG 29 g, Keimfähigkeit 90 %.
13. In einer kreisrunden Zählfläche mit einem Durchmesser von d = 50 cm werden im Mittel 69 Keimpflanzen gezählt. Wie viele Keimpflanzen stehen auf einem Quadratmeter?

6.8 Die Krankheiten und Schädlinge des Getreides

Die nachfolgenden Tabellen zeigen wirtschaftlich bedeutsame Krankheiten und Schädlinge im Getreide.

Außerdem haben noch eine wirtschaftliche Bedeutung: *Blaues*

Tabelle 11: Bedeutsame Krankheiten des Getreides

Name der Krankheit, Erreger	befallene Getreidearten[1])	Schadbild	Bekämpfung
Auswinterungskrankheiten			
 Abb. 202 — Schneeschimmel *Fusarium nivale* samen- und bodenbürtiger Pilz	W-Roggen, W-Weizen, W-Gerste	fleckenweise abgestorbene und mit einem weißen Pilzrasen überzogene Pflanzen, die dem Boden dicht anliegen	Saatgutbeizung, Fruchtwechsel
 Abb. 203 — Typhula-Fäule *Typhula incarnata* luft- und bodenbürtiger Pilz	W-Gerste, Roggen, W-Weizen	nesterweise vergilbte oder abgestorbene Pflanzen; typisch sind kleesamengroße (bis 3 mm) helle, später dunkelbraune Dauerformen des Pilzes am Halmgrund	bei W-Gerste Saatstärke verringern und später säen; Jugendentwicklung der Pflanzen fördern
Fußkrankheiten			
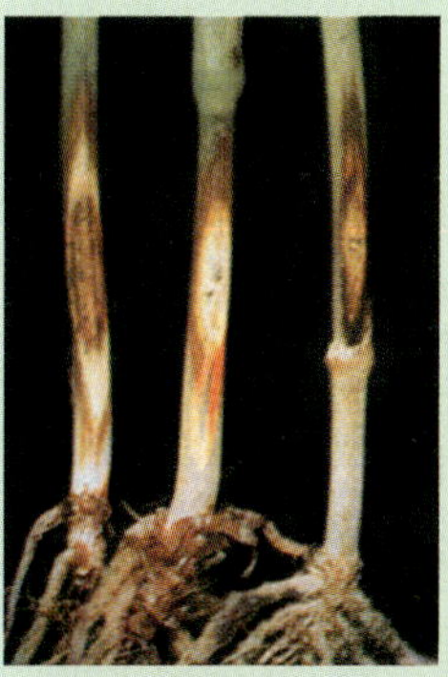 Abb. 204 — Halmbruch-Krankheit *Cercosporella herpotrichoides* luft- und bodenbürtiger Pilz	W-Weizen, W-Gerste, Roggen, S-Getreide	Halme liegen einzeln oder nesterweise wirr durcheinander, längliche, medaillonartige Flecken mit heller Mitte und gelblich bis rotbraunem Rand, Halmgrund durch watteartiges Pilzmyzel vermorscht	hoher Befallsdruck bei 10 °C und rel. Luftfeuchtigkeit über 80 %, weite Fruchtfolge, Fungizide
 Abb. 205 — Stängelfäule *Fusarium* ssp. Pilz	Roggen, W-Gerste, W-Weizen	braune Flecken, die später schwarz werden, auf den unteren Blattscheiden, bei stärkerem Befall sterben die Pflanzen ab	Beizung, Fruchtwechsel

[1]) In der Reihenfolge der Befallshäufigkeit.

Fortsetzung Tabelle 11

Name der Krankheit, Erreger	befallene Getreide-arten[1])	Schadbild	Bekämpfung
Halm- und Blattkrankheiten			
 Abb. 206 Streifen-Krankheit *Helminthosporium graminea* Pilz	Gerste	zunächst helle, dann braune Längsstreifen auf den Blättern, die später aufschlitzen, Blüteninfektion → Übertragung mit dem Saatgut, Pilz keimt zwischen Korn und Spelze und wächst in den Keimling hinein	Saatgut-beizung
 Abb. 207 Netzflecken-Krankheit *Helminthosporium teres* Pilz	W-Gerste, S-Gerste, Hafer	untere Blätter zeigen ab Mitte Juni zuerst kleine braune Flecken, die sich vergrößern und ein Netzmuster bilden	Saatgut-beizung, Fruchtwechsel, Fungizide bei Befall
 Abb. 208 Blattflecken-Krankheit *Rhynchosporium secale* Pilz	Gerste, Roggen	erst wässrige, dann weißlich-graue Flecken, die gelb bis braun umrandet sind	Fungizide
 Abb. 209 Blattdürre *Ascochyta* Pilz	Weizen, Gerste, Hafer	kreisförmige, erbsengroße Flecken auf den unteren Blättern, helle, kreisförmige und scharf umrandete Flecken auf den Spelzen	Fungizide
 Abb. 210 Gelbrost *Puccinia glumarum* Pilz	Weizen, Gerste	auf Blättern (besonders oberseits) ovale, gelborange Pusteln, streifenförmig zwischen den Blattadern, später auch auf Ähren und Blattscheiden; Vergilben und Vertrocknen der Blätter	Beseitigung von aufgelaufenem Ausfallgetreide, Wahl resistenter Sorten; systemische Fungizide bis Beginn der Blüte

Fortsetzung Tabelle 11

Name der Krankheit, Erreger		befallene Getreidearten[1])	Schadbild	Bekämpfung
	Braunrost *Puccinia dispersa* *P. recondita* *P. hordei* *P. coronata* Pilze Abb. 211	Roggen, Weizen, Gerste, Hafer	Pusteln auf den Blättern in den entsprechenden Farben (Sporenlager des Pilzes), auch an Ähren, Spelzen und Körnern	Sortenwahl, Fungizide
	Schwarzrost *Puccinia graminis* Pilz Abb. 212	alle Getreidearten	meist erst ab Ende Juni rostfarbene, strichförmige Pusteln auf Blättern, Blattscheiden, Halmen und Spelzen; kurz vor der Ernte schwarzbraune Pusteln vorzugsweise an Blattscheiden und Halmen	Sortenwahl, Fungizide
	Mehltau *Erysiphe graminis* Pilz Abb. 213	Gerste, Weizen, Roggen, Hafer	Befall beginnt an den untersten Blättern, zuerst kleine, watteartige weiße Flecken; diese weiten sich zu pelzigen, graubraunen Belägen aus; ab Juni kleine schwarze Punkte (Fruchtkörper des Pilzes) auf den Belägen; empfindliche Schäden bei Befall des Fahnenblattes und der Ähre; Infektionsdruck bei feuchtwarmer Witterung besonders groß	Sortenwahl, Saatstärke vermindern, Beizung, Fungizide
Ährenkrankheiten				
	Mehltau *Erysiphe graminis* Pilz Abb. 214	Weizen	wie Mehltau auf Blättern	befallene Fahnenblätter behandeln (Sprungbrett für weitere Infektionen)

Fortsetzung Tabelle 11

Name der Krankheit, Erreger	befallene Getreidearten[1])	Schadbild	Bekämpfung
 Braunspelzigkeit *Septoria nodorum* Pilz Abb. 215	Weizen	zuerst kleine, dann immer mehr zusammenfließende braune Flecken, auch Befall von Koleoptilen, Blättern, Halmen und Ährenspindeln	Fungizide
 Schwärzepilze *Cladosporium herbarum*, *Alternaria* ssp., *Pullularia pullulans* Abb. 216	alle Getreidearten	schwarzgrauer Belag an den Ähren, gelegentlich auch an den Blättern und Halmen, in der Regel nur an Pflanzen, die schon durch andere Ursachen geschwächt sind	Fungizide mit Zusatzwirkstoff
 Hartbrand Gerstenhartbrand *Ustilago hordei* Weizensteinbrand *Tilletia tritici* Zwergsteinbrand *Tilletia controversa* Pilze Abb. 217	 Gerste, Weizen, Weizen	gespreizte graugrüne Ähren enthalten statt Körnern dunkle Brandbutten, Übertragung der Sporen beim Drusch	Saatgutbeizung
 Flugbrand *Ustilago nuda* *U. tritici* *U. avenae* Pilze Abb. 218	Gerste, Weizen, Hafer	Blüteninfektion: Sporen gelangen über die offene Blüte in den Fruchtknoten, Sporen sitzen im Saatkorn → Keimlingsinfektion: Sporen sitzen zwischen den Spelzen	Saatgutwechsel, Befall ist Aberkennungsgrund bei Saatguterzeugung! Saatgutbeizung
Viruskrankheiten			
 Gelbmosaik-Virus Abb. 219	Gerste	ab Februar/März strichel- oder punktförmige, gelbliche bis bleiche Aufhellungen, Blätter vergilben von der Spitze her und sterben ab, alle befallenen Pflanzen bleiben verkürzt	weite Fruchtfolge

Tabelle 12: Bedeutsame Getreideschädlinge

Schädling, Bedeutung	Schadbild	Befall	Bekämpfung
 Fritfliege *Oscinella frit* befällt alle Getreidearten, Mais und Gräser besonders bei später Frühjahrs- und früher Herbstsaat Abb. 220	Herztriebe vergilben, Hüllblätter bleiben zunächst noch grün, später Absterben des Triebs; bis 5 mm lange, glasig-weiße, fußlose Larve ohne Kopfkapsel	3 Generationen jährlich, Eiablage der Fliege im Frühjahr und Herbst an die Blattscheiden, Massenauftreten nach trockenwarmer Witterung	Vernichten von aufgelaufenem Ausfallgetreide, Saatgutinkrustierung mit Insektiziden
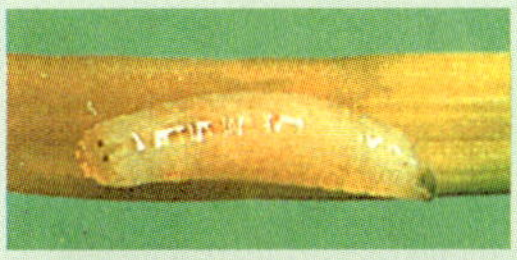 Brachfliege *Delia coarctata* tritt jahr- und gebietsweise vor allem bei W-Weizen auf leichten Böden auf  Abb. 221	Vergilben der Herztriebe bei W-Weizen und Roggen, auch bei Hafer; im Februar bis April an der Triebbasis ca. 8 mm lange weißliche Larven mit schwarzen Mundhaken und 6 Fortsätzen am Hinterleib, ohne Kopfkapsel und Beine	Eiablage der Fliege im Juli/August in lockere Böden, Einbohren der Junglarven in ihre Wirtspflanzen im zeitigen Frühjahr	Saatgutinkrustierung in Befallsgebieten; Bekämpfung der Quecke
 Getreide-Zystenälchen *Heterodera avenae* befallen werden Hafer, S-Weizen, S-Gerste, der überwiegende Teil der Anbaufläche ist verseucht Abb. 222	anfangs nesterweise, später großflächig schlechte Bestockung, Wuchshemmung, Kümmerähren und -rispen, Befallsflächen stark verunkrautet; geschädigte Pflanzen mit dichtem, kurzem Wurzelwerk, ab Mitte Juni erst weiße, später dunkelbraune, zitronenförmige, 1 mm lange Zysten	von März bis Mai Schlupf der fadenförmigen Larven	Anbau resistenter oder teilresistenter Sorten, Sommergetreide nur alle 5–6 Jahre auf die gleiche Fläche bringen, Flughafer bekämpfen
 Sattelmücke *Haplodiplosis marginata* regionaler Befall besonders von S-Gerste und Weizen Abb. 223	Wuchshemmung, Steckenbleiben der Ähren; am Halm in sattelförmigen Vertiefungen anfangs glasig weiße, später ziegelrote, bis 5 mm lange Larven, befallene Halme brechen um	ab Mitte Mai Schlupf der roten Mücke und Eiablage auf den obersten Blattetagen	Kontaktinsektizide gezielt gegen Eier und schlüpfende Larven, Schadschwelle 5 Eier/Halm

Fortsetzung Tabelle 12

Schädling, Bedeutung	Schadbild	Befall	Bekämpfung, Schadschwelle
Große Getreideblattlaus *Macrosiphum avenae*  Abb. 224	grün bis rötlich mit schwarzen Hinterleibsröhrchen und fast körperlangen Fühlern, Befall an Fahnenblättern, später an Blütenständen	ab Mitte Mai bis Ende Juni Zuflug geflügelter Wanderläuse von Winterwirten (Gräser, Rosen, Traubenkirsche), mehrere Generationen und Massenvermehrung auf Getreide bei 15–25 °C und trockener Witterung	gezielte Bekämpfung mit nützlingsschonenden Insektiziden, Schadschwellen: Ende Ährenschieben 20 %, Ende Blüte 25 %, frühe Milchreife 80 % befallene Halme
Haferblattlaus *Rhophalosiphum padi*  Abb. 225	rundliche Körperform, grün mit rötlichem Querband um die kurzen, rostroten Hinterleibsröhrchen, Befall auf Blattspreiten, -scheiden und Ähren		
Bleiche Getreidelaus *Metopolophium dirhodum*  Abb. 226	bleichgrün mit grünem Längsstreifen auf der Rückenmitte, saugt vorwiegend an der Blattunterseite		
 Abb. 227 Gelbe und Orangerote Weizengallmücke *Contarinia tritici* und *Sitodiplosis mosellana* nur gebiets- und jahrgangsweise an Weizen, seltener an Roggen und Gerste wirtschaftlich bedeutsam	zur Zeit der Kornausbildung mehrere gelbe bzw. orangerote Larven (2,5 mm lang, ohne Kopfkapsel und Beine) an Kornanlagen saugend, Missbildungen des Korns, Spelzen an Basis verbräunt	im Mai Wanderung der Larven zur Bodenoberfläche, Verpuppung und Schlupf der Mücken, Eiablage an windstillen Abenden ab 15 °C	zugelassene Kontaktinsektizide, Schadschwelle: Beginn des Ährenschiebens 1 Gelbe Gallmücke/Ähre, Ende des Ährenschiebens 1 Orangerote Mücke/2 Halme

und *Rothalsiges Getreidehähnchen*, *Getreide-* und *Ährenwickler* sowie *Blasenfüße* (Thripse).

Bei *Feldmausbefall* hilft nur eine großflächige Bekämpfungsaktion. Vielfach stellen Landwirte krückenartige Pfähle (Julen) auf die Flächen, um den mäusefangenden Greifvögeln eine Möglichkeit zum Aufblocken zu geben.

6.9 Auswinterungsschäden an Wintergetreide

Auswinterungsschäden können sowohl durch Witterungseinflüsse als auch durch Pilze verursacht werden.

Erfrieren – Die Frosthärte der Getreidearten ist durch züchterische Beeinflussung bei Wintergerste auf –15 °C, bei Winterweizen auf –20 °C und bei Winterroggen bis auf –25 °C verbessert worden. Dennoch können Wintersaaten erfrieren, wenn das Getreide infolge zu später Saat während der Keimung vom Frost überrascht wird.

Bei starken Kahlfrösten, besonders in Verbindung mit hoher Luftfeuchtigkeit und Wind, kann das Getreide auch nach dem Keimen noch erfrieren. Das *Saatbett* sollte deswegen nicht zu fein sein, weil die Pflanzen durch die Kluten geschützt werden. Auf feuchten Standorten führen starke *Wechselfröste* zum Auffrieren der Saaten. Dabei reißen die feinen Wurzeln ab und die Pflanzen verfärben sich. Hier helfen das Wiederherstellen des Bodenschlusses mit einer Formwalze und eine möglichst früh ausgebrachte Stickstoffgabe.

Ausfaulen – Dies tritt unter einer Schneedecke über ungefrorenem Boden auf. Solange der Schnee locker ist und den Luftaustausch nicht behindert, gehen die Lebensvorgänge der Pflanze weiter. Sobald aber die Schneedecke verharscht, tritt Sauerstoffmangel auf, der vor allem die Blätter schwächt und Fäulnisbakterien begünstigt.

Aussauern – Stehen Wurzeln und Halmgrund während der Schneeschmelze längere Zeit im Stauwasser, weil der Boden noch gefroren ist, sinkt der pH-Wert im Wurzelbereich stark ab. Dadurch werden Fäulnispilze begünstigt (Wurzel). Abhilfe schafft meist nur ein oberirdisches Ableiten des Stauwassers.

Abb. 228 Aufgefrorene Böden müssen im Frühjahr gewalzt werden, um Auswinterungsschäden zu verringern.

Abb. 229 Ein »raues Saatbett« schützt die Getreidepflanze im Winter.

Aufgaben:

1. Welche Getreidekrankheiten und -schädlinge traten in den Beständen Ihres Ausbildungsbetriebes auf?
2. Weshalb sollte das Fahnenblatt möglichst lange gesund bleiben?
3. Welche Ursachen kann das »Auswintern« von Getreide haben?

6.10 Anbau von Weizen *(Triticum aestivum)*

Abb. 230 Getreideblüte bei Weizen.

In Deutschland wird hauptsächlich der **Gemeine Weizen** *(Triticum aestivum)* angebaut. Daneben gibt es den **Hartweizen** *(Triticum durum)*, der vor allem zur Teigwarenherstellung benützt wird. In Deutschland wird er wegen seiner Kurztagsneigung hauptsächlich in Süddeutschland und in der Pfalz angebaut.

In letzter Zeit nahm auch der vertragsmäßige Anbau von **Dinkel** *(Triticum spelta)* zu. Er findet insbesondere in Naturkostläden und mehr und mehr auch in konventionellen Bäckereien Verwendung.

Abb. 231 Schossender Weizenbestand.

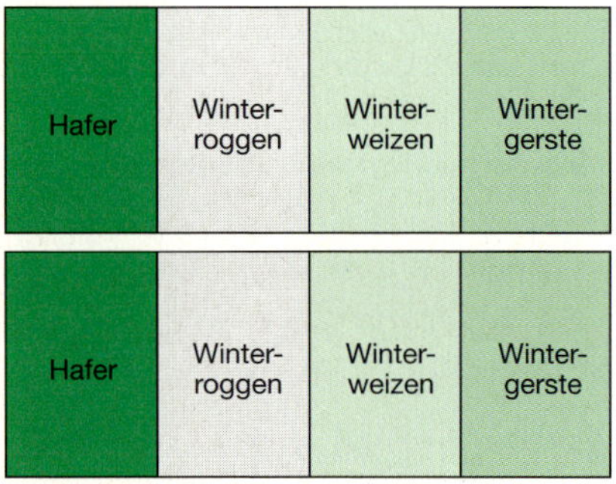

Abb. 232 Getreidefruchtfolgen (Beispiele).

Abb. 233 Blick in den Walzenboden einer Mühle.

Die Weizenfläche macht nahezu 40 % der Getreideanbaufläche aus und erreichte 1998 2,79 Mio. ha (gesamte BRD). Mehr als 98 % davon sind Winterweizen. Wegen der wesentlich geringeren Erträge ist Sommerweizen nur noch Lückenbüßer, wenn Winterweizen aus zeitlichen Gründen nicht mehr gesät werden konnte. Die Produktion wird zum größten Teil verfüttert.
Die Durchschnittserträge lagen 1998 bei 72,4 dt/ha. Dabei sind sie im Norden wegen der günstigeren klimatischen Bedingungen höher als im Süden. Eine weitere Produktionssteigerung ist wegen der agrarpolitischen Lage in der EU problematisch.

6.10.1 Standortansprüche

Boden – Typische Winterweizenstandorte sind tiefgründige, nährstoffreiche Schwarz- oder Parabraunerden mit neutraler Bodenreaktion. Bei ausreichendem Nährstoffangebot und gleichmäßiger Niederschlagsverteilung ist Sommerweizen auch mit weniger guten Standorten zufrieden.
Witterung – Weizen ist gegen lang andauernde Schneedecken und Winternässe empfindlich und hat unter den Getreidearten den höchsten Wärmebedarf. Er liebt einen trockenen Herbst und Vorwinter, verträgt allerdings die Saat in nassen Boden am besten. Für das Bestocken und Ausbilden der Ährenanlagen ist eine zeitige Erwärmung ebenso günstig wie feuchtes und sonnenscheinarmes Wetter im Frühjahr. Der größte Wasserbedarf besteht zur Zeit des Schossens und Ährenschiebens.

6.10.2 Fruchtfolge, organische Düngung

Fruchtfolge – Die besten Vorfrüchte für Weizen sind alle Pflanzen, die den Boden im garen Zustand hinterlassen, also Blatt- und Hackfrüchte. In Norddeutschland wird Winterweizen in der Regel nach Zuckerrüben angebaut. Dabei ist es auf den oft von der Hackfruchternte stark in Mitleidenschaft gezogenen Feldern schwer, den Boden in einen annähernd garen Zustand zu bringen. In Getreidefruchtfolgen sollte, wegen der Übertragung von Fußkrankheiten, Gerste nicht als Vorfrucht dienen. Ist dies dennoch nötig, sollte eine Gründüngungspflanze als Zwischenfrucht eingeschoben werden.
Organische Düngung – In viehlosen Betrieben stehen gehäckseltes Zuckerrübenblatt oder Stroh zur Verfügung. Auch Gülle wird zu Weizen vor der Saat angewendet. Ihr Düngewert muss bei der Nährstoffbilanz möglichst genau berücksichtigt werden.

6.10.3 Sortenwahl

Qualitätsmerkmale – Weizensorten werden nach ihrer Eignung zur Verarbeitung in **Mühle** und **Bäckerei** eingestuft. Dabei geht es Ersteren um eine problemlose Mahlfähigkeit und hohe Mehlausbeute, den anderen um eine ergiebige Backfähigkeit.
Weizen ist mit seinem *hohen Stärke-* und *geringen Rohfasergehalt* ein hochwertiges Kraftfutter für alle Tierarten. Für die **Fütterung** ist ein hoher *Proteingehalt* günstig. Durum-Weizen darf höchs-

tens 5 % Bruchkörner und Besatz aufweisen. Der Schwarzbesatz (verfärbte Körner) muss unter 3 % liegen.
Als **Brauweizen** sind eine gute *Kornausbildung*, hohe *Keimfähigkeit* und *Enzymaktivität* (schonende Trocknung) wichtig. Im Gegensatz zu Back- und Futterweizen sollte jedoch hier der Proteingehalt unter 12 % liegen.
Mehlausbeute – Beim Mahlen wird der Mehlkörper von den Schalen, den Keimlingen und den Aleuronzellen getrennt. Aus technischen Gründen lässt sich der Mehlkörper nicht vollständig nutzen. Die Ausbeute an weißem Mehl hängt wesentlich vom erbmäßig bedingten Aschegehalt im gesamten Korn der Weizensorte ab. Dabei ist die Mehlausbeute umso höher, je niedriger der Aschegehalt ist. Beim Standard-Mehltyp 550 beträgt der Aschegehalt 0,55 %, die Mehlausbeute ca. 75 %. Der Rest ist Kleie.
Für eine gute Mahlfähigkeit soll Weizen eine gleichmäßige Kornform und -größe haben. Der Fremdgetreide- und Schmachtkornanteil sollte ebenso wie der Schwarzbesatz möglichst gering sein.
Backfähigkeit – Bäckereien und Brotfabriken wünschen Mehl, das sich *gut verarbeiten* lässt, *ergiebig* ist und möglichst *große* Gebäcke mit *feinen Poren* liefert. Besondere Bedeutung für diese Backqualität haben Menge und Güte der auswaschbaren kolloidalen Eiweißstoffe, die unter dem Begriff »Kleber« zusammengefasst werden.
Für die Beurteilung der Backqualität einer Weizensorte werden daher festgestellt:

- Der **Rohproteingehalt** (= N-Gehalt × 5,7); damit wird die *Klebermenge* erfasst. Mindestwerte für Backweizen 11,5 %, für Aufmischweizen 13,5 %.
  Die Klebermenge ist allerdings nur zu 25 % genetisch festgelegt, 75 % werden über die Wachstumsfaktoren, vor allem durch die N-Versorgung, bestimmt.
- Der **Sedimentationswert** gibt Auskunft über die *Klebergüte*. Als Maßstab dient die Quellung einer Mehl-Wasser-Aufschwemmung in einem Messzylinder. Mindestwerte sind für Backweizen 25 ml, für Aufmischweizen 40 ml. Aus Proteingehalt und Sedimentationswert lässt sich das zu erwartende *Gebäckvolumen* berechnen. Die Klebergüte ist zu 75 % genetisch bedingt.
- Die **Fallzahl** ist ein Maßstab für die *Qualität* der *Stärke*. Dazu wird die Einsinkzeit eines Rührwerkzeugs in den Mehl- oder Schrotkleister gemessen. Bei Backweizen soll dies 240–270 s dauern. Mehl aus auswuchsgeschädigtem Getreide gibt einen feucht-klebrigen, wenig ergiebigen Teig. Die Fallzahl liegt niedriger (60–70 s).
- Die **Backfähigkeit** mit Hilfe des *Rapid-Mix-Tests* (RMT) oder durch den Backversuch. Dabei werden schon bei der Teigbereitung negative Eigenschaften, wie mangelhafte Teigelastizität und schmierige Oberfläche, beurteilt und anschließend das Gebäckvolumen aus 100 g Mehl gemessen.
  Mehl aus Backweizen liefert dabei ca. 570–630 cm^3, Mehl aus Aufmischweizen mehr als 700 cm^3 Gebäckvolumen. Außerdem werden Porung, Bräunung, Kruste und Geschmack des Gebäcks beurteilt.

Abb. 234 Backversuch mit geringer (links) und hoher Backfähigkeit (rechts).

Abb. 235 Der Klebergehalt von Weizen wird durch die Kleberauswaschung im Labor festgestellt.

Abb. 236 Teigbeschaffenheit bei geringer (links) und guter Kleberqualität (rechts).

Abb. 237 Der Sedimentationstest ist ein wichtiges Qualitätskriterium für Aufmischweizen.

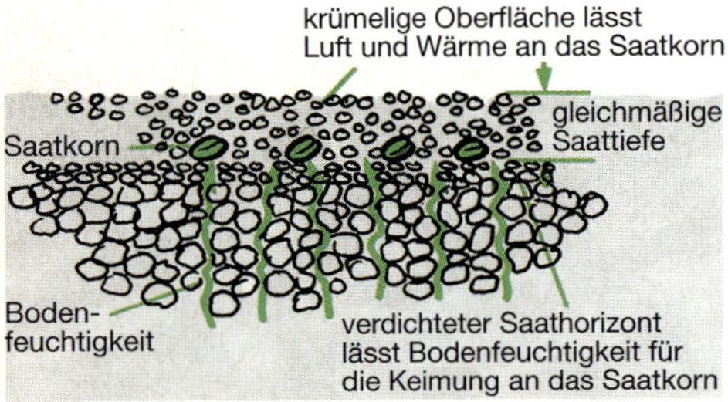

Abb. 238 Ideales Saatbett (Schema).

Abb. 239 Minimal-Bestelltechnik mit (oben) und ohne vorherige Pflugfurche (unten).

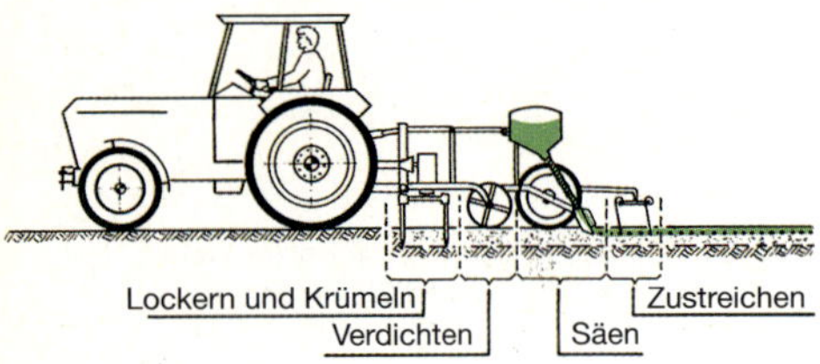

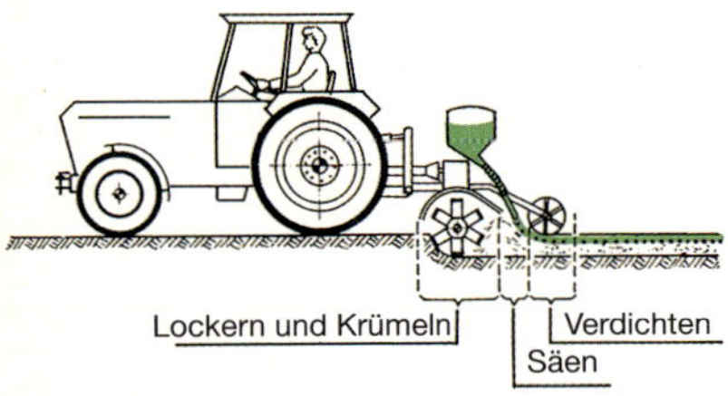

Weizensorten werden entsprechend den im Backversuch nachgewiesenen Backeigenschaften (z. B. Volumenausbeute, Wasseraufnahme, Teigelastizität) seit 1995 in 5 **Qualitätsgruppen** eingeteilt. Eliteweizen (E) und Qualitätsweizen (A) können zum **Aufmischen** von Backweizen (B) verwendet werden. C-Weizen-Sorten dienen als Futterweizen, K-Weizen-Sorten bilden die Grundlage für die industrielle Keksherstellung.

Tabelle 13: Qualitätsgruppen von Weizensorten

Qualitätsgruppe	abgelöste Klassifizierung	Verwendung, Eigenschaften
E Eliteweizen	A 9 A 8	höchster Aufmischwert
A Qualitätsweizen	A 7 A 6	geringerer Aufmischwert
B Backweizen	B 5 B 4 B 3	Grundlage für Backmischungen, meist aufmischbedürftig
C sonstiger (F) Weizen	C 2 C 1	Einsatz in der Fütterung, keine Backfähigkeit
K Keks-Weizen		Rohstoff für die industrielle Keksherstellung

6.10.4 Aussaattechnik

Stoppelbearbeitung – Nach Getreide oder anderen Körnerfrüchten ist es nötig, die Ernterückstände, organische und anorganische Dünger einzuarbeiten und gleichzeitig ein Keimbett für Unkräuter, Ungräser und Ausfallkörner zu schaffen, die dann nach ihrem Auflaufen mechanisch vernichtet werden können.

Dabei wird auch die Wasserverdunstung durch Unterbrechen der Kapillarität vermindert, die folgende Saatfurche erleichtert und der Herbizidaufwand eingeschränkt. Als Geräte werden dazu Spatenrollegge, Scheibenegge, Schwergrubber, Fräse oder Zinkenrotor eingesetzt.

Saatfurche – Sie verbessert die Durchlüftung, Erwärmung und Wasserspeicherfähigkeit und schafft so gute Voraussetzungen für die Saat. Für Winterweizen und Roggen muss sie allerdings so zeitig erfolgen, dass sich der Boden noch genügend absetzen kann (14 Tage vor der Saat). Nach Zuckerrüben wird daher der Einsatz des Grubbers die Saatfurche ersetzen.

Saatbettbereitung – Sie soll einen möglichst flachen Saathorizont schaffen, damit die Saat gleichmäßig aufläuft. Außerdem soll in Saattiefe der Bodenschluss hergestellt werden, damit der kapillare Wasseraufstieg den Wasserbedarf des keimenden Samens decken kann. Schließlich muss die Bodenschicht über dem Saathorizont gelockert und gekrümelt werden, damit Wärme und Sauerstoff eindringen können.

In der Regel wird heute die Saatbettbereitung durch Gerätekopplung (siehe »Agrarwirtschaft«, Grundstufe) in einem Arbeitsgang vorgenommen.

Aussaatzeiten – Die günstigste Saatzeit für Winterweizen liegt für die meisten Standorte in Deutschland in der 2. Oktoberhälfte.

Auf nassen, schweren Böden in schlechtem Zustand und in rauem Klima ist die 1. Oktoberhälfte günstiger. In milden Lagen von Rheinland-Pfalz, Baden-Württemberg und Nordrhein-Westfalen kann die Saat auch in der 1. Novemberhälfte bzw. sogar noch später erfolgen.
Sommerweizen muss so früh wie möglich gesät werden.
Saatstärke – Sie hängt ab von den Standortfaktoren, der Anbautechnik und der Sorte. Die Anbaubedingungen in Deutschland verlangen für eine Bestandsdichte von 450–600 Ähren tragenden Halmen/m^2 bei Winterweizen 350–450 und bei Sommerweizen 450–500 keimfähige Körner/m^2.
Saattechnik – Am günstigsten ist eine Saattiefe von 2–4 cm. Gleichmäßige Saattiefe bewirkt gleichmäßigen Feldaufgang. Verminderte Fahrgeschwindigkeit beim Säen verbessert die gleichmäßige Tiefenablage.
Bestandesführung und umweltfreundliche Produktionsverfahren setzen jederzeitige *Befahrbarkeit* des Bestandes voraus. Darum sind **Fahrgassen** unerlässlich. Ihre Anlage ist in Abb. 240 dargestellt. Voraussetzung ist, dass die Arbeitsbreiten von Düngerstreuer und Feldspritze ein ganzzahliges Vielfaches der Arbeitsbreite der Sämaschine haben.
Beispiel: Sämaschine 3 m, Düngerstreuer 12 m, Feldspritze 12 m

6.10.5 N-Düngung und Bestandesführung

N-Düngung – Ihre Höhe ist heute aus umwelt- und agrarpolitischen Gründen heftig umstritten. Aus betriebswirtschaftlicher Sicht kommt es aber immer noch darauf an, die Weizenerträge bei optimaler spezieller Intensität möglichst hoch zu gestalten.
Für die Bemessung und Zuteilung des Stickstoffs haben sich verschiedene Verfahren entwickelt. Neben der N-Düngung nach eigenen Erfahrungswerten im Betrieb haben sich direkte (Exakt-) und indirekte (Schätz-)Verfahren bewährt.
Relativ weit verbreitet ist die N_{min}-Methode. Bei diesem **Exaktverfahren** wird der Gehalt an mineralisiertem Stickstoff bei Vegetationsbeginn im Boden gemessen. Die N-Nachlieferung während der Vegetationszeit, die von dem Witterungsverlauf, der Bodenstruktur sowie der Fruchtfolge und der Düngung der Vorfrucht abhängig ist, kann nur geschätzt werden.

Ausgehend von dem Bodenvorrat (N_{min}) und der geschätzten N-Nachlieferung während der Vegetationszeit hat sich eine dem Bedarf des Weizens während der verschiedenen Entwicklungsstadien angepasste N-Düngung in mehreren Gaben bewährt. Diese fördern, bis zum Ende der Bestockung ausgebracht, vorwiegend den Ertrag (ertragsbetont), während die Spätgaben vor oder kurz nach dem Ährenschieben vor allem die Kornzahl/Ähre, das TKG und den Proteingehalt fördern (qualitätsbetonte Gaben).

Bestandesführung – Sie besteht im Wesentlichen in der N-Düngung nach Maß, der Halmverkürzung und dem Überwachen bzw.

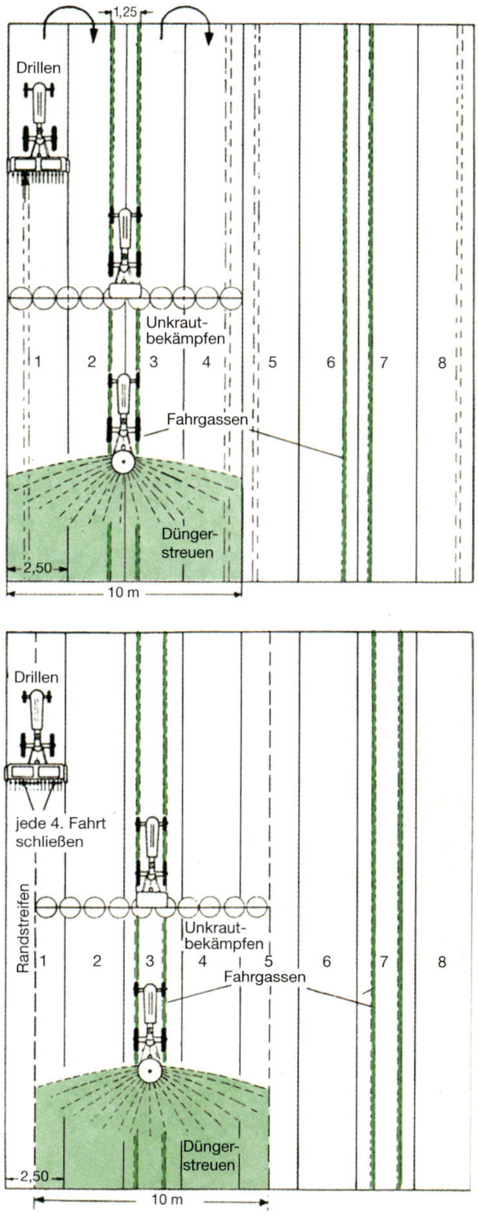

Abb. 240 Bei der Anlage von Fahrgassen muss die Arbeitsbreite der Geräte aufeinander abgestimmt werden: z. B. Sämaschine 2,5 m, Düngerstreuer und Unkrautspritze je 10 m.
Oben: Im Abstand der halben Spurweite des Traktors wird ständig ein Säschar geschlossen gehalten.
Unten: Nur bei jeder 4. Fahrt werden Fahrgassen durch Schließen der entsprechenden Säschare gebildet.

Abb. 241 Die 2. Stickstoffgabe erfolgt zur Bestockung. Fahrgassen sind dabei von großem Nutzen, wie man sieht.

Abb. 242 Qualitätsdüngung bei Weizen. Auch hier erleichtern Fahrgassen das Arbeiten und helfen, Schäden durch Überdüngung zu vermeiden.

Bekämpfen von Schadpflanzen, Krankheiten und Schädlingen. Dabei bestehen regionale Unterschiede.

Norddeutschland – Die milden Winter verkürzen oder heben die Vegetationsruhe auf. Damit verlängert sich die Vegetationszeit. Die hohe Luftfeuchtigkeit in Verbindung mit einer günstigen Verteilung der Niederschläge sichert eine gleichmäßige Wasserversorgung. Die eher kühle Witterung während der Ausbildung der Ertragsanlagen und die Langtagsverhältnisse (der Tag ist 1,5 Stunden länger als in Süddeutschland) schaffen günstige klimatische Bedingungen.

Weil sich in Norddeutschland die Böden im Frühjahr nur langsam erwärmen, setzt auch die Nitrifizierung des Bodenstickstoffs später ein. Deswegen sind Frühjahrsgaben von 80–120 kg N/ha nötig, um die Bestockung zu fördern und den Bestand auf 650–700 Ähren tragende Halme/m^2 zu bringen. Eventuell muss beim Schossen noch eine weitere Gabe in Höhe von 20 kg N/ha gegeben werden.

Die Stickstoff-Spätdüngung zur Qualitätssteigerung wird in 2 Teilen ausgebracht (je 30–40 kg N/ha). Die 1. Teilgabe wird eine Woche vor dem und die 2. zu Beginn des Ährenschiebens gegeben.

Damit beläuft sich der Gesamt-Stickstoffaufwand auf bis zu 300 kg/ha. Aufgabe der Bestandesführung ist es außerdem, mögliche Mängel an anderen Nährstoffen (auch Spurenelemente) rasch zu erkennen und eventuell durch eine Blattdüngung zu beheben.

Die Erträge liegen in Norddeutschland gebietsweise bei ca. 100 dt/ha.

West- und Südwestdeutschland – In den Zuckerrübenlagen des Rheinlandes mit den fruchtbaren Lößböden herrschen milde Winter vor. Sie bewirken nur eine kurze Pause in der Vegetationszeit. Da sich die Böden im Frühjahr rasch erwärmen, setzt auch ihre Aktivität früh ein und führt zu einem hohen Nährstoffangebot. Hier kann daher die Bestandesdichte weit niedriger (200 Pflanzen/m^2) sein, wenn dafür die N-Düngung die Kornzahl der Ähre erhöht. Während die Frühjahrs-N-Gabe nur bei schwacher Bestockung nötig ist und sonst entfallen kann, muss die N-Gabe beim Schossen umso kräftiger ausfallen. Danach werden wiederholt kleine N-Mengen über eine Spätdüngung mit Harnstoff oder AHL (Ammoniumnitrat-Harnstoff-Lösung) als Blattdüngung ausgebracht.

Die qualitätsfördernde N-Spätdüngung erfolgt zum Beginn des Ährenschiebens. Der Gesamt-Stickstoffaufwand richtet sich nach der Ertragserwartung.

Süddeutschland – In Bayern und höheren Lagen Baden-Württembergs variieren die Boden- und Klimabedingungen stark. Die Nachteile der kürzeren Vegetationszeit infolge schneereicher und längerer Winter überwiegen die Vorteile der größeren Sonnenscheindauer. Außerdem gefährdet häufige Vorsommertrockenheit die gleichmäßige Wasserversorgung und die trockenheiße Witterung im Juli die Ausbildung des TKG (vorzeitige Reife).

Unter diesen Bedingungen werden ca. 300–350 Pflanzen/m^2 nach

der Schneeschmelze angestrebt. Die 1. N-Gabe erfolgt in der Regel auf den noch gefrorenen Boden (20–30 kg/ha). Die weiteren N-Gaben düngen den Bestand bis zum Sollwert von 120 kg N auf, so dass mindestens 500 Ähren tragende Halme/m^2, in ungünstigen Lagen bis zu 750 Halme/m^2 erreicht werden.
Die stark wechselnden Verhältnisse erfordern das Beachten der regionalen Empfehlungen für die Bestandesführung der entsprechenden Sorten.

Halmverkürzung – Hohe N-Düngung ist nur möglich, wenn gleichzeitig mit Hilfe von Wachstumsregulatoren der Halm verkürzt und verstärkt wird.
Hierfür bieten sich Wirkstoffe mit unterschiedlichen Anwendungsbedingungen an. Beim Weizen richtet sich das Hauptaugenmerk auf die Verkürzung der unteren Internodien und die Verstärkung der Halmwand. Mit den vorhandenen Mitteln kann der Landwirt den Weizen sehr gut »führen«. Bei späteren Anwendungsterminen können auftretende Pilzerkrankungen durch Wirkstoffkombinationen mit Fungiziden mit erfasst werden.

Bekämpfung von Krankheiten – Intensiv geführte, dichte Weizenbestände fördern vor allem in Befallslagen das Auftreten von Pilzerkrankungen. Halmbruch, Mehltau und Rosterkrankungen, auftretende Blatt- und Spelzenbräune sowie DTR (*Drechslera tritici-repentis* = *Helminthosporium*-Blattdürre) können wirksam mit Fungiziden bekämpft werden. Neben der schlagspezifischen Beurteilung liefern amtliche Hinweise (Monitoring) Aufschluss über bekämpfungswürdige Befallssituationen. Bei späten Anwendungen (Ährenbehandlung) ist die Wartezeit zu berücksichtigen.

Abb. 243 Dieser Versucht mit CCC zur Halmverkürzung zeigt deutlich die verbesserte Standfestigkeit der behandelten Versuchsparzelle.

Abb. 244 Feststellen des Pilzbesatzes mit dem Diagnoserahmen.

Aufgaben:

1. Nach welchen Gesichtspunkten erfolgt die Sortenwahl bei Weizen?
2. Was versteht man unter »Backfähigkeit«?
3. Begründen Sie, weshalb die Bestandesführung beim Weizen je nach den klimatischen Bedingungen unterschiedlich ist.
4. Berechnen Sie die Saatstärke in kg/ha, wenn 450 keimfähige Körner/m^2 ausgebracht werden sollen und die Keimfähigkeit bei 97 % und das TKG bei 48 g liegen.
5. Beschreiben Sie die N-Düngung bei Weizen.
6. Ordnen Sie die in Ihrer Gegend angebauten Weizensorten den entsprechenden Backqualitätsgruppen zu.

6.11 Anbau von Gerste *(Hordeum vulgare)*

Die Anbaufläche der Gerste ist in der Bundesrepublik Deutschland seit 30 Jahren ständig ausgedehnt worden. Die Schwerpunkte liegen in Niedersachsen, Bayern, Nordrhein-Westfalen und Schleswig-Holstein.

Wintergerste dient hauptsächlich als Schweinefutter. Der Grund für die zunehmende Anbaufläche liegt einerseits in den hohen Erträgen (1997: 65,0 dt/ha) mit hohem Futterwert, andererseits

Abb. 245 Reifender Gerstenbestand.

im frühen Erntetermin. Er ermöglicht einen Zwischenfruchtbau ebenso wie ein termingerechtes Ausbringen der Rapssaat. Außerdem wird die Getreideernte entzerrt und das Ausbringen von Mist und Gülle möglich.

Sommergerste wird vorwiegend als Braugerste und nur in geringem Umfang als Futtergerste verwendet. Ihre Anbaufläche geht wegen der geringeren Erträge und der ungünstigen Situation auf dem Braugerstenmarkt mehr und mehr zurück.

Abb. 246 Wintergerste reagiert auf Bodenverdichtung mit Verfärbung (mangelhafte N-Mineralisierung).

6.11.1 Standortansprüche

Boden – *Sommergerste* stellt wegen ihrer kurzen Vegetationszeit hohe Ansprüche an den Boden. Fortschritte in der Bodenkultur ermöglichen den Anbau aber heute auf fast allen Standorten. Unsicher sind nur die sauren, flachgründigen und trockenen Böden. *Wintergerste* stellt geringere Ansprüche an den Boden.

Witterung – Der *Wintergersten*-Anbau wird vielmehr durch ihre mäßige Frostresistenz (–15 °C) begrenzt, d. h. durch lange, harte Winter mit lang anhaltenden Schneedecken.

Milde Herbstwitterung wirkt sich günstig auf die Bestockung vor dem Winter aus. Sie ist Voraussetzung für geringe Auswinterungsschäden und hohe Erträge.

Feuchtkühle Frühjahrswitterung kräftigt die Pflanzen, begünstigt die weitere Bestockung und verhindert zu frühzeitiges Schossen. Übermäßige Niederschläge führen, vor allem in Verbindung mit einer zu üppigen N-Düngung, zu frühzeitigem Lager und erheblichen Ertragseinbußen.

Sommergerste stellt an die Witterung kaum besondere Ansprüche. Dies ist der Hauptgrund für ihre weite Verbreitung in Europa.

Abb. 247 Ähren der zweizeiligen (links) und mehrzeiligen (rechts) Gerste.

6.11.2 Fruchtfolge

Wintergerste stellt weit geringere Ansprüche an die Vorfrucht. Wichtig ist lediglich, dass diese das Feld frühzeitig räumt, damit termingemäßes Herrichten des Saatbetts und pünktliche Saat möglich sind. Die meisten Blattfrüchte scheiden daher ebenso wie der Mais als Vorfrucht aus.

Gerste steht meist nach Weizen in der Fruchtfolge.

Abb. 248 Körner von zweizeiliger (links) und mehrzeiliger (rechts) Gerste.

6.11.3 Erzeugungsrichtungen, Sortenwahl

Formen – Von den vielen Formen haben sich nur die lockerährigen zwei- und mehrzeiligen Typen durchgesetzt. Bei der Gerste sitzen auf jeder Spindelstufe 3 einblütige Ährchen mit je 2 sehr schmalen Hüllspelzen. Ist nur das mittlere Ährchen fruchtbar, spricht man von zweizeiligen Gersten, sind alle drei fruchtbar, handelt es sich um mehrzeilige. Diese bringen in der Regel größere Erträge.

Erzeugungsrichtungen – Der Gerste fehlt eine echte Backfähigkeit. Deswegen wird sie hauptsächlich zu Futter- und Brauzwecken angebaut.

Braugerste: Die Anforderungen sind in Anbau, Liefer- und Abnahmeverträgen festgelegt. Im Einzelnen sind dies

- Aufbau einer *empfohlenen Sorte*, um große, einheitliche Partien möglichst in Erzeugergemeinschaften zu erreichen;
- *Gesundheit* und *hohe Keimfähigkeit*, weil durch die Keimung und anschließende Trocknung das Malz gewonnen wird;
- *Wassergehalt* unter 15 %;
- *Eiweißgehalt* unter 11,5 %;
- *Vollgerstenanteil* (über 2,5-mm-Sieb) über 90 % bedeutet hohe Malzausbeute;
- *Ausputz* (unter 2,2 mm Sieb) unter 2%.

Die Qualität steigt in der Reihenfolge der Einstufung als geringe Braugerste – durchschnittliche Braugerste – feine Braugerste – Ausstichgerste.

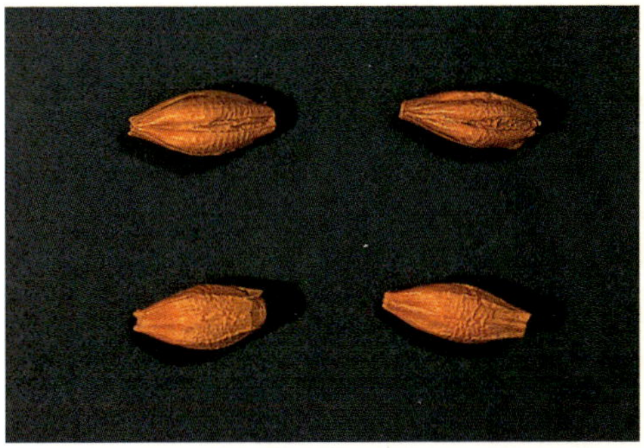

Abb. 249 Braugerste weist eine deutliche Kräuselung der feinen Spelzen auf.

Futtergerste: Hier werden die Anforderungen, soweit es sich um Marktware handelt, weitgehend durch die EG-Marktordnungen bestimmt. Dies hat zur Folge, dass immer mehr vollkörnige Sorten mit Hektoliter-Gewichten über 67 kg, geringem Rohfasergehalt (entsprechend hohes TKG) und hohem Eiweißgehalt angebaut werden.

Abb. 250 Oben: Ausstichgerste; unten: weniger gute Braugerste.

Sortenwahl – Die Sorten gliedern sich in *Brau-* und *Futtergersten* mit fließenden Übergängen. Dabei haben die Futtergersten die höheren Ertragserwartungen. Außerdem muss die Sortenwahl folgende sortenbedingte Eigenschaften berücksichtigen:

- Bestockungsfähigkeit,
- Lager-, Zwiewuchs- und Auswuchsneigung,
- Mehltau- und Rostresistenz.

6.11.4 Aussaattechnik

Saatbettherrichtung – Gerste verlangt ein abgesetztes Saatbett. Deswegen sollte die Saatfurche spätestens 14 Tage vor der Saat erfolgen. Gegebenenfalls muss eine Packerkombination eingesetzt werden, um den Bodenschluss herzustellen. Ansonsten gilt das beim Weizenanbau Gesagte.

Grunddüngung – Gerste besitzt nur ein geringes Nährstoffaneignungsvermögen und verlangt deswegen eine ausreichende Grunddüngung mit P_2O_5, K_2O und MgO. Der pH-Wert des Bodens sollte zwischen 6,6 und 7 liegen. Ausreichende Ca-Versorgung fördert die gewünschte feine Spelze bei Braugerste. Die Grunddüngung wird vor der Saatfurche ausgebracht.

Saatzeit – *Wintergerste* wird in der 2. Septemberhälfte, *Sommergerste* so früh als möglich (1. März–10. April) gesät. Spätere Saatzeiten kommen im Herbst nur bei lang andauernder Vegetation mit der Gefahr zu üppiger Vorwinter-Entwicklung in Frage.

Saatstärke – Je günstiger die Standortbedingungen, desto geringer ist die Saatstärke zu bemessen. Dementsprechend groß ist der Unterschied in der Empfehlung. Er reicht von 280 bis 400 Körnern/m^2 bei Wintergerste und bei Sommergerste von 270 bis 450 Körner/m^2.

Bestandespflege – Organische Dünger verwertet die Gerste von allen Getreidearten am schlechtesten. Das Optimum der N-Dün-

Abb. 251 Zu üppige Bestandesentwicklung fördert die Anfälligkeit für Krankheiten.

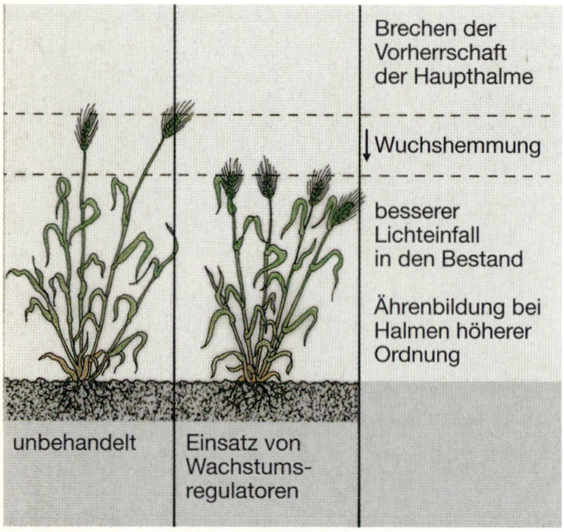

Abb. 252 Der Einsatz von Wachstumsregulatoren ist eine wichtige Maßnahme der Bestandesführung.

Abb. 253 Roggenbestand in der Blüte.

Abb. 254 Nasskaltes Wetter zur Zeit der Blüte stört die Befruchtung des Roggens. Schartige Ähren sind die Folge.

gung wird durch die *Standfestigkeit* der Sorte, den N_{min}-Gehalt des Bodens und das N-Nachlieferungsvermögen bestimmt. Im Herbst nimmt Wintergerste 40–50 kg N/ha auf.
Im Frühjahr erfolgt die N-Düngung bis zu einem Sollwert von 100–120 kg N/ha. Zum Schossen liegt der Sollwert für Stickstoff bei 30 kg N/ha. Die N-Spätdüngung als ertrags- und qualitätsbewusste Gabe wird zu den bei Winterweizen genannten Stadien verabreicht.
Die Stickstoffmenge zu Futtergerste sollte in 3 Gaben aufgeteilt werden: zur Saat, zum Bestockungsende und beim Ährenschieben. Bei Braugerste wird wegen des niedrig zu haltenden Eiweißgehaltes die Stickstoffmenge reduziert (ca. 60 kg/ha) und in der Regel in einer Gabe zur Saat verabreicht. Die Standfestigkeit wird durch Wachstumsregler im Stadium 37–49 verbessert.
Wegen des frühen Saattermins begünstigt Wintergerste das Auftreten im Herbst keimender Schadpflanzen (Vogelmiere, Kamille, Ehrenpreis, Klettenlabkraut, Windhalm, Ackerfuchsschwanz). Deswegen ist ein Bekämpfen im Vorauflauf mit Bodenherbiziden oder im Nachauflauf zwischen dem 3-Blatt-Stadium und dem Ende der Bestockung empfehlenswert.

Aufgaben:
1. Worin liegen die Unterschiede in den Qualitätsanforderungen für Brau- und Futtergerste?
2. Welche Vorteile bietet der Anbau von Wintergerste?

6.12 Anbau von Roggen *(Secale cereale)*

6.12.1 Bedeutung

Marktwirtschaftliche Bedeutung – Die Anbauflächen in den neuen Bundesländern vergrößerten die Roggenproduktion in Deutschland sehr stark, so dass nur etwa die Hälfte der Erntemengen vermarktet werden konnten. Daher ging die Anbaufläche seit 1990 deutlich zurück.
Schwerpunkte der Produktion sind Brandenburg, Mecklenburg-Vorpommern, Niedersachsen und Sachsen-Anhalt. Bei weiter sinkenden Erzeugerpreisen dürfte sich der Roggenbau noch stärker auf ungünstigere Standorte zurückziehen.
Vorteile des Roggens – Roggen ist auf leichten Böden und in Lagen mit strengen Wintern und Vorsommertrockenheit wegen seiner Anspruchslosigkeit nicht zu ersetzen. Er ist wenig empfindlich gegen Fußkrankheiten und Getreide-Zystenälchen. Roggen unterdrückt Unkräuter und -gräser besser als andere Getreidearten und sein Produktionsaufwand hinsichtlich N-Düngung und Pflanzenschutz ist gering.
Qualitätsmerkmale – Für die Backeigenschaften des Roggens sind vor allem die Stärkequalität und die Menge der Quellstoffe maßgebend. Auswuchs zerstört die Backfähigkeit.

6.12.2 Produktionstechnik

Standortansprüche – Roggen ist die Getreideart mit den geringsten Wärmeansprüchen. Probleme bringen Nässe im Herbst, lange Schneedecken sowie Nässe und Frost zur Blütezeit (Fremdbefruchter!).
Fruchtfolge – Roggen gilt unter den Getreidearten als gute Vorfrucht, da er das Feld früh räumt und wenig Krankheiten, Schädlinge und Unkraut hinterlässt. Roggen ist mit sich selbst verträglich.
Sorten – Die früher üblichen Populationssorten wurden fast völlig durch leistungsfähigere Hybridsorten verdrängt. Wegen des stärkeren Auftretens von Mutterkorn und eventueller Befruchtungsprobleme werden in der Praxis den Hybriden in geringem Anteil Populationssorten beigemischt.
Saat – Die Saat erfolgt ab der letzten Septemberwoche in ein abgesetztes Saatbett. Die Saatstärke beträgt 280–300 Körner/m^2. Roggen muss flach und gleichmäßig tief (2–3 cm) gesät werden, weil sonst die Bestockung leidet (»Roggen will den Himmel sehen«).
Düngung – Eine Roggenernte von 50 dt/ha entzieht dem Boden ca. 50 kg P_2O_5 und 130 kg K_2O. Die Grunddüngung ist danach je nach Versorgungsstufe des Bodens vor der Saat auszubringen. Stickstoff ist wegen der Lagergefahr auf mehrere Gaben zu verteilen. 1. Gabe 100 kg N – N_{min} auf noch gefrorenen Boden, 2. Gabe 20–50 kg N zu Beginn des Ährenschiebens.
Wachstumsregulatoren – Ihr Einsatz ist umso wichtiger, je günstiger die Standortbedingungen sind. Es können Mittel zu Beginn des Schossens oder vom Ende des Schossens bis zum Erscheinen der Grannen eingesetzt werden.
Ernte – Der Mähdrusch soll in der Vollreife erfolgen, um die Auswuchsgefahr zu vermindern.

Abb. 255 Lagerndes Getreide (Roggen) bringt Mindererträge.

6.13 Anbau von Triticale *(× Triticosecale)*

Bedeutung – Triticale ist eine Kreuzung von Weizen *(Triticum)* und Roggen *(Secale)* mit dem Ziel, die Leistungsfähigkeit, Standfestigkeit und Qualität des Weizens mit der Genügsamkeit und Gesundheit des Roggens zu verbinden. Auch aufgrund hoher Lysin- und Rohfasergehalte wächst die Bedeutung als Futtergetreide stetig. Für die Mehlverarbeitung kommt Triticale wegen erforderlicher technischer Umstellung der Mühlen jedoch weniger in Frage.
Besonderheiten der Produktionstechnik – Die Saatzeit liegt zwischen 25. September und 10. Oktober. Die Saatstärke beträgt 330–380 Körner/m^2 (TKG 35–42 g), die Saattiefe 2–3 cm. Das Saatbett sollte gut abgesetzt sein.
Kurze, standfeste Typen können wie Weizen gedüngt werden. Mehr roggenähnliche Typen erhalten eine reduzierte N-Düngung mit ca. 100 kg N – N_{min}, am besten in 3 Gaben zum Wachstumsbeginn, beim Schossen und beim Ährenschieben. Roggenähnliche Typen brauchen eine Halmverkürzung.

Abb. 256 Triticale als Bestand (links).
Abb. 257 Triticale-Ähre (rechts).

6.14 Anbau von Hafer *(Avena sativa)*

Abb. 258 Reifer Haferbestand.

Die Anbaufläche nahm in der Bundesrepublik Deutschland seit 1950, wenn auch mit kurzfristigen Schwankungen, ständig ab und lag 1998 für ganz Deutschland bei 0,26 Mio. ha. Das sind ca. 3,7 % der Getreide-Anbaufläche. Der Durchschnittsertrag je ha betrug im gleichen Jahr 48,8 dt. Mit steigendem Ertrag nehmen auch dessen jährliche Schwankungen infolge der Witterung zu.
Hafer wird zum überwiegenden Teil *verfüttert*. Dabei sind besonders die Gehalte an Rohprotein und Rohfett sowie an Thiamin (Vitamin B_1) wichtig. Hafer besitzt von allen Getreidearten das biologisch hochwertigste Eiweiß.
Auch für die menschliche Ernährung spielt Hafer eine zunehmende Rolle. In Deutschland muss er noch größtenteils eingeführt werden.
Der Grund dafür liegt im fehlenden Angebot großer, einheitlicher Partien mit der erforderlichen Qualität (hl-Gewicht über 54 kg, Spelzengehalt unter 26 %, TGK über 27 g, Fettgehalt über 6 %, Proteingehalt über 15 %, Fremdbesatz unter 3 %, helle Farbe, leichte Schälbarkeit).

6.14.1 Standortansprüche, Fruchtfolge

Witterung, Boden – Hafer hat unter den Getreidearten den höchsten Wasserbedarf. Ansonsten sind seine Ansprüche denen von Sommergerste ähnlich. Er bevorzugt kühle Witterung mit gleichmäßiger Niederschlagsverteilung, die das Wachstum etwas verzögert und so die Anlage und das Ausbilden der Ertragsorgane begünstigt.
Die Bodenansprüche sind ebenfalls gering. Hafer ist auch gegenüber niedrigen pH-Werten des Bodens tolerant.
Fruchtfolge – Hafer ist resistent gegenüber Fußkrankheiten. Deswegen gilt er als *Gesundungsfrucht* in Getreidefruchtfolgen. Allerdings ist er gegenüber dem Getreide-Zystenälchen am anfälligsten und damit mit sich selbst unverträglich. Hafer sollte daher nur alle 4–5 Jahre auf das gleiche Feld kommen.

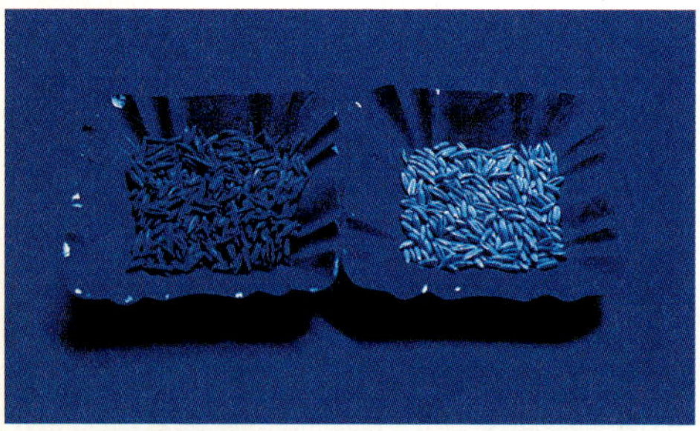

Abb. 259 Gelbhafer (linke Probe) und Weißhafer (rechte Probe) lassen sich nur unter UV-Licht unterscheiden.

6.14.2 Aussaattechnik, Düngung

Saatbettbereitung – Ziel der Bodenbearbeitung muss besonders beim Hafer die Begünstigung des Wasserhaushalts sein. Deswegen wird die Saatbettherrichtung nach dem Abtrocknen der Furchenkämme im Frühjahr am besten in einem Arbeitsgang – eventuell mit gleichzeitiger Saat – erledigt.
Saat – Sie sollte so früh wie möglich erfolgen, um die Bodenfeuchte genügend auszunützen. Die optimale Saattiefe beträgt 3–5 cm (hoher Keimwasserbedarf). Enge Drillreihen (bis zu 10 cm) führen zu schnellerem Jugendwachstum und früherer Bodenbedeckung (Wassereinsparung). Die Saatstärke beträgt 350–420 Körner/m².
Düngung – Hafer besitzt ein großes Nährstoff-Aneignungsvermögen. Die Phosphat-, Kalium- und Magnesiumdüngung erfolgt auch hier vor der Saat bzw. im Herbst auf die Stoppeln der Vor-

frucht. Eine Ernte von 50 dt/ha entzieht dem Boden 55 kg P_2O_5, 130 kg K_2O und 20 kg MgO.
Hafer braucht relativ viel Mangan und Kupfer. Bei Manganmangel tritt Dörrfleckenkrankheit, bei Kupfermangel Spitzendürre auf. Die beiden Spurenelemente werden daher entweder auf Vorrat gedüngt oder bei akutem Mangel über eine Blattdüngung zugeführt.
Hafer verwertet organische Dünger gut, wenngleich der verfügbare Stickstoff schlecht abzuschätzen ist und bei der Bestandesführung besonderes Augenmerk verdient. Bewährt hat sich eine Kombination aus organischer und mineralischer Düngung.
Der N-Bedarf hängt wesentlich vom angestrebten Proteingehalt ab und liegt bei 140 kg/ha (wenn 12 % Rohprotein erreicht werden sollen) und bei 180 kg/ha, wenn 16 % Rohprotein angestrebt werden. Auch hier sollte der Stickstoff in mehreren Gaben verabreicht werden, falls die Gesamtmenge 60 kg/ha übersteigt.
Der Sollwert für die 1. Gabe liegt bei 90 kg N. Eine Schossergabe ist nur nötig, wenn die Bestandsdichte unter 370 Pflanzen/ha liegt. Halmverkürzer werden eingesetzt, wenn im April hohe Niederschlagsmengen fielen.
Eine N-Spätdüngung von 40 kg/ha erhöht den Ertrag um ca. 2 dt/ha und den Rohproteingehalt um 1–2 %. Sie sollte, um die Lagergefahr einzudämmen, nicht vor dem Stadium 59 erfolgen.

6.14.3 Bestandesführung

Neben der Beobachtung des Bestandes auf Anzeichen von Krankheiten und Mangelerscheinungen sind vor allem die Dosierung der N-Düngung und der Einsatz von Wachstumsregulatoren zur Halmfestigung zu nennen.

Aufgaben:

1. Welche Vorteile bringt Roggen für die Fruchtfolge?
2. Vergleichen Sie die Saattermine für Weizen, Gerste und Roggen.
3. Welche Bedeutung hat der Haferanbau?
4. Weshalb ist die möglichst frühe Saat bei Hafer besonders wichtig?
5. Welche Mangelerscheinungen treten bei Mangan- bzw. Kupfermangel beim Hafer auf? Wie sind sie zu beheben?
6. Begründen Sie, weshalb Hafer eine »Gesundungsfrucht« innerhalb der Fruchtfolge genannt wird.
7. Für die Stickstoffdüngung zu Winterweizen sind insgesamt 145 kg N/ha vorgesehen. N_{min}-Ergebnis 50 kg/ha; 60 kg N sollen je ha als Spätdüngung verwendet werden. Berechnen Sie die jeweiligen Düngermassen an Kalkammonsalpeter mit 27 % N für 15,5 ha. Die vorhandene Masse an N_{min} ist abzuziehen.
8. Auf einen Sommergerstenschlag von 2,90 ha sollen 40 kg N in Form einer Ammoniumnitrat-Harnstoff-Lösung (28 % N) gedüngt werden. Die Dichte des Düngers beträgt 1,28 kg/l. Wie viel Liter Lösung sind für die Düngung erforderlich?

Abb. 260 Oben: Hafersamen; unten: Flughafersamen.

Abb. 261 Hafer als Gesundungsfrucht reagiert empfindlich auf Fehler bei der Bodenbearbeitung.

Abb. 262 Starker Fritfliegenbefall an Hafer.

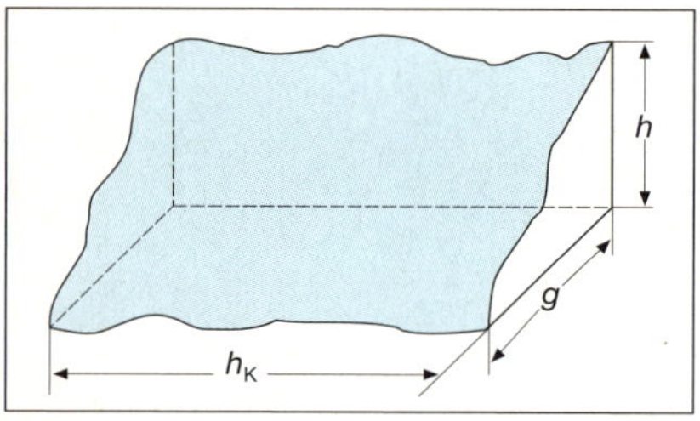

Abb. 263

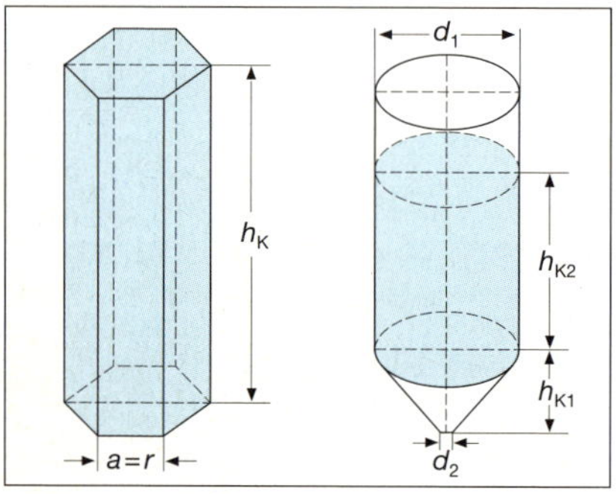

Abb. 264

Abb. 265

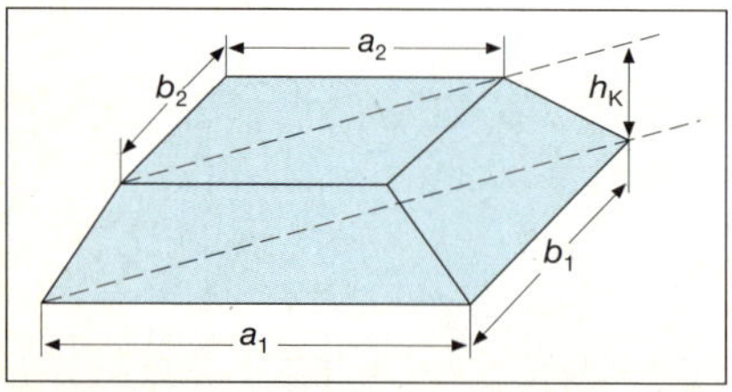

	a_1	a_2	b_1	b_2	h_K
1. Weizen	9,2 m	6,9 m	6,1 m	3,8 m	0,7 m
2. Gerste	6,3 m	3,2 m	5,0 m	1,9 m	1,2 m
3. Gerste	3,4 m	2,1 m	2,6 m	1,3 m	0,5 m

9. Ein Landwirt düngt im Frühjahr 30 m^3/ha Schweinegülle auf Winterweizen. Nährstoffgehalt 0,6 % N, davon die Hälfte für den Weizen verfügbar, 0,4 % P_2O_5 und 0,3 % K_2O. Wie viele kg/ha düngt er an wirksamem Gesamtstickstoff, P_2O_5 und K_2O?

10. Ein Getreidebestand wird gegen Unkraut mit einem Herbizid (5 l/ha) und gegen Mehltau mit einem Fungizid (0,45 kg/ha) gespritzt. Der Behälter der Spritze fasst 1500 l. Wie viele Liter bzw. Kilogramm Spritzmittel sind jeweils bei einer Ausbringmenge von 400 l/ha in einen vollen Behälter zu füllen?

11. Berechnen Sie die Marktleistung, die variablen Kosten und den Deckungsbeitrag je ha für Getreidearten, die in Ihrer Gegend vorwiegend angebaut werden.

12. Für die Lagerung von 20 ha Getreide soll eine Batterie von Behältern mit quadratischer Grundfläche gebaut werden. Es wird mit einer Lagerdichte von 640 kg/m^3 gerechnet. Die Behälter sollen 5 m hoch werden (Ertrag 60 dt/ha).

a) Wie viele m^2 beträgt die Gesamtbodenfläche der Behälter einschließlich 10 % Befüllungszuschlag?

b) Der Einzelbehälter soll 200 dt fassen. Welche Abmessungen sind zu wählen?

13. In einem rechteckigen Behälter (Abb. 262) mit senkrechten Wänden ist Hafer schräg aufgeschüttet. An der Stirnwand beträgt die Höhe 2,70 m, der Abstand von der Vorderkante des Haufens bis zur Stirnwand 3,6 m und die Breite des Behälters 8,4 m. Wie viele t Hafer (5,3 dt/m^3) lagern dort?

14. 120 dt Weizen sollen von 18 % Feuchtigkeit auf 15 % getrocknet werden. Wie viele dt getrocknete Ware bleiben übrig?

15. 200 t Gerste werden von 17 % auf 15 % Feuchtigkeit getrocknet. Wie viele t beträgt der Masseverlust, bezogen auf das Feuchtgut?

16. In einem Eimer von 12 Liter Fassungsvermögen wird Getreide gewogen.

a) 9,5 kg Weizen **b)** 7 kg Gerste **c)** 6,25 kg Hafer

Bestimmen Sie die Schüttdichte der Getreidearten in dt/m^3.

17. In dem Hochbehälter (Abb. 264 links) sind 450 dt Weizen eingelagert worden. Die Seite a ist 2,3 m lang. Der gelagerte Weizen nimmt im Behälter 4,3 m Höhe ein. Berechnen Sie die Lagerdichte.

18. Die Maße des in Abb. 264 (rechts) gezeigten Behälters betragen

$d_1 = 3,56$ m $d_2 = 0,3$ m $h_{K1} = 1,7$ m $h_{K2} = 7,5$ m

In dem Behälter lagern 550 dt Gerste. Berechnen Sie die Lagerdichte.

19. Bestimmen Sie die Masse des aufgeschütteten Getreides (Abb. 265) in Dezitonnen. Die Schüttdichte beträgt bei 1. Weizen 790 g/l, 2. Gerste 706 g/l, 3. Gerste 679 g/l.

20. Bereinigen Sie folgende Ernteerträge von Getreide auf 86 % Trockensubstanz.

a) 76 dt/ha Weizen mit 19 % Kornfeuchte.

b) 58 dt/ha Weizen mit 13 % Kornfeuchte.

c) 97,4 dt/ha Körnermais mit 32 % Kornfeuchte.

6.15 Getreideernte

Ernte und Körnerkonservierung entscheiden wesentlich über die Qualität des Getreides. Hier kommen Fehler teuer zu stehen, weil sie Mühe und Sorgfalt bei Anbau, Düngung und Pflege zunichte machen.

6.15.1 Ernte

Mähdrusch – Heute wird Getreide fast ausschließlich mit dem Mähdrescher geerntet. Dabei sollte das Erntegut voll- bzw. totreif sein und einen für die spätere Lagerung günstigen Wassergehalt (ca. 14–20 %) im Korn aufweisen. Vorzeitige Ernte erhöht den Anteil an Schrumpfkörnern und Beschädigungen, zu später Drusch erhöht die Ausfall- und Auswuchsverluste.

Höherer Wassergehalt bedingt größere Trocknungskosten.

Mit der Auswahl standfester Sorten mit hoher Ausfall- und Auswuchssicherheit wird versucht, die vorhandene Arbeitsleistung des Mähdreschers in der vom Klima begrenzten Einsatzzeit (Mähdrescherstunden) voll auszunutzen.
Neben Getreide werden auch Raps, Grassamen, Ackerbohnen, Erbsen, CCM, Körnermais, Rüben- und Kleesamen mit dem Mähdrescher geerntet.
Kornbergung – Heute werden die Körner nur noch lose transportiert. Die Kornübergabe vom Mähdrescher zum Transportwagen geschieht nur bei kleinen Flächen am Feldrand. In der Regel wird jedoch am haltenden Mähdrescher abgetankt. Bei Maschinen mit hoher Leistung ist die Übergabe des Dreschgutes auf einen nebenherfahrenden Wagen üblich, um Zeit zu sparen.
Beim Abladen am Körnerlager unterscheidet man eine Schnellentleerung in einen Körnersumpf und eine Zuteilentleerung über Körnergebläse oder mechanische Fördereinrichtungen.
Strohernte – Die Strohmenge beträgt bei Getreide ca. 40 bis 80 dt/ha. Die *Strohbergung* zur Einstreu, zur industriellen Verwertung bzw. zum Verbrennen kann als Langgut (Ladewagen), als Häcksel (Feldhäcksler, Kurzschnitt-Ladewagen) oder Ballen (Hochdruck-Ballenpresse, Rund- und Großballen-Presse) erfolgen.
In viehlosen Betrieben oder Viehhaltungen mit stroharmer bzw. strohloser Aufstallung bleibt das Stroh auf dem Feld. Die *Strohdüngung* verbessert die Bodenstruktur, vermindert die Erosion und führt die im Stroh enthaltenen Nährstoffe wieder dem Boden zu.
Damit diese Vorteile wirksam werden, ist es nötig, das Stroh gleichmäßig kurz zu zerkleinern, breitflächig zu verteilen und mit dem Boden zu vermischen. Für diese Arbeit eignen sich Scheibenpflug, Schälgrubber und Gerätekombinationen aus Grubber und Zapfwellen-getriebenen Nachlaufgeräten.
Während der Strohrotte nehmen die daran beteiligten Kleinlebewesen Stickstoff auf, der erst nach ihrem Absterben wieder

Abb. 266 Auch an hängigem Gelände wird die Getreideernte heute immer umkomplizierter.

Abb. 267 Strohernte wird durch Großballen vereinfacht.

Abb. 268 Strohschläger im Einsatz.

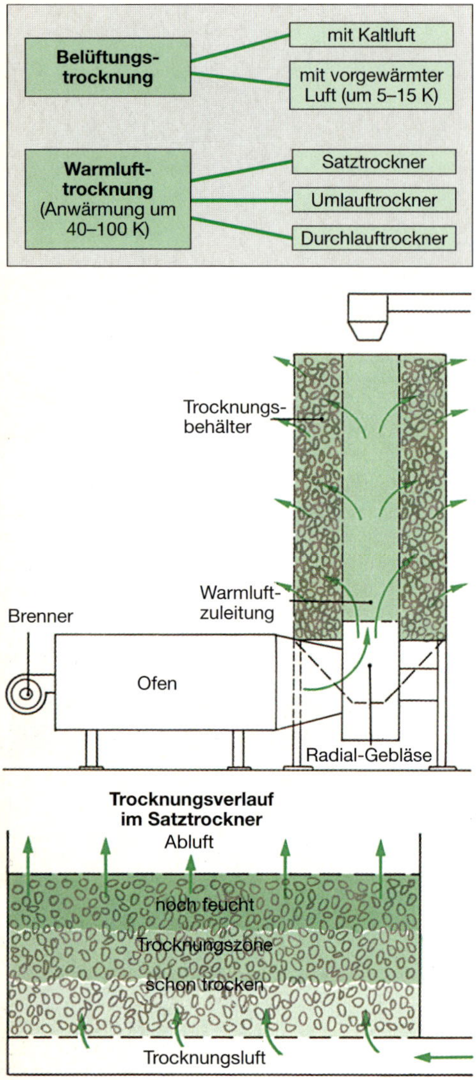

Abb. 269 Getreidetrocknung (Schema und **Beispiele**).

frei wird. Damit wird verfügbarer Stickstoff (aus der Spätdüngung oder aus Güllegaben) vor dem Auswaschen bewahrt.

6.15.2 Trocknung

Notwendigkeit – Oft muss wegen der *Witterung* und um *Auswuchs* zu verhindern (Auswuchswarndienst in den Medien, über Telefon oder T-Online beachten!) Getreide bei Kornfeuchten von 20 % und mehr gedroschen werden. Hefe-, Schimmelpilze und Bakterien finden dann gute Lebensbedingungen und verderben das Erntegut. Deswegen muss Getreide, das nicht sofort verkauft wird, vorsichtig auf ca. 14 % Feuchte getrocknet werden. Das gilt auch für andere Mähdruschfrüchte, wie z. B. Körnermais, Körnerleguminosen und Raps. Letzterer ist erst bei 8–10 % Wassergehalt lagerfähig.
Für die Konservierung von Mähdruschfrüchten, die später verfüttert werden, stehen auch andere, meist kostengünstigere Verfahren zur Verfügung (siehe »Futterkonservierung«).
Technische Möglichkeiten – Die technischen Verfahren zur Trocknung von Körnerfrüchten sind vielfältig. Im Wesentlichen kann man sie einteilen in eine *Belüftungstrocknung im Lagerbehälter* mit kalter oder vorgewärmter Luft und eine *Warmlufttrocknung in besonderen Trocknungsbehältern* (Satztrockner, Umlauftrockner, Durchlauftrockner).

Trocknungsvorgänge mit zu hohen Temperaturen schädigen die Keim- und Backfähigkeit des Korns.

Masseverlust beim Trocknen – Beim Trocknen tritt ein Masseverlust des Ernteguts durch Wasserentzug ein. Die Trockenmasse bleibt jedoch erhalten. Bei der Berechnung des Masseverlustes ist es deswegen zweckmäßig, nicht mit dem Prozentsatz Wasser (Kornfeuchte), sondern mit dem Prozentsatz Trockenmasse zu arbeiten:
14 % Kornfeuchte ≙ 100 % – 14 % Trockenmasse = 0,86 T
0,86 soll **T-Faktor** genannt werden, Zeichen: q_T
Für die Berechnung gilt

Trockenmasse vor der Bereinigung = Trockenmasse nach der Bereinigung
Erntemasse 1 × T-Faktor 1 = Erntemasse 2 × T-Faktor 2
$m_1 \times q_{T1} = m_2 \times q_{T2}$

Beispiel: Von einem Gerstenschlag werden 68 dt/ha geerntet. Der Wassergehalt beträgt 18 %. Wie hoch ist der auf eine Kornfeuchte von 14 % bereinigte Ertrag?
$m_1 = 68$ dt/ha; $q_{T1} = 0{,}82$; $q_{T2} = 0{,}86$

aus $m_1 \cdot q_{T1} = m_2 \cdot q_{T2}$ folgt

$$m_2 = \frac{m_1 \cdot q_{T1}}{q_{T2}} = \frac{68 \text{ dt/ha} \cdot 0{,}82}{0{,}86} = 64{,}83 \text{ dt/ha}$$

Der auf 14 % Kornfeuchte bereinigte Ertrag beträgt ca. 65 dt/ha.

Umrechnungsfaktor – Bei der Lohntrocknung und im Getreide- bzw. Rapshandel wird nicht durch den T-Faktor q_{T2} dividiert, sondern mit dessen Kehrwert multipliziert. Dieser Kehrwert wird im Handel *Umrechnungsfaktor* genannt und zum Ausgleich für zusätzlichen Schwund beim Trocknungsvorgang durch Sieb- und Windabgänge, von Abrieb und Staub sowie durch Veratmung aufgerundet (siehe dazu auch »Vermarktung«).

$$\text{Umrechnungsfaktor} = \frac{1}{q_{T2}}$$

Der **Gesamt-Gewichtsverlust** beim Trocknen in % ergibt sich nach der Formel

$$\text{Gewichtsverlust in \%} = (\text{Anfangsfeuchte} - \text{Endfeuchte}) \times \text{Umrechnungsfaktor}$$

Beispiel: Der Abrechnung für eine Partie Weizen ist u. a. zu entnehmen:

angelieferte Rohware (18 % Feuchte)	51 470 kg
netto, saubere Ware	48 910 kg
Abrechnungsgewicht, trocken (15 % Feuchte)	46 709 kg

Welchen Umrechnungsfaktor benutzte der Erfasser für die Ermittlung des Abrechnungsgewichtes, trocken?

$$\text{Gewichtsverlust in kg} \quad 48\,910\text{ kg} - 46\,709\text{ kg} = 2201\text{ kg}$$

$$\text{in \%} \quad \frac{2201\text{ kg} \cdot 100\ \%}{48\,910\text{ kg}} = 4{,}5\ \%$$

$$\text{Umrechnungsfaktor} = \frac{\text{Gewichtsverlust in \%}}{\text{Anfangsfeuchte} - \text{Endfeuchte}}$$

$$= \frac{4{,}5\ \%}{18\ \% - 15\ \%} = 1{,}5$$

Der mathematisch bestimmte Umrechnungsfaktor bei einem Endfeuchtegehalt von 15 % wäre $\frac{1}{0{,}85} \approx 1{,}18$. Ein Umrechnungsfaktor von 1,2 wäre daher angemessen gewesen, ein solcher von 1,5 ist zu hoch.

Die Lagerung des Getreides erfordert verschiedene Einrichtungen. Bei der einfachsten Anlage werden die Korntransportwagen direkt auf eine leistungsfähige Fördereinrichtung entleert, die den Lagerbehälter beschickt. Voraussetzung ist lagerfähiges Erntegut, das weder sortiert noch gereinigt werden muss.

Für *Verkaufsgetreide* ist zusätzlich ein Vorreiniger (Vorabscheidung nach Fluggewicht und Korngröße) nötig. Eine Durchlaufwaage zur Ertragskontrolle und zum Verwiegen (Eichung!) ergänzt die Anlage. Zur *Saatguterzeugung* ist zusätzlich ein Saatgutbereiter erforderlich, soweit nicht überbetriebliche Einrichtungen oder Lohnunternehmer damit beauftragt werden.

Saatgutaufbereitungsanlagen sortieren das Getreide nach Gewicht (Luftstrom), Größe (Siebe) und nach der Form (Trieur).

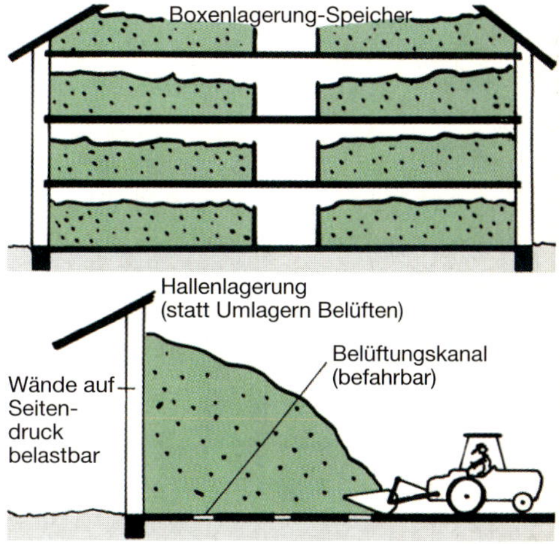

Abb. 270 Lagerungsmöglichkeiten von Getreide (Schema).

Abb. 271 Doppelschacht-Umlauftrockner als Hochbehälter (Schema).

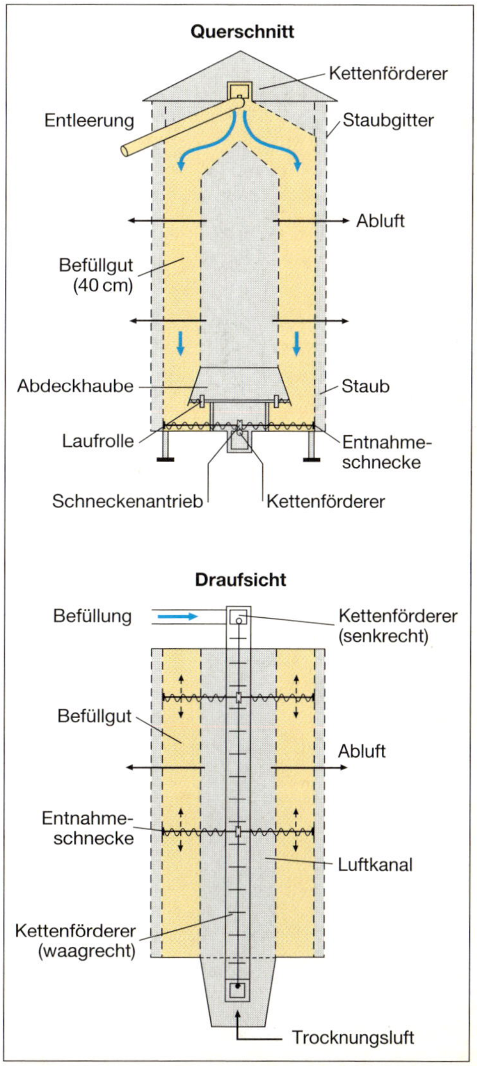

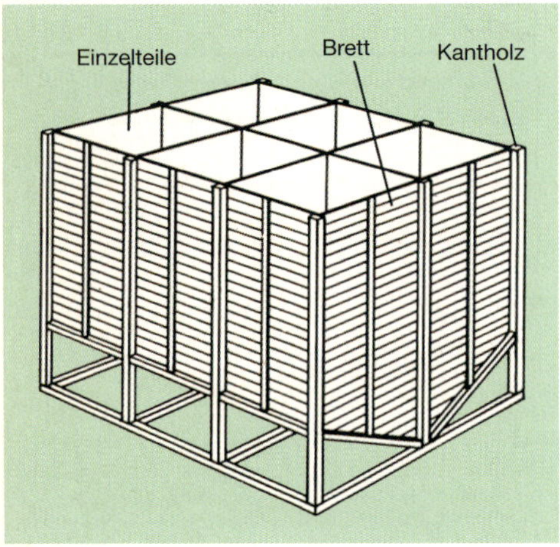

Abb. 272 Viereck-Silobatterie mit Trichterauslauf.

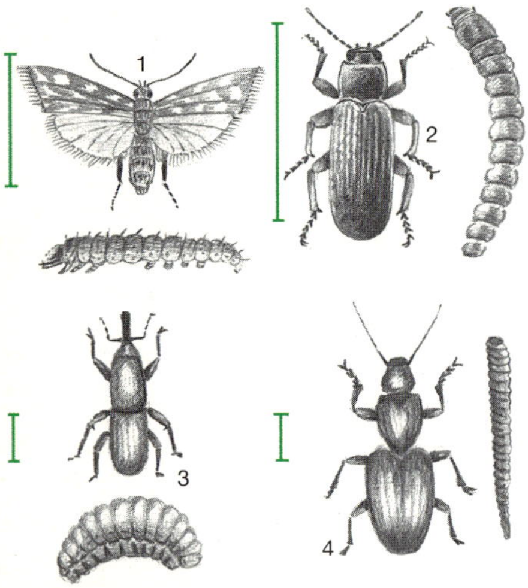

Abb. 273 Getreideschädlinge:
1 Mehlmotte *(Ephestia kuehniella)*,
2 Mehlkäfer *(Tenebrio molitor)*,
3 Kornkäfer *(Sitophilus granarius)*,
4 Getreideplattkäfer *(Oryzaephilus surinamensis)*.

Abb. 274 Eine selbst gebaute Getreidetrocknungsanlage ist hier winterfest gemacht worden.

6.15.3 Vorratsschutz

Nicht nur Feuchtigkeit und Wärme schaden dem Getreide im Lager, sondern auch tierische Schädlinge.

■ **Kornkäfer** *(Sitophylus granarius):* Er ist der schlimmste Schädling des eingelagerten Getreides. Er frisst in das Getreidekorn ein Loch und legt ein Ei hinein, aus dem sich im Innern des Korns die Larve entwickelt. Wenn der Kornkäfer in größeren Mengen auftritt, kann er einen ganzen Lagerbestand wertlos machen.

■ **Mehlmotte** *(Ephestia kuehniella)*,

■ **Mehlkäfer** *(Tenebrio molitor)*,

■ **Getreideplattkäfer** *(Oryzaephilus surinamensis)*.

Das befallene Getreide erwärmt sich, wird feucht und schimmelt leicht. Die Bekämpfung erfolgt durch Spritzen oder Nebeln chemischer Mittel vor dem Einlagern der neuen Ernte.

Gegen **Ratten** und **Mäuse** helfen Katzen, Fallen, Giftmittel oder Giftgas. Die Schlupflöcher werden mit Glaswolle verstopft.

Vorbeugen ist besser als bekämpfen. Deswegen muss man schon vor der Ernte die Speicher gründlich reinigen und sorgfältig auf die Anwesenheit von Schädlingen überprüfen. Schon beim Verdacht eines Befalls sollten die anerkannten Spritz- oder Nebelmittel angewandt werden.

Aufgaben:

1. Wie viele Mähdruschtage stehen in Ihrer Heimatregion während der Ernte zur Verfügung?
2. Welche Vorteile bringt die Strohdüngung?
3. Welche Verfahren der Körnerkonservierung kennen Sie?
4. Erkundigen Sie sich nach den Preisabzügen für angeliefertes Getreide mit einem höheren Feuchtigkeitsgehalt als 14 %. Vergleichen Sie diese mit den Trocknungskosten.

Die folgenden Aufgaben werden gelöst, ohne einen geringen zusätzlichen Verlust durch Abrieb usw. zu berücksichtigen.

5. Wie lautet der T-Faktor bei folgenden Feuchtegehalten:
   a) 17 %; **b)** 31 %; **c)** 13 %; **d)** 9 %; **e)** 7,5 %?
6. Wie viele Kilogramm Trockensubstanz und wie viele Liter Wasser (1 t Wasser $\hat{=}$ 1000 l) enthalten folgende Erntepartien:
   a) 30 t Raps mit 10 % Wasser;
   b) 800 dt Getreide mit 20 % Kornfeuchte;
   c) 90 t Körnermais mit 30 % Kornfeuchte;
   d) 240 dt Hafer mit 15 % Kornfeuchte;
   e) 185 t Körnermais mit 34,5 % Wasser;
   f) 420 dt Raps mit 7,8 % Wasser.
7. 120 dt Weizen sollen von 18 % Feuchtigkeit auf 15 % getrocknet werden. Wie viel Trockengutmasse bleibt übrig und wie viele Liter Wasser sind verdampft?
8. 80 t Mais mit 37 % Kornfeuchte werden auf 14 % getrocknet. Wie viel Trockengutmasse bleibt übrig und wie viele Liter Wasser sind verdampft?
9. Bereinigen Sie die folgenden Ernteerträge von Getreide auf 86 % Trockensubstanz:

a) 76 dt/ha Weizen mit 19 % Kornfeuchte;
b) 58 dt/ha Weizen mit 13 % Kornfeuchte;
c) 97,4 dt/ha Körnermais mit 32 % Kornfeuchte.

10. Bestimmen Sie bei den folgenden Partien den Masseverlust durch die Trocknung:
(1) bezogen auf das Feuchtgut;
(2) bezogen auf das Trockengut.
a) 200 dt Gerste von 17 % auf 15 % Kornfeuchte;
b) 40 t Raps von 21 % auf 7,5 % Kornfeuchte;
c) 125 t Mais von 33 % auf 14 % Kornfeuchte;
d) 490 dt Weizen von 20 % auf 16 % Kornfeuchte.

11. Die folgenden Getreidepartien mit Unterfeuchte sollen zu 16 % Basisfeuchte vom Handel angenommen werden.
(1) Auf wie viele Dezitonnen bzw. Tonnen müsste eigentlich das Verkaufsgewicht bereinigt werden?
(2) Wie viele Liter Wasser wären zum Auffeuchten jeweils erforderlich?
(Umrechnungsfaktor bezogen auf das Trockengut.)
a) 515 dt Weizen mit 14 % Kornfeuchte;
b) 72,8 t Gerste mit 13,5 % Kornfeuchte;
c) 128 dt Hafer mit 14,5 % Kornfeuchte.

12. Wie viel Feuchtgutmasse wurde jeweils auf 15 % Feuchtegehalt getrocknet?
Folgende Trockengutmassen waren nach der Trocknung vorhanden:

	a)	b)	c)	d)
Trockengut	170 dt	89 dt	29,8 t	138,3 dt
Feuchtegehalt vor Trocknung	19 %	17,5 %	43 %	21 %

13. Der Feuchtegehalt einer Partie Raps beträgt 19 %. Nach der Trocknung auf 8 % bleiben 185 Dezitonnen übrig.
a) Wie viele Dezitonnen Feuchtgut wurden getrocknet?
b) Die Lohntrocknung kostet an Grundgebühr 2,20 DM/dt Trockengut und außerdem 0,55 DM/dt je 1 % Wasserentzug. Berechnen Sie die Trocknungskosten.

14. Bestimmen Sie den mathematisch exakten Umrechnungsfaktor für den Abzug von 1 % Überfeuchte der verkauften Ware.

	a)	b)	c)	d)	e)	f)
vertraglicher Basisfeuchtegehalt	15,0%	15,5%	16,0%	8,0%	8,5%	9,0%
Warenart		Getreide			Raps	

15. (1) Berechnen Sie, wie viel Prozent Gewichtsabzug vorgenommen wird.
(2) Wie viele Kilogramm wurden von 100 dt Feuchtgut zu viel abgezogen?

	a)	b)	c)
vertraglicher Basisfeuchtegehalt	15,5 %	16,0 %	8,5 %
Feuchtegehalt der Lieferung	11,3 %	19,7 %	20,0 %
Umrechnungsfaktor der Firma	1,6	1,9	1,4

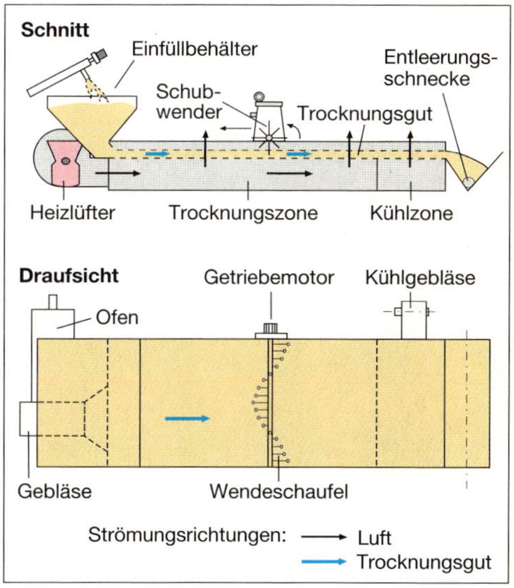

Abb. 275 Durchlauftrockner als Schubwendetrockner (Flachbehälter, Schema).

Abb. 276 Anforderungen für die erdlastige Lagerung trockener Körnerfrüchte.

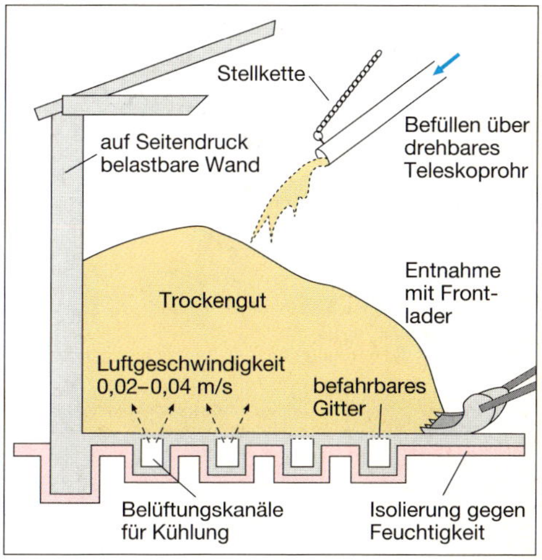

Abb. 277 Männliche Maisblüte (Fahne, Rispe).

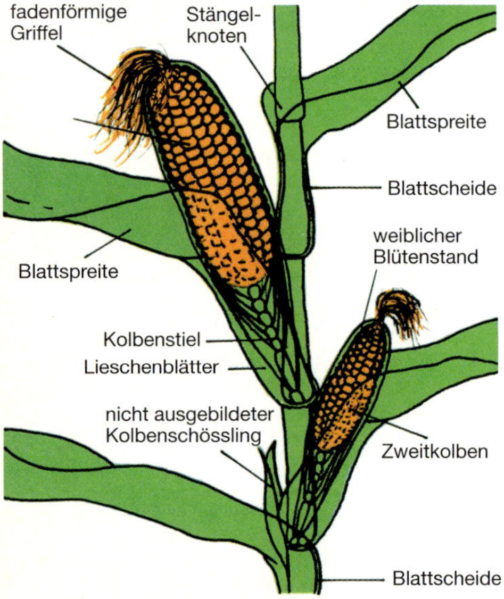

Abb. 278 Maispflanze mit Haupt- und Zweitkolben (Schema).

Abb. 279 Stützwurzel an einer Maispflanze.

7 Anbau von Mais *(Zea mays)*

7.1 Bedeutung

Die große Verbreitung des Maisanbaus in Deutschland hat folgende Gründe:

- Zahlreiche Einsatzmöglichkeiten sichern eine vielseitige Nutzung als Futtermittel und Verkaufsfrucht,
- gute Vorfruchtwirkung, Selbstverträglichkeit,
- Überlegenheit gegenüber Getreide im Nährstoffertrag,
- einfache Konservierung,
- Mechanisierbarkeit von Anbau, Pflege und Ernte,
- gute Gülleverwertung.

7.2 Botanische Besonderheiten

Mais gehört wie das Getreide zur Familie der *Gräser*. Der Stängel ist durch *Knoten* unterteilt und mit *Mark* gefüllt, in das die *Gefäßbündel* eingelagert sind. Die bei uns angebauten Sorten haben ca. 8–16 Blätter. Je spätreifer eine Sorte ist, desto mehr Blätter bildet sie.

Der großen oberirdischen Masse entsprechend ist auch die Wurzelbildung stark. Zuerst wachsen 3–5 Keimwurzeln nach unten, später erscheinen aus dem unter der Bodenoberfläche liegenden Sprossteil die *Kronenwurzeln*, die in Krumentiefe am dichtesten sind (Wurzelbüschel), aber auch seitlich bis zu 1 m und mehr ausgreifen.

Die Wurzeln können bis zu 2,5 m tief in den Boden eindringen. Mais ist damit Tief- und Flachwurzler zugleich. An den untersten Nodien über dem Boden bilden sich die *Stützwurzeln* (Luftwurzeln).

Mais gehört zu den einhäusigen, getrenntgeschlechtigen Pflanzen, d. h., jede Pflanze hat einen männlichen und mehrere weibliche Blütenstände. Der männliche Blütenstand ist die *Rispe* (Fahne) an der Stängelspitze, die weiblichen Blütenstände bestehen aus *Kolbenschäften* und *Narbenfäden*. Sie sind von *Hüllblättern* (Lieschen) umgeben, sitzen auf kurzen Stielen und erscheinen in den Blattachseln.

Jeder Fruchtknoten bildet einen 40–50 cm langen Narbenfaden, der die Pollenkörner aufnimmt. An der Spitze des Kolbenschaftes dringen die Narbenfäden durch die Lieschenumhüllung und bilden eine Quaste.

Die Pollenkörner einer Pflanze reifen 2-4 Tage vor dem Erscheinen der eigenen Narbenfäden. Deswegen überträgt der Wind die Pollen in der Regel auf die Nachbarpflanzen (Fremdbestäubung).

Gute Befruchtungsergebnisse werden bei feuchtwarmer Witterung während der Blüte erreicht. Anhaltender Regen zur Blütezeit verringert die Befruchtungsrate.

7.3 Nutzungsmöglichkeiten und -formen

- **Silomais**: Silage aus den gesamten oberirdischen Pflanzenteilen, vorwiegend zur Rinderfütterung.
- **Corn-Colb-Mix (CCM):** Gemisch aus Kolbenspindeln und Körnern, das als Silage vorwiegend zur Schweine(flüssig)fütterung eingesetzt wird.
- **Körnermais**: Getrocknete, feucht konservierte oder silierte Maiskörner, die als Kraftfutter oder Verkaufsfrucht dienen.
- **Lieschkolbenschrot (LKS):** Gemisch aus Maiskolben und Lieschen. Es wird siliert als Kraftfutter in der Rinderfütterung und abgesiebt in der Schweinefütterung eingesetzt.

Abb. 280 Wurzelsystem der Maispflanze.

7.4 Standortansprüche

Boden – Mais stellt an die Bodenart keine besonderen Ansprüche. Er bevorzugt pH-Werte zwischen 5,5 und 7,5.
Witterung – An Klima und Witterung stellt Mais dagegen recht hohe Ansprüche. Dabei spielt nicht nur die Summe der Niederschläge während der Vegetationszeit, sondern auch ihre regelmäßige Verteilung eine Rolle. Die Durchschnittstemperatur zwi-

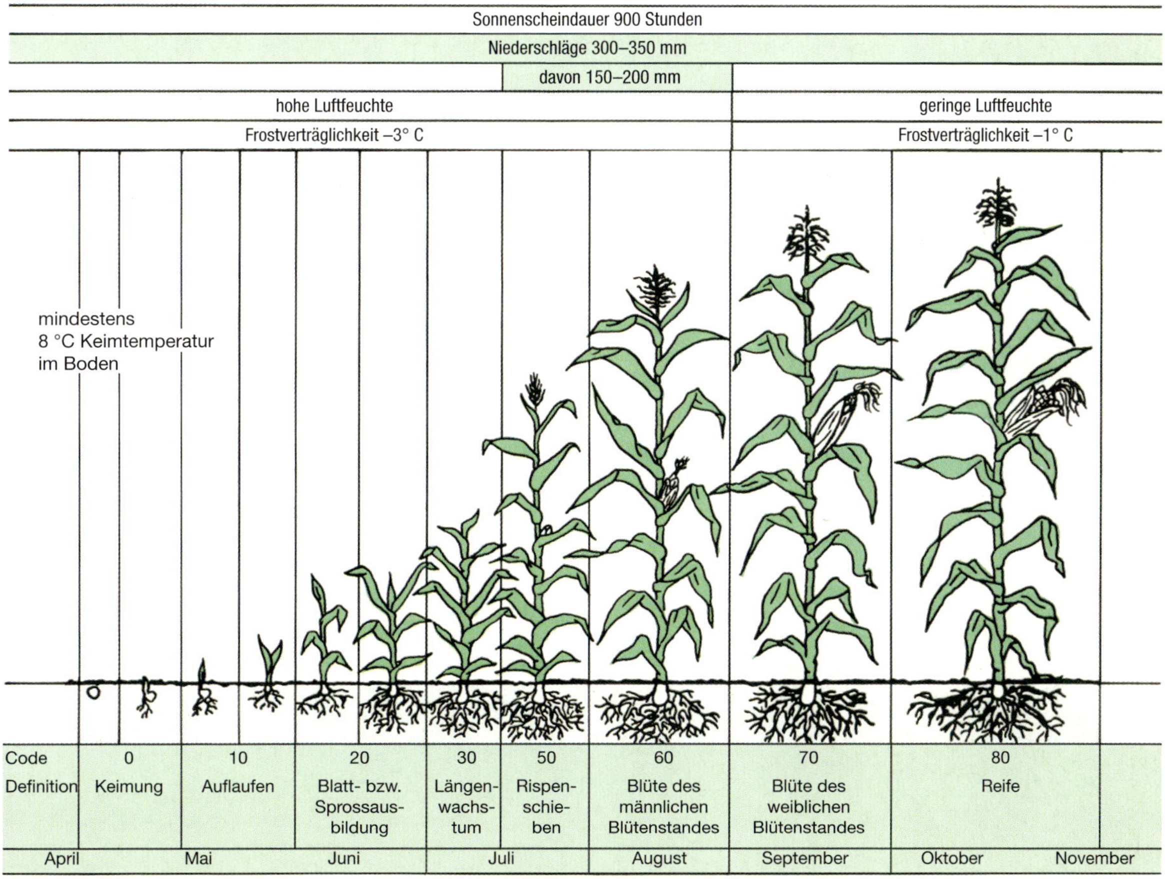

Abb. 281 Klimaansprüche von Mais (Schema).

Abb. 282 Mais ist in seiner Jugendentwicklung windgefährdet.

Abb. 283 Frostschäden am Mais.

Abb. 284 Vergleich von FAO-Zahl und Reifezahlen.

Sorte (Beispiel)	FAO-Zahl	Siloreifezahl S	Körnerreifezahl K
Santiago	190	S 240	K 230
Mondeo	220	S 210	K 240
Helga	260	S 240	K 250
Boss	250	S 250	K 220

schen 1. Mai und 30. September sollte 13,5 °C, die Sonnenscheindauer vom Anfang bis zur physiologischen Reife ca. 900 Stunden betragen (davon 360 Stunden August/September).
Mais verträgt nur kurzzeitig geringen Frost bis –4 °C. Solange die Wachstumsspitze der Pflanze nicht geschädigt ist, regeneriert sich die Pflanze wieder. Im Herbst wird Mais bereits durch geringe Frühfröste von –0,5 bis –1 °C erheblich geschädigt.
Während der Jugendentwicklung, aber auch kurz vor der Ernte ist Mais ausgesprochen *windempfindlich*. Deswegen sind für windgefährdete Lagen besonders *standfeste* Sorten zu wählen. Im Herbst begünstigt Wind allerdings das Abreifen.
Besonders wichtig sind die Niederschläge zu Beginn des Fahnenschiebens, also zur Zeit der Nährstoffeinlagerung. Im Juli/August sollte daher die Hälfte der insgesamt 300–350 mm Niederschlägen fallen. Auf durchlässigen Böden kann Beregnung sinnvoll sein.

7.5 Sorten und Saatgut

Hybridformen – Heute werden bei Mais nur noch *Hybridsorten* angebaut. Sie sind aus der Kreuzung von zwei (Einfachhybride), drei (Dreiweghybride) oder vier Inzuchtlinien (Doppelhybride) entstanden. Dabei können durch den Heterosiseffekt die positiven Eigenschaften der jeweiligen Inzuchtlinie genutzt werden. Ertragsleistung, Frühreife und Standfestigkeit hängen aber mehr von der **Sorte** als vom Hybridtyp ab.
Reifegruppen – Bis 1998 wurden alle Maissorten entsprechend dem Trockenmassegehalt des Kolbens in Reifegruppen eingeteilt. Durch die sog. *FAO-Zahl*[1]) wurde der Reifezeitpunkt einer Sorte ausgedrückt. Die FAO-Zahl lieferte jedoch bei Sorten mit extremem Reifetyp (stay-green-Typ, fast-die-Typ) keine brauchbare Basis für die Einstufung des Reifezeitpunktes.
Seit 1999 gilt ein **Reifezahlsystem,** das zur Beurteilung der **Siloreife** den *Trockensubstanzgehalt (T) der ganzen Pflanze*, zur Beurteilung der **Druschreife** aber nur den *Trockensubstanzgehalt (T) der Körner* bewertet. Deswegen gibt es für die meisten Sorten 2 Reifezahlen, eine **Siloreifezahl (S)** und eine **Körnerreifezahl (K).** Die neuen Reifezahlen entsprechen in der Dimension den alten FAO-Zahlen; eine Differenz von 10 Reifeeinheiten bedeutet ebenso wie früher eine Differenz von 1 % Trockensubstanz bei gleichzeitiger Ernte. Unsere klimatischen Verhältnisse erlauben lediglich den Anbau von Sorten der Reifezahl von 180 bis 300.

Reifezahl	Reifegruppe	Reifezahl	Reifegruppe
bis 220	früh	260–290	mittelspät
220–250	mittelfrüh	ab 300	spät

Sortenwahl – Der wichtigste Gesichtspunkt bei der Sortenwahl ist zunächst die Auswahl der passenden Reifegruppe. Je später

[1]) FAO = **F**ood and **A**griculture **O**rganization (Organisation für Ernährung und Landwirtschaft der Vereinten Nationen, UNO).

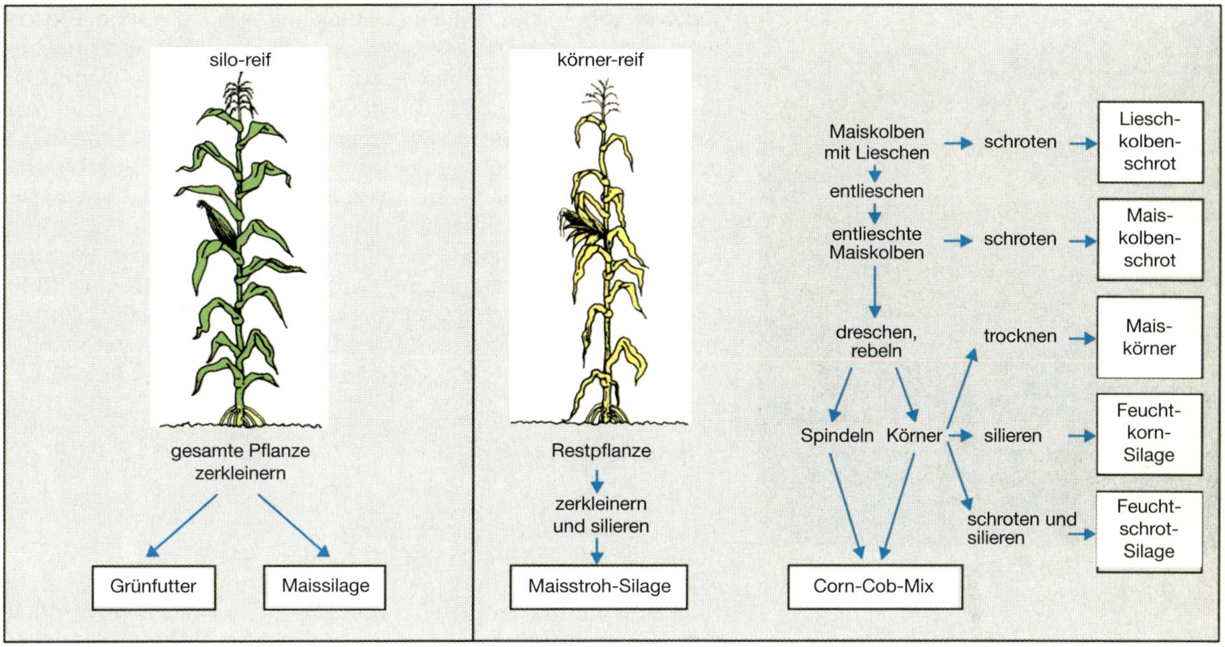

Abb. 285 Verwertungsmöglichkeiten für siloreifen Mais.

eine Sorte reift, desto mehr Trockenmasse kann sie bilden. Dies verführt zum Anbau spät reifender Sorten. Gesicherte Silo- bzw. Kornreife ist jedoch entscheidender als der unsichere Mehrertrag einer zu spät reifenden Sorte. Der Grundsatz lautet:

Die gewählte Sorte sollte so früh als nötig, aber so spät als möglich reifen.

Anhaltswerte für die Wahl der Reifegruppe in Bezug auf die Nutzung gibt Abb. 286.
Neben der richtigen Reifegruppe sind für die **Körner- und Kolbennutzung** wichtig ein hoher Kornertrag, gleichmäßige Kolbenansatzhöhe, Standfestigkeit bei der Ernte, Dreschfähigkeit auch bei niedrigem T-Gehalt, niedriger Spindelanteil, Kältetoleranz und Resistenz gegen Stängelfäule.
Für die **Silomaisnutzung** sind der Ertrag an verdaulicher Energie in GJ ME bzw. GJ NEL (ersatzweise der T-Gehalt), die Energiekonzentration in GJ ME bzw. GJ NEL je kg T (ersatzweise der Kolbenanteil), der Trockenmassenanteil in der Gesamtpflanze, die Kältetoleranz und Standfestigkeit entscheidend. Außerdem sollte die Restpflanze möglichst lange grün bleiben und gut verdaulich sein.
Neben eigenen Erfahrungen bieten die Ergebnisse der regionalen Sortenversuche Hilfen bei der Sortenwahl.
Saatgutqualität – Der Anbau von Hybridsorten verlangt jedes Jahr den Zukauf von Zertifiziertem Saatgut (Z-Saatgut). Es kommt mit maximal 14 % Feuchtigkeit, mindestens 98 % Reinheit und mindestens 90 % Keimfähigkeit in den Handel. Um die Feldtüchtigkeit noch sicherer zu beurteilen, führen die Saatgutproduzenten den *Kalttest* durch.

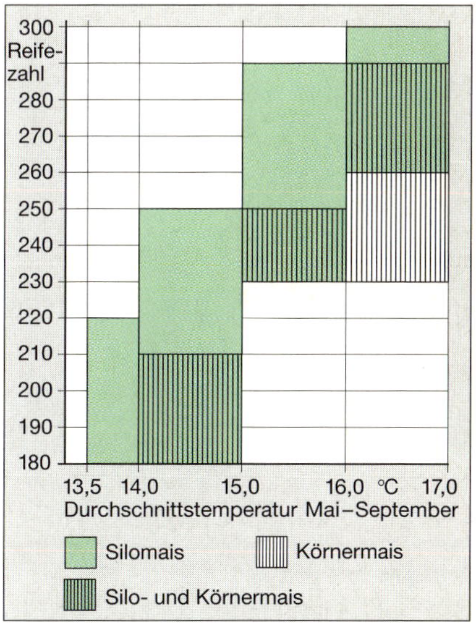

Abb. 286 Die Wahl der Reifegruppe für Maissaatgut sollte sich an der Durchschnittstemperatur des Standorts orientieren.

Abb. 287 Weniger standfeste Sorten müssen mit größerem Abstand in der Reihe gesät werden.

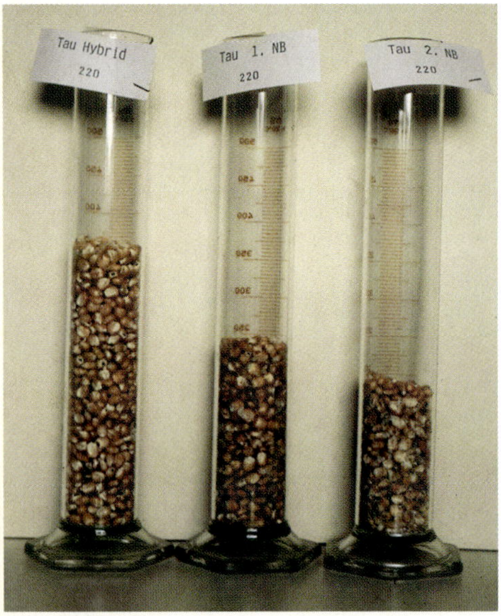

Abb. 288 Nachbau aus Hybridsaatgut bringt erhebliche Mindererträge.

Abb. 289 Kalibrierung von Maissaatgut: schmal (links) und breit (rechts).

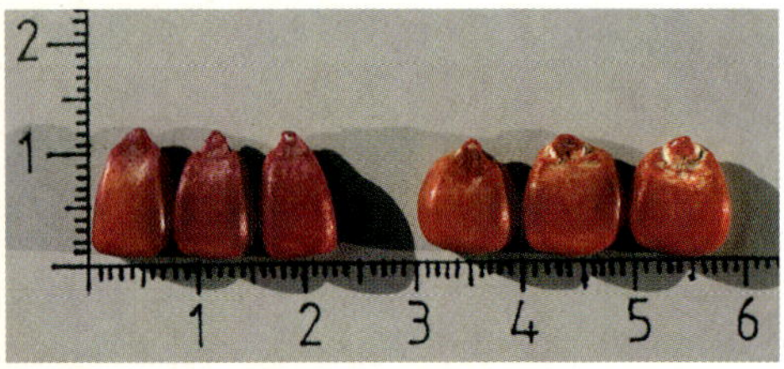

Kalibrierung – Mit der Umstellung auf pneumatische Einzelkorn-Sägeräte wird Maissaatgut nur noch in 2 Kalibern angeboten: *Schmal* (S), b = 7–9 mm, und *Breit* (B), b = 9–11 mm. Die Korndicken sind auf 3,5–7,5 mm begrenzt.
Beizung – Z-Saatgut ist gegen pilzliche Erreger gebeizt. Eine eventuelle Inkrustierung gegen Fasanenfraß, Fritfliegen- und Drahtwurmbefall sollte erst vor der Saat vorgenommen werden.
Einheiten – Unterschiede im TKG zwischen den Kalibern und Sorten, aber auch innerhalb der Sorten von einem Jahr zum andern gleicht die Verpackung in Einheiten mit 50 000 Körnern aus. Dies erspart auch bei der Berechnung der Saatgutmenge die Umrechnung des Gewichtes über das TKG.

7.6 Anbautechnik

7.6.1 Grundbodenbearbeitung

Mais ist Flach- und Tiefwurzler zugleich, deswegen ist eine Pflugfurche im Herbst die Regel. Leichte Böden können auch noch im Frühjahr gepflügt werden, wenn gleichzeitig der Packer eingesetzt wird.

7.6.2 Herrichten des Saatbettes

Ziel ist es, mit möglichst wenigen Arbeitsgängen ein grobkrümeliges 4–5 cm tiefes Saatbett auf abgesetztem Saathorizont entstehen zu lassen. Dies spart Bodenwasser, garantiert gleichmäßige Ablage von Saatgut und Unterfußdüngung und fördert damit den Feldaufgang.

7.6.3 Aussaat

Saatzeit – Mais sollte gesät werden, sobald die Bodentemperatur anhaltend mindestens 8–10 °C beträgt und keine stärkeren Spätfröste mehr zu erwarten sind. Das ist in der Regel in der 2. Aprilhälfte der Fall (Zeit der Schlehenblüte).
Saattiefe – Sie sollte auf mittleren Böden 5 cm, auf leichten 6 cm und auf bindigen Böden 4 cm betragen. Bei Inkrustierung gegen Vogelfraß ist die flachere Saat vorteilhafter.
Scharfe Säschare sichern gleichmäßige Tiefenablage. Ausreichend schwere Druckrollen fördern den Bodenschluss und damit die Wasserversorgung des Samens.
Bestandesdichte – Nur gleichmäßige und lückenlose Bestände sichern optimale Erträge. Zu dichter Stand hindert die Kolbenentwicklung und Ausreife und verstärkt die Lagerneigung. Die Standweite muss umso größer sein, je höher und massenwüchsiger die Sorte ist.
Die anzustrebende Pflanzenzahl/ha richtet sich nach
- der Nutzungsrichtung,
- der Reifegruppe der Sorte,
- der Wasserversorgung auf dem Standort.

Tabelle 14: Anzustrebende Bestandesdichten bei Mais und die sich daraus ergebenden Saatstärken

Reife-zahl	Körner- und Kolbennutzung			Silomais		
	angestrebte Pflanzen-zahl/m²	auszusäende Körner-zahl/m²	Anzahl der Saatgut-Einheiten/ha	angestrebte Pflanzen-zahl/m²	auszusäende Körner-zahl/m²	Anzahl der Saatgut-Einheiten/ha
bis 190	11–12	13,2–14,4	2,6–2,9	11–13	13,2–15,6	2,6–3,1
200–220	10–11	12,0–13,2	2,4–2,6	11–12	13,2–14,4	2,6–2,9
230–250	9–10	10,8–12,0	1,8–2,4	10–11	12,0–13,2	2,4–2,6
260–290	9–10	10,8–12,0	1,8–2,4	9–10	10,8–12,0	1,8–2,4

Auf Standorten, die bis zur Blütezeit die notwendigen Niederschläge (ca. 150 mm) nicht erreichen, müssen die Bestandesdichten um 1–2 Pflanzen/m² erhöht werden.

Reihenabstände – Bei Mais bewährten sich Reihenabstände von 80–60 cm. Der Ablageabstand in der Reihe ergibt sich aus der Reihenlänge je m² und der auszusäenden Körnerzahl/m²:

$$\text{Ablageabstand} = \frac{\text{Reihenlänge je m}^2}{\text{Zahl der auszusäenden Körner je m}^2}$$

Beispiel:

$$\text{Reihenabstand 70 cm} \mathrel{\hat{=}} \frac{1\ \text{m}^2}{0{,}7\ \text{m}} = 1{,}43\ \text{m} \mathrel{\hat{=}} 143\ \text{cm Reihenlänge/m}^2$$

Zahl der auszusäenden Körner/m² = 11

$$\text{Ablageabstand} = \frac{143\ \text{cm}}{11} = 13\ \text{cm}$$

Saatverfahren – Mais ist eine *lichtbedürftige* Pflanze, deswegen muss die optimale und sortentypische Bestandsdichte möglichst genau eingehalten werden. Heute verwendet man mechanisch oder pneumatisch arbeitende Einzelkorn-Sägeräte. Wichtig sind ihre exakte Einstellung, die Abdrehprobe vor der Saat und das Überprüfen der Ablegegenauigkeit auf dem Feld.

Die Aussaat unter **Folie** bringt dem Mais zur Keimung eine höhere Bodentemperatur (Treibhauseffekt) und ermöglicht vor allem in ungünstigen Lagen eine frühere Aussaat. Die verlängerte Vegetationszeit sichert die Abreife. Die Mehrkosten werden in den meisten Fällen durch höhere Erträge im *Silomaisbau* gedeckt. Bei *Körnermais* lohnt sich der Aufwand meist nicht.

Seit einiger Zeit laufen auch Versuche mit **Breitsaat** und **Doppelreihensaat.** Im letzteren Falle sät man 2 Reihen im Abstand von 10–20 cm, dann folgt wieder der normale Reihenabstand. In der Doppelreihe stehen die Pflanzen auf Lücke. Das Ergebnis soll eine bessere Standfestigkeit und Abreife sein.

7.6.4 Erosionsschutz

Der relativ späte Saattermin, die langsame Jugendentwicklung und die großen Reihenabstände bewirken, dass die Bodenoberfläche des Maisfeldes lange ungeschützt der Einwirkung von Wind und Niederschlägen ausgesetzt ist.

In Hanglagen, schon ab 2 % Hangneigung, ist der Bodenabtrag

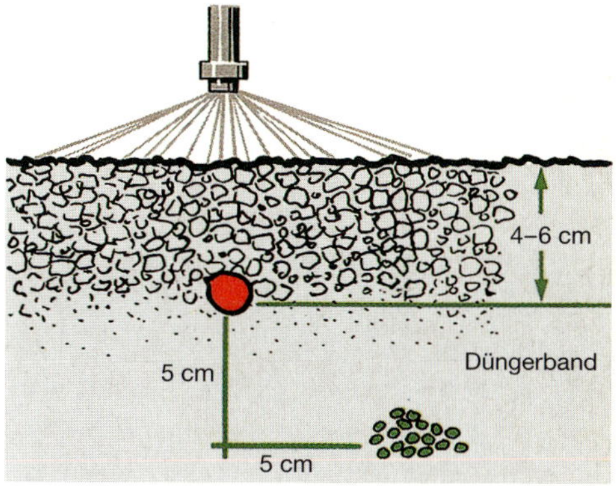

Abb. 290 Saattiefe und Lage der Unterfußdüngung bei Mais (Schema).

Abb. 291 Druckrollen fördern den Bodenschluss und damit den Feldaufgang.

Abb. 292 Mais-Sägerät mit Spezialausrüstung (Scheibenschare) für die Mulchsaat.

Abb. 293 Die Erosionsgefahr bei Mais ist groß. Mulchsaat ist eine Möglichkeit zur Verringerung der Erosion.

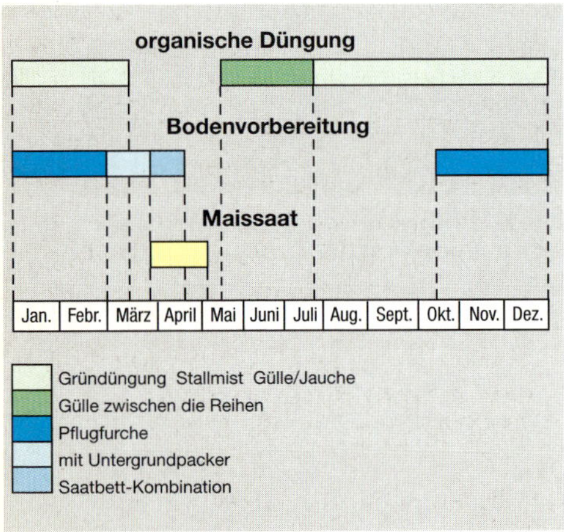

Abb. 294 Organische Düngung, Bodenbearbeitung und Aussaat bei Mais (Schema).

Abb. 295 Zur Reihendüngung von Mais lassen sich vielfach normale Schleuderstreuer umbauen.

besonders groß. Deswegen müssen Maßnahmen ergriffen werden, die die Erosionsgefahr eindämmen. Dies sind z. B.

- **Mulchsaat:** Direktsaat ohne vorherige Bodenbearbeitung in die abgestorbenen Reste einer Zwischenfrucht oder die Stoppeln der Vorfrucht. Voraussetzungen sind zusätzliche Vorrichtungen am Sägerät (z. B. Schneidschar, rotierende Zudeckscheiben).
- **Einsaat** von etwa 1 m breiten Gerstenstreifen alle 30–40 m quer zum Hang in den normal gesäten Maisbestand.
- **Maisaussaat quer zum Hang** mit gleichzeitiger Aussaat eines Gersten- oder Roggenstreifens im Abstand von 30 cm von der jeweils letzten Maisreihe.

7.7 Düngung

Nährstoffentzug und -bedarf – Eine Ernte von 500 dt/ha Silomais bzw. 75 dt/ha Körnermais samt Stroh entzieht dem Boden etwa 190 kg N; 80 kg P_2O_5; 225 kg K_2O; 45 kg MgO und 75 kg CaO. Die Düngung erfolgt bei P_2O_5, K_2O und MgO nach der Versorgung des Bodens (Bodenuntersuchung).

	Gehaltsstufe des Bodens	Nährstoffmenge in kg/ha zur Düngung P_2O_5	K_2O	MgO
A	sehr niedrig	Entzug + 60	Entzug + 40–75	50–100
B	niedrig	Entzug + 60	Entzug + 40–75	50–100
C	anzustreben	Entzug	Entzug	Entzug
D	hoch	$^1/_2$ Entzug	$^1/_2$ Entzug	$^1/_2$ Entzug
E	sehr hoch	–	–	–

Bei Form und Auswahl der Dünger muss man berücksichtigen, dass Mais nur ein mäßiges Nährstoff-Aneignungsvermögen hat. Außerdem nimmt er fast ¾ des gesamten Nährstoffbedarfs innerhalb von 5–6 Wochen – um die Zeit des Rispenschiebens – auf.

Organische Düngung – Weil die organischen Dünger die vom Mais gewünschte, stetig fließende Nährstoffquelle darstellen, verwertet er Gülle und Stallmist von allen Getreidearten am besten. Das Ausbringen erfolgt im zeitigen Frühjahr vor der Saat. Gülle kann auch in die jungen Bestände gegeben werden. Dazu ist allerdings ein exaktes Verteilen mit Schleppschläuchen oder das Einbringen mit Grubberzinken nötig.

Mineralische Dünger – Die organischen Dünger decken meist 90–100 % des Nährstoffbedarfs. Ein etwaiger Rest muss durch mineralische Dünger gedeckt werden. Dazu bringt man CaO, P_2O_5 und K_2O wie üblich auf die Vorfrucht-Stoppeln aus.

Die Stickstoffdüngung mit festen, flüssigen oder gasförmigen Düngemitteln erfolgt im Frühjahr in der Regel in 2 Gaben. Die erste gibt man vor der Saat, die andere 4–6 Wochen nachher. Für letztere sind Einrichtungen zur Reihendüngung am Düngerstreuer nötig, damit der Dünger nicht in die Blättertüten der jungen Maispflanzen fällt und dort die Triebknospen verätzt.

Eine **Unterfußdüngung** mit Ammonphosphat zur Saat stellt eine ausreichende N/P-Versorgung dar, die die Kältetoleranz fördert, die Kolbenreife beschleunigt und den Ertrag erhöht.

7.8 Bestandespflege

Ziel – Im Jugendstadium unterliegt Mais im Konkurrenzkampf mit anderen Pflanzen. Das ist besonders dann der Fall, wenn die Begleitpflanzen früher oder gleichzeitig mit dem Mais auflaufen. Deswegen sollte Mais ab dem 4–6-Blatt-Stadium bis zum 8–10-Blatt-Stadium möglichst unkrautfrei sein.

Mechanische Unkrautregulierung – Sie verringert den Herbizidaufwand, dient dem Umweltschutz und stellt gleichzeitig eine wirksame Bodenpflege dar. Das Aufbrechen der verkrusteten Bodenoberfläche fördert den Gasaustausch. Allerdings dürfen die Maiswurzeln nicht beschädigt werden.

Eine Bearbeitung der *ganzen Fläche* mit Striegeln bis kurz vor dem Auflaufen oder mit Federzahn-Hackeggen bis zum 1–2-Blattstadium ist möglich, aber nur dann sinnvoll, wenn zwischen Maissaat und Auflaufen mehr als 2 Wochen liegen.

Die mechanische Unkrautregulierung beschränkt sich hauptsächlich auf eine Bearbeitung *zwischen den Reihen* mit Hackgeräten mit Gänsefußscharen und Schutzeinrichtungen (Bleche, Hohlscheiben) gegen Beschädigungen der Maispflanzen. Der Einsatz von Hackstriegeln, Rollhacken und Hackbürsten wird unterschiedlich bewertet. Zu Schwierigkeiten kann es auch noch nach Mulchsaat kommen bei der Unkrautregulierung.

Unkräuter können auch **thermisch** durch Abflammen reguliert werden. Das Verfahren ist jedoch teuer. In einem 1. Arbeitsgang bei einer Wuchshöhe des Maises von ca. 5 cm werden die Unkräuter zwischen den Reihen abgeflammt. Im 2. Arbeitsgang bei ca. 40 cm Wuchshöhe werden die Unkräuter am Maisfuß bekämpft.

Chemische Unkrautregulierung – Der Einsatz von Herbiziden lässt sich bei Mais kaum vermeiden. Allerdings sollten die chemischen Maßnahmen so schonend wie möglich durchgeführt werden. Das lässt sich erreichen über

- eine *Reduzierung des ausgebrachten Wirkstoffs:* Mittelauswahl nach den Leitunkräutern bzw. -gräsern anstelle von Breitbandmitteln, Anwendung zum optimalen Zeitpunkt, d. h. bei genügender Bodenfeuchtigkeit für Vorauflaufmittel, im Keimblattstadium der Unkräuter bei Nachauflaufmitteln, Beachtung der amtlichen Pflanzenschutzberatung,
- *Kombination der chemischen Maßnahmen* mit anderen Verfahren, z. B. Bandspritzung mit Hacke zwischen den Reihen,
- *Beachtung des Gewässerschutzes* (W-Auflagen der Mittel),
- Einsatz von *Bodenherbiziden* auf schwierigen Standorten und Sonderbehandlung der Wurzelunkräuter mit Kontaktmitteln oder Unterblattspritzung.

Bekämpfung von Krankheiten – Sie beschränkt sich mit Hilfe der Saatgutbeizung auf das Vermeiden von Auflaufkrankheiten, die von verschiedenen Pilzen verursacht werden, außerdem auf die Vorbeuge gegen den Maisbeulenbrand sowie die Wurzel- und Stängelfäule durch eine reichliche Kalidüngung.

Abwehr tierischer Schädlinge – Die Tabelle 15 (Seite 104) zeigt wichtige tierische Schädlinge und deren Abwehr.

Abb. 296 Diese Vorrichtung schützt Maispflanzen bei Unterblattspritzung.

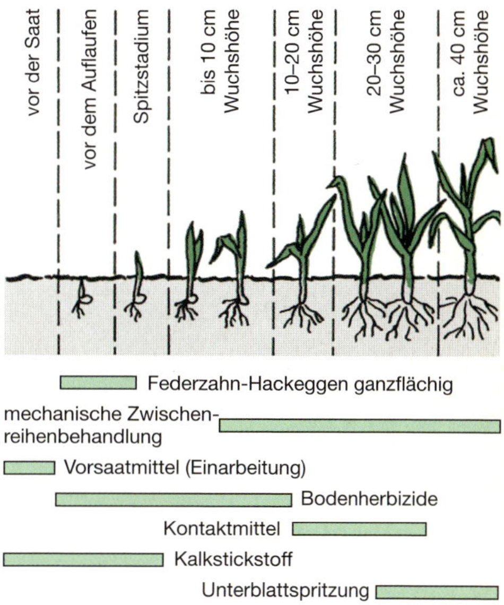

Abb. 297 Anwendungszeiten für Unkrautbekämpfungsverfahren im Mais (Schema).

Abb. 298 Ein beispielhaft gleichmäßiger Maisbestand.

Tabelle 15: Tierische Schädlinge an Mais und ihre Abwehr (Auswahl)

Schädling	Schadbild	Abwehr
Vögel  Abb. 299	Fehlstellen	Ablenkungsfütterung mit Mais oder Nachgetreide vor dem Auflaufen auf Randstreifen; Kalkstickstoff beim Spritzen der Saat auf trockenen Boden streuen; Inkrustierung des Saatgutes
Fritfliege *Oscinella frit*  Abb. 300	Larven bohren sich in die Keimpflanze ein und schädigen Haupttrieb; neugebildete Blätter sind zerschlitzt und durchlöchert	besonders in windgeschützten Lagen und bei starkem Maisanbau; Inkrustierung des Saatgutes oder vorbeugende Spritzung im 1- bis 2-Blatt-Stadium
Drahtwürmer *Agriotes lineatus*  Abb. 301	vor allem auf Grünlandumbrüchen angefressene Saatkörner oder Keimlinge; welkende und absterbende, aufgelaufene Pflanzen	Befallfeststellung durch das Auslegen von Kartoffelscheiben 5–10 cm tief, im Verband 20 x 25 cm; Schadschwelle: nach 1 Woche 2 Drahtwürmer/m^2; Vorsaatspritzung; Randbehandlung reicht zur Saat meistens aus
Maiszünsler *Ostrinia nubilalis*  Abb. 302	abgebrochene Rispen; unterhalb der Bruchstelle 2,5 cm lange und 3 mm dicke, schwarzköpfige Larven; Falter legt 25–50 Eier an der Blattunterseite, nahe der Mittelrippe ab	Maisstroh fein häckseln und tief unterpflügen (Vernichten der Winterlager in der Stängelbasis); biologische Bekämpfung mit Schlupfwespen; chemische Bekämpfung schwierig (Hubschraubereinsatz, Stelzentraktor); Einsatz genetisch resistenter Sorten

7.9 Ernte, Verwertung

Die **Verwertungsform** entscheidet über

- den geernteten Anteil an der Maispflanze,
- den Erntezeitpunkt
- das Konservierungsverfahren.

Im Folgenden sind die wichtigsten Verwertungsformen dargestellt.

7.9.1 Silomais

Erntezeitpunkt – Er liegt bei einem T-Gehalt von 28–33 % in der Gesamtpflanze bzw. von rund 50 % im Korn (Teigreife). Mit dem Daumennagel eingedrückte Körner spritzen nicht mehr. Silomais ist *frühfrostgefährdet*. Pilze und Bakterien befallen die geschädigten Pflanzen schnell, die Blätter trocknen aus und der Bestand bricht zusammen.

Ernteverfahren – Ziel ist es, die ganze Pflanze möglichst verlustlos zu ernten und mit 6–8 mm Häcksellänge eine gute Struktur des Häckselgutes zu erreichen. Außerdem sollten die Körner zerkleinert oder zumindest gequetscht sein, um den Verdauungssäften den Zugang zum Korn zu ermöglichen und damit die Futterverwertung zu erhöhen.

Die Ernte erfolgt mit **Exakt-Feldhäckslern,** die angebaut oder gezogen werden oder als selbst fahrende Maschinen auf dem Markt sind. Laden und Transport des Häckselgutes erfolgt entweder auf nebenher fahrenden Wagen (Parallelbetrieb) oder auf von der Erntemaschine gezogenen Wagen. 1 m^3 Laderaum fasst 2,5 dt Silomais.

Verwertung – Maissilage wird vor allem in der Rinderfütterung (Grundfutterbasis für Milchkühe, Jungbullenmast) eingesetzt.

Abb. 303 Schadbild des Maisbeulenbrandes (die Blätter des oberen Kolben wurden zum Teil entfernt).

Abb. 304 Silomaisernte.

Abb. 305 Silomais muss gleichmäßig und sehr kurz gehäckselt werden, damit er sich im Behälter möglichst luftdicht pressen lässt.

7.9.2 Corn-Cob-Mix (CCM)

Erntezeitpunkt – CCM ist das Gemisch aus Spindeln und Körnern. Es kann bereits bei einem T-Gehalt von 50 % im Korn (≙ 45 % T im CCM) geerntet werden. Der mit geerntete Spindelanteil (ca. 50–70 %) verbessert die Druscheigenschaften und erfasst auch die nicht voll ausgebildeten Körner an der Kolbenspitze.

Ernteverfahren, Verwertung – Ziel ist es, den Mais so zu dreschen (ohne dass Stängel und Lieschen zerschlagen werden), dass die Körner möglichst ganz erfasst und die Spindeln nur so weit zerkleinert sind, dass sie von Schüttlern und Sieben des Mähdreschers nicht ausgeschieden werden.

In der Regel wird CCM mit dem Mähdrescher mit Maispflückvorsatz und Spezialausrüstung geerntet. Spezialmaschinen sind die 2- bis 3-reihig arbeitenden Maiskolbenschrot-Vollernter (mit und ohne Zerkleinerungsaggregat).

CCM wird hauptsächlich bei der Flüssigfütterung der Mastschweine eingesetzt und sollte folgende Eigenschaften haben: 55–60 % T, Rohfasergehalt 7 %, gute Mischung von Körnern und Spindeln.

7.9.3 Körnermais

Erntezeitpunkt – Körnermais ist reif, wenn die Körner mit dem Fingernagel kaum noch einzudrücken sind (T-Gehalt im Korn 60–62 %, d. h. Gelbreife). Je länger der Mais auf dem Feld steht und Wasser abgeben kann, desto geringer sind die Konservierungskosten. Die Ernte muss aber so rechtzeitig erfolgen, dass die Pflanzen nicht aufgrund von Stängelfäule und Herbststürmen

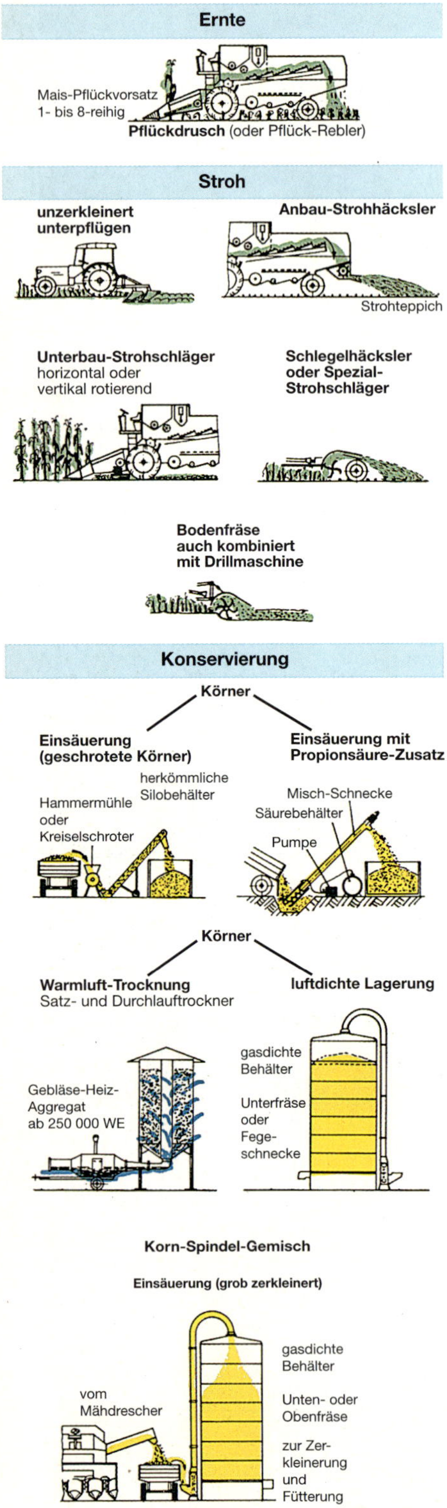

Abb. 306 Ernte von Körnermais einschließlich der Folgearbeiten (Schema).

umkippen. Frost beeinflusst weder Ertrag noch Qualität des Körnermaises.

Ernteverfahren – Körnermais wird meist mit dem Mähdrescher mit Pflückvorsatz und Spezialausrüstung, seltener mit dem Pflück-Rebler geerntet. Unterbau-Strohhäcksler, die unter dem Pflückvorsatz angebracht sind, zerkleinern die Restpflanze.

Konservierung – Körnermais lässt sich auf verschiedene Weise konservieren.

Zur **Zwischenlagerung** bis zur Trocknung bietet eine Kühlung mit trockener Luft für 10–14 Tage Schutz.

7.9.4 Lieschkolbenschrot (LKS)

Erntezeitpunkt, -verfahren – Lieschkolbenschrot kann bereits mit einem T-Gehalt im Korn von etwa 40 % geerntet werden. Es enthält neben allen Spindeln und Körnern 80 % der anfallenden Lieschen und bis zu 20 % Stängelanteile. Die Ernte erfolgt mit Lieschkolben-Pflückschrotern oder Maiskolben-Pflückschrotern.

Konservierung, Verwertung – Das Silieren erfolgt wie bei CCM. Der Raumbedarf ist jedoch wegen des Stängelanteils höher. Lieschenkolbenschrot wird als Kraftfutter in der Rinderfütterung und abgesiebt in der Schweinefütterung eingesetzt.

Aufgaben:

1. Zählen Sie die wichtigsten Nutzungsformen von Mais auf.
2. Nennen Sie die Zuchtziele bei Mais.
3. Welche Gesichtspunkte spielen bei der Sortenwahl eine Rolle?
4. Beschreiben Sie das Saatbettprofil und begründen Sie es.
5. Berechnen Sie die Saatstärke in Einheiten (50 000 Körnen/ha), wenn je ha 75 000 Pflanzen stehen sollen, die Keimfähigkeit 96 % beträgt und ein Sicherheitszuschlag von 5 % eingeplant werden muss.
6. Welche Maßnahmen können gegen die bei Mais besonders drohende Bodenerosion ergriffen werden?
7. Wann ist der Erntezeitpunkt bei den verschiedenen Nutzungsformen?
8. 135 t Maiskörner sollen von 30 % Kornfeuchte auf 14 % getrocknet werden. Wie viele Tonnen getrocknete Ware bleiben übrig?
9. Ein 4-reihiger Pflücker für Maiskolben-Silage hat einen Durchsatz von 25 t/h. Die Reihenweite des Maisbestandes beträgt 78 cm. Man rechnet mit einem Ertrag von 100 dt/ha. Welche Höchstgeschwindigkeit ist möglich?
10. In einem Maisbestand soll eine Bandspritzung von 18 cm Breite je Reihe durchgeführt werden. Der Abstand der Maisreihen beträgt 70 cm. Bei einer Ganzflächenspritzung sind 4 kg/ha Mittelaufwand erforderlich. Die Ausbringmenge der Spritze beträgt 300 l/ha, der Tankinhalt 500 l.
    a) Wie viele kg Mittel sind für eine Tankfüllung erforderlich?
    b) Wie viel % werden an Mittelkosten eingespart?

8 Zucker- und Futterrüben
(Beta vulgaris)

8.1 Zuckerrüben

8.1.1 Bedeutung

In der Bundesrepublik Deutschland hat sich die Anbaufläche der Zuckerrüben von 1950 bis heute fast verdreifacht. Gleichzeitig stieg der Zuckerertrag durch Erhöhung der Flächenerträge (1998: 535,2 dt/ha) und des Zuckergehaltes (16–19 %) auf ca. 90 dt Zucker/ha.
Hohe Deckungsbeiträge, eine Absatzgarantie infolge der Kontingente und verringerter Arbeitsaufwand durch verbesserte Produktionstechnik machen die Zuckerrübe zur wichtigsten Hackfrucht bei uns.

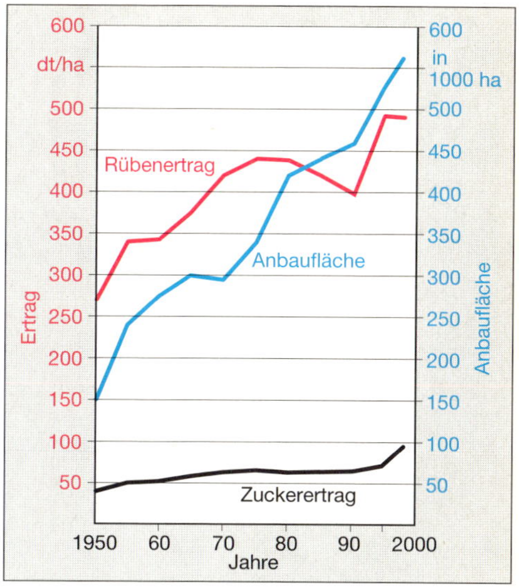

Abb. 307 Anbauflächen, Rüben- und Zuckererträge in der Bundesrepublik Deutschland (Agrarbericht 2000).

8.1.2 Geschichtliches und Botanik

Geschichtliches – Rüben mit süßem Geschmack bauten die Babylonier schon im 8. Jahrhundert v. Chr. an. Auch in den Küchenverzeichnissen KARLS DES GROSSEN finden sich Angaben über süße Rüben, aber als Zuckerlieferant waren sie völlig unbekannt. Zucker wurde damals nur aus Zuckerrohr gewonnen. Er kam aus den Mittelmeerländern nach Deutschland und war eine *Kostbarkeit*, die sich nur Könige und Fürsten leisten konnten. Später kamen von den Westindischen Inseln und aus Brasilien immer größere Mengen Rohrzucker nach Europa. Sein Preis war aber immer noch hoch.
Erst die Berliner Chemiker MARGGRAF und ACHARD entdeckten den Zuckergehalt der Runkelrübe, und 1801 gründete ACHARD die erste Zuckerfabrik in Cunern (Schlesien). Zuerst erntete er nur Spott und Anfeindung. Als aber NAPOLEON I. durch seine Kontinentalsperre alle englischen Einfuhren, und damit auch den Rohrzucker, von den europäischen Märkten ausschloss, wurde die Bedeutung des Rübenzuckers erkannt.
Heute wird ⅓ der Welt-Zuckerproduktion aus Rüben erzeugt.

Abb. 308 Achard übergibt dem preußischen König die Zuckerdenkschrift.

Abb. 309 Die Samenstände der Rüben werden als Schosser bezeichnet.

Botanik – Zuckerrüben, Futterrüben und Rote Rüben gehören zur Art *Beta vulgaris*, deswegen nennt man diese Rüben auch **Betarüben.** Es sind 2-jährige Pflanzen, weil sich im 1. Jahr nur der Rübenkörper und erst im 2. der Samenträger entwickelt.
Allerdings kommt es immer wieder vor, dass sich auch schon im 1. Vegetationsjahr Samenträger entwickeln. Solche Rüben werden als *Schosser* bezeichnet. Sie besitzen nur einen geringen Zuckergehalt und erschweren Ernte und Verarbeitung. Die Züchtung versucht, diese Eigenschaft möglichst auszumerzen (Schosser-Resistenz).
Der Fruchtstand der Betarüben ist ein zusammengewachsenes Knäuel aus 2–4 Samenanlagen (polygerme Samen). Bei der Aussaat eines solchen Knäuels entstehen dann auch 2–4 Pflanzen. Heute hat man durch züchterische Maßnahmen erreicht, dass die

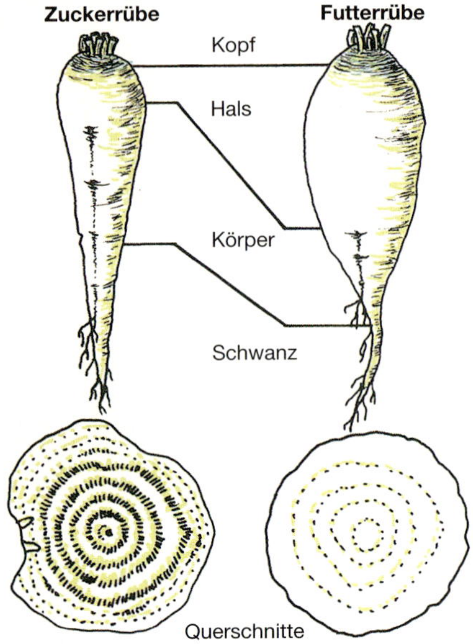

Abb. 310 Rübenkörper von Zucker- und Futterrüben im Vergleich.

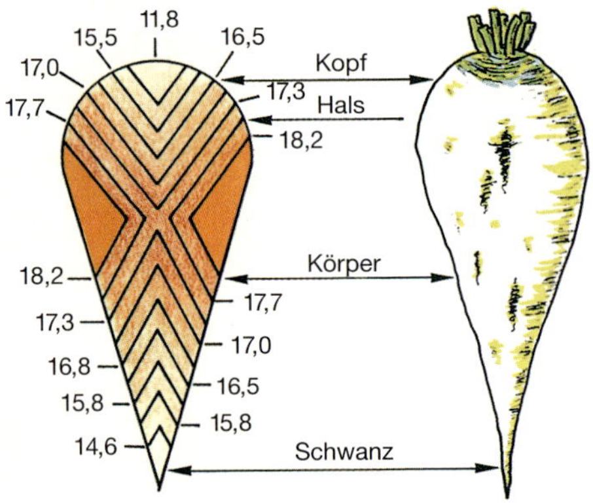

Abb. 311 Der Zuckergehalt (%) variiert im Rübenkörper.

Abb. 312 Nematoden vermehren sich bei zu enger Stellung der Rüben in der Fruchtfolge.

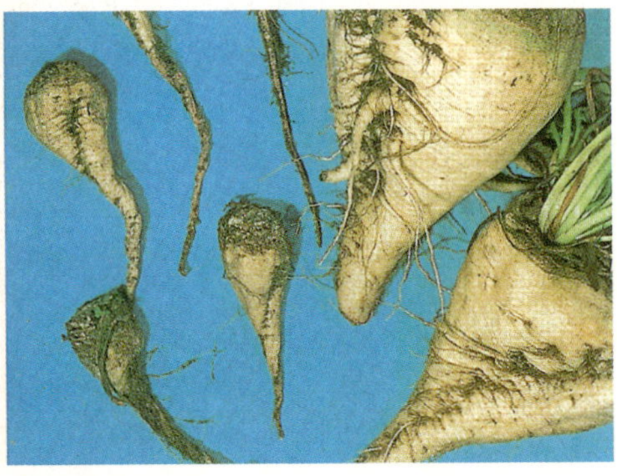

Samenträger weitgehend nur 1 Samenanlage je Frucht besitzen (monogerme Samen). Dies ermöglicht einen vereinzelungslosen Anbau und spart dadurch etwa 100 AKh/ha.
Während bei der **Zuckerrübe** der Rübenkörper hauptsächlich von der *Wurzel* gebildet wird, ist es bei den **Futterrüben** der *Wurzelhals*, der sich entsprechend verdickt.
Zuckerrüben besitzen Wurzelrillen, bei Futterrüben findet man sie, zumindest bei Massenrüben, kaum. Das wichtigste *Unterscheidungsmerkmal* zwischen Zucker- und Futterrüben ist die Zahl der Gefäßbündelringe. Zuckerrüben haben mehr als 8, Futterrüben dagegen weniger als 6.

8.1.3 Standortansprüche

Boden – Für Zuckerrüben sind kalkhaltige, tiefgründige, humose Lößböden der ideale Standort. Aber auch anmoorige Böden, die genügend tiefgründig sind, oder sandige Böden, soweit sie im Sommer beregnet werden, sind als Standorte für Betarüben geeignet. Der pH-Wert sollte zwischen 6,8 und 7,2 liegen.
Klima – Rüben brauchen mindestens 500 mm Niederschläge, davon ⅔ gleichmäßig verteilt während der Vegetationszeit. Zuckerrüben benötigen für die Verarbeitungsreife in der Zeit von Anfang April bis Ende September eine Temperatursumme (= Summe der Tagesmittelwerte) von 2500–2900 °C. Treten niedrige Temperaturen ab Ansatz des 1. Laubblattpaares auf, erhöht sich die Schosserneigung.

8.1.4 Fruchtfolge

Betarüben sollten frühestens nach 4 Jahren wieder auf demselben Acker angebaut werden, sonst vermehren sich die **Rübennematoden** und andere Schädlinge so stark, dass die Erträge sinken. Das gilt auch für Spinat, Rote Rüben, Raps und Unkräuter aus der Familie der Kreuzblütler. Sie alle sind **Wirtspflanzen** für die Nematoden.
Dagegen sind Mais, Luzerne, Roggen und bestimmte Ölrettichsorten regelrechte **Feindpflanzen** für Nematoden. Sie helfen, verseuchte Flächen wieder rübenfähig zu machen.
Die besten Vorfrüchte für Rüben wären die Kartoffeln, weil sie den Acker in einem tief gelockerten, unkrautfreien und garen Zustand hinterlassen. Wegen des hohen Getreideanteils in der Fruchtfolge stehen jedoch nicht zwei Blattfrüchte hintereinander, so dass Rüben in der Regel Getreide als Vorfrucht haben.

8.1.5 Leistungsmerkmale, Sorten, Saatgut

Leistungsmerkmale – Die wichtigsten sind der Rübenertrag und der Zuckergehalt. Aus beiden ergibt sich der *Zuckerertrag*. Der Anteil der Nicht-Zuckerstoffe (Kalium, Natrium, Aminostickstoff), welche die Weißzuckerausbeute in der Fabrik einschränken, sollte möglichst gering sein. Ihre Menge, aber auch das Verhältnis der einzelnen Nicht-Zuckerstoffe zueinander (= effektive

Alkalität) bewirkt, dass ein Teil des in der Rübe eingelagerten Zuckers (ausbeutbarer Zucker) nicht als Weißzucker, sondern nur als Melassezucker gewonnen werden kann. Zieht man diesen Standard-Melasseverlust (SMV) vom Gesamt-Zuckergehalt der Rübe ab, erhält man den »bereinigten Zuckergehalt (BZG)« und durch Multiplikation mit dem Rübenertrag den »bereinigten Zuckerertrag (BZE)«.
Abhängig von der Höhe des Standard-Melasseverlustes wird die Höhe von *Qualitätsprämien* festgelegt.
Weitere Leistungsmerkmale sind die *Schosserfestigkeit* und die geringe Neigung zum *Herauswachsen* der Rüben aus dem Boden (Ernteverluste!). Außerdem ist die *Resistenz* bzw. *Toleranz* gegenüber Viren, Bakterien, Pilzen und tierischen Schädigern eine wichtige Eigenschaft.
Sorten – Sie lassen sich 3 Grundtypen zuordnen:
- Ertragsbetonte Sorten = E-Typ
- zuckerbetonte Sorten = Z-Typ
- ausgewogene (normale) Sorten = N-Typ

Ein Teil der neuen Sorten lässt sich nicht mehr eindeutig diesen Typen zuordnen. Deswegen erfolgt ihre Einstufung nach dem *Zuckergehalt* (z. B. E/N oder N/Z).
Saatgut – Bei Betarüben unterscheidet man folgende Saatgutformen:
- **Normalsaatgut** (natürliches Saatgut), ursprüngliche Saatgutform, die aus 1 Samenknäuel mit 2–4 Keimanlagen besteht.
- **Präzisionssaatgut** (technisch monogermes Saatgut), hergestellt durch maschinelles Spalten der mehrkeimigen Samenknäuel, Mindestanforderungen 70 % Einkeimigkeit bei 73 % Keimfähigkeit und möglichst einheitlicher Größensortierung (Kalibrierung) von 3,50–4,75 mm. Aussaat mit Einzelkorn-Sägeräten ergibt einen aufgelockerten Rübenbestand, der mit einer *Korrekturhacke* auf den gewünschten Endabstand gebracht wird.
- **Präzisionssaatgut pilliert;** nach dem Spalten und Absieben werden die Knäuelteile mit einer Hüllmasse versehen, in die bereits Beizmittel gegen Pilzbefall und Schädlingsbekämpfungsmittel eingearbeitet sind. Einheitskaliber 3,50–4,75 mm. Außerdem verringert sich durch die Pillierung die Fehlbelegung der Säorgane, so dass Fehlstellen seltener werden.
- **Monogerm-Saatgut** (genetisch einkeimiges Saatgut); das auf züchterischem Wege einkeimig entwickelte Saatgut muss zu 80 % keimfähig und zu 90 % einkeimig sein (bezogen auf die gekeimten Pillen). Monogerm-Saatgut wird wegen seiner ursprünglich flachen Form immer pilliert und kalibriert verwendet.

Bei Zuckerrüben wird heute wegen des inzwischen überall praktizierten Anbaus auf Endabstand ausschließlich Monogerm-Saatgut verwendet.

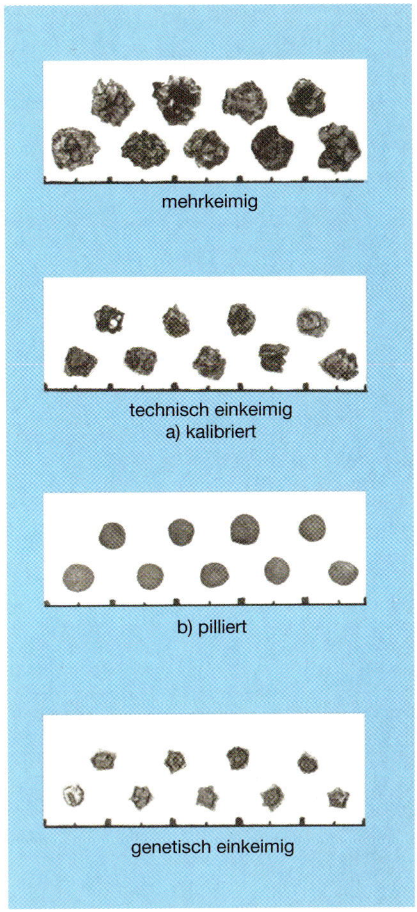

Abb. 313 Verschiedene Arten von Rübensaatgut.

Abb. 314 Ungenügende Bodenvorbereitung führt zur »Beinigkeit« der Rüben. Die mittlere Rübe dient als Vergleich.

8.1.6 Bodenbearbeitung und Saatbettbereitung

Alle Maßnahmen der Bodenbearbeitung und der Saatbettbereitung zielen darauf ab, dass die Rüben so vollständig und gleichmäßig wie möglich auflaufen. Ein Anbau ohne Saatbettbereitung

Abb. 315 Gitterräder vermeiden Bodenverdichtungen.

Abb. 316 Gleichmäßiger Feldaufgang.

Abb. 317 Lückiger Aufgang wegen verkrusteter Bodenoberfläche.

(Direktsaat) brachte in mehrjährigen Versuchen stets verringerten Feldaufgang und Ertragseinbußen bis zu 40 %.
In der Praxis bedeutet dies:

- **Tiefe Bodenbearbeitung** schon im Herbst, um einerseits Bodenverdichtungen zu beseitigen und andererseits dem Boden genügend Zeit zum Absetzen zu geben, damit die Wasserversorgung des keimenden Samens durch die Kapillarität gesichert ist. Eventuell muss auf häufig mit Stroh gedüngten und deshalb puffigen Böden gleichzeitig mit dem Pflug der Packer eingesetzt werden. Nichtwendende Bodenbearbeitung findet zunehmend Eingang in die Praxis: Die Befahrbarkeit zur Ernte erhöht sich deutlich.
- **Saatbettbereitung im Frühjahr** bei abgetrocknetem Boden mit einer Egge-Krümler-Kombination, die einen ebenen Saathorizont über einem abgesetzten Boden und gleichzeitig eine nicht zu fein gekrümelte Deckschicht schafft. Damit sind die Wasserversorgung von unten sowie die Luft- und Wärmezufuhr von oben gesichert.
- **Bodenverdichtungen** sollten schon bei der Ernte der Vorkultur vermieden werden. Der Bodendruck kann durch Geräte mit breiten Reifen, niedrigem Reifendruck und großen Arbeitsbreiten vermindert werden.
- Vermeiden nachträglicher **Verschlämmung** der Oberfläche, deshalb keine zu feine Krümelung der Oberfläche, Einsatz von Fingerdruckrollen bei der Saat bzw. von Formwalzen 3–4 Tage nach der Saat, Branntkalkgabe (ca. 5 dt/ha) vor der Saat. Fahrgassen bzw. Beete haben sich bewährt.
- Verringerung der **Bodenerosion,** z. B. durch Mulchsaat oder Auftrag von Grünschnittkompost.

8.1.7 Aussaattechnik

Eine universelle Aussaattechnik gibt es nicht. Sie ist immer standort- und terminabhängig.
Formen der Bestandsbildung – Versuche ergaben, dass ein Bestand von 80 000–90 000 Rübenpflanzen/ha die höchsten Rüben- und Zuckererträge liefert. Um dies zu erreichen, sind zwei Formen der Bestandsbildung möglich:

- **Anbau auf Endabstand:** Die Zahl der Pflanzen bei der Ernte ergibt sich aus dem gewählten Reihenabstand, dem Ablegeabstand in der Reihe und dem Feldaufgang.
- **Anbau mit Korrekturhacke:** Hier gelten die gleichen Merkmale. Es werden nur die Ablegeabstände kleiner gewählt und die aufgelaufenen Reservepflanzen anschließend mit der Hacke beseitigt.

Während man in beiden Fällen den *Ablegeabstand* und die *Reihenentfernung*, die entweder bei 45 oder 50 cm liegt, bei der Saat selbst bestimmen kann, muss der *Feldaufgang* jeweils vorausgeschätzt werden. Er wird sowohl von der Keimfähigkeit des Saatgutes als auch von den Sorteneigenschaften und den jeweiligen Standortbedingungen beeinflusst. Die hohe Keimfähigkeit (mind. 92 %) in Verbindung mit der exakten Sätechnik ließen den Feldaufgang ständig verbessern (60–70 %, bei günstigen Bedingungen auch bis zu 80 %).

Zur Feststellung des **Feldaufgangs** zählt man die Pflanzen in einer Reihe, die auf der 100fachen Länge des Ablageabstandes stehen. Beträgt also der Ablegeabstand 12 cm und stehen auf 12 m Reihenlänge 64 Pflanzen, so ist der Feldaufgang 64 %.

Saatgutbedarf – Rübensaatgut ist in Einheiten (U, von engl. unit) zu je 100 000 Samen im Handel. Die Reihenentfernung beträgt üblicherweise 45 oder 50 cm. Der Ablageabstand richtet sich nach den Erfahrungen aus dem standortbedingten Feldaufgang und der Wahl der Bestandsformung (mit Korrekturhacke oder Anbau auf Endabstand). Bei Anbau mit Korrekturhacke beträgt der Ablageabstand 9–12 cm, beim Anbau auf Endabstand 18–22 cm.

Abb. 318 Mulchsaat hilft, Unkraut zu bekämpfen und Erosion zu verhindern.

Der Saatgutbedarf ergibt sich, indem man die Reihenlänge je Hektar durch die Ablageentfernung dividiert.

Beispiel:
Reihenabstand 50 cm entspricht einer Reihenlänge 20 000 m/ha, Ablageabstand 10 cm bei späterer Vereinzelung,

$$\text{Saatgutbedarf} = \frac{20\,000 \text{ m}}{0{,}10 \text{ m}} \triangleq 200\,000 \text{ Samen/ha} \triangleq 2 \text{ U/ha}$$

Reihenabstand 45 cm entspricht einer Reihenlänge 22 222 m/ha, Ablageabstand 19 cm (Endabstand),

$$\text{Saatgutbedarf} = \frac{22\,222 \text{ m}}{0{,}19 \text{ m}} \triangleq 116\,957 \text{ Samen/ha} \triangleq 1{,}16 \text{ U/ha}$$

Abb. 319 Mulchsaatgerät für Rüben.

Saattechnik – Die Saattiefe soll 1–3 cm betragen und sehr gleichmäßig sein. Die Pillen sollen im festen Kontakt mit dem Boden und mit großer **Ablagegenauigkeit** (80 % der Samen ± 2,5 cm an der angestrebten Ablagestelle) ausgebracht werden. Deswegen benützt man **Einzelkorn-Sägeräte,** deren Lochscheiben oder Zellenräder eine präzise Ablage garantieren. Sie arbeiten mehrreihig und ermöglichen auch bei Doppelreihen-, Beet- oder Fahrgassenanbau eine optimale Standraumausnutzung durch die Pflanzen.

Die Saattiefe ergibt sich aus der Bedeckungshöhe mit lockerem Boden, den Zustreicher, Bodenquirle oder doppelkonisch geformte Druckrollen anhäufeln. Finger-, Nockenkranz- oder Wulstdruckrollen sollen das Verschieben der Samenpillen aus ihrer Position vermeiden. Wesentlich für das Einhalten der Ablagegenauigkeit ist die gewählte Fahrgeschwindigkeit (unter 5 km/h).

Saatzeit – Sie liegt zwischen Mitte März und Anfang Mai. Zu frühe Aussaat bringt wegen der meist noch sehr niedrigen Temperaturen schlechteren Feldaufgang und erhöht die Schosserneigung. Je später die Saat, desto größer sind die Ertragseinbußen, weil die Vegetationszeit verkürzt wird.

Der optimale Saattermin ist so früh als möglich anzusetzen, vorausgesetzt, der Boden ist bearbeitungsfähig abgetrocknet.

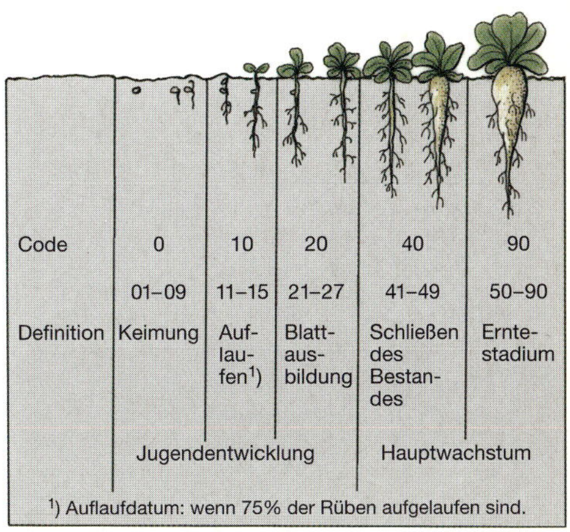

Abb. 320 Entwicklungsstadien der Zuckerrübe (Schema).

8.1.8 Bestandespflege

Hacken – Die Korrekturhacke von Hand soll lediglich die Reservepflanzen beseitigen. Maschinenhacke wird eingesetzt, wenn es

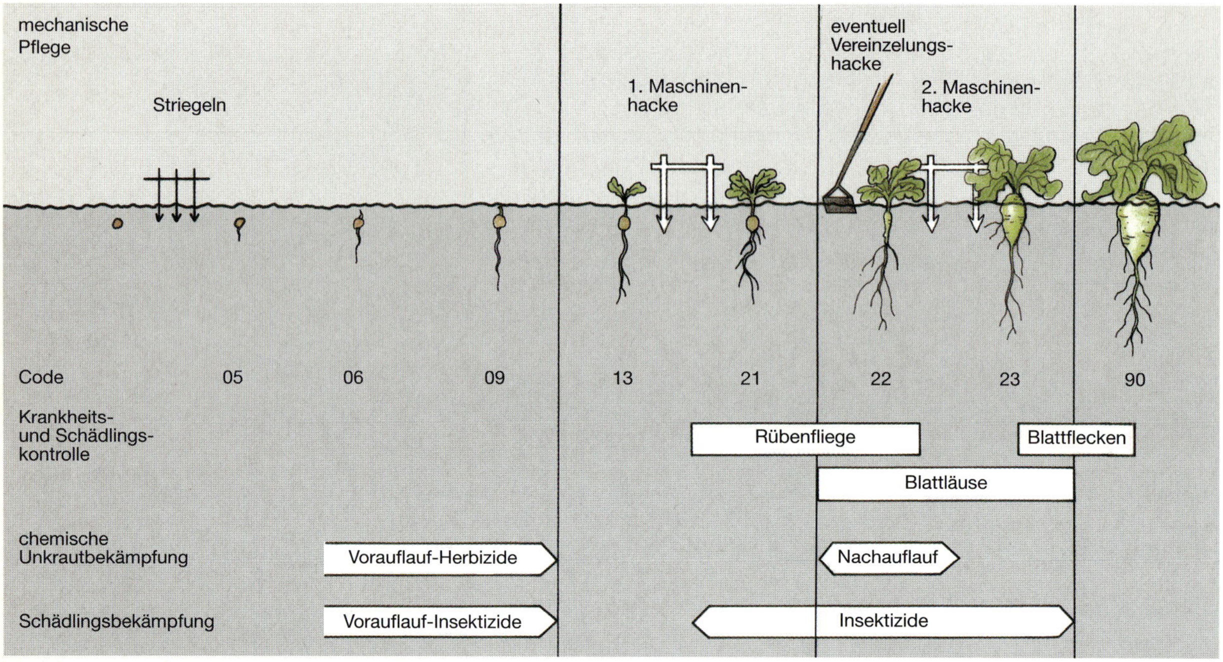

Abb. 321 Pflegemaßnahmen bei Rüben (Schema).

Abb. 322 Wirkung der maschinellen Rübenhacke.

zu starker Verschlämmung und Krustenbildung gekommen ist. In der Kombination mit der Bandspritzung hilft die Hacke wesentlich, Mittel und Kosten zu sparen und die Bodenbelastung zu reduzieren.

Ziel ist, den Bestand in erster Linie bis zum Reihenschluss, der ein weiteres Auflaufen von Unkräutern unterdrückt, weitgehend unkrautfrei zu halten. Neben Flächenspritzungen ist der Einsatz von Bandspritzeinrichtungen in Verbindung mit Sä- und Hackgeräten üblich.

Die große Herbizidauswahl an boden- und blattaktiven Wirkstoffen ermöglicht sehr flexible Bekämpfungsstrategien. Das Einarbeiten des Wirkstoffs vor der Saat (VSE), der Vorauflauf (VA) und der Nachauflauf (NA) können kombiniert oder als Einzelstrategie durchgeführt werden. Im reinen Nachauflaufverfahren werden feintropfige Düsen und geringe Wasseraufwandmengen (100–200 l/ha) ab dem Keimblattstadium der Unkräuter (NAK) eingesetzt. Der Umweltvorteil von Bandspritzverfahren durch Herbizideinsparung wird jedoch meist durch zusätzliche Hackmaßnahmen finanziell aufgezehrt.

Handarbeit zur Unkrautbekämpfung ist außer bei biologischem Anbau nur noch wenig gebräuchlich, weil eine Korrekturhacke zur Bestandsregulierung meist entfällt.

8.1.9 Düngung

Nährstoffentzug – Alle Betarüben haben einen großen Nährstoffbedarf. 100 dt/ha Zuckerrüben mit Blatt entziehen dem Boden die nachfolgend angegebenen Mengen an Nährstoffen:

45 kg N,
18 kg P_2O_5,
75 kg K_2O,
20 kg CaO,
15 kg MgO,
20 kg NaO.

Handelsdünger – Zuckerrüben brauchen im Jugendstadium bis kurz vor Bestandsschluss reichlich Stickstoff, damit sie rasch die für die Fotosynthese nötige große Blattmasse bilden können. Mit steigender N-Versorgung nimmt aber auch der Anteil unerwünschter Inhaltsstoffe (Alpha-Aminostickstoff, Kalium, Natrium) zu. Deswegen ist eine gezielte N-Düngung besonders wichtig.

Der **Gesamt-Stickstoffbedarf** wird unter Berücksichtigung des Bodenvorrats (N_{min}-Untersuchung, EUF-Methode) festgestellt. Weil die Rüben im Keimpflanzenstadium empfindlich gegen hohe Salzkonzentrationen sind, gibt man den Stickstoff am besten in 2 Gaben. Die 1. so früh, dass sie mit dem letzten Arbeitsgang vor der Saat noch eingearbeitet werden kann, und die 2. spätestens im 4-Blatt-Stadium.

Ab Ende Mai wirkt sich eine N-Düngung nachteilig auf Qualität und Zuckerertrag aus.

Phosphat fördert die Reife und steigert Zuckergehalt und Saftqualität. Auch höhere Phosphatgaben stören die Qualität nicht.

Steigende **Kaliumgaben** steigern zwar auch Rübenertrag und Zuckergehalt, eine Düngung über den optimalen Versorgungsgrad hinaus senkt jedoch den bereinigten Zuckergehalt.

Phosphat- und **Kalidünger** werden in der Regel im Herbst oder Winter ausgebracht.

Auf kalkreichen Böden tritt häufig in Trockenperioden Bormangel auf, der zur Herz- und Trockenfäule der Rüben führt. Akuter Bormangel kann mit einer entsprechenden Blattdüngung behoben werden.

Der pH-Wert darf für Zuckerrüben nicht unter 6 liegen. Eine notwendige **Kalkgabe** wird auf die Stoppeln der Vorfrucht ausgebracht. Auf zur Verschlämmung und Verkrustung neigenden Böden bringt eine Vorsaatkalkung mit 10–15 dt/ha Branntkalk größere Krümelstabilität.

Organische Dünger – Grundsätzlich verwerten Rüben wegen ihrer langen Vegetation organische Dünger gut. Sie stellen jedoch eine langsam fließende und kaum kalkulierbare N-Quelle dar und haben deshalb im Zuckerrübenanbau nur noch geringe Bedeutung.

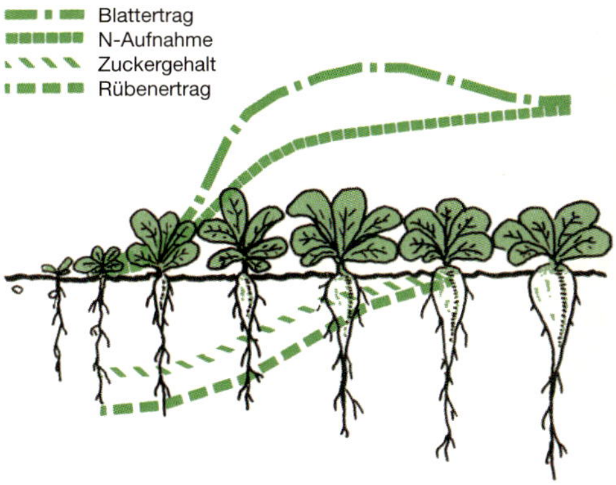

Abb. 323 Verlauf der N-Aufnahme bei Rüben, Entwicklung von Blatt, Wurzelgewicht und Zuckergehalt (Schema).

Abb. 324 Gründüngung muss nicht eingearbeitet werden. Sie kann als Mulch dem Bodenschutz dienen. Das »Einarbeiten« besorgen die Bodenlebewesen.

8.1.10 Krankheiten und Schädlinge

Auflaufende Rüben haben viele Feinde. Besonders bei der heute üblichen Saat auf Endabstand richten sie einen oft nicht wieder auszugleichenden Schaden an. Daher ist der Schutz vor Krankheiten und Schädlingen besonders wichtig.

Die folgende Tabelle gibt eine Übersicht über die Bekämpfung der Krankheiten und Schädlinge bei Rüben.

Tabelle 16: Krankheiten und Schädlinge bei Rüben

Krankheit, Schädling		Schadbild	Abwehr
Pilzkrankheiten Wurzelbrand *Pythium debaryanum* bodenbürtig, *Phoma betae* samenbürtig	 Abb. 325	lückiges Auflaufen der Bestände, kümmernde Keimpflanzen, deren Wurzelhals verfärbt und eingeschnürt ist	bodenbürtige Pilze durch Schaffen optimaler Keimbedingungen für die Rüben, samenbürtige Pilze durch Saatgutbeizung
Blattflecken-Krankheit *Cercospora beticola,* *Ramularia beticola* Bild zeigt Mischinfektion von beiden Pilzen	 Abb. 326	2–3 mm große, runde, oft rot umrandete, braune und später graue Flecken, Blätter sterben von außen nach innen ab, größter Krankheitsdruck im August bei starker Taubildung und Temperaturen zwischen 20 und 25 °C	weite Fruchtfolge, sauberes Einarbeiten der Rübenernterückstände, Fungizid-Einsatz nach Warndienst
Kräuselkrankheit		stark gekräuselte, kopfartig zusammengeschlossene Blätter	Übertragung durch Rübenblattwanze, deswegen richtet sich die Bekämpfung nach diesem Schädling
Rizomania	 Abb. 327	helle, gelbfleckige Blätter, Wurzelbart ohne Zysten	Übertragung durch einen bodenbürtigen Pilz *(Polymyxa betae)*, Bekämpfung bisher nicht möglich; Anbau toleranter bzw. resistenter Sorten; weite Fruchtfolge
Viruskrankheiten Vergilbungskrankheit	 Abb. 328	nesterweises Vergilben der Pflanzen	Übertragung erfolgt vorwiegend durch die Grüne Pfirsichblattlaus, bei starker Blattlausinvasion (Fallen!) Inkrustierung des Saatgutes, eventuell Spritzung
Rübenmosaik	 Abb. 329	hell- und dunkelgrün gefleckte Blätter	wie Vergilbungskrankheit

Fortsetzung Tabelle 16

Krankheit, Schädling	Schadbild	Abwehr
Herz- und Trockenfäule  Abb. 330	welkende und später absterbende Herzblätter	Mangelerscheinung durch Bormangel hervorgerufen; Düngung mit borhaltigen Düngern
Schädlinge Moosknopfkäfer *Atomaria linearis*  Abb. 331	1–2 mm großer bräunlicher Käfer verursacht dunkle, stecknadelkopfgroße Fraßstellen vorwiegend im unterirdischen Teil der Keimpflanzen	Saatgutbeizung
Rübenfliege *Pegomya hyoscyami*  Abb. 332	Eigelege auf der Blattunterseite, deutlich sichtbare Fraßgänge der Maden im Blattinnern	Saatgutbeizung; Anwendung von Insektiziden
Rübenaaskäfer *Aclypea opaca*  Abb. 333	Fraßstellen an jungen Rüben	Anwendung von Insektiziden
Rübennematoden *Heterodera schachtii*  Abb. 334	nesterweise kümmernde Pflanzen, Wurzelbärte mit hellgelben bis braunen Zysten (1 mm Ø)	weite Fruchtfolge, Wirtspflanzen sind Kreuzblütler (Raps!), Feindpflanzen sind z. B. Luzerne, Mais

Abb. 335 Beim Rübenköpfen können leicht Massenverluste durch Köpffehler entstehen: 1 cm zu tief köpfen bedeutet 7–9 % Verlust.

Abb. 336 Einreihig gezogener Köpf-Rode-Bunker bei der Rübenernte; die Blattablage erfolgt im Längsschwaden.

Abb. 337 Mehrreihige, selbst fahrende Rübenvollernter werden immer häufiger vor allem überbetrieblich oder ihm Lohnverfahren eingesetzt.

8.1.11 Ernte

Zeitpunkt – Der Erntebeginn liegt zwischen dem 20. September und dem 10. Oktober.

Je länger die Rüben im Boden bleiben können, desto höher ist der Ertrag. Jeder Tag im September bringt noch etwa 4–5 dt/ha Rübenertrag. Erst ab Mitte Oktober steigt der Zuckergehalt kaum noch an, weil die Atmung der Pflanze bei Tages-Durchschnittstemperaturen unter 6 °C mehr Zucker verbraucht, als durch die Fotosynthese gleichzeitig erzeugt wird.

Gegen Mitte November sollte die Ernte abgeschlossen sein, weil sonst infolge der verschlechterten Witterung die Arbeit oft erschwert wird. Erhöhter Zugkraftbedarf beeinträchtigt die Bodenstruktur. Außerdem nehmen die Verluste bei der Ernte zu und die Voraussetzungen für die Aussaat der Folgefrucht verschlechtern sich.

Ernteverfahren – Die Ernte geschieht ein- oder mehrreihig. Dabei sind unterschiedliche Verfahren möglich. Beim *einphasigen Verfahren* werden die Teilarbeiten Köpfen, Roden, Laden, Transportieren in einem Vorgang im Köpf-Rode-Bunker zusammengefasst. Beim *mehrphasigen Verfahren* können die Teilarbeiten entweder getrennt ablaufen oder in beliebiger Weise kombiniert werden.

Ernteverluste entstehen vor allem durch falsches Köpfen, Abbrechen von Rübenteilen oder durch von den Rodeorganen nicht erfasste Rüben. Ideal wäre der Köpfschnitt unmittelbar unter dem Blattansatz. Ein um 1 cm zu tiefer Köpfschnitt bedeutet einen Erntemasseverlust von 7–9 %!

Zwischenlagerung – Vor dem Abtransport in die Zuckerfabrik müssen die Zuckerrüben mitunter zwischengelagert werden. Dabei sollte man die Verluste durch Atmung (besonders bei Temperaturen über 10 °C) und Frost möglichst gering halten. Gegen Atmungsverluste und Frost schützt das Abdecken mit Viiesplanen.

8.1.12 Nebenprodukte

Neben dem Zucker liefern die Zuckerrüben noch einige wesentliche Nebenprodukte:

- **Rübenblätter** mit Köpfen sind wertvolles Futter für Rinder. Sie werden frisch oder siliert verfüttert. Viehlos wirtschaftende Betriebe pflügen das Rübenblatt unter und führen so dessen Nährstoffe wieder dem Boden zu.
- **Rübenschnitzel** fallen bei der Zuckerproduktion an. Je nach Feuchtigkeitsgehalt unterscheidet man Nassschnitzel (8–10 % T), Pressschnitzel (über 20 % T), und Trockenschnitzel (über 88 % T). Werden die Trockenschnitzel mit Melasse benetzt, heißen sie *Melasseschnitzel*.
- **Melasse** ist der Restsirup, aus dem der Zucker nicht mehr herauskristallisiert werden kann. Mit 42–46 % Zucker und 8 bis

10 % Mineralstoffen stellt die Melasse ein wertvolles Futtermittel dar.

- **Carbonationskalk** fällt bei der Reinigung des Rübensaftes an. Er besitzt ca. 30 % CaO, enthält auch andere Pflanzennährstoffe und ist ein guter Kalkdünger.
- **Ethanol** (Alkohol) kann aus Zucker gewonnen werden. 1 ha Zuckerrüben liefert etwa 4000–5000 l Ethanol. Seine Verwendung als Treibstoff und Rohstoff für die chemische Industrie bringt der Zuckerrübe den Rang eines nachwachsenden Rohstoffs ein.

Abb. 338 Futterrübe.

8.2 Futterrüben (Runkelrüben)

8.2.1 Bedeutung

Futterrüben sind die ertragreichsten und ertragsichersten Futterpflanzen für die Rindviehhaltung. Bei Rübenerträgen zwischen 800 und 1400 dt/ha liefern sie einen Futterwert von 137–171 GJ/ha. Rechnet man den Blattertrag hinzu, ergibt sich ein Futterwert der Ernte zwischen 171 und 205 GJ/ha.

Futterrüben stellen darüber hinaus ein *wiederkäuergerechtes* Futter dar, weil sie genügend Struktur und Rohfaser enthalten. Sie sind schmackhaft, werden gerne gefressen und passen in jede Futterration. Sie erhöhen die Grundfutteraufnahme und liefern daher einen entscheidenden Beitrag, das zur Verfügung stehende Milchkontingent mit preiswertem Grundfutter zu erzeugen.

Vereinzelungsloser Anbau durch Monogerm-Saatgut einerseits und Mechanisierung der Ernte- und Fütterungsarbeiten andererseits lassen den gefürchteten Arbeitsaufwand und damit die Kosten sinken.

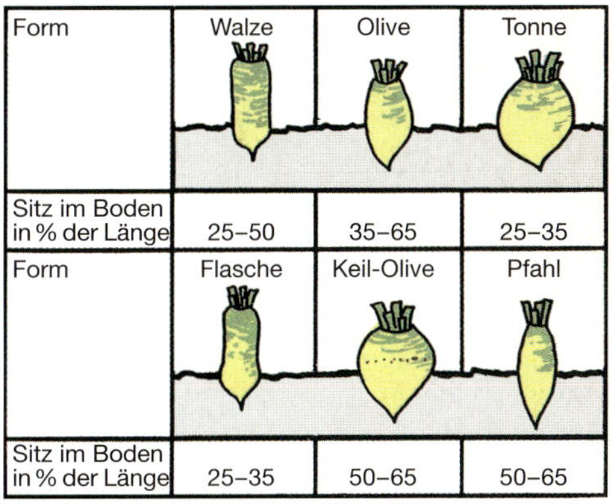

Form	Walze	Olive	Tonne
Sitz im Boden in % der Länge	25–50	35–65	25–35
Form	Flasche	Keil-Olive	Pfahl
Sitz im Boden in % der Länge	25–35	50–65	50–65

Abb. 339 Der Sitz der Futterrübe im Boden ist abhängig vom Rübentyp.

8.2.2 Merkmalsunterschiede

Abstammung – Futterrüben haben die gleiche Ursprungsform *(Beta vulgaris* L. sp. *maritima)* wie die Zuckerrüben. Während sich deren Sorten äußerlich kaum voneinander unterscheiden, weichen die Futterrübenzüchtungen deutlich in Farbe und Form voneinander ab.

Farben, Formen – Neben Weiß, Gelb, Orange, Rosa und Rot kommen auch alle Farbübergänge in diesen Bereichen vor. Bei den Formen unterscheidet man zwischen Walzen, Tonnen, Kugeln, Flaschen, Oliven und Keilen.

Leistungsmerkmale – Futterrübenzüchtungen werden nach dem Gehalt an T eingeteilt in:

Massenrüben	bis 12,5 % T,
Mittelrüben	12,5–15,5 % T,
Gehaltsrüben	über 15,5 % T.

T-Gehalt und Form hängen weitgehend vom Anteil des Hypokotyls am Rübenkörper ab.

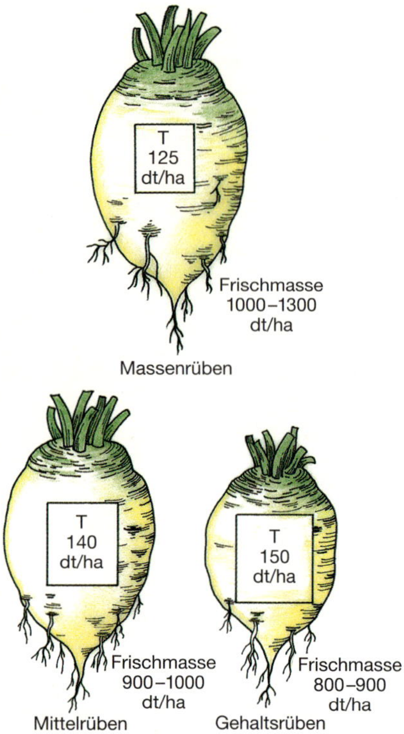

Abb. 340 Massenrüben sind zwar schmackhafter, bringen aber nur geringere Trockensubstanz-Erträge als Mittel- und Gehaltsrüben.

Je größer der Hypokotylanteil des Futterrübenkörpers, desto geringer ist der T-Gehalt bei gleichzeitigem Ansteigen des Massenertrages und desto flacher sitzen die Rüben im Boden.

Unterschiede bestehen außerdem hinsichtlich der Einkeimigkeit. Heute ist die Mehrzahl der Züchtungen bereits monogerm. Die Züchter versuchen vor allem, den Trockenmasse-Ertrag zu steigern, wobei gleichzeitig der Saccharoseanteil gering, der Eiweiß- und Mineralstoffanteil aber hoch sein sollte. Weil Futterrüben über mehrere Monate gelagert werden müssen, wird auf bessere Lagerfähigkeit besonderer Wert gelegt.

8.2.3 Anbaumethoden und -maßnahmen

Anbaumethoden – Sie hängen von der verwendeten Saatgutform ab. Multigerm-Saatgut verlangt einen dichten Stand der Keimpflanzen (unter 8 cm) in der Reihe, damit beim Vereinzeln mit der langstieligen Hacke Doppelpflanzen ohne Bücken weggehackt werden können und Standweiten von 25–30 cm erreicht werden. Bei 50 cm Reihenabstand ergeben sich so ca. 70 000–80 000 Pflanzen/ha.

Bei Verwendung von pilliertem Präzisionssaatgut sollte der Saatkornabstand etwa 8 cm betragen. Wird Monogerm-Saatgut benutzt, beträgt der Ablegeabstand mit Korrekturhacke 10–12 cm, beim vereinzelungslosen Anbau 14–16 cm in günstigen und 16–18 cm in ungünstigen Lagen.

Anbaumaßnahmen – Die Ansprüche an Boden und Klima sind nicht so hoch wie bei Zuckerrüben. Bodenbearbeitung, Saatbettbereitung, Aussaattechnik, Pflanzenschutz, Pflege und Unkrautbekämpfung entsprechen dem Anbau der Zuckerrüben. Auch hier lässt sich die Mulchsaat einsetzen, um die Erosion einzudämmen.

Düngung – Grundlagen sind auch hier das Ergebnis der Bodenuntersuchung und der Entzug an Nährstoffen.

Abb. 341 Die Verwendung von Normalsaatgut macht ein Vereinzeln der Rübenbestände notwendig.

Tabelle 17: Düngung von Futterrüben

Nährstoffentzug bei 1000 dt Rüben + Blatt kg/ha	Nährstoffgabe bei mittlerer Versorgung des Bodens kg/ha	Düngerform, Verteilung, Besonderheiten
300 N 120 P_2O_5 750 K_2O 100 CaO 100 MgO	180–200 N 120 P_2O_5 400 K_2O – 80 MgO	120 kg vor der Saat, Rest zum Vereinzeln als borhaltiger Phosphatdünger, eventuell als magnesiumhaltiger Ca-Dünger

Stallmist wird bei der Stoppelbearbeitung, Flüssigmist im zeitigen Frühjahr ausgebracht.

8.2.4 Ernte

Wegen der relativ kleinen Anbaufläche werden in vielen Betrieben die Futterrüben noch von Hand geerntet. Dabei lässt sich das Rübenblatt frisch verfüttern, weil die jeweilige Erntefläche klein ist. Der Arbeitsaufwand ist jedoch enorm. Aus diesem Grunde setzen sich mechanisierte Verfahren immer mehr durch, wobei die Entwicklung eindeutig zum Vollernter verläuft.
Beim maschinellen Roden gibt es zwei Verfahren:

- **Dänisches Verfahren:** Die Rüben werden mit dem Schlegel-Feldhäcksler geköpft und die Blätter entweder auf einen parallel laufenden Wagen geblasen oder breit aufs Feld gestreut. Die stark zermusten Blätter eignen sich wegen der geringen Verschmutzung und der leichten Verdichtung gut zum Silieren. Die Rüben werden mit 1- oder 2-reihigen Rode-Ladern entweder unmittelbar nach dem Köpfen oder erst zum Abschluss der gesamten Blatternte gerodet. Hier muss jedoch der Reihenabstand mit der Ackerwagenspur abgestimmt sein. Gerätekombinationen aus Schlegler und Roder ermöglichen die Ernte auch in einem Arbeitsgang.
- **Rübenvollernter** mit Bunker- oder Wagenfüllung: Hierfür sind vor allem Sorten mit kräftigen Blättern und aufrechtem Stand geeignet. Während für dieses Ernteverfahren mindestens 4 Arbeitskräfte und 3 Traktoren nötig sind, ist die Ernte mit dem Köpf-Rode-Bunker eine Einmannarbeit.

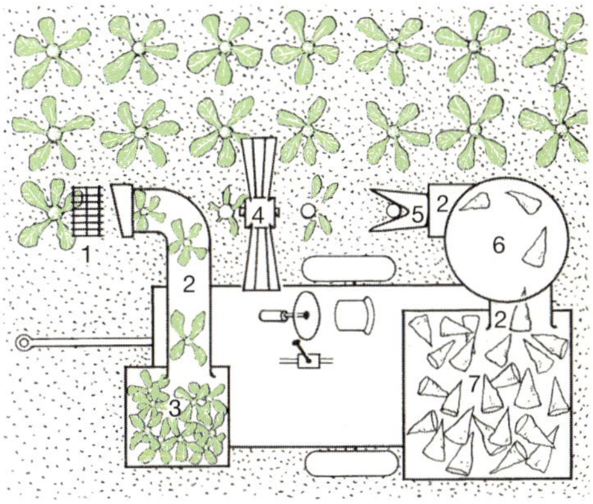

Abb. 342 Rübenvollernter (Schema).
1 Taster mit Köpfer,
2 Förderorgan,
3 Blattbehälter,
4 Rübenputzer,
5 Rode-Organ,
6 Rübenreinigung,
7 Rübenbehälter.

8.2.5 Lagerung, Mechanisierung der Fütterung

Feldlagerung – Futterrüben werden immer noch zu einem großen Teil in Feldmieten gelagert. Das ist zwar ohne Festkosten möglich, doch verursacht dies wegen fehlender Technisierungsmöglichkeiten für das Abdecken und die Entnahme einen hohen Arbeitsaufwand. Die technischen Größen und Anforderungen bei der Anlage zeigt Abb. 344.
Hoflagerung – Sie erfordert zwar eine höhere Transportkapazität bei der Ernte, der Gesamt-Zeitaufwand ist jedoch gegenüber der Feldlagerung um ⅔ geringer. Hoflagerung kann in Hofmieten oder in Hochbehältern erfolgen. Die eleganteste, aber auch aufwändigste Lagermöglichkeit stellt die Scheunenlagerung dar.
Die optimale *Lagertemperatur* beträgt 2–4 °C. Deswegen müssen die Rüben vor dem Abdecken gut auskühlen. Bei sehr niedrigen Außentemperaturen (unter –15 °C) ist auf die Wärmedämmung des Lagers besonderer Wert zu legen. Durch zu hohe Temperaturen entstehen in der Regel größere Verluste als durch Frost.
Hofmieten haben eine feste Bodenplatte (auch Verbundsteine). Die seitliche Begrenzung durch Strohballen, Erdwälle oder durch Anschluss an ein Fahrsilo ermöglicht größere Schütthöhen und spart Platz und Abdeckfläche. Um Verdichtungen und einen Wärmestau durch Erde und Blätter an den Abwurfstellen zu vermeiden, haben sich Querförderbänder mit Siebketten beim Abladen bewährt (Reinigungseffekt).

Abb. 343 Futterrüben in der Miete.

Abb. 344 Aufbau einer Rübenmiete (Schema).
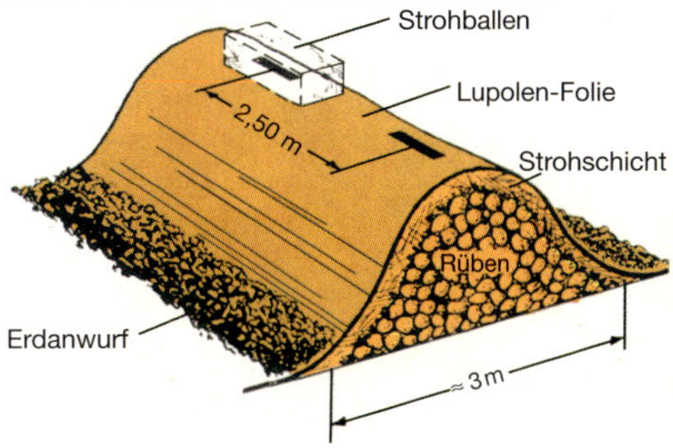

Abb. 345 Rübenschnitzler (geöffnete Maschine).

Abb. 346 Behelfsmäßiger Rübenblattsilo auf dem Feld.

Abb. 347 Rübenverteilwagen im Einsatz.

Mechanisierung – Rüben lassen sich am besten in geschnitzelter Form beim Füttern dosieren. Damit sind 4 Arbeitsgänge nötig:
- Entnehmen aus dem Lager,
- Reinigen,
- Schnitzeln,
- Dosieren.

Die Technik hält dafür Spezialgeräte für jeden einzelnen Arbeitsgang, aber auch Universalgeräte (z. B. zum Fräswagen umgerüstete Geräte zur Flachsilo-Entnahme) bereit.

Aufgaben:

1. Berichten Sie über die Entwicklung der Zuckerrüben-Anbaufläche, den Zuckerertrag und den Zuckerverbrauch in Deutschland.
2. Worin besteht der Unterschied zwischen Präzisions- und Monogerm-Saatgut?
3. Beschreiben Sie die Bodenbearbeitung und Saatbettbereitung bei Rüben.
4. Bestimmen Sie die Saatstärke in Körnern/ha, wenn 76 000 Pflanzen/ha angestrebt werden und der Feldaufgang bei 68 % liegt.
5. Beschreiben Sie die Pflege des Feldbestandes.
6. Wie lassen sich bei und nach der Ernte Zucker- und Masseverluste vermeiden?
7. Welche Krankheiten an Rüben konnten Sie im Ausbildungsbetrieb feststellen? Wie wurden diese bekämpft?
8. Welche Bedeutung haben Futterrüben für die Winterfütterung der Rinder?
9. Weshalb ist bei Futterrüben nicht der Gesamtertrag, sondern der Trockenmasse-Ertrag entscheidend?
10. Wie viele Einheiten (U) Saatgut werden benötigt bei:
    a) Reihenabstand 45 cm, Ablageabstand 15 cm,
    b) Reihenabstand 50 cm, Ablageabstand 10 cm.
11. Berechnen Sie den Ablageabstand in cm:
    a) Reihenabstand 45 cm, Saatstärke 1,2 U/ha,
    b) Reihenabstand 50 cm, Saatstärke 1,45 U/ha.
12. 2200 dt Rübenblatt sollen siliert werden. 30 % dieser Frischmasse gehen als Sickersaft verloren. Wie viele m^3 Siloraum sind einschließlich eines 10%igen Befüllungszuschlages bereitzustellen (Lagerdichte 9 dt/m^3)?
13. Berechnen Sie den Deckungsbeitrag für 1 ha Zuckerrüben aus folgenden Daten: Ertrag 550 dt Rüben (A-Quote), Erzeugerpreis 10,90 DM/dt, Saatgut 1,85 U/ha, Preis 190 DM/U, Handelsdüngeraufwand 418 DM, Herbizide 310 DM, Fungizide 41 DM, Insektizide 8 DM, variable Maschinenkosten 240 DM, Maschinenringkosten 740 DM, Hagelversicherung 98 DM, Verladung 150 DM.

9 Kartoffeln *(Solanum tuberosum)*

9.1 Bedexutung

Der Kartoffelanbau ging in den letzten Jahren ständig zurück. Gründe dafür sind der rückläufige Speisekartoffelverbrauch, die Umstellung der Schweinemast von Kartoffeln auf Getreide und der verhältnismäßig hohe Arbeits- und Technisierungsaufwand bei Produktion, Lagerung und Vermarktung.

9.2 Verwertungsgerechte Erzeugung

Schon bei der Anbauplanung muss das *Verwertungsziel* der Kartoffel bekannt sein, denn die Kartoffeln sind eine reine Marktfrucht geworden. Jeder Verwertungszweck stellt besondere Qualitätsanforderungen an Pflanzgut, Düngung oder Pflege. Außerdem muss der Markt mit entsprechend großen, einheitlichen Partien der gleichen Qualität bedient werden können. Der *Anbauvertrag* mindert daher heute das Risiko für den Anbauen.

Speisekartoffeln – Die wesentlichen Qualitätsmerkmale werden durch die **Handelsklassen-Verordnung** festgelegt. Danach dürfen Speisekartoffeln nur in den Handelsklassen »Extra«, »I« und »Drillinge« angeboten werden. Neben dieser äußeren Qualität, die nur die Größensortierung betrifft, müssen Speisekartoffeln auch einem bestimmten Kochtyp entsprechen (innere Qualität):

- **Fest kochende** Speisekartoffeln: meist langovale Knollen, die beim Kochen nicht aufspringen, feucht und feinkörnig;
- **vorwiegend fest kochende** Speisekartoffeln: springen nur wenig beim Kochen auf, mäßig feucht und feinkrümelig;
- **mehlig kochende** Speisekartoffeln: springen beim Kochen auf, sind locker und trockener.

Alle Speisekartoffeltypen dürfen nach dem Kochen nicht nachdunkeln. Die Fleischfarbe kann weiß bis dunkelgelb sein.

Rohstoff für die Nahrungsmittelherstellung – Mehr als 25 % des gesamten Kartoffelverbrauchs gehen in die Herstellung von fertigen Kartoffelprodukten ein. Sie erfreuen sich großer Beliebtheit mit steigender Tendenz.

- *Trockenerzeugnisse:* Knödel- und Püreemehl, Trockenkartoffeln,
- *frittierte Erzeugnisse:* Pommes frites, Chips,
- *Nasserzeugnisse:* sterilisierte Erzeugnisse,
- *sonstige Erzeugnisse:* Reibekuchen, Bratkartoffeln, Rösti u. a.

Die **äußere Qualität** hängt hier neben der *Knollengröße* vor allem von deren *Form*, der *Schalenbeschaffenheit* (Schälverluste!) sowie von *Beschädigungen* und *Erkrankungen* ab.

Als **innere Qualität** wird von der Verarbeitungsindustrie vor allem ein hoher *T-Gehalt* von 21–25 % (Ausnahme sterilisierte Speisekartoffeln), ein *möglichst niedriger* Anteil an *reduzierenden Zuckern* (Glucose, Fructose; bis 0,25 %) und möglichst *keine Verfärbungen* (hoher Kaliumgehalt) gefordert.

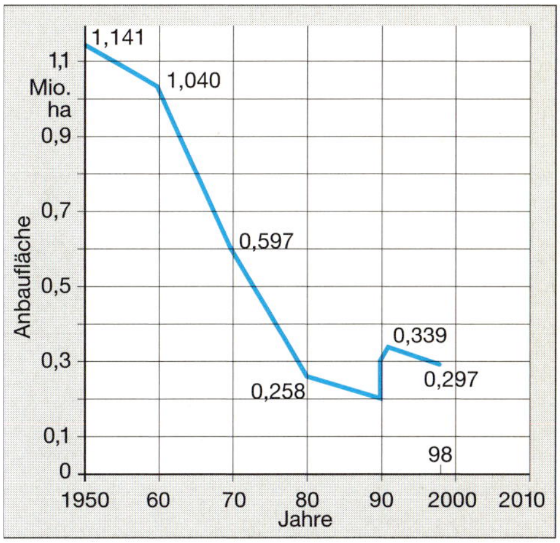

Abb. 348 Entwicklung der Kartoffelanbaufläche in der Bundesrepublik Deutschland (seit 1991: einschließlich der neuen Bundesländer).

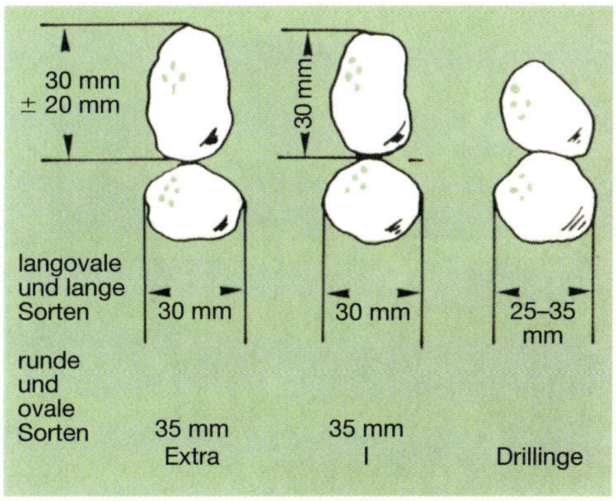

Abb. 349 Die Handelsklassen für Speisekartoffeln weisen zwischen der kleinsten und größten Knolle zulässige Bandbreiten auf (= Größenunterschiede).

Abb. 350 Bei der Veredelung von Kartoffeln zu Fertigprodukten erfolgt nach dem Schälen ein letztes Verlesen.

Die Kartoffel als Rohstoff		
Stärke-Industrie	Spiritus-Industrie	Trocknungs-Industrie
Kartoffelmehl	Pharmazeutische Erzeugnisse	Trockenspeisekartoffeln
Dextrine	Liköre	Kartoffel-Pressschrot
Sago	Essig	Walzmehl-Backhilfsmittel
Sirup	Kraftstoff	Kartoffelflocken und -schnitzel
Stärkezucker	Kosmetische Erzeugnisse	Kartoffelkloßmehl
Puddingmehl	Brennspiritus	Püree-Pulver
Textil-Appreturen	Rohstoffe für die Chemische Industrie	Chips
		Walzmehl für industrielle Zwecke
		Pommes frites

Abb. 351 Die Möglichkeiten der industriellen Kartoffelverarbeitung.

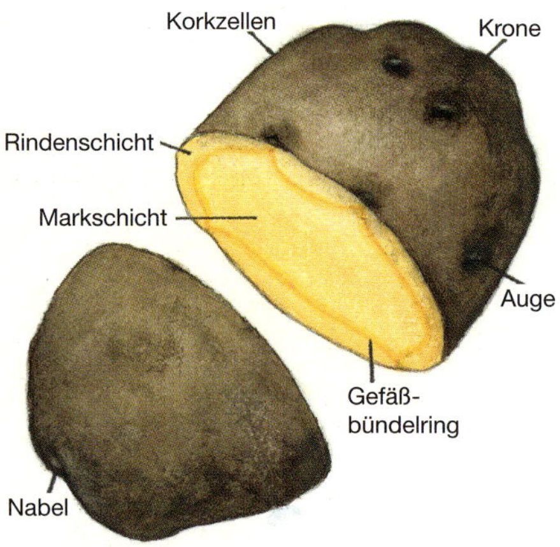

Abb. 352 Aufbau einer Kartoffelknolle (Schema).

Abb. 353 Die Verteilung der Inhaltsstoffe in einer Kartoffelknolle.

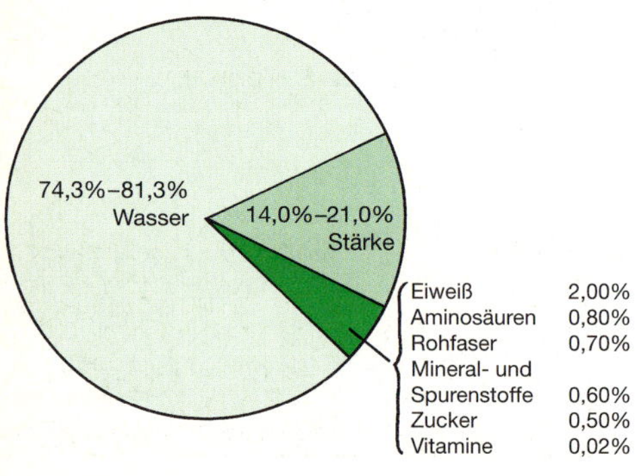

Rohstoff für die Alkoholherstellung – Kartoffelstärke besitzt günstige Eigenschaften für die weitere Verarbeitung, deswegen wird sie vielfach angewendet. Kartoffeln zur Stärkeproduktion müssen einen hohen Stärkegehalt und große Form haben. Kleine und unreife Knollen liefern kleine Stärkekörner, die beim Produktionsprozess weggeschwemmt werden. Brennereikartoffeln brauchen ebenfalls hohe Stärkegehalte, um eine hohe Alkoholausbeute zu erzielen (1 t Kartoffeln entspricht ca. 1 hl Alkohol).

Pflanzkartoffeln – Die Qualitätsanforderungen sind in der **Pflanzkartoffel-Verordnung** enthalten. Danach unterscheidet man Basispflanzgut und Zertifiziertes Pflanzgut (Konsumpflanzgut). Die amtliche Kontrolle besteht in einer Prüfung auf Viruskrankheiten und auf Knollenkrankheiten (Feldbegehung, Augenstecklingstest) und einer Prüfung auf äußere Mängel. Zertifiziertes Pflanzgut kommt etikettiert und plombiert in den Handel.

Futterkartoffeln – Hier hängt die Qualität von hohen Stärke- und Eiweißgehalten ab. Ihre Bedeutung als Futtermittel geht jedoch wegen des notwendigen, energieaufwändigen Dämpfens (Aufschluss der Stärke) und des höheren Arbeitsaufwandes stark zurück.

Nachwachsender Rohstoff – Trotz des nachteiligen hohen Wassergehaltes liefern die Kartoffeln eine große *Energiemenge* pro Flächeneinheit. Allerdings ist die Nettoenergiemenge immer noch zu gering, um eine wirtschaftliche Verwendung, z. B. als Rohstoff für Treibstoffe, zu betreiben. Eher kommen Stärkeprodukte als Rohstoff für die chemische Großindustrie in Frage.

9.3 Botanisches, Ertragsfaktoren

Botanisches – Die Kartoffelknolle bildet sich an den Enden von unterirdischen Seitentrieben der Kartoffelpflanze, den sog. *Stolonen*. Diese verdicken sich infolge der Einlagerung von Reservestoffen. Die Schale besteht aus verkorkten Zellschichten; sie macht die Knolle lagerfähig.

Meist wird die Kartoffel *ungeschlechtlich* (vegetativ) vermehrt, indem man Knollen auspflanzt. Diese weisen »Augen« auf, aus denen die Sprosse herauswachsen. Reife Knollen befinden sich zunächst in einer *Keimruhe*, deren Dauer unterschiedlich ist. Während der Lagerung atmet die Knolle weiter.

Wenn eine neue Kartoffelsorte gezüchtet werden soll, muss die Kartoffel *geschlechtlich* (generativ) vermehrt werden.

Ertragsfaktoren – Bei Speisekartoffeln wird hauptsächlich ein hoher *Knollenertrag* angestrebt, bei Stärkekartoffeln ein hoher *Stärkeertrag*, bei Pflanzkartoffeln bzw. Verarbeitungskartoffeln ein hoher *Knollenanteil* in der jeweiligen Sortierungsgröße.

Der **Knollenertrag** hängt ab von der Anzahl der

- *Stauden/ha:* Konsumanbau 40 000–50 000, Pflanzkartoffeln 55 000–60 000;
- *Knollen/Stolone:* 2–5;
- *je Staude gebildeten Stängel:* 3–8;
- *dem durchschnittlichen Knollengewicht*/Staude.

9.4 Sorten

Der Sortenkatalog des Bundes-Sortenamts enthält jährlich etwa 160 anerkannte Sorten. Sie unterscheiden sich hinsichtlich

- **Reifezeit:** sehr frühe (90–110 Tage),
  frühe (110–120 Tage),
  mittelfrühe (120–140 Tage),
  mittelspäte (140–160 Tage)
  bis sehr späte Sorten;
- **Verwendungszweck:** *Speisesorten* (teilweise auch Verarbeitungssorten) und *Wirtschaftssorten* (Futter-, Stärke-, Brennereikartoffeln).

Die Sortenwahl erfolgt nach dem Verwendungszweck (Marktbedürfnisse), deren Standortansprüchen (Bundessortenblatt beachten!) und der Nematoden-Resistenz. Die Qualität wird hauptsächlich von der Sorte bestimmt.

Abb. 354 Der Züchter muss die Kartoffelblüte vor Fremdbestäubung schützen.

9.5 Standortansprüche, Fruchtfolge

Boden – Die Kartoffel gedeiht auf fast allen Böden, wenn sie auch wegen des großen Luftanspruchs der Stolonen und Knollen die gut durchlüfteten, leichten Böden liebt. Für den Einsatz des Vollernters ist die *Siebfähigkeit* des Bodens entscheidend.
Klima – Wichtiger als die Bodenart sind seine frühzeitige Erwärmung und möglichst gleichmäßige Wasserversorgung. Der Wasserbedarf ist vom Auflaufen bis zur Blüte am größten. Zwischen Knollenansatz und Hauptblüte kann deswegen eine Beregnung entscheidend für den Erfolg sein.
Fruchtfolge – Die Kartoffel hinterlässt den Acker infolge des intensiven Bearbeitens locker und weitgehend unkrautfrei. Deswegen ist sie eine gute Vorfrucht. Die Anhäufung von Krankheiten und tierischen Schädlingen lässt die Erträge bei einem mehrjährigen Anbau auf dem gleichen Feld sinken (Abbau). Daher sollten Kartoffeln nur alle 3–4 Jahre in der Fruchtfolge vorkommen.

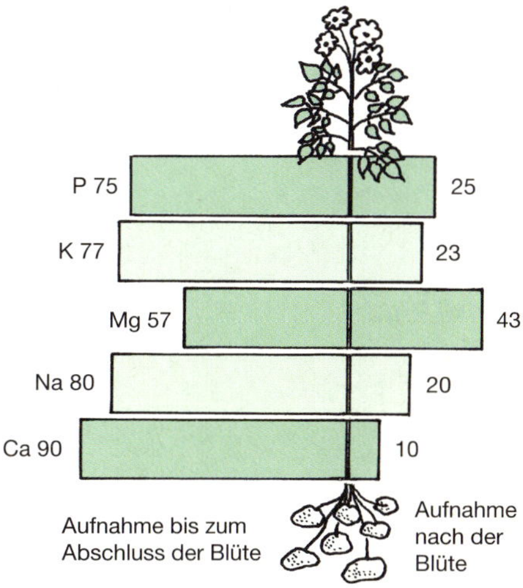

Abb. 355 Mineralstoffaufnahme (in %) einer Kartoffelpflanze im Vergleich zur gesamten Mineralstoffaufnahme.

9.6 Nährstoffbedarf und Düngung

Nährstoffbedarf – Die gezielte Düngung aufgrund regelmäßiger Bodenuntersuchungen ist ein wesentlicher Faktor verwertungsgerechter Erzeugung. 100 dt/Kartoffeln entziehen dem Boden 14 kg P_2O_5, 60 kg K_2O und 4 kg MgO je Hektar.
Die **Bemessung der Düngergabe** bei P, K und Mg richtet sich nach dem Bodenvorrat und dem Entzug. Dabei ist immer die Nährstoffzufuhr über die organischen Dünger zu berücksichtigen. Der N-Bedarf richtet sich nach dem Stickstoffvorrat im Boden (N_{min}), dem N-Bedarf der Sorte (siehe Sortenblatt) und der Verwertungsart der Kartoffeln. Es hat sich bewährt, von einem Sollbedarf von 180 kg/ha N auszugehen und eventuell Zu- oder Abschläge zu berücksichtigen (siehe Abb. 356).
Organische Dünger – Kartoffeln verwerten **Stallmist** gut. Er

Abb. 356 Ermittlung des N-Bedarfs bei Kartoffeln, ausgehend von einem Sollwert von 180 kg N/ha.

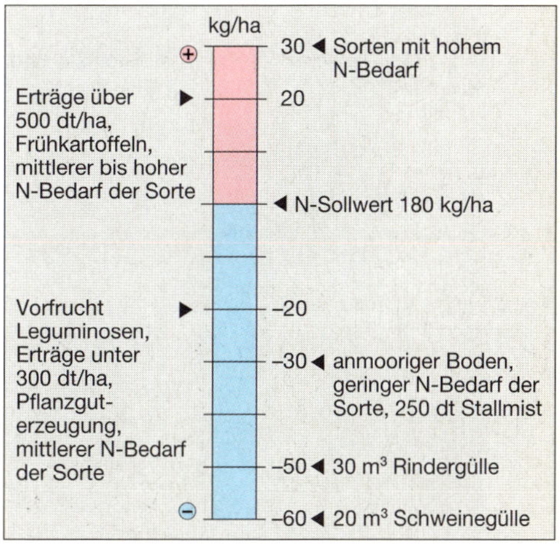

Abb. 357 Entwicklung der Wurzeln 10 Tage nach dem Auspflanzen (obere Reihe) in Abhängigkeit von der Pflanzgutvorbereitung (untere Reihe) bei gleichem Pflanztermin.

Abb. 358 Vorkeimhaus mit Glaswänden für Kartoffeln.

wird, gut verrottet, im Herbst in Mengen bis zu 300 dt/ha untergepflügt. Aus Gründen des Umweltschutzes darf **Gülle** nur im Frühjahr, entweder im Februar mit Nitrathemmer oder erst kurz vor dem Legen, ausgebracht werden.

Handelsdünger – Eine notwendige Ergänzung des Nährstoffbedarfs durch mineralische Dünger erfolgt im Falle von Phosphat, Kali und Magnesium in der Regel im Herbst.

Wird **Kali** erst im Frühjahr gegeben, muss die chloridfreie Form gewählt werden. Chlorid behindert die Ableitung der Assimilate aus den Blättern in die Knollen.

Eine notwendige **Kalkgabe** wird im Rahmen der gesamten Fruchtfolge oder als Kopfkalkung gegeben.

Eine **Magnesiumgabe** in Höhe von ca. 50 kg/ha verbessert Ertrag, Stärkegehalt und Sortierungsergebnis. Außerdem vermindert sich der Schorfbefall. Die Magnesiumdüngung erfolgt auf sauren Standorten in Form von Magnesiumkalk, sonst in Form von Kalimagnesia. Bereits bei ersten Anzeichen von Mangelerscheinungen muss mehrmals eine Blattdüngung mit Magnesiumsulfat (Bittersalz) erfolgen.

Die **Stickstoffdüngung** kann, soweit die Gesamtmenge an N 120 kg/ha nicht übersteigt, in einer Gabe kurz vor oder nach dem Legen ausgebracht werden. Bei höheren Mengen oder auf leichten Böden ist ⅓ der N-Menge vor dem Anhäufeln (Pflanzenhöhe 15 cm) zu geben.

9.7 Anbautechnik

Bodenbearbeitung – Sie beginnt mit der Stoppelbearbeitung und mit eventuell gleichzeitigem Einbringen der organischen Dünger und der mineralischen Grunddüngung. Im Frühjahr muss der Boden ca. 15 cm tief gelockert werden, wobei es darauf ankommt, mit geeigneter Technik ein unverdichtetes und damit klutenfreies Pflanzbett zu schaffen. Kluten führen bei der Ernte zu Knollenbeschädigungen und einem höheren Reinigungsaufwand.

Pflanzgut – Gesundes Pflanzgut entscheidet über den Erfolg. Auf abbaugefährdeten Standorten kann eigenes, nachgebautes Pflanzgut im 1. Jahr schon Ertragsausfälle bis fast zur Hälfte bringen. Deswegen sollte nur Zertifiziertes Pflanzgut verwendet werden. Es bietet zudem Schutz vor der knollenbürtigen Bakterienringfäule, der Schleimkrankheit und vor vielen Virosen.

Kartoffeln keimen erst bei ca. 8 °C Bodentemperatur. Um die Vegetationszeit um 2–3 Wochen zu verlängern, sollten die Kartoffeln vorgekeimt werden. Die gleiche Wirkung hat auch das Einleiten der Keimstimmung. Auf diese Weise vorbereitete Kartoffeln können schon bei Bodentemperaturen von 4 °C ausgebracht werden.

Legen der Kartoffeln – Die optimale Bestandsdichte richtet sich nach dem Verwendungszweck. Bei *Pflanzkartoffelerzeugung* sind dies 60 000 Pflanzen/ha, im *Speisekartoffelbau* 40 000–45 000 Pflanzen/ha. Beim Erzeugen möglichst großknolliger Ware, z. B. für die Pommes-frites-Herstellung, kann bis auf 35 000 Pflanzen/ha zurückgegangen werden.

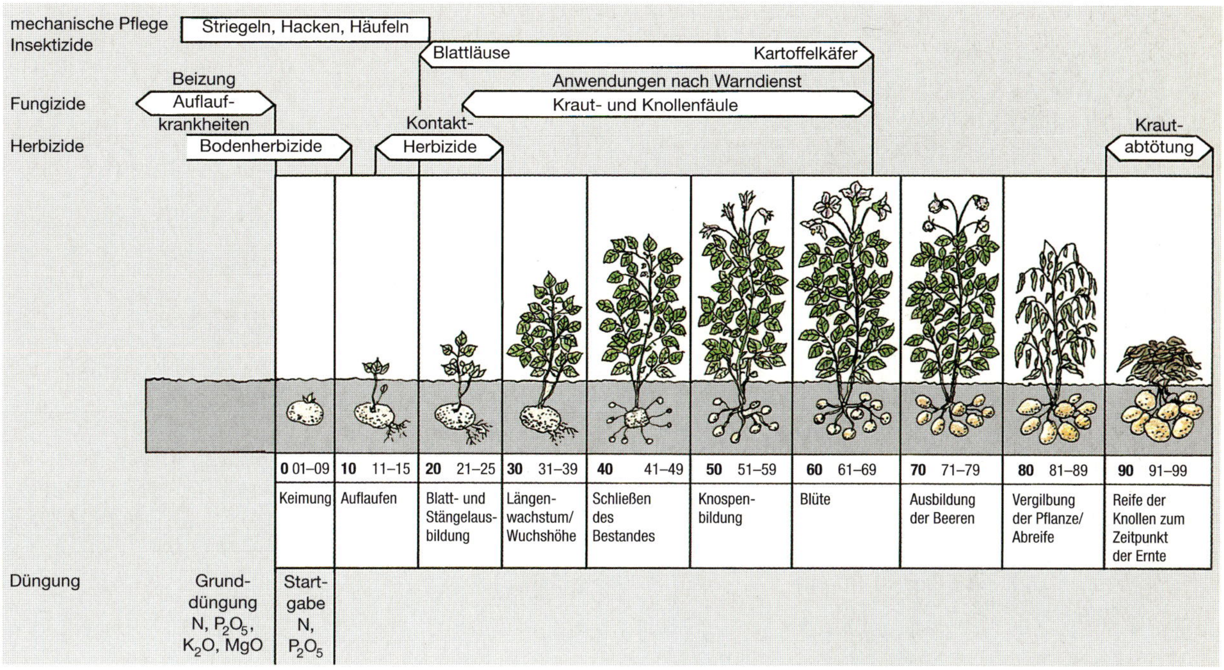

Abb. 359 Entwicklung, Pflege und Düngung bei Kartoffeln (Schema).

Der Einsatz großer und schwerer Maschinen macht breite Reifen erforderlich. Daher beträgt der Reihenabstand heute 75 cm, um eine Beschädigung der Dammflanken zu vermeiden. Der *Legeabstand* in der Reihe ergibt sich sinngemäß nach der Formel auf Seite 101.
Die Dämme sollten sorgfältig gezogen werden, da dies das notwendige wiederholte Befahren erleichtert und die Beschädigung der Kartoffelnester verringert. Hohe und breite Dämme (18–20 cm hoch) verhindern Wachstumsstörungen in Nässeperioden. Die Ablage der Kartoffeln in den Damm bringt den Vorteil, dass sich dort auch die Kartoffelnester bilden und später bei der Ernte weniger Boden bewegt werden muss. Auch die Ablage in Beeten wird durchgeführt.

9.8 Bestandespflege

Mechanisch – Ziel ist es, mit möglichst wenigen Arbeitsgängen die Oberfläche der Dämme krümelig zu erhalten und das Unkraut zu vernichten, bis der Bestand schließt. Hierzu werden Häuflerkombinationen bzw. angetriebene Geräte für die Dammbearbeitung eingesetzt. Auf Wurzelbeschädigungen reagiert die Kartoffel empfindlich.
Chemische Unkrautbekämpfung – Sie muss das Unkraut besonders im Jugendstadium der Kartoffeln bekämpfen. Herbizide werden vor allem als Vorauflaufmittel eingesetzt.

Abb. 360 Gleichmäßige Tiefenlage der Knollen ist für Ertrag und Rodung wichtig (Schema).

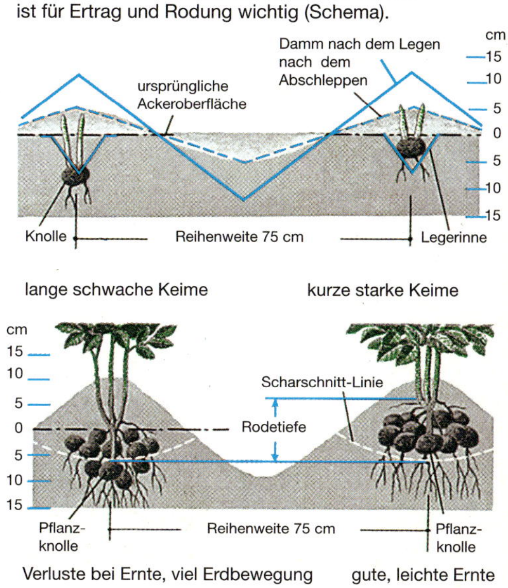

Tabelle 18: Bedeutsame Kartoffelkrankheiten und Schädlinge

Krankheit, Schädling	Schadbild	Bekämpfung
Pilz- und Bakterienkrankheiten		
Kraut- und Knollenfäule, *Phytophthora infestans*  Abb. 361	Pilz befällt Blätter und Knollen; auf Blattspitzen und Blatträndern dunkelbraune Flecken, auf der Unterseite mit weißem Pilzrasen umrandet; Befall greift bei feuchtwarmem Wetter rasch um sich, vorzeitiges Absterben der Bestände; Knollenfäule: leicht eingesunkene, bleigraue Flecken auf der Schale, bräunliche Verfärbung des Fleisches	Anbau widerstandsfähiger Sorten, Verwendung von Zertifiziertem Pflanzgut, rechtzeitiges Anwenden von Fungiziden: 1. Spritzung kurz vor Reihenschluss, 2.–3. Folgespritzungen je nach Witterung in 14-tägigem Abstand, Warndienst beachten!
Dürrfleckenkrankheit, *Alternaria solani*  Abb. 362	rundliche oder eckige braunschwarze Flecken mit konzentrischen Ringen auf den Blättern, eingesunkene Flecken auf den Knollen mit darunter liegendem schwarzbraunem Fleisch (Hartfäule)	das Bekämpfen der *Phytophtora* schützt auch vor dem *Alternaria*-Pilz
Weißhosigkeit, *Rhizoctonia solani*  Abb. 363	Frühbefall: Triebe auflaufender Kartoffeln sterben unter bräunlicher Verfärbung ab; Spätbefall: Wipfelrollen, vermorschter, weißer Stängelgrund (Pilzrasen)	hauptsächlich vorbeugend durch Beizen, Förderung des raschen Auflaufens (Vorkeimen, Keimstimmen), weite Fruchtfolge
Schwarzbeinigkeit, *Erwinia carotovora*, Bakteriose  Abb. 364	Blätter gelblich verfärbt, gefaltet und hochgestellt, Stängelgrund schwarzbraun verfault; Knollen breiig, übel riechend (Nassfäule); hohe Ansteckungsgefahr im Lager	kranke Stauden entfernen, Knollen sorgfältig auslesen und schonend behandeln; Wundverschluss eingelagerter Kartoffeln durch Belüftung bei 10–16 °C fördern
Schorf, *Streptomyces scabies*  Abb. 365	Knollenschale hat korkige, dunkle Unebenheiten; Strahlenpilze bevorzugen vor allem alkalische Böden	Vermindern des Befalls durch Beregnung während der Knollenbildung, Gründüngung, Einstellen des Boden-pH-Wertes auf 5 durch sauer wirkende Dünger; Anbau widerstandsfähiger Sorten

Fortsetzung Tabelle 18

Krankheit, Schädling	Schadbild	Bekämpfung
Viruskrankheiten Blattrollkrankheit  Abb. 366	Überträger des Blattroll-Virus ist die Grüne Pfirsichblattlaus; Blätter sind von unten her eingerollt, spröde und rascheln bei Berührung; Staude ist heller als die gesunde Pflanze	
Strichelkrankheit  Abb. 367	Verursacher Y-Virus, Überträger ist die Grüne Pfirsichblattlaus, aber auch die Kreuzdorn- und Gurkenlaus; Blätter gekräuselt und mosaikartig gefleckt; schwarze Strichel auf den Blattadern an der Blattunterseite	Im Konsumkartoffelbau durch Verwendung von Zertifiziertem Pflanzgut, im Pflanzkartoffelbau durch Spritzen gegen Blattläuse, Bestandsbereinigung, frühzeitiges Krautabtöten (verhindert das Abwandern der Viren in die Knollen), Vermeiden von Beschädigungen der Pflanzen bei der Pflege
Mosaikkrankheit  Abb. 368	Verursacher A-, M-, X- und Y-Viren, Übertragung durch Kontakte oder Blattläuse; gekräuselte, gefaltete Blätter mit häufiger Hell-Dunkel-Scheckung (leichtes bis schweres Mosaik)	
Stängelbuntkrankheit  Abb. 369	Verursacher Rattle-Virus, Übertragung durch Nematoden, Quellen: Melden, Vogelmiere-, Franzosenkrautwurzeln; meist nur *ein* Stängel mosaikartig gescheckt; Stippigkeit und Eisenfleckigkeit an der Knolle	
Schädlinge Kartoffelkäfer, *Leptinotarsa decemlineata*  Abb. 370	den größten Fraßschaden verursachen die schmutzigroten Larven; Kahlfraß	Abschütteln/Absaugen im ökologischen Anbau, Spritzung von Insektiziden
Nematoden, *Globodera rostochiensis*, *Globodera pallida*  Abb. 371	nesterweises vorzeitiges Absterben der Stauden im Bestand; winzige, mit Eiern gefüllte Zysten an den Wurzeln	Anbau resistenter Sorten, weite Fruchtfolge, Bodenentseuchung (teuer!)

Abb. 372 Mechanisch-chemische Krautminderung erleichtert die Ernte.

Abb. 373 Kartoffelvollernter im Einsatz.

Abb. 374 Auf dem Verleseband des Vollernters können defekte Knollen, Steine oder Kluten ausgelesen werden.

9.9 Ernte, Lagerung, Aufbereitung

9.9.1 Ernte

Zeitpunkt – Nur *reife* Kartoffeln garantieren die gewünschten Qualitätsmerkmale. Deswegen spielt der Erntezeitpunkt eine große Rolle. Kartoffeln sind reif, wenn das Kraut abgestorben ist, die Knollen sich von den Stolonen gelöst haben, die Schale fest (Daumenprobe!) ist und die Knollen eine feste Schnittfläche zeigen.
Krautabtöten – Wenn Kartoffeln aus wirtschaftlichen oder arbeitswirtschaftlichen Gründen *vor* ihrer Reife geerntet werden müssen, ist das Kraut vorher abzutöten. Beim Pflanzkartoffelbau werden dadurch *Spätinfektionen* verhindert und die Sortierungsgrößen bevorteilt.
Das Krautabtöten kann sowohl mechanisch als auch chemisch oder als Kombination beider Verfahren durchgeführt werden. Der günstigste Termin für das chemische Abtöten wird amtlich bekannt gegeben (Pflanzenschutz-Warndienst). Für die mechanische Krautbeseitigung werden Krautrupfgeräte oder Krautschläger eingesetzt.
Ernteverfahren – Kartoffeln werden heute größtenteils mit Vollerntern geerntet. Aber auch das absätzige Verfahren, bei dem die Kartoffeln von einem Roder auf Schwaden abgelegt und dann von einem Sammler aufgenommen und auf einen nebenherfahrenden Wagen geladen werden, ist gängig. Neue Vollernter haben seitlich angebrachte Aufnahmeorgane.
Ziel ist es, die Knollen so wenig wie möglich zu verletzen. Deswegen muss der Boden gut siebfähig sein. Steine und Kluten erhöhen die Verletzungsgefahr ebenso wie Temperaturen unter 10 °C. Kalt gerodete Kartoffeln trocknen auch schlechter ab.

9.9.2 Lagerung, Aufbereitung

Lagerung – Ziel ist das Erhalten der Qualität bei gleichzeitigem Einschränken der Verluste durch Atmung, Verdunstung, Fäulnis und Keimung. In modernen Lagerhäusern lässt sich die Lagerung mit geringem Arbeitsaufwand verlustarm durchführen. Während der Lagerdauer lassen sich 5 Klimatisierungsabschnitte unterscheiden:

- **Abtrocknen** durch sofortiges Belüften der eingelagerten Knollen;
- **Wundheilung** durch Belüften in den ersten 14 Tagen nach dem Einlagern, dabei dürfen die Knollen nicht unter +10 °C abgekühlt werden;
- **Abkühlung** mit kühler Außenluft, so dass etwa 3–4 Wochen nach dem Einlagern die Temperatur im Lager ca. 4 °C beträgt;
- **Hauptlagerzeit:** Hier sollten durch gelegentliches Belüften die Temperaturen im genannten Bereich gehalten werden und gelegentliches Umschichten soll die Bildung von Schwitzschichten verhindern;
- **Erwärmen:** Etwa 2 Wochen vor dem Auslagern sollten die Knollen allmählich bis auf 10 °C erwärmt werden, um ihre Widerstandsfähigkeit gegen Beschädigungen zu erhöhen.

Kartoffelmieten bieten keine Möglichkeit der Zwangsbelüftung, deswegen sollte ihr Querschnitt 0,7 m^2 nicht übersteigen.

Aufbereitung – Für den Verkauf müssen die Kartoffeln entsprechend hergerichtet werden. Dafür gelten die entsprechenden Handelsverordnungen, die noch durch Vereinbarungen in Lieferverträgen ergänzt werden können. Im Wesentlichen umfassen die Aufbereitungsarbeiten das Sortieren, Verlesen und Abpacken. Für das Sortieren und Abpacken werden meist Maschinen eingesetzt, das Verlesen geschieht an Verlesebändern von Hand.

Aufgaben:

1. Beschreiben Sie die Verwertung von Kartoffeln.
2. Ein Landwirt düngt seinen Kartoffelacker mit 300 dt/ha Stallmist (Nährstoffgehalt 0,5 % N, 0,25 % P_2O_5, 0,65 % K_2O). Die Hälfte des Nährstoffgehaltes wird für die Kartoffeln wirksam.
   Wie viele dt/ha Schwefelsaures Ammoniak (21 % N), Novaphos (23 % P_2O_5) und Kalimagnesia (30 % K_2O) sind noch auszubringen, wenn insgesamt 90 kg N, 130 kg P_2O_5 und 180 kg K_2O/ha erforderlich sind?
3. Tragen Sie in eine Skizze der Entwicklungsstadien der Kartoffel alle Pflegemaßnahmen ein, die in Ihrem Ausbildungsbetrieb durchgeführt werden.
4. Erklären Sie Ursache und Verbreitung der Viruskrankheiten bei Kartoffeln.
5. Welche Klimatisierungsabschnitte unterscheidet man bei der Kartoffellagerung?
6. Pflanzkartoffeln sollen in 75 cm Reihenabstand gelegt werden. Man wünscht 36 000 Pflanzen/ha. Die mittlere Masse der Pflanzknollen beträgt 52 g.
   a) Welcher Legeabstand ist zu wählen?
   b) Wie viele Tonnen Pflanzgut benötigt man für 9 ha?
7. Bestimmen Sie den Pflanzabstand in cm und den Pflanzgutbedarf in dt/ha.
   a) Pflanzenzahl je ha 40 000, Masse je Knolle 53 g, Reihenabstand 68 cm.
   b) Pflanzenzahl je ha 45 000, Masse je Knolle 64 g, Reihenabstand 75 cm.
8. Auf einem Feld wurden 950 dt Kartoffeln geerntet, davon waren 675 dt Speiseware.
   a) Wie viel % der Ernte sind Speiseware?
   b) Wie viele Kubikmeter Lagerraum, einschließlich 10 % Befüllungszuschlag, sind für die Speisekartoffeln erforderlich? (Schüttdichte 6,5 dt/m^3)
9. Berechnen Sie den Deckungsbeitrag für ein Hektar Speisekartoffeln aus folgenden Daten:
   Ertrag 330 dt/ha, 10 % Verluste, 14 dt Pflanzgutentnahme (36 DM/dt), 33 dt Futterkartoffeln (10 DM/dt), der Rest Marktware (36 DM/dt).
   Pflanzgutzukauf 14 dt (75 DM/dt), Handelsdüngeraufwand 380 DM/ha, Herbizide 145 DM/ha, Fungizide 330 DM/ha, Insektizide 90 DM/ha; variable Maschinenkosten 480 DM/ha.

Abb. 375 Kartoffelsortierung.

Abb. 376 Kartoffelscheunen bieten arbeitswirtschaftliche und technische Vorteile.

Abb. 377 Die Kartoffelgrößen werden mit dem Quadratmaß festgelegt.

Abb. 378 Im Frühjahr zeigen die blühenden Rapsfelder die zunehmende Verbreitung des Anbaus an.

Abb. 379 Rapsschote.

Abb. 380 Entwicklung der Rapsanbaufläche in der Bundesrepublik Deutschland (seit 1991: einschließlich neuer Bundesländer).

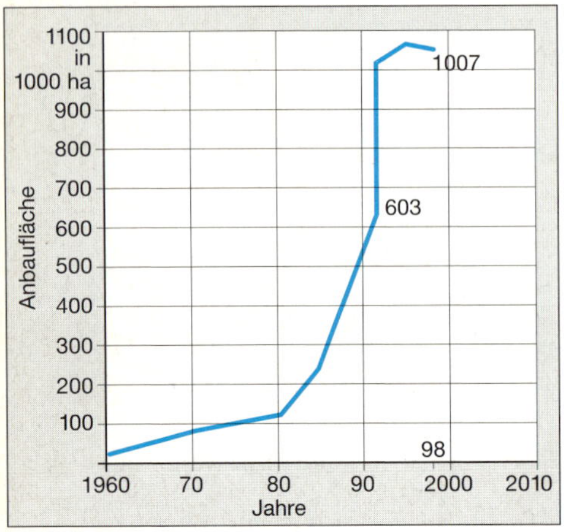

10 Andere Mähdruschfrüchte

10.1 Raps zur Körnernutzung *(Brassica napus)*

10.1.1 Bedeutung und Qualität

Bedeutung – Die Anbaufläche für Raps zur Körner- bzw. Ölgewinnung ist in den letzten Jahren wegen des gesicherten Absatzes durch die *EG-Fettmarktordnung*, des sehr guten *Vorfruchtwertes* und der *günstigen Mechanisierung* und *Arbeitsverteilung* stark gestiegen. Raps liefert unter den in Deutschland herrschenden Bedingungen die höchste Fettmenge/Flächeneinheit. Der Rückstand bei der Ölgewinnung liefert *Rapsschrot* für die Fütterung.

In Deutschland, besonders in den östlichen Bundesländern, hat die Raps-Anbaufläche stark zugenommen. Der Ertrag lag 1998 bei 33,6 dt/ha.

Winterraps hat gegenüber der Sommerform oder Rübsen die weitaus größte Bedeutung für die Ölgewinnung.

Qualitätsmerkmale – Rapsöl wurde früher wegen des Gehaltes an *Erucasäure* und der dadurch verursachten gesundheitlichen Bedenken (Tierversuche ergaben z.T. Muskelgewebe- und Leberverfettung sowie Veränderungen im Herzmuskelgewebe) nicht für die Speiseöl- und -fettherstellung verwendet. Hier hat die Züchtung Fortschritte erzielt:

Heute stehen mit den Qualitätsrapssorten (00-Sorten) erucasäurefreie und glucosinolatarme Sorten zur Verfügung, so dass der Absatz gesichert ist.

Rapsöl kann auch in geeigneten Motoren als Treibstoff verwendet werden (Ersatz von Dieselöl). 30 dt/ha Raps ergeben ca. 1100 kg Öl/ha und 1900 kg Ölkuchen mit 30 % Protein sowie 5 % Fett.

Rapskuchen ist wegen seines hohen Eiweißgehaltes ein wertvolles Kraftfutter, insbesondere seit 00-Sorten zur Verfügung stehen.

Für den **Zwischenfruchtbau** werden ebenfalls überwiegend 00-Sorten angebaut, weil der *Durchwuchs* von erucasäurehaltigen Sorten die Ölqualität des Körnerrapses erheblich vermindern würde.

Weitere Ziele der Qualitätsverbesserung durch Züchtung sind

- Erhöhen des *Linolsäure-Gehaltes*; Linolsäure ist eine essenzielle Fettsäure;
- Verringern des *Linolensäure-Gehaltes*; Linolensäure ist für das Ranzigwerden des Fettes verantwortlich und deshalb aus technischen Gründen im Rapsöl unerwünscht.
- Vermindern des *Glucosinolat-Gehaltes;* Glucosinolate (Senföle) im Schrot schränken die Futteraufnahme ein, beeinflussen über die Verfütterung der grünen (blühenden) Pflanze den Geschmack der Milch.

Tabelle 19: Qualitätskriterien bei Körnerraps

Kriterium	Gehalts-Grenzwerte	Wirkung
Erucasäure	0 %	Verfetten des Herzmuskels
Glucosinolat	max. 20 Mikromol (seit 1991/92)	Wachstumsstörungen, gestörte Futteraufnahme wegen bitteren Geschmacks
Wassergehalt Besatz (fremde Samen)	max. 9 % max. 2 %	bei höherem Gehalt Preisabzüge
Ölgehalt	mind. 40 %	bei niedrigerem Gehalt Preisabzüge

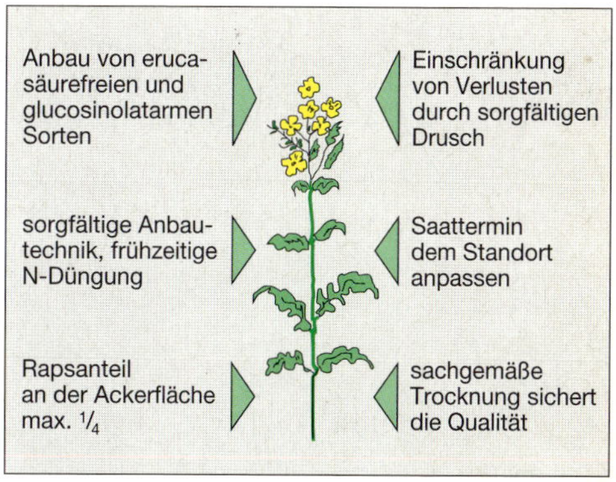

Abb. 381 Gesichtspunkte für den Erfolg beim Rapsanbau.

10.1.2 Anbautechnik

Boden- und Klimaansprüche – Raps bildet eine *Pfahlwurzel.* Deswegen liebt er tiefgründige Böden. Die Bodenart spielt weniger eine Rolle, nur Standorte mit Staunässe oder sandige Böden mit mangelhafter Wasserversorgung scheiden aus. Außerdem sollte der pH-Wert bei 6,5 liegen.

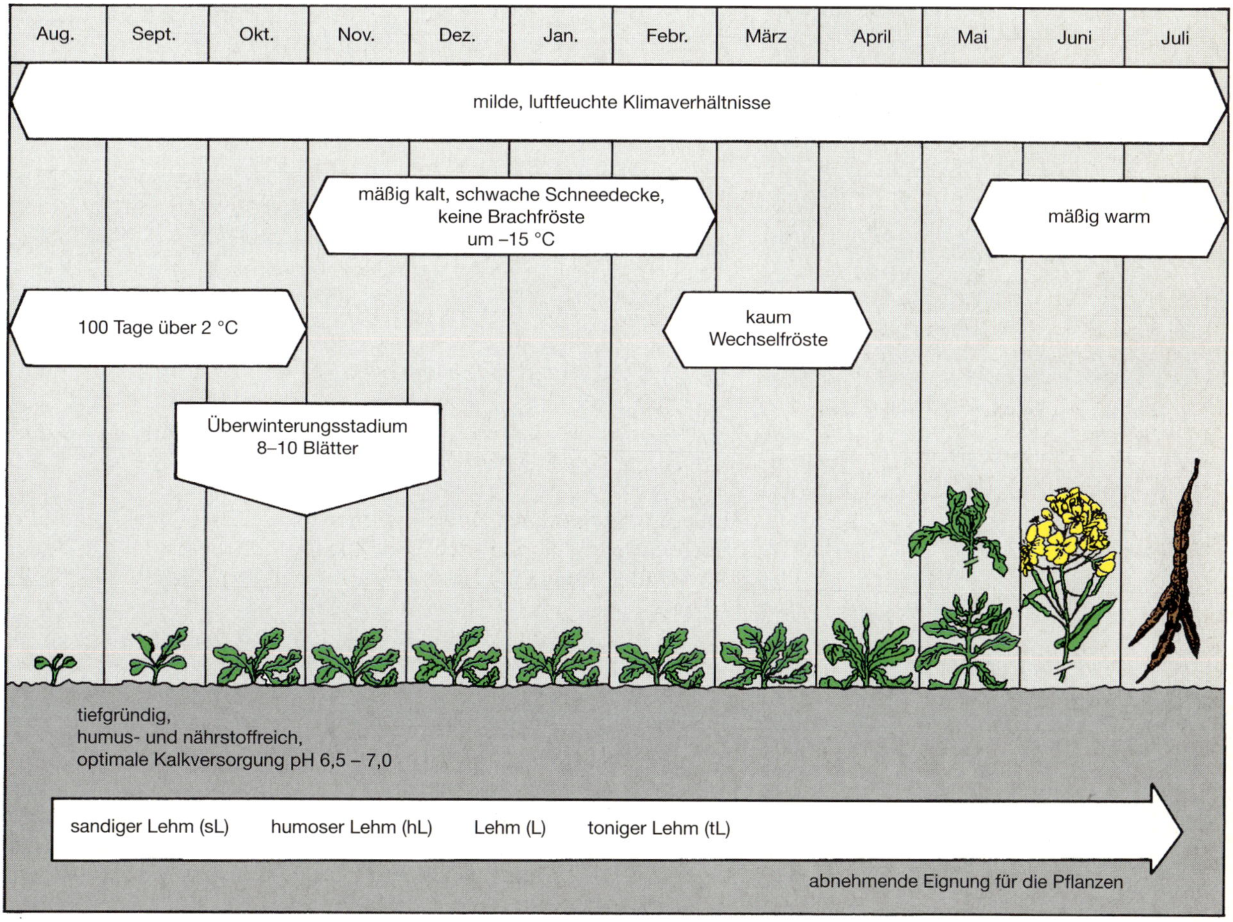

Abb. 382 Klima- und Bodenansprüche von Raps (Schema).

Abb. 383 Vor dem Winter sollten die Rapspflanzen 10–12 Blätter haben.

Abb. 384 Rapsbestand nach der Schneeschmelze.

Abb. 385 Zusammenhang zwischen der Bestandsdichte von Raps im Herbst und bei der Ernte.

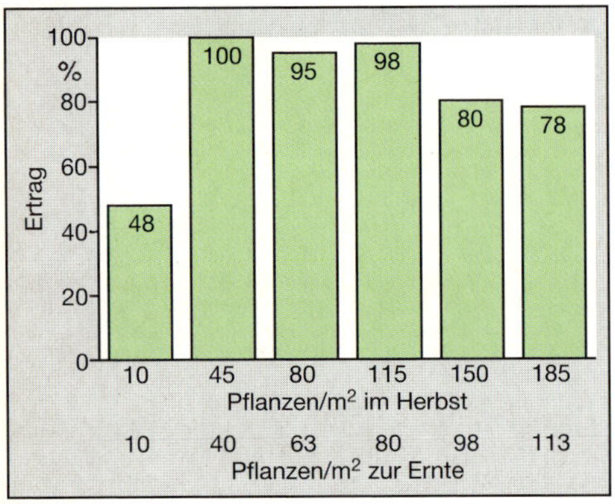

Weil zur Körnergewinnung hauptsächlich Winterraps angebaut wird, sind die Klimaverhältnisse im Herbst und Winter entscheidend für sichere Erträge. Früher Wintereintritt verhindert die Bildung eines kräftigen Rosettenstadiums (6–12 Blätter) vor dem Winter. Allerdings darf der Bestand im Herbst auch nicht zu üppig werden (Gefahr des Ausfaulens).

Lange und strenge Winter schaden dem Raps, weil seine Frosthärte nicht allzu groß ist (um –15 °C bei unbedecktem Boden). Im Frühjahr besteht auf spät abtrocknenden Böden die Gefahr von Wurzelschäden durch Auffrieren. Raps bildet große Blattmassen. Deswegen ist eine ausreichende Niederschlagsmenge im Frühsommer Voraussetzung für hohe Erträge.

Stellung in der Fruchtfolge – Raps lockert als Tiefwurzler den Boden, hinterlässt größere Mengen organischer Masse und ist deswegen eine sehr gute Vorfrucht für alle Pflanzen. Nur gegenüber seiner eigenen Familie, den *Kruziferen*, ist er wegen der gemeinsamen Anfälligkeit gegen *Nematoden* unverträglich. Zwischen Rüben, Raps und Rübsen auf der gleichen Fläche sollte deswegen eine *Anbaupause* von 3–4 Jahren liegen. Meist wird Getreide als Nachfrucht angebaut. Bei Winterweizen ist auch noch Zwischenfruchtbau möglich.

Vorfrüchte für Winterraps können in der Regel nur Gerste oder Winterroggen sein, weil sie so frühzeitig geerntet werden, dass man den Raps Ende August noch säen kann.

Saatbettbereitung – Der Boden muss tief gelockert werden, weil die Pfahlwurzel des Rapses zügig eindringen soll. Das Saatbett

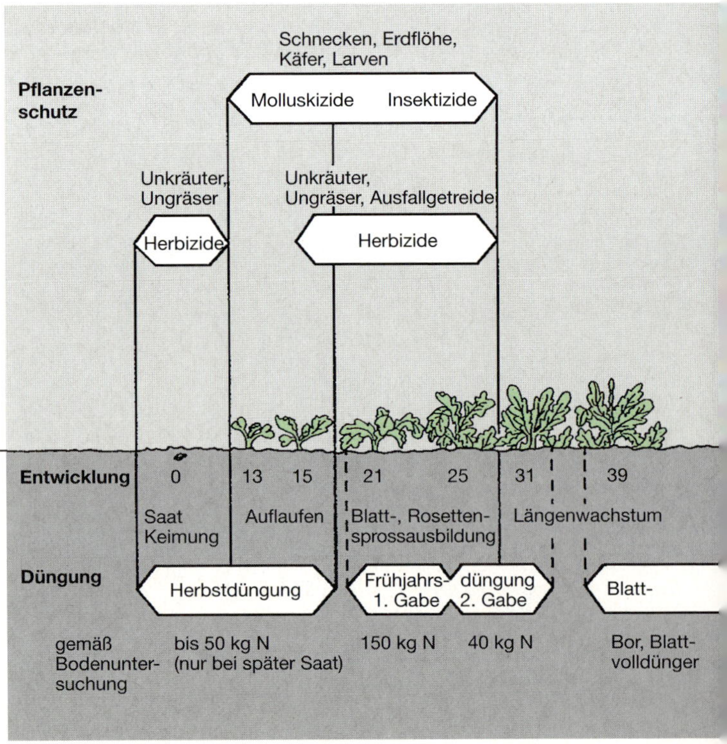

ist mit Hilfe von Zapfwellen-getriebenen Eggen und mit Krümlern möglichst feinkrümelig herzurichten.

Saatzeit – Raps soll vor dem Winter eine kräftige Pflanze mit einer tief sitzenden Rosette aus 6–12 Laubblättern bilden. Der *Saattermin* liegt deswegen zwischen dem 20. und 25. August. Für Norddeutschland und Höhenlagen gilt mehr der erste Termin, für die wärmeren Lagen Süddeutschlands eher der 25. August.

Saatstärke – Um Qualitätsraps zu erzielen, ist es nötig, stets zertifiziertes Saatgut zu verwenden. Dabei ist auf die regionale Sortenempfehlung zu achten. Damit im Frühjahr ein Pflanzenbestand von ca. 70 Pflanzen/m² erreicht wird, hat sich eine Saatstärke von 75 Körnern/m² bei 90%iger Keimfähigkeit als Richtgröße herausgestellt (siehe Abb. 385).

Der Saatgutbedarf ergibt sich aus der Formel

$$\text{Saatgutbedarf in kg/ha} = \frac{\text{Kornzahl [je m}^2\text{]} \times \text{TKG [in g]}}{\text{erwarteter Feldaufgang [in \%]}}$$

Beispiel: Kornzahl je m² 75
TKG 4,4 g
erwarteter Feldaufgang 82 %

$$\text{Saatstärke [kg/ha]} = \frac{75 \times 4{,}4}{82} \triangleq 4{,}0 \text{ kg/ha}$$

Saattechnik – Das kleine Rapskorn ist gegen tiefe Saat empfindlich. Die Samen sollten nicht tiefer als 2–3 cm abgelegt werden. Das lässt sich leichter mit einem Einzelkorn-Sägerät als mit der

Abb. 386 Einheitliches Abblühen ist bei Raps eine wichtige Sorteneigenschaft.

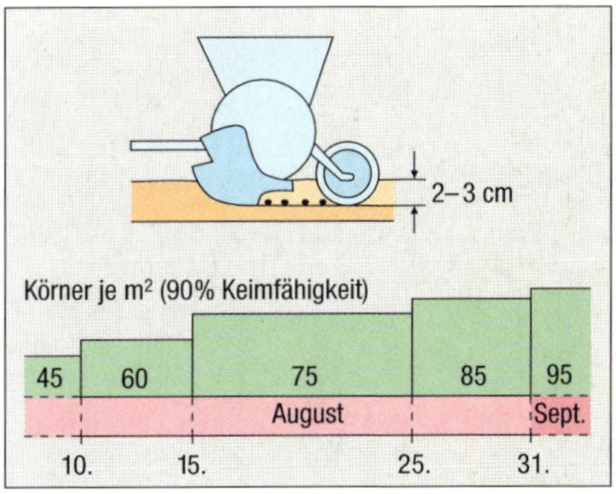

Abb. 387 Die Saatstärke muss bei Raps umso höher sein, je später der Saattermin liegt.

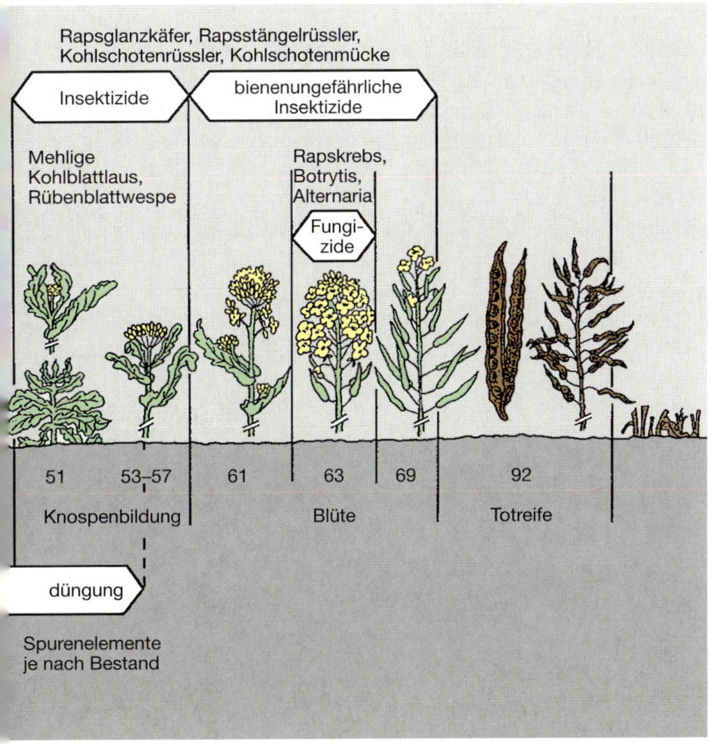

Abb. 388 Entwicklungsstadien und Bestandesführung von Raps sowie Termine für Pflanzenschutz und Düngung (Schema).

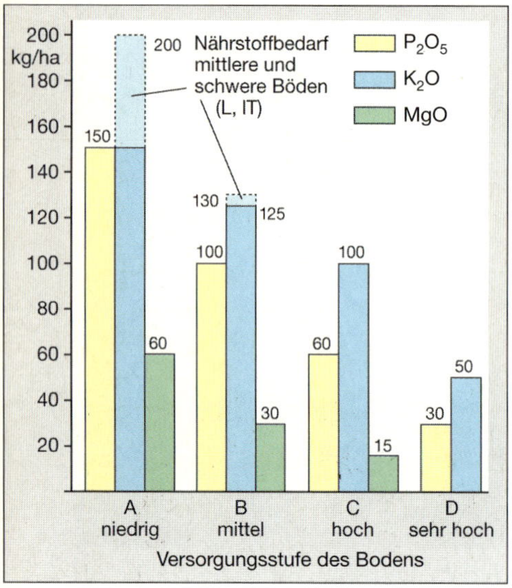

Abb. 389 Grunddüngung (in kg/ha) zu Winterraps (Ertragserwartung 35 dt Korn/ha).

Herbst bis spätestens Anfang Oktober	**bis 50 kg N** nur nötig, wenn • N-Verfügbarkeit im Boden gering (Stroheinarbeitung, geringe Niederschläge) • Saat verspätet
Frühjahr **1. Gabe** → sobald der Boden schneefrei und tragfähig ist; auf durchlässigen Böden Teilung: 2. Teilgabe 14 Tage nach der ersten	**150 kg N – N_{mm}** + 20 kg, wenn Ertragsniveau über 30 dt/ha + 20 kg, wenn Bestandsentwicklung schwach – 30 kg, wenn Ertragsniveau unter 30 dt/ha – 20 kg bei N-Gabe im Herbst
2. Gabe → nach Beginn des Längenwachstums, aber vor Blühbeginn	**40 kg N** (eventuell in Form von Gülle) – 10 bis 20 kg auf humosen Böden

Abb. 390 Stickstoffdüngung zu Raps.

Drillmaschine erreichen. Die Reihenentfernung liegt zwischen 13 und 26 cm. Daraus ergibt sich der zu wählende Ablageabstand.

Beispiel: Reihenentfernung 13 cm ergibt eine Reihenlänge je m^2 von 769 cm; Ablageabstand bei 75 Körnern/m^2 $= \frac{769 \text{ cm}}{75} \approx 10$ cm.

Düngung – Raps als Ölfrucht hat einen hohen Nährstoffbedarf. Eine Ernte von 35 dt Körnern entzieht dem Boden je Hektar ca. 155 kg N, 84 kg P_2O_5, 175 K_2O und 42 kg MgO.

Phosphat- und **Kalidünger** gibt man auf die Stoppeln der Vorfrucht. **Magnesium** kann mit magnesiumhaltigen Kalkdüngern ausgebracht werden. Bei pH-Werten unter 6,5 muss mit der Grunddüngung auch **Kalk** gedüngt werden.

Raps stellt an die Spurenelemente Schwefel und Bor besondere Ansprüche. Auf flachgründigen, leichten Böden beugt man einem drohenden **Schwefelmangel** (weißliche, blasse Blütenblätter) mit sulfathaltigen Düngern (siehe »Agrarwirtschaft« Grundstufe) vor.

Bor wird entweder in Form von Bor-Stickstoffdüngern oder von Bor-Spezialdüngern zugeführt. Letztere gibt man als Blattdünger kurz vor Bestandsschluss.

Die **Stickstoffdüngung** zu Körnerraps ist in Abb. 390 dargestellt.

Organische Dünger – Wirtschaftseigene Dünger werden zwar gut verwertet, die Anwendung hat jedoch Grenzen: Vor der Saat bringen höhere Gaben als 15 m^3/ha Flüssigmist meistens zu üppige und damit pilzanfällige Bestände. Nach dem Winter kann Flüssigmist, etwa 30 m^3/ha, erst nach Beendigung des Frostes ausgebracht werden. Hier sind Schäden durch Fahrspuren kaum zu vermeiden.

Pflege – Zur Pflege der Rapsbestände gehören das Bekämpfen von Schadpflanzen und die Vorbeuge bzw. das Bekämpfen von Krankheiten und Schädlingen. Beide Maßnahmen werden heute hauptsächlich mit chemischen Mitteln vorgenommen. Nur wo Oberflächenverkrustungen aufgebrochen werden sollen, wird die Maschinenhacke angewandt.

Zum Bekämpfen von Schadpflanzen (Unkräuter, Ungräser und Ausfallgetreide) stehen Kalkstickstoff und eine Reihe von Herbiziden für den Vorsaat- und Vorauflauf-Einsatz zur Verfügung. Aber auch noch im Rosettenstadium während der Vegetationsruhe kann gegen Ungräser vorgegangen werden.

Raps wird wegen der dichten, blattreichen Bestände vorwiegend von **Pilzkrankheiten** bedroht (siehe Tabelle 19, S. 131).

Umbruch – Die optimale *Pflanzrate* beträgt 60–75 Pflanzen/m^2. Nach strengen Wintern sind die Rapsbestände aber oft stark ausgedünnt. Die Entscheidung, ob umgebrochen werden soll oder nicht, ist dann nicht immer leicht. Werden jedoch weniger als 16 Pflanzen/m^2 ungünstig verteilt gezählt, so ist es ratsam umzubrechen.

Reife, Ernte – Raps ist druschreif, wenn alle Körner dunkel und die Schoten eingetrocknet sind. Das Stroh darf dabei noch teilweise grün sein. Heute wird in den meisten Fällen mit dem Mähdrescher geerntet. Um möglichst geringe Verluste zu haben, ist das Schneidwerk durch ein Blech um ca. 60 cm zu verlängern und

Tabelle 20: Wichtige Krankheiten am Raps (Auswahl)

Krankheit	Schadbild	Bekämpfung
Rapskrebs, *Sclerotinia sclerotiorum*  Abb. 391	Vergilben der unteren Stängelteile, Welken und vorzeitiges Absterben der Pflanzen; weißes, watteartiges Pilzmyzel und schwarze Köpfchen (Sklerotiden = Dauerformen des Pilzes) im Innern der abgestorbenen Stängel	Beseitigen aller pilzfördernden Umstände wie Vermeiden von Staunässe; größere Reihenabstände, keine N-Überdüngung, Vernichten befallener Ernterückstände, weite Fruchtfolge; N-Düngung in Form von Kalkstickstoff
Wurzelhals- und Stängelfäule, *Phoma lingam*  Abb. 392	helle Infektionsstellen vom Wurzelhals bis zu den Schoten, im Gegensatz zum Rapskrebs schwarz umrandet; später schwarze, punktförmige Pilzsporenbehälter auf den Infektionsstellen; bei Frühinfektion infolge feuchtwarmer Witterung Notreife, bei Spätinfektion Absterben der befallenen oberen Pflanzenteile	kein direktes Bekämpfen möglich; Pilz wird mit Saatgut übertragen und überwintert im Boden; Züchtung widerstandsfähiger Sorten wird angestrebt
Rapsschwärze, *Alternaria brassicae*	meist vor der Ernte auftretend; schwarze Punkte, Striche an Schoten und Stängeln, später schmutzige Verfärbung befallener Pflanzenteile	bei starkem Auftreten vorzeitige Ernte

Die wichtigsten **Rapsschädlinge** zeigt die folgende Tabelle. Ihre Bekämpfung erfolgt bei Überschreiten der Schadschwelle mit chemischen Mitteln.

Tabelle 21: Wichtige Rapsschädlinge und deren Bekämpfung

Schädling	Schadbild	Schadschwelle, Bekämpfung
Großer Rapsstängelrüssler, *Ceutorrhynchus napi* Abb. 393 	besonders in Anbaulagen mit Spätfrostgefahr oder durchlässigen, rasch austrocknenden Böden verbreitet; Lochfraß am Stängel, Aufreißen des Stängels an den Bohrlöchern nach Frost oder reichlichen Niederschlägen; Entstehen von Faulstellen und typischen Verkrümmungen; braunköpfige Larven fressen im Stängelmark; späte Ausbohrlöcher in den Blattachseln sind Infektionsstellen für Pilzkrankheiten	Auszählen über 3 Wochen ab Erstanflug im März/April in Gelbschalen; Schadschwelle etwa bei 10 Käfern/Falle in 3 Tagen; Bekämpfung mit Kontakt- und Fraßinsektiziden

Fortsetzung Tabelle 21

Schädling	Schadbild	Schadschwelle, Bekämpfung
Rapsglanzkäfer, *Meligethes aeneus* Abb. 394 	in allen Lagen und besonders bei Sommerraps auftretend, Schädigung vor allem bei anhaltender Trockenheit und Wachstumsstillstand; an- und ausgebissene Knospen unregelmäßig über alle Knospen verteilt, vertrocknete Knospen fallen ab; Erstanflug bei höheren Lufttemperaturen als 10 °C am Feldrand zu beobachten, höchste Aktivität bei nicht mehr umhüllten Knospenbeständen und schwüler Witterung, Jungkäfergeneration erscheint kurz vor der Ernte	Zählen durch Schüttelprobe am besten mittags (ein ganzer Knospenstand wird über einem Gefäß ausgeschüttelt); Schadschwelle bei Winterraps mehr als 5 Käfer/Knospenstand, bei Sommerraps 1–2 Käfer/Knospenstand; Bekämpfung durch Behandlung des Bestandes während des Knospenstadiums mit Kontakt- oder Fraßinsektiziden
Kohlschotenrüssler, *Ceutorrhynchus assimilis* Abb. 395 	keine äußerlichen Veränderungen an der Schote erkennbar; im Innern frisst eine braunköpfige Larve 3–5 Körner bis auf die Samenschale aus; Ausbohrloch der Larve in der Schotenwand dient der Folgegeneration der Kohlschotenmücke als Eiablageort bzw. als Eingang für *Phoma lingam* sowie für Regenwasser, das zum Keimen der Körner in der Schote führt; Höhepunkt des Befalls bei Blühbeginn	Anflugkontrolle mit Gelbschale. Befallskontrolle mit Schüttelprobe; Schadschwelle 1–2 Käfer/Pflanze, > 100 Käfer/Gelbschale in 6 Tagen; Bekämpfung erfolgt meist mit Behandlung gegen Rapsglanzkäfer, sonst ausschließlich mit bienenungefährlichen Insektiziden kurz vor oder in der Blüte
Kohlschotenmücke, *Dasyneura brassicae* Abb. 396 	Mücke bevorzugt Windschattenlagen (Waldrand), weil sie windanfällig und flugträge ist; Vergilben, Verkrümmen und Schrumpfen einzelner Schoten noch vor Blühende, zunächst am Haupttrieb, später auch noch an den Seitentrieben; an der inneren Schotenwand saugen zahlreiche weiße, kopflose Larven, die Schoten platzen auf und sind verloren; erster Anflug bei einsetzender Schotenausbildung; nicht bei Trockenheit; 2. Generation erscheint 2–3 Wochen später	Befallskontrolle durch Beobachten der Mücken bei der Eiablage am Mittag (Verwechslungsgefahr mit nützlicher Schlupfwespe!); Schadschwelle > 1–2 Mücken/Pflanze; Bekämpfung durch Behandeln des Feldrandes mit bienenungefährlichen Insektiziden gegen die 1. Generation
Erdflöhe	Lochfraß an den Blättern entweder im Herbst bei trockenwarmem Wetter oder im Frühjahr nach dem Wiederergrünen durch Flöhe mit gelb gestreiften Flügeldecken; Fraßgänge in Stängeln und Blattstielen durch schwarzköpfige Larven, vermindern Winterhärte	Anflugkontrolle mit Gelbschalen; Schadschwelle > 1 Käfer/m^2, > 4 Larven/Pflanze; Bekämpfung: vorbeugende Saatgutinkrustierung (reicht meistens), bei starkem Befall Insektizide

ein Seitenmesser anzubringen. Es kommt darauf an, die Pflanzen so wenig wie möglich zu schütteln (Platzen der Schoten, Kornverluste!). Der Dreschkorb muss weiter eingestellt werden und die Drehzahl der Trommel ist zu verringern.
Am besten fährt man in Richtung der Neigung des Bestandes. Wenn beim Drusch noch Tau auf den Pflanzen liegt, vermindert sich der Ausfall. Die Stoppeln sollten zur Verbesserung der äußeren Qualität des Erntegutes möglichst hoch gelassen werden.
Wenn Unkraut durchgewachsen ist, kann die Abtötung des Bestandes etwa 1 Woche vor dem beabsichtigten Drusch zweckmäßig sein.
Raps ist erst lagerfähig, wenn der Wassergehalt unter 9 % beträgt. Er muss deswegen nach der Ernte sofort getrocknet werden. Wegen des hohen Schwundes sollte er bald verkauft werden.

Abb. 397 Reifende Rapsbestände neigen sich leicht. Sie sollen oben dicht sein.

Gegenwärtig gilt Raps mit 40 % Ölgehalt, 9 % Wassergehalt und 2 % Besatz als Standardqualität. Für Über- und Unterschreitungen dieser Werte gibt es Zu- oder Abschläge.

Abb. 398 Reifer Rapsbestand vor dem Drusch.

Aufgaben:

1. Berechnen Sie den Saatgutbedarf für 4,85 ha Körnerraps. Kornzahl je m^2 75; Reihenabstand 15 cm, TKG 5 g, erwarteter Feldaufgang 85 %.
2. Auf welchen Ablageabstand ist das Sägerät für Aufgabe 1 einzustellen?
3. Auf einer Fläche von 6,42 ha werden 24 800 kg ungereinigter Raps geerntet. Die Verkaufsabrechnung enthält 1240 kg Abzug für die Vorreinigung und 2230 kg Abzug für die Trocknung.
   Berechnen Sie den Ertrag an gereinigter und getrockneter Ware in dt/ha.
4. Berechnen Sie den Deckungsbeitrag für 1 ha Körnerraps aus den Angaben der Abb. 398 (+ 1218 DM Flächenbeihilfe).
5. Welche Qualitätskriterien gelten für Körnerraps?
6. Ermitteln Sie die Zahl der Rapspflanzen je Quadratmeter nach dem Auflaufen, vor dem Wintereinbruch und im Frühjahr.
7. Welche Krankheiten und Schädlinge bedrohen den Raps und wie sind sie zu bekämpfen?

Abb. 399 Marktleistung und variable Kosten von 1 ha Körnerraps **(Beispiel).**

Marktleistung
30 dt Körner (trocken)
36 DM/dt ohne MwSt.

variable Kosten	
Saatgut	
4,5 kg	18 DM/kg
Handelsdünger	
175 kg N	1,30 DM/kg
50 kg P_2O_5	1,40 DM/kg
30 kg K_2O	0,60 DM/kg
Pflanzenschutz	
Herbizide	200 DM
Fungizide	80 DM
variable Maschinenkosten	140 DM
Lohndrusch	210 DM
Hagelversicherung je 100 DM Marktleistung	4,50 DM
Trocknung, Reinigung	120 DM
Qualitätsuntersuchung	25 DM

10.2 Sonnenblumen *(Helianthus annuus)*

Abb. 400 Sonnenblumen sind heute vielerorts in die Fruchtfolge integriert und liefern Öle als nachwachsenden Rohstoff.

10.2.1 Botanische Merkmale und Bedeutung

Sonnenblumen gehören zur Familie der **Korbblütler.** Sie bilden eine *Pfahlwurzel* (bis zu 3 m Tiefe) und ein Feinwurzelwerk an der Bodenoberfläche.
Sonnenblumenkerne enthalten ca. 91 % Öl in der Trockenmasse. Der große Anteil essenzieller Fettsäuren macht es zu einem beliebten *Speiseöl.* Die *Pressrückstände* (Extraktionsschrot) liefern Tierfutter. Bei der Vermarktung von Sonnenblumen ist das Weltmarkt-Preisniveau entscheidend.

10.2.2 Produktionstechnik

Standortansprüche – Sonnenblumen verlangen eine Vegetationszeit von mindestens 150 frostfreien Tagen und eine Durchschnittstemperatur von April bis September von 14 °C. Während der Blütezeit (Mitte bis Ende Juli) muss die Wasserversorgung gesichert sein, während bei der Reife trockenes Wetter herrschen sollte. Beim Boden ist weniger die Bodenart als die gute Durchwurzelbarkeit entscheidend.
Fruchtfolge – Sonnenblumen sind gute Vorfrüchte. Sie dürfen aber wegen der Weißfäulegefahr nur alle 4 Jahre auf die gleiche Fläche. Dies gilt auch für den Abstand zu anderen weißfäulegefährdeten Pflanzen, z. B. Raps. Ausfallende Körner erzeugen in Nachfolgekulturen störenden Durchwuchs.
Saatbettvorbereitung, Düngung – Das **Saatbett** sollte zwar feinkrümelig sein, aber nicht zur Verschlämmung neigen (Auflaufschäden!).
Bei der **Düngung** ist die PK-Grunddüngung nach der Nährstoffbilanz vorzunehmen. Der N-Sollwert beträgt 100 kg N/ha – N_{min}. Die gesamte *N-Gabe* darf aber 70 kg/ha nicht überschreiten, sonst drohen Spätreife und Krankheitsbefall. Daher wird die N-Gabe zur Saat oder geteilt ausgebracht, letzte Gabe bei 15 cm Pflanzenhöhe. *Gülle* scheidet wegen der nicht kalkulierbaren N-Nachlieferung aus.

Abb. 401 Gehalt an Nährstoffen bei Sonnenblumen in kg/t Erntegut.

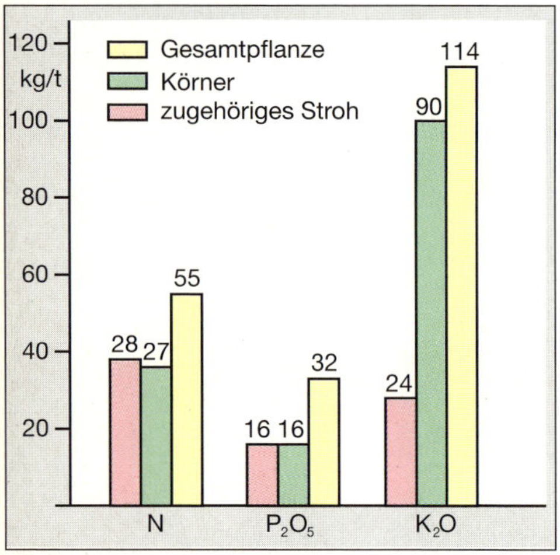

Sorten, Saatgut – Früh reifende und krankheitsresistente Sorten sind zu bevorzugen. Alle Sorten sind Hybridsorten, die steten Saatgutzukauf voraussetzen. Sonnenblumensaatgut wird gebeizt in Einheiten (units) zu 85 000 Kernen angeboten.
Saatzeit, Saattechnik – Die Saat erfolgt Ende März bis Mitte April mit Einzelkorn-Sägeräten. Eine Saatguteinheit reicht für 1 ha. Das ergibt bei Reihenabständen zwischen 35 und 60 cm und entsprechenden Ablegeabständen eine Bestandsdichte von 7 Pflanzen/m². Die Saattiefe beträgt 5 cm, bei Verschlämmungsgefahr 2 cm.
Bestandespflege – Die *Unkrautregulierung* erfolgt durch Hacken und/oder Herbizidanwendung. Ideal ist die Kombination von Bandspritze und Hacke. *Krankheiten* (Grauschimmel und Weißfäule) können nur indirekt durch lange Anbaupausen, Wahl widerstandsfähiger und früh reifer Sorten bekämpft werden.
Tierische Schädlinge sind Fasane, Tauben, Hasen und Schnecken. Erstere können durch Ablenkungsfütterung, Schnecken bei

Befallsbeginn mit Schneckenkorn in der Schadwirkung begrenzt werden.
Ernte, Lagerung – Sonnenblumen reifen Ende August bis Ende September (Laubblätter abgeworfen, Körnerschale fest). Die *Ernte* erfolgt mit am Schneidwerk umgerüsteten Mähdrescher.
Die *Lagerung* des Erntegutes ist erst bei einem Feuchtigkeitsgehalt von 9 %, bei uns in der Regel erst nach Trocknung, möglich. Die Erträge lagen 1998 in Deutschland bei ca. 25,3 dt/ha.

Abb. 402 Samen der Gelben Lupine. Lupinen gehören zu den Körnerleguminosen, die sich zur Gründüngung eignen.

10.3 Anbau von Körnerleguminosen

10.3.1 Botanische Besonderheiten, Bedeutung

Botanische Besonderheiten – Zu den Körnerleguminosen gehören Sojabohnen, Ackerbohnen, Erbsen, Linsen und Lupinen. Sie zählen innerhalb der Familie der Leguminosen zu der Unterfamilie der Schmetterlingsblütler, weil die Form ihrer Blüte einem Schmetterling ähnelt. Alle Schmetterlingsblütler haben gefingerte oder gefiederte Blätter und bilden eine starke Pfahlwurzel, die tief in den Boden eindringt. An den Wurzeln siedeln sich Knöllchenbakterien an, die Luftstickstoff binden und der Wirtspflanze verfügbar machen können.
Leguminosen bedürfen daher *keiner* N-Düngung, sie hinterlassen vielmehr 40–60 kg N/ha im Boden, der der Nachfrucht zugute kommt.
Bedeutung – In Deutschland werden vor allem Ackerbohnen *(Vicia faba)* und Erbsen *(Pisum sativum)* zur Körnergewinnung angebaut. Ihre Bedeutung liegt

- in der *verbesserten Fruchtfolge* durch die Förderung des Bodenlebens, der tiefen Durchwurzelung und der damit verbundenen besseren Gare und Nährstoffaufschließung,
- im *N-Bindungsvermögen* von insgesamt ca. 150–250 kg N/ha, wovon ca. 100 kg/ha auf 2 Jahre verteilt für die Nachfrucht übrig bleiben,
- im *hohen Eiweißgehalt* der Körner; bei Ackerbohnen ca. 30 %, bei Erbsen ca. 26 %, bezogen auf T,
- in der Ernte mit dem *Mähdrescher* ohne Zusatzeinrichtungen.

Körnerleguminosen können in der Milchviehfütterung bis zu 30 % des Kraftfutteranteils ausmachen und decken bei der Rindermast mit Silomais den zusätzlichen Eiweißbedarf. Die Durchschnittserträge lagen 1998 bei Futtererbsen und Ackerbohnen bei je ca. 35 dt/ha, schwanken regional aber erheblich. Erträge von 60 dt/ha sind durchaus möglich.
In der Schweinemast lassen sich in der Anfangsphase Körnerleguminosen wegen des zu geringen Methionin-Gehaltes nur bis ⅔ der notwendigen Eiweißergänzung einsetzen. Bei der Endmast sind sie auch als alleiniger Eiweißträger zu verwenden.

Abb. 403 Rohprotein- und Rohfettgehalt von Leguminosen.

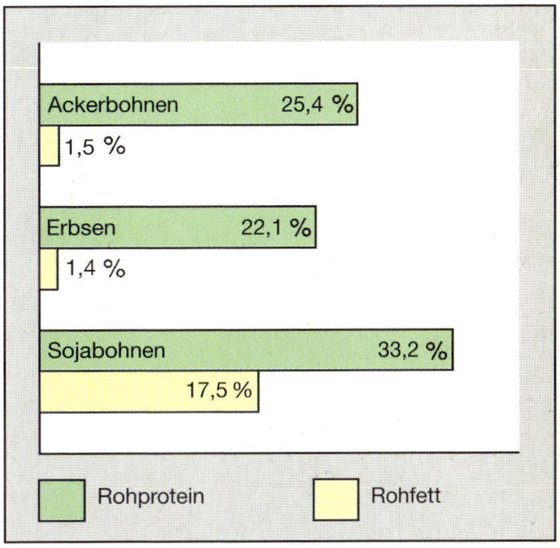

10.3.2 Standortansprüche und Fruchtfolge

Standortansprüche – Ackerbohnen brauchen eine gleichmäßige Wasserversorgung, d. h., sie bringen nur auf Standorten mit gleich-

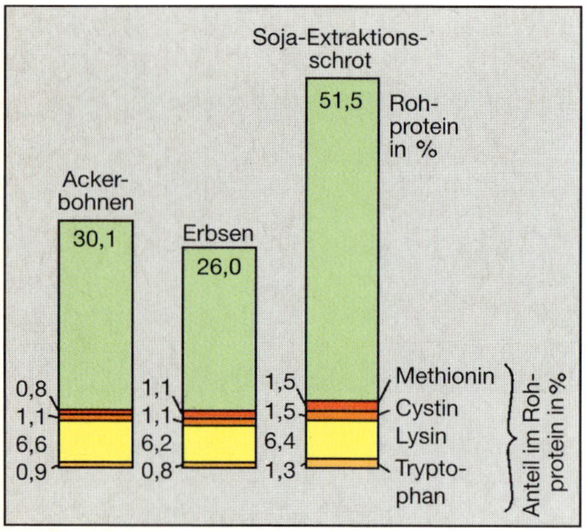

Abb. 404 Gehalt an Rohprotein und einiger essenzieller Aminosäuren im Rohprotein.

Abb. 405 Blühende Ackerbohne.

Abb. 406 Ackerbohnen als reifender Bestand.

mäßig verteilten Niederschlägen oder mit gesicherter Kapillarität während Trockenperioden zufrieden stellende Erträge. Alle Gebiete, in denen das Getreide regelmäßig erst in der 2. Augusthälfte und später gedroschen wird, scheiden wegen ungenügender Ausreifemöglichkeiten aus. Der Boden sollte einen pH-Wert zwischen 6 und 7 aufweisen.

Erbsen liefern auf trockeneren und höher gelegenen Standorten (Mittelgebirgsränder) noch gute Erträge.

Fruchtfolge – Wegen der bodenverbessernden Wirkung sind die Körnerleguminosen hervorragende *Vorfrüchte* und wichtige Fruchtfolgeglieder im ökologischen Landbau. Mit sich selbst und anderen Leguminosen sind sie jedoch *nicht verträglich*, weil sich bodenbürtige Schädlinge und Krankheitserreger stark vermehren. Deswegen sollte zwischen dem Anbau von Ackerbohnen auf einem Feld eine Anbaupause von mindestens 4 Jahren, bei Erbsen von mindestens 5 Jahren liegen.

10.3.3 Anbautechnik bei Ackerbohnen

Saatgut – Zertifiziertes Saatgut sichert gleichmäßigen Feldaufgang. Gegen Auflauf- und Fußkrankheiten ist eine Beizung mit zugelassenen Mitteln anzuraten. Wenn viele Jahre keine Körnerleguminosen auf einem Feld standen, ist ein Impfen des Saatgutes mit Knöllchenbakterien erforderlich.

Saatzeit – Ackerbohnen sind wenig frostempfindlich; die Keimtemperaturen liegen bei ca. 2–3 °C. Deswegen sollte man sie so früh wie möglich aussäen. Jeder Tag nach dem 15. März kostet ca. 40 kg/ha Körnerertrag.

Saatstärke – In der Praxis hat sich die Aussaat mit *Einzelkorn-Sägeräten* bewährt. Dabei werden 35 keimfähige Körner/m^2 ausgebracht, bei Drillsaat bis zu 40 Körner/m^2. Die Saatstärke ergibt sich aus der Formel auf Seite 67.

Das Beimischen von Hafer brachte bisher keine messbaren Vorteile.

Reihenabstand, Saattiefe – Die Reihenentfernung beträgt 30 bis 50 cm. Die Saattiefe von 6–8 cm ist mit Einzelkorn-Sägeräten bei einer Fahrgeschwindigkeit von 3–4 km/h am besten einzuhalten. Man erreicht so einen gleichmäßigen Aufgang und damit günstige Auswirkungen auf Abreife und Ertrag.

Düngung – Organische Düngung unmittelbar zu Leguminosen ist nicht günstig. Eine Stickstoffdüngung erübrigt sich, so dass es genügt, eine Kali-Phosphatdüngung auszubringen. Ein Ertrag von 40 dt Körnern und Stroh entzieht dem Boden 60 kg P_2O_5 und 160 kg K_2O. Eine notwendige Kalkung führt man zu den Vorfrüchten oder nach der Ernte durch.

Pflege – Für die Pflanzenentwicklung ist eher kühle Witterung günstig. Zur Bekämpfung von Unkräutern können Ackerbohnen bis wenige Tage vor dem Auflaufen gestriegelt und danach, solange es die Wuchshöhe der Pflanzen erlaubt, gehackt werden. Chemische Mittel werden entweder im Vorauflauf oder im Nachauflauf eingesetzt, besonders gegen Flughafer und Hirse.

Krankheiten und Schädlinge – Ackerbohnen werden befallen von

- **Auflauf-** und **Fußkrankheiten:** Bekämpfung durch Beizen;
- **Schokoladenflecken-Krankheit:** rotbraune, später schwarze Flecken auf den Blättern; dünnere Bestände werden weniger befallen;
- **Brennflecken-Krankheit:** mehr oder weniger scharf umgrenzte, hellbraune, rötliche bis schwarzgraue Flecken, verbreitet mit heller Mitte auf Blättern, Stängeln, Hülsen und Samen; befallene Stellen auf Hülsen und Samen eingesunken; Schutz bietet die Verwendung von Zertifiziertem Saatgut (Sameninfektion!);
- **Schwarze Bohnenlaus:** bei starkem Befall sind spürbare Ertragsausfälle möglich; Bekämpfung mit Insektiziden, eventuell reicht schon eine Randspritzung;
- **Pferdebohnenkäfer:** kleine, rundliche Fraßhöhlen unter der Samenschale. Darin befinden sich Larven und Puppen des Käfers; ein Bekämpfen ist noch nicht möglich.

10.3.4 Anbautechnik bei Erbsen

Bei Erbsen unterscheidet man nach der Nutzungsrichtung zwei Formen, die weiß blühenden Saat- oder Speiseerbsen *(Pisum sativum)* und die rosa bis violett blühenden, zur Gründüngung angebauten Felderbsen *(Pisum arvense)*. Hinsichtlich der Kornoberfläche unterteilt man die *sativum*-Typen in Roll- und Markerbsen. Rollerbsen haben zwar einen höheren Stärkegehalt, dafür eignet sich aber die Stärke der Markerbsen besser für die technische Verwertung. So arbeitet man gegenwärtig an einem Verfahren, dem Material für Kunststoff-Verpackungen pflanzliche Stärke beizumischen, wie sie auch aus der Markerbse gewonnen wird. Dadurch wird unter Lichteinfluss ein rascherer Zerfall dieses das Müllaufkommen besonders belastenden Kunststoff-Materials möglich.

Saatgut, Saatzeit – Für das Saatgut gilt das Gleiche wie bei Ackerbohnen. Auch die Saatzeit sollte so früh wie möglich liegen, allerdings muss der Boden vorher gut abgetrocknet sein.

Saatstärke – Bei Erbsen sät man 80 keimfähige Körner/m^2, bei sehr kurzen Sorten bis zu 100 Körner/m^2. Längeren Sorten können 5 kg/ha Senf oder 30 kg/ha Hafer als *Stützfrucht* beigemischt werden.

Saattiefe, Reihenabstand – Erbsen können auch mit den üblichen *Drillmaschinen* gesät werden, wenn eine gleichmäßige Saattiefe von 4–6 cm gewährleistet ist. Die Reihenentfernung beträgt 12–26 cm, wobei die Wahl des engeren oder weiteren Abstandes keinen erkennbaren Einfluss auf den Ertrag hat.

Erbsen reagieren empfindlich auf verdichteten Boden. Deswegen ist eine sorgfältige Saatbettvorbereitung wichtig.

Düngung und Pflege – Für die Düngung der Erbsen gilt das bei Ackerbohnen Ausgeführte. Das Bekämpfen von Unkräutern erfolgt mechanisch durch Striegeln bis zu einer Pflanzenhöhe von 10 cm. Zugelassene Herbizide können im Vor- und Nachauflauf eingesetzt werden.

Schädlinge – Je nach Witterung befallen Grüne Blattläuse Stängel und Blätter. Meist genügt eine Randspritzung.

Abb. 407 Schwarze Bohnenlaus.

Abb. 408 Brennflecken-Krankheit an Bohnen.

Abb. 409 Erbsen.

Abb. 410 Markerbsen enthalten als eine der wenigen Pflanzen die Stärke in Form von Amylose. Diese eignet sich z. B. zur Herstellung von umweltfreundlichem Kunststoff.

Abb. 411 Züchtung von Felderbsen auf erwünschte Produktionseigenschaften (z. B. Standfestigkeit, Hülsenanordnung).

10.3.5 Erntetechnik bei Körnerleguminosen

Drusch – Ackerbohnen und Erbsen sind druschreif, wenn die Körner 17–20 % Wasser enthalten. In diesem Stadium wird das Erntegut am wenigsten verletzt und schmiert am geringsten. Um zusätzlich Kornverletzungen zu vermeiden, muss die Drehzahl der Dreschtrommel am Mähdrescher auf 800–1000/min vermindert und der Dreschkorb entsprechend weit gestellt werden. Außerdem ist es zweckmäßig, das Gebläse stark einzustellen, den Überkehrelevator durch Entfernen der Bodenschale auszuschalten und die Schale unter der Schnecke zum Körnerelevator durch ein Sieb zu ersetzen. Natürlich dürfen die Ackerbohnen bzw. Erbsen nicht durch dieses Sieb fallen.
Die Aufnahme der lagernden Erbsenpflanzen durch den Mähdrescher kann mit Hilfe besonders konstruierter, am Boden gleitender Ährenheber erleichtert werden. Schon bei der Saat ist darauf zu achten, dass die Bodenoberfläche möglichst eben ist (Vermeiden von Radspuren, Anwalzen auf steinigen Böden).
Trocknung – Ackerbohnen und Erbsen lassen sich dauerhaft nur bei einem Feuchtigkeitsgehalt unter 14 % lagern. Aus diesem Grunde kann eine Trocknung nach der Ernte notwendig werden.

Körnerleguminosen sind sehr gute Vorfrüchte, weil ihre tief reichenden Wurzeln die Bodengare und damit die Bodenfruchtbarkeit fördern.
Sie können mit Hilfe der Knöllchenbakterien Luftstickstoff binden und so N-Dünger einsparen.
Aufgrund ihres Eiweißgehaltes stellen sie ein betriebseigenes Eiweißfutter dar.
Als Marktfrüchte spielen sie bislang noch eine untergeordnete Rolle.

Aufgaben:

1. Vergleichen Sie den Gehalt an Rohprotein bei Sojabohnen, Ackerbohnen und Erbsen.
2. Welche Krankheiten und Schädlinge bedrohen die Körnerleguminosen?
3. Berechnen Sie den Saatgutbedarf in kg/ha:
   a) für Ackerbohnen: Reihenentfernung 40 cm, Ablageabstand in der Reihe 6,5 cm, TKG 380 g,
   b) für Erbsen: 75 Körner/m^2, TKG 220 g.
4. Berechnen Sie den Ablageabstand in der Reihe bei Ackerbohnen: Reihenweite 30 cm, 70 Körner/m^2.

11 Feldfutterbau und Zwischenfruchtbau

Wirtschaftseigenes Futter ist die Grundlage der Tierhaltung. Zum Feldfutterbau gehören *im weiteren Sinne* alle angebauten und dann verfütterten Pflanzen, also auch der Mais, die Futterrüben und das Futtergetreide. *Im engeren Sinne* versteht man jedoch unter dem **Feldfutterbau** den Anbau von:

- Kleeartigen Pflanzen, Luzerne und Futtergräsern,
- Gemischen aus Gräsern und kleeartigen Pflanzen oder Luzerne.

Die **Formen** des Hauptfrucht-Feldfutterbaus sind:

- Mehrjährige Nutzung, z. B. bei Luzerne,
- überjährige Nutzung: Ansaatjahr und 1 Nutzungsjahr, z. B. bei Rotklee,
- sommerjährige Nutzung: Nutzung nur während eines Sommers, z. B. bei Alexandriner Klee.

Die Ziele des Feldfutterbaus sind die gleichmäßige Versorgung mit Grünfutter von gleich bleibender Qualität über möglichst lange Zeiträume, das Erhöhen der Schmackhaftigkeit und damit das Erhöhen der Futteraufnahme. Der zunehmende Einsatz von Ganzjahressilage führt jedoch zu einem Rückgang dieser traditionellen Futterpflanzen.

Bei der Konservierung der Feldfutterpflanzen wird ein möglichst hoher Trockenmasse-Ertrag bei geringen Bröckelverlusten angestrebt. Das Silieren von Klee ist wegen des hohen Eiweißgehaltes problematisch.

11.1 Kleeartige Futterpflanzen *(Trifolium* ssp.)

Geschichtliches – Die wichtigste kleeartige Futterpflanze ist der **Rotklee.** Seine Kultivierung geht bereits auf die *Römer* zurück. Besondere Verdienste um seine Verbreitung in Deutschland erwarb sich JOHANN CHRISTIAN SCHUBART (†1787), der dafür den Titel »Edler Herr von dem Kleefelde« verliehen bekam.

Trotz Futtermangel zögerte man damals sehr, »dieses ausländische Unkraut« anzubauen. In Bayern wurden 1793 zur Förderung des Kleeanbaus alle auf der Brache angebauten Futterkräuter für *zehentfrei* (abgabefrei) erklärt. Die Aufhebung des *Flurzwanges* förderte dann den Kleeanbau besonders stark.

Die älteste bekannte Futterpflanze ist allerdings die **Luzerne.** Sie wurde bereits um 470 v. Chr. von Asien nach Griechenland gebracht. **Alexandriner Klee** tauchte erst in den 50er-Jahren in der Bundesrepublik Deutschland auf und der **Persische Klee** wurde erstmals 1963 bei uns als Saatgut verkauft.

Botanisches, Verwendung, Ansprüche an Boden und Klima – Die Tabelle 22 (Seite 144) zeigt die wichtigsten botanischen Merkmale, die Anbau- und Verwendungsmöglichkeiten sowie die Ansprüche an Boden und Klima der hauptsächlich angebauten kleeartigen Feldfutterpflanzen.

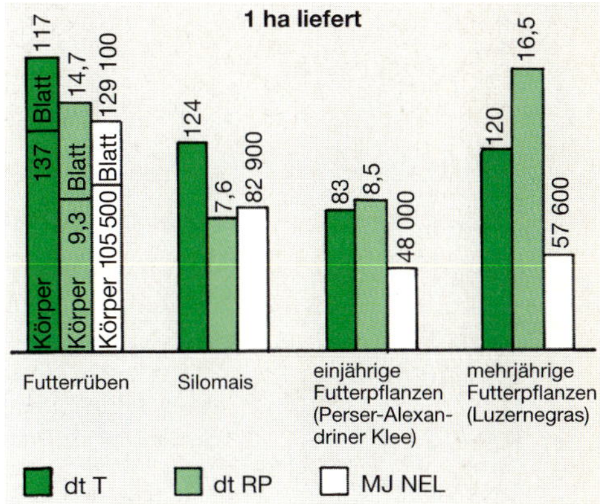

Abb. 412 Erträge an Rohprotein und NEL bei verschiedenen Futterpflanzen.

Abb. 413 Der Feldfutterbau liefert für viele Betriebe das tägliche Grünfutter.

Abb. 414 Kleeartige Feldfutterpflanzen liefern nicht nur Grünfutter, sondern hinterlassen im Boden zusätzlich eine nährstoffreiche Wurzelmasse.

Alle kleeartigen Feldfutterpflanzen gehören zur Familie der *Leguminosen*. Sie besitzen an ihren Wurzeln *Knöllchenbakterien* und sind daher N-Sammler.

Tabelle 22: Übersicht gebräuchlicher Futter-Leguminosen

Futterpflanze	botanische Merkmale	Anbau- und Verwendungsmöglichkeiten	Ansprüche an	
			Boden	Klima
Rotklee *Trifolium pratense*  Abb. 415	tief reichende Pfahlwurzel mit vielen Nebenwurzeln schon im 1. Jahr; Einziehen der Basalknospen im Herbst (→ Unempfindlichkeit gegen Tiefschnitt und Beweidung)	wichtigste Kleeart; Reinanbau oder im Gemisch; überjährige Nutzung	liebt mittlere bis schwere Böden; meidet sehr leichte, saure, humusarme Böden	rotkleesicher: kühle und feuchte Sommer; wintert in schneereichen Wintern leicht aus
Weißklee *Trifolium repens*  Abb. 416	stärker verzweigte, aber weniger tiefe Pfahlwurzel als Rotklee; oberirdische Kriechtriebe führen zu raschem Bestandsschluss; 2 Typen: Ladino-Typ, Morsö-Typ	beweidbar; Bestandteil von Weidemischungen; Reinsaat nur im Zwischenfruchtbau	für alle Böden	recht frostsicher; geringere Anforderungen an Niederschläge als Rotklee
Bastardklee (Schwedenklee) *Trifolium hybridum*  Abb. 417	Wurzeln wie Rotklee, aber weniger tief gehend; Blüte rosa	nur in Mischungen verwendbar	geeignet für alle Böden, außer sehr trockenen	verträgt mehr Kälte und Nässe als Rotklee
Inkarnatklee *Trifolium incarnatum*  Abb. 418	längliche, tiefrote Blütentraube; dicht behaarte Blätter; stark verzweigte Pfahlwurzel; rasche Frühjahrsentwicklung	nur für Winterzwischenfruchtbau	liebt mittlere bis leichte Böden	übersteht nur milde Winter
Alexandriner Klee *Trifolium alexandrinum*  Abb. 419	Blatt luzerneähnlich; Stängel dünner als Persischer Klee; Blütenfarbe: gelb bis weiß	Reinsaat und Gemische für sommerjährigen Feldfutterbau	liebt leichte bis mittlere, alkalische Böden	nicht winterhart; verlangt reichliche und regelmäßige Niederschläge; versagt bei Trockenheit
Persischer Klee *Trifolium resupinatum*  Abb. 420	Stängel dick und hohl; Blütenfarbe: rosa bis violett; verholzt weniger schnell als Alexandriner Klee	eventuell auch Zwischenfruchtbau möglich; wie Alexandriner Klee		

Fruchtfolge, Bodenbearbeitung, Düngung – Die Kleearten sind sehr gute Vorfrüchte, solange sie nicht recht lückig und verunkrautet sind. Sie zählen zu den sog. **Gesundungsfrüchten,** d. h., man trennt durch ihren Anbau solche Pflanzen in der Fruchtfolge, die sich wenig vertragen.
Allerdings sollten die Kleearten nicht öfter als alle 5 Jahre auf das gleiche Feld kommen, sonst vermehren sich pilzliche und tierische Schädlinge so, dass die Erträge erheblich zurückgehen. Diese Erscheinung wird **Kleemüdigkeit** genannt. Die Anbaupausen dürfen bei Weißklee, Bastardklee, Persischem und Alexandriner Klee etwas kürzer sein (3–4 Jahre).

Abb. 421 Klee-Untersaat in Getreide.

Weil die Kleearten Stickstoffsammler sind, wird man besonders solche Pflanzen nachbauen, die den im Boden hinterlassenen Stickstoff auch ausnützen. Steht Getreide nach Klee, so muss beim Getreide diese zusätzliche N-Quelle berücksichtigt werden.

Die Kleearten selbst brauchen nur eine *Starthilfe* mit Stickstoff (30–40 kg/ha), dann nutzen sie die Nachlieferung der Knöllchenbakterien. Für die Versorgung mit Phosphat und Kali sind ca. 120 kg P_2O_5 und 240 kg K_2O/ha nötig. Doch sind hier die Bodenuntersuchungsergebnisse besonders zu beachten, weil diese Mengen zusätzlich zu denen für die Überfrucht gegeben werden müssen.
Kleesamen sind klein, deswegen ist das Ziel der Bodenbearbeitung ein feines und abgesetztes Saatbeet.
Aussaat – Für die Kleeaussaat gibt es verschiedene Verfahren:
- Untersaat, die Deckfrucht reift aus (Körnernutzung);
- Untersaat, die Deckfrucht wird grün abgemäht;
- Blanksaat (= ohne Deckfrucht) im Frühjahr;
- Blanksaat nach der Getreideernte.

In der Regel wird das zuerst genannte Verfahren angewendet. Die Kleearten werden im Frühjahr unter eine Deckfrucht gesät. Sofern Wintergetreide als Deckfrucht gesät wird, kann der Klee schon im Februar/März auf eine leichte Schneedecke gesät werden. Vorteil: Schutz der keimenden Saat gegen Frühjahrstrockenheit.

Abb. 422 Die Kleeseide ist ein Schmarotzer.

Die Deckfrucht darf nicht zu dicht stehen, weil sie in feuchten Jahren leicht lagern und die Untersaat schädigen kann, außerdem ist die Lichtkonkurrenz zu groß. Die Saatstärke ist deshalb um ca. 30 % zu verringern. Untersaaten erschweren die Bedingungen für den Mähdrusch, weil sie den Bestand schlechter abtrocknen lassen und dann einerseits zum Verstopfen (Wickeln) beim Mähdrescher, andererseits zu höheren Feuchtigkeitsgehalten bei den Körnern führen.
Versuche zeigten, dass die Blanksaat im Frühjahr und die Aussaat mit Deckfrucht und Grünnutzung am sichersten waren.
Alexandriner und Persischer Klee werden als *Hauptfrüchte* immer als *Blanksaat* ausgebracht.
Beim **Saatgutkauf** ist auf Herkunft und Sortenreinheit zu achten. Kleesaatgut ist überwiegend ausländischer Herkunft. Wichtig

Abb. 423 Krankheiten an Kleepflanzen:
1 Kleekrebs (rechts Skerotien),
2 Kleestängelälchen.

sind auch hier Keimfähigkeit und Unkrautfreiheit. Besonders die Kleeseide (Schmarotzer) muss entfernt sein.
Kleesamen kann man selbst gewinnen, am besten vom 2. Schnitt, da er mehr Samen bringt. Wenn die Köpfchen des Rotklees schwarz-braun, die Samen breit und glänzend geworden sind, wird der Samenklee gemäht. Er wird auf Kleeböden getrocknet, da sonst zu viel Samen ausfällt.
Nur unkrautfreie Bestände kommen für die Samengewinnung in Betracht.
Kleesamen soll nicht tiefer als 2 cm in den Boden kommen. Die **Aussaatmenge** richtet sich nach den örtlichen Gegebenheiten. Anhaltswerte sind in Tabelle 23 enthalten.

Tabelle 23: Saatstärke (in kg/ha) **für Kleearten**

Kleeart	Saatstärke	Kleeart	Saatstärke
Rotklee Inkarnatklee Weißklee	18–20 15–25 8–11	Bastardklee Pers. Klee Alexandri-ner Klee	8–12 18–20 30–35

Pflegearbeiten – Blankansaaten müssen im Frühjahr abgemäht werden, sobald der Bestand ca. 15 cm hoch geworden ist. Dadurch wird das Unkraut vernichtet. Rotklee als Untersaat ist im Herbst abzumähen, damit er Licht und Luft bekommt. Wenn sich der Schnitt nicht lohnt, sollte er abgeweidet werden, aber nicht tief.
Rotklee darf im Herbst nicht zu lang in Winter gehen. Kleeäcker mit aufgefrorener Oberfläche sind im Frühjahr, wenn der Boden genügend abgetrocknet ist, mit einer schweren Walze anzuwalzen.
Krankheiten, Schädlinge – Die Tabelle 24 zeigt wichtige Krankheiten bei Kleearten.

Tabelle 24: Wichtige Klee-Krankheiten und Schädlinge

Krankheit	Schadbild	Bekämpfung
Kleekrebs Pilz	nesterartige Fehlstellen im Frühjahr bei Rotklee und Inkarnatklee; Blätter zeigen bräunliche Flecken und sterben ab	weite Fruchtfolge, Rotklee kurz in den Winter bringen, Ersatz des Rotklees durch Kleegrasgemische, Alexandriner oder Persischer Klee
Stängelbrenner Pilz	längliche, hellbraune, dunkel umrandete Flecken an Stängeln und Blattstielen, besonders im 2. Aufwuchs	weit gestellte Fruchtfolge; Alexandriner Klee wird besonders befallen
Wurzelbräune Pilz	Pflanzen gestaucht, verdorrt, Pilzsporen färben die Wurzel braun	Entwässern staunasser Böden, weite Fruchtfolge
Stängelälchen tierischer Erreger, der im Boden jahrelang überdauern kann	kümmerliche Pflanzen mit starker Bestockung; Triebe sind am Grunde verdickt	Anbau von Alexandriner und Persischem Klee statt Rotklee oder Kleegrasgemischen

Nutzung – Bei Rotklee, Alexandriner und Persischem Klee erhält man im Hauptnutzungsjahr 3 Schnitte. Der 1. Schnitt sollte knapp vor der Blüte, der 2. in der Blüte und der 3. vor der Blüte vorgenommen werden. Alexandriner Klee muss vor der Blüte gemäht werden. Bei Persischem Klee ist der Schnittzeitpunkt weniger wichtig. Er kann noch in der vollen Blüte geerntet werden. Bei Stängelälchenbefall kann er als Gesundungsfrucht dienen. Steht Klee vor Getreide, so muss die entsprechende N-Gabe gekürzt werden (Lagergefahr).

11.2 Luzerne *(Medicago* spp.)

Botanisches – Luzerne gehört wie Klee zu den Leguminosen. Da sich die Triebe aus oberirdischen Knospen entwickeln, ist Luzerne gegen tiefen Schnitt und Beweidung empfindlich. Sie kann ihre Triebe im Winter nicht »einziehen« wie der Rotklee.

Bei uns haben nur solche Sorten Bedeutung, die zur *Bastardluzerne (Medicago media)* gehören. Als mehrjährige Futterpflanze liefert sie Erträge, die an Futterwert und -menge von keiner Futterpflanze übertroffen werden; sie gilt daher als »Königin der Futterpflanzen«.

Klima- und Bodenansprüche – Der Luzerne schadet trockenes Klima im Gegensatz zum Rotklee nicht. Sie gedeiht vor allem auf milden, tiefgründigen und kalkhaltigen Lehmböden. Kalkmangel und stauende Nässe verträgt sie schlecht. Luzerne sollte erst wieder nach 6 Jahren auf dem gleichen Feld angebaut werden.

Fruchtfolge – Obwohl die Luzerne eine mehrjährige Pflanze ist, wird sie heute wie Rotklee *überjährig (1 Hauptnutzungsjahr)* oder höchstens in *2 Hauptnutzungsjahren* nach der Ansaat genutzt. Damit kann die Luzerne, besonders bei einjähriger Nutzung, wie jede andere Frucht in die Fruchtfolge des Betriebes gestellt werden.

Wie Rotklee und die anderen Kleearten ist sie wegen der großen Wurzelmasse und des im Boden hinterlassenen Stickstoffs eine *ausgezeichnete Vorfrucht.* Außerdem gilt sie als *Feindpflanze* für Rübennematoden.

Düngung – Für die Düngung der Luzerne gilt im Großen und Ganzen das Gleiche wie für die Kleearten. Bei Reinsaat sind die PK-Mengen etwa um ein Drittel höher zu wählen. Wichtig ist, dass der Boden spätestens 1 Jahr vor dem Luzerneanbau genügend *gekalkt* wurde, um einen neutralen Boden-pH zu erreichen.

Aussaat – Auch für die Aussaatverfahren gelten dieselben Regeln wie für die Kleearten. Am günstigsten ist die *Blanksaat* im Frühjahr in ein sehr gut abgesetztes, feinkrümeliges Saatbett oder die Ansaat unter einer dünnen Deckfrucht, die als Grünfutter genutzt wird. Luzerne leidet noch viel stärker als Klee unter Lichtmangel.

Die *Aussaatmenge* schwankt zwischen 25 und 30 kg/ha.

Pflege und Nutzung – Luzerne braucht meistens nur bei Blanksaat im Ansaatjahr Pflege, die sich auf die Unkrautbekämpfung

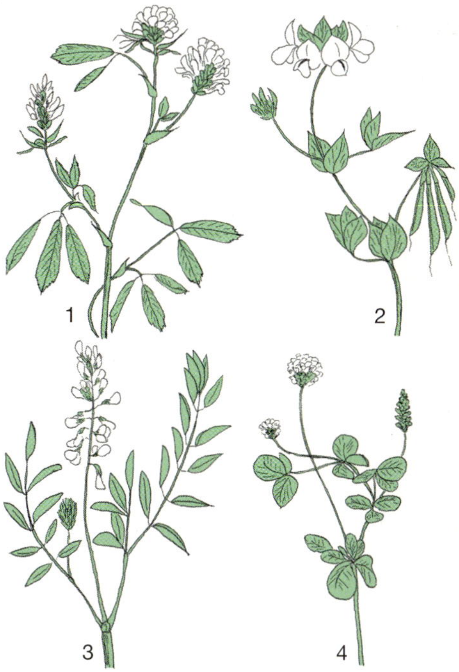

Abb. 424 Luzerne (1); Hornschotenklee (2); Esparsette (3); Gelbklee (4).

Abb. 425 Luzerne erlaubt eine frühere Schnittnutzung als z. B. Rotklee.

beschränkt. Dies kann entweder durch einen Schnitt oder mit Herbiziden erfolgen, da die Luzerne durch einen Schnitt im Ansaatjahr nur unnötig geschwächt wird.
Da die Knospen bei der Luzerne oberirdisch am Wurzelkopf liegen, verträgt sie keinen zu tiefen Schnitt. Im Hauptnutzungsjahr liefert sie 3–4 Schnitte, den ersten bereits eine gute Woche vor dem Rotklee. Einmal im Jahr soll sie richtig zum Blühen kommen. Zwischen vorletztem und letztem Schnitt sollen zur Kräftigung des Wurzelstocks mindestens 7–8 Wochen liegen.
Krankheiten und Schädlinge – Die wichtigsten **tierischen Schädlinge** sind *Gallmücken*. Eine Art befällt besonders die *Sprossspitzen*. Diese sind dann zwiebelartig verdickt. Eine andere Art findet man an den *Blütenknospen*. Im Inneren der Gallen sind die mit bloßem Auge sichtbaren gelben Larven der Gallmücke. Ein frühzeitiger Schnitt dämmt das Auftreten ein.

Abb. 426 Kleegrasgemische (links) bringen mehr Grünertrag als Klee in Reinsaat.

Abb. 427 Je kürzer die Nutzungsdauer eines Futterbestandes ist, desto geringer sollte die Zahl der Pflanzenarten in einer Futtermischung sein.

Tabelle 25: Krankheiten der Luzerne (Auswahl)

Krankheit	Schadbild	Bekämpfung
Welkekrankheit *Verticillium-* und *Ascochyta*-Pilz	Welken einzelner Triebe, später der ganzen Pflanze; lückige Bestände infolge abgestorbener Pflanzen; Stängel und Wurzeln braun bis schwarz	Anbau widerstandsfähiger Sorten; Beseitigen von Staunässe, gute Versorgung mit Humus und Ca; Teilerfolg mit Saatgutbeizung
Wurzeltöter *Rhizoctonia*-Pilz	Schadbild wie bei befallenen Kartoffelpflanzen	weite Fruchtfolge
Mehltau Pilz	Schadbild wie bei befallenem Getreide	rechtzeitiger Schnitt

11.3 Kleegrasgemische

Bedeutung – Kleegrasgemische haben einen *dichteren* Pflanzenbestand/m^2 und bringen ca. 10 % höhere Massenerträge. Zu Kleegrasgemischen kann auch Stickstoff gegeben werden, was den Ertrag zusätzlich erhöht. Wenn bei ungünstigen Witterungsbedingungen z. B. der Rotklee ausfällt, entfalten sich die Gräser desto stärker und bringen somit eine höhere *Ertragssicherheit*.
Kleegrasmischungen bringen mehr Trockensubstanz und haben ein weiteres Eiweiß:Energie-Verhältnis als Klee, weswegen sie leichter zu silieren sind. Sie werden auch lieber gefressen, weil eine größere Pflanzenvielfalt größere Abwechselung bedeutet.

Kleegrasgemische werden weniger von Schädlingen befallen als Reinsaaten. Sie hinterlassen durch die große Standdichte und dadurch, dass sie ein Gemisch von Tief- und Flachwurzlern sind, eine große Menge Wurzelrückstände.

Zusammenfassend gilt: Kleegrasgemische
- **bringen höhere Erträge,**
- **tragen zur Ertragssicherheit bei,**
- **lassen sich vielseitig verwenden,**
- **liefern höhere Wurzelrückstände.**

Beispiele für Leguminosen-Grasgemische – Die Herstellung einer Saatmischung für Leguminosen und Gräser muss folgende Gesichtspunkte berücksichtigen:

Tabelle 26: Saatgutmischungen für den Feldfutterbau – Grünfütterung (nach Angaben der Bayer. Landesanstalt für Bodenkultur und Pflanzenbau)

Nutzungsart	bevorzugte Standorte bzw. Besonderheiten	Mischungspartner	Anteil kg	%
sommerjährig	Sommerkleegras für alle nicht zu trockenen Lagen	Perserklee	15,0	62,6
		Einjähriges Weidelgras diploid	4,5	18,7
		Welsches Weidelgras diploid	4,5	18,7
			24,0	100,0
überjährig = 1 Aussaatjahr + 1 Hauptnutzungsjahr	für alle Lagen	Rotklee	8,0	38,1
		Wiesenschwingel	9,0	42,9
		Lieschgras	4,0	19,0
			21,0	100,0
	für trockenere Lagen	Rotklee	10,0	41,7
		Luzerne	6,0	25,0
		Wiesenschwingel	5,0	20,8
		Lieschgras	3,0	12,5
			24,0	100,0
mehrjährig = Aussaatjahr + 2 bis 3 Hauptnutzungsjahre	Luzernegras für trockene Standorte	Luzerne	22,0	73,3
		Glatthafer	7,0	23,4
		Knaulgras	1,0	3,3
			30,0	100,0
	Luzernegras für mittlere Standorte	Luzerne	21,0	70,0
		Wiesenschwingel	6,0	20,0
		Lieschgras	3,0	10,0
			30,0	100,0
	mehrjähriges Kleegras für mittlere frische Standorte	Rotklee	6,0	22,2
		Weißklee	3,0	11,1
		Dt. Weidelgras	5,0	18,6
		Wiesenschwingel	9,0	33,3
		Lieschgras	4,0	14,8
			27,0	100,0
	mehrjähriges Kleegras für trockene Standorte	Rotklee	2,0	7,4
		Luzerne	3,0	11,1
		Weißklee	1,0	3,7
		Wiesenschwingel	11,0	40,8
		Glatthafer	4,0	14,8
		Lieschgras	6,0	22,2
			27,0	100,0

Abb. 428 FE 1 ist eine Saatgutmischung für einjährige Nutzung.

Abb. 429 FM 4 ist eine Saatgutmischung für mehrjährige Nutzung.

Abb. 430 Inkarnatklee.

Abb. 431 Hopfenklee.

Abb. 432 Kleeuntersaat.

Tabelle 27: Saatgutmischungen für den Feldfutterbau – zur Konservierung und zur Gülledüngung (nach Angaben der Bayer. Landesanstalt für Bodenkultur und Pflanzenbau)

Nutzungsart	bevorzugte Standorte bzw. Besonderheiten	Mischungspartner	Anteil kg	Anteil %
überjährig	überjähriges Rotkleegras für niederschlagsreiche Lagen	Rotklee	7,0	33,3
		Wiesenschwingel	10,0	47,6
		Lieschgras	4,0	19,1
			21,0	100,0
	überjähriges Rotklee-Luzerne-Gras für trockene Standorte	Rotklee	7,0	29,2
		Luzerne	4,0	16,7
		Wiesenschwingel	9,0	37,5
		Lieschgras	4,0	16,6
			24,0	100,0
	überjährige Gräser-Mischung	Welsch. Weidelgras	18,5	51,4
		Bastardweidelgras	16,5	45,8
		Rotklee	1,0	2,8
			36,0	100,0
mehrjährig	Kleegras für niederschlagsärmere Standorte	Rotklee	2,0	7,4
		Luzerne	3,0	11,1
		Weißklee	1,0	3,7
		Wiesenschwingel	12,0	44,5
		Glatthafer	3,0	11,1
		Lieschgras	6,0	22,2
			27,0	100,0
	Kleegras für niederschlagsreiche Standorte	Rotklee	3,0	11,1
		Weißklee	2,0	7,4
		Dt. Weidelgras	8,0	29,7
		Wiesenschwingel	10,0	37,0
		Lieschgras	4,0	14,8
			27,0	100,0

- *Ansprüche an Boden und Klima* der Partner sollten im Einklang stehen,
- *Nutzungsdauer:* Je kurzfristiger, desto höher darf der Kleeanteil sein,
- *Verdrängungsvermögen:* Rotklee, Luzerne, die Weidelgrasarten und Knaulgras sind verdrängend, Weißklee, Gelbklee und Lieschgras haben nur eine geringe Kampfkraft,
- *Zahl der Mischungspartner:* Je kürzer die Nutzung, desto weniger Mischungspartner!

Düngung – Die Düngung mit Stickstoff richtet sich nach dem Anteil an Leguminosen und der Nutzungsdauer. Je mehr Leguminosen die Mischung enthält, desto sparsamer kann man mit der Stickstoffdüngung sein. Die Höhe der PK-Gabe ist dieselbe wie für die im Reinbestand angebauten Leguminosen.

Aussaat – In der Regel werden die Gemische mit der *Drillmaschine* gesät. Dabei entmischt sich oft das Saatgut. Dem kann man abhelfen, indem man nur wenig Saatgut in den Säkasten schüttet und dieses möglichst oft durchmischt.

Ernte – Klee- und Luzernegrasgemische dienen in erster Linie zur *Grünfütterung*. Sie lassen sich aber auch silieren.

11.4 Zwischenfruchtbau

11.4.1 Formen des Zwischenfruchtbaues

Wie der Name sagt, handelt es sich beim Zwischenfruchtbau um den Anbau von Früchten *zwischen zwei Hauptfrüchten*. Dies kann, wie Abb. 436, Seite 152 zeigt, auf verschiedene Weise erfolgen.
Jede Form hat Vorteile und Nachteile. Sie sind in der Abb. gegenübergestellt.
Aus den dort genannten Gründen haben die *Stoppelsaaten* an Bedeutung zugenommen, wenn auch durch den Mähdrusch und die dadurch bedingte spätere Anbaumöglichkeit eine Benachteiligung eingetreten ist. Dennoch bereitet die erforderliche Bodenbearbeitung bei der heutigen Schlagkraft der Betriebe – leistungsfähige Traktoren, große Arbeitsbreite der Bodenbearbeitungsgeräte – keine so großen Schwierigkeiten mehr wie früher.

11.4.2 Vorteile des Zwischenfruchtbaues

Zwischenfrüchte werden heute als *Futterpflanzen* eingesetzt und zur *Gründüngung* untergepflügt. Sie bringen

- *zusätzliches Futter*, und zwar entsprechen 2–4 ha Zwischenfrüchte ca. 1 ha Hauptfutterfläche;
- *sehr gut verdauliches Futter*, denn es ist eiweißreich und die organische Substanz ist bis zu 80 % verdaulich;
- *billiges Futter*, denn nur Rübenblätter liegen in den Erzeugungskosten niedriger;
- eine *verlängerte Sommerfutterzeit*, weil sie auch im Herbst noch große Massen an Grünfutter und – im Falle von Winterzwischenfrüchten – sehr frühzeitig nach dem Winter das erste Futter liefern.

Diese Vorteile betreffen die Nutzung als Futterpflanzen. Daneben haben Zwischenfrüchte aber auch noch **Vorteile für den Boden:**

- Zwischenfrüchte erhalten die *Bodengare*, weil sie den Boden beschatten;
- sie vermehren den *Humusgehalt*, indem sie große Mengen organischer Masse – die Wurzelrückstände einer Zwischenfrucht entsprechen einer mittleren Stallmistgabe – im Boden zurücklassen;
- sie verhindern das *Abtragen des Bodens* durch Niederschläge (Erosion) an Hängen;
- sie reichern den Boden mit *Stickstoff* an, wenn es sich um Leguminosen handelt;
- sie bewahren, besonders wenn sie Tiefwurzler sind, Nährstoffe vor der *Auswaschung*.

Zwischenfrüchte verbessern die Bodenfruchtbarkeit und die Futtergrundlage.

Abb. 433 Eine gut gelungene Zwischenfrucht durchwurzelt den Boden tief und kräftig.

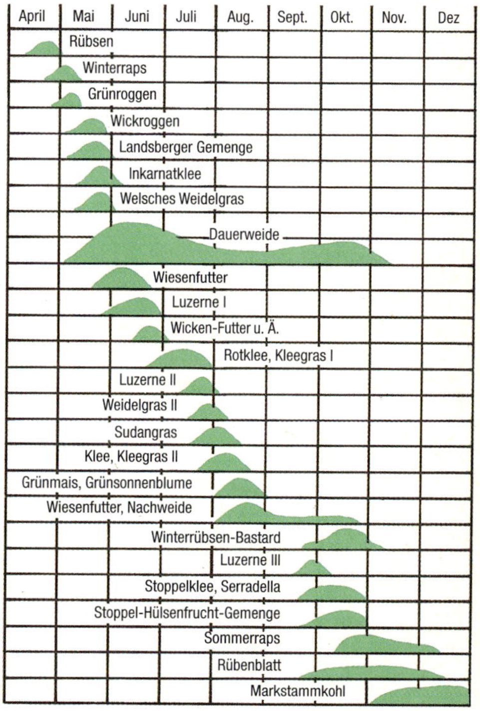

Abb. 434 Dieser Futterkalender zeigt, wie auf sinnvolle Weise durch den Anbau verschiedener Zwischenfrüchte die ganze Vegetationsperiode über Grünfutter vorliegen kann.

Abb. 435 Winterraps.

Form	Vorteile	Nachteile
Sommer-Zwischenfruchtbau		
Untersaat	geringer Kosten- und Arbeitsaufwand, keine gesonderte Bodenbearbeitung, liefert von allen Formen am frühesten Futter, lange Vegetationszeit bringt viel Wurzelrückstände, Untersaaten sind oft mehrschnittig	Deckfrucht schädigt oft die Untersaat, Störung des Mähdrusches, Behinderung des chemischen Pflanzenschutzes
Stoppelsaat	sicherste Form für Gegenden mit langem Herbst; große Pflanzenauswahl	Saatbettbereitung bringt Arbeitsspitze, auf schweren Böden oft unmöglich, hohe Saatgutkosten bei Leguminosen, Erträge und Rückstände geringer als bei Untersaaten

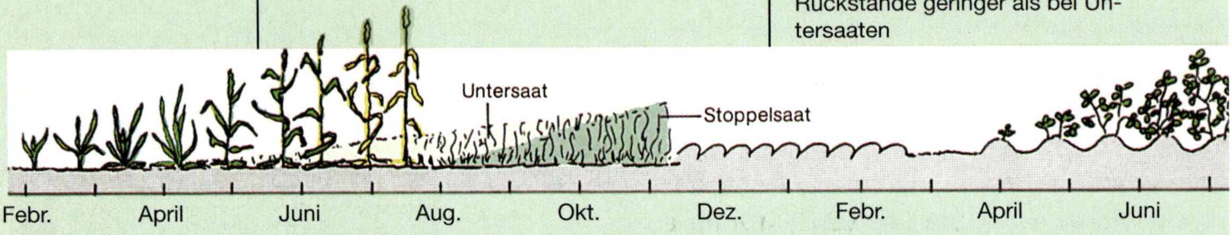

Winter-Zwischenfruchtbau	weniger Eile bei der Aussaat, Abkürzung der Winterfutterzeit durch die frühzeitige Ernte der Zwischenfrucht	hoher Wasserverbrauch im Frühjahr behindert die Nachfrucht, in strengen Wintern besteht Auswinterungsgefahr, spätes Abräumen im Frühjahr verzögert den Anbau der Nachfrucht

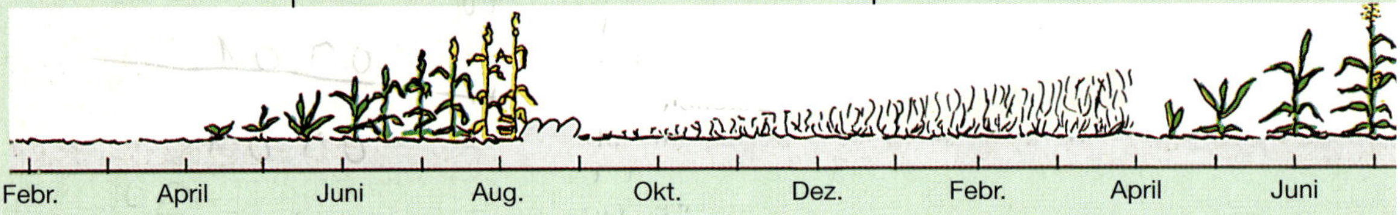

Abb. 436 Formen des Zwischenfruchtbaus.

Abb. 437 Das Einarbeiten dieser Rapsgründüngung mit einem Schwergrubber und angebautem Rotortiller ermöglicht die gleichzeitige Getreidesaat.

11.4.3 Anbautechnik

Saatbettbereitung – Während bei Untersaaten keine zusätzliche Bodenbearbeitung nötig ist, muss für Stoppelsaaten so schnell als möglich ein Saatbett hergerichtet werden.

Für den Saattermin bei Stoppelsaaten gilt: Ein Tag im Juli ist besser als eine Woche im August oder der ganze September.

Die günstigste Bodenbearbeitung ist die Pflugfurche unmittelbar nach der Getreideernte mit gleichzeitigem Nachlauf von Packer und Krümler. Man erhält damit ein ordentliches Saatbett und kann sich für die Nachfrucht mit einer flachen Lockerung des Bodens begnügen.
Dieses Verfahren scheidet allerdings aus, wenn Stroh eingearbeitet werden muss. Hier muss entweder mit dem Schwergrubber

der Boden aufgebrochen, das Stroh eingearbeitet und anschließend mit dem Feingrubber, der Scheibenegge, dem Krümler bzw. der Fräse das Saatbett bereitet werden.
Wenn das Stroh nur flach eingefräst wird, kann der Zwischenfruchtanbau misslingen, da Bodenverdichtungen nicht beseitigt und die Zwischenfruchtpflanzen so am Wachstum gehindert werden.
Bei Winterzwischenfrüchten muss der Boden vor der Saat so bearbeitet werden, wie das normalerweise für den Anbau der betreffenden Pflanze als Hauptfrucht nötig wäre.
Der **Saatgutbedarf** ist der Tabelle 114 (Seite 497) zu entnehmen.
Saatverfahren – Gesät wird am besten mit der *Drillmaschine*. Vereinfachte Verfahren, z. B. das Ausbringen mit dem Schleuder-Düngerstreuer, bringen zwar eine große Flächenleistung in kurzer Zeit, meist geht die Zwischenfrucht aber sehr ungleich auf. Scheibendrillsaat oder Fräsdrillsaat ist dort angebracht, wo der Boden für eine Pflugfurche zu hart ist oder wo aus anderen Gründen keine tiefe Bearbeitung erfolgen kann oder soll.

Abb. 438 Senf.

Abb. 439 Ölrettich.

11.4.4 Pflanzen für den Zwischenfruchtbau

Die Tabelle 114 (siehe Anhang, Seite 497) zeigt die wichtigsten Pflanzen für den Zwischenfruchtbau, ihre besondere Eignung und den Saatgutbedarf.

Abb. 440 Markstammkohl.

11.4.5 Düngung

Bei den Zwischenfrüchten kommt es darauf an, die kurze Vegetationszeit voll auszunützen. Das können die Pflanzen aber nur, wenn ihnen genügend Nährstoffe zur Verfügung stehen.
Zwischenfrüchte verwerten Wirtschaftsdünger gut. Man gibt diese jedoch nicht zu Leguminosen, wegen der damit verbundenen N-Verschwendung. Jauche, Gülle oder Flüssigmist werden bereits auf die Stoppeln der vorausgehenden Hauptfrucht ausgebracht. Während man die PK-Düngung in Höhe von 40 kg P_2O_5 und 130 kg K_2O/ha schon zur Hauptfrucht gibt, verabreicht man die Stickstoffdüngung erst nach Aberntung der Deckfrucht bzw. zur Saat der Zwischenfrüchte. Die Höhe richtet sich nach der Pflanzenart.
Werden Winterzwischenfrüchte angebaut, so teilt man die N-Gabe, um Auswaschungsverluste zu vermeiden: ¼ im Herbst, ¾ im Frühjahr.

Abb. 441 Ausbringen der Düngung für Zwischenfrüchte auf die Stoppeln.

Tabelle 28: N-Düngung von Zwischenfrüchten

Zwischenfrüchte	kg N/ha
Leguminosen in Untersaat	keine besondere Düngung
in Stoppelsaat	20–30
Leguminosen im Gemisch mit anderen Pflanzen	40–50
Nicht-Leguminosen	60–90

11.5 Begrünung stillgelegter Flächen

Abb. 442 Erbs-Wick-Bohnen-Gemisch.

Abb. 443 So sollten stillgelegte Flächen nicht aussehen.

Formen der Flächenstilllegung – Die Überproduktion von Nahrungsmitteln in der EU führt zu hohen Kosten für die Lagerhaltung und zum Verfall von Erzeugerpreisen. Mit staatlichen Programmen zur Stilllegung von Flächen (konjunkturelle Flächenstilllegung) will man die Produktion dem Bedarf anpassen. Zur Zeit gibt es hierzu folgende Möglichkeiten:

- *Einjährige Brache:* Die Fläche wird 1 Jahr aus der Produktion genommen.
- *Dauerbrache:* Eine bestimmte Fläche wird über mehrere Jahre aus der Produktion genommen.

Notwendigkeit und Möglichkeiten der Begrünung – Stillgelegte Flächen müssen begrünt werden, um sie vor Erosion und Nährstoffauswaschung zu schützen. Möglichkeiten sind entweder die Selbstbegrünung oder die gezielte Ansaat.

Die **Selbstbegrünung** verursacht zunächst keine Kosten. Sie erfolgt vorwiegend durch Unkräuter. Damit diese nicht aussamen, muss der Aufwuchs vorher geschlegelt werden. Diese Arbeit ist jährlich mindestens zweimal nötig.

Die **gezielte Aussaat** schützt mit einer Flächendeckung schon im Herbst vor Erosion und der frühzeitige dichte Bewuchs vermindert die Nitratauswaschung. Voraussetzung dafür ist allerdings ein nicht zu hoher Kleeanteil, der die N-Auswaschung nur bis zum Umbruch verzögern würde.

Die **Pflanzenarten** für die Begrünung sind weitgehend vorgeschrieben (Gräser, Phazelia, Buchweizen und Kleegrasgemische). Für eine Ansaat im Frühjahr eignen sich besonders Winterraps oder Winterrübsen, weil diese dann nicht schossen, dichte Bestände bilden, somit das Unkraut hervorragend unterdrücken und auch nicht geschlegelt werden müssen. Auch Winterroggen und Deutsches Weidelgras zeigen diese Wirkung.

Nicht winterharte Pflanzen (z. B. Alexandriner Klee, Phazelia) vermeiden die Durchwuchsgefahr in der Folgefrucht.

Aufgaben:

1. Weshalb bringen die Gemische aus Gräsern und kleeartigen Futterpflanzen bzw. Luzerne bessere Erträge als Reinsaaten der Leguminosen?
2. Welche Bedeutung hat der Zwischenfruchtbau für die Erhaltung der Bodenfruchtbarkeit?
3. Eine Fläche von 3,81 ha soll mit einer Kleegrasmischung (30 kg/ha) bestellt werden aus 5 % Weißklee (9,80 DM/kg), 23 % Deutsches Weidelgras (4,85 DM/kg), 12 % Bastardweidelgras (4,20 DM/kg), 20 % Wiesenschwingel (7,90 DM/kg), 3 % Wiesenrispe (8,10 DM/kg), 10 % Knaulgras (7,40 DM/kg), 7 % Glatthafer (8,50 DM/kg) und der Rest Lieschgras (4,80 DM/kg).
   Berechnen Sie die erforderliche Saatgutmenge jedes Mischungspartners und den Saatgutpreis.

12 Weitere Nutzpflanzen auf dem Acker

Abb. 444 Gelbe Lupine.

Zur Verbesserung der Fruchtfolge, als Einkommensalternativen und zur Produktion nachwachsender Rohstoffe werden heute auch weitere als die bisher besprochenen Nutzpflanzen auf dem Acker angebaut.

12.1 Lupinen *(Lupinus* L.)

Bedeutung – Die bitterstoffarme *Gelbe Lupine (Lupinus luteus)* und die *Weiße Lupine (Lupinus albus)* werden als Futterpflanzen zur Körnergewinnung angebaut. Die *Blaue Lupine (Lupinus angustifolius)* wird neben der Samengewinnung auch zur Gründüngung genutzt.

Abb. 445 Weiße Lupine.

Als **Stickstoffsammler** stehen Lupinen oft nach Getreide in der Fruchtfolge. Sie brauchen zur Keimung und im Jugendstadium viel Wasser. Später liebt die Gelbe Lupine Trockenheit, die Blaue verträgt sie und der Weißen Lupine macht auch Nässe nichts aus.
Produktionstechnik – Die Saat zur Körnergewinnung soll so früh wie möglich in tiefgelockerten Boden erfolgen (Voraussetzung Bodentemperatur 5–6 °C). Die Saatzeit liegt zwischen Anfang März und Anfang April.
Samen sollten wegen der epigäischen Keimung nur in 2–3 cm Tiefe abgelegt werden. Saatstärke: 80–100 Körner/m^2 bei Gelber und Blauer Lupine (TKG 120–160 g) und Reihenweite von 20–30 cm. Bei Weißer Lupine beträgt die Saatstärke 40–70 Körner/m^2 (TKG 250–350 g) mit einer Reihenweite von 30–45 cm. Für Gründüngung muss spätestens am 25. Juli gesät sein.
Die Bestandespflege kann mechanisch (Striegeln, eventuell Hacken) und mit Herbiziden erfolgen. Lupinen reifen Mitte August (Gelbe) bis Mitte September (Weiße). Die Ernte wird mit dem Mähdrescher in der Totreife vorgenommen und wenn die Körner noch taufeucht sind. Die Erträge liegen bei 40 dt/ha. Weil Lupinen Stickstoffsammler sind, genügt eine Düngung mit Phosphat (180–220 kg P_2O_5/ha) und Kali (100–140 kg K_2O/ha).

12.2 Öllein *(Linum usitatissimum)*

Abb. 446 Lein.

Herkunft und Botanik – Der Lein stammt aus Südwestasien. Er ist großsamiger als Faserlein und besitzt Stängellängen von mindestens 75–100 cm.
Fruchtfolge – Lein steht nach Getreide. Anbaupausen von 5–7 Jahren sind wegen der Leinmüdigkeit nötig. Lein braucht 500–700 mm Niederschläge im Jahr, davon 100 mm im Mai/Juni. Tiefgründige Sande und sandige Lehme bevorzugt er.
Düngung – Er neigt zum Lagern; deswegen sollten organische Dünger vermieden werden. Folgende Reinnährstoffmengen wer-

Abb. 447 Flachs (Faserlein).

den empfohlen: 60 kg N/ha, 80–120 kg P_2O_5/ha, 70–170 kg K_2O/ha und 40–70 kg MgO/ha. Wird die Kalidüngung im Frühjahr vorgenommen, sind chlorarme Formen zu verabreichen. Der pH-Wert des Bodens sollte um 6 liegen.

Anbau – Lein wird so früh wie möglich (Ende März/Anfang April) gesät. Bei einer angestrebten Bestandesdichte von 800 Pflanzen/m^2 ist eine Saatstärke von 80–100 kg/ha (Keimfähigkeit 80 %, TKG 8–10 g) erforderlich. Reihenentfernung und Saattiefe sind wie bei Getreide zu wählen.

Faserlein ist mit Öllein verwandt, aber kleinsamiger. Die Saatstärke beträgt 110–140 kg/ha, die Reihenentfernung 7–10 cm.

Pflanzenschutz – Pilzliche Schaderreger (Schwärze, Grauschimmel, Brennflecken-Krankheit, Stängeldürre) werden durch Beizen bekämpft. Gegen Erdflöhe setzt man Insektizide ein. Gegen Unkräuter können Herbizide vor der Saat eingearbeitet oder im Nachauflaufverfahren gespritzt werden.

Ernte und Verwertung – Nach einer Vegetationszeit von 150 bis 170 Tagen wird Lein Ende August bis Mitte September mit dem Mähdrescher geerntet. Anschließend wird das Erntegut auf 10 % Feuchtigkeit getrocknet.

Die *Samen* werden in der pharmazeutischen und das *Öl* (Linolensäure) in der chemischen Industrie verwendet. *Faserlein* wird 20–30 Tage nach der Blüte gerauft, bleibt 3–6 Wochen im Schwa liegen (1- bis 2-mal wenden) und wird später in Flachsschwingen zu Textilfasern verarbeitet.

12.3 Zuckerhirse *(Sorghum bicolor)*

Abb. 448 Zuckerhirse.

Herkunft und Botanik – Zuckerhirse stammt aus Indien oder Afrika. Die Herkunft ist noch ungeklärt. Sie zählt zu den Gräsern. Obwohl sie ursprünglich eine Kurztagspflanze ist, blühen neue Sorten auch unter Langtag-Bedingungen.

Fruchtfolge – Wegen Durchwuchsgefahr sollte sie nicht vor und nach Mais angebaut werden. Sie ist selbstverträglich und liebt gemäßigtes Klima. Die Mindesttemperatur für das Wachstum liegt bei 12–15 °C, das Optimum bei 25–30 °C. 400–600 mm Niederschläge sind in der Vegetationszeit erforderlich.

Düngung – Folgende Reinnährstoffmengen werden empfohlen: 200 kg N/ha, 75–90 kg P_2O_5/ha, 300 kg K_2O/ha und 60–80 MgO/ha.

Anbau – Die Saatzeit liegt Anfang bis Mitte Mai, wenn der Boden die Keimtemperatur von 8–12 °C aufweist. Die Bestandesdichte sollte 130 000–140 00 Pflanzen/ha betragen. Die Saat erfolgt mit dem *Einzelkorn-Sägerät* (pilliertes Saatgut) mit einer Reihenentfernung von 45–50 cm und einer Saattiefe von 2 cm. Die Saatstärke schwankt zwischen 10 und 35 kg/ha.

Pflanzenschutz – Wie bei Mais.

Ernte und Verwertung – Geerntet wird im Oktober, wenn der Zuckergehalt im Stängelsaft hoch ist. Die Pflanzen werden gehäckselt und abgepresst. Die Bagasse (der Pressrückstand) kann als Futter siliert werden. Der Zuckersaft wird zu Ethanol verarbeitet.

12.4 Zichorie *(Cichorium intybus)*

Herkunft und Botanik – Zichorie kommt in allen Erdteilen vor. Sie ist 2-jährig. Im 1. Jahr bildet sie aber bereits den Wurzelkörper, der genutzt wird.
Fruchtfolge – Sie ist eine Neutralpflanze für Rübennematoden, liebt kontinentales Klima und Böden wie die Zuckerrübe.
Düngung – Bei pH-Werten unter 6 sollten vor der Winterfurche 10–15 dt/ha Branntkalk gegeben werden. Folgende Reinnährstoffmengen werden empfohlen: 100–130 kg N/ha, davon ein Drittel als Kopfdüngung, 60–130 kg P_2O_5/ha, 200–250 kg K_2O/ha, 40–60 kg MgO/ha. Wegen der Verätzungsgefahr der empfindlichen Keimwurzeln sollten Mineraldünger nie kurz vor der Aussaat ausgebracht werden.
Anbau – Zichorie ist frostempfindlich (Schosserbildung), deswegen erfolgt die Saat erst Ende April/Anfang Mai als *Einzelkornsaat* mit pilliertem Saatgut. Die Reihenentfernung beträgt 50 cm, die Saattiefe 0,5–1,5 cm, die Bestandesdichte 140 000–160 000 Pflanzen/ha.
Pflanzenschutz – Das Saatgut ist gegen Drahtwürmer und Engerlinge zu beizen. Herbizide dürfen nicht eingesetzt werden.
Ernte und Verwertung – Die Ernte erfolgt nach einer Vegetationszeit von 160–180 Tagen im Oktober mit dem Zuckerrüben-Vollernter. Der Inhaltsstoff Inulin wird zur Herstellung von Fruktosesirup und Ethanol verwendet.

Abb. 449 Zichorie.

12.5 Heil- und Gewürzpflanzen

In Deutschland werden rund 90% des Bedarfs an Heil- und Gewürzpflanzen aus dem Ausland eingeführt. Der Grund für dieses Ungleichgewicht liegt in der Unsicherheit der Landwirte, weil langfristige Anbau- und Lieferverträge fehlen. Auch wenn diese vorliegen, wird der Anbau solcher Pflanzen eine Marktnische für Spezialisten bleiben. Außerdem sind züchterische Arbeit und anbautechnische Erfahrungen nötig.
Im Wesentlichen kommen folgende Pflanzenarten in Frage:

Anis *(Pimpinella anisum)*	Mariendistel *(Silybum marianum)*
Basilikum *(Ocimum basilicum)*	Zitronenmelisse *(Melissa officinalis)*
Bohnenkraut *(Satureja hortensis)*	Pimpinelle *(Sanguisorba minor)*
Borretsch *(Borago officinalis)*	Kümmel *(Carum carvi)*
Dill *(Anethum graveolens)*	Gewürzfenchel *(Foeniculum vulgare)*
Kerbel *(Anthriscus cerefolium)*	Koriander *(Coriandrum sativum)*
Majoran *(Origanum majorana)*	

Abb. 450 Thymian im Feldanbau.

Abb. 451 Enzianfeld.

Aufgaben:
1. Welche Rolle spielen die in diesem Kapitel beschriebenen Pflanzen für die Fruchtfolge?
2. Sammeln Sie Beiträge aus der Fachpresse über den Anbau von Pflanzen, die als nachwachsende Rohstoffe genutzt werden.

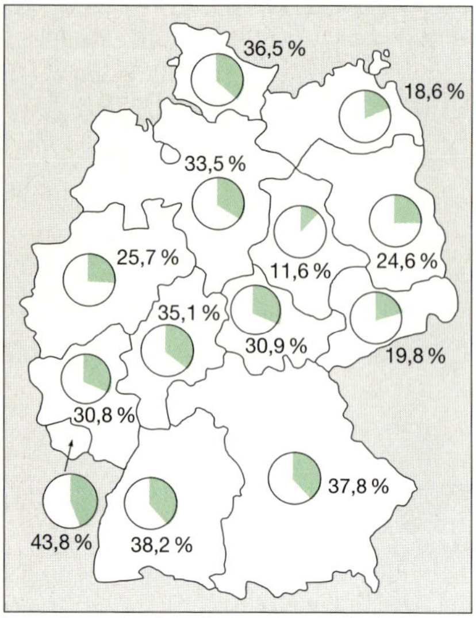

Abb. 452 Grünlandanteil an der LF in den Bundesländern (Agrarbericht 2000). (Durchschnitt Deutschland 33,0 %)

13 Grünland

13.1 Begriff und Umfang des Grünlandes

Begriff – Mit *Grünland* werden alle Flächen bezeichnet, die als Wiesen oder Weiden entweder dauernd oder vorübergehend genutzt werden.
Der Begriff *absolutes Grünland* bezeichnet Flächen, die wegen ungünstiger klimatischer Verhältnisse (Jahresniederschläge über 1000 mm, zu kurze Vegetationsdauer), wegen Überflutungsgefahr oder Staunässe, wegen flachgründiger Krume oder starker Hangneigung (Erosionsgefahr, unbefahrbar) keine Ackernutzung zulassen. Auch Moore sind absolutes Grünland.
Die *nur vorübergehend als Grünland* genutzten Flächen haben in den letzten Jahrzehnten in der Bundesrepublik Deutschland stark abgenommen. Wo Entwässerungen möglich waren, wurden solche Flächen umgebrochen. Heute ist, gefördert durch Feuchtwiesen-Schutzprogramme, eine gegenläufige Entwicklung zu beobachten.
Umfang – Der Anteil an der landwirtschaftlichen Nutzfläche in Deutschland lag 1998 bei 36,1 %. Dabei ist der Anteil in den Küstengebieten, Flussniederungen, Mittelgebirgen und im Alpenvorland aus den beschriebenen Gründen wesentlich höher als in den anderen Gegenden. Von Norden nach Süden nimmt der Anteil der Weiden ab und der der Wiesen zu. Bei einer Höhenlage von etwa 2000–2200 m über NN ist die Grenze der landwirtschaftlichen Grünlandnutzung erreicht.

Abb. 453 Der Grünlandanteil an der LF hängt wesentlich von der Niederschlagsmenge ab **(Beispiel** Bayern).

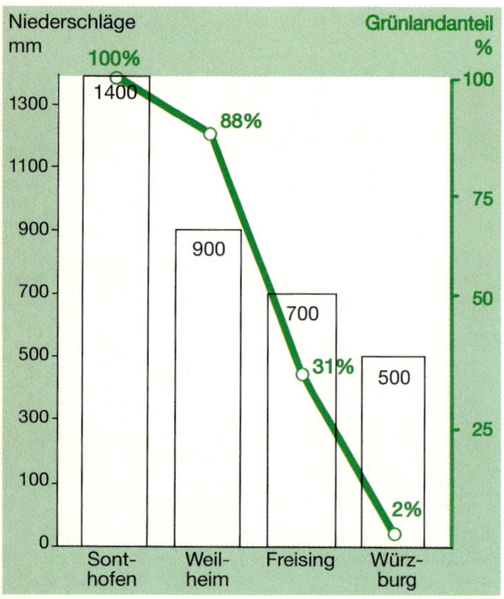

13.2 Wirtschaftliche Bedeutung des Grünlandes

Futtergrundlage – Das Grünland stellt die Futtergrundlage für die Viehhaltung in den Grünlandgebieten dar. Bei stagnierenden oder sinkenden Milchpreisen kommt es deshalb darauf an, die Erzeugungskosten zu senken. Dies gelingt sehr wirkungsvoll durch eine hohe Grundfutterleistung. So kann z. B. die Energiekonzentration des Futters alleine durch die Wahl des optimalen Schnittzeitpunktes entscheidend erhöht werden, ohne dass deswegen höhere Kosten anfallen.
Wirtschaftsdünger – Grünland versorgt den Betrieb über die Viehhaltung auch mit Wirtschaftsdüngern. Nur ca. 1/10 der von Rindern insgesamt aufgenommenen Nährstoffe verlassen den betrieblichen Nährstoffkreislauf über den Verkauf von Milch und Rindfleisch. Der überwiegende Teil gelangt mit den Wirtschaftsdüngern wieder auf die Nutzflächen zurück und vermindert so den Bedarf an Zukaufdünger.
Extensive Nutzung – Grünlandflächen können leicht extensiv zur Jungviehaufzucht, Schaf- und Damwildhaltung genutzt wer-

den. Frei werdende Teilflächen können auch in staatlich geförderte Extensivierungs-Programme eingebracht werden.
Ideeller Wert – Grünlandgebiete mit ihrem Wechsel von Wald und offener Landschaft in Verbindung mit der oft hügeligen bis bergigen Geländeform und den ebenfalls dort häufig anzutreffenden Feuchtbiotopen stellen eine *ideale Erholungslandschaft* dar.
Eine Bewirtschaftung, die in ihrem Umfang an die Leistungsfähigkeit der Fläche angepasst ist, hilft, diese Erholungslandschaft zu erhalten.

Abb. 454 Feuchtbiotope zwischen Äckern sind wertvolle Bestandteile der Landschaft.

13.3 Geschichtliches

Grünland war nicht die ursprüngliche Vegetationsform in Mitteleuropa. Mehr oder weniger dichte Mischwälder herrschten vor. Nur auf Standorten, auf denen sich Wald nicht behaupten konnte, also über der Baumgrenze in den Alpen oder auf Sumpfflächen und in Überflutungszonen der Flussläufe, trafen die Menschen bei der Besiedelung Deutschlands in der Jungsteinzeit offene Grünflächen an.
Die heutigen Grünlandflächen entstanden erst nach und nach durch Beweidung sowie Rodung des Waldes. An der Nordseeküste entstanden weite Grünlandflächen auf Meeresablagerungen, die bereits vor Christi Geburt besiedelt wurden. Durch Sturmfluten wiederholt zerstört, gewannen die Menschen durch Eindeichen erneut landwirtschaftliche Nutzflächen aus dem Meer zurück. Große Teile dieser Marschen werden als Grünland genutzt.

Abb. 455 Der Erholungscharakter einer vielfältig gegliederten Landschaft ist hoch. Um dies so zu erhalten, müssen Landwirte entsprechende Vorleistungen für die Allgemeinheit erbringen.

13.4 Ökosystem Wiese

Pflanzengesellschaften – Ungenutzte Dauergrünlandflächen stellen natürliche Ökosysteme dar, deren Zusammensetzung sich aufgrund der Bodenverhältnisse und des Klimas ergeben. Neben der mittleren Jahrestemperatur entscheiden vor allem die Niederschlagsmenge und der *Grundwasserstand* sowie die Art des Bodens über die vorkommenden Pflanzenarten.
Die Dauergrünlandflächen Mitteleuropas bestehen aus ca. 1600 verschiedenen Pflanzenarten. Freilich findet man wegen der unterschiedlichen Standortbedingungen auf einer Wiese weit weniger Arten, dafür bilden sich *typische Pflanzengesellschaften*, z. B. der Trockenrasen auf durchlässigen, vielfach zugleich kalkreichen Böden mit geringen Niederschlägen oder die für feuchte Flächen typischen Pflanzengesellschaften dieser Biotope. Ihre *Zeigerpflanzen* lassen die Standortbedingungen auf einen Blick erkennen.
Artenreichtum und Nutzung – Nutzung und Düngung sind Eingriffe in das Ökosystem Wiese, die es aus dem Gleichgewicht bringen und zwangsläufig die Zahl der Pflanzenarten verringern. So bedecken auf intensiv genutzten Grünlandflächen oft nur noch 10–15 Pflanzenarten die Bodenoberfläche.

Abb. 456 Grünlandpflanzen, die den Wasserhaushalt ihres Standortes anzeigen.

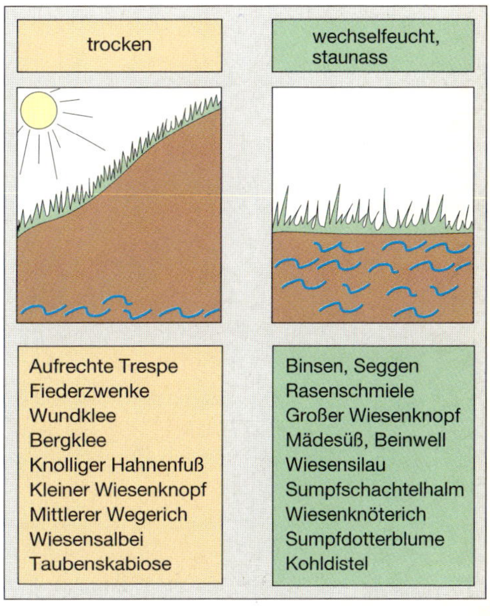

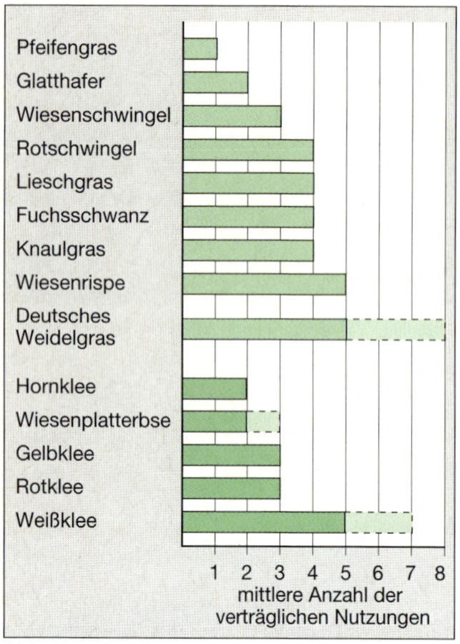

Abb. 457 Grünlandpflanzen als Zeiger der Nutzungshäufigkeit.

Abb. 458 Glatthafer tritt oft als Hauptgras auf.

Je geringer der Eingriff auf dem Dauergrünland durch Nutzung und Düngung, desto artenreicher ist es.

Stoffkreislauf – Ungenutztes Grünland besitzt einen geschlossenen Stoffkreislauf, d. h., die Pflanzenreste werden von den zum gleichen Ökosystem gehörenden ober- und unterirdischen Kleinlebewesen humifiziert und mineralisiert. Die Umsetzung erfolgt in der obersten Bodenschicht. Die Nährstoffe stehen schließlich wieder für die Pflanzen zur Verfügung. Grünlandflächen haben daher unter diesen Bedingungen einen gleich bleibenden Humusgehalt.

13.5 Pflanzen des Grünlandes

Einteilung – Jeder Landwirt, der Grünland bewirtschaftet, braucht Kenntnisse über die Grünlandpflanzen. Um sich bei den vielen Arten einen Überblick zu verschaffen, ist es zweckmäßig, sie nach *gemeinsamen* Merkmalen zu ordnen und zu Gruppen zusammenzufassen.
Am gebräuchlichsten ist die Einteilung nach *botanischen Familien*. Etwa 20 solcher Familien sind an der Zusammensetzung unserer Grünlandnarben beteiligt. Die bedeutendste davon ist die Familie der *Süßgräser* (Gramineen), zu der auch die Getreidearten gehören.
Ebenfalls bedeutsam sind die Familie der *Leguminosen* und verschiedene Familien von *Kräutern*, z. B. *Kreuzblütler* (Kruziferen), *Korbblütler* (Kompositen) und *Doldenblütler* (Umbelliferen).

13.5.1 Bedeutung und botanische Bestimmung der Gräser

Bedeutung – Gräser bringen die Masse des Futterertrages. Neben den Süßgräsern kommen auf feuchten Standorten auch Sauergräser vor, die an ihrem dreikantigen Stängel zu erkennen sind.
Einteilung nach praktischen Gesichtspunkten – Gräser werden eingeteilt nach ihren botanischen Eigenschaften (Wuchs, Blüte, Ausdauer, Ansprüche), nach ihrer Verwendung und ihrem Futterwert, wie die folgenden Tabellen und Abb. zeigen.

Tabelle 29: Einteilung der Gräser

Unterscheidungsmerkmal	Einteilung in	typische **Beispiele**
Wuchshöhe	**Obergräser** fallen durch ihre Wuchshöhe (80–120 cm) auf, bringen wegen des hohen Stängelanteils die Masse des Futters	Rohrglanzgras Knaulgras, Wiesenschwingel, Wiesenlieschgras, Wiesenfuchsschwanz, Glatthafer, Goldhafer, Trespe

Fortsetzung Tabelle 29

Unterscheidungsmerkmal	Einteilung in	typische **Beispiele**
Wuchshöhe	**Untergräser** zeigen niedrigeren Wuchs, haben aber mehr Blätter, deswegen liefern sie mehr Eiweiß und machen den Bestand dicht	Deutsches Weidelgras, Rotschwingel, Weißes Straußgras, Fruchtbare Rispe
Wuchsform	**horstbildende Gräser** aus dem 1. Halmknoten (Bestockungsknoten) bilden sich weitere Triebe **ausläufertreibende Gräser** Ausläufer oberirdisch Ausläufer unterirdisch	Knaulgras, Wiesenlieschgras Weißes Straußgras Quecke
Blütezeit	**früh blühende** verholzen leicht, wenn der 1. Schnitt zu spät erfolgt **mittelfrüh blühende** **spät blühende** **sehr spät blühende**	Wiesenfuchsschwanz, Knaulgras, Glatthafer Wiesenrispe, Deutsches Weidelgras, Wiesenlieschgras, Wiesenschwingel, Goldhafer, Weißes Straußgras, Gemeine Rispe
Ausdauer	**ein-, zwei-** bzw. **dreijährige Gräser** ausdauernde Gräser Ausdauer hängt neben der biologischen Veranlagung der Pflanze auch von der Konkurrenz im Bestand ab	Welsches Weidelgras, Deutsches Weidelgras
Futterwert	Futterwertzahlen (WZ) geben an, wie gerne das betreffende Gras von den Tieren im grünen Zustand (nach dem Schossen) gefressen wird WZ –1 = giftige Pflanzen WZ 0 = wertlose Pflanzen für die Fütterung WZ 8 = hoher Futterwert	 Sumpfschachtelhalm, Scharfer Hahnenfuß Sumpfdistel, Heidekraut Wiesenschwingel, Wiesenlieschgras

Bestimmung nach botanischen Merkmalen – Während der Blüte lassen sich die Gräser am leichtesten bestimmen. Allerdings erfolgt die Schnittnutzung, aber auch die Beweidung viel früher. Das Bestimmen der Gräser muss also schon im blütenlosen Zustand möglich sein, wenn man daraus Rückschlüsse für Nutzung und Pflege des Grünlandes ziehen will.

Abb. 459 Doldenblütler sind große Platzräuber auf dem Grünland.

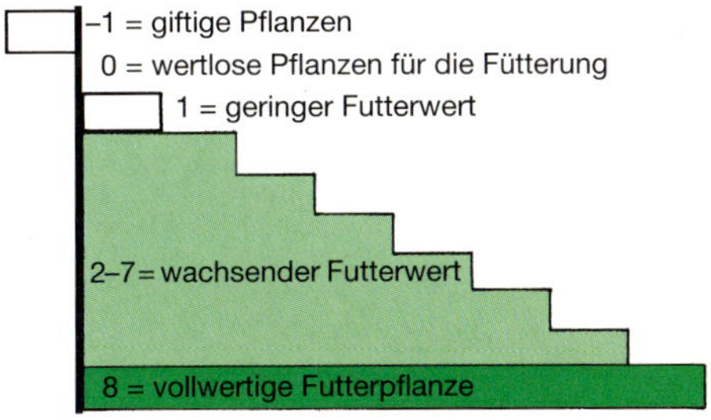

Abb. 460 Die Futterwertzahlen stellen eine Beurteilungsgrundlage für Grünlandpflanzen dar. Die Einstufung reicht von –1 (giftige Pflanzen) bis 8 (vollwertige Futterpflanzen).

Abb. 461 Mittlere Verträglichkeit der Nutzungshäufigkeit bei wichtigen Gräsern und Kleearten.

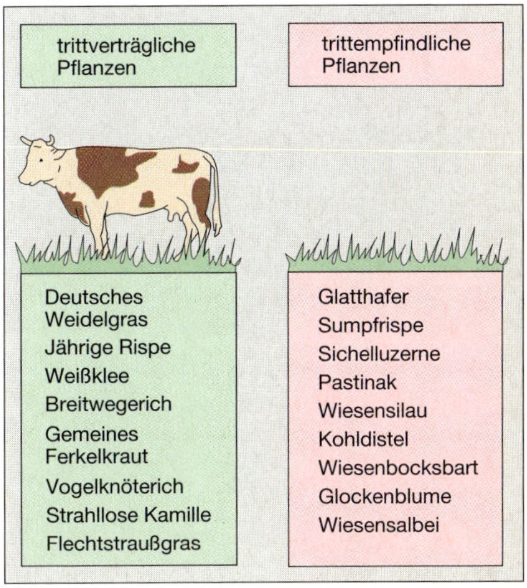

Abb. 462 Stauende Nässe verändert den Pflanzenbestand einer Wiese.

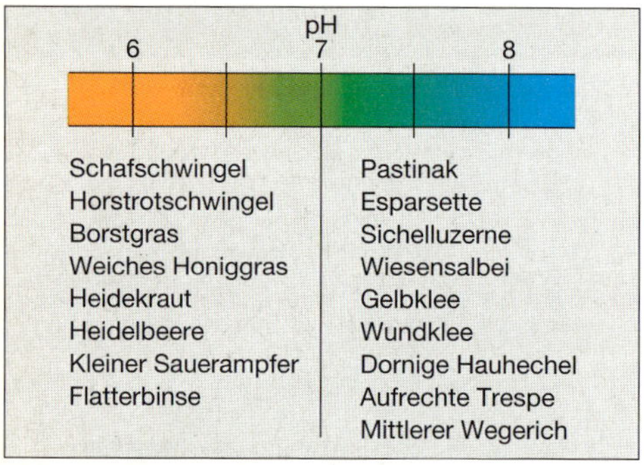

Abb. 463 Zeigerpflanzen für die Bodenreaktion des Standorts.

Abb. 464 Auf Trockenstandorten entwickelt sich eine typische Grünlandflora (Trockenrasen).

Tabelle 30: Merkmale für die botanische Bestimmung von Gräsern

Merkmal	Eigenschaften
Blattlage im Trieb	gerollt, gefaltet 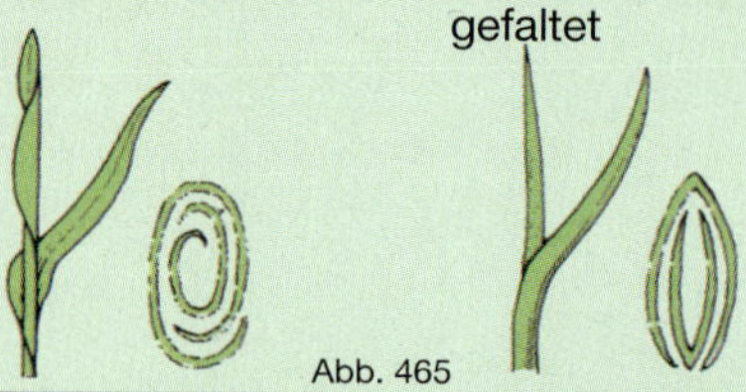 Abb. 465
Blattspreite	gerieft, glatt, Doppelrille 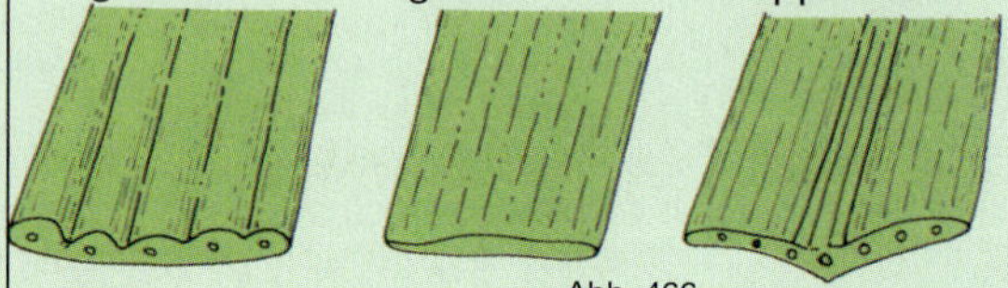 Abb. 466
Blatthäutchen	vorhanden, fehlen 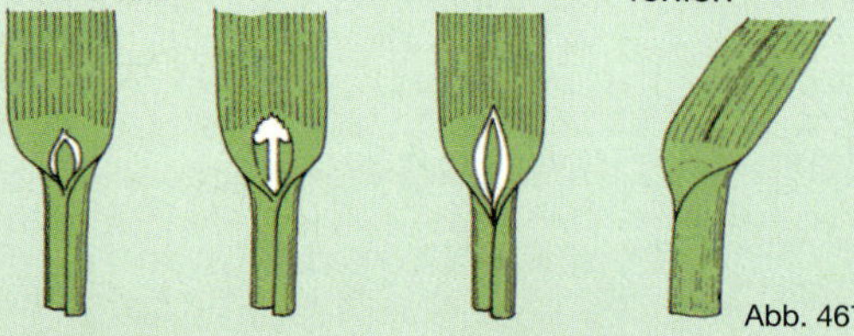 Abb. 467
Blattöhrchen	vorhanden, fehlen 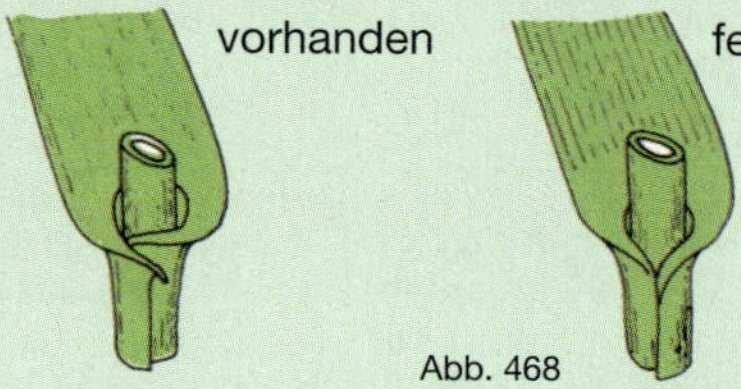 Abb. 468
Blütenstand	Ähre, Rispe, Traube  Abb. 469
Blütchen- bzw. Ährchenform	ohne Granne, eine Granne, mehrere Grannen 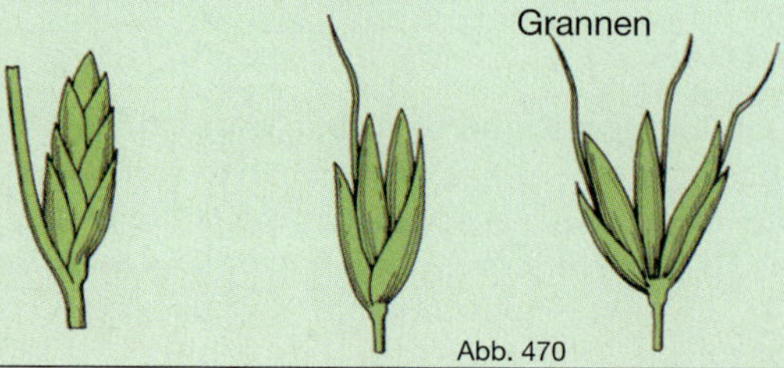 Abb. 470

Tabelle 31: Obergräser (Auswahl) (Abb. 471 mit 479)

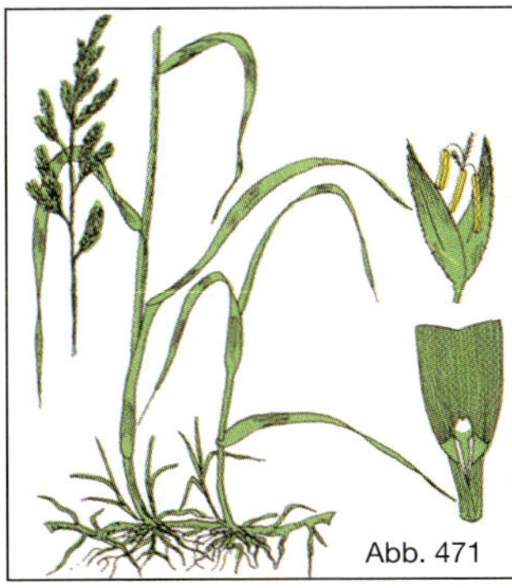

Abb. 471

Rohrglanzgras,
Phalaris arundinacea
ertragreiches, brauchbares Gras, besonders auf Uferwiesen; WZ 5
Blattlage: gerollt
Blattspreite: glatt mit »Queradern«
Blatthäutchen: groß, Mitte hoch
Blattöhrchen: keine
Blütenstand: Rispe
Ährchen: unbegrannt
Wuchsform: Ausläufer treibend

Abb. 472

Knaulgras,
Dactylis glomerata
wertvolles, ertragreiches, aber leicht verholzendes Gras; WZ 7
Blattlage: gefaltet
Blattspreite: scharf gekielt
Blatthäutchen: lang, zugespitzt
Blattöhrchen: keine
Blütenstand: Rispe
Ährchen: begrannt
Wuchsform: Horste bildend

Abb. 473

Wiesenschwingel,
Festuca pratensis
wertvolles, sehr blattreiches Gras auf eher feuchten Wiesen; WZ 8
Blattlage: gerollt
Blattspreite: schwach gerieft
Blatthäutchen: sehr klein, grünlich
Blattöhrchen: vorhanden
Blütenstand: Traube (Scheinrispe)
Ährchen: unbegrannt
Wuchsform: Horste bildend, Triebgrund rot

Abb. 474

Goldhafer,
Trisetum flavescens
hochwertiges Gras, das auch Beweidung verträgt, in höheren und niederschlagsreichen Lagen anzutreffen; WZ 7
Blattlage: gerollt
Blattspreite: stark behaart
Blatthäutchen: kurz, fein gezahnt
Blattöhrchen: keine
Blütenstand: Rispe
Ährchen: lang, mit 2(–3) zarten Grannen
Wuchsform: unterirdische Ausläufer treibend

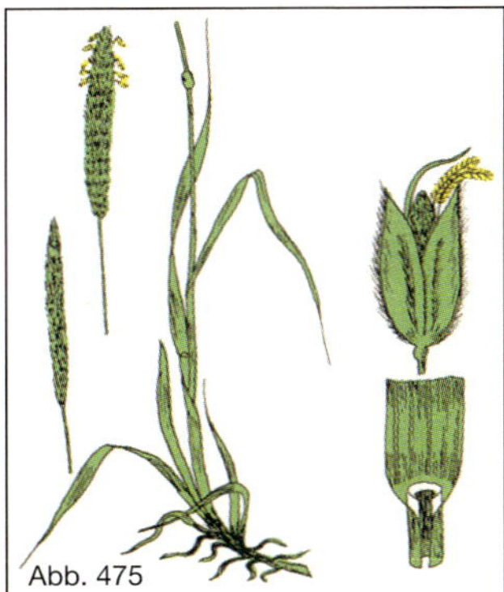

Abb. 475

Wiesenfuchsschwanz,
Alopecurus pratensis
wertvolles, sehr frühes Gras auf eher feuchten Wiesen; WZ 7
Blattlage: gerollt
Blattspreite: Ränder gerieft
Blatthäutchen: kurz, derb, grünlich
Blattöhrchen: keine
Blütenstand: Scheinähre
Ährchen: zarte Begrannung
Wuchsform: Ausläufer treibend

Abb. 476

Welsches Weidelgras,
Lolium multiflorum
ein- bis zweijähriges, nur für den Futterbau geeignetes Obergras; WZ 7
Blattlage: gerollt
Blattspreite: gerieft
Blatthäutchen: mittellang, dünn
Blattöhrchen: groß, Stängel umfassend
Blütenstand: Ährchen liegt mit Schmalseite an Spindel
Ährchen: begrannt
Wuchsform: hoher, blattreicher Horst

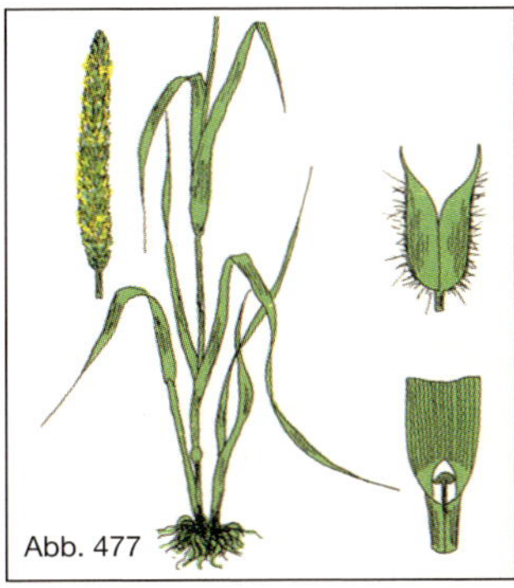

Abb. 477

Wiesenlieschgras,
Phleum pratense
sehr wertvolles, spät blühendes Gras, empfindlich gegen Trockenheit; WZ 8
Blattlage: gerollt
Blattspreite: glatt
Blatthäutchen: groß mit Eckzahn
Blattöhrchen: keine
Blütenstand: Scheinähre
Ährchen: stiefelknechtförmig, unbegrannt
Wuchsform: Horste, Triebgrund oft zwiebelförmig

Abb. 478

Aufrechte Trespe,
Bromus erectus
Futterwert und Ertrag gering; WZ 5
Blattlage: gefaltet
Blattspreite: gekielt, kammförmig bewimpert
Blatthäutchen: kurz
Blattöhrchen: keine
Blütenstand: Traube
Ährchen: lang und begrannt
Wuchsform: Horste bildend

Fortsetzung Tabelle 31: Obergräser (Abb. 479)

Abb. 479

Glatthafer,
Arrhenatherum elatius
wertvolles, blattarmes Gras auf trockeneren Wiesen; WZ 7
Blattlage: gerollt
Blattspreite: gekielt, schwach behaart
Blatthäutchen: groß, zerfranst
Blattöhrchen: keine
Blütenstand: Traube (Scheinrispe)
Ährchen: lang
Wuchsform: Horste bildend

Tabelle 32: Untergräser (Auswahl) (Abb. 480–486)

Abb. 480

Deutsches Weidelgras,
Lolium perenne
sehr wertvolles, bestandsbildendes Weidegras; WZ 8
Blattlage: gefaltet
Blattspreite: gerieft, stark glänzend
Blatthäutchen: kurz, grünlich
Blattöhrchen: deutlich erkennbar
Blütenstand: unterbrochene Ähre, liegt mit Schmalseite der Spindel an
Ährchen: unbegrannt
Wuchsform: Horste bildend

Abb. 481

Quecke,
Agropyron repens
Schadgras des Ackers, im Dauergrünland geduldet, solange es nicht bestandsbildend auftritt; geringer Futterwert; WZ 6
Blattlage: gerollt
Blattspreite: leicht behaart
Blatthäutchen: sehr kurz, gezackt
Blattöhrchen: sehr schmal
Blütenstand: unterbrochene Ähre, Ährchen *quer* zur Spindel
Ährchen: meist unbegrannt
Wuchsform: treibt Ausläufer

Abb. 482

Rotschwingel,
Festuca rubra
brauchbares Weidegras, unempfindlich gegen raues Klima; WZ 4/5
Blattlage: gefaltet
Blattspreite: gerieft, borstig
Blatthäutchen: sehr kurz
Blattöhrchen: keine
Blütenstand: Doppeltraube bis Rispe
Ährchen: begrannt
Wuchsform: entweder Horste bildend oder unterirdische Ausläufer treibend

Abb. 483

Wiesenrispe,
Poa pratensis
sehr wertvolles Weide- und Mähweidegras, für mehr trockene Lagen; WZ 8
Blattlage: gefaltet
Blattspreite: Schienenblatt
Blatthäutchen: kurz
Blattöhrchen: keine
Blütenstand: Rispe
Ährchen: unbegrannt
Wuchsform: unterirdische Ausläufer, glatter Halm

Abb. 484

Weißes Straußgras,
Agrostis alba
brauchbares, spätwüchsiges Wiesen- und Weidegras für nasse Standorte; WZ 7
Blattlage: gerollt
Blattspreite: deutlich gerieft, kahl
Blatthäutchen: dünnhäutig, weiß, lang, spitz
Blattöhrchen: keine
Blütenstand: Rispe
Ährchen: unbegrannt, klein
Wuchsform: meist unterirdische Ausläufer

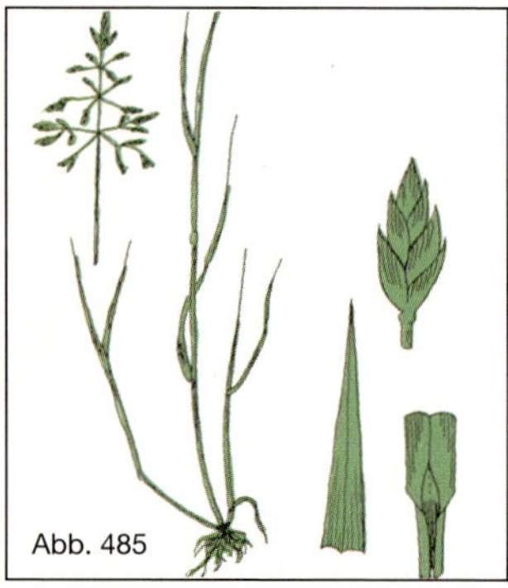

Abb. 485

Gemeine Rispe,
Poa trivialis
liebt feuchte und schwere Böden, weniger wertvoll; WZ 7
Blattlage: gefaltet
Blattspreite: Schienenblatt, Unterseite stark glänzend
Blatthäutchen: lang, spitz
Blattöhrchen: keine
Blütenstand: Rispe
Ährchen: unbegrannt
Wuchsform: oberirdische Ausläufer, rauer Halm

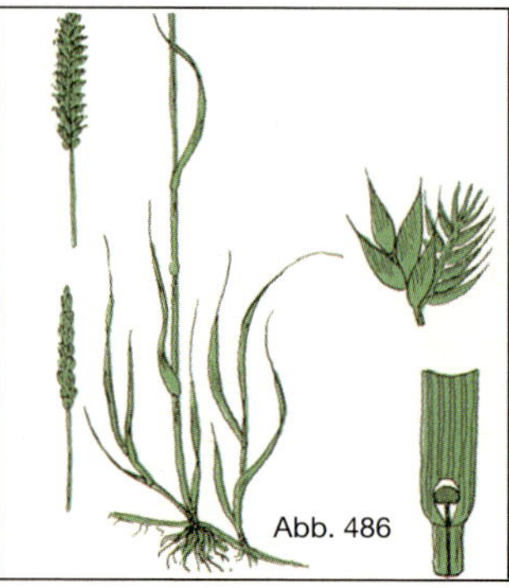

Abb. 486

Kammgras,
Cynosurus cristatus
kühle, feuchte Weiden, für Herbstweide wertvoll; WZ 6
Blattlage: gefaltet
Blattspreite: deutlich gerieft, unterseits matt
Blatthäutchen: kurz, vorn 2 runde Lappen
Blattöhrchen: undeutlich
Blütenstand: Scheinähre
Ährchen: darunter kammartiges Gebilde
Wuchsform: kleiner, niedriger Horst

13.5.2 Leguminosen

Bedeutung – Die Leguminosen reichern das Futter durch ihren hohen Anteil an Eiweiß und Mineralstoffen an und machen es gleichzeitig schmackhafter. Sie vertragen den Tritt und Biss der

Tabelle 33: Leguminosen (Auswahl)

Name	
Wiesenrotklee, *Trifolium pratense*	mehrjährig, besitzt keine Ausläufer, hat hohen Futterwert; bei Bodentrocknung oft hohe Bröckelverluste, verträgt keine Beweidung; WZ 7 (Abb. 487)
Weißklee, *Trifolium repens*	eine der wertvollsten Futterpflanzen, wichtigste Leguminose des Grünlandes; verträgt keine lang anhaltenden Kahlfröste, ist aber sonst gegenüber Klima und Boden recht genügsam; sein Stängel kriecht am Boden, deswegen ist Weißklee weidefest; in Wiesen geht er schnell zurück, weil ihm die Obergräser das Licht entziehen; WZ 8 (Abb. 488)
Schwedenklee, *Trifolium hybridum*	eher in Wiesen als in Weiden zu finden; seine Widerstandsfähigkeit gegen Kälte und längere Schneedecke ist größer als die von Rotklee; WZ 6 (Abb. 489)
Gelbklee, *Medicago lupulina*	liebt trockene und kalkhaltige Standorte, ist deswegen auch meist dort vertreten, wo Rotklee nicht mehr vorkommt; WZ 7 (Abb. 490)
Hornklee, *Lotus corniculatus*	findet sich hauptsächlich in Wiesen, auf kalkhaltigen, nährstoffreichen Böden in eher trockenen Lagen, Hornklee ist sehr ausdauernd; WZ 7 (Abb. 491)
Sumpfhornklee, *Lotus uliginosus*	findet sich besonders in nassen Wiesen, ver trägt auch zeitweise Überschwemmung; wird gern gefressen; WZ 7 (Abb. 492)
Wundklee, *Anthyllis vulneraria*	sein Name weist auf die Verwendung als Heilpflanze hin; auf kalkhaltigen und trockenen Böden kommt er häufig vor; er ist gegen Dürre widerstandsfähig und enthält Bitterstoffe; deswegen wird er zwar von Schafen, nicht jedoch von Rindern gefressen; WZ 5 (Abb. 493)
Wiesenplatterbse, *Lathyrus pratensis*	ist in frischen bis feuchten Wiesen verbreitet, wird in grünem Zustand nicht gerne gefressen; WZ 7 (Abb. 494)
Zaunwicke, *Vicia sepium*	liebt die gleichen Standorte wie die Wiesenplatterbse, kommt mit ihr zusammen vor; ihre Blüten wachsen aus den Blattachseln heraus; WZ 6 (Abb. 495)
Vogelwicke, *Vicia cracca*	im Unterschied zur Zaunwicke wachsen ihre Blüten an langem Stiel aus den Blattachseln heraus; ist wie die Zaunwicke gegen häufigen Schnitt empfindlich; WZ 6 (Abb. 496)

Abb. 487

Abb. 488

Abb. 489

Abb. 490

Abb. 491

Abb. 492

Abb. 493

Abb. 494

Abb. 495

Abb. 496

Abb. 497 Wertvolle Futterkräuter des Dauergrünlandes:
1 Spitzwegerich,
2 Wiesenkerbel,
3 Bärenklau,
4 Löwenzahn.

Abb. 498 Die Herbstzeitlose ist zwar giftig, wenige Exemplare gefährden aber kaum. Im Interesse des Artenschutzes sollten sie geduldet werden.

Tiere recht gut und haben außerdem die Fähigkeit, mit Hilfe der Knöllchenbakterien Stickstoff zu sammeln. Der Blattreichtum der Leguminosen (und Kräuter) verursacht allerdings hohe Bröckelverluste bei der Heuwerbung.

Arten – Neben einigen Wicken- und Platterbsenarten kommen in unseren Regionen vor allem noch Kleearten (*Trifolium*-Arten), *Medicago*- und *Lotus*-Arten vor.

13.5.3 Kräuter

Bedeutung – Unter der Bezeichnung »Kräuter« sind alle übrigen Pflanzenfamilien auf dem Grünland zusammengefasst. Viele Kräuter verbessern das Futter durch ihren hohen Gehalt an Eiweiß, Mineralstoffen und Spurenelementen. Außerdem würzen sie das Futter wegen ihres Gehaltes an *Geschmacksstoffen*, machen es bekömmlicher und wirken gesundheitsfördernd.

Dennoch sollten die wertvollen Kräuter einen Anteil von 10 % im Gesamtbestand nicht überschreiten, da sonst Gräser und Leguminosen verdrängt werden und der Massenertrag empfindlich sinkt.

Da einige Kräuterarten auch *Giftstoffe* enthalten, die die Gesundheit der Tiere gefährden, sind die Kräuter *ein wertbestimmender Faktor* der Futterqualität. Außerdem lassen sich Kräuter schlechter trocknen und verursachen bei der Konservierung Bröckelverluste.

Einteilung – Man könnte auch die Kräuter, wie die Gräser, ihren botanischen Familien zuordnen. Für die Praxis scheint es vernünftiger, die Einteilung entsprechend dem **Futterwert** vorzunehmen, wobei natürlich immer vorausgesetzt werden muss, dass die einzelne Art nicht überhand nehmen sollte.

Tabelle 34: Kräuter (Auswahl)

Futterwert	**Beispiele**
brauchbar	Löwenzahn, Gänsefingerkraut, Hornkraut, Schafgarbe, Vogelknöterich, Spitzwegerich, Wiesenmöhre, Kohldistel, Pastinak, Wiesenkümmel, Wiesenkerbel, Bärenklau
gering	Wiesenschaumkraut, Ampfer-Arten, Breitwegerich, Gänseblümchen, Wucherblumen
giftig	Herbstzeitlose, Wasserschierling, Hahnenfuß-Arten, Sumpfschachtelhalm, Sumpfdotterblume

13.6 Einfluss der Nutzung auf das Grünland

Die Bewirtschaftung des Grünlandes beeinflusst seine wertbestimmenden Merkmale. Die Zahl der Nutzungen einer Grünlandfläche während einer Vegetationsperiode hat großen Einfluss auf die *Zusammensetzung* des Pflanzenbestandes, die *Energiedichte* und den *Mineralstoffgehalt* des Futters.

Einfluss auf den Pflanzenbestand – Die ausdauernden Grünlandpflanzen sichern ihre Lebensvorgänge entweder über die *Assimilation*, wenn die Bedingungen dazu vorhanden sind, oder sie

müssen die lebenswichtigen Stoffe aus ihren *Speicherorganen* mobilisieren. Das sind der *Stängelgrund* (bei Obergräsern), *Rhizome* (bei Rispen, Rotschwingel, Weißklee und Quecke) oder *Wurzeln* (Rotklee, Luzerne, alle Kräuter).
Der Zeitabstand zwischen 2 Nutzungen muss den Pflanzen Gelegenheit geben, ihre Reservespeicher wieder aufzufüllen. Dazu brauchen Obergräser länger als Untergräser und Leguminosen. Verletzungen der Narbe beeinträchtigen das Nachwachsen und verzögern den Aufwuchs.

Tiefschnitt beim Mähen und falsche Geräteeinstellung zerstören viele Speicherorgane, Rest-Assimilationsflächen und verletzen die Grasnarbe. Dadurch sinken Nutzungshäufigkeit und Ertrag, die Verunkrautung nimmt zu.

Einfluss auf die Energiedichte – Die Energiedichte des Grünfutters sinkt im Verlauf des Wachstums der Pflanzen von 6,3–6,8 MJ NEL/kg T bei etwa 20 cm Wuchshöhe auf 4,8 MJ NEL/kg T bei der Samenreife ab. Mit zunehmender Nutzungshäufigkeit wird das Futter in immer jüngerem, d. h. energiereicherem Zustand geerntet. Bei gleicher Nutzungshäufigkeit haben leguminosen- und kräuterreiche Bestände immer eine größere Energiedichte als obergrasreiche.
Einfluss auf den Mineralstoffgehalt – Je häufiger die Nutzung, d. h., je früher der Schnitt erfolgt, desto höher ist der P-Gehalt des Futters, während der Ca-Gehalt absinkt. Das *Ca:P-Verhältnis* verschiebt sich damit in die Nähe von 1:1. Neben der Nutzungshäufigkeit sind für den Mineralstoffgehalt allerdings auch die *Zusammensetzung* der Narbe und der Vegetationsfortschritt entscheidend. Leguminosen und Kräuter sind mineralstoffreicher als Gräser. Gegen Ende der Vegetationsperiode sinkt der K-Gehalt und der Ca-Gehalt steigt an.

Abb. 499 Artenreiche Wirtschaftswiese.

13.7 Wiesennutzung

Wirkung – Während der Biss der Tiere immer mehr oder weniger große, assimilationsfähige *Restpflanzen* hinterlässt, bleiben nach der Mahd hauptsächlich *Stoppeln* übrig, so dass sich viele Pflanzen bei Trockenheit gar nicht mehr erholen und Lücken hinterlassen.

Wiese und Weide wirken unterschiedlich auf die Grasnarbe.

Gründe für die Wiesennutzung – Die wirtschaftlich *ungünstigere* Wiesennutzung ist die vorherrschende Nutzungsform des Grünlandes, wenn
- die *jährliche Niederschlagsmenge* in Süddeutschland weniger als 900–800 mm beträgt,
- die *zersplitterte Flur* lange Triebwege, zum Teil noch auf öffentlichen Straßen, notwendig macht,
- dauernd oder vorübergehend das *Grundwasser* zu hoch steht, so dass die Narbe durch die Tiere zerstört würde.

Abb. 500 Mineralische Düngung fördert vor allem die Gräser, wie es bei dieser Fuchsschwanzwiese der Fall ist.

Abb. 501 Wiesenfuchsschwanz ist das am frühesten blühende Hauptgras des ersten Schnittes.

Abb. 502 Nährstoffbilanz und Düngeempfehlung (in kg/ha) für eine Zweischnittwiese.

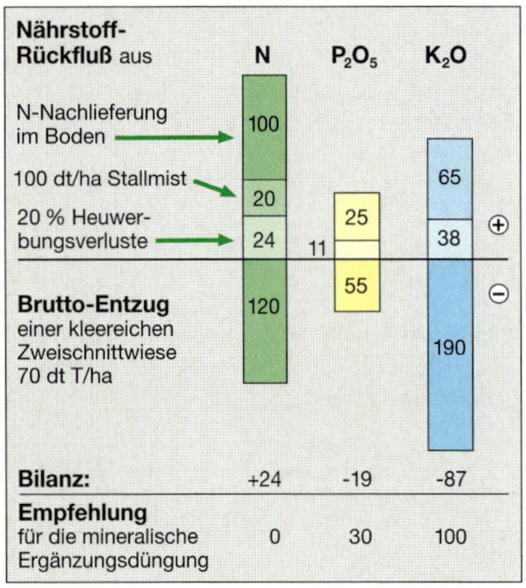

13.7.1 Extensive Wiesen

Standorte – Sie liegen auf trockenen Standorten des Jura, in rauen Höhen mit kurzer Vegetationszeit und im Regenschatten der Mittelgebirge.

Pflanzenbestände – Die Hauptgräser sind Glatthafer, Lieschgras, Aufrechte Trespe und Knaulgras. Sie bestimmen den Ertrag. Die **Futterqualität** hängt vom Anteil an Leguminosen (Rotklee, Hornklee, Gelbklee) und Kräutern wie Salbei, Mittlerer Wegerich und Kartäuserlichtnelke ab.

Erträge, Qualität – In der Regel werden solche Wiesen *zweimal* jährlich gemäht, wobei der Pflanzenbestand sehr empfindlich gegen einen frühen 1. Schnitt ist. Die Erträge liegen in sehr weiten Grenzen (40–80 dt T/ha).

Düngung – Auf extensiven Wiesen wird der Ertrag durch eine alleinige PK-Düngung (60–80 kg P_2O_5 und 120–160 kg K_2O je ha) stark erhöht. Eine N-Düngung in der Größenordnung von 90–120 kg/ha steigert den Ertrag weiter bis 70 dt T/ha, erfordert aber dann einen 3-maligen Schnitt. Die Futterqualität wird größtenteils durch den Anteil an Leguminosen und Kräutern festgelegt.

Flüssige Wirtschaftsdünger verdrängen die Leguminosen mit Ausnahme des Weißklees. Eine Stallmistgabe von 150–200 dt/ha ist dagegen im 2-jährigen Abstand zu empfehlen.

Die **Nährstoffbilanz** zeigt Abb. 502.

13.7.2 Mittelintensive Nutzung von Wiesen

Standorte – Mittelintensive Wiesennutzung liegt bei jährlich *drei* Schnitten vor. Grundsätzlich können fast alle Grünlandstandorte in dieser Intensitätsstufe bewirtschaftet werden. Typisch sind jene, bei denen eine alleinige PK-Düngung zu einem nachhaltigen Ertrag von 70 dt T/ha führt.

Pflanzenbestände – Typisch sind

- **Wiesenfuchsschwanz-Wiesen** in Tallagen und niederschlagsreichen Hügelgebieten: Neben dem Wiesenfuchsschwanz finden sich der Wiesenschwingel, das Wollige Honiggras, die Wiesenrispe und die Gemeine Rispe. *Leguminosen* findet man kaum. Von den Kräutern sind hauptsächlich Kohldistel, Wiesenknopf, Wiesensilge und Scharfer Hahnenfuß vertreten.
- **Wiesenschwingel-Wiesen:** Neben dem *Hauptgras* findet man Lieschgras, Knaulgras, Wiesenrispe und Goldhafer. *Leguminosen* sind durch Rotklee, Wiesenplatterbse und Vogelwicke vertreten. An *Kräutern* sind vorwiegend Spitzwegerich, Frauenmantel, Löwenzahn, Bärenklau und Wiesenkerbel vorhanden. Der bestandsbildende Wiesenschwingel verschwindet aber bei höherer Nutzungsintensität, ohne dass andere hochwertige Gräser seinen Platz einnehmen. Die Narbe entartet, wenn nicht streng eine Dreischnittnutzung bei nur mäßiger N-Düngung eingehalten wird.
- **Goldhafer-Wiesen:** Sie kommen vor allem in den höheren Lagen des Voralpenlandes ab 500–600 m ü. NN und den Mittel- bis Hochlagen der Mittelgebirge vor. Neben dem Goldhafer

treten der Rotschwingel, die Wiesenrispe, das Lieschgras als Hauptbestandsbildner auf. Der Wiesenschwingel ist meist Begleiter. Die *Leguminosen* sind durch Rotklee, Wiesenplatterbse und Weißklee vertreten, bei den *Kräutern* herrschen Löwenzahn und Frauenmantel vor.

Erträge, Futterqualität – Dreischnittige Wiesen erzielen ca. 90 dt T/ha (70–100 dt T/ha) in zwei Silage- und einem Heuschnitt. Dabei sind die Erträge in den frischfeuchten Lagen am höchsten und fallen zu den nassen und trockenen Standorten hin ab. Das Ca:P-Verhältnis liegt bei 1,5 : 1.

Düngung – Eine Steigerung der N-Düngung *vermindert* den Rohproteingehalt des Futters, weil die Leguminosen verdrängt werden und die hauptsächlichen Bestandsbildner früher reifen. Obwohl der Ertrag der Dreischnittwiesen nur um 30 % über dem der Zweischnittwiesen liegt, steigt der N-Entzug hier aber um 50 %. Die Nährstoffbilanz und Düngeempfehlung zeigt Abb. 503.

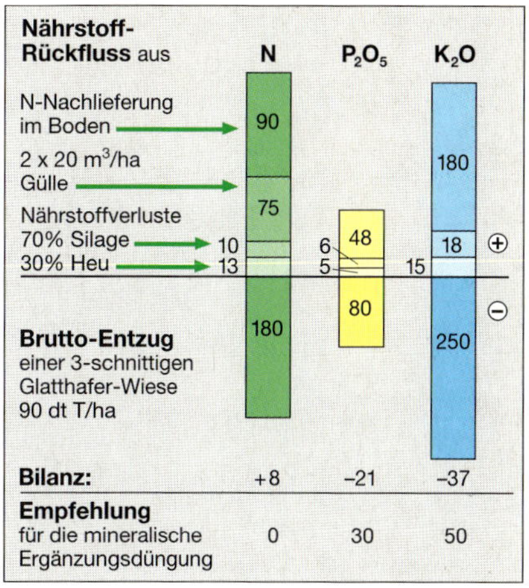

Abb. 503 Nährstoffbilanz und Düngeempfehlung (in kg/ha) für eine typische 3-Schnitt-Wiese.

13.7.3 Intensive Wiesennutzung

Standorte – Ein *vier-* bis *fünfmaliger* Schnitt von Wiesen ist nur auf solchen Standorten möglich, die auch als Weide genutzt werden können. Intensive Wiesennutzung setzt voraus, dass

- der optimale Schnittzeitpunkt eingehalten wird,
- das Futter rasch konserviert werden kann (Warmlufttrocknung, Heißlufttrocknung – z. B. Cobs – möglich ist, Anwelksilage),
- bei Stallhaltung täglich Futter zu holen ist.

Pflanzenbestände – Die intensive Nutzung führt mit der zwangsläufig erhöhten N-Düngung zu einer *Verarmung* der Pflanzenarten. Stickstoffliebende Pflanzen verdrängen Leguminosen und wertvolle Kräuter. Tief wurzelnde, minderwertige Kräuter nehmen zu und senken Ertrag und die Futterqualität stark ab.

Erträge, Futterqualität – Intensivweiden bringen Erträge von 100–140 dt T/ha. Für eine hohe Futterqualität müssen der 1. und 2. Schnitt rechtzeitig, d. h. zwischen *Schossen* und *Ährenschieben* der Gräser, erfolgen. Beim 3. und 4. Schnitt hat der Schnittzeitpunkt keinen so großen Einfluss mehr auf die Futterqualität.

Der letzte Aufwuchs sollte dagegen so *spät* wie möglich gemäht werden, damit der Rohproteingehalt nicht mehr so hoch ist und gleichzeitig der Rohfasergehalt auf ca. 20 % ansteigt. Dies ist aus pansenphysiologischen Gründen wichtig.

Düngung – Dem erhöhten Nährstoffbedarf bei intensiver Nutzung muss die Düngung Rechnung tragen. So benötigt jeder Schnitt 50–60 kg N/ha neben einer ausreichenden PK-Gründüngung. Nährstoffbilanz und Düngeempfehlung zeigt Abb. 504.

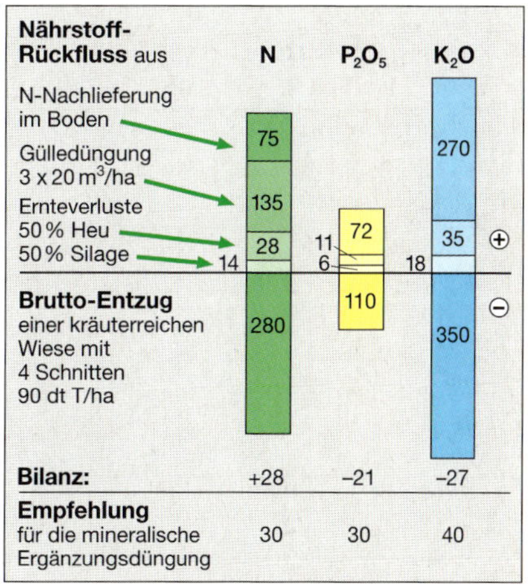

Abb. 504 Nährstoffbilanz und Düngeempfehlung (in kg/ha) einer intensiv genutzten Wiese (2 Silage-, 2 Heuschnitte; 90 dt T/ha).

Abb. 505 Nährstoffbilanz und Düngeempfehlung (in kg/ha) einer intensiven Weidelgrasweide (5 Nutzungen).

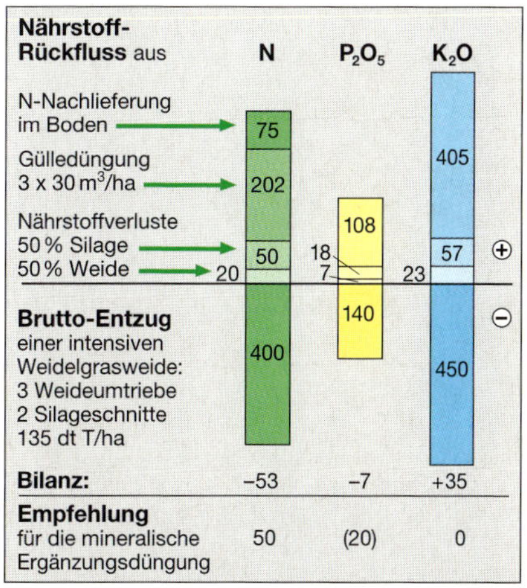

13.8 Mähweide

Begriff – Mähweide bedeutet, dass eine Grünlandfläche während einer Vegetationsperiode *abwechselnd* als Wiese und Weide genutzt wird. Die Vorteile sind:

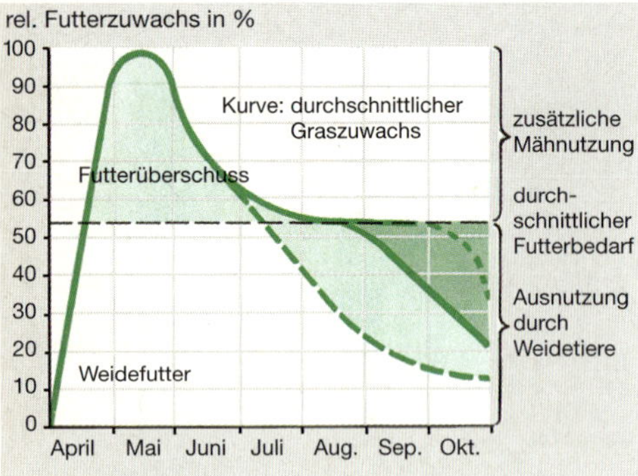

Abb. 506 Die Nutzung des Grünlandes muss dem Futterzuwachs angepasst sein.

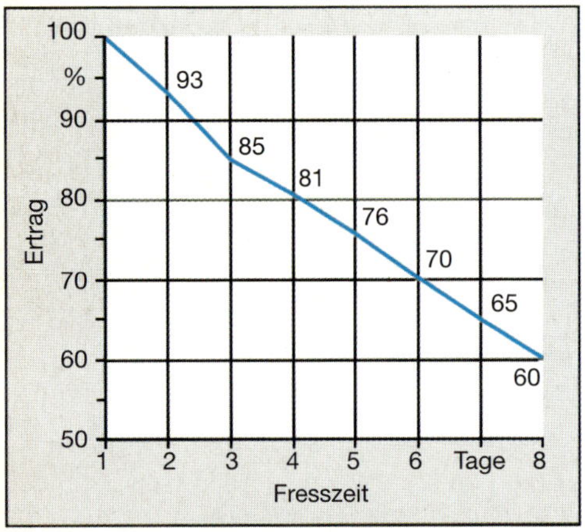

Abb. 507 Zusammenhang zwischen Ertrag und Fresszeit bei einer Weidefläche.

- Entzerrung der Gär- und Raufutterernte,
- Staffelung des Aufwuchses, so dass immer junges, nährstoffreiches Futter zur Verfügung steht,
- Vermeiden von Verholzen und Absamen hartstängeliger Pflanzenarten,
- höherer Nährstoffertrag als bei reiner Wiesennutzung,
- bessere Verdaulichkeit der organischen Masse beim Weidegang nach einer Schnittnutzung,
- höhere Trockenmasse-Aufnahmemengen (um 2–3 kg T/Tier und Tag).

Weidetechnik – Der Auftrieb muss im Frühjahr *so bald wie möglich* erfolgen. Dazu werden die Koppeln großflächig überweidet. Die Zuteilung von Tagesrationen ist zu diesem Zeitpunkt noch nicht möglich, weil die Tiere ihren Futterbedarf noch nicht vollständig auf der Weide decken können und zugefüttert werden muss.

Diese Überweidung wird nur so lange fortgesetzt, bis der Bestand infolge der einsetzenden stärkeren Wachstumsperiode eine Wuchshöhe von 20–25 cm erreicht hat (Weidereife). Dann wird den Tieren die Weidefläche in *Tagesportionen* zugeteilt. Ein Überangebot an Futter wird konserviert.

Je älter das Futter, desto höher ist der Rohfasergehalt und desto geringer ist der Rohproteinanteil.

Die *Größe* der täglich zugeteilten Weidefläche ergibt sich aus der Zahl der aufgetriebenen Tiere, der täglichen Trockenmasse-Aufnahme und dem entsprechenden Angebot im Futter.

Dabei kann von folgenden Daten ausgegangen werden: Eine Kuh braucht täglich rund 13,5 kg T; angeboten werden müssen jedoch 17 kg T, weil Verluste auf der Weide durch Zertreten und Verschmutzen nie ganz zu vermeiden sind. Im Pflanzenbestand entspricht 1 cm Wuchshöhe ca. 1 dt T/ha, wobei eine Stoppelhöhe von 3 cm schon berücksichtigt ist.

Beispiel für die Berechnung der Portionsweidefläche:
Wuchshöhe des Bestandes 22 cm entspricht 22 dt T/ha,
täglicher Bedarf/Kuh 17 kg T.

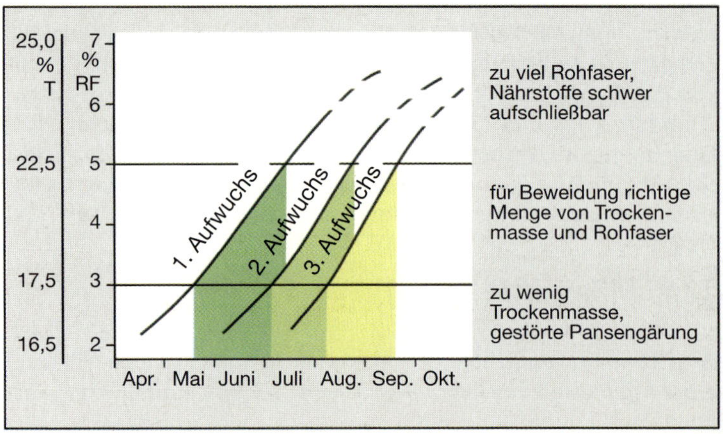

Abb. 508 Abhängigkeit der Beweidung vom richtigen Rohfasergehalt des Futters.

$$\text{Tägliche Weidefläche/Kuh} = \frac{0{,}17\ \text{dt T}}{22\ \text{dt T/ha}} = 0{,}007\ \text{ha} \approx 80\ \text{m}^2$$

Liegt die Wuchshöhe unter 18 cm, reicht das T-Angebot in der Regel nicht zur Sättigung aus. Es muss im Stall *zugefüttert* werden.

Der T-Anteil nimmt innerhalb der Wuchshöhe des Bestandes nach unten hin zu. Deswegen wird die Weideleistung durch Förderung der Untergräser erhöht und nicht über das Älterwerdenlassen des Bestandes!

Die **Weideverluste** schwanken in weiten Grenzen und hängen stark von der Weidetechnik ab. Je höher und älter der Aufwuchs, desto größer die Weidereste. Nach längeren Regenperioden steigen selbst bei guter Weideführung und Portionszuteilung die Verluste auf bis zu 80 %.
So kann eine optimale Weideführung in weniger günstiger Lage bei 70 dt T/ha Bruttoertrag und 80%iger Ausnutzung die gleiche Nettoleistung bringen wie eine Weide in bester Lage mit 140 dt T/ha Bruttoertrag, aber nur 40%iger Ausnutzung.
Nach jedem Beweiden braucht die Narbe eine **Ruhezeit**, um wieder nachzuwachsen. Ihre Länge ist vom Wachstum abhängig und beträgt im Mai und Juni 21–24 Tage, im Juli/August ca. 30 Tage und gegen Ende der Weideperiode 45 Tage.

Die Fresszeiten auf der Weide sollen möglichst kurz, die Ruhezeiten genügend lang sein.

13.9 Weiden

Weiden sind Flächen, auf denen der gesamte Pflanzenaufwuchs einer Vegetationsperiode von Weidetieren genutzt wird.

13.9.1 Leistungsdaten der Weide

Weideleistung – Die Weideleistungen schwanken wie die Erträge bei Mähweiden in weiten Bereichen. Für die Berechnung wird der **Weideertrag** in MJ NEL oder kStE angegeben.

gering	10 900–21 800 MJ NEL bzw.	19 000–37 000 MJ ME/ha,
mittel bis gut	21 800–54 500 MJ NEL bzw.	37 000–83 000 MJ ME/ha,
sehr gut	über 54 500 MJ NEL bzw.	über 83 000 MJ ME/ha.

Der Ertrag wird aber nicht über die Pflanzenmasse ermittelt, sondern über die während der Weidenutzung erzielte *Gewichtserhaltung* und *-zunahme* der Weidetiere und ihre *Milch-* und *Fettleistung*. Dazu sind zu ermitteln:

- Zahl und Gewicht der Tiere beim Auftrieb und Abtrieb,
- Milch- und Fettleistung während der Weidezeit,
- Art und Menge des Beifutters,
- Dauer der Weidezeit,
- Menge des von der Weidefläche zusätzlich geernteten Futters.

Abb. 509 Die Kurztagsweide gestattet das Zuteilen kleiner, optimaler Futterflächen.

Abb. 510 Die Folgen von Unterbeweidung sind Futterverluste.

Abb. 511 Überweidung lässt nur noch Pflanzen übrig, die sich mit ihren Rosetten so an die Bodenoberfläche anschmiegen können, dass sie dem Biss der Tiere entgehen.

Abb. 512 In Norddeutschland wurde in den vergangenen Jahren die Standweide intensiviert.

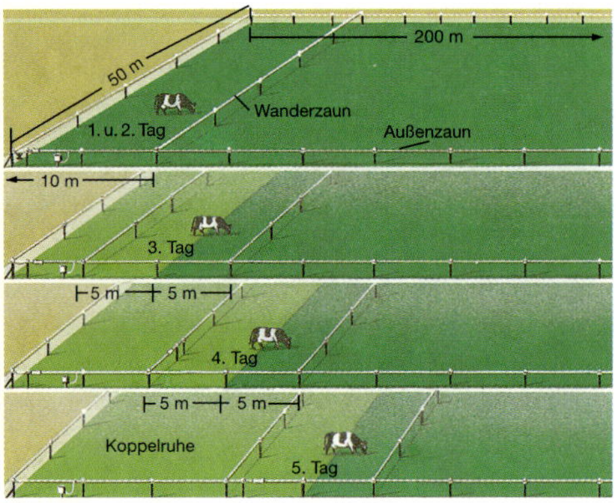

Abb. 513 Nutzung und Einteilung einer Weidekoppel als Portionsweide erfolgen vorteilhafterweise mit einem leicht versetzbaren Elektrozaun.

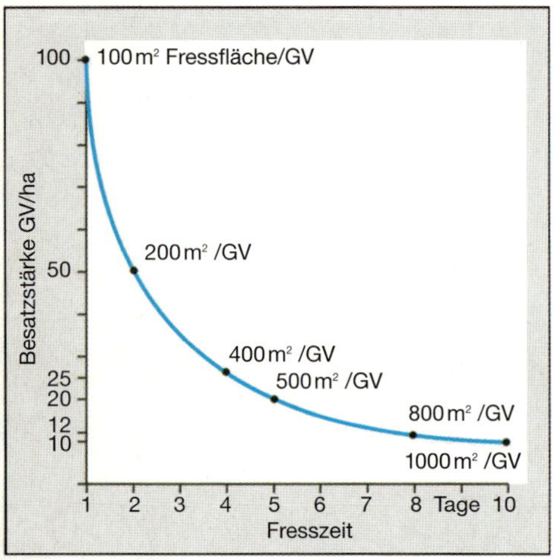

Abb. 514 Zusammenhang zwischen Fresszeit und Besatzstärke.

Die DLG bietet für die Berechnung des Weideertrages ein Weidetagebuch an, das die Aufzeichnung erleichtert.

Besatzstärke – Darunter versteht man den während einer Vegetationsperiode auf eine Weidefläche aufgetriebenen und dort voll ernährten Viehbestand in dt Lebendmasse/ha.

Die Besatzstärke ist mit

bis 15 dt	Lebendmasse/ha	=	3 GV/ha	gering,
15–20 dt	Lebendmasse/ha	=	3–4 GV/ha	mittel,
über 20 dt	Lebendmasse/ha	=	über 4 GV/ha	hoch.

Besatzdichte – Sie gibt den während einer Nutzung auf einer Weidefläche aufgetriebenen Viehbestand in dt Lebendmasse/ha an. Die Besatzdichte ist mit

50–90 dt	Lebendmasse/ha	=	10–18 GV/ha	gering,
90–130 dt	Lebendmasse/ha	=	18–26 GV/ha	mittel,
über 130 dt	Lebendmasse/ha	=	über 26 GV/ha	hoch.

13.9.2 Nutzungsformen der Weide

Intensivweiden – Intensive Weidehaltung ist möglich auf *ebenen* bis *gering geneigten* Flächen mit *geregelten Grundwasserverhältnissen*, die eine *trittfeste* Narbe gewährleisten. Von April bis Ende September sollen ca. 400–500 mm *Niederschläge* fallen, und die Weiden müssen in *Hofnähe* liegen.

Intensivweiden sind in der Regel *Milchviehweiden*. Bei einer Nutzung als **Umtriebsweiden** (mit Koppeln) sind sie regelmäßig nachzumähen, um den Energiegehalt des Futters zu steigern und den Anteil nicht abgefressener Stellen gering zu halten. Die intensive **Standweide** ist auf arrondierten, ganzjährig trittfesten Flächen mit einheitlichem Pflanzenbestand (Weidelgras) empfehlenswert. Die Weidetiere brauchen einen Sonnenschutz (Schattenbäume, Unterstand). Außerdem müssen Wasserversorgung und Beifütterung mit Kraftfutter gewährleistet sein.

Bei *Sommertrockenheit* sinkt der Weideertrag der Standweide um 10–15 % gegenüber der Umtriebsweide. Der Bewuchs sollte stets auf 8–10 cm Höhe gehalten werden. Nachmähen der *Geilstellen* ist spätestens ab Ende Juni nötig. Intensive Standweiden verringern aber den *AKh-Aufwand* gegenüber der Umtriebsweide etwa um die Hälfte.

Die Düngung weist hinsichtlich der PK-Düngung keine Besonderheiten auf. Der Unterschied liegt in der *Stickstoff-Düngung*. Im zeitigen Frühjahr erhalten die Flächen, deren erster Aufwuchs siliert wird, 80–100 kg N/ha, die anderen Weideflächen 50 kg N/ha. Ab Ende Mai bis Mitte September werden im Abstand von drei Wochen jeweils 20–40 kg N/ha gegeben (je Wachstumstag 1–2 kg N/ha). Der Dünger wird bei trockener Witterung ausgebracht, ohne dass die Weidetiere dazu abgetrieben werden müssen.

Extensivweiden – Dies sind *Hutungen* und *Standweiden* ohne geregelte Weidetechnik.

Kennzeichen sind

- keine geregelte Schnittnutzung der Weideflächen,
- keine Unterteilung in Koppeln,
- Beweidung mit Jungvieh, Pferden oder Mutterschafen,
- keine regelmäßige Düngung, vor allem keine N-Düngung,
- der Viehbesatz ist meist nicht dem Futterzuwachs angepasst,
- artenreiche und sehr stabile Pflanzenbestände mit wenig Obergräsern.

Bei starker Überweidung nehmen die trittliebenden Arten wie Gemeine Rispe, Breitwegerich, Vogelknöterich und Kriechendes Fingerkraut zu. In der weiteren Folge entstehen Lücken. Extensivweiden findet man auf *Grenzertragsböden* der Mittelgebirge und in den Alpen. Aber auch *stark geneigte Flächen* in den Grünlandgebieten werden heute aus arbeitswirtschaftlichen Gründen als Extensivweiden für Jungvieh genutzt.

13.10 Grundlagen der Düngung des Grünlandes

Bedeutung und Ziele – Die Düngung soll den Nährstoffbedarf der Grünlandpflanzen sicherstellen. Sie beeinflusst aber auch

- den *Nährstoff-, Mineralstoff-* und *Wirkstoffgehalt* des Futters: Harmonische Düngung erhöht die Werte, einseitige kann die Tiergesundheit gefährden. Dies ist bei N-Überdüngung (Nitratanreicherung) oder Mg-Mangel (Weidetetanie) der Fall.
- den *Massen-* und *Nährstoffertrag* stärker als jede andere Maßnahme: Mehrfache Nutzungen entziehen auch mehr Nährstoffe.
- den *Pflanzenbestand*: So fördert N vor allem die Gräser auf Kosten der anderen Arten, P neben den Gräsern die wertvollen Leguminosen. Auf K reagieren besonders die Kräuter und Leguminosen mit verstärktem Wachstum.

Besonderheiten – Die Düngung des Grünlandes unterscheidet sich von der des Ackers, weil der Dünger nicht eingearbeitet werden muss. Die Umsetzung und die Aufnahme der Nährstoffe erfolgen in der obersten Bodenschicht. In viehstarken Betrieben besteht oft ein *geschlossener* Nährstoff-Kreislauf, der eine zusätzliche mineralische Düngung überflüssig macht. Außerdem ist zu berücksichtigen, dass Grünlandpflanzen eine schwach saure Reaktion lieben.

Nährstoffbilanz – Eine gezielte Düngung ist auch beim Grünland nur aufgrund einer Bodenuntersuchung möglich, die den Versorgungsgrad feststellt. Dann wird anhand von Faustzahlen der Nährstoffbedarf ermittelt. Davon sind jene Nährstoffmengen abzuziehen, die durch die Wirtschaftsdünger bzw. die Ausscheidungen der Weidetiere wieder auf die Grünlandfläche zurückfließen. Nur der Rest ist durch Handelsdünger zu ersetzen (siehe auch Seite 168).

Je höher der Viehbesatz, desto größer ist der Nährstoff-Rückfluss aus dem eigenen Betrieb.

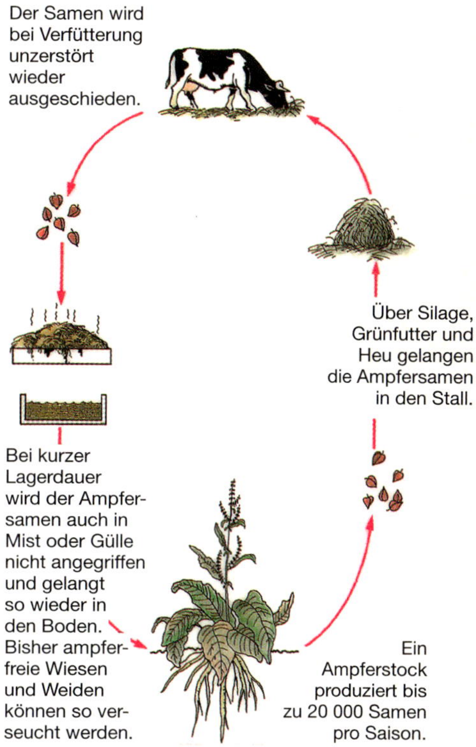

Abb. 515 Der Kreislauf der Ampfervermehrung auf Grünland (Schema).

Abb. 516 Wirkung von Güllestickstoff.

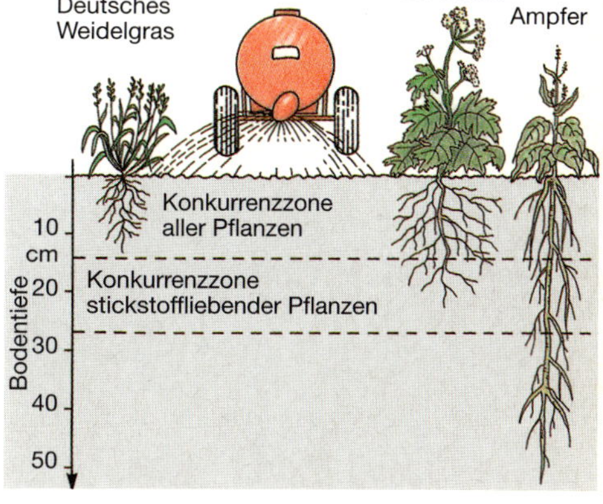

Abb. 517 Eine gesteigerte Flüssigmist-Düngung fördert besonders die Kräuter (links).

Abb. 518 Nährstoffgehalt (kg/m³) von Rinder- und Schweinegülle (10 % T) sowie von Schwemm-Mist (62 kg org. Substanz/m³).

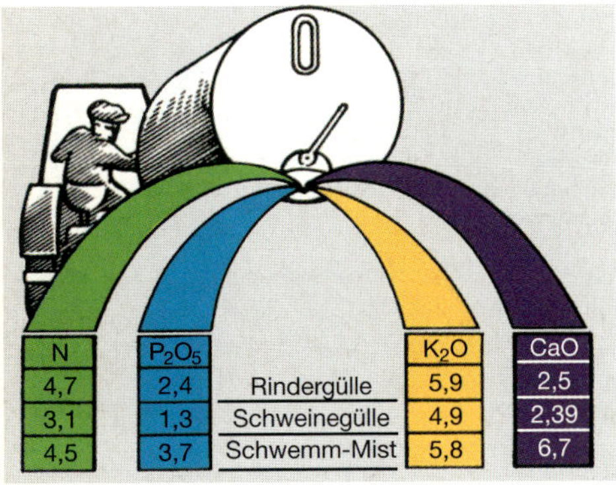

Abb. 519 Knaulgras stellt oft das Hauptgras des 1. Schnittes dar.

13.10.1 Organische Düngung

Dauergrünland besitzt durch die rege Tätigkeit der Bodenlebewesen stets einen höheren Humusgehalt als Acker unter gleichen Bedingungen. Das bedeutet, dass in Betrieben, die Acker- und Grünlandwirtschaft betreiben, zunächst die Ackerflächen mit organischen Düngern bedacht werden sollten.

Stallmist/Kompost – Es hat sich als vorteilhaft erwiesen, Stallmist und Kompost in nicht zu großen Gaben von 150–200 dt/ha auszubringen. Wichtig ist, dass die Dünger gut verrottet sind und gleichmäßig verteilt werden.

Sie werden im Spätherbst oder Winter ausgebracht. Auch eine Frühjahrsanwendung ist möglich, wenn sie rechtzeitig vor der ersten Nutzung liegt, sonst fressen die Tiere das Futter ungern.

Bei trocken-windigem Wetter nach der Ausbringung sind die N-Verluste groß (bis zu 75 %; Denitrifikation).

Gülle – In reinen Grünlandbetrieben fehlt das Stroh. Diese Tatsache und die Umstellung auf arbeitssparende Aufstallungsformen trugen dazu bei, dass heute vermehrt Gülle anfällt. Darüber hinaus hat in manchen Betrieben die Aufstockung der Tierbestände zugenommen, so dass die anfallende Güllemenge über den Düngebedarf hinausgeht. Hier sind die Bestimmungen der Dünge-Verordnung (siehe Grundstufe) zu beachten, um das Grundwasser vor Nitratbelastungen und die Umgebung vor lästigen Geruchsemissionen zu schützen.

Wegen des hohen Anteils an leicht löslichen N-Verbindungen sollte Gülle nur kurz vor oder während der Vegetationszeit bei windstillem, trübem Wetter ausgebracht werden. Sehr vorteilhaft wirkt sich ein Niederschlag nach der Gülleausbringung aus. Bei entsprechender Verteilung und Aufbereitung läuft die Gülle von den Assimilationsflächen ab und gelangt in die obere Bodenschicht. Die N-Verluste werden so gesenkt. Verklebte Blätter und völlig abgedeckte Pflanzen sterben sonst ab und schaffen Lücken für Platzräuber (z. B. Löwenzahn) und Unkräuter (z. B. Vogelmiere und Quecke).

Einseitige Gülledüngung fördert durch das Überangebot von N und K vor allem die Doldenblütler (z. B. Wiesenkerbel, Bärenklau) und Ampfer. Auf Weiden führt regelmäßige Gülledüngung zu verminderter Futteraufnahme. Wenn möglich, sollte die Güllegabe deshalb nicht vor einer Weidenutzung ausgebracht werden, sondern vor einer Schnittnutzung.

Regelmäßige Boden- und Gülleuntersuchungen helfen, ökonomische und ökologische Fehler zu vermeiden.

13.10.2 Mineralische Düngung

PK-Düngung – Grünlandpflanzen sind ausdauernde Gewächse, sie können daher die gesamte Vegetationsperiode zur Nährstoffaufnahme nutzen. Die Grunddüngung kann, wenn in Güllebetrieben überhaupt nötig, in einer arbeitsextensiven Zeit ausgebracht werden. An Hängen oder in Überschwemmungsgebieten sollten Grünlandflächen im Frühjahr gedüngt werden.

Im Hinblick auf die Mineralstoffversorgung der Tiere sind eine K-Überversorgung (sie bewirkt eine Senkung des Na- und Mg-Gehaltes des Futters) und Cu-Unterversorgung zu vermeiden.
N-Düngung – Das Grünland reagiert sehr rasch auf eine N-Zufuhr. Wachstum und Bestockung der Gräser werden angeregt, der Eiweißgehalt der Pflanzen nimmt zu, die Nutzungszeit des Grünlandes wird verlängert, die Folgen von Trockenperioden gemildert. N bewirkt aber auch eine Verarmung der Pflanzenarten, weil Kräuter und Leguminosen zurückgedrängt werden. Nutzungsform und Standort bestimmen die Höhe der N-Düngung im Rahmen der Vorschriften der Dünge-Verordnung.

Abb. 520 Durch stauende Nässe wird der Pflanzenbestand einer Wiese verändert.

13.11 Pflege des Grünlandes

Ziel – Die Zusammensetzung der Pflanzengesellschaften des Grünlandes wird von den natürlichen Standortbedingungen einerseits und der Nutzung (Schnitt- oder Weidenutzung, Anzahl der Nutzungen, Düngung, Schnitttiefe, Einstellung der Geräte und Fahrspuren) andererseits geprägt.
Ziel aller Pflegemaßnahmen auf dem Grünland muss es deshalb sein, einen möglichst artenreichen Bestand aus ertragreichen und schmackhaften Pflanzen zu erhalten sowie Giftpflanzen und Platzräuber einzudämmen.

Abb. 521 Die Regulierung der Grundwasserverhältnisse ist eine wichtige Pflegemaßnahme bei Grünland.

13.11.1 Mechanische Pflegemaßnahmen

Kontrolle der Entwässerung – Einmal jährlich sollten vorhandene Entwässerungsanlagen überprüft werden. Vernässte Stellen zeigen verstopfte Leitungen an. Klappen an den Sammlermündungen sind gängig zu halten und Vorflutgräben zu reinigen.
Abschleppen – Maulwurfshaufen bedecken Teile der Narbe und bieten vor allem tief wurzelnden Platzräubern wie Ampfer und Löwenzahn ein ideales Keimbett. Außerdem wird das Futter enorm verschmutzt und die Mäharbeit erheblich behindert. Ähnliches gilt für die Schäden, die durch Wühlmäuse verursacht werden. Das Einebnen der Maulwurfshaufen im zeitigen Frühjahr beugt dieser Verschlechterung des Pflanzenbestandes vor.
Am besten eignen sich dazu **Reifen-**, **Ketten-** oder **Straucheggen,** Wieseneggen verletzen die Narbe zu sehr. Maulwurfshaufen müssen vor dem Abschleppen genügend abgetrocknet sein, sonst wird die Grasnarbe unnötig verschmiert und am Wachstum gehindert. Gleichzeitig werden ausgebrachter organischer Dünger, Stallmist und Gülle in die Narbe »eingerieben«. Mit der Schleppe lassen sich auch die Fladen auf der Weide verteilen.

Abb. 522 Wiesen-Ringschleppe im Einsatz.

Walzen – Mit der Walze wird im Frühjahr der Bodenschluss wiederhergestellt und die Wasserführung verbessert. Der richtige Zeitpunkt hängt vom Feuchtigkeitszustand des Bodens ab und lässt sich mit der Trittprobe feststellen: Wird die Trittstelle bei wiederholtem Hineindrücken des Schuhabsatzes breiig, ist der Boden noch zu nass. Federt der Tritt zurück, so ist er schon zu trocken. Zum richtigen Zeitpunkt krümelt der Boden im Tritt.
Die Wirkung der Walze hängt wesentlich von deren *Gewicht* ab. Es soll 10–15 dt/m Arbeitsbreite betragen. Wiesenwalzen werden

Abb. 523 Für aufgefrorene Wiesenflächen ist die mit Wasser zu füllende Wiesenwalze im Frühjahr ein wichtiges Gerät. Vor allen Dingen im hängigen Gelände muss wegen der Unfallverhütung das Eigengewicht berücksichtigt werden.

Abb. 524 Weidemulchgeräte werden zunehmend für das Nachmähen eingesetzt.

Abb. 525 Kuhfladen erzeugen Geilstellen.

deswegen mit Wasser gefüllt. Auf hängigem Gelände und beim Bremsen muss der Traktorfahrer die hohe Schubkraft der angehängten Walze berücksichtigen, sonst sind Unfälle nicht zu vermeiden.
Durch *langsames Fahren* wird die Wirkung der Walze erhöht (Fahrgeschwindigkeit unter 1,8 km/h). Auf humusarmen Mineralböden hat das Walzen des Grünlandes kaum eine Wirkung; auf schweren Böden ist es wegen der ohnehin geringen Durchlüftung sogar schädlich.
Nachmähen – Kothaufen und -fladen der Weidetiere beeinträchtigen die Weidenarbe stark. Die zugedeckten Pflanzen sterben ab, während die an den Rändern von den Weidetieren verschmäht werden und infolge der massiven Nährstoffzufuhr stark wachsen. Es entstehen sog. **Geilstellen.** Ihre lückenhafte Mitte besiedeln schließlich unerwünschte Kräuter.
Deshalb ist ein Nachmähen auf jeden Fall nach dem ersten Weideaustrieb und später in größeren Zeitabständen notwendig. *Kreiselmäher* und besonders *Weidemulchgeräte* eignen sich dazu sehr gut.

13.11.2 Bekämpfen unerwünschter Pflanzen auf dem Grünland

Unerwünschte Pflanzen – Dies sind rosettenbildende Platzräuber, z. B. Löwenzahn und Ampfer, die wertvolle Pflanzen verdrängen und bei der Heuwerbung hohe Bröckelverluste bedingen sowie giftige Pflanzen, z. B. Scharfer Hahnenfuß, die den Futterwert erheblich beeinträchtigen.
Verfahren – Vor einem Herbizid-Einsatz, der keine übliche Pflegemaßnahme darstellt, müssen alle Nutzungs- und Bewirtschaftungsfehler abgestellt werden, sonst stellt sich bereits nach 3 bis 4 Jahren die bisherige, schlechte Grasnarbe wieder ein.
Der nächste Schritt ist die **Einzelpflanzenbekämpfung.** Auch sie muss durch entsprechende Güllegaben, gezielten Schnitt oder Beweidung und richtige Geräteeinstellung unterstützt werden. Eine rechtzeitige, d. h. frühzeitige Bekämpfung von Schadpflanzen verhindert deren Aussamen und damit eine weitere großflächige Verbreitung.

Der Herbizid-Einsatz auf Grünland ist stets ein Ausnahmefall!

Die Einzelpflanzenbekämpfung kann mechanisch durch Ausstechen oder mit chemischen Mitteln erfolgen. Nur mit einer gezielten Auswahl der Mittel ist ein ausreichender Erfolg sicherzustellen; andernfalls kann sich sogar eine nachteilige Wirkung einstellen.
Zum Ausbringen flüssiger Mittel haben sich Dochtstreichgeräte bewährt. Spritzverfahren sind witterungsabhängig und arbeitsaufwendig. Granulate sind dagegen witterungsunabhängig und leicht auszubringen.
Nachteilig ist die unselektive Wirkung, die Fehlstellen hinterlässt, die wiederum verunkrauten.

Tabelle 35: Bekämpfen unerwünschter Pflanzen auf dem Grünland

Pflanze	Verfahren
Stumpfblättriger Ampfer, Krauser Ampfer	Einzelpflanzenbehandlung mit Harmony, Hoestar, Casoron G und Prefix G Flächenbehandlungen Harmony wirkt weißkleeschonend und gegen Schafgarbe
Hahnenfuß Wiesenkümmel	MCPA-Mittel
Löwenzahn	Kalkstickstoff, Aaherba Combi, 2,4 D + MCPA oder Hoestar
Vogelmiere	Duplosan KV
Bärenklau	Garlon 2
Wiesenkerbel	Duplosan DP
Quecke	Roundup Ultra; M Glyfos, Durano, Taifun forte

Abb. 526 Wirkung eines Grünland-Herbizides.

Weit wichtiger als die Präparat- und Wirkstoffnamen sind die Hinweise zur Anwendung und Wartezeit.
Flächenbehandlungen sind nur ratsam, wenn eine erhebliche Verunkrautung vorliegt. Die Flächenbehandlung belastet aber auch die wünschenswerten Pflanzen. Ausgleichsdüngungen und Nachsäen der freien Stellen ist deshalb unabdingbar.

13.11.3 Tierische Schädlinge

Abb. 527 Wiesenverkrautung mit Wiesenkerbel.

Schädlinge und Schadwirkung – Das Grünland als artenreiche Nutzungsform ist weit weniger von Schädlingen bedroht als die Monokulturen des Ackerlandes. Ernsthafte Schäden richten hier nur solche Schädlinge an, die wenig wählerisch sind und alle Pflanzen beeinträchtigen. Es sind dies vor allem Feldmäuse, Wühlmäuse, Maulwürfe und die Larven der Wiesenschnake (Tipula).
Feldmäuse können sich vor allem nach Trockenperioden in Grünlandflächen rasant vermehren und so erhebliche Fraßschäden anrichten. *Maulwürfe* und *Wühlmäuse* schaden vor allem durch ihre intensive Wühlarbeit, die aufgeworfenen Erdhaufen erschweren die Erntearbeiten und verschmutzen das Futter. *Wiesenschnakenlarven* (Tipula-Larven) fressen die Pflanzen dicht über der Bodenoberfläche ab und hinterlassen Kahlstellen.
Bekämpfung – Grundsätzlich gilt, dass zunächst die natürlichen Feinde der Schädlinge – das sind bei Feld- und Wühlmäusen vor allem die Greifvögel – gefördert werden müssen. Das kann z. B. durch Aufstellen von Aufsitzstangen erfolgen. Eine direkte Bekämpfung ist bei Feldmäusen mit Giftgetreide und bei Wühlmäusen mit Fallenfang möglich. Tipula-Larven können beim Auftreten der Schadnester mit chemischen Mitteln, z. B. Herbstspritzung mit Parathion, bekämpft werden (Bienenschutz-Verordnung beachten!).
Maulwürfe stehen unter Artenschutz und dürfen nur mit Zustimmung der Naturschutzbehörde bekämpft werden. Vielfach ver-

Abb. 528 Solche Aufsitzstangen werden von Greifvögeln gerne angenommen.

Abb. 529 Mangelhaftes Verteilen von Flüssigmist lässt die Grasnarbe ersticken.

treibt eine vorübergehende Beweidung die Tiere und mindert so den Schaden.

13.12 Verbesserung von Grünlandnarben

13.12.1 Gründe für die Entartung von Grasnarben

Die Verschlechterung der Grasnarbe schreitet meist schleichend voran. Die Grasnarbe zeigt Lücken, die von Unkräutern besetzt werden. Die Untergräser verschwinden fast gänzlich, der Ertrag sinkt. Das Futter verholzt sehr schnell und wird nicht gerne gefressen.
Ursachen:
Veränderungen der natürlichen Bedingungen:
- Senken des Grundwasserspiegels oder Staunässe,
- Dürreschäden,
- Auswinterung,
- Befall mit Krankheiten (Schneeschimmel) oder Schädlingen,
- massenhaftes Auftreten von Wühlmäusen und Schädlingen.

Fehler in der Grünlandnutzung:
- Fahr- und Trittschäden,
- zu häufiger Schnitt, zu häufige Weidenutzung,
- nicht auf die Düngungsintensität abgestimmte Nutzung,
- zu tiefer Schnitt,
- hohe N-Düngung, einseitige Düngung,
- zu späte Nutzung,
- schlechte Verteilung organischer Dünger,
- organische Dünger zum falschen Zeitpunkt,
- größere Reste bei Nachmahd oder Futternutzung,
- kein rechtzeitiger Abtransport z. B. von Silageballen.

13.12.2 Verfahren zur Narbenverbesserung

Derzeit haben sich zwei Verfahren zur Verbesserung von Grünlandnarben durchgesetzt.
Nachsaat – Nach einem selektiven Herbizideinsatz gegen die vorherrschenden Unkräuter wird die lückige Narbe mit speziellen Geräten oder einfach mit z. B. dem Pendel-Düngerstreuer übersät und eventuell gewalzt.
Dazu werden 2 oder 3 Arten rasch wachsender Grünlandpflanzen herangezogen (Wiesenschwingel, Knaulgras, Weißklee, Deutsches Weidelgras).
Beste Saatzeit ist im September. Die folgende Nutzung muss sehr früh erfolgen, damit die auflaufenden Gräser nicht unterdrückt werden. Eine Gülledüngung sollte erst im nächsten Jahr erfolgen.
Neuansaat – Die Erneuerung der gesamten Narbe ist notwendig, wenn die Entartung so stark ist, dass eine Nachsaat nicht mehr zum Ziel führt.
Eine Möglichkeit der Erneuerung besteht darin, die alte Narbe mit einer Fräse zu zerstören, die Fläche anschließend zu walzen und mit einer Drillmaschine mit engem Reihenabstand zu besäen.

Die andere Möglichkeit verzichtet auf eine Zerstörung der Narbe. Nach der Abtötung des Bestandes mit einem Totalherbizid (z. B. Roundup) wird die Aussaat mit Spezial-Sägeräten durchgeführt.

Nachbehandlung – Sie ist entscheidend für den Erfolg jeder Narbenverbesserungsmaßnahme. Eine gute Nachbehandlung besteht vor allem im Beseitigen aufgelaufener Unkräuter, einem Schröpfschnitt bei 10–15 cm Wuchshöhe der Neuansaat, die besonders die Bestockung anregt, und dem *Verzicht auf Gülledüngung im Ansaatjahr*.

Abb. 530 Abtötung der alten Narbe.

Narbenverbesserung und Narbenerneuerung sind tiefe Eingriffe in das Ökosystem Grünland. Um sie künftig zu vermeiden, sind die Ursachen für die Bestandsentartung zu ermitteln und die Bewirtschaftung entsprechend abzuändern.

Ansaatmischungen – Grundsätzlich gilt Folgendes:

- Für die *Wiesennutzung* sind Obergräser die wichtigsten Mischungspartner.
- Für die *Weidenutzung* hat das Deutsche Weidelgras den Hauptanteil in der Ansaatmischung.
- Auf leichten und trockenen Standorten mit intensiver Nutzung ist das Knaulgras zu bevorzugen.
- Goldhafer ist nur für Lagen über 500 m NN zu empfehlen.

Die Tabellen 36–37 und Abb. 533 (Seite 180) zeigen Beispiele für die wichtigsten Standorte und Nutzungsformen.

Abb. 531 Nachgesäter lückiger Grünlandbestand.

Beim Zusammenstellen einer Ansaatmischung für Grünland sind Nutzungsrichtung, Intensität und die Ansprüche der ausgewählten Pflanzen zu berücksichtigen!

Tabelle 36: Mischungsbeispiele für Wiesen in Süddeutschland (kg/ha)

Pflanzenart	Standortverhältnisse		
	trockene Lagen	niederschlagsreiche Lagen	
	Böden flachgründig	Böden mittel bis schwer	Böden wechselfeucht
Wiesenschwingel	12,0	16,0	15,0
Glatthafer	5,0		
Lieschgras	5,4	6,0	8,0
Knaulgras, mittel	3,0		1,0
Knaulgras, früh			1,0
Wiesenfuchsschwanz			2,0
Wiesenrispe	4,0	4,0	4,0
Goldhafer	0,6		
Deutsches Weidelgras		4,0	
Rotschwingel	3,0	3,0	3,0
Weißklee	1,0	2,0	1,0
Rotklee	1,0	1,0	1,0
Hornschotenklee	1,0		
insgesamt	36,0	36,0	36,0

Abb. 532 Funktion einer speziellen Sämaschine zur Nachsaat lückiger Grünlandbestände ohne Umbruch (Schema).

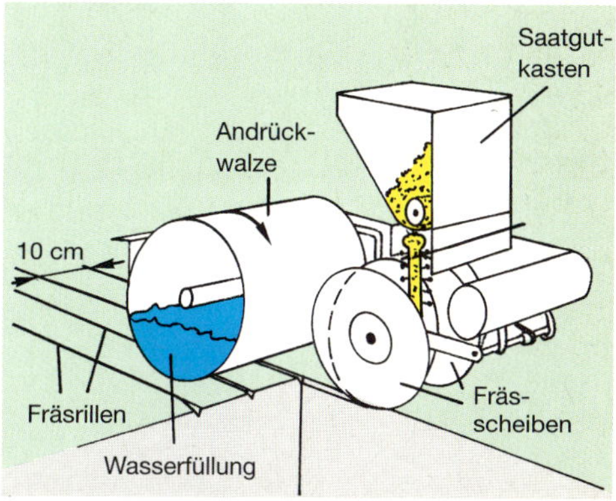

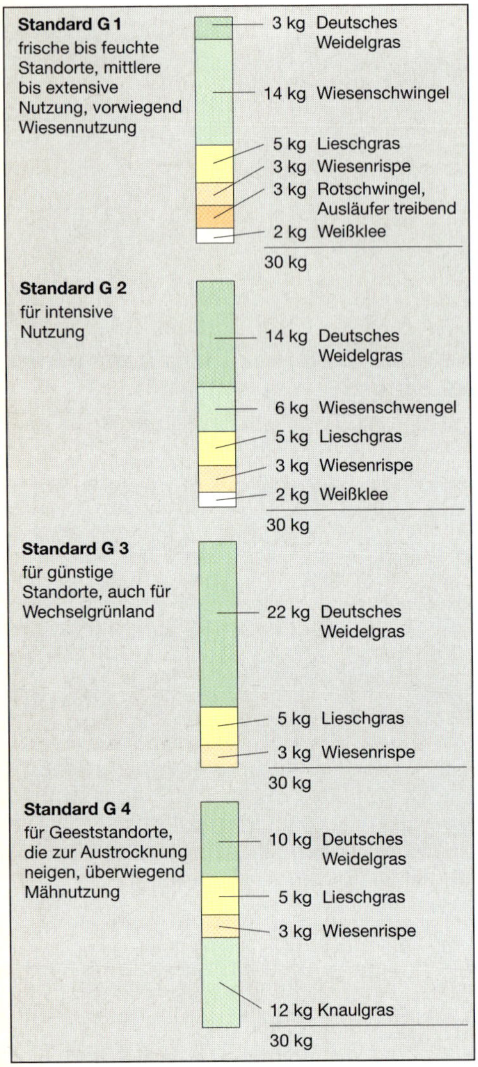

Abb. 533 Empfohlene Ansaatmischungen für Norddeutschland.

Tabelle 37: Mischungsbeispiele für Weiden und Mähweiden in Süddeutschland (kg/ha)

Pflanzenart	intensive Nutzung	weidelgrasunsichere Lagen	wenig intensive Nutzung
Dt. Weidelgras	24,0	9,0	6,0
Lieschgras	6,0	7,5	5,7
Knaulgras		3,0	
Wiesenschwingel		10,5	15,0
Goldhafer			0,3
Wiesenrispe	4,0	4,0	4,0
Rotschwingel			3,0
Weißklee	2,0	2,0	2,0
insgesamt	36,0	36,0	36,0

Aufgaben:

1. Erklären Sie den Begriff »Absolutes Grünland«.
2. Der Aufwuchs hat eine Energiedichte von 6,3 MJ NEL/kg T.
   a) Wie viele Liter Milch (4 % Fett) lassen sich daraus erzeugen?
   b) Eine Kuh nimmt 12,5 kg T täglich auf. Die Energiedichte eines später gemähten Futters beträgt nur 5,5 MJ NEL/kg T.
   Vergleichen Sie die möglichen Grundfutterleistungen beider Futtermittel.
3. Erläutern Sie Gründe für eine Entartung des Pflanzenbestandes.
4. Geben Sie die Möglichkeiten einer Grünlanderneuerung an.
5. Welche Saatgutmengen sind vorzubereiten?
   Schlaggröße 2,7 ha, Nachsaatmischung 24 kg/ha
   Wiesenschwingel : Knaulgras : Weißklee im Verhältnis 6:3:3.
6. Welche Möglichkeiten haben Sie, sich über Ansaat- oder Nachsaatmischungen für Ihren Standort zu informieren?

14 Futterkonservierung

Ziel – Ziel der Futterkonservierung ist die Bereitstellung von möglichst schmackhaftem und nährstoffreichem Grundfutter für die Winterfütterung oder die ganzjährige Stallfütterung. Die Haltbarmachung soll so kostengünstig und verlustarm wie möglich erfolgen und sich hinsichtlich der Arbeitsorganisation an die Verhältnisse im Betrieb anpassen.

Konservierungsverfahren – Die Wahl richtet sich nach wirtschaftlichen und klimatischen Gesichtspunkten, muss aber auch die Futterart berücksichtigen. Im Norden und Osten Deutschlands steht die Gärfutterbereitung im Vordergrund, während in Süddeutschland die Trocknungsverfahren große Bedeutung haben. Molkereien mit Hartkäseerzeugung schließen oft die Verfütterung von Silage an Milchvieh aus.

Tabelle 38: Möglichkeiten der Futterkonservierung

Konservierungsverfahren	Konservierung des Futters durch	bevorzugte Futterart	Verluste
Gärfutterbereitung	natürliche Säurebildung (Gärung)	Gras, Klee, Mais, Hackfrüchte, Feuchtgetreide, Körnermais	5–30 %, je nach T-Gehalt, Qualität und Siliertechnik
chemische Konservierung	Zusatz von Konservierungsstoffen	Feuchtgetreide, Körnermais	2–7 %, je nach T-Gehalt und Lagerungsdauer
Heuwerbung	Wasserentzug durch Sonne oder Belüftung mit Warm- oder Kaltluft	Gras, Klee, Luzerne	20–50 %, je nach Witterung und Erntetechnik
Heißlufttrocknung	Wasserentzug durch Heißluft in Trocknungsanlagen	Gras, Klee, Luzerne, Hackfrüchte, Feuchtgetreide, Körnermais	5–10 %

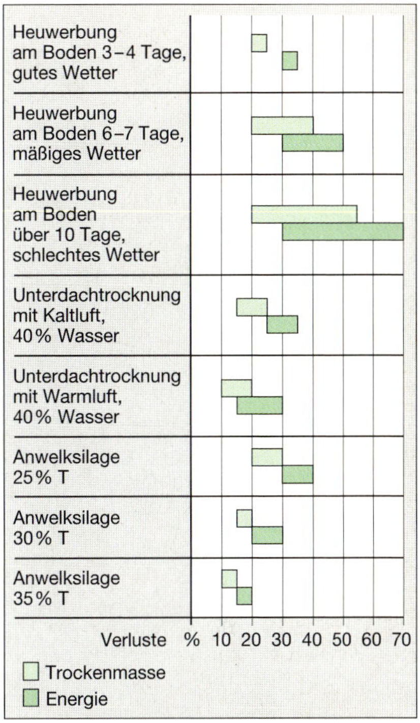

Abb. 534 Verluste an Trockenmasse und Energie bei verschiedenen Verfahren der Futterkonservierung (nach KTBL-Taschenbuch 94/95).

14.1 Gärfutterbereitung

Bei der Gärfutterbereitung konservieren organische Säuren, vorwiegend *Milchsäure*, das Futter. Sie verleiht dem Futter einen angenehmen Geschmack und Geruch.

Vorteile der Gärfutterbereitung sind die Verminderung des Wetterrisikos und der Nährstoffverluste gegenüber der Heuwerbung, die Konservierung von Futter, das sonst nicht oder nur sehr aufwändig haltbar gemacht werden könnte (z. B. Rübenblätter, Mais), eine gute Mechanisierbarkeit der Arbeitsabläufe und eine hohe Schlagkraft. Die Arbeiten sind u.U. völlig in überbetrieblichem Maschineneinsatz zu organisieren.

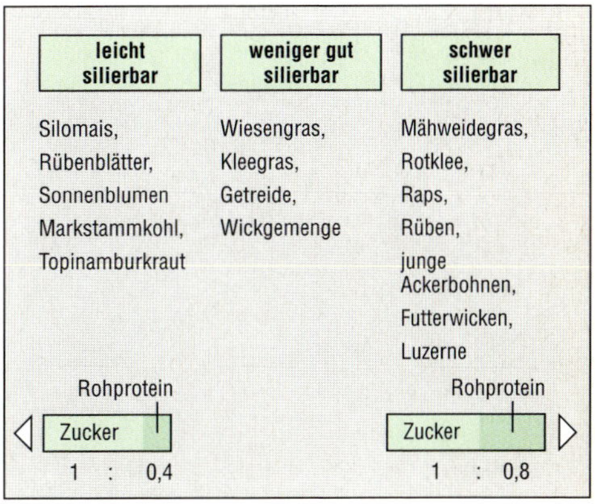

Abb. 535 Silierfähigkeit von Futterpflanzen **(Beispiele).**

14.1.1 Gärprozess

Milchsäuregärung – Erwünscht ist die Milchsäuregärung. **Milchsäure-Bakterien** gelangen mit den Pflanzen in den Behälter. Sie sind *luftscheu* (anaerob) und vermehren sich besonders bei Tem-

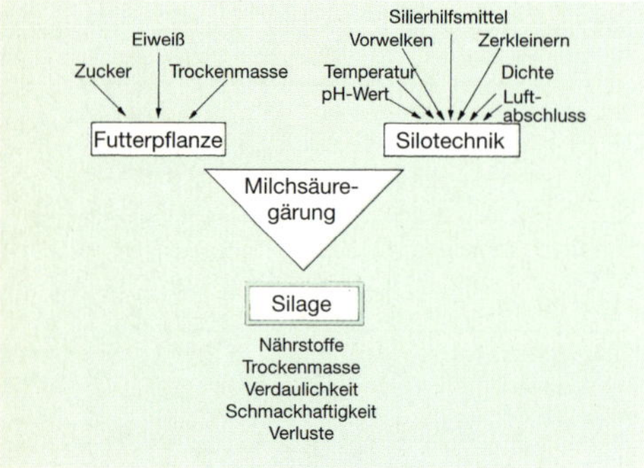

Abb. 536 Die wichtigsten Einflussfaktoren auf die Gewinnung einer guten Silage.

Abb. 537 Misslungene Silage (links) erkennt man nicht nur am unangenehmen Geruch.

Abb. 538 Idealer Gärverlauf und Zielwerte für eine gute Gärfutterqualität.

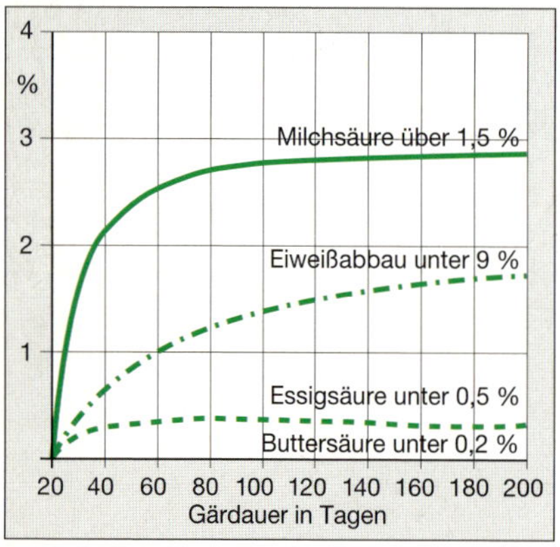

peraturen um 25 °C. Unter Luftabschluss vergären sie den Pflanzenzucker schon in den ersten 3 Tagen nach der Befüllung weitgehend. Dadurch sinkt der pH-Wert im Futterstock rasch unter pH 5,0 ab und hemmt unerwünschte Konkurrenzorganismen. Wenn die Gärung weiter fortschreitet, sterben auch die Milchsäurebakterien ab und das Futter ist konserviert.

Fehlgärungen – Sie werden hauptsächlich durch **Buttersäure-Bakterien** hervorgerufen, die ebenfalls mit dem Futter in den Behälter gelangen. Sie sind anaerob und bewirken nur eine langsame Absenkung des pH-Wertes. Dadurch entstehen Nährstoffverluste, starke Erwärmung, übler Geruch und Geschmack.

Ziel der Gärfutterbereitung muss es also sein, die Milchsäure-Bakterien in ihrer Tätigkeit zu fördern.

Neben Buttersäure-Bakterien sind **Fäulnisbildner** besonders in verschmutztem Futter zu finden. Sie arbeiten ebenfalls unter Luftabschluss, erzeugen große Mengen Gärgase und verderben das Futter wie auch **Coli-Bakterien.** Aerob lebende **Essigsäure-Bakterien** erzeugen Essigsäure, die dem Futter einen stechenden, unangenehmen Geruch verleiht.

Nachgärungen – Zu Nachgärungen kommt es, wenn unter Luftzutritt **Hefepilze** die vorhandenen Gärsäuren abbauen. Dabei erwärmt sich der Futterstock. Besonders gefährdet sind die Entnahmeflächen. Deswegen sollte der Futterstock besonders an den Rändern gut verdichtet, die Anschnittstelle möglichst klein gehalten und ein nicht zu geringer täglicher Mindestvorschub bei der Entnahme gesichert werden.

14.1.2 Gärfutterbeurteilung

Futterwert – Der Futterwert von Gärfutter wird zunächst von dem Nährstoffgehalt und der Verdaulichkeit bestimmt. Diese Merkmale kann der Landwirt durch die Produktionstechnik beeinflussen. Die tägliche Aufnahme von Gärfutter durch die Tiere wird aber nicht allein von dem Nährstoffgehalt und der Verdaulichkeit bestimmt, sondern auch von der **Gärqualität** beeinflusst.

Gärqualität – Wichtigste Merkmale der Gärqualität sind der

- *pH-Wert* in Abhängigkeit vom T-Gehalt des Futters (siehe Abb. 542, Seite 185),
- *Gehalt an Gärsäuren:* Milchsäure-Gehalt mind. 1,5 %, Essigsäure-Gehalt unter 0,5 %, Buttersäure-Gehalt unbedingt unter 0,2 %; der Gehalt an Gärsäuren beeinflusst wesentlich die Schmackhaftigkeit des Futters und damit die tägliche Futteraufnahme,
- *Anteil von* NH_4 am Gesamtanteil des löslichen Stickstoffs unter 9 %.

Gärfutterbeurteilung – Die Bestimmung der genannten Qualitätsmerkmale erfolgt durch *Laboruntersuchungen.* Daneben ist aber die *Sinnenprüfung* zur Beurteilung des Gärfutters nach Geruch, Gefüge und Farbe immer noch ein wichtiges Hilfsmittel.

Tabelle 39: Gärfutter-Bewertungsschlüssel für die Sinnenbeurteilung

1. Geruch	Punkte
aromatisch, angenehm säuerlich, fruchtartig	14
Buttersäure nur durch Fingerprobe feststellbar *oder* stark sauer, stechend, wenig aromatisch *oder* schwacher Röstgeruch bei Anwelksilagen	10
Buttersäure schon direkt wahrnehmbar *oder* starker Röstgeruch *oder* muffig	4
Buttersäure schon von weitem wahrnehmbar *oder* Ammoniakgeruch *oder* fade, nur sehr schwacher Säuregeruch	2
Fäkalgeruch, faulig *oder* starker Schimmelgeruch *oder* kompostähnlicher Geruch	0

2. Gefüge	Punkte
Gefüge der Blätter und Stängel erhalten	4
Gefüge der Blätter angegriffen	2
Gefüge der Blätter und Stängel stark angegriffen, schmierig, schleimig *oder* leichte Schimmelbildung *oder* leichte Verschmutzung	1
Blätter und Stängel verrottet *oder* stark verschimmelt *oder* stark verschmutzt	0

3. Farbe	Punkte
dem Ausgangsmaterial entsprechende Gärfutterfarbe	2
leichte Veränderungen: gelb bis grau, dunkelgrün, braun durch Erhitzen	1
stark verändert, giftig grün *oder* hellgelb *oder* starke Schimmelbildung	0

Beurteilung	
	20–16 Punkte = 1 sehr gut
	15–10 Punkte = 2 befriedigend
	9– 5 Punkte = 3 mäßig bis schlecht
	4– 0 Punkte = 4 verdorben

14.1.3 Umwelt- und Unfallschutz bei der Gärfutterbereitung

Gärsaftrisiko – Gärsaft entsteht beim Silieren von Pflanzen mit weniger als 30 % T. Dabei fällt in den ersten 3–4 Tagen ein Drittel, innerhalb der ersten 10 Tage das zweite Drittel und der Rest innerhalb von 5–6 Wochen an. Seine Zusammensetzung aus organischen Säuren, leicht löslichen Nährstoffen, Wasser und Mineralstoffen macht ihn zu einem idealen Nährboden für Bakterien aller Art. Er muss über einen Abfluss in einen Sammelbehälter geleitet werden.

Gelangt Sickersaft in **oberirdisches Gewässer,** verbrauchen Bakterien den vorhandenen Sauerstoff bei der Zersetzung der organischen Masse. Dies und die saure Reaktion des Sickersaftes wirken auf andere *Lebewesen* (Fische) tödlich.

Für das **Grundwasser** stellt Gärsaft ebenso eine Gefahr dar, weil er das Wasser mit Nitrat anreichert.

Gärsaft kann als organischer Dünger breitwürfig bis zu 30 m^3/ha ausgebracht werden.

Sickersaft darf nicht in oberirdische Gewässer oder in das Grundwasser gelangen.

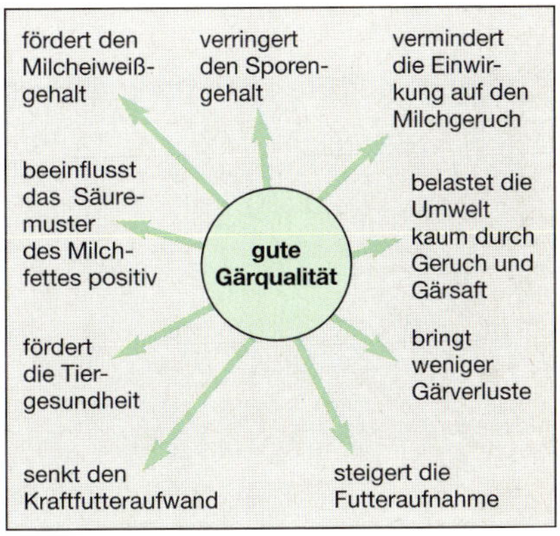

Abb. 539 Auswirkungen der Qualität des Gärfutters.

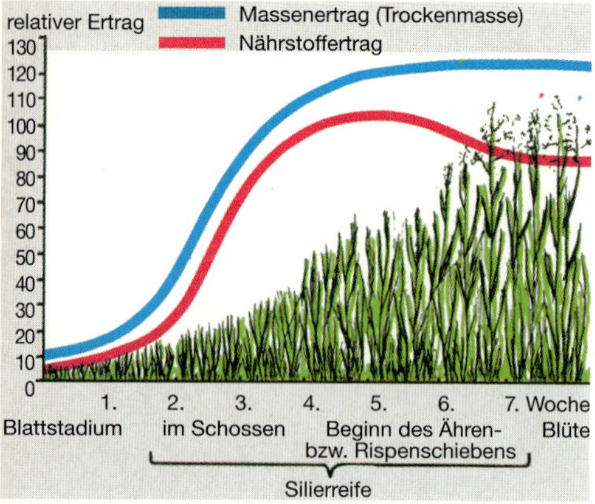

Abb. 540 Entwicklung des Nährstoffertrags und der Silierreife (Schema).

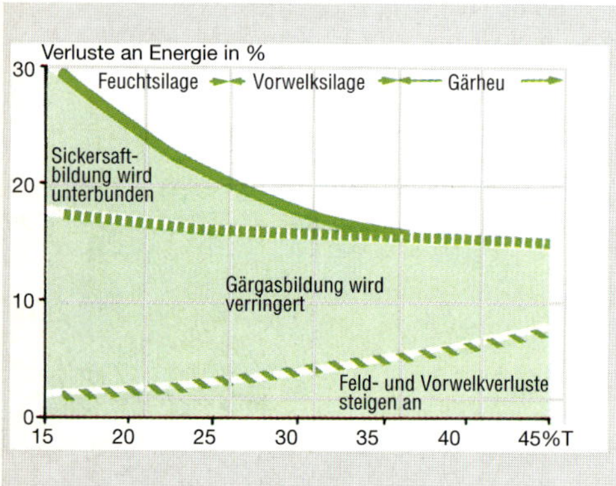

Abb. 541 Vorwelken mindert die Verluste und verbessert die Qualität der Silage.

Unfallschutz – Hier sind insbesondere die Bestimmungen der Berufsgenossenschaft zu beachten. Durch die Gärung bildet sich farbloses, geruchsloses CO_2-Gas, das schwerer ist als Luft. Beim Betreten des Silos besteht deshalb **Erstickungsgefahr**.

Vor dem Betreten gefüllter Silos Lüftungsgebläse einsetzen. Erst einsteigen, wenn der O_2-Gehalt bei 21 % liegt (Messgerät benutzen).

Werden Silos mit lösungsmittelhaltigen Anstrichen versehen, ist für ständige Lüftung zu sorgen (Gefahr von Gesundheitsschäden).

14.1.4 Silierfähigkeit der Pflanzen

Zucker : Rohprotein-Verhältnis – Je höher der freie, verfügbare Zuckerhalt (mind. 2–3 % in der frischen Pflanze) und je niedriger der Proteingehalt ist, desto leichter lassen sich die Pflanzen silieren. Zucker bedeutet Nahrung für die Milchsäure-Bakterien, während Protein die Gärsäuren neutralisiert und damit unwirksam macht.
Anwelken erhöht den Zuckeranteil in der Futtermasse. **Zerkleinern, Aufschließen** macht den vorhandenen Zucker leichter zugänglich.
Siliermittel sichern den Gärverlauf ab und erhöhen damit die Gär- und die Futterqualität. Siliermittel sind Säuren und deren Salze, Impfpräparate mit Milchsäure-Bakterien, Trockenschnitzel, Getreideschrote, Melasse und Harnstoff.
Der Einsatz von Silierhilfsmitteln ist zwar kostenaufwändig, sollte aber bei schwierigen Silierbedingungen in Betracht gezogen werden, da eine frische, aromatische, gesunde Silage die Futteraufnahme und damit die Grundfutterleistung enorm steigert. Tabelle 40 zeigt eine Übersicht über die Siliermittel.

Tabelle 40: Übersicht über Siliermittel

Wirkungsrichtung	Stoffgruppe	Anwendungsbereich
Verbesserung des Gärverlaufs bei Anwelksilage Nasssilage oder schwer vergärbarem Futter	Silage von 20–30 % T zuckerhaltige Mittel und Impfkulturen Säuren bzw. deren Salze	Anwelksilage von 30–50 % T
Verminderung des Lufteinflusses	organische Säuren, insbesondere Propionsäure; spezielle Salze	Anwelksilagen über 30 % T, Silomais, Körnermais
Verringerung von Gärsaft	Trockenschnitzel, Pressschnitzel	Silagen unter 28 % T
Futteraufwertung	Trockenfuttermittel, Harnstoff, Melasse	Nass- und Anwelksilagen bis 35 % T, Futter aus späten Schnitten, Silomais

14.1.5 Gärfutterbehälter

Silobauformen – Der Gärfutterbehälter, meist Silo (spanisch = Behälter) genannt, kann je nach den betriebswirtschaftlichen Erfordernissen verschiedene Formen und Ausführungen haben. Größe und Bauform sollen ein rasches, vollständiges Befüllen und eine leichte Futterentnahme ermöglichen. Abb. 543 zeigt eine Übersicht über die wichtigsten Formen.

Entscheidend für möglichst geringe Konservierungsverluste ist weniger die Behälterform als vielmehr die Sorgfalt beim Silieren. Dabei stellen Flach- und Foliensilos an die Siliertechnik höhere Anforderungen als Hochsilos.

Vorbereiten des Behälters – Bei massiven Silos sind vor dem Befüllen die Wände von anhaftenden alten Futterresten zu säubern, schadhafte Isolierungen auszubessern. Oft ist auch der säurefeste Innenanstrich zu erneuern. Dabei ist der Pinselstrich zuletzt senkrecht zu führen.

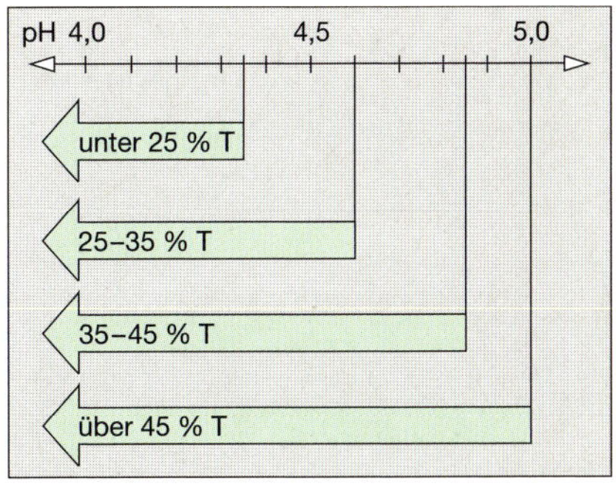

Abb. 542 Anzustrebende pH-Werte in Grassilagen.

Abb. 543 Formen von Gärfutterbehältern.

Gärfutterbehälter	Vorteile	Nachteile
Hochsilo 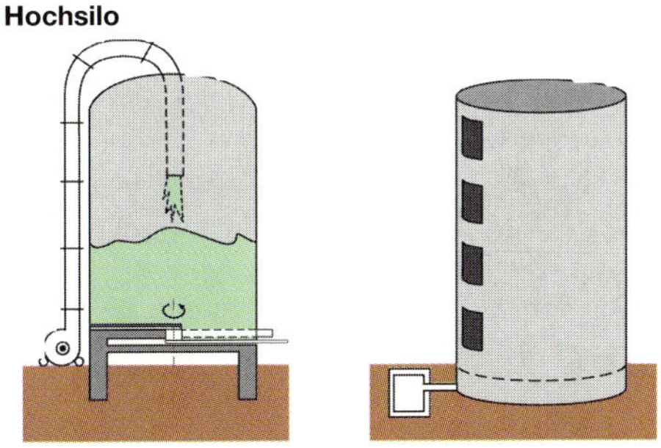 geschlossenes Hochsilo, offenes Hochsilo	hoher Eigendruck sichert optimalen Gärverlauf; kleine Abdeckflächen	größerer Kapitalaufwand beim Bau; Befüllung und Entnahme erfordern höheren technischen Aufwand (Gebläse, Greifer, Entnahmefräsen)
Flachsilo mit und ohne Rampe 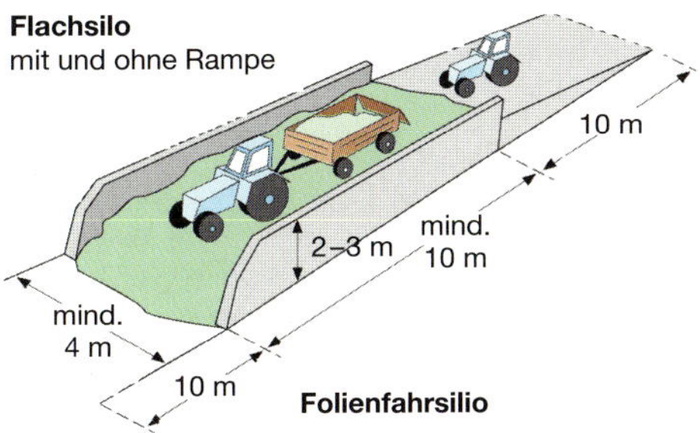 10 m; 2–3 m; mind. 10 m; mind. 4 m; 10 m; **Folienfahrsilio**	Befüllen und Entnehmen einfach, geringer Kapitalaufwand, hohe Einlagerungsleistung	großer Platzbedarf, große Abdeckfläche, beim Befüllen zusätzlicher AK-Bedarf zum Verteilen und Festwalzen nötig, hoher Zugkraftbedarf für Transport und Einlagerung
Flachsilo **Pressballensilo** **Folienfahrsilio** 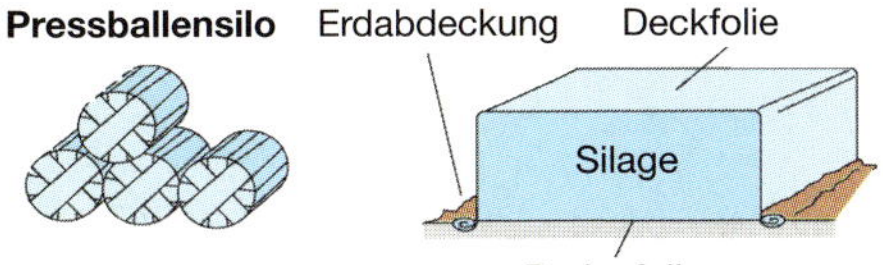 Erdabdeckung; Deckfolie; Silage; Bodenfolie	kein Bauaufwand, Ergänzung schon vorhandenen Siloraums, Bedarf an Lagerfläche	größeres Gärrisiko, höhere Kosten für Silierverfahren (Folien)

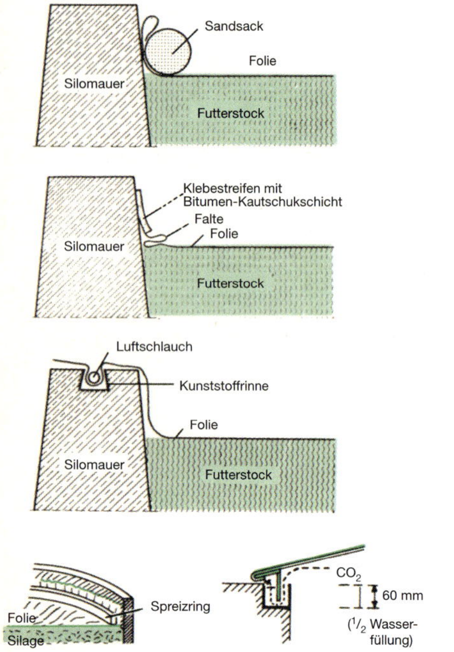

Abb. 544 Abdeckungen bzw. Folienverschlüsse bei Silos **(Beispiele).**

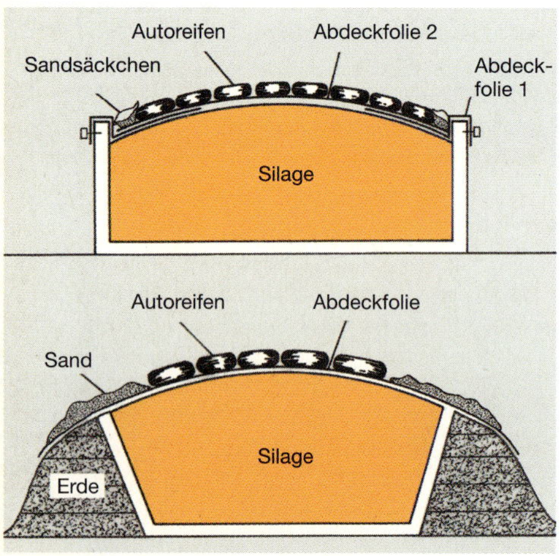

Abb. 545 Die Abdeckfolie 1 wird bei senkrechten Silowänden beim Befüllen nach außen und nach Beendigung nach innen geschlagen. Bei schrägen Silowänden muss die Abdeckfolie mindestens 50 cm über die Silowand hinausragen, um das Eindringen von Regenwasser zu verhindern.

14.1.6 Silieren von Grünfutter und Silomais

Schnittzeitpunkt – Der höchste Nährstoffgehalt mit über 6 MJ NEL/kg T wird beim Schnitt während des Ähren- bzw. Rispenschiebens der Hauptbestandsbildner erreicht. Der Rohfasergehalt soll 23–24 % der T nicht übersteigen.
Silomais siliert man bei einem T-Gehalt (Gesamtpflanze) von 28–32 % und einem T-Gehalt (Kolben) von 45–55 %.
Anwelken – Gras sollte bei einem T-Gehalt von 35–45 % siliert werden. Aufbereiter beschleunigen die Abtrocknungszeit.
Technik der Siliergutgewinnung – Ladewagen, Kurzschnitt-Ladewagen mit Dosierwalzen und Exakthäcksler werden meist eingesetzt. Durch den kurzen Schnitt, unter 5 cm, lässt sich das Futter leichter verteilen und besser verdichten. Schneidwerke werden auch in Rundballen- oder Großpacken-Pressen eingesetzt. Die Ballen müssen anschließend noch gewickelt werden.
Behälterfüllung – Entscheidend ist eine zügige Befüllung (max. 1–3 Tage), damit die Pflanzen rasch absterben und Atmungsverluste und Erwärmung verringert werden. Wichtig ist vor allem das richtige **Verdichten** des Futterstockes. Im Flachsilo ist deswegen der Walztraktor die wichtigste Maschine. Dem Verdichten an den Rändern muss besonderes Augenmerk geschenkt werden. Abgeschrägte Wände erleichtern das wesentlich, weil näher am Rand gefahren werden kann.
Abdecken – Nach dem Befüllen muss der Gärfutterbehälter sofort luftdicht abgedeckt werden. Bei Hochsilos werden besonders konstruierte Deckel, beim Flachsilo qualitätsgeprüfte *Silofolien* mit mindestens 0,20 mm Dicke verwendet. Weiße Folien erwärmen sich nicht so leicht und sollten daher den Vorzug erhalten.
An den Rändern dichten aufgelegte Sandsäcke oder Sand-, Gras- oder Erdschichten die Folie gegen den Behälter ab. Eine Abdeckung mit alten Fahrzeugreifen verhindert das Flattern der Folie und damit Lufteintritt.
Reifen und Folien sind vorschriftsmäßig zu entsorgen, damit dem Umweltschutz Rechnung getragen wird.

14.1.7 Silieren von Ganzpflanzen

Bedeutung – Ganzpflanzen-Silage (GPS) aus Getreide oder Ackerbohnen kann in Grenzlagen des Maisanbaus eine Alternative der Winterfuttergewinnung sein. Allerdings schwanken die Nährstofferträge stark (30–70 GJ NEL/ha).
Geeignete Pflanzen – Winterweizen und Wintergerste eignen sich besser als andere Getreidearten. Der *Kornanteil* sollte über 50 % liegen. Der Futterwert entspricht in etwa dem von Silomais.
Missratene Pflanzenbestände als Ganzpflanzen-Silage zu konservieren entspricht nicht dem Ziel dieser Futterkonservierungsmethode.
Siliertechnik – Pflanzen für die Ganzpflanzen-Silage werden in der Milchreife bis zur beginnenden Teigreife der Körner mit einem Feldhäcksler mit Mähdrescher-Schneidwerk geerntet. Der

T-Gehalt in den Ähren beträgt darin etwa 45–48 %. Eine **Nachzerkleinerung** der Körner sollte schon bei der Ernte erfolgen, um Verluste bei der Fütterung durch unverdaute Körner zu vermindern.
Größter Wert muss auf eine starke **Verdichtung** des Siliergutes im Fahrsilo gelegt werden. Bei Ackerbohnen lohnt sich der Einsatz von Siliermitteln.

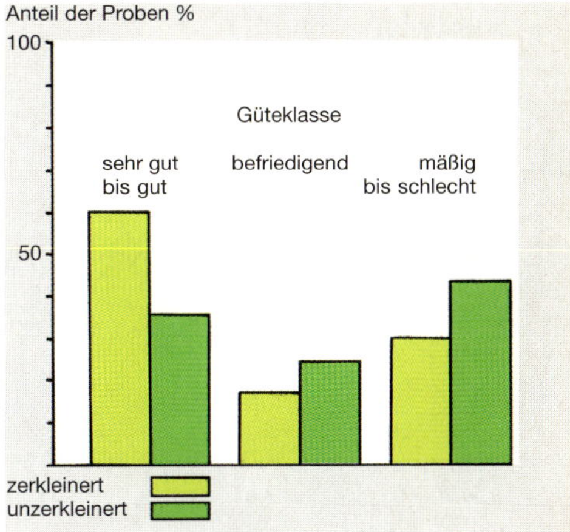

Abb. 546 Einfluss des Zerkleinerns von Grünfutter auf die Silagequalität.

14.1.8 Silieren von Corn-Cob-Mix (CCM) und Feuchtgetreide

Trockene Getreidekörner (unter 14 % Restfeuchte) lassen sich bequem lagern und verwenden. Allerdings sind die Trocknungskosten hoch und die Trocknungskapazitäten besonders bei ungünstigen Erntewetterperioden beschränkt. Deswegen sind für Futtergetreide auch andere Konservierungsmethoden interessant, die kostengünstiger sind.
Das sind vor allem die *Körnerkühlung*, die *gasdichte Lagerung* in Hoch- und Flachsilos und die *chemische Konservierung*.
Körnerkühlung – Bei diesem Verfahren wird die Temperatur im Getreidelager mit Hilfe von Gebläsen oder Kompressoranlagen auf unter 10 °C abgesenkt. Dadurch nimmt man Mikroorganismen sowie Lagerschädlingen die Lebensbedingungen und das Getreide ist konserviert. Die Temperatur des Lagergutes muss allerdings ständig überprüft werden, damit bei einer Erwärmung der Kühlvorgang rechtzeitig wiederholt werden kann. Körnerkühlung kann auch in Kombination mit der Trocknung eingesetzt werden.
Gasdichte Lagerung im Hochsilo – Ungeschrotetes Feuchtgetreide lässt sich ohne Siliermittel nur in gasdichten Hochsilos konservieren. Die Mikroorganismen bauen dabei den Restsauerstoff im Silostock rasch ab. Es entsteht eine CO_2-Gasglocke, die alle Lebensvorgänge unterbindet *(CO_2-Konservierung)*.
Bei mehr als 20 % Feuchtigkeit bilden sich neben CO_2 auch Milch- und Essigsäure, die die Konservierung unterstützen. Nach jeder Entnahme von Siliergut ist auf sorgfältigen Verschluss des Silos zu achten, sonst entstehen Nachgärungen.

Abb. 547 Maiskörner-Silage (links) und Corn-Cob-Mix (rechts).

Gasdichte Lagerung im Flachsilo – Dieses Verfahren kommt für geschrotetes Siliergut, also *Feuchtgetreide* mit mehr als 16 % Restfeuchte, *Körnermais* bis 45 % Wassergehalt, *Maiskolbenschrot* (CCM) und *Lieschkolbenschrot* (LKS) in Frage. Die Konservierung erfolgt hinsichtlich Gärvorgang und Siliertechnik wie bei Gras- und Maissilage.
Um das Flachsilo gasdicht zu bekommen, ist es mit einer Bodenfolie und einer doppelten Abdeckfolie zu versehen.
Chemische Konservierung – Sie ist für die Konservierung von Feuchtgetreide *ohne* besondere Behälter geeignet. Als Siliermittel können *Harnstoff* oder *Propionsäure* verwendet werden.
Harnstoff, granuliert und in einer Menge von 2–2,5 % der Siliergutmenge zugegeben, wird unter starkem *Temperaturanstieg* bis zu maximal 70 °C in Ammoniak umgewandelt. Dabei *steigt* der pH-Wert auf pH 8–9 an, so dass alle Mikroorganismen absterben

Abb. 548 Lieschkolbenschrot-Silage (LKS).

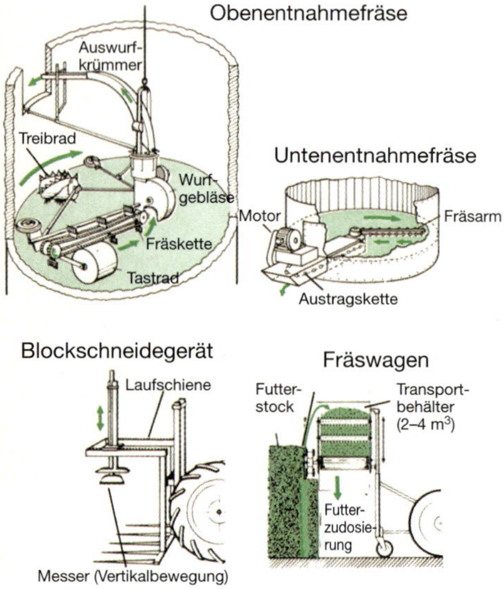

Abb. 549 Silageentnahme **(Beispiele).**

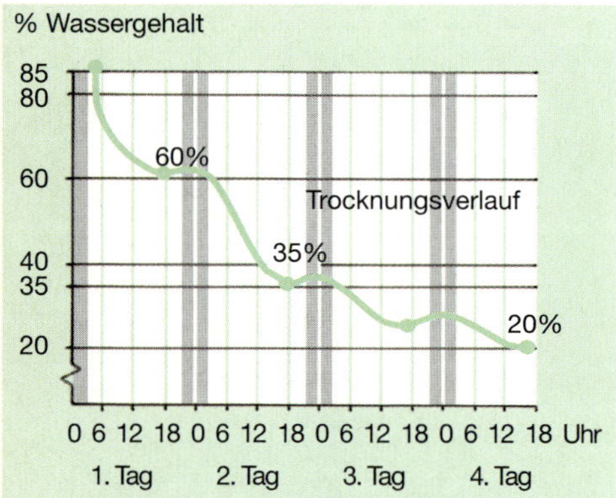

Abb. 550 Selbst bei gutem Erntewetter ist der Trocknungsverlauf nicht gleichmäßig.

Abb. 551 Mechanisierte Heuernte.

und das Getreide konserviert ist. Es färbt sich dabei gelb bis dunkelbraun. Das Lager wird zuerst mit einer Folie gegen zu große Ammoniakverluste abgedeckt. Später muss diese wieder entfernt werden, um Schwitzwasserbildung zu vermeiden.

Die Konservierung mit **Propionsäure** beruht dagegen auf einer *Absenkung* des pH-Wertes. Die notwendige Propionsäuremenge richtet sich nach dem *Wassergehalt* der Pflanzen und der *Lagerungsdauer*.

Das Siliergut lässt sich ohne Abdichtung lagern. Wegen der Korrosionsgefahr muss das Lager aber einen Schutzanstrich besitzen oder mit Folie ausgekleidet sein.

Konservierung mit Wasserzusatz – Dabei entsteht aus Feuchtgetreide oder CCM unter Milchsäuregärung in gasdichten Behältern ein pumpfähiger Brei für die Flüssigfütterung.

Das Verfahren hat sich jedoch aus Kostengründen, wegen schlecher Futteraufnahme und größerer Nährstoffverluste nicht weiter durchgesetzt.

14.2 Heuwerbung

14.2.1 Merkmale der Heuwerbung

Bedeutung – Die Konservierung von Futter durch Heuwerbung beruht auf dem Entzug von Wasser auf dem Feld oder unter Dach, so dass die Restfeuchte unter 20 % liegt. Damit wird die Arbeit der Mikroorganismen unterbunden. Wetterrisiko und Verluste sind bei diesem arbeitsintensiven Verfahren groß.

In Süddeutschland ist die Heuwerbung trotzdem die wichtigste Form der Raufutterkonservierung.

Für Trocknungsgut und Schnittzeitpunkt gelten die gleichen produktionstechnischen Aussagen wie für Grassilage.

Trocknungsvorgang – Frisch gemähtes Grünfutter besitzt etwa 75–85 % Feuchtigkeit. Bis zum Einfahren muss der Wassergehalt auf unter 20 % vermindert werden, da sich der Heustock unter großen Verlusten sonst zu stark erhitzt.

Bei zu feucht eingebrachtem Heu droht die Gefahr der Selbstentzündung des Heustockes. Deshalb ist die Überwachung mit dem Heuthermometer unerlässlich.

Bei Bodentrocknung ist der genannte Restfeuchtegehalt auch bei sonnigem und trockenem Wetter erst am 3. Tage nach dem Schnitt zu erreichen. Jede Unterbrechung bringt hohe Verluste.

Verluste – Bei der Heuwerbung entstehen Masse- und Nährstoffverluste. Ihre **Ursachen** sind

- *Atmung* der Pflanzen nach dem Schnitt bis zum Austrocknen,
- *Abbröckelung* von besonders nährstoffreichen Pflanzenteilen (Blättern) durch die Heuwerbungsmaschinen. *Je trockener das Heu ist, desto schonender ist es zu behandeln.*
- *Auswaschung* durch Regen; sie führt bei längeren Schlechtwetterperioden zum Totalverlust.
- *Fermentation* durch Bakterien, Hefen und Schimmelpilze.

Alle Maßnahmen der Heuwerbung sind so zu treffen, dass die Trocknung so schnell als möglich erfolgt und die Verweildauer im Freien abgekürzt wird.

14.2.2 Heuwerbungsverfahren

Bodentrocknung – Sie ist zwar das billigste Verfahren, bringt aber auch durchschnittlich die höchsten Konservierungsverluste, weil die Pflanzen bis zum Austrocknen fortwährend Zucker veratmen und die Bröckelverluste mit zunehmender Trocknung stark ansteigen. Außerdem schwanken die Nährstofferträge beachtlich. Nach dem Mähen wird das Futter gezettet, bleibt dann einige Zeit liegen und wird abends in Schwaden gebracht. Dies wiederholt sich bis zum Einfahren.
Das Wetterrisiko kann mit Hilfe von **Mähaufbereitern** (siehe Kapitel »Landtechnik«) vermindert werden, weil damit die Trocknungsdauer um einen halben bis ganzen Tag verkürzt wird. Die Bergung erfolgt in der Langgut- oder Ballenkette.
Die **Gerüsttrocknung** ist wegen der hohen Kosten und des hohen Arbeitsaufwandes nur für Ausnahmefälle eine Lösung.
Unterdachtrocknung – Das hohe Risiko und die großen Verluste bei der Bodentrocknung entstehen vor allem in der letzten Phase der Trocknung. In der Regel sind schon am Ende des 2. Tages bei der Bodentrocknung 95 % der zu verdunstenden Wassermenge weggetrocknet. Die Unterdachtrocknung gestattet nun, das Futter in diesem Zustand einzufahren und die kleine Restfeuchtigkeit im Heustock zu entziehen. Damit werden Risiko und Verluste eingeschränkt.
Die Belüftung des Heustocks erfolgt über Ventilatoren-Anlagen entweder mit **Kaltluft** oder mit **vorgewärmter Luft.** Im letzteren Fall verkürzt sich die Trocknungsdauer auf ein Drittel der Dauer bei Belüftung mit Kaltluft. Man unterscheidet leichte Vorwärmung um 2–8 °C und starke Vorwärmung (mit speziellen Anlagen) um 30–40 °C über der Außenlufttemperatur.

14.2.3 Heubeurteilung

Die **Sinnenprüfung** des Heus mit Hilfe des DLG-Schlüssels beurteilt die *Qualität*. Daraus lässt sich mit Hilfe von **Futterwerttabellen** (siehe Anhang) der **Futterwert** abschätzen. Exakte Werte liefern natürlich nur Futterwertbestimmungen im Labor.

14.3 Heißlufttrocknung

Bei der Heißlufttrocknung wird dem Grünfutter in stationären Anlagen durch erhitzte Luft Wasser bis auf 10–40 % Restfeuchte innerhalb kürzester Zeit entzogen. Dabei entstehen nur *geringe Nährstoffverluste* von etwa 5 %. Der *Karotin-Gehalt* des Futters bleibt weitgehend erhalten.
Weitere Vorteile sind die Entzerrung von **Arbeitsspitzen** durch überbetrieblichen Maschineneinsatz, weitgehende Wetterunab-

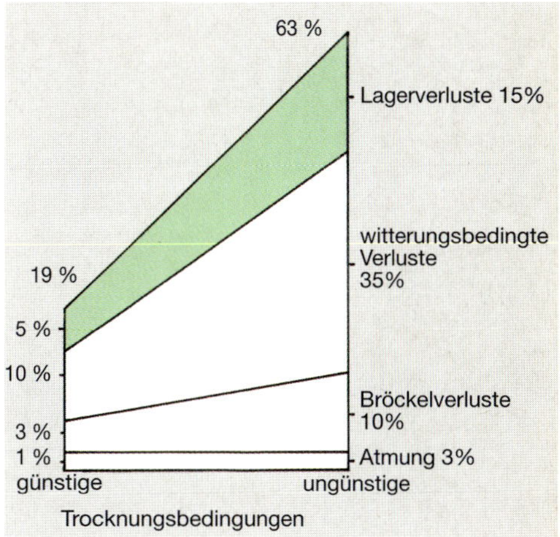

Abb. 552 Nährstoffverlust bei der Heuwerbung (Bodentrocknung).

Abb. 553 Unterdach-Trocknung von Heu (Schema).

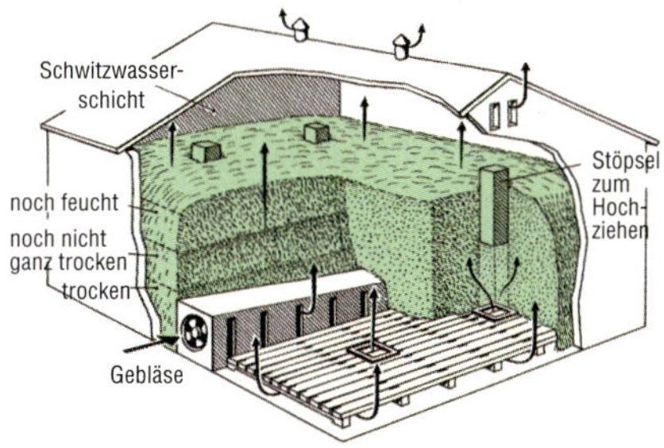

Abb. 554 Heißluft-Trocknungsanlage (Schema).

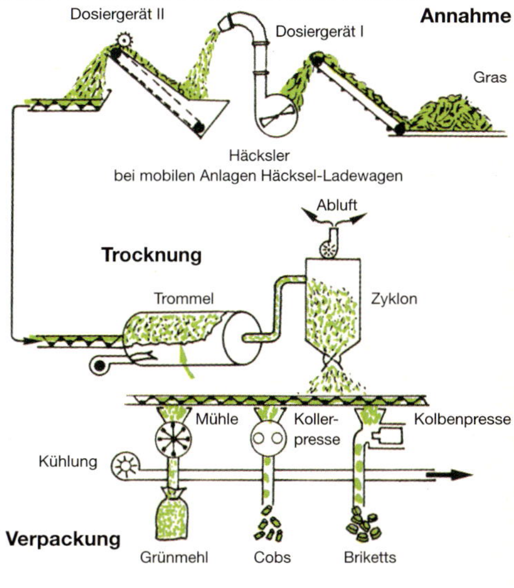

hängigkeit, Gewinnung von marktfähiger Ware (Cobs) von Grünlandflächen, Ertragssteigerung durch intensive Grünlandbewirtschaftung. Nachteilig ist der hohe Energieeinsatz.

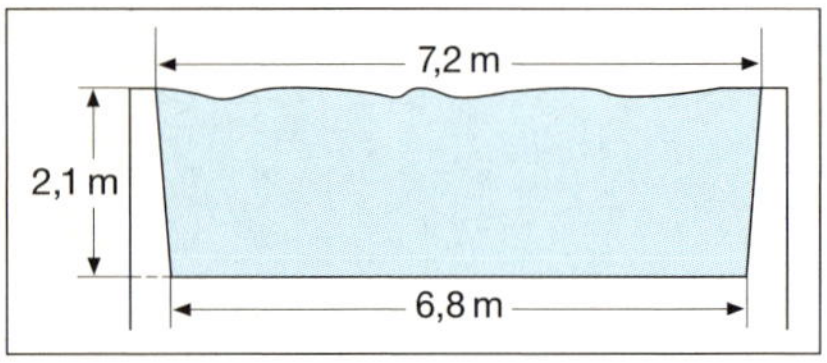

Abb. 555

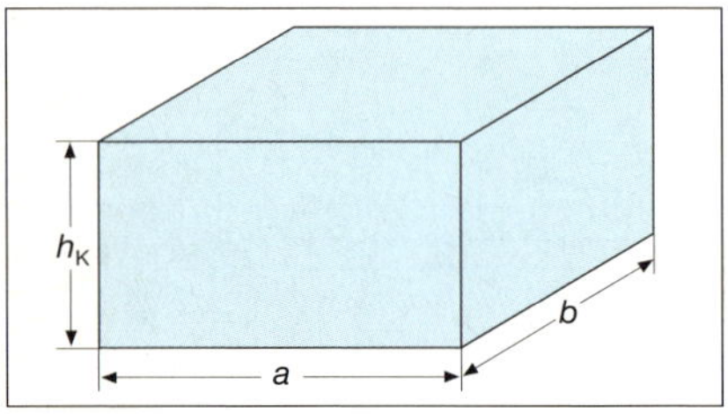

Abb. 556

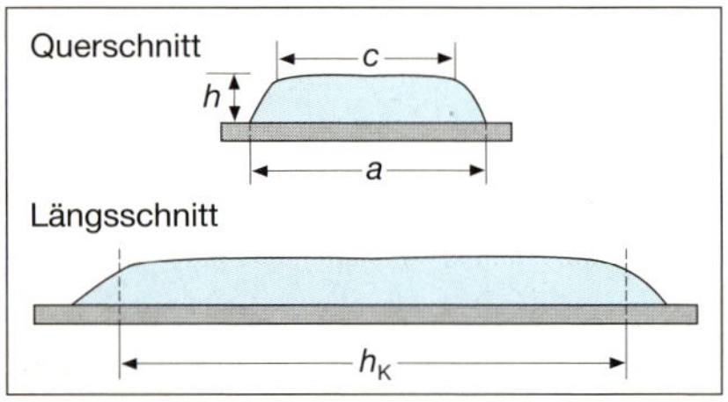

Abb. 557

Aufgaben:

1. Eine Grünlandfläche mit 9,76 ha wird neben Weidenutzung auch gemäht. Die Ernte wird zu ⅔ siliert (Anwelksilage) und zu ⅓ geheut (Unterdachtrocknung). Die Vorwelksilage hat 35 % T und das Heu 86 % T. Insgesamt werden 35 dt T/ha geerntet.

a) Wie viele dt Silage und wie viele dt Heu wurden geerntet?

b) Wie viel Bergeraum einschließlich Befüllungszuschlag von 10 % sind zu rechnen, wenn die Lagerdichte im Flachsilo 6,5 dt/m³ beträgt?

c) Die Trockenmasse des Futters enthält 6 MJ NEL/kg und 18 % Rohprotein. Wie viele sind in 1 kg Silage und 1 kg Heu enthalten?

2. Wie viel m³ Maissilage lagern in dem Silo, dessen Querschnitt in Abb. 555 dargestellt ist und dessen Länge 20 m beträgt?

3. Die Lagerdichte des in Abb. 556 gezeigten Heustapels mit a = 7,5 m, b = 13 m und h_k = 4,5 m betrage 0,9 dt/m³. Wie viele dt Heu lagern in dem Stapel?

4. Berechne das Volumen der gelagerten Maissilage in m³ (Abb. 557) mit a = 8 m, c = 6 m, h = 2,1 m und h_k = 23 m.

5. Welche Vorteile bietet die Gärfutterbereitung gegenüber der Futterkonservierung durch Trocknung?

6. Wie lässt sich die Vermehrung und Tätigkeit der Milchsäure-Bakterien und damit der Gärvorgang fördern?

8. Warum darf Silosickersaft weder ins Grundwasser noch in oberirdische Gewässer dringen?

9. Welche Rolle spielt der Schnittzeitpunkt bei der Heuwerbung?

10. Wie lassen sich Nährstoffverluste bei der Heuwerbung vermindern?

11. Welche Folgen hat das Einbringen von zu nassem Heu?

15 Waldwirtschaft

15.1 Bedeutung des Waldes

15.1.1 Geschichtliches

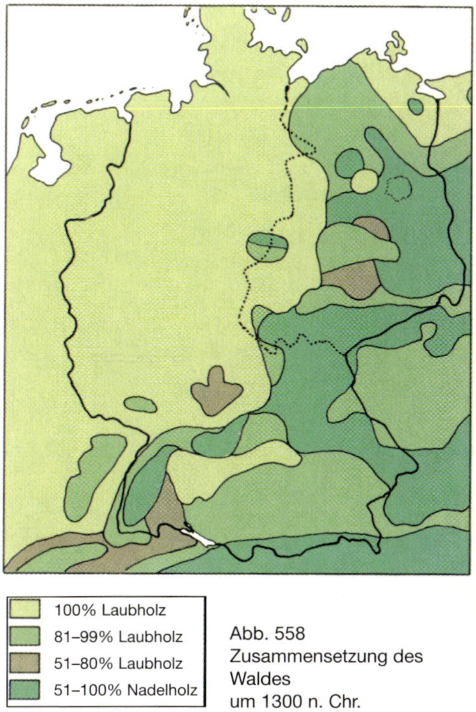

Abb. 558 Zusammensetzung des Waldes um 1300 n. Chr.

Begriff – Biologisch ist der **Wald** das natürliche Ökosystem in Mitteleuropa. Er besteht aus einer Lebensgemeinschaft von Pflanzen, Tieren und Mikroorganismen. Wald kommt je nach Standort als vielstufiger, artenreicher Mischwald bis zu nahezu einheitlichen Baumbeständen vor.
Nach dem Bundes-Waldgesetz wird als Wald »jede mit Forstpflanzen bestockte Grundfläche« bezeichnet. »Als Wald gelten auch kahl geschlagene oder verlichtete Grundflächen, Waldwege, Waldeinteilungs- und Sicherungsstreifen, Waldblößen und Lichtungen, Waldwiesen, Holzlagerplätze sowie weitere mit dem Wald verbundene und ihm dienende Flächen.«
Entwicklung – Seit der letzten Eiszeit wandelten sich die ursprünglichen Birken-Kiefern-Wälder Mitteleuropas unter dem Einfluss von Klimaänderungen über Eichen-Mischwälder zu Buchen-Mischwäldern. Der heutige Wald stellt aber längst keinen Urwald mehr dar, sondern ist das *Ergebnis menschlicher Eingriffe* in diese Vegetationsform.
Dabei verlief die Entwicklung des Waldzustandes über die Rodung und Ausplünderung des Waldbestandes durch Übernutzung, Weide- und Streunutzung bis hin zu ersten Nutzungsregelungen in der Mitte des 19. Jahrhunderts. So entstanden die heute sichtbare Verteilung der Baumarten, die Aufforstung der zahlreichen Kahlflächen und der Anstieg des durchschnittlichen Holzvorrats je Hektar.
Besitzverhältnisse – Knapp ein Drittel der Gesamtfläche Deutschlands ist heute mit Wald bedeckt. Etwa 50 % aller landwirtschaftlichen Betriebe besitzen auch eine Waldfläche (ab 1 ha). Der überwiegende Anteil an der Gesamt-Waldfläche ist jedoch in Körperschafts- oder Staatsbesitz (ca. 54 %).

Abb. 559 Zusammensetzung des Waldes um 1900 n. Chr.

15.2 Funktionen des Waldes

In der Geschichte der Menschheit standen unterschiedliche Funktionen des Waldes im Vordergrund. Für die Sammler und Jäger in der Steinzeit war der Wald Nahrungsquelle. Später diente er den Siedlern und Bauern als Weide für ihre Schweine und Rinder. Zu allen Zeiten lieferte der Wald Bau- und Brennholz und trug mit seinen günstigen Auswirkungen auf Wasserhaushalt, Luft und Klima zur Verbesserung der Lebensqualität der Menschen bei. So lassen sich die Funktionen des Waldes in Nutz-, Schutz- und Sozialfunktionen einteilen. Diese unterschiedlichen Funktionen werden heute mehr denn je von der Bevölkerung geschätzt und dringen auch der Öffentlichkeit ins Bewusstsein.

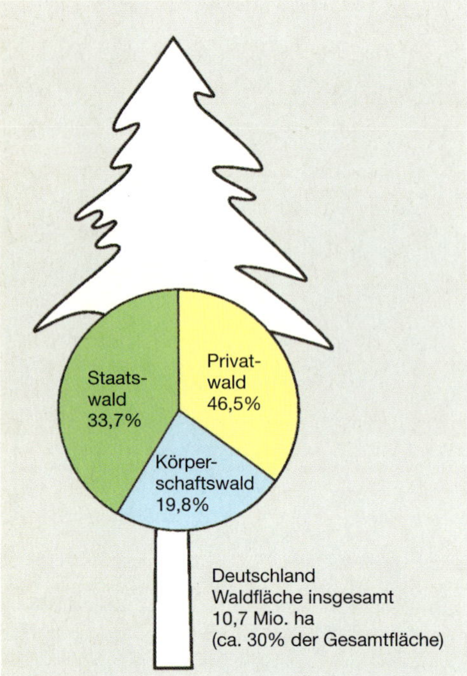

Abb. 560 Besitzverhältnisse an der Waldfläche in Deutschland (Agrarbericht 2000).

Abb. 561 Wo der Wald geschädigt ist, lässt die Erosion meist nicht lange auf sich warten. Hanganrisse wie dieser sind aber nur noch mit größtem Aufwand wieder zu stabilisieren.

15.2.1 Nutzfunktion

Rohstoffquelle – Der Wald liefert den Rohstoff Holz, der z.B. im landwirtschaftlichen Betrieb als Bau- und Brennmaterial, als Stangen, Weidepfähle u. Ä. benötigt wird. In Deutschland kann der Holzbedarf nur zu ca. 50 % aus eigener Erzeugung gedeckt werden. Der Rest muss überwiegend in Form von Fertigwaren (Möbel, Papier) und Halbfertigwaren (Schnittholz, Zellstoff, Platten) importiert werden.
Die verschiedenen Baumarten liefern Rohstoffe für die unterschiedlichste Verwendung. Das zeigt ein Blick in unsere tägliche Umgebung. Wichtig ist die Tatsache, dass der Wald *erneuerbare Rohstoffe* liefert, deren Produktion die Umwelt nicht belastet.
Arbeitsplätze und Arbeitsausgleich – Die Arbeitsauslastung im landwirtschaftlichen Betrieb ist nicht immer gleichmäßig. Das trifft besonders auf Grünlandbetriebe zu. Ein Waldanteil bringt hier einen Ausgleich, weil viele der dort anfallenden Arbeiten in arbeitsruhige Phasen fallen. Die deutsche Forstwirtschaft bietet über 100 000 Vollarbeitsplätze. Dazu kommen noch ca. 700 000 Beschäftigte in der Holzbe- und -verarbeitung.
Einkommensquelle – In vielen landwirtschaftlichen Betrieben liefert der Wald einen wesentlichen Beitrag zum Betriebseinkommen. Er stellt einen Vermögenswert dar, der sich bei besonderem Bedarf nutzen lässt. Deswegen wird der Wald auch als »Sparkasse des Bauern« bezeichnet.
Allein in Deutschland beträgt der Wert der Holzproduktion ca. 3,6 Mrd. DM im Jahr.

15.2.2 Schutzfunktion

Wasserspeicher und Klimaregler – Die Kronen der Waldbäume und der Waldboden filtern das Niederschlagswasser. Ausgiebige Niederschläge werden aufgrund der langsameren Verdunstung im Waldboden gespeichert. Im Schatten des Waldes verzögert sich auch die Schneeschmelze, damit verringert sich die Hochwassergefahr und reguliert sich das Wasserangebot an Bäche und Flüsse. Das im Wald enthaltene Moos kann wie ein Schwamm ein Vielfaches seines eigenen Gewichts an Wasser aufsaugen und gibt es dann langsam als gleichmäßig fließendes Wasserreservoir an den Boden weiter. Wegen des damit verbundenen gleichmäßigen Bedarfs an Verdunstungswärme ist das Klima in waldreichen Gegenden ausgeglichen.
Immissionsschutz – Die riesigen Blatt- und Nadelmassen des Waldes absorbieren bei ihrer Atmung die Luftverunreinigungen (Immissionen) und wirken deshalb wie ein Luftfilter. Außerdem schützen Waldflächen auch gegen Lärm.
Ökologischer Schutz – In Steillagen schützt der Wald den Boden vor Erosion und vermindert die Gefahren durch Lawinen und Steinschlag. Für viele von Menschen besiedelte Gebiete ist er daher lebensnotwendig.
Der Wald beherbergt eine Vielzahl von Lebewesen, die für die übrige Landschaft große Bedeutung haben (z.B. schädlingsvernichtende Vögel). Ohne Wald wären sie nicht lebensfähig.

15.2.3 Erholungsfunktion

Erholungsraum – Die schall- und lichtdämpfende Wirkung der Bäume schafft Ruhe und Schatten. Das ausgeglichene Waldklima stellt eine gute Voraussetzung für die Erholung des Menschen dar. Außerdem bietet der Wald jedermann die Möglichkeit der ungehinderten Bewegung und des Naturerlebnisses.
Nebennutzungen – Neben der Erholung bietet der Wald vielseitige Nebennutzungen, z. B. Beeren, Pilze und Heilkräuter. Nicht zuletzt ist der Wald wichtiger Bestandteil des Jagdreviers.

Abb. 562 Der Wald bietet seinen Besuchern Entspannung, Ruhe und Erholung; er ermöglicht vielfältige Naturerlebnisse.

15.2.4 Waldgesetze

Ökosystem Wald – Obwohl beim Wald die Bäume die auffallendsten Erscheinungen sind, gehören auch Bodenpflanzen, Insekten, Säugetiere und Lebewesen der Wurzelzone des Waldbodens dazu. Sie bilden miteinander eine Lebensgemeinschaft (Biozönose) und sind aufeinander angewiesen. Zusammen mit den vielen Wechselbeziehungen zum Lebensraum (Biotop) entsteht das *Ökosystem*. Wird dessen Gleichgewicht durch Eingriffe des Menschen gestört, kann der Wald seine beschriebenen Schutzfunktionen nicht mehr erfüllen.
Waldgesetze – Umwelt- und Forstpolitik müssen die Rahmenbedingungen schaffen, um die Leistungsfähigkeit und Gesundheit des Waldes zu sichern. Das Gesetz zur Erhaltung des Waldes und zur Förderung der Forstwirtschaft (Bundes-Waldgesetz) sichert in § 1 die in Abschnitt 15.2 genannten Funktionen.
Nach dem **Bundes-Waldgesetz** dürfen Waldflächen nur mit Genehmigung der nach Landesrecht zuständigen Behörden gerodet und in andere Formen der Bodennutzung umgewandelt werden. Einer Genehmigung bedarf auch die Erstaufforstung.
Die **Waldgesetze der Länder** verbieten jegliche *Waldzerstörung*. Waldrodungen und Kahlhiebe im Schutzwald müssen *genehmigt* werden. Kahlflächen sind innerhalb von 3 Jahren aufzuforsten, unvollständige Verjüngung (auch Naturverjüngung) innerhalb von 5 Jahren nach der Räumung zu ergänzen.
Die Waldgesetze verpflichten jeden, Schäden vom Wild abzuwehren, sowie die Besitzer, ihren Wald sachgemäß zu bewirtschaften. Der Staat unterstützt die Waldbesitzer durch kostenlose Beratung und finanzielle Unterstützung.

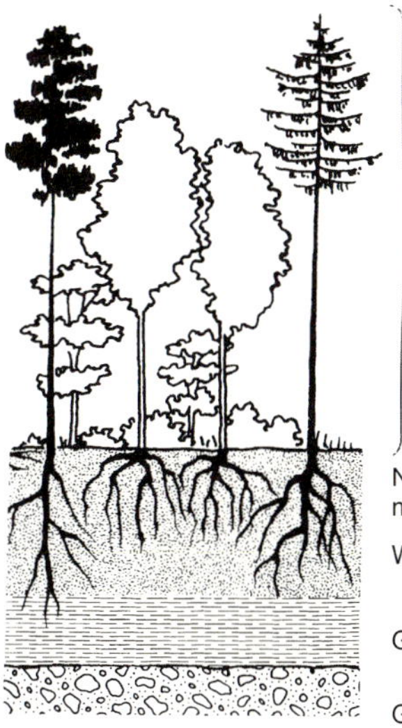

Abb. 563 Aufbau eines gesunden, mehrstufigen Waldes.

15.3 Wichtige Baumarten

Die Wahl der Baumart ist eine der verantwortungsvollsten Tätigkeiten des Waldbesitzers. Sie hängt ab von
- den Standortfaktoren,
- den Eigenschaften der Waldbäume, z.B. Wurzelsysteme, Verträglichkeit gegenüber Mischbaumarten,
- den Ansprüchen an Nährstoffversorgung und Bodenfeuchte,
- dem Verhalten gegenüber Licht (man unterscheidet Licht-, Halbschatt- und Schattbaumarten),
- der Spätfrosttoleranz,
- dem Nutzungsziel: Soll in kürzeren Umtrieben Massenware (Bauholz) oder in langen Zeiträumen Wertholz (Furnierholz) erzeugt werden?

Tabelle 41: Eigenschaften und Ansprüche wichtiger Baumarten

Nadelbaumarten

Abb. 564
Fichte (Fi)

Abb. 565
Tanne (Ta)

Abb. 566
Kiefer (Kie)

Abb. 567
Europäische Lärche (Eu Lä)

Abb. 568
Douglasie (Dgl)

Baumart waldbauliche Eigenschaften	Standortansprüche	Umtriebsalter, Holzverwertung	bevorzugte Mischbaumarten
Fichte (Fi) (»Rottanne«) *Picea abies* Flachwurzler auf schweren, Herzwurzler auf leichten Böden Halbschattbaumart, Lichtbedürfnis nimmt mit abnehmender Standortgüte zu windwurfgefährdet	gleich bleibende Bodenfeuchte, bevorzugt kühle Nord- und Osthänge, empfindlich gegen Rauch und trockene, arme Sandböden	70–120 Jahre Bau- und Faserholz, Grubenholz, Zaunpfähle, Stangen	Tanne, Buche, Bergahorn, Roterle
Tanne (Ta) *Abies alba* Herzwurzler, auf tiefgründigen Standorten Pfahlwurzler typische Schattbaumart	liebt tiefgründige, nährstoffreiche Böden sturmfester als Fichte, aber frostempfindlich	100–120 Jahre Verwendung wie Fichte, doch eher schwarzastig	Buche, Fichte
Kiefer (Kie) (Föhre) *Pinus sylvestris* tief reichende Wurzeln Lichtbaumart zahlreiche Arten, wächst bis zum Alter von 40 Jahren rasch	anspruchslos an den Boden hitze- und kälteunempfindlich	100–120 Jahre Bauholz, 120–160 Jahre Wertholz Bau- und Industrieholz, neigt zur Astigkeit	Laubbäume, Fichte
Europäische Lärche (Eu Lä) *Larix decidua* starke Herzwurzeln, die den Bodenraum gut ausnützen, liebt Wipfelfreiheit extreme Lichtbaumart rasches Jugendwachstum	liebt lockere, nährstoffreiche Böden und windige Höhenstandorte (Gebirgsbaum)	100–140 Jahre Fenster, Türen, Täfelungen, Möbelholz	Buche als Mittel- und Unterstand
Douglasie (Dgl) *Pseudotsuga taxifolia viridis* anpassungsfähiges Herzwurzelsystem verträgt in der Jugend Schatten	liebt humusreiche Böden mit gesichertem Wasserhaushalt, stellt mittlere Ansprüche an die Nährstoffversorgung, empfindlich gegen kalkreiche Böden, gegen Frost und Verbiss	50–80 Jahre Bauholz, bestens geeignet für, den Wasserbau	Beimischung zu Kiefer oder Buche

Fortsetzung Tabelle 41

Baumart waldbauliche Eigenschaften	Standortansprüche	Umtriebsalter, Holzverwertung	bevorzugte Mischbaumarten
Laubbaumarten			
 Abb. 569 Stieleiche (StEi) Eichen (Ei) Pfahlwurzler, Lichtbaumarten	frostgefährdet, sturmfest		Unterstand aus Buche, Hainbuche ist wegen der Neigung der Eichen zur Astigkeit empfehlenswert
Traubeneiche (TrEi) *Quercus petraea* Baum des Hügel- und Berglandes	geringe Bodenansprüche	120–140 Jahre Bau- und Möbelholz	
Stieleiche (StEi) *Quercus robur* Baum des Auenwaldes und der Niederungen	liebt nährstoffreiche Böden	240–300 Jahre Furnierholz	
 Abb. 570 Buche (Bu) Buche (Bu) (Rotbuche) *Fagus sylvatica* Herzwurzel mit gutem Nährstoffaneignungsvermögen »Nährmutter des Waldes« als typische Schattbaumart für den Unterbau geeignet	liebt nährstoffreiche, humose, ständig mäßig feuchte Böden mit guter Kalkversorgung, spätfrostgefährdet	100–140 Jahre Industrie- und Möbelholz, Spielzeug, Brennholz	Eiche Esche, Bergahorn, Kiefer, Lärche, Fichte, Tanne
 Abb. 571 Schwarzerle (SErl) Schwarzerle (SErl) *Alnus glutinosa* freier Stand wird bevorzugt dennoch verträgt sie Beimischung unter Pappeln und Fichten N-Sammler	verlangt tiefgründige, nährstoffreiche Böden und hohe Luftfeuchtigkeit gedeiht auch auf vernässten Böden	60–80 Jahre Wasserbauten, Holzwaren, Bleistifte	Esche, Bergulme, Pappelhybriden, auch Fichte
 Abb. 572 Esche (Es) Esche (Es) *Fraxinus excelsior* intensive Durchwurzelung des Bodens verträgt nur in der frühen Jugend Beschirmung	nährstoffreiche, lockere Böden mit guter Wasserführung ohne Staunässe werden bevorzugt (Auenwald) spätfrostgefährdet	80–130 Jahre Arbeits- und Sportgeräte, Möbelfurniere	Buche, Edellaubbaummischungen (Bergulme, Bergahorn)

Fortsetzung Tabelle 41

Baumart waldbauliche Eigenschaften	Standortansprüche	Umtriebsalter, Holzverwertung	bevorzugte Mischbaumarten
 Abb. 573 Spitzahorn (SAh)	Bergahorn (BAh) *Acer pseudoplatanus* Spitzahorn (SAh) *Acer platanoides* Licht- bis Halbschattbaumart mit stark verzweigter Herzwurzel	bevorzugt tiefgründige, lockere Böden liebt mit steigender Höhenlage Südhänge Bergahorn frost gefährdet Spitzahorn dagegen frosthart und anpassungsfähiger	Holzwaren, Möbel
 Abb. 574 Feldulme (FUl)	Ulme = Rüster Feldulme (FUl) *Ulmus carpinifolia* Bergulme (BUl) *Ulmus glabra* Halbschattbaumarten mit tiefreichenden Wurzeln	anspruchsvolle Baumart des Auwaldes bis in mittlere Höhenlagen verbreitet	Möbel- und Furnierholz

Abb. 575 Zusammenfassung der Standortansprüche wichtiger Baumarten.

	mittlere Ansprüche:	
empfindlich:	**Spätfrost**	hart:
Tanne, Buche, Douglasie, Esche	Fichte, Eiche, Ahorn	Kiefer, Erle, Hainbuche
gering:	**Nährstoffanspruch** (N P K Ca Mg)	hoch:
Kiefer, Roteiche	Lärche, Douglasie, Fichte, Tanne, Roterle	Ulme, Stieleiche, Ahorn, Esche
Trockenheit vertragen:	**Feuchtigkeit**	ausreichende Bodenfeuchte verlangen:
Kiefer, Roteiche	Buche, Fichte, Lärche, Traubeneiche, Douglasie	Roterle, Tanne, Esche, Stieleiche
flache Durchwurzelung:	**Durchwurzelung des Standortes**	tiefe Durchwurzelung:
Fichte	Buche, Douglasie, Ahorn Ulme, Esche	Lärche, Eiche, Tanne, Kiefer
Schattbaumarten:	**Verhalten zum Licht**	Lichtbaumarten:
Tanne, Buche	Fichte, Douglasie, Ahorn	Lärche, Kiefer, Eiche, Esche, Roterle

15.4 Bestandesbegründung

Die Verjüngung bzw. Begründung eines Bestandes ist eine Entscheidung über die Waldwirtschaft der nächsten 100 Jahre und mehr. Sie bedarf deswegen *sorgfältiger Planung*. Die Bestandesbegründung kann durch *Saat* oder *Pflanzung* (künstliche Verjüngung) erfolgen, Altbestände können auch *natürlich verjüngt* werden.

Abb. 576 Naturverjüngung durch Samenanflug.

15.4.1 Naturverjüngung

Voraussetzungen – Naturverjüngung entsteht durch Samen, die zu Boden fallen bzw. von Wind und Tieren verbreitet werden. Deswegen müssen zunächst **Samenbäume** vorhanden sein. Außerdem müssen die Beschaffenheit der Bodenoberfläche und die Witterung ein Keimen der Samen zulassen. Je nach Baumart muss auch die zur Verfügung stehende Lichtmenge ausreichen und schließlich dürfen die jungen Baumpflanzen nicht durch Wild erheblich beschädigt werden.
Selbstverständlich kann der Waldbesitzer durch behutsame Lichtsteuerung, indem er die Samenbäume unter Berücksichtigung der Samenjahre rechtzeitig frei stellt, die Naturverjüngung wesentlich unterstützen.
Vor- und Nachteile – Die alten Samenbäume liefern in der Regel standortgerechte Nachwuchspflanzen. Eine gelungene Naturverjüngung spart Zeit und Geld. Während der junge Bestand im Schutze des alten heranwächst, erzeugt das Altholz noch erhebliche Mengen an Zuwachs und schützt den Boden vor Verunkrautung, Austrocknung und Erosion.
Pflege und Vervollständigung von Naturverjüngungen setzen allerdings viel fachliches Können voraus und sind ziemlich arbeitsaufwändig.

Abb. 577 Samenbäume sind Voraussetzung für Naturverjüngung.

15.4.2 Künstliche Verjüngung

Künstliche Verjüngung gibt die Möglichkeit standortgerechter Baumartenwahl und passender Baumartenmischungen. Dadurch wird das Risiko gering gehalten und die Auswahl von Pflanzen mit hochwertigen Erbeigenschaften möglich.
Die Verfahren der künstlichen Verjüngung sind

- hauptsächlich die **Pflanzung,**
- aber auch die **Saat** (z. B. Eichen).

Abb. 578 Sämlingspflanze (links), verschulte Pflanze (rechts).

15.4.3 Pflanzung

Die Pflanzung ist das häufigste Verfahren zur Bestandsbegründung. Gegenüber der Saat erzielt man einen Produktionsvorsprung (Altersvorsprung) und bei sachkundiger Behandlung und Pflanzung werden die Jugendgefahren besser überwunden.
Pflanzenbeschaffung – In der Regel werden die Forstpflanzen von Baumschulen bezogen. Dort werden sie in einem über mehrere Jahre dauernden Verfahren aus ausgewähltem Vermehrungsgut und unter z. T. mehrmaligem Verschulen (Umpflanzen zur stärkeren Wurzelbildung) gewonnen.

Abb. 579 Vor dem Pflanzen sind die langen Wurzeln einzukürzen.

Abb. 580 Die Pflanzlade ist ein praktisches Gerät, das die Pflanzarbeit erleichtert.

Die Entnahme aus dem Verschulbeet in der Baumschule und der Transport zur Pflanzstelle bedeuten für die Pflanzen einen wesentlichen Eingriff. Lieferer und Empfänger müssen daher versuchen, ihn so gering wie möglich zu halten.

Da Liefertermin und Pflanztermin selten unmittelbar zeitlich aufeinander folgen, sollten die Empfänger einige Regeln beachten:

- Pflanzenbündel beim Erhalt *sofort öffnen,* Menge, Größe und Güte (Stichproben) der Pflanzen dabei *prüfen* (eventuell Reklamation),
- Pflanzen für ein erforderliches *Zwischenlager* möglichst nahe der Pflanzstelle einschlagen, Schutz vor Sonne und Wildverbiss ist nötig,
- Pflanzen nicht mit Wasser begießen, weil sonst die Erde von den Wurzeln gespült wird,
- beschädigte, faule, kranke und lange Wurzeln (Wurzelfahnen) vor oder nach dem Einschlag beschneiden (beachte: das Pflanzverfahren muss der Wurzelgröße angepasst werden!),
- während der Pflanzarbeit Pflanzen nicht wurzelnackt herumtragen (Abdeckung mit Moos oder Sackrupfen).

Vorbereitung der Kulturfläche – Nach dem Abräumen des Altbestandes und dem Entfernen der Stämme stellt sich die Frage, ob der Schlagabraum (Äste, Kronenteile) auf der Kulturfläche belassen oder verbrannt werden soll. Obwohl Letzteres meist ein sauberes Arbeiten bei der Pflanzung ermöglicht, belastet es die Umwelt, erhöht die Waldbrandgefahr und beeinflusst das Bodenleben negativ.

Pflanzverbände – Die Pflanzabstände für die wichtigsten Baumarten sind in der folgenden Tabelle zusammengestellt. Übliche Pflanzzeit ist das Frühjahr. Durch lange Pflanzzeiten im Frühjahr (März–Mai) und Herbst (September–November) lassen sich Arbeitsspitzen im landwirtschaftlichen Betrieb vermeiden.

Tabelle 42: Pflanzverbände bei einigen Baumarten

Baumart	Pflanzverband	Pflanzenqualität	Pflanzen/ha
Fichte	2,0 × 1,5 m	2/2 30– 60[1])	3300
Lärche	3,0 × 2,0 m	1/1 30– 60	1700
Buche	2,0 × 0,6 m	1/2 30– 50	8300
Roterle	2,0 × 2,0 m	1/1 60–100	2500

[1]) 2/2 30–60 bedeutet: 2-jährige Sämlinge wurden verschult und standen 2 Jahre im Verschulbeet; Pflanzengröße 30–60 cm.

Abb. 581 Verfahren der Winkelpflanzung.

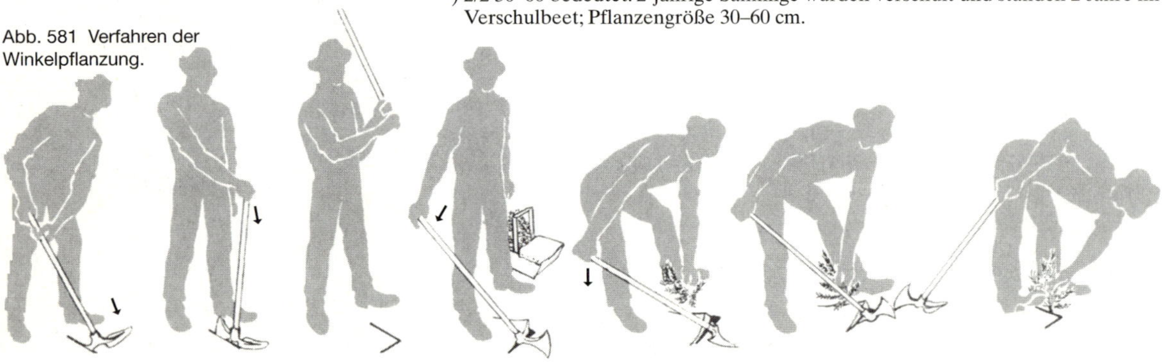

Pflanzverfahren – In der Praxis wird meist die **Winkelpflanzung** angewendet. Alle bindigen, nicht zu steinigen Böden und Pflanzengrößen von 25 bis höchstens 60 cm sind dafür geeignet. Nicht bei Pfahlwurzlern anwenden. Die dafür nötigen Werkzeuge sind die Wiedehopfhaue und die Pflanzlade.
Auf lockeren Böden und mit kleinen Pflanzen ist die **Schrägpflanzung** günstiger. Als Geräte dienen neben der Doppeltragetasche die Schrägpflanzhaue. Für größere Pflanzen (Sprosslänge bis 120 cm), auch auf steinigen und tonigen Böden, hat sich das **Rhodener Pflanzverfahren** bewährt. Sehr steinige Böden oder solche mit dichtem Graswurzelfilz zwingen zur **Lochpflanzung.** Zunächst wird mit der Wiedehopfhaue der Grasfilz abgeplaggt, dann erfolgt die Pflanzung mit dem Spaten.
Die Pflanzung in die **Stockachseln** bietet den Pflanzen Schutz und Nahrung (Humifizierung und Mineralisierung der alten Wurzelmasse).
Bei allen Verfahren ist es wichtig, die Wurzeln nach dem Pflanzen ausreichend fest anzudrücken.

Abb. 582 Winkelpflanzung: Das Bild links zeigt das »Einschwingen« der Pflanze, das rechte den letzten Arbeitsschritt, das Festtreten.

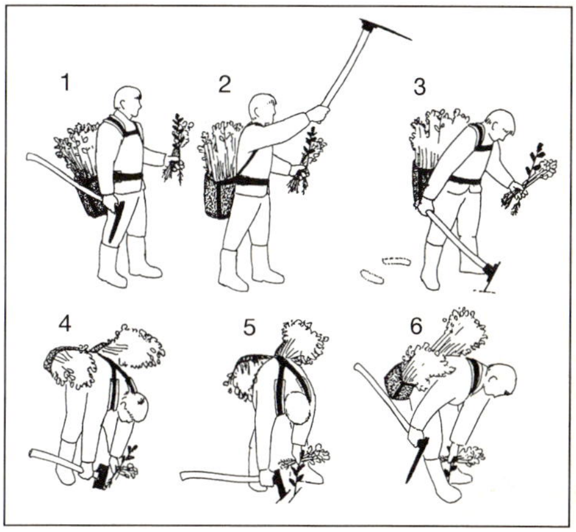

Abb. 583 Buchenbühler Schrägpflanzverfahren.

15.4.4 Saat

Vorteile – Saat ist billiger als Pflanzung und führt zu einer sofortigen Anpassung der Wurzeln an den Standort. Allerdings ist die Saatgutqualität unsicherer als die Pflanzenqualität bei der Pflanzung.
Technik – Für die Saat eignen sich besonders Eiche, Buche und Roteiche. Die Vorbereitung des Saatbettes beschränkt sich in den meisten Fällen auf das Abziehen der Plaggendecke. Die günstigste Saatzeit ist Ende April bis Mai. Der Samen sollte anschließend so hoch mit Erde bedeckt werden, wie er selbst dick ist. Die Saatstärke/ha beträgt bei

Eiche	400–500 kg/ha,
Roteiche	300 kg/ha,
Buche	100–200 kg/ha.

Abb. 584 Stockachselpflanzung.

15.5 Bestandespflege

Die Pflege des Bestandes soll Arbeit und Kosten der Begründung sichern, die Zuwachsleistung und Holzqualität erhöhen sowie die Gefahren durch Windbruch oder Schneedruck vermindern.
Von der Anlage einer Fichtenkultur mit 3300 Pflanzen/ha bleiben am Ende noch etwa 300–400 hiebreife Bäume übrig. Sie sollen durch die Pflegemaßnahmen gefördert werden. Nebenbei liefert fast jede Pflegemaßnahme schon eine laufende *Vornutzung* des Bestandes.

15.5.1 Kultur- und Jungwuchspflege

Jungwuchsphase – Sie reicht von der Bestandesbegründung bis zu dem Zeitpunkt, an dem sich die Pflanzen dicht berühren.

Abb. 585 Freischneiden ist notwendig, damit die Kulturen bessere Chancen haben.

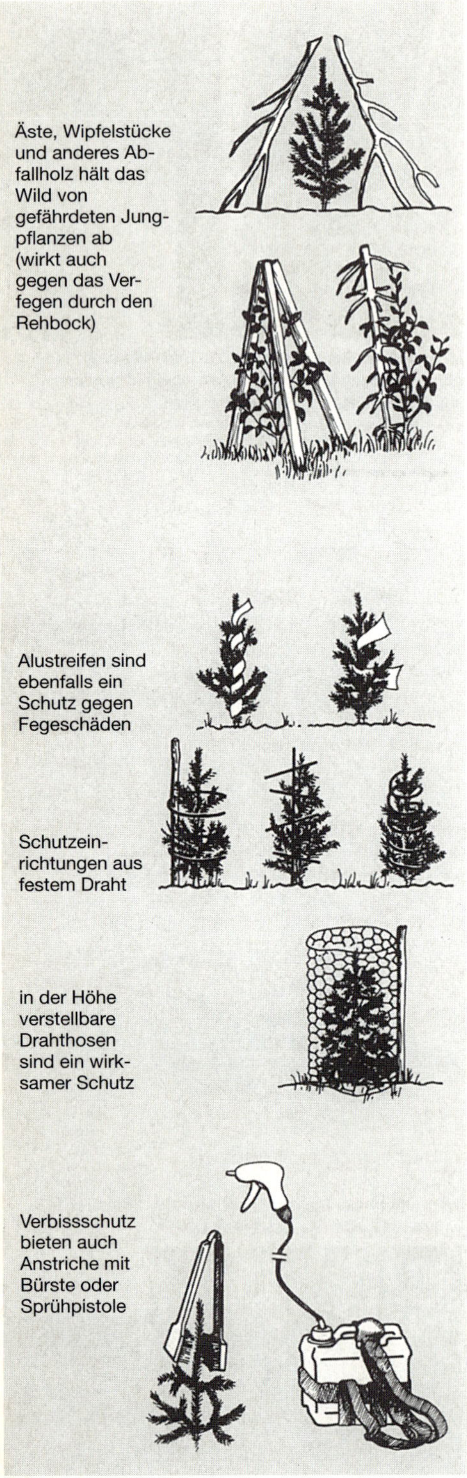

Abb. 586 Verbiss- und Fegeschäden können auf unterschiedliche Weise verhindert werden **(Beispiele)**.

Freischneiden – Die Baumpflanzen müssen vom Konkurrenzdruck der Kräuter, Weichhölzer, besonders der Stockausschläge befreit werden. Dies geschieht durch *Aussicheln*, *Ausmähen* oder *Umtreten* der bedrängenden Pflanzen. Dabei sollte jedoch überlegt werden, ob nicht einige der zwischen den Pflanzreihen stehenden Sämlinge als Füllhölzer stehen gelassen werden sollten. Einerseits lässt sich so eine billige Mischung der Holzarten erreichen, andererseits fördern die geschonten Pflanzen die Windruhe in der Kultur oder schützen als Schirm vor *Spätfrösten*.
Das Ausbringen von Herbiziden ist zwar meist einfacher, sollte aber erst angewendet werden, wenn die mechanischen Maßnahmen nicht den gewünschten Erfolg bringen.
Nachbesserungen – Hier geht es vor allem um das Nachpflanzen auf größeren Lücken. Nachbesserungen sind so früh wie möglich durchzuführen. Nach Pflanzungen heißt das: im Frühjahr des nächsten Jahres.
Düngung – Sie wird immer dann notwendig, wenn das Wachstum trotz ausreichender Wasserversorgung hinter den Erwartungen zurückbleibt.
Ausdünnen zu dichter Naturverjüngungen – Dabei geht es vor allem darum, kranke, krumme oder verdämmende Weichhölzer zu entfernen.
Schutz gegen Wild – Baumpflanzen werden durch Verbiss und durch Verfegen erheblich geschädigt. Einzelpflanzen können durch Äste, Wipfelstücke, Drahthosen und Ähnliches geschützt werden.
In der Gegend seltene Mischbaumarten sind in der Regel nur durch einen Zaun wirksam zu schützen. Kulturzäune werden als Pfostenzaun oder Stützenzaun mit Drahtgeflechten erstellt. Zur sicheren Wildabwehr sind Zäune regelmäßig zu kontrollieren.
Die Regulierung der Wilddichte wäre der wirksamste Schutz für die Kultur.

15.5.2 Dickungspflege

Dickungsphase – In diesem Entwicklungsstadium sind die Bäumchen mehr als mannshoch (ab 2 m) und bilden ein immer undurchdringlicheres Dickicht.
Ziel – Bei der Dickungspflege, die auch Läuterung genannt wird, werden alle überflüssigen, schädlichen, schlecht geformten und kranken Bestandsglieder entfernt.
Entnahme unerwünschter Bestandsglieder – Alle *grobastigen*, *zwieseligen* (erblich bedingte Teilung eines Stammes in 2 schwächere Stämme) oder *krumme* Waldbäume, die später nur minderwertiges Holz liefern, unterdrücken meist ihre Nachbarn und müssen daher entfernt werden.
Schnellwachsende Weichhölzer wie Birke, Weide oder Erle sind als Frostschutz, Humusmehrer und Bereicherung der Wildäsung erwünscht, müssen aber entfernt werden, wenn sie die Wirtschaftsbaumarten behindern (Peitscher), Stockausschläge sind abzuschneiden.
Mischwuchsregulierung – Das unterschiedliche Wuchsverhalten der Baumarten, durch den Standort zusätzlich beeinflusst, führt

oft zur Unterdrückung langsamwüchsiger Baumarten. Hier müssen die Bedränger zurückgenommen werden. Allerdings sollte die Dickung nach der Läuterung noch eine Dickung bleiben, d. h., unter- und zwischenständige Bäumchen dürfen *nicht gänzlich ausgeräumt* werden. Sie verbessern in der Baum- und Altholzphase das Bestandsklima, tragen zur natürlichen *Astreinigung* der Zukunftsbäume bei und können in Bestandslücken hineinwachsen, die z. B. durch Schneebruch verursacht wurden. Ein Erhalten der Artenvielfalt fördert die Waldgesundheit und schmälert deswegen nur scheinbar den Nutzen.

Abb. 587 Zukunfts (Z-)stämme sollen für höchsten Zuwachs gut geformt sein.

15.5.3 Durchforstung

Ziele – Der Konkurrenzkampf um die Wachstumsfaktoren lässt nach der Dickungsphase allmählich viele Bäumchen absterben. Nur die stärkeren, inzwischen von der Größe von Gerüststangen, setzen sich durch. In diesem Entwicklungsabschnitt (Stangenholzphase) setzt die Durchforstung ein. Dabei steht die Auswahl der **Zukunftsstämme,** der sog. Z-Stämme, im Vordergrund. Dies sind gut geformte Bäume mit gleichmäßiger Krone. Sie versprechen wegen ihrer Lebenskraft die besten Erträge in Masse und Holzqualität. Dabei achtet man auch auf eine gleichmäßige, dem Endabstand entsprechende Standraumverteilung dieser Z-Stämme. Das Verringern des Bestandes lässt die übrigen Bäume schneller wachsen, macht sie standfester und erhöht ihre Qualität.

Vorgehen – Bei der Durchforstung sollte nicht sofort mit Axt und Säge begonnen, sondern zunächst der Bestand durchgemustert werden. Dabei kennzeichnet man alle zu entnehmenden Stämme mit Hilfe von Farbtupfern, Spray oder Reißern. Es ist auch zweckmäßig, die Z-Stämme vorher getrennt besonders zu kennzeichnen.

Erhalten bleiben müssen alle wertvollen, gesunden Stämme, aber auch seltene Mischbaumarten, lebensfähige Bäume des Zwischen- und Unterstandes für die Bodenbedeckung und zur Erhaltung der Luftruhe im Bestand. Auch stark beastete Randbäume, die zwar keine gute Holzqualität darstellen, müssen erhalten bleiben.

Herausgenommen werden müssen alle kranken, abgestorbenen, eingeklemmten, einseitig bekronten und schlecht geformten Bäume. Außerdem entfernt man Zwiesel, Peitscher und Vorwüchse. Beim Auszeichnen muss jedoch bei jeder Entscheidung überlegt werden, wie den Z-Stämmen zu helfen ist.

Das Erhalten der Artenvielfalt erhöht die Waldgesundheit. Nebenständige Baumarten sind darüber hinaus für die natürliche Astreinigung des Hauptbestandes nötig.

Verfahren – Mit der Entfernung sollte man so früh wie möglich beginnen, um starke und plötzliche Eingriffe in den Bestand zu vermeiden, weil dadurch die Widerstandskraft gegen Schnee und Sturm am besten gewährleistet ist.

Zwischen den einzelnen Maßnahmen der Durchforstung liegen dann etwa 6–10 Jahre.

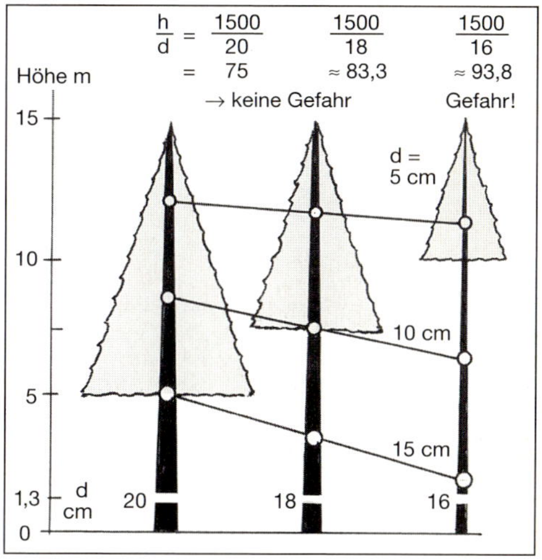

Abb. 588 Bei einem Verhältnis Baumhöhe h (in cm) zu Stammdurchmesser in Brusthöhe d (in cm) über 90 besteht Gefahr (Wind, Schnee).

Abb. 589 Waldnutzung: Der Nachhaltebetrieb erntet in kürzeren Abständen kleine Flächen, der aussetzende Betrieb in größeren Abständen größere Teile.

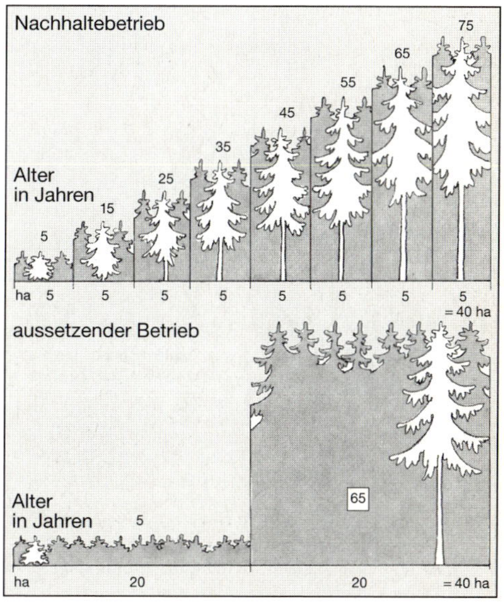

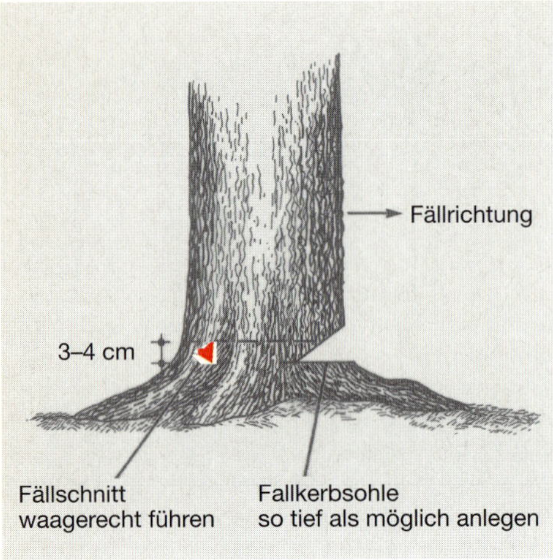

Abb. 590 Anlegen von Fallkerb und Fällschnitt (Schema).

Abb. 591 An der Einmündung von Rückeschneisen in Holzabfuhrwege sorgen »Piloten« für die Verminderung von Rückeschäden.

Abb. 592 Sauberes Aufarbeiten der Verkaufspartien (Ausformung) ist eine Voraussetzung für eine optimale Vermarktung des Holzes.

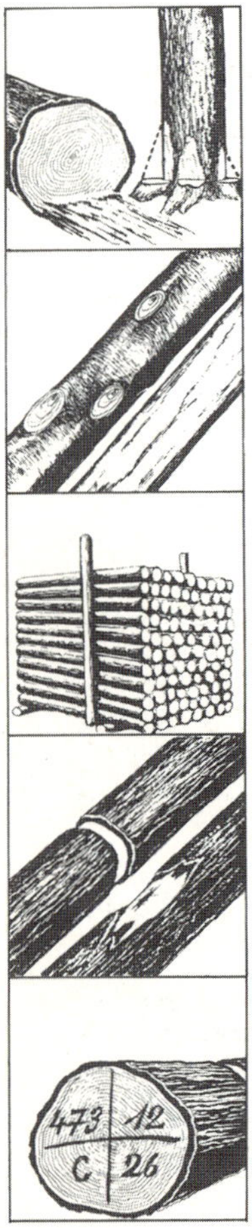

»Waldbärte« und Wurzelanläufe sind abzusägen bzw. beizuschneiden.

Äste müssen dicht am Stamm abgeschnitten werden. Die Stämme sind allseitig zu entasten.

Schichtholz muss gestapelt werden.

Messringe sind (außer bei Buchen) bastfrei zu erstellen. Fehler (überwallte Äste und Ähnliches) sind offen zu legen.

Kennzeichnung (dauerhaft) an der Schnittfläche:
Links oben: Nummer,
rechts oben: Länge,
links unten: Güteklasse,
rechts unten: Mittendurchmesser.

15.6 Vermeiden von Holzverlusten und Unfallschutz bei der Holzernte

Fachmännisch aufgearbeitetes, sauber gestapeltes und zu jeder Zeit abfuhrbereites Holz ist das Ziel der Holzernte und bringt optimale Erlöse.

15.6.1 Vermeiden von Holzverlusten

Bei der **Holzernte** und beim Aufarbeiten des Holzes sind folgende Regeln zu beachten:

- Das Fallkerbmaul muss so hoch wie tief angelegt werden;
- der Fällschnitt wird 3–4 cm über der Fallkerbsohle geführt, damit beim Bruch die Fasern nicht aus dem Stamm, sondern aus dem im Boden verbleibenden Stock gerissen werden;
- waagerechter Fällschnitt bedeutet mehr Nutzholz;
- je tiefer der Stamm abgesägt wird, desto mehr wertvolle Holzmasse lässt sich gewinnen;
- Waldbärte (aus dem Stock gerissenes Holz) und Wurzelanläufe sind zu entfernen;
- Äste sind möglichst dicht am Stamm abzusägen bzw. abzuhauen;
- die Stämme sind ausreichend und allseitig zu entasten;
- das aufgearbeitete Holz ist leserlich und dauerhaft zu kennzeichnen.

Meist wird der Waldbesitzer das Holz an feste Wege oder auf Holzlagerplätzen rücken. Um Schäden dabei zu vermeiden, ist ein Netz von Rückegassen im Bestand schon frühzeitig anzulegen. An der Einmündung von Rückegassen in die Abfuhrwege sind die Stammfüße der dort stehenden Bäume durch sog. »Piloten« vor Verletzungen durch schleifende Bäume oder Seile zu schützen.

15.6.2 Unfallverhütung

Neben Ausbildung und Leistungsfähigkeit ist bei der Waldarbeit besonders genaues Beachten der Unfallverhütungs-Vorschriften Voraussetzung für die Arbeitssicherheit.

Arbeitskleidung – Sie soll strapazierfähig, aber leicht und wasserdicht sein. Signalstreifen oder Signalfarben machen den Arbeiter besser sichtbar.

Werkzeug – Beim Einkauf von Forstwerkzeug ist stets darauf zu achten, dass die Geräte das Sicherheitszeichen nach dem Gerätesicherheits-Gesetz tragen.

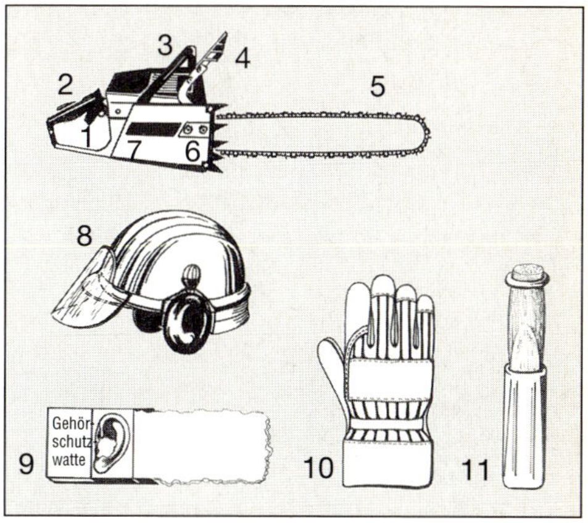

Abb. 594 Motorsäge und Zubehör:
1 Handschutz, Antivibrationsgriff
2 Gashebelsperre
3 heizbarer Antivibrationsgriff
4 Handschutz und Auslösehebel für Kettenbremse
5 Sicherheitskette
6 Kettenfangbolzen } verdeckt
7 Kettenbremse
8 Schutzhelm für Fällen und Entasten mit Gesichts- und Gehörschutz
9 Gehörschutzwatte
10 Schutzhandschuhe aus Leder gegen Verbrennungen am Auspuff, Verletzungen an der Kette und zur Minderung der Vibrationsübertragung
11 Alu-, Kunststoff- oder Holzkeile

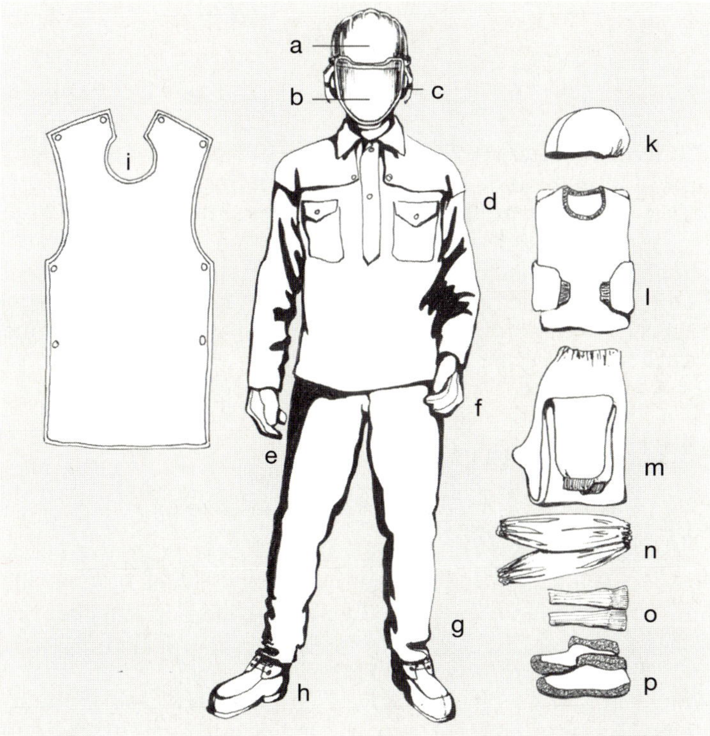

Abb. 593
Zweckmäßige Waldarbeitskleidung:
a) Kunststoffhelm mit Regenrinne und Ventilationslöchern
b) Augenschutz gegen Spänespritzer
c) Gehörschutz: Ohrenklappen geben den besten Schutz und halten im Winter auch warm
d) Bluse in guter Passform, mit kombiniertem Regenschutz; im Winter mit doppeltem Rückenteil mit isolierender Luftschicht
e) Der Fäustling soll mit »Zeigefinger« versehen sein für perfekten, sicheren Griff um den Gashebel
f) Der linke Fäustling, an der Oberseite mit einer Schutzschicht aus Nylonkord oder ähnlichem Material versehen, im Winter gestrickter Innenhandschuh
g) Die Hosen sollen unten schmäler sein und nicht zu eng sitzen, so dass man sich leicht bücken kann; im Winter laminiert und mit Schnellverschluss (Klettverschlüsse). Bei Arbeiten mit der Motorsäge ist eine Schutzhose mit Schnittschutzeinlage erforderlich.
h) Die Stiefel sollen eine kräftig profilierte Sohle haben. Mit Zehenkappe aus Stahl und Schnittschutz in der Zunge
i) Regenschutz zur Bluse, leicht zu befestigen, mit Regenrinne
k) Eine weiche warme Helmhaube, laminiert
l) und m) Unterwäsche aus Fiberpelz für extrem kalte Tage
n) Ärmelüberzieher für feuchtes Wetter
o) Handgelenkschutz vermindert die Gefahr für Kälteschäden
p) Socken aus Fiberpelz

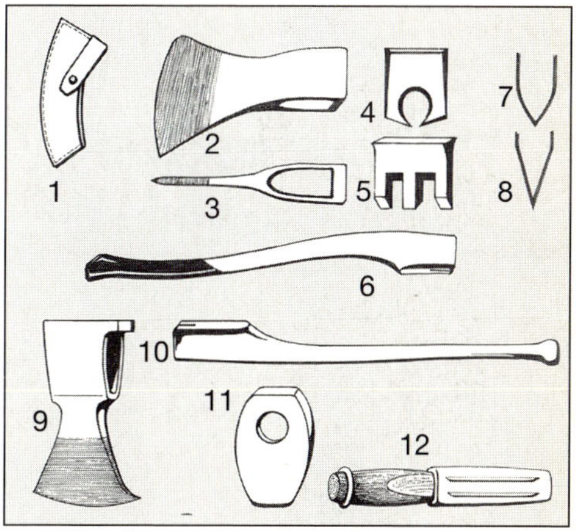

Abb. 595 Äxte und Keile:
1 Axtschutz
2 und 3 Iltisaxt (1000 g für Motorsäge)
4 und 5 Sicherheitskeile zur Befestigung von Axt und Stiel
6 Einfach geschwungener Kuhfußstiel
7 richtige und 8 falsche Ausformung des Axtballens
9 Spaltaxt (2750 g)
10 Spaltaxtstiel (Länge 85 cm)
11 Motorsägen-Schnittkeil und -Fällkeil (510 g)
12 Duraluminium-Fäll- und Spaltkeil mit Holzeinsatz

Abb. 596 Mitte: Zur Vermarktung gehört auch das saubere Stapeln des Holzes an Abfuhrstellen.

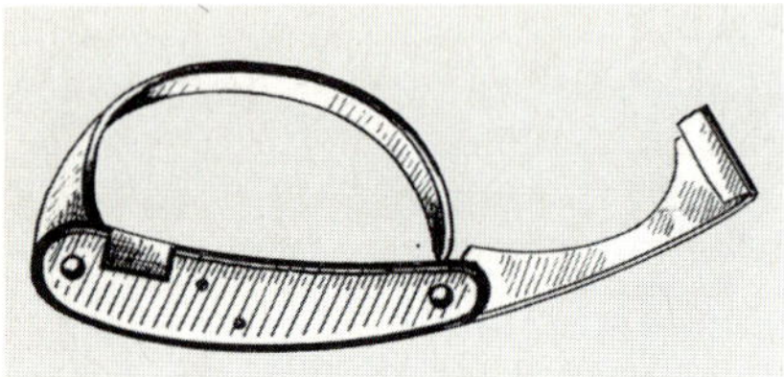

Abb. 597 Reißhacken.

Mit der Einführung der Motorsäge hat sich die Waldarbeit zwar erleichtert und verkürzt, dafür erhöhten sich aber das Unfallrisiko sowie die Belastung durch Abgas, Vibration und Lärm. Ohne Motorsägenkurs sollte niemand die Arbeit mit diesem Gerät aufnehmen. Beim Kauf auch auf umweltfreundliche Geräte achten: Es gibt Motorsägen mit Abgaskatalysator sowie biologisch verträgliche Kettenöle auf Pflanzenöl-Basis und schadstoffarme Kraftstoffe für gesundes Arbeiten.

Abb. 598 Messen des Mittendurchmessers.

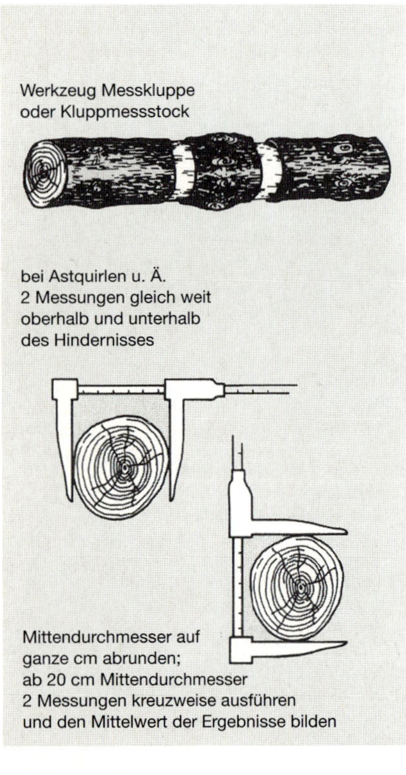

15.7 Holzverkauf

15.7.1 Ausformung

Holz ist Handelsware, deswegen müssen vor dem Verkauf die preisbestimmenden Merkmale Qualität, Abfuhrlage und der optische Eindruck der Verkaufspartie günstig gestaltet werden. Dies wird als *Ausformung* des Holzes bezeichnet.

Weil jeder Mensch mit dem Auge kauft, muss Holz sauber entastet und krankes Holz, so weit wie möglich, gesund geschnitten werden. Fällungsbärte sind zu entfernen und die ganze Partie sollte sachgemäß sortiert, gekennzeichnet und gestapelt werden.

15.7.2 Vermessen

Einheiten – Hölzer werden entweder nach dem Volumen oder nach dem Gewicht (bei Industrieholz) gemessen. Seit 1978 gilt als Einheit der Volumenmessung der Kubikmeter (m^3). Traditionell misst man noch manchmal das Volumen von Stämmen in Festmeter (fm) und das Volumen von geschichtetem Holz in Raummetern (rm).

Volumenberechnung – Bei Stämmen verwendet man die Formel:

$$\text{Volumen} = \frac{\text{Mittendurchmesser}^2 \times \pi \times \text{Länge}}{4}; \qquad V = \frac{d^2 \cdot \pi \cdot l}{4}$$

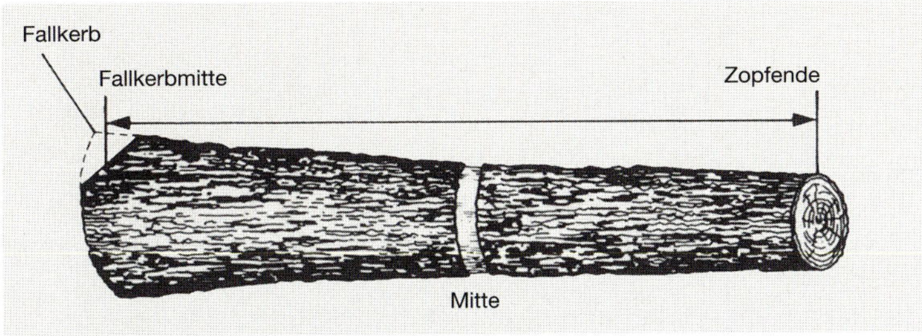

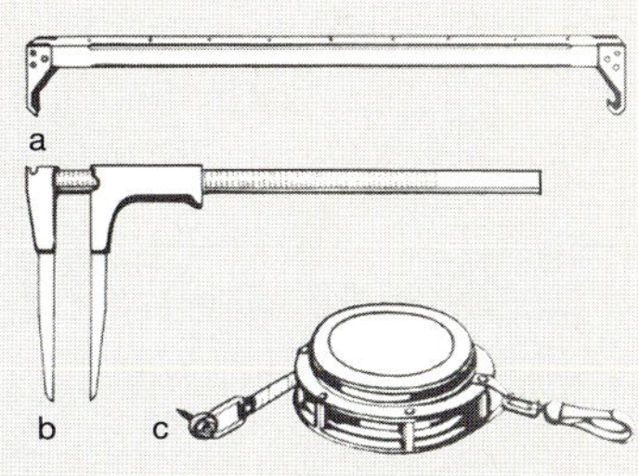

Abb. 599 Messwerkzeuge für das Messen der Länge und des Durchmessers
a Reißmeter,
b Messkluppe,
c Maßband.

Meist ermittelt man nur den Mittendurchmesser (d) und die Länge (l) und liest aus Tabellen das zugehörige Volumen (V) ab. Der *Mittendurchmesser* ist ohne Rinde mit einer Messkluppe zu messen. Bei Stämmen bis 19 cm Durchmesser genügt einmaliges Kluppen, wie der Stamm liegt. Das Ergebnis wird auf ganze Zentimeter *ab*gerundet. Bei dickeren Stämmen (ab 20 cm Durchmesser) sind 2 Messungen in zueinander senkrecht stehenden Richtungen nötig. Bei Fichte, Tanne, Douglasie, Buche und Esche kann auf den Mittenring verzichtet werden. Allerdings ist rechnerisch ein Rindenabzug vorzunehmen.
Die *Längenmessung* erfolgt in der Regel mit dem Reißmeter bzw. dem Maßband. Auch hier rundet man auf ganze Zentimeter. Bei Stämmen mit Fallkerb beginnt die Längenmessung in der Fellkerbmitte. Für die Sortierung ist ein Übermaß von 1 % vorgeschrieben. Dies bleibt jedoch bei der Ermittlung der Stammmitte unberücksichtigt.
Zopfdurchmesser – Das dünne Ende des Stammes heißt Zopf. Sein Durchmesser wird ebenfalls ohne Rinde durch einmaliges Kluppen ermittelt.
Raummaß – Beim Aufsetzen von Schichtholz mit oder ohne Rinde müssen die Holzstöße in der Höhe ein Übermaß von 4 % haben.

Abb. 600 Für die Einteilung in die Güteklasse sind Gesundheit und Durchmesser der Äste wichtige Merkmale.

15.7.3 Sortierung nach Handelsklassen

Sie ist nicht zwingend vorgeschrieben; ist aber zu empfehlen, weil nur so marktübliche Preise zu erzielen sind.

Abb. 601 Beispiel für die Sortierung nach Stärke und nach der Heilbronner Sortierung.

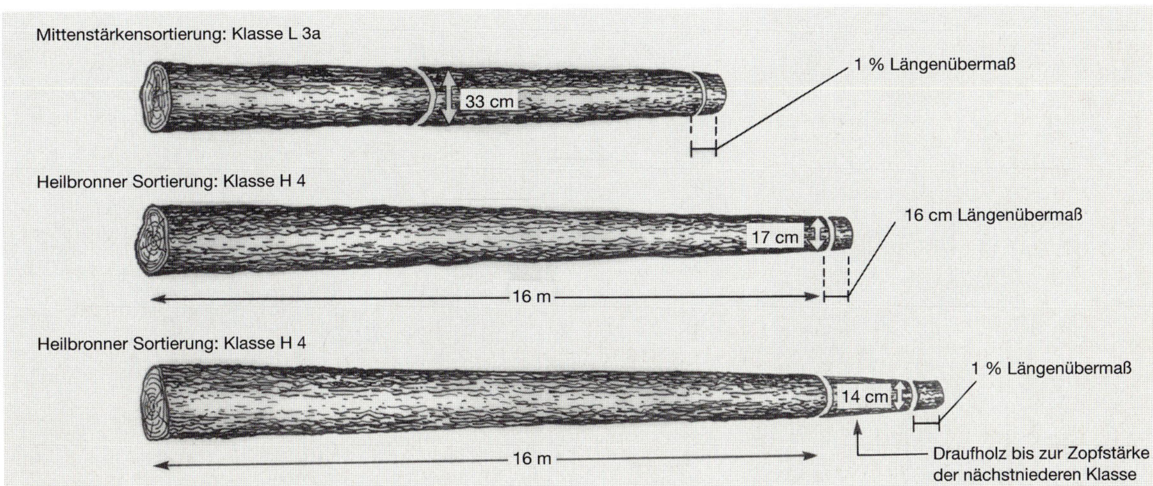

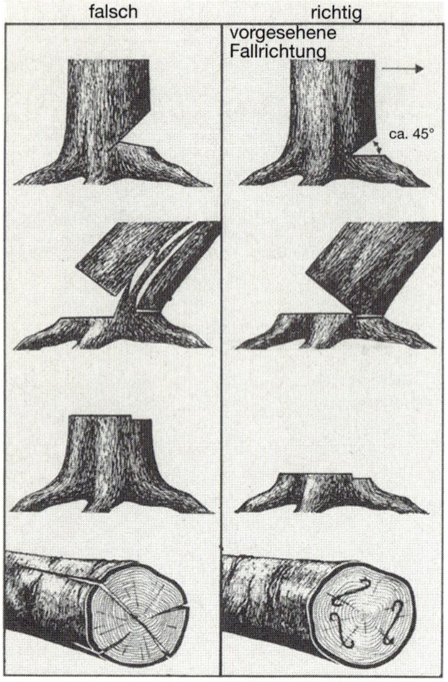

Abb. 602 Vermeiden von Fehlern beim Fällen.

Abb. 603 **Beispiel** für die Gütebewertung an einem Stamm.

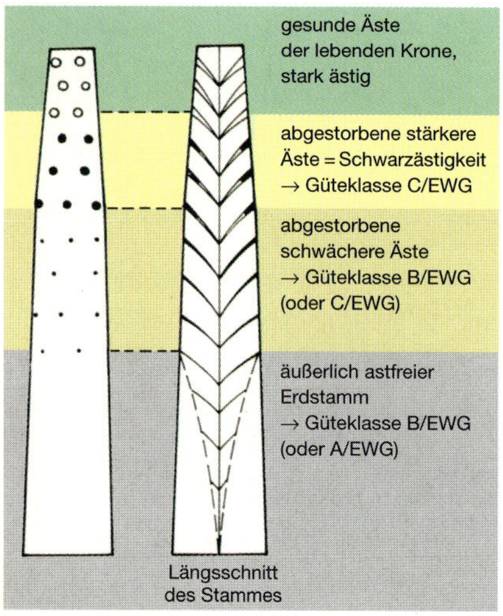

Stärkesortierung – Als Stärke wird der *Durchmesser* des Stammes bezeichnet. Je nach Sorte werden Durchmesser an unterschiedlichen Stellen des Stammes gemessen:

- In der Mitte,
- am schwächeren Ende (Zopf),
- 1 Meter über dem schwächeren Ende.

Die Sortierung nach der *Mittenstärke* hat die größte Bedeutung. Holzsorten nach Mittenstärkensortierung werden mit »L« gekennzeichnet. Dabei unterscheidet man mehrere Klassen.

Tabelle 43: Klasseneinteilung bei der Holzsortierung nach Mittenstärke

Klasse	Mittendurchmesser ohne Rinde cm	Messzahl DM/m³ [1])
L 0	unter 10	25
L 1a	10–14	25
L 1b	15–19	28
L 2a	20–24	34
L 2b	25–29	40
L 3a	30–34	47
L 3b	35–39	55
L 4	40–49	65
L 5	50–59	75
L 6	60 und mehr	85

[1]) Messzahlen für Kiefer, Lärche und Strobe. Die Messzahl ist ein bundeseinheitlich festgesetzter Grundpreis, der bei der Preisermittlung mit dem aktuellen Prozentsatz multipliziert wird.

Heilbronner Sortierung – Stämme von Fichte, Tanne und Douglasie werden meist nach der Heilbronner Sortierung klassifiziert. Kennzeichen dieser Sortierung sind »H« (für Heilbronner Langholz) und »HL« (für Heilbronner Abschnitte). Maßgebend sind jeweils *Zopfdurchmesser* und *Länge* des Stammstückes! Dabei gelten für die einzelnen Klassen Mindestmaße.

Tabelle 44: Klasseneinteilung bei der Heilbronner Sortierung

Klasse	Mindestlänge	Mindest-Zopfdurchmesser ohne Rinde cm (o. R.)	mit Rinde cm (m. R.)	Messzahl DM/m³
H 1	8	10	11	29
H 2	10	12	13	32
H 3	14	14	15	36
H 4	16	17	18	40
H 5	18	22	24	46
H 6	18	30	32	50

Unterschreitet ein Stammstück eines der beiden Mindestmaße, fällt es in die nächstniedrigere Klasse.

Beispiel: 16 m Länge, 16 cm Zopfdurchmesser o. R. bedeutet Klasse H 3.

Die Sortierung wird in der Praxis vom *Mindest-Zopfdurchmesser* begrenzt. Deswegen wäre es falsch, einen Stamm bei 16 m abzuschneiden, wenn er dort noch 20 cm Zopfdurchmesser aufweist;

denn in der Klasse H 4 darf er noch 17 cm Zopfdurchmesser haben. Man wird den Stamm deswegen länger lassen (aushalten) und bei 17 cm abzopfen. Die über die Mindest-Zopfstärke einer Klasse hinausgehende Stammlänge wird **Draufholz** genannt und zum gleichen (höheren) Preis verkauft.
Bei der Heilbronner Sortierung wird *nicht* nach Güteklassen sortiert, soweit die untere Stammhälfte Güteklasse B nicht unterschreitet (begrenzte Astigkeit).
Stämme unter 18 m Länge, die einen um mindestens 6 cm stärkeren Zopf haben, als ihre Länge in Metern beträgt, bezeichnet man als Heilbronner Abschnitte (Kennzeichen »HL«). Hier gelten die gleichen Klassen wie bei der Mittenstärkensortierung. Ein Stammstück mit 16 m Länge, 22 cm Zopfdurchmesser und einem Mittendurchmesser von 31 cm käme demnach in Klasse HL 3a.
Schichtholz wird nach dem Durchmesser mit Rinde am schwächeren Ende sortiert. Man unterscheidet für solche Rundlinge mehrere Klassen.

Tabelle 45: Klasseneinteilung für Schichtholz

Klasse	Durchmesser mit Rinde cm
S 1	3– 6
S 2	7–13
S 3	14 und mehr

Grundsätzlich gilt, so viel Holz wie möglich nach Stärke zu sortieren, weil Schichtholz mehr Arbeit verursacht und geringere Preise erzielt.
Gütesortierung – Holzfehler beeinträchtigen die Verwendungsmöglichkeiten des Holzes. Deswegen wird neben den genannten Sortierungen auch die Güte des Holzes in 4 *Güteklassen* erfasst:

- **Güteklasse A/EWG:** Gesundes Holz mit ausgezeichneten Arteigenschaften, fehlerfrei oder nur unbedeutende Fehler, die seine Verwendung nicht beeinträchtigen.
- **Güteklasse B/EWG:** Holz normaler Qualität mit einem oder mehreren der folgend aufgeführten Fehler: schwache Krümmung oder schwacher Drehwuchs, geringe Abholzigkeit, einige gesunde Äste von kleinem oder mittlerem Durchmesser, jedoch nicht grobastig; eine geringe Anzahl kranker Äste von geringem Durchmesser; leicht exzentrischer Kern, einige Unregelmäßigkeiten des Umrisses oder einige andere vereinzelte durch eine gute allgemeine Qualität ausgeglichene Fehler.
- **Güteklasse C/EWG:** Gewerblich verwendbares Holz, stark astig, stark abholzig oder stark drehwüchsig sowie abholzige oder astige Zopfstücke und kranke Stücke mit tief gehenden faulen Ästen, Rot- und Weißfäule oder sonstigen wesentlichen Pilz- oder Insektenzerstörungen, außerdem Stücke mit weitgehender Ringschäle.
- **Güteklasse D:** Holz, das zumindest zu 40 % gewerblich nutzbar ist, aber wegen seiner Fehler nicht in die anderen Güteklassen eingereiht werden kann.

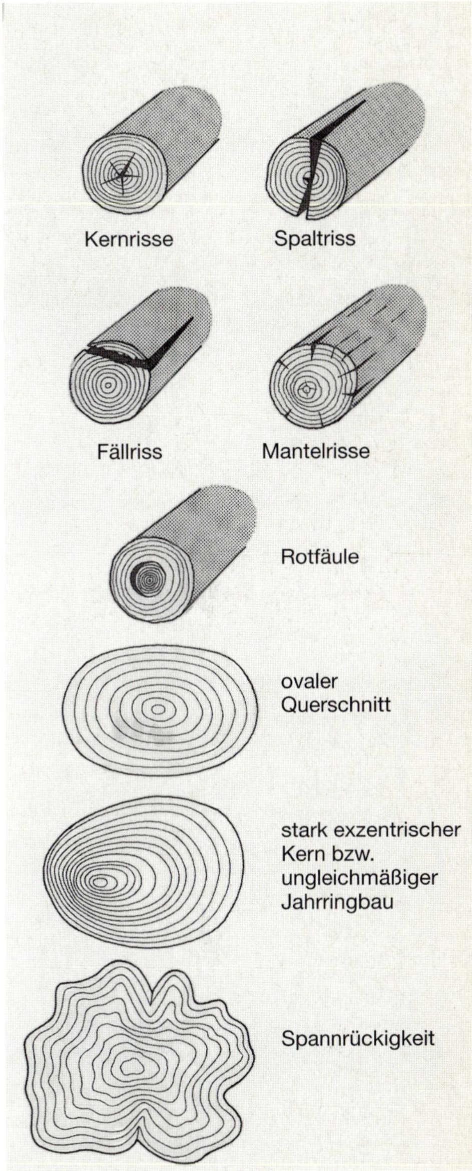

Abb. 604 **Beispiele** für Holzfehler, die bei der Gütesortierung berücksichtigt werden.

Abb. 605 **Beispiel** für die Sortierung nach dem besonderen Verwendungszweck: Klasse SW 3 (Bahnschwellen).

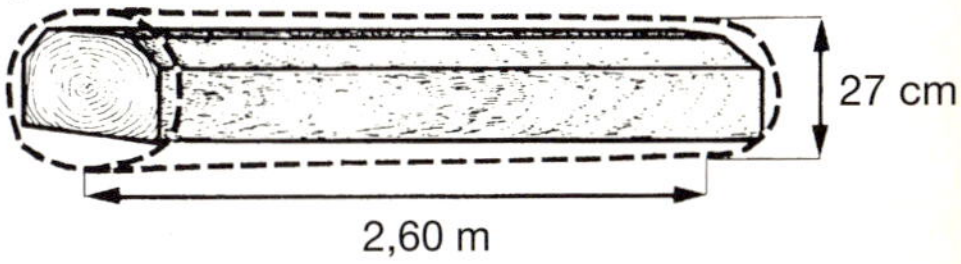

Abb. 606 Kennzeichnung von Stammholz.

Sortierung nach besonderem Verwendungszweck – Handelsklassen für besondere Zwecke bestehen für Schwellenholz und Industrieholz. **Schwellenholz** ist gesundes, auch ästiges Buchen- oder Eichenholz. Es werden 4 Handelsklassen (SW 1 bis SW 4) nach Länge und Zopfstärke unterschieden.

Industrieholz ist eine Sammelbezeichnung für schwächere Hölzer, die u. a. zur Herstellung von Zellulose, zum Holzschliff oder für Spanplatten dienen. Industrieholz kann nach Güte und Länge sortiert werden.

Kennzeichnung – Langholz der Güteklassen A/EWG, C/EWG und D ist mit dem zutreffenden Buchstaben dauerhaft zu kennzeichnen. Eine Kennzeichnung der Güteklasse B/EWG ist nicht vorgeschrieben. Das *Nummerieren* der Einzelstücke einer Partie erleichtert das Auffinden und Aufnehmen der Verkaufspartie.

15.7.4 Preisermittlung

Messzahl und Preis – Der Verkaufspreis des Holzes ergibt sich als Produkt aus der *Holzmenge* und dem *Sortenpreis*. Letzterer ist wiederum das Produkt aus einer bundeseinheitlich festgesetzten gleich bleibenden *Messzahl* (MZ) als Grundpreis für die Sor-

Abb. 607 **Beispiel** für eine Holzliste.

Nr.	Holzart Kie	Holzart Fi	Gesamtlänge	Mittendurchmesser	Zopfd. o. R.	Güteklasse	Stärkeklasse 1/100 m³							
	Stück		m		cm		L 2b	L 3a	L 1b	L 2a	L 2b	H 3	H 4	H 5
1	1		9	28		B	55							
2	1		4	33		B		34						
3	1		10	26		B	53							
4	1		7	20		C				22				
5	1		10	27		C					57			
6	1		15	25		C					74			
7	1		7	18		C			18					
8		1	16	24	16							72		
9		1	16	22	14							61		
10[1]		1	16	20	12							50		
11		1	19	32	22									153
12		1	20	31	22									151
13		1	17	25	17								83	
14														
15														
zusammen:							108	34	18	22	131	183	83	304

[1]) Mit Draufholz nur auf Käuferwunsch (im Beispiel beträgt die Abholzigkeit 1 cm/m).

te und einem den Marktverhältnissen entsprechenden *Prozentsatz* (aus Marktberichten zu entnehmen).
Beispiel: Menge 1 m^3 Fichtenholz, Handelsklasse H 2, Messzahl 32 DM/m^3, Prozentsatz = 420 %.

Verkaufspreis = Holzmenge × Messzahl × Prozentsatz
= 1 m^3 × 32 DM/m^3 × 4,20
= 134,40 DM/m^3

Holzliste – Es ist üblich, die zu verkaufende Holzmenge auf einer Holzliste sortenweise darzustellen. Aus dieser Liste (ein Muster siehe Abb. 607) errechnet sich dann der Preis wie folgt:

Sorte		Messzahl ×	Prozentsatz ×	Holzmenge =	Verkaufspreis
		DM/m^3	%	m^3	DM
Kie B	L 2b	40	330	1,08	142,56
	L 3a	47	330	0,34	52,73
Kie C	L 1b	28	280	0,18	14,11
	L 2a	34	280	0,22	20,94
	L 2b	40	280	1,31	146,72
Fi	H 3	36	420	1,83	276,70
	H 4	40	420	0,83	139,44
	H 5	46	420	3,04	587,33
Kaufpreis:					1380,53
+ 5 % MwSt. (Stand 2000)					69,03
Rechnungsbetrag					1449,56

Grundsätze einer ökonomischen und ökologischen Waldbewirtschaftung sind die

- **Nachhaltigkeit, d. h. das Bestreben nach stetiger und optimaler Bereitstellung *aller* Waldleistungen, und die**
- **naturnahe Bewirtschaftung, d. h. Auswahl der Baumarten nach den natürlichen Standorten, Verzicht auf Kahlschläge, dafür gezielte Einzelstammnutzung.**

15.8 Rentabilität und Waldbewirtschaftung

Wie in den Produktionsverfahren der Landwirtschaft, ist es auch im Betriebszweig Wald möglich, mit Hilfe der Deckungsbeitragsrechnung Kosten und Nutzen zu vergleichen. Im Gegensatz zu landwirtschaftlichen Produktionsverfahren ist es jedoch für den meist kleinen bäuerlichen Waldbesitz zweckmäßiger, die Berechnung nicht auf ein Jahr abzustellen, sondern einen längeren überschaubaren Zeitraum, z. B. 10 Jahre, für die Kalkulation zu benutzen.
Dies schützt vor der *Unterbewertung* des Waldes, wenn in Jahren ohne wesentliche Einnahmen, aber hohen Aufwendungen der Deckungsbeitrag negativ ist, genauso wie vor *Überbewertung*, wenn in einem Jahr mit reichlichem Holzverkauf hohen Marktleistungen nur geringe variable Kosten gegenüberstehen. Durch Vorauskalkulation können zudem Fehler in der Waldbewirtschaftung erkannt und rechtzeitig korrigiert werden.

Abb. 608 Sturmschaden (Windwurf).

Abb. 609 Schneebruch.

Tabelle 46: Rundholz-Kubiktabelle für Durchmesser ohne Rinde (o. R.)
Beispiel: Ein Fichtenstamm von 18 m Länge und einem Mittendurchmesser von 32 cm hat ein Volumen von 1,45 Festmeter (fm ≙ m^3)

Länge	Mittendurchmesser (cm)																										
m	13	14	15	16	17	18	19	20	21	22	23	24	25	26	27	28	29	30	31	**32**	33	34	35	36	37	38	39	40
2	0,03	0,03	0,04	0,04	0,05	0,05	0,05	0,05	0,07	0,08	0,08	0,09	0,10	0,11	0,11	0,12	0,13	0,14	0,15	***0,16***	0,17	0,18	0,19	0,20	0,22	0,23	0,24	0,25
3	0,04	0,05	0,05	0,06	0,07	0,08	0,09	0,09	0,10	0,11	0,12	0,14	0,15	0,16	0,17	0,18	0,20	0,21	0,23	***0,24***	0,26	0,27	0,29	0,31	0,32	0,34	0,36	0,38
4	0,05	0,06	0,07	0,08	0,09	0,10	0,11	0,13	0,14	0,15	0,17	0,18	0,20	0,21	0,23	0,25	0,26	0,28	0,30	***0,32***	0,35	0,36	0,38	0,41	0,43	0,45	0,48	0,50
4,5	0,06	0,07	0,08	0,09	0,10	0,11	0,13	0,14	0,16	0,17	0,19	0,20	0,22	0,24	0,26	0,28	0,30	0,32	0,34	***0,36***	0,38	0,41	0,43	0,46	0,48	0,51	0,54	0,57
5	0,07	0,08	0,09	0,10	0,11	0,13	0,14	0,16	0,17	0,19	0,21	0,23	0,25	0,27	0,29	0,31	0,33	0,35	0,38	***0,40***	0,43	0,45	0,48	0,51	0,54	0,57	0,60	0,63
6	0,08	0,09	0,11	0,12	0,14	0,15	0,17	0,19	0,21	0,23	0,25	0,27	0,29	0,32	0,34	0,37	0,40	0,42	0,45	***0,48***	0,51	0,54	0,58	0,61	0,65	0,68	0,72	0,75
7	0,09	0,11	0,12	0,14	0,16	0,18	0,20	0,22	0,24	0,27	0,29	0,32	0,34	0,37	0,40	0,43	0,46	0,49	0,53	***0,56***	0,60	0,64	0,67	0,71	0,75	0,79	0,84	0,88
8	0,11	0,12	0,14	0,16	0,18	0,20	0,23	0,25	0,28	0,30	0,33	0,36	0,39	0,42	0,46	0,49	0,53	0,57	0,60	***0,64***	0,68	0,73	0,77	0,81	0,86	0,91	0,96	1,01
9	0,12	0,14	0,16	0,18	0,20	0,23	0,26	0,28	0,31	0,34	0,37	0,41	0,44	0,48	0,52	0,55	0,59	0,64	0,68	***0,72***	0,77	0,82	0,87	0,92	0,97	1,02	1,08	1,13
10	0,13	0,15	0,18	0,20	0,23	0,25	0,28	0,31	0,35	0,38	0,42	0,45	0,49	0,53	0,57	0,62	0,65	0,71	0,75	***0,80***	0,86	0,91	0,96	1,02	1,08	1,13	1,19	1,26
11	0,15	0,17	0,19	0,22	0,25	0,28	0,31	0,35	0,38	0,42	0,46	0,50	0,54	0,58	0,63	0,68	0,73	0,78	0,83	***0,88***	0,94	1,00	1,06	1,12	1,18	1,25	1,31	1,38
12	0,16	0,18	0,21	0,24	0,27	0,31	0,34	0,38	0,42	0,46	0,50	0,54	0,59	0,64	0,69	0,74	0,79	0,85	0,91	***0,97***	1,03	1,09	1,15	1,22	1,29	1,36	1,43	1,51
13	0,17	0,20	0,23	0,26	0,30	0,33	0,37	0,41	0,45	0,49	0,54	0,59	0,64	0,69	0,74	0,80	0,86	0,92	0,98	***1,05***	1,11	1,18	1,25	1,32	1,40	1,47	1,55	1,63
14	0,19	0,22	0,25	0,28	0,32	0,36	0,40	0,44	0,48	0,53	0,58	0,63	0,69	0,74	0,80	0,86	0,92	0,99	1,06	***1,13***	1,20	1,27	1,35	1,43	1,51	1,59	1,67	1,76
15	0,20	0,23	0,27	0,30	0,34	0,38	0,43	0,47	0,52	0,57	0,62	0,68	0,74	0,80	0,86	0,92	0,99	1,06	1,13	***1,21***	1,28	1,36	1,44	1,53	1,61	1,70	1,79	1,88
16	0,21	0,25	0,28	0,32	0,36	0,41	0,45	0,50	0,55	0,61	0,66	0,72	0,79	0,85	0,92	0,99	1,06	1,13	1,21	***1,29***	1,37	1,45	1,54	1,63	1,72	1,81	1,91	2,01
17	0,23	0,26	0,30	0,34	0,39	0,43	0,48	0,53	0,59	0,65	0,71	0,77	0,83	0,90	0,97	1,05	1,12	1,20	1,28	***1,37***	1,45	1,54	1,64	1,73	1,83	1,93	1,03	2,14
18	***0,24***	***0,28***	***0,32***	***0,36***	***0,41***	***0,46***	***0,51***	***0,57***	***0,62***	***0,68***	***0,75***	***0,81***	***0,88***	***0,96***	***1,03***	***1,11***	***1,19***	***1,27***	***1,36***	***1,45***	1,54	1,63	1,73	1,83	1,94	2,04	2,15	2,26
19	0,25	0,29	0,34	0,38	0,43	0,48	0,54	0,60	0,66	0,72	0,79	0,86	0,93	1,01	1,09	1,17	1,25	1,34	1,43	1,53	1,63	1,73	1,83	1,93	2,04	2,15	2,27	2,39
20	0,27	0,31	0,35	0,40	0,45	0,51	0,57	0,63	0,69	0,76	0,83	0,90	0,98	1,06	1,15	1,23	1,32	1,41	1,51	1,61	1,71	1,82	1,92	2,04	2,15	2,27	2,39	2,51
21	0,28	0,32	0,37	0,42	0,48	0,53	0,60	0,66	0,73	0,80	0,87	0,95	1,03	1,11	1,20	1,29	1,39	1,48	1,59	1,69	1,80	1,91	2,02	2,14	2,26	2,38	2,51	2,64
22	0,29	0,34	0,39	0,44	0,50	0,56	0,62	0,69	0,76	0,84	0,91	1,00	1,08	1,17	1,26	1,35	1,45	1,56	1,66	1,77	1,88	2,00	2,12	2,24	2,37	2,50	2,63	2,76
23	0,31	0,35	0,41	0,46	0,52	0,59	0,65	0,72	0,80	0,87	0,96	1,04	1,13	1,22	1,32	1,42	1,52	1,63	1,74	1,85	1,97	2,09	2,21	2,34	2,47	2,61	2,75	2,89
24	0,32	0,37	0,42	0,48	0,54	0,61	0,68	0,75	0,83	0,91	1,00	1,09	1,18	1,27	1,37	1,48	1,59	1,70	1,81	1,93	2,05	2,18	2,31	2,44	2,58	2,72	2,87	3,02
25	0,33	0,38	0,44	0,50	0,57	0,64	0,71	0,79	0,87	0,95	1,04	1,13	1,23	1,33	1,43	1,54	1,65	1,77	1,89	2,01	2,14	2,27	2,41	2,54	2,69	2,84	2,99	3,14

Marktleistung – Sie wird in erster Linie durch den Verkauf von Holz, aber auch durch den Verkauf von Schmuckreisig, Christbäumen oder über Jagdpachteinnahmen erbracht. Dabei ist zu berücksichtigen, dass bei gleicher Holzmenge deren Güte und Sortierung und das Verkaufsgeschick erhebliche Unterschiede im Preis.bewirken können.
Variable Kosten – Dies sind im Wesentlichen die Kosten für Material, Werkzeug und Geräte zu Verjüngung, Wildschutz, Jungbestandspflege, Durchforstung und Verjüngungshieb. Dazu kommen die variablen Kosten des Traktors beim Rücken sowie An- und Abfahrten zu den Waldarbeiten.
Das folgende einfache **Beispiel** zeigt die Deckungsbeitrags-Rechnung für eine 5 ha große Waldfläche eines landwirtschaftlichen Betriebes über die Dauer von 10 Jahren:

Marktleistung	
Verkauf von 60 fm Stangenholz aus der Durchforstung 85 DM/fm	5 100 DM
Verkauf von 100 fm Altholz aus Verjüngungshieb 138 DM/fm	13 800 DM
Summe	18 900 DM

variable Kosten	
Aufforstung 1 ha, 5000 Pflanzen, 600 DM/1000 Stück	3 000 DM
Wildschutzzaun 450 m je 2 DM/m	900 DM
Kosten für Geräte und Motorsäge bei Jungwuchs- oder Dickungspflege, 1 ha	115 DM
Durchforstung 2 ha	820 DM
Verjüngungshieb 1 ha	175 DM
variable Kosten für Traktor zu 26 Stunden Waldfahrten	260 DM
Summe	5 270 DM

Deckungsbeitrag[1]) je Hektar und Jahr
Marktleistung 18 900 DM
– variable Kosten 5 270 DM

13 630 DM : 10 Jahre =
1 363 DM/Jahr : 5 ha = **272,60 DM/ha und Jahr**

Deckungsbeitrag[1]) je fm
Stangenholz 85 fm
Altholz 100 fm

185 fm 13 630 DM : 185 fm = **73,68 DM/fm**

[1]) Die Werte stellen keine gültigen Durchschnittswerte dar, sondern sind kalkulatorische Werte, die so in einem landwirtschaftlichen Betrieb vorkommen könnten.

15.9 Gefahren für den Wald

Nicht nur jungen Forstkulturen, sondern auch älteren Waldbeständen drohen ständige Gefahren durch vielfältige Einflüsse. Seit Jahren zeigen immer mehr Waldbäume Schäden. Hier können nur einige Ursachen und Gefährdungen aufgezeigt werden.

Abb. 610 Borkenkäfer in den Gängen.

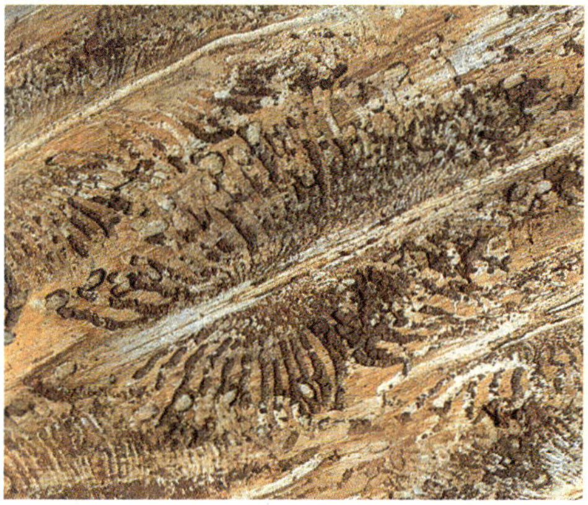

Abb. 611 Schadbild des Borkenkäfers (Buchdrucker).

Abb. 612 Der Rotfäule-Pilz zerstört und entwertet das Holz von innen.

Abb. 613 Ist das die Zukunft unseres Waldes?

15.9.1 Klima- und Wettereinflüsse

Wind und Sturm – Gefährdet sind hauptsächlich Bestände mit offenem Bestandsmantel und Fichtenmonokulturen auf falschen Standorten. Wurf und Bruch der Bäume führen zu Holzentwertung, Zuwachseinbußen und Schädlingsgefahr. Bei Kahlschlägen ist deswegen besonders auf die mögliche Gefährdung benachbarter Bestände zu achten.

Schnee und Frost – Besonders gefährdet sind Kiefern und Fichten in Nassschneezonen. In diesen Gebieten zwischen 400 und 700 m über NN ist deswegen die Bestandespflege besonders sorgfältig durchzuführen. Gleichmäßig ausgebildete Kronen vermindern das Risiko.

Frostrisse und Frosttrockenschäden treten im Wesentlichen an Südhängen auf. Gefährlicher wirken sich Spätfrostschäden aus. Vorbeugend wirkt hier das Verhindern eines Kaltluftstaus, z.B. durch geeignete Hiebführung (Gassen), Schaffen oder Erhalten eines Schutzschirms durch Vorwaldbaumarten.

Besonders frostempfindlich sind Tanne, Eiche und Douglasie.

15.9.2 Ungleichgewicht im Ökosystem Wald

Überhöhte Wildbestände – Neben dem Verbiss (Reh, Gams, Hirsch) an Knospen und Trieben schädigen Rotwild und Damwild vor allem durch Fegen und Schälen der Rinde. In der Folge treten Entmischung, Zuwachs- und Wertverluste, erhöhte Sturm- und Schneebruchgefahr und erhöhter Schädlingsbefall an den beschädigten Bäumen auf. Abhilfe schafft nur eine Regulierung des Wildbestandes.

Überhöhter Bestand an Nagetieren – Erd- und Rötelmaus fressen die Rinde junger Pflanzen, Schermäuse die Wurzeln, die Gelbhals- und Waldmaus die ausgesäten Samen. Wichtig ist hier die Hilfe für natürliche Feinde (Fuchs, Bussard, Wiesel).

Waldschädliche Insekten – Beim Zusammentreffen günstiger Bedingungen für die Massenvermehrung eines Schadinsekts, z. B. durch günstige Temperaturbedingungen während der wichtigen Entwicklungsstadien, günstiges Nahrungsangebot durch reine Nadel- oder Laubwaldbestände und hohen Weibchenanteil, kann der Waldbestand ernst gefährdet werden.

Unter den vielen Insekten, die hierbei zu nennen sind, ragen der Große braune Rüsselkäfer, der Borkenkäfer an Fichte, der Nutzholzborkenkäfer, der Kiefernspanner, die Kieferneule, die Nonne und der Eichenwickler heraus.

Die Bekämpfung erfolgt mit Ausnahme des Borken- und Rüsselkäfers in der Regel von der Luft aus. Ihre Durchführung wird von den Forstbehörden geregelt.

Abb. 614 Überhöhte Rot- und Damwildbestände führen leicht zu solchen Schälschäden.

Waldschädliche Pilze – Die Infektion erfolgt fast ausschließlich über Wunden und Verletzungen, die beim Fällen und Rücken der Bäume bzw. durch Wild entstanden sind.

An Blättern und Nadeln schädigt der Mehltau (Eiche) oder die Schütte (Kiefer). An Wurzeln und Stämmen zerstören die Rotfäule und die Weißfäule (Hallimasch) das Holz.

15.9.3 Waldsterben

Seit Beginn der 70er-Jahre sind Walderkrankungen festzustellen, deren Ausmaß inzwischen so bedrohlich ist, dass die Bevölkerung allgemein von »Waldsterben« spricht. Der Waldschadensbericht der Bundesregierung weist 1998 62 % des gesamten Waldbestandes als von dieser Erscheinung betroffen aus.

Symptome – Dies sind *Verfärben* und *Verlust* der *Nadeln*, was zur *Auflösung* der Altholzbestände führt. Im Einzelnen zeigen sich folgende **Erscheinungen** bei den am meisten betroffenen Baumarten *Tanne*, *Fichte*, *Kiefer*, *Eiche* und *Buche:*

- *Tannen:* Kronenverlichtung durch Nadelverluste, verfrühte und verstärkte Ausbildung einer Storchennestkrone, krankhafte Nasskerne, hoher Anteil von Totästen.
- *Fichten:* Verlichtung der Kronen, Nadelverfärbungen, Bildung von sog. Angsttrieben (zusätzliche Triebe an der Astoberseite), größerer Anteil an Totwurzeln.
- *Kiefern:* Sie reagieren mit Nadelverfärbungen, Vergilben der Nadeln, weniger Nadeljahrgängen, Nadel- und Triebverkürzungen.
- *Eichen:* Sie galten lange Zeit als widerstandsfähig, was sich allerdings seit Beginn der 90er-Jahre drastisch änderte. Zur Zeit ist die Eiche die am meisten geschädigte Baumart in Deutschland. Die Schadbilder ähneln denen der Buche.
- *Buchen:* Verfrühter Laubfall, vorzeitiges Vergilben, Blattrollen, Kronenverlichtung, Kleinblättrigkeit, Bildung von Kurztrieben (büscheliger Kronenwuchs), dürre Äste.

Ursachen und Folgen – Alle bisherigen Befunde zeigen, dass es sich beim Waldsterben um ein sehr *komplexes* (vielschichtiges und verwickeltes) Geschehen handelt, das in ganz Mitteleuropa gleichzeitig und unabhängig von Standortbedingungen auftritt. Vieles spricht dafür, dass es sich wie bei einer Vergiftung um eine Erkrankung des gesamten Ökosystems Wald handelt.

Obwohl niemand daran zweifelt, dass die *Verunreinigung der Luft* mit Schadstoffen die wichtigste Ursache des Waldsterbens ist, lassen sich die Erscheinungen nicht allein als »Rauchschäden« erklären, die im Wesentlichen durch eine zu hohe SO_2-Konzentration entstehen. Man muss vielmehr davon ausgehen, dass das Ökosystem Wald insgesamt durch viele Faktoren an die Grenze seiner Belastbarkeit gelangt ist, wobei jeder zusätzliche Faktor schließlich den Tod des ganzen Waldes auslöst.

Die ökologischen Folgen reichen von der Gefährdung unserer Wasserversorgung (Wald als Wasserspeicher) über die Verschlechterung der Luftqualität (Wald als Luftfilter und »grüne Lunge«) bis zur Zunahme von Hochwasserkatastrophen, der Bodenerosion und der Lawinen- und Steinschlaggefahr im Gebirge (Schutzwald).

Ausblick – Zur Eindämmung des Waldsterbens müssen die Schadfaktoren sofort und wirksam eingedämmt und bekämpft werden. Vor allem muß der Ausstoß von Schwefeldioxid (SO_2) und Stickoxiden (NO_x) sowie von Ozon und Peroxiacetylnitrat schnellstens drastisch verringert werden. Dies kann durch den Einbau von Abgasreinigungsanlagen in der Industrie, bei Kfz

Abb. 615 Typische Storchennestbildung an mittelstark geschädigten Tannen.

Abb. 616 Storchennestkrone an Jungtanne.

Abb. 617 Vergilbte Nadeln sind ein weithin sichtbares Zeichen von Waldschäden (hier: Magnesium-Mangel).

durch geregelte Katalysatoren, durch den Einsatz alternativer Energie bzw. Technologien oder über entschiedenes Energiesparen erreicht werden.

15.9.4 Waldbrand

75 % aller Waldbrände entstehen durch leichtsinniges Hantieren mit Feuer bzw. durch Rauchen im Wald. Die höchste Gefährdung ist im März bis Mai gegeben, weil die bodenbedeckende Pflanzenschicht noch ausgetrocknet ist. Großbrände treten vor allem im Hochsommer (Juni/Juli) auf. Deshalb besteht vom 1. März bis 31. Oktober Rauchverbot im Wald (Bundes-Waldgesetz).
Häufige Kontrollen sind in Trockenzeiten nötig. Entstandene Waldbrände sind sofort der Polizei oder dem Forstamt zu melden, weil die Erfahrung zeigt, dass Selbsthilfe nur beim unmittelbaren Entstehen eines Brandes Erfolg hat. Jährlich werden in Deutschland ca. 1200 ha Wald durch Brand vernichtet.

Abb. 618 Anordnung der Nadeljahrgänge.

Abb. 619 Waldbrände zerstören in kurzer Zeit die Arbeit von Generationen.

Aufgaben:

1. Wie stellen sich die Besitzverhältnisse für die Waldfläche Deutschlands dar?
2. Welche Bedeutung hat der Wald für die Landschaft?
3. Welche Baumarten gehören zu den Lichtholzarten, welche zu den Schattholzarten?
4. Welche Vorteile und welche Nachteile hat die Pflanzung als Bestandsbegründung?
5. Beschreiben Sie das Verfahren der Winkelpflanzung.
6. Wodurch unterscheiden sich Dickungspflege und Durchforstung?
7. Wie lassen sich Holzverluste bei der Holzernte vermeiden?
8. Beschreiben Sie die zweckmäßige Bekleidung für den Waldarbeiter.
9. Berechnen Sie jeweils den Preis für folgende Stämme:
   a) Fichte (Blochholz), 13,5 m Länge, 24/26 cm Mittendurchmesser, Sortierung L 2b, Messzahl 40, Vereinbarung 385 %;
   b) Eiche, 18 m Länge, 53/54 cm Mittendurchmesser, Sortierung L 5, Messzahl 180, Vereinbarung 223 %;
   c) Buche, 20 m Länge, 43/44 cm Mittendurchmesser, Sortierung L 4, Messzahl 50, Vereinbarung 351 %;
   d) Birke, 16 m Länge, 16/18 cm Mittendurchmesser, Sortierung L 1b, Messzahl 35, Vereinbarung 213 %.

   Die Mittendurchmesser sind als Mittelwert in ganzen Zentimetern (forstüblich gerundet) und die Volumenergebnisse auf 2 Dezimalstellen gerundet zu ermitteln. Die Preise sind ohne Mehrwertsteuer zu berechnen.
10. Sortieren Sie folgende Kiefer-Stämme nach Mittenstärke und ermitteln Sie den Preis, wenn 450 % der Messzahl bezahlt werden:
    Nr. 1: Mittendurchmesser 27 cm, Länge 8 m,
    Nr. 2: Mittendurchmesser 36 cm, Länge 6 m,
    Nr. 3: Mittendurchmesser 18 cm, Länge 12 m.

Tierhaltung

3

Abb. 620 Das Murnau-Werdenfelser Rind zählt heute zu den erhaltenswerten Landschlägen, die auch der Genreserve dienen.

Abb. 621 Bei Schweinen auf der Weide sorgt Bewegung für bessere Fruchtbarkeit.

1 Bedeutung der Tierhaltung im Agrar-Ökosystem

1.1 Tierhaltung als wichtiger Bestandteil ökologischer Wirtschaftsweise

Geschichtliches – Über Jahrhunderte hinweg diente die Nutztierhaltung in der Landwirtschaft vorwiegend der Eigenversorgung der bäuerlichen Familie. Mit der zunehmenden Verstädterung der Menschen im Zuge der Industrialisierung öffnete sich der Selbstversorgerbetrieb Landwirtschaft mehr und mehr dem Markt.

So begann gegen Ende des 19. Jahrhunderts die planmäßige *Tierzuchtarbeit*. Sie verdrängte die alten Landschläge allmählich durch leistungsfähigere Rassen. Heute ernährt ein Landwirt mit seiner Produktion ca. 110 Menschen, und die Tierhaltung ist der Betriebszweig, der etwa zwei Drittel der gesamten Einnahmen des Betriebes liefert.

Die Tierhaltung ist weitgehend spezialisiert, wobei die Bestandsgrößen ständig zunehmen. Teilweise wird Tierhaltung sogar flächenunabhängig mit vorwiegend importiertem Futter in Massenbeständen betrieben.

Angepasste Tierhaltung bei ökologischer Wirtschaftsweise – Die Ausnützung aller Fortschritte in Wissenschaft und Technik und die teilweise Überbewertung der Ökonomie (Wirtschaftlichkeit) brachte für die Tierhaltung aber nicht nur Vorteile. Vielfach müssen gestörte Selbstregelmechanismen und Fehlentwicklungen mit erhöhtem Aufwand korrigiert werden.

Die ökologische Wirtschaftsweise will deswegen die Tierhaltung wieder in den *geschlossenen Kreislauf* der Stoffe eines landwirtschaftlichen Betriebes einordnen. Dabei gilt es zunächst, die *natürlichen* Bedürfnisse der Haustiere zu berücksichtigen und zu befriedigen.

Hauptaufgabe der Tierhaltung im ökologisch wirtschaftenden Betrieb ist natürlich auch die Bereitstellung hochwertiger *Nahrungsmittel*. Gleichzeitig dient die Tierhaltung aber auch als *Düngerlieferant* zur Sicherung der Bodenfruchtbarkeit und als *Verwerter von Futterpflanzen* des Grünlandes und des Ackers. Angestrebt wird daher eine möglichst *vielseitige* Tierhaltung, die aber in ihrem Umfang an die jeweiligen Hof- und Standortverhältnisse angepasst ist.

Je Hektar sollen nicht mehr als 1,5 Dungeinheiten (= 1,5 GV) gehalten werden. Die Bestandsobergrenze liegt bei 100 GV. Milchquoten, Umweltschutzauflagen und Flächenstilllegungen tragen aber auch in Betrieben mit herkömmlicher Wirtschaftsweise dazu bei, ökologische Erfordernisse mehr und mehr zu berücksichtigen.

Allerdings stehen betriebswirtschaftliche, d. h. ökonomische Überlegungen dazu mitunter im Widerspruch, da sie oft zu größeren Tierbeständen je Betrieb zwingen.

1.2 Berücksichtigung der natürlichen Ansprüche der Tiere

Die ständige Begegnung mit dem Menschen, das geregelte Nahrungsangebot, das Fehlen natürlicher Feinde und die Ausmerzung besonders angriffslustiger Tiere haben das Verhalten unserer Haustiere geprägt. Es wird immer von zwei Komponenten bestimmt: dem jeweiligen *Hormonspiegel* des Tieres und den *äußeren Einflüssen,* auf die das Tier reagiert.
Nach den verschiedenen Funktionen lässt sich das **Verhalten der Tiere** in die folgenden Bereiche gliedern:

- Fress-, Trink- und Ausscheideverhalten,
- Sexualverhalten,
- Sozialverhalten,
- Ruhe- und Bewegungsverhalten.

Daraus leiten sich **Bedürfnisse der Tiere** ab, die der Tierhalter berücksichtigen muss, wenn er seine Tiere *artgemäß* halten will. Dies schreibt ihm das Tierzucht-Gesetz vor. Es ist aber auch seine *ethische* (sittliche) Pflicht.
Sozialverhalten – Rinder, Schweine und Schafe, also unsere wichtigsten Haustierarten, sind *Herdentiere* und leben gerne in Gruppen. Dort herrscht eine Rangordnung, die durch Rangeleien oder kleine Kämpfe hergestellt wurde. Sie bleibt bestehen, soweit die Herde nicht verändert wird.
Eber und Zuchtsauen mit Ferkeln leben gerne alleine. Auch Kühe vor dem Abkalben isolieren sich von der Herde. Diese Bedürfnisse gilt es in der Tierhaltung zu befriedigen. Rinder, Schweine und Schafe sind daher möglichst in Gruppen zu halten, und diese Gruppen sollten nicht ohne wichtigen Grund gestört werden. Wenn neue Tiere in die Gruppe kommen, sind Rangkämpfe unvermeidlich. Für das Eingewöhnen müssen deswegen größere Flächen zur Verfügung stehen.
Eber und Muttertiere brauchen eigene Plätze. Schweine legen auch bei geringem Platzangebot noch eigene Kotplätze an, die gleichzeitig als Revierabgrenzung dienen. Ist das bei zu großer Besatzdichte nicht mehr möglich, entstehen Verhaltens- und Gesundheitsstörungen.
Ruheverhalten – Rinder können wie auch Pferde sowohl im Liegen als auch *im Stehen ruhen.* Alle Haustiere benutzen aber die Seitenlage, wenn sie entspannt sind und sich wohl fühlen.

Tabelle 47: Ziele des ökologischen Landbaus hinsichtlich des Umfanges der Tierhaltung

angepasste Tierhaltung (1,5 Dungeinheiten/ha) bedeutet für einen 25-ha-Betrieb z. B.		
	bei Festmistdüngung	bei Flüssigmistdüngung
Milchkühe mit Nachzucht	34	23
oder		
Mastschweine	375	265
oder		
Legehennen	5500	3750

Abb. 622 Zielvorstellung des Ökologischen Landbaus zu den Bestandsobergrenzen der Tierhaltung **(Beispiel).**

Abb. 623 Aufstehen und Abliegen eines Rindes. Der Stallbauer muss die Freiräume für solche Bewegungen berücksichtigen.

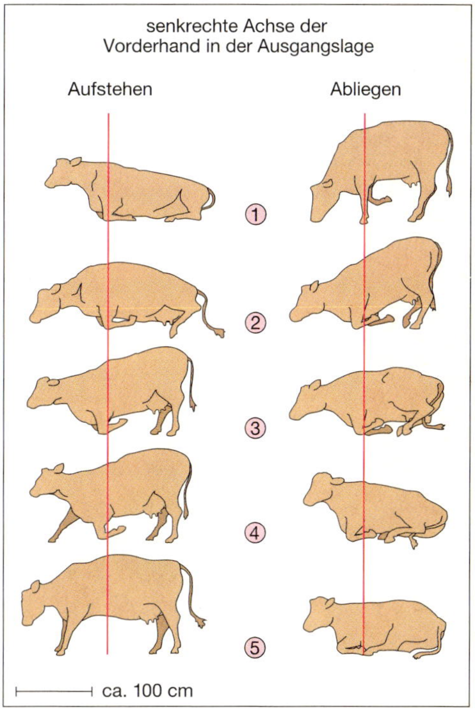

Abb. 624 Schafe brauchen wie alle Wirbeltiere einen schattigen Ruheplatz, den sie in Ruhezeiten zum Wiederkäuen aufsuchen können.

Abb. 625 Das Fressverhalten von Rindern wird von mehreren längeren Ruhepausen unterbrochen. Auf einer Weide sollte auch eine Unterstellmöglichkeit vorhanden sein.

Rinder und Schafe käuen dabei wieder. Im Stall ist die Ruhezeit länger als auf der Weide. Langes Liegen, bei Schweinen auch das Sitzen, kann auf Schwierigkeiten beim Aufstehen (Rutschgefahr, Gelenks- und Klauenleiden) hindeuten.
Ausreichend große, tiergemäße Standplätze, griffige und warme Bodenbeläge bzw. Einstreu, vorzugsweise Laufställe statt Anbindehaltung wären die notwendigen Folgerungen für artgemäße Stallhaltung. Auch auf der Weide, der natürlichsten aller Haltungsformen, brauchen die Tiere einen Ruheplatz (Unterstand, Schattenbaum), der sie gegen Sonne, Wind und Niederschläge schützt.
Fressverhalten – Rinder grasen auf der Weide ca. 8–10 Stunden täglich. Hauptfresszeiten sind bei Sonnenaufgang, Mitte des Vormittags und am frühen Nachmittag. Das Wiederkäuen nimmt die gleiche Zeitdauer in Anspruch. Es beginnt etwa 1 Stunde nach der jeweiligen Fressperiode.
Auch **Schweine** grasen bis zu 9 Stunden täglich auf der Weide. Sie passen sich jedoch leicht einem anderen Rhythmus an. Ihr Futterneid führt zu Rangkämpfen am Trog. Deswegen müssen die Tiergruppen hinsichtlich Alter und Gewicht möglichst gleichmäßig zusammengestellt werden. Jedes Tier braucht einen ausreichenden Fressplatz.
Die Nahrungsaufnahme ist eng mit dem *Erkundungsverhalten* gekoppelt. Es wird durch Wühlen befriedigt. Deswegen schreibt die Schweinehaltungs-Verordnung vor, dass sich Schweine mindestens 1 Stunde lang täglich in einstreulosen Ställen mit Raufutter, Rüben oder Ähnlichem beschäftigen können.
Allen Tieren muss jederzeit frisches Wasser in ausreichender Menge zu Verfügung stehen. Das ist eine Forderung, die jedem Tierhalter eigentlich selbstverständlich sein muss.
Sexualverhalten – Die Brunst verändert das Verhalten weiblichen Tiere. Es ist für Rinder und Schweine in den jeweiligen Abschnitten des Buches beschrieben. Bewegungsmöglichkeit und Körperkontakt mit den Artgenossen verstärken das Brunstverhalten.
In der Schweinehaltung haben sich bei modernen Aufstallungsformen deswegen Deckzentren bewährt, in denen die Paarung der geschlechtsreifen Tiere in den natürlichen Phasen der gegenseitigen Partnersuche, dem Paarungsvorspiel und schließlich der Paarung selbst vollzieht.
Wenn sich hochträchtige Kühe bei Anbindehaltung schon nicht absondern können, sollte wenigstens für Ruhe im Stall gesorgt werden. Nicht umsonst werden die meisten Kälber abends oder nachts geboren, wenn es im Stall ruhig ist. Hochträchtige Sauen brauchen eingestreute Buchten, damit sie ein Nest bauen können.

Die Beobachtung seines Tierbestandes ist für jeden Landwirt eine der wichtigsten Aufgaben. Nur so lassen sich Verhaltensauffälligkeiten schnell erkennen und ihre Ursachen beseitigen.

1.3 Besonderheiten für die Tierhaltung in ökologisch wirtschaftenden Betrieben

Natürliche Haltungsformen – Entsprechend dem Gesamtkonzept, den landwirtschaftlichen Betrieb als harmonische Einheit zu sehen, hat die Tierhaltung möglichst natürlich zu erfolgen. So verlangen die Ökoverbände von ihren Mitgliedsbetrieben nicht nur eine Beschränkung der Tierzahl (siehe Seite 217), sondern auch besondere Haltungsformen wie Weide oder Laufstall mit Auslauf ins Freie.

Fruchtbarkeit, Langlebigkeit, robuste Konstitution und Gesundheit rangieren im Zuchtziel vor hohen Leistungen.

Futtermittel – Die Verwirklichung eines möglichst geschlossenen Stoffkreislaufes erfordert die konsequente Ausnutzung des im Betrieb erzeugten Futters, Kraftfutterzukauf bedarf der Genehmigung, importiertes Kraftfutter darf nicht eingesetzt werden. Ebenso sind synthetische Futterzusätze verboten.

Der Artenreichtum der wirtschaftseigenen Futterpflanzen soll nicht nur eine entsprechende Leistung ermöglichen, sondern auch diätetisch, d. h. der Ernährungslehre entsprechend, wirken. Im herkömmlichen Landbau werden aber ebenso möglichst hohe Leistungen aus dem (wirtschaftseigenen) Grundfutter angestrebt.

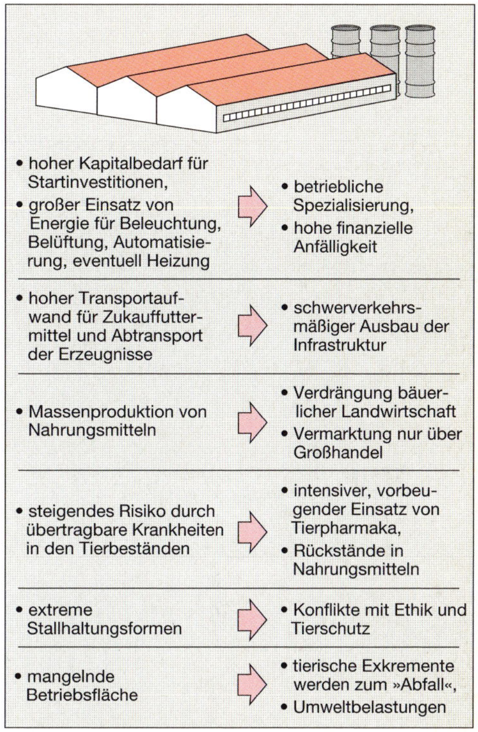

Abb. 626 Flächenunabhängige Massentierhaltung bringt Probleme mit sich.

Aufgaben:

1. Welche Rolle spielt die Tierhaltung für die ökologische Wirtschaftsweise?
2. Ein Sprichwort sagt: »Das Auge des Herrn mästet sein Vieh.« Erklären Sie, was damit ausgedrückt werden soll.
3. Tierschutz-Gesetz, Kälber- und Schweinehaltungs-Verordnung enthalten wichtige Bestimmungen für den Tierhalter. In den einzelnen Abschnitten dieses Buches wird immer wieder darauf hingewiesen. Fassen Sie die wichtigsten Bestimmungen zusammen.
4. Was versteht man unter artgemäßer und angepasster Tierhaltung?
5. Wie lässt sich der Futterwert des Grundfutters erhöhen?

2 Rinderhaltung

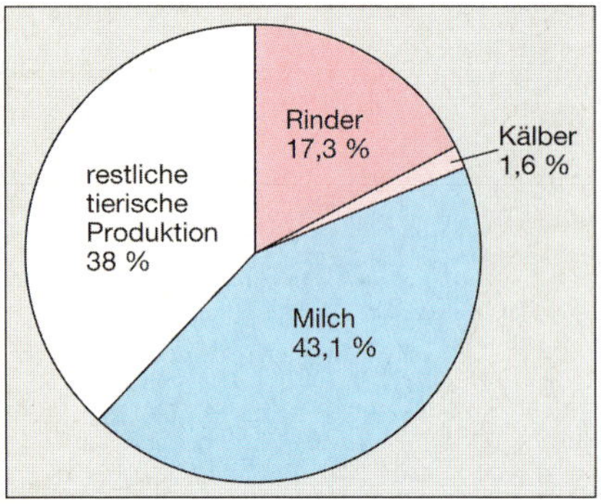

Abb. 627 Anteil und Verteilung der Verkaufserlöse aus der Rinderproduktion innerhalb der tierischen Erzeugung.

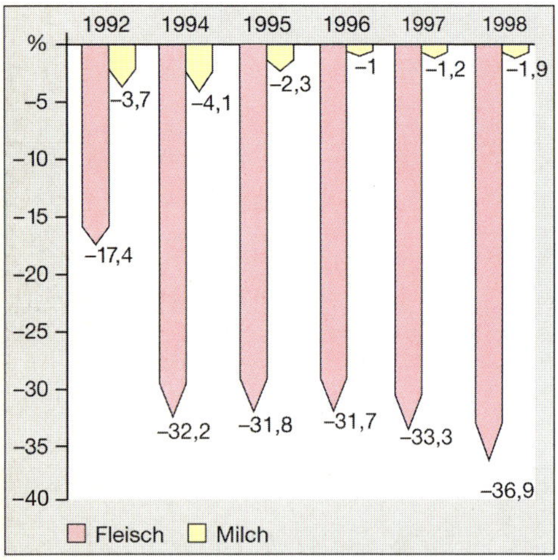

Abb. 628 Entwicklung der Rindfleisch- und Milchproduktion (in % gegenüber 1991) in Deutschland.

2.1 Bedeutung der Rinderhaltung

Wirtschaftliche Bedeutung – Ein Vergleich der Verkaufserlöse zeigt die Bedeutung der Rinderhaltung innerhalb der tierischen Erzeugung und der gesamten Landwirtschaft. Im Wirtschaftsjahr 1997/98 lag ihr Anteil an den Verkaufserlösen der gesamten Landwirtschaft bei 38,4 %. An den Verkaufserlösen der tierischen Erzeugung ist die Rinderproduktion mit 61,9 % beteiligt. Das ist im Vergleich zu 1993/94 (66 %) ein Rückgang um 4,1 Prozentpunkte.

Innerhalb der Rinderhaltung hat die Milcherzeugung mit 69,6 % den größten Anteil vor der Rindfleischerzeugung mit 27,9 % und der Kalbfleischerzeugung mit 2,5 %. In den letzten Jahren hat hier eine Verschiebung zugunsten der Milcherzeugung stattgefunden.

Aus Abb. 628 ist zu ersehen, dass die Fleischerzeugung weiter rückläufig ist. Ursache ist der geringere Pro-Kopf-Verbrauch. Der Anstieg der Milcherzeugung wurde in den 80er-Jahren durch die Milchmengen-Regelung gestoppt. Die Reduzierung der Milchmenge setzte sich bis 1994 fort. Seit 1995 nimmt die Milchproduktion wieder zu und nähert sich dem Stand von 1991.

Die Rinderhaltung ist unter den landwirtschaftlichen Tierhaltungsformen am stärksten bodenabhängig, weil sie große Grundfuttermengen benötigt. Zudem erfordert sie einen hohen Arbeitskräfteeinsatz und führt so zu hohen Personalkosten. Dennoch lassen sich vergleichsweise sehr hohe Familieneinkommen/Flächeneinheit erzielen. Für kleine bis mittlere Familienbetriebe, vor allem in den Grünlandgebieten, stellt die Rinderhaltung die wichtigste Einnahmequelle dar.

Aufgrund der vorwiegend mittelbäuerlichen Betriebsstruktur und des hohen Grünlandanteils ist die Rinderhaltung in Deutschland und auch in der Europäischen Gemeinschaft der wichtigste Betriebszweig der Landwirtschaft.

Der hohe Produktionswert und die Sicherung eines angemessenen Einkommens sind nicht allein Maßstab für die wirtschaftliche Bedeutung der Rinderhaltung. In erster Linie versorgt die Rinderproduktion die **Bevölkerung** mit qualitativ hochwertigen Nahrungsmitteln.

Das Rind ist in der Lage, aus pflanzlichen Substanzen, die für die menschliche Ernährung völlig ungeeignet sind, hochwertige Nahrungsmittel zu erzeugen. Dies trifft in besonderem Maße für Eiweiß zu. Die Rindfleischerzeugung ist in Deutschland fast ausschließlich mit der Milchviehhaltung verbunden.

Milch und Rindfleisch sind die wichtigsten tierischen Eiweißquellen für die Ernährung der Bevölkerung in den Industrieländern.

Milch und *Rindfleisch* kommen den Ansprüchen eines körperlich leicht und geistig schwer arbeitenden Menschen nach nicht zu energiereicher, aber dennoch nährstoffbedarfsdeckender Nahrung sehr entgegen. Während der Pro-Kopf-Verbrauch an Milch und Milcherzeugnissen in den letzten Jahren sich kaum veränderte, ist er bei Rind- und Kalbfleisch rückläufig. 1990 wurden pro Kopf 22,1 kg, 1998 nur noch 14,8 kg Rind- und Kalbfleisch verzehrt.

Die Rinderhaltung leistet in manchen Gebieten auch einen wertvollen Beitrag zur Erhaltung der Kulturlandschaft.

In manchen Grenzertrags-Standorten wie Alpenraum und Mittelgebirge ist aufgrund der Höhenlage, der Bodenverhältnisse, des Klimas und der kürzeren Vegetationsperiode vorwiegend Grünlandnutzung und damit Rinderhaltung möglich. Bei Aufgabe der Rinderhaltung würden diese Gebiete verwalden. Die Rinderhaltung trägt somit zur **Erhaltung dieser landschaftlich reizvollen Erholungsgebiete** bei.

Rinderbestände und deren Veränderung – Der *Rinderbestand* im **früheren Bundesgebiet** hat bis zum Jahre 1984 ständig zugenommen, während der *Milchkuhbestand* bis in die 70er-Jahre leicht zurückging und erst zu Beginn der 80er-Jahre wieder anstieg. Es wurden folglich in dieser Zeit mehr Jungrinder aufgestellt. Vor allem die *Bullenmast* fand verstärktes Interesse. Diese Entwicklung wurde mit Einführung der Milchmengen-Regelung im Jahre 1984 gebremst. Seitdem gehen der Gesamt-Rinderbestand und vor allem der Milchkuhbestand stark zurück.

Die Zahl der *Rinder-* und *Milchkühe haltenden Betriebe* hat seit 1967 fortwährend rasch abgenommen. Das führte zu durchschnittlich größeren *Tierbeständen/Betrieb*. An der Spitze liegt dabei Schleswig-Holstein, wo 1995 auf einen Rinder haltenden Betrieb 99 Rinder bzw. 44 Kühe trafen. Bayern dagegen liegt mit 40 Rindern bzw. 18 Kühen/Betrieb unter dem Bundes-Durchschnitt. Allgemein finden wir in den norddeutschen Bundesgebieten größere Tierbestände als in den süddeutschen.

Die Entwicklung zu größeren *Tierbeständen* zeigt sich besonders deutlich in der Milchviehhaltung, wenn nur die der Milchleistungsprüfung unterstellten Betriebe und Kühe betrachtet werden. Während 1970 88,5 % aller geprüften *Betriebe* nicht mehr als 19 Kühe und nur 11,5 % 20 und mehr Kühe im Stall stehen hatten, sind 1998 die Verhältnisse beinahe umgekehrt. Nun haben 71,8 % mehr als 20 Kühe und nur 28,2 % 20 Kühe oder weniger.

73,3 % aller geprüften *Kühe* standen 1970 in Ställen mit 1–19 Kühen, 1998 waren 87,5 % dieser Kühe in Stallen mit 20 und mehr Kühen. Die Mehrzahl der Betriebe, nämlich 41,2 %, und die meisten Kühe, nämlich 38,1 %, gehörten 1998 der Bestandesgröße 20–39 Kühe an. Noch 1980 hatten die meisten Betriebe (41,1 %) nur 10–19 Kühe. 1998 standen in den alten Bundesländern durchschnittlich 32,6 Kühe in Betrieben, die sich der Milchleistungsprüfung (MLP-Betriebe) angeschlossen haben.

In den **neuen Bundesländern** vollzog sich seit der Wiedervereini-

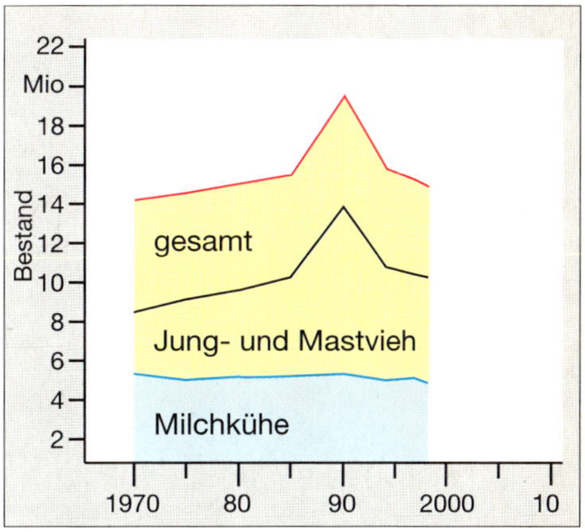

Abb. 629 Entwicklung der Rinderbestände (in Mio. Stück) in Deutschland (seit 1990 Gesamtdeutschland).

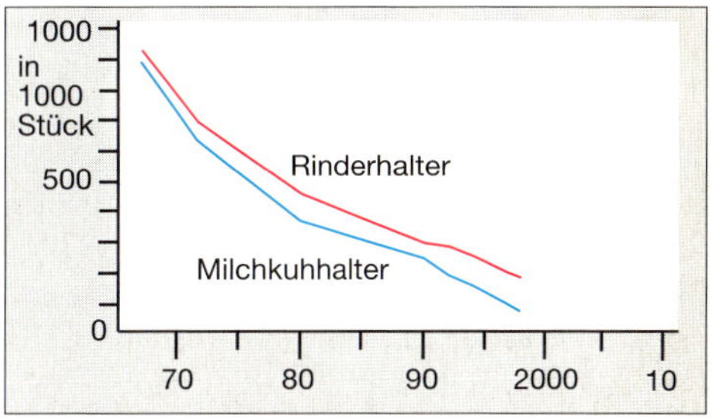

Abb. 630 Rinder- und Milchkuhhalter in Deutschland (in 1000 Stück) (seit 1992 Gesamtdeutschland).

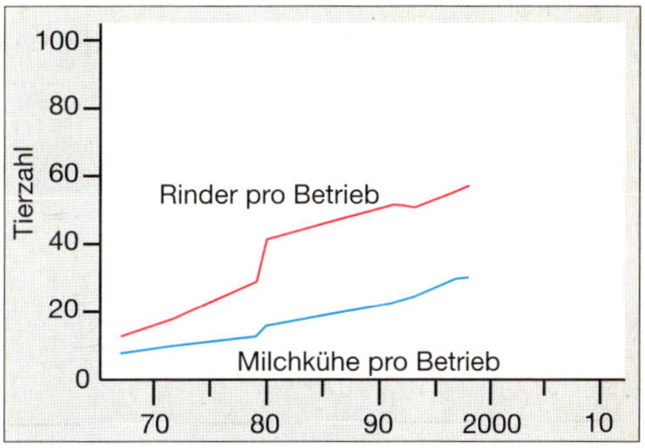

Abb. 631 Mittlere Größe der Rinderbestände (in Stück) in Deutschland (seit 1991 Gesamtdeutschland).

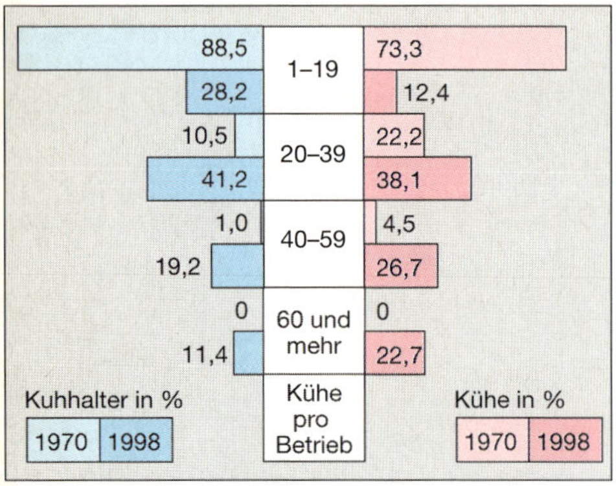

Abb. 632 Strukturveränderung der Milchviehhaltung (MLP-Betriebe) in Deutschland (alte Bundesländer).

gung ein rascher Abbau des Tierbestandes. 1998 zählte man 2,7 Mio. Rinder, darunter ca. 0,9 Mio. Milchkühe.

Auch wenn sich die Bestandsgrößen in den letzten Jahren bereits verringerten, bestehen immer noch große Unterschiede zu den alten Bundesländern. Nur 27,4 % der geprüften Betriebe haben weniger als 60 Kühe im Stall, 14,6 % haben 60–99 Kühe, 22,6 % 100–199 Kühe, 26,5 % 200–500 Kühe und 8,9 % mehr als 500 Kühe. Die meisten geprüften Kühe stehen in Beständen von 200–500 und darüber, nämlich 40,2 % bzw. 34,8 %. 1998 betrug die durchschnittliche Kuhzahl in MLP-Betrieben 201,2 Kühe.

Formen der Rinderhaltung – In der Rinderhaltung gibt es viele Betriebsformen, welche sich nach dem Grad der Spezialisierung unterscheiden. Unter den nachfolgend genannten sind Übergangsformen oder weitere Kombinationen möglich.

Der **Zuchtbetrieb** ist bestrebt, durch eine strenge *Auswahl* unter seiner weiblichen Nachzucht den Zuchtwert der Folgegeneration zu verbessern. Da aus seinen *Bullenmüttern* die nächste Jungbullengeneration hervorgeht, ist er somit wesentlich für den Fortschritt in der Rinderzucht verantwortlich. Er gehört einer anerkannten *Züchtervereinigung* an.

Voraussetzungen sind, neben Verantwortungsbewusstsein und Können, persönliches Interesse des Betriebsleiters.

Im **Milchvieh-Ergänzungsbetrieb** werden nur so viele weibliche Kälber aufgezogen, wie für die Bestandsergänzung notwendig sind, alle anderen Kälber werden verkauft.

Diese Form ist vor allem in Grünlandgebieten weit verbreitet.

Der **Milchvieh-Durchhaltebetrieb** verkauft alle Kälber. Zur Bestandsergänzung kauft er hochträchtige Färsen oder Jungkühe zu.

Der **Färsen-Aufzuchtbetrieb** übernimmt die Aufzucht für den Milchvieh-Durchhaltebetrieb.

Im **Milchvieh-Ergänzungs-** und **Rinder-Mastbetrieb** werden weibliche Kälber nur in solcher Zahl aufgezogen, als sie für die Bestandsergänzung benötigt werden. Alle Bullenkälber werden zur Mast aufgestellt.

Diese Betriebsform ist häufig in Silomaisanbaugebieten anzutreffen.

Der **Bullen-Mastbetrieb** kauft entweder Bullenkälber oder Fresser auf und mästet die Tiere. Dabei verfährt er oft nach der in der Schweinemast üblichen *Rein-Raus-Methode*.

Der Arbeitsaufwand ist gering, daher betreiben oft größere Betriebe mit geringem Arbeitskräftebesatz Bullenmast.

Der **Kälber-Mastbetrieb** mästet männliche und weibliche Kälber bis zu 160 kg oder auch 200 kg Lebendmasse.

Mutterkuh- bzw. **Ammenkuhhaltung** dienen der *Fleischerzeugung*, denn die Kühe werden nicht gemolken, sondern säugen ihre Kälber. Ammenkühen unterstellt man zusätzlich zu ihrem eigenen Kalb noch weitere Kälber. Besonders Fleisch- und Zweinutzungsrassen werden hierfür verwendet.

Der Arbeitsaufwand bei dieser Art der Rinderhaltung ist gering (extensive Haltung).

Der **Fresser-Erzeugerbetrieb** übernimmt die Aufzucht der Kälber bis zu 150–200 kg Lebendmasse für den Bullenmastbetrieb.

Abb. 633 Bullenmastbetrieb.

Abb. 634 Mutterkuhherde (Charolais).

Er braucht wenig, dafür aber nährstoffreiches Grundfutter (Silomais). Der Arbeitsaufwand ist hoch, daher sind es oft kleinere Familienbetriebe, die diese Produktionsform wählen.

Aufgaben:
1. Nennen Sie die zwei wesentlichen Gründe, weshalb die Rinderhaltung nicht nur in Deutschland, sondern auch in der EU der wichtigste Betriebszweig ist.
2. Welche Bedeutung kommt der Rinderproduktion im Hinblick auf die Versorgung der Bevölkerung mit qualitativ hochwertigen Nahrungsmitteln zu?
3. Beschreiben und begründen Sie, welche wertvolle Aufgabe neben der Nahrungsmittelversorgung die Rinderhaltung vor allem in Grenzertragsstandorten wie Alpenraum und Mittelgebirge übernimmt.
4. Beschreiben Sie ohne Angabe von Zahlen, welche Entwicklungen und Veränderungen Sie in der Rinderhaltung bezüglich des gesamten Rinder- und Milchkuhbestandes, der Zahl der Rinder- und Milchkuhhalter sowie der durchschnittlichen Bestandesgröße beobachten können.
5. Zählen Sie mindestens sechs verschiedene spezialisierte Betriebsformen der Rinderhaltung mit ihren wesentlichen Merkmalen auf.

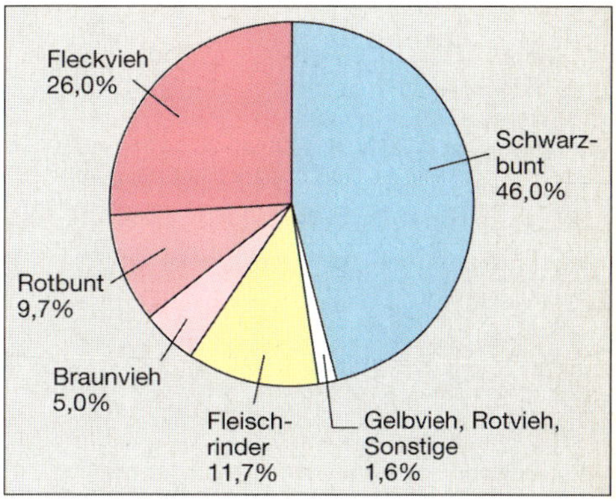

Abb. 635 Verteilung der Rinderrassen (in %) in Deutschland (1995).

2.2 Rinderzucht

Die Rinderzucht will durch gezielte *Auswahl* und *Paarung* von Rindern die vorhandenen Erbanlagen für bestimmte Leistungen verbessern. Dabei müssen sich die geforderten Leistungen jeweils nach *Wünschen des Marktes* richten, damit die Rinderhaltung lohnend bleibt. Das bedeutet z. B. eine verstärkte Betonung der Fleischleistung, wenn der Markt nach mehr Rindfleisch verlangt.

Dazu sind folgende **züchterische Maßnahmen** notwendig:
- Festlegen eines *Zuchtzieles*,
- Durchführen von *Leistungsprüfungen*, die vergleichbare Ergebnisse liefern,
- *Zuchtwertschätzungen* für Zuchttiere,
- *Auswahl* (Selektion),
- *gezielte Paarungen* mit den besten Tieren.

Abb. 636 Flächenmäßige Verteilung der Rinderrassen in Deutschland.

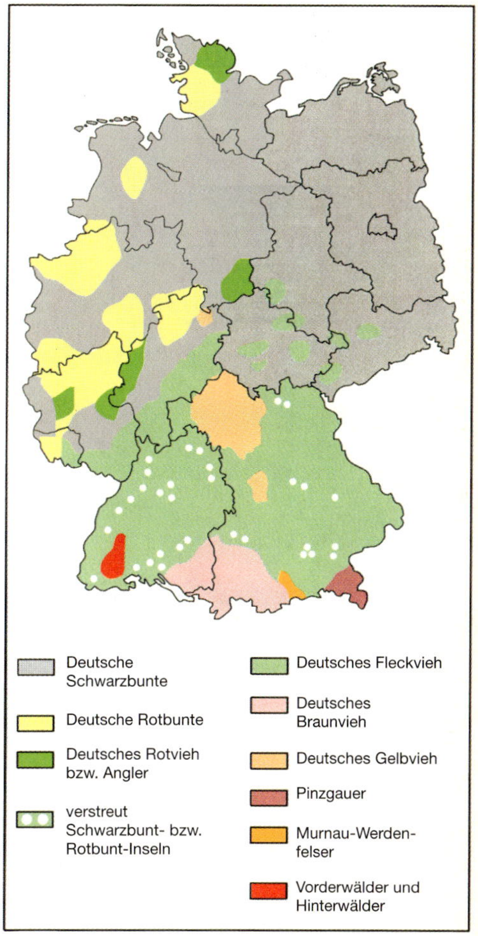

2.2.1 Rinderrassen

Entwicklung – Die älteste Abbildung einer Milchkuh stammt aus dem 7. Jahrtausend v. Chr. Heute wird allgemein der *Ur* oder *Auerochs* als Vorfahre unserer europäischen Hausrinderrassen angenommen. Er verbreitete sich aus dem indischen Raum über Kleinasien in Afrika und ganz Europa, wo sich unterschiedliche *Landrassen* entwickelten. Während der Völkerwanderung fand unter diesen Landrassen eine weitere Vermischung und Verbreitung statt.

1	Schwarzbunt W	4,21%	301 kg
2	Rotvieh	4,80%	291 kg
3	Jersey	5,94%	282 kg
4	Schwarzbunt O	4,29%	278 kg
5	Rotbunt	4,20%	266 kg
6	Braunvieh	4,10%	249 kg
7	Fleckvieh	4,13%	231 kg
8	Gelbvieh	4,11%	205 kg
9	Vorderwälder	4,12%	200 kg
10	Pinzgauer	3,87%	180 kg
11	Hinterwälder	4,04%	135 kg

Abb. 637 Gehalt (in %) und Menge (in kg) an Milchfett bei den verschiedenen Rassen (305-Tage-Leistung aller MLP-Kühe, 1998).

1	Schwarzbunt W	3,31%	237 kg
2	Schwarzbunt O	3,44%	223 kg
3	Rotvieh	3,56%	216 kg
4	Braunvieh	3,50%	212 kg
5	Rotbunt	3,32%	210 kg
6	Jersey	4,06%	192 kg
7	Fleckvieh	3,47%	194 kg
8	Gelbvieh	3,49%	178 kg
9	Vorderwälder	3,29%	160 kg
10	Pinzgauer	3,36%	157 kg
11	Hinterwälder	3,37%	112 kg

Abb. 638 Gehalt (in %) und Menge (in kg) an Milcheiweiß bei den verschiedenen Rassen (305-Tage-Leistung aller MLP-Kühe, 1998).

Abb. 639 Rangfolge der Rinderrassen nach den täglichen Zunahmen aus der Eigenleistungs-Feldprüfung (1998).

1	Charolais	1398 g
2	Fleckvieh	1311 g
3	Gelbvieh	1314 g
4	Pinzgauer	1158 g
5	Deutsche Angus	1185 g
6	Braunvieh	1136 g
7	Vorderwälder	1120 g
8	Hinterwälder	883 g

Tabelle 48: Überblick über Rinderrassen Deutschlands

Rasse äußere Merkmale	Nutzungsrichtung Milch Fleisch	Gewicht (Kuh) kg	Widerristhöhe (Kuh) cm
Deutsche Schwarzbunte schwarz-weiß gefleckt	milchbetontes Zweinutzungsrind	750	über 145–150
Deutsches Fleckvieh gelbrot-weiß gefleckt weißer Kopf	Zweinutzungsrind mit gleicher Betonung von Milch und Fleisch	ca. 750	138–142
Deutsche Rotbunte rot-weiß gefleckt	milchbetontes Zweinutzungsrind	750	145–150
Deutsches Braunvieh grau bis grau-braun	milchbetontes Zweinutzungsrind	über 600	138–152
Deutsches Gelbvieh einfarbig gelb	fleischbetontes Zweinutzungsrind	700–800	138–142
Deutsches Rotvieh 75 % des Bestandes sind	Zweinutzungsrind	650	140
Angler einfarbig rot	milchbetontes Zweinutzungsrind (hoher Milch-/Fettgehalt)	650	140
Vorderwälder und **Hinterwälder** gelb/rot-weiß gefleckt	milchbetontes Zweinutzungsrind Zweinutzungsrind	ca. 600 400–450	134 118–120
Pinzgauer dunkelbraun mit weißer Rücken- und Bauchblässe	Zweinutzungsrind mit gleicher Betonung von Milch und Fleisch	600–700	130–135
Deutsche Jersey einfarbig gelbbraun bis hellrot	Milchrind (sehr hoher Fett- und Eiweißgehalt)	mehr als 400	125 und mehr
Deutsche Angus hornlos, schwarz bis dunkelbraun sowie rot bis gelbgrau, gelegentlich weiße Flecken	Fleischrind	550–700	125–140
Deutsche Charolais weiß bis weißgelb	Fleischrind	800–900	142

Abb. 640 Schwarzbunte.

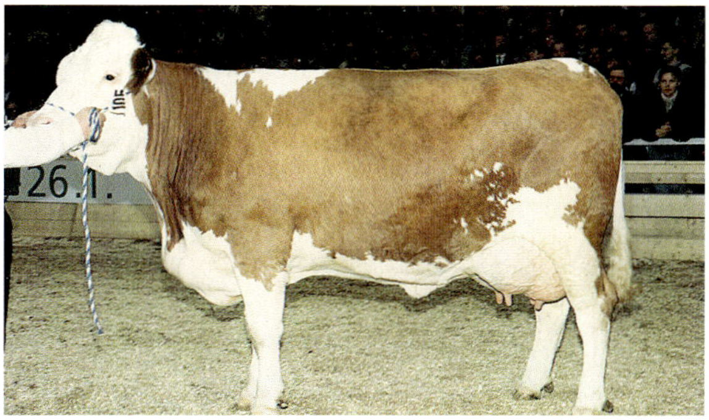

Abb. 641 Fleckvieh.

Abb. 642 Rotbunte.

Abb. 643 Braunvieh.

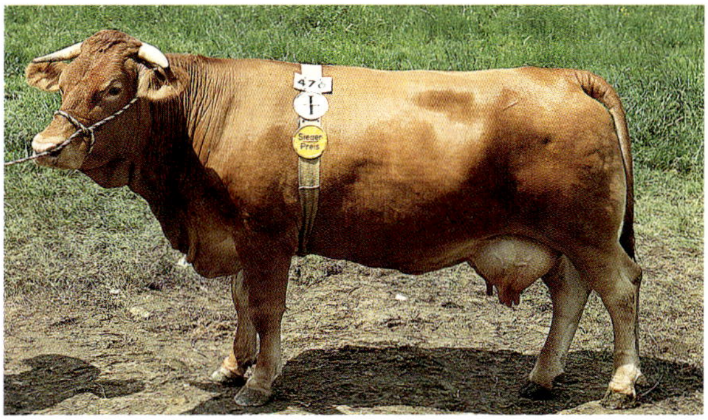

Abb. 644 Gelbvieh.

Abb. 645 Angler.

Abb. 646 Jersey.

Abb. 647 Deutsche Angus.

Abb. 648 Bulle der Rasse Charolais.

Abb. 649 Murnau-Werdenfelser Kuh.

Abb. 650 Hinterwälder Kuh.

Abb. 651 Pinzgauer Kuh.

Erst mit Beginn der Industrialisierung und der damit verbundenen Nachfrage nach Rindertalg, Fleisch und Butter begann eine verstärkte *Rassenbildung* durch eine systematische Auswahl der Tiere nach Form und – soweit es der damalige Stand der Erkenntnisse und Möglichkeiten zuließ – auch nach Leistung.
Reinzucht innerhalb leistungsfähigerer Rassen und nachfolgende **Verdrängungskreuzungen** in anderen Rassen führten im Laufe der letzten 100 Jahre von einer Rassenvielfalt (allein in Bayern gab es damals 26 Landrassen) zu einer Konzentration auf einige wenige bedeutende Rassen, wie *Schwarzbunte*, *Rotbunte*, *Fleckvieh* und *Braunvieh*. Seit den 60er-Jahren dieses Jahrhunderts prägen **Einkreuzungen** mit Holstein Friesian bei den Schwarzbunten und mit Brown Swiss beim Braunvieh den heutigen Typ dieser Rassen und führen vor allem zu einer deutlichen Steigerung der Milchmengenleistung.
Einkreuzungen von Red Holstein aus demselben Grund werden innerhalb der deutschen Rotbuntzucht seit Beginn der 70er-Jahre verstärkt nur in Baden-Württemberg durchgeführt und spielen in der Fleckviehzucht zahlenmäßig eine untergeordnete Rolle. Diese nordamerikanischen Rassen stammen von unseren europäischen Schwarzbunt-, Rotbunt- und Braunvieh-Rindern ab, haben sich aber in den USA durch einseitige Züchtung auf Milch zu reinen Milchrassen mit hervorragender Milchleistung entwickelt.
Die Rasse Deutsche Angus ist ein Beispiel dafür, wie durch **Kombinationskreuzung** von mindestens 2 Rassen ein völlig neuer Typ gezüchtet werden kann. Als Ausgangsrassen dienten in den 60er-Jahren Aberdeen Angus und deutsche Zweinutzungsrassen, vornehmlich Schwarzbunte, Gelb- und Fleckvieh.
Obwohl die genaue Definition des Begriffes Rasse schwierig ist, könnte man an folgender Begriffserklärung festhalten:

Bei einer Rasse handelt es sich um eine Gruppe von Tieren derselben Art, die sich durch bestimmte Merkmale von anderen Tieren unterscheidet und diese Merkmale auch weitervererbt.

Zuchtziel – Das Zuchtziel wird von den jeweiligen Zuchtverbänden festgelegt. Es muss sich am Leistungsstand der Zuchttiere, an betriebs- und marktwirtschaftlichen Erfordernissen orientieren, wobei auf dem Markt nicht die derzeitigen Verhältnisse maßgebend sind, sondern die mögliche Entwicklung vorausgeschätzt und berücksichtigt werden soll.
Da wirtschaftliche Leistungsmerkmale, wie Milch und Fleisch, verstärkt in den Vordergrund gestellt werden, äußere Unterscheidungsmerkmale, wie Form und Farbe, dagegen heute fast bedeutungslos geworden sind, kamen sich die Zuchtziele der verschiedenen Rassen immer näher.
Dennoch wird bei einer Rasse mehr die Milchleistung, bei einer anderen mehr die Fleischleistung betont, wonach sich hinsichtlich der Nutzungsrichtung eine grobe Unterteilung in Milchrassen, Fleischrassen und Zweinutzungsrassen ergibt. Im Wesentlichen beschreibt das Zuchtziel:

- Nutzungsrichtung, d. h.:
  - Milchrind,
  - Fleischrind,
  - Zweinutzungsrind, wobei zwischen milchbetont, fleischbetont bzw. gleichgewichteter Betonung von Milch und Fleisch unterschieden wird,
- anzustrebende Milchleistung; Fett- und Eiweißgehalt,
- anzustrebende Fleischleistung, ausgedrückt in den täglichen Zunahmen von Jungbullen,
- Widerristhöhe und Gewicht der Kühe und Bullen,
- Sitz und Form sowie Melkbarkeit des Euters,
- Fundament, Widerstandskraft, Nutzungsdauer; Anpassungsfähigkeit,
- Fruchtbarkeit, Leichtkalbigkeit,
- Futterverwertung, Grundfutterraufnahme.

Wichtige Rinderrassen – Die Verteilung der Rassen in Deutschland zeigt Abb. 636 (Seite 223). Die Daten werden von der Arbeitsgemeinschaft Deutscher Rinderzüchter (ADR) anhand der Viehzählung sowie des über die Milchleistungsprüfung (MLP) und die Künstliche Besamung (KB) erfassten Milchkuhbestandes ermittelt und ergeben somit gute Schätzwerte für die Rassenanteile des gesamten Rinderbestandes.

Nachdem viele Jahre Schwarzbunte und Fleckvieh etwa gleich stark mit insgesamt 75 % eine Vormachtstellung einnahmen, sind nach der Wiedervereinigung die Schwarzbunten durch Einbeziehen des Bestandes der Schwarzbunten Milchrinder (SMR) mit 45,9 % am stärksten verbreitet, gefolgt von Fleckvieh, Rotbunten und Braunvieh.

In den letzten Jahren nahm die Zahl der Fleischrinder stark zu. Sie besitzen jetzt einen Anteil von 11,7 %.

Alle übrigen zahlenmäßig erfassten Rassen sind unter »Sonstige« zusammengefasst. Sie sind vom Aussterben bedroht. Damit nicht wertvolle Erbanlagen verloren gehen, die in Zukunft nützlich sein könnten, haben mehrere Bundesländer Programme zur »Erhaltung gefährdeter Rassen« gestartet.

1	Schwarzbunt W	7155 kg
2	Schwarzbunt O	6486 kg
3	Rotbunt	6339 kg
4	Braunvieh	6064 kg
5	Rotvieh	6055 kg
6	Fleckvieh	5601 kg
7	Gelbvieh	5085 kg
8	Vorderwälder	4853 kg
9	Jersey	4735 kg
10	Pinzgauer	4662 kg
11	Hinterwälder	3335 kg

Abb. 652 Rangfolge der Rinderrassen nach Milchmenge (305-Tage-Leistung aller MLP-Kühe, 1998).

2.2.2 Leistungsprüfungen

Die Zuchtwertschätzungen werden auf der Grundlage von Leistungsprüfungsergebnissen vorgenommen. Objektive Leistungsprüfungen sind daher Voraussetzung für die Zuchtwahl (Selektion). Die wichtigsten sind die *Milchleistungsprüfung*, die *Melkbarkeitsprüfung* sowie die *Fleischleistungsprüfung*.

Milchleistungsprüfung (MLP) – Sie ist nur für Herdbuchbetriebe Pflicht, für alle anderen freiwillig. Neben ihrer Bedeutung für die Zuchtprogramme bringt sie auch für den einzelnen Tierhalter *betriebswirtschaftliche Vorteile*. Eine genaue Kenntnis des Leistungsstandes der Kühe ermöglicht eine *leistungsgerechte Fütterung* und erleichtert die *Zuchtauswahl* im Betrieb.

Monatliche Zwischenberichte und der Jahresbericht, der neben verschiedenen Leistungsangaben auch die Zuchtwertschätzergebnisse aller Kühe der Herde mitteilt, liefern zudem wertvolle

Abb. 653 Die Milchleistungsprüfung erfasst immer mehr Kühe (seit 1991 Gesamtdeutschland).

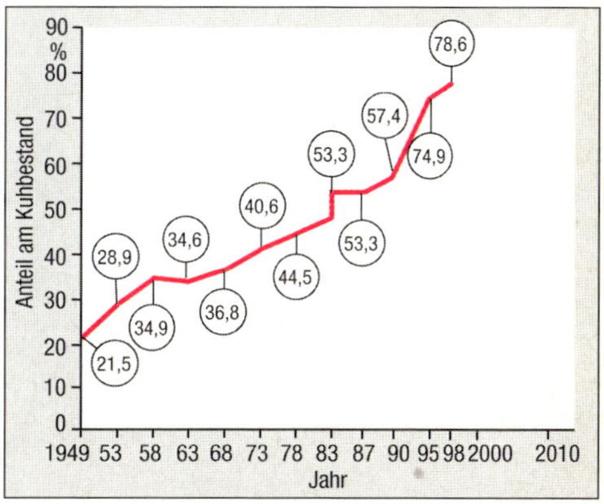

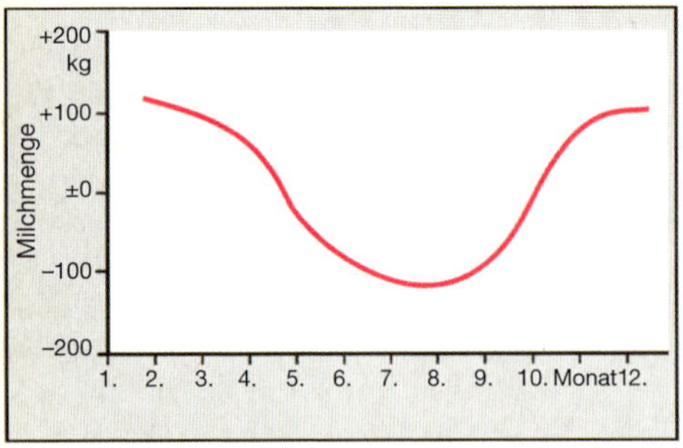

Abb. 654 Die Höhe der 305-Tage-Laktationsleistung ist von der Kalbesaison abhängig.

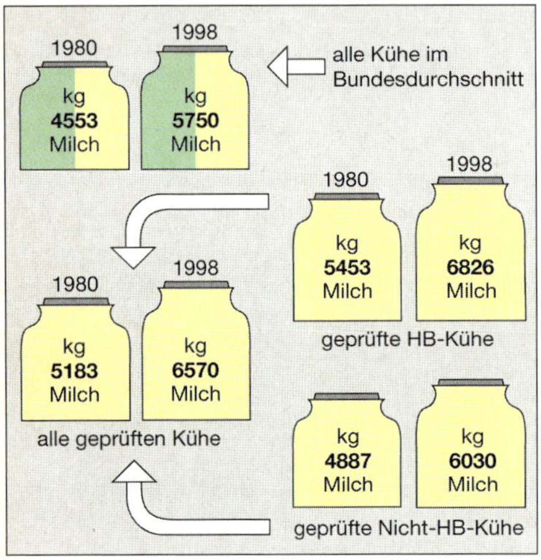

Abb. 655 Die Überlegenheit der geprüften Kühe bei der Milchleistung im Vergleich der Jahre 1980 und 1998 (Gesamtdeutschland).

Abb. 656 Die Entwicklung der Milchleistung je Kuh (seit 1990 Gesamtdeutschland).

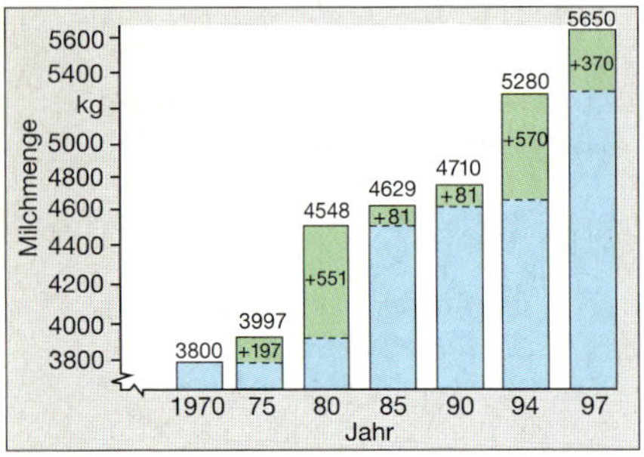

Angaben über die Produktivität jeder einzelnen Kuh sowie der ganzen Herde. 1998 waren 78,6 % des gesamten Milchkuhbestandes (West 73,5 %; Ost 96,3 %) und 55,6 % aller Milchkuh haltenden Betriebe der MLP angeschlossen.

Die MLP erfolgt bundesweit nach einheitlichen Richtlinien unter Aufsicht der Obersten Landesbehörden von den Landeskontrollverbänden (LKV).

Beim monatlichen *Probemelken* (morgens und abends) wird die Milchmenge mit speziellen »Milchmengen-Messgeräten« gemessen und zur Feststellung der Milchinhaltsstoffe (Fett, Eiweiß) eine anteilmäßige Probe entnommen.

Als *Leistungsmaßstäbe* werden ermittelt:

- **100-Tage-Leistung:** Sie errechnet sich aus den ersten 3 Probemelkungen (entspricht in etwa früherer Einsatzleistung);
- **305-Tage-Laktationsleistung:** Sie wird zur Zuchtwertschätzung von Kühen und Bullen (nur die erste 305-Tage-Laktation der Töchter) herangezogen;
- **Laktationsleistung:** Milchmenge zwischen 2 Kalbungen;
- **Jahresleistung:** Leistung innerhalb 1 Kontrolljahres (1. Oktober–30. September); Maßstab für Wirtschaftlichkeit;
- **mittlere Jahresleistung:** Summe der Jahresleistungen, geteilt durch die Zahl der Kontrolljahre;
- **Höchstleistung:** höchste Jahresleistung;
- **Lebensleistung:** Summe aller Laktationsleistungen;
- **Stalldurchschnitt:** durchschnittliche Jahresleistung einer Herde im Kontrolljahr.

Melkbarkeitsprüfung – Zur Beurteilung dienen folgende Merkmale:

- **Milchfluss:** Milchmenge in kg, geteilt durch die Melkdauer in min, ergibt das durchschnittliche Minutengemelk;
- **Hälftenverteilung:** prozentualer Anteil der Milchmenge aus den Vordervierteln am Gesamtgemelk;
- **Nachgemelk:** restliche Milchmenge in cm^3, welche nach Absetzen der Melkmaschine ein Nachmelken von Hand erfordert. (Das Handnachmelken entfällt bei der Prüfung, wenn es im Betrieb bereits nicht mehr durchgeführt wird. Das Euter wird aber auf vollständige Entleerung überprüft.)

Die Melkbarkeitsprüfungen erfolgen bei Bullenmüttern als *Vollprüfung* (Milchfluss, Hälftenverteilung, Nachgemelk) und im Rahmen der Nachkommenprüfung bei einigen Töchtern des Prüfbullen als *Einfachprüfung* (Milchfluss, Nachgemelk).

Fleischleistungsprüfung – Sie benutzt die Mast- und Schlachtleistung als Maßstab für die Fleischleistung. Diese wird durch *Eigenleistungs-* (ELP) und *Nachkommenprüfungen* in Anstalten (Stationsprüfung) oder Betrieben bzw. auf Auktionen *(Feldprüfung)* festgestellt.

- **Eigenleistungsprüfung auf Station:** Es werden fast nur Bullenkälber aus gezielten Paarungen angekauft und unter möglichst *einheitlichen* Fütterungs- und Haltungsbedingungen aufgezogen und gemästet. Hinsichtlich Prüfungszeiträumen, Fütterungs- und Haltungssystemen bestehen zwischen den Bundesländern Unterschiede. Darunter leidet die Vergleichbarkeit der Ergebnisse sehr stark.

Als Prüfungsergebnisse werden die *durchschnittlichen täglichen Zunahmen* errechnet, zur Abschätzung des Fleischanteils wird die Bemuskelung von Keule, Rücken und Schulter bei Prüfende festgestellt.

- **Eigenleistungsprüfung im Feld:** Die in Betrieben aufgezogenen Jungbullen werden am Kör-Tag gewogen. Nach Abzug des Geburtsgewichtes (je nach Rasse werden 35–40 kg angenommen) werden die *durchschnittlichen täglichen Zunahmen* errechnet und *Bemuskelung* und *äußere Erscheinung* bewertet.
- **Nachkommenprüfung auf Station:** Von Prüfbullen mit zu erwartendem positivem Zuchtwertschätzergebnis für Milchleistung werden 10–12 Söhne im Alter von 2–6 Wochen nach zufälliger Wahl auf einer Station zusammengezogen. Aufzucht und Mast erfolgen unter einheitlichen Bedingungen.
  Zwischen den Bundesländern bestehen auch hier Unterschiede in der Mast- und Prüfungsmethode. In Bayern geht der Prüfungszeitraum vom 112. bis 500. Lebenstag. Nach der *Mastleistung* (durchschnittliche tägliche Zunahmen) wird die *Schlachtleistung* beurteilt, indem mindestens die Nettogewichtszunahme $\left(= \frac{\text{Zweihälftengewicht, warm}}{\text{Anzahl der Lebenstage}}\right)$ sowie die Handelsklasse ermittelt werden. Hinzu kommen noch weitere Merkmale, wie Schlachtausbeute, Fleisch- und Knochenanteil sowie Fleisch:Knochen-Verhältnis. Obwohl die Nachkommenprüfung auf Station eine aufwändige züchterische Maßnahme ist, sind die Kosten wegen der möglichen Selektion und ihrer Bedeutung für die ganze Zucht gerechtfertigt.
- **Nachkommenprüfung im Feld:** Die Eigenleistungsergebnisse der auf *Sonderkörungen vorgestellten Jungbullen* können zu väterlichen Halbgeschwistergruppen zusammengefasst als Nachkommenprüfung im Feld zur Schätzung des Zuchtwertteiles Mastleistung herangezogen werden, wobei zur sicheren Erfassung unter Praxisbedingungen eine Vielzahl von Söhnen

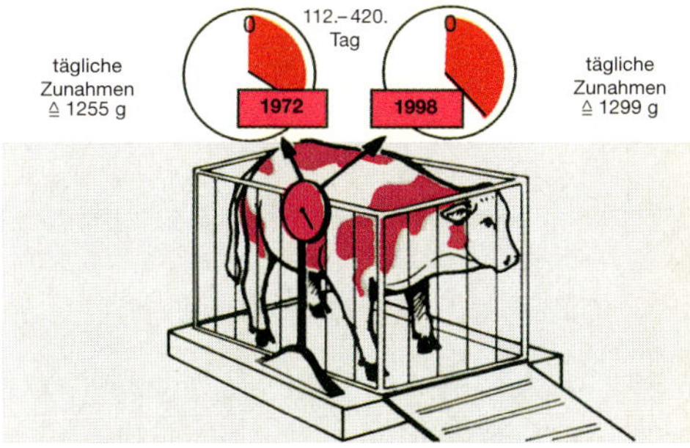

Abb. 657 Züchterische Verbesserung der Gewichtsentwicklung durch Selektion (1972 und 1998) am **Beispiel** von Fleckviehbullen (ELP auf Station in Bayern).

Abb. 658 Die Nachkommenprüfung auf Fleischleistung erfasst auch die Mastleistung der Prüfbullen-Söhne. Hier eine ausgeglichene Gruppe.

Tabelle 49: Leistungsprüfungen in der Rinderzucht

Art der Prüfung		zu prüfendes Tier	Ort der Prüfung	Leistungsmaßstäbe
Milchleistungsprüfung	Eigenleistungsprüfung	Kuh	Betrieb	Milchmenge, Fettgehalt, Eiweißgehalt
	Nachkommenprüfung an Töchtergruppe	Bulle	Betrieb	Milchmenge, Fettgehalt, Eiweißgehalt
Melkbarkeitsprüfung	Eigenleistungsprüfung	Kuh (Bullenmutter)	Betrieb	Milchfluss, Hälftenverteilung, Nachgemelk (Vollprüfung)
	Nachkommenprüfung an Töchtergruppe	Bulle	Betrieb	Milchfluss, Nachgemelk (Einfachprüfung)
Fleischleistungsprüfung	Eigenleistungsprüfung	Jungbulle Jungbulle	Station Betrieb	Mastleistung Mastleistung
	Nachkommenprüfung an Söhnegruppe	Bulle Bulle	Station Betrieb	Mast- und Schlachtleistung Mast- und z.T. auch Schlachtleistung

Abb. 659 Bei der Nachkommenprüfung auf Fleischleistung wird auch die Schlachtleistung der Söhne eines Prüfbullen ermittelt.

erforderlich ist. In Süddeutschland wird versucht, Söhne (besondere Ohrmarke) von Prüfbullen auf *verschiedene* Bullenmastbetriebe zu verteilen, um nach Beendigung der Mast die Ergebnisse der Mast- und Schlachtleistung auswerten zu können.

Außerdem liefern die Ergebnisse der *Jungkuhbewertung*, wobei u.a. mittels Messung der Widerristhöhe und des Brustumfangs das Gewicht geschätzt wird, zusätzliche Informationen über die Mastleistung des Prüfbullen.

Die Erfassung **indirekter Leistungen** in der Zucht wird zunehmend wichtiger. Mit Hilfe der *Verbleiberate der Töchter* wird bei der Nachkommenprüfung von Bullen das Zuchtziel Langlebigkeit als Merkmal für gute Konstitution und Gesundheit berücksichtigt.

Als Maßstäbe zur Beurteilung der *Fruchtbarkeit* einer Kuh dienen der Besamungsindex, die Zwischenkalbezeit, die Nutzungsdauer sowie die Zahl geborener Kälber/Jahr in Prozent der vorhandenen Kühe.

Für den Bullen wird die »Non-return-Rate« (NRR) herangezogen. Dabei drückt die NRR des Bullen die Befruchtungsfähigkeit des Samens und die NRR seiner Töchter die Vererbung der Fruchtbarkeit aus.

Den Einfluss von Kuh und Bulle auf den *Abkalbevorgang* sollen die Prozentangaben über Totgeburten und Geburten mit tierärztlicher Hilfe sowie das Geburtsgewicht des Kalbes anzeigen.

Abb. 660 Körperteile des Rindes (Schema).

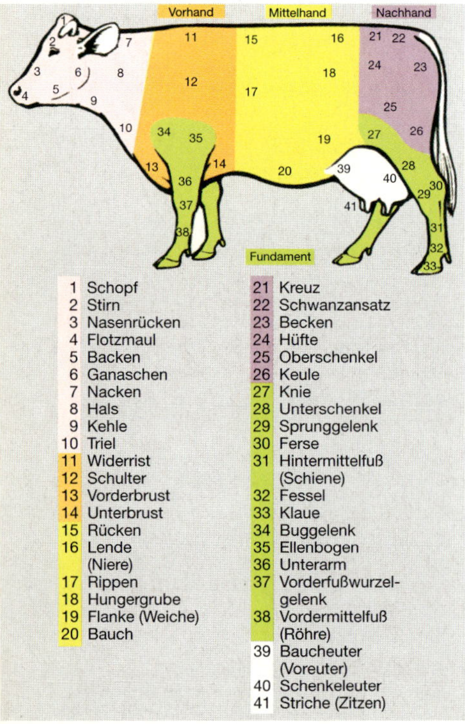

- 1 Schopf
- 2 Stirn
- 3 Nasenrücken
- 4 Flotzmaul
- 5 Backen
- 6 Ganaschen
- 7 Nacken
- 8 Hals
- 9 Kehle
- 10 Triel
- 11 Widerrist
- 12 Schulter
- 13 Vorderbrust
- 14 Unterbrust
- 15 Rücken
- 16 Lende (Niere)
- 17 Rippen
- 18 Hungergrube
- 19 Flanke (Weiche)
- 20 Bauch
- 21 Kreuz
- 22 Schwanzansatz
- 23 Becken
- 24 Hüfte
- 25 Oberschenkel
- 26 Keule
- 27 Knie
- 28 Unterschenkel
- 29 Sprunggelenk
- 30 Ferse
- 31 Hintermittelfuß (Schiene)
- 32 Fessel
- 33 Klaue
- 34 Buggelenk
- 35 Ellenbogen
- 36 Unterarm
- 37 Vorderfußwurzelgelenk
- 38 Vordermittelfuß (Röhre)
- 39 Baucheuter (Voreuter)
- 40 Schenkeleuter
- 41 Striche (Zitzen)

2.2.3 Rinderbeurteilung

Trotz umfangreicher Leistungsprüfungen kann auf eine Beurteilung der *äußeren Erscheinung (Exterieur)* eines Tieres nicht verzichtet werden. Hierfür gibt es mehrere Gründe. So können z. B. gut ausgebildete, maschinengerechte Euter die Melkarbeit erheblich erleichtern; der Einsatz von Melkrobotern erfordert derzeit zwingend bestimmte Euterformen, Euterhöhen, Zitzenformen und Strichlängen.

Da sich aus der äußeren Erscheinung konkrete Hinweise auf die Langlebigkeit und somit auf die Wirtschaftlichkeit der Tiere ableiten lassen, gewinnt die Rinderbeurteilung wieder zunehmend an Bedeutung.

Mit Hilfe der **linearen Beschreibung** ist eine umfassende, objektive und vergleichbare Bewertung von Exterieurmerkmalen möglich. Sie wird daher vor allem bei der *Bewertung von Bullenmüttern* und bei der *Nachzuchtbewertung eines Prüfbullen* angewendet. Dabei werden die Ausprägungen vieler *Einzelmerkmale* einheitlich und verbindlich innerhalb einer Rasse mit den Ziffern 1–9 beschrieben.

Die Ziffern 4, 5 und 6 bedeuten meist eine mittlere Ausprägung eines Merkmals. Da nur wenige Merkmale exakt mit Hilfe von Messgeräten ermittelt werden können, müssen das Augenmaß und die Erfahrung des Beurteilers entscheiden. Die Beobachtungen und Feststellungen der Einzelmerkmale werden anhand eines Leitfadens vorgenommen.

Tabelle 50: Übersicht über die Merkmalskomplexe bei den verschiedenen Rinderrassen

Rasse	Merkmalskomplexe			
Deutsches Fleckvieh **Deutsches Gelbvieh**	**Rahmen** Kreuzhöhe Beckenlänge Hüftbreite Rumpftiefe Brustumfang Mittelhandlänge die Berechnung der Rahmennote erfolgt aufgrund unterschiedlicher Gewichtung der Einzelmerkmale	**Bemuskelung** Beschreibung der Nachhand (Keule/Profil) auf der Grundlage des EUROP-Systems für Schlachtvieh: E = 9 stark ausgeprägt U+/U = 8/7 ausgeprägt R+/RØ/R = 6/5/4 gut entwickelt O/O– = 3/2 mittel entwickelt P = 1 schwach entwickelt	**Fundament** Beschreibung von Sprunggelenkswinkelung, -ausprägung und Fessel die Note 9 erhalten Kühe, die in allen Merkmalen dem Zuchtziel entsprechen und keine Mängel aufweisen	**Euter** gute Noten erhalten Kühe, deren Eutermerkmale die im Zuchtziel angestrebten Ausprägungen aufweisen und auch sonst keine Fehlbildungen haben Nebenstriche beeinflussen die Euternote nicht
Deutsche Schwarzbunte **Deutsche Rotbunte**	**Milchtyp** 15 % der bei dem jeweiligen Merkmal angegebene Prozentwerte ist die für die Berechnung der Gesamtnote zu berücksichtigende Gewichtung	**Körper** 20 %	**Fundament** 25 %	**Euter** 40 %
Deutsches Braunvieh	**Typ** Körperkapazität Milchcharakter Harmonie des Körperbaus	**Form** Körper- und Fundamentausprägung		**Euter** Euter- und Strichausprägung

Tabelle 51: Leitfaden zur Kuhbewertung beim Fleckvieh/Gelbvieh (Reihung nach relativen Gewichten von Einzelmerkmalen)

im **Rahmen** wird die Körperkapazität beurteilt, wobei »Größe : Breite : Länge : Tiefe« im Verhältnis »3 : 1 : 1 : 1« gewichtet werden		
Einfluss auf Rahmennote [1]) [2])	**negativ**	**positiv**
Größe (Kreuzhöhe)	unter 138 cm	141–145 cm
Länge	kurz	lang
Tiefe	seicht	tief
Breite	schmal	breit
im **Fundament** sind die Hinter- und Vorderextremitäten inklusive Schulterbereich einbezogen		
Einfluss auf Fundamentnote	**negativ**	**positiv**
Sprunggelenkswinkel	steil, gesäbelt	normal
Fessel	weich	straff
Klauentracht	wenig	viel
Sprunggelenksausprägung	schwammig	trocken
Hinterbeinstellung	hessig	parallel
Schulter	locker	straff
Klauenschluss	Spreizklaue	geschlossen
Klauenform	Rollklaue	normal
Vorderbeinstellung	verdreht	parallel
beim **Euter** sind Euter- und Strichausbildung sowie Strichstellung einbezogen		
Einfluss auf Euternote [3])	**negativ**	**positiv**
Euterboden	tief	hoch
Voreuterlänge	kurz	lang
Schenkeleuterlänge	kurz	lang
Strichstellung	nach außen, vorne	senkrecht, leicht nach innen
Strichlänge	kurz, lang	normal
Strichdicke	dünn, dick	normal
Viertelverteilung	gestuft	gleich
Zentralband	wenig sichtbar	stark ausgeprägt
Schenkeleuteransatz	hoch	tief
Strichplatzierung	weit außen, eng	normal
Strichform	milchbrüchig,	normal
	spitz, glockenförmig	–
Drüsigkeit	fleischig	drüsig
Viertelausbildung	stark geviertelt	leicht geviertelt

[1]) Bei der Nachzuchtbewertung wird die Rahmennote aus den Maßen für Kreuzhöhe, Rumpftiefe, Beckenlänge und Beckenbreite errechnet.

[2]) Rahmennote = 5 + [(Kreuzhöhe – 140) + (Ziffer für Länge – 5) + (Ziffer für Breite – 5) + (Ziffer für Tiefe – 5)] : 4.

[3]) Nebenstriche haben bei der Nachzuchtbewertung keinen Einfluss auf die Euternote. Fisteln, Beistriche, Zwischenstriche oder größere bzw. laktierende Afterstriche schließen Kühe als Bullenmutter aus.

Tabelle 52: Leitfaden zur Kuhbewertung bei Holsteins (Schwarz-/ Rotbunt) (Reihung nach relativem Gewicht von Einzelmerkmalen)

beim **Milchtyp** (15 % der Gesamtnote) werden Milchcharakter und Harmonie des Körperbaues einbezogen

Einfluss auf Punktierung	negativ	positiv
Schärfe im Widerrist	rund	scharf
Rippenabstand	eng	weit
Harmonie [1])	wenig	viel
Skelett	derb	fein
Halslänge, Kopfform	kurz	lang

beim **Körper** (20 % der Gesamtnote) werden die Körpermaße und Beckenausbildung einbezogen

Einfluss auf Punktierung	negativ	positiv
Körpertiefe	aufgezogen	tief
Größe [2]) – Erstkalbskühe	<142 cm oder >153 cm	
– Mehrkalbskühe	<145 cm oder >156 cm	
Beckenbreite	schmal	breit
Beckenneigung	ansteig., eben, stark abfall.	leicht geneigt
Stärke	schwach	stark
Körperlänge	kurz	lang
Beckenlänge	kurz	lang
Mängel	lose Schulter weicher Rücken wenig Herztiefe weiche Niere tief liegend Schwanzansatz	

[1]) Bewertet werden Körperproportionen, Übergänge, Oberlinie, Haut und Haare.

[2]) Im Zuchtziel wird für die Gesamtpopulation eine durchschnittliche Größe von 145–150 cm angestrebt. Deshalb werden für extreme Unter- bzw. Übergröße Abzüge vorgenommen, wobei zu kleine Kühe einen stärkeren Punktabzug erhalten als zu große Kühe.

[3]) Neben der Bewertung im Stand ist die Funktionalität in der Bewegung zu beurteilen.

beim **Fundament** (25 % der Gesamtnote) werden Vorder- und Hinterextremitäten einbezogen[3])

Einfluss auf Punktierung	negativ	positiv
Klauen	niedrig	hoch
Hinterbeinwinkelung	stark angewinkelt, zu steil	Ø
Hinterbeinstellung	kuhhessig	leicht hackeneng bis parallel
Sprunggelenk	unklar, gefüllt	trocken
Fesselung	weich	straff
Knochenqualität	derb	fein
Position Umdreher	zu weit hinten	mittig angesetzt
Mängel	verstellte Vorderbeine weiche Fessel fassbeinig Spreizklaue Limax	

beim **Euter** (40 % der Gesamtnote) werden Euter- und Strichausbildung einbezogen

Einfluss auf Punktierung	negativ	positiv
Zentralband	schwach	stark
Hintereuterhöhe	niedrig	hoch
Hintereuterbreite	schmal	breit
Eutertiefe	tief	hoch
Vordereuteraufhängung	schwach	fest
Strichplatzierung vorne	weit, zu eng	mittig bis eng
Eutertextur	fleischig	drüsig
Strichlänge	sehr kurz, sehr lang	durchschnittlich
Strichstellung	nach außen	gerade, leicht nach innen
Strichplatzierung hinten	weit, zu eng	mittig bis eng
Mängel	Euter gestuft vordere Striche nicht senkrecht, hintere Striche nicht senkrecht, enge Strichplatzierung hinten, hintere Striche weit hinten, Tütenstriche, zu dünne Striche, Fisteln	

Abb. 661 Schätzung der Vererbungsleistung für das Exterieur von Holstein-Bullen mit Hilfe der Linearen Beschreibung ihrer Nachzucht (gestreckte Raute: wenige Töchter, unsicher; gestauchte Raute: viele Töchter, sicher).

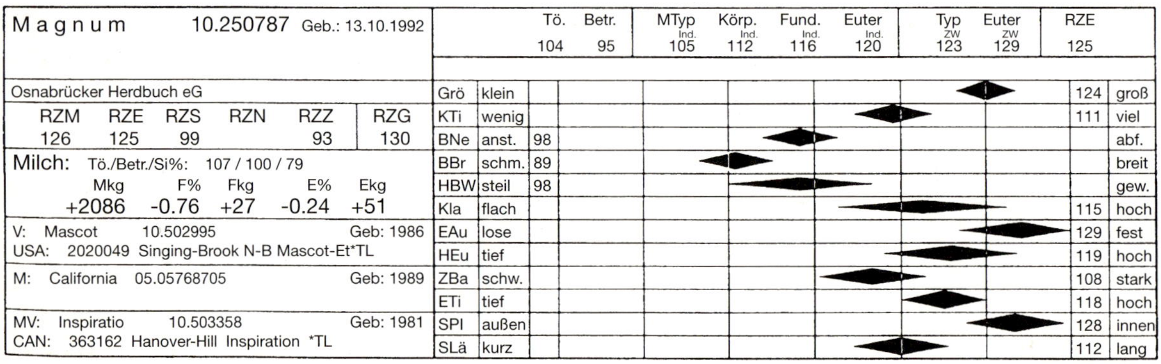

Mehrere Einzelmerkmale sind jeweils zu *Hauptmerkmalen* zusammengefasst welche der Beurteiler anhand der Beschreibungsergebnisse mit Noten von 1–9 bewerten muss. Die Festsetzung der Hauptmerkmale ist von Rasse zu Rasse verschieden.

Die Daten der linearen Beschreibung werden zur **Zuchtwertschätzung beim Exterieur** herangezogen. Bei der Nachzuchtbewertung müssen dabei mindestens 30 Töchter eines Prüfbullen erfasst werden. Die durchschnittliche Vererbungsleistung ist mit dem *Relativzuchtwert* 100 gekennzeichnet, eine Standardabweichung mit 12 definiert.

Die Relativzuchtwerte werden als Balkendiagramme dargestellt. Aus der Länge der Balken ist ersichtlich, wie weit die Relativzuchtwerte des Stiers in den Einzelmerkmalen und in den Hauptmerkmalen unter oder über dem Durchschnitt liegen. Abweichungen in den Einzelmerkmalen lassen keine Rückschlüsse auf positive bzw. negative Vererbung zu. Die benoteten Hauptmerkmale enthalten jedoch eine Wertung, die sich am Zuchtziel orientiert. Richtung und Länge ihrer als Balken dargestellten Relativzuchtwerte zeigen daher, wie gut oder wie schlecht ein Bulle im jeweiligen Hauptmerkmal vererbt.

Die **Schwarzbunt-** und **Rotbuntzucht** verwendet Rauten anstelle von Balken zur Darstellung der Relativzuchtwerte (siehe Abb. 661). Die Mitte der Raute gibt Auskunft über die Höhe des Relativzuchtwertes, die Länge über die Sicherheit dieser Auskunft. Kurze Raute bedeutet sichere, lange Raute dagegen unsichere Aussage. Ferner werden die Zuchtwerte der Hauptmerkmale zu einem Relativzuchtwert Exterieur (RZE) zusammengefasst, der eine Rangfolgeerstellung zulässt.

In der **Fleckvieh-, Gelbvieh-** und **Braunviehzucht** wird die Auswahl der Stiere vorwiegend nach den Relativzuchtwerten der Hauptmerkmale vorgenommen, wobei im Einzelfall die Vererbung bestimmter Einzelmerkmale von Interesse sein kann.

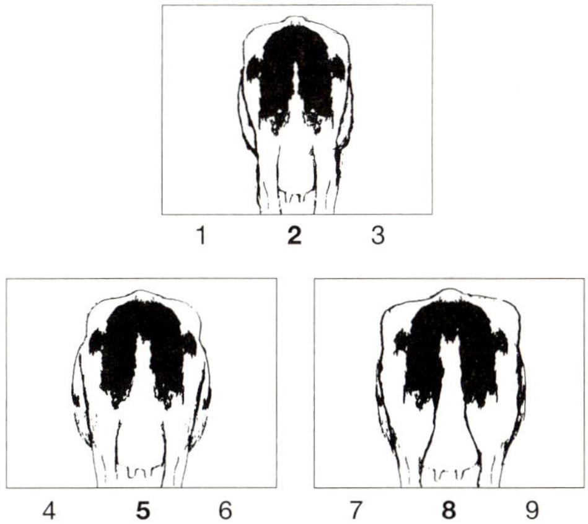

Abb. 662 Bemuskelung (bei Fleckvieh; 5 entspricht Handelsklasse R).

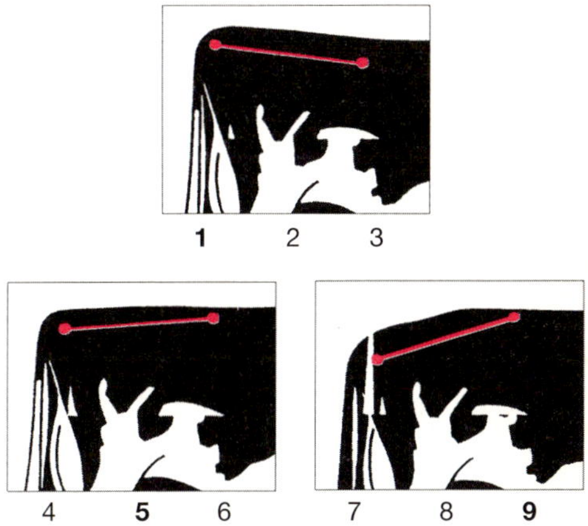

Abb. 663 Beckenlage (bei Holsteins).

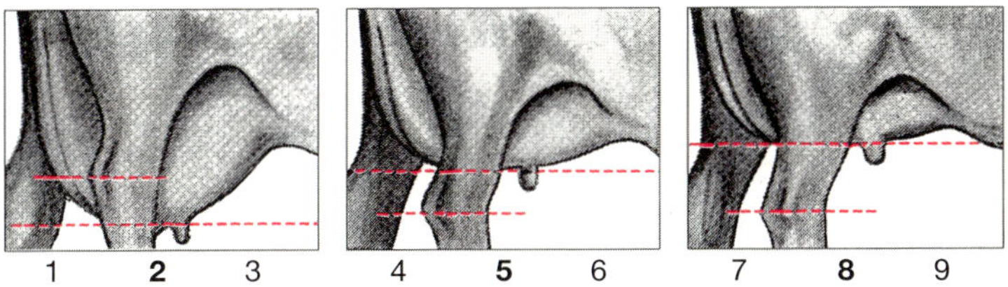

Abb. 664 Messung der Eutertiefe bei Braunvieh (5 entspricht tiefstem Punkt 12 cm über Sprunggelenk).

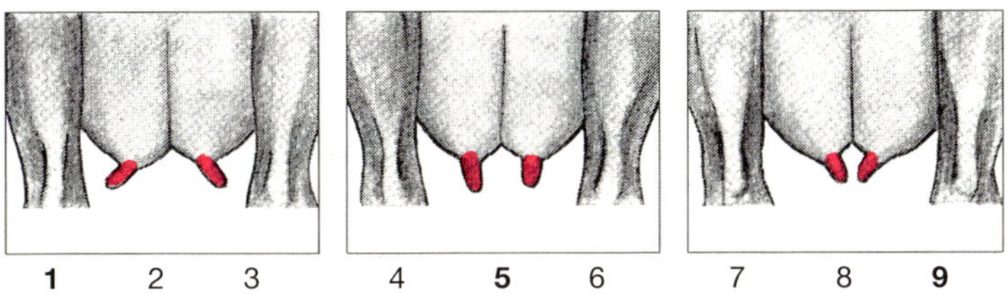

Abb. 665 Strichstellung (5 entspricht senkrecht).

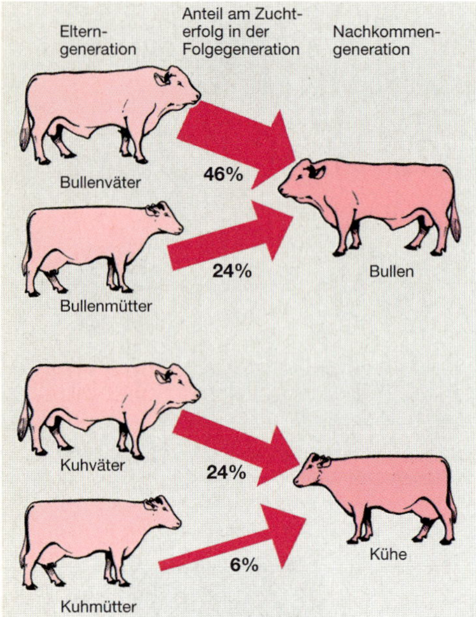

Abb. 666 Von einem Bullen sind sehr viele Nachkommen möglich. Daher ist sein Anteil am Zuchterfolg größer (Schema).

Abb. 667 Erblichkeitsgrade einiger Leistungsmerkmale beim Rind.

Leistungsmerkmal	Erblichkeitsgrad in %
Milch	
1. Laktation (305 Tage)	30
1. Jahresleistung	25
Durchschnitt aus 3 Jahresleistungen	30
Fettgehalt (%)	40
Eiweißgehalt (%)	50
Mittleres Minutengemelk	30
Fleisch	
tägl. Zunahme von Jungbullen in Betrieben	20
in Prüfstation	40
Bemuskelung	40
Fett:Fleisch-Verhältnis	60
Fruchtbarkeit	
Zwischenkalbezeit	5
Besamungen je Trächtigkeit	5
Eierstockzysten	20
Mehrlingsgeburten	10
Nachgeburtsverhalten	15

Auch bei **Fleischrassen** werden die Merkmale *Typ, Bemuskelung, Skelett* und *Rahmen* sowie *Gliedmaßen* und *Klauen* einer Bewertung unterzogen. Die Typnote beschreibt den Gesamteindruck des Tieres, gemessen am Zuchtziel. Mit der Bemuskelungsnote will man bereits am lebenden Tier den zu erwartenden Fleischansatz abschätzen.

Daneben sind Skelett und Rahmen, Gliedmaßen und Klauen für die Nutzungsdauer und Leistungsfähigkeit und somit für die Wirtschaftlichkeit der Fleischrinderrassen von großer Bedeutung.

2.2.4 Zuchtwertschätzung

Die Zuchtwertschätzung bildet die Voraussetzung für eine *Auswahl* (Selektion) von Tieren, welche für den Aufbau der Nachfolgegeneration den größtmöglichen *Zuchtfortschritt* erhoffen lassen.

Als *Informationsquellen* können die Vorfahrenleistung, die Geschwisterleistung, die Eigenleistung sowie die Nachkommenleistung dienen.

Zum grundsätzlichen Verständnis der Zuchtwertschätzung gehört, dass **Leistungen** *nicht nur erblich* bedingt sind, sondern auch von *Umwelteinflüssen* abhängen. Um den Zuchtwert (erbliche Veranlagung) eines Tieres schätzen zu können, müssen diese Umwelteinflüsse berücksichtigt werden. Wichtig ist vor allem das Ausschalten derjenigen Umwelteinflüsse, welche sich auf die Leistung der Tiere in gleicher Weise fördernd oder mindernd auswirken. Es dürfen daher nur Tiere miteinander verglichen werden, die ihre Leistungen unter gleichen oder zumindest ähnlichen Umweltbedingungen erbracht haben.

Die Zuchtwertschätzung wird nach der **»BLUP-Methode«** (**B**est **L**inear **U**nbiased **P**rediction = beste lineare und unverzerrte Schätzung) durchgeführt. Bei der Zuchtwertschätzung für Milchleistung müssen die zu prüfenden Tiere mit den Vergleichstieren bezüglich Wirtschaftsgebiet, Erstkalbealter, Kalbesaison, Herdendurchschnitt vergleichbar sein. Aus diesem Grund werden sog. Umweltklassen bzw. Vergleichsgruppen gebildet. Zusätzlich werden durch eine Vorkorrektur der Leistungen das Kalbealter, die Zwischenkalbezeit, der Abstand der Kalbungen bis zum ersten Probemelken und der Zuchtfortschritt berücksichtigt.

Bei der Zuchtwertschätzung eines Bullen auf Milch werden z.B. die Leistungen seiner Töchter an der durchschnittlichen Leistung der Töchter anderer Bullen (Vergleichsgruppe) gemessen und die jeweilige Abweichung errechnet. Ihr Durchschnittswert wird multipliziert mit einem genetischen Wichtungsfaktor, in dem der *Erblichkeitsanteil* des Leistungsmerkmals, der *Verwandtschaftsgrad* und die *Zahl der Einzelleistungen* berücksichtigt sind.

Das Produkt stellt den geschätzten **Zuchtwert** dar. So werden die Zuchtwerte für die Milch-, Fett- und Eiweißmenge, für das durchschnittliche Minutengemelk sowie die täglichen Zunahmen berechnet und in den entsprechenden Einheiten angege-

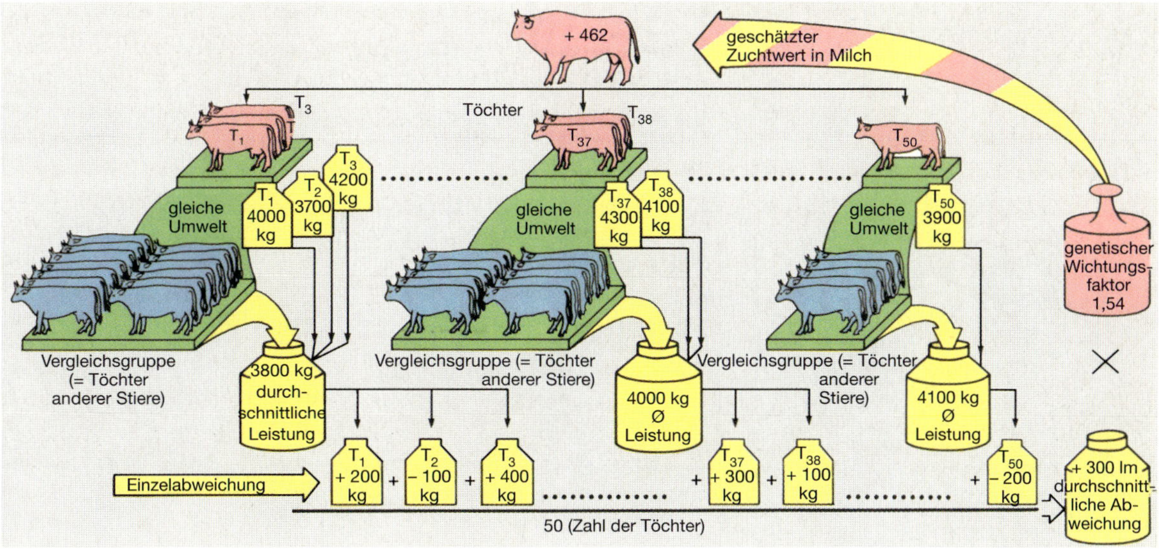

Abb. 668 Grundschema der Zuchtwertschätzung eines Bullen für das Merkmal Milchleistung anhand der Nachkommen.

ben. Die Zuchtwerte für den Fett- und Eiweißgehalt werden aus denen für Milch-, Fett- bzw. Eiweißmenge abgeleitet.

Je höher der Erblichkeitsgrad eines Merkmals ist, je mehr Einzelleistungen herangezogen und je sicherer die Umwelteinflüsse ausgeschaltet werden können, desto genauer entspricht der »geschätzte« dem wahren Zuchtwert.

Seit 1991 wird für die Zuchtwertschätzung auf Milchleistung das **Mehr-Abschnitts-Tiermodell** angewandt. In Abb. 669 sind die verwendeten Informationen im Vergleich zur früheren Zuchtwertschätzung dargestellt. Neben der eventuell vorhandenen Eigenleistung werden auch die Leistungen aller bekannter Verwandten herangezogen. Ferner werden die ersten 3 Laktationen berücksichtigt, die in folgende *Leistungsabschnitte* aufgeteilt sind:

1. Abschnitt:	1. Laktation,	1.–100. Tag
2. Abschnitt:	1. Laktation,	101.–200. Tag
3. Abschnitt:	1. Laktation,	201.–305. Tag
4. Abschnitt:	2. Laktation	(305-Tage-Leistung)
5. Abschnitt:	3. Laktation	(305-Tage-Leistung)

Für jeden Leistungsabschnitt werden *Einzelzuchtwerte* für die Milchleistungsmerkmale ermittelt und dann zu *einem* Zuchtwert zusammengefasst, wobei unterschiedliche Gewichtungen der einzelnen Abschnitte möglich sind. Dadurch wird erreicht, dass frühe Selektionsentscheidungen getroffen, steile Laktationskurven vermieden und höhere Dauerleistungen begünstigt werden können. Tabelle 54 (Seite 236) zeigt, dass mit zunehmender Zahl und Aussagekraft der Informationen die Sicherheit der Zuchtwertschätzung zunimmt. Sie wird bei der Veröffentlichung der Ergebnisse sowie auch im Abstammungs- und Leistungsnachweis angegeben.

Abb. 669 Informationen für die Zuchtwertschätzung der Milchleistungsmerkmale unter Verwendung der Verwandten-Informationen

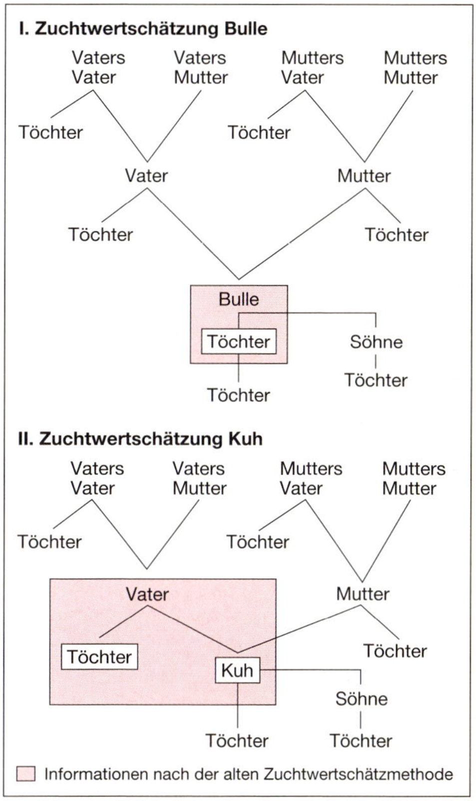

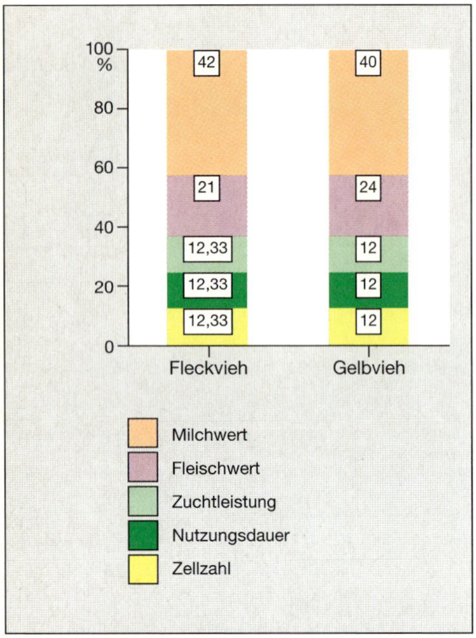

Abb. 670 Wirtschaftliche Gewichtung der Teilzuchtwerte im Gesamt-Zuchtwert am **Beispiel** der Rassen Fleckvieh und Gelbvieh.

Tabelle 53: Berechnung des Milchwertes eines Bullen (Bayern)

Zuchtwertdaten des Bullen (Geburtsjahrgang 1992)
+ 945 kg Milch + 31 kg Fett + 28 kg Eiweiß

Berechnungsformel (gültig von August 1999 bis August 2000):
Milchwert = 95,1 + (0,212 × Zuchtwert Fett-kg + 0,851 × Zuchtwert Eiweiß-kg)

Anmerkung: Der Faktor 95,1 kennzeichnet den Abstand zwischen fixer und gleitender Basis. Bei gleichem Bezugsjahr ist der Faktor 100.

Berechnung:
Milchwert = 95,1 + (0,212 × 31 + 0,851 × 28)
= 95,1 + (6,6 + 23,8)
= 95,1 + 30,4
= 125,5
Milchwert = 126

Vergleich: Durchschnittlicher Zuchtwert aller geprüften Bullen der Geburtsjahrgänge 1989–1991 (gerundet)
+ 295 kg Milch + 6,6 kg Fett + 3,9 kg Eiweiß

Milchwert = 95,1 + (0,212 × 6,8 + 0,851 × 3,9)
= 95,1 + (1,4 + 3,3)
= 95,1 + 4,7
= 99,8
Milchwert = 100

Zur besseren Vergleichbarkeit der Zuchtwertschätzung Milch benötigt man eine *einheitliche Basis*. Dazu gibt es zwei Möglichkeiten. Bei der **Zuchtwertschätzung auf fester Basis** steigen die Zuchtwerte mit dem Zuchtfortschritt, so dass ein Bulle mit einem positiven Zuchtwert nicht unbedingt auch besser sein muss als der Durchschnitt der aktuellen Population. Deswegen erfolgt alle 5 Jahre eine Basisanpassung.

Bei der **Zuchtwertschätzung auf gleitender Basis** handelt es sich dagegen stets um einen aktuellen Wert. Er wird als *Milchwert* (MW) bezeichnet und als Relativzahl für die Merkmale Fett- und Eiweißmenge angegeben. Der Durchschnitt der letzten 3 geprüften Bullenjahrgänge, die als Vergleichsbasis dienen, wird gleich 100 gesetzt. Dies ermöglicht eine *Reihung* der Bullen in genetisch wirtschaftlicher Hinsicht.

Tabelle 54: Sicherheit bei der Zuchtwertschätzung bei unterschiedlichen Leistungsinformationen

Tier	berücksichtigte Information	Sicherheit[1])
Prüfbulle, Färse	nur Vorfahrenleistungen	0,35
Kuh mit abgeschlossener 1. Laktation	Vorfahrenleistungen und Eigenleistung	0,50
ältere Kuh	Vorfahrenleistungen Eigenleistungen Töchterleistungen	0,64
geprüfter Bulle (100 Töchter/1. Laktation)	Vorfahrenleistungen Nachkommenleistungen (1. Laktation)	0,77
geprüfter Bulle (1000 Töchter)	Vorfahrenleistungen Nachkommenleistungen (1./2./3. Laktation)	0,99

[1]) Maximal 1,00.

Für die *Fleischleistung* wird bei Zweinutzungsrassen ebenfalls eine Zuchtwertschätzung durchgeführt. Aus den einzelnen Zuchtwerten für Nettozunahme, Fleischanteil und Handelsklasse wird der *Fleischwert* (FW) in ähnlicher Weise wie der Milchwert berechnet.
Die *Zuchtleistung* geht in die Zuchtwertschätzung ein, indem für die Merkmale *Fruchtbarkeit (NRR 90)*, *Kalbeverlauf* und *Totgeburten* sog. *paternale* und *maternale* Zuchtwerte berechnet werden. Für das *äußere Erscheinungsbild (Exterieur)* wird ein Zuchtwert anhand der Noten aus der linearen Beschreibung von Kühen in der 1. Laktation berechnet. Die *Eutergesundheit* wird mit dem *Zuchtwert Zellzahl* berücksichtigt. Schließlich gibt es auch noch einen Zuchtwert für die *Nutzungsdauer*.
Um eine nachhaltige und wirtschaftliche Rinderzucht betreiben zu können, müssen bei der Selektion aber möglichst alle Merkmale berücksichtigt werden. Daher werden alle Teilzuchtwerte zu einem **Gesamtzuchtwert** zusammengefasst und entsprechend ihrer wirtschaftlichen Bedeutung für die jeweilige Rasse gewichtet (Abb. 670). Er ist das Entscheidungskriterium für die Zuchtzulassung bzw. für die Erteilung der Besamungserlaubnis. Er ermöglicht auch dem Züchter, mit einer einzigen Maßzahl einen insgesamt positiven Bullen auswählen zu können. Für gezielte Paarungen zur Beseitigung von Mängeln bzw. zur Ausnutzung bestimmter Vorzüge ist er weniger geeignet. Solche Paarungsempfehlungen sollen aufgrund von Einzelzuchtwerten erfolgen, vorausgesetzt, dass auch der Gesamtzuchtwert die geforderte Schwelle überschreitet.

2.2.5 Zuchtprogramme

Die von den Zuchtverbänden entwickelten *Zuchtprogramme* für die einzelnen Rassen lassen sich in 4 Abschnitte einteilen:

- Auswahl der Bullenmütter und Bullenväter,
- gezielte Paarung,
- Aufzucht und Auswahl der Jungbullen aufgrund Eigenleistungsprüfung,
- Auswahl der Altbullen aufgrund der Nachkommenschaftsprüfung.

Meist wird die *Wartebullenhaltung* (Abb. 671) angewandt.
Bei der *Sperma-Langzeitlagerung* entscheidet das Nachkommenschaftsergebnis über die weitere Verwendung der Samenportionen.
Maßgeblich für den *Zuchtfortschritt* ist aber der *Zuchterfolg*, der von der Genauigkeit der Zuchtwertschätzung abhängt.

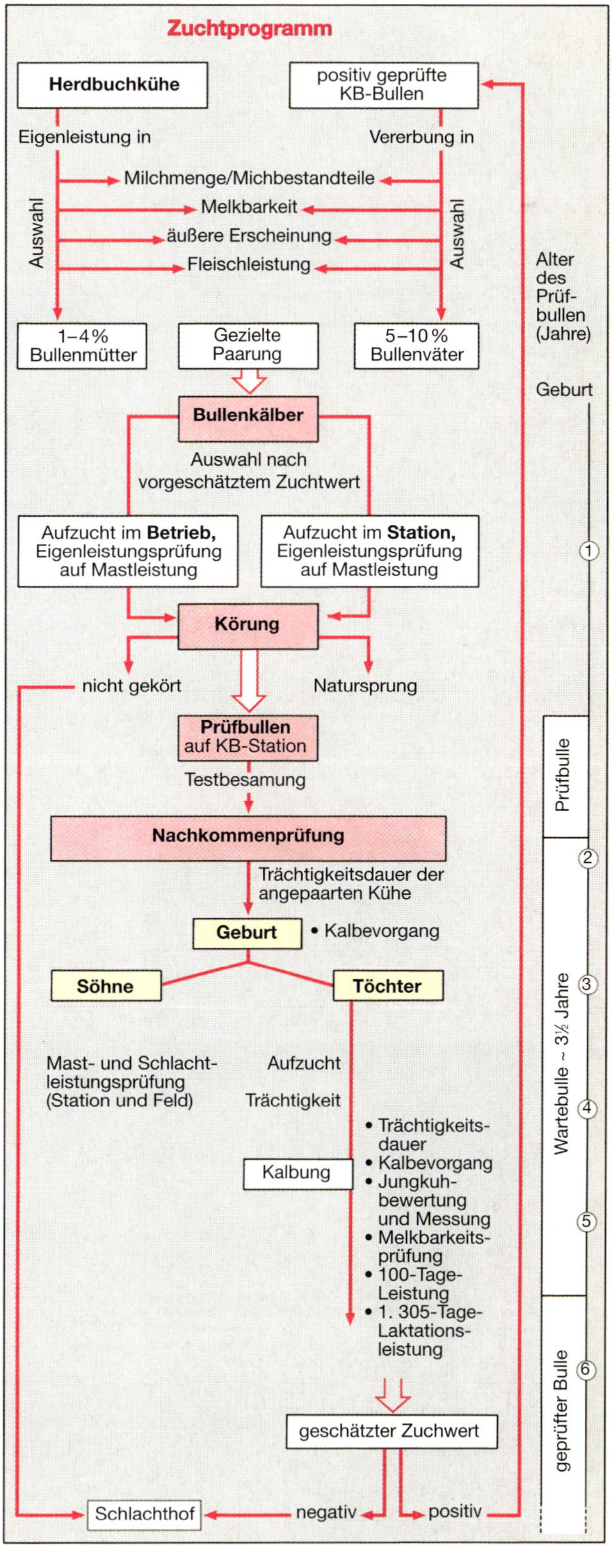

Abb. 671 Übersicht über das bayerische Zuchtprogramm für Fleckvieh.

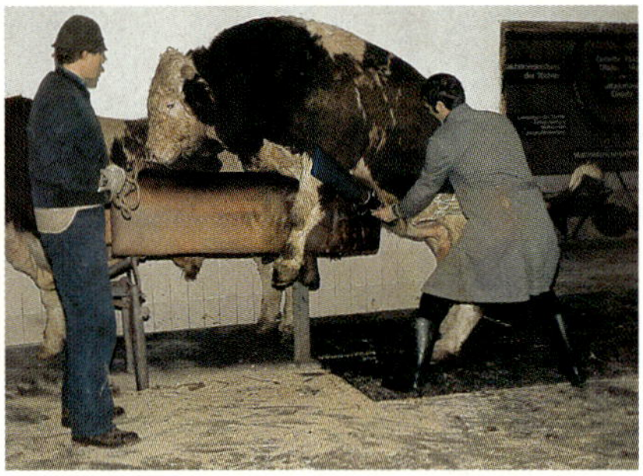

Abb. 672 Samenentnahme bei einem KB-Bullen. Bullen haben wegen der größeren Töchterzahl einen deutlichen Einfluss auf die Nachkommenleistungen.

Abb. 673 Der Besamungserfolg wird erheblich durch den Besamungsvorgang beeinflusst. Oben: Kontrolle der Brunstmerkmale (Schleim), Mitte: richtige Samenentnahme, unten: Fixieren des Gebärmutterhalses vom Mastdarm aus für die Besamung.

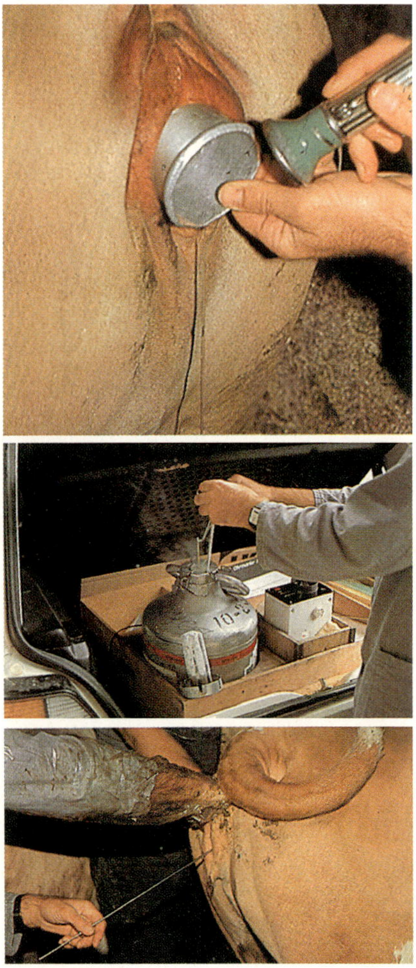

2.2.6 Künstliche Besamung (KB)

Entwicklung der KB – Die ersten Versuche der künstlichen Besamung fanden um die Jahrhundertwende statt. Doch erst zu Beginn der 40er-Jahre wurden in Deutschland die ersten *Besamungsorganisationen* gegründet. Die KB galt zunächst nur als die sicherste Methode, die Übertragung von *Deckseuchen* (z.B. Brucellose) zu verhindern. Als es gelang, Bullensamen durch Tiefgefrieren nahezu unbegrenzt haltbar zu machen, und außerdem bessere Methoden zur Zuchtwertschätzung entwickelt wurden, rückte die künstliche Besamung in den *Mittelpunkt der Zuchtprogramme*.

Die wichtigsten **Vorteile** der künstlichen Besamung sind:

- Ausschalten gemeinsamer *Umwelteinflüsse* durch ein großes Einsatzgebiet des Bullen; → höhere Genauigkeit der Zuchtwertschätzung →
- sehr *viele Nachkommen* von einem Bullen (10–500 Samenportionen aus 1 Ejakulat) innerhalb kurzer Zeit; → höhere Genauigkeit der Zuchtwertschätzung; → Möglichkeit der schärferen Auswahl →; → kürzerer Abstand zwischen Geburt der Eltern und der Nachkommen für die Weiterzucht →
- kein Übertragen von *Deckseuchen;*
- Auswahl der Bullen nach ihrer *Verwendbarkeit.*

→ schnellerer Zuchterfolg (= Fortschritt)

1997 wurden 83,4 % des Kuh- und Färsenbestandes erfasst. Dabei hat der Anteil der Erstbesamungen (EB) mit Sperma bereits »geprüfter Bullen« von 69,2 % in 1977 auf 7,3 % in 1997 zugenommen. Im selben Zeitraum ging der Einsatz von »Prüfbullen« von 30 % (1967) auf 20,7 % (1997) zurück. Prüfbullen sind Jungbullen, die für Testbesamungen während 3 Monaten im Rahmen der Nachkommenschaftsprüfung ausgewählt wurden.

Das Absinken des Prüfbulleneinsatzes scheint im Hinblick auf eine sichere Prüfung nicht unbedenklich. Hier kann der Tierhalter aktiv am Zuchtprogramm mitwirken, indem er einen *Teil* seiner Herde – und zwar möglichst Kühe mit *durchschnittlichen* Leistungen (Möglichkeit zur Kontrolle des Fortschritts) – von Prüfbullen besamen lässt. Mindestens 25 % aller Erstbesamungen sollen mit Prüfbullen erfolgen. Das Risiko, geringere Leistungen vererbt zu bekommen, weil der Zuchtwert des Prüfbullen noch nicht bekannt ist, erscheint bedeutungslos. Denn Prüfbullen stammen selbst von *Spitzenvererbern* ab, und unter ihnen befinden sich auch die Spitzenbullen künftiger Jahre.

Organisation – Die Organisation der KB ist im *Tierzucht-Gesetz* festgehalten. Die *Samengewinnung* erfolgt mit einer künstlichen Scheide. Nach eingehenden *Qualitätsuntersuchungen* wird die Samenflüssigkeit verdünnt (Zufuhr von Nähr- und Schutzstoffen) und anschließend meist in Kunststoffröhrchen mit flüssigem Stickstoff (–196 °C) tiefgefroren.

Tierärzte oder *Besamungstechniker* nehmen die Besamung vor. Für den Besamungserfolg sind das sichere Erkennen der *Brunst* durch den Tierhalter und das termingerechte Anfordern des Besamers von großer Bedeutung. Der Besamungserfolg wird am »Non-return-Ergebnis« gemessen. Das ist der Prozentsatz all jener Kühe, die aufgrund der 1. Besamung trächtig wurden und nicht mehr nachbesamt werden mussten. Dieses »Non-return-Ergebnis« ist bei einem Vergleich der Bundesländer und Zuchtgebiete sehr unterschiedlich und liegt im Schnitt bei 63,9 % (60.–90. Tag).

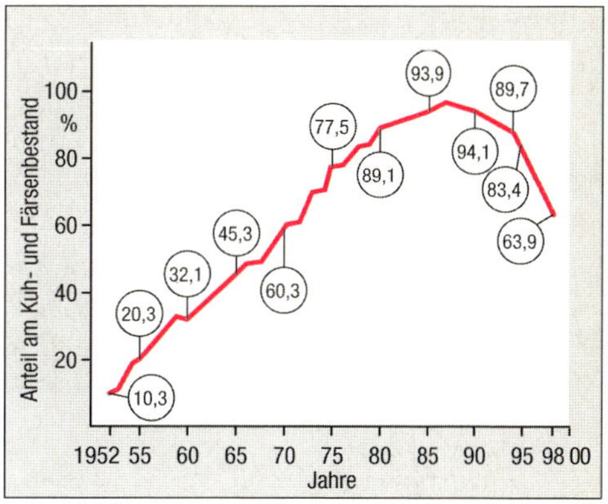

Abb. 674 Entwicklung der künstlichen Besamung in Deutschland.

2.2.7 Embryotransfer (ET)

1974 wurde in der Bundesrepublik Deutschland der erste Embryotransfer beim Rind durchgeführt (von Professor Dr. HAHN von der Tierärztlichen Hochschule Hannover in Zusammenarbeit mit dem Besamungsverein Neustadt a. d. Aisch). Durch eine bestimmte Hormonbehandlung finden auf dem Eierstock des Spendertieres mehrere Eisprünge gleichzeitig statt (Superovulation). Die Kuh wird besamt; die befruchteten Eizellen werden 1 Woche nach Brunstbeginn ausgespült, isoliert, begutachtet und entweder sofort danach auf andere Kühe übertragen (Transfer) oder vorübergehend tiefgefroren. Die Empfängerkühe müssen

Abb. 675 Ablauf des Embryotransfers (Schema).

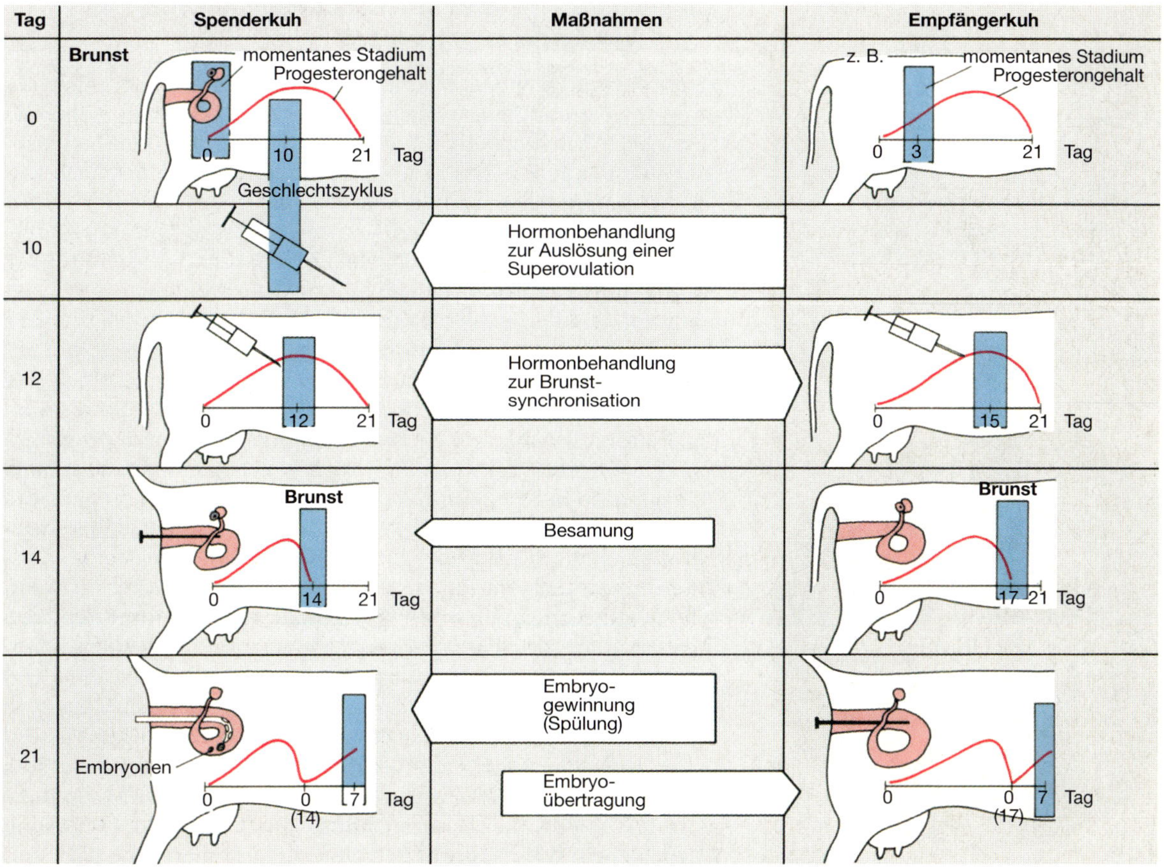

Abb. 676 Spenderkuh mit ihren Kälbern.

Abb. 677 Die seit Januar 1996 verliehene Plakette für eine Lebensleistung von 50 000 kg Milch.

den gleichen Zyklusstand haben wie die Spenderkuh. Diese zeitliche Gleichschaltung (Brunstsynchronisation) der betroffenen Tiere wird durch eine rechtzeitige Behandlung mit entsprechenden Hormonen erreicht.
1997 wurden in Deutschland 20 374 Transfers durchgeführt. Der **Vorteil** des ET besteht darin, die Zahl der Nachkommen wertvoller Muttertiere zu vergrößern. Die Zuchtwertschätzung von Bullen wird erleichtert durch das Vorhandensein von Vollgeschwistergruppen, der Austausch von Zuchtmaterial mit anderen Ländern vereinfacht sich, und Erbkrankheiten können schneller erkannt werden. Wenn die Spenderkuh eine bestimmte Erbkrankheit homozygot (reinerbig) vererbt, reichen bereits 8 gesunde Nachkommen für den Nachweis, dass der Bulle kein heterozygoter Anlageträger ist.
Durch weitere technische *Manipulationen an den Embryonen* kann man identische Zwillinge (Teilung des Embryos) und Chimären (1 Tier hat z. B. 2 Mütter und 2 Väter, indem der befruchteten Eizelle Fremdzellen einverleibt werden) herstellen sowie das Geschlecht feststellen. Durch die Übertragung von Fremdgenen (Gentransfer) kann man dem Embryo spezifische Leistungsmerkmale sozusagen einpflanzen, die dann auch weitervererbt werden.

2.2.8 Abstammungs- und Leistungsnachweis (Versteigerungskatalog)

Zuchtwertschätzungen sind nur bei einwandfreier Kennzeichnung der Tiere möglich. Nach Deutschland hat nun auch die EU gesetzliche Vorschriften für die Kennzeichnung und Registrierung von Rindern erlassen, um ihre *Herkunft* lückenlos nachweisen zu können.
Die EU-Mitgliedstaaten sind seit dem 31. Dezember 1999 verpflichtet, eine *elektronische Datenbank* mit dem Verzeichnis aller Rinder und der Rückverfolgbarkeit aller Standorte eines bestimmten Rindes zu errichten.
Alle geborenen Rinder müssen jetzt in beiden Ohren je eine Ohrmarke mit identischen Nummern tragen. Zucht-, Nutz- und Schlachtrinder, die vor der Kennzeichnungspflicht geboren wurden, sind zu kennzeichnen, wenn sie innergemeinschaftlich gehandelt werden. Im Inland geborene Rinder sind spätestens 20 Tage nach der Geburt, aus einem Nicht-EU-Land eingeführte Rinder spätestens innerhalb von 14 Tagen zu kennzeichnen. Verantwortlich hierfür ist der Tierhalter.
Die Ohrmarken gibt die zuständige Behörde aus, die auch den das Tier stets begleitenden *Rinderpass* ausstellt, nachdem der Tierhalter sofort nach der Kennzeichnung die notwendigen Daten auf einer Geburtsmeldekarte mitgeteilt hat. Nach dem Tod des Tieres erhält die Behörde den Pass zurück; beim Export in ein Nicht-EU-Land wird der Pass der für den Ausfuhrort zuständigen Behörde zugeleitet. Verantwortlich für den Rinderpass und die Führung eines Bestandsverzeichnisses ist der Tierhalter.
Verstöße gegen die Kennzeichnungspflicht und Registrierung werden entsprechend geahndet. Unter Umständen kann über den

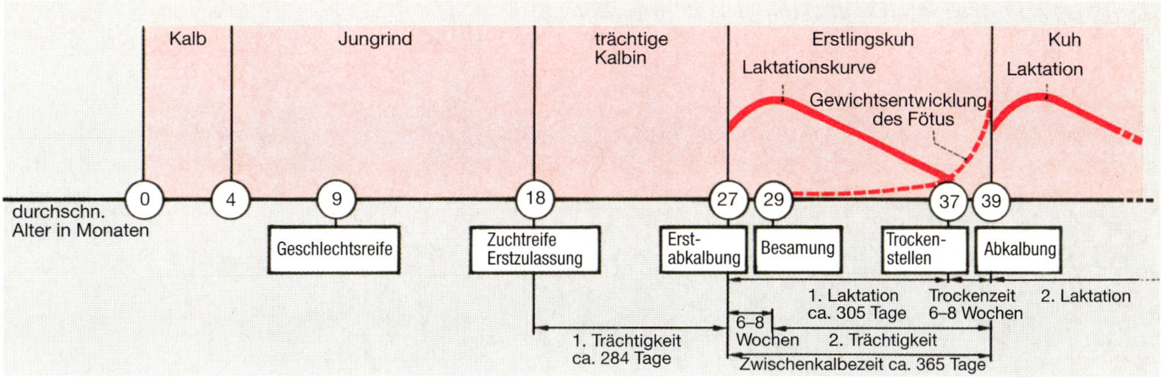

gesamten Bestand eine Zu- und Abgangssperre verhängt werden. Im *Versteigerungskatalog* erscheinen diese Angaben in zweckmäßig gekürzter Form und erlauben den Käufern eine erste Vorauswahl. An einem **Beispiel** (Abb. 681, Seite 242) werden die verwendeten Abkürzungen und Zahlen erläutert.
Die Markt- und Gewährschaftsbestimmungen sollten Beachtung finden.

Abb. 678 Kenntnis und Einhaltung der Stationen dieses »Zuchtplanes« sind eine wichtige Voraussetzung für die Wirtschaftlichkeit der Milchviehhaltung.

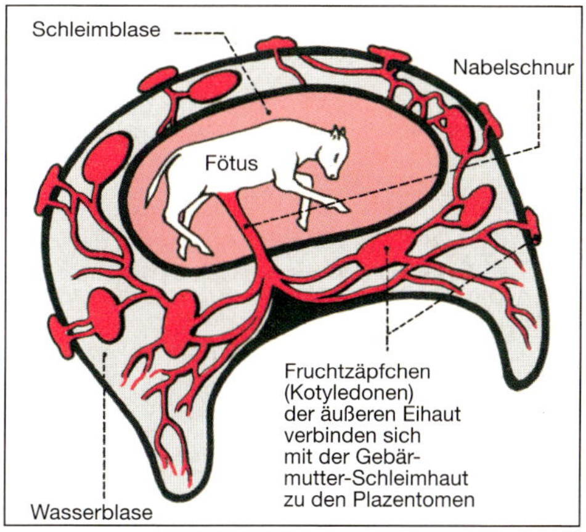

Abb. 679 Der Fötus wächst geschützt in den Fruchtblasen heran.

Abb. 680 Brunstdauer, Brunstmerkmale sowie günstigster Deck- bzw. Besamungs-Zeitpunkt (Schema).

2.2.9 Zuchtdurchführung in der Praxis

Erstzulassung – Die ersten Brunsterscheinungen bei weiblichen Jungrindern (im Alter von 6–12 Monaten) sind ein Zeichen der *Geschlechtsreife*. In diesem Alter sind aber die Tiere körperlich noch nicht so entwickelt, dass sie zur Zucht verwendet werden könnten. Die *Zuchtreife* ist weniger alters- als vielmehr gewichtsabhängig. In der Praxis werden daher die Färsen zum ersten Male zugelassen, wenn sie ca. ⅔ des Gewichtes der ausgewachsenen Kuh erreicht haben.
Für unsere Zweinutzungsrinder sind das ungefähr 350–400 kg Lebendgewicht, welches sie bei normaler Fütterung mit ca. 18 Monaten erlangen. Damit ist ein durchschnittliches *Erstkalbealter* von 27 Monaten möglich. Durch intensive Ernährung

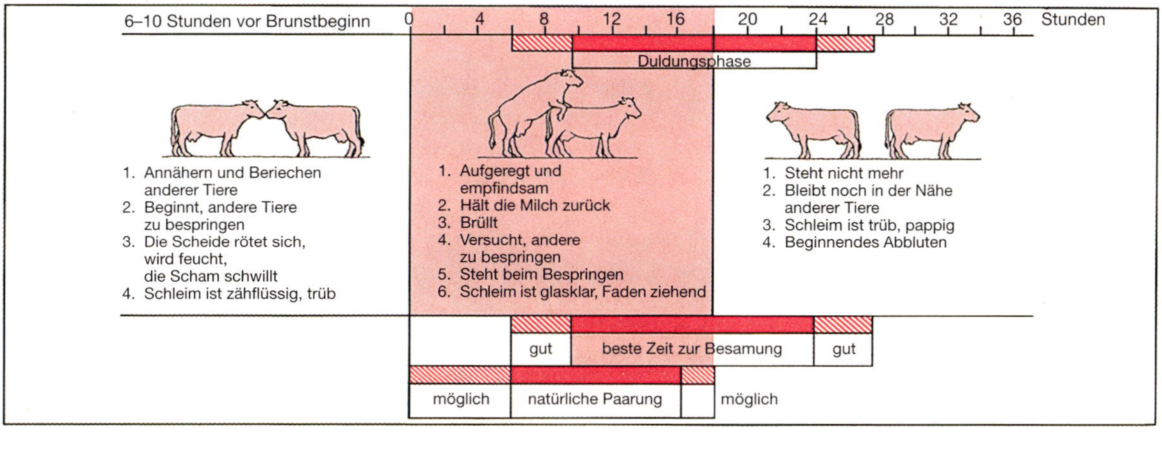

```
5 BULLE       Zü.:
              Bes.:
              ---------------------------------------------------------------
              I SPORT    15/00043550 PB 06          I STRESS    03/00033559 PB 09
031745362     I 50T 100 108 106 105 (111)  135 197  I 131  99% +743+0.16 +40+0.10 +32
                     102T  5534 4.17 231  3.47 192  I FW 116 96% +61   0.23 +1.5
GEB:  02.K.   I 131   90%   +984+0.02 +42 -0.03 +32 I ---------------------------
16.01.98      I M 62T 1.82 (-0.02)                  I WABI     09.10564535 EY   LL
              I FW   95 66%  +19 -0.35   -5.7       I    5/  6.7  9517  4.10  390  3.62  345
+1001  +62    I K  97/  121   T  95/111   99%/  63% I  137 74% +1168 - 0.17  +37+0.00  +41
       +32    I ---------------------------------------------------------------
MW:     136   I WOLLE   09.12230763                 I STREUF      16/00053031 PB 17
              I 9 7 8 9 LB 141 218      BM          I 117    97%    +559 - 0.24    +9+0.06  +23
HB.Abt.:A     I M  1/  2.2     0.00    ZKZ   1 /342  (0) I FW 141 89% +106  +0.93  +5.4
              I    2/01/280  8812  5.14  453  3.46  305I ---------------------------
              I 140 63%      +1019+0.65  +82 - 0.03  +33I WONNE     09.11897550       LL
              I    HL:98/    10207  5.12  522  3.47  354I         8/  6.7  8077  4.36  352  3.43  277
              I 13  273  139  104  306              I   115  70%      +485+0.30  +37 - 0.06  +14
-----------------------------------------------------------------------------
9  KALBIN     Zü.:
              Bes.:
              ---------------------------------------------------------------
              I RAD     09/00049618  PB  05 RH  12% I RADI        11/00006814 PB 16 RH  25%
012360848     I     5772T     5313 3.99  212  3.48  185 I 114  99% +495-0.03  +19+0.00  +17
Geb.:         I 121  99%    +644-0.23  +13+0.07  +27 I
03.02.97      I M54T  1.66  (+0.00)                 I SANDRA    09.24953463 EY
Bel.1/        I FW 101  99%        +11  +0.22  +5.0 I    + 6/  6.7    7107  4.34  309  3.74  266
14.07.98      I ---------------------------         I ---------------------------
16/00053267 I FABIOLA09.12125481       Z  1/426(0)  I BALDUR        09/000500016  PB  05
STREIB        I    2/01/305     6188 3.64 225 3.63 225 I 109  88%     +134+0.11  +11+0.15  +13
sK: 26.04.99 I 111   58%       +284-0.01  +11+0.10 +15 I FRIDA       09.11975893
HB.Abt.:A     I                                     I    + 5/  4.5  6046  4.18  253  3.64  220
```

Abb. 681 Abstammungs- und Leistungsnachweis eines Bullen und einer Färse (Kalbin) (**Beispiele** aus einem Versteigerungskatalog; Erklärung Seite 243).

Jersey	278 Tage
Schwarzbunte	279 Tage
Angus	280 Tage
Rotbunte	280 Tage
Angler	281 Tage
Pinzgauer	287 Tage
Braunvieh	287 Tage
Charolais	288 Tage
Gelbvieh	288 Tage
Hinterwälder	289 Tage
Vorderwälder	289 Tage
Fleckvieh	289 Tage

Abb. 682 Trächtigkeitsdauer bei Rinderrassen.

kann zwar die Geschlechtsreife und damit auch die erste Zuchtbenutzung vorverlegt werden, dabei aber muss mit einer herabgesetzten Fruchtbarkeit gerechnet werden.

Richtiger Belegzeitpunkt – Die *Brunst* ist das äußere Kennzeichen, dass die Tiere paarungsbereit sind. Liegt keine Trächtigkeit vor, werden weibliche Rinder im Abstand von 21 (18–24) Tagen brünstig. Was während dieses sog. *Geschlechtszyklus* im Eierstock und in der Gebärmutter vorgeht, wird durch Hormone gesteuert und ist in Abb. 686 (Seite 245) vereinfacht dargestellt. Die Brunst wird von Follikelhormonen (Östrogenen) ausgelöst und dauert ca. 15–30 Stunden. Sie ist an bestimmten *Brunstmerkmalen* (siehe Abb. 680, Seite 241) erkennbar, die umso ausgeprägter sind, je natürlicher die Haltung der Tiere ist, z. B. auf der Weide oder im Laufstall.

Der *Follikelsprung* erfolgt erst 8–14 Stunden nach Ablauf der äußeren Brunsterscheinungen. Damit eine *Befruchtung* (Vereinigung von Ei- und Samenzelle) stattfinden kann, müssen zu diesem Zeitpunkt bereits genügend befruchtungsfähige Samen (Spermien) im Eileiter vorhanden sein. Während nämlich ein unbefruchtetes Ei nach 6–10 Stunden wieder abstirbt, können Samen bis zu 30 Stunden im weiblichen Geschlechtsapparat überleben.

Aus diesem Grund liegt der *optimale Deck-* bzw. *Besamungszeitpunkt*, bei welchem die größten Aussichten auf einen Befruchtungserfolg bestehen, in der 2. Hälfte der Brunst. Frei bewegliche Kühe dulden zu diesem Zeitpunkt das Aufspringen anderer Rin-

Allgemeine Erklärung der Zeichen in Abb. 681

031745362

Lebensohrmarke gemäß VVVO (Vieh-Verkehrs-Verordnung)
RIS = Rinder-Identifikations-System

M/W Geb. ET/02.K. 16.01.98

Geschlecht; Zwilling: männl./weibl.; das Tier stammt aus Embryo-Transfer; 2. Kalb, Geburtsdatum

Bel.: 1/14.07.98. HB-Nummer STREIB, s.k., 26.04.99

Belegt: einmal, Datum; verwendeter Bulle; soll kalben, Datum

HB-Abt. A B C D

Zuchtbucheinteilung nach EG-Norm, A/B: reinrassige Zuchttiere, C/D: eingetragene Zuchttiere

ZW +1001 +62 +32

Der vorgeschätzte Zuchtwert des Jungbullen beträgt in Milch-kg +1001, in Fett-kg +62 und in Eiweiß kg +32

MW 136

Der vorgeschätzte Milchwert (relativer Zuchtwert auf gleitender Basis) des Jungbullen beträgt 136 Punkte. Er beinhaltet eine ökonomische Gewichtung der Leistungskomponenten (Fett- und Eiweißmenge).

Gesamtindex *(wird nur in der Zuchtbescheinigung eingetragen)*

Der Gesamtindex (Milchleistung + Fleischleistung + Melkbarkeit + Bemuskelung) beträgt 130 Punkte.

15/00043550 PB 05

Zuchtverbandsziffer/Herdbuchnummer, Prüfbulle, Kenn-Nummer der Besamungsstation.

K 97/121 T 95/111 99%/63%

Das **K**albeverhalten wird durch den paternalen (= Bulle ist Vater des Kalbes) und den maternalen (= Bulle ist Vater der Kuh) Zuchtwert erfasst (K 97 bzw. 121). Die **T**otgeburten (einschließlich der bis 48 Stunden verendeten Kälber) werden ebenfalls als paternaler (95) und maternaler (111) Zuchtwert angegeben. Für die paternalen Zuchtwerte beträgt die Sicherheit 99%, während die Sicherheit der maternalen Zuchtwerte bei 63% liegt.

50T 100 108 106 105 (111) 135 197

50 **T**öcher wurden als Jungkühe bewertet. Im Durchschnitt wurden die Relativzahlen 100 im Rahmen, 108 in der Bemuskelung, 106 in der Form und 105 im Euter ermittelt. Die Relativzahl für Euterreinheit beträgt 111 (Zahl in Klammern). Die durchschnittliche Widerristhöhe dieser Töchter betrug 135 cm, der durchschnittliche Brustumfang 197 cm.

100Tg 102T 5534 4,17 231 3,47 192

102 Töchter erbrachten im Durchschnitt eine 100-Tage-Leistung von 5534 kg Milch, 4,17% Fett, 231 kg Fett, 3,47% Eiweiß, 192 kg Eiweiß.

5772T 5313 3,99 212 3,48 185

5772 Töchter erbrachten eine durchschnittliche Erstlaktationsleistung (305 Tage) von 5313 kg Milch, 3,99% Fett, 212 kg Fett, 3,48% Eiweiß, 185 kg Eweiß.

121 99% +644 –0,23 +13 +0,07 +27

Der Milchwert (relativer Zuchtwert auf gleitender Basis) beträgt 121 bei einer Sicherheit von 99%; die Zuchtwerte betragen +644 kg Milch, –0,23% Fett, +13 kg Fett, +0,07 % Eiweiß, und +27 kg Eweiß.

M 54 T 1,66 (+0,00)

54 Töchter wurden auf Melkbarkeit geprüft. Das korrigierte durchschnittliche Minutengemelk beträgt 1,66 kg. Der Zuchtwert für das durchschnittliche Minutengemelk beträgt +0,00 (Zahl in Klammern).

ZZ 103 87% *(mögliche zusätzliche Angabe)*

Der Relativzuchtwert für die Zellzahl beträgt 103 Punkte mit einer Sicherheit von 87%.

FW 101 99% +11 +0,22 +5,0

Der Fleischwert (relativer Zuchtwert auf gleitender Basis) beträgt 101 Punkte. Seine Sicherheit liegt bei 99%. Der Fleischwert beinhaltet eine wirtschaftliche Gewichtung der Zuchtwerte für Nettozunahme (+11g), für Fleischanteil im Schlachtkörper (+0,22%) und für Schlachtkörpernotierung (+5,0 Pf/kg).

EY

Die Kuh ist im Rindersternbuch eingetragen.

9 7 8 9 LB 141 218 BM

Die Kuh wurde nach der 2. Kalbung bewertet mit Note 9 im Rahmen, 7 in der Bemuskelung, 8 im Fundament und 9 im Euter. Die Kreuzhöhe betrug 141 cm, der Brustumfang 218 cm. Die Kuh ist als Bullenmutter eingestuft.

+6/ 6,7 7107 4,34 309 3,74 266

Das Zeichen »+« bedeutet, dass die Leistung abgeschlossen ist. Die Kuh hat viermal normal gekalbt (Trächtigkeitsdauer mindestens 7 Monate) und erbrachte im 6,7-jährigen Durchschnitt 7107 kg Milch, 4,34% Fett, 309 kg Fett, 3,74% Eiweiß und 266 kg Eiweiß.

2/01/280 8812 5,14 543 3,46 305

Die Kuh hat zweimal normal gekalbt und erbrachte eine Erstlaktationsleistung (280 Melktage) von 8812 kg Milch, 5,14% Fett, 453 kg Fett, 3,46% Eiweiß und 305 kg Eiweiß.

111 58% +284 –0,01 +11 +0,10 +15

Der Milchwert (relativer Zuchtwert auf gleitender Basis) der Kuh beträgt 111 bei einer Sicherheit von 58%, die Zuchtwerte betragen +284 kg Milch, –0,01% Fett, +11 kg Fett, +0,10% Eiweiß und +15 kg Eiweiß.

HL 98/ 10207 5,12 522 3,17 354

Die höchste Jahresleistung wurde im Jahr 1998 erbracht. Angabe der Leistung in Milch-kg, Fett-%, Fett-kg, Eiweiß-% und Eiweiß-kg.

M 1/2,2

Die Melkbarkeitsprüfung wurde in der 1. Laktation durchgeführt. Das durchschnittliche Minutengemelk betrug 2,2 kg.

Z bzw. ZKZ

Die durchschnittliche Zwischenkalbezeit von 1 Zwischenkalbezeit(en) beträgt 426 Tage. Eine weitere Zwischenkalbezeit lag über 500 Tage und ist in der Durchschnittsberechnung nicht enthalten.

13 273 139 104 306

Ordnungsbegriff der Kuh in Schlüsselzahlen: Verwaltungsstelle des LKV, Landkreis, Gemeinde, Betrieb, Kenn-Nr. der Kuh.

Weitere Abkürzungen:
VM = Vaters Mutter; MM = Mutters Mutter

der (Duldungsphase), angebundene Kühe heben beim Berühren der Lende den Schwanz.
Obwohl bereits 2–3 Wochen nach dem Kalben Kühe wieder rindern können, meist mit kaum feststellbaren äußeren Brunstzeichen, sollte zu diesem Zeitpunkt noch nicht besamt werden. Die Gebärmutter ist erst um die 4. Woche und die Gebärmutter-

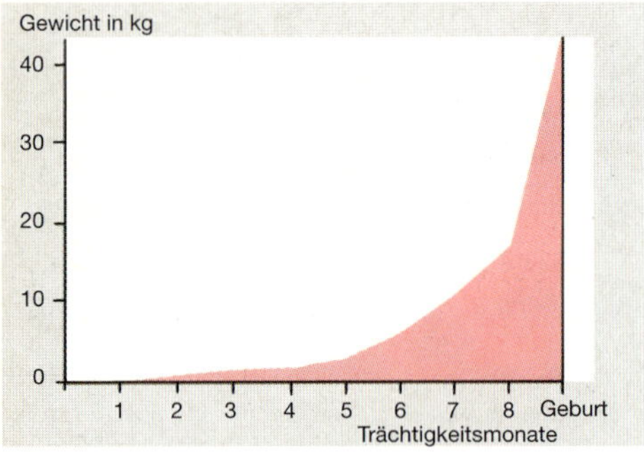

Abb. 683 Gewichtsentwicklung des Fötus.

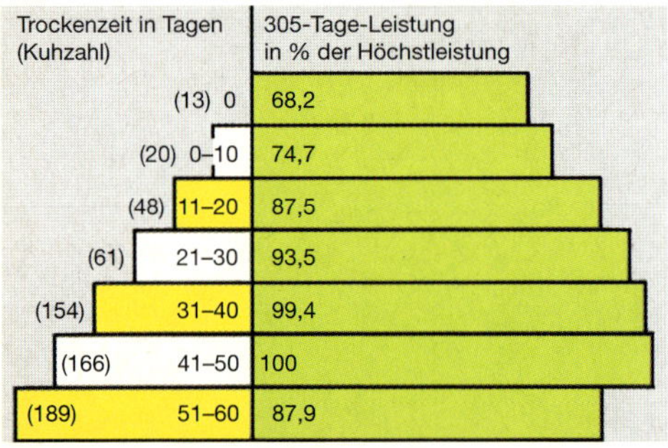

Abb. 684 Die Dauer der Trockenzeit beeinflusst die folgende Laktationsleistung.

Abgangsursachen	in % des Gesamtabgangs
Unfruchtbarkeit	20,0
Euterkrankheiten	16,7
geringe Leistung	9,0
Klauen- und Gliedmaßenkrankheiten	10,3
Zucht	8,5
sonstige Krankheiten	6,0
Alter	4,0
schlechte Melkbarkeit	2,0
Sonstiges	23,6

Abb. 685 Sehr viele Kühe scheiden wegen Unfruchtbarkeit vorzeitig aus (1998).

schleimhaut erst um die 6. Woche voll zurückgebildet und für ein Ei wieder aufnahmefähig.

Kühe werden daher erst 6–8 Wochen nach dem Kalben wieder gedeckt bzw. besamt.

Trächtigkeit und Trockenstellen – Findet im Eileiter eine Befruchtung statt, so bleibt der *Gelbkörper,* welcher sich nach dem Eisprung in der Follikelhöhle gebildet hat, erhalten. Das *Gelbkörperhormon* (Progesteron) macht die Gebärmutterschleimhaut für das Ei aufnahmefähig, verhindert das Heranreifen weiterer Follikel und ist für die Aufrechterhaltung der Trächtigkeit verantwortlich.

Während der Eileiterwanderung des Eies, die 3–4 Tage dauert, entwickelt sich bereits durch ständige Zellteilung das neue Lebewesen. 25–30 Tage nach der Befruchtung beginnt erst die Einnistung in die Gebärmutterwand. Dabei bilden sich die *Eihäute*, welche 2 mit Flüssigkeit gefüllte Blasen (Fruchtblasen) umhüllen. Die äußere *Wasserblase* umgibt die *Schleimblase*, in der die Frucht schwimmt, geschützt vor Austrocknung und mechanischen Schäden.

An mehreren Stellen vereinigt sich die äußere Eihaut mit der Gebärmutterschleimhaut zu den sog. *Plazentomen* (Mutterkuchen), durch welche die Ernährung und Sauerstoffversorgung des *Embryos* über das Muttertier erfolgen. In der weiteren Entwicklung geht dann der gesamte Stoffwechsel über die *Nabelschnur* als verlängerte Verbindung zwischen Plazenta und *Fötus* (Gliedmaßenentwicklung abgeschlossen, Organentwicklung beginnt).

Die durchschnittliche **Trächtigkeitsdauer** der verschiedenen Rinderrassen beträgt ca. 284 Tage. Stierkälber werden 4–5 Tage länger getragen, Zwillinge 4–6 Tage früher geboren. Erst im letzten Drittel der Trächtigkeit nimmt der Fötus sehr stark an Gewicht zu. In diesem Stadium der Hochträchtigkeit können Stöße, Rangeleien und Hetze der Kuh zum Verwerfen führen. Darauf muss vor allem beim Aus- und Eintreiben geachtet werden.

In den beiden letzten Trächtigkeitsmonaten verdoppelt der Fötus sein Gewicht. Wegen des dadurch erhöhten Nährstoff-, Mineralstoff- und Vitaminbedarfs bei verringertem Futteraufnahmevermögen muss die Kuh 6–8 Wochen vor dem Abkalben trockengestellt werde.

Außerdem soll sich die Kuh von der Laktation erholen und Reserven für die hohe Milchleistung nach dem Abkalben anlegen können.

Trockenstellen bedeutet, dass nicht mehr gemolken wird. Der durch das unterbleibende Melken entstehende Druckanstieg im Euter behindert die Durchblutung, und die Milchbildung hört auf. Die noch im Euter vorhandene Milch wird zurückgebildet und gelangt wieder in den Blutkreislauf. Kühe können *»abrupt«*

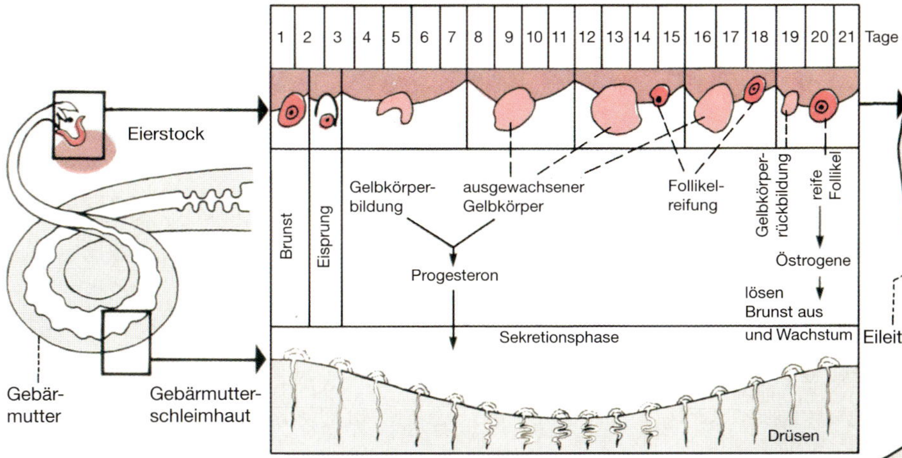

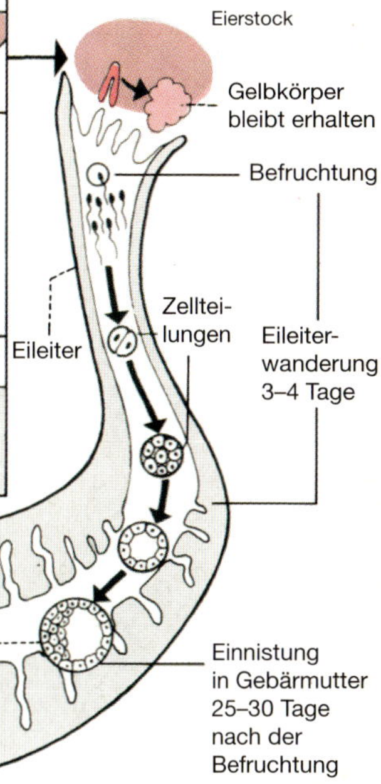

oder *»allmählich«* trockengestellt werden. Bei der zweitgenannten Methode wird an 3 aufeinander folgenden Tagen nur noch einmal gemolken und dazwischen jeweils eine Melkzeit übersprungen.

Für beide Methoden gilt, dass die Euter nach dem letzten maschinellen Milchentzug nochmals gründlich von Hand ausgemolken, die Zitzenkuppen gesäubert und desinfiziert werden. Die Kraftfuttergaben werden bereits einige Tage zuvor verringert oder ganz abgesetzt. Während der Trockenzeit darf die Kuh nicht mehr gemolken werden, auch wenn sich das Euter wieder mit Milch füllen sollte.

Auf diese Weise dürfen allerdings nur *gesunde Euter* trockengestellt werden. *Kranke Euter* sind unter Anleitung des Tierarztes mit Medikamenten zu behandeln. Während der gesamten Trockenzeit ist eine ständige Kontrolle des Euters auf krankhafte Veränderungen unerlässlich. Unbehandelte Euterentzündungen in dieser Zeit können zu einer Verödung des Euterviertels oder zu einer schweren Allgemeinerkrankung mit entsprechendem Leistungsabfall des Tieres führen.

Fruchtbarkeitsstörungen – Als **Maßstäbe** für die Fruchtbarkeit einer Herde dienen die *Trächtigkeitsrate*, der *Besamungsindex* und die *Zwischenkalbezeit.*

Während die Trächtigkeitsrate nach der Erstbesamung mindestens 60 % betragen, der Besamungsindex (Anzahl der Besamungen/Trächtigkeit) nicht über 1,5 liegen soll, wäre eine Zwischenkalbezeit (ZKZ = Zeitraum zwischen 2 Abkalbungen) von 365 Tagen im Idealfall anzustreben, entsprechend der alten Forderung, pro Kuh und Jahr ein Kalb. Aber nicht einmal 50 % aller Kühe bringen jedes Jahr ein Kalb zur Welt. So ist es nicht verwunderlich, dass unter den Abgangsursachen die Unfruchtbarkeit an der Spitze liegt.

Ursache der Fruchtbarkeitsstörungen sind neben Erbmängeln vor allem Haltungs- und Fütterungsmängel. Grundsätzlich unterscheidet man zwischen *Eierstockstörungen* und *Gebärmutter-Infektionen.*

Abb. 686 Der weibliche Geschlechtszyklus und die dabei ablaufenden Vorgänge in Eierstock und Gebärmutter. Nach erfolgreicher Befruchtung (Schema, rechts) unterbleibt die Gelbkörperbildung, die Uterindrüsen sind stark geschlängelt.

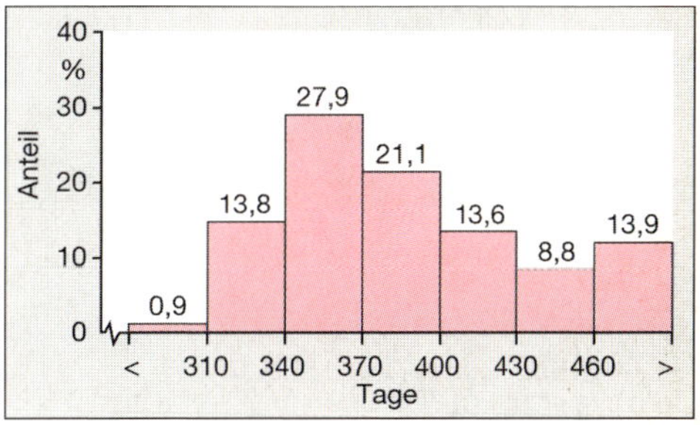

Abb. 687 Verteilung der Zwischenkalbezeiten (ZKZ) bei den geprüften Kühen im Durchschnitt unserer Rassen (1998).

Abb. 688 Hohe Milchleistung und Fruchtbarkeit schließen einander jedoch nicht aus, wenn bei entsprechendem Können des Betriebsleiters auch Fütterung und Haltung stimmen.

Herdenklassen kg Milch	durchschnittliche Zwischenkalbezeit Tage
bis 3999	414
4000–4499	400
4500–4999	394
5000–5499	390
5500–5999	386
6000–6499	384
6500–6999	382
7000–7499	381
7500–7999	380
über 7999	380

keine Brunst **Brunst**

Scham

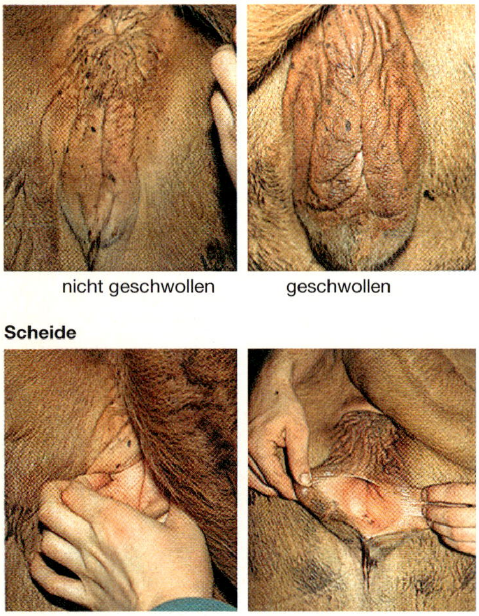

trocken, klebrig, blass — durchsaftet, leicht gerötet, feucht

Abb. 689 Das Erkennen der Brunstmerkmale ist die wichtigste Voraussetzung für eine gute Fruchtbarkeit im Stall.

Abb. 690 Aufspringen auf andere Tiere bzw. die Duldung des Aufspringens sind Brunstanzeichen.

Bei **Eierstockstörungen** treten relativ häufig *Zysten* auf. Es handelt sich dabei um Follikel, die aufgrund von Hormonstörungen nicht platzen, sondern bis zu einem Durchmesser von 3–6 cm anwachsen (normaler Follikeldurchmesser: 1,5 cm) und bestehen bleiben. Während früher häufiger Dauerbrunst (Stiersucht, Brüllerkrankheit, Nymphomanie) die Folgeerscheinung war, führte dies in den letzten Jahren hauptsächlich zur *Brunstlosigkeit*.

Bildet sich der Gelbkörper nicht zurück, obwohl keine Trächtigkeit vorliegt, verhindert er das Heranreifen einer neuen Eizelle; die Brunst bleibt aus. Dasselbe geschieht bei unterentwickelten, funktionslosen Eierstöcken.

Bei der sog. *stillen Brunst* fehlen die äußeren Brunstmerkmale ganz oder sind nur sehr schwach. Meist gibt nur das Abbluten einen nachträglichen Hinweis, dass die Brunst vor etwa 2 Tagen stattgefunden hat.

Gebärmutter-Infektionen als Folge von *Deckseuchen* (Vibrionen-Seuche, Trichomonaden-Seuche, Bläschenausschlag) wurden durch die starke Verbreitung der künstlichen Besamung zurückgedrängt. Ihre Krankheitserscheinungen reichen vom Umrindern bis zum Verkalben.

Schwergeburten, unsachgemäße Hilfeleistungen und mangelnde Hygiene während der Geburt sowie Nachgeburtsverhalten und Festliegen nach der Geburt begünstigen Infektionen mit Krankheitskeimen, welche zu *Entzündungen der Gebärmutter* führen. Sekretabsonderungen der Schleimhaut machen die Samen (Spermien) befruchtungsunfähig oder töten sie ab. Meistens rindern die Kühe um. Es kann sich aber auch die Gebärmutter mit Eiter anfüllen (*Pyometra*), wodurch eine Trächtigkeit nur vorgetäuscht wird.

Maßnahmen zur Verbesserung der Fruchtbarkeit – Durch Beachten folgender Punkte kann der Tierhalter dazu beitragen:

- Qualitative, leistungsbezogene **Fütterung** mit ausreichender Mineralstoff- und Vitaminversorgung.
- **Haltungsformen** mit Bewegungsfreiheit und Auslauf fördern die Hormonbildung und erleichtern die Brunsterkennung, weil die Tiere die sichtbaren, aktiven Brunstmerkmale viel deutlicher zeigen als im Anbindestall, wo manchmal durch zu straffe Anbindung und zu niedrig eingestellte Kuhtrainer das Brunstverhalten sehr stark gestört ist.
- Gewissenhafte **Brunstbeobachtungen** sind daher vor allem bei ganzjähriger Stallhaltung die erste Voraussetzung für ein gutes Befruchtungsergebnis. So sind mehrere Kontrollgänge – auch im Laufstall – kein unnützer Zeitaufwand. Hinzu kommen müssen genaue, übersichtliche Aufzeichnungen aller wichtigen Daten des Fruchtbarkeitsgeschehens, z. B. in einem Brunstkalender und auf der Stalltafel.
- Mit Hilfe des **Milch-Progesteron-Testes** (MPT) ist eine exakte *Brunstkontrolle* möglich. Das Nachgemelk wird auf den Progesterongehalt (Gelbkörperhormon) untersucht, der während der Brunst niedrig, ansonsten hoch ist. Am Tage der vermuteten Brunst bzw. Besamung kann in einer einzelnen Milchprobe festgestellt werden, ob tatsächlich eine Brunst stattfand.

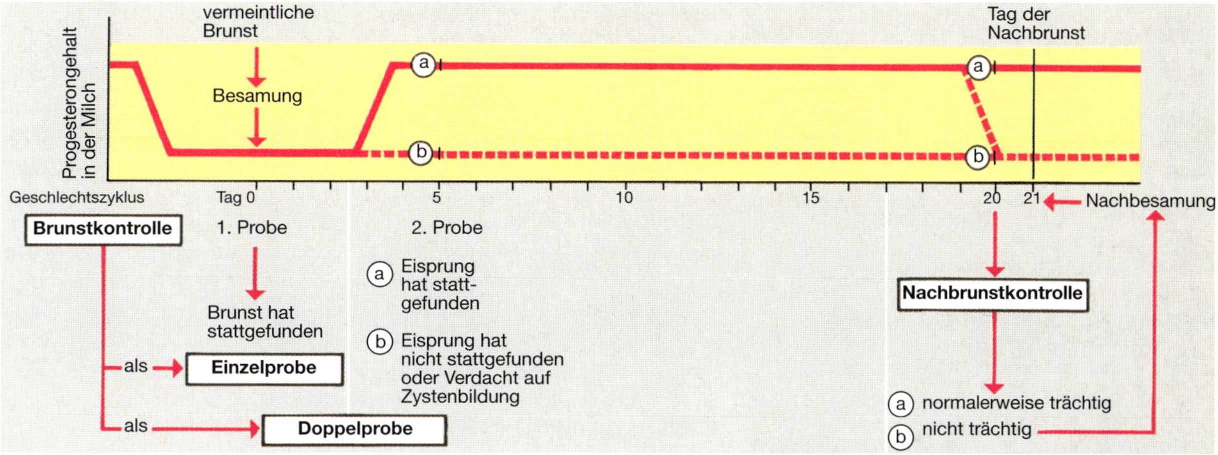

Abb. 691 Der Progesterongehalt in der Milch gibt Auskunft über den tatsächlichen Verlauf des Geschlechtszyklus. Mit Hilfe des Milch-Progesteron-Tests (MPT) lässt sich die Fruchtbarkeit unserer Kühe verbessern.

Für Problemkühe eignet sich die Doppelprobe besser. Eine 2. Probe 6 Tage nach der Besamung (1. Probe) bestätigt nämlich, ob der Eisprung rechtzeitig erfolgte und es möglicherweise zu einer Befruchtung gekommen ist. Damit können Fehlbesamungen, z. B. bei »Zystenkühen«, frühzeitig erkannt und die Tiere behandelt werden.

- **Frühe Trächtigkeitsfeststellung:** Das Ausbleiben der Brunst und ein positives Ergebnis im Milch-Progesteron-Test 21 Tage nach der Besamung sind erste, aber noch nicht absolut sichere Trächtigkeitsnachweise. Ab der 6. Trächtigkeitswoche kann aufgrund einer Gebärmutteruntersuchung eine relativ sichere, ab der 9. Woche eine sichere Trächtigkeitsdiagnose gestellt werden.
- **Bei der Geburt** ist auf sachgemäße Hilfeleistung, notwendige Hygiene und rechtzeitiges Abgehen der Nachgeburt zu achten.

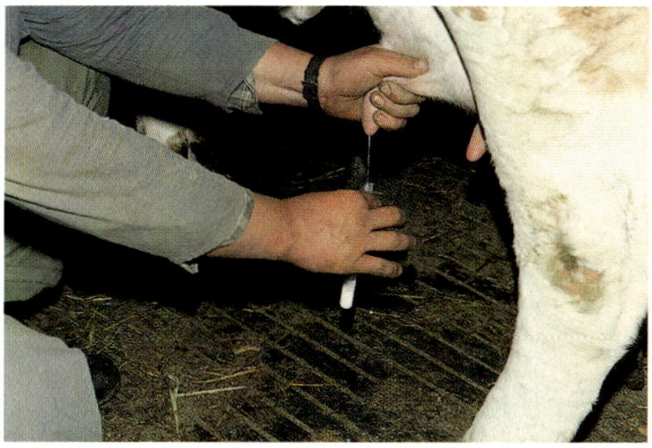

Abb. 692 Eine Trächtigkeitsdiagnose ist heute über die Milch relativ früh möglich.

2.2.10 Geburt

Vor der Geburt – Der **Zeitpunkt** der Geburt wird von Hormonen des Fötus bestimmt. Durch diese werden Prostaglandine der Plazenta wirksam, welche die Progesteronwirkung (»Trächtigkeitsschutzhormon«, Gelbkörperhormon) im Körper des Muttertieres aufheben.

Äußerliche **Kennzeichen** der herannahenden Geburt sind:

- Schwellung der Scham,
- Ausfluss von zähflüssigem Schleim aus der Scheide (1–2 Tage vor der Geburt),
- Einfallen der breiten Beckenbänder (12–18 Stunden vor der Geburt),
- Einschießen der Milch
- unruhiges Verhalten unmittelbar vor der Geburt mit häufigem Absetzen von Kot und Harn.

Vorbereitungen für die Geburt sind: Der *Abkalbeplatz* sollte sau-

Abb. 693 12–18 Stunden vor der Geburt fallen die breiten Beckenbänder ein.

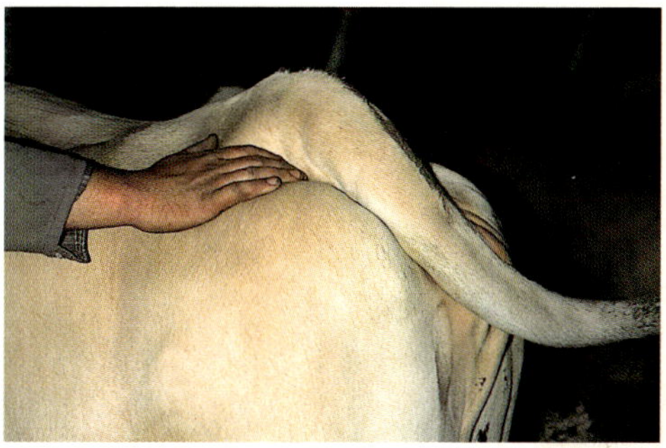

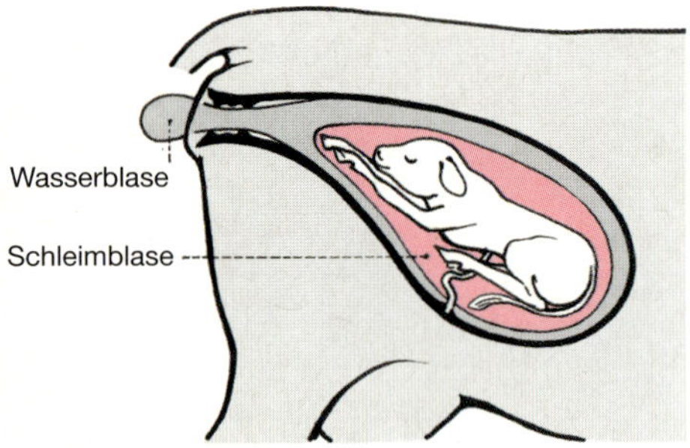

Abb. 694 Kalb in normaler Vorderendlage. Die Fruchtblasen (Wasserblase, Schleimblase) dienen der schonenden Erweiterung der Geburtswege.

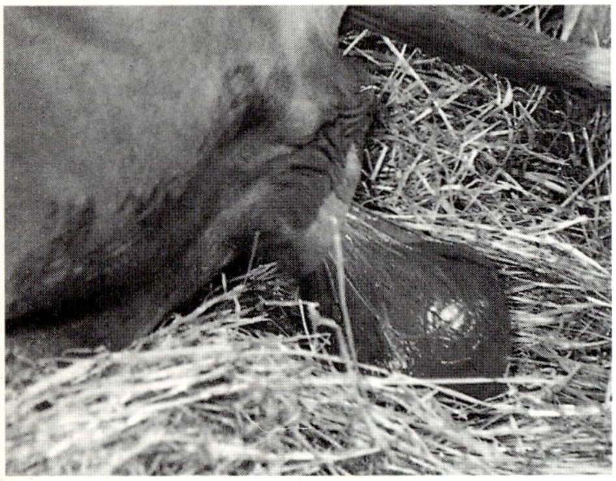

Abb. 695 Die Wasserblase erscheint bei den Eröffnungswehen.

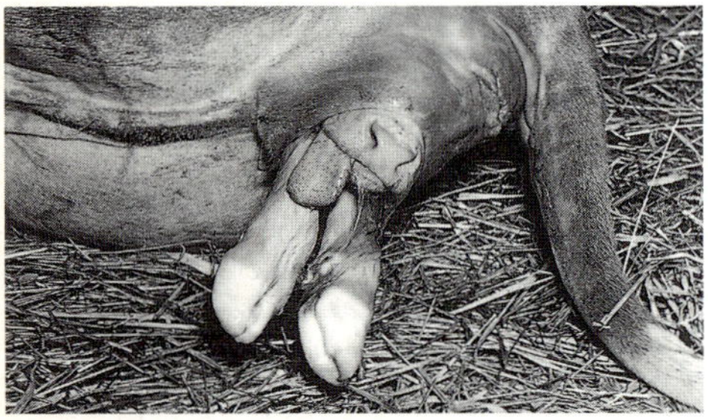

Abb. 696 Die Klauenspitzen der Vorderbeine erscheinen gleichzeitig.

ber, trocken und reichlich eingestreut sein. Am besten wären Abkalbeboxen mit ca. 12 m^2 oder zumindest ein geräumiger Abkalbestand im Rinderstall, denn die Tiere sollen Kontakt zur Herde behalten. Dorthin sind sie einige Tage vor dem Abkalben umzustallen, damit sie sich an die neue Umgebung gewöhnen können. Auch die *Kälberbox* muss gereinigt, desinfiziert und eingestreut bereitgestellt werden. Das *Hinterteil der Kuh* ist vor, aber auch während der Geburt gründlich zu säubern und womöglich mit einer Desinfektionslösung abzuwaschen. Nicht zuletzt müssen für eine *Geburtshilfe* die notwendigen Geräte bereitliegen. Dazu gehören mehrere Eimer mit kaltem und warmem Wasser; Seife, Handtuch, Desinfektionsmittel, Gleitmittel, Jodtinktur; saubere, vorher ausgekochte Geburtsstricke (meist aus Nylon oder Perlon) oder Geburtsketten sowie Zughölzer.

Geburtsablauf – Er teilt sich in drei Zeitabschnitte, die *Eröffnungsperiode*, die *Austreibungsperiode* und die *Nachgeburtsperiode*.

Das unruhige Verhalten der Kuh während der **Eröffnungsperiode** ist ein Zeichen, dass die *Eröffnungswehen* einsetzen. Diese Kontraktionen der Gebärmuttermuskulatur werden von dem Hormon Oxytocin ausgelöst. Sie drängen die Fruchtblasen (Wasserblase, Schleimblase) durch die Geburtswege, welche dadurch schonend erweitert werden (Dauer 6–16 Stunden).

Zuerst erscheint die Wasserblase mit einem harnähnlichen Inhalt, danach folgt die Fuß- oder Schleimblase, deren dickflüssiger, schleimiger Inhalt die Geburtswege zusätzlich schlüpfrig macht. Auf keinen Fall dürfen die Blasen vorzeitig geöffnet werden. Sie platzen normalerweise von selbst, wenn Kopf und Vorderbeine sich wie ein Keil durch den Muttermund in den Scheidenraum vorschieben. Mit dem »Blasensprung« ist die Eröffnungsperiode beendet; die Tiere legen sich nun in der Regel hin.

Nun folgt die **Austreibungsperiode** mit den *Press-* bzw. *Austreibungswehen*, welche sich ziemlich heftig in immer kürzeren Zeitabständen wiederholen. Hierbei wird die Gebärmuttermuskulatur von den Rücken- und Bauchmuskeln unterstützt.

Bei normaler Vorderendlage erscheinen dabei kurz nach dem Blasensprung die Klauenspitzen der Vorderbeine mit nach unten gerichteten Sohlenflächen in der Schamspalte und nur höchstens 15 Minuten später die Zungen- oder Nasenspitze des Kalbes. Mit jeder weiteren Presswehe werden nun allmählich Beine und Kopf immer nur wenige Millimeter weiter herausgedrückt. Schaut schließlich der Kopf ganz heraus, ist die sog. *Ausweitungsphase* während der Austreibung beendet.

Da hier der gesamte Geburtsweg gedehnt werden muss, dauert dieser Geburtsabschnitt naturgemäß sehr lange (bei Kühen bis zu 3 Stunden, bei Färsen bis zu 6 Stunden) und erfordert vom Tierhalter viel Geduld. Auf keinen Fall darf ohne erkennbaren Grund bereits mit der Zughilfe begonnen werden. Frühes Ziehen hat häufig Verletzungen der Geburtswege zur Folge, was durch nachfolgende Infektionen zu Fruchtbarkeitsstörungen führen kann. Jeder Zug am Kalb erhöht außerdem die Geburtsschmerzen des Muttertieres. Infolge von Stressreaktionen kann es da-

durch zu einem Aussetzen der Wehentätigkeit und somit zur Unterbrechung des Geburtsablaufes kommen. Schlimmstenfalls können Kalb und Kuh sogar sterben.
In der sog. *Endaustreibung* wird das Kalb innerhalb von 5–10 Minuten mit einigen Presswehen und Bauchpressenstößen ganz herausgedrückt, wobei es in Richtung Euter kippt. Durch diesen *Kippvorgang* und der damit verbundenen Streckung der Gelenke wird die geburtshindernde Lage der Kniegelenke des Kalbes vor dem Beckeneingang auf natürliche Weise beseitigt.
In der **Nachgeburtsperiode** werden durch die *Nachwehen* die Eihäute (Nachgeburt) gewöhnlich 1,5–3 Stunden nach der Geburt ausgestoßen. Ist die Nachgeburt bis zur 12. Stunde immer noch nicht abgegangen, muss man den Tierarzt holen. Erst bei Eintreten dieser Situation spricht man in der Praxis von *Nachgeburtsverhaltung*. Dabei ist bereits jede zeitliche Verzögerung des Nachgeburtabganges über 3 Stunden hinaus ein Hinweis auf eine Störung dieses Vorganges infolge von Stressreaktionen während der Geburt. Der Durchschnittswert einer Herde für den Abgang der Nachgeburt sollte nicht über 6 Stunden liegen.
Durch das *Nachgeburtsverhalten* werden Infektionen begünstigt, die zur Gebärmutterentzündung führen. Gebärmutter und Geburtswege sind während der Zeit ihrer Rückbildung sehr infektionsanfällig. Größte Sauberkeit ist hier das oberste Gebot.
Geburtshilfe – Sie wird notwendig, wenn die Geburt wegen zu schwacher Wehen nur schleppend verläuft oder ganz zum Stillstand kommt. Der Geburtshelfer sollte sich dabei bewusst sein, dass er den Geburtsvorgang stören und Schwergeburten verursachen kann. Um also mögliche Gefahren für Kuh und Kalb weitestgehend zu vermeiden, muss er auf größte Sorgfalt und Sauberkeit achten. Erst nachdem er die Scham gereinigt und desinfiziert sowie die Fingernägel geschnitten, Hände und Arme gründlich gewaschen und desinfiziert hat, darf er seine Hand vorsichtig in die Scheide einführen, um die Lage des Kalbes festzustellen.
Bei **normaler Vorderendlage** ist Zughilfe frühestens 2, spätestens 4 Stunden nach dem Blasensprung angebracht. Um jeden der beiden Vorderfüße wird oberhalb des Fesselgelenkes ein Geburtsstrick geschlungen. Während der Presswehen soll an beiden Beinen gleichzeitig gezogen werden, da nur so das Kalb die optimale Keilform mit gestreckten Ellenbogengelenken unter dem Hals beibehält. Dabei darf an jedem Bein höchstens eine Person ziehen. Mechanische Geburtshelfer sind aus diesem Grund nur im Notfall und mit größter Vorsicht einzusetzen.
Während einer *Wehenpause* darf niemals gezogen werden, da sonst der Blutaustausch zwischen Kalb und Muttertier unterbunden wird, was zur Lebensschwäche des Kalbes führt. Beim Ziehen sollte das gebärende Tier liegen, weil dann der an sich kleine Beckenraum etwas vergrößert ist. Dammrisse (Einreißen der Gewebebrücke zwischen After und Scheide) sind vermeidbar, indem man den Damm mit den Handballen kräftig auf das Kalb drückt. Auch warme Duschen des Damms sind hilfreich.
Um das gefürchtete »Hängenbleiben« zu verhindern, muss eine Zughilfe während des Kippvorganges unterbleiben. Während anfangs grundsätzlich in Verlängerung des Kuhrückens gezogen

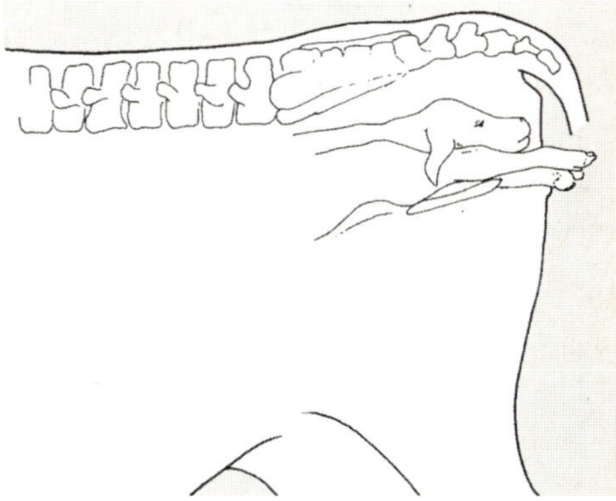
Abb. 697 Kopf und beide Mittelfußgelenke haben im mütterlichen Becken ausreichend Platz.

Abb. 698 Die Nachgeburt muss rechtzeitig abgehen.

Abb. 699 Sachgemäße Geburtshilfe bedeutet: Stricke hinter den Fesseln anlegen, gleichzeitig an beiden Beinen ziehen sowie den Damm vor Einreißen schützen.

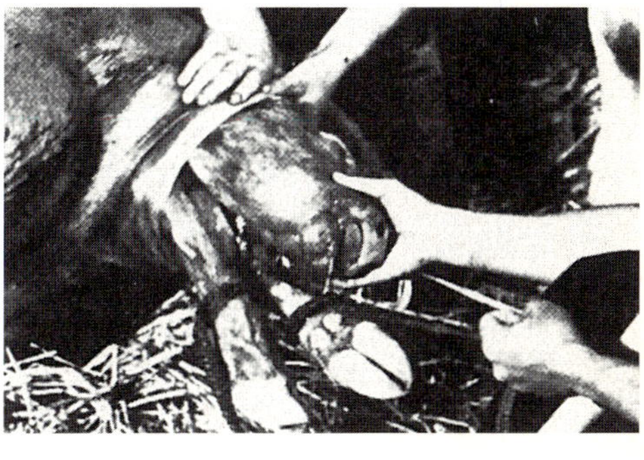

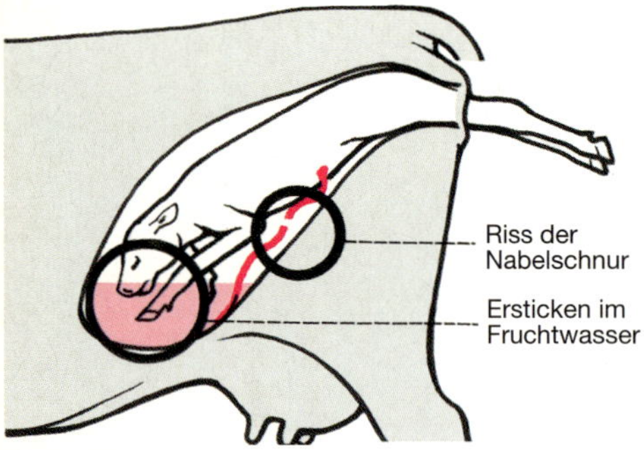

Abb. 700 Bei normaler Hinterendlage besteht Erstickungsgefahr (Schema).

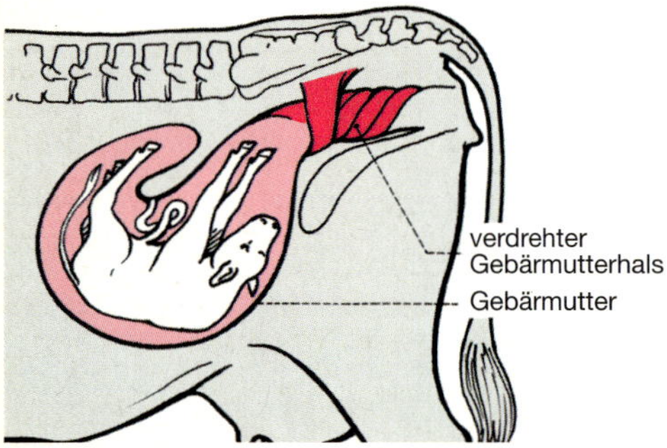

Abb. 701 Gebärmutterverdrehung (Schema).

Abb. 702 »Endaustreibung« des Kalbes: Geburtshindernde Lage der Kniegelenke des Kalbes vor dem Beckeneingang (a). Natürliche Beseitigung des Geburtshindernisses (b) durch zunehmendes Kippen des Kalbes und damit verbundener Streckung der Gelenke (c). Ist Zughilfe erforderlich, muss daher der Geburtshelfer zum richtigen Zeitpunkt die Zugrichtung ändern.

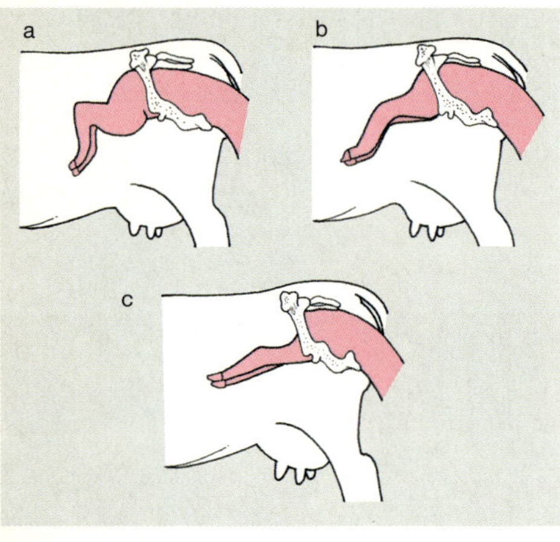

wird, ist nun nach Austritt der Brustpartie des Kalbes in Richtung Euter zu ziehen.

Die **normale Hinterendlage** (Steißlage) ist daran zu erkennen, dass zuerst die Klauenspitzen der Hinterbeine mit nach oben zeigenden Sohlenflächen erscheinen. Die Zugrichtung verläuft parallel zur Wirbelsäule der Kuh und ändert sich während des Auszugs nicht. Sobald die Beckenpartie des Kalbes ausgetreten ist, muss es so schnell als möglich herausgezogen werden, weil jetzt durch das Reißen der Nabelschnur die Blutzufuhr und damit die Sauerstoffversorgung über die Mutter unterbrochen werden. Das Kalb beginnt zu atmen und bekommt in dieser Steißlage Fruchtwasser sowie Schleim in die Lungen und kann ersticken. Soll das Kalb lebend zur Welt kommen, muss es nun innerhalb von 30–40 Sekunden herausgezogen werden.

Bei **abnormalen Lagen** (Querlage, Senkrechtlage, Schräglage), bei *ungestreckten Beinen* oder *abgewinkeltem Kopf* des Kalbes sowie bei Gebärmutterverdrehung ist sofort der Tierarzt zu holen. Letzteres ist zu befürchten, wenn trotz lang dauernder Eröffnungswehen keine Fruchtblasen erscheinen, die Kuh sehr unruhig ist und mit den Hinterfüßen gegen den Bauch schlägt. Bei einer Scheidenuntersuchung stellt man eine zum Gebärmuttermund hin zunehmende Einschnürung der Scheide fest.

Macht die Austreibung des Kalbes trotz Normallage keine Fortschritte und reicht auch die Zugkraft zweier Personen nicht aus, ist im Verhältnis zu seiner Mutter das **Kalb zu groß.** Das Zurückbleiben eines Vorderbeines ist hierfür häufig ein Hinweis. Jede weitere Gewaltanwendung hätte für Kuh und Kalb schlimme Folgen. Auch in diesen Fällen muss unbedingt der Tierarzt zu Rate gezogen werden, welcher notfalls einen Kaiserschnitt oder, um wenigstens die Kuh zu retten, eine Zerstückelung des Kalbes innerhalb der Kuh vornehmen kann.

Behandlung von Kuh und Kalb nach der Geburt – Beim *neugeborenen Kalb* ist sofort nach der Geburt aus Nase und Mund der Schleim zu entfernen, um die Atmung nicht zu behindern. Zur Unterstützung von Atmung und Kreislauf reibt man das Kalb mit sauberem Stroh in Richtung des Haares trocken oder lässt es von der Kuh ablecken.

Notfalls kann ein Kaltwasserguss die Atmung in Gang setzen. Als letzte Möglichkeit sollte man beim völligen Versagen der Atmung durch Strecken und Andrücken der Vorderbeine an den Brustkorb des Kalbes eine mechanische Beatmung versuchen.

Sollte der Nabel nicht von selbst gerissen sein, muss ihn der Geburtshelfer dicht unter dem Bauch (10–12 cm) abreißen; nicht mit einer Schere abschneiden. Der Nabelstumpf wird mit Jodtinktur desinfiziert. Bevor man das Kalb in die vorbereitete Kälberbox bringt, soll es etwa 30 Minuten der Mutter zur Kontaktaufnahme vorgelegt werden. Dies verstärkt die Nachwehen des Muttertieres und fördert damit das Abgehen der Nachgeburt.

Dem *Muttertier* gebührt ebenfalls besondere Aufmerksamkeit nach der Geburt. Es ist auf mögliche Verletzungen, z. B. Dammrisse, zu untersuchen und bei Bedarf tierärztlich zu versorgen. Besteht Verdacht auf Gebärmuttervorfall, ist vorbeugend eine Vorfallbandage anzulegen. Größte Sauberkeit und äußerste

Sorgfalt sind bei allen Arbeiten im Bereich der Kuh geboten, da sie während der Nachgeburtsperiode sehr infektionsanfällig ist.

Aufgaben:

1. Welches sind die 4 zahlenmäßig bedeutendsten Rinderrassen Deutschlands? Unterscheiden Sie diese nach ihrer Nutzungsrichtung.
2. Welche Milch- und Fleischrassen werden bei uns in Deutschland vorwiegend gehalten?
3. Welche Merkmale dienen zur Beurteilung der Melkbarkeit? Bei welchen Tieren wird die Melkbarkeitsprüfung durchgeführt?
4. Wie lassen sich im Rahmen der Fleischleistungsprüfung Erkenntnisse (Aussagen/Daten/Informationen) über die Fleischleistung zur Zuchtwertschätzung eines Bullen gewinnen?
5. Weshalb kann trotz umfangreicher Leistungsprüfungen auf die Beurteilung des äußeren Erscheinungsbildes eines Tieres nicht verzichtet werden?
6. Nennen Sie die Hauptmerkmale, die zur Beurteilung eines Tieres herangezogen werden.
7. Welche der Informationsquellen zur Zuchtwertschätzung liefert die genauesten Schätzergebnisse über den Zuchtwert eines Tieres?
8. Warum müssen bei der Zuchtwertschätzung die Umwelteinflüsse ausgeschaltet werden, und wie lässt sich das durchführen?
9. Von wem werden Zuchtprogramme entwickelt, und wer führt sie durch?
10. Wie lange dauert es ungefähr; bis über die neue Bullengeneration die ersten Zuchtwertergebnisse vorliegen?
11. Nennen Sie die wichtigsten Vorteile der künstlichen Besamung (KB).
12. Wann sind Jungrinder zuchtreif und dürfen folglich zugelassen werden? Welches Erstkalbealter ergibt sich somit?
13. Wann dürfen Kühe nach dem Kalben wieder gedeckt bzw. besamt werden? Begründen Sie Ihre Entscheidung.
14. Beschreiben Sie den Geburtsverlauf, indem Sie die wesentlichen Merkmale, deren Aufgabe und Bedeutung sowie die durchschnittliche Dauer der 3 Geburtsperioden herausstellen.
15. Nennen Sie die wichtigsten Regeln, die bei einer sachgemäßen Zughilfe zu beachten sind.
16. Ermitteln Sie aus den betrieblichen Aufzeichnungen (Deck-, Besamungstermin) das Abkalbedatum für eine Kuh.

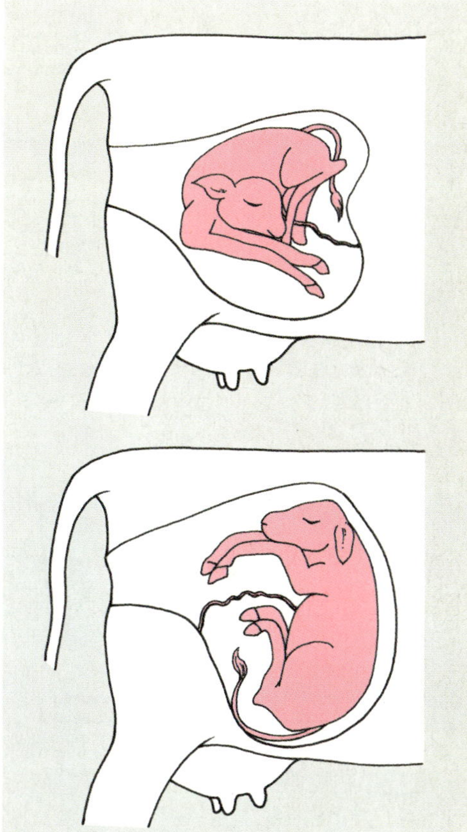

Abb. 703 Abnormale Lagen: Querlage (oben), Senkrechtlage (unten). Sofort Tierarzt holen!

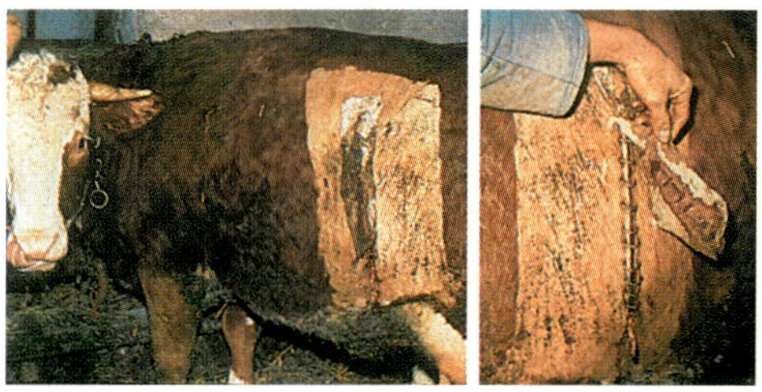

Abb. 704 Kuh mit Kaiserschnitt (rechts: Abnahme des Verbandes).

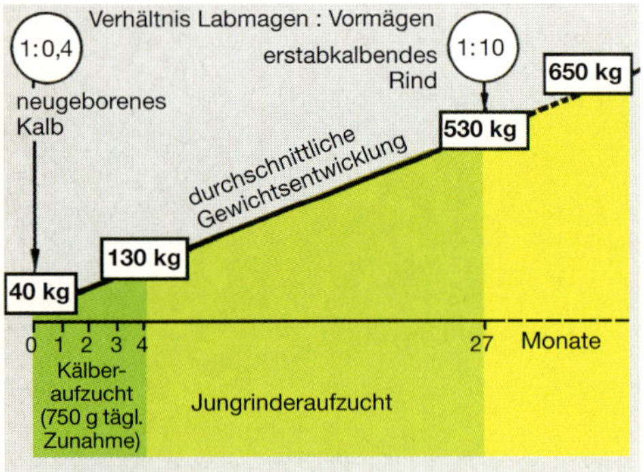

Abb. 705 Entwicklung des Kalbes: Besonders der Pansen wächst enorm.

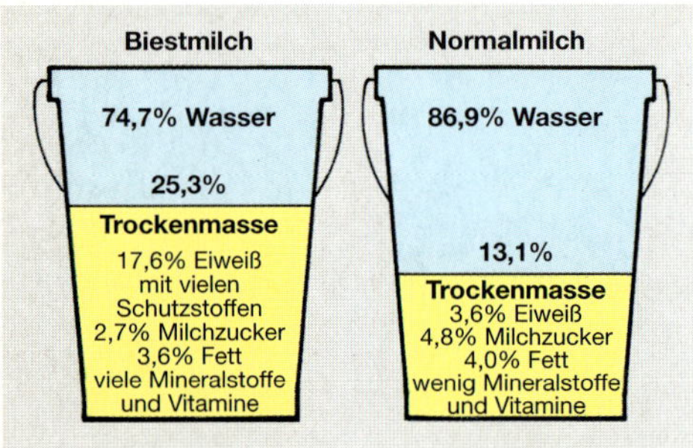

Abb. 706 Zusammensetzung von Biest- und Normalmilch.

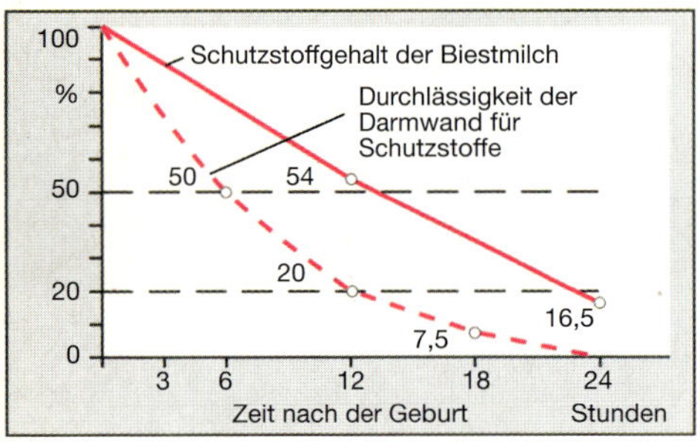

Abb. 707 Nur eine frühzeitige Biestmilchgabe gibt dem Kalb Schutz vor Infektionen.

2.3 Kälberaufzucht

2.3.1 Allgemeine Grundlagen

Weibliche Kälber werden im Allgemeinen zum Zwecke der späteren Zuchtnutzung und männliche Kälber hauptsächlich für die anschließende Bullenmast, zum Teil natürlich auch für die Zucht aufgezogen.

Die Bedeutung der Kälberaufzucht liegt darin, dass die Weichen für eine wirtschaftlich Erfolg versprechende Milch- bzw. Fleischleistung bereits in den ersten Lebensmonaten gestellt werden.

Nur solche Kälber sind für die Aufzucht geeignet, die eine gute Abstammung hinsichtlich Milch- und Fleischleistung aufweisen sowie normal entwickelt, gesund und lebenskräftig sind. Hinzu kommen müssen eine vollwertige Ernährung und eine sorgfältige Haltung und Pflege.
Das richtige Fütterungsniveau ergibt sich aus der angestrebten Gewichtsentwicklung.

Die Kälber sollen am Ende der 4 Monate dauernden Aufzucht etwa 130 kg schwer sein. Bei Abzug eines durchschnittlichen Geburtsgewichtes von 40 kg bedeutet dies 750 g mittlere Tageszunahmen.

2.3.2 Biestmilchperiode

Während der 1. Lebenswoche muss das Kalb die **Biestmilch** (Kolostralmilch) bekommen. Dafür gibt es mehrere Gründe. Die Vormägen, insbesondere der Pansen, eines neugeborenen Kalbes sind noch klein und nicht funktionsfähig, so dass die Nahrung vorwiegend enzymatisch im Labmagen und Dünndarm abgebaut wird. Flüssige Nahrung gelangt mit Hilfe des Schlundrinnenreflexes sofort in den Labmagen, wo während der ersten Wochen im Wesentlichen nur Milch optimal verdaut werden kann.
Die Biestmilch ist hinsichtlich des **Nährstoffgehalts** ideal auf die Bedürfnisse des neugeborenen Kalbes abgestimmt. Sie enthält gegenüber Normalmilch mehr Trockenmasse, die sich vor allem durch den hohen Eiweißgehalt mit den *lebenswichtigen Schutzstoffen* (Immunglobuline) und durch höhere Gehalte an Mineralstoffen und Vitaminen auszeichnet.
Die Schutzstoffe in der Biestmilch werden rasch weniger; sie können nur in den ersten Stunden unverdaut durch die Darmwand in den Blutkreislauf des Kalbes gelangen.
Ebenso rasch nimmt der Gehalt an Mineralstoffen und Vitaminen ab. Dabei wird vor allem dem Vitamin A eine vorbeugende Wirkung gegen Durchfälle zugeschrieben. Auch die erhöhte Kälbersterblichkeit bei Abkalbungen in der zweiten Winterhälfte

und im zeitigen Frühjahr kann mit dem fütterungsbedingt niedrigen Vitamin-A-Gehalt der Biestmilch während dieser Monate in Verbindung gebracht werden. Vorsorglich sollten daher die Kälber innerhalb der 1. Lebensstunde einen »Vitamin-A-Stoß« verabreicht bekommen.

Da das Kalb ohne Schutzstoffe zur Welt kommt und selbst noch keine eigenen Abwehrstoffe gegen Krankheiten bilden kann, muss es bereits innerhalb der ersten 3–4 Lebensstunden so viel Biestmilch erhalten, wie es freiwillig säuft, mindestens jedoch 2 l.

Die Biestmilch hilft auch, das *Darmpech* auszuscheiden, welches sich während der Entwicklungszeit im Darm des Kalbes gebildet hat.
Es hat sich als sehr vorteilhaft herausgestellt, für Notfälle überschüssige Biestmilch vor allem älterer Kühe in Plastikbeuteln tiefgefroren aufzubewahren. Erstlingskühe und hochträchtige Zukaufstiere weisen in ihrer Biestmilch noch zu wenig stallspezifische Schutzstoffe auf. Mit Hilfe der **Biestmilchreserven,** welche im Wasserbad bei 40 °C aufzutauen sind, kann auch deren Kälbern trotzdem ein ausreichender Krankheitsschutz mitgegeben werden.
Die verabreichten **Biestmilchmengen** sind dem Fassungsvermögen des Labmagens anzupassen. Ein Übersaufen kann zu Blähungen und Durchfall führen. Deshalb sollten anfangs mehrmals am Tag nur kleinere Mengen gefüttert werden (siehe Fütterungsplan Abb. 709).
Eine andere Tränkemethode besteht darin, dass dem Kalb die Biestmilch warm bis stalltemperiert (nicht unter 15 °C) zweimal täglich im Tränkeeimer mit Saugstutzen zur freien Aufnahme vorgesetzt wird. So kann es ständig kleinere Mengen aufnehmen, was sich in einer insgesamt höheren Biestmilchaufnahme und einer Verminderung von Verdauungsstörungen vorteilhaft auswirkt.

2.3.3 Fütterungsmethoden

Nach der Biestmilchperiode muss die weitere Fütterung so abgestimmt werden, dass sich das Kalb möglichst rasch zum *Wiederkäuer* entwickelt. Diese Entwicklung ist gleichlaufend mit der Entwicklung des Pansens, welche durch ein *frühzeitiges Beifüttern* von Kraftfutter und Heu beschleunigt werden kann. Kraftfutter begünstigt durch die chemische Reizwirkung seiner Abbauprodukte das Wachstum der Pansenzotten, wogegen Heu durch mechanische Reize mehr die Vergrößerung des Pansens bewirkt.
Von der Aufnahme dieser beiden Futtermittel ist ferner auch das Vorhandensein der Pansenmikroorganismen (Bakterien, Protozoen) abhängig. Am besten ist daher eine *gemischte Futterration* aus wenig Milch, jedoch Kraftfutter und Heu zur freien Aufnahme.

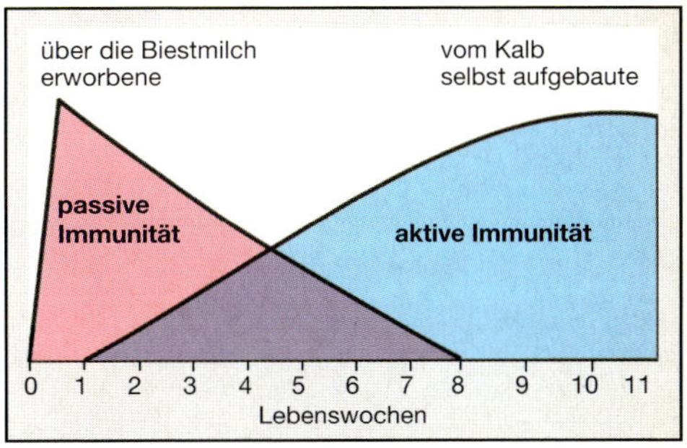

Abb. 707 Aufbau der Infektionsabwehr (Immunität) beim Kalb (Schema).

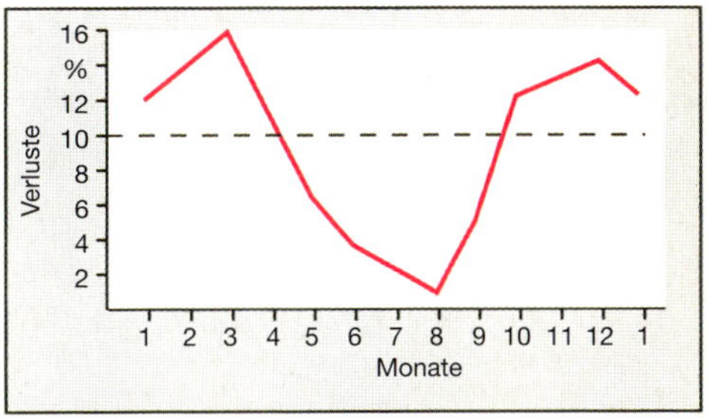

Abb. 708 Kälberverluste im Jahresablauf.

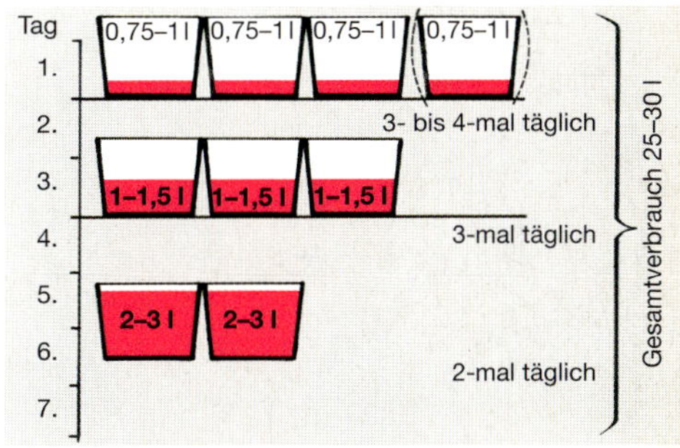

Abb. 709 Fütterungsplan für die Biestmilchperiode, mit rationierter Warmtränke.

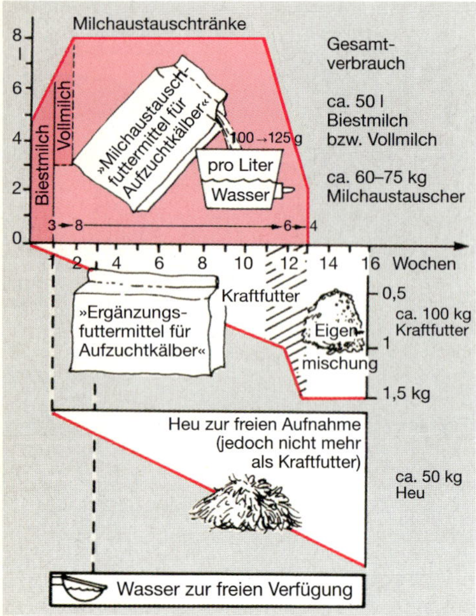

Abb. 710 Fütterungsplan zur Normalentwöhnung mit Milchaustauscher (Schema).

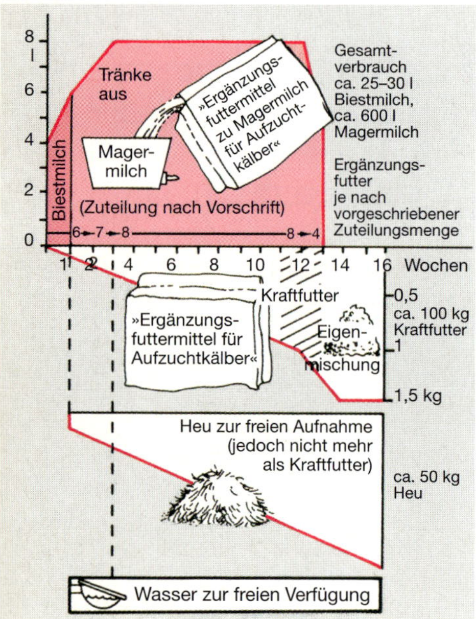

Abb. 711 Fütterungsplan zur Normalentwöhnung mit Magermilch (Schema).

Die Aufzuchtmethoden unterscheiden sich hauptsächlich nach Art und Dauer der Tränke. Wir kennen die »Normalentwöhnung« und die »Frühentwöhnung« mit Warm- und Kalttränke (Sauertränke). Bei allen Verfahren wird jedoch während der ersten Lebenswoche die Biestmilch verfüttert.

Normalentwöhnung (Tränkedauer bis 13. Lebenswoche) – Dieses Verfahren eignet sich vor allem für kleine bis mittlere Milchviehbetriebe, welche die Kälber in Einzelhaltung aufziehen. Die Tränke besteht aus Milchaustauschfuttermitteln oder Magermilch.

Tränke aus **Milchaustauschfuttermitteln:** In den meisten Milchviehbetrieben erhalten die Kälber nach der Biestmilchperiode eine Tränke aus *»Milchaustauschfuttermittel für Aufzuchtkälber«*. Je nach Vorschrift werden davon 100–125 g/l in warmem Wasser (50–60 °C) mit einem Schneebesen klumpenfrei angerührt. Die Tränkemenge wird auf 8 l/Tag gesteigert und auf 2 Mahlzeiten verteilt.

Während der Umstellungsphase in der 2. Woche wird manchmal noch zusätzlich Vollmilch verabreicht. Da aber Vollmilch für das Verfüttern an das Kalb zu teuer kommt, ist sie möglichst bald wegzulassen. Dagegen sollten Kraftfutter und Heu bereits ab der 2. Woche, Wasser ab der 4. Woche zur freien Aufnahme angeboten werden.

Tränke aus **Magermilch:** Manchen Betrieben steht Magermilch als Rücklieferungsmilch zur Verfügung. Der Magermilch sind das Milchfett und damit die fettlöslichen Vitamine entzogen, sonst aber enthält sie alle Nähr- und Wirkstoffe der Vollmilch. Fett ist als Energielieferant für die Aufzucht nicht so wichtig. Es müssen aber die fettlöslichen Vitamine über ein *»Ergänzungsfuttermittel zu Magermilch für Aufzuchtkälber«* zugefüttert werden. Die Vorschriften des Herstellers sind genau einzuhalten.

Neuerdings wird nach der Biestmilchperiode meist keine weitere Vollmilch mehr eingesetzt, sondern sofort auf Magermilch umgestellt.

Bezüglich Kraftfutter, Heu und Wasserversorgung gilt das Gleiche wie bei Normalentwöhnung mit Milchaustauschtränke.

Magermilch darf nur frisch oder dicksauer verfüttert werden. Eine kontrollierte Säuerung mit Säurewecker oder Zitronensäurepulver ist unbedingt zu empfehlen, da ansaure Milch Durchfall verursacht.

Frühentwöhnung (Tränkedauer bis 7. Lebenswoche) – Bei dieser Aufzuchtmethode wird die tägliche *Tränke mengen- und nährstoffmäßig begrenzt*, so dass die Kälber aus Hunger frühzeitiger Kraftfutter und Heu aufnehmen. Die Tränke darf aber erst dann abgesetzt werden, wenn jedes Kalb ca. 1 kg Kraftfutter/Tag frisst. Bei *Gruppenhaltung*, bei der die Kälber durch Nachahmungstrieb und Futterneid rascher lernen, ist dies meist im Alter von 7–8 Wochen der Fall.

Für die *Einzelhaltung* eignet sich dieses Aufzuchtverfahren nicht so gut, da das Kalb häufig zu spät mit der Kraftfutteraufnahme beginnt. Aus diesem Grund treffen wir es vorwiegend in größeren Milchvieh-, spezialisierten Bullenmast- und Färsenaufzuchtbetrieben an, wo es sich bestens bewährt hat.

Vorteile der Frühentwöhnung sind:
- **Weniger Arbeit je Kalb,**
- **geringere Futterkosten,**
- **gute Gesundheit der Kälber.**

Die Frühentwöhnung kann entweder mit einer *Warmtränke* oder einer *sauren Kalttränke* durchgeführt werden. Unabhängig aber davon müssen die Kälber bereits ab der 2. Lebenswoche Kraftfutter und Heu zur freien Aufnahme erhalten sowie stets frisches Wasser ungehindert saufen können. Die Tageszunahmen sind zwar in den ersten 7–8 Wochen geringer, dafür aber im 3. und 4. Lebensmonat höher als bei der Normalentwöhnung, so dass am Ende der Aufzucht kaum Gewichtsunterschiede bestehen (siehe Abb. 713).

Warmtränke (40 °C): Die Kälber erhalten zweimal täglich je 3 l *Milchaustauschtränke* mit 100 g »Milchaustauschfutter für Aufzuchtkälber« pro Liter. Fällt in einem Betrieb aufgrund der Quotenregelung »Überschussmilch« an, so kann diese *Vollmilch* anstelle der Milchaustauschtränke verfüttert werden.

Kalttränke (Sauertränke mit 15 °C): Das Prinzip der Kalttränke beruht darauf, dass die zur Tränke verwendete Milch durch einen Säurezusatz (Ameisensäure) auf einen pH-Wert von ca. 4,5 gebracht wird. So wird sie erstens *haltbar* und zweitens gewissermaßen schon *»vorverdaut«*, da die kaseinhaltigen Eiweißstoffe gerinnen und ähnlich wie im Labmagen teilweise aufgeschlossen werden. Den Kälbern kann somit die Tränke in einfachen *Vorratsbehältern* für 3 Tage im Voraus angerührt und über mit Schläuchen verbundenen Saugern (1 Sauger für 3 Kälber) zur *freien Aufnahme* angeboten werden. Zur besseren Beobachtung soll die Gruppengröße max. 10 Tiere betragen. Nach der 7. Lebenswoche erfolgt das Absetzen übergangslos.

Die Tränke wird überwiegend aus 100 g *Milchaustauschfutter*/l Wasser hergestellt. Sowohl sog. Nullaustauscher (mit »null Prozent« Magermilchpulver, dafür 70–80 % Molkepulver) als auch herkömmliche Milchaustauscher mit 60 % Magermilchpulver finden Verwendung. Obwohl bei Letzteren ein Vorratsbehälter mit Rührwerk notwendig ist, sind sie dennoch den »Nullaustauschern« vorzuziehen, da diese wegen meist unzureichender Qualität zu einer schlechteren Futterverwertung führen.

Anstelle einer Milchaustauschtränke kann auch eine mit »Ergänzungsfuttermittel« aufgewertete *Magermilch* aus Vorratsbehältern mit Rührwerk eingesetzt werden.

Die wesentlichen Vorteile der Kalttränke sind:
- **Geringster Arbeitsaufwand,**
- **geringere Kälberaufzuchtverluste (weniger Verdauungsstörungen),**
- **kein gegenseitiges Besaugen der Kälber.**

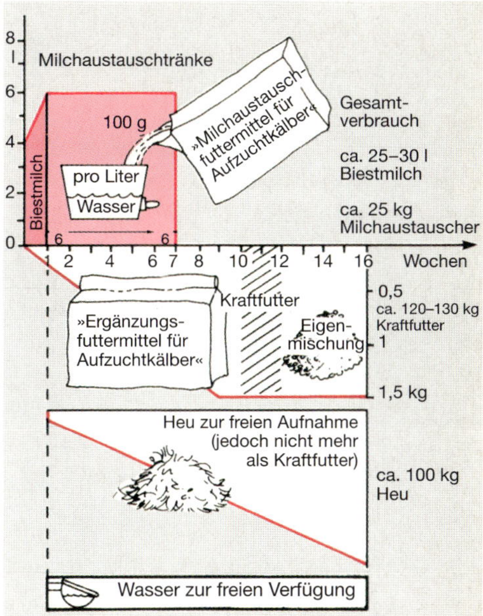

Abb. 712 Fütterungsplan zur Frühentwöhnung (Schema).

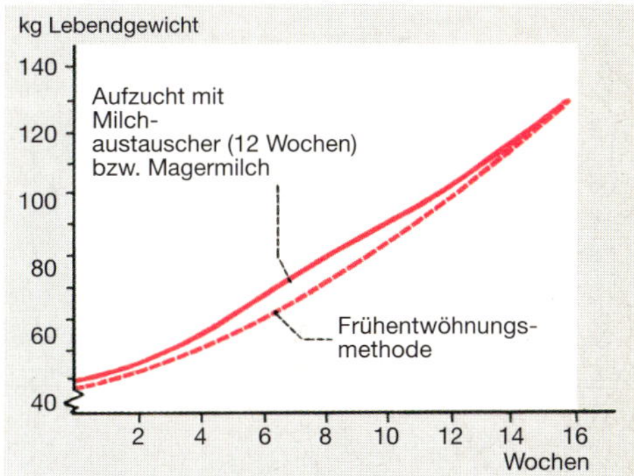

Abb. 713 Vergleich der durchschnittlichen Gewichtsentwicklung von Kälbern bei unterschiedlichen Aufzuchtmethoden.

Abb. 714 Saure Kalttränke zur freien Aufnahme aus Vorratsbehältern erleichtert die Arbeit wesentlich.

Abb. 715 Das Tränken aus Eimern mit Saugstutzen verhindert ein zu schnelles Trinken, was zu Verdauungsstörungen führen könnte.

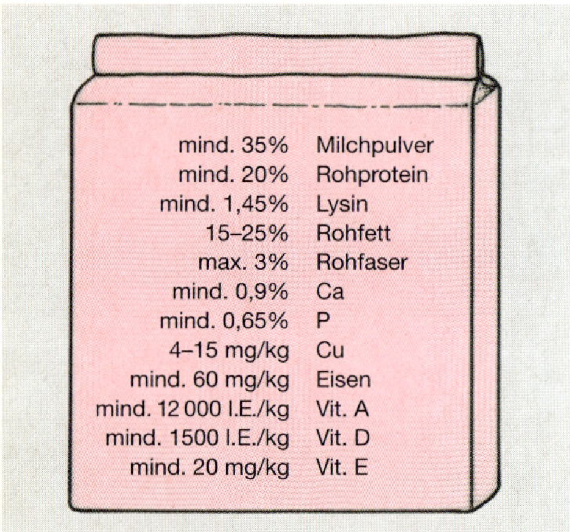

Abb. 716 Milchaustauschfutter für Aufzuchtkälber nach »Normtyp«.

2.3.4 Aufzucht von Zukaufkälbern

Zugekaufte Kälber sind durch die Transportbelastung sehr geschwächt und müssen vorsichtig angefüttert werden. Am **Ankunftstag** erhalten sie zuerst nur 2 l warmes Wasser oder Tee mit einem vom Tierarzt verordneten Vitamin-Antibiotikastoß. Ab der 2. Mahlzeit beginnt die Angewöhnung an die Milchaustauschtränke mit 80 g Milchaustauschfutter in 1 l Wasser. Innerhalb der nächsten 2–3 Tage steigert man die Milchaustauschtränke auf die normale Menge und Dosierung.
Während in Süddeutschland die Kälber für die Bullenmäster vorwiegend mit 80–100 kg im Alter von 5–7 Wochen angeboten werden, gelangen in Nord- und Westdeutschland ca. 2 Wochen alte Kälber mit 40–50 kg zum Verkauf. Für beide Alters- bzw. Gewichtsgruppen empfiehlt sich die *Frühentwöhnungsmethode mit Warmtränke*.
Auch die **älteren Zukaufkälber** sollten mindestens 5–6 Wochen getränkt und erst dann abgesetzt werden, wenn sie etwa 1,2 kg eines *energiereichen Ergänzungsfutters zur Kälberaufzucht* mit 18 % Rohprotein aufnehmen. Die tägliche Kraftfuttermenge darf bis maximal 2,5 kg/Tier erhöht werden. Zur Arbeitszeiteinsparung hat sich bei diesen schweren Kälbern auch die sog. *Frühentwöhnung mit täglich einmaligem Tränken* recht gut bewährt. Die Kälber erhalten nur einmal am Tag 3 l Tränke mit 400 g Milchaustauschfutter. Ansonsten gelten die gleichen Fütterungsgrundsätze wie bei der normalen Frühentwöhnung, nur dass die Wasserversorgung wegen der stark reduzierten Milchtränke noch wichtiger ist.
Obwohl die Umgewöhnung schwierig ist, kann sogar bei sorgfältiger Anfütterung und Tränketechnik sowie aufmerksamer Tierbeobachtung die *Kalttränkemethode* angewandt werden.
Während die Aufzucht der Zukaufkälber beim Bullenmäster mit 130 kg (LM) beendet ist, wird sie bei sog. Fressererzeugern bis 150–200 kg (LM) fortgesetzt. Erst dann werden die Tiere als *»Fresser«* an den spezialisierten Bullenmäster verkauft.
Zuchtbullenkälber werden genauso aufgezogen wie Kuhkälber. Nur das Kraftfutter wird erst ab einem Tagesverzehr von 2 kg begrenzt.

2.3.5 Fütterungstechnik

Für eine störungsfreie und erfolgreiche Kälberaufzucht sind folgende Punkte sehr wichtig:

- Das **Tränken** der Kälber erfolgt von Geburt an am besten aus einem Eimer mit Saugstutzen.
- Die **Tränketemperatur** muss bei der *Warmtränke* ca. 40 °C betragen, damit die Milch im Labmagen schnell gerinnt. Kalte Milch gelangt zum Teil ungeronnen in den Dünndarm und verursacht Durchfall. Für dicksaure, bereits geronnene Magermilch reichen 25 °C aus.
  Bei der *Kalttränke* ist eine Temperatur von 15 °C optimal. Sinkt die Temperatur unter 12 °C, saugen die Kälber zu wenig, beträgt sie mehr als 18 °C, saufen sie zu viel und fressen zu wenig Kraftfutter und Heu.

- **Saubere Fütterungsgefäße** und **-geräte,** richtige **Tränkekonzentrationen** und **-mengen** sowie regelmäßige Fütterungszeiten sind Voraussetzung, um Verdauungsstörungen zu vermeiden.
- **Futterreste** von Kraftfutter, Heu und Silagen müssen immer aus dem Trog entfernt werden,
- Bei **Durchfall** sollte für 1–2 Mahlzeiten die Milchtränke weggelassen und dafür Tee (Kamille, Fenchel) mit verordnetem Medikament verabreicht werden. Leinsamenschleim oder pulverisierte Holzkohle helfen ebenfalls. Bei starkem, anhaltendem Durchfall ist der Tierarzt hinzuzuziehen.
- **Milchaustauschfutter** nach »Normtyp« entsprechen in jeder Hinsicht den Verdauungsansprüchen des Kalbes. Sie sollten kühl und trocken, aber nicht sehr lange gelagert werden.
- Als **Kraftfutter** ist für die ersten 8–10 Wochen ein pelletiertes »Ergänzungsfuttermittel für Aufzuchtkälber« mit mindestens 18 % Rohprotein zu verwenden, weil dadurch eine vollwertige Versorgung mit Nähr- und Wirkstoffen sichergestellt wird. Danach kann es durch eine hofeigene Kraftfuttermischung ersetzt werden, z. B.: 45 % Hafer- und Gerstenschrot, 25 % Maisschrot, 28 % Soja- und Lein-Extraktionsschrot und 2 % vitaminiertes Mineralfutter.

  Kraftfutter muss immer trocken und in kleinen Mengen verabreicht werden. Mehr als 1,5–2,0 kg sollten die Kälber nicht bekommen. Zum rascheren Angewöhnen an Trockenfutter schiebt man dem Kalb sofort nach der Tränke eine Handvoll Kraftfutter ins Maul. Dadurch verlieren sie auch rascher den Saugdrang und unterlassen das gegenseitige Besaugen.
- **Kälberheu** soll blattreich, zart und vom 1. Schnitt sein. Grummet (2. Schnitt) eignet sich nicht (Durchfallgefahr).
- Körnerreiche **Maissilage** und angewelkte **Grassilage** können ab dem 3. Lebensmonat, bei Frühentwöhnung bereits ab Mitte des 2. Lebensmonats eingesetzt werden. Rübenblattsilage jedoch und sehr nasse Grassilagen haben im Kälberstall nichts zu suchen.

Abb. 717 Mangelnde Sauberkeit und mangelnde Sorgfalt sind die häufigsten Ursachen für ernährungsbedingten Durchfall.

Aufgaben:

1. Warum ist Biestmilch für das Kalb in der 1. Lebenswoche die einzige, aber auch beste Nahrung?
2. Warum bietet man den Kälbern gleich nach der Biestmilchperiode zur Tränke auch noch Kraftfutter und Heu zur freien Aufnahme an?
3. Worin besteht der wesentliche Unterschied zwischen Normalentwöhnung und Frühentwöhnung?
   Für welche Betriebe scheinen Ihnen diese beiden Aufzuchtmethoden jeweils geeignet? Begründen Sie Ihre Entscheidung.
4. Wovon hängt der Zeitpunkt des Tränkeabsetzens ab? Wann ist das bei den verschiedenen Aufzuchtmethoden der Fall?
5. Erklären Sie, warum und wie man Zukaufkälber vorsichtig anfüttern muss. Welche Aufzuchtmethoden finden hier Verwendung?

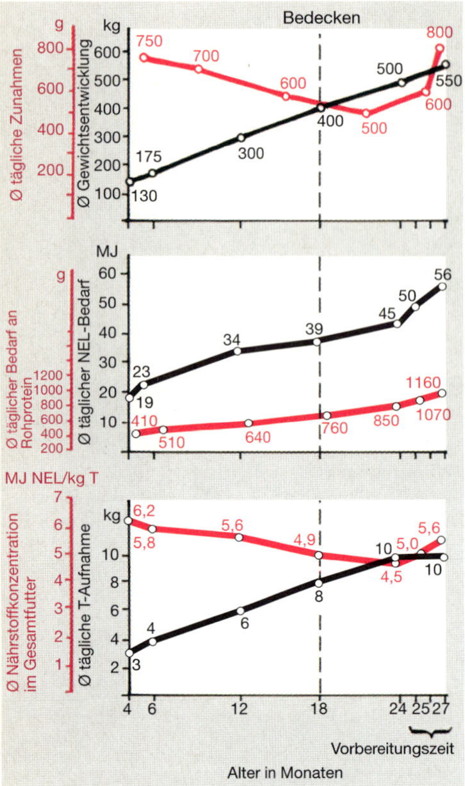

Abb. 718 Zusammenhang zwischen Alter, Gewichtsentwicklung und Wachstum der Jungrinder sowie die sich daraus ergebenden Bedarfsangaben für die Fütterung.

2.4 Jungrinderaufzucht

2.4.1 Aufzuchtziele

Aufzuchtdauer und Beginn der ersten Milchnutzung sind von der *Zuchtreife* bzw. der *Erstzulassung* abhängig. Diese lässt sich durch reichliche *Fütterung* beschleunigen. Bei zu mastiger Aufzucht treten aber vermehrt *Eierstockzysten* auf (Fruchtbarkeitsstörungen), und das Euter neigt bei verringertem Drüsengewebe zur *Verfettung*. Eine sehr knappe Fütterung dagegen verlängert nicht nur die Aufzucht, sondern wirkt sich ebenfalls negativ auf die Fruchtbarkeit aus.

Die wichtigsten Richtwerte für eine bedarfsgerechte Fütterung der Jungrinder sind in Abb. 718 zusammengefasst. Wegen der in Milchviehbetrieben üblichen Berechnung des Energiebedarfes in MJ NEL erfolgt die Angabe des Energiebedarfes *nicht* in MJ ME (Umsetzbare Energie), sondern ebenfalls in MJ NEL.

Das Wachstum der Jungrinder soll gleichmäßig, aber im Vergleich zur Mast wesentlich langsamer verlaufen.

Während des Wachstums steigt der Energiebedarf nur geringfügig an. Da aber die Tiere mit zunehmendem Alter mehr Futter verzehren, kann die *Nährstoffkonzentration* bzw. die Verdaulichkeit der Gesamt-Futterration abnehmen. Hochträchtige Jungrinder stellen höhere Ansprüche an Nährstoffbedarf und Verdaulichkeit (siehe »Vorbereitungsfütterung«, Seite 259).

2.4.2 Fütterungshinweise zu den verschiedenen Aufzuchtphasen

Fütterung im 1. Lebensjahr – Die Tiere können noch nicht genug Grundfutter aufnehmen, um damit den Nährstoffbedarf für ein zügiges, ungestörtes Wachstum zu decken. Daher ist die Nährstoffkonzentration in der Gesamtration zu erhöhen.

Abb. 719 Fütterungshinweise und Rationsbeispiele zur Jungrinderaufzucht.

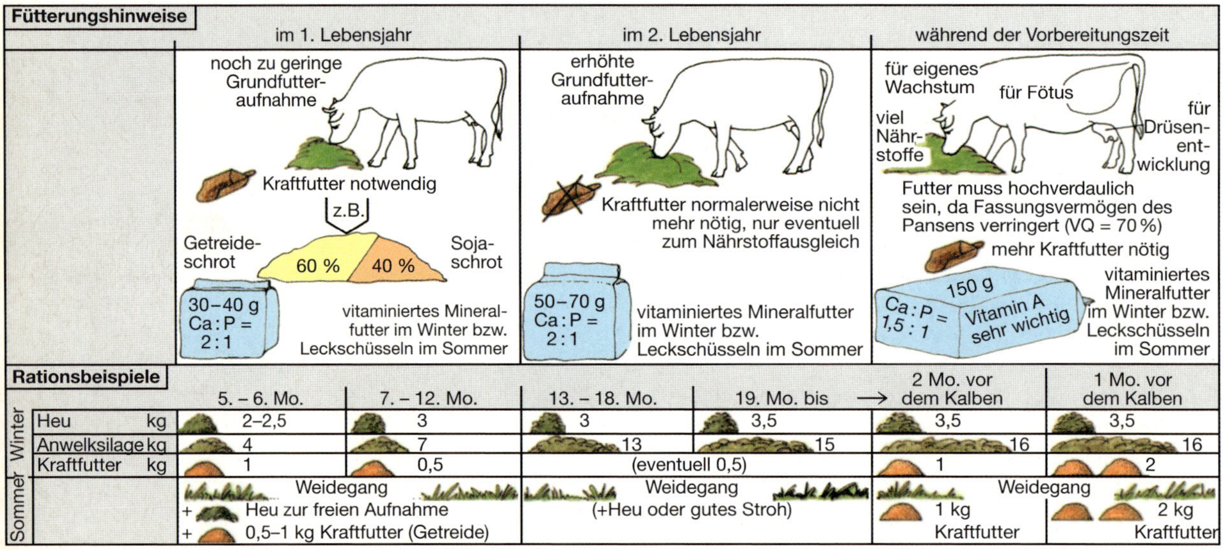

Rationsbeispiele

		5. – 6. Mo.	7. – 12. Mo.	13. – 18. Mo.	19. Mo. bis →	2 Mo. vor dem Kalben	1 Mo. vor dem Kalben
Winter	Heu kg	2–2,5	3	3	3,5	3,5	3,5
Winter	Anwelksilage kg	4	7	13	15	16	16
Winter	Kraftfutter kg	1	0,5	(eventuell 0,5)		1	2
Sommer		Weidegang + Heu zur freien Aufnahme + 0,5–1 kg Kraftfutter (Getreide)		Weidegang (+Heu oder gutes Stroh)		Weidegang 1 kg Kraftfutter	2 kg Kraftfutter

Im 1. Jahr müssen Jungrinder zusätzlich Kraftfutter bekommen.

Eigenmischungen aus Getreide und Soja-Extraktionsschrot bzw. »Eiweißreichem Ergänzungsfutter für Milchkühe« lassen am besten eine nährstoffmäßige Anpassung an das Grundfutter zu.
Für die *Winterfütterung* sind neben bestem Heu noch körnerreiche Maissilage, gute Anwelksilage und gehaltvolle Futterrüben geeignet, auch frisches Rübenblatt und Rübenblattsilage, aber erst im 2. Halbjahr.
Im *Sommer* liefert die Weide das beste Futter. Bedarfsdeckende Mengen fressen die Tiere frühestens im Alter von 9–12 Monaten. Kraftfutter und Heu sind daher zusätzlich notwendig.
Fütterung im 2. Lebensjahr – Die Jungrinder können nun ihren Nährstoffbedarf allein aus dem Grundfutter decken, da das Fassungsvermögen der Vormägen größer geworden ist und die Nährstoffkonzentration im Futter daher geringer sein darf.

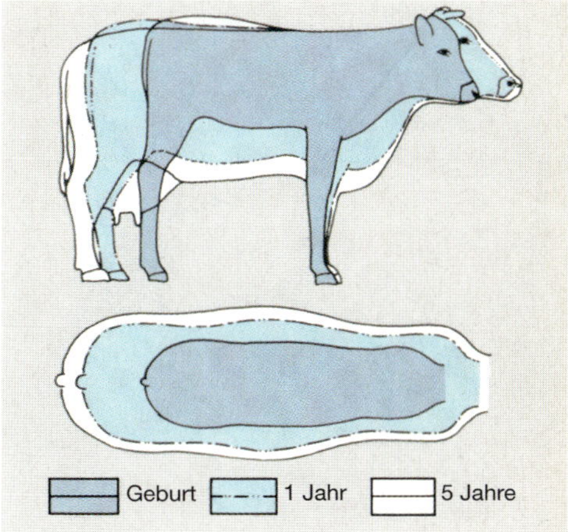

Abb. 720 Veränderungen der Körperproportionen des Rindes mit zunehmendem Alter (nach HUTH, 1968).

Kraftfutter ist im 2. Jahr normalerweise nicht nötig; wenn, dann nur zum Nährstoffausgleich.

In der *Winterfütterung* können die gleichen Futtermittel wie im 1. Lebensjahr vorgelegt werden. Bei freier Vorlage (ad libitum) von Maissilage werden die Tiere meist *überfüttert*. Rübenblatt-Silage ist mit genügend Raufutter (3–4 kg) zu ergänzen.
Im *Sommer* reicht die Weide als Nährstofflieferant voll aus.
Vorbereitungsfütterung – In den letzten 6–8 Trächtigkeitswochen haben die Jungrinder einen erhöhten Nährstoffbedarf, da der Fötus nun sehr rasch an Gewicht zunimmt, im Euter sich vermehrt Drüsengewebe entwickelt und das Tier selber noch nicht ausgewachsen ist. Weil sich aber wegen des wachsenden Fötus das Fassungsvermögen des Pansens vermindert, muss die Nährstoffkonzentration im Futter ansteigen, damit die Ration den Nährstoffbedarf deckt.

Abb. 721 Entwicklungsstufen beim Rind (**Beispiel** Fleckvieh).

	Kuh	Jungrind	Jungrind	Kalb
Alter	5 Jahre	25 Mo.	15 Mo.	1 Wo.
Gewicht	650 kg	500 kg	350 kg	45 kg

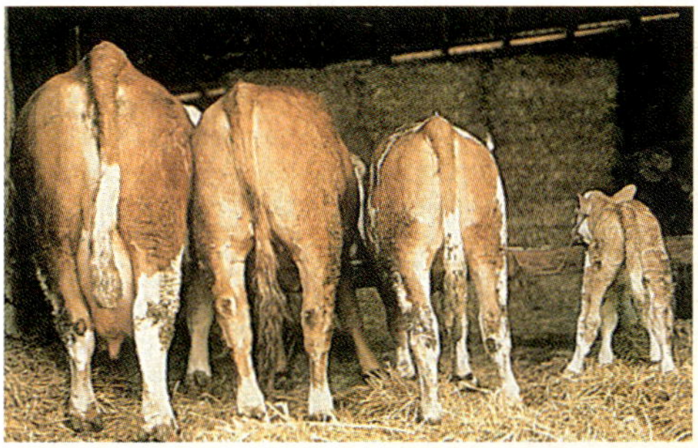

In den ersten 8–4 Wochen vor dem Abkalben sind daher neben dem Grundfutter 1 kg Kraftfutter und ab der 4. Woche bis zum Abkalbetermin 2 kg Kraftfutter notwendig.

Getreide oder »Energiereiches Ergänzungsfutter für Milchkühe« sind geeignet. Diese intensive Vorbereitungsfütterung wirkt sich sehr günstig auf die *Einsatzleistung* aus und ermöglicht den Tieren eine langsame Umstellung auf die nach dem Kalben beginnende kraftfutterreiche Leistungsfütterung.
Eine ausreichende **Mineralstoff-** und **Vitaminversorgung** ist gerade für das wachsende Rind sehr wichtig. Im Winter muss daher vitaminiertes Mineralfutter vorgelegt werden. Auf der Weide haben sich Leckschüsseln sehr gut bewährt. Das Ca : P-Verhältnis des Mineralfutters soll in der Regel bei 2 : 1 liegen, während der Vorbereitungsfütterung aber bei 1,5 : 1.

Abb. 722 Auslauf bekommt Jungrindern im Sommer (oben) wie im Winter (unten).

Abb. 723 Zuerst muss der Erhaltungsbedarf durch die Fütterung gesichert sein. Danach erst werden die Nährstoffansprüche verschiedener Leistungsmerkmale abgedeckt (nach GÜNTHER).

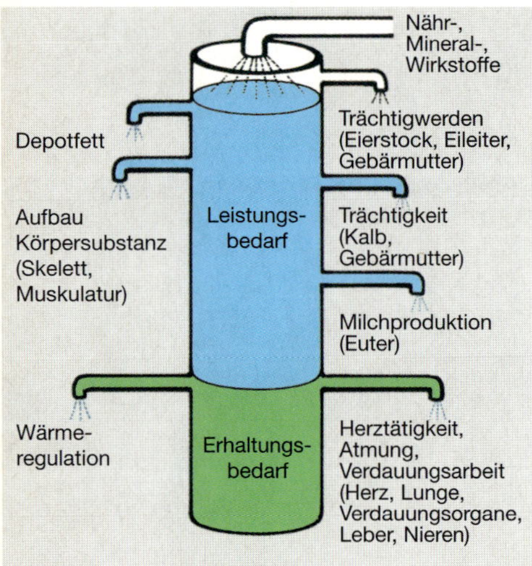

2.4.3 Grundsätze zu Haltung und Pflege

Laufstallhaltung im Winter und Weidegang von Mai bis Oktober ermöglichen den Jungrindern *viel Bewegung* und fördern eine gesunde körperliche Entwicklung, die sich auch günstig auf die spätere Leistungsfähigkeit der Tiere auswirkt. Auf der Weide müssen für die Tiere Wasser, Lecksteine zum *Mineralstoffausgleich* und ein *Unterstand* vorhanden sein. Es ist an die *Parasitenbekämpfung* zu denken. Bei der Haltung auf Jungvieh-Dauerweiden sind die Tiere regelmäßig zu beobachten.

Aufgaben:

1. Betrachten Sie eingehend die Verlaufskurven in Abb. 718, und versuchen Sie dann zu erklären, weshalb die Nährstoffkonzentration bzw. die Verdaulichkeit der Gesamt-Futterration während der Jungrinderaufzucht zunächst ständig abnimmt und erst in der Vorbereitungszeit wieder ansteigen muss.
2. Zählen Sie stichpunktartig die wesentlichen Unterscheidungsmerkmale der Fütterung von Jungrindern im 1. und 2. Lebensjahr auf. Was verspricht man sich von einer intensiven Vorbereitungsfütterung?
3. Futterrationen für Jungrinder können wie folgt zusammengesetzt sein:

Lebendmasse	Futterration
250 kg	8 kg Maissilage, 30 % T, mittlerer Kornanteil 3 kg Wiesenheu, 1. Schnitt, in der Blüte, etwas rau 1 kg Gerstenstroh
350 kg	3 kg Wiesenheu, 2. Schnitt, in der Blüte, überwiegend Gräser 10 kg Grassilage, 50 % T, 2. Schnitt
500 kg	3 kg Wiesenheu, 1. Schnitt, im Schossen 20 kg Grassilage, 1. Schnitt, 30 % T.

   a) Berechnen Sie den T-Gehalt der Rationen.
   b) Berechnen Sie den Gehalt der Rationen an RP, NEL, Ca und P.
4. Berechnen Sie den Deckungsbeitrag der Jungrinderaufzucht an Beispielen für folgende Rassen: Schwarzbunte (Erstkalbealter 27 Monate), Fleckvieh (Erstkalbealter 30 Monate) und Braunvieh (Erstkalbealter 32 Monate). Benutzen Sie die folgenden Daten (in der Reihenfolge der genannten Rassen):
   Kosten des Kalbes 145 / 530 / 265 DM; Milchaustauscher, Kraft- und Mineralfutter 440 / 430 / 424 DM; Grundfutterkosten 425 / 470 / 500 DM; für alle Rassen gleicher Aufwand für Tierarzt, Medikamente und Deckgeld 115 DM; Versicherung 16 DM; Energie- und Wasserkosten 60 DM; Verluste = 1,5 % der Marktleistung; Verzinsung des Vieh- und Umlaufvermögens 63 / 125 / 94 DM; Marktleistung 2500; 2700; 2350 DM.

2.5 Fütterung von Milchvieh

2.5.1 Allgemeine Fütterungsgrundsätze

Nährstoffbedarf – Voraussetzung für hohe Milchleistung und gute Fruchtbarkeit der Milchkühe ist neben einer gezielten Zuchtauswahl vor allem eine nährstoffbedarfsdeckende und wiederkäuergerechte Fütterung.

Der gesamte Nährstoffbedarf setzt sich aus dem Bedarf an *Energie* und *Eiweiß* für *Erhaltung* und *Leistung* zusammen. Aufgrund der Eiweißverdauung des Wiederkäuers ist für eine bedarfsgerechte Versorgung diejenige Proteinmenge entscheidend, die am Dünndarm zur Verfügung steht. Dieses sog. *nutzbare Protein (nXP)* setzt sich aus dem im Pansen gebildeten *Mikrobenprotein* und dem im Pansen *unabgebauten Protein (UDP)* zusammen (siehe Abb. 736, Seite 267). Der Anteil an unabgebautem Protein bzw. die Abbaubarkeit des Futterproteins ist bei den Futtermitteln sehr unterschiedlich. Dies ist vor allem bei Rationen für höhere Milchleistungen zu berücksichtigen. Mit zunehmender Milchleistung soll sich der Anteil an unabgebautem Protein in der Gesamtration erhöhen.

Für eine bedarfsgerechte Proteinversorgung ist ferner die *ruminale Stickstoff-Bilanz (RNB)* zu berücksichtigen, um sicherzustellen, dass für die Bildung von Mikrobenprotein genügend Stickstoff im Pansen mit der Ration zur Verfügung gestellt wird. Der RNB-Wert der Gesamtration sollte im positiven Bereich liegen. Negative RNB-Werte sind nur bei geringeren Milchleistungen tolerierbar, dagegen werden Werte von + 50 g RNB problemlos von Kühen vertragen. Grundsätzlich können auch RNB-Werte zwischen + 50 g und + 100 g hingenommen werden, wenn zugleich der Milchharnstoff-Gehalt, ein zusätzlicher Maßstab einer bedarfsgerechten Fütterung, noch unterhalb 30 mg/100 ml liegt (siehe Tabelle 56, Seite 267).

Der **Erhaltungsbedarf** hängt vom Gewicht der Tiere ab. Er ändert sich je 50 kg LM (Lebendmasse) um 20 g nXP und 2,2 MJ NEL.

Tabelle 55 Wichtige Kenngrößen einiger Futtermittel für die Proteinbewertung

Futtermittel	UDP[1]) %	nXP[2]) g/kg T	RNB[3]) g N/kg T
Grassilage	15	137	+ 5
Heu	20	121	± 0
Maissilage	25	130	– 7
Weide	10	148	+ 8
Futterrüben	20	146	– 11
Hafer	15	140	– 3
Gerste	25	164	– 6
Weizen	20	172	– 5
Mais	50	164	– 9
Raps-Extraktionsschrot	25	219	+ 29
Soja-Extraktionsschrot	35	308	+ 32
Fischmehl, Typ 60	60	506	+ 29

[1]) UDP = unabgebautes Futterprotein, [2]) nXP = nutzbares Rohprotein,
[3]) RNB = ruminale Stichstoff-Bilanz.

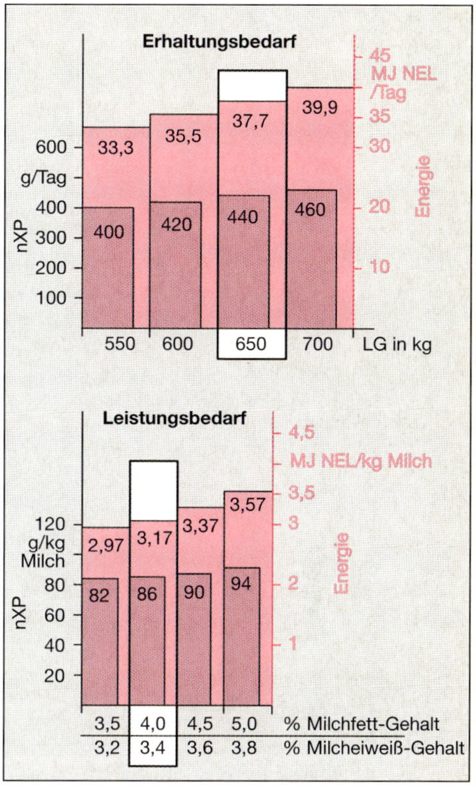

Abb. 724 Bedarfsnormen für Erhaltung und Leistung (hervorgehoben ist der Bedarf eines Rindes mit 650 kg LM bei 4,0 % Milchfett).

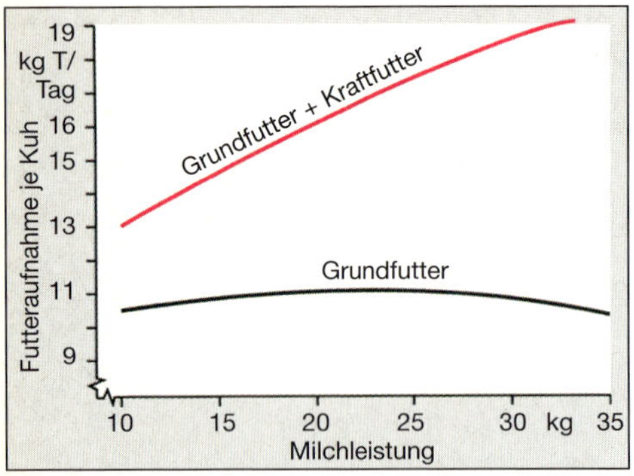

Abb. 725 Je nach Größe und Leistung müssen Milchkühe täglich ca. 14–22 kg Futter-Trockenmasse aufnehmen.

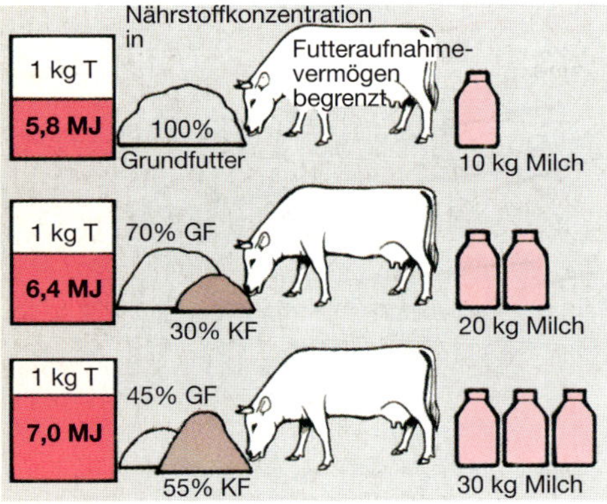

Abb. 726 Höhere Milchleistungen erfordern neben dem Grundfutter (GF) auch steigende Kraftfuttermengen (KF), um die Nährstoffkonzentration der Gesamtration zu verbessern.

Abb. 727 Der Mineralstoffbedarf (in g/Tag) einer Kuh (600 kg LM) steigt mit zunehmender Milchleistung.

Milchmenge kg/Tag	Calcium		Phosphor	
	g/Tag	g/kg T	g/Tag	g/kg T
10[1])	49	4,1	31	2,6
15[2])	66	4,7	41	2,9
20	82	5,2	51	3,3
25	98	5,6	61	3,5
30	114	5,9	71	3,6
35	130	6,2	80	3,8
40	144	6,5	89	4,0

[1]) Entspricht 1. Abschnitt der Trockenzeit.
[2]) Entspricht 2. Abschnitt der Trockenzeit.

Der **Leistungsbedarf** richtet sich nach der Verwertung der gefütterten Nährstoffe sowie dem Energie- und Eiweißgehalt der Milch. Der Energiegehalt wird im Wesentlichen vom Milchfett bestimmt. Zur Erzeugung von 1 kg Milch mit 4 % Fett sind 3,17 MJ notwendig. Bei einem Milcheiweißgehalt von 3,4 % ergibt sich ein Bedarf von 86 g nXP/kg Milch. Diese Bedarfsangaben sind Richtzahlen und enthalten alle einen Sicherheitszuschlag. Der Energiebedarf ändert sich um 0,2 MJ NEL je 0,5 % Fett und der nXP-Bedarf um 2 g nXP je 0,1 % Milcheiweiß.
Aus diesen Bedarfsnormen für Erhaltung und Leistung errechnet sich für jede Kuh je nach *Lebendmasse*, *Milchmenge* und *Milchfettgehalt* ein **individueller Bedarf an Gesamtnährstoffen.** Mit einer steigenden Milchleistung wird der Gesamt-Nährstoffbedarf/kg Milch geringer.
Grundfutteraufnahme – Eine hohe Grundfutteraufnahme ist Voraussetzung für eine wirtschaftliche und wiederkäuergerechte Milchviehfütterung. Der Futterverzehr ist abhängig einmal vom Tier selbst (Lebendmasse, Trächtigkeits- und Laktationsstadium), ferner vom Futter (Verdaulichkeit, Schmackhaftigkeit, Rationszusammensetzung) und von der Fütterungstechnik (siehe auch Abb. 730).

Maßstab für die Futteraufnahme ist die verzehrte Futter-Trockenmasse (T).

Eine 650 kg schwere Kuh kann täglich aus dem Grundfutter 11–14,5 kg Trockenmasse (ca. 2 kg T/100 kg LM), aus Grund- und Kraftfutter zusammen 20–22 kg Trockenmasse (ca. 3 kg T/100 kg LM) aufnehmen.
Nährstoffkonzentration – Die Nährstoffkonzentration (Verdaulichkeit) der Futterration muss mit steigender Milchleistung höher werden, da das Futteraufnahmevermögen begrenzt ist. Aus dem Grundfutter allein sind in der Winterfütterung ca. 10–14 kg Milch, bei der Sommerstallfütterung ca. 14 kg Milch und beim Weidegang ca. 16 kg Milch erzielbar.
Höhere Milchleistungen sind nur möglich, wenn hochverdauliche Kraftfuttermittel das Grundfutter ergänzen und somit das Nährstoffangebot der Gesamtration verbessern. *Je höher die Milchleistung, desto mehr Kraftfutter ist notwendig.* Zu hohe Kraftfuttergaben führen aber zu einem Rückgang der Grundfutteraufnahme.
Rohfaser – Eine wiederkäuergerechte Futterration muss *ausreichend Rohfaser* und *genügend Struktur* enthalten, damit die Pansenverdauung funktioniert. Rohfaserreiche Futtermittel (Heu, Stroh, Anwelksilage, Maissilage, älteres Gras oder Klee) sind in der Regel auch gut strukturiert. Sie lockern den Futterbrei im Pansen, regen das Wiederkauen an und vermehren den Speichelfluss. Speichel neutralisiert die im Pansen entstehenden Säuren, so dass sich ein für die Pansenverdauung günstiger pH-Wert von 6–6,5 einstellt. Gemahlene, rohfaser- oder strukturarme Futtermittel (Rüben, Rübenblätter, Futterraps, Markstammkohl) regen die Pansentätigkeit zu wenig an.
Rohfaser wird im Pansen vorwiegend zu Essigsäure abgebaut, welche für die *Milchfettbildung* notwendig ist. Bei einem zu nied-

rigen Rohfaseranteil in der Ration fällt der Milchfettgehalt ab, und es kann neben Durchfall zu leistungsmindernden Stoffwechselstörungen (Pansenübersäuerung) kommen. Ein **zu hoher Rohfasergehalt** vermindert die Verdauungsgeschwindigkeit und damit die Futteraufnahme: Die Milchleistung geht zurück.

Der optimale Rohfasergehalt einer Futterration für die Milchkuh soll 16–20 % der Trockenmasse (T) der Gesamtration betragen, wobei ⅔ aus »Strukturfutter« kommen müssen.

Mineralstoffversorgung – Sie richtet sich nach der Futteraufnahme, der Milchleistung und der Energiekonzentration des Futters. Die Bedarfszahlen sind Abb. 727 zu entnehmen. Zur Umrechnung auf andere Körpergewichte werden je 50 kg Lebendmasse 0,6 g Ca und 0,4 g P pro Tier und Tag abgezogen bzw. dazugerechnet. Mit zunehmendem Energiegehalt des Grundfutters steigt sein erforderlicher Mineralstoffgehalt.
Der Bedarf für trockenstehende Kühe liegt bei 4,5 g Ca und 2,8 g P pro kg T. Milchfiebergefährdete Kühe sollten nicht mehr als 4 g Ca/kg T mit dem Grundfutter erhalten. Ist zum Grundfutterausgleich keine Ca- und P-Ergänzung notwendig, muss mit dem Mineralfuttermittel vorwiegend der Spurenelement- und Vitaminbedarf abgesichert werden. Grundsätzlich sollten laktierende und trockenstehende Kühe pro Tag 60–80 g vitaminiertes Mineralfutter und 30 g Viehsalz zum Grundfutter erhalten.
Für Milchleistungen *über* dem Grundfutterniveau wird der zusätzliche Mineralstoffbedarf mit dem »Leistungsfutter« abgedeckt. Fertigfuttermittel enthalten bereits diesen Leistungszuschlag. Auch hofeigene Kraftfuttermischungen aus Getreide und Milchleistungsfutter III oder IV benötigen kein zusätzliches Mineralfutter. Enthält die Grundfutterration überwiegend Luzerne, Klee, Kleegras oder Raps, sollte das Mineralfutter ein Ca:P-Verhältnis von 0,6–0,8:1, bei Maissilage von 1–1,5:1 aufweisen.
Zur Rübenblattfütterung gibt es ein besonderes Mineralfutter, welches durchfallhemmend wirkt.
Mit Ausnahme von Zuckerrübenblatt wird insgesamt im Futter zu wenig Natrium angeboten. Daher gibt man zusätzlich zur Mineralstoffergänzung den Kühen *25–50 g Viehsalz/Tag.*
Ein Mineralfutter mit 10 % Magnesium ist für Tiere auf der Weide in tetaniegefährdeten Gebieten notwendig.
Der **Spurenelementbedarf** wird mit den handelsüblichen Mineralfuttermitteln abgedeckt.
Um die Versorgung mit den **Vitaminen** A, D und E zu sichern, reicht es aus, wenn man in der Winterfütterung ein vitaminiertes Mineralfutter verwendet.
Wasserbedarf – Der tägliche Wasserbedarf einer Kuh ist von der Milchleistung, von den in der Futterration enthaltenen Futtermitteln und von den klimatischen Verhältnissen am Tierhaltungsort abhängig. Er schwankt zwischen 50 und 100 l. Wassermangel verschlechtert die Futteraufnahme, führt zu Stoffwechselstörungen und zu einem Rückgang der Leistung. Die Tiere müssen daher aus *Selbsttränken* laufend und ungehindert sauberes Wasser trinken können.

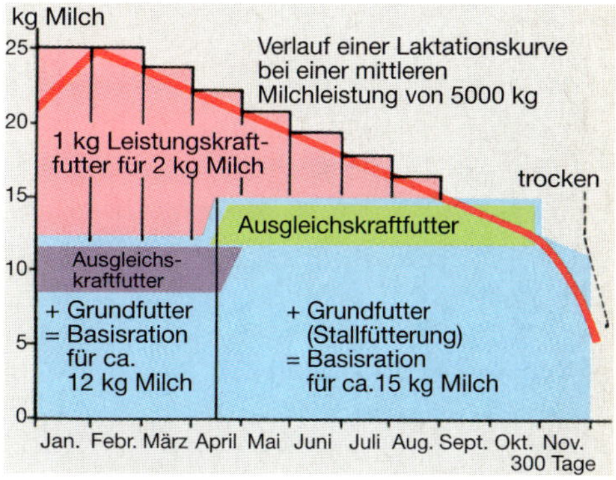

Abb. 728 Leistungsbezogene Fütterung einer Milchkuh.

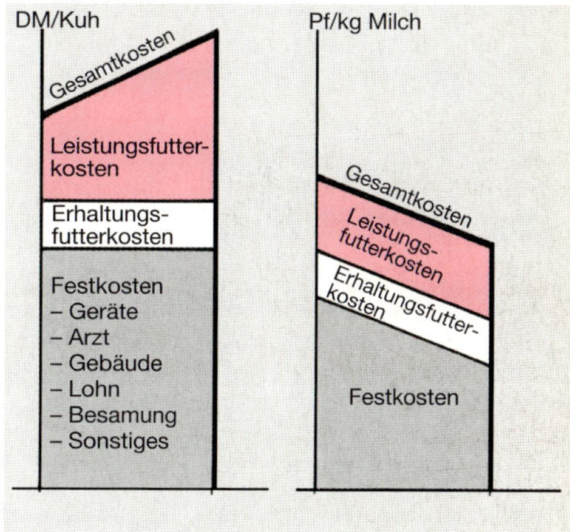

Abb. 729 Mit steigender Milchleistung werden zwar die Gesamtkosten/Kuh größer, die Produktionskosten/kg Milch sinken aber.

Abb. 730 Es gibt viele Ursachen, die eine genügend hohe Futteraufnahme behindern.

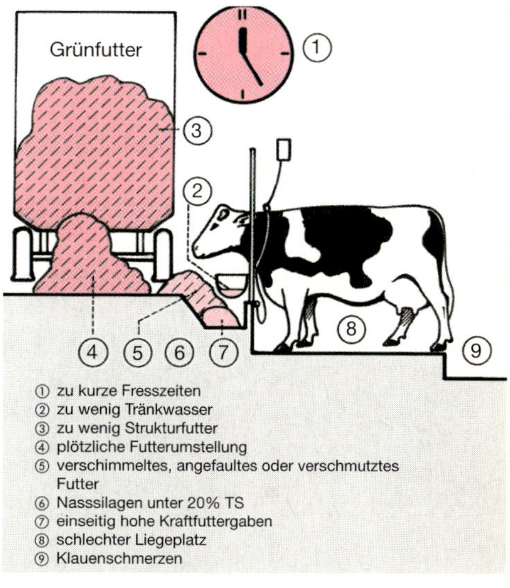

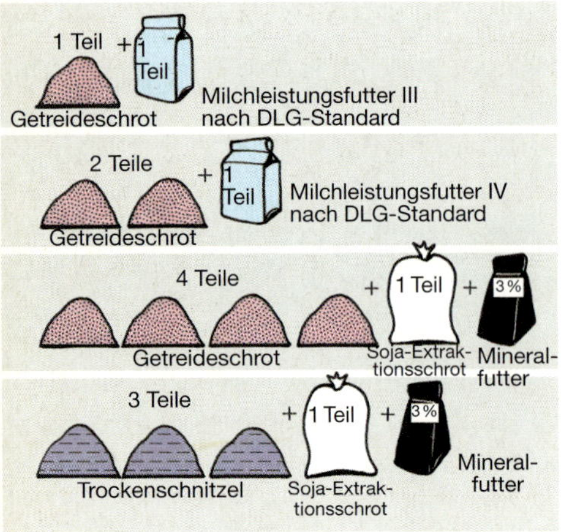

Abb. 731 Leistungskraftfutter kann selber gemischt werden.

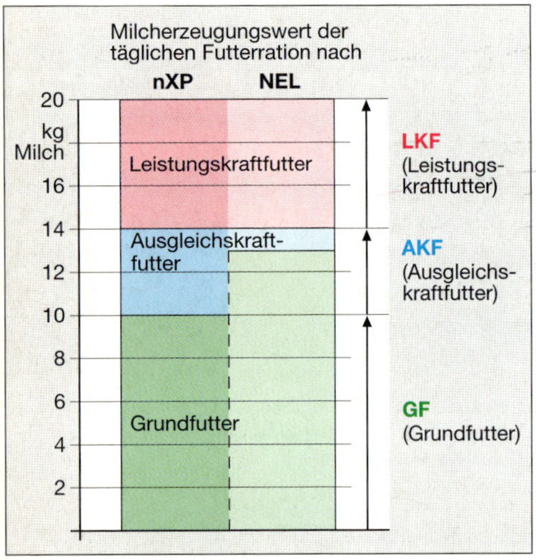

Abb. 732 **Beispiel** für den Anteil des Leistungskraftfutters in einer Futterration.

2.5.2 Leistungsbezogene Milchviehfütterung

Mit steigender Milchleistung wachsen zwar auch die Gesamtkosten (= Festkosten + Kosten für Erhaltungs- und Leistungsfutter), aber die Festkosten und die Erhaltungsfutterkosten je Kuh bleiben gleich, so dass die Produktionskosten je Liter Milch sinken! Das erbliche Milchleistungsvermögen der Kühe ist daher unbedingt durch eine leistungsbezogene Fütterung auszuschöpfen.
Über die monatliche Milchleistungskontrolle erfährt man den Verlauf der Laktationskurve. Daraus lässt sich der gesamte Nährstoffbedarf berechnen, der über das Futter abzudecken ist, und zwar unter Berücksichtigung des Grundsatzes:

So viel Grundfutter wie möglich, so viel Kraftfutter wie nötig.

Nur durch Wiegen des zugeteilten Futters und durch *Zurückwiegen* des Futterrestes ist es möglich, den **tatsächlichen Grundfutterverzehr** festzustellen. Mit Hilfe der Futterwerttabelle werden der Nährstoffgehalt (nXP und NEL), der RNB-Wert sowie der Trockenmasse- und Rohfasergehalt der Grundfutterration ermittelt.
Tabellenwerte sind nur Mittelwerte, die im Einzelfall von den tatsächlichen Gehalten abweichen können. Auch die Qualität des Grundfutters ist von Jahr zu Jahr und sogar innerhalb eines Jahres nicht gleich bleibend. Der *tatsächliche Futterwert* als Voraussetzung zur Rationsberechnung ist nur durch eine »Futtermittelanalyse« exakt bestimmbar, welche man von einer Untersuchungsanstalt rechtzeitig durchführen lassen sollte, so dass die Ergebnisse bis zu Beginn der Winterfütterung vorliegen.
Obwohl heute Rationsberechnungen in der Regel mit Computern und entsprechenden Programmen durchgeführt werden, sollte man die wichtigsten Grundlagen verstehen. Die *Grundfutterration* ist durch eine gezielte Kombination der Grundfuttermittel in Nährstoffversorgung und N-Bilanz möglichst ausgeglichen zu gestalten. Zur Überprüfung werden die *Milcherzeugungswerte (MEW)* aus NEL und aus nXP sowie die RNB-Werte berechnet. Unausgeglichene Grundfutterrationen werden mit einem energiereichen (Getreideschrot, Trockenschnitzel) bzw. eiweißreichen (Soja-Extraktionsschrot, eiweißreiches »Milchleistungsfutter«) **Ausgleichskraftfutter** zu einer *Basisration* ergänzt.
Im vorgestellten Beispiel sollte die *Basisration* für 12 kg Milch reichen. Je nach Herdenniveau sind auch andere Milchleistungen als Maßstab für den Grundfutterausgleich einsetzbar.
Eiweißüberschüsse und positive RNB-Werte aus dem Grundfutter wie im **Beispiel** sind für Grünlandgebiete typisch. Hier ist die Energiezufuhr wichtig. In Ackerbaugebieten mit Maissilage als Hauptbestandteil der Grundfutterration wird eine negative N-Bilanz zum leistungsbegrenzenden Faktor. Für den im Beispiel erforderlichen Energieausgleich wird Gerste eingesetzt. Bei 12 kg Milch sind hierzu 0,5 kg Gerste notwendig. Je nach Milchleistung wird die Zufuhr von Gerste, und zwar 0,43 kg Gerste/kg Milch, beibehalten, bis die Ration im gesamten Nährstoffbedarf ausgeglichen ist. Nach der im Beispiel angewandten Rechenme-

thode sind für den Gesamtausgleich zur Basisration nochmals 4,8 kg Gerste notwendig. Diese nährstoffmäßig ausgeglichene Ration reicht für 22,8 kg Milch. Sie hat eine positive N-Bilanz und einen Rohfasergehalt von 20 %.
Darüber hinausgehende Milchleistungen erfordern ein **Leistungskraftfutter.** 1 kg Leistungskraftfutter soll für 2 kg Milch ausreichen und bei einem Milchfettgehalt von 4 % 170–180 g nXP und 6,4 MJ NEL enthalten. Hierzu eignen sich neben dem »Milchleistungsfutter II« mit der Energiestufe 2 oder 3 auch hofeigene Mischungen.
Da das Leistungskraftfutter von der Nährstoffzusammensetzung des Grundfutters unabhängig ist, eignet es sich das ganze Jahr über und muss nur jeder Kuh nach dem jeweiligen Laktationsstand in verschiedenen Mengen zugeteilt werden. Zu Beginn der Laktation richtet sich die Kraftfuttergabe nach der zu erwartenden *Einsatzleistung.*
Während der nächsten Wochen, in denen die Milchleistung noch ansteigt, ist mit der Kraftfuttergabe für ca. 2 kg Milch »vorzuhalten«, d. h., es sind die Leistungsreserven für die Mehrproduktion von ca. 2 kg Milch mit Kraftfutter abzusichern. Danach bestimmt das Ergebnis der monatlichen Milchleistungskontrollen die Kraftfuttermenge. Für die Beurteilung der Preiswürdigkeit von Leistungskraftfutter legt man die Kosten für die damit erzeugte Milch zugrunde.

Beispiel

Gegeben:

- Lebendmasse = 650 kg, Fettgehalt 4 %, Eiweißgehalt 3,4 %
- Grundfuttermittel:
  Grassilage, grasreich, 1. Schnitt, Ährenschieben, 40 % T
  (in 1 kg T: 5,9 MJ NEL, 134 g nXP, + 5 g RNB, 247 g RF)
  Wiesenheu, 1. Schnitt, Beginn der Blüte, 86 % T
  (in 1 kg T: 4,9 MJ NEL, 115 g nXP, – 3 g RNB, 324 g RF)

① Überprüfung der Grundfutterration

	kg T	MJ NEL	g nXP	g RNB	g RF
27 kg Grassilage	10,8	63,7	1447	+ 54	2667
2 kg Wiesenheu	1,7	8,3	195	– 5	550
	12,5	72,0	1642	+ 49	3217

② Berechnung einer Basisration für 12 kg Milch

	kg T	MJ NEL	g nXP	g RNB	g RF
a) Bedarf für Erhaltung		37,7	440		
und Leistung		38,0	1032		
		75,7	1472		
b) energetischer Fehlbedarf		3,7			
c) Energieausgleich mit					
■ Gerste (88 % T), in 1 kg T:		8,2	165	– 7	52

→ 3,7 : 8,2 = 0,45 kg T Gerste bzw. 0,5 kg Gerste

	kg T	MJ NEL	g nXP	g RNB	g RF
0,5 kg Gerste	0,45	3,7	74	– 3	23
Basisration enthält	12,95	75,7	1716	+ 46	3240
ihr Milcherzeugungswert ist		12 kg	14,8 kg		

Abb. 733 Kraftfutter.

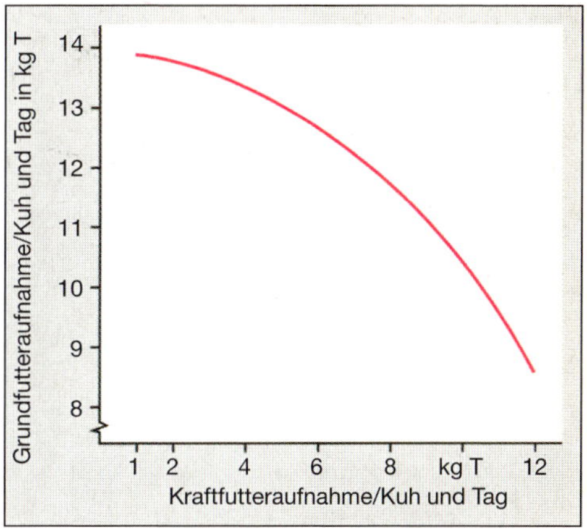

Abb. 734 Mit zunehmender Milchleistung wird der Kraftfutterbedarf größer. Eine steigende Kraftfutteraufnahme hat aber eine abnehmende Grundfutteraufnahme zur Folge. Dies bezeichnet man als Grundfutterverdrängung durch Kraftfutter.

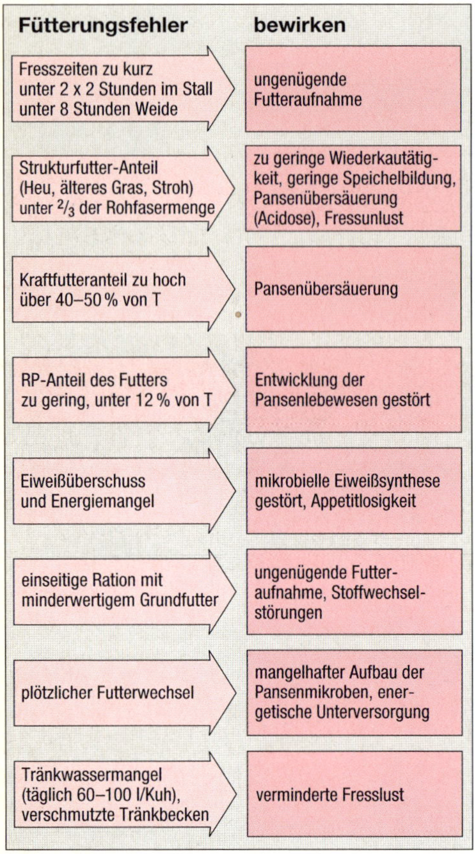

Abb. 735 Fütterungsfehler und ihre Auswirkungen.

③ Berechnung des Gesamtausgleichs

a) Differenz des Milcherzeugungswertes (MEW) der Basisration (BR)

Δ MEW (BR) = 14,8 – 12 = 2,8

b) Differenz des Milcherzeugungswertes (MEW) des Ausgleichskraftfutters (AKF)

Gerste MEW NEL = 8,2 : 3,17 = 2,58

MEW nXP = 165 : 86 = 1,91

Δ MEW AKF = 2,58 – 1,91 = 0,67

c) Ermittlung der Masse (m) des Ausgleichskraftfutters (AKF)

m (AKF) = Δ MEW (BR) : Δ MEW AKF = 2,8 : 0,67 = 4,71

Es sind also ca. 4,2 kg T Gerste bzw. 4,8 kg Gerste notwendig.

- Gerste (88 % T), in 1 kg T: 8,2 165 – 7 52

→ 3,7 : 8,2 = 0,45 kg T Gerste bzw. 0,5 kg Gerste

	kg T	MJ NEL	g nXP	g RNB	g RF
4,8 kg Gerste	4,2	34,4	693	– 29	218
Ausgleichsration	17,15	110,1	2409	+ 17	3458
ihr Milcherzeugungswert ist		22,8 kg	22,8 kg		

der Rohfasergehalt (RF) beträgt

3,458 kg RF : 17,15 kg RF = 0,20 bzw. 20 %

2.5.3 Richtige Fütterungstechnik

Grundfuttervorlage – Sie ist im Wesentlichen abhängig von der Rinderrasse und dem betriebsspezifischen Aufzuchtverfahren, von den innerbetrieblichen technischen Möglichkeiten sowie von den zur Verfügung stehenden Futtermitteln des Betriebes.

Weniger beachtet, aber nicht minder wichtig sind die Erkenntnisse aus diesbezüglichen Entwicklungen und Untersuchungen, die sowohl die Fütterungstechnik als auch die Futteraufnahme und -verwertung betreffen und damit die Leistung und Gesundheit der Tiere beeinflussen. Grundsätzlich ist zu beachten:

- Im Anbinde- und Fangboxenstall sollen die Kühe zweimal am Tag, immer zur gleichen Zeit und möglichst lang, Futter aufnehmen können. Mehrmaliges Füttern scheidet aus arbeitswirtschaftlichen Gründen aus.
- Auch im Laufstall ist für jedes Tier möglichst ein eigener Fressplatz vorzusehen (Tier : Fressplatz-Verhältnis von 1:1).
- Das gleichzeitige Verabreichen mehrerer Grundfutterarten erhöht den Grundfutterverzehr. In größeren Tierbeständen haben sich hierfür Futtermischwagen bestens bewährt.
- Saftfutter sollte in keiner Ration fehlen.
- Rüben oder Rübenblattsilage dürfen nie allein vorgelegt werden, sondern müssen bei jeder Futterzeit mit Heu oder Anwelksilage ergänzt werden.
- Grünfutter erwärmt sich in großen Schwaden rasch und sollte deshalb mindestens zweimal am Tag vorgelegt werden.

Kraftfutterzuteilung – Grundsätzlich wird zu jeder Fütterung, also zweimal am Tag, Leistungskraftfutter verabreicht. Eine Kuh frisst dabei höchstens 3–4 kg Kraftfutter auf einmal. Liegt der tägliche Kraftfutterbedarf aufgrund der Leistung über 6–8 kg, ist es vorteilhafter, die gesamte Kraftfuttermenge auf mehrere Tagesgaben zu verteilen.

Im Anbindestall fallen dabei kaum Mehrarbeiten an, wenn vor und nach den jeweiligen Fütterungszeiten Kraftfutter vorgelegt wird. Bei Laufstallhaltung ermöglichen automatische Dosieranlagen eine optimale Leistungsfütterung des Einzeltieres mit Kraftfutter.

Allgemein – Jeder Milchviehhalter sollte folgende Punkte beachten:

- Nur Futtermittel einwandfreier Qualität vorlegen,
- Futterumstellungen langsam vornehmen,
- Fütterungsregeln zur Verhütung von Geschmacks- und Geruchsfehlern sowie eines zu hohen Keimgehaltes der Milch beachten.
- Wasser müssen die Kühe immer trinken können, d. h. auch während der Fütterung.

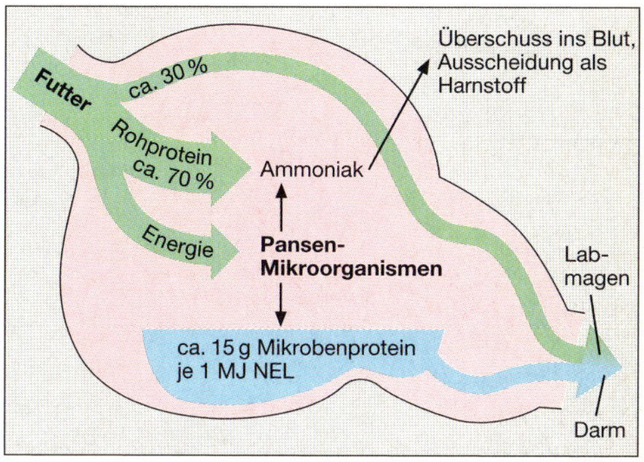

Abb. 736 Umsetzung des Rohproteins im Pansen (Schema).

2.5.4 Erkennen von Fütterungsfehlern

Um Fütterungsfehler, die häufig *Ursache* von *Fruchtbarkeitsstörungen*, *schlechtem Gesundheitszustand* und *Leistungsabfall* sind, zu vermeiden, muss der Landwirt seine Kühe ihrem Nährstoffbedarf entsprechend füttern. Die Deckung des Proteinbedarfs hängt dabei nicht nur von der bedarfsgerechten Versorgung mit Rohprotein, sondern vor allem auch von der bedarfsgerechten Energieversorgung ab. Bei der Eiweißverdauung des Wiederkäuers wird nämlich ein Großteil der Futterproteine bereits im Pansen von den Mikroorganismen überwiegend zu Ammoniak abgebaut und zu körpereigenem, hochwertigem Mikrobenprotein wieder aufgebaut.

Für diese Eiweißbildung benötigen die Pansenmikroorganismen Energie. Energiemangel kann also trotz ausreichender Versorgung der Kuh mit Futterproteinen zu einem Protein-Mangel und einem Ammoniak-Überschuss führen. Dieses überschüssige Ammoniak wird als Harnstoff ausgeschieden.

Der Landwirt sollte daher neben einer *»Futtermittelanalyse«* vor allem auch einer *Beurteilung der Milchinhaltsstoffe«* und gegebenenfalls sogar einer *»Bluntersuchung«* mehr Beachtung schenken. Die Tabelle 56 zeigt beispielhaft ausgewählte Gehalte der Milchinhaltsstoffe, die Auskunft über Fehlernährung geben können.

Abb. 737 Der Harnstofftest gibt auf dem Weg über die Milch Auskunft, ob die Fütterung stimmt.

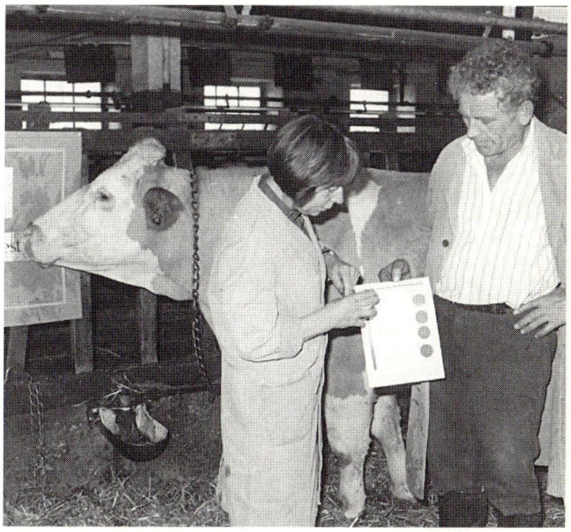

Tabelle 56: Eiweiß- und Harnstoffgehalte der Milch und ihre Hinweise auf den Fütterungszustand

Eiweiß %	Harnstoff mg/100 ml	Beurteilung
niedrig unter 3,20	unter 15	Energie-Mangel und Rohprotein-Mangel
	15–30	Energie-Mangel
	über 30	Energie-Mangel und Rohprotein-Überschuss
mittel 3,30–3,60	unter 15	Rohprotein-Mangel
	15–30	ausgeglichene Fütterung
	über 30	Rohprotein-Überschuss
hoch über 3,60	unter 15	Energie-Überschuss und Rohprotein-Mangel
	15–30	Energie-Überschuss
	über 30	Energie-Überschuss und Rohprotein-Überschuss

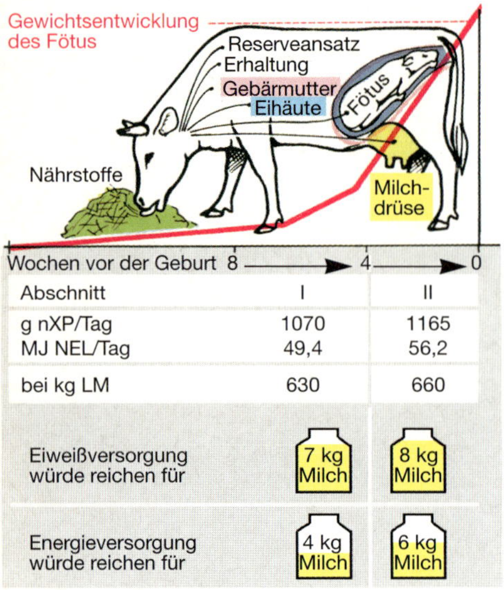

Abb. 738 Der Nährstoffbedarf einer trockenstehenden Kuh (650 kg LM).

Abb. 739 Das **Beispiel** von Kleegras zeigt, dass sich in Abhängigkeit vom Wachstumsstadium der Rohfasergehalt und die Verdaulichkeit des Futters sowie infolgedessen der Futterverzehr und die Milchleistung der Kuh ändern.

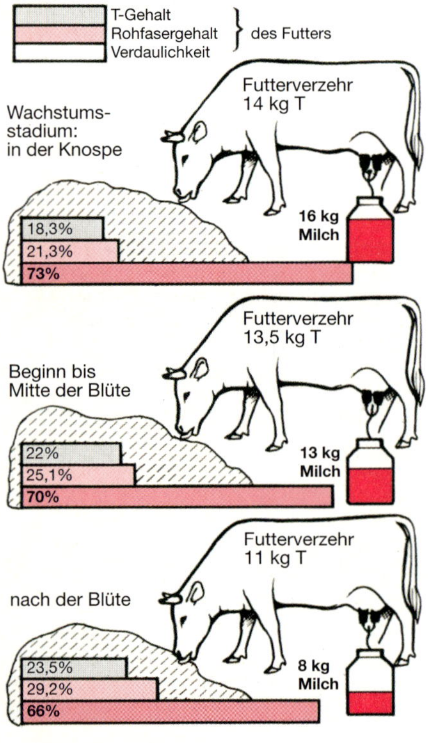

Besteht in größeren Beständen bei Herdenproblemen Verdacht auf Fütterungsfehler, ist eine »Blutuntersuchung« an einer Stichprobe der gesamten Herde zu empfehlen. Dabei können mit Hilfe bestimmter »Blutinhaltsstoffe« die Eiweiß- und Energieversorgung, die Stoffwechselbelastung, die Funktion einzelner Organe (z.B. Leber) sowie der Versorgungsgrad mit Phosphor, Magnesium und Spurenelementen beurteilt und die überwiegende Zahl der heutigen Fütterungsfehler erfasst werden.

2.5.5 Fütterung trockenstehender Kühe (Vorbereitungsfütterung)

Die letzten 6–8 Wochen vor dem Abkalben, in denen der Fötus sehr stark an Gewicht zunimmt, wird die laktierende Kuh trockengestellt. Der Nährstoffbedarf einer trockenstehenden Kuh ergibt sich neben dem Erhaltungsbedarf aus dem Bedarf für Fötus, Gebärmutter, Eihäute und Milchdrüse. Die Kuh kann und soll ferner in dieser Zeit gewisse Reserven für die kommende Laktation anlegen. Dies ist gerade für Hochleistungskühe von Bedeutung, die nach dem Kalben kaum nährstoffbedarfsdeckend zu füttern sind und daher aus ihren Körperreserven zulegen müssen.

Auf keinen Fall aber darf man die Kühe »mästen«. Verfettete Kühe haben bei der Geburt Schwierigkeiten, zeigen mit beginnender Laktation eine verringerte Fressbereitschaft und sind anfällig für Stoffwechselstörungen. Verminderte Fruchtbarkeit ist die Folge. Damit die Vorbereitungsfütterung den steigenden Nährstoffansprüchen gerecht werden kann, teilt man sie in zwei zeitgleiche Abschnitte.

Das Fassungsvermögen der Verdauungsorgane wird aufgrund der räumlichen Ausdehnung des heranwachsenden Fötus immer geringer, so dass die Futterration eine Verdaulichkeit von 70 % aufweisen muss. In der **Sommerfütterung** reichen Weide und junges Grünfutter bei entsprechendem Nährstoff- und Rohfaserausgleich mit etwa 3–4 kg Heu oder 10 kg Maissilage zur Nährstoff-Bedarfsdeckung aus, so dass in der Regel kein Kraftfutter notwendig ist.

Kommen in der **Winterfütterung** Heu, Rüben und Silagen zum Einsatz, können für den 1. Abschnitt der Trockenperiode die Ansprüche an Nährstoffbedarf und Verdaulichkeit erfüllt werden. Im 2. Abschnitt muss allerdings die Nährstoffkonzentration im Futter erhöht werden durch Zufüttern von 1–2 kg Kraftfutter mit einem NEL:RP-Verhältnis von 1:3,6 bis 3,8 bzw. einem Quotienten Rohprotein : NEL von 13. Hochleistungskühe sollten gleichmäßig ansteigend bis zu 3 kg Kraftfutter erhalten.

Die Kraftfuttergabe muss aber den Körperzustand der Tiere berücksichtigen. Stark abgemolkene Kühe erhalten mehr, gut genährte Kühe dagegen etwas weniger Kraftfutter als angegeben.

Verfetten die Kühe auch ohne Kraftfutter, ist die Grundfutterration zu ändern. Dabei ist die energiereichste Grundfutterkomponente wegzulassen.

Der *Mineralstoff-* und *Vitaminbedarf* der trockenstehenden Kuh erfordert besondere Beachtung. Zur Vorbeuge gegen Milchfieber sollte das Futter mehr Phosphor als Calcium enthalten.

Das Grundfutter muss von einwandfreier Qualität sein. Gefrorenes, verschimmeltes oder erhitztes Futter kann z. B. Verkalben verursachen.

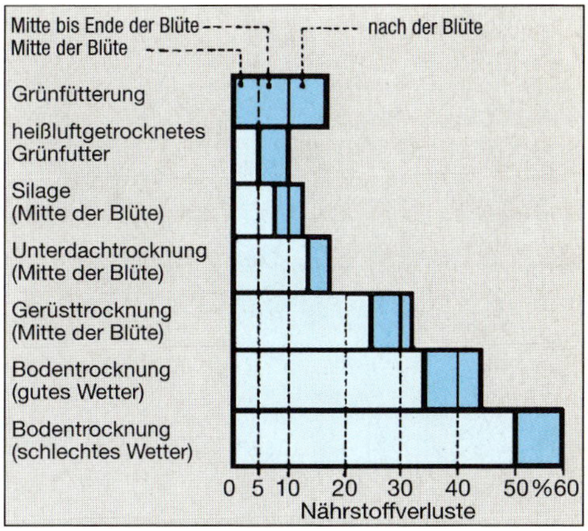

Abb. 740 Nährstoffverluste bei verschiedenen Konservierungsverfahren.

2.5.6 Winterfütterung

Die Winterfutterzeit dauert zumindest in Süddeutschland durchschnittlich 200 Tage und ist damit erheblich länger als die Sommerfutterzeit. Durch Konservierung und Lagerung haben die Futtermittel Nährstoffe verloren. Folglich ist ihre Verdaulichkeit geringer; die Kühe können nicht so viel verzehren wie von Grünfutter.

Aus dem **Grundfutter** allein sind daher in der Winterfütterung *ca. 10–14 kg Milch* zu erzielen.

Gras- und **Kleegrassilagen** müssen rechtzeitig geschnitten und auf 30 % T-Gehalt angewelkt werden. Anwelksilage hat im Vergleich zu Nasssilage mehr Nährstoffe und eine günstigere Struktur. Die Kuh kann davon mehr T aufnehmen und eine höhere »Grundfutterleistung« erzielen.

Maissilage gewinnt auch in der Milchviehfütterung immer mehr an Bedeutung. Teigreifer Silomais (26–32 % T) ist ein sehr energiereiches Futter mit niedrigem Rohproteingehalt. Bei unbegrenzter Fütterung, vor allem im letzten Drittel der Laktation, führt es zum Verfetten der Kühe mit allen nachteiligen Folgen vor allem für die Fruchtbarkeit und die Futteraufnahme.

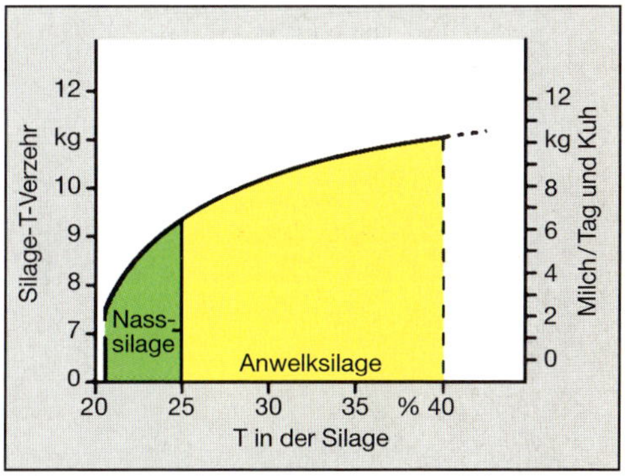

Abb. 741 Mit zunehmendem »Anwelkgrad« der Silage steigt der Trockenmasseverzehr und damit die Milchleistung aus dem Grundfutter.

Mehr als 20–25 kg Silomais täglich sollten die Kühe nicht erhalten.

Anwelksilage oder Raufutter eignen sich gut zur Futterkombination. Das *Mineralfutter* sollte viel Ca, Na und Vitamin A enthalten.

Abb. 742 Sorgfältige Sortenwahl und richtiger Erntezeitpunkt sind Voraussetzungen für hohe T-Gehalte der Maissilage. Dadurch wird die Silageaufnahme und somit die Grundfutterleistung verbessert.

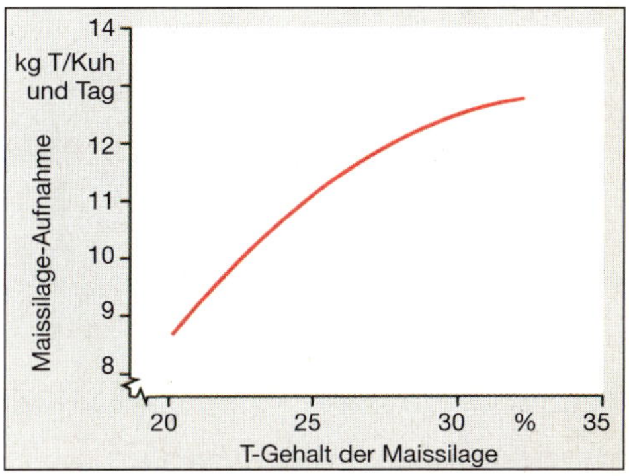

Tabelle 57: Rationsbeispiele für die Winterfütterung, welche im Energiegehalt für 12 kg und im nXP-Gehalt für 14–15 kg Milch ausreichen. Die N-Bilanz ist positiv.

Futtermittel	Ration (Futtermengen in kg/Tag)						
	I	II	III	IV	V	VI	VII
Wiesengras-Silage	25	12	10	12	12		
Maissilage		21		21	18	17	23
Zuckerrübenblatt-Silage						24	
Futterrüben, gehaltvoll			27				10
Wiesenheu	3		5		3		
Luzerneheu						3	5

Abb. 743 Getreide-Ganzpflanzen-Silage enthält zwar ähnlich viel Energie wie gute Grassilage, aber weniger Rohprotein.

Abb. 744 Volumenvergleich: 1 kg Heu und 1 kg Kraftfutter.

Abb. 745 Maissilage ist aus der Winterfütterung nicht mehr wegzudenken.

Zuckerrübenblatt-Silage hat wenig Struktur, einen geringen Rohfaser- und einen hohen Zuckergehalt. Heu oder Anwelksilage gehören daher unbedingt zur Ration. Unter den häufig zu hohen Schmutzanteilen leidet die Silagequalität. Die Tagesgabe sollte sich auf 40–50 kg beschränken.

Ganzpflanzen-Silagen aus Winterweizen, Wintergerste und Ackerbohnen sind aufgrund ihrer unausgeglichenen Nährstoffverhältnisse bei Milchkühen nicht als einziges Grundfutter geeignet und erfordern relativ viel Kraftfutter zum Ausgleich.

Futterrüben sind sehr hoch verdaulich und werden gerne gefressen. Sie erhöhen den Grundfutterverzehr und »sparen« Kraftfutter, da die Kühe über die Sättigung mit Silage und Heu hinaus noch zusätzlich 10–15 kg Rüben aufnehmen. Gehaltsrüben sind nährstoffreicher als Massenrüben. Eine Tagesration kann bis zu 40 kg Rüben enthalten. Sie werden am besten zerkleinert und damit weitgehend schmutzfrei den Kühen vorgelegt. Für einen entsprechenden *Rohfaser-* und *Eiweißausgleich* ist zu sorgen.

Schlempen fallen in einer Brennerei an, wenn aus Kartoffeln oder Getreide Alkohol gewonnen wird. Sie sind *wasser-* und *eiweißreich*, aber *rohfaserarm* und zählen zu den Eiweißfuttermitteln. Da sie leicht verderben, müssen sie möglichst frisch und heiß aus sauberen Behältern verfüttert werden, um Gesundheitsstörungen zu vermeiden. Die Tageshöchstmengen liegen für Kartoffelschlempe bei 40 kg und für Getreideschlempe bei 50 kg.

Treber bleiben als eiweiß- und wasserreiches Futtermittel beim Bierbrauen übrig und gelten ebenfalls als Eiweißfuttermittel. Der Rohfasergehalt ist verhältnismäßig hoch, die Verdaulichkeit gering.

Nasse Biertreber sind nicht länger als 1 Tag haltbar und sollten daher besser mit Hilfe von Silierzusätzen einsiliert werden. 15–20 kg frische oder silierte Biertreber können einer Kuh täglich verabreicht werden.

Heu als einziges Grundfutter erhöht die Futterkosten. Mindestens 3–5 kg Heu sollten aber zum Rohfaserausgleich und zur Strukturverbesserung in jeder Ration enthalten sein, um eine optimale Pansenverdauung zu sichern. Ein rechtzeitiger Schnitt und eine Trocknung mit wenig Nährstoffverlusten sind die wichtigsten Voraussetzungen für einen guten Futterwert.

Heißluftgetrocknetes Grünfutter kommt im Nährstoffgehalt fast dem Grünfutter gleich. Das Futter kann nämlich witterungsunabhängig zum optimalen Schnittzeitpunkt geerntet werden. Nach dem Herstellungsverfahren kann man zwischen Grünmehl, Pellets, Cobs und Briketts unterscheiden.

Grünmehl und *Pellets* führen bei größeren Tagesgaben wegen ihrer geringen Struktur zu Verdauungsstörungen. Da bei *Cobs* und *Briketts* unvermahlenes Grüngut gepresst ist, bleibt die Struktur gut erhalten. Mit ihnen kann die Grundfutterleistung deutlich gesteigert werden. Milchmengenleistungen von 18–20 kg sind möglich. Um einen Abfall des Milchfetts zu vermeiden, sollte aber sicherheitshalber die Gesamt-Trockenmasse der Ration dennoch aus ⅓ Heu oder Silage und max. ⅔ Cobs oder

Briketts bestehen. Wenn die Milchleistung in der 2. Laktationshälfte nachlässt, dürfen nicht mehr so viel Cobs oder Briketts verfüttert werden.
Stroh ist zwar rohfaserreich, aber nährstoffarm und gering verdaulich. Es sollte nur eingesetzt werden, wenn andere »Strukturfuttermittel« fehlen. Bei Grundfuttermangel kann man notfalls den Futterwert von Stroh durch chemische Aufschlussverfahren (Natronlauge bzw. Ammoniakgas) dem eines »mittleren« Wiesenheus angleichen. Stroh wird entweder in Raufen (Laufstall) oder kurz gehäckselt bzw. aufgeschlissen angeboten.

Abb. 746 Heißluftgetrocknetes Grünfutter in Form von Briketts (links) und Cobs (rechts) hilft, zeitweiligen Futterüberschuss günstig zu konservieren, und steigert gleichzeitig die Leistung des Grundfutters erheblich.

2.5.7 Übergangsfütterung

Im *Frühjahr* und im *Herbst* drohen *plötzliche Futterwechsel*. Sie sind zu vermeiden. Die Pansenbakterien müssen sich langsam auf das neue Nährstoffangebot umstellen können. Die Übergangsfütterung im **Frühjahr** dauert etwa 2–3 Wochen.
In der Winterration ist der Silageanteil zu erhöhen. Die Grünfuttergaben nur langsam steigern und anfangs mehr, später allmählich weniger Heu dazugeben. Im Weidebetrieb wird zunächst nur stundenweise überweidet und erst nach 1 Woche zur Ganztagsweide übergegangen. Man sollte ein Mg- und Na-reiches sowie vitaminiertes Mineralfutter verwenden.
Im **Herbst** sollten bereits 4 Wochen vor Beginn der Winterfütterung Silage und Heu in langsam steigender Menge angeboten werden.

Eine sorgfältig durchgeführte Übergangsfütterung verhindert Milchrückgang und Durchfall, beugt im Frühjahr zudem einem Milchfett-Abfall und der Weidetetanie vor.

Abb. 747 Unerwünschter Ampferbestand vermindert den Futterwert der Weide.

2.5.8 Sommerfütterung

Sommerfutter ist ein kostengünstigerer Nährstofflieferant als Winterfutter. Da sich aber mit fortschreitendem Wachstum der Nährstoffgehalt sowie die Verdaulichkeit der Futtermittel und infolgedessen der Futterverzehr sowie die Grundfutterleistung ändern (siehe Abb. 748), wird eine leistungs- und wiederkäuergerechte Fütterung schwieriger.
Weidegang – Weide soll durch eine geschickte Weideführung immer junges, nährstoffreiches Gras liefern. Dieses 20–25 cm hohe Weidegras ist *sehr wasserreich*, hat ein sehr weites NEL:RP-Verhältnis und einen *geringen Rohfasergehalt*. Durch eine entsprechende *Weidebeifütterung* ist also für den notwendigen Energie- und Rohfaserausgleich zu sorgen. Sehr gut eignen sich dazu Maissilage, Anwelksilage, Halmfrucht-Silage und Heu. Trockenschnitzel oder Getreideschrot ergänzen zwar die fehlende Energie, reichen aber im Rohfasergehalt als einziges Beifutter nicht aus.
Zum Mineralfutter, welches bei Weidebeginn zur Vorbeuge gegen Tetanie höhere Magnesiumgehalte aufweisen sollte, muss

Abb. 748 Die tägliche Futteraufnahme weidender Milchkühe wird im Wesentlichen durch das Futterangebot bestimmt.

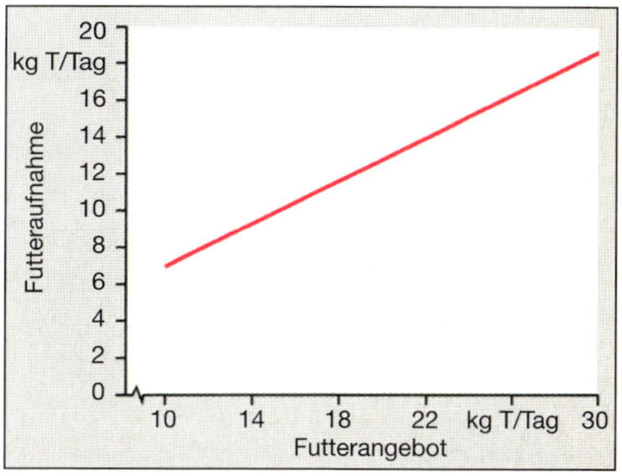

Abb. 749 Die Bereitstellung von ausreichendem Tränkwasser ist auch auf der Weide unerlässlich.

Abb. 750 Mit Hilfe des Grünfutterkalenders lässt sich die Futterwirtschaft so organisieren, dass während der Grünfutterperiode ständig ausreichend Futter von guter Qualität vorhanden ist.

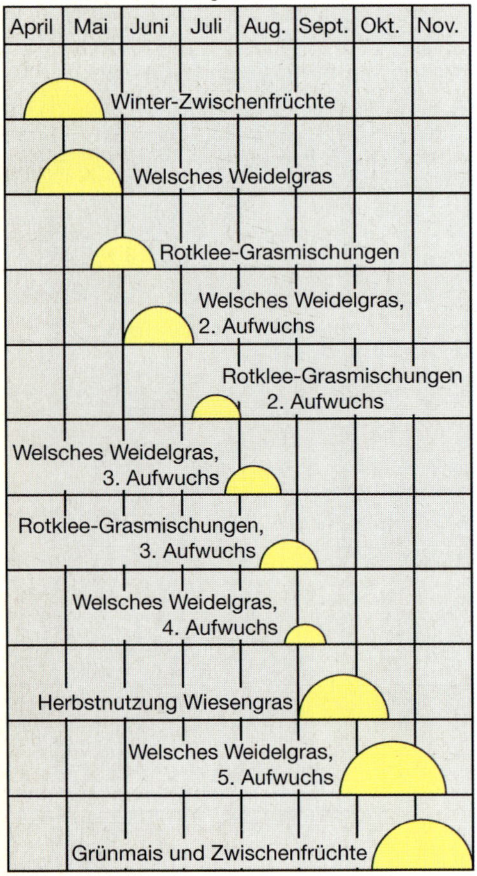

Tabelle 58: Beispiele einer energie- und rohfaserreichen Weidebeifütterung. Sie reichen im Energiegehalt für 16 kg und im nXP-Gehalt für 18 kg Milch. Die N-Bilanz ist stark positiv

Futtermittel		Ration (Futtermengen in kg/Tag)					
		I	II	III	IV	V	VI
Weidegras		61	60	64	61	61	61
Beifütterung	Wiesenheu	3,5				1	2,7
	Maissilage		10			7	
	Grassilage			7	6		
	Trockenschnitzel				1		1

zusätzlich noch Viehsalz zur Deckung des Na-Bedarfs angeboten werden. Bei guter Weideführung lassen sich aus ausgeglichenen Basisrationen (= Grundfutter + Ausgleichskraftfutter) ca. 20 kg Milch erzielen. Darüber liegende Milchleistungen erfordern ein Leistungskraftfutter.

Diese Zuteilungsgrenze für Leistungskraftfutter verschiebt sich gegen Ende der Weideperiode nach unten, da die Weideleistung (= Grundfutterleistung der Weide) im Herbst abnimmt.

Besonders zu beachten ist bei der Weideführung, dass die *Witterung* den Futterverzehr sehr stark beeinflussen kann. Sowohl bei nasskaltem als auch sehr heißem Wetter fressen die Kühe weniger, so dass oft Nährstoffe für 3–5 kg Milch fehlen können. In einfachen *Schutzhütten* sollten daher die Tiere vor extremen Witterungseinflüssen Unterschlupf finden.

Weidekühe müssen außerdem ständig Zugang zu *frischem Wasser* haben, da eine Kuh je nach Milchleistung bis zu 70 l Wasser täglich benötigt.

Tabelle 59: Mögliche Milchleistung bei Weidegang und Stallfütterung

		Weidegang	Stallfütterung
T-Verzehr	kg	14	12,5
Verdaulichkeit	%	76	72
MJ NEL/kg T		6,31	5,96
NEL-Aufnahme	MJ	88,34	74,0
Erhaltungsbedarf bei 650 kg LM	MJ	37,7	37,7
zusätzlicher Energiebedarf bei Weidegang	MJ	ca. 6	–
verfügbare NEL	MJ	44,64	36,3
Milch mit 4 % Fett	kg	14,0	11,5

Stallfütterung – Sie trifft man neuerdings nicht mehr nur in Ackerbaugebieten, sondern auch in Weidegebieten an. Ställe mit

befahrbarem Futtertisch sowie gute Mechanisierung des Futterholens veranlassen Landwirte, bei weit verstreuten Weiden in verkehrsreichen Gegenden die Weideführung aufzugeben, obwohl sich dadurch die Winterfutterperiode um ca. 3 Wochen verlängert.
Die wichtigsten **Grünfutterarten** sind in Tabelle 60 zusammengefasst.

Tabelle 60: Wichtige Grünfutterarten für die Stallfütterung

im Frühjahr	im Sommer	im Herbst
Winterraps Winterrübsen Futterroggen Landsberger Gemenge	Luzerne Rotklee Kleegras Wiesengras	frisches Rübenblatt Leguminosen-Untersaaten Sommerraps Senf Stoppelrüben Grünmais Markstammkohl

Junges Grünfutter ist wie junges Weidegras zu beurteilen und unterliegt mit zunehmendem Wachstumsstadium denselben Veränderungen. Im Gegensatz zur Weideführung ist es bei Stallfütterung viel schwieriger, ständig junges Grünfutter von etwa gleich bleibender Qualität vorlegen zu können.
Um also nicht zu junges oder zu altes Grünfutter verfüttern zu müssen, ist ein ausgeklügeltes Feldfutter-Anbausystem bzw. eine gekonnte Wiesennutzung erforderlich. So sind z. B. verschiedene Futterpflanzen und Gemische statt Reinsaaten anzubauen sowie die Futterflächen für das Winterfutter in die Grünfütterungsperiode mit einzubeziehen.

Tabelle 61: Rationsbeispiele für die Sommerfütterung im Stall, welche im Energiegehalt für 12 kg Milch und im nXP-Gehalt für 14 kg Milch ausreichen. Alle Rationen (bis auf Ration II) haben eine sehr stark positive N-Bilanz. Leistungen über 12 kg Milch erfordern also zunächst ein energiereiches Ausgleichskraftfutter

Futtermittel	Ration (Futtermengen in kg/Tag)					
	I	II	III	IV	V	VI
Landsberger Gemenge	45					
Luzerne		40				
Rotklee			54		20	
Wiesengras				55		
Sommerraps					30	
Zuckerrübenblatt						50
Wiesenheu	2		4	1	2,3	5
Maissilage	10	8				
Trockenschnitzel		2,6		1	3,6	

Abb. 751 Gute Mechanisierung und befahrbare Futtertische machen das tägliche Futterholen zur Ein-Mann-Arbeit.

Abb. 752 Bei der Grünfütterung im Stall sollen die Kühe »grasen« können.

Abb. 753 Zwischenfrüchte, wie z. B. Raps, bieten sich für die Frühjahrs- und Herbstfütterung an.

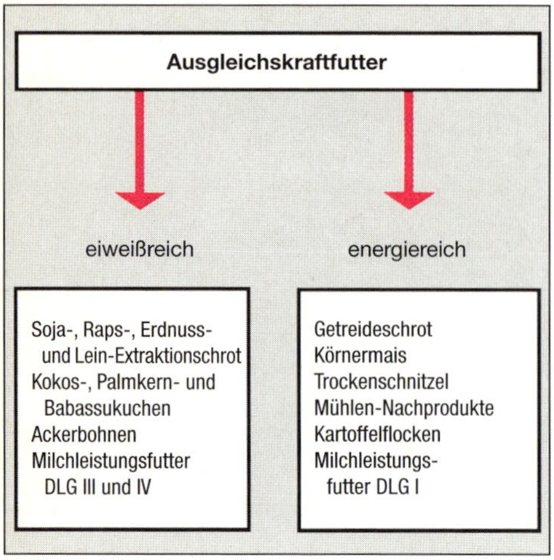

Abb. 754 **Beispiele** für Ausgleichskraftfutter (Einzelfuttermittel zum Nährstoffausgleich des Grundfutters). Mit ihnen lässt sich auch ein Leistungskraftfutter zusammenmischen.

Abb. 755 Ackerbohnen sind ein sehr eiweißreiches Futtermittel.

Grünfutter muss täglich frisch geholt und auf dem Futtertisch ausgebreitet werden. In großen Haufen erwärmt es sich sehr rasch. Nährstoffverluste im Futter und Blähungen der Tiere sind die Folgen.

Die Grundfutterleistung bei Grünfütterung im Stall ist geringer als bei Weidegang.

Bei **Kleearten** und **Kleegrasmischungen** muss der Eiweißüberschuss mit Trockenschnitzel oder Getreide ausgeglichen werden. In sehr jungem Stadium ist auch ihr Rohfasergehalt zu gering.
Im Frühjahr und Herbst bieten sich **Zwischenfrüchte** an. Sie sind meist sehr blatt- und eiweißreich, aber arm an T und Rohfaser. Deswegen ist unbedingt für *Rohfaser-* und *Energieausgleich* zu sorgen. Zwischenfrüchte müssen bis zum Beginn der Blüte verfüttert sein, da sie danach rasch verholzen und an Futterwert verlieren.
In *Kreuzblütlern* (Raps, Rübsen, Senf, Stoppelrüben, Markstammkohl) nimmt ab Blühbeginn der Gehalt an *Senfölen* schnell zu, welche der Milch einen »rettichartigen« Geschmack verleihen.
Herbst-Zwischenfrüchte weisen häufig wegen der hohen N-Düngegaben *zu viel Nitrat* auf. Werden nun übergangslos und ohne Raufutterergänzung große Zwischenfruchtmengen verfüttert, kann es zu *Vergiftungserscheinungen* kommen. Häckseln und Lagern dieser Futtermittel erhöht noch die Vergiftungsgefahr.
Frisches **Rübenblatt** ist hoch verdaulich, aber sehr rohfaser- und strukturarm sowie häufig zu stark verschmutzt. Wenn nicht Heu, Anwelksilage oder notfalls auch Stroh beigefüttert werden, führt es zu Verdauungsstörungen und Durchfall.
Rübenblätter dürfen also nie einziger Bestandteil der Grundfutterration sein.

Von Zwischenfrüchten dürfen höchstens 40 kg und von Rübenblatt höchstens 50 kg/Tier und Tag verfüttert werden.

2.5.9 Kraftfuttermittel

Um das volle Milchleistungsvermögen der Kühe ausschöpfen zu können, ist Kraftfutter notwendig, das eine höhere Nährstoffkonzentration aufweist als Grundfutter. Wir unterscheiden

- *Ausgleichskraftfutter* und
- *Leistungskraftfutter.*

Fehlendes Eiweiß bzw. Energiemangel in der Grundfutterration können durch eiweißreiche bzw. stärkereiche, d. h. energiereiche Einzelfuttermittel oder auch Mischfutter ausgeglichen werden (siehe Abb. 754).
Leistungskraftfutter müssen im Nährstoff-, Mineralstoff- und Vitamingehalt auf den Bedarf für die Milchbildung abgestimmt sein.

Diesen Anforderungen entspricht das Milchleistungsfutter nach DLG-Standard II. Aber auch Mischungen von Einzelfuttermitteln oder von Milchleistungsfutter – DLG III und IV mit stärkehaltigen Futtermitteln, z. B. Getreide oder Trockenschnitzel – ergeben ein Leistungskraftfutter (Abb. 731, Seite 264). Ist Milchleistungsfutter in der Mischung enthalten, ist zugleich der leistungsbezogene Mineralstoffbedarf gedeckt. Mischungen aus Einzelfuttermittel müssen dagegen unbedingt mit 1–2 % Mineralfutter ergänzt werden.

Alle **Getreidearten** sind stärkereich, hoch verdaulich, schmackhaft und außer Hafer rohfaserarm. Gerade aber Hafer begünstigt die Verdauung und. fördert die Gesundheit. Getreide darf nur geschrotet oder gequetscht verfüttert werden.

Die **Trockenschnitzel** fallen bei der Verarbeitung der Zuckerrüben an und werden melassiert und pelletiert verfüttert. Mit ihrem engen NEL:RP-Verhältnis gelten sie als ideales Ergänzungsfuttermittel zu jungem Grünfutter. Trotz ihres relativ hohen Rohfasergehaltes sind sie kein »Strukturfutter« und daher höchstens bis zu 4 kg täglich einsetzbar.

Unter den **Mühlen-Nachprodukten** unterscheiden wir mit zunehmendem Ausmahlungsgrad *Nachmehle*, *Futtermehle*, *Grießkleie* und *Kleie*. Wegen des höheren Rohfasergehaltes sind Kleien wiederkäuergerechter als Nachmehle und Futtermehle, welche mehr Stärke enthalten. Sie verbessern die Gesamtwirkung der Kraftfuttermischung.

1 Teil **Kartoffelflocken** (stärkereich, rohfaserarm) und 2 Teile eiweißreiches Milchleistungsfutter (DLG IV) ergeben ein energiereiches Leistungskraftfutter.

Als eiweißreiche Futtermittel stehen **Ackerbohnen** und verschiedene Nachprodukte der Ölgewinnung zur Verfügung.

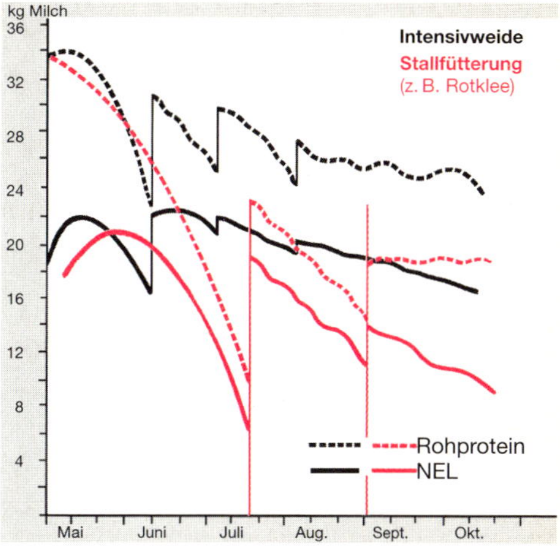

Abb. 756 Das Nährstoffangebot ist bei Intensivweide besser als bei Stallfütterung.

Abb. 757 Grundlagen der Futterplanung.

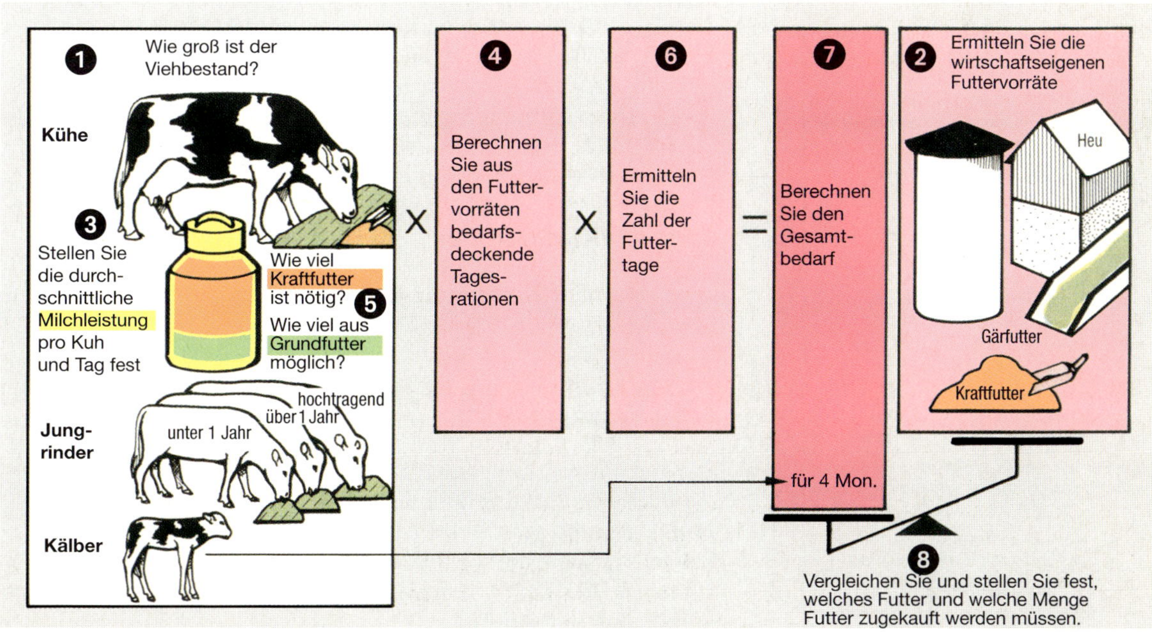

Einsatzzweck	NEL MJ/kg	nXP g/kg	RNB g N/kg
Ausgleich RNB			
bei Protein-Mangel	6,2	200/**210**/220	+ 20 bis + 25
bei Protein-Überschuss	6,7	130/**140**/150	– 5 bis – 8
Leistungsfutter			
Energiestufe 2	6,2	140/**150**/160	0 bis + 4
Energiestufe 3	6,7	150/**160**/170/180	0 bis + 4
Energiestufe > 3	7,2	160/**170**/180	0 bis + 4

Abb. 758 Milchleistungsfutter-Typen.

Abb. 759 **Beispiel** einer Mischfutter-Deklaration.

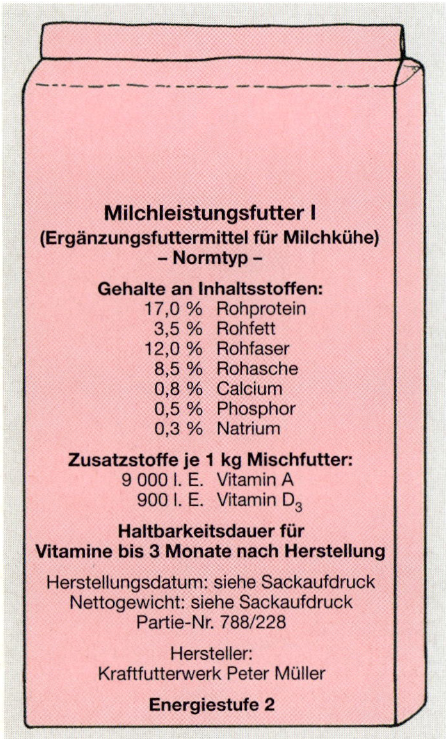

Wird Ölfrüchten wie Sojabohnen, Erdnüssen, Raps und Lein das Fett auf chemischem Weg entzogen (extrahiert), bleiben als Rückstände die sog. **Extraktionsschrote,** welche eiweißreich und hoch verdaulich sind.

Die **Ölkuchen** bleiben beim mechanischen Auspressen der Ölfrüchte übrig. Sie enthalten noch mehr Fett als Extraktionsschrote und sind daher energiereicher.

Kokos-, Palmkern- und **Babassukuchen** können bei Gaben von etwa 1,5 kg/Kuh und Tag den Fettgehalt der Milch steigern, wenn die übrige Rationszusammensetzung nicht bereits darauf abgestimmt ist.

Mehr als 3 kg täglich sollten aber in der Ration nicht enthalten sein, da sonst die Gefahr einer Stoffwechselerkrankung (Ketose) besteht. Mehr als 800 g Fett darf die gesamte Futterration einer Milchkuh nicht enthalten.

Die **Mischfutter** für Milchkühe sind industriell hergestellte *Ergänzungsfuttermittel* zum Grundfutter.

»Normtyp-Mischfutter« entsprechen hinsichtlich ihrer Inhaltsstoffe den geforderten Werten der Futtermittel-Verordnung. Gehaltsabweichungen sind nur nach der wertverbessernden Seite erlaubt.

Von den angegebenen Inhaltsstoffen sind für den Landwirt vor allem der Rohprotein-, der Rohfaser- und der Mineralstoffgehalt zur Qualitätsbeurteilung und zur Auswahl wichtig.

Die Angabe von Zusatzstoffen (Vitamine und gegebenenfalls Konservierungsstoffe) und deren Mindesthaltbarkeit bedeutet für den Landwirt mehr Sicherheit. Außerdem sind noch entsprechende Fütterungshinweise vorgeschrieben.

Die Einhaltung dieser futtermittelrechtlichen Vorschriften wird regelmäßig durch amtliche Kontrollen überwacht. Darüber hinaus gibt es auch herstellerinterne Kontrollen sowie den mit staatlicher Unterstützung arbeitenden »Verein Futtermitteltest«. Auch das DLG-Gütezeichen bescheinigt, dass die vorgeschriebenen Qualitätsanforderungen erfüllt sind.

Für die Praxis stehen die in Abb. 758 aufgeführten Milchleistungsfutter-Typen zur Verfügung, welche nach dem Einsatzzweck in Ausgleichs- und Leistungskraftfutter eingeteilt werden können. Neben dem Energiegehalt unterscheiden sie sich vor allem im nXP-Gehalt, wobei die fettgedruckten nXP-Werte am häufigsten vorkommen dürften.

Wenn möglich, sollten 2 Milchleistungsfutter-Typen je Betrieb eingesetzt werden, um den Ansprüchen der Kühe besser zu entsprechen. Dies gilt vor allem bei Hochleistungstieren oder wenn Grassilage Hauptbestandteil der Futterration ist.

2.5.10 Futterplanung

Die Leistungsveranlagungen der Tiere lassen sich nur durch *bedarfsgerechte* Fütterung in Gewinn umsetzen. Eine ausreichende Futterversorgung ist sicherzustellen. Sie erfordert neben dem Erfassen betrieblicher Daten und der Qualität der Futtervorräte vorrangig das Feststellen der Futterinhaltsstoffe (Qualität) der hofeigenen Futtermittel.

Vorname Gemeinde Kr. Gem. Betr.

	Futtergabe je Tier und Tag in kg										Vorrat bzw. Bedarf für den Fütterungsabschnitt in dt												
	Saftfutter				Getreide						Rauhfutter		Saftfutter					Getreide					
	Mais Silage		Rüben		Schrot			Trockenschnitzel	Sojaextraktionsschrot	Mineralfutter	Wiesen Heu	Heu	Anwelk Silage	Mais Silage		Rüben		Schrot			Trockenschnitzel	Sojaextraktionsschrot	Mineralfutter
	8	9	10	11	12	13	14	15	16	17	5a	6a	7a	8a	9a	10a	11a	12a	13a	14a	15a	16a	17a
									Vorrat														
	18				2				0,5	0,150	100,2		400,8	601,2				66,8				16,7	5,0
					0,8				0,2	0,100	3,8		36,0					1,4				0,4	0,2
										0,070	35,0		210,4										0,8
					0,9				0,6	0,040	17,5		105,2					10,5				7,0	0,5
											10,0							9,1				3,6	0,3
Gesamtbedarf											166,5		752,4	601,2				87,8				27,7	6,8
Futterreserve/Zukaufsbedarf																							

Abb. 760 Vereinfachtes **Rechenbeispiel** für die Futterplanung (Futtervoranschlag).

Ohne Futtervoranschlag besteht gerade während der Winterfütterung die Gefahr, dass das Grundfutter vorzeitig ausgeht. Ein wirtschaftlicher Verlust ist nicht zu verhindern, da entweder die Milchleistung stark absinkt oder vermehrt Futtermittel zugekauft bzw. Tiere verkauft werden müssen.

In Abb. 757 (Seite 275) sind die einzelnen grundlegenden Schritte aufgezeigt. Das **Rechenbeispiel** (Seite 275 in Abb. 760) soll dies noch verdeutlichen. Dabei wurde von folgenden Voraussetzungen ausgegangen:

- Viehbestand eines Ergänzungsbetriebs mit 3-jährigem Umtrieb.
- Die Zahl der Futtertage ergibt sich aus der Annahme, dass z. B. im Herbst frisches Rübenblatt und im Frühjahr Winterraps verfügbar sind.
- Durchschnittliche Milchleistung von 17 kg/Kuh und Tag.
- Grundfutter reicht für 12 kg Milch.
- 2,5 kg Leistungskraftfutter (4 Teile Getreide + 1 Teil Sojaschrot + 2 % vitaminiertes Mineralfutter) pro Kuh und Tag.
- Kälberaufzucht nach der »Frühentwöhnungsmethode«.

Aufgaben:

1. Wie viele kg Milch sind aus dem Grundfutter allein in der Winterfütterung, bei der Sommerstallfütterung und bei Weidegang ungefähr erzielbar?
2. Eine wiederkäuergerechte Futterration muss ausreichend Rohfaser und genügend Struktur enthalten.
   - **a)** Beschreiben Sie die Wirkung rohfaserreicher Futtermittel auf die Pansenverdauung.
   - **b)** Wie viel Prozent der Trockenmasse der Gesamtration soll der optimale Rohfasergehalt einer Futterration für die Milchkuh betragen?

Abb. 761 Zur Ermittlung der wirtschaftseigenen Futtervorräte benötigt man die Raumgewichte der Futtermittel.

Futtermittel		Gewicht/m^3
Futterrüben		7,0 dt
Gerste		6,1 dt
Weizen		7,6 dt
Hafer		4,5 dt
Trockenschnitzel		3,2 dt
Heu, lang		1,0 dt
Heu, gehäckselt		1,2 dt
Heu (2.–3. Schnitt)		1,3 dt
Heu, Hochdruckballen		1,7 dt
Heu, Niederdruckballen		1,0 dt
Grassilage	25–35% T	7,0 dt
Grassilage	über 35% T	5,0–6,0 dt
Rapssilage	12% T	10,0 dt
Rübenblatt-Silage		9,0 dt
Pressschnitzel-Silage	20% T	9,5 dt
Maissilage (Fahrsilo)	30% T	6,5 dt

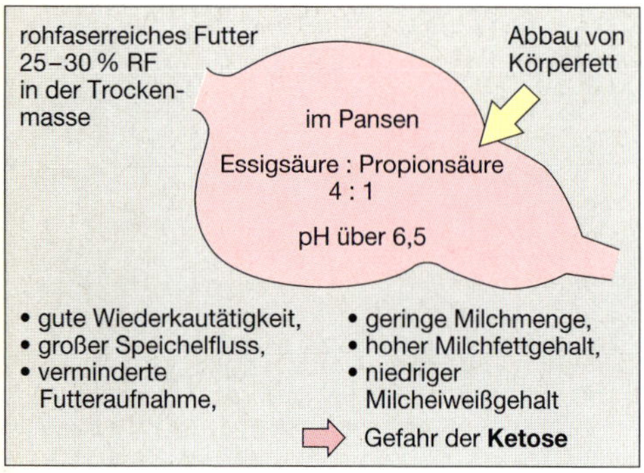

Abb. 762 Wirkung eines zu hohen Rohfasergehaltes im Futter (Schema).

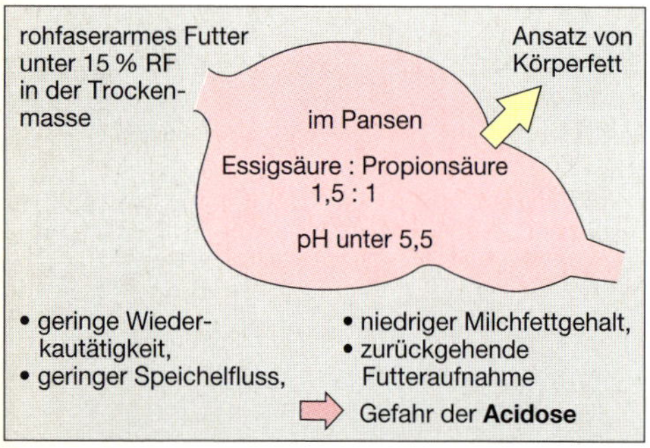

Abb. 763 Wirkung eines zu geringen Rohfaser-Anteils im Futter (Schema).

c) Nennen Sie jeweils die Folgen eines zu niedrigen und eines zu hohen Rohfasergehaltes der Futterration.

3. Gegeben ist die folgende Futterration für Milchkühe (600 kg LM, Fettgehalt der Milch 4,0 %):
5 kg Heu (2. Schnitt, grasreich),
27 kg Futterrüben (gehaltvoll)
10 kg Grassilage (40 % T, Ährenschieben, grasreich)
5 kg Getreidemischung aus je einem Drittel Gerste, Weizen, Hafer.
Berechnen Sie:
a) den Gehalt der Ration an T, Rohfasermasse, NEL, nXP und RNB,
b) den Milcherzeugungswert (MEW),
c) das Verhältnis von Rohfaser : Trockenmasse in Prozent.

4. Gegeben ist die Futterration für Milchkühe (650 kg LM, Fettgehalt der Milch 3,5 %):
60 kg Weidegras (4 Nutzungen, grasreich, 1. Aufwuchs, jung),
10 kg Maissilage (35 % T, mittlerer Kolbenanteil, Ende Teigreife)
6 kg Milchleistungsfutter (170 g nXP; 6,7 MJ NEL; 0 g RNB; 12 % RF).
Berechnen Sie die gleichen Kenngrößen der Ration wie bei Aufgabe 3.

5. Gegeben ist folgende Grundfutterration für eine Milchkuh (600 kg LM, Fettgehalt der Milch 4,5 %):
25 kg Grassilage (2–3 Nutzungen, klee- und kräuterreich, 1. Aufwuchs, volles Ährenschieben),
8 kg Maissilage (mittlerer Kolbenanteil, Ende Teigreife)
a) Berechnen Sie eine Basisration, die im Energiegehalt für 15 kg Milch reicht. Verwenden Sie als Ausgleichskraftfutter eine Getreidemischung aus je einem Drittel Gerste, Weizen und Hafer.
b) Berechnen Sie die zusätzliche Kraftfuttermenge für den Gesamtausgleich sowie den Milcherzeugungswert, den RNB-Wert und den Rohfasergehalt der Gesamtration.

6. Die Grundfutterration einer Milchkuh (650 kg LM, 4 % Milchfett) besteht aus:
40 kg Luzerne (1. Aufwuchs, in der Knospe)
8 kg Maissilage (Ende Teigreife, mittlerer Kolbenanteil)
a) Berechnen Sie eine Basisration, die im Energiegehalt für 12 kg Milch reicht. Verwenden Sie Trockenschnitzel zum Ausgleich.
b) Siehe 5.b.

7. In der Sommerfütterung sind Weidegang oder Stallfütterung möglich.
Nennen Sie stichpunktartig die wichtigsten Argumente, die für oder gegen das eine oder andere Verfahren sprechen.

8. Nennen Sie jeweils 4 eiweiß- und energiereiche Kraftfuttermittel für den Nährstoffausgleich des Grundfutters.

9. Erläutern Sie kurz die einzelnen grundlegenden Schritte zur Futterplanung, um Verdauungsstörungen bei den Tieren zu vermeiden.

10. Fruchtbarkeitsstörungen, schlechter Gesundheitszustand und Leistungsabfall sind häufig die Folgen von Fütterungsfehlern. So kann es vorkommen, dass Kühe trotz ausreichender Rohproteinversorgung an Proteinmangel leiden. Wie können Sie sich diesen Zusammenhang erklären?
11. Nennen Sie mindestens 5 Futtermittel, die häufig in Futterrationen zur Winterfütterung vorkommen, und beschreiben Sie kurz deren wesentliche Merkmale.
12. Beschreiben Sie, wie man im Frühjahr und im Herbst die Übergangsfütterung sorgfältig durchführt.

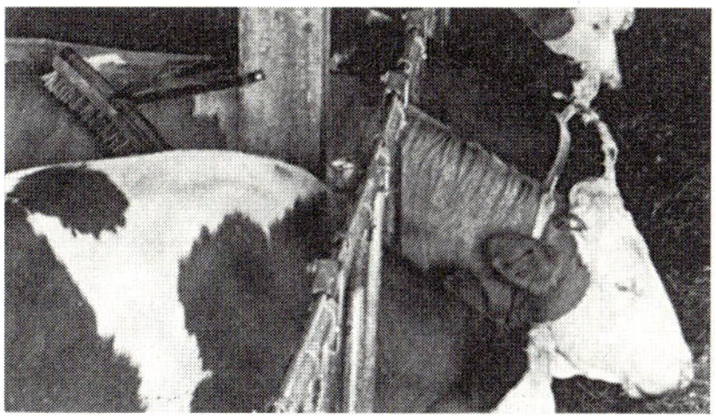

Abb. 764 An solchen Pflegebürsten scheuern sich Rinder sehr gerne.

2.6 Pflege der Tiere

Aussehen, *Verhalten*, *Gesundheitszustand* und *Leistungsverlauf* der Tiere sind ständig zu überwachen und bei Abweichungen sofort die Ursachen zu suchen, die das Wohlbefinden der Tiere stören.

Tiere können nur dann hohe Leistungen bringen, wenn sie sich wohl fühlen.

Neben einem sauberen, tiergerechten *Stall*, einem gesunden *Klima*, einer sachgerechten *Fütterungs-* und *Melktechnik* sind auch das *Viehputzen* und die *Klauenpflege* von größter Bedeutung. Dies ist besonders dann wichtig, wenn die Tiere die meiste Zeit über im Stall gehalten werden und dabei keine Gelegenheit erhalten, Klauen abzunutzen oder sich zu scheuern. Ferner müssen die *Stallarbeiten* pünktlich und regelmäßig verrichtet werden, damit die Tiere möglichst lange ungestörte Ruhezeiten für das Wiederkauen und die Verdauung haben.

Abb. 765 Ein Klauenbad, alle 2 Wochen, beugt Klauenerkrankungen vor.

2.6.1 Viehputzen

Das Viehputzen ist von großer Bedeutung für das Wohlbefinden und die davon beeinflusste Leistungsfähigkeit der Tiere, besonders der Milchkühe. Geputzt wird mit *Striegel* und *Bürste*, die wie ein Handstaubsauger wirkt.
Mit dem Striegel beseitigt man gröberen Schmutz und Krusten aus den Haaren. Einfacher und schonender für die Tiere ist in solchen Fällen jedoch die Dusche oder das Abwaschen mit körperwarmem Wasser. Das kräftige Bürsten fördert die Durchblutung und die Atmung der Haut, was sich auf die Verdauung günstig auswirkt. Neuerdings gibt es auch elektrische Putzgeräte.
Durch Insektizide werden die Tiere von Ungeziefer (Läuse, Milben) befreit, das besonders Milchvieh so stark belästigen kann, dass die Leistung empfindlich absinkt.
In Anbindeställen sollten die Tiere *wöchentlich einmal* geputzt werden. In Laufställen und Ausläufen können *Scheuervorrichtungen* wie z. B. Spezialbürsten oder halbierte Autoreifen an leicht zugänglichen Stellen angebracht werden, damit sich die Tiere selbst reinigen können.

Abb. 766 Kenntnisse und Fertigkeiten einer sachgerechten Klauenpflege kann man sich in Kursen aneignen.

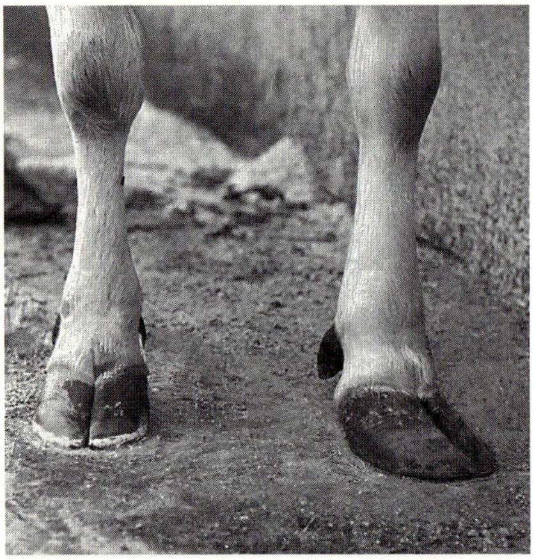

Abb. 767 Beschnittene und unbeschnittene Klaue.

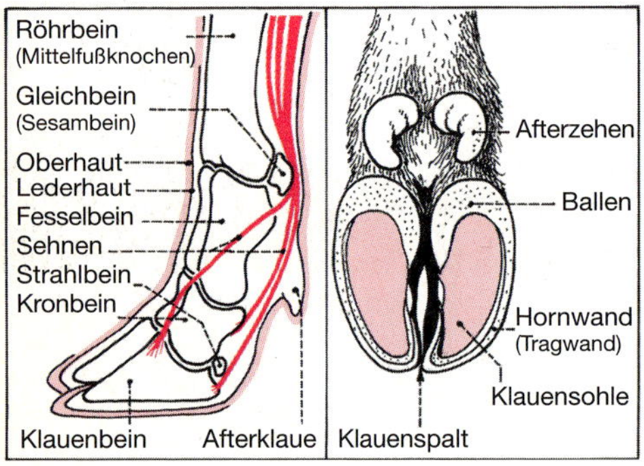

Abb. 768 Aufbau einer Rinderklaue.

Abb. 769 Werkzeuge für die Klauenpflege nach dem »Allgäuer Verfahren«.

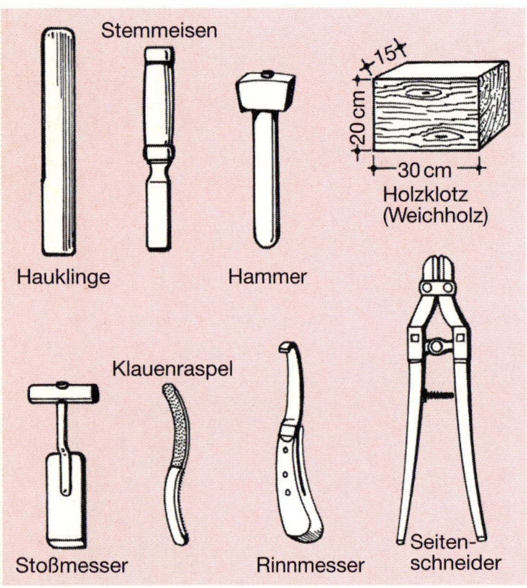

2.6.2 Klauenpflege

Die Klauenpflege beginnt schon beim Jungrind erstmals zwischen 6. und 9. Lebensmonat. Im Anbindestall und in eingestreuten Tieflaufställen nützen sich die Klauen nicht auf natürliche Weise ab und müssen daher *zweimal im Jahr* geschnitten werden. Bei Weidehaltung ist sie 4 Wochen vor dem Frühjahrsaustrieb und am Ende der Weideperiode nötig. Auch im **Laufstall** sind Klauenkorrekturen notwendig. Der hintere Klauenrand nutzt sich zwar ab, aber der vordere Tragwandteil der Klaue kann zu lang werden. Nasse Laufflächen machen zudem die Klauen weich und anfälliger.

Ein *Klauenbad* in einer 10%igen Kupfersulfatlösung unterstützt die Pflegemaßnahmen und beugt Klauenerkrankungen vor. *Ungepflegte Klauen* wachsen sich z. B. zu sog. Scherenklauen oder Pantoffelklauen aus, welche die Tiere zu einer *unnatürlichen Belastung* der Klauen zwingen. Dadurch werden Gelenke, Bänder und Sehnen übermäßig beansprucht. Die Tiere haben beim Stehen und Laufen Schmerzen; sie rutschen leicht aus, bleiben lange liegen und fressen daher weniger. Ein *Rückgang der Milchleistung* ist die Folge. Einige Klauenleiden verlaufen chronisch und erzeugen erst in ihrer Endphase deutliche Lahmheit. Auf jeden Fall *ist* das Wohlbefinden dieser Tiere gestört, was zu *verminderter Fruchtbarkeit* und *kürzerer Nutzungsdauer* führen kann.

Die **Klauenpflege** sollte von einem erfahrenen Klauenpfleger durchgeführt werden. Nach eingehender Unterweisung oder Besuch eines Kurses kann man es auch selber versuchen. Grundlegende Kenntnisse über den Bau einer Klaue sind Voraussetzung. Die Tiere werden am besten außerhalb des Stalles auf eine Holzunterlage gestellt und kurz angebunden. Ein Klauenpflegestand oder auch selbst gefertigte Hilfsmittel zum Aufheben der Gliedmaßen erleichtern die Arbeit wesentlich.

Nach dem sog. *Allgäuer Verfahren* werden zuerst die wegzuschneidenden Hornteile mit Kreide angezeichnet, dann die Afterklauen, die überflüssigen Spitzen und der Tragrand mit dem Seitenschneider abgeschnitten oder abgestemmt und schließlich die Klauensohle mit dem Stoßmesser bearbeitet. Für die Feinarbeit, vor allem im Zwischenklauenspalt, dient das Rinnmesser. Alle diese Arbeiten lassen sich einfacher und schneller mit einem *Spezial-Winkelschleifgerät* durchführen. Die Tiere müssen aber dazu unbedingt in einem Klauenpflegestand festgehalten werden. Heute verwendet man auch Klauenpflegestände, in denen die Kuh liegend geschwenkt werden kann. Dies ermöglicht eine besonders günstige Körperhaltung bei der Arbeit. Eine Schutzbrille vermeidet Augenverletzungen.

Beim Klauenschneiden muss die Klaue auch auf Entzündungen und Geschwüre untersucht werden. Vorhandene *Wunden* werden gesäubert, desinfiziert oder mit Holzteer bestrichen, mit Mullbinde abgedeckt und mit Klebeband zum Schutz vor Feuchtigkeit umwickelt. Eine regelmäßig und sorgfältig durchgeführte Klauenpflege ist die beste Vorbeugung gegen *Klauenkrankheiten* wie Klauenlederhaut-Entzündung, Hornspalt, Klauensohlen-Geschwür, Panaritium und Zwischenklauenwulst.

2.6.3 Enthornen

Das Enthornen ist besonders bei Laufstallhaltung zwingend notwendig, um die Verletzungsgefahr für Mensch und Tier zu verringern.
Laut Tierschutz-Gesetz (1. Januar 1987) darf das Enthornen oder das Verhindern des Hornwachstums ohne Betäubung nur bei unter 6 Wochen alten Rindern erfolgen. Für den *Ätzkalistift* ist der beste Anwendungszeitraum das Alter von 1–2 Wochen und für das *elektrische Brenneisen* das Alter von 3–6 Wochen.
Ältere Rinder dürfen nur unter Betäubung von einem Tierarzt enthornt werden.

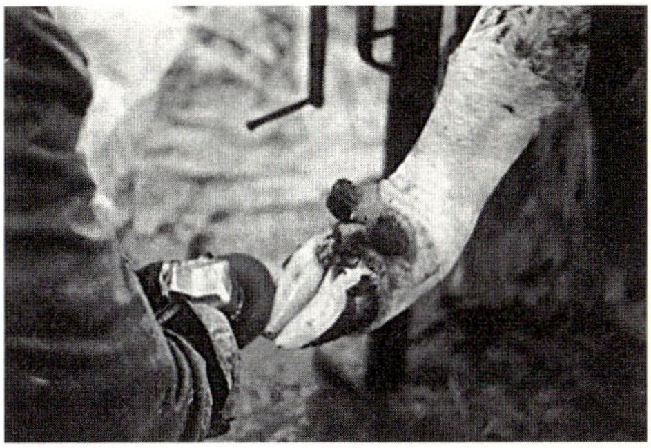

Abb. 770 Pflegestand und Einhandflex erleichtern heute die Klauenpflege erheblich.

2.6.4 Fliegenbekämpfung

Eine Fliegenbekämpfung soll verhindern, dass die Tiere in warmen Jahreszeiten durch diese Insekten zu sehr belästigt und beunruhigt werden. Man sollte damit bereits im Frühjahr beginnen und die Maßnahmen entsprechend wiederholen.
Neben Spritz- und Sprühverfahren gibt es auch insektizidhaltige Anstrich- und Streumittel. Ein umweltfreundliches Verfahren ist der Einsatz von Schlupfwespen zur Fliegenbekämpfung. Sauberkeit im Stall ist eine der wichtigsten Vorbeugemaßnahmen.

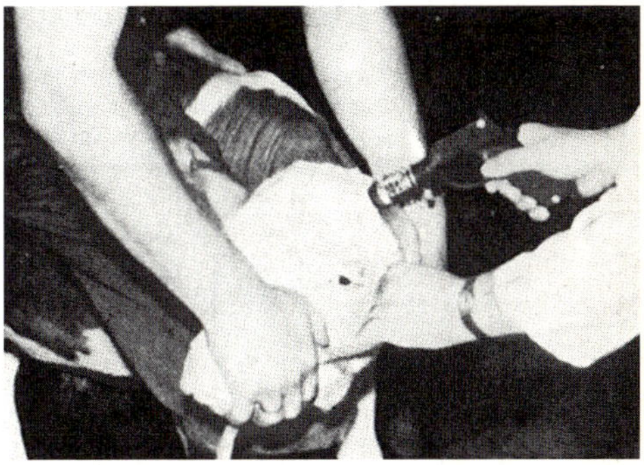

Abb. 771 Enthornen eines Kalbes mit dem elektrischen Brenneisen.

Aufgaben:
1. Weshalb ist das Viehputzen so wichtig?
2. Begründen Sie die Notwendigkeit der Klauenpflege, indem Sie auch auf die Folgen fehlerhafter Klauenformen eingehen.
3. Bis zu welchem Alter dürfen Rinder ohne Betäubung enthornt werden?

2.7 Der Milchviehstall

Um Gewinn bringend wirtschaften zu können, soll der Milchviehstall *tiergerecht*, *arbeitssparend*, *kostengünstig* und *umweltverträglich* sein. Diese Forderungen an Stallklima, Aufstallungsform, Mechanisierung und Kosten *widersprechen* sich teilweise und zwingen daher zu Kompromissen.

Abb. 772 Voraussetzung für erfolgreiche Milchproduktion ist ein entsprechend ausgerüsteter Milchviehstand.

2.7.1 Stallklima

Temperatur, *Luftfeuchtigkeit*, *Schadgase*, *Luftbewegung* und *Licht* beeinflussen das Stallklima. In Tabelle 62 (Seite 282) sind die Optimalbereiche bzw. Maximalwerte der einzelnen Klimafaktoren zusammengefasst.
Temperatur – Zu niedrige Temperaturen wirken sich bei Milchkühen auf die Leistung nicht so ungünstig aus wie zu hohe (Abb. 773, Seite 282). Bei Temperaturen über 25 °C wird der Blutkreislauf sehr belastet, die Futteraufnahme vermindert und die Milchleistung folglich geringer.

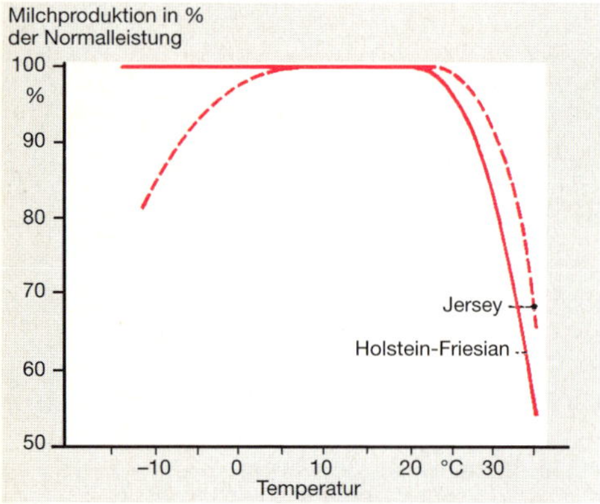

Abb. 773 Einfluss der Stalltemperatur auf die Milchleistung.

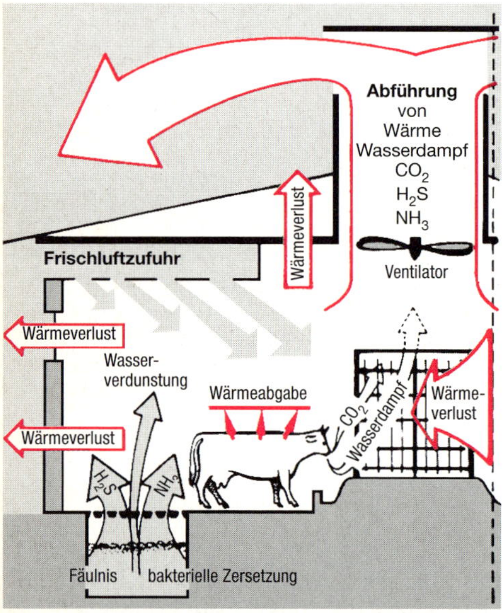

Abb. 774 Die Lüftung muss den Wärmehaushalt der Tiere und des Stalles, besonders im Winter, berücksichtigen.

Tabelle 62: Optimale Klimafaktoren im Milchviehstall (nach DIN 18910)

Klimafaktor	Optimalbereiche bzw. Maximalwerte
Temperatur	0–20 °C
rel. Luftfeuchtigkeit	60–80 %
Schadgas-Konzentration Kohlendioxid (CO_2) Ammoniak (NH_3) Schwefelwasserstoff (H_2S)	 max. 3,0 l/m³ max. 0,02 l/m³ max. 0,005 l/m³
Luftbewegung in Tierkörpernähe bei optimaler Stalltemperatur von 0–20 °C	max. 0,2 m/s
Licht Tageslicht Kunstlicht AS: • Melkzone • übriger Raum LS: • Melkstand • übriger Raum	 Fensterfläche 5–20 % der Bodenfläche Beleuchtungsstärke: 100 Lux 50 Lux 200 Lux 100 Lux

AS: Anbindestall, LS: Laufstall.

Luftfeuchtigkeit – Weicht bei normaler Stalltemperatur die relative Luftfeuchtigkeit vom Optimalbereich (60–80 %) ab, so werden Erkrankungen der *Atemwege* begünstigt. Bei zu hoher Stallluftfeuchte bildet sich das gefürchtete Tauwasser (Kondensat) vor allem an Außenwänden und Stalldecken. Bauschäden sind oft die Folgen.

Schadgase – *Kohlendioxid* (CO_2), *Ammoniak* (NH_3) und *Schwefelwasserstoff* (H_2S) gefährden bei Überschreiten der Maximalwerte (Tabelle 62) die Gesundheit von Mensch und Tier. Beim Aufrühren von Flüssigmist, der unter dem Stall gelagert wird, tritt Schwefelwasserstoff in so hochgiftigen Konzentrationen auf, dass sogar *Lebensgefahr* besteht. Daher beim Aufrühren stets für ausreichende Belüftung sorgen!

Luftbewegung – Sie sollte in Tierkörpernähe 0,2 m/s nicht überschreiten. Bei Temperaturen über 20 °C können jedoch Luftgeschwindigkeiten bis zu 0,6 m/s vertretbar sein. Die Gesundheitsgefährdung bei *Zugluft* liegt darin, dass Kaltluftstrahlen nur Körperteile abkühlen, und deshalb der Wärmeregulationsmechanismus des Tierkörpers nicht schützend ausgelöst wird.

Licht – Genügend Licht erleichtert ein sorgfältiges Arbeiten, verbessert die Stallhygiene und fördert die Fruchtbarkeit der Kühe (Lichtmangel begünstigt die »stille« Brunst).

2.7.2 Stalllüftung

Für ein optimales Stallklima sind im Sommer hohe **Luftmengen** (Maximal-Luftrate) und im Winter geringe Luftmengen (Minimal-Luftrate) erforderlich, da in der kalten Jahreszeit eine ausgeglichene *Wärmebilanz* (d. h., die Wärmeverluste sind nicht größer als die Wärmeabgabe der Tiere) im Stall zu berücksichtigen ist.
Die zugeführte **Frischluft** soll sich *gleichmäßig* im Stall verteilen.

Tabelle 63: Lüftungssysteme im Vergleich

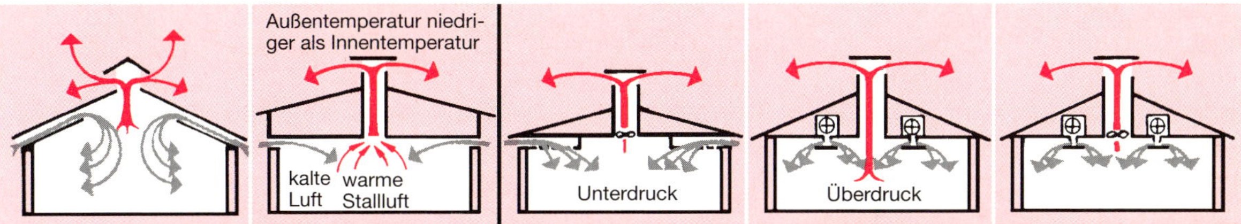

	Trauf-First-Lüftung	Schachtlüftung	Unterdrucklüftung	Überdrucklüftung	Gleichdrucklüftung
	Schwerkraftlüftungen		**Zwangslüftungen**		
Kennzeichen	keine Ventilatoren; Luftförderung beruht auf dem Temperaturunterschied zwischen Außen- und Stallluft Dachdeckenkonstruktion	mind. 5 m hoher Abluftschacht	Ventilatoren für die Abluft	Ventilatoren für die Zuluft	getrennte Ventilatoren für Zu- und Abluft
Vorteile	einfache und billige Anlage		einfache Anlage, gezielte Abluft (umweltfreundlich)	einfache Anlage; gute Frischluftverteilung, gut kombinierbar mit Stallheizung	sicher funktionierende Anlage; beste Frischluftverteilung
Nachteile	nur funktionssicher, wenn Stallluft wärmer als Außenluft, d. h. im Winter Windeinfluss nicht berechenbar		bei undichten Ställen keine gezielte Luftführung (Falschluft, Zugluft)	feuchte Stallluft mit Schadgasen wird in Nebenräume und andere Bauteile gedrückt (Verschlechterung des Futters, Bauschäden)	hohe Einrichtungs- und Betriebskosten
Eignung	für Kaltställe, bei Winterstallhaltung und bei entsprechender Regulierbarkeit der Zuluftöffnungen auch für Warmställe zufrieden stellend		in Rinderställen am häufigsten anzutreffen	für Ställe, die eine Heizung benötigen (z. B. Kälbermast)	für Ställe, bei denen wegen ungünstiger Gebäudeverhältnisse die anderen Systeme nicht ausreichen

Dadurch wird der gesamte Stallraum besser »durchspült« und Kaltluft bereits über den Tierkörpern auf Raumlufttemperatur angewärmt. Zulufteinrichtungen müssen daher eine gezielte, zugfreie und wegen der unterschiedlichen Sommer- und Winterluftraten mengendosierbare Frischlufteinführung ermöglichen.

Beim Einbau von **Lüftungsanlagen** sind *Stallgröße*, *Stalllage*, *Wärmedämmung* der Bauteile, *Tierbestand* und andere Faktoren zur Berechnung der notwendigen Zu- und Abluftöffnungen zu beachten. Diese Fachkenntnisse erfordern die Erfahrung eines Spezialisten.

Je nach Einrichtung der Zu- und Abluftführung unterscheidet man verschiedene **Lüftungssysteme.** In Tabelle 63 sind ihre typischen Kennzeichen sowie Vor- und Nachteile zusammengefasst.

Für Zwangslüftungen gibt es zur Regelung der notwendigen Luftraten verschiedene Einrichtungen. Beim *Stufentransformator* kann die gewünschte Drehzahl des Ventilators von Hand eingestellt werden. *Regelsteuergeräte* passen dagegen automatisch entweder über die Temperatur (mit Thermostat) oder über die Luftfeuchte (mit Hygrometer) die Ventilatorendrehzahl den unterschiedlichen Stallklimabedingungen an.

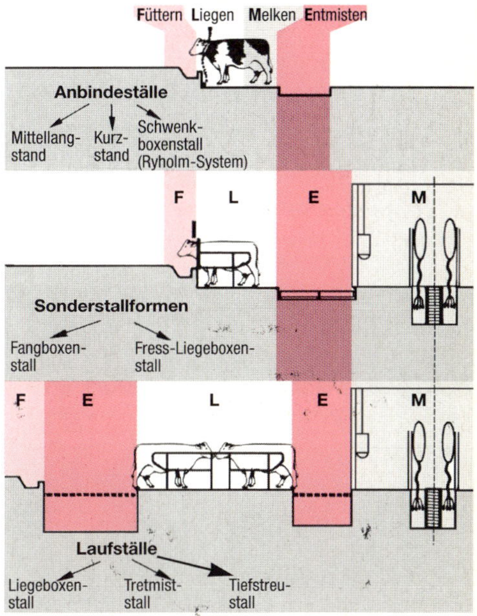

Abb. 775 Formen der Milchviehaufstallung.

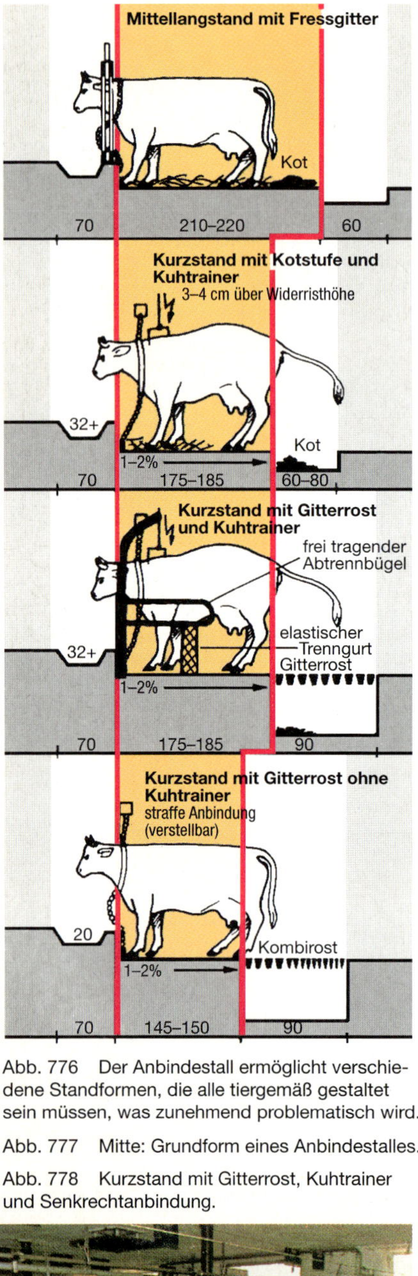

Abb. 776 Der Anbindestall ermöglicht verschiedene Standformen, die alle tiergemäß gestaltet sein müssen, was zunehmend problematisch wird.

Abb. 777 Mitte: Grundform eines Anbindestalles.

Abb. 778 Kurzstand mit Gitterrost, Kuhtrainer und Senkrechtanbindung.

Die Aufgaben der Stalllüftung sind das Zuführen von Frischluft und das Abführen von Wasserdampf, Schadgasen und im Sommer vor allem von Wärme.

2.7.3 Aufstallungsformen

Je nach Bewegungsfreiheit der Tiere und der sich daraus ergebenden Vereinigung oder Trennung der Funktionsbereiche »Füttern«, »Liegen«, »Melken« und »Entmisten« können wir *Anbindeställe*, *Laufställe* und *Sonderstallformen* unterscheiden (Abb. 775). Die Anbindehaltung ist noch am weitesten verbreitet, da erst ab 40–50 Kühen das Melken im Melkstall arbeitswirtschaftliche Vorteile bringt und Laufställe oder Sonderstallformen notwendig werden.

Anbindeställe – Hierzu zählen der *Mittellangstand*, der *Kurzstand* und der *Schwenkboxenstall.*

Im **Mittellangstand** trennt ein verschließbares Fressgitter Fress- und Liegebereich. Die Standlänge beträgt 220 cm, so dass die Kühe während des Fressens auf die Liegefläche koten. Es ist also ziemlich viel Einstreu notwendig (5 kg/Tier und Tag). Wegen des hohen Arbeits- und Kapitalaufwandes wird er kaum noch gebaut.

Im **Kurzstand** versucht man, durch enge Anpassung der Standlänge an die Tierlänge, die *Liegefläche* mit möglichst wenig Einstreu (3 kg/Tier und Tag) oder sogar völlig einstreulos *sauber* zu halten. Das Fressgitter ist weggelassen. Der zusätzliche Bewegungsfreiraum über der Futterkrippe ist in die Berechnung des Tierplatzbedarfes bereits mit einbezogen.

Die Kühe haben daher trotz verkürzter Standlänge die gleiche Bewegungsfreiheit wie im Mittellangstand und zudem ständig Zugang zum Futter.

Einstreulose Haltung und *Flüssigmistverfahren* ermöglicht der **Kurzstand mit Gitterrost.** Er ist zur Standardlösung geworden. Zur Sauberhaltung des Liegeplatzes wird die Standlänge auf 145–150 cm verkürzt oder bei tiergemäßen 175–185 cm ein *Kuhtrainer* angebracht. Dieser an einen Stromimpulsgeber angeschlossene Elektrodraht veranlasst die Kuh zurückzutreten, um beim Koten und Harnen in typischer Art den Rücken krümmen zu können.

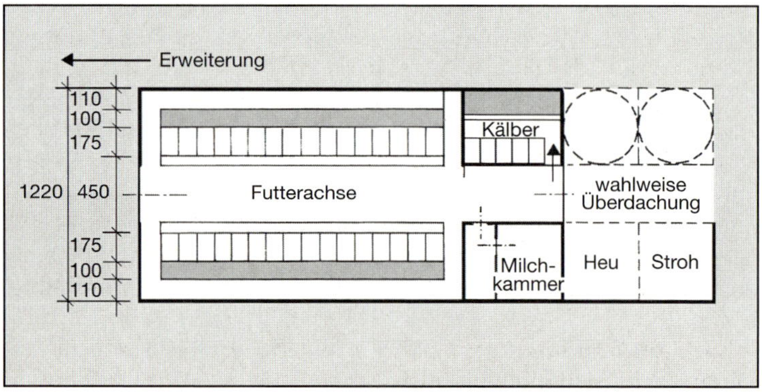

Die *mögliche Einstreu* macht den **Kurzstand mit Kotstufe** zur tierfreundlicheren, aber arbeitsaufwändigeren Lösung. Standlängen von 175–185 cm bedeuten Mehrarbeit, um den Liegeplatz sauber zu halten. Ein *Kuhtrainer* bringt auch hier eine wesentliche Erleichterung.
Haltungsbedingte Euter- und Beinschäden sowie unnatürliche Verhaltensformen sind bei Kühen in Kurzständen häufiger zu beobachten als in anderen Stallsystemen. Fehlerquellen können die Anbindevorrichtung sowie die Fress- und Liegeplatzgestaltung sein.
Die **Anbindung** darf nicht zu straff sein, damit die Kuh beim Fressen, Hinlegen und Aufstehen sowie zur eigenen Körperpflege nicht behindert ist. Bei der Auswahl muss daran gedacht werden, ob *ganzjährige Stallhaltung* oder *Weideführung* betrieben wird.
Für Stallhaltung ist die *Senkrechtanbindung* nach Grabner-Art als Kette oder Nylonband eine funktionssichere und billige Lösung. Weidegang dagegen erfordert gruppenweises Ab- und Anhängen. Hierzu eignen sich *Gelenkhalsrahmen*. Mit *Selbstfang-Gelenkhalsrahmen* können sich die einzelnen Kühe sogar selber einfangen.
Die **Futterkrippe** muss vor allem ein natürliches Fressverhalten ermöglichen, darf aber zugleich die Tiere beim Hinlegen, Liegen und Aufstehen nicht hindern. Der Krippenboden soll daher 12–15 cm über dem Niveau der Standfläche liegen und die 25 cm hohe *Krippenrückwand* aus einem elastischen Material (Gummiplatte) bestehen. Ist wegen bestimmter Futtermittel, z. B. Schlempe, aber eine massive Krippenwand notwendig, darf sie von der Standfläche weg nicht höher als 30 cm und nicht breiter als 12 cm sein.
Der **Liegeplatz** soll trittsicher, elastisch, nässefrei und wärmegedämmt sein. Bei Verwendung von *Einstreu* sind Hartbrandziegel, Spezialestriche oder Stallbodenplatten als Bodenbelag üblich. Für die einstreulose Haltung eignen sich am besten *Gummimatten* mit Oberflächenprofil als Einstreuersatz.
Alle Tiere sollten ausreichend Platz zum entspannten Liegen finden. Bei einer Standbreite von 110–120 cm sind daher *seitliche Standbegrenzungen* erforderlich, die verhindern, dass sich manche Kühe schräg legen und ihre Nachbartiere zum Stehen zwingen. Um Verletzungen zu vermeiden, sind dafür frei tragende Abtrennbügel mit elastischem Trenngurt vorzusehen.
Der **Schwenkboxenstall** (Ryholm-System) gleicht im Prinzip dem Kurzstand mit Gitterrost, jedoch ohne Anbindung. Die Kühe werden durch Schulterstützen, seitliche Trennbügel und hintere Absperrseile auf ihrem Standplatz festgehalten. Um die *Melkarbeit* zu erleichtern, können die Seitenabtrennungen geschwenkt und die Kühe wie im Fischgrätenmelkstall schräg gestellt werden.
Eine mögliche Weiterentwicklung durch den absenkbaren, gemeinsamen Mistgang zum »beweglichen Melkstand« soll die Vorteile des Anbindestalles mit denen des Laufstalles verbinden helfen.
Sonderstallformen – *Fangboxen-* und *Fress-Liegeboxenställe* haben nur noch geringe Bedeutung.

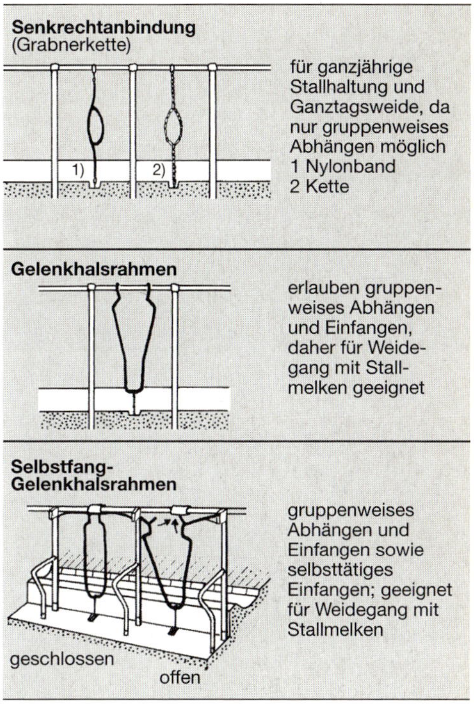

Abb. 779 Wichtige Anbindevorrichtungen und ihre Eignung.

Abb. 780 Eingestreute Fress-Liegeboxen.

Abb. 781 Geschlossener Liegeboxenstall.

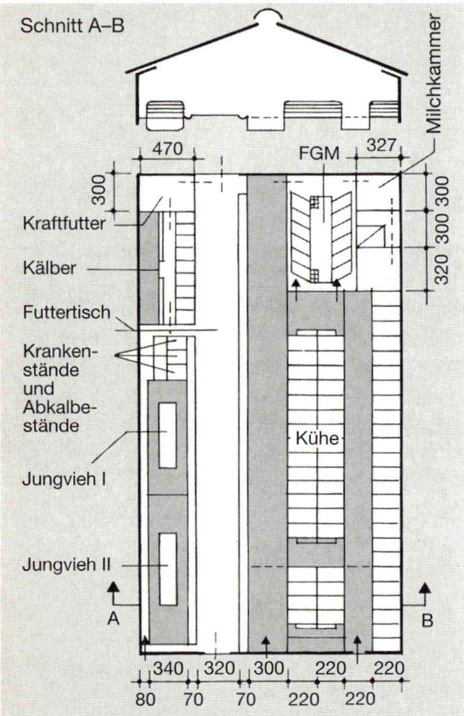

Abb. 782 Grundrissform eines geschlossenen 3-reihigen Liegeboxen-Laufstalles (Maße in cm, nach RITTEL und PIRKELMANN).

Abb. 783 »Spaltenroste« machen klauenangepasste Spaltenböden für Kühe möglich (Maße in cm).

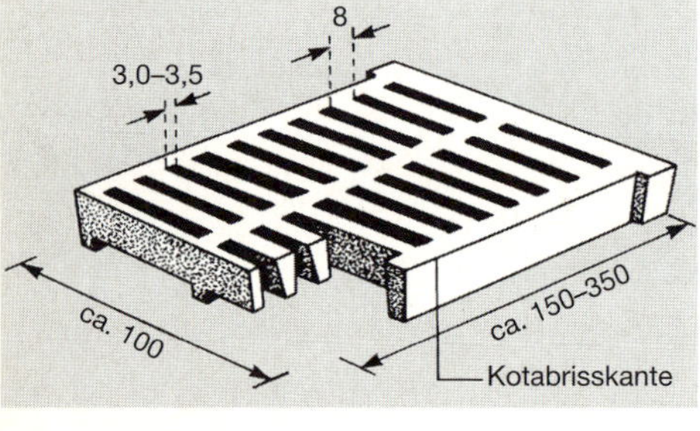

Fangboxen und **Fress-Liege-Boxen** ohne Anbindung ermöglichen nur eine begrenzte Einzeltierbetreuung und erfordern eine Milchgewinnung im Melkstand. Wegen der Bewegungsfreiheit der Tiere ist deren Enthornung notwendig. Die verschiedenen Ausführungen (Fress-Liege-Boxen mit Tragrost oder Kotstufe oder Liegemulde) bestimmen die Einstreuart und -menge sowie das Entmistungssystem (Flachschieber-Entmistung, Gummimatten als Spaltenboden mit Fließentmistung oder Zirkulationsverfahren der Gülle).

Laufställe gewinnen aus Gründen der Tiergerechtheit und Arbeitswirtschaft in spezialisierten Milchviehbetrieben vor allem bei Neuinvestitionen an Bedeutung. Die Bewegungsfreiheit fördert die Gesundheit und Fruchtbarkeit der Tiere, ermöglicht eine Trennung der Funktionsbereiche, wodurch die Anforderungen von Tier und Mensch sich optimaler gestalten lassen, erschwert aber die Einzeltierbetreuung. Zur Minderung der Verletzungsgefahr müssen die Tiere ebenfalls enthornt sein.

Beim **Tierstreu-** bzw. **Tretmiststall** steht den Tieren neben einem Lauf- bzw. Fressbereich eine großflächig eingestreute Liegefläche zur Verfügung. Diese ist beim Tiefstreustall etwa 80 bis 100 cm unter dem Laufgangniveau, so dass durch ständiges Einstreuen die Mistmatratze langsam anwächst. Beim Tretmiststall ist sie um 10 % zur Lauffläche hin geneigt und nur im oberen Drittel eingestreut. Die Gefahr der Euterverschmutzung und der Keimbelastung ist sehr hoch. Beide Haltungsformen sind für die Milchviehhaltung nicht so gut geeignet. Sie kommen nur für Betriebe mit ausreichendem Strohanfall und in Verbindung mit einem Offenfrontstall in Betracht.

Der **Liegeboxen-Laufstall** hat sich für Bestandsgrößen von mehr als 40 Kühen aus Gründen der Arbeitsersparnis und -erleichterung sowie – bei optimaler Gestaltung der Funktionsbereiche – aufgrund eines entsprechenden »Kuhkomforts« in der Praxis durchgesetzt.

Folgende Liegeboxen-Laufstall-Systeme lassen sich unterscheiden:

- Geschlossener Liegeboxenstall,
- Liegeboxenstall mit Außenfressplätzen,
- Liegeboxenstall mit Laufhof,
- Offenfrontstall.

Beim *geschlossenen Liegeboxenstall* sind Liege- und Fressbereich ohne Trennwände unter einem Dach vereint. Der *Liegeboxenstall mit Außenfressplatz* bietet den Tieren in der Liegehalle einen guten Witterungsschutz und am überdachten Fressplatz den wohltuenden Kontakt zum Außenklima. Die Durchgänge in den jeweils anderen Stallbereich sind mit PVC-Folienstreifen verhangen.

Ein *Liegeboxenstall mit Laufhof* sieht zwischen Liegehalle und Fresshalle einen mind. 5 m breiten Laufhof vor, der zum Großteil überdacht ist, aber das natürliche Bedürfnis der Rinder nach Außenklimakontakt befriedigt. Während dieser *funktionale* Laufhof hier fest zum Stallsystem gehört, kann er als *optionaler* Laufhof den Tieren bei geschlossenen Liegeboxenställen zur wahlweisen Nutzung angeboten werden.

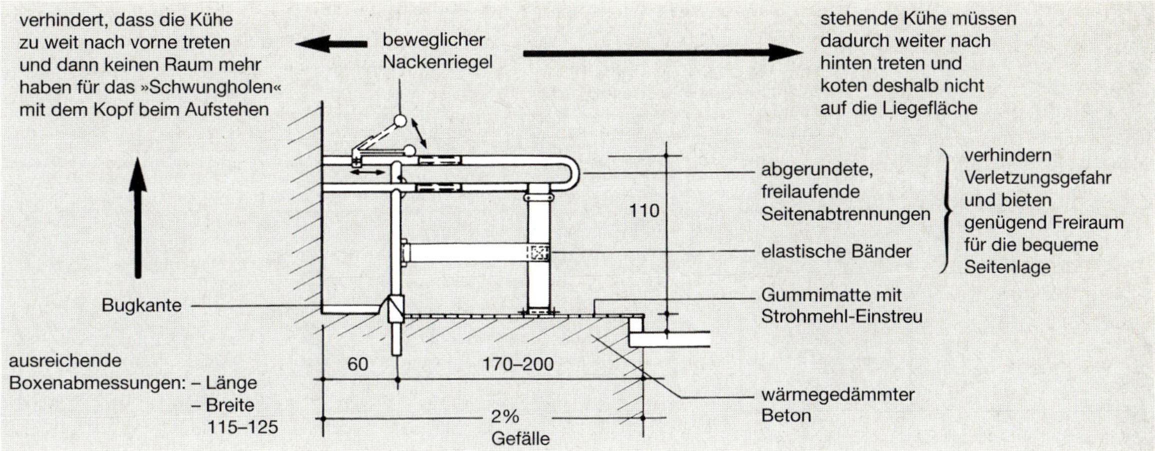

Abb. 784 Anforderungen an eine Liegebox am **Beispiel** einer »Hochboxe« an der Wand (Maße in cm).

Der *Offenfrontstall* ist ein typischer Außenklimastall. Er ist nur an drei Seiten geschlossen. Die witterungsgeschützte vierte Seite ist zwar überdacht, bleibt aber offen. Hier erfolgt die Fütterung an einem allerdings nur einseitig nutzbaren Futtertisch.

Ein optimaler, tiergerechter **Fressplatz** muss den Rindern eine artgemäße Futteraufnahme ermöglichen, aber zugleich verhindern, dass beim Fressen zu viel Futter vergeudet wird. Als Fressplatzbegrenzung zum befahrbaren Futtertisch genügen *Palisaden-Fressgitter,* welche Futtervergeudung und gegenseitiges Verdrängen weitgehend unterbinden. Zur Kraftfuttervorlage oder zu Behandlungszwecken eignen sich besser *verschließbare Fressgitter* (auch als Selbstfang-Fressgitter). Ein vorteilhaftes Fressplatz : Tier-Verhältnis von 1:1 bedeutet eine Krippenlänge von 70–75 cm/Tier.

Die **Lauf-** und **Mistgänge** sollen im Fressplatzbereich mindestens 33 cm und zwischen 2 Liegeboxenreihen mindestens 250 cm messen. Der sachgemäßen Ausführung der **Spaltenböden** kommt im Hinblick auf die Tiergesundheit besondere Bedeutung zu. Schlechte Böden (nicht tiergemäße Abmessungen der Auftrittsbreite und Schlitzweite; Ausbrüche, scharfe Kanten und Grate) führen vor allem zu Klauenverletzungen. Spaltenböden müssen Kot und Harn rasch durchlassen, damit die Laufflächen nicht zu stark verschmutzen, sondern möglichst trocken und trittsicher bleiben. Aus diesem Grund muss der Schlitzflächenanteil möglichst hoch sein. Da breite Schlitze wegen der Gefahr des Abrutschens und Abkippens für die Tiere ausscheiden, muss folglich die *Auftrittsbreite* auf das betontechnische Mindestmaß von 8 cm verringert und die Anzahl der Schlitze mit einer *Schlitzweite* von 3–3,5 cm erhöht werden. Diese Forderungen lassen sich nur noch mit *Spaltenrosten* (siehe Abb. 783) und nicht mit Einzelbalken erfüllen. Als weiterer Vorteil kommt hinzu, dass die *Bodenoberfläche* bei Verlegung solcher Spaltenbodenelemente ebener wird als bei Einzelbalken.

Liegeboxen müssen bequem, schützend und sauber sein. In der Praxis setzen sich immer häufiger Tiefboxen durch; die Kühe liegen auf einer Häckselstroh- und Sand-Einstreu.

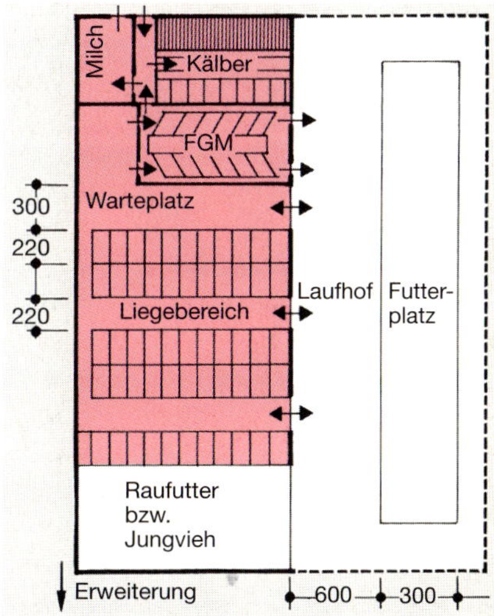

Abb. 785 Offenfront-Liegeboxen-Laufstall (Maße in cm, nach Rittel).

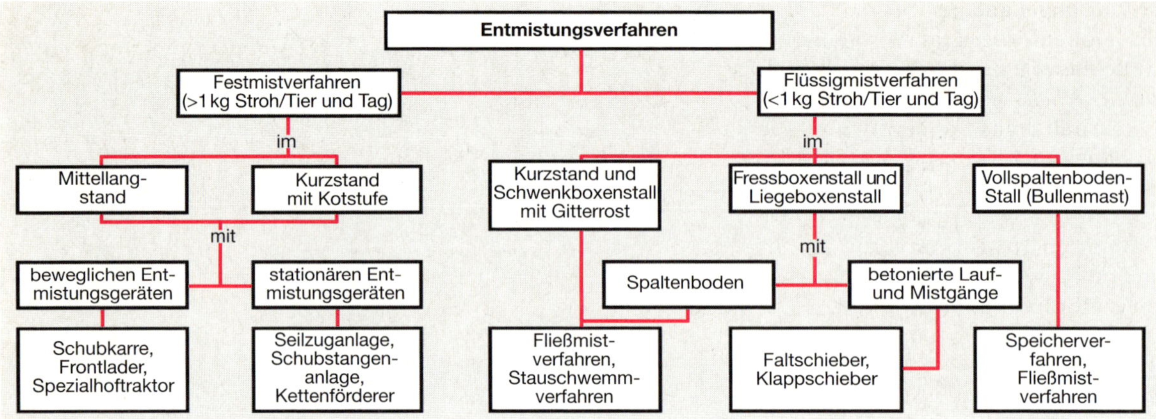

Abb. 786 Die wichtigsten Entmistungsverfahren im Rinderstall als Übersicht.

Abb. 787 Spezial-Hofschlepper können bei der Entmistung sehr behilflich sein, da sie besonders wendig sind.

Abb. 788 Das Speicherverfahren (oben Grundriss, unten Aufriss) (Schema, Maße in cm).

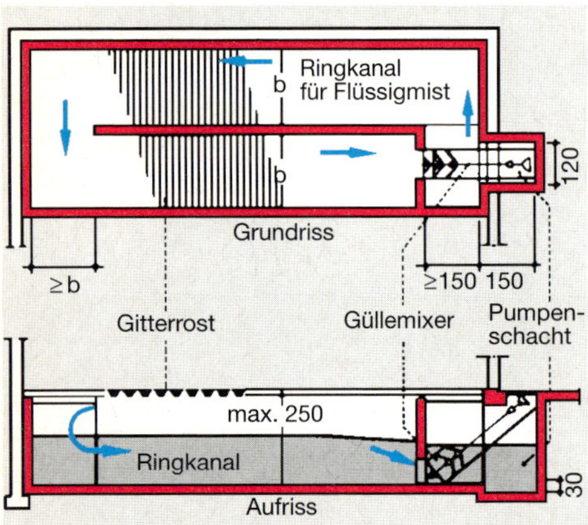

2.7.4 Entmistungsverfahren

Das *Festmistverfahren* finden wir im Mittellangstand und im Kurzstand mit Kotstufe. Bei allen anderen Aufstallungsformen hat sich fast ausschließlich das *Flüssigmistverfahren* durchgesetzt. Man sollte auf jeden Fall vermeiden, dass in einem Betrieb beide Entmistungsverfahren nebeneinander vorkommen, da unterschiedliche Dunglagerstätten und Ausbringgeräte erforderlich sind.

Werden im Stall täglich mehr als 1 kg Stroh/Tier eingestreut, spricht man vom *Festmistverfahren*, bei geringerer Einstreumenge oder bei strohloser Haltung der Tiere vom *Flüssigmistverfahren*. Bei Strohhäcksel oder Strohmehl kann sogar bis zu 1,5 kg Einstreu/Tier und Tag noch Flüssigmist erzeugt werden.

Festmistverfahren – Hierfür bieten sich mehrere Mechanisierungsstufen an. In Altgebäuden und kleineren Kuhbeständen wird noch die **Schubkarre** benutzt. Für mittlere und größere Bestände ist die *Mechanisierung* des Ausmistens zur Arbeitserleichterung und zur Arbeitszeiteinsparung unbedingt nötig.
Wo die Dungstätte nicht unmittelbar am Stall liegt, ist der **Frontlader** eine gute Lösung. Er kann in mehreren Ställen und zu vielen anderen Arbeiten verwendet werden. Diese Vielseitigkeit macht ihn besonders kostengünstig. Mistgänge und Türen müssen allerdings entsprechende *Abmessungen* aufweisen. Daher kann er in älteren Ställen meistens nicht eingesetzt werden. Hier sind die kleineren und wendigeren **Spezial-Hoftraktoren** besser geeignet, die aber verhältnismäßig teuer sind.
Neben diesen beweglichen Entmistungsgeräten gibt es auch sog. *stationäre Entmistungsanlagen*. Sie sind an feste *Mistachsen* gebunden, in deren Verlängerung die Dungstätte liegen soll. Häufig sind sie sehr störanfällig.
Seilzuganlagen (Mistschieber, Schrapper) mit automatischem Rücklauf können den Mist auch stapeln.

Schubstangenanlagen benötigen zum Dungstapeln eine zusätzliche Höhenförderung. An einer sich abwechselnd 2 m vor- und zurückbewegenden Schiene sind im Abstand von ca. 80 cm *bewegliche Schubklappen* befestigt, welche im Leerhub an- und im Förderhub um 90° abgewinkelt sind.
Druckentmistungsanlagen, z. B. Presskolben- oder Presskanalentmistung, haben gegenüber Schrägförder-Anlagen (Schubstangen-, Kettenförderer) den Vorteil, dass sie keine Zugluft in den Stall lassen, frostsicher (zumindest die Presskolbenanlagen) sind und meist geringere Wartung brauchen.
Kettenförderer mit *starren Schubklappen* befördern den Dung in eine Richtung. Sie können um Ecken gelenkt werden und eignen sich auch zum Dungstapeln.
Flüssigmistverfahren – Dazu zählen das *Staumist-*, *Fließmist-* und *Speicherverfahren* sowie die *Flachschieberanlagen.*
Beim **Staumistverfahren** wird der Flüssigmist unter Gitterrosten oder (seltener) Spaltenböden in rechteckigen Kanälen, welche ein Gefälle von 0,5 % haben, durch einen *Schieber vor der Grube* angestaut. Je nach Fassungsvermögen der Kanäle wird etwa alle 10–14 Tage die Gülle in die Grube abgelassen. Der Schieber ist dabei möglichst schnell zu ziehen. Zur völligen Entleerung muss mit Wasser (10 l/GV und Tag) nachgespült werden.
Weiter verbreitet ist das **Fließmistverfahren.** Der Kanal hat kein Gefälle. Am Kanalende ist eine 10–15 cm hohe *Stauschwelle.* Dadurch bleibt immer eine Flüssigkeitsschicht erhalten, auf welcher der Dung ständig abfließt. Die Reibungskräfte werden durch den schrägen Dunganstau überwunden. Damit dieses Verfahren funktioniert, müssen Tiefe und Länge des Kanals aufeinander abgestimmt werden. Mit zunehmender Länge sind tiefere Kanäle notwendig. Ein *Geruchsverschluss* am Zulauf zur Grube verhindert, dass Schadgase und Zugluft einströmen.
In Mastställen mit Rein-Raus-Verfahren ist unter Spaltenböden auch das **Speicherverfahren** möglich, wobei zwischen *Güllekeller* (Kammersystem) und *Zirkulationsverfahren* (siehe Abb. 788) unterschieden wird. Die Kanäle sind in diesem Falle so zu bemessen, dass sie den Flüssigmist für mindestens 4, besser 6 Monate fassen können.

Vorsicht! Beim Aufrühren der Gülle entstehen lebensgefährlich giftige Gase. Unbedingt Tiere aus dem Stall bringen oder für ausreichende Frischluftzufuhr sorgen.

Betonierte Lauf- und Mistgänge werden mit **Flachschiebern** entmistet. Mit 3–5 m/min werden diese mehrmals täglich von Stahlseilen, Ketten oder Zugstangen über die Lauffläche gezogen. Die Tiere können ungehindert darüber steigen. Der *Faltschieber* passt sich durch eine veränderliche Winkelstellung von allein der Breite des Kotganges an. Beim *Klappschieber* kippt das Schiebeschild zum Reinigen nach unten.
Flachschieber eignen sich auch zum Entmisten der **Laufhöfe** ebenso wie Traktoren mit Frontlader oder Heckschild und Hoftraktoren.

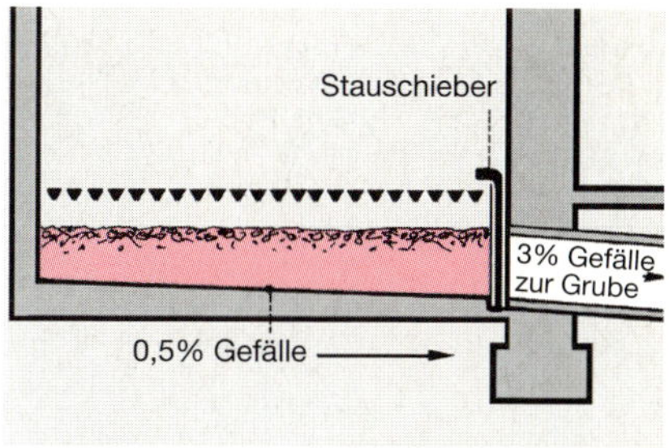

Abb. 789 Das Staumistverfahren (Schema).

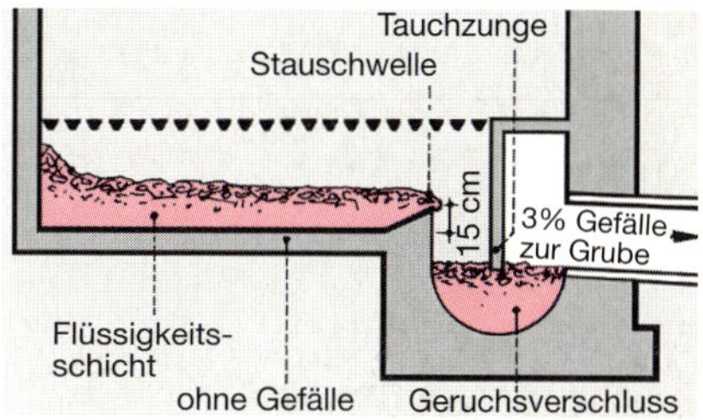

Abb. 790 Das Fließmistverfahren (Schema).

Abb. 791 Flachschieber für planbefestigte Laufflächen (Maße in cm).

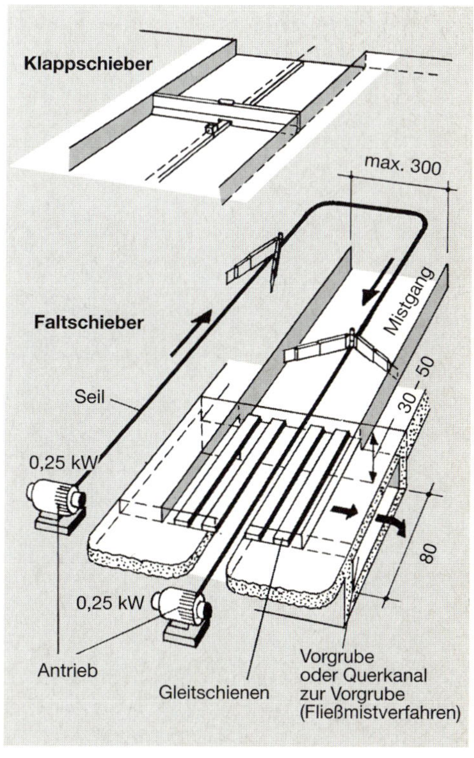

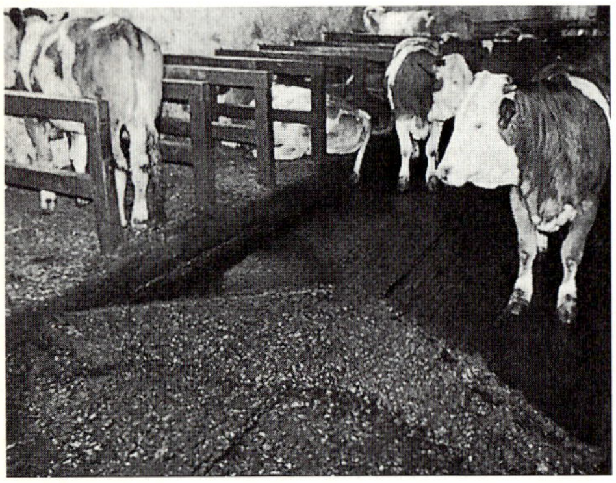

Abb. 792 Der V-förmige Faltschieber in Arbeitsstellung.

2.7.5 Fütterungsverfahren

Während man *Grundfutter* zur freien Aufnahme vorlegen kann, muss *Kraftfutter* leistungsbezogen zugeteilt werden.

Grundfuttervorlage – Sind die Tiere wie im **Anbindestall** am Fressplatz festgehalten, ist *Einzelfütterung* möglich. Das Grundfutter erhalten die Tiere dabei in der Regel zweimal täglich in halben Tagesrationen. Alle Tiere fressen folglich gemeinsam zu bestimmten Tageszeiten.

Im **Laufstall** dagegen können die Tiere, sofern keine Fangfressgitter vorhanden sind, ihren Fressplatz beliebig wechseln. Bei dieser sog. *Gruppenfütterung* muss das Grundfutter der gesamten Herde auf *Vorrat* angeboten werden, damit Futterkämpfe unterbleiben und rangniedere Tiere auch genügend lang fressen können. Bei dieser Fütterungsform zeigt sich, dass die Tiere einem natürlichen Fressrhythmus folgend den ganzen Tag über Futter aufnehmen und nicht nur zu bestimmten Fresszeiten. Es fressen also nie alle Tiere zur gleichen Zeit, so dass das *Fressplatz:Tier-Verhältnis* sogar bis auf 1 : 3 eingeschränkt werden kann. Dies setzt allerdings eine gleichmäßig gute Grundfutterqualität voraus, weil sonst für die rangniederen Tiere immer nur die weniger wertvollen Futterbestandteile übrig bleiben.

Die *Fressgitter* müssen so gestaltet sein, dass vor allem Fress-

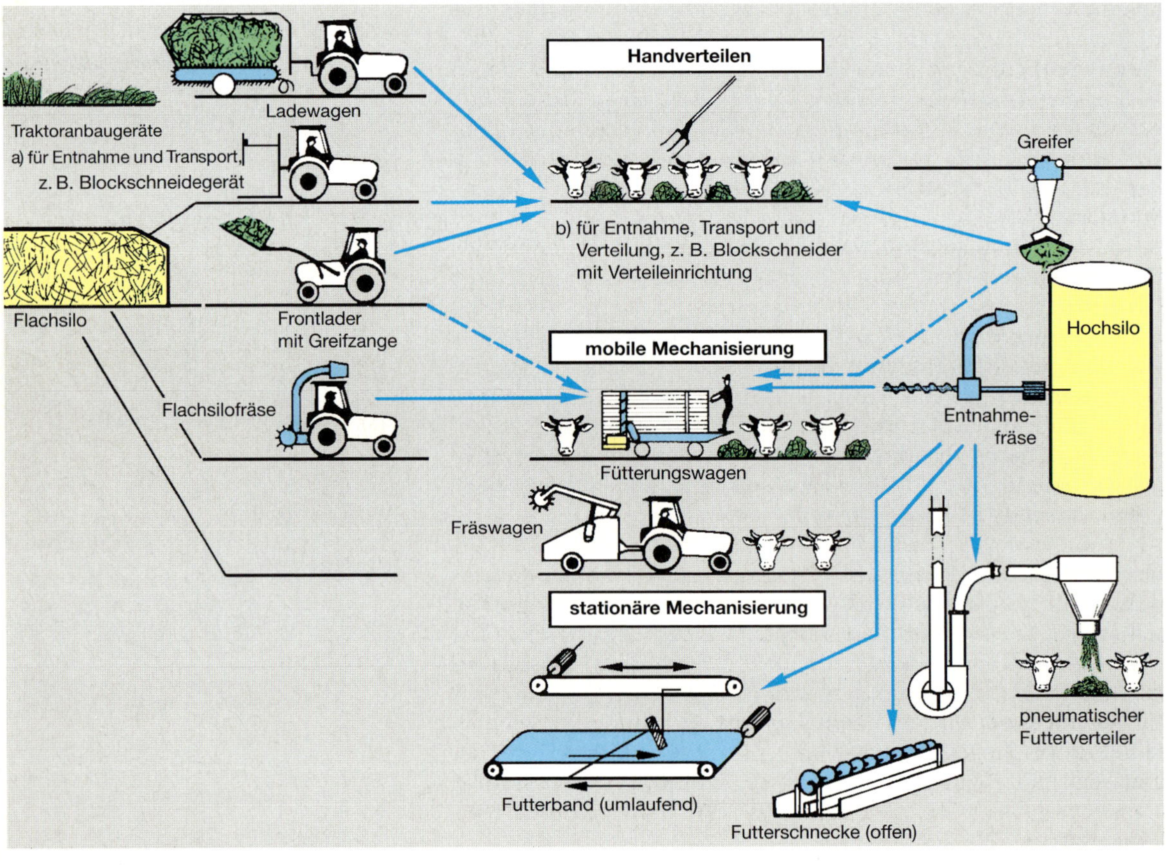

Abb. 793 Die wichtigsten Verfahren der Grundfuttervorlage im Rinderstall.

platzwechsel und Futterverluste eingeschränkt werden. Fangfressgitter im Laufstall würden zwar die Rangordnungsrivalität beim Fressen unterbinden und die Futteraufnahme erhöhen, werden aber in der Praxis selten eingesetzt, weil das Einfangen und die Befreiungsversuche der Tiere Probleme bereiten.

Die **Mechanisierung der Grundfuttervorlage** soll die schwere Fütterungsarbeit erleichtern, soll Zeit sparen helfen und kostengünstig sein.

Der *befahrbare Futtertisch* ist bei allen Um- oder Neubauten zur Standardeinrichtung geworden. Bei Sommer-Stallfütterung erlaubt er die Grundfuttervorlage mit dem Ladewagen. Zur Winterfütterung können abhängig von Flach- oder Hochsilolagerung **mobile Fütterungsgeräte** eingesetzt werden.

Für Entnahme und Transport eignen sich beim Flachsilo vor allem der Frontlader und Traktoranbaugeräte (sinnvoll ab 20 Kühen). Verteilt wird von Hand. Manche Traktoranbaugeräte übernehmen auch noch die Futterverteilung (sinnvoll ab 40 Kühen).

Spezielle Fütterungswagen (traktorgezogen oder selbst fahrend) mit Dosier- und Verteileinrichtung, welche auch die Zuteilung übernehmen und z.T. sogar Kraftfutter zumischen können, sind zwar für Flachsilo und Hochsilo geeignet; ihr Einsatz ist ab 50 Kühen aufwärts wirtschaftlich sinnvoll. Sie benötigen eigene Entnahme- und Befüllgeräte, z.B. beim Flachsilo den Frontlader oder die Flachsilofräse.

Hochsilos werden meistens noch von Hand entleert. Für größere Tierbestände bringen Entnahmefräsen oder Greifer eine Erleichterung, wobei sich Letztere auch zum Transport in den Stall eignen. Fräswagen sind eine Kombination aus Flachsilofräse und Futterverteilwagen, sparen somit ein eigenes Ladegerät ein und sind bereits ab 60 Kühe wirtschaftlich vertretbar.

Stationäre Fütterungsgeräte, z.B. Futterschnecke, Futterband oder Kratzkette, ermöglichen in Verbindung mit Hochsilos und Entnahmefräsen eine *volle Mechanisierung* der Fütterung. Sie ist jedoch nur sinnvoll bei größeren Herden zur Gebäudekosteneinsparung oder als Behelfslösung in Altgebäuden mit schmalen, nicht befahrbaren Futtertischen.

Beim Liegeboxenlaufstall mit Laufhof bietet sich die **Selbstfütterung** der Tiere am Flachsilo oder an Vorratsraufen und Raufenwagen an. Dieses Verfahren ist sehr kostengünstig und vor allem arbeitssparend, da tägliche Entnahme-, Transport- und Verteilarbeiten für das Füttern entfallen.

Kraftfuttervorlage – Sie gestaltet sich weitaus schwieriger als die Grundfuttervorlage. Je nach Laktationsverlauf muss Kraftfutter jedem einzelnen Tier möglichst genau nach seiner Leistung zugeteilt werden. Hohe Milchleistungen machen ein Aufteilen der Kraftfuttergabe und mehrmalige tägliche Vorlage erforderlich, um eine Pansenübersäuerung zu vermeiden.

Im **Anbindestall** wird Kraftfutter überwiegend von Hand zugeteilt. Für Hochleistungsherden sind aber auch hier wegen der genaueren und häufigeren Zuteilung *Mechanisierungsverfahren* (Dosierwagen; stationäre Dosieranlagen) entwickelt worden, die aber relativ teuer sind.

Abb. 794 In Verbindung mit Flachsilos erleichtert das Blockschneidegerät die Futtervorlage.

Abb. 795 Im Hochsilo ist die Oben-Entnahmefräse oft Anfang der mechanisierten Futtervorlage.

Abb. 796 Traktorgezogener Fütterungswagen.

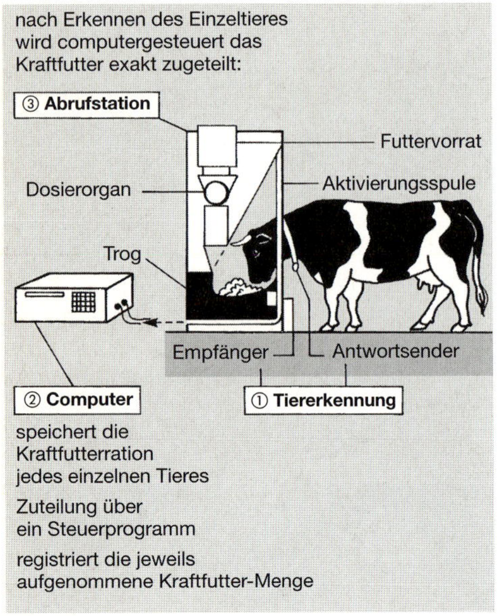

Abb. 797 Kraftfutterautomat (Funktionsschema).

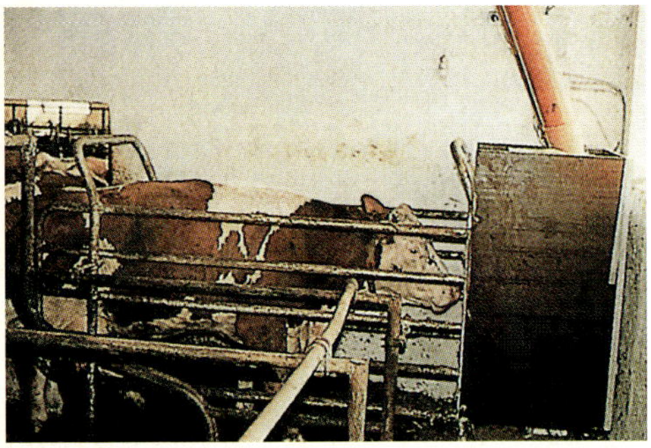

Abb. 798 Kraftfutterfütterung im Laufstall mit Abrufautomaten.

Im **Laufstall** ist für eine arbeitssparende, leistungsbezogene und wiederkäuergerechte Kraftfuttervorlage meist ein höherer technischer Aufwand erforderlich. *Fangfressgitter* und Zuteilung von Hand oder mit einem Dosierwagen sind zwar eine einfache und billige Lösung, können aber nicht ganz befriedigen.
Eine Kraftfutterzuteilung *im Melkstand* ist mit halb- oder vollmechanischen Dosieranlagen möglich, bringt aber einige Probleme mit sich.
Wird Kraftfutter *nur im Melkstand* verabreicht, deckt es wegen begrenzter Aufnahmezeit (max. 2,5–3 kg Kraftfutter pro Melkzeit sind 5–6 kg Kraftfutter täglich) in der Winterfütterung (10 kg Milch aus dem Grundfutter) nur den Leistungsbedarf für höchstens 22 kg Milch.
Diese und auch ernährungsphysiologische Gründe sprechen bei hohen Stalldurchschnitten für eine Kraftfuttergabe *im Stall und im Melkstand*. Das Grundfutter wird dabei mit Kraftfutter zu einem Milcherzeugungswert von 15–17 kg Milch aufgewertet. Der restliche Kraftfutterbedarf wird nach Leistung im Melkstand vorgelegt. Für dieses Verfahren sind Futtermischwagen erforderlich.
Abrufautomaten stellen derzeit die optimale Lösung zur Kraftfutterzuteilung im Laufstall dar. Mit ihrer Hilfe kann die gesamte Kraftfuttergabe *außerhalb des Melkstandes* im Stall erfolgen. Ein Signalgeber am Tierhalsband steuert die Zuteilung elektronisch. Die Kühe können sich so ihre leistungsbezogenen Kraftfutterrationen den ganzen Tag über in kleineren Mengen selbst holen. Während bei den bisherigen Abrufsystemen der Landwirt selbst die jeweiligen Kraftfuttermengen ausrechnen und im Computer speichern muss, sind bereits Steuerprogramme auf dem Markt, die bei automatischer Milchmengenerfassung die Kraftfutterration für jedes Tier einzeln berechnen und zuteilen.

2.7.6 Melkverfahren

Das Melken nimmt 40–50 % der gesamten Stallarbeit in Anspruch. Deshalb ist eine der Bestandesgröße angepasste Mechanisierung des Melkens von vorrangiger Bedeutung.
Anbindestall – Hier muss der Melker *lange Wege* und eine *ungünstige Arbeitshaltung* auf sich nehmen. In kleineren Beständen finden wir noch die **Eimermelkanlage.** Eine Arbeitskraft kann hier mit 2 Melkzeugen ca. 10 Kühe/Stunde melken.
Für Bestände ab 12–25 Kühe empfiehlt sich die **Rohrmelkanlage**. Da der schwere Kannentransport entfällt, ist es einer Arbeitskraft möglich, mit 3 Melkzeugen ca. 18 Kühe/Stunde zu melken. *Milchflussanzeiger* vermindern die Gefahr des Blindmelkens, vermeiden unnötige Kontrollwege und machen sogar den Einsatz eines 4. Melkzeuges möglich. Bei Herden von 25–40 Kühe erleichtern *Abschaltautomaten* die Arbeit. Diese verhindern das schädliche Blindmelken und ersparen Kontrollwege. Dadurch kann eine Arbeitskraft mit 4 Melkzeugen 24–28 Kühe/Stunde melken.
Laufstall – Im *Melkstand* sind die Arbeitswege kürzer und ist die Arbeitshaltung bequemer als im Anbindestall. Um diese Vorteile aber auch voll zur Steigerung der Melkleistung ausnutzen zu

Melkverfahren	Rohmelkanlage	2 x 2 Reihenmelkstand	2 x 4 Auto-Tandemmelkstand	2 x 6 Side-by-Side	2 x 8 Fischgrätenmelkstand	36er-Rotationsmelkstand
	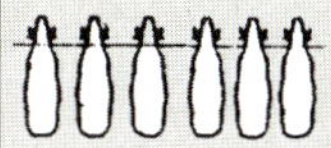	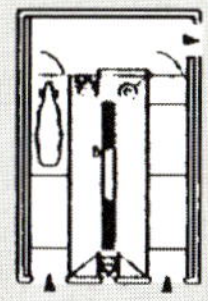		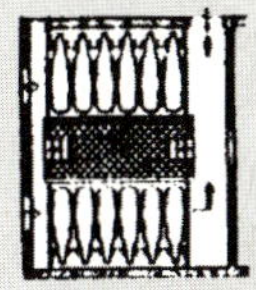		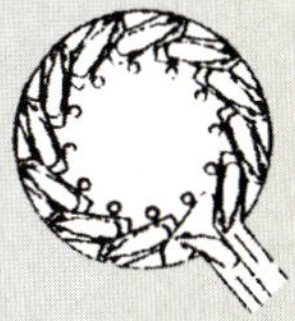
Melkzeuge pro AK	3 4	4	8	12	12	12–18
gemolkene Kühe/AKh	15–20 24–28	20–25	40–60	60–70	55–65	80–100
Herdengröße	12–25 25–40	bis 30	ab 80	ab 70	ab 70	ab 400

Abb. 799 Melkverfahren im Vergleich (Schema).

können, sollten für Herden mit über 40 Kühen 2 × 6 **Fischgräten-Melkstände** mit 12 teilautomatisierten Melkzeugen eingeplant werden. Damit sind einer Bestandserweiterung kaum Grenzen gesetzt, weil von einer Arbeitskraft bis zu 65 Kühe/Stunde gemolken werden können.
Der Fischgräten-Melkstand ist für Laufställe zur Standardlösung geworden. Eine abgeänderte Form stellt der *Side-by-Side-Melkstand* dar. *Durchtreibe-* und *Tandem-Melkstände* erleichtern zwar die Arbeit, bringen aber im Vergleich zum Anbindestall mit Rohrmelkanlage keine Steigerung der Melkleistung. Wir finden sie daher nur in kleineren Laufställen. *Melkkarusselle* (36er oder 42er) eignen sich für Großherden ab 400 Kühen. Künftig dürfte bei Neuplanungen der Einsatz *automatischer Melksysteme* (AMS) mehr Beachtung finden. Entlastet von der anstrengenden und zeitgebundenen Melkarbeit, kann sich der Tierhalter verstärkt der Herdenbetreuung zuwenden.

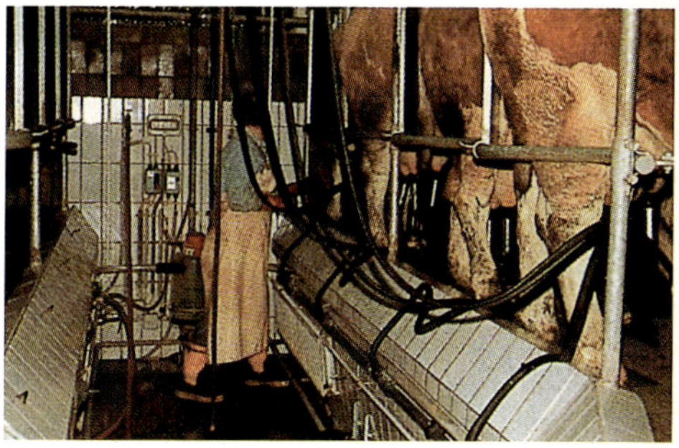

Abb. 800 Der Fischgräten-Melkstand (FGM) ist heute sehr weit verbreitet.

Aufgaben:

1. Welche Faktoren beeinflussen das Stallklima? Nennen Sie zu jedem Faktor mindestens 1 Folgeerscheinung, wenn Abweichungen von entsprechenden Optimalbereichen bzw. Maximalwerten auftreten.
2. Nennen Sie die 3 grundsätzlichen Aufstallungsformen für Milchvieh und ihre wesentlichen Unterscheidungsmerkmale.
3. Liegeboxen müssen bequem, schützend und sauber sein. Skizzieren, beschreiben und begründen Sie, wie eine Liegebox aussehen soll, damit sie diesen Ansprüchen genügt. Nennen Sie 3 Möglichkeiten, um im Laufstall eine arbeitssparende, leistungsbezogene und wiederkäuergerechte Kraftfutterzuteilung zu gewährleisten.
4. In Kurzständen sind haltungsbedingte Euter- und Beinschäden häufiger zu beobachten als in anderen Stallsystemen. Wie lassen sich die Fehlerquellen vermeiden?

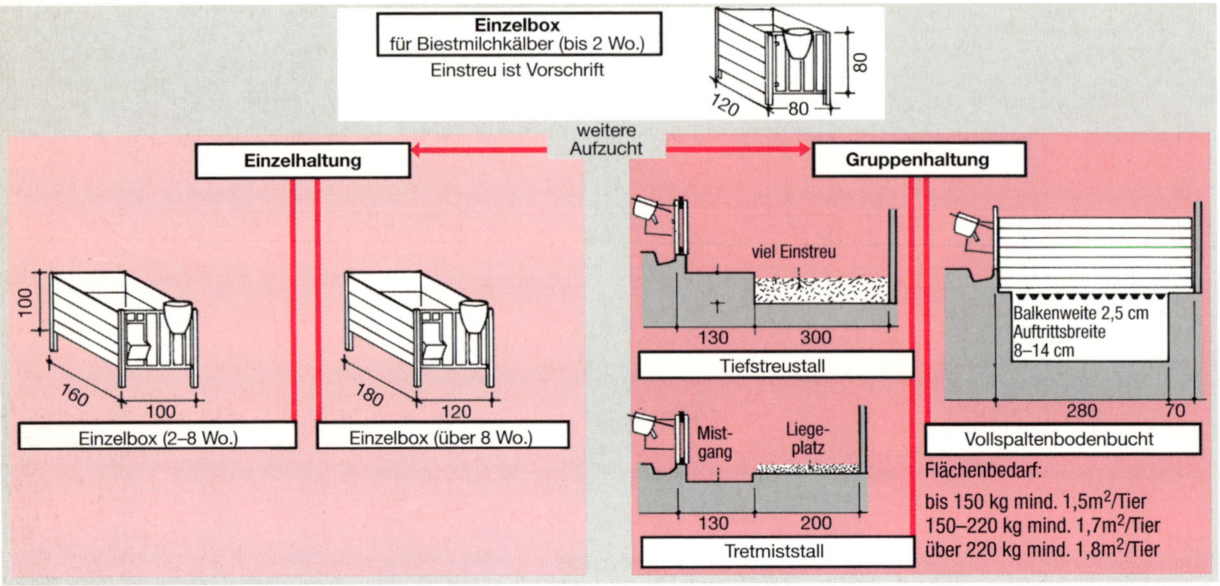

Abb. 801 Haltungsformen der Kälberaufzucht. Die Boxenwände müssen nach der EU-Richtlinie durchbrochen sein, um Kontakt zwischen den Tieren zu ermöglichen (Maße in cm).

Abb. 802 Einzelboxen für Aufzuchtkälber.

Abb. 803 Schematischer Aufbau eines Tränke -Abrufautomaten.

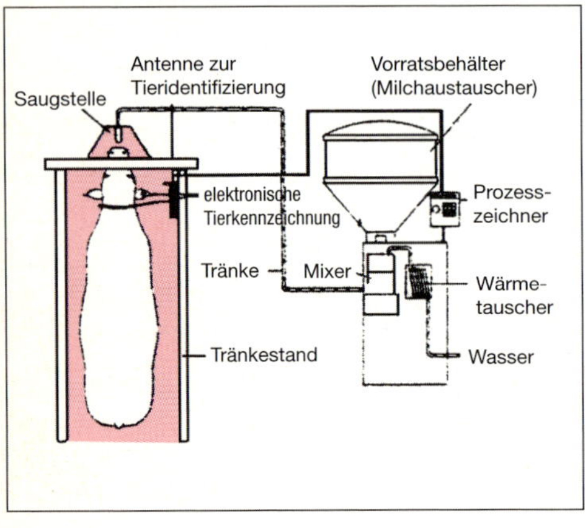

2.8 Der Kälberstall

Die deutsche Kälberhaltungs-Verordnung von 1993 wurde in Anpassung an EU-rechtliche Vorschriften zum 1. Januar 1998 geändert. Sie schreibt für bis zu 6 Monate alte Kälber u. a. *Haltungsform*, *Buchtengröße*, *Spaltenbodenbeschaffenheit* und *Stallklima* vor. Seit 1. Januar 1999 gilt ein allgemeines *Anbindeverbot* für Kälber.

Einzelhaltung – Für Kälber bis mindestens zur 2. Lebenswoche ist die Haltung in Einzelboxen üblich. Ihre *Mindestabmessungen* betragen: Länge 120 cm, Breite 80 cm, Höhe 80 cm. Für Kälber von 2–8 Wochen gelten die Abmessungen der Boxen in Abb. 801. Die Seiten- und Rückwände müssen den Sichtkontakt unter den Kälbern ermöglichen. An der Stirnwand sind eine Halterung für Tränkeimer, eine Öffnung für Kraftfutter- und Wasservorgabe sowie eine Heuraufe zweckmäßig. Ein *Lattenrost* mit dickem *Strohlager* hält den Boxenboden, der mindestens 25 cm über dem Stallboden liegen muss, trocken und warm.

Während der ersten 10 Tage nach der Geburt darf die Lufttemperatur im Liegebereich nicht unter 10 °C, später nicht unter 5 °C in geschlossenen Ställen liegen. Sie darf aber 25 °C nicht überschreiten. *Zerlegbare* Kälberboxen lassen sich leichter sauber halten und desinfizieren.

Grundsätzlich dürfen über 8 Wochen alte Kälber nur in Gruppen gehalten werden. Wenn allerdings in einem Betrieb nicht mehr als 5 gleich alte bzw. gleich schwere Kälber vorhanden sind, können ausnahmsweise größere Einzelboxen (Abb. 801) verwendet werden.

Gruppenhaltung – Sie ist vor allem für größere Milchkuhbestände und Rindermastbetriebe mit Kälberzukauf vorteilhaft, für alle über 8 Wochen alte Kälber sogar vorgeschrieben. Gruppengrößen von 4–10 Tieren sind üblich.

Die Kälber haben mehr Bewegungsfreiheit und halten sich sauberer. Futterneid und Nachahmungstrieb fördern die frühzeitigere Heu- und Kraftfutteraufnahme. Neben hochklappbaren Eimerhalterungen mit Kopfblende und verschließbaren Fressgittern ist für jede Bucht ein leicht bedienbares Tränkebecken vorzusehen.

In größeren Beständen werden *Tränkeautomaten* verwendet, die eine mehrmalige Zuteilung kleinerer Tränkemengen gestatten und so ein »Übersaufen« der Kälber verhindern.

In **eingestreuten Gruppenbuchten** können auch sehr junge Kälber problemlos gehalten werden. Bis zum Alter von 2 Wochen sind sie sowieso verpflichtend.

In **Tiefstreuställen** wird nur die tiefer gelegene *Liegefläche* eingestreut. Der anwachsende Miststapel wird erst am Ende der Aufzuchtperiode mit dem Frontlader beseitigt. Diese Aufstallungsform ist also nur für die periodische Aufzucht von Zukaufkälbern im Rein-Raus-Verfahren geeignet. Ein planbefestigter *Fressplatz* muss von Hand entmistet werden. Spaltenboden erspart zwar Arbeit, erfordert aber eine Abtrennung mit einem kleinen Durchlass zum Liegeplatz, damit nicht zu viel Einstreu in die Spalten gelangt.

Tretmistställe haben einen höher liegenden, eingestreuten Liegeplatz mit leichtem Gefälle, auf dem nur nachgestreut wird. Harn fließt von selbst ab; den Mist treten die Kälber auf den tiefer gelegenen, betonierten Mistgang, welcher mindestens einmal täglich von Hand gereinigt werden muss. Flachschieber sind hier zu gefährlich, weil die Kälber oft zu spät ausweichen und verletzt werden können.

Strohlose Vollspalten-Bodenbuchten sind vor allem für *Zukaufkälber* im Rindermastbetrieb geeignet, da die Tiere mindestens 60 kg Gewicht (ab 4. Lebenswoche) aufweisen sollten. Im Winter ist allerdings eine Stallheizung notwendig.

Für die Einzelhaltung der Kälber im Freien haben sich **Kälberhütten** oder **-iglus** bewährt. Sie müssen an einem trockenen und zugfreien Ort aufgestellt und reichlich eingestreut werden. Die Kälber lassen sich auch im Winter dort halten. Damit verringert sich die Ansteckungsgefahr mit Krankheiten.

Ställe für Mastkälber – Kälbermast betreiben ausschließlich spezialisierte Betriebe mit großen Beständen. Wegen der arbeitssparenden Eigenschaften werden *Vollspaltenbuchten* mit Automatentränken bevorzugt und das Rein-Raus-Verfahren wird angewendet, weil dann Reinigung und Desinfektion leichter und damit die hygienischen Verhältnisse günstiger sind. Im Übrigen gelten auch hier alle Grundsätze, die für Kälberställe genannt wurden. Ein Masterfolg ist nur bei einwandfreier Stallausführung und optimalem Stallklima sicher.

Abb. 804 Tieflaufstall mit Gruppenhaltung für Zuchtkälber.

Abb. 805 Aufzuchtkälber im Tretmiststall.

Abb. 806 Kälberhütten erlauben eine rationelle, gesunde Kälberaufzucht.

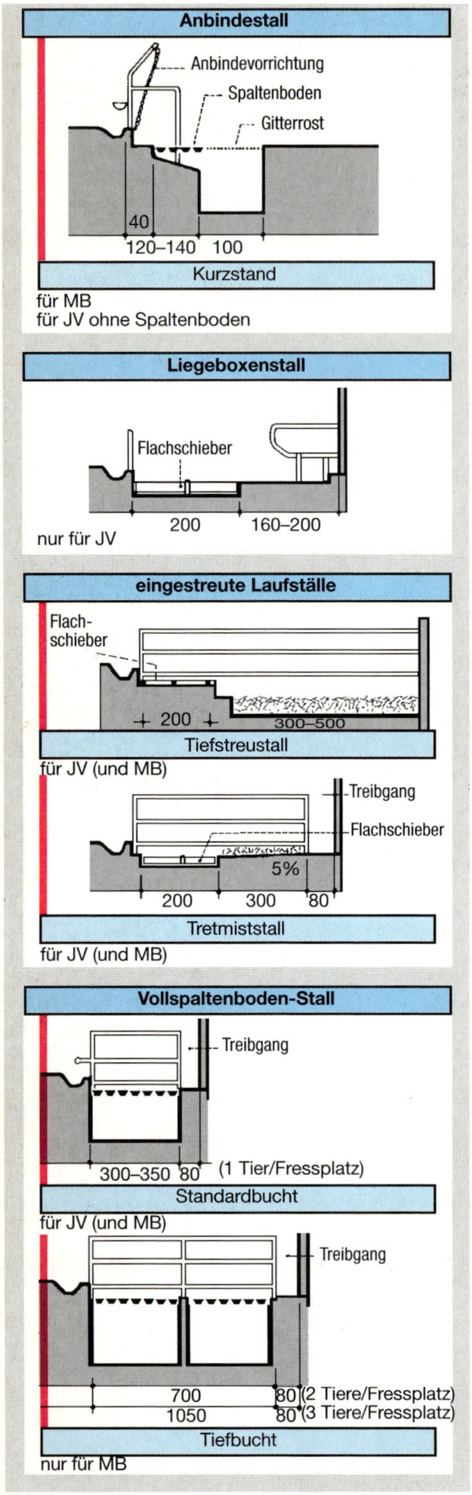

Abb. 807 Haltungsformen für weibliches Jungvieh (JV) und Mastbullen (MB) (Schema, Maße in cm).

2.9 Ställe für Jung- und Mastrinder

Anbindeställe – In kleineren Milchviehbetrieben werden neben den Kühen die *weiblichen Jungrinder* ebenfalls angebunden. Damit die wachsenden Tiere nicht zu stark verschmutzen, sollten sie auf verschieden lange Standplätze umgehängt oder die Standplätze der jeweiligen Körpergröße angepasst werden können.

Die Anbindung von Mastbullen ist nur sinnvoll, wenn z. B. im Milchviehbetrieb zusätzlich einige Bullen gemästet werden oder wenn Magervieh (250–400 kg) unterschiedlicher Größe zugekauft wird, weil sich diese Tiere in einer Gruppe kaum noch aneinander gewöhnen würden.

Einstreulose Kurzstände haben sich durchgesetzt. Wegen der Harnableitung werden im Liegebereich Spaltenbodenbalken verlegt, an die sich ein Gitterrost im Kotbereich anschließt. Darunter sind das *Fließmist-* oder das *Staumistverfahren* möglich. Um Haltungsschäden zu vermeiden, gelten in Bezug auf Anbindevorrichtung und Krippenzuordnung die gleichen Grundsätze wie beim Milchviehkurzstand.

Eingestreute Laufställe – Mit geringem finanziellem Aufwand können in Altgebäuden und Scheunen *Tiefstreuställe* oder *Tretmistställe* eingebaut werden, wobei Erstere einen sehr hohen Einstreubedarf haben. Der anwachsende Miststapel im Tiefstreustall wird in größeren Zeitabständen mit einem Front- oder Hecklader entmistet.

Im Tretmiststall (siehe Kälberstall) lässt sich auf dem Fress- und Mistgang ein Flachschieber einsetzen. Für *weibliche Jungrinder* sind beide Ställe als Umbaulösung geeignet.

Für *Mastbullen* kommt der Tieflaufstall nur bei vorübergehender Unterbringung in Frage. Der Flachlaufstall dagegen kann eine kostengünstige Umbaulösung sein.

Liegeboxen-Laufställe – Sie sind für *Mastbullen* ungeeignet. Werden auf einem Betrieb die *Kühe* in einem Liegeboxen-Laufstall gehalten, kann es von Vorteil sein, wenn sie als *Jungvieh* bereits an dieses Stallsystem gewöhnt wurden.

Vollspaltenboden-Stall – Er ist im *Bullenmastbetrieb* zur Standardlösung geworden. Neu gebaute Milchviehställe sehen für das *weibliche Jungvieh* ebenfalls überwiegend Vollspaltenboden-Buchten vor. Trächtige Jungrinder sollten ungefähr 3 Monate vor ihrem ersten Abkalben aus diesen Ställen herausgenommen werden.

Diese Haltungsform ist sehr arbeitssparend und beansprucht den geringsten Flächenbedarf/Tier. Es ist aber darauf zu achten, dass jedes Tier genügend Bewegungsfreiheit und ausreichend Platz zum Liegen, Fressen und Trinken hat. Ansonsten sind Verhaltensänderungen, geringere Mastleistungen, häufigere Erkrankungen und Verletzungen die Folge.

Verzichtet man auf das Umtreiben in verschieden große Buchten, so sind 2,6 m^2 Buchtenfläche und 70 cm Fressplatzbreite für einen 580 kg schweren Bullen notwendig. Diese dichte Belegung dient der *Sauberhaltung* der Bucht, weil dann der Kot von den Tieren hinreichend durch den Spaltenboden getreten wird.

Gruppengrößen von 8–15 Tieren haben sich am besten bewährt. Die Tiere sollten enthornt frühzeitig aneinander gewöhnt werden und im Wachstum ausgeglichen entwickelt sein.
In Betrieben mit mehr als 200 Mastbullen können sog. **Tiefbuchten,** in denen 6–10 Tiere eine Gruppe bilden, den Stallflächenbedarf verringern. Da hier das Fressplatz : Tier-Verhältnis auf 1 : 2 bis 1 : 3 eingeschränkt wird, ist Vorratsfütterung unter Einsatz eines Futtermischwagens erforderlich. Trotz der deutlichen Kapitaleinsparung dürfen die *Nachteile* dieser Buchtenform nicht übersehen werden. Diese wären vor allem: erschwerte Tierbeobachtung, vermehrte Unruhe durch kürzere Liegedauer, häufigeres Verdrängen an der Futterkrippe und häufigeres Aufspringen. Fachleute fordern daher das Einhalten eines Fressplatz : Tier-Verhältnisses von 1 : 1.
Zwischen den rückwärtigen Buchtenabtrennungen und der Stallwand ist ein 80 cm breiter *Treibgang* eingeplant. Als *Abtrennung* zum befahrbaren Futtertisch genügen im Mastbullenstall bei kurzgehäckseltem Futter (Mais) *Nackenholme*, bei Langgut sind *Palisaden-* oder *Spaltfressgitter* besser. Für weibliches Jungvieh sind *verschließbare Fressgitter* zu empfehlen.
Je nach Gruppengröße sind 1–2 leicht gängige *Tränkebecken* (mindestens 10 l Wassernachlauf/min) so anzubringen, dass sie von außen leicht gereinigt werden können. An Beißtränken können die Tiere nicht artgemäß saufen und ihren Wasserbedarf nicht decken. Als Folge wurde z. B. vermehrtes Harnsaufen beobachtet.
Damit die Tiere problemlos in einem nicht beheizbaren Vollspaltenboden-Stall gehalten werden können, sollten sie mindestens 130 kg wiegen.
Ferner ist wegen der dichten Stallbelegung im Bullenmaststall für ein gutes *Stallklima* zu sorgen. In Neubauten hat sich die *Trauf-First-Lüftung* bewährt.
Der **Spaltenboden** aus Beton muss besonderen Anforderungen genügen, die nur Spaltenroste erfüllen können (siehe Abb. 810).
Unter dem Spaltenboden sind folgende *Entmistungsverfahren* möglich:

- Fließmistverfahren (am häufigsten anzutreffen),
- Speicherverfahren (bei engen Hoflagen),
- Flachschieber (mechanische Unterflurentmistung), wenn der Untergrund keine tieferen Kanäle zulässt.

Abb. 808 Spaltenfressgitter verhindern, dass Futter auf die Lauffläche gezogen wird.

Abb. 809 Bei kurzgehäckseltem Futter (Maissilage) genügen Nackenholme als Abtrennung.

Abb. 810 Spaltenrost (Maße in cm)

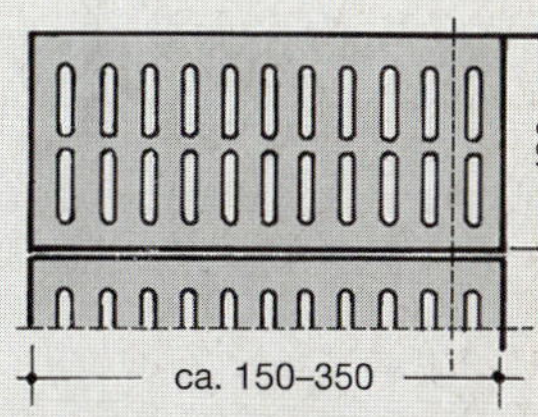

Auftrittsbreite	8 cm	Beurteilung:
Spaltenweite	2,5–3 cm	gute Standsicherheit,
Spaltenlänge	50 cm	nur mit Kran verlegbar,
		ebene, griffige Oberfläche

Aufgaben:

1. Welche Haltungsformen für Kälber nach der Biestmilchperiode kennen Sie? Für welche Betriebe scheinen sie Ihnen geeignet?
2. Kälber können auch in eingestreuten Gruppenbuchten problemlos gehalten werden. Hierzu zählen Tiefstreuställe und Tretmistställe. Wodurch unterscheiden sich diese beiden?
3. Weshalb sollte die Belegung der Buchten während der Mast möglichst nicht geändert werden?

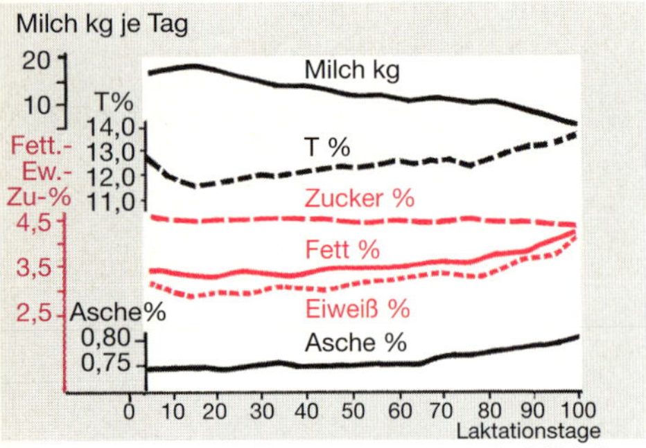

Abb. 811 Die Zusammensetzung der Milch ändert sich während der Laktation.

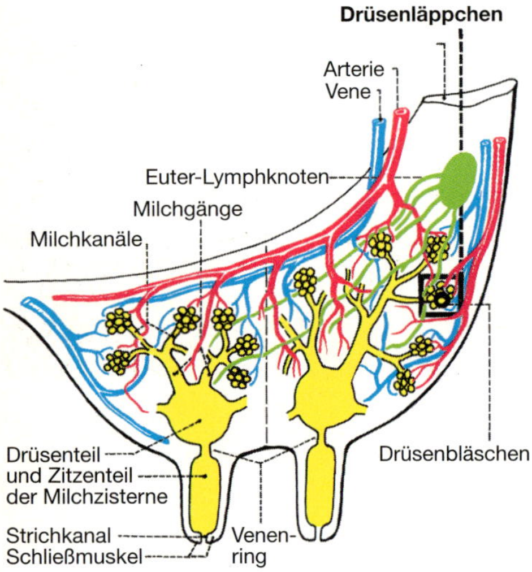

Abb. 812 Aufbau des Euters (Längsschnitt).

Abb. 813 Drüsenläppchen mit den Drüsenbläschen und den Milchbildungszellen (Schema).

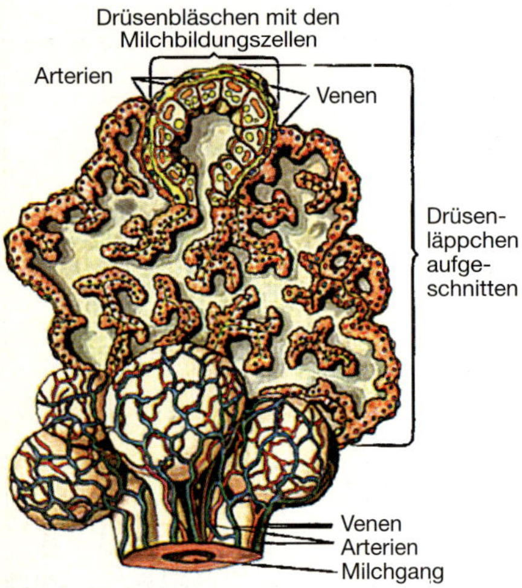

4. Im Bullenmastbetrieb ist der Vollspaltenboden-Stall zur Standardlösung geworden.
   a) Was ist Ihrer Meinung nach dafür ausschlaggebend?
   b) Welche Gruppengrößen haben sich am besten bewährt?
   c) Nennen Sie ohne Angabe von Maßen die wichtigsten Anforderungen an den Spaltenboden aus Beton.

5. Kälbermast wird in Gruppenhaltung durchgeführt. Welche Vor- und Nachteile haben dabei Tiefstreuställe und Vollspaltenboden-Buchten?

2.10 Die Milch und ihre Gewinnung

2.10.1 Bestandteile und Eigenschaften der Milch

Milch ist nicht nur ein unentbehrliches *Futtermittel* junger Säugetiere, sondern auch für den Menschen ein hochwertiges *Nahrungsmittel*, weil sie alle wichtigen Nährstoffe in einer besonders bekömmlichen Zusammensetzung enthält.

Das **Fett** ist in der Milch in Form von kleinen Tröpfchen verteilt. Der *Fettgehalt* schwankt zwischen den Rassen und auch innerhalb der Rassen ziemlich stark. Sehr wichtig für die Milchfettbildung ist ein Rohfasergehalt von 20 % in der T der Futterration.

Zusammensetzung und Eigenschaften des Milchfettes und damit der *Butter* hängen von der Art der Futtermittel ab. So ergeben z. B. Raufutter, Rüben und Getreideschrote eine harte und blasse Butter, Grünfutter und Maisprodukte dagegen eine weiche, gelbe, wohlschmeckende Butter.

Das **Eiweiß** der Milch besteht hauptsächlich aus *Kasein* (Käsestoff), wenig *Albumin* und sehr wenig *Globulin*. Das Kasein gerinnt beim Sauerwerden der Milch oder beim Zusatz von Lab und bildet den Grundstoff des Käses. Weil das Albumin beim Säuern nicht ausfällt, verbleibt es in der Molke. Es gerinnt erst beim Kochen (Milchhaut).

Voraussetzung für einen hohen *Eiweiß-Gehalt* der Milch ist neben einer ausreichenden Eiweißversorgung vor allem eine bedarfsdeckende Energieversorgung mit dem Futter.

Der **Milchzucker** ist in der Milch gelöst. Milchsäurebakterien bilden aus ihm Milchsäure. Sie macht die Milch sauer und bringt das Kasein zum Gerinnen. Die Milch wird umso schneller dick (dicksauer), je wärmer sie ist.

Zwar sind fast alle wichtigen **Mineralstoffe** und **Vitamine** in der Milch vorhanden, aber ihr mengenmäßiger Anteil ist nur gering.

Die **Biest-** oder **Kolostralmilch** unterscheidet sich von der Normalmilch in Zusammensetzung (siehe Abb. 811) und Aussehen. Sie ist schleimig, klebrig, rötlich und für Molkerei und Käserei ungeeignet. Frühestens am 6. Tag nach dem Abkalben darf daher Milch wieder abgeliefert werden. Bei Vorzugsmilch sind sogar 14 Tage abzuwarten.

2.10.2 Euter

Das Euter ist eine Drüse, welche durch eine Bindegewebs-Scheidewand der Länge nach in eine *linke* und *rechte Euterhälfte* getrennt ist. Diese Bindegewebsschicht ist auch das Aufhängeband des Euters. Jede Euterhälfte ist in *2 Viertel* geteilt, obwohl keine sichtbare Trennwand vorhanden ist. Diese Euterviertel bestehen aus dem *Drüsengewebe*, vielen *Milchkanälen* und *-gängen*, der *Milchzisterne* und der *Zitze*, welche ein *Ringmuskel* (Schließmuskel) verschließt.
Beide Euterhälften besitzen ein ausgeprägtes System von Blutgefäßen, da für die Erzeugung von 1 l Milch ca. 300–500 l Blut durch das Euter fließen müssen. Die Blutzufuhr erfolgt über die *Arterien*. Die außen sichtbaren Blutgefäße, die »Milchadern«, sind die *Venen*, welche das Blut zum Herzen zurückführen. Große, dicke Bauchvenen gelten als »Milchzeichen«, weil sie auf eine gute Blutversorgung des Euters schließen lassen.
In jeder Euterhälfte befindet sich ein *Lymphknoten*, der Abbaustoffe und Krankheitserreger bekämpft. Ein breit gefächertes *Nervennetz* sorgt für die Weiterleitung verschiedener Reize.
Ein ausgewachsenes Euter sollte 10–20 kg Milch, bei einer Hochleistungskuh sogar mehr als 20 kg Milch fassen können, wobei sich 40–45 % davon in den Vordervierteln befinden.

Beim Euter ist nicht allein die Größe, sondern die reiche Ausbildung der Drüsenmasse wichtig. *Drüseneuter* erschlaffen im Gegensatz zu Fett- oder Fleischeuter nach dem Melken.

Zu den wichtigsten *fehlerhaften Euterformen* (siehe Seite 232) zählen das *Hängeeuter* mit lockerem Sitz, das *Stufeneuter*, bei dem die Vorderviertel schwächer entwickelt sind, das *dreistrichige* und das *ungleichmäßige Euter*. *Nebenstriche* sind ebenfalls unerwünscht. Sie können beim Melken hinderlich sein oder auch Ausgangspunkt einer Infektion werden.

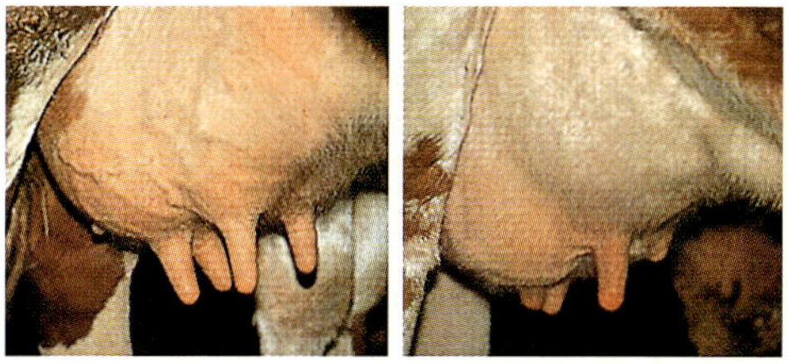

Abb. 814 Erwünschte (links) und unerwünschte (rechts) Euterform (hier Stufeneuter).

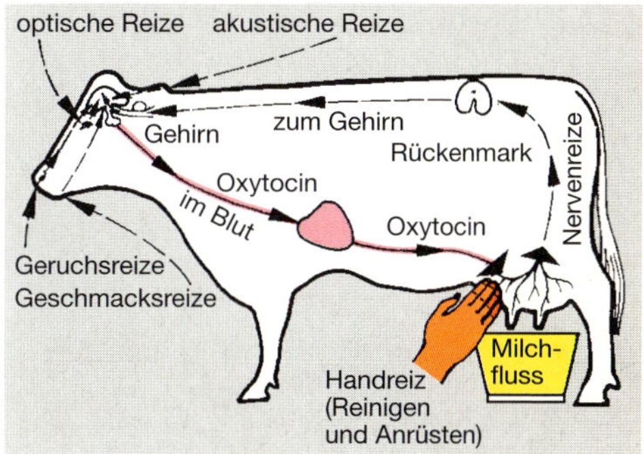

Abb. 815 Verschiedene Reize, z.B. das Anrüsten, bewirken über das Milchentleerungshormon (Oxytocin) das »Einschießen« der Milch.

Abb. 816 Die optimale Nutzungsdauer unserer Milchkühe liegt bei ca. 4–7 Laktationen. Das Abgangsalter der Milchkühe beträgt etwa 5,6 Jahre, so dass sie durchschnittlich nicht einmal 3 Laktationen im Stall stehen.

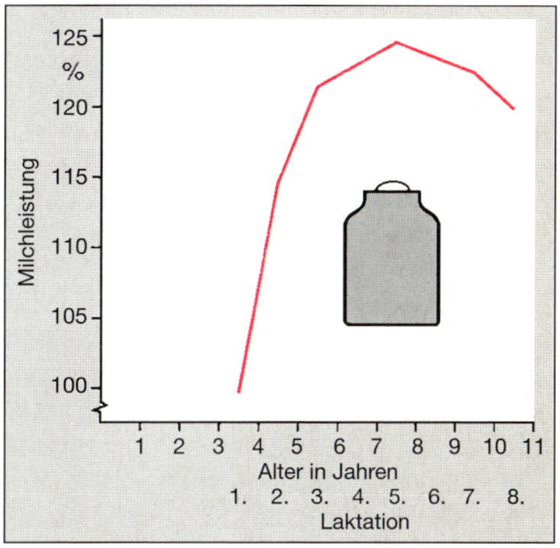

2.10.3 Milchbildung und Laktationskurve

Milchbildung – Sie wird durch das *Milchbildungshormon* (Prolaktin) der Hirnanhangsdrüse ausgelöst. Dieses Hormon kann erst wirksam werden, wenn das Trächtigkeits-Schutzhormon (Progesteron) nicht mehr vom Gelbkörper ausgeschieden wird. Für die Rückbildung des Gelbkörpers und der damit verbundenen Drosselung der Progesteronausschüttung ist wiederum ein sog. Gewebshormon, nämlich Prostaglandin, verantwortlich.
Die Milch entsteht in den *Milchbildungszellen* der Drüsenbläschen während der Zwischenmelkzeit. Sie sammelt sich zunächst in den Hohlräumen der Drüsenbläschen. Von dort aus wird sie über feine Milchkanäle, welche sich allmählich zu größeren Milchgängen vereinigen, in die Milchzisterne weitergeleitet. Vor dem Melken sind alle Milchhöhlen und Milchleitungen mit Milch gefüllt. Der damit verbundene Druckanstieg im Euter verhindert eine weitere Milchbildung.

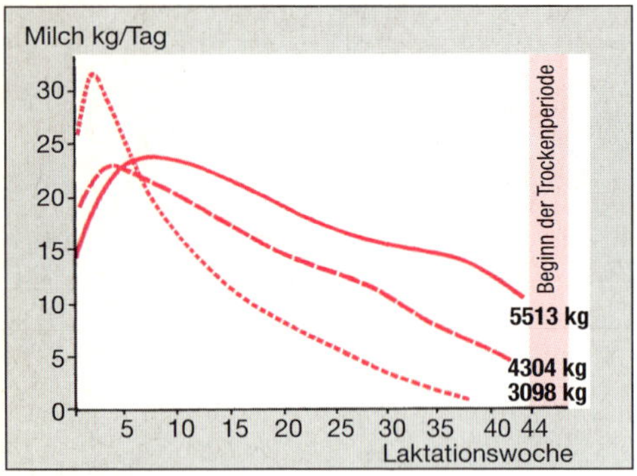

Abb. 817 Der Vergleich der Laktationskurven von 3 Kühen zeigt, dass für die Gesamt-Milchmenge pro Jahr eine möglichst gleich bleibende Dauerleistung entscheidender ist als eine hohe Einsatzleistung.

Abb. 818 Die Bedeutung des Anrüstens für den Milchfluss, die Melkzeit und das Nachmelken (Schema).

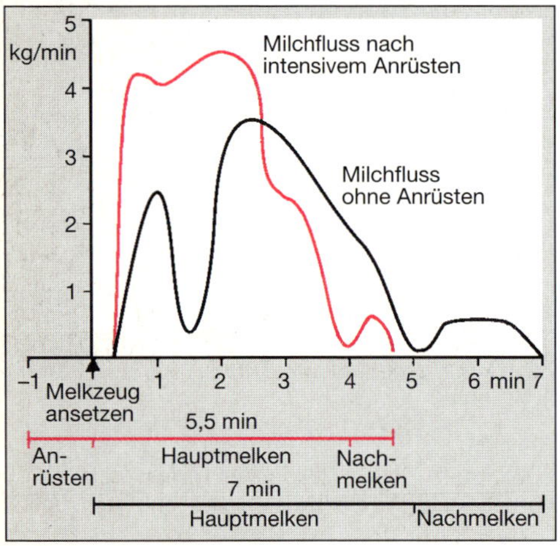

Durch 3- oder sogar 4-maliges Melken am Tage ließe sich die Milchleistung zwar geringfügig steigern. Die dabei entstehenden Mehrkosten lassen aber keinen zusätzlichen finanziellen Gewinn erwarten, so dass das 2-malige Melken am wirtschaftlichsten ist. Wird nicht gemolken, ist damit nicht nur die Milchbildung unterbrochen, sondern es setzt auch nach ca. 48 Stunden eine Rückbildung der Milch ein (Vorgang beim Trockenstellen).

Äußere Reize (siehe Abb. 815) regen die Hirnanhangsdrüse zur Abgabe des Milchentleerungshormons *Oxytocin* an. Unter seinem Einfluss wird die Milch aus den Milchhöhlen und -leitungen nach außen gedrückt: die Milch »schießt ein«. Diese *Oxytocinwirkung* hält aber nur ca. 7 Minuten an. Dies bedeutet, dass nach dem Anrüsten sofort mit dem Melken begonnen werden muss. Aufregung, grobe Behandlung und Schmerzen regen die Bildung des Stresshormons *Adrenalin* an, welches die Oxytocinausschüttung hemmt: Die Kuh »zieht die Milch auf«.

Laktationskurve – Wildtiere geben Milch, solange das Junge regelmäßig saugt (Prolaktinabgabe) und so das Euter zur Milchbildung anregt. Der Bedarf des Kalbes bestimmte also ursprünglich den Verlauf der Laktationskurve. In den ersten 3–6 Wochen steigt die Milchleistung an. Unter dem Hormoneinfluss der neuen Trächtigkeit geht sie erst allmählich, dann stärker zurück. Das *Trächtigkeits-Schutzhormon* (Progesteron) verhindert mit zunehmender Trächtigkeitsdauer die Prolaktinabgabe. Im 3. Trächtigkeitsmonat beginnt sich die Milchmenge zu verringern und fällt dann nach dem 5. Monat sehr stark ab. Je flacher die Laktationskurve verläuft, desto leichter ist die Kuh zu füttern.

Bis zur 4.–5. Laktation steigt die Milchleistung noch an und bleibt dann in etwa gleich oder geht sogar wieder leicht zurück.

Die Milch bildet sich während der Zwischenmelkzeiten in den Milchbildungszellen der Drüsenbläschen. Äußere Reize lösen Hormone aus, die das »Einschießen« der Milch bewirken.

2.10.4 Milchgewinnung

Das Melken hat auf die *Milchleistung*, die *Milchqualität* und die *Eutergesundheit* einen sehr großen Einfluss. Weil aber davon wesentlich der wirtschaftliche Erfolg der Milchviehhaltung abhängt, muss die Milchgewinnung besonders beachtet werden. Wir können den Melkvorgang in drei Abschnitte (Vorbereitungen, Melken, Ausmelken) teilen.

Melk-Vorbereitungen – Dazu zählen:

■ Der erste Milchstrahl jeder Zitze muss in einen *Vormelkbecher* gemolken werden, weil diese Milch verunreinigt oder infiziert sein könnte.

■ Die Milch eines jeden Striches ist auf Farbe, Flocken, Gerinnsel und Veränderungen zu überprüfen, um beginnende Eutererkrankungen (Mastitis!) frühzeitig zu erkennen. Dazu gibt es schwarz gefärbte *Prüfplatten*. Kranke oder veränderte Milch darf wegen der Ansteckungsgefahr für gesunde Euterviertel nie in die Streu gemolken und auf keinen Fall der gesunden Milch beigemengt werden.

- Das Euter muss mit einem Lappen oder besser mit einem Einweg-Papier-Eutertuch *gereinigt* werden. Dies kann man gleich mit dem *Anrüsten* des Euters verbinden, wobei durch leichtes Massieren das Euter melkbereit gemacht wird.

Melken – Der eigentliche Melkvorgang (Hauptmelken) muss während der *Oxytocinwirkung* (ca. 7 min) erfolgen.

Handmelken ist kaum noch üblich und wird, wenn nötig, nach der *Allgäuer Melkmethode* durchgeführt. Dabei umschließt die Hand die straff gefüllte Zitze so, dass der kleine Finger auf den Schließmuskel drücken kann. Beim Melken schließen zuerst Daumen und Zeigefinger die Zitzen oben ab, und die übrigen *Finger drücken rasch* nacheinander folgend die *Milch heraus*. Die Vorderviertel werden vor den Hintervierteln ausgemolken.

Beim **Maschinenmelken** wird im Gegensatz zum Handmelken die *Milch abgesaugt*.

Der Innenraum des doppelwandigen Zitzenbechers (Zitzenbecherhülse mit Zitzengummi) ist einem ständigen Unterdruck (Saugwirkung) von 0,4–0,5 bar ausgesetzt. In dem von Zitzenbecherhülse und Zitzengummi gebildeten Zwischenraum herrscht während der *Saugphase* Unterdruck und während der *Entlastungsphase* normaler Druck. Diesen Druckwechsel, der den Milchfluss unterbricht, steuert ein *Pulsator*.

Ausmelken – Es muss gründlich geschehen, damit sich die fettreichen Milchtröpfchen aus den Höhlungen und Gängen des Euters lösen. Zugleich ist es eine Vorbeugemaßnahme gegen Euterentzündungen. Beim Maschinenmelken lässt man das Melkzeug am Euter, drückt mit einer Hand das Sammelstück leicht nach unten und streift mit der anderen Hand die einzelnen Euterviertel zu den Zitzenbechern hin aus.

Werden die Kühe von Anfang an an das maschinelle Ausmelken gewöhnt, erübrigt sich ein Nachmelken nach dem Absetzen des Melkzeugs.

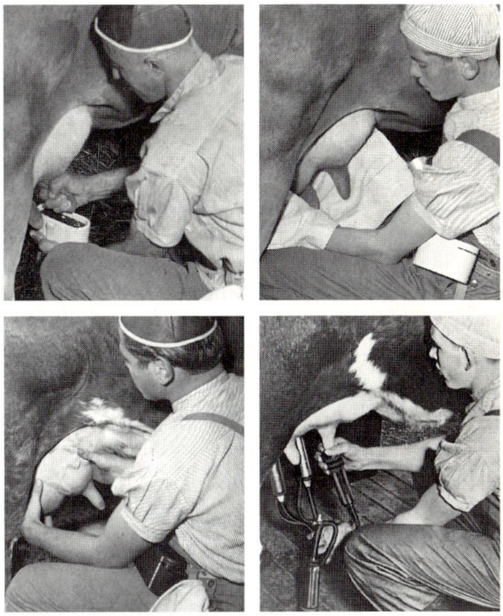

Abb. 819 Vor dem Melken sind das Prüfen der Milch, das Reinigen und Anrüsten des Euters unerlässliche Melkvorbereitungen.

Abb. 820 Falls noch Eimermelkanlagen verwendet werden, muss die Milch durch einen Filter in das Vorratsgefäß gegossen werden. Dieser Wattefilter ist nach jedem Melken zu erneuern.

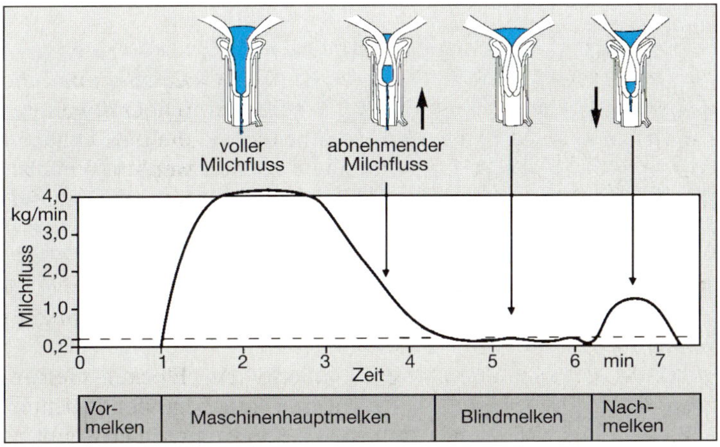

Abb. 821 Links: Die verschiedenen Phasen der Milchabgabe beim Maschinenmelken (nach RABOLD).

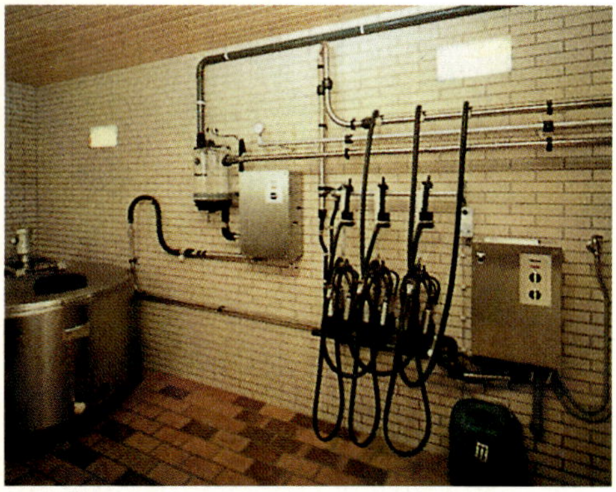

Abb. 822 Vorbildliche Reinigungsanlage mit Spülautomaten für Rohrmelkanlagen.

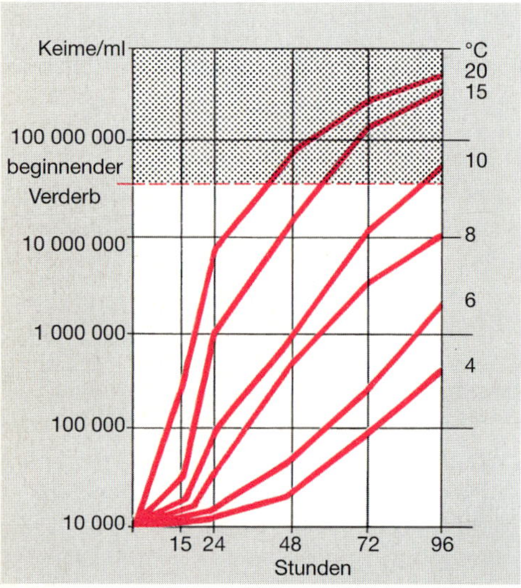

Abb. 823 Keimvermehrung in der Milch bei unterschiedlichen Temperaturen.

Abb. 824 Desinfizieren der Striche (Dippen) trägt zur Gesunderhaltung der Euter bei.

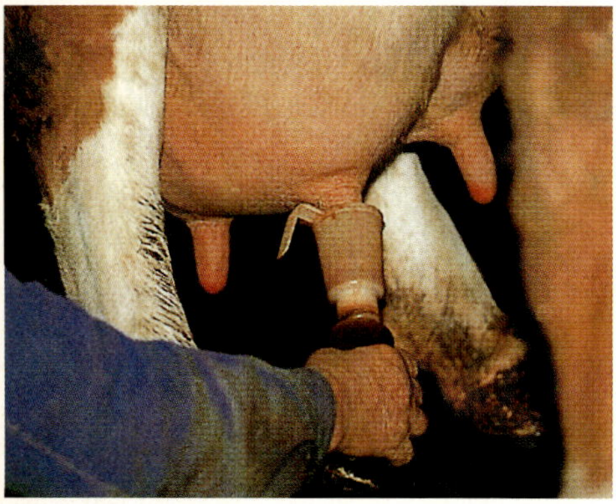

2.10.5 Milchqualität

Das wichtigste Ziel der Milchgewinnung muss die Erzeugung von Qualitätsmilch sein. Nach folgenden Eigenschaften wird die Qualität der Milch beurteilt:

- Nährstoffgehalt (Fett, Eiweiß, Zucker),
- Reinheit (frei von Schmutz),
- Geruch, Geschmack und Aussehen,
- Keimgehalt,
- Zellgehalt,
- Hemmstoffgehalt (z. B. Penicillin),
- Fremdwassergehalt,
- Verarbeitungsfähigkeit (z. B. in der Käserei).

Um diesen Anforderungen gerecht zu werden, sind einige wichtige **Grundregeln** einzuhalten, die in erster Linie die *Hygiene* (Stall, Tier, Melkarbeit, Melkgerät, Milchkammer), die *Eutergesundheit*, die *Kühlung* der Milch und nicht zuletzt die *Fütterungstechnik* betreffen.

Sauberkeit und Eutergesundheit – Der **Stall** muss hell, gut gelüftet, staub- und geruchsfrei sein. Die untere Wandhälfte sollte abwaschbar sein und die obere mindestens einmal jährlich gekalkt werden.

Die **Tiere** sollten ein *sauberes Euter* haben, was durch das Abscheren der Haare erleichtert wird.

Die **Melkarbeit** muss gewissenhaft und sachgerecht durchgeführt werden. Die *Melkvorbereitungen* auf keinen Fall vernachlässigen! Beim *Ansetzen* und *Abnehmen der Melkzeuge* ist darauf zu achten, dass kein Schmutz und keine Einstreu angesaugt werden. Jedes Gemelk ist sofort aus dem Stall zu bringen und zu *filtern*.

Milchgeschirr und **Melkmaschine** sind gründlich zu *reinigen* und zu *desinfizieren*. Alle Milch führenden Teile werden nach dem Melken zuerst kalt gespült, dann in einer 40–50 °C warmen Reinigungs- und Desinfektionslösung gesäubert und nochmals kalt nachgespült. Ein Wechsel zwischen sauren und alkalischen *Reinigungs-* und *Desinfektionsmitteln* hat sich bewährt. Mit sauren Mitteln können vor allem Kalkablagerungen und »Milchstein« entfernt werden. Auf keinen Fall dürfen saure und alkalische Mittel vermischt werden. Am besten wechselt man von Melkzeit zu Melkzeit.

Für Rohrmelkanlagen sollten grundsätzlich *Spülautomaten* verwendet werden; auch für Eimermelkanlagen wären sie empfehlenswert. Wöchentlich einmal ist eine vollständige Reinigung durchzuführen. Dabei sind die einzelnen Melkgeräte zu zerlegen und schadhafte Teile, z. B. poröse Zitzengummi, auszuwechseln.

Die **Milchkammer** muss einwandfrei sauber, luftig und kühl sein. Sie darf keinen direkten Zugang zum Stall haben. Boden und Wände müssen abwaschbar sein. Es darf nichts aufbewahrt werden, was den Milchgeruch beeinflussen könnte.

Nur ein **gesundes Euter** kann Qualitätsmilch liefern. Durch *sorgfältige Melkvorbereitungen* (siehe oben) kann man Eutererkrankungen vorbeugen. *Blindmelken* schadet der Eutergesundheit sehr. Nach dem Melken sollten zumindest bei gefährdeten Kühen die *Striche desinfiziert* werden (Dippen). Beim *Trocken-*

stellen verwendet man am besten ein Langzeit-Antibiotikum. Die Melkanlage muss regelmäßig vom *Kundendienst* überprüft werden.

Kühlung – Die Kühlung der Milch ist besonders wichtig, da sich sonst die *Keime* in der Milch sehr stark vermehren. Es ist nämlich trotz größter Sauberkeit und Sorgfalt nicht möglich, eine völlig keimfreie Milch zu gewinnen. Die Milch muss innerhalb von 2 Stunden nach Melkbeginn auf + 6 °C (nicht tägliche Abholung) bzw. + 8 °C (tägliche Abholung) heruntergekühlt werden. *Einfache Kühlungen* mit Leitungswasser können diese Forderung kaum erfüllen. Bei den *elektrischen Kühlanlagen* unterscheiden wir indirekte und direkte Kühlung.

Direktkühlanlagen bringen Verdampfer und Milch unmittelbar zusammen. Ein Rührwerk sorgt für gleichmäßige Abkühlung.

Indirekte Kühlanlagen arbeiten mit *Eiswasser*. Zwischen den Melkzeiten bildet sich Eis, welches beim Kühlvorgang schmilzt und als Eiswasser die Wände des Milchbehälters kühlt. Milchkannen müssen dabei offen bleiben, weil sonst die Milch nicht ausdünstet.

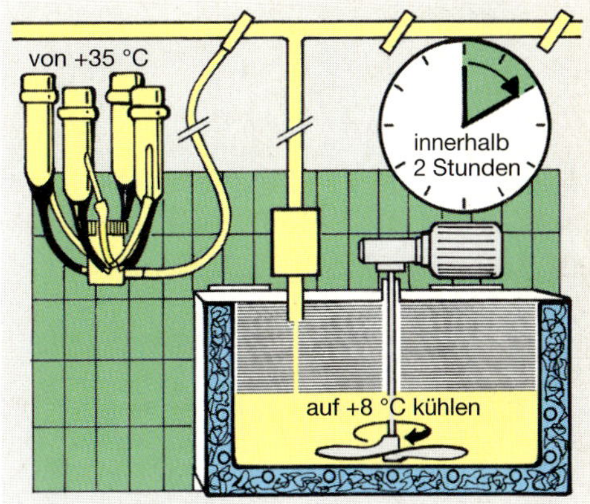

Abb. 825 Innerhalb von 2 Stunden muss die Milch auf + 8 °C abgekühlt werden (tägliche Abholung).

Abb. 826 Fahrbare Melkstände erleichtern die Melkarbeit auf der Weide.

Tabelle 64: Vergleich verschiedener Kühlverfahren

Lagerbehälter	Kühlverfahren		Zuordnung
	direkt	indirekt	
Kannenkühler		x	höchste Kühlkosten, arbeitsaufwändig, für kleinere Betriebe
Hofbehälter mit Tauchkühler	x		bis 400 l Milch ausreichend
Kühlwanne	x	x	ausreichend für 400–1200 l Milch
Kühltank	x	x	ab 1200 l Milch zu empfehlen

Muss auf der **Weide** gemolken werden, ist die Kühlung besonders problematisch. Da auf der Weide selber meist nicht gekühlt werden kann, muss die Milch möglichst schnell zum Hof transportiert und am besten mit einer Eiswasserkühlung innerhalb kürzester Zeit unter + 12 °C gekühlt werden.

Wie und wann die Milch abgeholt wird, bestimmt die Molkerei. Bei der **Auswahl des Kühlsystems** muss daher berücksichtigt werden, ob die Milch direkt vom Milchlagerraum oder von einer Sammelstelle abgeholt wird und ob das Fassungsvermögen der Behälter bei dem jeweiligen *Abholrhythmus* der Molkerei ausreicht. Dabei sollte man mit mindestens 30 l/Kuh und Tag rechnen bzw. mit doppelter Menge, wenn die Milch nur alle 2 Tage abgeholt wird. Für kleinere Betriebe ohne Hofabholung sind *fahrbare Hofbehälter mit Tauchkühler* am weitesten verbreitet. Ansonsten sind je nach Milchmenge *Kühlwannen* oder *Kühltanks* als Milchlagerbehälter üblich.

Mit Hilfe von **Wärmerückgewinnungsanlagen** kann die bei der Milchkühlung frei werdende Wärmemenge zur *Warmwasserbe-*

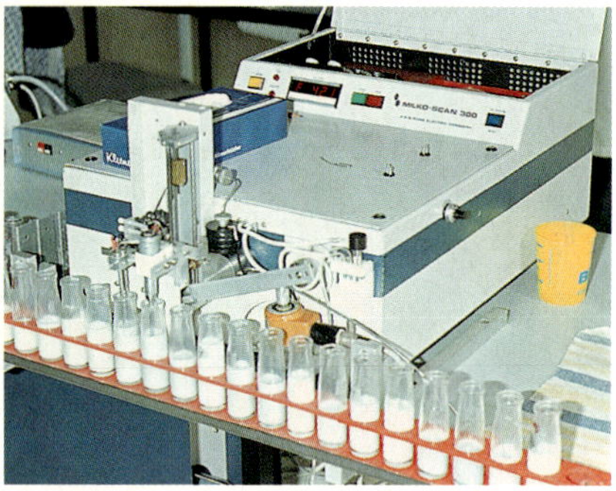

Abb. 827 Die Proben für die Qualitätskontrollen (z. B. Milchfett-Gehalt) werden automatisch bestimmt.

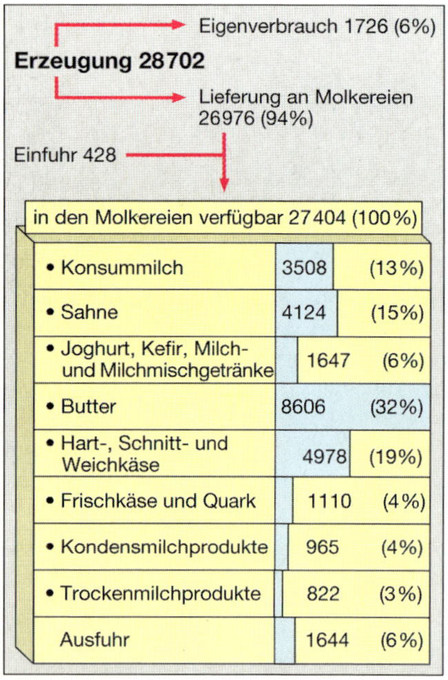

Abb. 828 Verwendung der Vollmilch (1998, in 1000 t).

Abb. 829 Zellgehalt und Eutergesundheit.

Durchschnitts-zellgehalt/ml	Eutergesundheit im Bestand
unter 125 000	sehr gut
bis 250 000	gut
bis 350 000	befriedigend
bis 500 000	gefährdet
bis 750 000	Sanierung erforderlich
über 750 000	Sanierung dringend erforderl.

reitung genutzt werden. Aus 1 l Milch lassen sich 0,5 l Warmwasser mit 50–60 °C erzeugen. Dieses kann für die umfangreichen Reinigungsarbeiten, zur Zubereitung der Kälbertränke und sogar im Haushalt Verwendung finden. Solche Anlagen lohnen sich ab 30 Kühen auf jeden Fall.

Fütterungstechnik – Auch das **Futter** kann die Milchqualität beeinträchtigen. Die Milch nimmt *milchfremde Geruchs-* und *Geschmacksstoffe* direkt aus der Stallluft oder indirekt über den Blutkreislauf an. In das Blut gelangen sie entweder über die eingeatmete Luft oder über die Verdauung.

Folgende **Hinweise zur Fütterungstechnik** sind zu beachten:

- *Stark riechende* Futtermittel, vor allem Silage, niemals im Stall lagern und erst nach dem Melken füttern.
- *Raps, Rübsen, Senf, Stoppelrüben* oder *Markstammkohl* dürfen höchstens bis zu 40 kg/Kuh und Tag und keinesfalls nach der Blüte verfüttert werden, weil sonst die Milch einen stechenden Geruch und rettichartigen Geschmack bekommt.
- Im Herstellungsgebiet für Emmentalerkäse darf keine *Silage* verfüttert werden, weil ein zu hoher Buttersäuregehalt der Milch zu Fehlgärungen in der Käseherstellung führen kann.
- *Fütterungsfehler*, die Durchfall verursachen, z. B. plötzlicher Futterwechsel, zu wenig Strukturfutter, zu hohe Mengen an Rübenblatt, Zwischenfrüchten oder Schlempe sowie verschmutztes, verdorbenes oder gefrorenes Futter, erhöhen den Keimgehalt der Milch.

Nur Qualitätsmilch bringt gleichmäßig hohe Milchgeldeinnahmen. Die Milchqualität hängt von der Sauberkeit im Stall, gesunden Eutern, sachgemäßer Fütterung und richtiger Behandlung der Milch, vor allem Kühlung, ab.

2.10.6 Milchauszahlungspreis

Die **Milchgüte-Verordnung** des Bundes regelt die *Bewertung* und *Bezahlung* der Anlieferungsmilch. Diese wird von *neutralen* Organisationen (Kontrollverbände, Milchprüfringe) anhand einer festgelegten Mindestzahl von unangekündigten Proben je Monat auf folgende Gütemerkmale untersucht:

- Fettgehalt,
- Eiweißgehalt,
- Keimgehalt (Bakterien),
- Zellgehalt (körpereigene Zellen),
- Hemmstoffgehalt,
- Fremdwassergehalt.

Fett- und *Eiweißgehalt* werden als Durchschnittswerte (arithmetische Mittel) aus mindestens 4 Proben/Monat in Prozent berechnet (Genauigkeit: $^{1}/_{100}$ Prozent).

Zur Feststellung des *Keimgehaltes* sind mindestens 2 Untersuchungen vorgeschrieben. Aus den Ergebnissen der letzten beiden Monate wird das geometrische Mittel (n-te Wurzel aus dem Produkt der n Werte) gebildet. Nach diesem Wert wird die Milch in **Güteklassen** eingestuft (siehe Tabelle 65).

Tabelle 65: Einstufung der Milch nach Keimzahlen/ml in Güteklassen anhand des errechneten geometrischen Mittelwertes

Güteklasse	seit 01.01.98
I	bis 100 000
II	über 100 000
S	bis 50 000

Der *Zellgehalt* wird aus mindestens 1 Untersuchung (in Bayern 2) im Monat berechnet. Dabei wird das geometrische Mittel der Ergebnisse aus den letzten 3 Monaten gebildet. Es sollte nicht über 400 000 Zellen/ml liegen. Diese körpereigenen (somatischen) Zellen stammen aus den Geweben des Euters und den Gewebeflüssigkeiten. Somit ist ihr Vorhandensein bis zu gewissen Mengen ganz normal. Niedrige Zellgehaltswerte sind bei Einhaltung aller gebotenen Regeln der Melkarbeit problemlos zu erreichen. Höhere Werte weisen auf Eutererkrankungen (Mastitis) hin.
Der *Hemmstoffgehalt* wird monatlich 2-mal (in Bayern 4-mal) festgestellt. Milch mit Hemmstoffen darf nicht in den Verkehr gebracht werden. Untersucht werden neben Penicillin auch andere Antibiotika. Der Milcherzeuger muss nach einer entsprechenden Behandlung die Wartezeiten gewissenhaft einhalten.
Mit Hilfe des Gefrierpunktes, der monatlich mindestens einmal (in Bayern 2-mal) ermittelt wird, kann der *Fremdwassergehalt* in der Milch nachgewiesen werden. Das arithmetische Mittel aus den Ergebnissen von 2 Monaten darf – 0,515 °C nicht übersteigen. Wird der Milch Wasser zugesetzt, steigt ihr Gefrierpunkt und rückt in die Nähe von 0 °C. Solche Milch wird nicht angenommen, eine Stallkontrolle wird angeordnet.
In der **Milchgeldabrechnung** erscheint der Preis für 1 kg Milch mit einem Fettgehalt von 3,7 % und einem Eiweißgehalt von 3,4 %. Für Abweichungen gibt es Zu- bzw. Abschläge. Für Milch der *Güteklasse II* sind 4 Pf/kg Mindestabzug festgelegt. Enthält die Milch mehr als 400 000 Zellen/ml, sind ebenfalls mindestens 2 Pf/kg abzuziehen. Werden Hemmstoffe nachgewiesen, ist der Preis im Monat der Feststellung um 10 Pf/kg je positives Ergebnis zu kürzen. Bei 2 positiven Ergebnissen würden also 20 Pf/kg im Monat weniger bezahlt.
Ist die Qualität wesentlich besser als Güteklasse I (Keimzahl/ml bis 50 000; Zellzahl/ml bis 300 000; kein Hemmstoff), können die Molkereien eine *Güteklasse »S«* einrichten und Zuschläge von 0,5–2 Pf/kg bezahlen.
Konsum- bzw. Exportmilch muss besonderen Anforderungen genügen:
- Einstufung in Güteklasse I,
- Zellgehalt unter 400 000 je ml,
- Gefrierpunkt unter – 0,515 °C,
- Hemmstoff nicht nachweisbar,
- Tbc- und Bang-Freiheit des Bestandes,
- Stallkontrolle ohne Beanstandung.

Der Milchauszahlungspreis richtet sich nach dem Fett- und Eiweißgehalt, dem Keim-, Zell- und Hemmstoffgehalt.

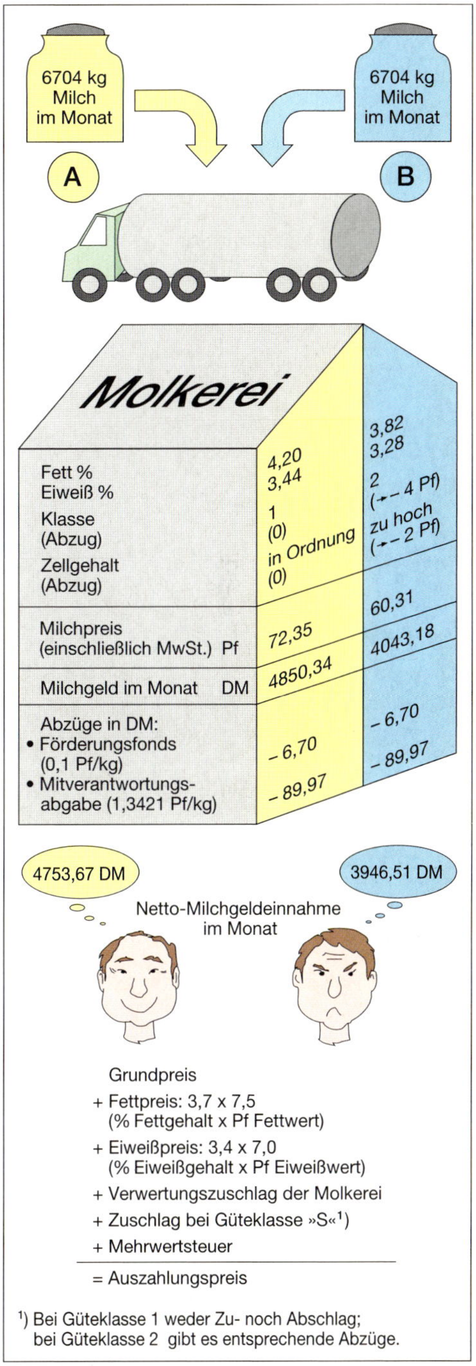

Abb. 830 Milchpreis-Aufbau (Schema). Berechnung des Milchpreises (1 l entspricht 1,02 kg).

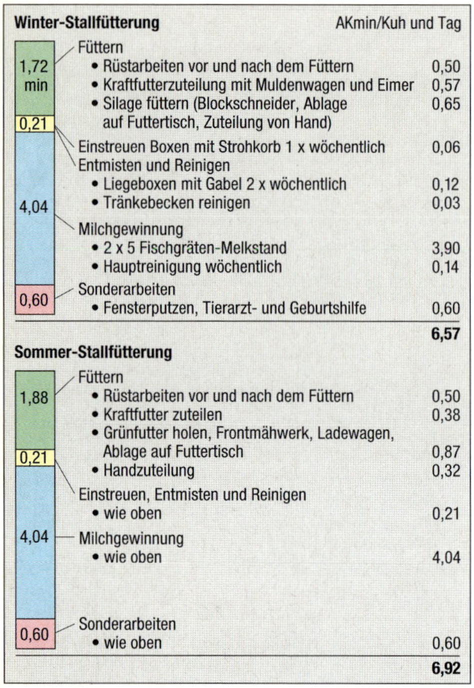

Abb. 831 Arbeitszeitbedarf für die Milchviehhaltung. **Beispiel:** 60 Kühe, Liegeboxen-Laufstall.

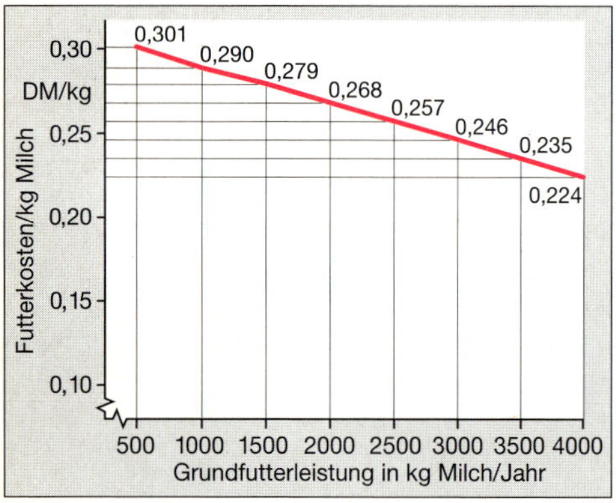

Abb. 832 Modellrechnung zur Abhängigkeit der Futterkosten von der jeweiligen Grundfutterleistung bei einer Jahres-Milchleistung von 5000 kg (4 % Fett, Erhaltungsbedarf 600 kg LM).

Aufgaben:

1. Beschreiben Sie ohne Angabe von Zahlen, wie sich Biestmilch in Zusammensetzung und Aussehen von Normalmilch unterscheidet.
2. Ein sehr wichtiger Abschnitt des Melkens sind die Melkvorbereitungen, die häufig stark vernachlässigt werden. Beschreiben Sie, wie vorschriftsmäßig vorzugehen ist.
3. Nach welchen Eigenschaften wird die Qualität der Milch beurteilt?
4. Nur ein gesundes Euter liefert Qualitätsmilch. Durch welche Maßnahmen können Sie Eutererkrankungen vorbeugen?
5. Beschreiben bzw. skizzieren und begründen Sie den typischen Verlauf einer Laktationskurve.

2.10.7 Wirtschaftlichkeit der Milchviehhaltung

Die **Wirtschaftlichkeit** der Milchviehhaltung hängt im Wesentlichen von folgenden Faktoren ab:

- Milchleistung,
- Milchpreis (Milchinhaltsstoffe),
- Fleischleistung,
- Nutzungsdauer (Bestandsergänzung),
- Fruchtbarkeit,
- Futterkosten,
- Gebäudekosten,
- Arbeitsaufwand.

Eine Steigerung der **Milchleistung** pro Kuh bringt grundsätzlich höhere Deckungsbeiträge, da die Erzeugungskosten je kg Milch geringer werden. Da die Milchproduktion aber der Quotenregelung unterliegt, ist eine höhere Herdenleistung nur sinnvoll, wenn entweder die Kuhzahl verringert wird oder neue Produktionsrechte (Quoten) hinzuerworben werden.

Der **Milchpreis** wird durch die Milchinhaltsstoffe und die Qualität bestimmt. Der Landwirt kann ihn daher durch gezielte Rassenwahl und Paarung sowie durch Beachtung der Grundsätze der Qualitätsmilcherzeugung positiv beeinflussen.

Die bessere **Fleischleistung** von Zweinutzungsrassen zahlt sich beim Kälber- und Schlachttierverkauf aus.

Eine Verlängerung der **Nutzungsdauer** senkt die Kosten der Bestandsergänzung, erlaubt eine stärkere Selektion und erhöht die Einnahmen aus dem Verkauf von Zuchttieren.

Störungen der **Fruchtbarkeit** haben höhere Besamungs- und Tierarztkosten sowie infolge der verlängerten Zwischenkalbezeit eine geringere Jahresmilchleistung und einen geringeren Gewinn aus dem Kälberverkauf zur Folge.

Um die **Futterkosten** zu senken, ist eine hohe Grundfutterleistung anzustreben, die den Kraftfuttereinsatz auf das notwendigste Maß begrenzt. Hohe **Gebäudekosten** bei einem Stallneubau können die Wirtschaftlichkeit sehr stark beeinflussen.

Neben dem **Arbeitsaufwand,** der vor allem von der Bestandesgröße, der Aufstallungsform und dem Mechanisierungsgrad abhängt, muss besonders die *Arbeitsqualität* mehr Beachtung finden. Die Arbeitskosten sind im Familienbetrieb Hauptbestandteil des Einkommens. Fremdarbeitskräfte lohnen sich nur in Großbetrieben mit hoher Arbeitsproduktivität.

Tabelle 66: Vergleich der Wirtschaftlichkeit der Milchkuhhaltung

Kennzeichen des Verfahrens							Rasse	Fleckvieh	Schwarzbunt	Fleckvieh	Schwarzbunt
							Leistungsniveau	hoch		mittel	
Milchleistung							kg/Jahr	6500	7500	5000	5500
Milcherlös	0,66 DM/kg						DM/Einheit	4290	4950	3300	3630
Kälber-erlös/DM	männlich 0,45 Stück	854	237	854	237		DM/Einheit	384	107	384	107
	weiblich 0,45 Stück	537	148	537	148		DM/Einheit	242	67	242	67
Altkuh-erlös/DM	kg LM[1])	650	615	650	615						
	0,25 Stück DM/kg LM	2,52	2,17	2,52	2,17		DM/Einheit	410	334	410	334
		DM/Einheit dt	DM/Einheit dt	DM/Einheit dt	DM/Einheit dt	DM/dt		DM/Einheit	DM/Einheit	DM/Einheit	DM/Einheit
Markleistung							DM[2])	5325	5457	4335	4137
Bestandsergänzung	0,25 Stück	2800	2600	2600	2400		DM	700	650	650	600
Milchaustauscher		0,40	0,20	0,40	0,20	247	DM	99	49	99	49
Kälberaufzuchtfutter		0,50	0,25	0,50	0,25	53	DM	27	13	27	13
Kraftfutter		17,40	21,40	9,00	10,00	36	DM	626	770	324	360
Mineralfutter		0,70	0,70	0,60	0,60	115	DM	81	81	69	69
Deckgeld, Tierarzt, Medikamente							DM	202	222	172	182
Strom, Wasser, Stallbetrieb							DM	67	67	65	65
Versicherung, Beiträge, Vermarktung							DM	135	135	135	135
variable Maschinenkosten (Melk- und Kühltechnik)							DM	23	25	20	22
Zinsansatz Vieh- und Umlaufvermögen							DM	133	116	127	112
Summe variabler Kosten							DM[2])	2092	2131	1087	1608
Deckungsbeitrag/Einheit ohne Grundfutter							DM[2])	3233	3326	2648	2529
Maissilage		9569	9808	9569	9808		MJ NEL/Einheit	144	147	144	147
Grassilage		6386	6546	6386	6546		MJ NEL/Einheit	108	111	108	111
Heu		2062	2113	2062	2113		MJ NEL/Einheit	42	43	42	43
Grünfutter		8067	8269	8067	8269		MJ NEL/Einheit	96	99	96	99
Grundfutterkosten							DM[2])	391	400	391	400
Deckungsbeitrag/Einheit mit Grundfutter							DM[2])	2842	2926	2257	2129

[1]) Lebendmasse. [2]) Einschließlich Mehrwertsteuer.

Aufgaben:

1. Welche Möglichkeiten hat der Landwirt, die Wirtschaftlichkeit seines Milchviehbetriebes zu verbessern?
2. Studieren Sie die Wirtschaftlichkeits-Berechnungen in Tabelle 66 genau. Wo liegen die Hauptursachen für die unterschiedlichen Deckungsbeiträge?
   Welche Schlussfolgerungen ziehen Sie daraus?
3. 6000 kg mit 4 % Fett Jahres-Milchleistung je Kuh; 2500 kg aus Grundfutter (GF); 0,35 DM/10 MJ GF-Kosten; 0,70 DM/10 MJ Kraftfutter-Kosten.
   Vergleichen Sie die reinen Futterkosten in DM/kg Milch bei einer Lebendmasse der Kuh von
   a) 700 kg; **b)** 600 kg; **c)** 500 kg.

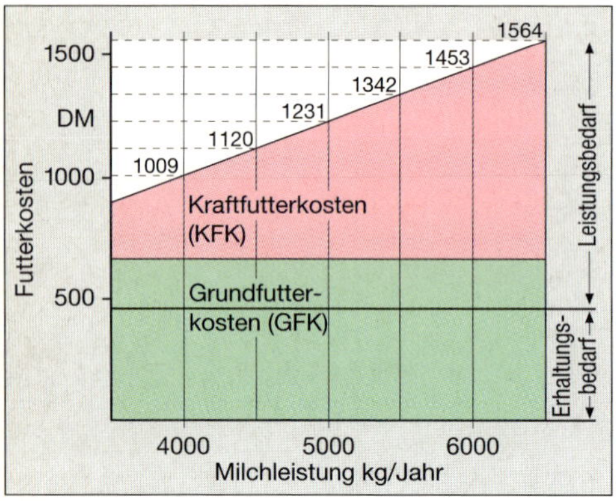

Abb. 833 Futterkosten für die jährliche Milchleistung einer Kuh (600 kg LM, 4 % Fett; GFK 0,35 DM/MJ; KFK 0,70 DM/10 MJ; 3000 kg Milch werden aus dem Grundfutter erzeugt).

Abb. 834 Entwicklung der Marktleistung mit steigender Milchleistung.

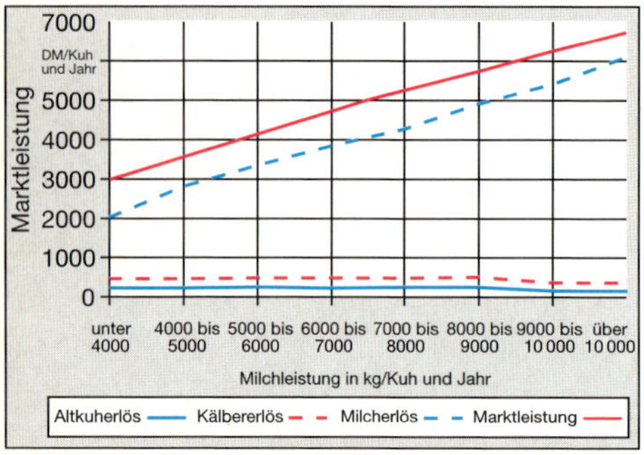

4. a) 500 kg Milchleistung, 3000 kg aus GF; **b)** 7000 kg Milchleistung, 500 kg aus GF; jeweils 600 kg LM, 4 % Fett. Vergleichen Sie die reinen Futterkosten je kg Milch der Fälle
(1) 0,30 DM/10 MJ GF; 0,80 DM/10 MJ Kraftfutter (KF);
(2) 0,45 DM/10 MJ GF; 0,65 DM/10 MJ KF.

5. Ein Stallplatz kostet *jährlich* einschließlich aller Einrichtungen, Melkanlage und Räumen für Futter- und Gülleaufbewahrung (feste Kosten)
a) als Neubau 1000 DM/Stallplatz;
b) als Um- bzw. Ergänzungsbau 500 DM/Stallplatz.
Vergleichen Sie die Futterkosten + feste Stall- und Einrichtungskosten je kg Milch folgender Fälle
(1) 4500 kg Milchleistung, 3000 kg aus GF; **(2)** 7500 kg Milchleistung, 500 kg aus GF;
jeweils 650 kg LM, Milch mit 4,5 % Fett, bei folgenden Futterkosten: 0,35 DM/10 MJ GF; 0,75 DM/10 MJ KF.

6. Der Deckungsbeitrag für eine Milchkuh soll in einer Modellrechnung ermittelt werden. Vergleichen Sie drei Jahresleistungen:
(1) 4000 kg, **(2)** 5500 kg und **(3)** 6500 kg Milch mit 4 % Fett.
Für die aus dem Grundfutter erzeugte Milchmenge unterscheide man jeweils 2 Fälle:
A 1000 kg; **B** 3000 kg Milch.
An weiteren Werten soll unterstellt werden:
Marktleistung: 0,65 DM/kg Milch; 0,9 Kalb zu 400,– DM; von einer Altkuh im Wert von 1600 DM soll jährlich als Schlachtkuhanteil gerechnet werden:
(1) 0,2; **(2)** 0,25; **(3)** 0,3.
Kosten: Bestandsergänzung von einer Färse im Wert von 400 DM
(1) 0,2; **(2)** 0,25; **(3)** 0,3 je Jahr.
Futter: Grundfutter 0,40 DM/10 MJ; Kraftfutter 0,78 DM/10 MJ. Erhaltungsbedarf bei 600 kg Lebendmasse 35,5 MJ/Tag; Leistungsbedarf bei 4 % Fett in der Milch 3,17 MJ/kg Milch (bei höheren Milchleistungen wird der Energiebedarf/kg Milch höher; das soll hier nicht berücksichtigt werden).
Mineralfutter (110 DM/dt): **(1)** 0,75 dt; **(2)** 0,9 dt; **(3)** 1 dt.
Weitere variable Kosten: Tierarzt: **(1)** 70 DM, **(2)** 85 DM, **(3)** 95 DM; 40 DM für Strom, Wasser, Stallgeräte; 110 DM für Versicherung (einschließlich Tierseuchenkasse), Leistungskontrolle; 120 DM variable Maschinenkosten. Berechnen Sie
a) die Marktleistung **(1)**, **(2)** und **(3)**;
b) die Futterkosten **(1)**, **(2)** und **(3)** mit jeweils den Fällen **A** und **B**;
c) den Deckungsbeitrag je Kuh und Jahr **(1)**, **(2)** und **(3)** mit jeweils den Fällen **A** und **B**.

2.11 Rindermast

Die Jungrindermast gewann in den letzten Jahren mit steigender Nachfrage nach jungem, fettarmem Rindfleisch immer mehr an Bedeutung, wobei vor allem die Bullenmast einen starken Aufschwung erlebte. Färsen und Ochsen haben zwar zarteres und saftigeres Fleisch als gleichaltrige Jungbullen, sind aber dafür in Zuwachs, Futterverwertung und erreichbarem Mastendgewicht den Bullen unterlegen. Außerdem verfetten sie früher und stärker.

Mit zunehmender Bullenmast musste die Kälbermast bei gleich bleibendem Milchkuhbestand stark zurückgehen.

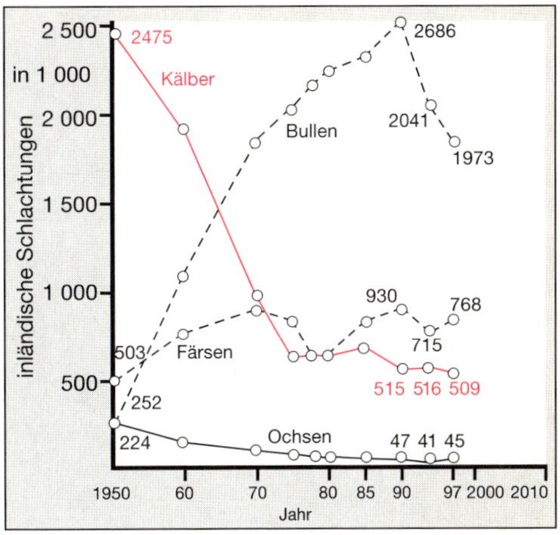

Abb. 835 Entwicklung der Rinderschlachtungen in der Bundesrepublik Deutschland (ab 1994 Gesamtdeutschland).

2.11.1 Kälbermast

Als flächenunabhängiger Betriebszweig wird die Kälbermast fast ausschließlich in Spezialbetrieben und nur noch ganz selten in Milchviehbetrieben angetroffen.

Ziel – Bei der Kälbermast sind voll ausgemästete Kälber bester Handelsklasse erwünscht, die eine gleichmäßige Oberflächenfettabdeckung des Schlachtkörpers und eine helle (rosige) Fleischfarbe aufweisen.

Obwohl keine direkten Beziehungen zwischen *Helligkeit der Fleischfarbe* und den so sehr geschätzten Kalbfleischeigenschaften (fettarm, zart und saftig) bestehen, hält sie der Verbraucher für das wichtigste »Qualitätsmerkmal«. Die helle Fleischfarbe ist für ihn das einzige Erkennungszeichen, dass es sich um Kalbfleisch und nicht etwa um Bullen- oder Kuhfleisch handelt, welches rot ist.

Die rote Fleischfarbe ist vom Eisengehalt des Muskelgewebes abhängig. *Grund- und Kraftfutter dürfen daher nicht verfüttert werden*, weil sie sehr viel Eisen enthalten und zudem die Pansenentwicklung fördern. Gerade aber diese damit einhergehende Entwicklung zum Wiederkäuer soll sich beim Mastkalb im Gegensatz zum Aufzuchtkalb verzögern.

Die Kälber erhalten deshalb *nur Milchtränke*, welche aber trotzdem eine bestimmte Mindestmenge Eisen enthalten muss. Denn Eisen ist ein wichtiger Bestandteil der roten Blutkörperchen. Ein Mangel hemmt die Blutbildung (Anämie), was sich wiederum störend auf Gesundheit und Gewichtszunahme auswirkt. Seit 1. Januar 1989 gibt es eine »Verordnung zum Schutz von Kälbern bei Stallhaltung«. Sie hat das Ziel, Gesundheitsgefährdungen von den Tieren fern zu halten.

Es werden *vorwiegend weibliche Kälber* gemästet, obwohl ihr Wachstumsvermögen geringer ist als das männlicher Kälber. Die meisten Bullenkälber wandern jedoch in die Bullenmast.

Alle deutschen *Zweinutzungsrassen* sind gleichermaßen gut für die Kälbermast geeignet.

Kälbermast ist eine Intensivmast, d. h., die Tiere sollen viel Futter aufnehmen, hohe tägliche Zunahmen aufweisen und die Ställe müssen eine hohe Belegdichte aufweisen. Besonders aus dem zuletzt genannten Grund und wegen der verschiedenartigen Herkünfte der Kälber ergeben sich oft Probleme.

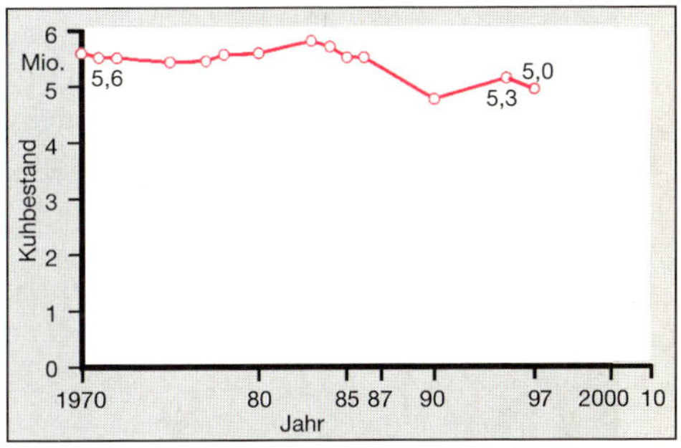

Abb. 836 Entwicklung des Kuhbestandes in der Bundesrepublik Deutschland (ab 1994 Gesamtdeutschland).

Abb. 837 Helles Kalbfleisch (oben) und dunkles Rindfleisch (unten).

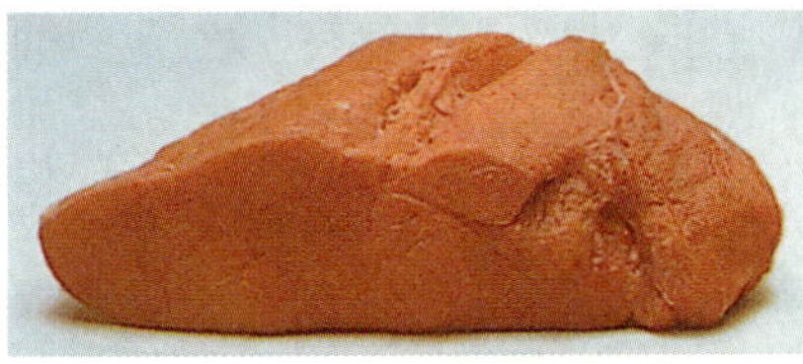

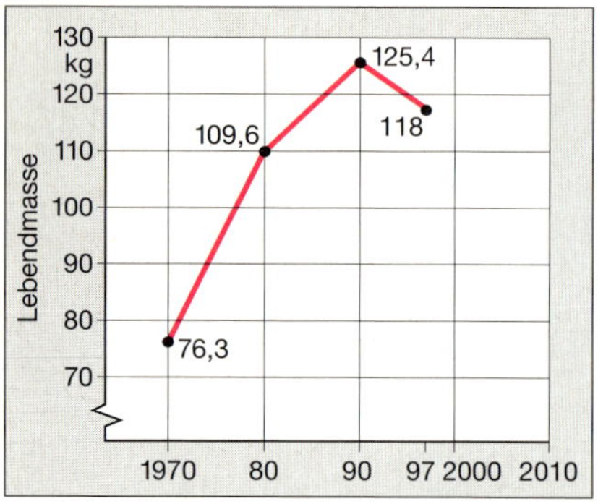

Abb. 838 Entwicklung der Schlachtgewichte von Kälbern in der Bundesrepublik Deutschland.

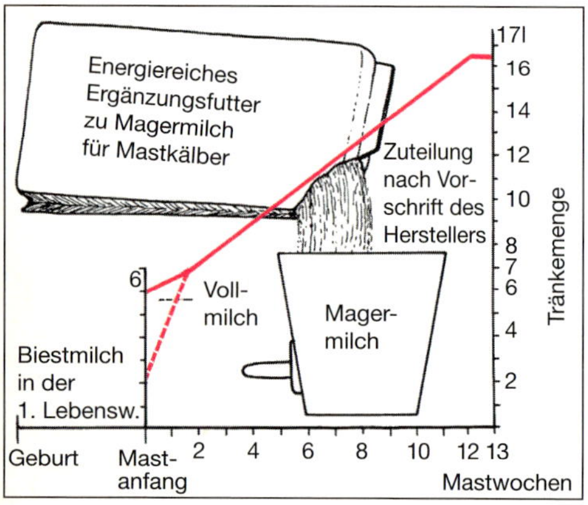

Abb. 839 Tränkeplan für die Kälbermast mit Magermilch (Schema).

Abb. 840 Vergleich von zwei Milchaustausch-Futtermittel für die Kälbermast.

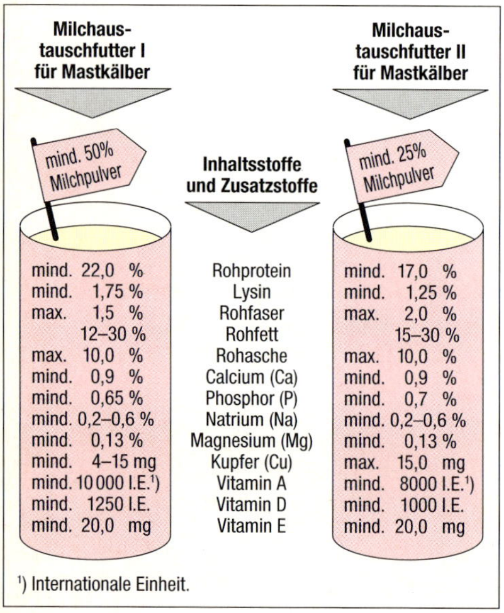

Damit Kälbermast wirtschaftlich lohnend und Kalbfleisch zart und saftig bleibt, sind hohe Mastendgewichte von 160 kg und mehr innerhalb kurzer Mastdauer anzustreben, wozu hohe Tageszunahmen erforderlich sind.

Mastmethoden – Während der 1. Lebenswoche erhalten alle Kälber die Biestmilch (siehe Seite 252).
Reine **Vollmilchmast** ist zu teuer und daher unrentabel. Die Futterkosten für 1 kg Zuwachs sind nämlich höher als der Verkaufserlös für 1 kg Lebendmasse. Außerdem ist mit Vollmilch allein eine leistungsgerechte Nährstoffversorgung des Kalbes nur bis zu 125 kg Lebendmasse möglich. Dies gilt es zu bedenken, wenn infolge der Milchkontingentierung *Überschussmilch* in der Kälbermast verwertet werden soll. Eine Ergänzung mit *energiereichem und proteinarmem Milchaustauschfutter* wird empfohlen.
Die **Mast mit Magermilch** ist nur noch *selten* anzutreffen. Schwankende Qualität, mögliche Unverträglichkeit (Durchfall) und unsicherer Bezug der Frischmagermilch sowie erhöhter Arbeitsaufwand haben diese Methode immer mehr verdrängt. Weil der Magermilch das Fett als Energieträger und damit auch die fettlöslichen Vitamine entzogen wurden, muss zur *Energie- und Wirkstoffaufwertung* ein »Energiereiches Ergänzungsfutter zu Magermilch für Mastkälber« nach Vorschrift des Herstellers zugesetzt werden (je nach Fettgehalt des Ergänzungsfutters 60–120 g/l Magermilch).
Bereits während der 2. Lebenswoche sollte von Vollmilch auf Magermilch umgestellt und weiter nach Tränkeplan bei zweimaligem Tränken/Tag gefüttert werden (siehe Abb. 839). Nach 13 Wochen erreichen die Kälber bei durchschnittlichen Tageszunahmen von 1250 g ein Mastendgewicht von ca. 160 kg.
Die **Mast mit Milchaustausch-Futtermittel** ist am *weitesten verbreitet.* Aufgrund der sich ändernden Nährstoffansprüche des Kalbes setzt man in den ersten 4 Mastwochen ein »Milchaustauschfutter I für Mastkälber« und danach ab ca. 90 kg LM ein »Milchaustauschfutter II für Mastkälber« ein. Tränkemenge und Tränkekonzentrationen sind dem Tränkeplan (siehe Abb. 841) zu entnehmen.
Nach der Biestmilchperiode müssen bei dieser Mastmethode die Kälber zunächst eine Woche lang sorgfältig *angefüttert* werden. *Zugekaufte Kälber* sind mit besonderer Sorgfalt zu behandeln. Als erste Mahlzeit nach dem Transport gibt man nur 1–2 l warmen Tee, dem ein Vitamin-Antibiotika-Präparat beigemischt wird. Die zweite Mahlzeit besteht dann aus 1,5–2 l Tränke mit 80 g »Milchaustauschfutter I« je l Wasser. Während der nächsten Tage dieser Woche wird die Tränke langsam auf 6 l/Tag und die Tränkekonzentration von 120 auf 150 g »Milchaustauschfutter I« je l Wasser gesteigert.
Dieser Anfütterungswoche folgt nun die eigentliche Mastperiode. Von 60 kg zu Mastbeginn werden die Kälber innerhalb 11 Wochen bei 1350 g durchschnittlichen Tageszunahmen auf ca. 160 kg gemästet. Wüchsige männliche Kälber erreichen dasselbe

Mastendgewicht bereits nach 10 Wochen, da sie bei etwas intensiverer Fütterung 1400 g/Tag im Durchschnitt zunehmen können. Sollte die Mast bis zu einem *Endgewicht von 170–200 kg verlängert* werden, so sind unter Beibehaltung der in der 11. Mastwoche vorgesehenen Tränkekonzentration lediglich die Tränkemengen zu erhöhen.
Die Fleischfarbe dieser Kälber ist kaum verändert. Sie erreichen beste Schlachtqualität. Wird dagegen bei dieser **verlängerten Kälbermast** zur Einsparung von Futterkosten neben Tränke auch Kraftfutter eingesetzt, so kann die Qualität dieses Kalbfleisches den Ansprüchen nicht mehr genügen.
Fütterungstechnik – In der Regel wird aus einem *Spezialeimer mit Nuckel* getränkt. Die Tränke wird mit Schneebesen oder arbeitssparender mit einem Mixer unter Beachtung der Herstellerangaben (Anrührtemperatur) angerührt. In kleineren Beständen werden die Tränkeeimer von Hand oder mit einem Wagen transportiert. Ab 100 Kälber ist eine Verschlauchung mit *Dosierpistole* oder eine *Ringleitung* mit Zuteilungsventilen empfehlenswert. *Tränketemperatur* von 37–40 °C und *Tränkezeiten* sind bei zweimaliger Fütterung am Tag unbedingt einzuhalten.
Eine große *Arbeitserleichterung* bringen **Tränkeautomaten.** Sie rühren bei gleich bleibender Tränketemperatur die Tränke in kleinen Mengen nach Bedarf frisch an. Da die Kälber ständig saufen können, ist die Zuwachsleistung oft höher als bei der Eimertränke. Die Automatentränke ist an *Gruppenhaltung* gebunden, wobei bis zu 50 Kälber von einem Gerät versorgt werden können. Damit die Tiere nicht zu stark auseinander wachsen, sollen die Kälber einer Gruppe möglichst gleichmäßig entwickelt sein.
Wenn die Tiere etwas *Einstreu* fressen, beeinträchtigt dies Fleischfarbe und Fleischqualität *nicht* und verbessert sogar die Mastleistung. Die Raufutteraufnahme sollte aber das von der Kälberhaltungs-Verordnung festgelegte Mindestangebot nicht wesentlich überschreiten (ab der 2. Lebenswoche mind. 100 g/Tag; ab der 8. Lebenswoche mind. 200 g/Tag).
Die **Mineralstoff-** und **Vitaminversorgung** ist durch den Einsatz industriell hergestellter Mischfuttermittel abgesichert.

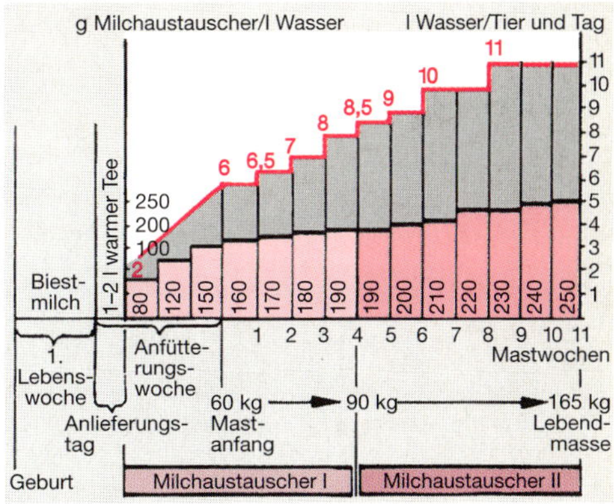

Abb. 841 Tränkeplan für die Kälbermast mit Milchaustauschfutter (Schema).

Die Fütterungstechnik ist neben der Mastmethode entscheidend für den Masterfolg.

2.11.2 Bullenmast

Hohe Verkaufserlöse und möglichst geringe Produktionskosten sind das Ziel einer wirtschaftlichen Bullenmast. Hohe Verkaufserlöse erzielen aber nur Bullen der besten Handelsklasse.
Tierauswahl – Die Wahl des richtigen Tiermaterials ist dafür eine wesentliche Voraussetzung. Von unseren *Zweinutzungsrassen* eignen sich Fleckvieh und Gelbvieh besser als Schwarzbunte, Rotbunte und Braunvieh.
Fleckvieh und Schwarzbunte sind dabei mit je einem Drittel Anteil zahlenmäßig am stärksten vertreten. In den letzten Jahren werden auch mehr und mehr *Fleischrassen* (Deutsche Angus,

Abb. 842 Bullenmast vereinfacht besonders in Kombination mit Maissilage die Betriebsstruktur.

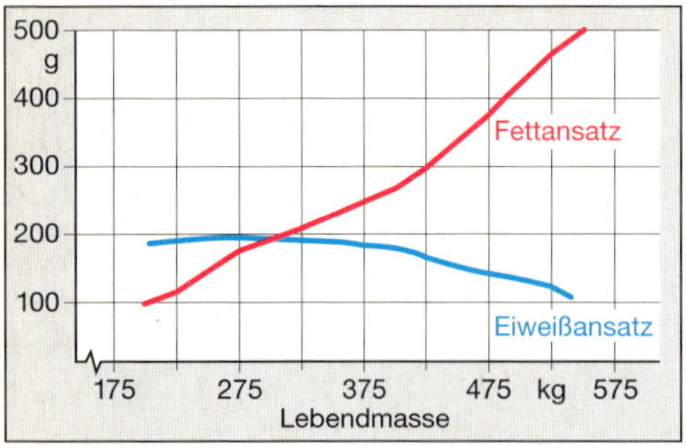

Abb. 843 Fett- und Eiweißansatz schwarzbunter Bullen bei Intensivmast.

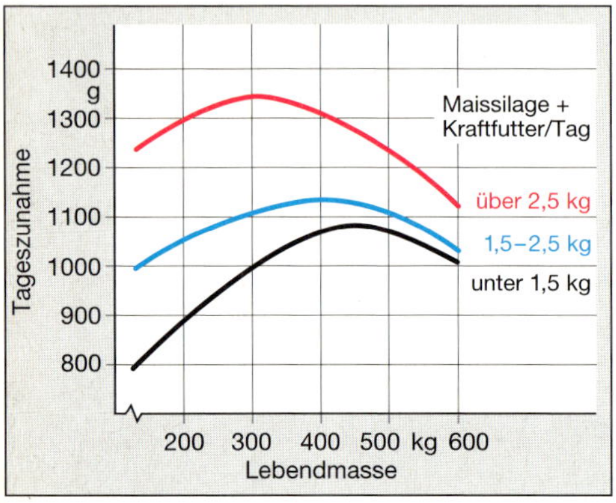

Abb. 844 Fütterungsintensität und Wachstumsverlauf (Schema).

Abb. 845 Gewichtsentwicklung (a) und Tageszunahme (b) bei Intensiv- und Wirtschaftsmast.

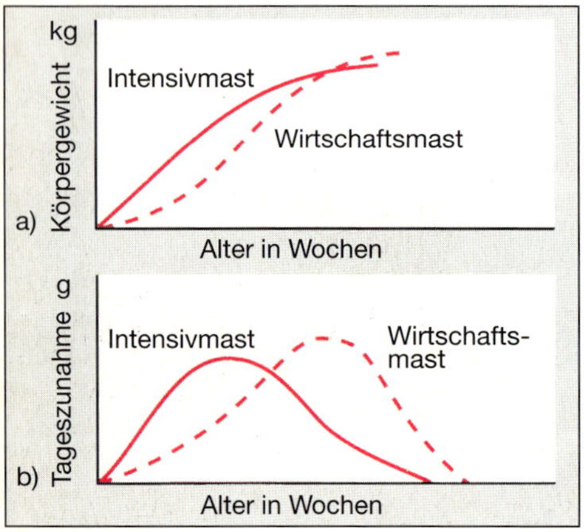

Charolais) und *Kreuzungstiere* in den Betrieben eingestellt. Da aber auch innerhalb einer Rasse große Unterschiede in der Masteignung auftreten können, ist eine **sorgfältige Kälberauswahl** sehr wichtig.

Kälber sollen *gesund*, *frohwüchsig* und *großrahmig* sein, mit guter *erblicher Veranlagung* zum *Muskelansatz* (Abstammung). Sie werden in Süddeutschland vorwiegend im Alter von 6–8 Wochen mit ca. 70–100 kg LM, in Norddeutschland im Alter von ca. 2 Wochen mit ca. 40–50 kg LM zugekauft und nach der »Frühentwöhnungsmethode« (siehe Seite 253) aufgezogen.

Anstelle dieser »Nutzkälber« kann der Bullenmäster auf dem Kälbermarkt aber auch sog. Fresser mit 150–200 kg LM erwerben und die risikoreiche Aufzuchtperiode spezialisierten Betrieben überlassen.

Die Entscheidung für die eine oder andere Zukaufsmöglichkeit ist nicht leicht, zumal sie für den wirtschaftlichen Erfolg der Mast eine wichtige Rolle spielt. Für den Kauf von Kälbern sprechen vor allem die niedrigeren Beschaffungskosten und der damit normalerweise zu erwartende höhere Gewinn. Dennoch steigt die Nachfrage nach **Fressern.** Die wichtigsten Gründe hierfür sind:

- Vermeiden des Risikos von Kälberverlusten während der Aufzucht, welche die Erzeugungskosten sehr stark beeinflussen.
- Besseres Erkennen der Masteignung bedeutet weniger Fehleinkäufe.
- Arbeitseinsparung.

Mastbetriebe, denen also die entsprechenden baulichen und personellen Voraussetzungen für eine verlustarme Kälberaufzucht fehlen, ist daher eher zum Kauf von Fressern zu raten. Sind dagegen diese Voraussetzungen erfüllt, ist Bullenmast mit Kälberzukauf wirtschaftlich erfolgreicher.

Fütterungsintensität und Wachstum – Fütterungsintensität und Mastendgewicht haben neben den erblichen Veranlagungen einen entscheidenden Einfluss auf die gewünschte Schlachtkörperzusammensetzung.

Mastbullen haben wie andere Tierarten auch im jungen Alter ein hohes Fleischbildungsvermögen. Mit zunehmendem Alter verlangsamt sich das Wachstum, der Eiweiß- bzw. Fleischansatz geht zurück und die Verfettung nimmt verstärkt zu. Hinzu kommt der höhere *Erhaltungsbedarf* älterer Tiere, so dass sich die *Futterverwertung* gegen Ende der Mast laufend verschlechtert, d. h., der Nährstoffbedarf/kg Zuwachs wird größer.

Die *Fütterungsintensität* muss sich diesen Wachstumsgesetzen anpassen. Über die Höhe der täglichen Zunahmen werden somit direkt sowohl das Mastendgewicht als auch die Mastdauer beeinflusst. Das günstigste Mastendgewicht liegt je nach Rasse bei 550 kg (Schwarzbunte, Rotbunte, Braunvieh) bzw. 600 kg (Fleckvieh, Gelbvieh).

Die **Intensivmast** will durch eine sehr nährstoffreiche Fütterung das hohe Wachstumsvermögen der Jungbullen zwischen 250 und 400 kg LM voll ausschöpfen. Altersbedingt ist aber das Fassungsvermögen der Mägen noch relativ gering.

Die Futterration muss daher eine hohe Nährstoffkonzentration aufweisen, was meist nur mit relativ hohen Kraftfutteranteilen möglich ist.

Die **Wirtschaftsmast** strebt die hohen Tageszunahmen zu einem späteren Mastabschnitt an, damit der Nährstoffbedarf wegen des nun größeren Futteraufnahmevermögens mit viel wirtschaftseigenem, hochverdaulichem Grundfutter und nur geringer Kraftfutterergänzung gedeckt werden kann. In der sog. *Vormast* werden aufgrund des noch begrenzten Fassungsvermögens der Mägen mit vorwiegend wirtschaftseigenen Grundfuttermitteln nur geringe Tageszunahmen erzielt. Das Wachstumsvermögen ist dadurch nicht voll ausgeschöpft und die Tiere haben im 2. Abschnitt, in der sog. *Endmast*, einen entsprechenden Nachholbedarf (kompensatorisches Wachstum).

Wie aus Abb. 845 ersichtlich, sind die Tageszunahmen dann sogar höher als in der Intensivmast. Sobald sie sich wieder denen der Intensivmast angleichen, ist das optimale Mastendgewicht in der Wirtschaftsmast erreicht. Dieser Zeitpunkt liegt aber im Vergleich zur Intensivmast meist später, d. h., man muss bei der Wirtschaftsmast mit einer etwas längeren Mastdauer rechnen.

Fütterungsgrundlagen – Hohe tägliche Zunahmen und günstige Futterverwertung sind nur über wiederkäuergerechte und leistungsbezogene Fütterung möglich. Der **Gesamt-Nährstoffbedarf** ergibt sich auch bei der Mast von Rindern aus dem Bedarf für Erhaltung und Leistung. Seine Höhe hängt vom Geschlecht (Bullen, Färsen, Ochsen), von der Rasse, der Körpermasse und den angestrebten Tageszunahmen ab. Die Richtzahlen für die tägliche *Energie-* und *Rohprotein-Versorgung* sind Tabelle 67 (Seite 314) zu entnehmen.

Wegen der Pansenmikroorganismen besteht beim Wiederkäuer ein enger Zusammenhang zwischen optimaler Eiweiß- und Energie-Versorgung. So ist auch bei Einhalt der Richtwerte für Rohprotein die Eiweiß-Versorgung nur dann in Ordnung, wenn zugleich die Ansprüche an den hohen Energiebedarf in der Ration erfüllt sind und die Abbaubarkeit des Futterproteins der Gesamtration nicht unter 75 % liegt.

Obwohl die Versuchsdaten nur bei Fleckvieh und Schwarzbunten gewonnen wurden, dürfen aufgrund von Erfahrungswerten Gelbvieh und Gebrauchskreuzungen (z. B. Charolais × Schwarzbunte) dem Fleckvieh und Braunvieh den Schwarzbunten zugeordnet werden. Richtwerte für Rotbunte liegen dazwischen.

Werden bei der Fütterung diese Bedarfsnormen eingehalten, so ist in der *Intensivmast* ein Verlauf der täglichen Zunahme wie in Abb. 845 zu erwarten.

Diese **hohen Tageszunahmen** erfordern vor allem ein *energiereiches, hoch verdauliches Futter*. Aufgrund des zunehmenden Fassungsvermögens des Pansens können die Ansprüche an die Verdaulichkeit gegen Ende der Mast zwar etwas zurückgehen, liegen aber dennoch im Mittel bei 70 %. In der Futterration muss daher unbedingt Kraftfutter enthalten sein, dessen Menge von Art und Qualität des Grundfutters abhängt.

Die *Eiweißversorgung* bereitet in der Praxis normalerweise kaum Schwierigkeiten, da die vorgegebenen Bedarfsnormen einen ausreichenden Sicherheitszuschlag enthalten.

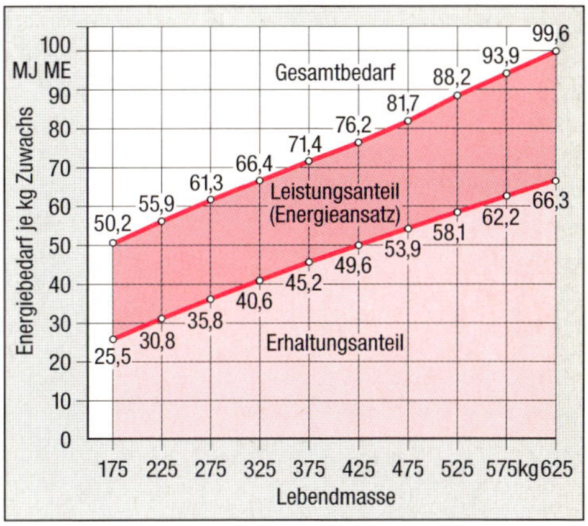

Abb. 846 Die Zunahme des Energiebedarfs je kg Zuwachs verschlechtert die Futterverwertung.

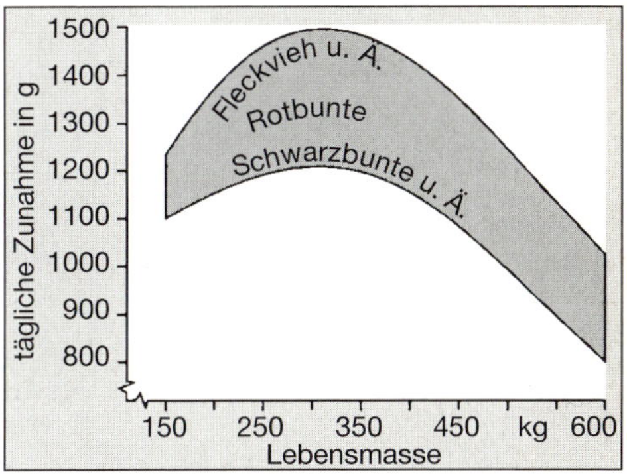

Abb. 847 Anzustrebende Tageszunahmen von Bullen bei der Intensivmast. Die Zuordnung der Rassen im Kurvenband entspricht dem unterschiedlichen Wachstumsvermögen.

Abb. 848 Gruppe von »Fressern«.

Tabelle 67: Gesamt-Energiebedarf und Empfehlungen zur Rohprotein-Versorgung von Mastrindern
(Energie- und Nährstoffbedarf landwirtschaftlicher Nutztiere, Nr. 6, DLG Verlag, 1995)

Lebend-masse	täglich T-Auf-nahme	tägliche Lebendmassenzunahme in g											
		600		800		1000		1200		1400		1600	
kg	kg	ME MJ	RP g	ME MJ	RP g	ME MJ	RP g	ME MJ	RP g	ME MJ	RP g	ME MJ	RP g
Bullen Schwarzbunt													
175	3–4	35,1	470	39,4	520	44,4	590						
225	3,5–5	41,4	530	46,0	590	51,2	650	57,1	730				
275	4–6	46,6	580	52,7	650	58,6	720	65,2	800	72,8	900		
325	5–7	53,7	640	59,6	710	66,4	790	74,2	880	83,1	980		
375	6–7,5	59,8	680	66,6	760	74,5	850	83,8	960	94,7	1080		
425	7–8,5	65,9	730	73,7	810	83,1	920	94,4	1040				
475	7,5–9	72,0	770	81,1	860	92,4	980	106,1	1130				
525	8–10	78,2	790	88,9	900	102,5	1040						
Bullen Fleckvieh													
175	3–4			45,7	660	50,2	730	55,5	800				
225	3,5–5					55,9	780	61,3	850	64,5	900		
275	4–6					61,3	820	66,8	900	70,3	940	75,3	1010
325	5–7					66,4	860	72,1	930	75,9	980	80,9	1050
375	6–7,5					71,4	890	77,2	960	81,2	1010	86,2	1080
425	7–8,5					76,2	910	82,1	980	86,3	1030	91,3	1110
475	7,5–9					81,7	930	87,5	1000	91,4	1050		
525	8–10			82,1	900	88,2	960	94,2	1030	96,3	1080		
575	8,5–10			87,5	940	93,9	990	100,1	1070				
625	9–10,5			93,0	990	99,6	1020	106,1	1110				
Färsen Fleckvieh[1]													
175		38,5		45,6									
225				52,5		59,3							
275				59,0		65,8		70,7					
325				65,3		72,1		77,8					
375		64,3		71,5		78,2							
425		70,2		77,4		84,1							
475		76,0		83,3		89,9							
525		81,7		89,0		95,6							
Ochsen Fleckvieh[1]													
175				41,2		44,9							
225				49,2		53,7							
275				56,9		62,0		67,4					
325				64,4		70,2		76,3					
375				71,7		78,3		85,0					
425		71,7		78,9		86,1							
475		78,1		85,8		93,7							
525		84,3		90,0		97,9							
575		90,4		94,1		102,0							

[1] Für Ochsen und Färsen fehlen bisher noch Bedarfswerte für die Rohprotein-Versorgung.

Der Schlüssel zum Erfolg in der Bullenmast liegt somit in einer bedarfsgerechten Energie-Versorgung, und zwar vorrangig über das Grundfutter. Auf das Erzeugen bester Grundfutterqualität und auf eine hohe Grundfutteraufnahme ist daher besonderer Wert zu legen.

Wie aus Tabelle 67 ersichtlich, kann ein Bulle zu Beginn der Mast etwa 3 kg und gegen Ende der Mast gut 10 kg *Futter-Trockenmasse* (T) täglich verzehren.
Dem *Rohfasergehalt* wird in den Futterrationen der Bullenmast keine so große Bedeutung beigemessen wie in der Milchviehfütterung. Damit aber dennoch die Verdauungsvorgänge im Pansen störungsfrei aufrechterhalten werden und auch das Wiederkauen funktioniert, sind ca. 12–15 % Robfaser in der Trockenmasse der Gesamtration erforderlich.
Wenigstens die Hälfte davon soll aus strukturreichem Futter stammen. Man muss daher bei Verwendung von sehr strukturarmen Futtermitteln, z. B. Rübenblatt-Silage, aufpassen und für einen entsprechenden Ausgleich sorgen.
Der Einsatz eines industriell hergestellten »Rindermastfutters« sichert zugleich den *Mineralstoff-* und *Vitaminbedarf* ab. Andernfalls sollte ein zum Grundfutter passendes vitaminiertes Mineralfutter beigefüttert werden.
In Deutschland sind laut Futtermittel-Verordnung vom 2. Januar 1987 drei *Antibiotika zur Verbesserung der Futterverwertung* in der Rindermast zugelassen. Diese sog. Leistungsförderer dürfen nur als **Zusatzstoffe** in industriell hergestelltem Misch- oder Mineralfutter bezogen werden. Da sie relativ wenig kosten, können sie tatsächlich den wirtschaftlichen Erfolg der Rindermast steigern.
Grundsätze für Haltung und Fütterungstechnik – Ein gewissenhafter Mäster

- arbeitet nach der Rein-Raus-Methode und hält äußerste Sauberkeit im Kälberstall,
- kauft nur enthornte Tiere,
- stellt Gruppen von 6–10 gleichmäßig entwickelten Tieren zusammen,
- beobachtet und wiegt die Tiere regelmäßig,
- sorgt für ein günstiges Stallklima,
- verfüttert keine verdorbenen Futtermittel,
- vermeidet möglichst Futterwechsel und
- ermöglicht lange Fresszeiten (Vorratsfütterung).

Richtige Tierauswahl, optimales Mastendgewicht, wiederkäuergerechte und leistungsbezogene Fütterung sowie gewissenhafte Haltung und Fütterungstechnik sind die Grundvoraussetzungen für eine erfolgreiche Bullenmast.
Bei Intensivmast fleischbetonter Rassen liegt das zweckmäßige Endgewicht zwischen 620 und 640 kg Lebendmasse.

Mastmethoden – Das vorhandene *wirtschaftseigene Grundfutter* bestimmt in erster Linie die Mastmethode.

Abb. 849 Das Befüllen von Flachsilos muss gut organisiert sein. Für das Festwalzen muss genug Zeit eingeplant werden, damit später die Silagequalität stimmt.

Abb. 850 Täglicher Bedarf (in g) an Mengenelementen in Abhängigkeit von Lebendmasse und täglicher Zunahme in der Rindermast.

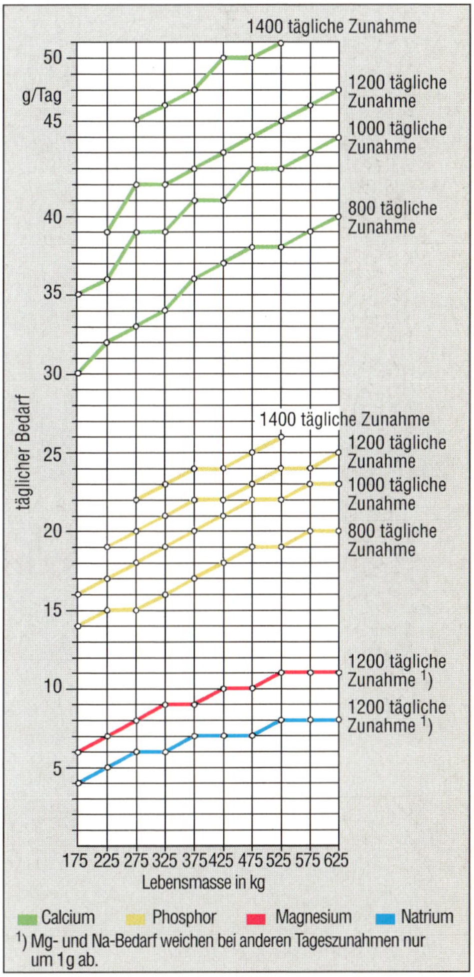

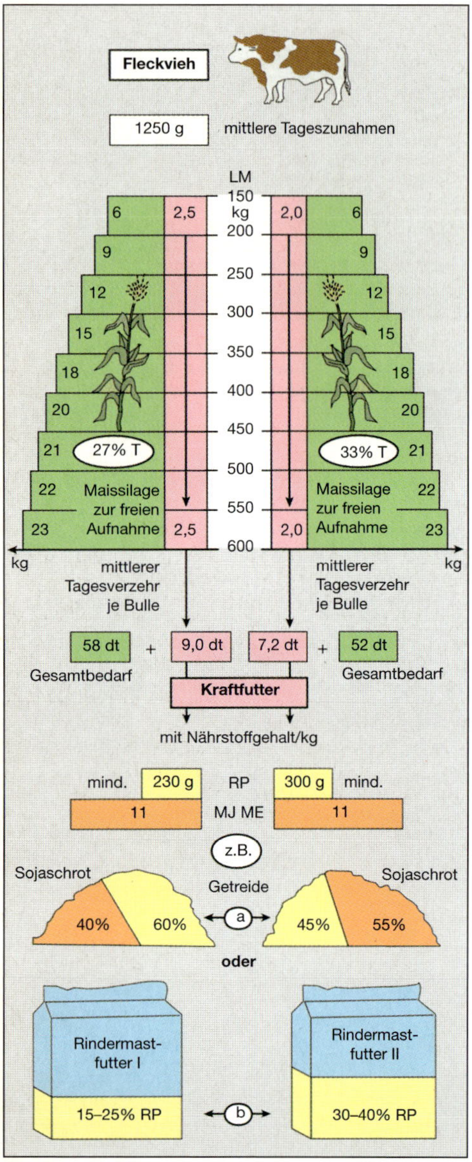

Abb. 851 Fütterung bei Maissilagemast. Höhere Trockenmasse-Gehalte der Maissilage helfen, Futter und damit Kosten zu sparen. Die angegebenen Futterwerte beziehen sich auf 1 kg T.

Folgende Zuordnung der Betriebe ist möglich:

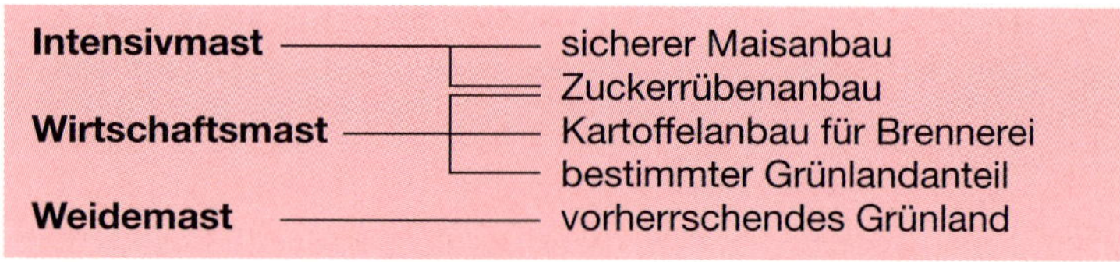

Die **Intensivmast mit Maissilage** ist in spezialisierten Bullenmastbetrieben am weitesten verbreitet. Unter Berücksichtigung des unterschiedlichen Wachstumsvermögens unserer Zweinutzungsrassen sind die in Tabelle 68 genannten Daten dafür kennzeichnend.

Tabelle 68: Beispiele für Tageszunahmen und Mastdauer bei Mast mit Maissilage

Rinderrassen	Lebendmasse	mittlere Tageszunahmen	Mastdauer
Fleckvieh	150–600 kg	1250 g	ca. 12 Monate
Schwarzbunte	150–550 kg	1050 g	ca. $12^1/_2$ Monate

Körnerreicher, teigreifer (27–33 % T) Silomais ist hinsichtlich Nährstoffkonzentration und Futterverzehr das ideale Grundfutter für Mastbullen, wenn alle Regeln zur Gewinnung einer einwandfreien Silagequalität befolgt werden. Damit auch die Maiskörner verdaut werden können, ist auf ihre vollständige Zerkleinerung bei der Ernte zu achten.
Die täglich verzehrte Menge an Maissilage (27 % T) steigt von 6–7 kg zu Beginn der Mast auf 23–25 kg gegen Ende der Mast an. Aufgrund dieses Verbrauches kann der Ertrag von *1 ha Maisanbaufläche* zur Mast für *6 Bullen* veranschlagt werden.
Neben Maissilage zur freien Aufnahme erhalten die Bullen zur Deckung des fehlenden Nährstoffbedarfs noch Kraftfutter, dessen Zusammensetzung sich nach dem T-Gehalt der Maissilage richten muss.
Da Maissilage sehr energiereich und eiweißarm ist, muss mit dem Beifutter vor allem eine bedarfsgerechte *Eiweißergänzung* der täglichen Ration erfolgen. Der Handel bietet 2 Fertigfuttermittel an, und zwar »Rindermastfutter I« mit 15–25 % Rohprotein und »Rindermastfutter II« mit 30–40 % Rohprotein.
Für *Eigenmischungen* eignen sich als Energielieferant in erster Linie Getreide und Trockenschnitzel sowie folgende Futtermittel zum Eiweißausgleich:

- Soja-Extraktionsschrot,
- Raps-Extraktionsschrot,
- Ackerbohnen oder Erbsen,
- frische oder silierte Biertreber,
- Futterharnstoff kann bereits bei der Silobefüllung (5 kg/1000 kg Frischmasse mit mindestens 25 %T) oder erst bei der Fütterung (150 g/kg T und Tag) der Maissilage zugemischt werden.

Enthält die Ration kein industriell hergestelltes »Rindermastfutter«, so sind täglich 80–130 g eines vitaminierten, Ca-reichen *Mineralfutters* (Ca : P = 4 : 1) je Tier vorzulegen, da Maissilage wenig Mineralstoffe, besonders Ca, aufweist.
In Abb. 851 sind Futterpläne für die Intensivmast von Fleckviehbullen mit durchschnittlichen Tageszunahmen von 1250 g in Abhängigkeit vom Trockenmassegehalt der Maissilage dargestellt. Für schwarzbunte Bullen mit nur 1050 g mittleren täglichen Zunahmen kann man jeweils mit 0,5 kg weniger Kraftfutter auskommen. Man sieht, wie sehr auch in der Bullenmast die *Wirtschaftlichkeit* von einer hohen *Grundfutterleistung* abhängt.

Hohe Trockenmassegehalte der Maissilage bedeuten Einsparung an Futter, vor allem an teurem Kraftfutter, und helfen somit die Produktionskosten senken.

Die **Intensivmast mit Zuckerrübenblatt-Silage** kann unter bestimmten Voraussetzungen durchaus wirtschaftlich erfolgreich sein, obwohl der Nährstoffgehalt im Vergleich zur Maissilage geringer ist und deshalb mehr Kraftfutter erforderlich wird. Sauber gewonnene Rübenblatt-Silage ist nämlich unter allen Grundfuttermitteln der *billigste Nährstofflieferant* und wird von den Tieren sehr gerne gefressen. Bei der Bergung und beim Einsilieren ist daher auf eine möglichst geringe Verschmutzung der Silage zu achten. *Heu* darf in keiner Ration fehlen, da Rübenblätter die Ansprüche des Wiederkäuers an Rohfaser und Struktur nicht erfüllen.
Im Gegensatz zur Maissilage weist Rübenblatt-Silage sehr hohe Ca-Gehalte und ein sehr weites Ca:P-Verhältnis von 5–8 : 1 auf. Aus diesem Grund müssen täglich 50 g eines Ca-armen und P-reichen *Mineralfutters* vorgelegt werden, das zudem den Vitaminbedarf abdeckt.

Ältere Tiere können nach vorausgegangener Weidevormast in einer Stallendmast noch mehr von diesem billigen Futter aufnehmen. In Zuckerrübenanbau-Betrieben finden wir daher häufig die Form der Wirtschaftsmast.

Eine **Intensivmast mit Pressschnitzel-Silage** kann für Betriebe in der Nähe von Zuckerfabriken interessant sein. Pressschnitzel (Nassschnitzel) sind extrahierte Zuckerrübenschnitzel mit einem T-Gehalt von ca. 20 %. Sie müssen sofort fabrikwarm unter besonderer Sorgfalt einsiliert werden, geben dann aber ein *energiereiches* und *gern gefressenes Rindermastfutter* ab. Pressschnitzel-Silage kann in Kombination mit Maissilage oder als alleiniges Futtermittel mit entsprechender Raufutterergänzung (z. B. 1 kg Heu) eingesetzt werden.
Die **Intensivmast mit Kraftfutter** ist nur bei entsprechend *niedrigen Kraftfutterpreisen* wirtschaftlich sinnvoll. Wegen der hohen Nährstoffkonzentration des Futters liegt das optimale Mastendgewicht bereits bei 350–420 kg. Ab 150 kg LM wird das Kälberaufzuchtfutter durch das Mastkraftfutter ersetzt. Zur Vorbeuge gegen Pansenstörungen müssen täglich 0,5–1 kg Heu und 1–2 %

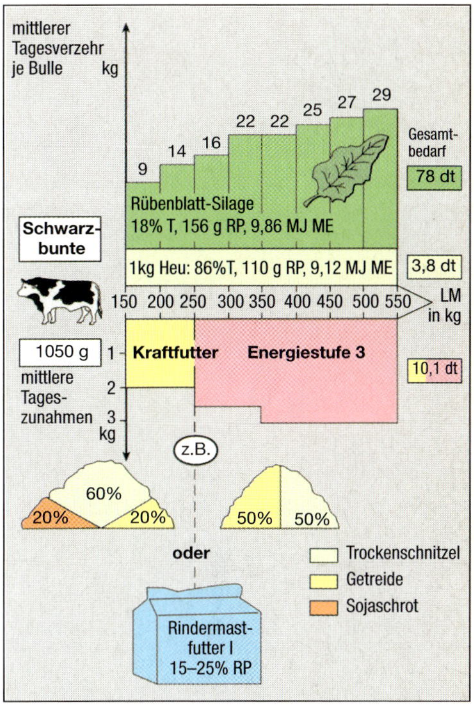

Abb. 852 Futterplan für die Intensivmast schwarzbunter Bullen mit Zuckerrübenblatt-Silage. Fleckvieh-Bullen mit 1250 g mittleren Tageszunahmen können mit je 0,5 kg mehr Kraftfutter bis zu 600 kg LM gemästet werden.

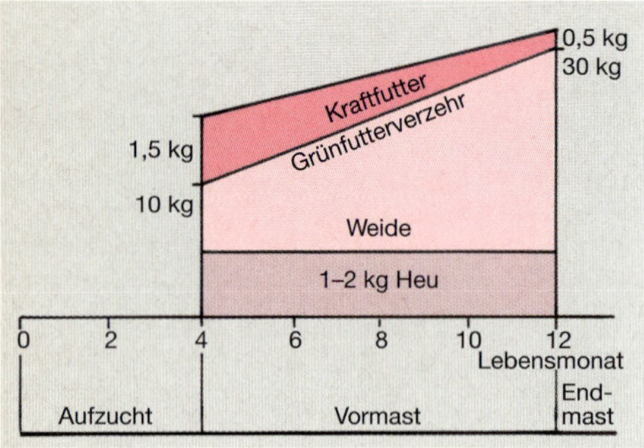

Abb. 853 Fütterung in der Vormast bei Wirtschaftsmast.

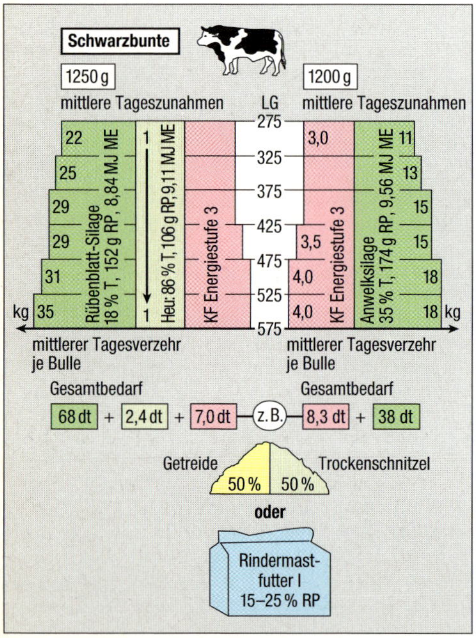

Abb. 854 Futterpläne für die Stallendmast (ca. 300–600 kg) mit Zuckerrübenblatt-Silage oder Grassilage. Die angegebenen Futterwerte beziehen sich auf 1 kg T.

Natrium-Bikarbonat, welches eine zu starke Pansenübersäuerung verhindert, in der Ration enthalten sein.

Interessanter und vor allem wiederkäuergerechter ist allerdings eine Fütterungsmethode, bei der zu einer *Kraftfuttergabe* von 3–6 kg/Tier und Tag *Maissilage* zur freien Aufnahme vorgelegt wird.

Die **Wirtschaftsmast** ist in *Vormast* und *Endmast* geteilt. Die wichtigsten fütterungstechnischen Daten sowie die gebräuchlichsten Verfahren sind der Tabelle 69 zu entnehmen.

Tabelle 69: Wichtige Zusammenhänge der Wirtschaftsmast

Betriebsform	Vormast	Endmast
	von 130–300 kg LM mit 800–1000 g Tageszunahmen ⇩ langsames Wachstum bei verhaltener Fütterung	von 300 bis 500–650 kg LM mit 1200–1400 g Tageszunahmen ⇩ schnelles Wachstum bei intensiver Fütterung
Ackerbaubetrieb mit Grünlandanteil und Zukauf von Herbstkälbern Zukauf von Sommerkälbern	Weide oder Grünfütterung *Winter* Grassilage, Heu — *Sommer* Weide, Grünfütterung	im Stall mit Rübenblatt-Silage, Rübenblatt- und Maissilage, Grassilage, Gras- und Maissilage, Schlempe und Maissilage
reiner Ackerbaubetrieb und Zukauf von Magervieh (300 kg)	(im Grünlandbetrieb)	

Die Jungbullen sollen am Ende der Vormast einen großen und breiten Rahmen aufweisen und viel Grundfutter aufnehmen können. Abb. 853 zeigt einen Fütterungsvorschlag.

Bei der **Stallendmast mit Zuckerrübenblatt-Silage** sind 1–2 kg Heu und hohe Kraftfuttermengen in der Tagesration notwendig, wenn die gewünschten Tageszunahmen erreicht werden sollen. Die Rübenblätter müssen unbedingt schmutzfrei geerntet und rasch siliert werden. Von 1 ha Rüben lassen sich 4–5 Bullen mästen.

Als *Kraftfutter* eignen sich:

- Rindermastfutter, Energiestufe 2,
- Eigenmischung aus 50 % Trockenschnitzel,
  50 % Getreideschrot.

Eine Kombination von Rübenblatt-Silage und ca. 10 kg Maissilage (anstatt Heu) erspart die Hälfte der sonst erforderlichen Kraftfuttermenge.

Das *Mineralfutter* muss P-reich und außerdem vitaminiert sein.

Im Brennereibetrieb wird die **Stallendmast mit Schlempe** durchgeführt. Eine Tageshöchstmenge von 10 l/100 kg LM reicht zur Nährstoffbedarfsdeckung nicht aus. Als *Grundfutterergänzung* legt man am besten körnerreiche Maissilage zur freien Aufnahme vor.
Das *Kraftfutter* besteht aus 1 kg Getreideschrot und 0,5 kg Soja-Extraktionsschrot.
Der Brennereibetrieb *muss* die Schlempe verfüttern. Dauert die Brennkampagne ca. 8 Monate, kann je 6 hl Brennrecht 1 Mastbulle aufgestellt werden.
Eine **Stallendmast mit Grassilage** ist noch eher vertretbar als eine Intensivmast, welche in keiner Weise mit der Maissilagemast konkurrieren könnte. Das Gras muss aber unbedingt vor der Blüte geschnitten und auf 30–35 % Trockenmasse angewelkt werden. Trotz des höheren Silageverzehrs in der Endmast sind auch hier noch *hohe Kraftfuttergaben* (4 kg/Tier und Tag) notwendig, um auf 1200 g mittlere Tageszunahmen zu kommen.
Der *Mineralstoffbedarf* ist bei dieser Futterration ziemlich abgedeckt. Aus Gründen der Krankheitsprävention und im Hinblick auf einen stabilen Körperbau sowie eines funktionierenden Stoffwechsels mit guter Futterverwertung sollen 50 g eines hochvitaminierten Mineralfutters mit einem ausgeglichenen Ca:P-Verhältnis jedem Tier täglich vorgelegt werden.
Die **Weidemast** ist in den norddeutschen Grünlandgebieten nach wie vor von Bedeutung. Das *Ziel* der Weidemast beruht darin, dass der Gewichtszuwachs der Bullen vorwiegend über die Verwertung des billigen Weidefutters erfolgt. Geringere Zunahmen während der Stallperiode sollen durch höhere Tageszunahmen in der Weidezeit infolge des kompensatorischen Wachstums ausgeglichen werden. Weide liefert zwar das billigste Grundfutter, aber im Vergleich zu anderen Mastverfahren ist die Weidemast schwieriger in den Griff zu bekommen.
Ihr wirtschaftlicher Erfolg hängt vor allem vom Beachten folgender **Grundregeln** ab:

- Durchführen einer intensiven *Umtriebsweide mit Mähweidenutzung*:
  - Die Bullen können dann ständig hoch verdauliches, nährstoffreiches Gras (Aufwuchshöhe 20 cm) aufnehmen.
  - Der gegensätzliche Verlauf von Futteraufwuchs auf Weide und Nährstoffbedarf der Bullen (siehe Abb. 856) lässt sich dadurch besser angleichen. Der Futterüberschuss zu Beginn der Weideperiode wird für die Winterfütterung konserviert.
- *Sorgfältige Übergangsfütterung*, um Gewichtsverluste zu vermeiden.
- Berücksichtigen der *Anforderungen an die Haltungsform:*
  - Die Bullen müssen enthornt sein.
  - Die Tiere müssen sich vor dem Weideaustrieb im Laufstall aneinander gewöhnen können.
  - Die Weidezäune müssen stabil und ausbruchssicher sein.
  - Zum Schutz gegen Witterungseinflüsse sind Weidehütten erforderlich.
  - Für einwandfreie Weidetränkeanlagen ist zu sorgen.

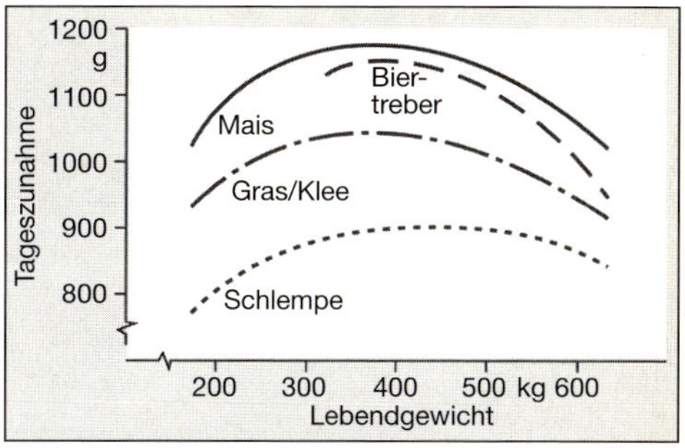

Abb. 855 Mittlere Tageszunahme von Bullen bei verschiedenen Mastmethoden.

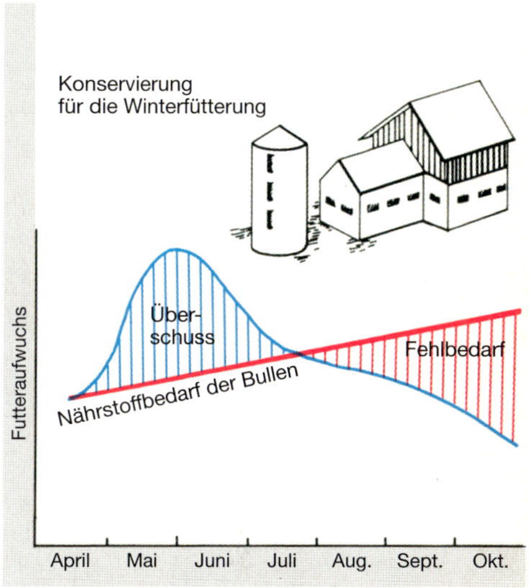

Abb. 856 Nährstoffangebot der Weide und Nährstoffbedarf der Bullen müssen bei der Weidemast einander angeglichen werden.

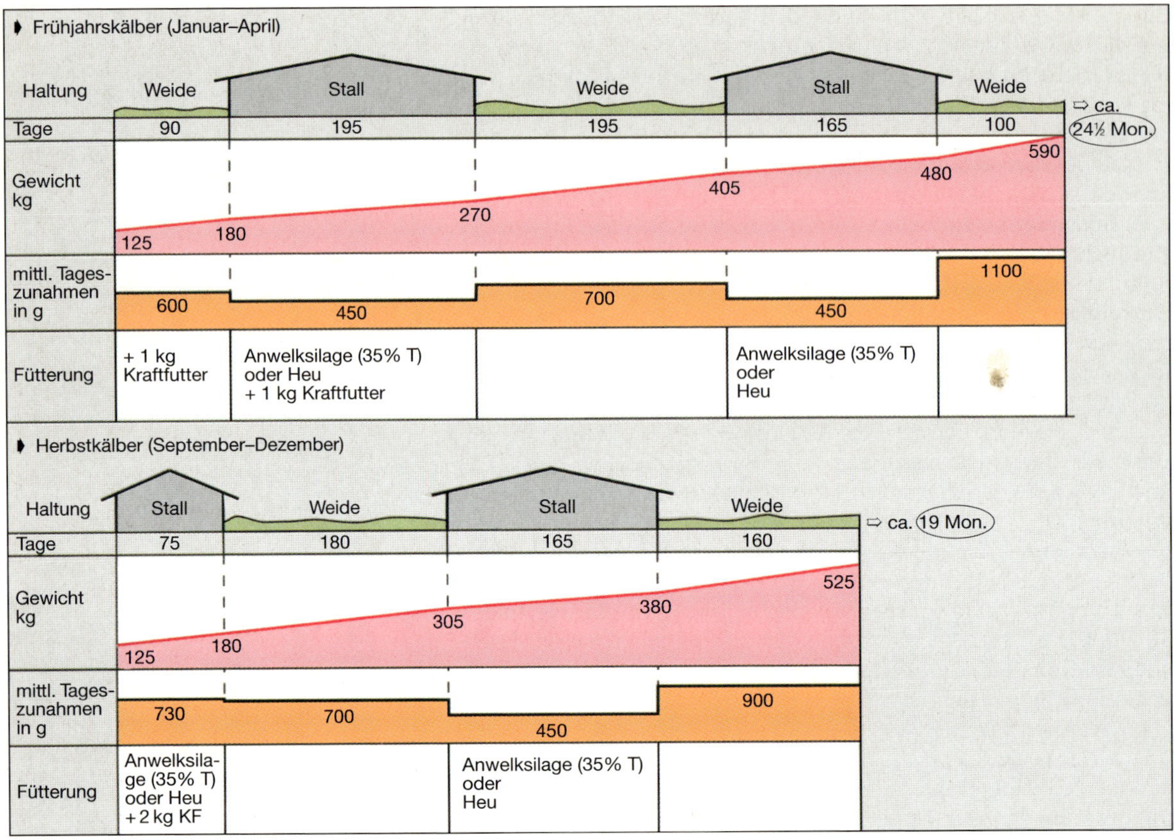

Abb. 857 Bei der Weidemast hat der Geburtstermin der Kälber einen deutlichen Einfluss auf den Ablauf der Mast.

Abb. 858 Bei der Färsenmast müssen oftmals auch Behelfsställe ausgenutzt werden, um die Rentabilität zu sichern.

- Durchführen von *Vorbeuge- und Bekämpfungsmaßnahmen gegen Weideparasiten*, z. B. Dasselfliege, Leberegel, Lungen-, Magen- und Darmwürmer.

Der Geburtszeitraum der Kälber bestimmt den zeitlichen Ablauf der Weidemast. In Abb. 857 sind die beiden gebräuchlichsten **Weidemastverfahren** dargestellt. Bei der *Mast mit Herbstkälbern* kann es erforderlich sein, dass die Bullen zum Erreichen der Schlachtreife gegen Ende der 2. Weideperiode zusätzlich Kraftfutter erhalten oder im Stall ausgemästet werden müssen. Dagegen erreichen die Bullen aus der *Mast mit Frühjahrskälbern* meistens eine gute Schlachtkörperqualität. Diese Mast dauert aber ca. 5 ½ Monate länger.

2.11.3 Mast weiblicher Jungrinder

Masteignung – Weibliche Jungrinder eignen sich wesentlich schlechter zur Mast als Jungbullen. Geringeres Wachstum, frühere Verfettung und schlechtere Futterverwertung lassen eine Mast nur bei knappem Rindfleischangebot wirtschaftlich sinnvoll erscheinen.

Färsenmast – Sie wird meist in Milchviehbetrieben mit Kuhkälbern durchgeführt, die für die Bestandsergänzung nicht gebraucht werden. Das optimale Mastendgewicht ist vom Verfettungsgrad der Tiere abhängig und schwankt je nach Rasse zwi-

schen 400 und 500 kg LM. Damit die Tiere nicht zu rasch verfetten, dürfen sie nicht zu intensiv gefüttert werden.
Daher bietet sich vor allem die **Weidemast** an. Allerdings erreichen nur *Herbstkälber* bei guter Weideführung ohne wesentliche Beifütterung mit ca. 20–22 Monaten die gewünschte Schlachtreife nach der 2. Weideperiode (siehe Abb. 859).
Frühjahrskälber müssen meist nach dem Weidebetrieb im 2. Jahr noch im Stall ausgemästet werden. Dieses Verfahren ist aber nur rentabel, wenn billiges »Nebenfutter« des Ackerbaus, z.B. Rübenblatt- oder Pressschnitzel-Silage, zur Verfügung steht.
Färsenmast mit Vornutzung – Sie dient der Rindfleischerzeugung und der Kälberbeschaffung, da die Färsen vor ihrer Schlachtung noch ein Kalb bringen. Die Tiere werden mit 13–15 Monaten besamt, damit sie spätestens mit 2 Jahren abkalben. Zu diesem frühen Belegungszeitpunkt sollten die Färsen bereits 320–350 kg wiegen. Daher müssen während der 1. Weideperiode bis zu 2 kg Kraftfutter/Tier und Tag zugefüttert werden.
Die *Auswahl der Vatertiere* erfolgt vor allem auf nachgeprüfte *Leichtkalbigkeit.* Die Abkalbung sollte in die Weidezeit fallen, da dann eine Ausmast der Jungkuh ohne Beifütterung auf der Weide bis 400–450 kg erfolgen kann. Je nach betrieblicher Gegebenheit werden die Kälber entweder sofort oder nach einer 3-monatigen Säugezeit abgesetzt und meist weitergemästet.

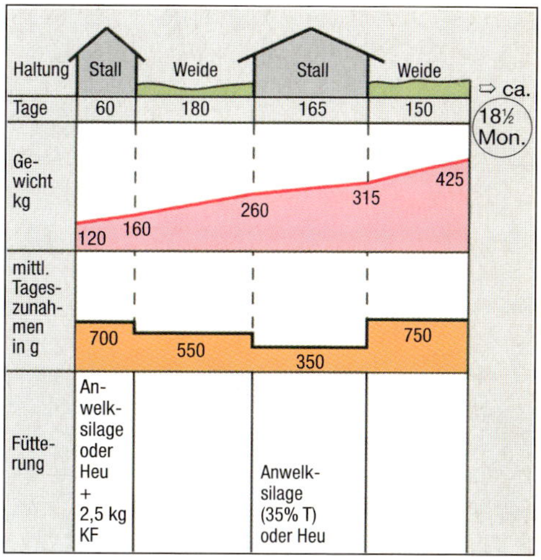

Abb. 859 Weidemast von Färsen (Herbstkälbern).

2.11.4 Ochsenmast

Die Mast junger Ochsen spielt in Deutschland zahlenmäßig nur eine untergeordnete Rolle. Wir treffen sie hauptsächlich noch in den norddeutschen Grünlandgebieten an. Sie ist zur Bullenmast nur konkurrenzfähig, wenn es um die Nutzung »schlechteren« Weidelandes geht. Dann besteht nämlich kaum noch ein Unterschied in den Tageszunahmen.
Die Ochsen haben allerdings den Vorteil, dass sie unter diesen Umständen trotzdem ohne Beifütterung die gewünschte Schlachtreife auf der Weide erreichen. Bessere Qualitätseigenschaften des Ochsenfleisches lassen zudem höhere Erlöse erwarten. Dies wird vor allem durch freiwillige Zusammenschlüsse von Landwirten zum Zwecke der Erzeugung von Qualitätsfleisch unterstützt. Der Markt sollte bereits vor der Mast organisiert werden. Wegen des fehlenden Geschlechtstriebes ist die Weidehaltung von Ochsen wesentlich problemloser als bei Bullen.
In Anlehnung an das »Weidemastverfahren mit Bullen aus der Frühjahrskalbung« erreichen die Ochsen am Ende der 3. Weideperiode mit 32 Monaten ein Endgewicht von 550–580 kg.

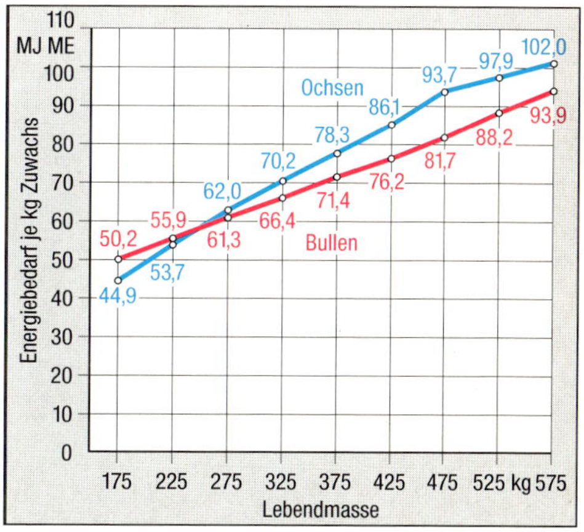

Abb. 860 Der Energiebedarf (je kg Zuwachs) ist bei Ochsen höher als bei Bullen (Fleckvieh). Ihre Futterverwertung ist also schlechter.

2.11.5 Mutterkuhhaltung

Die Mutterkuhhaltung kann man der Rindermast zuordnen. Sie dient nämlich mit der Erzeugung sog. Halbmastviehs (Fresser, Baby-Beef) *ausschließlich der Rindfleischproduktion.* Da die Kühe nicht gemolken werden, sondern ihre Kälber säugen, wird

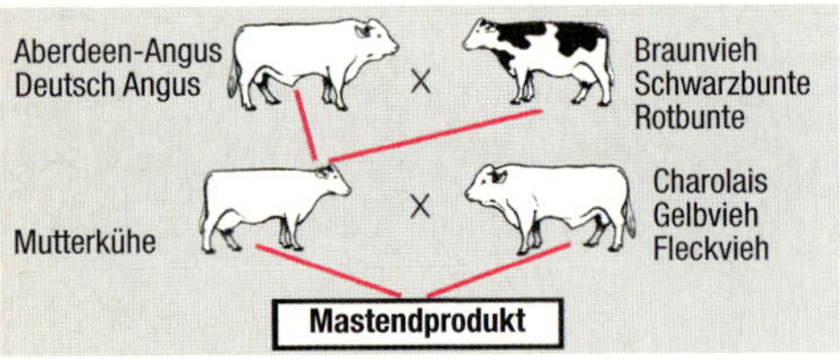

Abb. 861 Mit Hilfe von Gebrauchskreuzungen (hier Schema einer 3-Rassen-Kreuzung) lassen sich Masttiere mit hoher Mast-Schlachtleistung erzeugen.

Abb. 862 Diese Mutterkuh (Highländer-Kuh mit Kalb) sucht bei hohen Temperaturen gerne Schatten auf.

Abb. 863 Angus-Mutterkühe mit ihren Kälbern.

der Milchmarkt nicht belastet. Eine besondere Form der Mutterkuhhaltung ist die *Ammenkuhhaltung*. Hierbei zieht die Kuh mit ihrem eigenen Kalb auch noch 1–2 fremde Kälber auf.

Auch die **Ansprüche an das Futter** sind gering. So soll der Nährstoffbedarf der Kühe vorwiegend über die Weide und billiges wirtschaftseigenes »Nebenfutter« des Ackerbaus gedeckt werden. Die Kälber erhalten im Stall zur Muttermilch noch Kraftfutter (bis 1,5 kg) und Heu, um die Entwicklung der Vormägen zu fördern. Auf der Weide entfällt diese Beifütterung.

Zur Mutterkuhhaltung **geeignete Rassen** sind sowohl Fleisch- als auch Zweinutzungsrassen. Ein sehr gutes Mastendprodukt wird mit Gebrauchskreuzungen erzielt.

Um einheitliche Verkaufsgewichte der Kälber beim Absetzen zu erhalten, sollten die Mutterkühe einer Herde möglichst alle innerhalb von 3 Monaten abkalben. Wir können 2 **Kalbezeiträume** in der Praxis unterscheiden. Bei der *Winterkalbung* (Dezember–Februar) erreichen die Kälber wegen des höheren Gewichts (300–350 kg LM) zum Weideabtrieb auch höhere Verkaufserlöse. Die *Frühsommerkalbung* (Mai–Juni) liefert dagegen Fresser (150–200 kg LM) für die Weitermast.

Tabelle 70: Verwendungsmöglichkeiten für Kälber aus der Mutterkuhhaltung nach dem Absetzen

Verwendung	Absetzkälber	
	weiblich ♀	männlich ♂
Verkauf	Schlachtung als Baby-Beef (Winterkalbung)	
	als Zuchttiere – ungedeckt – kurz angedeckt – hochträchtig	als Fresser (Frühsommerkalbung) an Bullenmastbetriebe
im eigenen Betrieb	zur weiteren Färsenmast	zur weiteren Bullenmast
	als Zuchttiere zur Bestandsergänzung	

Um diese Kalbezeiträume einhalten zu können, muss der Bulle zum richtigen Zeitpunkt zur Herde gelassen werden.

Kälber aus der Winterkalbung können wegen der intensiven Fütterung bereits im Alter von 6–8 Monaten auf der Weide geschlechtsreif werden. Aus diesem Grund müssen Mutterkühe mit Stierkälbern von denen mit Kuhkälbern getrennt werden.

Die Mutterkuhhaltung ist in Deutschland zahlenmäßig nur von geringer Bedeutung. Die meisten Mutter- und Ammenkühe werden in Niedersachsen und Nordrhein-Westfalen gehalten. Als extensive Form der Rinderhaltung kommt die Mutterkuhhaltung mit einem geringen Aufwand an Arbeit und Kapital aus. Es sind vor allem Großbetriebe, die damit Altgebäude, Restgrünland und Nebenfutter aus dem Ackerbau nutzen. Sie kommt aber auch für Nebenerwerbsbetriebe in Betracht.

Nicht zuletzt leistet die Mutterkuhhaltung einen Beitrag zum Abbau des Milchüberschusses und durch die Nutzung von Grenzertragsflächen auch zur Erhaltung der Kulturlandschaft.

Aufgaben:

1. Welche Gründe beeinflussen die Entscheidung eines Bullenmästers zum Zukauf von **a)** Nutzkälbern, **b)** Fressern?

2. In einem Mastbetrieb erhalten Bullen (Rasse Schwarzbunt, Lebendmasse 250–300 kg) folgende Tagesration je Tier:

10 kg	Maissilage (300 g T/kg; je kg T: 190 g RF; 81 g RP; 11,32 MJ ME; 2,5 g Ca; 2,5 g P).
5 kg	Gehaltsrüben (146 g T/kg; je kg T: 66 g RF; 85 g RP; 12,34 MJ ME; 2,7 g Ca; 2,4 g P).
1 kg	Sojaschrot (870 g T/kg; je kg T: 86 g RF; 94 g RP; 12,97 MJ ME; 3,6 g Ca; 7,4 g P).
0,5 kg	Hafer (870 g T/kg; je kg T: 113 g RF; 123 g RP; 11,90 MJ ME; 1,2 g Ca; 3,5 g P).
200 g	Mineralfutter (920 g T/kg; je kg T: 130,40 g Ca; 87,00 g P).

a) Berechnen Sie den Gehalt der Ration an T, RP, ME, Ca und P.

b) Welche Tageszunahmen sind zu erwarten?

3. 15 Mastbullen hatten zusammen bei Mastbeginn 1900 kg Lebendmasse. Nach 378 Tagen brachten sie 8580 kg auf die Waage. Während dieser Zeit verbrauchten sie 1070 dt Maissilage (30 % T, 11,32 MJ ME/kg T), 65 dt Sojaschrot (87 % T, 12,97 MJ ME/kg T), 13 dt Gerste (87 % T, 13,56 MJ ME/kg T), 13 dt Weizen (87 % T, 14,10 MJ ME/kg T).
Berechnen Sie

a) den Zuwachs an Lebendmasse je Tier und Tag in Gramm;

b) den mittleren Verzehr an Silage und Kraftfutter je Tier und Tag;

c) den Energieverbrauch je Kilogramm Zuwachs.

4. Ein Bullenmäster ermittelte für dieses Produktionsverfahren folgende Daten: Schlachtgewicht 377 kg; Verkaufspreis 6,05 DM/kg Schlachtgewicht einschließlich MwSt.; Kälberpreis (87 kg LM) 9,80 DM/kg.

Futterkosten	35 kg Milchaustauscher	je 2,47 DM,
	100 kg Kälberaufzuchtfutter	je 0,53 DM,
	780 kg Getreide	je 0,28 DM,
	390 kg Sojaschrot	je 0,48 DM,
	50 kg Mineralfutter	je 0,80 DM,
Sonstiges	Futteraufbereitung	14,00 DM,
	Tierarzt/Medikamente	45,00 DM,
	Energie/Wasser	15,00 DM,
	Vermarktungskosten	67,00 DM,
	Verluste 1,5 % der Marktleistung,	
	Zinsen für das im Produktionsverfahren festgelegte Kapital (Umlaufvermögen)	130,00 DM

Berechnen Sie den Deckungsbeitrag je Mastbullen ohne und mit Grundfutterkosten (430 DM).

Abb. 864 Bei dieser Mutterkuh-Herde läuft der Bulle in der Herde mit.

Abb. 865 Schema der Mutterkuhhaltung.

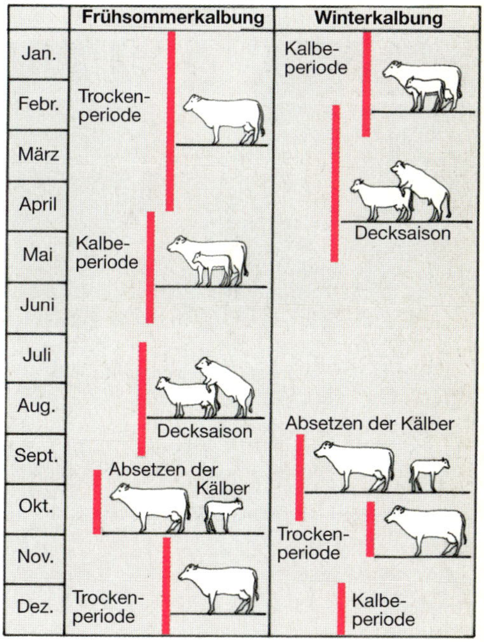

Berechnung des Umrechnungsfaktors:

$$\frac{\text{Lebendmasse}}{\text{Zweihälftengewicht}} = \text{Umrechnungsfaktor}$$

oder

$$\frac{100}{\text{Zweihälftenausbeute (\%)}} = \text{Umrechnungsfaktor}$$

Beispiel:
600 kg Lebendmasse, 330 kg Zweihälftengewicht

$$\frac{600\ \text{kg}}{330\ \text{kg}} = 1{,}82 \quad \textit{oder} \quad \frac{100\%}{55\%} = 1{,}82$$

Errechnen des Preises für die Gewichtseinheit:

Lebendpreis x Umrechnungsfaktor = DM/kg Schlachtgewicht

Beispiel:
3,19 DM x 1,82 = 5,81 DM/kg Schlachtgewicht (ohne Mehrwertsteuer)

oder

Schlachtgewichtspreis : Umrechnungsfaktor = DM/kg Lebendmasse

Beispiel:
5,81 DM : 1,82 = 3,19 DM/kg **Lebendmasse** (ohne Mehrwertsteuer)

Abb. 866 Umrechnung von Schlacht- in Lebendmassepreise.

Abb. 867 Gut eingestreute und belüftete Transportwagen sind Voraussetzung des Tierschutzes.

Abb. 868 Die sog. Fleischer- oder Metzgergrife biem Rind.

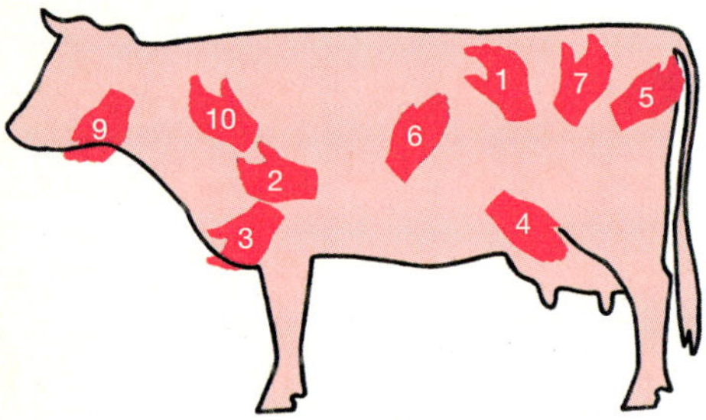

1 Lendengriff
2 Buggriff
3 Brustgriff
4 Kniefaltengriff (Schliemengriff)
5 Schwanzgriff
6 Rippengriff
7 Hüftgriff
8 Voreutergriff
9 Kehlgriff
10 Kummetgriff

2.12 Vermarktung von Schlachtrindern

2.12.1 Vermarktungswege und Transport

Vermarktungswege – *Direktvermarktung* durch Hausschlachtungen mit geringem Marktanteil. *Indirektvermarktung* durch Erzeugergemeinschaften, Privathandel oder Genossenschaften (Viehmärkte, Schlachthöfe, Schlachtereien).

Vermarktungsformen: *Geschlachtetvermarktung* (Tot- bzw. Fleischvermarktung) mit zunehmender Bedeutung wegen des einfacheren Fleischtransports sowie der gerechteren Qualitätsbeurteilung und -bezahlung. Notierungen für Lebendvermarktung werden immer seltener, ersatzweise ist ein Umrechnungsschlüssel von Schlacht- in Lebendmassepreise notwendig (Abb. 866).

Mit dem verpflichtend eingeführten Kennzeichnungs- und Registrierungs-System für Rinder (Etikettierung des Rindfleisches) lassen sich die Identität des Tieres und die Herkunft des Fleisches von der Geburt des Tieres bis zum Fleischverkauf nachweisen.

Transport – Beim Transport der Tiere sind die erlassenen **Vorschriften** zu beachten, die das *Transportfahrzeug*, das *Treiben*, das *Verladen* und *Entladen*, den *Mindest-Platzbedarf* usw. betreffen. Die Tiere müssen schonend behandelt und dürfen keinesfalls gequält werden *(Tierschutz-Gesetz)*.

Gewichtsverluste (Transportverluste) sind allerdings nicht zu vermeiden. Rinder verlieren ca. 6–10 % an Gewicht, wenn der Transport bis zu 24 Stunden dauert. Allgemein gilt, dass Schlachtvieh 12 Stunden vor Marktbeginn bis Marktabschluss (Verkauf) nicht mehr gefüttert und getränkt werden darf.

Beträgt der Transportweg nur bis zu 50 km, müssen sogar 17 Stunden *Nüchterungszeit* eingehalten werden. Bei Zuwiderhandlung ist der Käufer berechtigt, bis zu 5 % von der Lebendmasse (LM) abzuziehen.

Transportverluste wirken sich besonders stark auf den Erlös aus, weil sie am Ende des gesamten Futter- und Arbeitsaufwandes stehen. Deswegen sollten sie von allen Beteiligten so gering wie möglich gehalten werden.

2.12.2 Lebendvermarktung

Handelsklassen-Einteilung – Alle Rinder werden nach *Geschlecht* und *Alter* (bzw. Reifegrad) vorsortiert und augrund ihres zu erwartenden Schlachtwertes in *Handelsklassen* eingereiht. Diese **Klassifizierung** nimmt geheim und vor Marktbeginn eine *neutrale Kommission* vor, welche sich aus Vertretern der Landwirtschaft, des Handels, der Genossenschaften und des Fleischerhandwerks und der Großschlächter oder der Fleischwaren-Industrie zusammensetzt.

Eine **Beurteilungshilfe** sind die sog. Fleischer- oder Metzgergriffe, wobei man zwischen *Fleisch-* und *Fettgriffen* unterscheidet:

- Lendengriff: wichtigster Fleischgriff, mit dem der Fleischansatz am Roastbeef festgestellt wird.
- Buggriff: Hinweis auf Fleischdicke und Fettansatz.

Tabelle 71: Handelsklassen für die Lebendvermarktung von Rindern

Rinderart	Handelsklasse				
	Sonderklasse	A	B	C	D
Ochsen		jüngere, vollfleischige, ausgemästete, höchsten Schlachtwertes	sonstige vollfleischige und ältere oder ausgemästete	fleischige	gering genährte
Bullen		jüngere, vollfleischige, höchsten Schlachtwertes	sonstige vollfleischige oder ausgemästete	fleischige	gering genährte
Kühe		jüngere, vollfleischige, höchsten Schlachtwertes	sonstige vollfleischige oder ausgemästete	fleischige	gering genährte
Färsen		vollfleischige, ausgemästete, höchsten Schlachtwertes	vollfleischige	fleischige	gering genährte
Fresser					
Kälber	Doppellender bester Mast	beste Mast- und Saugkälber	mittlere Mast- und Saugkälber	geringe Saugkälber	geringe (»nüchterne«) Kälber

- Brustgriff: Volle, feste Brust bedeutet guten Fleischansatz im Vorderviertel, schwammige Brust dagegen starke Verfettung.
- Kniefaltengriff: Hinweis auf starken Fettansatz und gute Fleischausbeute, wenn Kniefalte weich und ausgeprägt.
- Schwanzgriff: reiner Fettgriff.
- Rippengriff: Rückschluss auf Fett- und Fleischverteilung der Querrippe.
- Hüftgriff: Fettabdeckung feststellbar.
- Voreuter- bzw. Sackgriff: Fettgriffe.
- Kehlgriff (Kummetgriff): zur Vervollständigung des Urteils.

Auf diese Weise versucht der Fachmann sich ein Bild über Fleischansatz und Fettbildung zu machen. Dabei berücksichtigt er das Alter und den Gesamteindruck des Tieres.

Amtliche Notierung – Sie wird zur Information der Landwirte und des Fleischergewerbes in Rundfunk und Presse veröffentlicht und enthält folgende Angaben:

- Marktauftrieb und -überstand,
- Spitzenpreis der Handelsklasse A bei Rindern und Kälbern,
- Schwerpunkt der Preisbildung; Preisspanne in DM/kg LM in den jeweiligen Handelsklassen, wobei die 10–15 % des jeweilig niedrigsten und höchsten Preises unberücksichtigt bleiben.
- Marktverlauf (Tendenz) in Stichworten, z.B. flott, rege, mittel, ruhig, langsam, schleppend.

Die Preisnotierungen gelten als *Richtsatz* für Schlachtviehverkäufe auf kleineren Märkten oder Ab-Hof-Verkauf. Unterschiede zwischen Markt- und Ab-Hof-Preis, die größer als 10 % sind, ergeben sich wegen größerer Transportkosten, höherer Verluste und unterschiedlicher Nüchterung.

Abb. 869 **Beispiel** einer amtlichen Notierung bei der Lebendvermarktung. (Nettopreise in DM/100 kg LM ohne MwSt.).

Amtliche Notierung in DM/€ je 100 kg Lebendgewicht, ohne Mehrwertsteuer **vom 27. 6. 2000**			
Kühe	Auftrieb: 232		Marktverlauf: flott
über Notiz A: 1–268/1			
Handelsklasse	**Stück**	**Spanne**	**Durchschnitt**
A DM €	56	240–260 122,7–132,9	
B DM €	130	210–240 107,4–122,7	227,4 116,3
C DM €	46	160–214 81,8–109,4	186,8 95,5
Färsen	Auftrieb: 74		Marktverlauf: flott
über Notiz A: –/–			
Handelsklasse	**Stück**	**Spanne**	**Durchschnitt**
A DM €	45	280–300 143,2–153,4	289,5 148,0
B DM €	27	260–286 132,9–146,2	274,4 140,3
C DM €			
Erläuterung: „über Notiz“ bedeutet: (Beispiel „Färsen über Notiz A 5–340/2“) 5 Färsen wurden über der für Klasse A notierten Obergrenze bis zum Spitzenpreis von 340 DM verkauft, 2 Tiere erzielten den Spitzenpreis von 340 DM. (Quelle: LfE)			

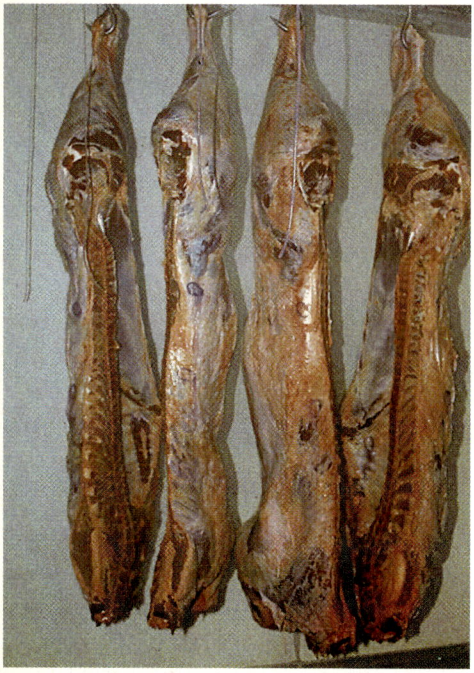

Abb. 870 Schlachthälften von Jungbullen der Handelklasse O (links) und U (rechts).

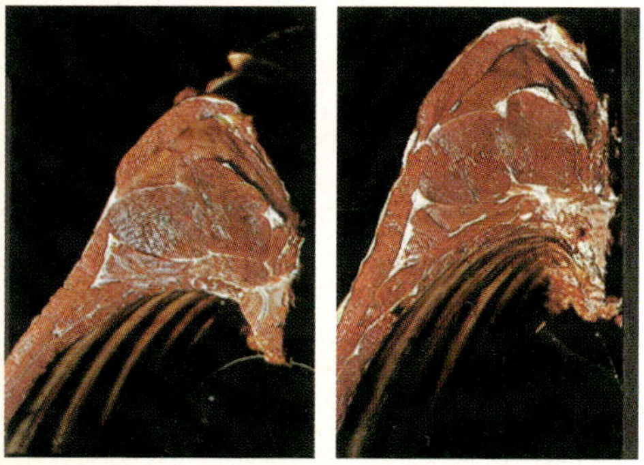

Abb. 871 Hochrippenanschnitte von Jungbullen der Handelsklassen O (links) und E (rechts).

Abb. 872 Kennzeichnung des Schlachtkörpers mit Kategorie (A), Fleischigkeitsklasse (U bzw. R) und Fettgewebeklasse (3 bzw. 4).

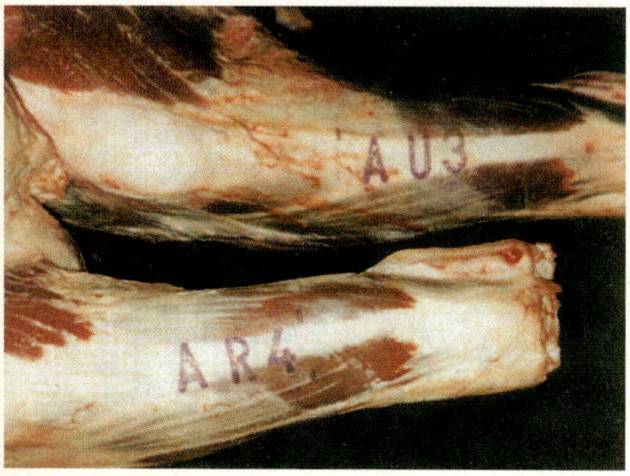

2.12.3 Geschlachtet-Vermarktung

Handelklassen-Einteilung – Seit dem 1. Januar 1983 gilt für alle Mitgliedstaaten der heutigen EU ein einheitliches »Handelsklassenschema für Schlachtkörper ausgewachsener Rinder«, das eine Einteilung nach **Kategorien** und **Handelsklassen** vorsieht.

Rindfleisch wird in 7 Kategorien unterteilt, die sich durch *Geschlecht*, *Reifegrad* und *Gewicht* unterscheiden. Bei allen Kategorien sind die Ausbildung der *wertbestimmenden Körperteile* Keule, Rücken, Schulter (Fleischigkeitsklasse) und der *Verfettungsgrad* (Fettgewebeklasse) für die Einteilung in die Handelsklasse maßgebend. Der Verfettungsgrad ergibt sich aus dem Fettansatz (Ablagerung von Fettgewebe) und der Fettabdeckung (Auflagefett). Mit zunehmender Verfettung geht der Anteil von Keule und Schulter zurück. Andererseits wird aber erst mit stärker werdender Fettabdeckung auch vermehrt intramuskuläres Fett (Marmorierung) gebildet, das für Zartheit und Aroma des Fleisches ausschlaggebend ist. Handelsklassen geben also sowohl über die quantitative Zusammensetzung als auch über qualitative Eigenschaften des Schlachtkörpers Auskunft.

Die **Klassifizierung** erfolgt unmittelbar nach dem Schlachten von der zuständigen Landesbehörde oder einem von ihr dazu

Tabelle 72: Kategorien für Rinder

Kategorie	Bezeichnung	Beschreibung
Kalbfleisch	**KA**	Fleisch von Tieren mit einem Zweihälftengewicht[1]) bis zu 150 kg mit Kalbfleischeigenschaften
Jungrindfleisch	**JR**	Fleisch von anderen, nicht ausgewachsenen männlichen und weiblichen Tieren
Jungbullenfleisch	**A**	Fleisch von ausgewachsenen[2]) jungen männlichen, nicht kastrierten Tieren[3]) unter 2 Jahren
Bullenfleisch	**B**	Fleisch von anderen ausgewachsenen männlichen, nicht kastrierten Tieren
Ochsenfleisch	**C**	Fleisch von ausgewachsenen männlichen kastrierten Tieren
Kuhfleisch	**D**	Fleisch von ausgewachsenen weiblichen Tieren, die bereits gekalbt haben
Färsenfleisch	**E**	Fleisch von anderen ausgewachsenen weiblichen Tieren

[1]) Zweihälftengewicht ist das Gewicht des längsgeteilten oder ungeteilten ausgeweideten Schlachttierkörpers ausschließlich der Haut des zwischen Hinterhauptbein und erstem Halswirbel abgetrennten Kopfes, der im Karpal- und Tarsalgelenk abgetrennten Gliedmaßen sowie der Organe in Brust- und Bauchhöhle, jedoch einschließlich der Nieren und des Nierenfettgewebes.
[2]) Ausgewachsene Rinder: Rinder mit einer Lebendmasse von mehr als 300 kg.
[3]) Die Schlachtkörper junger männlicher, nicht kastrierter Tiere unterscheiden sich von den Schlachtkörpern anderer männlicher, nicht kastrierter Tiere durch den Grad der Verknöcherung der Dornfortsatzkappen. Die knorpeligen Enden der Dornfortsätze der 4 vorderen Brustwirbel dürfen bei jungen männlichen, nicht kastrierten Tieren von weniger als 2 Jahren nicht mehr als Anzeichen einer Verknöcherung, die Dornfortsätze des 5.–9. Brustwirbels noch keine wesentlichen Verknöcherungen aufweisen.

Tabelle 73: Handelsklassen und deren Merkmale für Rindfleisch

1. Fleischigkeit: Entwicklung der Profile der Schlachtkörper und insbesondere ihre wesentlichen Teile			
Fleischig-keitsklasse	Beschreibung	ergänzende Bestimmungen	
E vorzüglich	alle Profile konvex bis superkonvex; außergewöhnliche Muskelfülle	Keule: stark ausgeprägt Rücken: breit und sehr gewölbt bis in Schulterhöhe Schulter: stark ausgeprägt	Oberschale tritt stark über die Beckenfuge *(Symphysis pelvis)* hinaus. Hüfte stark ausgeprägt
U sehr gut	Profile insgesamt konvex, sehr gute Muskelfülle	Keule: ausgeprägt Rücken: breit und gewölbt bis in Schulterhöhe Schulter: ausgeprägt	Oberschale tritt über die Beckenfuge *(Symphysis pelvis)* hinaus; Hüfte ausgeprägt
R gut	Profile insgesamt geradlinig, gute Muskelfülle	Keule: gut entwickelt Rücken: noch gewölbt, aber weniger breit in Schulterhöhe Schulter: ziemlich gut entwickelt	Oberschale und Hüfte sind leicht ausgeprägt
O mittel	Profile geradlinig bis konkav; durchschnittliche Muskelfülle	Keule: mittelmäßig entwickelt Rücken: mittelmäßig entwickelt Schulter: mittelmäßig entwickelt bis fast flach	Hüfte geradlinig
P gering	alle Profile konkav bis sehr konkav; geringe Muskelfülle	Keule: schwach entwickelt Rücken: schmal mit hervortretenden Knochen Schulter: flach mit hervortretenden Knochen	

2. Fettgewebe: Dicke der Fettschicht auf der Außenseite des Schlachtkörpers und auf der Innenseite der Brusthöhle		
Fettgewebe-klasse	Beschreibung	Ergänzende Bestimmungen
1 sehr gering	keine bis sehr geringe Fettabdeckung	kein Fettansatz in der Brusthöhle
2 gering	leichte Fettabdeckung; Muskulatur fast überall sichtbar	in der Brusthöhle ist die Muskulatur zwischen den Rippen deutlich sichtbar
3 mittel	Muskulatur mit Ausnahme von Keule und Schulter fast überall mit Fett abgedeckt; leichte Fettansätze in der Brusthöhle	in der Brusthöhle ist die Muskulatur zwischen den Rippen noch sichtbar
4 stark	Muskulatur mit Fett abgedeckt, an Keule und Schulter jedoch noch teilweise sichtbar; einige deutliche Fettansätze in der Brusthöhle	Fettstränge der Keule hervortretend; in der Brusthöhle kann die Muskulatur zwischen den Rippen von Fett durchzogen sein
5 sehr stark	Schlachtkörper ganz mit Fett abgedeckt; starke Fettansätze in der Brusthöhle	die Keule ist fast vollständig mit einer dicken Fettschicht überzogen, so dass die Fettstränge nicht mehr sichtbar sind; in der Brusthöhle ist die Muskulatur zwischen den Rippen von Fett durchzogen

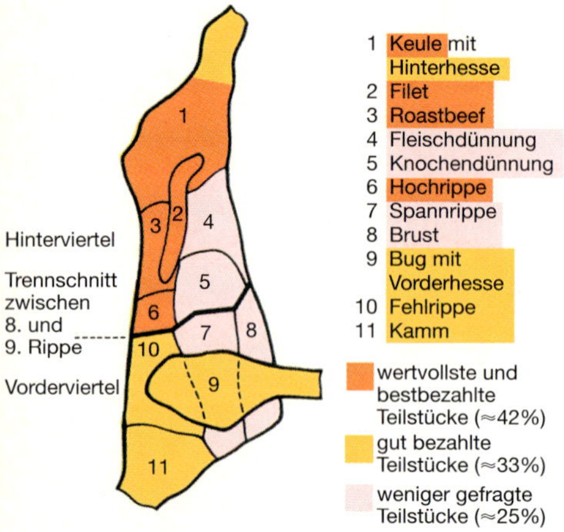

Abb. 873 Teilstücke des Rinderschlachtkörpers.

Abb. 874 **Beispiel** einer amtlichen Preisnotierung bei der Geschlachtet-Vermarktung.

Preise für geschlachtete Rinder

Amtliche Preisfeststellung BAYERN vom 19. 6. 2000 bis 25. 6. 2000 einschließlich Zu- (Markenprogramme) und Abschläge

BAYERN						
	Hkl.	Stück	Ø SG (kg)	Spanne	Ø	Preis in €
Jung-bullen-fleisch	E2	146	426,3	5,48–5,58	5,52	2,82
	E3	324	427,8	5,44–5,59	5,00	2,56
	U2	1085	385,9	5,35–5,50	5,43	2,78
	U3	2058	400,6	5,33–5,47	5,40	2,76
	U4	94	413,6	5,17–5,37	5,25	2,68
	R2	1147	354,1	5,23–5,41	5,31	2,71
	R3	981	371,6	5,24–5,40	5,31	2,71
	O2	199	313,2	4,72–4,98	4,86	2,48
	O3	248	345,6	4,73–4,97	4,88	2,50
	P2	48	277,3	4,20–4,59	4,47	2,29
	E-P gesamt	6470	380,5		5,34	2,73
	pauschal	265	381,9	5,21–5,39	5,33	2,73
Färsen-fleisch	U2	34	296,9	5,26–5,40	5,30	2,71
	U3	397	326,8	5,05–5,38	5,22	2,67
	U4	188	349,0	4,84–5,07	5,02	2,57
	R2	182	283,3	4,96–5,27	5,60	2,86
	R3	522	302,7	4,91–5,25	5,05	2,58
	R4	126	326,7	4,73–5,02	4,91	2,51
	O2	68	232,4	4,16–4,58	4,32	2,21
	O3	129	275,8	4,25–4,68	4,48	2,29
	P2	14	219,0		3,44	1,76
	E-P gesamt	1897	310,0		4,98	2,55
	pauschal	283	309,4	4,80–5,15	4,97	2,54
Kuh-fleisch	E3	95	429,6	4,83–4,88	4,85	2,48
	U3	693	380,6	4,60–4,75	4,67	2,39
	U4	256	400,5	4,58–4,71	4,64	2,37
	R2	509	317,9	4,30–4,47	4,37	2,23
	R3	1164	340,4	4,35–4,58	4,45	2,28
	R4	203	360,8	4,32–4,57	4,47	2,29
	O1	344	266,3	3,37–3,70	3,52	1,80
	O2	516	279,3	3,76–4,05	3,93	2,01
	O3	475	302,4	3,81–4,19	4,08	2,09
	P1	364	227,1	2,55–3,18	2,80	1,43
	P2	188	246,8	2,76–3,47	3,12	1,60
	E-P gesamt	5256	323,9		4,24	2,17
	pauschal	810	320,5	4,11–4,20	4,17	2,13
	U3	10	378,8	5,40–5,50	5,47	2,80
Ochsen-fleisch	R2	7	300,4	n. not.		
	R3	11	351,5	5,30–5,43	5,34	2,73
	O3	2	290,5	n. not.		
	E-P gesamt	40	334,5			
	pauschal	8	344,9		5,51	2,82
Kalb-fleisch	U2	19	121,0	9,93–10,16	10,06	5,14
	U3	3	148,7	n. not.		
	R2	47	121,6	8,70–9,75	9,22	4,71
	R3	9	121,7		9,21	4,71
	O2	31	106,6	8,26–8,51	8,35	4,27
	O3	2	117,0	n. not.		
	E-P gesamt	139	110,3		8,78	4,49
	pauschal	60	135,2	n. not.		

FLEISCHIGKEITSKLASSE: Ausbildung in Keule, Rücken, Schulter: E = vorzüglich, U = sehr gut, R = gut, O = mittel, P = gering
FETTGEWEBSKLASSEN: Fettansatz und Abdeckung: 1 = sehr gering, 2 = gering, 3 = mittel, 4 = stark, 5 = sehr stark

bestimmten Sachverständigen. Anschließend sind alle Viertel des Schlachtkörpers durch unverwischbare und kochechte Farbe mit Kategorie, Fleischigkeits- und Fettgewebeklasse zu kennzeichnen (z. B. A U 3).

Amtliche Preisnotierung – Inhaber von Betrieben auf Fleischgroßmärkten, die wöchentlich mehr als 30 Rinder oder Kälber schlachten und das Fleisch dieser Tiere verkaufen oder verarbeiten, müssen ihre umgesetzten Mengen und die von den Marktpartnern ausgehandelten Fleischpreise an die Behörde melden. Diese erstellt daraus die amtliche Preisnotierung, welche dann unter Hinweis auf den jeweiligen Fleischmarkt und die Hauptverkaufstage mit folgenden Angaben veröffentlicht wird:

- Umsatzmengen in den einzelnen Handelsklassen und Fleischkategorien;
- im Durchschnitt erzielte Höchst- und Niedrigstpreise/kg Fleisch ohne Mehrwertsteuer;
- Marktverlauf in Stichpunkten.

Aufgaben:

1. Welche Vermarktungswege gibt es?
2. In welche Handelsklassen können Rinder bei der Lebendvermarktung eingereiht werden?
3. Das »Handelsklassenschema für Schlachtkörper ausgewachsener Rinder« sieht eine Einteilung nach Kategorien und Handelsklassen vor.
   a) In welche 7 Kategorien wird hier Rindfleisch unterteilt?
   b) Was ist bei allen Kategorien für die Einteilung in die Handelsklasse maßgebend?
   c) Mit welchen Großbuchstaben werden die Handelsklassen in der richtigen Wertungsfolge bezeichnet?
   d) Wer nimmt die Klassifizierung vor?
4. Was bedeutet z. B. der Stempel A U 3 auf einem Rinderschlachtkörper?

2.13 Förderung der Rinderzucht und -haltung

Wir unterscheiden *staatliche* und *private* Förderungsmaßnahmen, welche häufig eng miteinander verknüpft sind.

2.13.1 Gesetzliche Regelungen

Das **Tierzucht-Gesetz** hat zum Ziel, die tierische Erzeugung durch züchterische Mittel zu fördern. In Anpassung an die EU-Richtlinien ist zwar die *Körung* nicht mehr als Voraussetzung für die Verwendung männlicher Zuchttiere vorgeschrieben, doch gelten folgende Bedingungen:

- Dauerhafte *Kennzeichnung* der Tiere zur Feststellung der Identität,

■ Vorliegen einer *Zucht-* oder *Herkunftsbescheinigung*.

Die Bezeichnung *Zuchttier* ist dann erlaubt, wenn das Tier

■ in einem *Zuchtbuch* und einem *Zuchtregister* eingetragen und
■ *reinrassig* ist, d. h. seine Eltern und Großeltern im Zuchtbuch derselben Rasse eingetragen sind.

Die **Verordnung über die Leistungsprüfungen und Zuchtwertfeststellungen** bestimmt, welche Zuchtwertteile, z. B. Milch-, Fleisch-, Zuchtleistung, zu erstellen und wie Leistungsprüfungen und Zuchtwertfeststellung durchzuführen sind.

Mit der **Verordnung über die Beteiligung der Besamungsstationen an Zuchtprogrammen** soll sichergestellt werden, dass diese gemeinsam von Zuchtorganisationen *und* Besamungsstationen durchgeführt werden.

Die **Verordnung über Zuchtorganisationen** unterscheidet zwischen *Züchtervereinigungen* und *Zuchtunternehmen* (siehe Seite 330) und legt die jeweiligen Anforderungen fest. Im Besamungswesen regelt das Tierzucht-Gesetz die Erteilung der *Besamungserlaubnis*, legt die Anforderungen zum Betrieb einer *Besamungsstation* fest und bestimmt, dass nur Tierärzte, Besamungsbeauftragte sowie Tierhalter, die einen entsprechenden Kurs erfolgreich absolviert haben, besamen dürfen.

Zum **Embryotransfer** (ET) hält das Tierzucht-Gesetz fest, wie Eizellen und Embryonen gewonnen, behandelt, übertragen und abgegeben werden müssen und wer dazu berechtigt ist.

Das **Milch- und Fettgesetz** sowie die **Milchgüte-Verordnung** enthalten die wichtigsten Bestimmungen zur *Gewinnung*, *Behandlung* und *Bezahlung* der Milch.

Mit dem **Futtermittel-Gesetz** sollen die Leistungsfähigkeit der Tiere und die Qualität tierischer Produkte gefördert, die Gesundheit der Tiere geschützt sowie der Verkehr mit Futtermitteln geregelt werden.

Das **Vieh- und Fleisch-Gesetz** soll die Marktübersicht auf den Vieh- und Fleischmärkten verbessern, indem für den Einzelnen die erzielten Preise vergleichbar und die anfallenden Vermarktungskosten durchschaubar gemacht werden.

Im **Handelsklassen-Gesetz** ist ein für alle Mitgliedstaaten der EU einheitliches Handelsklassenschema festgelegt, so dass nach dem tatsächlichen Schlachtwert bezahlt werden kann und der Erzeuger gezwungen wird, die momentanen Marktansprüche zu erfüllen.

In Bayern wird laut **Gesetz zur Förderung der Landwirtschaft** vom Staat ein Großteil der Personal- und Geschäftsunkosten von Milch- und Fleischerzeugerringen übernommen.

Zum **Viehseuchen-Gesetz** und **Tierschutz-Gesetz** siehe »Grundstufe Agrarwirtschaft«.

Kälberhaltungs- und **Schweinehaltungs-Verordnung** enthalten Bestimmungen über die Stallhaltung dieser Tiere mit dem Ziel, Gesundheitsschäden zu vermeiden.

2.13.2 Staatliche Einrichtungen

Die oberste Behörde der Tierzuchtverwaltung ist zwar das *Bundesministerium für Ernährung, Landwirtschaft und Forsten*

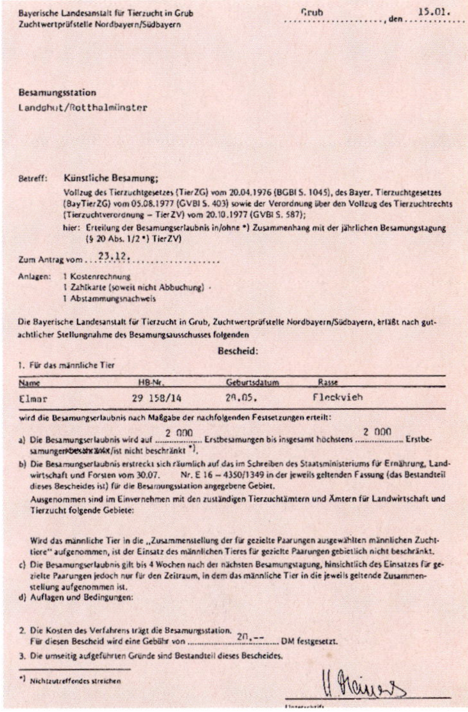

Bayerische Landesanstalt für Tierzucht in Grub
Zuchtwertprüfstelle Nordbayern/Südbayern

Grub, den 15.01.

Besamungsstation
Landshut/Rotthalmünster

Betreff: **Künstliche Besamung;**
Vollzug des Tierzuchtgesetzes (TierZG) vom 20.04.1976 (BGBl S. 1045), des Bayer. Tierzuchtgesetzes (BayTierZG) vom 05.08.1977 (GVBl S. 403) sowie der Verordnung über den Vollzug des Tierzuchtrechts (Tierzuchtverordnung – TierZV) vom 20.10.1977 (GVBl S. 587);
hier: Erteilung der Besamungserlaubnis in/ohne *) Zusammenhang mit der jährlichen Besamungstagung (§ 20 Abs. 1/2 *) TierZV)

Zum Antrag vom 23.12.

Anlagen: 1 Kostenrechnung
1 Zahlkarte (soweit nicht Abbuchung)
1 Abstammungsnachweis

Die Bayerische Landesanstalt für Tierzucht in Grub, Zuchtwertprüfstelle Nordbayern/Südbayern, erläßt nach gutachtlicher Stellungnahme des Besamungsausschusses folgenden

Bescheid:

1. Für das männliche Tier

Name	HB-Nr.	Geburtsdatum	Rasse
Elmar	29 158/14	20.05.	Fleckvieh

wird die Besamungserlaubnis nach Maßgabe der nachfolgenden Festsetzungen erteilt:

a) Die Besamungserlaubnis wird auf 2 000 Erstbesamungen bis insgesamt höchstens 2 000 Erstbesamungen beschränkt/ist nicht beschränkt *).
b) Die Besamungserlaubnis erstreckt sich räumlich auf das im Schreiben des Staatsministeriums für Ernährung, Landwirtschaft und Forsten vom 30.07. Nr. E 16 – 4350/1349 in der jeweils geltenden Fassung (das Bestandteil dieses Bescheides ist) für die Besamungsstation angegebene Gebiet.
Ausgenommen sind im Einvernehmen mit den zuständigen Tierzuchtämtern und Ämtern für Landwirtschaft und Tierzucht folgende Gebiete:
Wird das männliche Tier in die „Zusammenstellung der für gezielte Paarungen ausgewählten männlichen Zuchttiere" aufgenommen, ist der Einsatz des männlichen Tieres für gezielte Paarungen gebietlich nicht beschränkt.
c) Die Besamungserlaubnis gilt bis 4 Wochen nach der nächsten Besamungstagung, hinsichtlich des Einsatzes für gezielte Paarungen jedoch nur für den Zeitraum, in dem das männliche Tier in die jeweils geltende Zusammenstellung aufgenommen ist.
d) Auflagen und Bedingungen:

2. Die Kosten des Verfahrens trägt die Besamungsstation.
Für diesen Bescheid wird eine Gebühr von 20,-- DM festgesetzt.
3. Die umseitig aufgeführten Gründe sind Bestandteil dieses Bescheides.

*) Nichtzutreffendes streichen

Abb. 875 Mitteilung über die Besamungserlaubnis **(Beispiel).**

Abb. 876 Für die Milchleistungsprüfung sind die Landes-Kontrollverbände zuständig. Beim monatlichen Probemelken wird die Milchmenge gemessen (oben) und eine anteilsmäßige Probe für die Feststellung der Milchinhaltsstoffe genommen (unten).

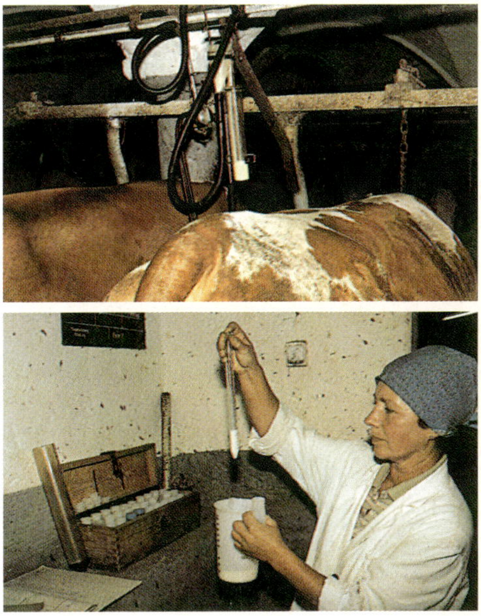

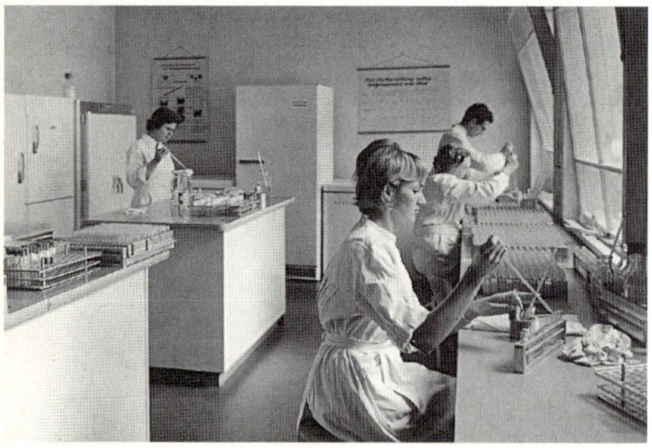

Abb. 877 Laboratorium in einem Tierzuchtinstitut.

Abb. 878 Herdbuchbetriebe sind die Träger des Zuchtfortschrittes.

Abb. 879 Mastkontrolle eines Bullen durch den Mitarbeiter eines Fleischerzeugerringes.

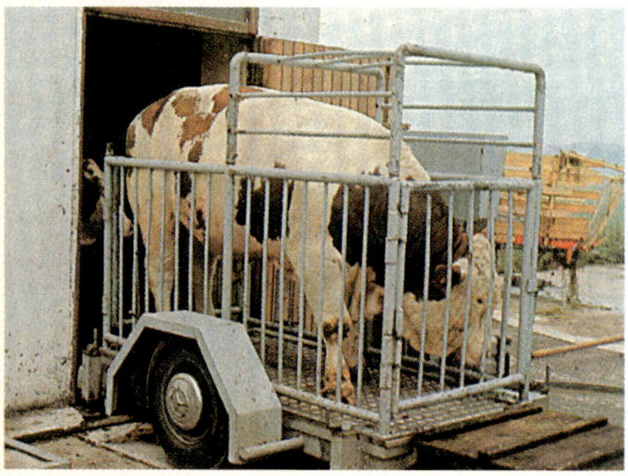

(BMELF), die wesentlichen Zuständigkeiten liegen aber bei den entsprechenden Ministerien der Länder bzw. den Landwirtschaftskammern.

Die **Ämter für Landwirtschaft** sind nachgeordnete Dienststellen. Zu den Aufgaben der *Abteilung Tierzucht* zählen:

- Körungen,
- Organisation und Überwachung der Leistungsprüfungen,
- Mitentscheidung bei der Auswahl von Prüfbullen, Auswahl der Bullenmütter, Empfehlungen für Gezielte Paarung (GP),
- Beratung (Zucht, Fütterung, Stallbau),
- Versammlungen, Lehrgänge, Lehrfahrten,
- Durchführung von Tierschauen und Kursen (z. B. Klauenpflegekurse),
- Mitwirkung in der Berufsaus- und -fortbildung.

Der **Tiergesundheitsdienst** (TGD) übernimmt im Teilbereich Rinder-Gesundheitsdienst (RGD) folgenden Aufgaben:

- ■ Überwachung und Förderung der Fruchtbarkeit,
- ■ Verhütung und Bekämpfung von Kälber- und Stoffwechselkrankheiten sowie parasitären Erkrankungen,
- ■ Förderung der Eutergesundheit und Milchhygiene,
- ■ Überprüfung der Zuchttauglichkeit.

In Bayern ist der TGD eine bäuerliche Selbsthilfeeinrichtung.

Die **Milchprüfstellen** (Milchprüfringe) prüfen und bewerten als neutrale Stelle die Anlieferungsmilch sowie die Proben aus der Milchleistungsprüfung.

Versuchs- und Forschungsanstalten des Bundes und der Länder sowie Universitätsinstitute arbeiten für den Fortschritt in der Rinderzucht und -haltung.

2.13.3 Selbsthilfeeinrichtungen der Landwirte

Züchtervereinigungen sind freiwillige Zusammenschlüsse von Züchtern mit dem Ziel, die erblichen Leistungsanlagen der Rinder zu verbessern sowie wertvolle Zuchttiere für die breite Landes-Tierzucht (Reinzucht) bereitzustellen. Ihre Aufgaben zeigt Abb. 880.

Zuchtunternehmen können Kreuzungszuchtprogramme durchführen, ein Zuchtregister führen und Herkunftsbescheinigungen ausstellen.

Besamungsorganisationen, meist in der rechtlichen Form von Genossenschaften, Vereinen oder Gesellschaften, sind wesentlich an Zuchtplanung und -fortschritt beteiligt. Ihre Hauptaufgaben sind:

- ■ Betrieb von Besamungsstationen (Bullenhaltung, Samengewinnung, Samenaufbewahrung, Besamung),
- ■ Bullenprüfung, um sichere Leistungsvererber zu erkennen,
- ■ Spermaexport und Embryotransfer,
- ■ Anlage von Genreserven.

Die **Zuchtwert-Schätzstellen** (in süddeutschen Ländern meist staatlich) werten die Leistungsergebnisse mit elektronischen Rechenanlagen für die Zuchtwertschätzung aus.

Das Ziel von **Erzeugergemeinschaften,** z. B. für Milch, Zuchtvieh, Schlachtvieh und Kälber, ist die Anpassung der Erzeugung

und des Absatzes an die Erfordernisse des Marktes mit dem Ziel, für die Mitglieder höhere Erzeugerpreise zu erzielen.
Ferner gibt es in einigen Bundesländern spezialisierte **Beratungsringe** für Milchviehhalter und Bullenmäster, um die Wirtschaftlichkeit und die Produktionstechnik durch Erfahrungsaustausch zu verbessern. In Bayern sind nach diesem Prinzip sog. *Arbeitskreise* für Milchviehhaltung, Rindermast und Mutterkuhhaltung entstanden.
Die **Landes-Kontrollverbände** (LKV) sind als Dachorganisation der *Milch-* und *Fleischerzeugerringe* für die Milchleistungsprüfung und Mastkontrolle zuständig. Erzeugerringe wollen die Produktion und die Wirtschaftlichkeit verbessern.
Die **Deutsche Landwirtschaftsgesellschaft e.V.** (DLG) ist ebenfalls eine Vereinigung von Landwirten. Sie wurde 1885 von MAX EYTH gegründet. Im Fachbereich Tierische Produktion übernimmt sie folgende Aufgaben:

- Aufstellen von Grundregeln für die Tierzucht (z. B. für die Milchleistungsprüfung, Zuchtwahl, Herdbuchführung),
- Qualitätsprüfungen z. B. von Geräten, Futtermitteln, Milch und Milchprodukten, Fleisch und Fleischwaren mit Verleihung eines DLG-Gütezeichens,
- Durchführen von Tierschauen bei DLG-Ausstellungen.

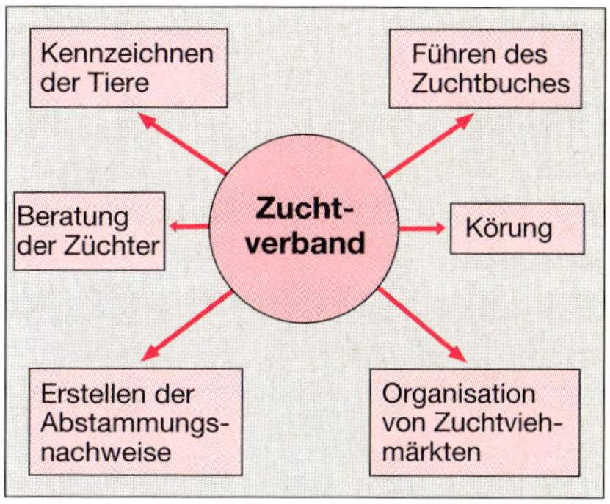

Abb. 880 Wesentliche Aufgaben eines Zuchtverbandes.

Abb. 881 Die Arbeitsgemeinschaft Deutscher Rinderzüchter (ADR) ist der Dachverband aller Rinderzüchter aller Rassen in Deutschland.

Tabelle 74: Maßnahmen zur Förderung der Rinderzucht und -haltung

staatliche Maßnahmen	private Maßnahmen bzw. Selbsthilfeeinrichtungen der Landwirte
gesetzliche Regelungen, z.B. – Tierzucht-Gesetz mit Verordnungen, – Besamungs-Gesetz – Milch- und Fett-Gesetz, – Viehseuchen-Gesetz – Tierschutz-Gesetz, – Kälber- und Schweinehaltungs-Verordnung, – Futtermittel-Gesetz, – Vieh- und Fleisch-Gesetz, – Handelsklassen-Gesetz	**Arbeitsgemeinschaft Deutscher Rinderzüchter e.V.** (ADR) – Züchtervereinigungen, – Besamungsorganisationen, – Landes-Kontrollverbände, – Zuchtwert-Schätzstellen, (in süddeutschen Ländern als staatliche Einrichtungen), – Erzeugergemeinschaften, – Erzeugerringe
staatliche Einrichtungen – Tierzuchtämter, – Tiergesundheitsdienste, – Milchprüfstellen, – Versuchs- und Forschungsanstalten, – Universitätsinstitute	**Deutsche Landwirtschafts-gesellschaft e.V.** (DLG)

Aufgaben:
1. Nennen Sie mindestens 6 gesetzliche Regelungen sowie mindestens 3 staatliche Einrichtungen, die wir als staatliche Maßnahmen zur Förderung der Rinderzucht und -haltung verstehen.
2. Zu welchen Förderungsmaßnahmen der Rinderzucht und -haltung zählen Züchtervereinigungen und Besamungsorganisationen?

Abb. 882 Das DLG-Zeichen bürgt für Qualität.

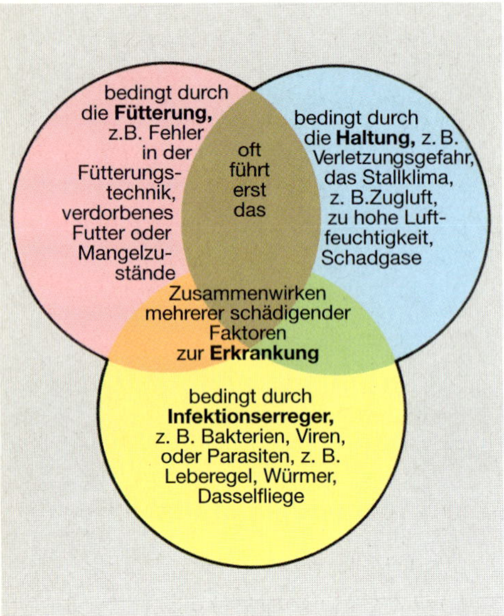

Abb. 883 Ursachenbereiche für Krankheiten.

2.14 Wichtige Rinderkrankheiten

2.14.1 Äußere Erkrankungen

Bei äußeren Erkrankungen (Wunden, Lahmheit) muss als Erstes das Tier ruhig gestellt werden. Lahmheiten haben ihre Ursache oft in entzündlichen Vorgängen im Bereich der Klauen und Gelenke. Sie können aber auch andere Ursachen haben, z. B. Verstauchung, Verrenkung, Zerrung, Knochenbruch, Nervenschädigung, Verletzungen.

Frische Wunden sollte man möglichst wenig berühren und nicht auswaschen. Grobe Verschmutzungen, Haare usw. müssen jedoch vorsichtig entfernt und die Wunden mit einem sauberen Tuch (gebügelte Handtücher o. Ä.) abgedeckt werden. Blutet die Wunde sehr stark, ist sofort der Tierarzt zu rufen, damit er die Blutung stillt und die Wunde näht.

Je schneller eine größere Wunde genäht wird, desto besser verläuft die Heilung.

2.14.2 Erkrankung des Verdauungsapparates

Hierbei handelt es sich hauptsächlich um *Schlundverstopfungen*, *Blähungen* und *Störungen der Pansenverdauung*.

Tabelle 75: Häufige Erkrankungen des Verdauungsapparates

Krankheit und Krankheitsbild	Ursache	Bekämpfung
Schlundverstopfung steife Körperhaltung mit gestrecktem Hals, Würgebewegungen, starke Speichelbildung, Schmerzlaute; Aufblähen, da Pansengase nicht entweichen können	bei hastigem Fressen schlucken die Tiere zu große Futterbestandteile (Rübenköpfe, Kartoffeln) ab, die dann im Schlund stecken bleiben	Verstopfungsursache muss vom Tierarzt beseitigt werden
Verletzungen im Verdauungstrakt aufgekrümmter Rücken, Stöhnen; Futteraufnahme und Wiederkäuen vermindert, leichtes Aufblähen, nachlassende Milchleistung, erhöhte Körpertemperatur	abgeschluckte Fremdkörper (Drahtstücke, Nägel, Schrauben u. Ä.), die in die Vormägen gelangt sind, die Magenwand verletzt oder durchstoßen haben und dabei auch andere innere Organe verletzen können (Herzbeutel!)	Tierarzt rufen: Entfernen des Fremdkörpers durch Operation oder Käfigmagnet, eventuell auch Maßnahmen zur Abkapselung des Fremdkörpers (Tier vorn 2 Wochen hochstellen und Entzündungsvorbeuge)
Aufblähen (Tympanie) *plötzliches* Aufblähen der linken Bauchwand	Hemmung des Rülpsens – durch Überflutung des Mageneingangs mit flüssigem Panseninhalt nach zu hastigem Fressen oder Saufen – durch schmerzhafte Zustände in der Bauchhöhle – durch Verstopfung der Speiseröhre	Tiere vorne hochstellen, Pansen massieren, Strohseil ins Maul binden, Gase über Schlundrohr oder Sonde ablassen, nur im äußersten Notfall Pansenstich anwenden (Infektions- und Schockrisiko)

Fortsetzung Tabelle 75

Krankheit und Krankheitsbild	Ursache	Bekämpfung
Fortsetzung Aufblähen schaumige Gärung	Tiere haben zu viel rohfaserarmes Futter mit hohem Gehalt an leicht verdaulichen Kohlenhydraten und Eiweiß gefressen (junger Klee, Gras, Rübenblatt o. Ä.) oder wasserreiche (Tau, Regen), angefrorene, angewelkte oder selbsterhitzte Futtermittel aufgenommen. Es kommt zu starker Gärung, der Panseninhalt wird zähflüssig und schaumig	Schaum zersetzende Mittel (Medikamente, Hausmittel wie: Milch 1 l, Lebertran 250 ml, Schweineschmalz 200 g oder Olivenöl 1 l eingeben; Schlundrohr und Pansenstich sind hier wirkungslos! rechtzeitig den Tierarzt rufen, der notfalls den Pansen operativ eröffnet und ausräumt
wiederholtes langsames Aufblähen	Vormagenstörungen verschiedener Ursachen	Behandlung durch den Tierarzt nach gründlicher Untersuchung
Pansenübersäuerung (Pansenacidose) in *leichteren* Fällen geringere Futteraufnahme, geringere Leistung	Pansenübersäuerung (pH-Wert unter 5,5) durch übermäßige oder ungewohnte Aufnahme von Futter mit hohem Stärke- oder Zuckeranteil oder durch zu niedrigen Rohfaseranteil im Futter	Absetzen des kohlenhydratreichen Futters, stattdessen Heu und Stroh anbieten
bei *mittleren* Fällen hört die Nahrungsaufnahme auf, versiegt die Milch, und es treten schwere Verdauungsstörungen (Koliken und Durchfall) auf sowie Teilnahmslosigkeit, Schwanken, reheartige Lahmheit		vor allem bei mittleren und schweren Fällen den Tierarzt hinzuziehen
in *schweren* Fällen liegen die Tiere fest und verenden, wenn sie nicht behandelt werden		
Pansenalkalose verminderter Appetit, wiederkehrendes Aufblähen, Durchfall, Schwanken, häufiges Liegen; beschleunigte Atmung, Krampf- und Erregungszustände	Pansensaft alkalisch (pH-Wert 7,2–8 und höher), übermäßiger Eiweißgehalt der Futterration	weniger Kraftfutter und mehr Rohfaser, Ansäuern des Panseninhalts (z. B. 1–2 l Haushaltsessig 2,5 %), Pansensaftübertragung, Behandlung durch den Tierarzt
Pansenfäule schwere Störung des Allgemeinbefindens, Durchfall, wiederkehrendes Aufblähen, Muskelschwäche, Krampfzustände	verdorbenes oder verschmutztes Futter führt zu starker Vermehrung von Fäulnisbakterien im Pansen	Behandlung durch den Tierarzt

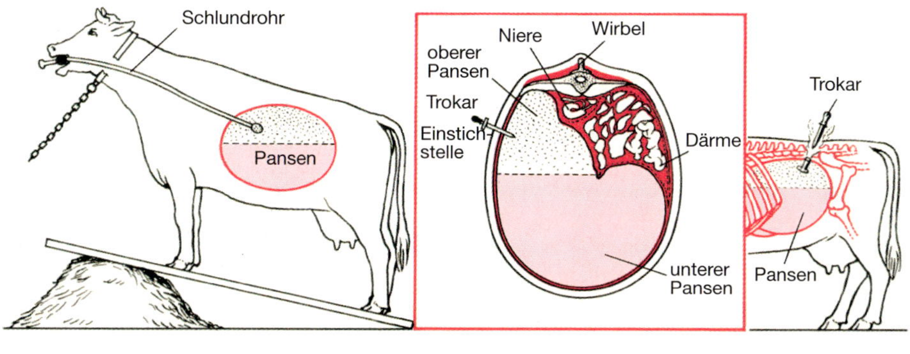

Abb. 884 Maßnahmen bei Aufblähen
links: Einführen eines Schlundrohres; Tier vorne hochstellen.
rechts: Pansenstich (nur in Notfällen)

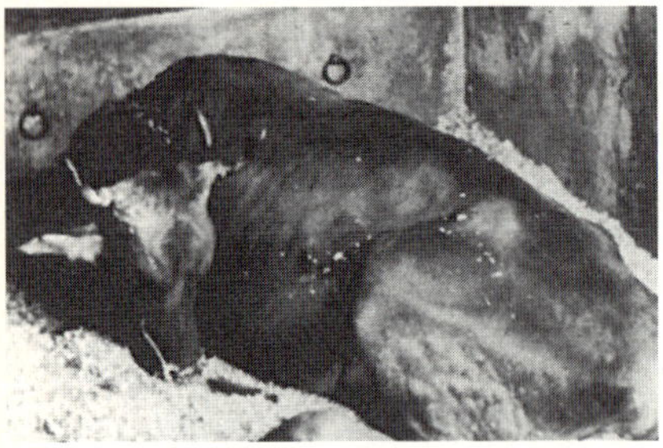

Abb. 885 Typische Kopfhaltung einer Kuh mit Milchfieber (Kalbefieber).

Abb. 886 Kühe, die an Knochenweiche leiden, haben starke Knochenschmerzen.

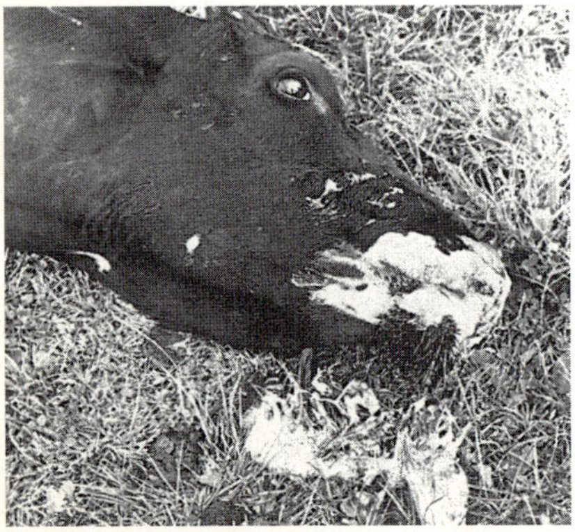

Abb. 887 Weidetetanie.

Abb. 888 Nervöse Form der Ketose (Acetonämie).

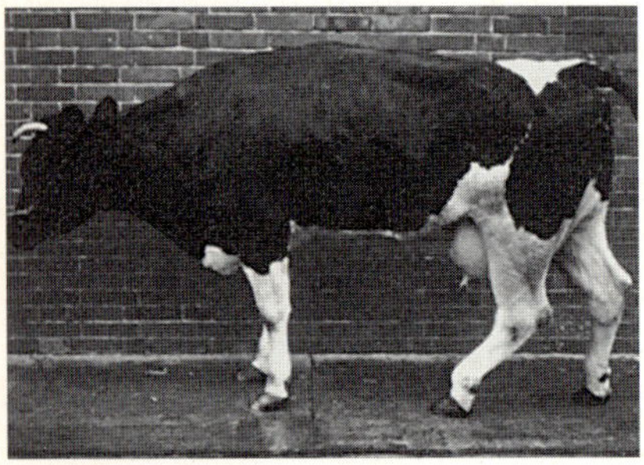

2.14.3 Stoffwechsel- und Mangelkrankheiten

Tabelle 76: Auswahl wichtiger Stoffwechsel- und Mangelkrankheiten

Krankheit, Krankheitsbild und Ursache	Abhilfe
Milch- oder **Kalbefieber** (Gebärlähmung, Gebärparese), Abb. 885 Unruhe, Unsicherheit, Fressunlust, Festliegen kurz vor, während, meist aber erst 6–72 Stunden nach der Kalbung von vorwiegend älteren Hochleistungstieren; starker Abfall des Blut-Ca-Gehalts mit Einsetzen der Laktation durch ungenügende Ca-Mobilisierbarkeit aus den Knochen	sofort Tierarzt holen; *Vorbeuge:* Ca : P = unter 1:1 gegen Ende der Trächtigkeit, keine Überfütterung, 1 Woche vor dem Kalben Vitamin D geben; Berechnung und Korrektur der Kationen-Anionen-Bilanz im Futter (DCAB)
Rachitis und **Knochenbrüchigkeit** (Osteomalazie), Abb. 886 Kälber liegen viel, stehen unwillig auf, bewegen sich unsicher; Verdickung an den Gelenken (= Auftreibungen an den Wachstumszonen der Röhrenknochen); struppiges Fell, Anfälligkeit gegen Infektionen, bei Milchkühen, Lecksucht, Lahmheit, Neigung zu Knochenbrüchen; *Ursache:* Vitamin-D-Mangel bei Aufenthalt in dunklen Ställen, Ungleichgewicht im Ca:P-Verhältnis des Futters (meist P-Mangel)	*Sofortmaßnahme:* Verabreichung von Vitamin-D-Präparaten und Mineralstofflösungen; *Vorbeuge:* ausreichende und ausgewogene Mineralstoffbeifütterung (Ca:P-Verhältnis = 2:1)
Weidetetanie, Abb. 887 beginnend mit Fressunlust und Milchrückgang, verschlechtert sich der Zustand über Unruhe, Schreckhaftigkeit bis zu Krämpfen und Festliegen; *Ursache:* Mg-Mangel bei jungem, eiweißreichem und gleichzeitig Mg-armem Futter (Weide)	sofortige tierärztliche Behandlung; *Vorbeuge:* langsame Übergangsfütterung in den ersten 14 Tagen der Weideperiode, Gaben von täglich 50–70 g MgO/Kuh einige Wochen vor und nach dem Austrieb; verstärkte Mg-Düngung der Weiden
Ketose (Acetonämie, Acetonurie), Abb. 888 2–6 Wochen nach der Geburt Fressunlust, Verstopfung (geballter, trockener, dunkler Kot), später Durchfall, vermindertes Wiederkauen, Leistungsabfall, Abmagerung, aber auch Teilnahmslosigkeit, vermehrtes Liegen, Erregung, Lecksucht, leeres Kauen, Bewegungsstörungen; besonders gefährdet sind Hochleistungskühe; Atemluft, Haut, Milch und Harn riechen nach faulem Obst (Aceton, Nagellackentferner); *Ursache:* Störung des Kohlenhydrat- und Fettstoffwechsels durch Energie- oder Rohfasermangel; zu hohe Anteile von Kokos-, Palmkern- und Babassukuchen; plötzliche Futterumstellungen; infolge anderer Erkrankungen	tierärztliche Behandlung; *Vorbeuge:* Rohfaseranteil an Futtertrockenmasse über 20 %, leistungsgerechte Fütterung, Bewegungsmöglichkeit (Laufstall, Weide)

2.14.4 Infektionskrankheiten

Tabelle 77: Auswahl wichtiger Infektionskrankheiten

Krankheit, Krankheitsbild und Ursache	Abhilfe
Mastitis (Euterentzündung), Abb. 889 subklinische Form: Zellgehalt der Milch erhöht, keine Entzündungsmerkmale äußerlich feststellbar; chronische Form: Schwund und Verhärtung der Drüsenmasse führen zu Leistungsabfall, Milch enthält Eiterflocken, erhöhter Zellgehalt; akute Form: betroffenes Euterviertel geschwollen, gerötet, schmerzhaft; Milch flockig, wässrig, eitrig, erhöhter Zellgehalt; *Ursache:* Folgeinfektion nach Verletzungen und unsachgemäßer Melkarbeit (Blindmelken, falscher Druck in der Vakuumleitung, mangelhafte Hygiene, Zitzen vor dem Anlegen des Melkzeugs nicht sorgfältig abgetrocknet), verstärkte Anfälligkeit bei sehr hoher Leistung	Behandlung mit Antibiotika nach Anweisung des Tierarztes, eventuell Anwendung von Eutersalbe, häufiges sorgfältiges Ausmelken, erkrankte Tiere isolieren und zuletzt melken, Reinigen und Desinfizieren von Stall und Geräten *Vorbeuge:* Hygiene im Stall und beim Melken (Dippen der Zitzen); vielseitige Futterration, optimales Stallklima, ausreichende Standlänge und -breite
Rindergrippe, (Abb. 890) Fieber, starke Atemnot, Husten, Lungenentzündung; seuchenhaftes Auftreten vorwiegend im Frühjahr und Herbst, bei plötzlichem Klimawechsel oder beim Einstallen von Jungtieren aus verschiedenen Beständen; *Ursache:* Infektion der Atemwege mit verschiedenen Viren bei gestressten Tieren (Zugluft, hohe Schadgas-Konzentration, Haltungsänderung wie z. B. Umstellung auf Spaltenboden)	tierärztliche Behandlung; *Vorbeuge:* tiergemäße Haltung, Quarantäne für zugekaufte Tiere (2–3 Wochen), Rein-Raus-Verfahren bei Mastbeständen, Schutzimpfung, Paramunisierung (Steigerung der unspezifischen Infektabwehr)
Kälberruhr (Koliruhr, Rota-Corona-Coli-Infektion; Neugeborenen-Durchfall), Abb. 891 Durchfall in der 1. Lebenswoche mit Fieber, Appetitlosigkeit, Mattigkeit, Austrocknung (hochgezogene Hautfalte bleibt stehen), Tod nach 3–6 Tagen; auch leichterer Verlauf möglich, gelegentlich Lungen- und Gelenkentzündung; bei überstürztem Verlauf völlige Teilnahmslosigkeit, Krämpfe, Zwangsbewegungen und Tod innerhalb 24 Stunden; *Ursache:* Wegbereiter der Coli-Infektion sind Viren (Rota-, Corona- und Kryptosporidien), mangelnde Hygiene, ungenügende oder zu späte Biestmilchaufnahme, Mangel an Vitamin A, mangelhaftes Stallklima	tierärztliche Behandlung, Tee und Elektrolytlösung geben; ausreichende Energiezufuhr über Tränke, Eingabe von natürlichen Darmbakterien (z. B. Milchsäurebakterien); *Vorbeuge:* Stallhygiene, optimales Stallklima, Schutzimpfung hochtragender Kühe, rechtzeitige und ausreichende Biestmilchgaben

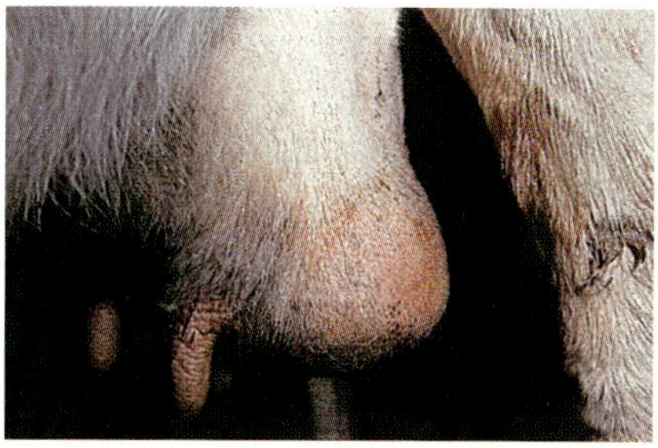
Abb. 889 Akute Eutererkrankung: ausgeprägte Schwellung eines hinteren Viertels.

Abb. 890 Rindergrippe.

Abb. 891 Chronische Form der Kälberruhr.
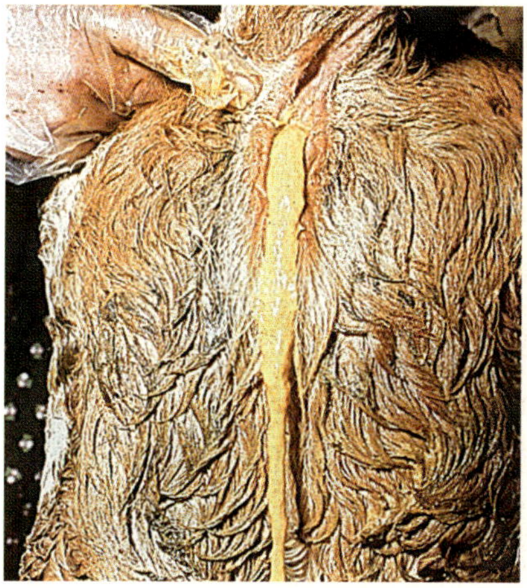

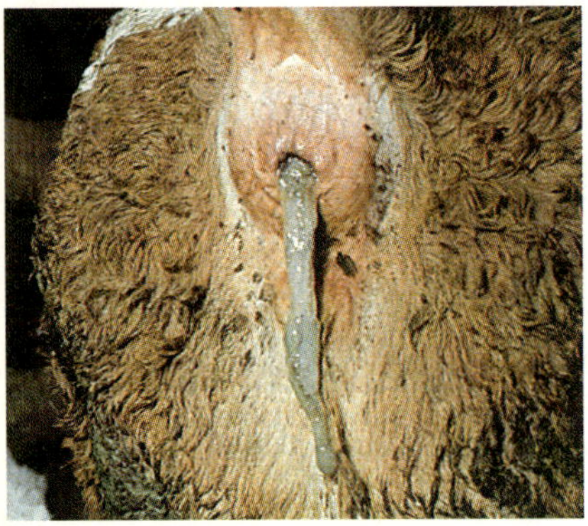

Abb. 892 Salmonellose.

Abb. 893 BVD-Durchfall.

Abb. 894 Maul- und Klauenseuche: Bläschen im Klauenspalt (links) und an der Zitze (rechts).

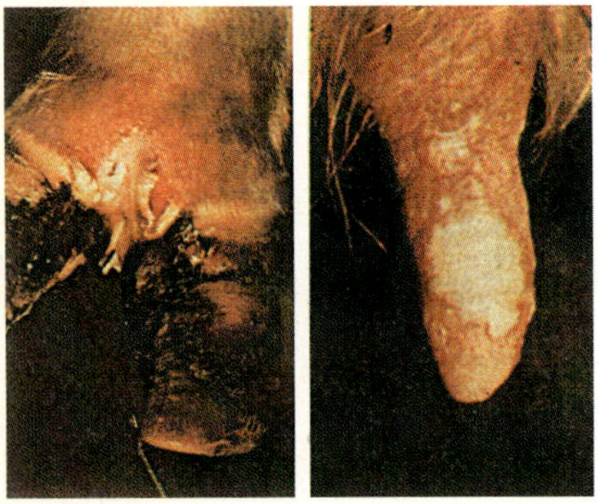

Fortsetzung Tabelle 77

Krankheit, Krankheitsbild und Ursache	Abhilfe
Salmonellose, Abb. 892 seuchenhaft auftretender Durchfall bei Kälbern im Alter von 2–6 Wochen; bei erwachsenen Tieren meist Einzelerkrankungen; Fieber, Appetitlosigkeit, Hinfälligkeit, auch Gelenks- und Lungenentzündung, Aborte, Mastitis; in seltenen Fällen überstürzter Verlauf mit plötzlichem Tod innerhalb von 1–2 Tagen; Tiere können zu dauernden oder zeitweiligen Ausscheidern werden; *Ursache:* Infektion mit Salmonellen (Bakterien) über verseuchte Eiweißfuttermittel (z. B. Fisch- und Fleischmehl), Gewässer oder Ausscheider; begünstigend wirken Stressfaktoren; Übertragung auf Menschen durch verseuchte Lebensmittel möglich → fieberhafter Brechdurchfall	**Anzeigepflicht** für Tierärzte; Behandlung erkrankter Tiere und Kontrolluntersuchungen, Keulen von Dauerausscheidern, Entschädigung durch die Tierseuchenkasse *Vorbeuge:* Hygiene-Maßnahmen (Rein-Raus-Verfahren, Quarantäne, Desinfektion, einwandfreie Futtermittel), Schutzimpfung
Bovine Virusdiarrhoe (BVDV), Abb. 893 **Mucosal-Disease** (MD) BVD: gutartiger Verlauf mit Fieber, Durchfall, Nasenausfluss, Husten, Fehlgeburt; Jungtiere durchseuchen in infizierten Beständen ohne sichtbare Erkrankung; bei Infektion während der ersten 4 Trächtigkeitsmonate Absterben der Frucht oder Geburt von Kälbern, die keine Antikörper gegen BVD/MD-Viren bilden können, Kümmerer oder klinisch normal Erscheinende, die fortlaufend Erreger ausscheiden, Tod meist während der beiden ersten Lebensjahre an MD mit unstillbarem, blutigem Durchfall, Teilnahmslosigkeit, völlige Fressunlust, Fieber und Wunden (Maulhöhle, Flotzmaul, Geschlechtsorgane) *Ursache:* BVD/MD-Virus	**Meldepflicht** Sanierungsprogramme mit regelmäßigen Blut- bzw. Milchuntersuchungen, Ausmerzen der Ausscheider und regelmäßige Schutzimpfungen der weiblichen Zuchttiere Status: *BVDV-unverdächtig; BVDV-freie Bestände* dürfen nicht impfen! Sie werden regelmäßig nachuntersucht. Zukaufsrinder müssen BVDV-frei bzw. -unverdächtig sein
Maul- und **Klauenseuche** (MKS) Abb. 894 Blasenbildung an Zunge, Flotzmaul, Zitzen und Klauen; nach dem Aufplatzen (1–2 Tage) entstehen schmerzhafte Wundflächen, die wieder heilen, starker Speichelfluss; Komplikationen: eitrige Entzündungen, Ablösen des Klauenhorns (Ausschuhen), Erkrankung der Herz- und Skelettmuskulatur → plötzlicher Tod; *Ursache:* Infektion mit MKS-Viren verschiedener Typen	**Anzeigepflicht** schon beim Verdacht; strenge veterinärpolizeiliche Maßnahmen; Deutschland und die meisten Europäischen Länder sind im Allgemeinen seuchenfrei, importierte Rinder müssen serologisch negativ sein

Fortsetzung Tabelle 77

Krankheit, Krankheitsbild und Ursache	Abhilfe
Tuberkulose (Tbc), Abb. 895 in Deutschland ausgerottet, Krankheitsbild beim Befall der Lunge: Husten, Abmagerung, Atembeschwerden; des Darms: unheilbarer Durchfall; des Euters: Verhärtung der Drüsenmasse; der Gebärmutter: Fruchtbarkeitsstörungen; *Ursache:* Infektion durch Tbc-Bakterien, Ansteckung durch Säugetiere, Vögel, Menschen und umgekehrt möglich	**Anzeigepflicht**
Brucellose (Seuchenhaftes Verkalben, Abortus Bang), Abb. 896 Kühe verkalben im 5.–7. Trächtigkeitsmonat, Nachgeburtsverhalten, Nachgeburt sulzig, mit schmierigem Belag, Gebärmutterentzündung; Bullen leiden an Entzündungen der Geschlechtsorgane (Schwellungen, Verhärtungen); Gelenks-, Sehnenscheiden- und Schleimbeutelentzündungen bei Kühen und Bullen; *Ursache:* Infektion mit Brucellose-Bakterien über Nachgeburt, Gebärmutterausfluss, Milch oder beim Deckakt	**Anzeigepflicht,** in Deutschland ist die Krankheit getilgt; Maßnahmen zur Erhaltung der Brucellose-Freiheit (Milch- oder Blutuntersuchungen)
Leukose, Abb. 897 Lymphknotengeschwülste, unter der Haut deutlich sichtbar; langsamer Verlauf über Jahre; rascher Tod nach Tumorstadium; *Ursache:* Infektion mit Leukose-Virus bei Kälbern während der Trächtigkeit oder mit der Biestmilch, sonst durch Kontakt von Tier zu Tier, durch blutsaugende Insekten	**Anzeigepflicht,** Sperrmaßnahmen, Tötung befallener Tiere, Einforderung von Gesundheitsgarantien beim Kauf von Tieren; Erhaltung der Leukose-Freiheit (Milch- oder Blutuntersuchungen)
Tollwut, Abb. 898 anfangs leichte Unruhe mit Verdauungsstörungen oder Teilnahmslosigkeit; gesteigerte Neugierde bis zur Aggressivität und Tobsucht mit anhaltendem Brüllen; im weiteren Verlauf Lähmungen (schwankender Gang), verkrampfte Kopf-Hals-Haltung, Schluckstörungen, vermehrter Speichelfluss, Niederstürzen, Festliegen, Tod innerhalb von 3–6 Tagen; *Ursache:* Infektion mit Tollwut-Virus durch Biss infizierter Tiere (Fuchs) oder Wundkontakt mit virushaltigem Speichel; Inkubationszeit 2 Wochen bis 3 Monate oder noch länger; Übertragung auf Menschen möglich	**Anzeigepflicht,** vorbeugende Schutzimpfung der Rinder; Schluckimpfung der Füchse als den Hauptüberträgern

Abb. 895 Tuberkel-(Tbc-)Knoten an einer befallenen Rinderleber.

Abb. 896 Seuchenhaftes Verkalben infolge einer Brucellose-Infektion.

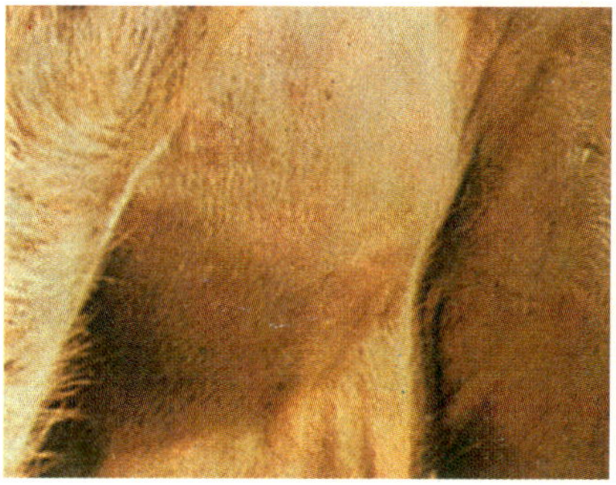

Abb. 897 Deutlich vergrößerter Euterlymphknoten bei Rinderleukose.

Abb. 898 Typische, »gespannte« Haltung bei Tollwuterkrankung.

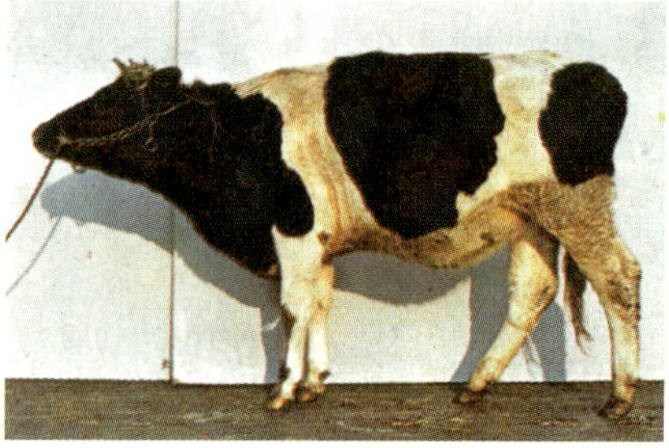

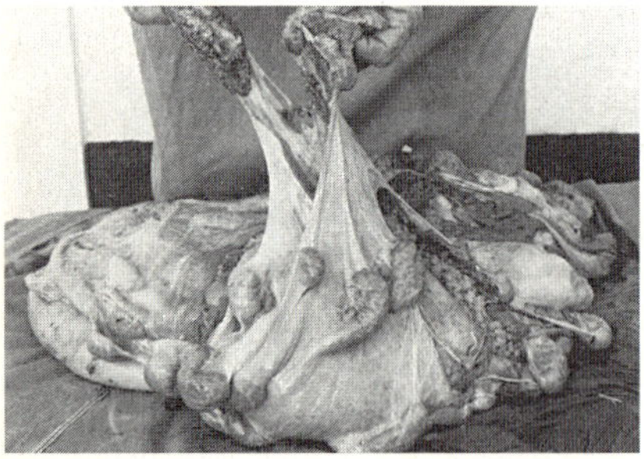

Abb. 899 Vibrionenseuche.

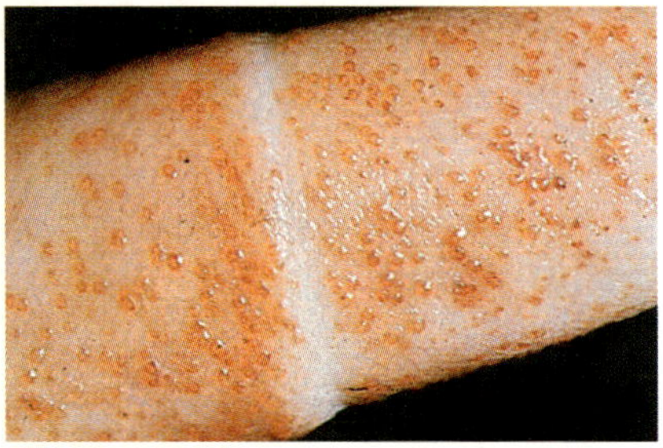

Abb. 900 IPV: Bläschenausschlag am Penis.

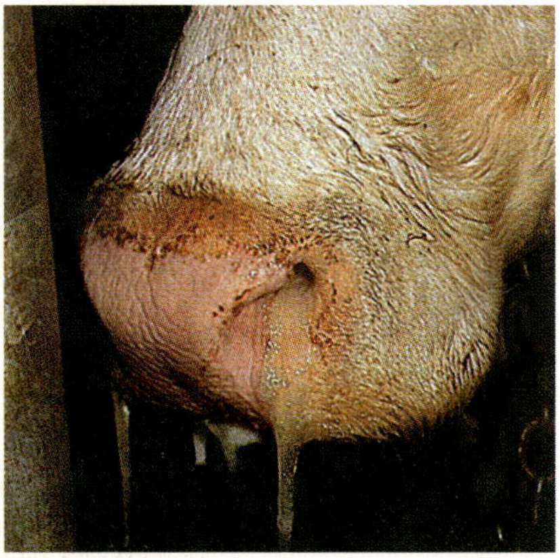

Abb. 901 IBR-Infektion.

Abb. 902 Aujeszky'sche Krankheit. Starker Juckreiz.

Fortsetzung Tabelle 77

Krankheit, Krankheitsbild und Ursache	Abhilfe
Vibrionen-Seuche (Campylobacteriosis genitalis), Abb. 899 Umrindern, verlängerte Geschlechtszyklen, embryonaler Frühtod oder Verkalben im 4.–6. Trächtigkeitsmonat; bei Bullen keine Anzeichen; *Ursache:* Infektion mit Bakterien *(Campylobacter fetus)* beim Deckakt	**Anzeigepflicht,** behördliche Maßnahmen, tierärztliche Behandlung
Trichomonaden-Seuche schleimig-eitriger Ausfluss und Entzündung der Scheiden- und Gebärmutter-Schleimhaut, mehrmaliges Umrindern; Frühabgang (6.–20. Woche) oder Absterben und Zersetzen der Frucht in der Gebärmutter; bei Bullen meist keine Anzeichen; *Ursachen:* Infektion der Geschlechtsorgane mit Trichomonaden	**Anzeigepflicht,** behördliche Maßnahmen, tierärztliche Behandlung
IPV (Ansteckender Bläschenausschlag), Abb. 900 Entzündung der Schleimhäute von Scheide, Scheidenvorhof und/oder Gebärmutter sowie Penis; linsengroße, trübe Bläschen platzen auf und hinterlassen flache Geschwüre, Heilung nach 2–3 Wochen; bei Bullen länger dauernd, häufig Verwachsung von Rute und Schlauch **IBR** (Ansteckende Nasen-Luftröhren-Entzündung), Abb. 901 Rötung der Nasenschleimhaut und z.T. des Flotzmauls, Bindehautentzündung, wässrig-schleimiger Nasenausfluss, Husten, beschleunigte und erschwerte Atmung, eventuell Lungenentzündung, Lungenblähung (Emphysem) und Flüssigkeitsaustritt in die Lungenbläschen (Lungenödem), eventuell Tod; bei Kälbern gelegentlich Gehirnhautentzündung; bei Kühen Verwerfen zwischen 5. und 8. Trächtigkeitsmonat; *Ursache:* Infektion der Nasen- oder Geschlechts-Schleimhäute mit BHV1-Virus	**Anzeigepflicht** BHV1-Sanierungsprogramm: regelmäßige Blut- und Milchkontrolle; Entfernen der Reagenten → Status: BHV1-frei. Schutzimpfungen des Bestandes → ab 3. Impfung (Status: Impfbetrieb) werden serologisch freie Tiere als BHV1-frei anerkannt. Zum Erhalt des Status »BHV1-freier Bestand« jährliche Blut- bzw. Milchuntersuchungen, nur BHV1-freie Zukaufstiere einstellen Ziel: IBR/IPV-freie Bestände
Aujeszky'sche Krankheit, Abb. 902 Unruhe, Fieber, Atembeschwerden, Lähmungen, krampfartiges Zucken einzelner Muskelgruppen, Zähneknirschen, Speicheln, kolikartige Erscheinungen sowie unstillbarer Juckreiz an den verschiedensten Stellen; Tod nach 24–48 Stunden; *Ursache:* Infektion der Schleimhäute oder von Hautverletzungen mit Virus, dessen Hauptwirt das Schwein ist	**Anzeigepflicht,** behördliche Maßnahmen; Tötung erkrankter Tiere; *Vorbeuge:* räumliche Trennung von Rindern und Schweinen

Fortsetzung Tabelle 77

Krankheit, Krankheitsbild und Ursache	Abhilfe
Bovine spongiforme Enzephalopathie (BSE), »Rinderwahnsinn« erste Fälle 1986 in England nach Verfüttern von nicht ausreichend erhitztem Tierkörpermehl aus Scrapie-infizierten Schafen (Traberkrankheit); sehr lange Zeitdauer zwischen Ansteckung und Ausbruch der Krankheit (mehrere Jahre), Verhaltensänderungen (Absondern von der Herde, Übererregbarkeit, Ängstlichkeit, Ausschlagen) und Bewegungsstörungen (steifer Gang, Schwanken), Zähneknirschen und Zittern, abnorme Kopf- und Ohrhaltung, Abmagerung, Rückgang der Milchleistung, Festliegen und Verenden *Krankheitsdauer:* Wochen bis Monate *Erreger:* noch nicht identifiziert	**Anzeigepflicht,** amtliche Tötung verdächtiger Tiere und Untersuchung des Gehirns (schwammartig durchlöchert); Keulung des Bestandes; *Vorbeuge:* Verbot der Einfuhr von Tierkörpermehl aus Großbritannien, Verbot der Fütterung von Tierkörpermehl an Wiederkäuer; Einfuhrbeschränkungen und -verbote für Importtiere aus Großbritannien

2.14.5 Parasitäre Erkrankungen

Parasiten sind kleine Tierchen, welche im Körper oder an der Oberfläche des Wirtstieres leben, indem sie ihm Nährstoffe entziehen und dabei seine Körpergewebe schädigen, ihn aber nicht grundsätzlich töten. Die Belastung der Tiere führt zu Leistungsminderung und starken wirtschaftlichen Einbußen, die doppelt so groß sind wie bei Infektionskrankheiten. Dabei handelt es sich vorwiegend um **Leberegel-** und **Lungenwurmbefall** (siehe »Grundstufe Agrarwirtschaft«).

2.14.6 Seuchenbekämpfung

Tierseuchen werden durch staatliche Maßnahmen bekämpft, welche im **Tierseuchen-Gesetz** festgelegt sind.
Die wichtigsten Bestimmungen sind:
- Abwehr der Einschleppung von Seuchen aus dem Ausland,
- Bekämpfen der Tierseuchen im Inland,
- Schutzmaßnahmen gegen die ständige Seuchengefahr (z. B. Gesundheitszeugnisse, amtstierärztliche Untersuchung),
- Schutzmaßnahmen bei Seuchenausbruch,
- Entschädigung für Viehverluste
- Strafvorschriften, z. B. bei Zuwiderhandlung gegen die *Anzeigepflicht.* Diese besteht für alle Tierhalter, für alle mit der Aufsicht oder Pflege der Tiere betrauten Personen (z. B. Melker, Schäfer, Transportbegleiter) sowie für Personen mit besonderen beruflichen Fachkenntnissen (z. B. Tierarzt, Fleischbeschauer, Metzger, Besamungstechniker).

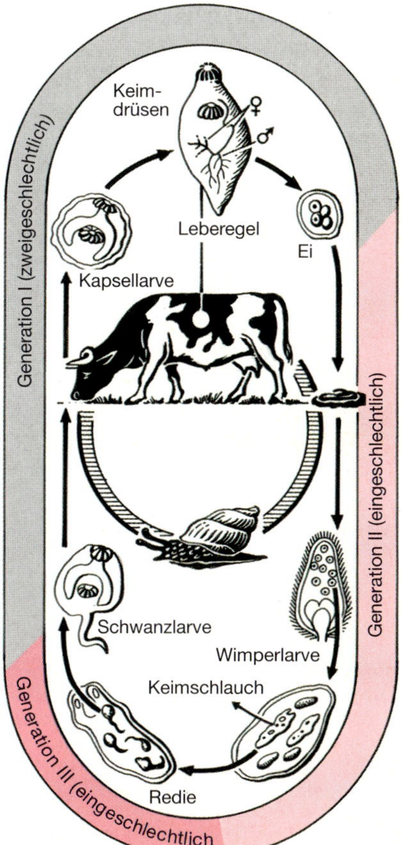

Abb. 903 Bis zum infektiösen Leberegel vollzieht sich mit dem Generationswechsel auch ein Wirtswechsel.

2.14.7 Gewährleistungen

Der Verkäufer von Zucht- und Nutztieren sowie von Schlachtvieh haftet laut Bürgerlichem Gesetzbuch (BGB) nicht unbedingt für alle Fehler, die den verkauften Tieren anhaften, sondern

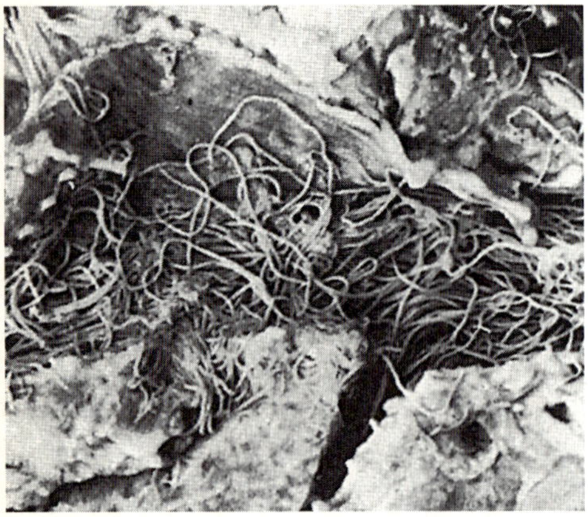

Abb. 904 Starker Lungenwurmbefall beim Rind.

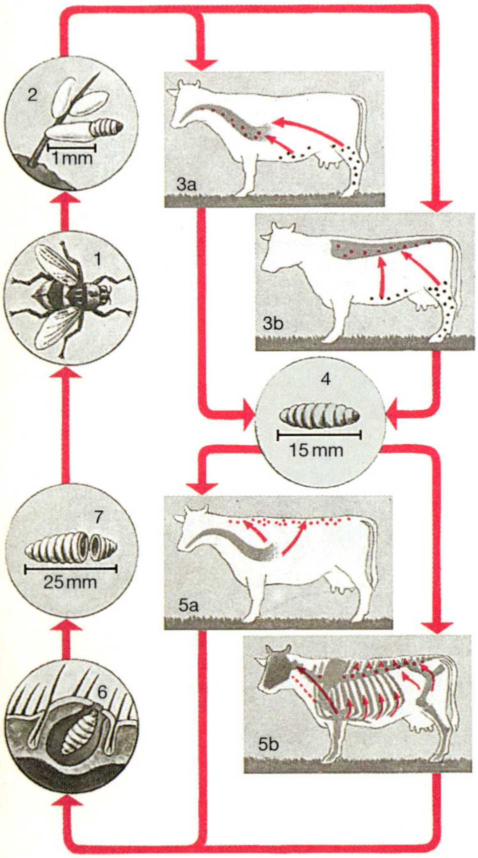

Abb. 905 Entwicklungskreislauf der Dasselfliege: Weibchen (1) legen Eier an Haaren (2) von Unterbauch und Bein ab. Die geschlüpften Larven der Kleinen Dasselfliege wandern zum Schlund (3 a), die der häufigeren Großen Dasselfliege wandern entlang den Nerven in den Wirbelkanal (3 b), von dort unter die Rückenhaut (5 a und b).
6–8 Wochen später durchbohren sie die Haut, um sich auf der Weide zu verpuppen.
3–6 Wochen später schlüpfen die Fliegen (6 und 7), der Kreislauf beginnt von vorne.

nur für ganz bestimmte *Hauptmängel*, die sich innerhalb einer festgelegten Zeit nach Kaufabschluss *(Gewährsfrist)* zeigen.
Hauptmängel und Gewährsfristen wurden bereits durch die »Kaiserliche Verordnung, betreffend die Hauptmängel und Gewährsfristen beim Viehhandel vom 27. Januar 1899« festgelegt und gelten noch heute.
Als **Hauptmangel** gilt bei *Rindern* die Lungenseuche (schon seit über 50 Jahren in der Bundesrepublik Deutschland nicht mehr aufgetreten) und tuberkulöse Erkrankungen (sowohl bei Nutz- als auch bei Schlachttieren). Bei *Schafen* sind es Räude und bei Schlachttieren allgemeine Wassersucht, beim *Schwein* Finnen, Trichinen und tuberkulöse Erkrankungen bei Schlachttieren sowie Rotlauf, Schweinepest und Schweineseuche (der damalige Begriff »Schweineseuche« würde heute folgende Krankheiten umfassen: Glässer'sche Krankheit, Pasteurellose und Ferkelgrippe bzw. Enzootische Pneumonie). Bei *Pferd*, *Maultier*, *Esel* und *Maulesel* gibt es folgende Gewährsmängel: Rotz, Dummkoller, Dämpfigkeit, Kehlkopfpfeifen, Periodische Augenentzündung und Koppen.
Die **Gewährsfristen** betragen in der Regel 14 Tage (bei Rotlauf 3, bei Schweineseuche 10 und bei Lungenseuche 28 Tage). Tritt während dieser Zeit ein Hauptmangel auf, muss der Käufer des Tieres ihn dem Verkäufer innerhalb der *Anzeigefrist* (= Gewährsfrist + 2 Tage) mitteilen (Einschreibebrief mit Rückschein). Er kann dabei *Wandelung*, d. h. die Rückgängigmachung des Kaufes verlangen. Das gilt auch, wenn das Tier inzwischen wegen des aufgetretenen Mangels geschlachtet werden musste.
Neben den Hauptmängeln können Käufer und Verkäufer durch *Sonderverträge* Gewährleistungen für besondere Mängel **(Vertragsmängel)** vereinbaren.
Hierfür beträgt die **Verjährungsfrist,** d. h. die Zeit, in der wegen mangelnder Leistung des Verkäufers Klage erhoben werden kann, 6 Monate vom Zeitpunkt der Ablieferung des Tieres beim Käufer. Für Hauptmängel gilt eine Verjährungsfrist von 6 Wochen, die sich an die Gewährsfrist anschließt.

Aufgaben:

1. Welche Auffälligkeiten deuten bei Rindern auf eine Krankheit hin?
2. Welche Krankheiten werden durch Parasiten hervorgerufen?
3. Welche Krankheiten haben Verdauungsstörungen als Ursache?
4. Beschreiben Sie das Krankheitsbild, die Ursache und die Bekämpfung einer Rinderkrankheit, die in Ihrem Ausbildungsbetrieb auftrat.
5. Nennen Sie die wichtigsten Infektionskrankheiten bei Rindern!
6. Erklären Sie die Begriffe »Gewährungsfrist« und »Anzeigefrist«.

3 Schweinehaltung

3.1 Bedeutung und Formen der Schweinehaltung

3.1.1 Bedeutung der Schweinehaltung

Umfang – Die Schweinehaltung ist in Deutschland nach der Rinderhaltung der wichtigste Betriebszweig in der Veredelungswirtschaft. Aus ihr stammen jährlich ca. 10 Mrd. DM Einnahmen. Das ist ein gutes Viertel aller Einnahmen aus der tierischen Erzeugung und rund 16 % der Gesamt-Einnahmen der Landwirtschaft.

Zahlenmäßig entwickelten sich die Schweinebestände in Deutschland rückläufig. 1995 waren es 23,7 Mio. Schweine. Innerhalb der EU macht der deutsche Schweinebestand gut ein Fünftel des Schweinebestandes der Gemeinschaft aus.

Struktur – Die Länder Niedersachsen und Nordrhein-Westfalen halten zusammen fast die Hälfte aller deutschen Schweine. Die Zahl der Schweinehalter verringert sich stetig, so dass sich die Bestände je Halter vergrößern. 1994 lag die durchschnittliche Bestandsgröße in Deutschland bei 103 Schweinen. Dabei sind in den nördlichen Bundesländern größere Bestände als im Süden anzutreffen. Deutschland liegt mit seinen Bestandsgrößen innerhalb der EU nur im Mittelfeld.

Der Selbstversorgungsgrad mit Schweinefleisch liegt in der EU bei ca. 106 %, in Deutschland jedoch nur bei knapp 80 % mit weiter fallender Tendenz.

Die Schweinehaltung ist ein Betriebszweig, der auch flächenunabhängig betrieben werden kann. In Deutschland überwiegt jedoch die Schweinemast auf der Grundlage wirtschaftseigenen Futters.

Wegen der relativ kurzen Mastdauer lässt sich die Schweinehaltung leichter an die jeweilige Marktlage anpassen als die Rinder-

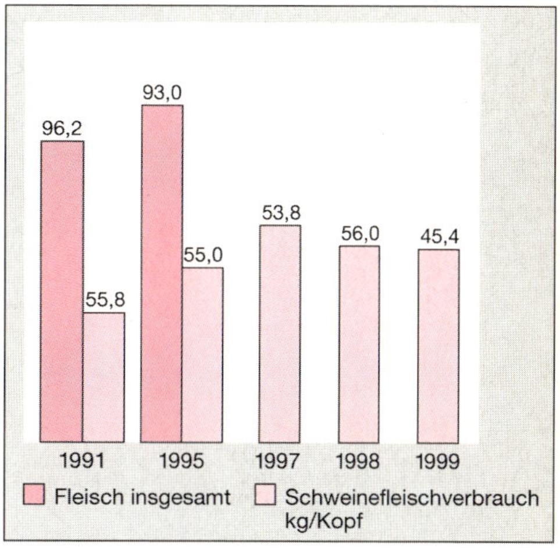

Abb. 906 Entwicklung des Fleischverbrauchs in Deutschland (in kg) (nach Abzug von Knochen, Tierfutter, Industrieverwertung).

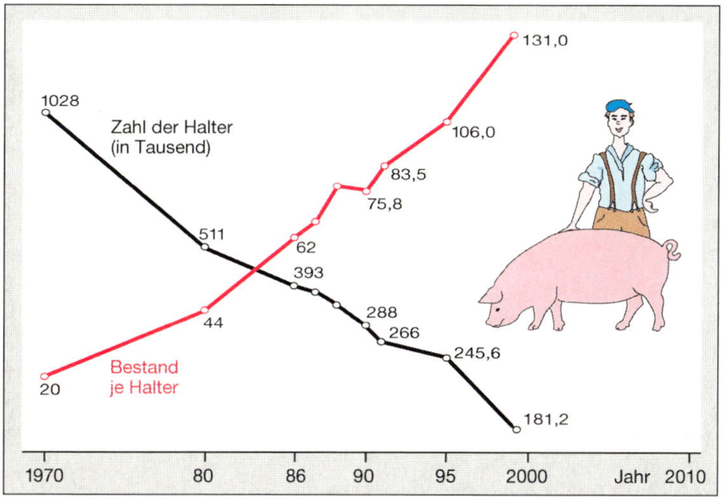

Abb. 907 Mitte: Die Zahl der Schweinehalter sinkt weiter, die Anzahl der Tiere je Betrieb steigt dabei an. Trotz dieser Entwicklung sind die Schweinbestände je Betrieb in Deutschland noch immer kleiner als bei den wichtigsten Konkurrenten in der EU.

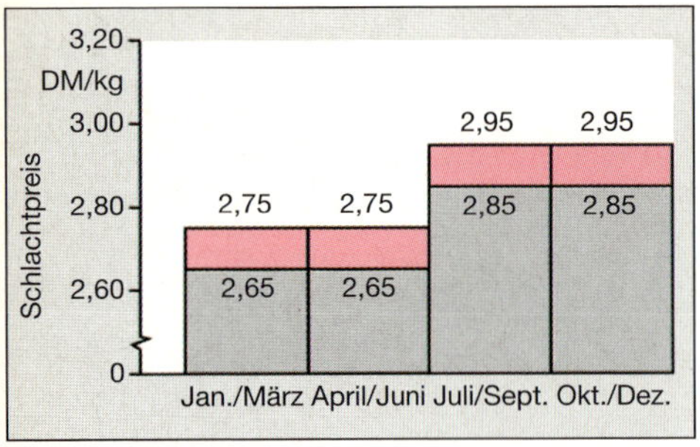

Abb. 908 Schlachtschweinepreise **(Beispiele)** sind saisonabhängig.

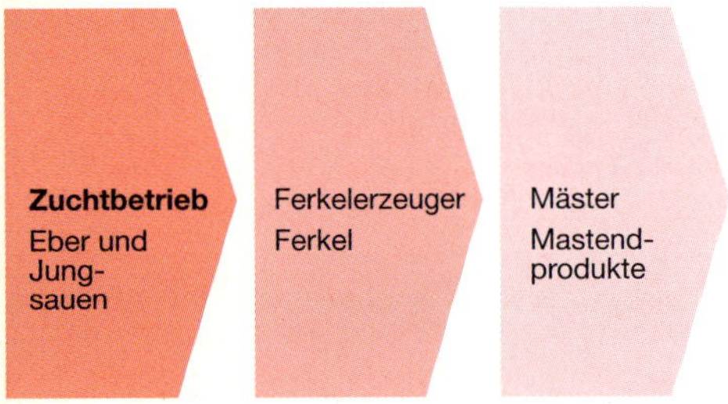

Abb. 909 Arbeitsteilung der heutigen Schweineproduktion.

Abb. 910 Die Zucht liefert heute Schweine mit großem Fleischbildungsvermögen, das die Mast ausnutzen muss.

haltung. Das hat allerdings bei verzögerter Reaktion auf hohe Erzeugerpreise durch Ausdehnung der Produktion einen Preisdruck zur Folge (Schweinezyklus). Die kontinuierliche Produktion ist daher günstiger.

3.1.2 Formen der Schweinehaltung

In den vergangenen Jahrzehnten haben sich infolge der Betriebsvereinfachung und Spezialisierung bei der Schweinehaltung eine Arbeitsteilung und damit verschiedene Organisationsformen ergeben.

In zunehmendem Maße beschränken sich die Betriebe auf eine der Produktionsformen Zucht, Sauenvermehrung, Ferkelerzeugung oder Mast.

Zucht – Zuchtbetriebe liefern Jungeber, Zucht- und Jungsauen. Diese Produktionsform ist an keinen bestimmten Standort und keine bestimmte Betriebsgröße gebunden. Sie stellt aber höchste Anforderungen hinsichtlich Können und Arbeitsaufwand.

Sauenvermehrung – Diese Produktionsform ist durch die Einführung von Kreuzungszucht-Programmen und den Bedarf an stressstabilen Reinzuchtsauen entstanden. Die Betriebe halten in der Regel mehr als 50 Sauen und beliefern die Ferkelerzeuger mit Kreuzungssauen und Reinzuchtsauen.

Ferkelerzeugung – Diese Form der Schweinehaltung bevorzugen vornehmlich Familienbetriebe, die über AK-Reserven verfügen. Arbeitssparende Haltungsverfahren verstärken den Trend zu größeren Sauenzahlen/Betrieb.

Das Marktrisiko lässt sich durch Beitritt zu *Ferkelerzeugergemeinschaften* abmildern. Ferkelerzeuger sind auf den Zukauf von Ebern und daneben auch auf den Zukauf von Jungsauen aus Herdbuchbetrieben angewiesen, wenn sie am Zuchtfortschritt teilhaben wollen.

Der wirtschaftliche Erfolg hängt besonders von der Aufzuchtleistung der Zuchtsauen ab, d. h. von der Zahl der je Sau und je Jahr aufgezogenen Ferkel.

Mast – Betriebe, die diese Organisationsform wählen, müssen ihre Ferkel zukaufen. Dazu sichern sie sich in der Regel durch Verträge mit Erzeugergemeinschaften die Aufstallung von Qualitätsferkeln.

In der Praxis findet man neben reinen Mastbetrieben auch solche, die ihre eigenen Ferkel mästen (geschlossenes System). Letztere haben meist weniger Probleme mit der Hygiene und meist auch Kostenvorteile.

Im Zusammenhang mit der Ausbreitung der Kreuzungs- und vor allem der Hybridzucht entstehen neue Organisationsformen. Weil hier im Gegensatz zur Reinzucht der Ferkelerzeuger nicht mehr seine eigenen Jungsauen zur Nachzucht verwenden kann, übernehmen eigene *Jungsauenvermehrer* diese Aufgabe. Der Erfolg der Schweinemast wird durch die Mastleistung, d. h. durch die täglichen Zunahmen und die Futterverwertung, aber auch durch die Einstufung der Schlachtkörper in gut bezahlte Handelsklassen, bestimmt. Letzteres hängt weitgehend von der Rasse bzw. Kreuzung und dem Mastendgewicht ab.

Aufgaben:

1. Welche Bedeutung hat die Schweinehaltung in Deutschland?
2. Erkundigen Sie sich, welche Organisationsformen der Schweinehaltung in Ihrem Heimatkreis vorherrschen.
3. Welchen Hauptgrund hat der hohe Anteil des Schweinefleisches am gesamten Fleischverzehr?

3.2 Schweinezucht

3.2.1 Aufgaben

Zuchtziel – Ziel der Schweineproduktion ist die wirtschaftliche Erzeugung von hochwertigem Fleisch. Der *Verbraucher* verlangt ein möglichst mageres, wohlschmeckendes und zartes Fleisch, das sich schnell zubereiten lässt. Deswegen werden auch jene Teile des Schlachtkörpers am höchsten bezahlt, die diese Eigenschaften im besonderen Maße besitzen: Filet, Kotelett, Schinken, Kamm und Bug.
Die *Verarbeiter von Fleisch* sind an einem großen Anteil an Muskelfleisch am Schlachtkörper und einer starken Ausprägung der wertvollen Fleischteile interessiert. Daneben soll das Fleisch den Saft halten, noch zusätzlich Wasser bei der Verarbeitung zu Wurst aufnehmen und haltbar sein.
Schließlich wünschen die *Ferkelerzeuger* Sauen mit hohen Aufzuchtleistungen und die *Mäster* Tiere mit hoher Futterverwertung und Gesundheit.
Zuchtauswahl – Die Auswahl der Zuchttiere erfolgt aufgrund objektiv festgestellter Leistungen in Prüfstationen und Zuchtbetrieben. Leistungsprüfungen liefern auch die Grundlagen für eine Zuchtwertschätzung bei Ebern und Sauen.
Zuchtarbeit – Die deutschen Schweinezüchter haben unsere Rassen zu hohen Leistungen befähigt. Inzwischen konzentriert sich die Zuchtarbeit auf die Kreuzungszucht. Dabei sollen die Vatertierrassen extreme Fleischfülle in Schinken, Kotelett, Filet und Kamm aufweisen, während die für Sauenlinien benutzten Rassen in erster Linie auf Fruchtbarkeit, Aufzuchtleistung, Mastleistung, Widerstandsfähigkeit und Fleischqualität gezüchtet werden.

3.2.2 Schweinerassen

Unsere Schweinerassen sind durch *Kreuzung* aus dem *europäischen Wildschwein* und dem *asiatischen Bindenschwein* entstanden. In den letzten 20 Jahren vollzog sich – bedingt durch die Änderung der Verbraucherwünsche – ein Wandel der Rassen hin zum *fleischreichen* und *fettarmen* Fleischschwein.
Tabelle 78 zeigt mit Ausnahme des Bunten Bentheimer und Schwäbisch-Hällischem Schwein die Schweinerassen in Deutschland.

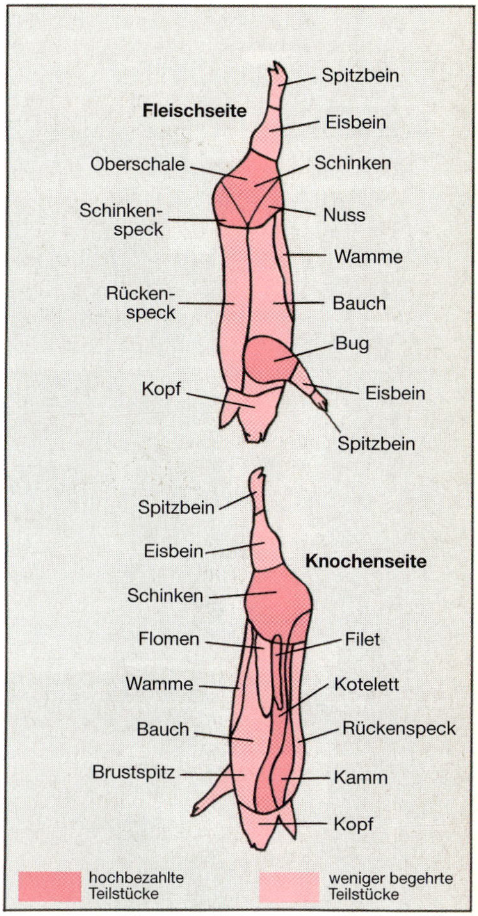

Abb. 911 Zerlegung des Schweines.

Abb. 912 Das Zuchtziel muss die sich oft widersprechenden Wünsche von Verbrauchern, Mästern, Ferkelerzeugern und Verarbeitern berücksichtigen.

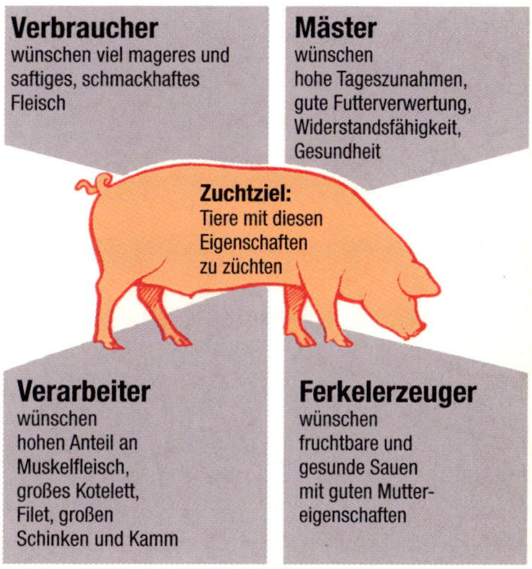

Tabelle 78: Schweinerassen – ihre Zuchtziele und Eigenschaften

Rasse	Aussehen	Zuchtziel und Eigenschaften
Deutsche Landrasse (DL) Abb. 913		schnellwüchsig, fruchtbar, hohe Aufzuchtleistung, gute Mast- und Fleischleistung, Schlachtreife bei 110 kg LM; Typ DLS zusätzlich Stress-Stabilität und gute Fleischqualität; als fruchtbares, fleischreiches Universalschwein eine der wichtigsten Mutterrassen in verschiedenen Kreuzungszuchtprogrammen Typ DLS für Mutterlinie zu Gebrauchskreuzungen
Deutsches Piétrainschwein (PI) Abb. 914		hervorragende Fleischleistung, beste Schinken, Mastleistung mittel, Schlachtreife bei 95 kg LM; als Vatertiere große Bedeutung in der Mastschweineproduktion; gegen Stress-Anfälligkeit und mangelhafte Fleischbeschaffenheit wird erfolgreich selektiert
Deutsche Landrasse B (LB) Abb. 915		große Fleischfülle, vollbemuskelte Schinken, gute Mastleistung, Schlachtreife bei 90–100 kg LM; aus Belgien eingeführt, stressanfällig, weniger fruchtbar; in Deutschland nur für Gebrauchskreuzungen und als Eberlinie bei Mehrrassen-Kreuzungen zur Zucht benutzt
Deutsches Edelschwein (DE) Abb. 916		hervorragende Fruchtbarkeit, beste Mastleistung und Fleischqualität, Fleischleistung mittel; Schlachtreife mit 100–110 kg LM; sowohl zur Reinzucht als auch zur Erzeugung Sauen durch Kreuzung mit DL geeignet
Duroc (DU) Abb. 917		großrahmige Tiere, robust, hohe Tageszunahmen, sehr gute Fleischqualität; flachere Schinkenbemuskelung als bei deutschen Rassen; in USA und Kanada gezüchtet, in Deutschland zur Erzeugung von Kreuzungssauen eingesetzt

Fortsetzung Tabelle 78

Rasse	Aussehen	Zuchtziel und Eigenschaften
Angler-Sattel-schwein (AS) Abb. 918		große Fruchtbarkeit, gute Widerstandsfähigkeit, gute Mast- und mittlere Fleischleistung; nur noch in wenigen Betrieben im Norden von Schleswig-Holstein gehalten
Leicoma (LC) Abb. 919		hohe Fruchtbarkeit, großrahmig, gute Zunahmen, sehr stress-stabil, wenig Muskelfleischanteil; in den Zuchtgebieten **Lei**pzig, **Co**ttbus und **Ma**gdeburg aus Duroc, Landrasse, Sattelschwein und Estnischer Baconrasse zur eigenständigen Rasse entwickelt; als Sauenlinie verwendet
Schwerfurter Fleischrasse (SF) Abb. 920		sehr gute Fleischqualität, schnellwüchsig, widerstandsfähig; Muskelfleischanteil geringer als bei Piétrain und Landrasse B
Hampshire (HA) Abb. 921		gute Tageszunahmen und Fleischqualität, stabiles Fundament; Verwendung besonders in Mehrrassen-Kreuzungsprogrammen

3.2.3 Leistungsprüfungen

Grundlagen – Die Wirtschaftlichkeit der Schweinehaltung wird durch folgende Leistungsmerkmale bestimmt:

- *Fruchtbarkeit*, d. h. Zahl der geborenen und aufgezogenen Ferkel,
- *Mastleistung:* tägliche Zunahmen und Futterverbrauch je kg Zunahme,

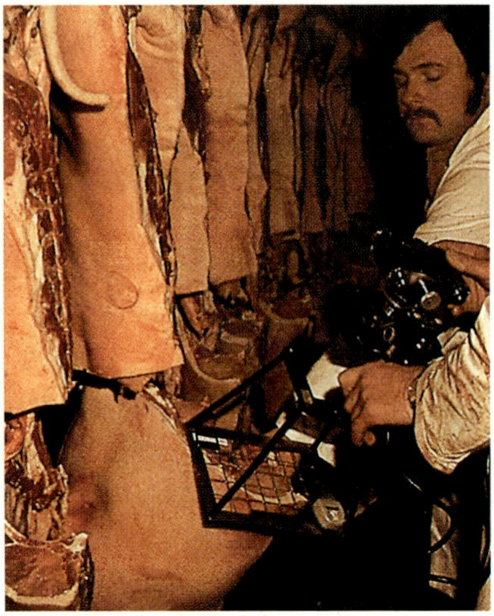

Abb. 922 Fotografische Messung der Kotelettfläche bei der Schlachtleistungsprüfung.

Abb. 923 Schema über den Ablauf der Geschwisterprüfung in einer Mast- und Schlachtleistungs-Prüfungsanstalt.

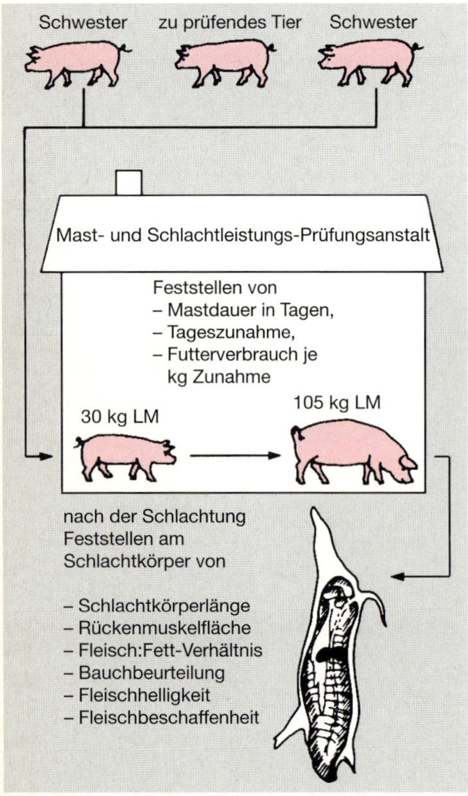

- *Schlachtkörperwert:* Anteil wertvoller Fleischstücke, Muskelfleischanteil, Fleischbeschaffenheit.

Nicht alle Merkmale sind wirtschaftlich gleich bedeutend. Für den Zuchterfolg ist auch entscheidend, wie hoch der Erblichkeitsgrad (Heritabilität, h^2) ist. Merkmale mit geringem Erblichkeitsgrad lassen sich eher durch optimale Fütterung und Haltung oder gezielte Kreuzungszucht verbessern.

Es ist unmöglich, alle Zuchttiere auf alle Leistungsmerkmale des Zuchtziels zu prüfen. So müsste man, um den Schlachtkörperwert zu ermitteln, das Tier schlachten. Dann ist es aber für die Zucht verloren. Deswegen benützt man geeignete Hilfsmerkmale, die abzuprüfen sind und eine Aussage über den Zuchtwert ermöglichen.

Zuchtleistungsprüfung – Sie ist für alle Zuchtbetriebe Pflicht. Dazu werden in den Ställen der Züchter von allen Sauen des Bestandes folgende Daten ermittelt:

- Zahl der lebend geborenen Ferkel/Wurf,
- Zahl der lebend geborenen Ferkel/Sau und Jahr,
- Zahl der aufgezogenen Ferkel am 21. Tag nach der Geburt,
- Zahl der aufgezogenen Ferkel/Sau und Jahr.

Aus den Angaben lassen sich die Ferkelverluste und der Wurfabstand errechnen. Eine Verbesserung der Zuchtleistung gelingt wegen der geringen Erblichkeit nur mit Hilfe der *Hybridzucht.* Verbesserungen sind hier eher über *frühes Absetzen* der Ferkel (mit spätestens 4 Wochen; 2,2 Würfe/Jahr) und über die *Verringerung der Ferkelverluste* (höhere Geburtsgewichte, sichere Abferkelställe) zu erreichen.

Das ist der Grund dafür, dass sich in den letzten Jahren bezüglich der Fruchtbarkeit der Sauen wenig geändert hat.

Mast- und Schlachtleistungsprüfung – Für die **Mastleistung** eines Tieres haben folgende Merkmale Bedeutung:

- Futteraufwand/kg Zuwachs,
- tägliche Zunahmen.

Beide Merkmale haben einen *mittleren Erblichkeitsgrad* und stehen zueinander in enger Beziehung: Tiere mit hohen Tageszunahmen brauchen zugleich weniger Futter je 1 kg Zunahme.

Bei der **Schlachtleistung** werden folgende Daten erfasst bzw. errechnet:

- **Schlachtkörpergewicht** warm, Schlachtkörpergewicht kalt;
- **Schlachtkörperlänge** (= Abstand in cm zwischen Schlossknochen und 1. Halswirbel);
- **Rückenspeckdicke** und Seitenspeckdicke in cm an definierten Messpunkten;
- **Rückenmuskelfläche** (= Kotelettfläche zwischen dem 13. und 14. Brustwirbel in cm^2;
- **Fettfläche;**
- **Fleisch:Fett-Verhältnis** (gemessen und berechnet auf der Anschnittfläche zwischen 13. und 14. Brustwirbel);
- **Bauchbeurteilung;**
- **Schinken**gewicht und Schinkenanteil.

Ferner werden zur Ermittlung der **Fleischbeschaffenheit** noch folgende Werte erfasst:

- pH_1-Kotelett,
- LF_1-Kotelett,

- LF_{24}-Kotelett,
- Fleischhelligkeit,
- pH_{24}-Schinken sowie LF_{24} und LF_1,
- Fleischbeschaffenheit (FBZ).

Je länger ein Schlachtkörper ist, desto mehr *wertvolle* Fleischteile (Kotelett, Kamm, Filet) enthält er. Eine große Rückenmuskelfläche, ein hoher Schinkenanteil und ein geringes Fleisch:Fett-Verhältnis erhöhen ebenfalls die Ausbeute an Fleisch insgesamt und an den wertvollen Fleischstücken.

Der *Fleischhelligkeitswert* gestattet zusammen mit den pH-Messungen und der Feststellung der Leitfähigkeit (LF-Werte) eine Aussage über die Fleischqualität. Das Göfo-Gerät ist mittlerweile in den Prüfanstalten Süddeutschlands durch den besseren *Opto-Star* ersetzt.

Je heller das Fleisch ist, desto weniger Saft vermag es zu halten und desto mehr schrumpft es beim Braten (siehe auch »Fleischqualität«, Seite 350).

Die Merkmale der Schlachtleistungsprüfung besitzen einen hohen Erblichkeitsgrad (50 %). Deswegen lassen sich die Anlagen für diese Merkmale durch die Zucht schnell verbessern.

Geschwisterprüfung auf Station – Die Mast- und Schlachtleistungsprüfung kann nur in besonderen *Prüfanstalten* durchgeführt werden. Damit die Ergebnisse auch untereinander vergleichbar sind, laufen alle Prüfungen nach den gleichen Richtlinien und unter gleichen Umweltverhältnissen ab.

Da man die zu prüfenden Zuchttiere nach der Mastperiode nicht schlachten kann, weil sie dann für die Zucht verloren wären, behilft man sich durch die Prüfung von Geschwistern dieser Tiere (Geschwisterprüfung). Eine *Prüfgruppe* besteht dabei aus 2 Ferkeln (Geschwister des zu prüfenden Tieres), die an die Prüfungsanstalt gegeben werden. Die Prüfung beginnt mit dem Tag der Anlieferung und endet, wenn das einzelne Tier eine Lebendmasse von 105 kg erreicht hat.

Die Daten für die Mastleistungsprüfung ermittelt man in allen Anstalten und für alle Rassen in der Zeitdauer, die zwischen dem Erreichen von 30 kg und 105 kg LM liegt. Dazu wird in jeder Prüfungsanstalt *Futter* gleicher Zusammensetzung verabreicht, derzeit 82 % Gerste und 18 % Eiweißfutter. Das Eiweißfutter besteht aus 45 % Fischmehl, 45 % Sojaschrot und 10 % Mineralstoffen.

Die Prüftiere dürfen davon so viel fressen, wie sie wollen. Man nennt dies *Ad-libitum-Fütterung*. Die Tiere werden regelmäßig gewogen und nach Erreichen des Gewichtes von 105 kg geschlachtet. Am *Schlachtkörper* werden dann die Messungen für die Schlachtleistungsprüfung vorgenommen.

Leistungsprüfungen sind die Grundlage für die Ermittlung des Zuchtwertes.

Eigenleistungsprüfung auf Station – Neben der indirekten Prüfung der Zuchttiere über die Leistung der Geschwister versucht man natürlich auch, die Eigenleistung zu ermitteln. Eine Möglichkeit dazu ist, die zu prüfenden Zuchttiere ebenfalls in einer

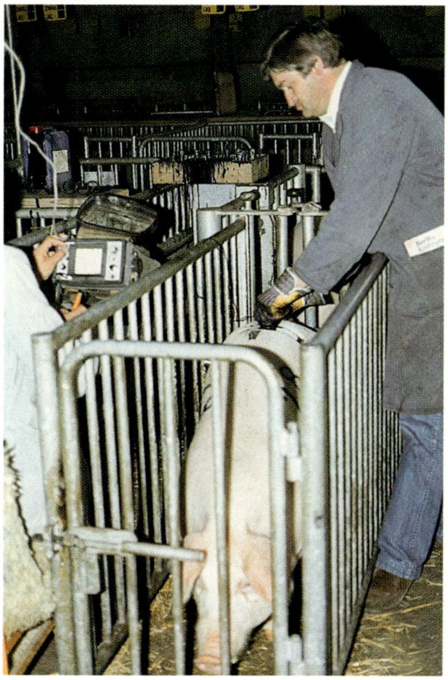

Abb. 924 Mit dem Ultraschallgerät kann die Rückenspeckdicke am lebenden Tier gemessen werden.

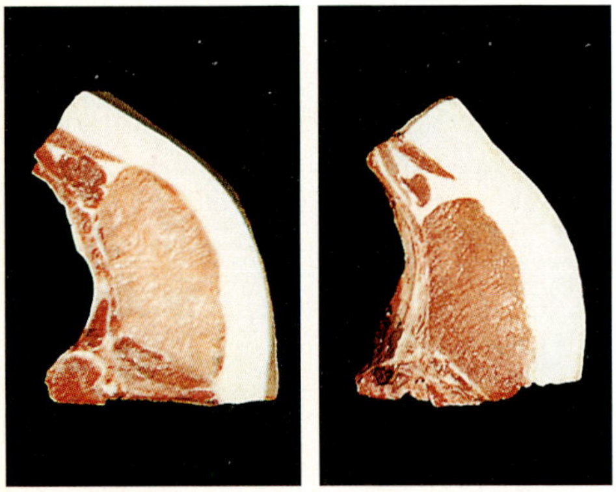

Abb. 925 Unterschiede in der Kotelettfläche und im Fleisch:Fett-Verhältnis.

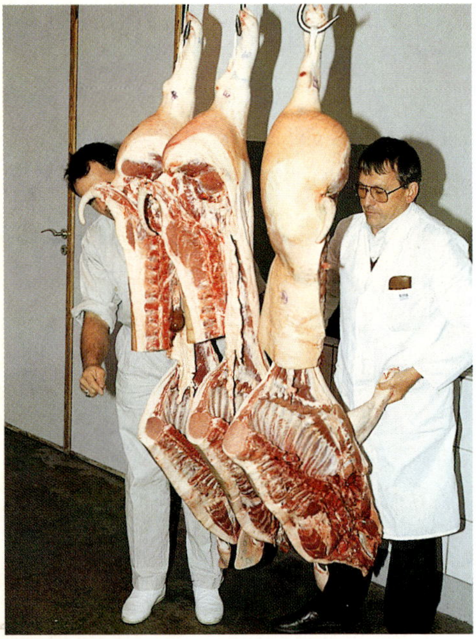

Abb. 926 Kotelettanschnitte zwischen der 13. und 14. Rippe.

Prüfstation einer Mastperiode zu unterwerfen. Dabei lassen sich durch die Beobachtung der Gewichtsentwicklung die Kriterien der Mastleistung (tägliche Zunahmen, Futterverwertung) ermitteln. Da man das Tier am Schluss dieser Mastperiode nicht schlachten kann, misst man mit Hilfe des Echolot-Testes die Rückenspeckdicke und zieht daraus Rückschlüsse auf die zu erwartende Schlachtleistung.

Bei der Eigenleistungsprüfung auf Stationen sind wegen der großen Ansteckungsgefahr strenge Gesundheitsvorschriften zu beachten. Für die Auswahl der Zuchteber und besonders der für die künstliche Besamung bestimmten Eber ist die Kombination von Eigenleistungs- und Geschwisterprüfung sehr zu empfehlen, weil man dann die Leistungsdaten des Zuchttieres mit den Ergebnissen der Geschwister ergänzen kann.

Für die Eigenleistungsprüfung auf Station schickt man von den guten Sauen aus einem Wurf 2 unkastrierte Eberferkel und gleichzeitig 2 weibliche Ferkel zur Geschwisterprüfung.

Die Mastleistung beider Eberferkel wird während der Gewichtsentwicklung von 25 bis 90 kg ermittelt, dann erfolgt der Echolot-Test. Wenn die Ergebnisse der gleichzeitig erfolgten Mast- und Schlachtleistungsprüfung ihrer Geschwistergruppe ebenfalls gut sind, werden die Eber zur Zucht verwendet.

Eigenleistungsprüfung im Feld – Wenn Eigenleistungsprüfungen auf Station nicht möglich sind, schreibt das Tierzucht-Gesetz für künftige Zuchteber mindestens die Eigenleistung im Feld vor.

Die Eber werden vor der Körung, die Sauen im Züchterstall bzw. vor Absatzveranstaltungen dieser Prüfung unterworfen. Sie erstreckt sich auf das Ermitteln der Zunahmen sowie der Speckdicke an definierten Messstellen. Die Daten der ersten Prüfung lassen Rückschlüsse auf die Mastleitung, die Ergebnisse des Echolot-Tests auf die Schlachtleistung zu.

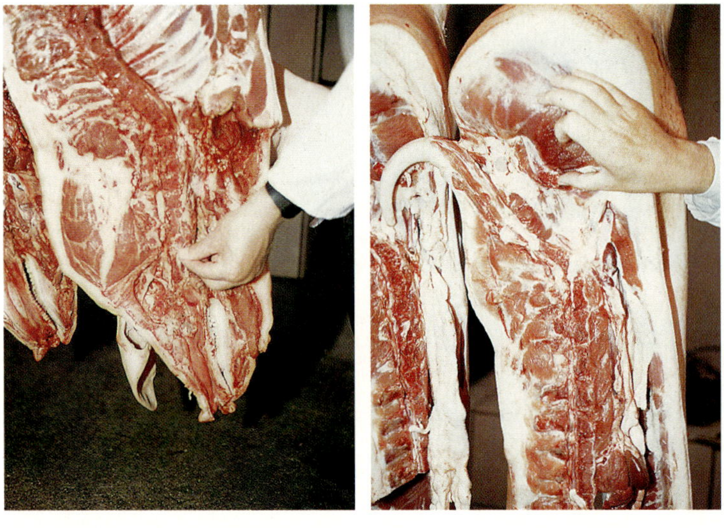

Abb. 927 Mitte: Begrenzungen der Schlachtkörperlänge sind der 1. Halswirbel (links) und der Schlossknochen (rechts, Daumen).

1 008 6/6	*01.06.99	218 T.	L.AK.:
Muster Willi	89333 Musterdorf		

ZAHN	05 29 15121	PP	ZOTTEL	05 27 29296 NP
ZW: 126/-/-/			BORTSCHA	05 27 29315
ELINZE	05 29 16071	NP	ZANIT	05 29 83389
ZW: 102		1/12,0/12,0	ELENNY	05 29 94029

V: HB	2/2	799	2,18	91,0	65,5	0,16	66,8	66,0	55	52,8
HB Nat.-ZW:		+45	+0,09				–0,1	+0,3		–0,7
M:	2/1	641	2,30	96,0	71,9	0,15	68,5	67,0	77	83,3
HB Zens		–32	–0,06				–0,8	–0,4		+10,0

Zeichenerklärung (Stand 01.01.2000):

1 008 6/6	Katalog-Nummer, Spitzen-Nr. Zitzen (li/re)
01.06.99	Geburtsdatum
218 Tg.	Alter in Tagen am Körtag
ZAHN 05 29 15121	Name des Vaters, HB-Nummer
MHS-Testergebnis	NN = reinerbig stress-stabil
	NP = mischerbig stress-stabil
	PP = reinerbig nicht stress-stabil
ZW: 126/-/-	Zuchtwert: Gesamt/Prüfart HB/Prüfart FW
ELINZE 05 29 16071	Name der Mutter, HB-Nummer
ZW: 102 1/12,0/12,0	Zuchtwert, Zahl der Würfe, lebend geborene Ferkel, aufgezogene Ferkel
V: 2/2	Prüfergebnisse des Vaters, geprüfte Tiere, abgeschlossene Tiere
799	tägliche Zunahmen in g (30–105 kg LM)
2.18	Futterverbrauch pro kg Zuwachs in kg (30–105 kg LM)
91,0	Schlachtkörperlänge in cm
65,5	Rückenmuskelfläche in cm^2
0,16	Fleisch:Fett-Verhältnis 1 : 0,16
66,8	Fleischanteil LPA-Formel
66	Fleischanteil im Bauch
55	Fleischhelligkeit (Opto-Star)
52,8	Fleischbeschaffenheitszahl
HB Nat.-ZW:	Natural-Zuchtwerte aus HB-Gruppen
FE	Prüfergebnisse aus FE (Kreuzungs-)Gruppen
M: 2/2	Prüfergebnisse der Mutter, geprüfte Tiere/abgeschlossene Tiere
HB ZEUS	Name des Ebers, mit dem die Mutter geprüft wurde

Die unter den Daten mit einem + oder – versehenen Angaben sind die Abweichungen vom gleitenden Anstaltsdurchschnitt (= Durchschnittsergebnisse der 70 vorher geprüften Gruppen).

Abb. 928 Angaben eines Versteigerungskataloges bei einer Absatzveranstaltung für Zuchtschweine (**Beispiel** mit Erläuterungen).

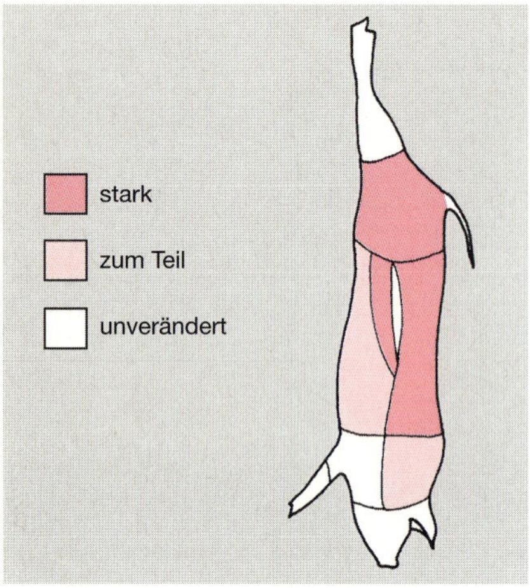

Abb. 929 Teilstücke und ihre Neigung zur Ausbildung von Fleisch mit PSE-Charakter.

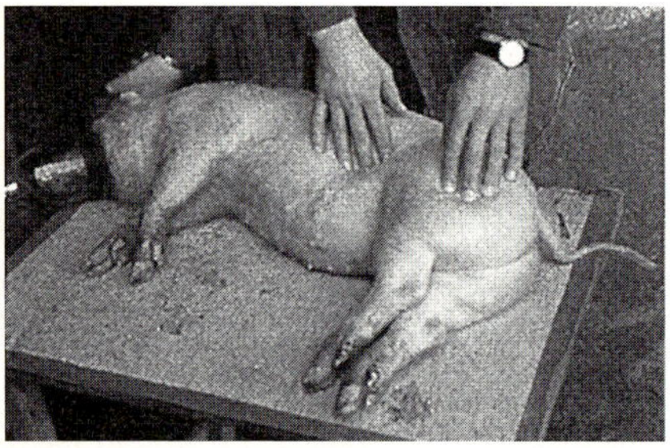

Abb. 930 Dieses Ferkel reagiert auf den Halothantest negativ. Es ist stress-unempfindlich, seine Muskeln bleiben locker.

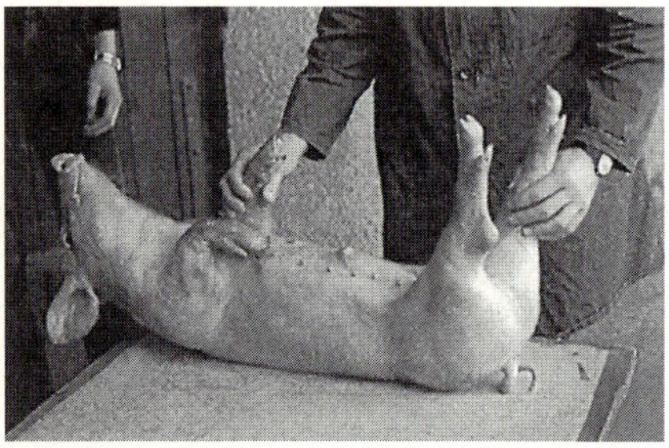

Abb. 931 Beim Halothantest werden die Ferkel (20–25 kg LM) mit einem Gemisch aus Halothangas und Sauerstoff 5 Minuten lang betäubt. Bei positiv reagierenden Tieren versteifen sich die Muskeln.

3.2.4 Prüfung auf Stress-Resistenz

Bedeutung – In der letzten Zeit war das Zuchtziel bei Schweinen hauptsächlich auf die Vergrößerung des Fleischanteils am Schlachtkörper ausgerichtet. Aus diesem Grunde werden in Süddeutschland und besonders in Bayern überwiegend Ferkel aus der Kreuzung von Piétrain und DL zur Mast verwendet. Sie erreichen im Alter von 140 Tagen etwa die 6fache Muskelmasse ihrer Vorfahren, der Wildschweine. Dies bedeutet eine entsprechende Mehrbelastung des Herzmuskels und des Kreislaufs. Solche Tiere sind stress-anfälliger.

Zwischen der *Stress-Anfälligkeit* und der *Fleischqualität* der Schweine bestehen aber enge Beziehungen. Deswegen muss die Züchtung auf dieses Merkmal besonders achten, zumal die Belastung der Tiere infolge der eingeschränkten Bewegungsfreiheit bei der Stallhaltung, beim Transport und vor der Schlachtung groß ist.

Bei der Zucht wird versucht, die Sauenlinien reinerbig stressresistent zu züchten, damit die Ferkelerzeuger bald mit solchen Tieren arbeiten können. Bei der Kreuzung solcher Sauen mit stress-positiven, fleischreichen Ebern sind alle Nachkommen stress-resistent, aber mischerbig.

Für die Prüfung der Stress-Resistenz stehen der Halothan-, CK- und MHS-Gentest zur Verfügung.

Halothantest – Ferkel (20–25 kg LM) werden 5 Minuten lang mit einem Gemisch aus Halothangas und Sauerstoff betäubt. *Stressempfindliche Tiere* versteifen daraufhin ihre Muskulatur, die Herzfrequenz ist erhöht.

CK-Test – Hierbei misst man im Blut der Tiere die unterschiedlichen Mengen des Muskelenzyms **C**reatin**k**inase bei Belastung. Der Wert sollte möglichst unter 2,8 liegen.

MHS-Gentest – Inzwischen ist es möglich, mit Hilfe des MHS-(**M**alignes **h**yperthermisches **S**yndrom)-Gentests reinerbige und mischerbige Stress-Resistenz sofort zu ermitteln und voneinander zu unterscheiden. Der MHS-Gentest erfasst das Gen direkt am betreffenden Tier und liefert genauere Ergebnisse. Halothan- und CK-Test haben deshalb an Bedeutung verloren.

Die Auswahl stress-resistenter Zuchtsauen ist die wichtigste züchterische Maßnahme, um die Fleischqualität bei Kreuzungen zu verbessern.

3.2.5 Prüfung auf Fleischqualität

Qualitätsfaktoren – Die Qualität von Schweinefleisch wird von folgenden Faktoren bestimmt:

- Eigenschaften, die durch *Sinneseindrücke* (sensorische Faktoren) erfasst werden, z. B. Farbe, Geruch, Geschmack, Zartheit.
- *Nährwert*, z. B. der Gehalt an Eiweiß, Fett, Vitaminen;
- *hygienische Eigenschaften*, z. B. Keimgehalt, Haltbarkeit, Rückstände;
- *technologische Eigenschaften*, z. B. Safthaltevermögen, pH-Wert, Bindegewebsanteil, Marmorierung.

Um eine gute Fleischqualität zu erzielen, reichen züchterische Maßnahmen alleine nicht aus. Deswegen müssen auch Fütterung und Haltung optimiert und vor allem die Transport- und Schlachtbedingungen verbessert werden.

Qualitätsmängel – Helle, aber auch zu dunkle Fleischfarbe sowie eine abweichende Entwicklung des pH-Wertes im Schlachtkörper deuten auf Qualitätsmängel beim Fleisch hin.

- **PSE-Beschaffenheit:** Die Abkürzung PSE bedeutet **p**ale = bleich, **s**oft = weich, **e**xudative = ohne Safthaltevermögen. Der Grund liegt vor allem in einer durch Stress ausgelösten beschleunigten Fleischreifung im Schlachtkörper, die über die Denaturierung des Muskelproteins zu den genannten Eigenschaften führt. Dabei ist es weniger die helle Farbe, die der Verbraucher bemängelt, sondern vielmehr der erhöhte Brat- und Kochverlust, der dann trockenes, zähes Fleisch bewirkt. Den Verarbeiter stört bei PSE-Fleisch neben dem Gewichtsverlust die unbefriedigende Farbe bei roher Pökelware.
- **DFD-Beschaffenheit:** Dies bedeutet **d**ark = dunkel, **f**irm = fest, **d**ry = trocken. DFD-Beschaffenheit kommt bei Rindern häufiger vor als bei Schweinen und ist die Folge ungenügender Fleischreifung (Glycogen-Mangel). Das Fleisch ist zwar zart, aber leimig in der Struktur und unbefriedigend im Geschmack. Die Haltbarkeit ist herabgesetzt.

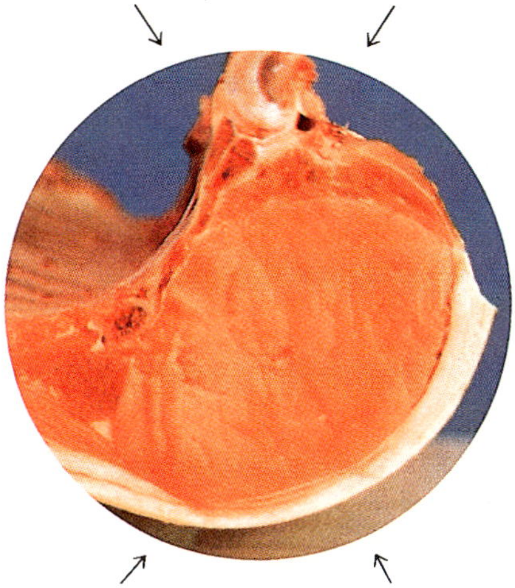

Abb. 932 Einflussfaktoren auf die Fleischqualität.

PSE-Beschaffenheit ist der häufigste Mangel bei der Fleischqualität.

Voraussetzung für die Zuchtauslese sind daher Kenntnisse über die Fleischqualität. Bei Leistungsprüfungen wird deswegen in den meisten Stationen zusätzlich gemessen

- der **Fleischhelligkeitswert** (Opto-Star-Wert, bisher Göfo-Wert)
- der **pH-Wert** im Kotelett und/oder Schinken.

Der *Opto-Star-Wert* sollte 24 Stunden nach dem Schlachten zwischen 61 und 80 liegen, Göfo-Wert zwischen 60 und 75.

Die *pH-Werte* werden 1 Stunde (pH_1) und 24 Stunden (pH_{24}) nach dem Schlachten gemessen. Der Sollwert für pH_1 beträgt 6,0, für pH_{24} ca. 5,4–5,5, was einer normalen Säuerung des Muskels und damit einer »Fleischkonservierung« entspricht.

Opto-Star-Werte unter 55, Göfo-Werte unter 40 und pH_1-Werte unter 5,6 deuten auf PSE-Beschaffenheit des Fleisches hin; Opto-Star-/Göfo-Werte über 80 und pH_{24}-Werte (Schinken) über 6,2 lassen DFD-Beschaffenheit des Fleisches vermuten.

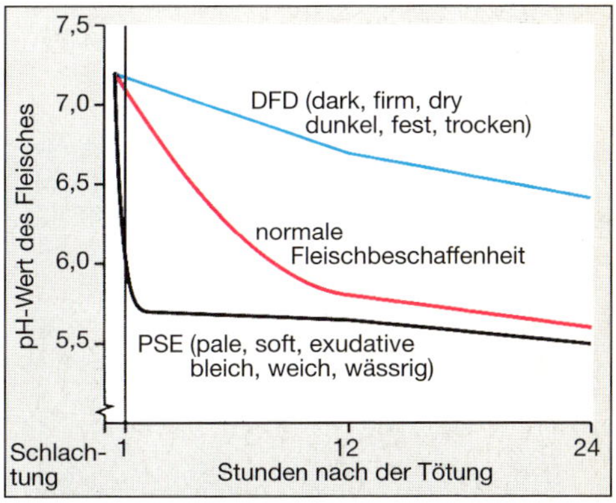

Abb. 933 Zusammenhang zwischen pH-Wert und Fleischqualität.

Fleischhelligkeitswerte und pH-Werte dienen zur Berechnung der Fleischbeschaffenheitszahl (FBZ), die wesentliche Bedeutung für die Zuchtauswahl besitzt.

Für die Kontrolle der Fleischqualität innerhalb der Arbeitskette im Schlachtbetrieb eignet sich der Reflexionswert (Hennessy). Weiteres Merkmal für die Fleischqualität ist neben dem pH_1-Wert der LF_{24}-Wert (Leitfähigkeitswert) im Rückenmuskel.

Abb. 934 Bezeichnung der Körper- und Fleischteile beim Schwein (Mitte):
1 Kopf
2 Backe
3 Brust(spitze)
4 Halsgrat, Nacken, Kamm
5 Bug, (Vorder-)Schinken, Schulter, Schaufel, Blatt, Bügerl
6 Eisbein, (Vorder-)Haxe, Dickbein, Schinkenbein
7 Spitzbein, Schweinsfüße, Pfoten
8 Rückenspeck, Kernspeck, fetter Speck
9 Kotelett
10 Lendenkotelett, Lummerkotelett
11 Filet
12 Bauch(fleisch), Flomen
13 Wamme
14 Schinkenspeck
15 (Ober-)Schale
16 Nuss-Schinken
17 (Hinter-)Haxe, (Schinken-)Eisbein
18 Spitzbein, Schweinsfüße, Pfoten

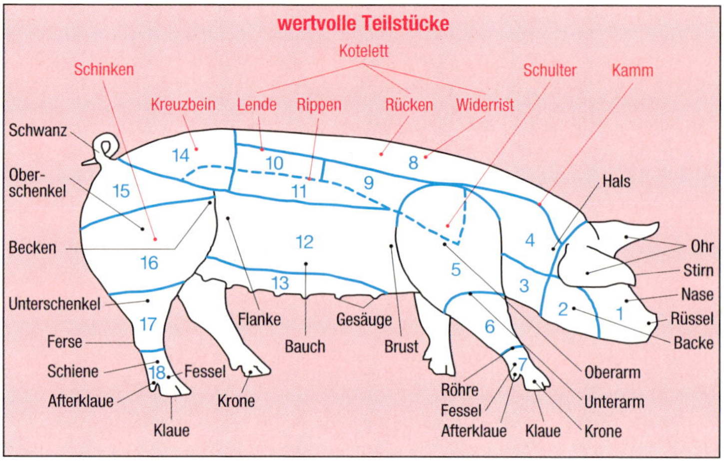

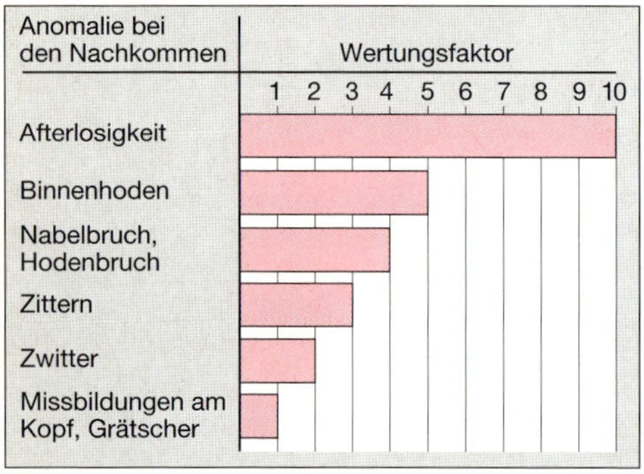

Abb. 935 Je größer der Wertungsfaktor bei Anomalien ist, desto mehr spricht gegen eine Zuchtverwendung **(Beispiele).**

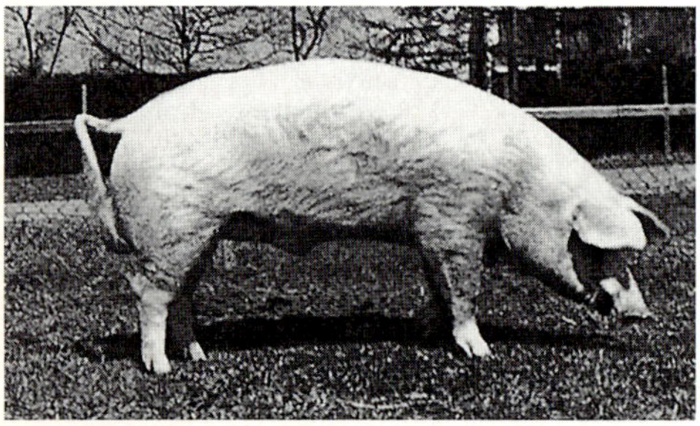

Abb. 936 Erwünschte Körperform beim Eber.

Abb. 937 So soll eine Zuchtsau nach heutigen Vorstellungen aussehen.

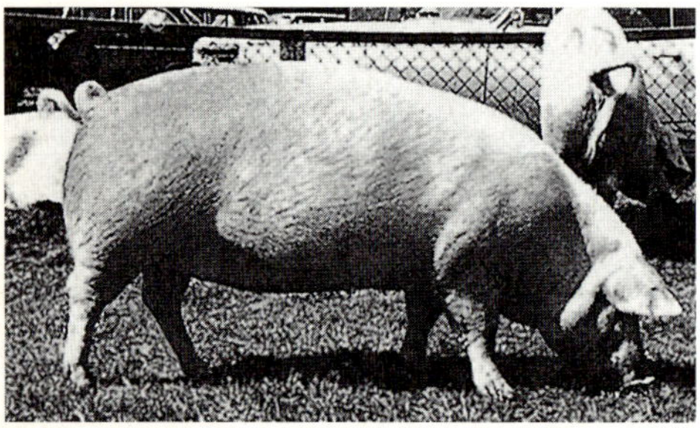

3.2.6 Prüfung auf Anomalien

Angeborene Missbildungen (Anomalien) beeinträchtigen den Zuchterfolg. Daher werden bei Besamungsebern die Nachkommen auf Anomalien geprüft. Die Prüfung ist bestanden, wenn

- mindestens 25 Würfe geprüft wurden und
- der errechnete Anomalien-Index höher oder gleich einem rasse- und stationsspezifischen Schwellenwert ist.

3.2.7 Schweinebeurteilung

Die *objektive* Leistungsfeststellung muss durch eine *subjektive* Beurteilung der Zuchttiere ergänzt werden, um äußere Zeichen einer Zuchtuntauglichkeit zu erkennen.

Beurteilung der äußeren Erscheinung – Neben den Ergebnissen der Leistungsprüfungen hat auch die Beurteilung der Körperform ihre Berechtigung, weil äußere Merkmale Hinweise auf gute Mast- und Schlachtleistungen geben. Außerdem sind dabei z. B. fehlerhafte Beinstellungen zu erkennen, die sich bei modernen Haltungsformen negativ auswirken können.

Wie bei jeder anderen Tierbeurteilung geht man zunächst vom Gesamteindruck aus und beurteilt erst dann die einzelnen Körperpartien.

3.2.8 Zuchtwertschätzung und Zuchtprogramme

Zuchtbescheinigung – Grundlage für die Beurteilung des Zuchtwertes eines Tieres ist die Zuchtbescheinigung (Abstammungs- und Leistungsnachweis). Sie wird nur von den anerkannten *Zuchtorganisationen* (Züchtervereinigungen und Zuchtunternehmen) ausgefertigt und stellt ein *offizielles Dokument* dar. In Versteigerungskatalogen für Zuchtschweine sind solche Bescheinigungen abgebildet (Abb. 928, Seite 349).

Zuchtwertschätzung – Eine planmäßige und wirtschaftliche Schweinezucht setzt voraus, dass man den Zuchtwert von Jungebern und Jungsauen schon *vor* ihrem Einsatz möglichst genau kennt. Diese Vorhersage ist Aufgabe der Zuchtwertschätzung.

Schweinebeurteilung: ☐ **Zucht** ☐ **Mast**

Rasse: ____________
Nummer: ____________
Geschlecht: ____________

Alter: ____________
Gewicht/kg: ____________
Deckdatum: ____________

Gesundheit:
Atmung: normal – schnell, kurz
Augen: klar, lebhaft – trüb, schwarzer Ausfluss
Ohren: trocken – feucht, schwarzer Ausfluss

Haut: glatt, straff – faltig, blass, borkig
Temperament: lebhaft – träge

	Rahmen ◯ Punkte	**Bemuskelung** ◯ Punkte	**Punkte**	**Form** ◯ Punkte	**Gesäuge** ◯ Punkte
erwünscht	**Wuchs:** groß, rahmig, hoher Widerrist **Länge:** sehr lang bis lang **Breite:** sehr breit bis breit in Rücken und Brust **Tiefe:** mitteltief in Brust und Flanke	**Schinken:** fester, voller Innen- und Außenschinken, kugelig und weit herunterreichend **Rücken:** breit, fest, kantig, straff **Schulter:** sehr breit, ausgeprägt und voll bemuskelt (viel Vorderschinken)	**9 ausgezeichnet** **8 sehr gut** **7 gut**	**Vorhand:** mittellanger edler Kopf mit wenig Backe; gestreckter breiter Hals, festanliegende Schulter **Mittelhand:** fester, leicht nach oben gewölbter Rücken. Übergänge zwischen Vor-, Mittel- und Nachhand harmonisch **Nachhand:** langes, breites Becken **Fundament:** kräftige, trockene und klare Gelenke; gleich große, geschlossene Klauen; korrekte Stellung der Gliedmaßen, korrekter Gang	**Gesäuge:** straffer Sitz, weit nach vorne reichend, drüsig **Zitzen:** mindestens 7/7 voll funktionsfähig; lange konische Zitzen; regelmäßiger Abstand
brauchbar	**Wuchs:** mittelgroß **Länge:** lang bis mittellang **Breite:** genügend breit **Tiefe:** zu tiefe Brust und Flanke	**Schinken:** noch fest, mittelmäßiger Außen- und Innenschinken **Rücken:** genügend breit und straff; weniger kantig **Schulter:** mittelbreit, genügend bemuskelt	**6 befriedigend** **5 durchschnittlich**	**Vorhand:** wenig edler Kopf; genügend breiter und gestreckter Hals, noch feste Schulter **Mittelhand:** gerader, genügend straffer Rücken; leichtere Formmängel (z.B. leichter Nierendruck, leicht geschnürt) **Nachhand:** genügend langes, genügend breites Becken **Fundament:** leichte, aber kaum leistungsmindernde Mängel; mittelstark, etwas unklare Gelenke; etwas unterschiedliche, leicht gespreizte Klauen; etwas hessige oder steile Stellung; etwas beeinträchtige Bewegung und noch normaler Gang	**Gesäuge:** genügend straff, noch drüsig **Zitzen:** mindestens 7/6 funktionsfähig; unregelmäßiger Abstand; leichte, wenig leistungsbeeinträchtigende Zitzenmängel (z.B. Zwischenzitzen, Blindzitzen)
zur Zucht kaum geeignet	**Wuchs:** klein **Länge:** kurz **Breite:** schmal **Tiefe:** seichte Brust und aufgezogene Flanke	**Schinken:** wenig Innen- und flacher Außenschinken, schlaffe Haut, wenig weit herunterreichend **Rücken:** schmal und schräg abfallend; gratig, dachförmig **Schulter:** schmal; schlaff mit Hautfalten; wenig bemuskelt	**4 ausreichend** **3 mangelhaft** **2 schlecht** **1 sehr schlecht**	**Vorhand:** fleischiger, unklarer, kurzer Kopf, ausgeprägte Backe, kurzer schmaler Hals; lockere Schulter **Mittelhand:** Karpfen-, Senkrücken; Nierendruck, Schnürung **Nachhand:** kurzes, schmales, stark abfallendes, abgedachtes Becken **Fundament:** schwache, schwammige, unklare Gelenke; ungleiche, stark gespreizte Klauen; durchtrittige Fessel (Bärentatze) rachitische, säbelbeinige, stuhlbeinige, stark hessige Stellung; behinderte Bewegung (Hahnentritt)	**Gesäuge:** herabhängendes, schlaffes Gesäuge, nicht weit nach vorne reiched **Zitzen:** zu geringe Zitzenzahl, stark unregelmäßiger Abstand, schwere Zitzenmängel (z.B. Stulpzitzen, zu kurze Zitzen, Wucherungen, Strahlenpilz)

Jeweils Zutreffendes unterstreichen oder ergänzen, danach entsprechendes Bewertungsergebnis (Punkte) oben ◯ eintragen.
Bei **Mastschweinen** nur Rahmen und Bemuskelung beurteilen.

Datum ____________ Beurteiler ____________

Abb. 938 Bewertungsbogen für Schweine **(Beispiel).**

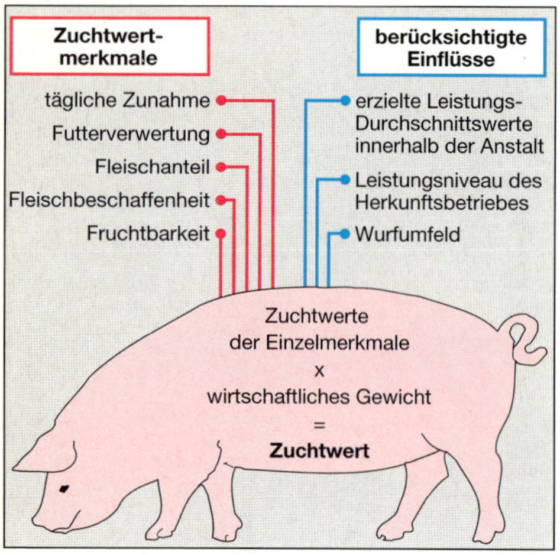

Abb. 939 Einflussgrößen auf die Zuchtwertschätzung nach BLUP.

Sie wird heute nach dem **BLUP-Verfahren** durchgeführt (**B**est **L**inear **U**nbiased **P**rediction = lineares Modell zur höchstgenauen und unverzerrten Zuchtwertschätzung – siehe auch Seite 234). Grundlage bilden dafür die Ergebnisse der Leistungsprüfungen. Diese werden nicht allein am bzw. mit dem Zuchttier selbst, sondern auch mit bzw. an den Geschwistern und Halbgeschwistern durchgeführt (z.B. Fleischleistung). Dabei ist zu berücksichtigen, dass die ermittelten Leistungen (z.B. Zuchtleistung) von den im Herkunftsbetrieb herrschenden Umweltbedingungen (z.B. Stallverhältnisse, Personal, Behandlung, Fütterung) beeinflusst werden. Bei der Aus- und Bewertung der Ergebnisse ist auch die wirtschaftliche Bedeutung der Leistungsmerkmale zu beachten.

In die Zuchtwertschätzung nach BLUP gehen deswegen nicht nur die Leistungsprüfungsergebnisse ein, sondern auch die Umweltfaktoren des Herkunftsbetriebes sowie die wirtschaftliche Bedeutung der Leistungsmerkmale.

Die **Vorteile** dieser Zuchtwertschätzung sind

- möglichst genaue Vorhersage des Zuchtwertes durch Verwertung aller erfassbaren Informationen,
- direkter Vergleich aller Zuchtwerte,
- Kontrolle des Zuchtfortschritts durch Vergleich der durchschnittlichen Zuchtwerte eines Geburtsjahrganges.

Zuchtprogramme – Die Zuchtorganisationen entwickeln *Pläne,* wie sie den Fortschritt in der Schweinezucht vorantreiben wollen. Diese werden als Zuchtprogramme bezeichnet und enthalten die *Zuchtziele* und die *Methoden,* wie diese Ziele in der praktischen Zuchtarbeit erreicht werden sollen.

3.2.9 Zuchtmethoden

Reinzucht – Darunter versteht man die Paarung von Tieren der gleichen Rasse. Mit diesem Verfahren sollen große Mengen von möglichst einheitlichen Schlachtschweinen erzeugt werden. In Deutschland werden besonders die Rassen Deutsche Landrasse und Deutsches Edelschwein rein gezüchtet.

Der Vorteil dieses Verfahrens liegt darin, dass durch die stetige Auslese *innerhalb der Rasse* die erwünschten Eigenschaften immer eindeutiger hervortreten. Allerdings führt die Paarung innerhalb einer Rasse auch zu *immer kleineren* Zuchtfortschritten, weil sich die Tiere am Ende kaum noch unterscheiden. Das bedeutet, dass eine Anpassung an veränderte Zuchtziele nur sehr zögernd möglich ist.

Aber insbesondere für die Bereitstellung von Großeltern- und Elterntieren für Kreuzungen hat die Reinzucht elementare Bedeutung.

Ist zudem die Anzahl der Tiere einer Rasse nicht genügend groß, kann es zu Paarungen verwandter Tiere kommen *(Inzucht).* Dies wird z. B. bei der Hybridzucht bewusst angestrebt, um reinerbige Inzuchtlinien zu erhalten.

Kreuzung – Sie besteht in der Paarung von Tieren *verschiedener Rassen* bzw. Zuchtlinien. Eine planlose Kreuzung hat aber eine

Abb. 940 Zwei- und Drei-Rassen-Kreuzungen (Schema).

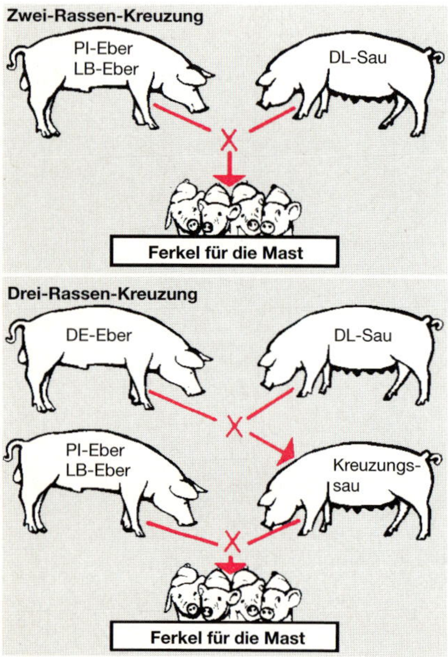

unausgeglichene Nachzucht zur Folge, weil die Erbanlagen in den Folge-Generationen aufspalten. Kreuzungszucht muss daher nach einem festen Plan und unter ständiger Auslese durchgeführt werden. Sie stellt heute die verbreitetste Zuchtmethode dar, denn sie nützt die bei der gezielten Auswahl der Kreuzungspartner auftretenden Kombinations- und Heterosiseffekte aus.

Im Wesentlichen unterscheidet man

- **Zwei-Rassen-Kreuzung:** Sie ist die einfachste Form der Kreuzung. Man verwendet dazu z. B. Sauen von Rassen mit hoher Fruchtbarkeit und überdurchschnittlicher Mastleistung, wie das Deutsche Landschwein, und kreuzt sie mit Ebern, deren Rasse sich durch hohe Schlachtleistungen auszeichnet (z. B. Piétrain). Die Produkte dieser Kreuzung sind Tiere, die am Ende ihrer Mast weniger Futter verbraucht haben und gleichzeitig bessere Klassifizierungsergebnisse erreichen.
- **Drei-Rassen-Kreuzung:** Hierbei werden Kreuzungssauen mit Ebern anderer Rassen gekreuzt. Bei diesem Verfahren werden die Widerstandsfähigkeit und die Vitalität noch stärker betont, was mit einer Verbesserung der Fleischqualität einhergeht. Als Nachteile stehen gegenüber: größerer organisatorischer und finanzieller Aufwand sowie mögliche Absatzprobleme der F_1-Kastraten.

Hybridzucht – In der Hybridzucht werden mehrere Rassen oder Linien zunächst auf ihre Kombinationseignung (Heterosiseffekt) getestet, um sie dann in einem speziellen Kreuzungsprogramm einzusetzen. Die Hybridzucht liegt dabei in der Hand von Züchtervereinigungen wie Zuchtunternehmen (z. B. PIG, BHZP, Hülsenberger, Westhybrid, Zuchtprogramm B.-W. und andere).

Man unterscheidet dabei folgende **Organisationen:**

- *Basiszuchtbetriebe:* Ihre Aufgabe besteht in der Reinzucht der Linien und deren Selektion aufgrund von Leistungsergebnissen (Urgroßelternerzeuger).
- *Vermehrungsbetriebe:* Sie kreuzen Eber und Sauen aus der Basiszucht, um Kreuzungssauen für die Ferkelerzeuger zu erzeugen (Großelternerzeuger).
- *Ferkelerzeugerbetriebe:* Sie erzeugen mit den von den Vermehrungsbetrieben bezogenen Sauen die Hybridferkel (Elternerzeuger).
- *Mastbetriebe:* Sie mästen die Hybridferkel.

Nach geltendem Tierzuchtrecht müssen sich auch die Hybridzuchtunternehmen Leistungsprüfungen unterziehen, und zwar in Form von *Stichprobentests* (Warentests). Mehrkosten müssen durch höhere Erlöse und/oder durch bessere Leistung ausgeglichen werden.

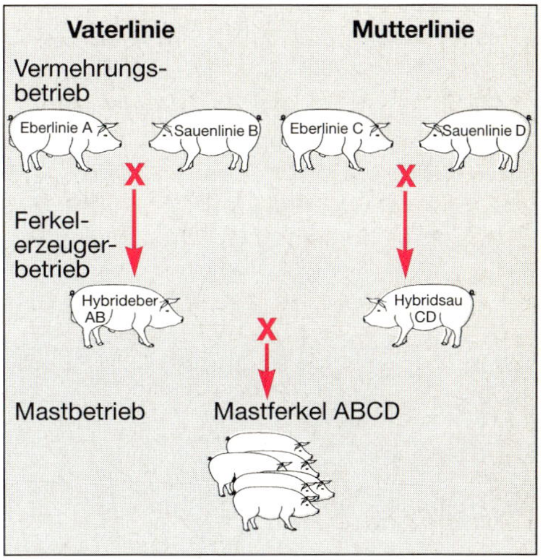

Abb. 941 Exemplarischer Aufbau von Hybridzucht-Programmen.

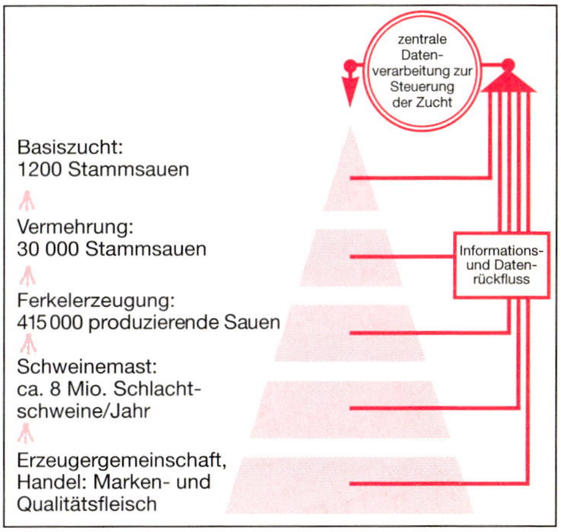

Abb. 942 Exemplarischer Aufbau einer Hybridzüchtung

Aufgaben:

1. Erklären Sie die Schwierigkeiten bei der Formulierung des Zuchtzieles.
2. Wer stellt Zuchtbescheinigungen aus?
3. Was versteht man unter dem Index?
4. Erklären Sie folgende Datenreihe aus der Mast- und Schlachtleistungsprüfung: 6–12–10–164–828–2.72
   102, 0–43, 2–0, 48–31, 4–59
5. Weshalb ist die Geschwisterprüfung eine wesentliche Voraussetzung für die Zuchtwertermittlung?
6. Was versteht man unter »Eigenleistungsprüfung im Feld«?
7. Welche Faktoren beeinflussen die Fleischqualität?
8. Beschreiben Sie wichtige Fleisch-Qualitätsmängel und ihre Ursachen.
9. Wie lässt sich die Stress-Resistenz von Schweinen testen?
10. Worauf beruhen die Erfolge bei der Hybridzucht von Schweinen?
11. Weshalb darf mit den Mastprodukten bei der Hybridzucht nicht weitergezüchtet werden?

EBER Geb. am: **08.01.99** Abst.-Nr.: **01 23 33297/084** Zitzen: **7/7**
Wurf-Nr.: **09** Abt.: **A**
Rasse: **Deutsche Landrasse**
Kat.-Nr.: **002**

Eigenleistung: **656 13** ZW.: **132** WKL: **A**

Verkauf: **Muster Johann** Tel.: **0 12 34/1 23 45**
Bachstr. 14 **A-Dorf**

Abstammung

V: **AMBERG** **01 26 97008 NN** VV: **AMM** **HH 01 26 75208**
A: **HGI: 100/123** VM: **LOTTO** **HH 01 26 41505**

V: **SCHRICKINE** **01 28 33297 NN** MV: **STRICKER** **01 28 31500**
A: **HGI: 108 10/10,0/9,1** MM: **SCHANELE G 01 28 32811**

V: 2/ 2	837	2,72	102,0	44,6	0,45	56,0	5,5	68	72,5
HB	+21	-0,22			-0,07			+3	+9,5
35/33	888	2,73	99,5	41,3	0,58	53,4	3,4	73	71,1
KA	+10	-0,03			-0,03			+12	+8,5
M: 2/ 2	762	2,43	97,5	45,1	0,51	54,8	3,5	71	54,7
WIRT	-71	+0,18			+0,02			+3	-1,4
KASTR.									

Die Übereinstimmung mit dem Herdbuch bestätigt:
Erzeugergemeinschaft u. Züchtervereinigung für Zuchtschweine

Unterschrift — Für die Richtigkeit
Unterschrift — Zuchtleitung

Körbescheinigung

Tierzuchtamt **XY**
Der auf der Zuchtbescheinigung bezeichnete Eber wurde
am **05.08.99** in **XYZ** bewertet

05.08.99 — Datum
Unterschrift

Der Unterzeichnete bescheinigt, dass die vorliegende Unterlage die Angaben nach Art. 1 der Entscheidung 89/503/EWG der Kommission enthält

Abb. 943 **Beispiel** einer Zuchtbescheinigung, die als Auszug aus dem Herdbuch zugleich die Körbescheinigung darstellt.

Abb. 944 Geschlechts- und Zuchtreife bei Schweinen (Schema).

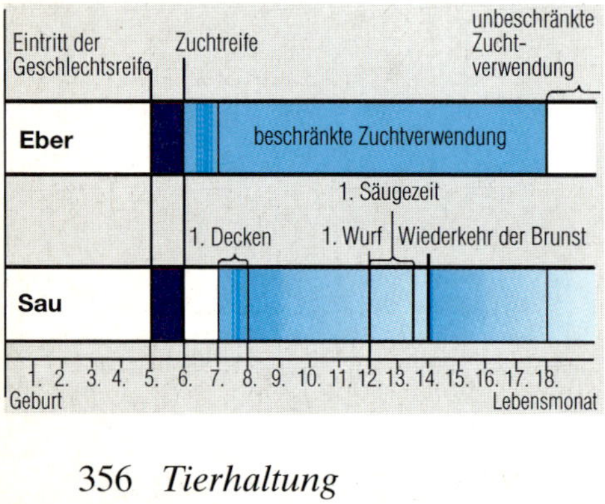

3.3 Praktischer Zuchtbetrieb

Geschlechtsreife, Zuchtreife – Schweine werden vielfach schon im Alter von 4–5 Monaten geschlechtsreif. Das bedeutet, dass man von diesem Alter an die Geschlechter trennen muss. Eine *Zuchtverwendung* zu diesem Zeitpunkt würde allerdings die weitere Entwicklung der Tiere wesentlich beeinträchtigen.

Eber – Bei ihnen gibt es in diesem Zusammenhang keine Probleme, weil nur *gekörte* Eber zur Zucht verwendet werden dürfen und das Mindestalter für die Körung *6 Monate* beträgt. Günstiger ist es, Eber noch später, etwa mit 7 Monaten, erst voll zur Zucht zu verwenden. Ihre Befruchtungsfähigkeit ist höher und sie gewöhnen sich beim Besitzerwechsel leichter an den neuen Stall.

Am Anfang der Zuchtbenutzung sollten Jungebern wöchentlich höchstens 1–2 möglichst stark rauschende Sauen, später 2 bis 3 Sauen zugeführt werden.

Mit ca. 18 Monaten ist ein Eber voll einsatzfähig, so dass ihm 20–30 Sauen zugeteilt werden können. Eber sollten höchstens jeden 2. Tag decken. Überlastungen verschlechtern die Samenqualität, was zu schlechteren *Befruchtungsergebnissen* und uneinheitlichen Würfen führt.

Sauen – Sie sollen erst mit einer Lebendmasse von 100 kg, das ist etwa im 7.–8. Lebensmonat, zum ersten Mal gedeckt werden (Zuchtreife). Bei früherem Decken leidet die körperliche Entwicklung; Schwergeburten und kleinere Würfe sind weitere Folgen. Allerdings führt zu spätes Belegen besonders im Zusammenhang mit üppiger Fütterung zum Verfetten der Eierstöcke, was ebenfalls geringere Ferkelzahlen/Wurf zur Folge hat. Sauen sollten deshalb mit 11–12 Lebensmonaten ihren ersten Wurf bringen.

3.3.1 Auswahl der Zuchttiere

Auswahl der Elterntiere im eigenen Bestand – Die Ergänzung des eigenen Bestandes an Ebern und Sauen beginnt mit der Auswahl geeigneter Elterntiere. Dazu müssen deren Abstammung und Leistung bekannt sein. Bei Ebern wählt man Tiere mit den besten Mast- und Schlachtleistungsergebnissen aus, bei Sauen solche, die neben einer guten Körperform sich vor allem durch hohe Fruchtbarkeit, gute Muttereigenschaften und Gesundheit ausgezeichnet haben.

Auswahl der Zuchttiere – Die Ferkel dieser Eltern, also die künftigen Zuchttiere, werden nun einer *Selektionsphase* unterworfen. Dazu ist beim Absetzen die erste Gelegenheit. Alle gesunden, gut entwickelten Ferkel mit beidseits 7 voll ausgebildeten Zitzen (7/7) werden gekennzeichnet.

Die zweite Auslese erfolgt bei einer Lebendmasse von 20–25 kg. Jetzt scheiden zunächst alle Tiere aus, die in der Entwicklung gegenüber den anderen zurückgeblieben sind. Die anderen werden in besonderen Aufzuchtbuchten aufgestallt.

Bei einer Lebendmasse von 90–100 kg fällt dann die endgültige Entscheidung. Jetzt ist vor allem darauf zu achten, ob die ausgewählten Tiere gesund sind (besonders auf Beinschäden achten!) und ob sie die Brunstmerkmale deutlich zeigen.

Oft lässt man die künftigen Zuchtsauen auch mit den Mastsauen bis zu einer Lebendmasse von 70 kg beisammen und selektiert sie dann.

Weitere Selektionshilfen sind die Berechnung der *Lebenstagzunahme* und der *Echolot-Test*. Die Berechnung der Lebenstagzunahme erfolgt durch Division der Lebendmasse durch die Zahl der Lebenstage, wobei eine Differenz von 5 kg LM durch ± 7 Lebenstage korrigiert wird.

In der Regel müssen doppelt so viele Ferkel bei der ersten Selektion für die künftige Zuchtverwendung bereitgestellt werden, wie der Jungsauenbestand umfasst. Das bedeutet, die Hälfte der Tiere muss während der Aufzuchtphase ausgesondert werden.

Zukauf von Zuchttieren – Viele Betriebe kaufen ihre Zuchttiere zumindest teilweise direkt vom Züchter, über Händler oder Absatzveranstaltungen zu. Die Ergänzung des Bestandes durch Zukauf hat Vor- und Nachteile:

Vorteile:

- Ausnutzung des Zuchtfortschrittes der Herdbuchzuchten,
- keine Arbeit mit der Selektion,
- Einsparen von Stallplätzen.

Nachteile:

- Gefahr der Übertragung von Krankheiten,
- Schwierigkeiten bei der Eingewöhnung,
- tragende Zuchtsauen sind teuer.

Um die gesundheitlichen Probleme und die Eingewöhnungsschwierigkeiten zu mildern, sollten Jungsauen nicht einzeln, sondern in Trupps eingekauft werden. Jungeber müssen rechtzeitig zugekauft werden, damit eine mögliche momentane Überlastung ihre allgemeine weitere Entwicklung und Leistungsfähigkeit nicht beeinträchtigt.

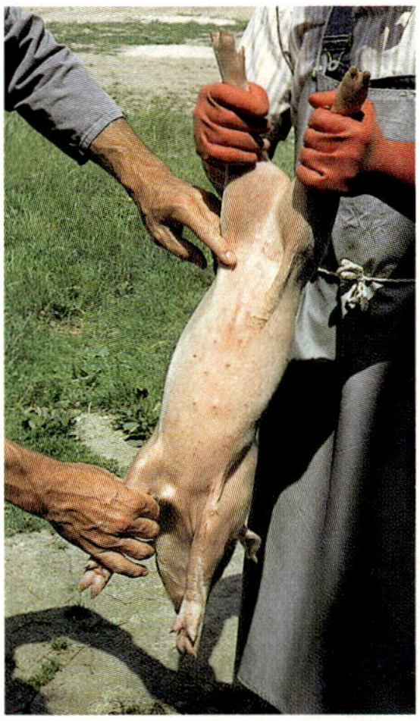

Abb. 945 Das Feststellen der Zitzenzahl wird gleichzeitig mit der Kennzeichnung der Tiere vorgenommen.

Abb. 946 Ermittlung des Ergänzungsbedarfs bei Zuchtsauen (Schema).

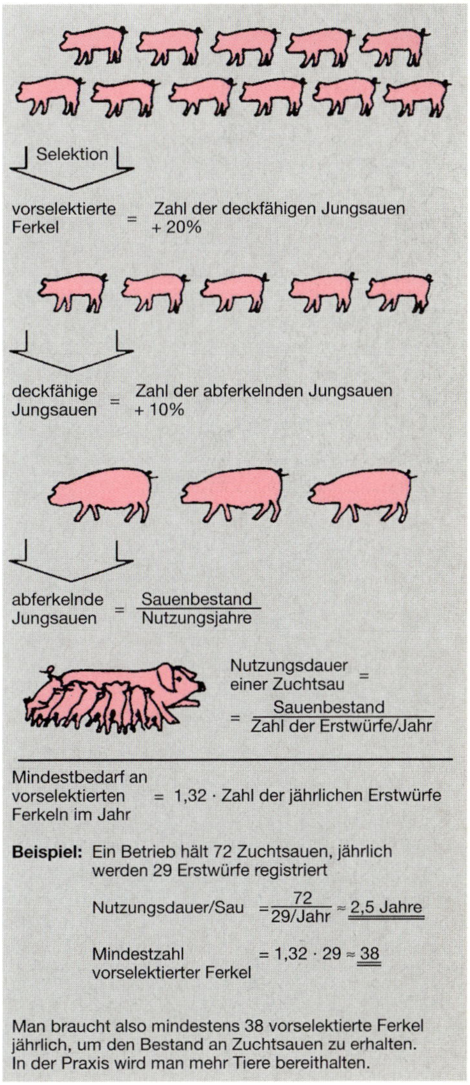

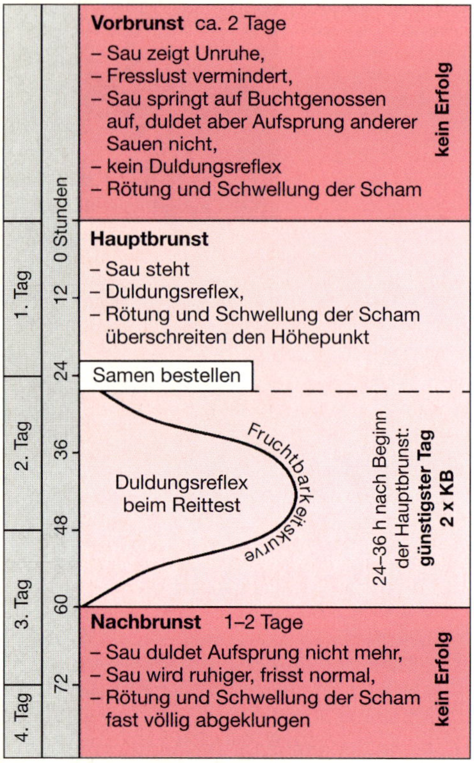

Abb. 947 Brunsterscheinungen und günstigster Besamungstermin.

Abb. 948 Programmierte Ferkelerzeugung (Schema) mit Brunst- und Abferkelsynchronisation.

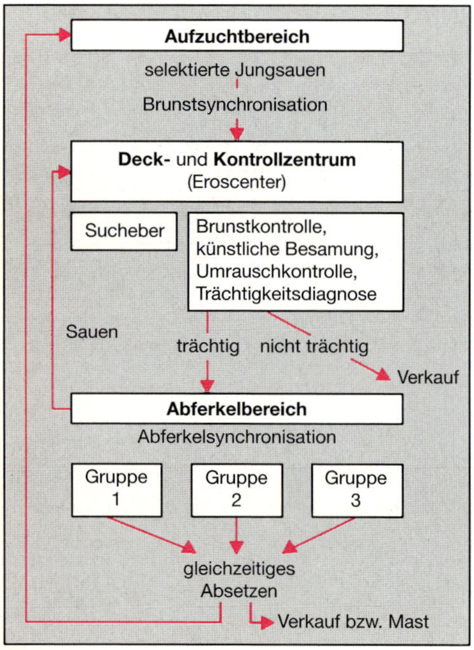

3.3.2 Brunst (Rausche) und Paarung

Geschlechtszyklus – Mit Eintritt der Geschlechtsreife werden nichtträchtige Sauen im Abstand von 21 Tagen brünstig. Durch Hormone gesteuert, reifen während dieser Zeit in den Eierstöcken Follikel mit den Eizellen heran. Während der Brunst platzen die Follikel (Ovulation) und entlassen 15–20 Eier in den Eileiter, wo sie für etwa 4–10 Stunden befruchtungsfähig bleiben. Aus dem Follikel entwickelt sich der Gelbkörper, der einerseits das Trächtigkeits-Schutzhormon Progesteron erzeugt und andererseits eine neue Follikelreifung verhindert.

Brunst (Rausche) – Unter diesem Begriff werden alle Erscheinungen zusammengefasst, welche die Sau vor, während und nach der Ovulation zeigt. Die **Vorbrunst** dauert etwa 2 Tage und äußerst sich durch *Unruhe*, *verringerte Fresslust*, *Rötung* und *Schwellung* der *Scham*, *Schleimausfluss* aus der Scheide und typisches *Grunzen*. Die brünstige Sau versucht in dieser Phase, auf andere Tiere aufzuspringen, duldet aber das Aufspringen nicht.

Während der **Hauptbrunst,** die meist 2 Tage anhält, zeigt die Sau den *Duldungsreflex*, d. h., sie duldet das Aufspringen des Ebers. Dazu stellt sie sich breitbeinig hin und schlenkert mit den Ohren. Der Follikelsprung erfolgt in der Regel erst am 2. Tage der Hauptbrunst. Das ist für die Wahl des Paarungstermins wichtig.

An die Hauptbrunst schließt sich die 1–2 Tage dauernde **Nachbrunst** an, in der die Brunsterscheinungen wieder abklingen.

Die Brunstbeobachtung sollte zweimal am Tag und nicht während der Futterzeiten stattfinden.

Brunststeuerung – Aus arbeitstechnischen und hygienischen Gründen kann es vorteilhaft erscheinen, den Abferkelzeitpunkt für alle Sauen auf den gleichen Termin zu legen. Das kann mit Hilfe der Brunststeuerung erreicht werden. Dazu werden alle Ferkel der Altsauen gemeinsam abgesetzt und Jungsauen vom Tierarzt mit Hormonen behandelt.

Abferkel- und Aufzuchtställe können vor bzw. nach jeder Belegung gereinigt und desinfiziert werden. Dadurch vermindert sich das Infektionsrisiko (Rein-Raus-Verfahren). Die Kontrolle und Durchführung züchterischer Maßnahmen, z. B. Brunstfeststellung, Besamung und Geburtsüberwachung, werden erleichtert.

Deckakt – Die *besten Befruchtungsergebnisse* sind zu erzielen, wenn die Sau erst am 2. Tag der Hauptrausche gedeckt bzw. besamt wird. Dazu genügt ein einmaliges Decken. Allerdings sind Unterschiede bei der Ovulation und in der Brunst von Tier zu Tier möglich, mitunter liegen auch keine genauen Beobachtungen über den Beginn der Hauptbrunst vor, so dass manche Betriebsleiter ihre Tiere 12 Stunden nach dem ersten Sprung noch einmal decken lassen.

Dazu braucht man aber eine ausreichende Anzahl von Ebern, um diese nicht zu überlasten. Wenn der Eber bei Weidegang mit der Herde mitläuft, findet er den richtigen Deckzeitpunkt selber. Allerdings fehlt dann oft die Kontrolle über das genaue Deckdatum.

Beim kontrollierten Sprung und bei der künstlichen Besamung bestimmt der Betriebsleiter den Decktermin. Dies setzt sorgfältige Brunstbeobachtung voraus. Hilfsmittel dazu sind

- *Sucheber,* die z. B. bei Anbindehaltung langsam an den Sauenständen vorbeigetrieben werden,
- Auslösen des *Duldungsreflexes* durch Druckausübung mit der Hand auf Rücken und Flanke der Sau, Aufsitzen (Reittest),
- Einrichten besonderer *Deckbuchten* (»Eroscenter«),
- Verwenden von *Eberspray*; er löst, auf den Rüssel der brünstigen Sau gebracht, den Duldungsreflex aus.

Liegt keine Befruchtung vor, tritt die Brunst nach 21 Tagen erneut auf (umrauschen). Dies bedeutet Einbußen durch eine geringere Ferkelzahl/Tier, zusätzlichen Kapital- und Arbeitseinsatz sowie Besamungskosten.

Sorgfältiges Beobachten der Brunst ist Voraussetzung für günstige Befruchtungsergebnisse.

Künstliche Besamung (KB) – Inzwischen hat die KB auch bei Schweinen größere Verbreitung gefunden. Die *Vorteile* liegen im schnelleren Zuchtfortschritt durch den Einsatz von Spitzenebern, der Einsparung von Kosten für die Eberhaltung und der besseren Deckhygiene. *Nachteilig* wirken sich die Schwierigkeiten beim Feststellen des optimalen Besamungszeitpunktes und die Bereitstellung des Samens für diesen Termin aus.

Embryotransfer (ET) – Er ist beim Schwein aufgrund der anatomischen Verhältnisse umständlicher durchzuführen und deshalb teurer als beim Rind. Sowohl die Entnahme der Embryonen aus dem Spendertier wie auch die Übertragung auf Empfängertiere sind *nur operativ* möglich. Embryotransfer wird z. B. in SPF-Basiszuchtbetrieben (SPF = **s**pezifisch **p**athogen**f**rei, d. h. Freisein von bestimmten Krankheiten) eingesetzt, um neues Erbmaterial einzubringen oder um wertvolles Erbmaterial von erkrankten Sauen zu erhalten. Durch eine besondere Behandlung der befruchteten Eizellen kann auch die Übertragung von Seuchen, z. B. der Aujeszky'schen Krankheit und der Schweinepest, auf das Empfängertier vermieden werden.

Mit Hilfe der *Gentechnologie* versucht man, gezielt einzelne Leistungen des Schweines zu verbessern (z. B. Resistenz gegen bestimmte Krankheiten). Hierzu verbringt man Gene mit den gewünschten Eigenschaften in den Embryo (Gentransfer).

3.3.3 Trächtigkeit

Dauer – Schweine sind 109–121 Tage trächtig, im Mittel 115 Tage (3 Monate, 3 Wochen, 3 Tage). Will man den *Abferkeltermin* rasch berechnen, zählt man zum *Decktermin* 4 Monate hinzu und zieht dann 6 Tage ab.

Beispiel: Decktermin 10. August.

Abferkeldatum:	Monat	8 + 4 = 12	also 4.12.
	Tag	10 – 6 = 4	

Bis zum 91. Tag der Trächtigkeit bezeichnet man die Sau als niedertragend, die letzten 24 Tage als hochtragend.

Abb. 949 Mit dem Ebergeruchs-Spray kann man die Paarungsbereitschaft der Sau testen und das Tier auf die Besamung einstimmen (oben).
Während des »Duldungsreflexes« hat die Belegung nicht nur bei der künstlichen Besamung die größten Aussichten auf Erfolg (unten).

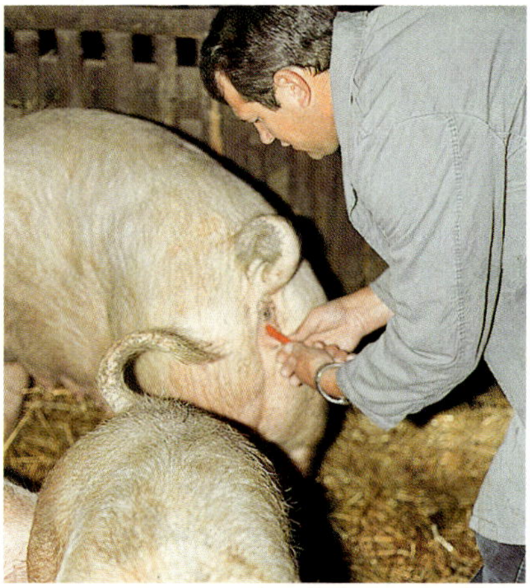

Abb. 950 Der optimale Besamungszeitpunkt muss die natürliche Veranlagung der Sau zur Rausche berücksichtigen. Das erfordert vom Sauenhalter genaues Beobachten.

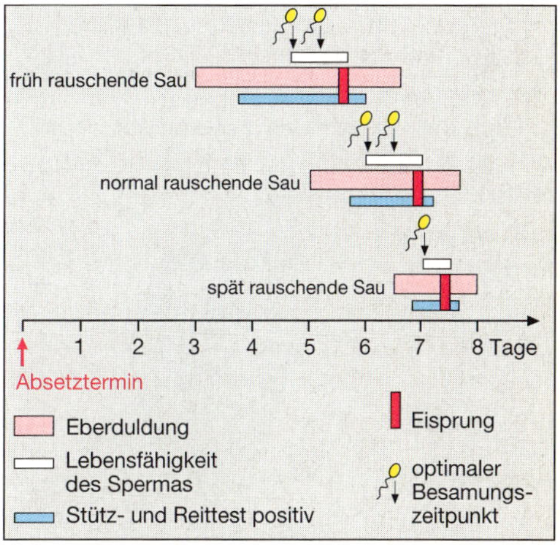

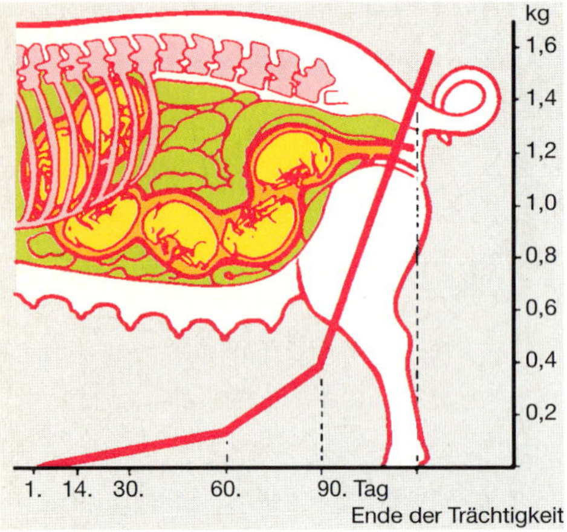

Abb. 951 Gewichtsentwicklung eines Schweinefötus. Besonders gegen Ende der Trächtigkeit nehmen die Ferkel stark an Gewicht zu.

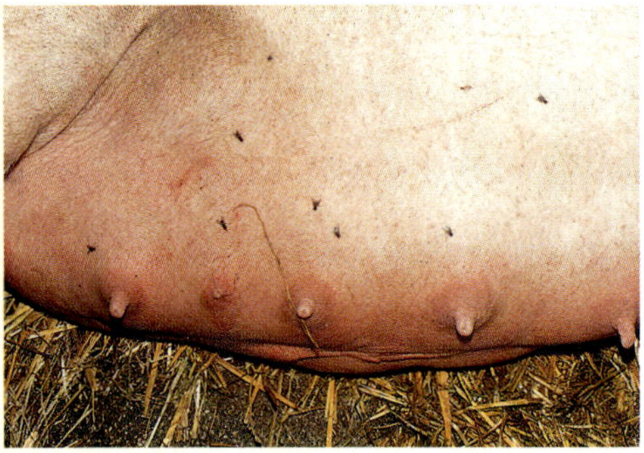

Abb. 952 Ein Anzeichen der nahenden Geburt ist das Einschießen der Milch ins Gesäuge.

Abb. 953 Ursachen für Ferkelverluste, die die Einnahmen aus der Schweinezucht verringern.

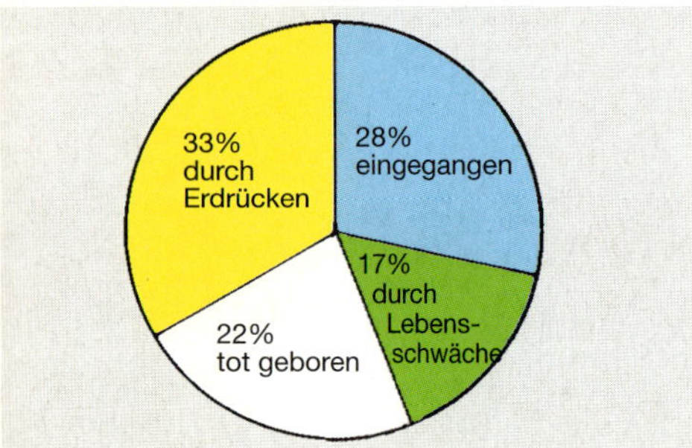

Diagnose – Die Überprüfung auf Trächtigkeit erfolgt am besten mit einem *Sucheber*, durch *Beobachten* einer eventuellen Umrausche, durch *Blutuntersuchung* zwischen dem 17. und 24. Tag nach dem Decken auf Progesteron und ab der 4.–5. Trächtigkeitswoche mit dem *Ultraschall-Test*.

3.3.4 Ferkelgeburt

Maßnahmen vor der Geburt – Etwa 1 Woche vor der Geburt wird die Muttersau *entwurmt*. Bevor sie in den gereinigten und desinfizierten Abferkelstall kommt, wird sie mit warmem Wasser und Seife abgewaschen, um eventuell an der Haut noch anhaftende Wurmeier zu entfernen. Dann wäscht man die Sau mit einem gegen *Räude* wirksamen Mittel.
Die Futtermenge wird einige Tage vor der Geburt allmählich verringert. Bei *Verstopfungsgefahr* gibt man ihr zweimal täglich 1 Esslöffel Glaubersalz. Am Tage der Geburt erhält die Sau nur etwas Heu oder Stroh als Futter, aber reichlich Wasser, um den erhöhten Flüssigkeitsbedarf zu decken.
Anzeichen der Geburt – Es sind dies das *Anschwellen* des Gesäuges, das *Herabsenken* des hinteren Bauteils, *Rötung* und *Schwellung* der Scham. Am Tage *vor* der Geburt wird die Sau unruhig, versucht, ein *Nest* zu bauen, und zeigt keine Fresslust. Wenn *Kolostralmilch* an den Zitzen sichtbar wird und im Strahl ermolken werden kann, ist in 3–6 Stunden mit der Geburt zu rechnen.
Geburtsablauf – Die Geburt dauert etwa 2–5 Stunden, bei Altsauen auch bis zu 8 Stunden. Die Ferkel werden in Abständen von 5–30 Minuten geboren. Der Blasensprung erfolgt in der Scheide oder in der Gebärmutter. Während der *Austreibungsphase* werden die Wehen durch die Bauchmuskulatur unterstützt; dies ist am Aufziehen des Rückens und an den Ruderbewegungen der oben liegenden Beine zu erkennen.
Die *Eihäute* lösen sich zusammenhängend nach der Geburt des letzten Ferkels und werden als *Nachgeburt* ausgetrieben.
Geburtshilfe – Sie besteht im Wesentlichen in der *Aufsicht* während des Ferkelns. Sollte während des Vorgangs mehr als eine halbe Stunde nach der Geburt eines Ferkels vergangen sein, muss durch einen *Eingriff* die Ursache ergründet werden (Wehenschwäche, Querlage der Ferkel o.Ä.). Vor dem Eingriff müssen die äußeren Geschlechtsteile der Sau sowie die Arme und Hände des Untersuchers gereinigt und desinfiziert werden. Außerdem ist ein steriles Gleitmittel zu verwenden.
Geburtssteuerung – Durch unterschiedliches Einsetzen der Rausche nach dem Absetzen sowie individuelle Schwankungen der Trächtigkeitsdauer kommt es auch bei Brunststeuerung zu einer Verteilung der Abferkeltermine auf eine Woche.
Mit einer Anwendung von Hormonen (Prostaglandine) am 111. bis 113. Tag der Trächtigkeit lassen sich die Geburten auf einen Tag zusammenlegen *(Synchronisation)*.

Die Hormonspritze sollte jedoch immer das *letzte* Mittel in der Schweinezucht darstellen.

3.3.5 Haltung der säugenden Sauen und Ferkel

Behandlung der neugeborenen Ferkel – Den neugeborenen Tieren entfernt man, wenn nötig, die Eihäute und hebt sie für kurze Zeit an den Hinterbeinen hoch, damit Schleim aus den Atemwegen ablaufen kann.
Falls die Nabelschnur noch nicht abgerissen ist, wird sie vorsichtig, etwa 5 cm vom Nabel entfernt, durchtrennt und anschließend desinfiziert. Die Ferkel reibt man mit einem sauberen Tuch trocken und legt sie sofort an das Gesäuge der Mutter, damit sie die Biestmilch aufnehmen können. Dies regt gleichzeitig die Wehentätigkeit bei der Sau an.
Das Abschleifen der Eckzähne von Ferkeln ist nur bei sehr aggressiven Ferkeln oder besonders empfindlichen Muttertieren erlaubt und darf ohne Betäubung erfolgen. Das Abkneifen der Zähne ist durch das Tierschutz-Gesetz verboten. Das Kürzen des Schwanzes, um Kannibalismus zu verhindern, darf innerhalb der ersten 4 Lebenstage ohne Betäubung vorgenommen werden.
Bedeutung des Abferkelstalls – Eine wesentliche Vorbereitung für die Geburt liegt im Herrichten des Abferkelstalles. Er soll
- *Ferkelverlust* durch Erdrücken verhindern,
- die hohen Anforderungen der Ferkel an das *Stallklima*, besonders hinsichtlich der Temperatur, erfüllen,
- *günstige hygienische Verhältnisse* für die Ferkel schaffen.

Abferkelbuchten – Sie können verschieden ausgeführt sein: mit *Anbindung* der Sau und Einstreu, als *Kastenstand* und Teilrostboden, mit Anbindung und Vollrostboden. Jede Lösung muss gewährleisten, dass sich die Sau nur langsam hinlegen kann. Seitliche Gitter und Abweisbügel ermöglichen ein Ausweichen der Ferkel nach der Seite und nach hinten.
Wichtig ist, dass die Bodenfreiheit der unteren Begrenzung des Sauenkäfigs mindestens 30 cm beträgt, damit die Ferkel auch bequem an das Gesäuge der liegenden Sau gelangen können.
Der **Wärmebedarf** der neugeborenen Ferkel ist hoch. Er beträgt am Anfang 32 °C und sinkt dann um 2–3 °C/Woche. Es wäre zu kostspielig und für die Muttersauen unzuträglich, wollte man den ganzen Stall auf diese Temperaturen aufheizen. Deswegen schafft man nur über dem Liegeplatz der Ferkel (Ferkelnest) mit Strahlern oder mit einer Bodenheizung ein entsprechendes *Kleinklima*. Die relative Luftfeuchtigkeit sollte 60–80 % betragen (siehe auch Schweinehaltungs-Verordnung).
Einfache Möglichkeiten zur Reinigung und Desinfektion, schnelle Ableitung des Harns (perforierte Buchtenböden) sowie saubere und trockene Einstreu sorgen für hygienische Verhältnisse.
Das *Tränkwasser* erhalten die Sauen über eine Zapfentränke, die über dem Trog angebracht sein soll, damit der Liegeplatz nicht durch überlaufendes Wasser nass und damit kalt wird. Die Ferkel brauchen eigene Tränken (Nippel) und einen Futterautomaten zur beliebigen *Futteraufnahme*.
Hygiene- und Pflegemaßnahmen – Neben dem Schaffen idealer Umweltbedingungen im Stall sind noch einige Hygiene- und Pflegemaßnahmen nötig, um gute Aufzuchtergebnisse zu erzielen.

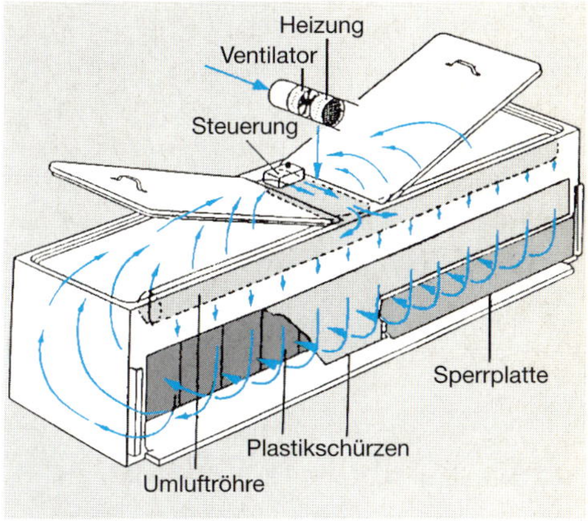

Abb. 954 Ferkelbett: Es bietet den Ferkeln ausreichend Umgebungswärme in der Ruhephase.

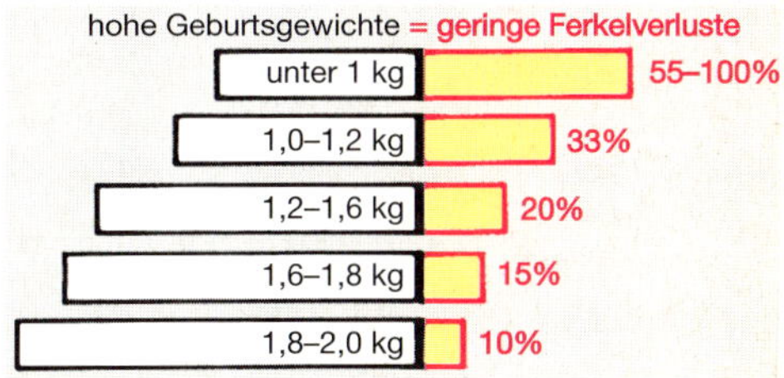

Abb. 955 Das Geburtsgewicht entscheidet mit über die Höhe der Ferkelverluste.

Abb. 956 Abferkelbucht mit Kastenstand und Teilrostboden (Maße in cm).

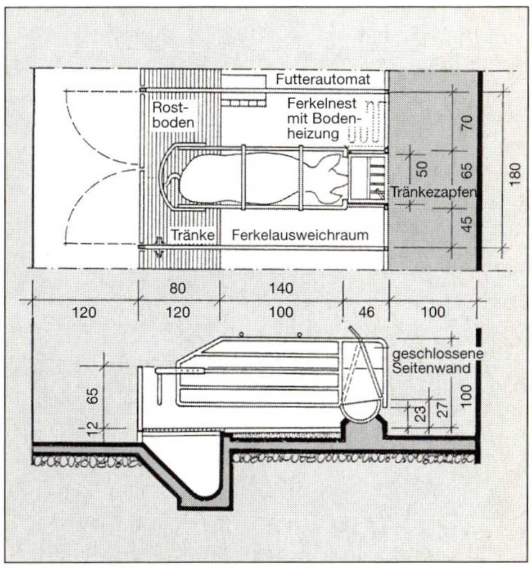

Abb. 957 Eine Zusatzheizung ist wegen des hohen Wärmebedarfs der Ferkel nötig. Achtung: Abstand zu brennbaren Materialien!

Abb. 958 Kastration männlicher Ferkel: Der Hodensack wird durch je einen Längsschnitt eröffnet, der Hoden vorgelagert und mit einer Spezialzange (Emaskulator) vom Samenstrang getrennt (links). Nach der Kastration wird die Wunde mit Desinfektionsmittel bepudert (rechts).

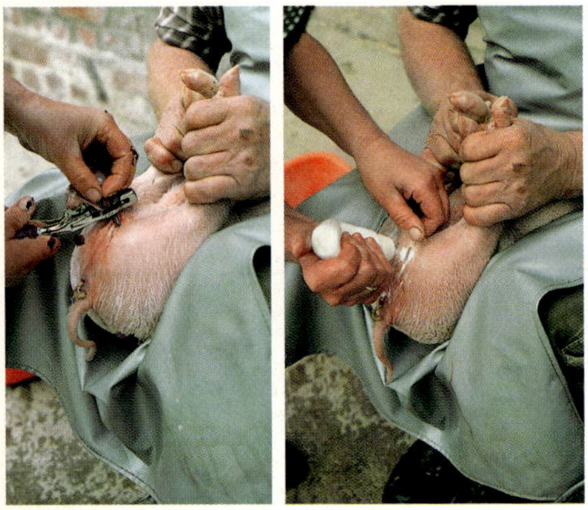

Die Sauenmilch ist arm an Eisen und die Ferkel haben einen größeren Bedarf für die Blutbildung. Daher leiden besonders schnellwüchsige Ferkel ohne zusätzliche **Eisenversorgung** unter Blutarmut (Anämie). Sie sind blass, schnell müde, kurzatmig und infektionsanfällig. Es können auch Todesfälle vorkommen.
Zur Vorbeuge erhalten die Ferkel deswegen am 2. oder 3. Lebenstag 200 mg verwertbares Eisen unter die Haut der Kniefalte gespritzt.
Eisenpräparate dürfen nicht gleichzeitig mit Vitamin-D-Gaben verabreicht werden. Bei Durchfall ist die Injektion ebenfalls zu verschieben.
Die **Kastration** männlicher Ferkel kann bis zum Alter von 4 Wochen ohne Betäubung erfolgen. Die Frühkastration in der 1. Lebenswoche ist für die Ferkel weniger schmerzhaft, und die Wundheilung verläuft schneller als bei späterer Kastration. *Nur gesunde* Ferkel dürfen kastriert werden.
Vor dem Eingriff reinigt man das Hinterteil des Tieres und desinfiziert es ebenso wie Hände und Messer des Operierenden. Man schiebt die Hoden in den Hodensack und öffnet diesen durch zwei senkrechte, etwa 2 cm lange Schnitte. Die Hoden werden abgesetzt, indem man den Samenstrang mit dem Messer durchschabt oder mit einer quetschenden und schneidenden Spezialzange (Emaskulator) durchtrennt. Die offen bleibende Wunde wird anschließend mit einem antibiotischen Wundpuder oder -spray versorgt.
Zugekaufte Ferkel sollen grundsätzlich 2 Wochen in einem abgesonderten Stall *(Quarantäne)* gehalten werden. Nach dem Transport brauchen sie vor allem Ruhe. Am 1. Tag gibt man ihnen Wasser und erst am 2. Tag auch Futter, dessen Menge über eine Woche lang gesteigert wird, bis es die nach der Lebendmasse zustehende Marke erreicht hat.
Um ansteckende Krankheiten (z. B. Dysenterie und Atemwegsinfektionen) zu verhindern, werden notfalls für 2–3 Wochen *Fütterungsarzneimittel* gegeben. Diese Maßnahme ersetzt nicht die Bemühungen um Hygiene und optimales Stallklima sowie die räumliche Trennung verschiedener Nutzungs- und Altersgruppen. Es besteht die Gefahr, dass die Krankheitserreger gegen die eingesetzten Mittel resistent werden; andererseits sollte aus Gründen des Verbraucherschutzes Schweinefleisch ohne das Risiko von Rückständen produziert werden.
Deshalb sollten Schutzimpfungen (größtenteils schon im Ferkelerzeugerbetrieb) als Vorbeugemaßnahme den Vorrang haben. Weitere Maßnahmen sind *Entwurmungen* (1. Lebenswoche, Mastbeginn, Mastmitte) und der Einsatz von Mitteln gegen Räudemilben und Läuse.

3.3.6 Herdenführung und -überwachung

Formen – In Beständen bis zu 20 Zuchtsauen und 1 Eber genügen *Aufzeichnungen* über Deck-, Abferkel- und Absetztermine in einem *Kalender,* um die Übersicht über die sich wiederholenden Arbeiten zu behalten.

In Beständen bis zu 50 Sauen verlangt die Arbeitsplanung schon eine andere Form und damit einen größeren Aufwand. Das beginnt bereits mit dem Zusammenstellen von Sauengruppen, die den gleichen Produktionsrhythmus haben, sowie dem Planen für die Belegung des in Abteile gegliederten Abferkelbereichs im Stall. Hierfür und für die Organisation der täglichen Arbeiten sind technische Hilfsmittel wie *Sauenkarteien* und *Sauenkalender* erforderlich.

Für Sauenbestände ab 80 Tieren ist der Einsatz der *elektronischen Datenverarbeitung* in Form eines Personalcomputers (PC) zu erwägen. Allerdings sollte dann der PC nicht nur für die Herdenüberwachung, sondern auch für Futterberechnungen, Düngepläne, Schlagkarteien usw. genutzt werden.

Datenerfassung – Für das Erfassen der biologischen Daten der einzelnen Tiere können verschiedene *Informationssysteme* benützt werden. Sie sind umso anspruchsvoller im Aufwand, je größer die Herde ist und je mehr Gruppen gebildet werden. In der Praxis werden benötigt:

- **Sauen-** und **Eberkartei;** sie enthält Herdbuch- und/oder Stallnummer, Geburtsdatum, Abstammung, Herkunft, Deckdaten, eingesetzte Eber, voraussichtlichen und tatsächlichen Abferkeltermin, Wurfgröße, Zahl der lebend geborenen, tot geborenen, abgesetzten und verkauften Ferkel;
- **Deckregister,**
- **Abferkelliste.**

Zusätzlich kann eine **umfassende Sauenkartei** angelegt werden, die alle Leistungsdaten der Sau enthält, die für deren Wirtschaftlichkeit ausschlaggebend sind, z. B. Zwischenwurfzeiten, Wurfhäufigkeit/Jahr, Umrauschquote, tierärztliche Behandlungen, Impfungen, Abnormitäten bei den Ferkeln. Beim Einsatz eines PC mit entsprechender Software führt dieser die Sauenkartei. Einige Erzeugerringe erproben gegenwärtig den überbetrieblichen Computereinsatz zur Herdenüberwachung und -führung.

Jedes Verfahren zur Herdenführung ist jedoch nur so gut, wie dies die erfassten Daten zulassen!

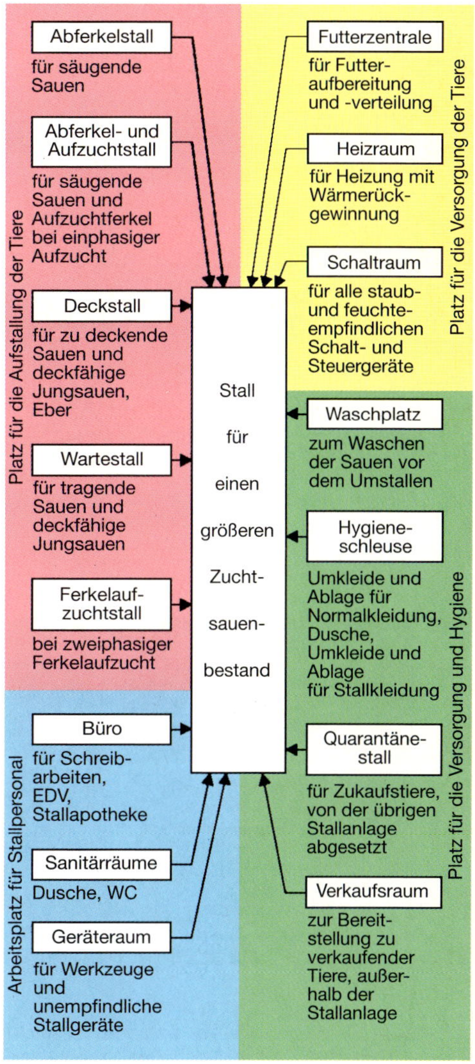

Abb. 959 Raum- und Funktionsprogramm für einen größeren Sauenbestand.

Abb. 960 **Beispiel** für einen Wochenarbeitsplan im Ferkelerzeugerbetrieb.

Wochentag	Stallbereich Abferkelstall	Ferkelaufzuchtstall	Deckzentrum	Wartestall
Montag	Sauen einstallen	Kontrolle	Hauptdeckbetrieb	Umtrieb der Sauen in Abferkelstall
Dienstag	Kontrolle	Ferkel aufstallen	Hauptdeckbetrieb	Kontrolle
Mittwoch	Ferkel kastrieren, tätowieren	Reinigen und Desinfizieren	Umtrieb der tragenden Sauen in Wartestall	tragende Sauen einstallen
Donnerstag	Ferkel absetzen, Sauen ins Deckzentrum	Absatzferkel einstallen	abgesetzte Sauen einstallen	Kontrolle
Freitag	Reinigen und Desinfizieren	Kontrolle	Kontrolle	Sauen für Einstallung in Abferkelstall bestimmen
Samstag, Sonntag	Kontrolle in allen Stallbereichen			

Kontrollkarte der Sau MELIS
gedeckt am: 27. 10. von: DACHS
Wurf geboren am: 21. 2.

lfd. Nr. männlich	weiblich	Zitzen links	rechts	Gewicht Geburts-	nach 7 Tagen	nach 21 Tagen	Bemerkungen
37		7	8	1,5	2,8	5,2	
38		7	7	1,4	2,8	5,0	
39		8	7	1,5	3,0	5,3	
	40	7	7	1,4	2,8	5,4	
	41	8	8	1,6	3,1	5,0	
	42	8	7	1,1	2,0	-	verendet 5.3.
	43	7	7	1,4	2,8	5,3	
	44	7	7	1,6	3,0	5,0	

Abb. 961 Muster einer Kontrollkarte für eine Sau. Sie ist der Sauenkartei beizugeben.

Für den innerbetrieblichen Vergleich der Zuchtsauen untereinander ist die Berechnung des *Produktionsindexes* vorteilhaft. Er berechnet sich nach der Formel:

$$\text{Produktionsindex} = \frac{365}{\text{Zwischenwurfzeit (Tage)}} \cdot \text{Ferkelzahl}$$

Abb. 962 Kennzeichnung von Schweinen mit Plastik-Ohrenmarken.

Der Produktionsindex spiegelt den Wert einer Zuchtsau wider und gestattet das Aufstellen einer Rangfolge aller Sauen im Betrieb. Er stellt somit ein wertvolles Hilfsmittel zur Selektion dar. Aus der Sauenkartei lassen sich die Sauenplanung und damit die Wochenarbeitspläne ableiten (siehe Abb. 963).

Kennzeichnung der Tiere – Sie ist Voraussetzung für die Einzeltierkontrolle und seit 1. Dezember 1988 aufgrund der Viehverkehrs-Verordnung für alle in den Handel gebrachten Schweine Vorschrift. Für die Kennzeichnung haben sich verschiedene Verfahren bewährt:

- **Ohrmarken:** Alle Ferkel in Ferkelerzeugerbetrieben müssen laut Viehverkehrs-Verordnung mit Ohrmarken gekennzeichnet werden. Sie bestehen aus einem weißen Dornteil und einem blauen Lochteil. Der Dornteil enthält dabei die vorgeschriebenen Informationen (DE, Lkr., Betriebsnummer), das Gegenstück enthält u. a. die Geburtswoche.
  Bei Gebrauchsferkeln wird die Ohrmarke ins linke Ohr eingezogen, DL-Reinzuchttiere werden im rechten Ohr markiert.

Abb. 963 Muster einer Sauenkarteikarte.

HB-Nr. 61061 Name MELIS	Stallnr. 91 Rasse: DL×Pl	geb. 20.10.
Vater: ALLIANZ	Ohr-Nr. re.: 61061	Zitzenzahl li.: 7
	Ohr-Nr. li.: 6732	re.: 7
Mutter: MOTTE	Vater-Nr. 74972 Rasse: Pl	ausgeschieden am:
Züchter: Huber, Georg	Mutter-Nr. 95358 Rasse: DL	Grund:
Neukirchen	Leistungsprüfung: 4/10,3/9,0	

- Tiere, die zur Zucht vorgesehen sind, sind zusätzlich zu **tätowieren.**
- Ferkel, die zur Prüfung an Prüfanstalten vorgesehen sind, brauchen noch die Nummer ihrer Mutter. Diese kann tätowiert oder handschriftlich auf dem Lochteil der Ohrmarke angebracht werden.
- **Elektronische Identifikationssysteme,** z. B. in Verbindung mit der bei der Abruffütterung bei tragenden Sauen benützten Geräte, befinden sich noch in Erprobung.

3.4 Förderung der Schweinehaltung

Wegen der großen privat- und volkswirtschaftlichen Bedeutung der Schweinehaltung bemühen sich *Selbsthilfeorganisationen* und der *Staat* um ihre Förderung.

Tierzucht-Gesetz – Es regelt im Wesentlichen Folgendes:
- *Anbieten* und *Abgeben* von Zuchttieren, Sperma, Eizellen und Embryonen,
- Grundsätze für die Durchführung von *Leistungsprüfungen* und der *Zuchtwertschätzung* von Reinzuchttieren,
- Grundsätze für die Durchführung des *Stichprobentests* für Kreuzungszucht-Programme auf Kombinationseignung von Zuchttieren,
- Vorschriften über die Führung von *Zuchtbüchern* sowie über die Ausstellung von *Zucht-* und *Herkunftsbescheinigungen,*
- *Anerkennung* und *Überwachung* von Züchtervereinigungen, Zuchtunternehmen, Besamungsstationen und Embryotransfer-Einrichtungen.

Schweinehaltungs-Verordnung – Sie legt verbindliche Normen fest für den Umgang mit Zucht- und Mastschweinen, worauf in entsprechenden Abschnitten des Buches hingewiesen wird.

Züchtervereinigungen (Zuchtverbände) – Sie sind mit die wichtigsten Selbsthilfeeinrichtungen zur Förderung der Schweinezucht. In Deutschland gibt es gegenwärtig 17 Züchtervereinigungen mit insgesamt 2500 Mitgliedern.

Ihre Aufgaben sind Beratung der Mitglieder, Auslese und Eintrag der Eber und Sauen in das Herdbuch sowie die Durchführung von Absatzveranstaltungen für Zuchtschweine.

Zuchtunternehmen – Sie befassen sich nur mit der *Hybridzucht.* Die Vermittlung der Zuchttiere erfolgt aus wirtschaftlichen und hygienischen Gründen nur von Betrieb zu Betrieb.

Erzeugerringe – Dies sind *freiwillige* Zusammenschlüsse von Ferkelerzeugern oder Mästern.

Aufgabe der **Ferkelerzeugerringe** ist es, durch *Beratung* und *Leistungskontrollen* die Erzeuger gesunder Ferkel von gleichmäßiger Qualität zu fördern, den Mastbetrieben große Partien einheitlicher Ferkel zu liefern und das Einkommen der Mitgliedsbetriebe zu steigern.

Mastkontrollringe wollen durch die Beratung der Mitglieder zur Fütterung und Haltung, verbunden mit Leistungskontrollen, das Produktionsverfahren Schweinemast so wirtschaftlich wie möglich machen.

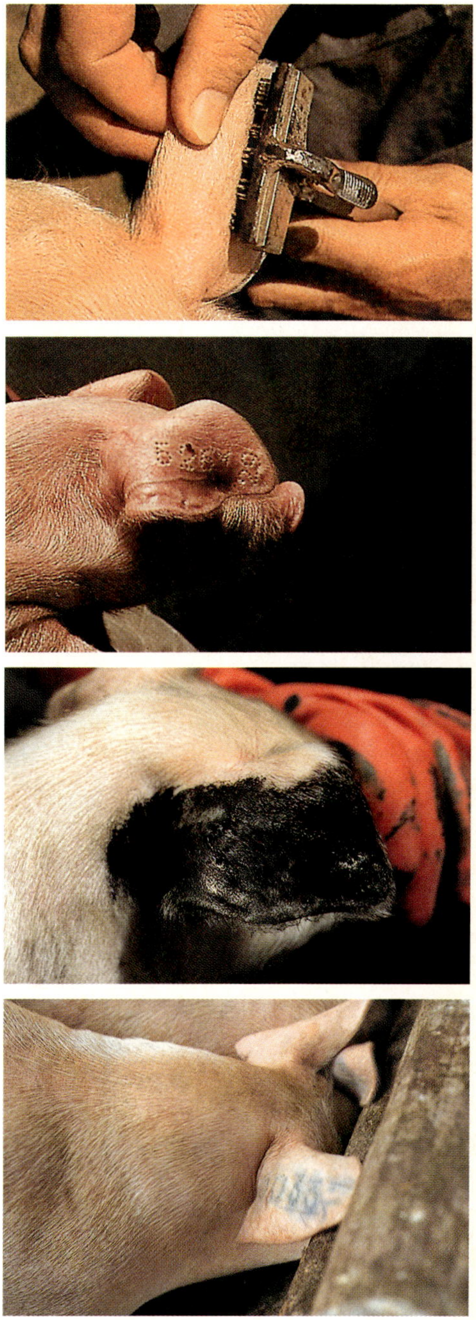

Abb. 964 Tätowierung: Die Abb. zeigen (von oben nach unten):
Eindrücken der Tätowierungszange,
Zustand nach dem Eindrücken,
Einreiben der tätowierten Stelle mit Tätowierfarbe,
fertige Tätowierung.

Abb. 965 Auch bei Ebern ist die Beurteilung des Körpers Voraussetzung für die Ermittlung des Zuchtwertes.

Abb. 966 Absatzveranstaltungen liefern der Landwirtschaft hochwertige Zuchttiere.

Abb. 967 Erzeugerringe und Erzeugergemeinschaften haben unterschiedliche Ziele.

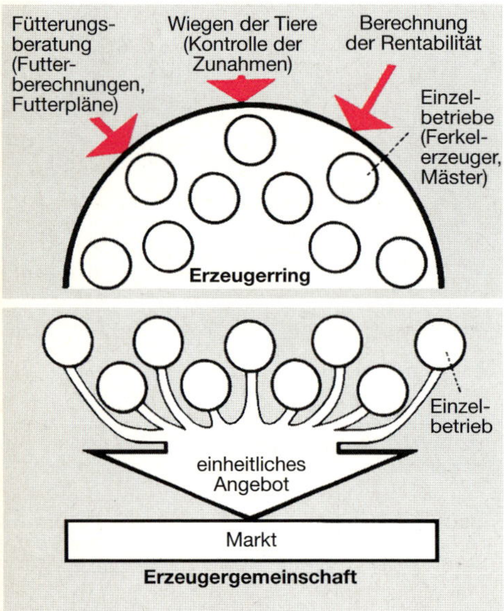

Erzeugergemeinschaften – Sie nehmen die gleichen Aufgaben wie die Erzeugerringe wahr, kümmern sich aber zusätzlich auch um die *Vermarktung* (siehe auch »Wirtschaftslehre«).

Schweine-Gesundheitsdienst (SGD) – Diese Dienstleistungseinrichtung für die Schweine haltenden Betriebe ist ein eingetragener Verein, der teilweise von der *Tierseuchenkasse* mitfinanziert wird.

Die Tierärzte des Schweine-Gesundheitsdienstes überwachen die Gesundheit des Schweinebestandes in den Zucht- und Ferkelerzeugerbetrieben, behandeln in Zusammenarbeit mit dem Amts- und Hoftierarzt Schäden in Problembetrieben und führen spezielle Verfahren gegen Krankheiten wie Ferkelgrippe, Schnüffelkrankheit durch.

Aufgaben:

1. Erklären Sie den Unterschied zwischen Geschlechts- und Zuchtreife.
2. Welche Merkmale sind für die Auswahl der künftigen Zuchtschweine entscheidend?
3. Welche Vor- und Nachteile bringt der Zukauf von Jungsauen?
4. Beschreiben Sie den Brunstzyklus und den Brunstverlauf.
5. Begründen Sie, weshalb der optimale Besamungstermin erst am 2. Tag der Brunst liegt.
6. Welche Anzeichen deuten auf die nahende Ferkelgeburt hin?
7. Welche Hygiene- und Pflegemaßnahmen sind bei Saugferkeln durchzuführen?
8. Was versteht man unter Brunst- und Abferkelsteuerung? Welche Vor- und Nachteile bringen diese beiden Maßnahmen?
9. Wie sind zugekaufte Ferkel zu behandeln?

3.5 Fütterung der Schweine

3.5.1 Futteraufnahme und Verdauung

Futteraufnahme – Sie ist Voraussetzung für tierische Leistungen und hängt ab von

- der Schmackhaftigkeit,
- dem Geruch,
- dem Feuchtigkeitsgehalt (trocken, feucht, fließfähig),
- der Struktur (grob, fein, pelletiert) und
- der Zusammensetzung des Futters.

Verdauung – Im Gegensatz zu den Wiederkäuern besitzen Schweine einen *einhöhligen Magen*. Deswegen können sie voluminöses wirtschaftseigenes Grundfutter nur beschränkt aufnehmen und stellen an die Verdaulichkeit höhere Anforderungen. Ein wesentlicher Unterschied zu den Wiederkäuern und Pferden besteht in der *bakteriellen Verdauung*. Sie findet bei Schweinen nur im Dickdarm und nur in geringem Umfang statt. Das bedeutet, dass Schweine Aminosäuren und Vitamine nur begrenzt selbst aufbauen können. Außerdem weiß man nicht genau, ob Stoffe aus der bakteriellen Verdauung im Dickdarm auch tatsächlich noch aufgenommen werden können.
Die Fütterung hat auf diese Tatsachen Rücksicht zu nehmen. Schweinefutter muss daher zu mindestens 80 % in seiner organischen Substanz verdaulich, reich an Aminosäuren und Vitaminen sein.

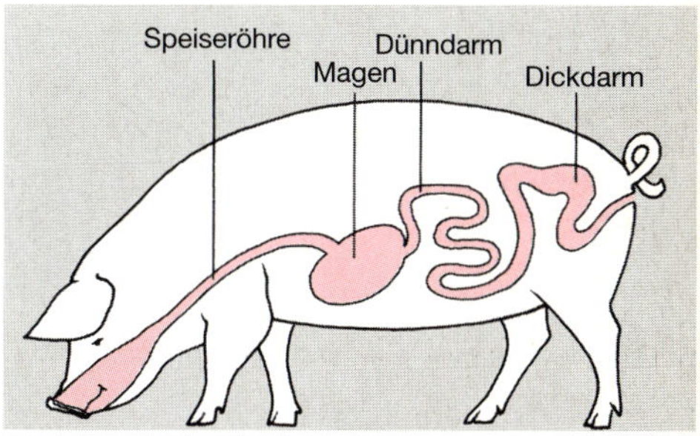

Abb. 968 Verdauung beim Schwein (Schema).

Tabelle 79: Verdauung beim Schwein (Übersicht)

Abschnitt des Verdauungskanals, Verdauungssaft	Fermente und andere Bestandteile	Verdauungsvorgang
Maulhöhle Speichel	α-Amylase, Schleim	Stärke → Maltose Zerkleinern und Befeuchten des Futters
Speiseröhre	Schleim	Durchfeuchten, Quellen
Magen Magensaft	Pepsin, Salzsäure	Protein → Poly-Peptide Pepsinogen → Pepsin, Quellung der Eiweiße, Säuerung des Mageninhalts
Dünndarm Gallenblase	Gallensäuren	Emulgierung der Fette
Bauchspeicheldrüse	α-Amylase Lipase Trypsin, Chymotrypsin Karboxy-Peptidase	Stärke → Maltose Fett → Glycerin, Fettsäuren, Eiweiß → Poly-Peptide Poly-Peptide → Aminosäuren, Di-Peptide
Darmdrüsen	Amino-Peptidasen Di-Peptidasen Maltase Lipase	Poly-Peptide → Aminosäuren, Di-Peptide Di-Peptide → Aminosäuren Maltose → 2× Glucose Mono-Glyceride → Glycerin, Fettsäuren
Dickdarm	bakterielle Enzyme	Abbau von Rohfaser

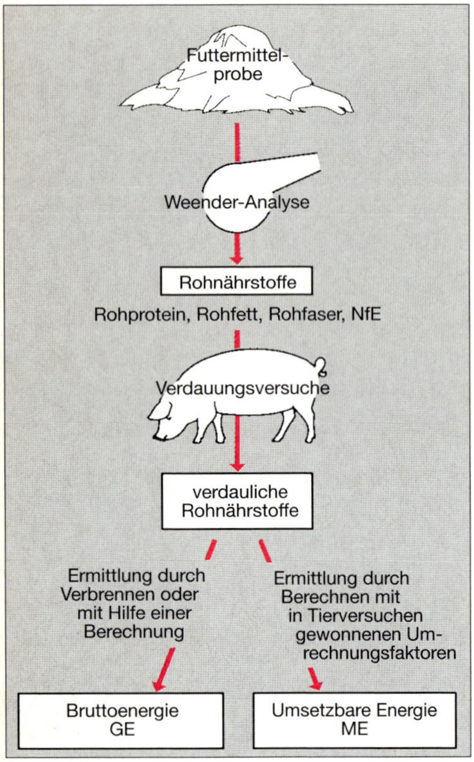

Abb. 969 Ermittlung der Umsetzbaren Energie eines Futtermittels.

Abb. 970 Schema der Weender-Analyse.

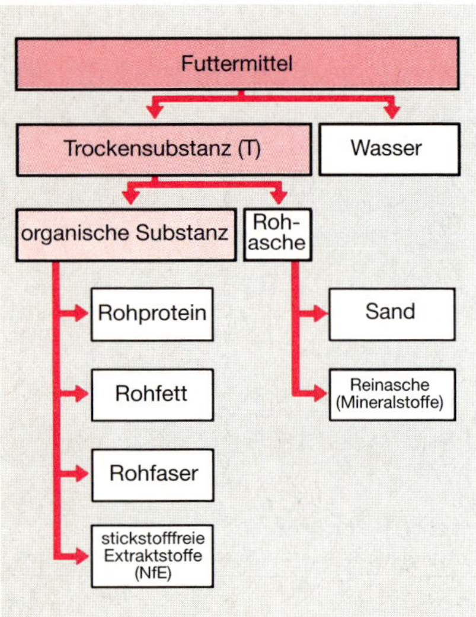

Verdaulichkeit – Tierversuche zeigen, dass die Verdaulichkeit der Rohnährstoffe beim Schwein stark vom Rohfasergehalt eines Futtermittels abhängt. Als Maß wählt man aber nicht die Verdaulichkeit der Rohfaser, sondern die der organischen Substanz (= Summe der organischen Rohnährstoffe) und gibt sie in Prozent an.

Das Zerkleinern von Körnerfutter verbessert dessen Verdaulichkeit. Bei rohfaserreichen Futtermitteln wird dadurch aber nicht die Verdaulichkeit erhöht (z. B. Musen von Grünfutter). Erhitzen kann die Verdaulichkeit ebenfalls erhöhen. So wird dadurch z. B. die Stärke bei Kartoffeln besser verdaulich und das Dampferhitzen (Toasten) von Sojaschrot erhöht die Eiweißverdaulichkeit erheblich, weil es einen Hemmstoff für das Verdauungsenzym Trypsin zerstört.

Weder die Zahl der Mahlzeiten, die Verteilung der Futterkomponenten dabei noch die Flüssigkeitsbeimengung hat auf die Verdaulichkeit einen Einfluss.

3.5.2 Futterbewertung

Wirtschaftliche Schweinehaltung setzt voraus, dass die Futtermenge berechnet werden kann, die für die Bedarfsdeckung beim Tier nötig ist. Luxuskonsum verteuert die Mast, unterversorgte Tiere bringen keine optimale Leistung, d. h., die Mastdauer verlängert sich.

Da es sich bei der Umsetzung von Futter in Fleisch bzw. Erhaltung der Lebensfunktion immer um einen *Energieumsatz* handelt, ist die Bewertung des Futters im Hinblick auf seinen Energieinhalt unerlässlich. Daneben spielt das *Eiweiß* eine wichtige Rolle, weil es durch andere Nährstoffe nicht zu ersetzen und gleichzeitig der teuerste Nährstoff ist. Deswegen wird neben der Energiebewertung auch eine Eiweißbewertung nötig.

Energetische Bewertung des Schweinefutters – Maßstab für den Energieinhalt des Schweinefutters ist heute die **Umsetzbare Energie** (ME = **m**etabolizable **e**nergy). Sie ergibt sich aus der *Bruttoenergie* (GE = **g**ross **e**nergy) nach Abzug der mit Kot und Harn ausgeschiedenen Energie und jener Energieverluste, die sich als *Wärmeverluste* durch die Bakterientätigkeit während der Verdauung im Dickdarm ergeben. Maßeinheit der Energie ist 1 Joule (1 J). Die Futterenergie wird in Megajoule (1 MJ = 1 000 000 J) angegeben.

Grundlage der Futterbewertung ist die Ermittlung des Rohnährstoffgehaltes mit Hilfe der Weender-Analyse. Die Berechnung der Umsetzbaren Energie (ME) bei Schweinefutter muss aber gegenüber der Berechnung bei Rinderfutter korrigiert werden, weil Schweine Rohfaser und andere bei den N-freien Extraktstoffen (NfE) erfassten Substanzen nicht verdauen können. Diese Stoffe fasst man unter dem Begriff »bakteriell fermentierbare Substanz (BFS)« zusammen, weil sie nur von Bakterien während der Verdauung genutzt werden können.

Der Gehalt an ME wird daher als BFS-korrigiert bezeichnet. Die Korrektur wird erst bei mehr als 100 g BFS/kg T vorgenommen.

Beispiel: Berechnung des ME-Gehaltes von 1 kg Weizen

Gehalt an Rohnährstoffen g/kg T	Verdaulichkeit %	= verdauliche Nährstoffe g	× Umrechnungsfaktor MJ/g	= Umsetzbare Energie MJ
130 Rohprotein	87	113,1	0,021	2,375
19 Rohfett	50	9,5	0,0374	0,355
30 Rohfaser	26	7,8	0,0144	0,112
795 NfE (660 Stärke 33 Zucker)	94	747,3	0,0171	12,779
insgesamt				15,621

Die Durchschnittsergebnisse aus den Futteruntersuchungen werden von der Deutschen Landwirtschaftsgesellschaft (DLG) in Futterwerttabellen zusammengefasst (Auszug siehe Anhang, Seite 487 ff.).

Futterwerttabellen gestatten ein *Schätzen* des Futterwertes einer Ration und damit eine bedarfsgerechte Fütterung auch dann, wenn keine eigenen Untersuchungsergebnisse für die verwendeten Futtermittel vorliegen.

Eiweißbewertung – Das Schwein baut das Rohprotein des Futters mit Hilfe von Verdauungsenzymen zu Aminosäuren ab. Sie werden im Dünndarm absorbiert und bilden dann die Bausteine für die Synthese des körpereigenen Proteins. Im Grunde hat also das Schwein einen Aminosäurenbedarf. Weil die bakterielle Verdauung gegenüber der des Wiederkäuers unbedeutend ist, muss das Schweinefutter eine Reihe von Aminosäuren enthalten, die der Wiederkäuer selbst aufbauen kann. Sie werden lebenswichtige oder *essenzielle Aminosäuren* genannt (siehe Abb. 971).

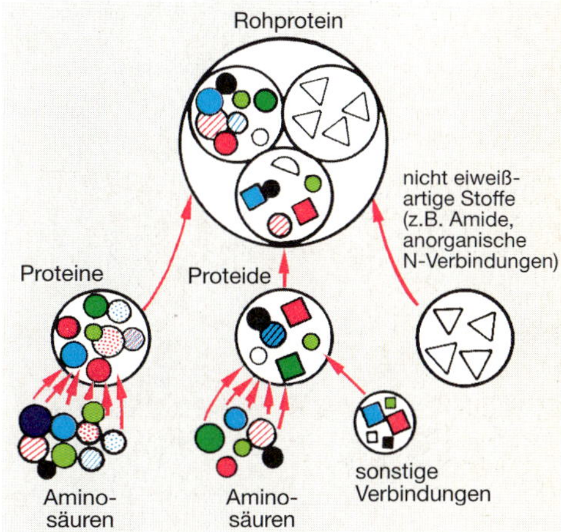

Abb. 971 Rohprotein ist ein Sammelbegriff für alle Futterbestandteile, die sich aus Proteinen, Proteiden sowie nicht eiweißartigen Stoffen zusammensetzen.

Je mehr das Aminosäuren-Muster des Futterproteins dem des körpereigenen Proteins entspricht, desto größer ist seine *biologische Wertigkeit.*

Abb. 972 Schweinefutter muss biologisch hochwertiges Eiweiß enthalten.

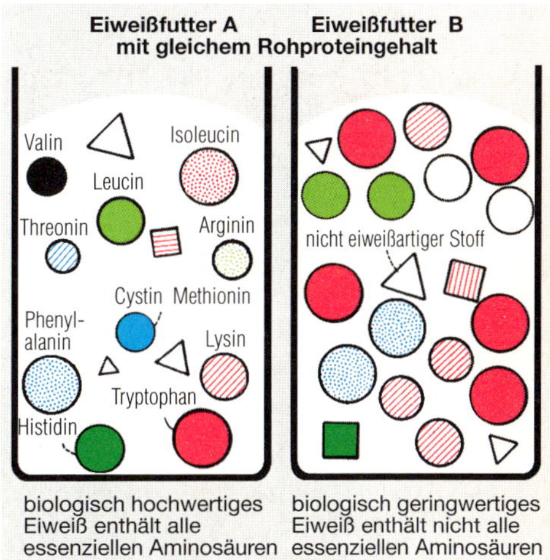

Die biologische Wertigkeit des Futterproteins gibt an, wie viele Gramm Körperprotein aus 100 g Futterprotein gebildet werden können. Dabei wird die biologische Wertigkeit von derjenigen Aminosäure im Futter begrenzt, die bei der Proteinsynthese im Körper zuerst ins Minimum gerät.
Unter unseren Fütterungsbedingungen geraten vor allem *Lysin* und mit Abstand *Methionin* und *Cystin* ins Minimum. Die beiden zuletzt genannten Aminosäuren können sich allerdings gegenseitig ergänzen, weswegen sie in Futterrations-Berechnungen meist zusammen ausgewiesen sind.
Berechnung der Futterration – Die leistungsgerechte Fütterung der Schweine setzt voraus, dass die Futterration in ihren Gehaltswerten möglichst genau berechnet und damit in Zusammensetzung und Menge dem Bedarf angepasst werden kann.

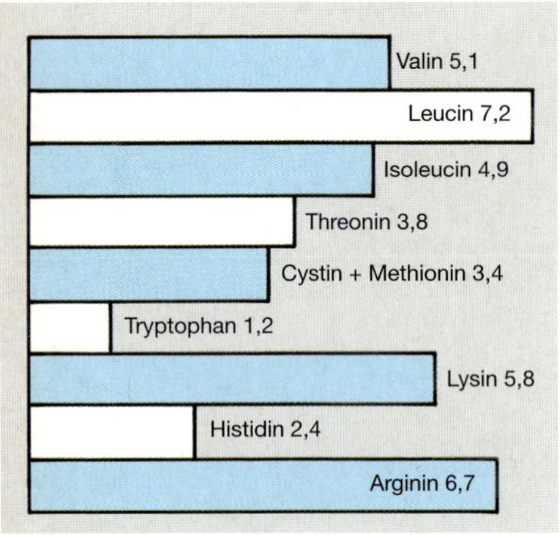

Abb. 973 Anteil (in %) von Aminosäuren am Gesamt-Eiweißgehalt von Sojabohnen.

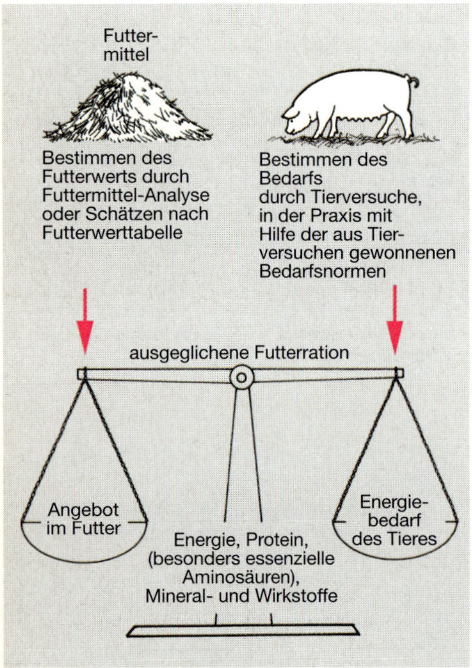

Abb. 974 Eine ausgeglichene Futterration muss den Bedarf der Tiere decken.

Dazu ist ein sorgfältiges Bewerten der Komponenten mit Hilfe von Futterwerttabellen nötig, soweit keine eigenen Untersuchungsergebnisse vorliegen. EDV-Programme ermöglichen ein Optimieren der Ration.

Beispiele für das Berechnen der Gehaltswerte werden bei den jeweiligen Kapiteln der praktischen Fütterung gegeben.

3.5.3 Mineral- und Wirkstoffe

Mineralstoffe – Von den lebenswichtigen (essenziellen) *Mengenelementen* Ca und P, Na, Mg, K, Cl und S geraten unter üblichen Bedingungen nur die ersten drei ins Minimum.

Von den essenziellen *Spurenelementen* Fe, Cu, Mn, Zi, J, Co, Mo, F, Se und Ni müssen vor allem die ersten fünf beachtet werden. Calcium und Phosphor dienen vor allem dem Aufbau der Knochen, Eisen ist für die Blutbildung verantwortlich. Es spielt besonders bei der Ferkelfütterung eine Rolle.

Tabelle 80: Bedarf an wichtigen Mineralstoffen (in g/Tier und Tag)

Stadium	Abschnitt	Ca	P	Na
Saugferkel		2– 4	1,5–2,5	0,5
Absatzferkel	10– 20 kg LM	4– 8	2,5–5	1
Mastschwein	20– 50 kg LM	8–13	5–9	1,5
	50–100 kg LM	13–20	9–13	2
Zuchtsau	niedertragend	14	9	4
	hochtragend	20	13	5
	säugend	40–50	25–35	12

Vitamine – Die ausreichende Versorgung der Schweine mit Vitaminen ist heute nötiger denn je, weil die Tiere bei hohen Leistungen und geringstmöglichem Futteraufwand im Stall gehalten werden, weil keine freie Futterwahl möglich, der Stoffumsatz aber erhöht ist und weil die große Besatzdichte der Ställe die Infektionsgefahr verstärkt und die Verwendung von Medikamenten über längere Zeitdauer die Tiere zusätzlich belastet. Bei unzureichender Vitaminversorgung sinken Leistungsfähigkeit, Gesundheit und Fruchtbarkeit.

3.5.4 Zusatzstoffe

Hilfsstoffe – Sie werden dem Futter zugesetzt, um seine Eigenschaften günstig zu beeinflussen. Sie sind in der Regel keine Nährstoffe und gesundheitlich unbedenklich. In der Schweinefütterung spielen folgende Hilfsstoffe eine Rolle:

- *Antioxidantien:* Sie verhindern das Zersetzen von Futterinhaltsstoffen durch Luftsauerstoff, z. B. Ranzigwerden von Fett.
- *Aromastoffe:* Sie fördern die Futteraufnahme und erleichtern z. B. im Ferkelfutter die Entwöhnung von der Muttermilch.
- *Emulgatoren:* Sie verhindern das Aufschwimmen des Fettes in

Milchaustauschfuttermitteln und verbessern so deren Verträglichkeit und Verdaulichkeit.

- *Fließhilfsstoffe:* Sie verhindern Verklumpungen und verbessern die Einmischbarkeit in Flüssigkeiten.
- *Presshilfsstoffe:* Sie verbessern die Festigkeit der Pellets, setzen den Energieaufwand beim Pressen herab. Pressfutter bietet die Gewähr für eine gleichmäßige Verteilung und Aufnahme der einzelnen Futterkomponenten (kein Entmischen).
- *Konservierungsstoffe:* Es sind vorwiegend organische Säuren und Salze. Sie schützen Futtermittel vor dem Verderb durch Pilze und Bakterien.

Wachstums- und Leistungsförderer – Sie verbessern den Gesundheitszustand der Tiere und verringern die Aufzuchtverluste, erhöhen die Futterverwertung und verkürzen die Mastzeiten. Während **Probiotika** (erwünschte Bakterien- und Hefekulturen) die Darmflora positiv beeinflussen, sind **Antibiotika** gegen bakterielle Krankheitserreger wirksam.

3.5.5 Futtermittel für Schweine

Das Futter ist der größte Kostenfaktor in der Schweinehaltung. Bei den heutigen Leistungsanforderungen ist ein ausschließliches Verwenden wirtschaftseigener Futtermittel nicht mehr möglich. Sie müssen durch zugekaufte Handelsfuttermittel ergänzt werden.
Das Verwenden wirtschaftseigener Futtermittel setzt ein möglichst genaues Abschätzen ihres Futterwertes und damit ihrer Einsatzmöglichkeiten voraus.
Auch für die Futtermittel, die in der Schweinehaltung eingesetzt werden, gilt das **Futtermittelrecht** (Futtermittel-Gesetz und die entsprechenden Verordnungen). Es verbietet streng den Einsatz von Hormonen, Thyreostatika und Antibiotika, die in der Humanmedizin eingesetzt werden. Die Verwendung von Futterzusatzstoffen ist genau geregelt. Das Futtermittelrecht legt für den Zukauf von Einzelfuttermitteln und Mischfuttern die Angabe der qualitätsbestimmenden Inhaltsstoffe fest.
Futtermittel dürfen nur in den Verkehr gebracht werden, wenn die **Kennzeichnung** den gesetzlichen Vorschriften entspricht. Dies wird von der amtlichen Futtermittelkontrolle vom Hersteller weg überwacht.
Auf dem *Sackanhänger* müssen folgende Angaben stehen:

- Bezeichnung des Futters,
- Inhaltsstoffe,
- Zusatzstoffe,
- Hersteller oder Händler.

Zusätzlich für *Mischfutter:*

- Herstellungsjahr und -monat,
- Hinweise für den sachgerechten Einsatz.

Die mengenmäßige Angabe aller Mischfutterkomponenten ist nicht verpflichtend, wohl aber der Aufdruck von Fütterungshinweisen. Der Tierhalter ist für deren Einhaltung (angegebene Tiergattung, Höchstalter für die Verfütterung) und die eventuell vorgeschriebene Wartezeit bis zur Schlachtung (Absetzfrist) ver-

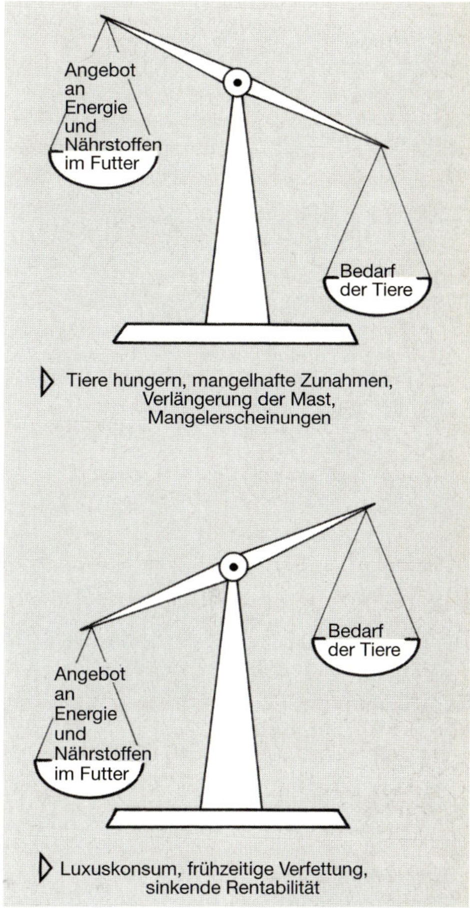

Abb. 975 Wirkung von Über- und Unterversorgung (Schema).

Abb. 976 Inhalte und Ziele des Futtermittelrechts.

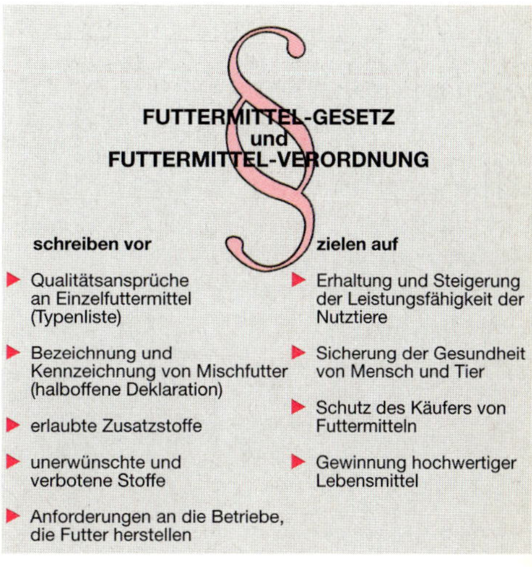

Abb. 977 Bei Weizen können nur Mehl (Mitte) und Kleie (rechts) direkt in der Schweinefütterung eingesetzt werden. Körner sind vorher zu schroten.

Abb. 978 Roggenkleie (links) und Roggenfuttermehl (rechts).

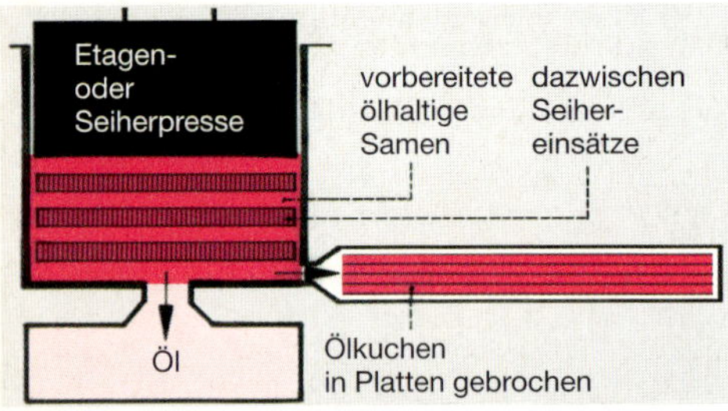

Abb. 979 Ölkuchenherstellung (Schema). Ölkuchen hat mindestens 5 % Fettgehalt.

Abb. 980 Ölschrotherstellung (Schema). Ölschrote haben einen geringeren Fettgehalt als Ölkuchen.

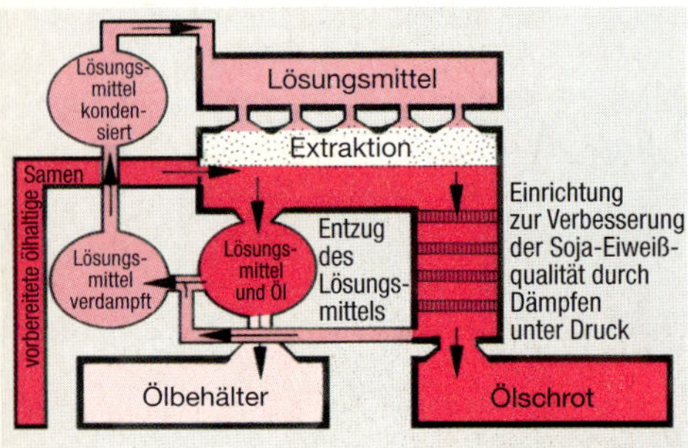

antwortlich. *Rückstandsuntersuchungen* bei Schlachttieren decken Verstöße auf, für die der Tierhalter haftbar ist.
Die Feststellung der Inhaltsstoffe in den betriebseigenen und zugekauften Futtermitteln entscheidet daher über die Qualität der Einzel- und Mischfuttermittel.

Körnerfrüchte und deren Nebenprodukte – Dazu zählen neben Getreide und Mais auch die Mühlen-Nachprodukte.

Getreide ist gegenwärtig das wichtigste Schweinefutter. Hinsichtlich des Futterwertes ist *Lysin* die begrenzende Aminosäure. Die *biologische Wertigkeit* des Proteins fällt in der Reihenfolge Hafer, Gerste, Triticale, Weizen, Mais. Der *Energiegehalt* des Getreides liegt bei den nackten Getreidearten um 13,5 MJ ME/kg T und bei den bespelzten um 11 MJ ME/kg T. Das sehr enge Ca:P-Verhältnis erfordert bei getreidereichen Rationen Aufmerksamkeit.

Gerste eignet sich für alle Arten der Schweinehaltung, Weizen wegen der hohen Verdaulichkeit der Nährstoffe besonders für die Ferkel und Hafer wegen des Fettgehaltes vornehmlich für Zuchtsauen. Roggen ist zwar grundsätzlich zur Schweinefütterung geeignet, wird aber nicht gerne gefressen.

Bei **Maiskolben-Futtermittel** werden heute neben den Körnern vor allem Korn-Spindel-Gemisch (CCM), Kolbenschrot und Lieschkolbenschrot eingesetzt. Der *Energiegehalt* wird in jedem Falle von der Größe des jeweiligen Kornanteils bestimmt. Die teilweise Miternte der Spindel ist nur deswegen von Vorteil, weil deren Rohfasergehalt sich vorteilhaft bei der Mast gegenüber dem rohfaserarmen Maiskorn auswirkt und weil bei schlechter Reife die halbreifen Körner am Spindelende mitgeerntet werden und so den Gesamt-Energieertrag erhöhen.

CCM wird hauptsächlich zur Flüssigfütterung der Mastschweine eingesetzt. Für die Feinheit des Schrotes gilt, dass ca. dreiviertel der Masse durch ein 2-mm-Sieb fallen sollten. *Kolbenschrot* ist ebenfalls ein sehr gutes Mastfutter. *Lieschkolbenschrot* kann jedoch erst nach dem Absieben der Lieschen für die Schweinemast verwendet werden.

Bei den **Nebenprodukten der Getreideverarbeitung** wird der Futterwert der Mühlen-Nachprodukte Futtermehl, Kleie und Schälkleie (Weizen und Roggen) vor allem durch den Grad der Ausmahlung bestimmt. Haferfutterflocken dienen wegen des hohen Energiewertes besonders als Ergänzungsfutter für Ferkel.
Häufig wird auch *Brot* aus Großbäckereien bzw. aus Resten in der Schweinemast verwendet.

Hülsenfrüchte und deren Verarbeitungsprodukte – Hülsenfrüchte haben gegenüber Getreide einen höheren Proteingehalt. Die wichtigsten Futtermittel sind Sojabohnen, Ackerbohnen, Futterwicken und -erbsen, Erdnüsse und Süßlupinen.

Ackerbohnen sind die wichtigsten wirtschaftseigenen Hülsenfrüchte und werden geschrotet verfüttert. Ihr Lysingehalt ist gut, der Gehalt an Methionin und Cystin dagegen niedrig. Deswegen scheiden sie als alleiniges Eiweißergänzungsfutter aus.

Erbsen und **Wicken** sind im Nährstoffgehalt der Ackerbohne vergleichbar. Wicken werden jedoch weniger gerne von Schweinen gefressen.

Sojaschrot ist als dampferhitztes (= getoastetes) Soja-Extraktionsschrot das *wichtigste* Eiweißfuttermittel pflanzlicher Art. Das Dampferhitzen zerstört einen im Sojaschrot enthaltenen Hemmfaktor für das Trypsin der Bauchspeicheldrüse. Deswegen kann dampferhitztes Sojaschrot als alleiniges Eiweißergänzungsfutter in der Schweinemast verwendet werden.
Erdnuss-Extraktionsschrot wird wegen des niedrigen Lysingehaltes in der Schweinehaltung nur wenig eingesetzt. Es spielt nur als Mischfutterkomponente eine Rolle.
Bei **Rapsschrot** führt der zunehmende Anbau von Raps auch zu Überlegungen seiner Verwertung im Betrieb. Raps-Extraktionsschrot lässt sich wegen des scharfen Geschmacks nur begrenzt für die Schweinefütterung einsetzen.

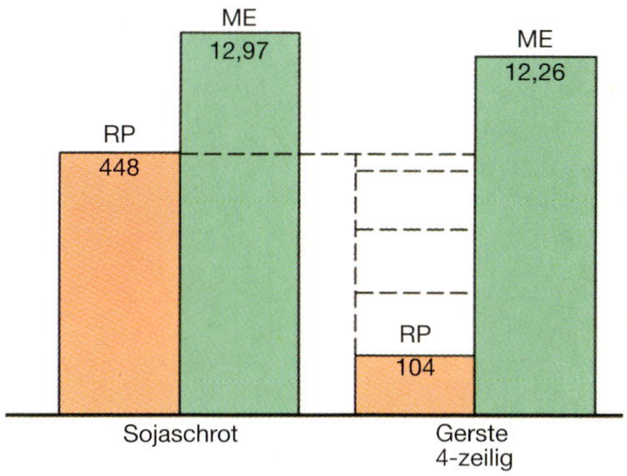

Abb. 981 Sojaschrot enthält über 3-mal mehr Eiweiß als Gerstenschrot.

Gedämpftes (getoastetes) Sojaschrot kann als alleiniges Eiweißergänzungsfutter in der Schweinemast verwendet werden.

Knollen und Wurzeln – Die Bedeutung von Kartoffeln und Rüben, die auch als *Saftfutter* bezeichnet werden, geht wegen des damit verbundenen hohen Arbeitsaufwandes, der relativ hohen Konservierungskosten und -verluste und der geringen Energiedichte laufend zurück.
Rüben werden hauptsächlich an tragende Sauen verfüttert. Die bei der Zuckerherstellung anfallenden Trockenschnitzel haben einen hohen Zuckergehalt, der die Menge an Umsetzbarer Energie schmälert.
Kartoffeln müssen vor dem Verfüttern gedämpft werden, damit die Stärke leichter verdaulich wird. Die Wurzeln von *Maniok* (= Tapioka) werden zu Maniokmehl bzw. Maniokschnitzeln verarbeitet. Wegen der Verunreinigungsgefahr mit Enterokokken (Bakterien) und Schimmelpilzen ist der Gesamtanteil von Maniok in einer Ration auf 30 % zu begrenzen.
Grünfutter, Silage – Grünfutter, Silage und getrocknetes Grünfutter sind wegen der geringen Energiedichte hauptsächlich als Grundfutter für Zuchtläufer, leere und niedertragende Sauen eignet.
Futtermittel tierischer Herkunft – **Fischmehl** wird entweder aus ganzen Fischen oder Fischabfällen hergestellt. Die Eiweißqualität ist hoch, kann aber durch die Art der Trocknung erheblich sinken. Der Wassergehalt darf 12 % nicht überschreiten.
Tiermehle haben einen relativ hohen Eiweißgehalt. Sie werden jedoch leicht ranzig. Dies schädigt die Aminosäuren. Tiermehle sollten deswegen nur teilweise zur Ergänzung der Futtermischung verwendet werden.
Bei **Blutmehl** begrenzt die niedrige biologische Wertigkeit den Einsatz.
Früher war **Magermilch** das wichtigste wirtschaftseigene Eiweißfuttermittel. Heute muss ihre Preiswürdigkeit im Vergleich zu anderen Eiweißträgern jeweils geprüft werden. Magermilch wird am besten dicksauer verfüttert, um keinen Durchfall zu verursachen.

Abb. 982 Gelungene Rübenblattsilage.

Abb. 983 Milchpulver (Sprüh-Magermilchpulver, links unten, und Walzen-Magermilchpulver rechts unten) sowie Tierkörpermehl (oben).

a) **Inhaltsstoffe** in %		
Lysin	mind.	0,8
Rohprotein	mind.	16
Rohfett	max.	8
Rohfaser	max.	7
Stärke	mind.	33
Calcium	mind.	0,8
Phosphor	mind.	0,6
Natrium	mind.	0,25
b) **Zusatzstoffe** je kg		
Zink	mind.	50 mg
Vitamin A	mind.	50 000 I. E.
Vitamin D	mind.	625 I. E.
c) **Umsetzbare Energie**		
ME		13 MJ

Abb. 984 **Beispiel** für die Zusammensetzung: »Alleinfuttermittel« für säugende Sauen.

a) **Inhaltsstoffe** in %		
Lysin	mind.	0,85
Rohprotein	mind.	17
Rohfett	max.	8
Rohfaster	max.	6
Stärke	mind.	33
Calcium	mind.	0,75
Phosphor	mind.	0,55
Natrium	mind.	0,15
b) **Zusatzstoffe** je kg		
Kupfer	mind.	20 mg
Zink	mind.	50 mg
Vitamin A	mind.	4000 I. E.
Vitamin D	mind.	500 I. E.
c) **Umsetzbare Energie**		
ME	mind.	12,5 MJ

Abb. 985 **Beispiel** für die Zusammensetzung: »Alleinfuttermittel I« für Mastschweine bis ca. 50 kg LM.

Molken sind Rückstände bei der Käseherstellung. Ihr Eiweißgehalt ist zwar niedrig, aber hochwertig. Das Nährstoffverhältnis in der Molke gleicht dem von Getreide. Der hohe Milchzuckergehalt wirkt abführend. Deswegen sollte die Molke bei Flüssigfütterung nicht mehr als das Viereinhalbfache der Trockenfuttermenge ausmachen.

Industrielle Mischfutter – Unter **Alleinfuttermittel** versteht man Mischfutter, deren Bestandteile so ausgewählt sind, dass das Nährstoffverhältnis dem Bedarf der Schweine voll entspricht. Man kann also, ohne ein anderes Futtermittel zu verwenden, den gewünschten Erfolg erzielen. Das Futtermittel-Gesetz und die entsprechenden Verordnungen schreiben die Bekanntgabe der Komponenten und des Futterwertes vor.

Ergänzungsfuttermittel haben lediglich die Aufgabe, die *Lücken* an Nähr-, Mineral- und Wirkstoffen in einer Ration zu schließen. Sie werden für verschiedene Bedürfnisse hergestellt, z. B. als Ergänzungsfuttermittel zur Eisenversorgung der Ferkel oder als Ergänzungsfuttermittel für Zuchtsauen.

Für Schweine werden folgende **Futtermischungen** angeboten:

- Milchaustauscher für Ferkel,
- Ergänzungsfutter für Saugferkel,
- Ergänzungsfutter zur Eisenversorgung für Ferkel in den ersten Lebenswochen,
- Ferkel-Aufzuchtfutter I (Alleinfutter),
- Ferkel-Aufzuchtfutter II (Alleinfutter),
- Alleinfutter I (für Mastschweine bis ca. 50 kg LM),
- Alleinfutter II (für Mastschweine ab 50 kg LM),
- Alleinfutter für Mastschweine ab 35 kg LM,
- Ergänzungsfutter I für Mastschweine,
- Ergänzungsfutter II für Mastschweine,
- Alleinfutter für tragende Sauen,
- Alleinfutter für säugende Sauen,
- Ergänzungsfutter für Zuchtsauen,
- Eiweißkonzentrat für Schweine,
- Mineralfutter für Schweine (mit Antibiotika-Zusatz nicht für Zuchtsauen erlaubt!),
- Lysinhaltiges Mineralfutter für Schweine.

3.5.6 Zusammenstellen von betriebseigenen Futtermischungen

Viele Betriebe verwerten das im eigenen Betrieb erzeugte Getreide selbst als Futter in der Schweineproduktion. Bei der Zusammenstellung betriebseigener Futtermischungen geht es um die Lösung folgender Probleme:

- Herstellung eines bestimmten Verhältnisses von zwei Futterwertgrößen zueinander, z.B. ME : RP, ME : Lysin,
- Einstellung eines bestimmten Gehaltes, z. B. 16,5 % RP oder 13,0 MJ ME, bezogen auf 88 % T.

In der Praxis werden diese Aufgaben mit Hilfe von **Futteroptimierungs-Programmen** der EDV gelöst. Deswegen wird hier auf die Darstellung des mathematischen Lösungsweges verzichtet.

Aufgaben:

1. Weshalb sind Schweine auf die Zufuhr essenzieller Aminosäuren angewiesen?
2. Weshalb muss man in der Schweinefütterung dampferhitztes Sojaschrot einsetzen?
3. Futtermischung für Mastschweine aus: 50 % Ergänzungsfutter I (in 1 kg: 220 g RP und 11,2 MJ) und 50 % Weizen (in 1 kg: 110 g RP und 13,8 MJ). Berechnen Sie den Gehalt an RP und MJ in 1 kg Mischung.
4. Futtermischung für Mastschweine aus: 30 % Ergänzungsfutter (in 1 kg: 860 g T, 280 g RP, 10,7 MJ, 75 g RF); 30 % Weizen (in 1 kg: 860 g T, 110 g RP, 13,7 MJ, 25 g RF); 40 % Gerste (in 1 kg: 850 g T; 100 g RP, 12,4 MJ, 45 g RF). Berechnen Sie den Gehalt von 1 kg Mischung an T, RP, MJ und RF.
5. Sojaschrot (45 % RP; 13,0 MJ/kg ME) soll mit einem Getreideschrot gemischt werden. Das Getreideschrot soll aus Gerste (11 % RP; 12,5 MJ/kg ME) und aus Weizen (11,5 % RP; 13,7 MJ/kg ME) im Verhältnis 2 : 1 zusammengesetzt sein. Die Gesamtmischung soll 16 % RP enthalten.
   a) Wie viele g/kg RP und MJ/kg enthält das Getreideschrot?
   b) Wie viel Prozent Sojaschrot und wie viel Prozent Getreideschrot sind zu mischen?
   c) Wie viele MJ/kg enthält die Mischung?
   d) Welches ME:RP-Verhältnis ist in der Mischung gegeben?
6. Aus einem Gerstenschrot (10 % RP; 12,5 MJ/kg) und einem Fischmehl 64 (64 % RP; 14,3 MJ/kg) soll eine Mischung mit einem ME:RP-Verhältnis von 1:12,5 hergestellt werden. Berechnen Sie die Anteile der beiden Komponenten in der Mischung.
7. 20 % Hafer (108 g RP), 30 % Gerste (110 g RP), Weizen (115 g RP) und Eiweißkonzentrat (470 g RP) sind zu einer Mischung zusammenzufügen, die 16,5 % RP enthält. Wie viel Prozent Weizen und wie viel Prozent Eiweißkonzentrat sind einzumischen?
8. Aus 40 % Gerste (100 g RP; 12,6 MJ), 10 % Hafer (110 g RP; 11,3 MJ), Weizen (117 g RP; 13,5 MJ) und Eiweißkonzentrat 46 (460 g RP; 11,2 MJ) ist eine Mischung mit einem ME:RP-Verhältnis von 1:11,4 herzustellen. Wie viel Prozent Eiweißkonzentrat sind einzumischen?
9. Eine Mischung aus 35 % Gerste (100 g RP; 12,5 MJ ME), 10 % Weizenkleie (165 g RP; 9,3 MJ ME), 15 % Hafer (110 g RP; 11,3 MJ ME) und 40 % Weizen (115 g RP; 13,8 MJ ME) ist mit Eiweißkonzentrat 48 (480 g RP; 11,5 MJ ME) so zu mischen, dass die Gesamtmischung ein ME:RP-Verhältnis von 1:14,5 aufweist. Berechnen Sie die Prozentanteile aller Mischungskomponenten.
10. Corn-Cob-Mix (CCM) und Eiweißkonzentrat sollen in einem solchen Verhältnis gemischt werden, dass der RP-Gehalt 16,5 % beträgt, bezogen auf 88 % Trockensubstanz. Unterstellte Werte: CCM: 53 % T, 5,8 % RP, 8,0 MJ/kg; Eiweißkonzentrat: 86 % T, 46 % RP, 11,3 MJ/kg.
    a) Wie viel Prozent soll die Mischung von jeder Mischungskomponente enthalten?
    b) Wie viele Gramm RP und wie viel MJ sind in 1 kg Mischung (bezogen auf 88 % T) enthalten?

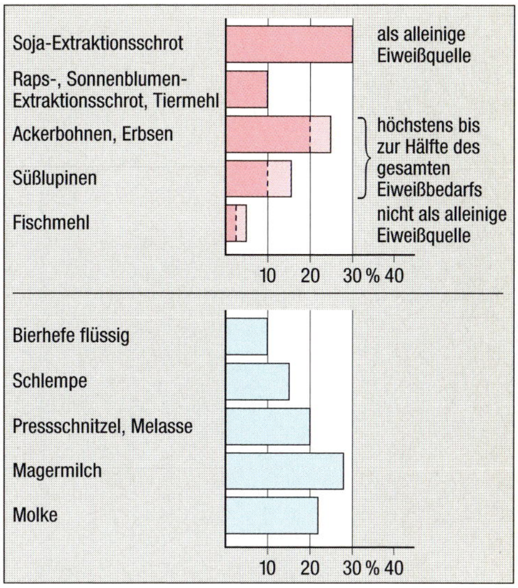

Abb. 986 Empfohlene Höchstanteile (in %) in der Schweinefütterung bei eigenen eiweißreichen Futtermitteln bzw. an der Gesamt-Trockenmasse.

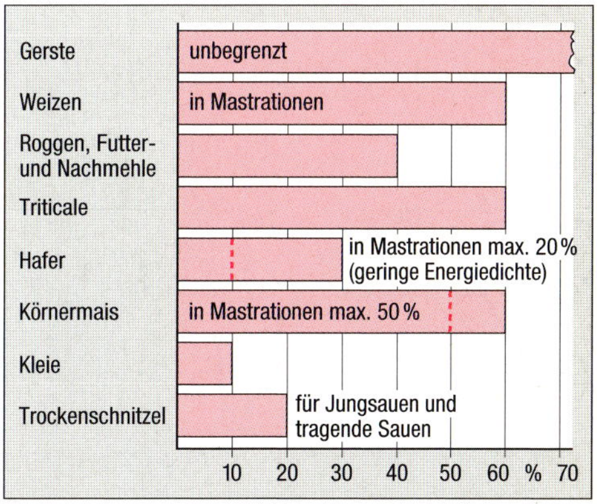

Abb. 987 Empfohlene Höchstanteile (in %) einiger kohlenhydratreicher Futtermittel an der Futterration von Schweinen.

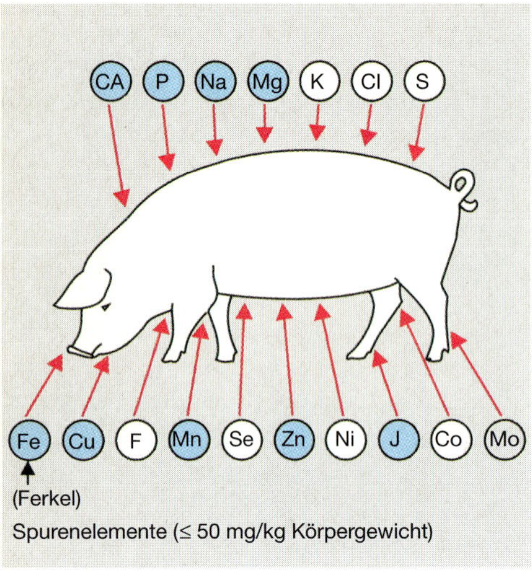

Abb. 988 Essenzielle Spurenelemente für die Ernährung des Schweines.

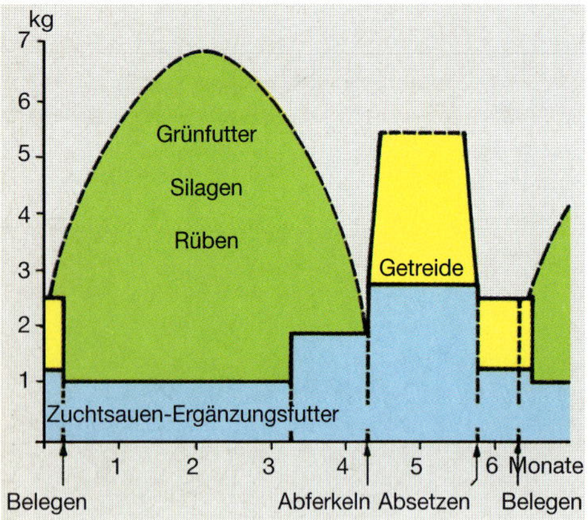

Abb. 989 Fütterungsschema für die kombinierte Fütterung von Zuchtsauen.

3.6 Fütterung und Haltung der Zuchtsauen

Der Einfluss der Fütterung der Zuchtsauen auf die Wurfgröße und das Absetzgewicht ist größer als die Erblichkeit. Daher kommt der Fütterung große Bedeutung zu.

3.6.1 Bedarf an Nährstoffen, Mineralstoffen und Vitaminen

Die Gesellschaft für Ernährungsphysiologie der Haustiere hat für Zuchtsauen die in Tabelle 81 genannten Empfehlungen gegeben.

Tabelle 81 Richtwerte zum täglichen Nähr- und Mineralstoffbedarf von Zuchtschweinen

Zuchtschweine	ME MJ	RP g	Lysin g	Ca g	P g	vP g	Na g
Zuchtsauen:							
niedertragend[1])	27	280	12,0	7,5	5,5	2,7	5,0
hochtragend[1])	31	320	13,5	18,0	13,0	6,3	5,5
säugend[2]) (10 Ferkel)	66	860	46,0	50,0	30,0	16,5	10,0
(12 Ferkel)	74	960	51,0	55,0	33,0	18,5	11,0
Absetzen bis Decken	33	430	23,0	9,0	6,5	3,3	5,0

[1]) Sauen mit mehr als 200 kg beim Belegen brauchen je 10 kg Körpermasse einen Zuschlag von 1 MJ ME. Zwischen Jungsauen (Wachstum) und Altsauen (Erhaltungsbedarf) wird nicht unterschieden.

[2]) Die Bedarfsempfehlung für säugende Sauen berücksichtigt eine vierwöchige Säugeperiode mit einer Wurfgröße von 10 Ferkeln (Jungsauen) bzw. 12 Ferkeln (Altsauen). Als Beifutteraufnahme werden je Wurf 12 kg angenommen.

3.6.2 Fütterungsmethoden

Kombinierte Fütterung – Von kombinierter Fütterung spricht man, wenn die Zuchtsauen *betriebseigenes Grundfutter* (Saftfutter) erhalten und das Nährstoffdefizit (⅔–¾ des gesamten Nährstoffbedarfs) durch eine entsprechende *Kraftfuttergabe* aufgefüllt wird.

Als Grundfutter dient im **Sommer** Weidegang oder Grünfutter, das im Stall verfüttert wird. Zuchtsauen nehmen davon ca. 12 kg täglich auf und decken damit ihren *Eiweißbedarf* nach Menge und Qualität vollständig, wenn es sich um junges Grünfutter handelt.

Zur Ergänzung des *Energiebedarfs* müssen an leere und niedertragende Tiere täglich 0,5 kg Getreideschrot dazugefüttert werden. 30 g vitaminierte Mineralstoffmischung decken den fehlenden Betrag an Mineralstoffen und Vitaminen.

Hochträchtige Tiere erhalten zum Ausgleich täglich 1,5–2 kg Kraftfutter, das in seiner Zusammensetzung dem Zuchtsauen-Alleinfutter entsprechen sollte. Während der Säugezeit ist der Nährstoffbedarf so hoch, dass *ausschließlich* Kraftfutter in einer Menge von 0,5 kg/Ferkel gegeben wird.

Im **Winter** stellen *Gärfutter* und *Futterrüben* das Grundfutter. *Silage* muss besonders bei trächtigen Tieren einwandfrei vergoren und schimmelfrei sein. Erhalten Zuchtsauen Maissilage oder Futterrüben bis zur Sättigung, so ist zur Deckung des Nährstofffehlbetrages *Zuchtsauen-Ergänzungsfutter* in Mengen von 1 bzw. 2 kg täglich erforderlich.

Kartoffeln sollten nur in geringen Mengen an Zuchtsauen verfüttert werden, weil dabei leicht eine *Überversorgung* an Energie eintreten kann. *Grünmehl* oder *Cobs* können für niedertragende Sauen ein betriebseigenes Grundfutter sein, das bei einer Aufnahme von 3 kg den täglichen Nährstoffbedarf deckt. Die geringe Verdaulichkeit hindert im weiteren Verlauf der Trächtigkeit den Einsatz.

Alleinfütterung – Hier werden die Zuchtsauen nur mit *einer* Futtermischung gefüttert, die entweder fertig zugekauft oder selbst unter Verwendung von Getreideschrot und Eiweißkonzentrat gemischt wird. Der Vorteil dieser Methode liegt in der *leichter* zu regelnden Nährstoffversorgung, weil der Gehalt der Mischung stets gleich bleibt, im *geringeren* Arbeitsaufwand (leichte Dosierung und Lagerung) und in der *gleichen* Futterzusammensetzung (Schwankungen in der Qualität wie bei Saftfutter sind weitgehend ausgeschlossen). Diese Vorteile wiegen manchmal den Nachteil der etwas höheren Futterkosten bei dieser Methode auf.

Zuchtsauen-Alleinfutter erfüllt neben den Nährstoffansprüchen auch die an Mineralstoffe und Vitamine. Die notwendigen Futtermengen lassen sich anhand der *Bedarfs-Richtzahlen* der Zuchtkondition und der *Gehaltswerte* des Futters ableiten.

So ergibt sich folgender **Futterplan** (pro Tier und Tag):

niedertragend	2–2,5 kg	
hochtragend, leer	3 kg	
Säugezeit	6 kg	(1,5 kg für den Erhaltungsbedarf der Sau, 0,5 kg für jedes Ferkel)

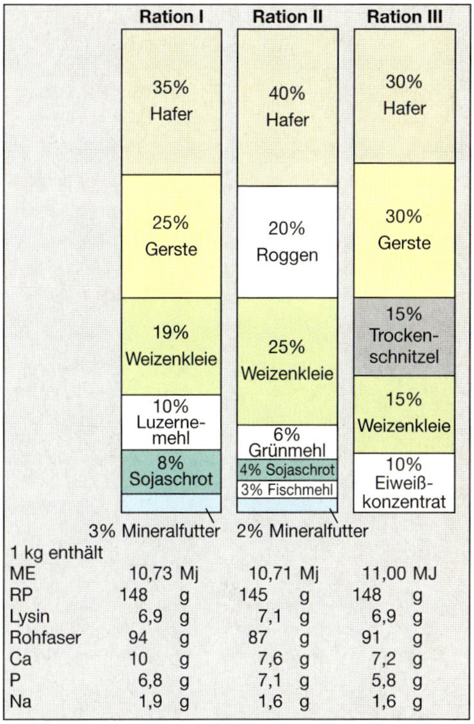

Abb. 990 **Beispiele** für Mischungen zur Alleinfütterung tragender Zuchtsauen.

Abb. 991 **Beispiele** für Mischungen für säugende Sauen.

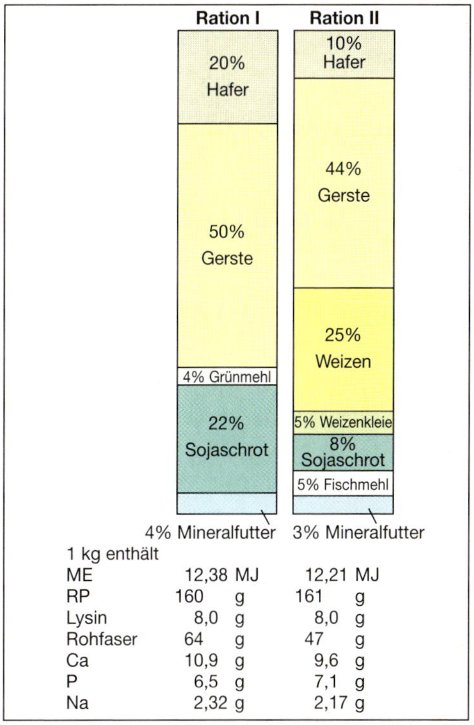

3.6.3 Berechnung der Futterration

Die Berechnung der Futterration soll an einem Beispiel gezeigt werden. Die Arbeitsschritte sind stets die gleichen, wenn auch heute vielfach EDV-Programme für die Optimierung der Futtermischungen und zur Berechnung der Ration eingesetzt werden. Dabei werden der Gehalt an Trockenmasse, Rohfaser, Rohprotein und leicht ins Minimum geratender Aminosäuren und Mineralstoffe berücksichtigt.

Beispiel: Ein Betrieb füttert an seine niedertragenden Zuchtsauen eine Hofmischung aus 30 % Gerste, 20 % Hafer, 20 % Weizenkleie, 20 % Trockenschnitzel, 5 % Sojaschrot, 2 % Fischmehl (60–65 % RP) und 3 % Mineralfutter. Wie viele kg dieser Mischung sind je Zuchtsau und Tag in dieser Phase zu füttern?

Sauen sollen während der Trächtigkeit ca. 40 kg Gewicht zunehmen.

Bei Jungsauen ist eine Zunahme von 50 kg normal. Bei ausgewachsenen Sauen muss eine erhöhte Gewichtszunahme (Verfettung) unbedingt vermieden werden, weil dies den Geburtsvorgang verzögert (Wehenschwäche), Gesäugeentzündungen fördert, die Fresslust herabsetzt und die Schwerfälligkeit der Sau (Erdrückungsgefahr für die Ferkel) erhöht.

1. Schritt: Ermitteln des Nährstoffgehaltes in 1 kg der einzelnen Mischfutter-Komponenten mit Hilfe der Futterwerttabelle

Futtermittel	T g	RP g	Lysin g	ME MJ	Roh-faser g	Ca g	P g	Na g	Meth. + Cys. g	Thr. g	Try. g
Gerste	870	104	3,7	12,26	59	0,6	3,6	0,75	3,6	3,6	1,3
Hafer	870	108	4,3	11,14	101	1,0	3,0	0,33	4,0	3,7	1,4
Weizenkleie	880	143	6,1	9,07	108	1,6	11,4	0,47	5,0	5,4	2,4
Trockenschnitzel	906	88	–	8,41	183	8,8	1,0	2,18	–	–	–
Sojaschrot	870	448	28,7	12,97	62	2,7	6,1	0,20	13,4	17,9	5,8
Fischmehl	900	620	53,3	14,03	4	42,8	25,4	8,77	24,2	27,9	7,4
Mineralfutter	–	–	–	–	–	220,0	70,0	50,0	–	–	–

2. Schritt: Berechnen des Nährstoffgehaltes von 1 kg Futtermischung
Nährstoffgehalt = Anteil [kg] · Nährstoffgehalt der Komponente

Anteil	T g	RP g	Lysin g	ME MJ	Roh-faser g	Ca g	P g	Na g	Meth. + Cys. g	Thr. g	Try. g
0,3 kg Gerste	261	31,2	1,1	3,68	18	0,2	1,1	0,23	1,1	1,1	0,4
0,2 kg Hafer	174	21,6	8,6	2,23	20	0,2	0,6	0,07	0,8	0,7	0,3
0,2 kg Weizenkleie	176	28,6	1,2	1,81	22	0,3	2,3	0,09	1,0	1,1	0,5
0,2 kg Trockenschn.	181	17,6	–	1,68	37	1,8	0,2	0,44	–	–	–
0,05 kg Sojaschrot	44	22,4	1,4	0,65	3	0,1	0,3	0,01	0,7	0,9	0,3
0,02 kg Fischmehl	18	12,4	1,1	0,28	–	0,9	0,5	0,18	0,5	0,6	0,1
0,03 kg Mineralfutter	–	–	–	–	–	6,6	2,1	1,50	–	–	–
1,00 kg Mischung	854	133,8	13,4	10,33	10,0	10,1	7,1	2,52	4,1	4,4	1,6

3. Schritt: Berechnen des Bedarfs je Tag und Tier

$$\text{Tägliche Futtermenge} = \frac{\text{täglicher Energiebedarf/Tier}}{\text{Energiegehalt/kg Futter}} = \frac{25\ \text{MJ}}{10{,}33\ \text{MJ/kg}} = 2{,}42\ \text{kg} \approx 2{,}4\ \text{kg}$$

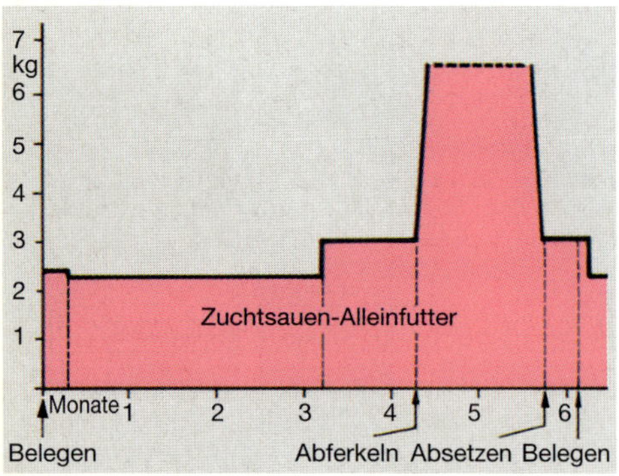

Abb. 992 Fütterungsschema für die Alleinfütterung von Zuchtsauen.

Fütterungstechnik – Niedertragende Sauen sollen Grundfutter bis zur *Sättigung* erhalten, damit sich ihr Verdauungskanal *ausweitet* und sie in der Lage sind, während der Säugezeit genügend Kraftfutter aufzunehmen. Wasser muss über eine Selbsttränke stets zur Verfügung stehen.

Eine *Kontrolle* der Futterzuteilung und des Futterverbrauchs ist nur bei *Einzelfütterung* möglich. Schwächere Tiere dürfen bei Gruppenhaltung nicht abgedrängt werden können (Fressstände!).

Die Alleinfuttermethode zwingt bei **niedertragenden** Sauen zur Einzelfütterung, weil die Tiere bei diesem Verfahren nicht ganz gesättigt werden und damit schwächere Tiere beim Fressen erheblich benachteiligt würden. Die Beigabe von gehäckseltem Heu oder die Einstreu mit sauberem Stroh gibt deswegen den Tieren die Möglichkeit, *satt* zu werden, und bringt damit mehr *Ruhe* in den Stall.

Säugende Sauen erhalten täglich 2 Mahlzeiten, tragende werden nur einmal am Tage gefüttert. Die *Tröge* sind vorher zu reinigen. Grünfutter muss *täglich frisch* geerntet und am besten *gehäckselt*

werden. Rüben werden *geschnitzelt* verfüttert. Getreide darf nicht mehlig fein geschrotet werden.
Hochträchtige Sauen neigen zu Verstopfungen, deswegen sollte Alleinfutter für Sauen einen *höheren* Rohfaseranteil (ca. 9 %) aufweisen. Kurz vor dem **Ferkeln** sollte das Futter *suppig* (Wasser, Haferschrot und Weizenkleie) verabreicht werden.
Eine Woche **vor dem Absetzen** der Ferkel wird die Kraftfuttergabe täglich um 1 kg *verringert,* um einerseits die Milchleistung zu verringern und damit die Ferkel an die vermehrte Aufnahme von Ergänzungsfutter zu gewöhnen und andererseits die Sau auf die veränderte Fütterung nach dem Absetzen vorzubereiten.

3.6.4 Zuchtsauenhaltung und -ställe

Aus der **Schweinehaltungs-Verordnung** ergeben sich folgende Vorgaben für die Haltung von Schweinen:
- Der Boden muss im Aufenthaltsbereich der Schweine rutschfest und trittsicher sein.
- Ein Boden mit Löchern, Spalten oder sonstigen Aussparungen darf keine Verletzungen an Klauen und Gelenken hervorrufen. Er muss auf die Größe und das Gewicht der Tiere ausgelegt sein.
- Metallgitter aus geschweißtem oder gewobenem Drahtgeflecht müssen ummantelt sein. Draht plus Mantel dürfen einen Durchmesser von 9 mm nicht unterschreiten.
- Der Liegebereich nicht abgesetzter Ferkel ist entweder ausreichend einzustreuen oder er muss wärmegedämmt und beheizbar sein. Perforierte Böden sind nur erlaubt, wenn die Spalten abgedeckt sind.
- In Zuchtschweineställe, die nach dem 31. Dezember 1989 fertig gestellt worden sind, darf der Liegebereich nicht voll perforiert sein. Bei Einzelhaltung ist eine Perforation nur im hinteren Bereich der Liegefläche erlaubt, so dass Kot durchgetreten werden und Harn abfließen kann.

Zuchtsauenställe – Die natürlichste Form der Haltung ist die *Weidehaltung.* Aus arbeitswirtschaftlichen Gründen geht sie allerdings immer mehr zugunsten der ganzjährigen Stallhaltung zurück.
In größeren Beständen ist in der Sauenhaltung aufgrund der Hygieneanforderungen und der unterschiedlichen Temperaturansprüche der Sauen eine Trennung der **Funktionsbereiche** erforderlich:
- **Deckstall** für leere Sauen und Deckzentrum,
- **Wartestall** für tragende Sauen und Jungsauen,
- **Abferkelstall** für Ferkel führende Sauen,
- **Ferkelaufzuchtstall** für Ferkelaufzucht (2-phasig).

Bei einem 24-wöchigen Produktionszyklus ergeben sich folgende **Aufenthaltszeiten** je Tier:
- 6 Wochen im Deckzentrum,
- 12 Wochen im Wartestall,
- 6 Wochen im Abferkelstall.

Schweineställe sollen nicht unter 2,50 m, aber auch nicht über 3,00 m hoch sein. Der Raumbedarf ergibt sich aus der Zahl der Zuchtsauen, der Säugezeit, der Buchtengröße, der Belegdauer

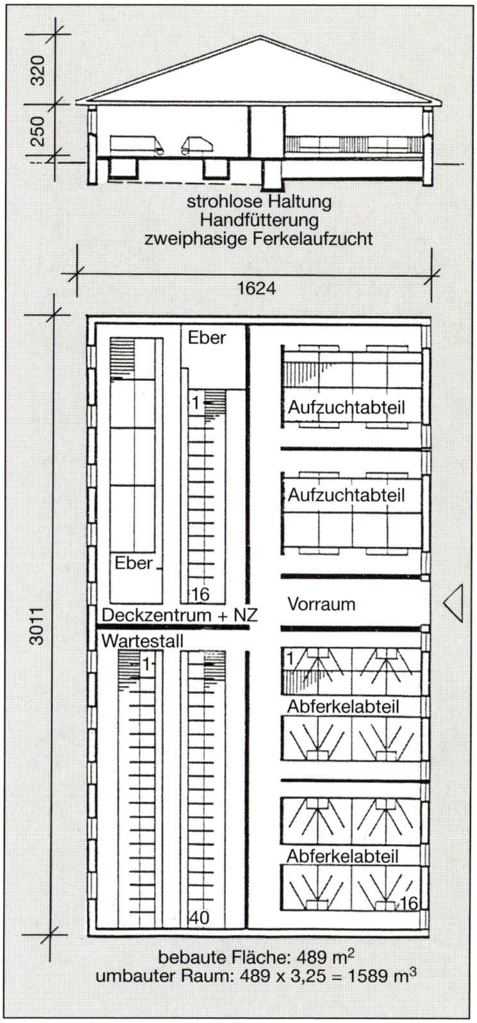

Abb. 993 Zuchtsauenstall für 64 Sauen und Nachzucht (Rein-Raus-Verfahren, 25 kg Ferkelverkaufsgewicht, 8 Sauengruppen à 8 Sauen; Maße in cm).

Abb. 994 Regelmäßiger Weidegang fördert die Gesundheit und Verdauung, verstärkt die Brunstsymptome und verbilligt die Haltung.

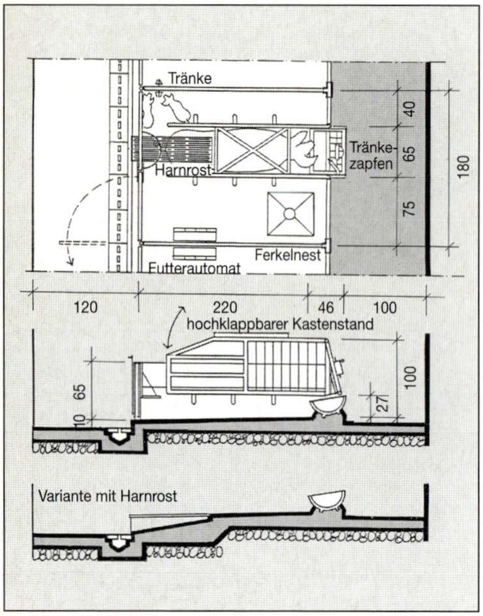

Abb. 995 Abferkelbucht mit Kastenstand und Festmist (Maße in cm).

Abb. 996 Unten links: Gruppenhaltung in einer Sammelbucht mit Fressständen für Sauen (Maße in cm).

Abb. 997 Unten rechts: Gruppenhaltung in einer Sauenhütte mit Fress- und Mistplatz im Freien (Maße in cm).

der einzelnen Abteilungen sowie dem Verkaufsgewicht der Ferkel. Auf 20–25 Sauenplätze rechnet man 1 Eberplatz.

Haltungsformen – Man unterscheidet *Einzel-* und *Gruppenhaltung*. Die Einzelhaltung findet wegen der Vorteile bei der Fütterung immer mehr Anwendung.

Leere und tragende Sauen werden bei Neuplanung einzeln in Kastenständen gehalten.

Vorteile der Einzelhaltung sind Ruhe für die Tiere und Platzersparnis.

Eine Anbindehaltung für Neubauten ist bereits seit 1. Januar 1996 verboten, ab 2006 gilt dieses Verbot auch in alten Ställen. Abb. 1000 gibt einen Überblick und einen Vergleich der Haltungsformen.

Gruppenhaltung → Weidehaltung
Gruppenhaltung → Tieflaufstall mit Einzelfressständen
Gruppenhaltung → Fress-Liegebuchten

Einzelhaltung → Kastenstände

Voraussetzung für eine *computergesteuerte Abruffütterung* ist die **Gruppenhaltung.** Die Futterzuteilung erfolgt in der Futterstation, die nur einen Fressplatz hat, wobei alle Tiere der Gruppe einzeln nacheinander gefüttert werden. Pro Station können etwa 40–50 Sauen gehalten werden.

Die Vorteile der Abruffütterung für Sauen bestehen darin, dass auch Altgebäude gut genutzt werden können, die Fütterung automatisch erfolgt, jedes Tier aber individuell gefüttert werden kann. Die bessere Bewegungsmöglichkeit wirkt sich zudem vorteilhaft auf die Tiergesundheit aus und führt zu geringeren Geburtsproblemen.

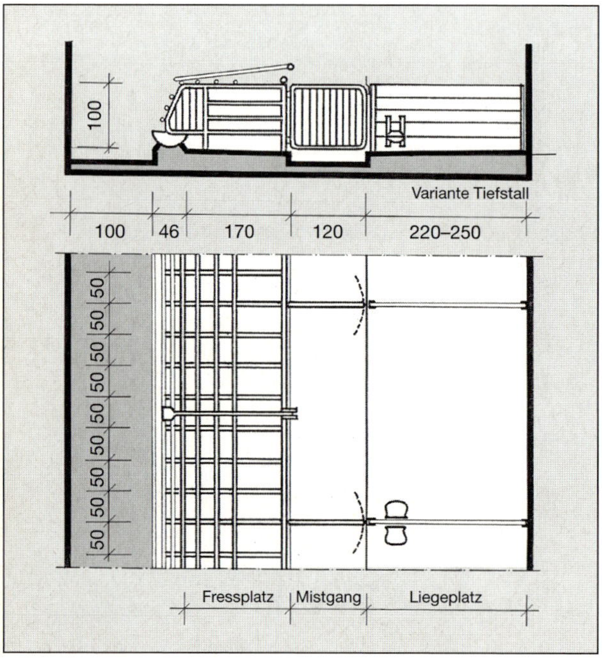

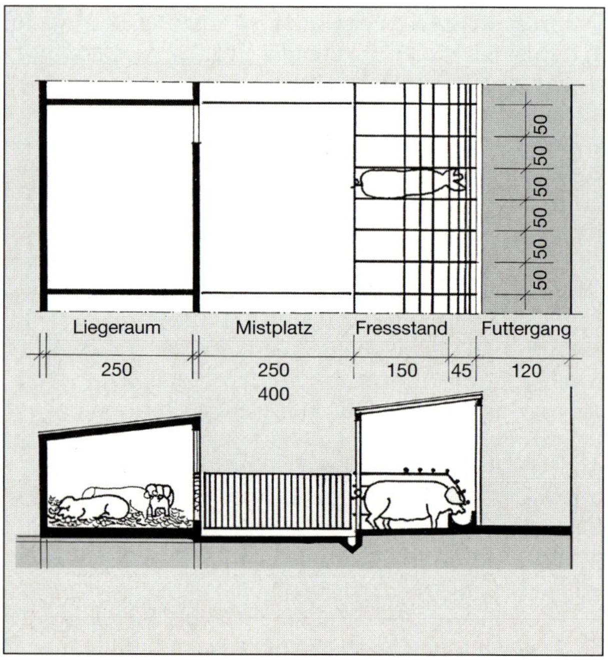

In der Futterstation werden die Sauen durch einen Sender identifiziert, den sie entweder an einem Gurt um den Hals tragen oder der wie eine Ohrmarke in das Ohr gezogen wird. Die Abruffütterung kann sowohl mit Trocken- als auch mit Flüssigfutter betrieben werden.

Die Hüttenhaltung ist die flächenaufwändigste Form der Gruppenhaltung für tragende Sauen. Das Einstreuen, Räumen und Desinfizieren der Hütten bedeutet viel Handarbeit. Aus tierschützerischer Sicht ist die Hüttenhaltung allerdings eine besonders tiergerechte Aufstallung.

Einzelhaltung ist ohne elektronische Hilfen die Voraussetzung für eine *individuelle* Fütterung der Sauen. Sie bringt mehr *Übersicht* und mehr *Ruhe* im Stall. Allerdings sind die Tiere in ihrer *Bewegungsfreiheit* erheblich eingeschränkt (Anbindung). Der Platzbedarf/Tier ist bei dieser Haltungsform am geringsten. Die Abb. 999 gibt einen Überblick und einen Vergleich der Haltungsformen.

Für die Stallhaltung gilt:

Die eingestreute Bucht ist in jedem Fall tiergemäßer als die einstreulose Haltung.

Deckzentrum – Für Herden über 60 Sauen ist ein eigenes Deckzentrum erforderlich. Die abgesetzten Sauen haben hier eine Verweildauer von 5–6 Wochen. Für etwa 25 Sauen ist 1 Eberbucht zu errichten. Zusätzlich wird zunehmend auch die künstliche Besamung eingesetzt.

Jungsauen stehen zur Angewöhnung in der Nähe der Eberbucht. Im Deckstall soll der Eber zur Stimulation der Sauen freie Bewegung haben, um mit den Sauen Kontakt aufnehmen zu können.

Besondere Haltungsgrundsätze – Zuchtschweine sollen

- ruhig behandelt und weder geschlagen noch gestoßen werden; die Stallarbeit soll so rasch wie möglich verrichtet werden, damit die Tiere genügend Ruhe haben;
- genügend Einstreu erhalten, da ein warmes und weiches Lager das Wohlbefinden fördert; täglich ist zu entmisten.

Abb. 998 Anbindebuchten mit Schultergurten für Zuchtsauen.

Abb. 999 Nach der Belegung einer Bucht ist eine Desinfektion nötig.

Abb. 1000 Vergleich der Haltungsformen (Stallhaltung, Maße in cm).

Einzelhaltung	Gruppenhaltung	
Kastenstand	**Fress-Liegebucht**	**Tieflaufstall** mit Einzelfressplätzen
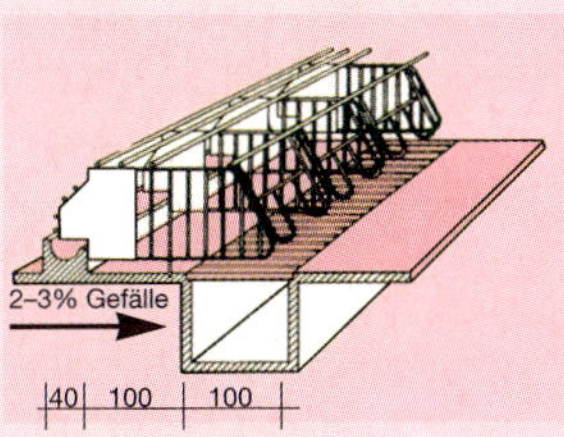	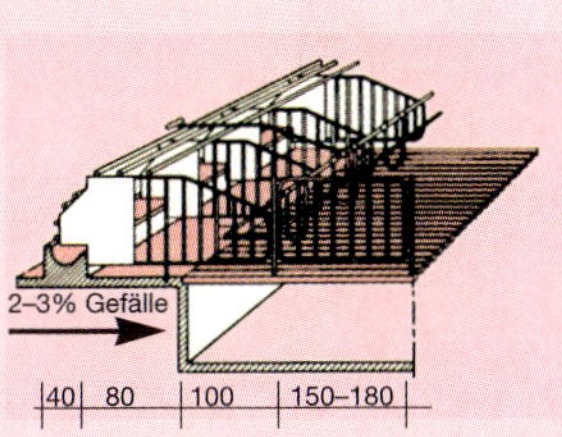	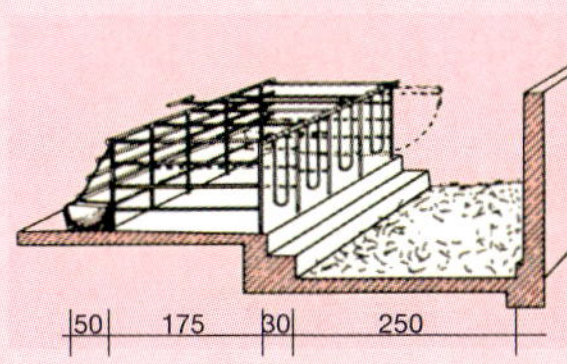
Stallfläche m²/Sau 2,60	2,73	2,75
Beurteilung Einzelhaltung; einfaches Umstallen, teure Einrichtung; hintere Buchtenhälfte kann mit Spaltenboden ausgestattet sein	Möglichkeit zur Gruppenhaltung; Tiere können sich ausreichend bewegen; Liegeplatz besteht aus Spaltenboden, daher keine Einstreu nötig	Voraussetzung: reichliche Einstreu; gute Bewegungsmöglichkeit für die Sauen; hauptsächlich für Betriebe, die vorhandene Altgebäude nutzen können (hoher Raumbedarf)

Abb. 1001 Gruppenhaltung von Zuchtsauen.

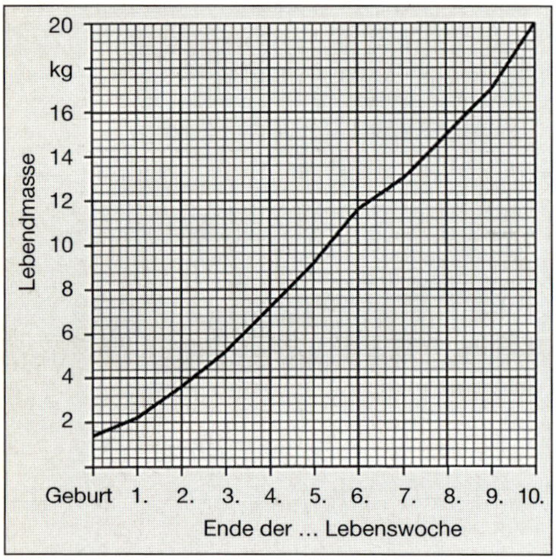

Abb. 1002 Gewichtsentwicklung bei Ferkeln.

Abb. 1003 Schema der arbeitsteiligen Ferkelaufzucht.

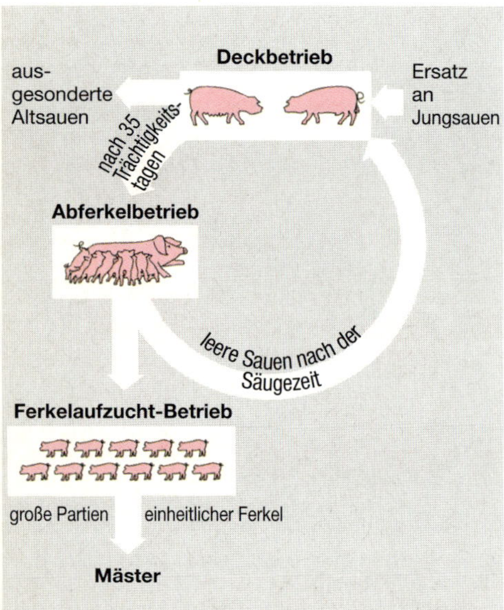

Aufgaben:

1. Berechnen Sie den Gehalt je kg an ME, Rohprotein und Lysin in einer Mischung aus 40 % Hafer, 24 % Gerste, 25 % Weizenkleie, 8 % Sojaschrot und 3 % vitaminiertes Mineralfutter.
2. Was versteht man unter kombinierter Fütterung der Zuchtsauen?
3. Welche Leistungsphasen unterscheidet man bei der Zuchtsau?
4. Beschreiben Sie die wichtigsten Haltungsformen für Zuchtsauen.
5. Beschreiben Sie die Arbeitsschritte für die Berechnung einer Futterration für Schweine.
6. Welche Bestimmungen enthält die Schweinehaltungs-Verordnung für die Ställe?

3.7 Ferkelaufzucht

3.7.1 Verfahren

Haltung und Hygienemaßnahmen wurden bereits besprochen (siehe Seite 361).

Absetzen – Die Schweinehaltungs-Verordnung schreibt vor, dass Ferkel erst abgesetzt werden dürfen, wenn sie durchschnittlich mindestens 5 kg schwer sind. In der Praxis wird zwischen der 3. und 5. Lebenswoche der Ferkel abgesetzt. Damit können Absetzgewichte von bis zu 10 kg und 2,2 Würfe/Sau und Jahr erreicht werden.

In kleinen Sauenbeständen werden häufig *kombinierte* Abferkel-/Aufzuchtbuchten benutzt. Die Ferkel bleiben bis zum Mastbeginn oder zum Verkauf mit etwa 25 kg LM in derselben Bucht. Dieses Verfahren wird als **1-phasige Ferkelaufzucht** bezeichnet. Vorteil ist ein geringerer Stress für die Tiere, Nachteil ist ein größerer Arbeitsaufwand.

Von **2-phasiger Ferkelaufzucht** spricht man, wenn die Ferkel nach dem Absetzen in eigene Ferkelställe, z.B. *Flatdecks, Ferkelveranden* oder eingestreute *Tieflaufställe,* gebracht werden. Dabei ist zu beachten, dass Futter- und Stallwechsel nie gleichzeitig erfolgen sollten.

Arbeitsteilige Ferkelaufzucht – Darunter versteht man die Arbeitsteilung zwischen mehreren Betrieben in 3 Stufen:

- Der **Deckbetrieb** erhält die abgesetzten, leeren Sauen und lässt sie decken. Nach ca. 32 Trächtigkeitstagen gibt er sie an den Wartebetrieb zurück. Gleichzeitig ergänzt er den Bestand laufend durch Jungsauen.
- Der **Wartebetrieb** hält die trächtigen Jungsauen bis 1 Woche vor dem Abferkeln.
- Der **Abferkelbetrieb** übernimmt die hochträchtigen Sauen vom Wartebetrieb in Gruppen (Rein-Raus-Methode). Nach dem Absetzen der Ferkel gibt er die Sauen an den Deckbetrieb zurück.

3.7.2 Ferkelfütterung

Gewichtsentwicklung – Die Entwicklung der Ferkel hängt eng mit deren *Geburtsgewicht* zusammen. Es sollte 1,5 kg betragen. Leichtere Ferkel erleiden öfter Entwicklungsstörungen. Im Alter von 3 Wochen sollten sie knapp 6 kg, mit 6 Wochen etwa 12 kg und nach 9 Wochen ca. 23 kg Lebendmasse besitzen.
Nährstoffbedarf und Futtermittel – Der Nährstoffbedarf steigt mit der Höhe der angestrebten Tageszunahmen (siehe Abb. 1004). Ferkel brauchen als erste Nahrung unbedingt die *Biestmilch* (Schutzwirkung). Die Milchleistung der Sau kann nur über die Entwicklung der Ferkel abgeschätzt werden. Um einen Wurf mit 10 Ferkeln gegen Ende der 3. Lebenswoche voll zu ernähren, wäre eine Milchleistung von mindestens 11 l täglich nötig. Dies wird kaum erreicht. Deswegen sollte den Ferkeln ab der 1. Woche *zusätzlich* Futter angeboten werden.
Dazu eignet sich ein energiereiches und rohproteinarmes **Ergänzungsfutter für Saugferkel** (Prestarter). Es wird später durch **Ferkelaufzuchtfutter** (Alleinfutter) ersetzt. Dies kann auch als *Eigenmischung* hergestellt werden. Hier muss auf die Ansprüche hinsichtlich der Aminosäuren und ihr gegenseitiges Verhältnis geachtet werden. Der Bedarf an Prestarter beläuft sich auf ca. 2 kg, der von Aufzuchtfutter auf ca. 30–35 kg (Endgewicht: 27–30 kg). Die täglichen Zunahmen sollen um 400 g pendeln.
Fütterungstechnik – Ergänzungsfutter für Saugferkel wird zuerst mehrmals täglich in kleinen Mengen entweder auf den Boden der Bucht gestreut oder in flachen Schalen angeboten. Die Gefäße sind anfangs mehrmals täglich zu reinigen, Reste sorgfältig zu entfernen. Ferkelaufzuchtfutter wird später in *Automaten* zur beliebigen Aufnahme angeboten.
Ferkel brauchen von Anfang an genügend sauberes, nicht zu kaltes Wasser. Die Wasserversorgung erfolgt dabei meist über Selbsttränken; bewährt haben sich Niederdrucktränken, die von einem Vorratsbehälter gespeist werden.

Zu später Beginn der Beifütterung, plötzlicher Futterwechsel, mangelhafte Wasserversorgung und Aufnahme von Sauenfutter sind die häufigsten Fütterungsfehler.

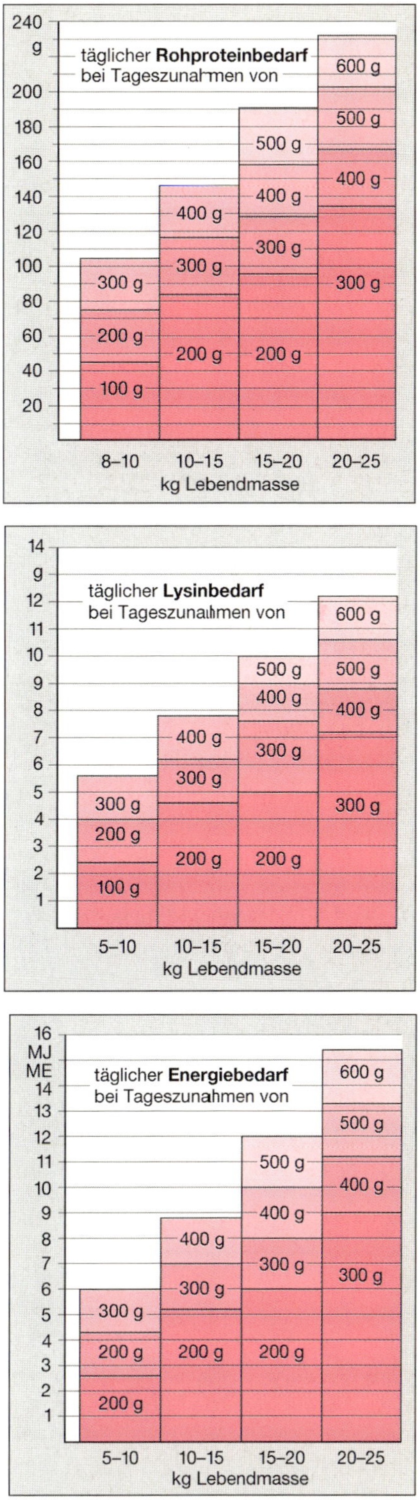

Abb. 1004 Der tägliche Bedarf der Ferkel an Rohprotein, Lysin und Energie hängt eng mit den angestrebten Tageszunahmen zusammen.

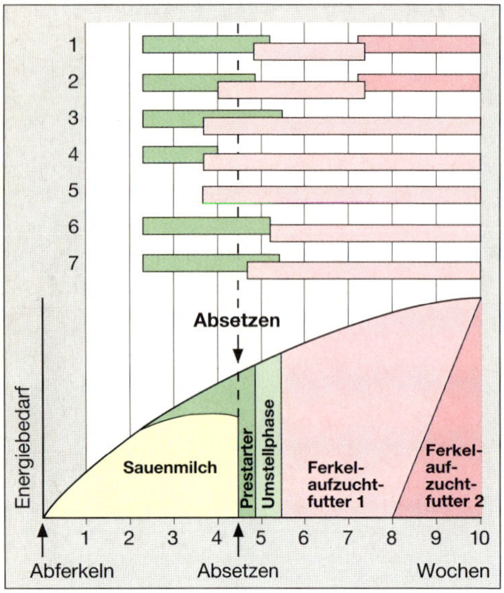

Abb. 1005 Möglichkeiten der Ferkelfütterung (Schema).

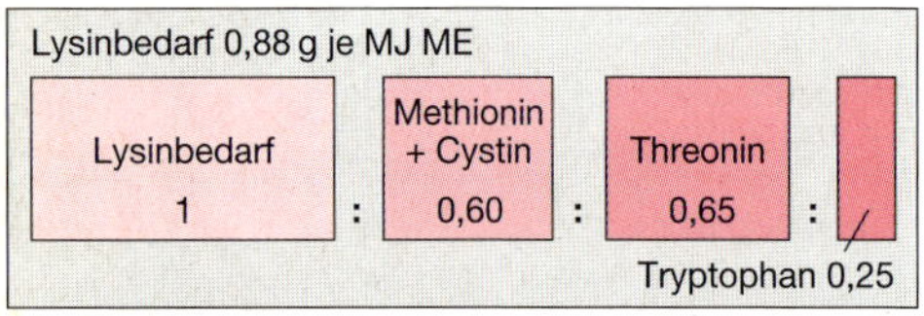

Abb. 1006 Aminosäurenmuster für Ferkelfutter.

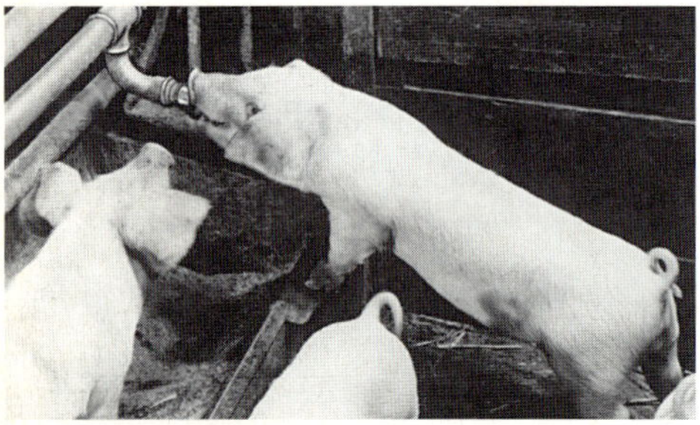

Abb. 1007 Nippeltränke für Ferkel.

Abb. 1008 Je kürzer die Säugezeit, desto größer die Zahl der Würfe in einem Jahr.

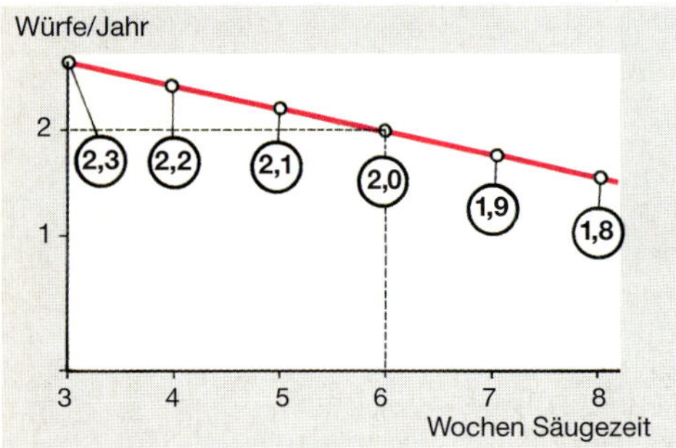

Tabelle 82: Deckungsbeitrags-Rechnung Ferkelaufzucht

Deckungsbeitrag des Produktionsverfahrens Ferkelerzeugung

Standard-Leistungsdaten:		Preise (einschließlich MwSt.):	
Wurfabstand	173 Tage	Ferkel (27 kg LM)	111 DM
Würfe/Sau und Jahr	1,97	Altsau (155 kg LM)	388 DM
Ferkel/Wurf geboren	9,85	Jungsau (Zukauf)	610 DM
aufgezogen	9,10		
Ferkel/Sau und Jahr aufgezogen	18,25		
Bestandsergänzung	38 %		

Marktleistung:

18,25 Ferkel × 111 DM/Ferkel	=	2025 DM
0,38 Altsau × 388 DM	=	147 DM
insgesamt		2172 DM

variable Kosten:

Bestandsergänzung		
0,38 Jungsau × 610 DM	=	232 DM
Sauenfutter		
10,6 dt × 40,50 DM	=	429 DM
Ferkelfutter		
7,2 dt × 58,00 DM	=	418 DM
Energie, Wasser	=	90 DM
Tierarzt, Medikamente, Hygiene	=	72 DM
Decken, Besamen	=	58 DM
Verluste (2,5 % der Marktleistung)	=	54 DM
Summe variable Kosten		1353 DM

Deckungsbeitrag:

Marktleistung	2172 DM
– variable Kosten	1352 DM
	819 DM je Sau

Aufgaben:

1. In welchem Zusammenhang stehen Geburtsgewicht und Gewichtsentwicklung der Ferkel?
2. Beschreiben Sie das Absetzen der Ferkel.
3. Welches sind die häufigsten Ursachen für Ferkelverluste?
4. Ein Ferkelaufzuchtfutter kostet 58,50 DM/dt. Es enthält 12,5 MJ ME. Wie viel DM kosten 10 MJ?
5. Ein Aufzuchtfutter enthält 31 % Soja-Extraktionsschrot, 53 % Weizen, 12 % Gerste und 4 % Mineralfutter (21 % Ca, 7 % P, 5 % Na).
   a) Berechnen Sie den Gehalt an Rohprotein, Lysin, Rohfaser, Energie, Ca, P und Na in 1 kg Mischung.
   b) Vergleichen Sie mit den Richtwerten für Ferkelaufzuchtfutter I (12,6 MJ; 11 g Lysin; 180 g RP; max. 60 g RF; 9 g Ca; 7 g P; 2 g Na).
6. Berechnen Sie den Gehalt an Rohprotein, Lysin, Rohfaser, Energie, Ca, P und Na in 1 kg Mischung aus 21 % (Normtyp), 5 % Fischmehl (66 % RP), 5 % Leinsamen, 26 % Gerste, 40 % Weizen und 3 % Mineralfutter (wie Aufgabe 5).

3.8 Fütterung und Haltung der Zuchtläufer und Eber

Bedarfsempfehlungen – Für die Versorgung mit Energie, Protein und Wirkstoffen gelten die Empfehlungen der Tabelle 83.

Tabelle 83: Richtwerte für die Energie-, Protein-, Mineralstoff- und Vitaminversorgung der Zuchtläufer

Lebens-abschnitt	ME MJ	RP g	Lysin g	Ca g	P g	vP g	Na g
Jungsauen:							
30– 60 kg LM	19	280	14	11,0	8,0	4,0	1,9
60– 90 kg LM	27	330	17	14,0	10,0	5,0	2,5
90–110 kg LM	30	280	14	13,0	8,0	4,5	3,0
Jungeber:							
30– 60 kg LM	21	320	18	12,0	8,5	4,5	2,0
60– 90 kg LM	27	420	23	15,0	10,0	5,5	2,5
90–120 kg LM	31	430	24	14,0	9,0	5,0	3,0
Deckeber:							
120–180 kg LM	30	450	24	20,0	14,5	7,5	3,0
über 180 kg LM[1])	30	450	24	20,0	14,5	7,5	3,0

[1]) Bei intensiver Zuchtnutzung haben sich zur Erzielung ausreichender Spermamengen tägliche Lysingaben von 35–40 g bewährt (Lys. : [M + C] = 1 : 0,7).

Fütterung weiblicher Zuchtläufer – Weibliche Zuchtläufer sollen bis zum ersten Decken (3. Brunst) zwischen 110 und 120 kg wiegen, sie sind dann etwa 7½ bis 8 Monate alt. Es ist dabei eine tägliche Zunahme von ca. 600 g anzustreben.
Weidegang wirkt sich vorteilhaft auf die Tiergesundheit und die Entwicklung der Tiere aus.

Fütterung der männlichen Zuchtläufer – Sie erhalten in der Regel Alleinfutter, ab einer Lebendmasse von 60 kg dann Universalfutter.

Fütterung der Eber – Eber bekommen in der Regel dasselbe Grundfutter wie tragende Zuchtsauen. Für die Samenproduktion ist eine reichliche Aminosäureversorgung ausschlaggebend, vor allem Lysin, Methionin und Cystin.

Haltung – Zuchtläufer können in einfachen *Tiefställen* oder auf der *Weide* gehalten werden. Sie stellen keine besonderen Ansprüche an den Stall. Eber werden meist außerhalb des Stalles in Hütten untergebracht. Spezialbetriebe besitzen eigene *Deckställe* (Deckzentren), in denen auch die Eber, meist in besonderen Buchten, leben.

Aufgaben:

1. Welche Vorteile hat Weidegang für die Haltung der Jungeber und Jungsauen und deren weitere Entwicklung?
2. Berechnen Sie den Gehalt für 1 kg einer Mischung aus 30 % Gerste, 25 % Hafer, 18 % Trockenschnitzel, 10 % Sojaschrot, 15 % Weizenkleie und 2 % vitaminiertem Mineralfutter (ME, Rohprotein, Lysin, Ca, P, Na).

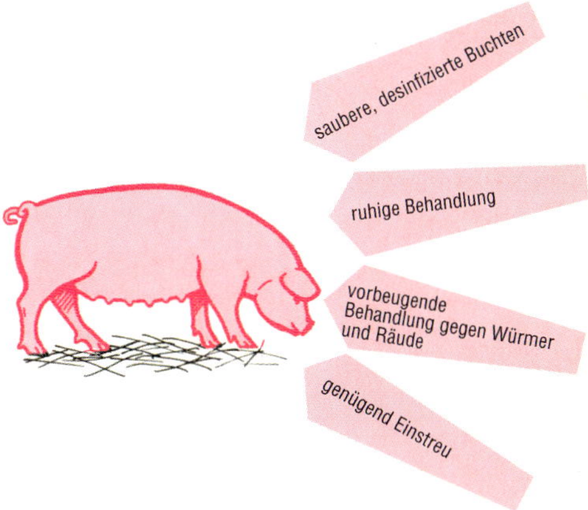

Abb. 1009 Neben der Fütterung entscheidet die Haltung wesentlich über das Wohlbefinden der Tiere.

Abb. 1010 Die Haltung der Zuchtläufer sollte so natürlich wie möglich erfolgen, z. B. in Gruppen (oben) oder mit Auslauf (unten).

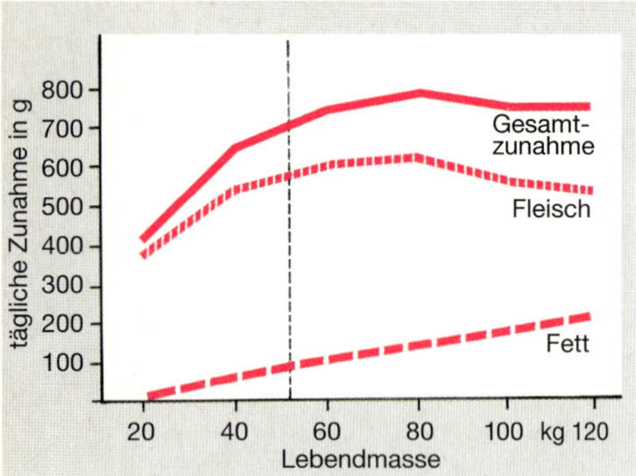

Abb. 1011 Um das besonders gute Fleischbildungsvermögen während der Anfangsmast ausnutzen zu können, muss der Eiweißanteil des Futters darauf abgestellt sein.

Abb. 1012 **Beispiel** für Hofmischungen zur Anfangsmast (bis 50 kg LM).

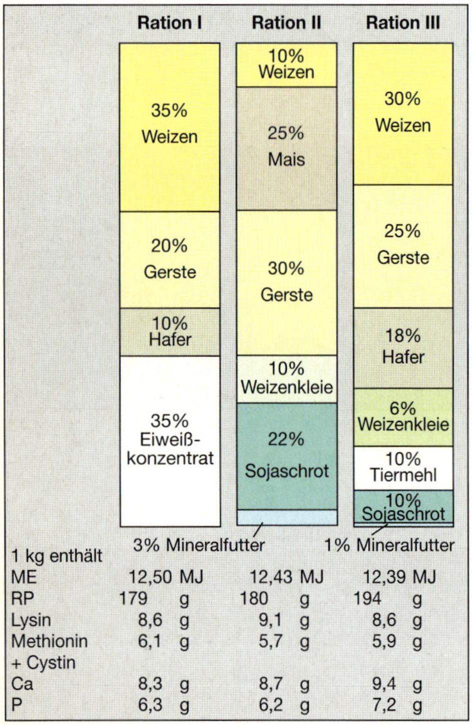

3.9 Schweinemast

3.9.1 Fütterung der Mastschweine

Bedarfswerte – Die Schweinezucht liefert heute Tiere, welche die Anlagen für großes *Fleischbildungsvermögen* und schnelles *Wachstum* besitzen. Nach ca. 17 Mastwochen können sie 110 kg Lebendmasse und damit die *Schlachtreife* erreichen. Aufgabe der Mast ist es, dieses Fleischbildungsvermögen auszunützen. Das verlangt neben der notwendigen Energiezufuhr vor allem eine optimale Proteinversorgung.
Für eine bedarfsgerechte Fütterung und aus Umweltschutzgründen (geringere N- und P-Ausscheidung) sind heute N/P-reduzierte Mischungen sowie Phasenfütterung Standard.

Tabelle 84: Richtwerte zum täglichen Nähr- und Mineralstoffbedarf für Mastschweine bei mittleren Tageszunahmen von 700 g (DLG 1995/1999)

Lebendmasse kg	mittlere Tageszunahmen g	ME MJ	RP[1]) g	Lysin g	M+C g	Thr g	Try g	Ca[2]) g	P[2]) g	vP[2]) g	Na[3]) g
25– 40	620	18,2	262	13,8	8,3	9,0	2,8	10,0	7,6	3,8	2,1
40– 50	700	22,7	300	15,9	9,5	9,5	3,2	12,0	9,0	4,5	2,6
50– 60	740	25,8	317	16,8	10,1	10,1	3,4	12,5	9,5	4,7	3,0
60– 70	765	29,0	346	18,3	11,0	11,0	3,7	13,5	10,0	4,9	3,3
70– 80	780	31,5	361	19,2	11,5	11,5	3,8	14,5	11,0	5,4	3,6
80– 90	760	33,7	358	18,9	11,3	11,3	3,8	13,0	9,5	4,7	3,9
90–115	680	34,8	343	18,1	10,9	10,9	3,6	12,5	9,0	4,5	4,0

[1]) 5,3 g Lysin/100 g Rohprotein.
[2]) Ca:P = 1,3:1;
Ca:vP = 2,5–3:1.
[3]) Na: 1,5 g/kg Alleinfutter (13,0 MJ/kg).

Alle Maßnahmen der Futterzuteilung können Mängel nicht ausgleichen, die durch Lücken in der Proteinzuteilung (Mengen und Güte) sowie durch ungünstige Stallverhältnisse entstehen.

3.9.2 Fütterungstechnik

Futterzuteilung – Mastschweine erhalten das Futter *trocken* oder *feucht* bzw. *flüssig*. Es wird entweder in Mahlzeiten bzw. Tagesgaben *rationiert* oder zur *beliebigen* Aufnahme (ad libitum) in Automaten angeboten. Im letzten Fall ist eine Anpassung an einen veränderten Nährstoffbedarf nur über die Änderung der Zusammensetzung der Futtermischung möglich.
Fütterungsverfahren – Mit zunehmenden Bestandsgrößen wird

die Fütterung *von Hand* durch *mechanische* Fütterungsanlagen ersetzt. Sie sind zwar teurer, sparen aber Stallfläche, weil die Bedienungsgänge kleiner sein können.

Mechanisierte Fütterungsverfahren dürfen nicht zur Vernachlässigung der Tierbeobachtung führen!

Tabelle 85 zeigt die heute üblichen Fütterungsverfahren in der Schweinemast.

Tabelle 85: Fütterungsverfahren in der Schweinemast

Futteraufbereitung	Transport	Dosierung
Trockenfütterung	mit Futterwagen, Ketten-, Schnecken-, Drahtwendelförderer	stationäre Dosierungsgeräte mit Dosierung nach – Volumen oder – Masse, Vorratsautomaten, Abrufstationen mit elektronischer Tiererkennung
Breiautomaten	wie Trockenfutter	Abruf von Trockenfutter in kleinen Portionen und Benetzung mit Wasser durch die Tiere
Flüssigfütterung Futteraufbereitung überwiegend in Bottichanlagen	Pumpen, Rohrleitungen	von Hand, automatisch nach Volumen oder Masse, Abrufstationen mit elektronischer Tiererkennung

Anfüttern zum Mastbeginn – Die Umstellung von der Aufzucht zur Mast sollte beim Futter nicht zugleich mit dem Stallwechsel geschehen, um Verdauungsstörungen zu vermeiden. Die Fütterung zugekaufter Ferkel wurde bereits besprochen (siehe Seite 334). Mängel in der Haltung können durch medikamentöse Futterkomponenten *nicht* ausgeglichen werden.

3.9.3 Mast mit Trockenfutter

Allgemeines – Kennzeichen dieser Mastmethode ist, dass nur *eine* Futtermischung verwendet wird. Diese kann in bäuerlichen Betrieben hauptsächlich aus selbst erzeugtem Getreide bestehen. Deswegen nennt man diese Methode auch *Getreidemast*.
Futtermittelhersteller bieten aber auch fertige Futtermischungen für die Mast an. Hier spricht man dann von *Fertigfuttermast*.
Vorteile der Mast mit Trockenfutter sind:

- Geringer Arbeitsaufwand,
- Herstellung einer Futtermischung auf Vorrat,
- sichere Versorgung der Tiere durch gleichmäßige Nährstoffkonzentration,
- günstige Verwertung des selbst erzeugten Getreides.

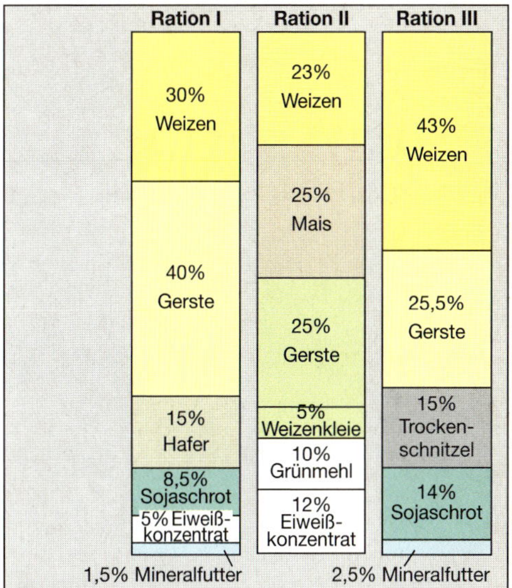

1 kg enthält	Ration I	Ration II	Ration III
ME	12,50 MJ	12,34 MJ	12,24 MJ
RP	152 g	156 g	155 g
Lysin	6,9 g	6,8 g	7,1 g
Methionin + Cystin	5,2 g	5,1 g	5,1 g
Ca	6,8 g	7,2 g	7,6 g
P	5,0 g	5,3 g	6,2 g

Abb. 1013 **Beispiele** für Hofmischungen zur Endmast.

Abb. 1014 **Beispiele** für Hofmischungen, wenn nur *eine* Mischung für die gesamte Mast benutzt wird.

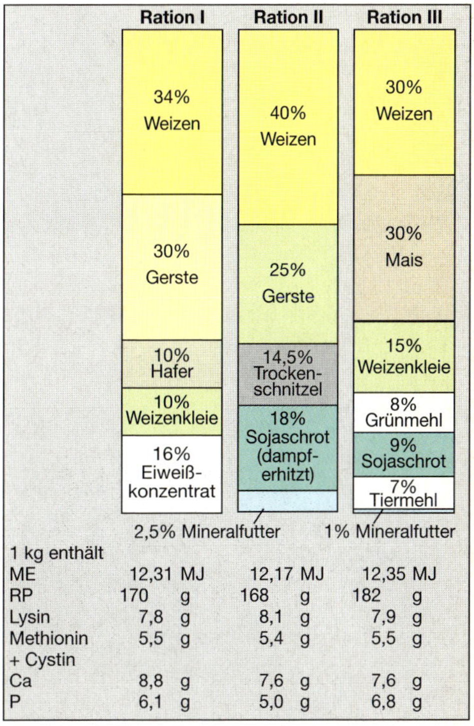

1 kg enthält	Ration I	Ration II	Ration III
ME	12,31 MJ	12,17 MJ	12,35 MJ
RP	170 g	168 g	182 g
Lysin	7,8 g	8,1 g	7,9 g
Methionin + Cystin	5,5 g	5,4 g	5,5 g
Ca	8,8 g	7,6 g	7,6 g
P	6,1 g	5,0 g	6,8 g

Abb. 1015 Futterautomaten vermindern den Arbeitsaufwand, erhöhen aber den Futteraufwand.

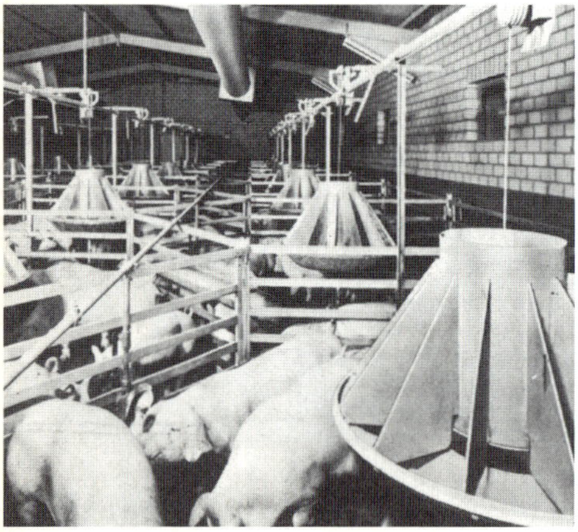

Abb. 1016 Rundtröge ermöglichen automatische Futterzuteilung.

Abb. 1017 Die Wasserversorgung ist so wichtig wie das Füttern.

Beispiele für eine Hofmischung (ab 35 kg LM):

Futtermittel, Anteil	Gehalt je kg Futtermittel						
	RP g	Lysin g	ME MJ	Rohfaser g	Ca g	P g	Na g
45 % Gerste	104	3,7	12,49	46	0,7	3,4	0,28
35 % Weizen	118	3,3	13,65	26	0,6	3,3	0,15
15 % Sojaschrot	448	28,7	12,97	62	2,7	6,1	0,20
2,5 % Fischmehl	620	53,3	14,03	4	42,8	25,4	8,77
2,5 % Mineralfutter					240,0	52,0	43,00
100 %							

1. Schritt: Berechnen des Nährstoff-, Energie- und Mineralstoffgehaltes in 1 kg Mischung
= Anteil [kg] · Gehalt der Komponente je kg

Futtermittel, Anteil	RP g	Lysin g	ME MJ	Rohfaser g	Ca g	P g	Na g
0,45 kg Gerste	47	1,7	5,62	21	0,3	1,5	0,13
0,35 kg Weizen	41	1,2	4,78	9	0,2	1,2	0,05
0,15 kg Sojaschrot	67	4,3	1,95	9	0,4	0,9	0,03
0,025 kg Fischmehl	16	1,3	0,35		1,1	0,6	0,22
0,025 kg Mineralfutter					6,0	1,3	1,08
1,00 kg Mischung	171	8,5	12,70	39	8,0	5,5	1,51

2. Schritt: Berechnen des Futterbedarfs

$$= \frac{\text{tägliche Bedarfswerte der zu fütternden Tiere}}{\text{Gehaltswerte des Futters}}$$

Beispiel für den Bedarf eines Mastschweines mit 50 kg LM, dargestellt an der Energieversorgung:

$$\text{täglicher Futterbedarf} = \frac{25{,}5 \text{ MJ}}{12{,}7 \text{ MJ/kg}} = 2 \text{ kg}$$

3. Schritt: Kontrolle der übrigen Bedarfswerte bei einer täglichen Futtergabe von 2 kg. Dies ergibt die Übersicht:

Futterinhaltsstoff	täglicher Bedarf g	Angebot im Futter g
Rohprotein	326	342
Lysin	16,3	17
Ca	15	16
P	10	11
Na	1,5	3

Die Gehaltswerte des Futters decken den Bedarf.

Bei der **Getreidemast mit »Hofmischungen«** können diese Futtermischungen sehr *einfach* sein. So bräuchte z. B. Gerste nur mit dampferhitztem Soja-Extraktionsschrot und vitaminiertem Mineralfutter ergänzt zu werden, um hinsichtlich Energiedichte, Proteingehalt und Verdaulichkeit (Rohfasergehalt) voll dem Be-

darf des Schweines zu entsprechen. Andere Getreidearten müssen in ihrem Anteil *begrenzt* werden (siehe Seite 368 und 372). Aus Kostengründen wird eine Hofmischung immer mit *Zukaufskomponenten* ergänzt. Die Eiweißträger unter ihnen müssen auch die Lücken im Proteinbedarf und nach den Aminosäuren ergänzen.
Die Auswahl des Mineralfutters richtet sich nach den gewählten Mischungskomponenten. Es muss außerdem *vitaminiert* sein. In der Praxis werden Mischungen für die Anfangsmast (bis ca. 55–60 kg LM) und für die Endmast (ab 55–60 kg LM) verwendet. Der Energieinhalt sollte je kg Mischung bei 13 MJ ME liegen. Der Rohfasergehalt sollte 6 % nicht über- und 4 % aus Gründen der Verdauung auch nicht unterschreiten.
Bei der **Mast mit zugekauftem Fertigfutter** wird das auch *Alleinfutter* genannte Mischfutter nach den Bestimmungen des Futtermittelrechts hergestellt. Die als sog. *Normtyp*-Mischfutter hergestellten Mischfutter müssen als solche gekennzeichnet sein und eine Angabe der Inhaltsstoffe enthalten. Alleinfuttermittel werden in der Regel *pelletiert*.
Auch die **Wasserversorgung** ist wichtig. Ein Mastschwein braucht täglich 2,5–3 l Wasser/kg Trockenfutter. Am besten werden *Selbsttränken* eingesetzt. Wichtig ist, dass diese Einrichtungen täglich auf ihre Funktionsfähigkeit überprüft werden.

3.9.4 Mast mit Feuchtfutter

Allgemeines – Hackfrüchte, Maiskörner- und Maiskolben-Silagen, Abfälle aus dem Gärungsgewerbe (Schlempe, Pülpe), Nebenprodukte der Milchverarbeitung und Lebensmittelabfälle zählen zu den feuchten Mastfuttermitteln. Eigentlich müsste man sie zu *Fließfutter* verarbeiten, doch stehen oft in bäuerlichen Betrieben die notwendigen Einrichtungen dafür nicht zur Verfügung. In ihrem Protein-, Mineralstoff- und Vitamingehalt müssen die oben genannten Futtermittel durch ein *Beifutter* aufgestockt werden.
Kartoffeln werden am besten siliert oder gedämpft verfüttert. Bei einem Stärkegehalt von 16 % enthält 1 kg gedämpfte Kartoffeln 20 g Rohprotein (1,1 g Lysin, 0,5 g Methionin und Cystin) und ca. 3,3 MJ ME. Die Hackfruchtmast ist allerdings ziemlich bedeutungslos geworden.
Bei Mast mit **Korn-Spindel-Gemischen** (CCM) sind der T- und der Rohfaser-Gehalt entscheidend. So enthält 1 kg Silage mit 65 % T ca. 9,9 MJ ME und mit 55 % nur ca. 8,3 MJ ME. Die *Eiweißergänzung* für das energiereiche Maiskorn kann z. B. durch Eiweißkonzentrat erfolgen. Allerdings macht das Einmischen der kleinen Mengen Schwierigkeiten. Deswegen gibt man auch hier gleichmäßig über die ganze Mast 1 kg Beifutter/Tier und Tag. Die Mindestwerte hierfür sind 22 % RP, 1,2 % Lysin, 1,6 % Ca, 0,6 % P und 0,2 % Na.
Maiskörner-Silage (MKS) muss wegen der hohen Energiedichte rationiert verfüttert werden.
Die Mast mit MKS erfordert ebenfalls die Bestimmung des T- und Rohfasergehaltes der Silage.

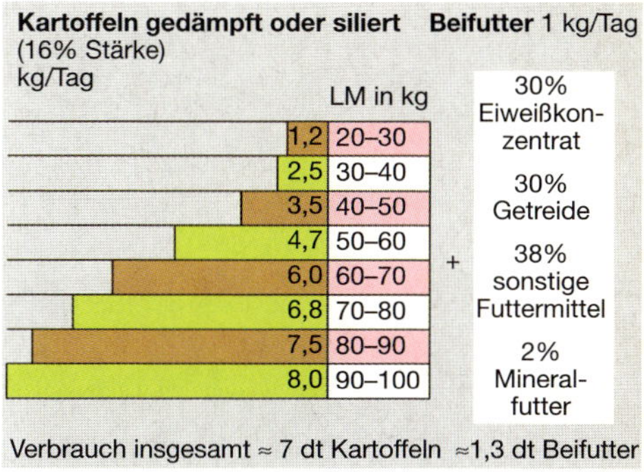

Abb. 1018 Tägliche Futterzuteilung bei Kartoffelmast.

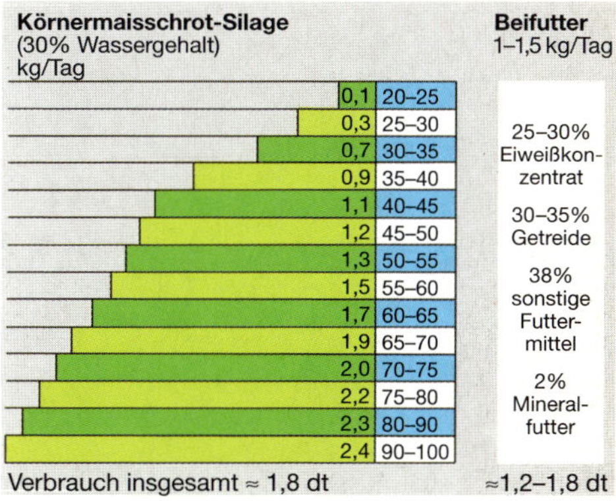

Abb. 1019 Tägliche Futterzuteilung bei der Mast mit Körnermaisschrot-Silage.

		CCM : Ergänzungsfutter		
		1:2	1:1	2:1
CCM/Tag [1]	kg	0,82	1,30	1,85
CCM/Mastschwein	kg	89	142	202
CCM/Mastschwein [2]	m^3	0,11	0,18	0,25
Ergänzungsfutter/Tag	kg	1,64	1,30	0,92
Ergänzungsfutter/MS [3]	kg	178	142	101
Gesamt-Futterbedarf/MS (CCM + Ergänzungsfutter)	kg	267	284	303

[1]) 60% T; 5,3% Rohfaser in der T.
[2]) 8 dt CCM/m^3.
[3]) MS = Mastschwein.

Abb. 1020 **Beispiel** für erforderliche Mengen an CCM und Ergänzungsfutter pro Mastschwein bei unterschiedlichen Anteilen an CCM und Ergänzungsfutter (2,2 kg Futter/Tier und Tag, 80 kg Zuwachs, Futterverwertung 3,0).

Abb. 1021 **Beispiele** für die Fütterung mit CCM (60%T).

	Gewichtsbereich (kg)	
	25–55	55–105
Futtermischung (%)		
CCM	50	67
Ergänzungsfutter	50	33
Ergänzungsfutter-Mischung (%):		
Sojaschrot	46,0	47,5
Weizen	46,5	44,8
Fett	1,0	0,7
Mineralfutter	6,5	7,0
Mineralfuttertyp:		
Ca / P / Na / Lys (%)	20/6,5/4/4	20/4,5/4/4
Futterbedarf für 80 kg Zuwachs (kg):		
CCM	43	140
Ergänzungsfutter	43	70
gesamt	86	210

MKS muss ebenfalls mit 1 kg Beifutter ergänzt und aufgrund der Nährstoffkonzentration ebenfalls rationiert verfüttert werden (siehe Abb. 1021).

Bei der **Molkemast** muss wegen der geringen Nährstoffkonzentration mehr Kraftfutter eingesetzt werden. Labmolke muss frisch verfüttert oder mit Hilfe von Säuren konserviert werden. Die Ergänzung sollte mit Beifutter erfolgen, das in der Zusammensetzung dem Alleinfutter für die Endmast entspricht.

Die Mast mit **Abfällen** aus Großküchen und dergleichen setzt ein Abtöten der in diesem Futter eventuell enthaltenen Keime voraus (durchkochen). Außerdem ist auf eine ausreichende Wasserversorgung zu achten, weil solches Futter in der Regel *salzhaltig* ist. Die Mast sollte allmählich einsetzen und nicht vor einer Lebendmasse von 35 kg begonnen werden. Art und Menge des Beifutters sind vom Nährstoffgehalt der Speiseabfälle abhängig. Es sollten nicht mehr als 15–25 % der gesamten Futtermischung aus Küchenabfällen bestehen, insgesamt also 75 kg/Mastschwein.

Brotabfälle (Altbrot) sind hinsichtlich ihres Fütterungswertes mit Weizen zu vergleichen. Wichtig ist in allen Fällen der Mast mit Feuchtfutter die richtige Ergänzung des Eiweiß-, Mineralstoff- und Vitaminangebotes.

Die Mast mit Nebenprodukten oder Speiseresten erzielt den höchsten Deckungsbeitrag aller Mastformen.

3.9.5 Flüssigfütterung

Vorteile, Probleme – Das Prinzip der Flüssigfütterung besteht im Vermischen der Futtermittel mit Wasser zu einem *fließfähigen* Brei, der durch Pumpen über Rohrleitungen und Dosiereinrichtungen in die Tröge befördert wird.

Die **Vorteile** des Verfahrens sind:

- Einsatz *preisgünstiger* Futterkomponenten, gleichgültig, ob sie trocken, feucht oder flüssig sind,
- Futteraufbereitung durch *direktes* Einmischen jeder Komponente in einem Arbeitsgang,
- hohe *Mischgenauigkeit*,
- bessere *Technisierbarkeit* des Futtertransports in den Stall.

Probleme können die in langen Rohrleitungen zurückbleibenden *Futterreste* verursachen. Bei mittelgroßen Anlagen werden die in den Leitungen verbleibenden Reste über einen Rücklauf bei der nächsten Mahlzeit neu vermischt oder die Leitungen werden bei leicht verderblichen Komponenten mit Wasser bzw. Druckluft gespült.

Für den **Wasserzusatz** je kg Grundmischung ist zu berücksichtigen, dass

- die Fließ- und Pumpfähigkeit gewährleistet ist; dies ist der Fall, wenn das Fließfutter etwa 23–27 % T besitzt.
- die Tiere nur eine begrenzte Futtermenge aufnehmen können. Das sind bei Mastbeginn (35 kg LM) ca. 6 l und bei Mastende ca. 10–11 l täglich. Damit ergibt sich eine durchschnittliche *Energiedichte* von ca. 3,2–3,8 MJ ME/kg Fließfutter.

Wasserversorgung der Tiere – Obwohl der Wasserbedarf der Tiere bei der Flüssigfütterung eigentlich gedeckt ist, lohnt sich die

Installation von Tränken, um die Tiere in der warmen Jahreszeit oder bei geringer Fresslust mit genügend Flüssigkeit versorgen zu können.

Das **Herstellen der Futtermischung** soll an einem **Beispiel** mit CCM gezeigt werden.

1. Schritt: 1 kg Grundmischung herstellen:

Komponenten des Fließfutters	Futterwert							
	T	Rohprotein	Lysin	Rohfaser	ME	Ca	P	Na
g/kg	g	g	g	g	MJ	g	g	g
600 CCM	330	33	0,84	18,0	4,914	0,12	0,96	0,06
170 Soja-Extraktionsschrot	148	76	4,93	10,5	2,205	0,48	1,02	0,03
205 Weizen	180	24	0,68	5,3	2,819	0,14	0,68	0,04
25 Mineralfutter	24	–	–	–	–	5,50	1,88	1,25
1000 g	682	133	6,45 ≈ 6,5	33,8 ≈ 34	9,938 ≈ 9,94	6,24 ≈ 6,2	4,54 ≈ 4,5	1,38 ≈ 1,4

2. Schritt: Wasser zusetzen:

Die erforderliche Wassermenge/kg Fließfutter errechnet sich dann nach der Formel:

$$\text{Wassermenge} = \frac{\text{T-Gehalt der Grundmischung}}{\text{T-Gehalt des Flüssigfutters}} - 1$$

Beispiel: T-Gehalt des Flüssigfutters 24 % $\hat{=}$ 240 g,
T-Gehalt der Grundmischung 68,2 % $\hat{=}$ 682 g.

$$\text{Wassermenge} = \frac{682}{240} - 1 = 1{,}84$$

Je kg Grundmischung müssen also 1,84 kg Wasser zugesetzt werden.

Achtung! Beim Zusatz anderer Flüssigkeiten ergibt sich ein anderer Rechengang!

3. Schritt: Ermittlung der Inhaltsstoffe/kg Fließfutter:

$$\text{Inhaltsstoffe/kg Fließfutter} = \frac{\text{Inhaltsstoffe/kg Grundmischung}}{\text{Wassermenge} + 1}$$

Beispiel: T-Gehalt in 1 kg Flüssigfutter = $\frac{682\ \text{g}}{1{,}84 + 1} \approx 240$ g

Ergebnisse: Inhaltstoffe/kg Flüssigfutter

T	Rohprotein	Lysin	Rohfaser	ME	Ca	P	Na
g	g	g	g	MJ	g	g	g
240	46,8	2,3	12,0	3,50	2,2	1,6	0,5

Abb. 1022 Mischanlage für die Flüssigfütterung von Schweinen.

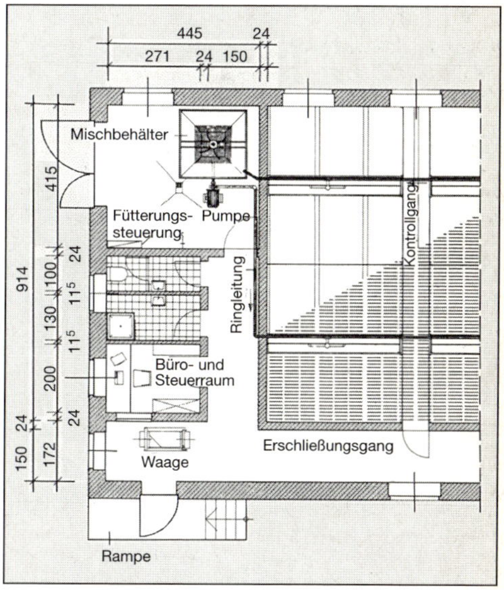

Abb. 1023 Flüssigfütterungsanlage für Schweine mit Fließfutteraufbereitung und -zuteilung (**Beispiel**, Maße in cm).

Abb. 1024 Die Flüssigfütterung ermöglicht eine zentrale Futterküche und weitgehende Mechanisierung.

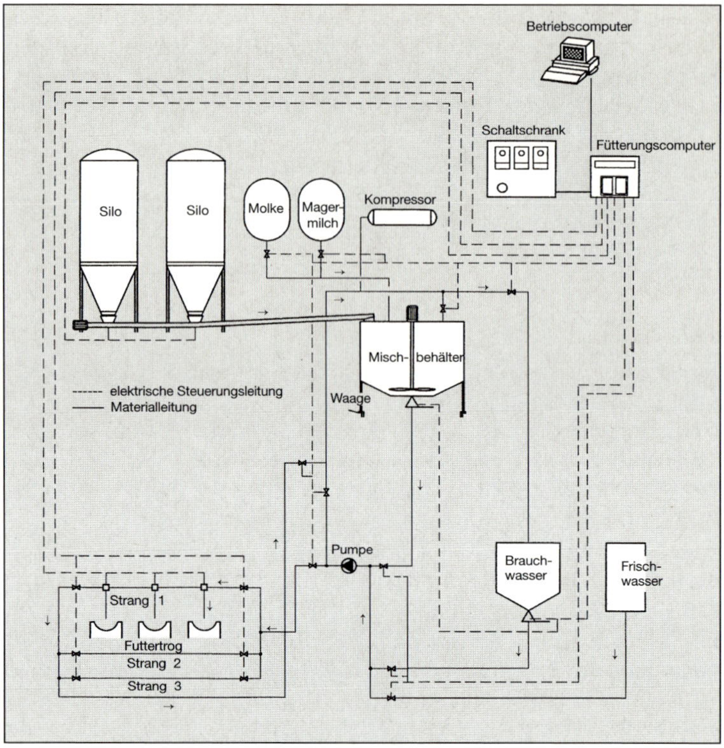

Abb. 1025 Flüssigfütterungsanlage für Mastschweine mit Computersteuerung **(Beispiel)**.

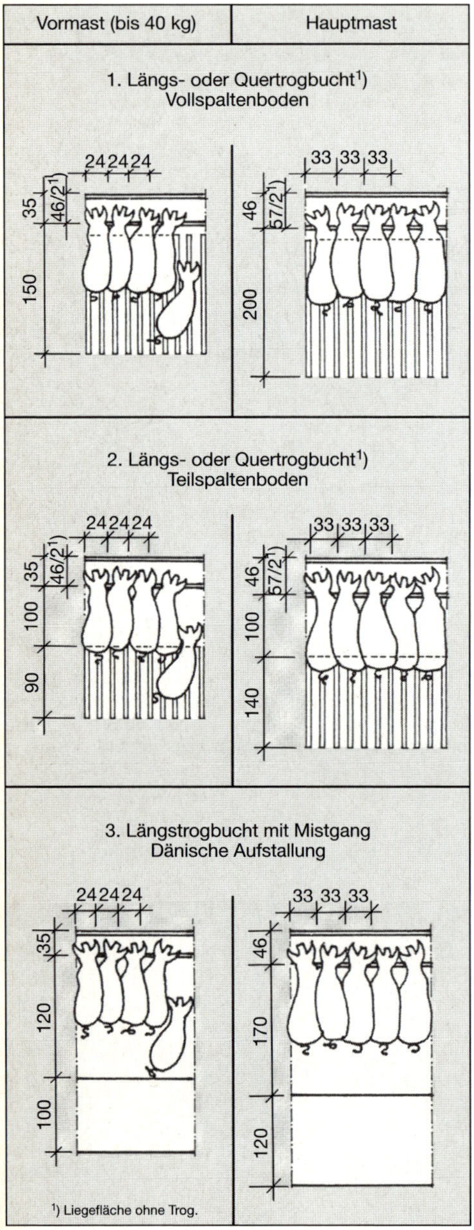

Abb. 1026 Platzbedarf für Mastschweine (Maße in cm).

4. Schritt: Berechnen der Futtermenge/Tier und Tag:
Die tägliche Futtermenge/Tier ist von der Lebendmasse, dem Futteraufnahmevermögen, der Wachstumsintensität und dem Energiegehalt/kg Flüssigfutter abhängig.
Für die Berechnung richtet man sich nur nach dem Energiebedarf, weil dieser im Wesentlichen von den anderen Einflussgrößen mitbestimmt wird.

$$\text{tägliche Futtermenge je Tier} = \frac{\text{Energiebedarf/Tier}}{\text{Energiegehalt/kg Flüssigfutter}}$$

Beispiel: Lebendmasse 35 kg, Energiebedarf 19,3 MJ/Tier und Tag.

$$\text{tägliche Futtermenge je Tier} = \frac{19{,}3\ \text{,MJ}}{3{,}50\ \text{MJ/kg}} = 5{,}5\ \text{kg}$$

Bei der Wahl der **Futtermittel** ist man bei Flüssigfütterung flexibel. Vorwiegend werden CCM, Feuchtgetreide, Magermilch und Molke, aber auch Altbrot, Küchenabfälle, Kartoffeln, Zuckerrüben und Abfälle aus dem Gärungsgewerbe verfüttert.

3.9.6 Haltungsverfahren für Mastschweine

Grundsatz der Schweinehaltungs-Verordnung ist, Gesundheitsschäden der Tiere durch Bauweise, technische Ausstattung und Zustand des Stalles zu vermeiden. Deshalb gilt u. a.:

- Bei neuen Stalleinrichtungen (seit 31. Dezember 1989) darf der Liegebereich für Zuchtschweine nicht voll perforiert sein.
- Die Überwachung der Tiere (2 × täglich) und der technischen Versorgungseinrichtungen (1 × täglich) muss gesichert sein.
- Für Beleuchtung, Temperaturen im Liegebereich von Ferkeln und die Beschaffenheit des Stallbodens gelten Normen.
- Die Beschäftigung der in einstreulosen Ställen gehaltenen Tiere (z. B. mit Ketten) muss gewährleistet sein.
- Es muss sichergestellt sein, dass Luftzirkulation, Staubgehalt, Temperatur und Gaskonzentration im Stall die Gesundheit der Tiere nicht nachhaltig beeinflusst.
- Für die Haltung abgesetzter Ferkel in Gruppen werden einheitliche Tiergewichte und maximale Besatzdichten vorgeschrieben.

Voraussetzung – Mastschweine werden im Stall gehalten. Die *Schweinehaltungs-Verordnung* schreibt dafür die Mindestanforderungen hinsichtlich tiergemäßer und hygienischer Haltung vor. Mastställe müssen aber auch zweckmäßig, d. h. arbeitssparend eingerichtet und kostengünstig im Bau und Unterhalt sein.

Haltungsverfahren – Mastschweine lassen sich nach verschiedenen Verfahren halten:

- **Kontinuierliches Verfahren:** In einem Stall befinden sich Mastgruppen in verschiedenen Mastabschnitten; Zu- und Abgänge erfolgen laufend.
- **Rein-Raus-Methode:** Alle Masttiere sind annähernd gleich alt und werden geschlossen auf einmal zum Schlachten gegeben, danach der ganze Bestand ebenso geschlossen auf einmal neu eingestallt.

Tabelle 86: Vergleich zwischen den Haltungsverfahren

Verfahren	Vorteile	Nachteile
kontinuierliches Verfahren	keine Arbeitsspitzen, gute Ausnützung der Stallräume, Aufstallung auch mit Festmist möglich	keine gründliche Reinigung und Desinfektion möglich, schlechte Stallhygiene, Krankheitsbekämpfung erschwert
Rein-Raus-Methode	gründliche Reinigung und Desinfektion, Unterbrechung von Infektionsketten, bessere Bestandskontrolle, gezielte Arbeitsorganisation	höhere Investition in Bau und Technik, Ferkelbeschaffung u. U. schwierig, Arbeitsspitzen an bestimmten Tagen, schlechtere Stallplatznutzung

3.9.7 Hygienische Anforderungen an den Maststall

Die modernen Fleischschweine leiden sehr unter *Stress,* der u. a. durch Ställe verursacht wird, die den gesundheitlichen Anforderungen nicht entsprechen.

Stallklima – Schweine fühlen sich bei Raumtemperaturen zwischen 16 und 18 °C am wohlsten. Für Buchten mit Vollspaltenböden sind jedoch wegen der fehlenden Wärmeisolierung bei der

Fortsetzung Abb. 1026.

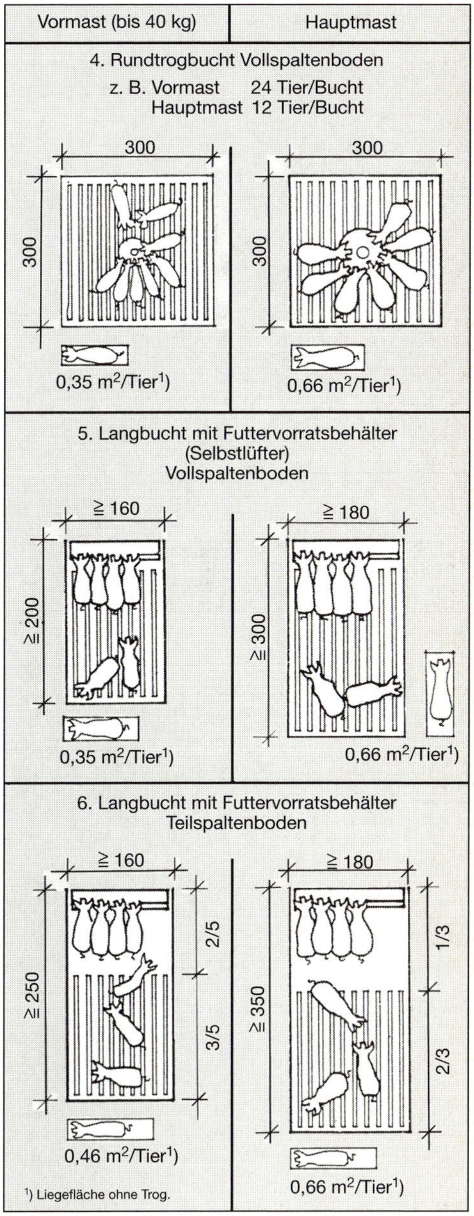

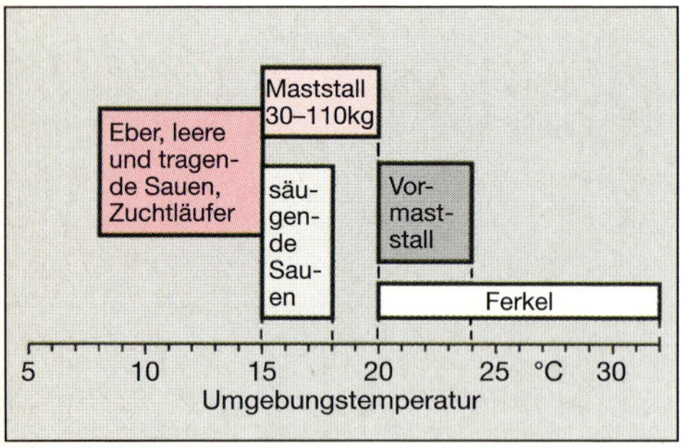

Abb. 1027 Günstige Temperaturbereiche in der Schweinehaltung.

Abb. 1028 Die Futterart bestimmt in der Regel die Art der Futtervorgabe:
a Längs- oder Quertrog,
b Futtervorratsbehälter,
c Rundtrog.

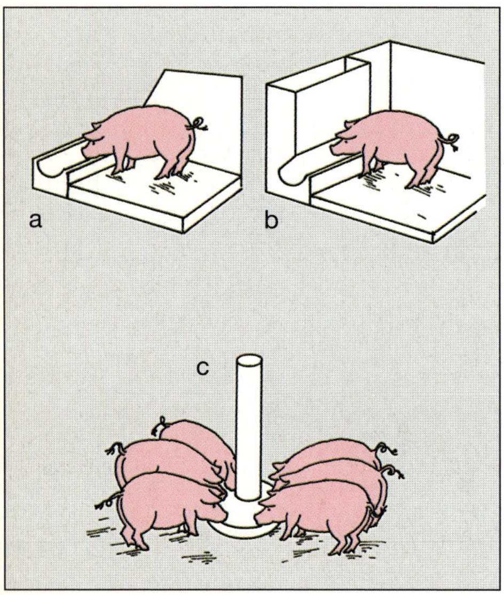

Aufstallung 26 °C nötig. Die relative Luftfeuchtigkeit sollte zwischen 60 und 80 % liegen. Dazu ist eine ausreichende *Wärmedämmung* nötig. Der k-Wert (siehe »Grundstufe Agrarwirtschaft«) für Wände sollte 0,5, für Decken 0,4 und für Liegeflächen 0,7 betragen. Der CO_2-Gehalt darf 3500 ppm (= 3,5 l/m^3) nicht überschreiten.

Lüftung – Ein unzureichender Luftraum führt zu schlechterer Futterverwertung und damit zu niedrigeren Zunahmen. Eine zugluftfreie Belüftung ist sicherzustellen, wenn pro Mastplatz 3,0–3,5 m^3 Luftraum zur Verfügung stehen. Um Gesundheitsstörungen zu vermeiden, sollte im Stall möglichst wenig Staub entwickelt werden.

Tabelle 87: Frischluftzufuhr und Luftgeschwindigkeit im Tierbereich

Jahreszeit	Frischluftzufuhr stündlich m^3/kg LM	Luftgeschwindigkeit im Tierbereich m/s
Winter	0,12	0,1
Herbst/Frühjahr	0,5	0,2
Sommer	1,2	0,3

Beleuchtung – Die Schweinehaltungs-Verordnung schreibt vor, dass Ställe, in denen zur Pflege und Versorgung der Tiere auch bei Tag künstliche *Beleuchtung* erforderlich ist, täglich 8 Stunden beleuchtet sein müssen.

Die Helligkeit im Tierbereich muss 50 Lux betragen und dem Tagesrhythmus angepasst sein. Jedes Schwein soll von der gleichen Lichtmenge erfasst werden. Außerhalb der Beleuchtungszeit muss so viel Licht vorhanden sein, wie die Schweine zu ihrer Orientierung brauchen.

Für den Fall einer *Betriebsstörung* in zwangsentlüfteten Ställen muss zur ausreichenden Frischluftzufuhr, Beleuchtung, Fütterungs- und Tränkemöglichkeit eine *Alarmanlage* vorhanden sein und ein Notstromaggregat einsatzbereit gehalten werden.

Stallhygiene – Vor dem Aufstallen ist die Bucht – bei der Rein-Raus-Methode der ganze Stall – zu *entmisten*, *sorgfältig zu reinigen* und zu *desinfizieren*. Eine Desinfektion nach der Belegung kann die gründliche Reinigung vorher nicht ersetzen.

Zur Hygiene gehört auch das tägliche aufmerksame Beobachten der Tiere.

Haltung auf Betonspaltenböden – Schweine mit mehr als 30 kg LM dürfen in Ställen mit Betonspaltenböden nur dann gehalten werden, wenn Spaltenweite und Auftrittsbreite entsprechen.

Tabelle 88: Anforderungen an Betonspaltenböden für Mastschweine

Lebendmasse	Spaltenweite cm	Auftrittsbreite der Balken
bis 125 kg	max. 1,7	8 cm
über 125 kg	max. 2,2	8 cm

Gruppenhaltung – Schweine mit mehr als 30 kg LM dürfen nur bis zu den in Tabelle 89 genannten Besatzdichten in Gruppen gehalten werden.

Tabelle 89: Anforderungen an den Liegebereich bei Gruppenhaltung

durchschnittliche Lebendmasse kg	Tiere/m² Liegefläche	
	Liegebereich vom Kotbereich getrennt	Liegebereich nicht vom Kotbereich getrennt
bis 45	3	3,6
über 45–110	2	2,4
über 110–150	1	1,2
über 150	3 je 4 m²	3 je 4,8 m²

Bei *rationierter Fütterung* (Ausnahme Abruffütterung) müssen alle Schweine gleichzeitig fressen können. Bei *einmaliger Fütterung* täglich genügt eine Fressstelle für 2 Tiere. Bei *Ad-libitum-Fütterung* muss für höchstens 4 Schweine eine Fressstelle vorhanden sein. Eine *Selbsttränke* reicht für höchstens 12 Tiere.

Schweine, die mit anderen dauernd unverträglich sind, dürfen nicht in Gruppen gehalten werden.

3.9.8 Aufstallungsformen

Die Aufstallungsform richtet sich weitgehend nach der Art der Fütterung und der Entmistung.

Futtervorgabe – Sie kann je nach Futterart erfolgen im

- *Längstrog* oder *Quertrog:* für Schrot, Fertigfutter, Feuchtgetreide, Flüssigfutter, Molke, Küchenabfälle;
- *Futtervorratsbehälter* (Selbstfütterer): für Schrot und pelletiertes Fertigfutter;
- *Rundtrog:* für Schrot und Fertigfutter.

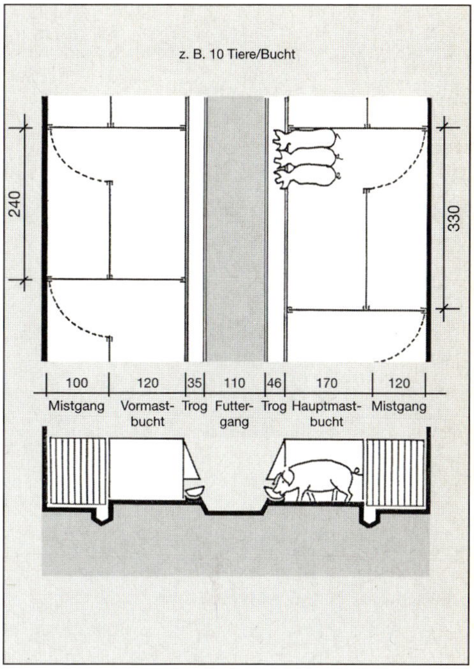

Abb. 1029 Längstrogbucht mit Mistgang (Dänische Aufstallung, Maße in cm).

Abb. 1030 Unten links: Längstrogbucht für die Hauptmast mit Vollspaltenboden (Zugang über Gang, Maße in cm).

Abb. 1031 Unten rechts: Quertrogbucht für die Hauptmast mit Teilspaltenboden (Maße in cm).

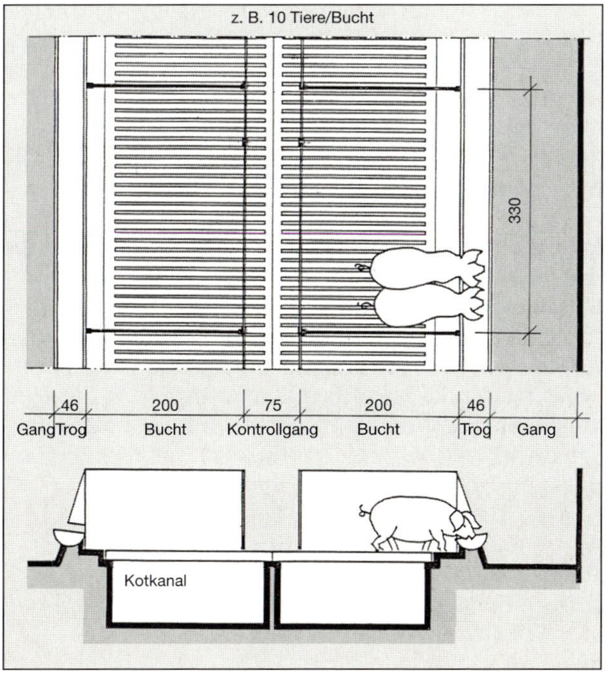

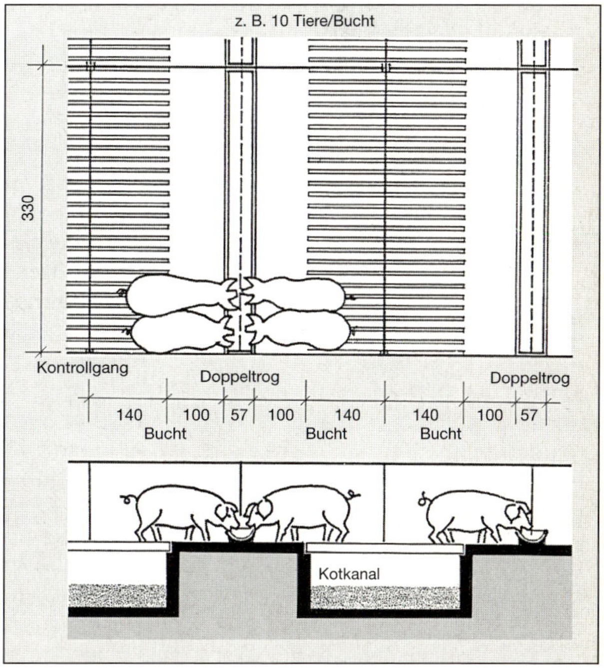

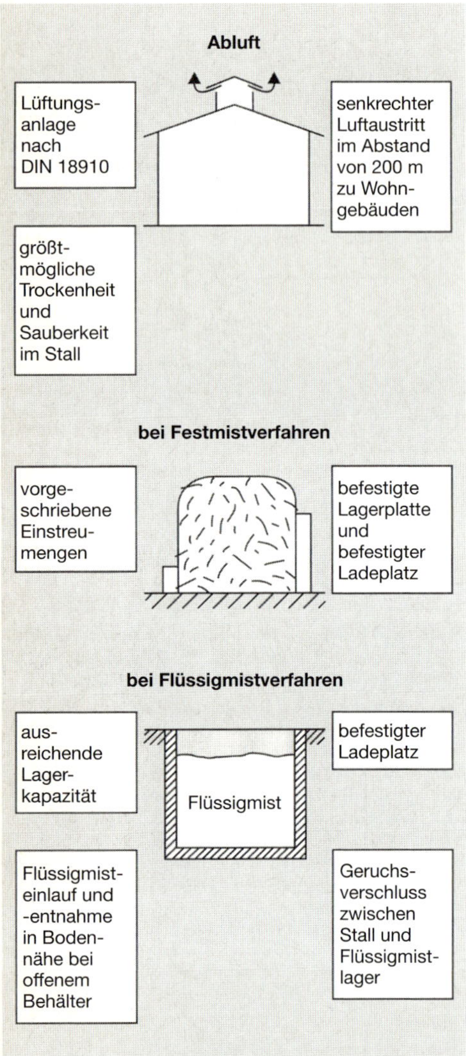

Abb. 1032 Immissionsschutz bei Schweineställen nach der VDI-Richtlinie 3471 vom Juni 1986.

Entmistung – Sie wird von der Haltung mit oder ohne Einstreu bestimmt. Mit Einstreu fallen je GV und Mastperiode 1–1,2 m^3 Festmist an. Für die Lagerung sind 0,5–0,6 m^2 Dunglege/Mastperiode zu veranschlagen. Außerdem werden 0,75 m^3 Jauchegrubenraum/Mastperiode benötigt.
Ohne Einstreu fallen je Tier und Mastperiode 1,2 m^3 Gülle (7,5 % T) an.
Buchtensysteme – Entsprechend den Fütterungs- und Entmistungssystemen unterscheidet man

- *Längs-* oder *Quertrogbucht* entweder mit Vollspaltenboden oder mit Teilspaltenboden im Kotbereich,
- *Längstrogbucht* mit Mistgang (Dänische Aufstallung),
- *Rundtrogbucht* mit Vollspaltenboden,
- *Langbucht* mit Futtervorratsbehälter entweder mit Vollspaltenboden oder mit Teilspaltenboden.

Im Vollspaltenboden ist zwar der Platzbedarf/Tier am geringsten, dafür leidet oft das Stallklima (Gasentwicklung, Zugluft). Obwohl der Arbeitsaufwand bei den eingestreuten Mistgangbuchten am größten ist, bringen die Schweine wegen der artgemäßeren Haltung dort die besten Zunahmen.
Aufstallen der Mastferkel – Die Ferkelerzeugerbetriebe liefern heute Tiere mit besten Erbeigenschaften für gute Futterverwertung und Wüchsigkeit. Beim Aufstallen sollte man deshalb darauf achten, dass keine Krankheiten eingeschleppt werden, indem man nur von bekannten Betrieben bzw. von Erzeugergemeinschaften einkauft. Außerdem sollten die Ferkel in einem desinfizierten Transportwagen zum neuen Stall gelangen.
Am 1. Tage erhalten die Tiere, besonders wenn sie lange Wege zurückzulegen hatten, nur Wasser. Erst am 2. Tage bekommen sie Futter. Geruchsprays oder eine Waschung mit Eukalyptusbrühe vermindert die anfänglichen Rangkämpfe. Die Tiere sollten zwar sorgfältig und regelmäßig beobachtet werden, dennoch sollten sich nicht zu viele Personen im Stall aufhalten, um die Tiere nicht zusätzlich zu beunruhigen. Eine Desinfektionsmatte vor der Stalltür vermindert das Ansteckungsrisiko.

3.9.9 Immissionsschutz

Schweineställe verbreiten unangenehme Gerüche, die zu einer *Umweltbelastung* führen können. Ab einer *Bestandsgröße* von mehr als 700 Mastschwein-Plätzen bzw. 250 Zuchtsauen sind daher Sondergenehmigungen erforderlich.
Für den *Schutz vor Geruchsimmissionen* gilt die VDI-Richtlinie 3471. Sie bewertet die Schweinehaltungsform nach Punkten für Entmistung einschließlich Lagerung, Stalllüftung und Sonstigem (Abzüge für besondere Futtermittel, z. B. Molke, Standorteinflüsse, Flüssigmist-Lagerkapazität).
Möglichkeiten der **Geruchsminderung** sind:

- Geruchsverdünnung durch große Luftmengen,
- Frischluftbeimengungen zur Abluft (By-Pass-Anlagen),
- Vergrößerung der Abluftgeschwindigkeit,
- senkrechtes Ableiten der Abluft,
- Filteranlagen.

Um **Schallimmissionen** durch Lüftungsanlagen zu vermeiden, empfehlen sich die Auswahl geräuscharmer Geräte und das Umlenken des Zuluftstroms bei Zuluftventilatoren.

Aufgaben:

1. Welche Mastformen werden hinsichtlich des verwendeten Futters unterschieden?
2. Welche Vorteile hat die Mast mit Trockenfutter?
3. 10 Schweine einer Bucht erhalten zweimal täglich ein Trockenfutter mit 11,8 MJ ME/kg. Je Tier sollen täglich 27,5 MJ ME zugeteilt werden. Wie viele kg Futter erhält die Bucht je Mahlzeit?
4. Wie viele kg Futter mit 12,7 MJ/kg benötigen wir täglich für 250 Schweine, wenn jedes Schwein 21,5 MJ erhalten soll?
5. Von einer Mastgruppe wurden je Schwein in 123 Tagen 264 kg Futter mit einem Energiegehalt von 12,8 MJ/kg verzehrt. Die Gewichtszunahme betrug 78 kg.
   a) Wie hoch war die mittlere tägliche Gewichtszunahme je Schwein in g?
   b) Wie groß war die mittlere tägliche Futteraufnahme je Schwein in kg?
   c) Wie viele kg Futter wurden je kg Gewichtszunahme aufgewendet?
   d) Wie viele MJ ME entfielen auf 1 kg Gewichtszunahme?
6. Aus einer CCM-Vormischung mit einem T-Gehalt von 62 % und Wasser sollen 3,5 t Fließfutter mit einem T-Gehalt von 24 % hergestellt werden. Wie viele kg Vormischung und wie viel Liter Wasser sind zu mischen?
7. Eine Mischung aus CCM und Ergänzungsfutter enthält 30 % Wasser. Aus 500 kg dieser Vormischung soll ein Fließfutter mit 22 % T-Gehalt hergestellt werden. Wie viele Liter Wasser sind zuzufügen?
8. Eine Mischung besteht aus 60 % CCM mit 54 % T; 5,5 % RF; 17,5 % Sojaschrot aus ungeschälter Saat mit 87,5 % T; 2,5 % vitaminiertem Mineralfutter für Schweine mit 95 % T; 20 % Weizen mit 86 % T.
   Von der Mischung sollen folgende Kennwerte ermittelt werden: RP, Lysin, ME, RF, und zwar
   a) bezogen auf 1 kg Mischung,
   b) in Prozent der Mischung.
9. Wie viele Tonnen Fließfutter aus CCM (22 % T, 3,2 MJ/kg) sind für 150 Mastschweine (90 kg LM) täglich zu mischen, wenn jedes Tier 36 MJ ME benötigt?
10. Welche Vor- und Nachteile ergeben sich beim Rein-Raus-Verfahren?
11. Beschreiben Sie die hygienischen Anforderungen an den Maststall.
12. Welche Aufstallungsformen und Buchtensysteme werden bei Mastställen unterschieden?

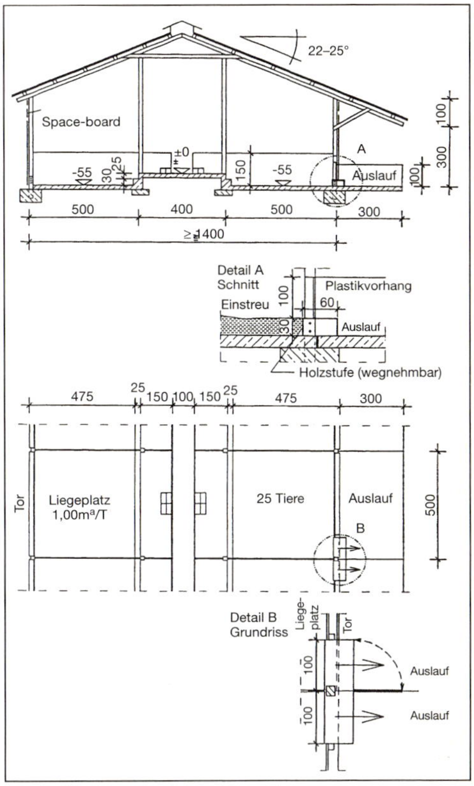

Abb. 1033 Außenklimaställe halten den Investitionsbedarf/Mastplatz gering. Die Gruppengröße schwankt zwischen 25 und 60 Tieren (Maße in cm).

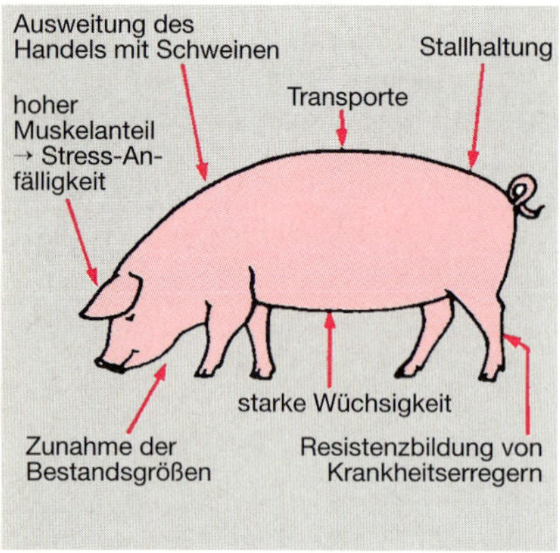

Abb. 1034 Einflussfaktoren auf die Gesundheit der Schweinebestände.

Abb. 1035 Spulwurmbefall an Leber: milk spots.

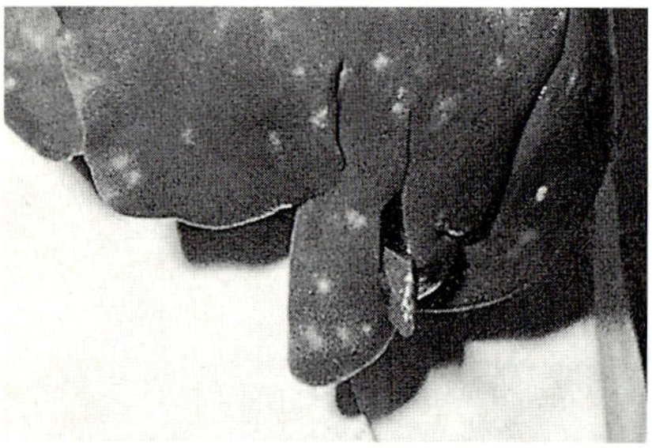

3.10 Schweinekrankheiten

Gesundheitssituation – Die zunehmend vergrößerten Bestände, die veränderten Haltungsbedingungen (z. B. Spaltenboden-Ställe, Kastenstände mit wenig Bewegungsfreiheit), die Züchtung fleischreicher Schweine und die Ausweitung des Handels mit Schweinen sowie der damit verbundene Transport bewirken einen größeren *Krankheitsdruck,* der das schnelle Ausbreiten von Krankheiten begünstigt.

Vorbeuge – Neben einer verbesserten Stallhygiene (Stallklima, Reinigung, Desinfektion), einem eingeschränkten Personenverkehr in den Ställen, dem Benutzen von Plastiküberschuhen bei Besuchern ist vor allem die Stärkung der Widerstandskraft der Tiere durch züchterische Maßnahmen nötig (Auslese stressresistenter Tiere mit Hilfe des MHS-, Halothan- und CK-Tests).

Erblich bedingte Krankheiten und Schäden – Dazu zählen u. a. Afterlosigkeit, Zitterkrankheit, Hundesitzigkeit, das Grätschen der Beine, Leistenbrüche und Hodenfehler (Binneneber). Tiere, deren Nachkommen solche Erbschäden zeigen, müssen von der Zucht ausgeschlossen werden. Nur durch konsequente Auslese lässt sich hier die Situation verbessern.

Die folgenden Tabellen geben eine grobe Übersicht über wichtige Schweinekrankheiten, wobei die Einteilung insofern problematisch ist, weil manche Krankheiten nicht auf eine Altersstufe der Schweine beschränkt sind, z.B. Ferkelgrippe oder TGE.

3.10.1 Schweinekrankheiten, die durch Parasiten verursacht werden

Tabelle 90: Übersicht wichtiger Schweineparasiten

Krankheitsursache	Krankheitsbild	Abhilfe
Endoparasiten Rote Magenwürmer, Zwergfadenwürmer, Knötchenwürmer, Spulwürmer (Abb. 1035)	befallene Tiere zeigen Durchfall, Abmagerung, Blutarmut; bei Spulwurmbefall auch Husten und Atemnot, durch »milk spots« Leber untauglich bei Fleischbeschau	in Absprache mit dem Tierarzt regelmäßige Wurmkuren über das Futter, bei Muttersauen vor dem Abferkeln, bei Ferkeln ab der 1. Lebenswoche, bei Läufern zum Mastbeginn und eventuell bei Mastmitte
Ektoparasiten Grabmilben 0,2–0,4 mm lang 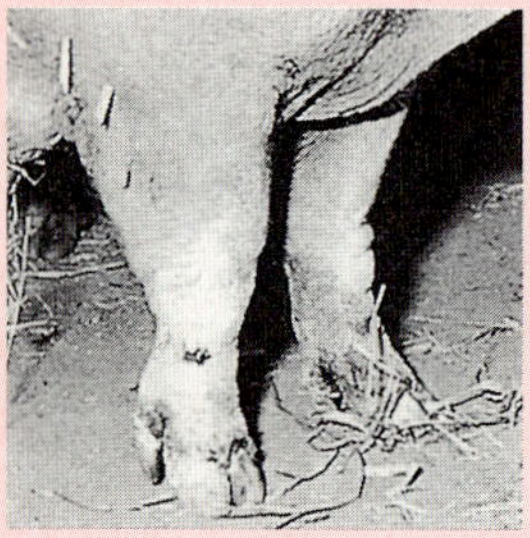	rufen Räude hervor, befallene Hautstellen (z.B. Ohren, Gelenkbeugen) zeigen zuerst Blasen und Knötchen, später Falten und Borken, Juckreiz Abb. 1036	Tiere, Stall und Geräte reinigen, Einsprühen mit Insektizid 3-mal im Abstand von 10 Tagen; es gibt auch Mittel, die über den Blutkreislauf wirken und aufgeschüttet (spot on), gespritzt oder über das Futter verabreicht werden
Läuse, ca. 5 mm lang	Juckreiz, Blutarmut	

3.10.2 Ferkelkrankheiten

Tabelle 91: Übersicht wichtiger Ferkelkrankheiten

Krankheit	Krankheitsbild, Ursache	Abhilfe
Blutarmut (Anämie)  Abb. 1037	Haut und äußere Schleimhäute werden blass, die Haut stumpf, Ferkel machen einen müden Eindruck, Erscheinungen ab der 3. Lebenswoche beobachtbar; Ursache ist Mangel an Fe in der Sauenmilch	Injektion von Fe-Präparaten innerhalb der ersten 3 Lebenstage des Ferkels
Ferkelgrippe (Enzootische bzw. Mycoplasmen-Pneumonie) 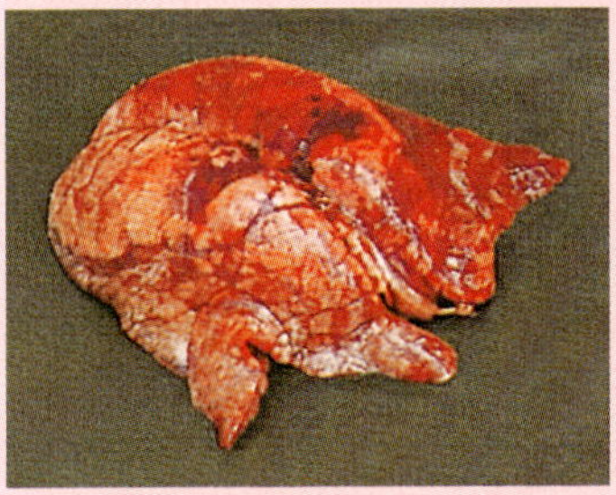	schleichend verlaufende Lungenentzündung mit Husten, eventuell Fieber, Atemnot, Kümmern; Primärerreger sind Mycoplasmen, die in fast allen Schweinebeständen vorhanden sind und die durch beim Husten ausgestoßene Tröpfchen übertragen werden; Sekundärerreger erschweren den Krankheitsverlauf Abb. 1038	tierärztliche Behandlung erkrankter Tiere, Vorbeuge durch besseres Stallklima, bessere Stallhygiene und Einsatz von Medikamenten (1. Lebenswoche und Mastbeginn), Quarantäne zugekaufter Tiere, Schutzimpfung der tragenden Sauen und Ferkel; Entfernen chronischer Huster aus dem Stall
Schnüffelkrankheit  Abb. 1039	chronische Bestandsseuche, schleimig-eitriger bis blutiger Nasenausfluss, Faltenbildung auf dem Rüssel, Augenausfluss, Zerstörung der Nasenmuscheln, Oberkieferverbiegung, Erreger: Bakterien (Pasteurellen und Bordetellen) **meldepflichtig**	Haltung, Klima und Fütterung optimal gestalten, Schutzimpfung der tragenden Sauen; Ausmerzung aller offensichtlich erkrankter Tiere
Coli-Ruhr 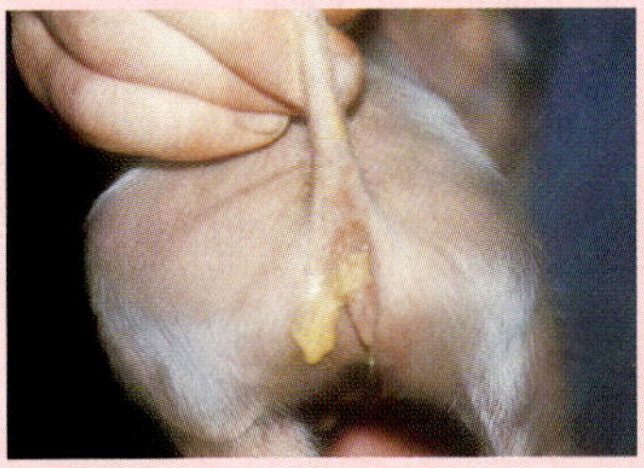 Abb. 1040	ab dem 1. Lebenstag wässriger Durchfall, Austrocknung, Schwäche, Sauglust oft erhalten, bei unbehandelten Tieren tritt oft der Tod nach 1–3 Tagen ein, bei späterer Infektion (3. Lebenswoche, 1. Woche nach dem Absetzen) geringere Sterblichkeitsrate (20–30 %), Erreger: verschiedene Typen von Coli-Bakterien, Ansteckung über Aufnahme von Kot	sofortige tierärztliche Behandlung des ganzen Wurfs, antibiotische Behandlung erkrankter Tiere, Rein-Raus-Methode im Abferkelstall mit gründlicher Reinigung und Desinfektion, optimales Stallklima, sauberes Trinkwasser, Schutzimpfung der tragenden Sauen

Tabelle 91: Fortsetzung

Ödem-Krankheit (Coli-Enterotoxämie) Abb. 1041 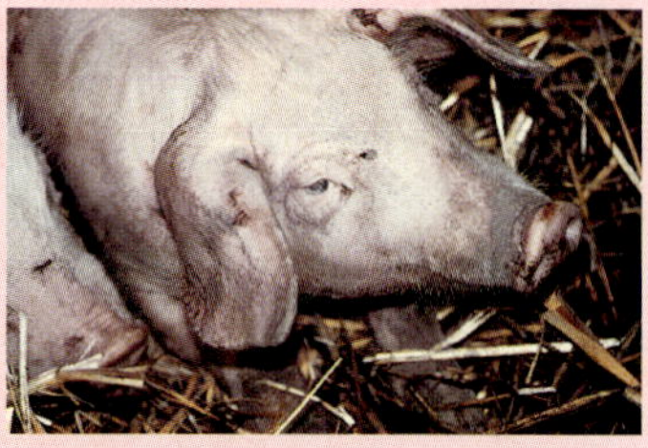	etwa eine Woche nach dem Absetzen oder nach Futterumstellungen treten Ödeme (Wasseransammlungen im Gewebe) an Augenlidern, Nasenrücken auf, Krämpfe, Übererregbarkeit, heisere Stimme, Kurzatmigkeit, Lähmung, Festliegen, Tod nach 1–2 Tagen, Erreger: verschiedene Typen von Coli-Bakterien, die sich bei Verdauungsstörungen stark vermehren und vom Dickdarm in den Dünndarm einwandern, die gebildeten Gifte lösen Durchfall, Ödemkrankheit oder Schock aus	Futterentzug für 1–2 Tagen bei reichlichem Wasserangebot, Behandlung kommt meist zu spät, Vorbeuge: Vermeiden von plötzlichem Futterwechsel, Temperaturschwankungen, Überbelegung und Aufregung, nach dem Absetzen für 14 Tage den Rohfasergehalt des Futters erhöhen und knapp füttern, Einsatz von Fütterungsarzneimitteln (Gefahr der Resistenzbildung)
Nässendes Ekzem (Ferkelruß) 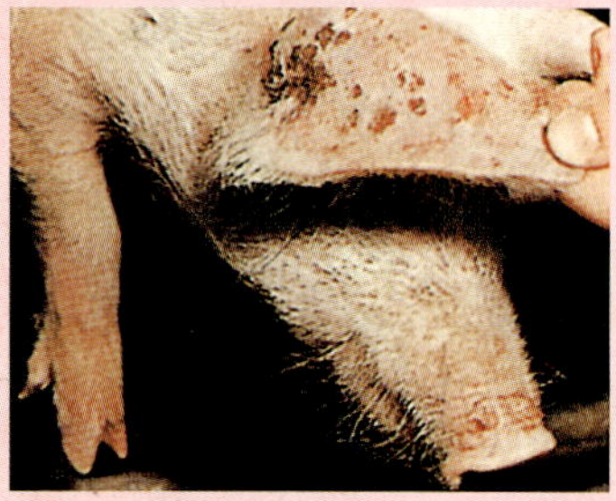	feuchter, schmieriger Hautausschlag, der meist am Nasenrücken beginnt und sich dann auf den ganzen Körper ausdehnen kann, Tiere kümmern oder verenden, Erreger: Staphylokokken, die über Hautverletzungen eindringen Abb. 1042	antibiotische Behandlung des ganzen Wurfs, vorbeugende Anwendung von Hautdesinfektionsmitteln, Schutzimpfung der tragenden Sauen mit stallspezifischer Vakzine
Influenza	hochansteckende, plötzlich einsetzende Erkrankung mit kurzfristig hohem Fieber, Husten, beschleunigter und angestrengter Atmung, Apathie, Appetitlosigkeit, Saugferkel erkranken nicht so schwer, Erholung nach 8 Tagen, Erreger: Influenza-A-Virus	Förderung der Selbstheilung durch Erhöhung der Stalltemperatur bei ausreichender, zugfreier Belüftung, Einstreu, hochgradig erkrankte Tiere behandeln lassen (Gefahr von Kreislaufkollaps, Abort, Milchmangel), Schutzimpfung

3.10.3 Krankheiten bei Muttersauen

Tabelle 92: Übersicht wichtiger Erkrankungen bei Muttersauen

Krankheit	Krankheitsbild, Ursache	Abhilfe
MMA (**M**etritis = Gebärmutterentzündung, **M**astitis = Gesäugeentzündung, **A**galaktie = Milchmangel) 	Milchmangel 24–48 Stunden nach der Geburt, meist begleitet von gestörtem Allgemeinbefinden mit Fieber, Gesäugeentzündung, eitrigem Scheidenausfluss, Nieren- oder Harnwegsinfektion; nicht alle Symptome müssen auftreten; Erreger überwiegend Coli-Bakterien Abb. 1043	ab 1 Woche vor der Geburt: Kraftfutter verringern, Vermeiden von Verstopfung (Leinsamen, 2 × täglich 1 Esslöffel Glaubersalz), ausreichende Bewegung; 1 Tag vor und am Tag der Geburt nur etwas Heu, aber reichlich Wasser anbieten; sachgemäße Geburtshilfe; Reinigung und Desinfektion der Abferkelställe; tierärztliche Behandlung

Tabelle 92: Fortsetzung

Fruchtbarkeitsstörungen (SMEDI, **S**tillbirth = Totgeburt, **M**umification = Mumifizierung, **e**mbryonic **d**eath = embryonaler Tod, **I**nfertility = Unfruchtbarkeit) 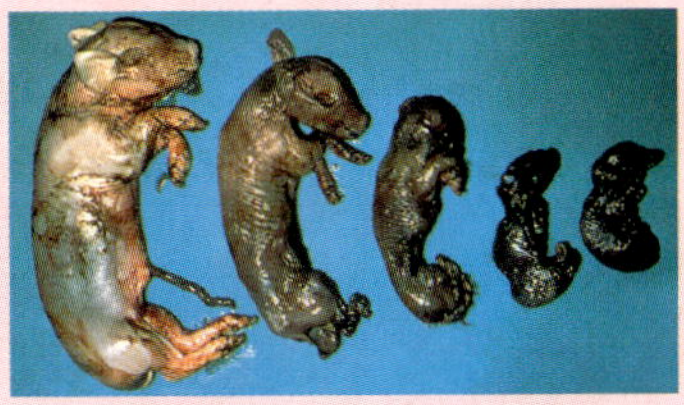 Abb. 1044	Infektionen hauptsächlich durch Parvo-, Entero- und REO-Viren	Schutzimpfung vor dem Belegen, 4-wöchige Quarantäne von zugekauften Zuchtläufern
Seuchenhafter Spätabort der Schweine (PRRS, **p**orcines, **r**eproduktives, **r**espiratorisches **S**yndrom)	aufgetreten 1990 im Münsterland und in Niedersachsen, zentralnervöse Störungen; Blaufärbung von Ohren, Scham, Schwanz oder Bauchunterseite, Umrauschen, Spätaborte ab 90. Tag, Totgeburten, lebensschwache Ferkel, langwierige Lungenentzündung bei Mastschweinen; Erreger: Arterii-Virus	zur Zeit keine wirksame Vorbeuge und Therapie bekannt; optimale Haltungsbedingungen und Schutzimpfung verringern die Krankheitsprobleme
Strahlenpilzerkrankung Abb. 1045 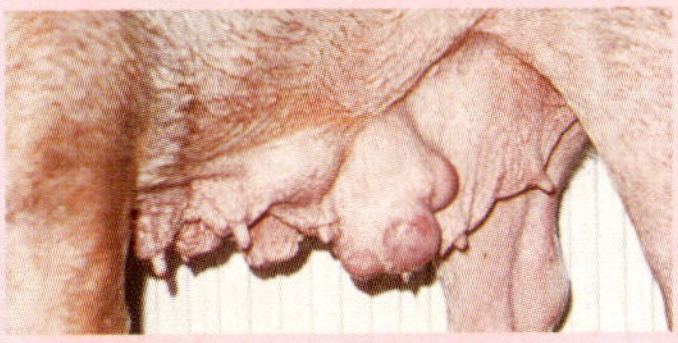	unterschiedlich große Knoten in den Drüsenabschnitten des Gesäuges, aus denen sich hochansteckender Eiter entleeren kann, Erreger: *Actinomyces suis* in Verbindung mit anderen Begleitbakterien, Übertragung durch Biss säugender Ferkel	Isolierung erkrankter Sauen und deren Behandlung mit Antibiotika (eventuell chirurgische Maßnahmen) oder Schlachtung; Abschleifen der Ferkeleckzähne
Leptospirose 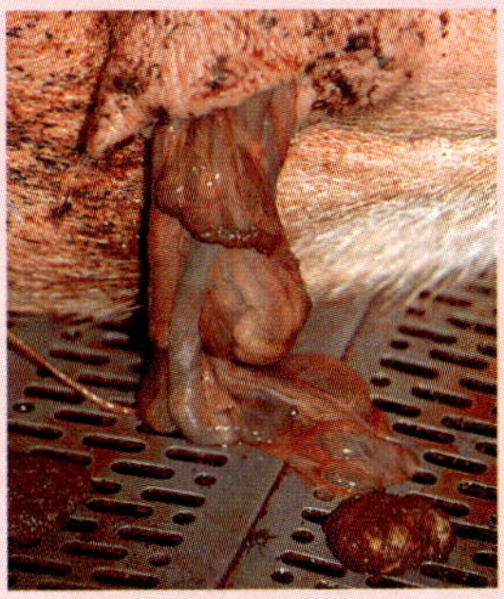 Abb. 1046	Umrauschen, Aborte, mumifizierte oder lebensschwache Ferkel, Gelbsucht, Durchfall **meldepflichtige** (allerdings seltene) Krankheit, Erreger: Bakterien, Übertragung durch Harn infizierter Tiere (Schweine, Rinder, Hunde, Mäuse, Ratten)	Feststellung nur durch den Tierarzt (Erregernachweis), antibiotische Behandlung des Bestandes mit anschließender Reinigung, Desinfektion und serologischer Kontrolle; Schadnager-Bekämpfung

3.10.4 Krankheiten bei Mastschweinen

Tabelle 93: Übersicht wichtiger Krankheiten bei Mastschweinen

Krankheit	Krankheitsbild, Ursache	Abhilfe
Rachitis	Verformung der Gliedmaßen aufgrund von Knochenweiche, verursacht durch Ca-Mangel; bei erblicher Rachitis erkranken immer nur einzelne Tiere eines Wurfes	Mineralstoffversorgung verbessern (Ca : P = 2 : 1)

Tabelle 93: Fortsetzung

Krankheit	Krankheitsbild, Ursache	Abhilfe
Belastungs-Myopathie (Myopathie = Erkrankung der Muskulatur) 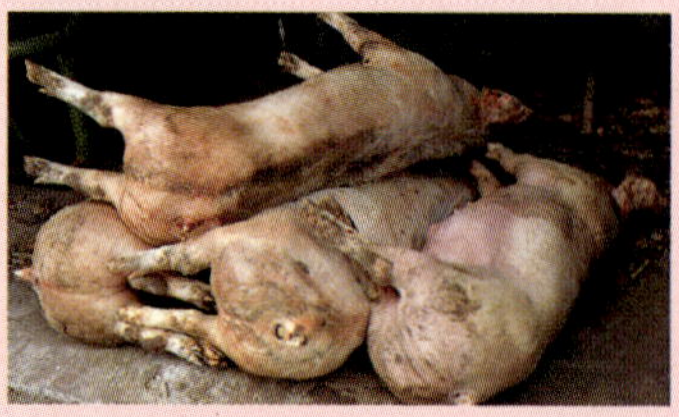 Abb. 1047	erblich bedingte Stoffwechselstörung der Muskulatur, Folgen sind – verschlechterte Fleischqualität (PSE, DFD), – akute Rückenmuskel-Nekrose (Bananenkrankheit), – Transporttod	Tiere nüchtern und schonend transportieren 3–6 Stunden Ausruhzeit vor dem Schlachten tierärztliche Maßnahmen, Züchtung stressresistenter Tiere
Rotlauf 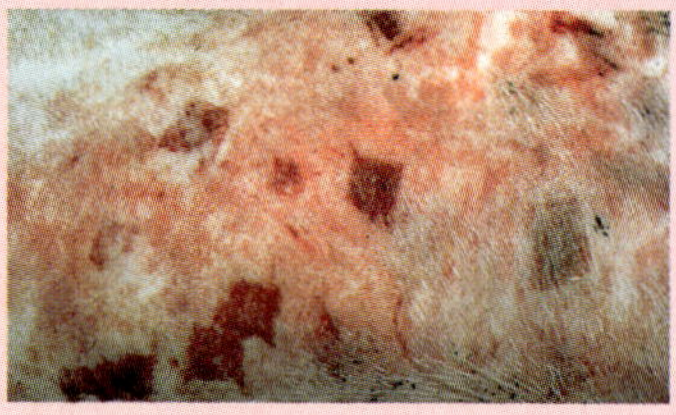	bakterielle Infektionskrankheit mit verschiedenen Verlaufsformen, akute Form: hohes Fieber, Appetitlosigkeit, Verkriechen, flächige Hautrötung oder Backsteinblattern, chronische Form: Herzklappen- und Gelenkrotlauf Abb. 1048	Behandlung mit Antibiotika (Penicillin), besseres Stallklima, Schutzimpfung bei Zuchtsauen, Stress vermeiden bei schwülem Wetter
Dysenterie 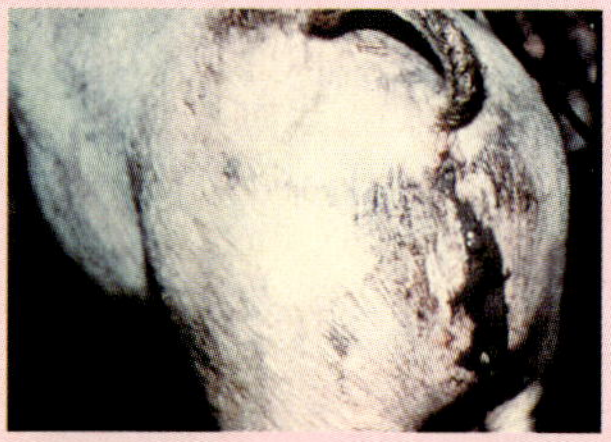	Durchfall, Kot ist zunächst hell und enthält Blutspuren, wird dann dunkler und wässriger, riecht nach Ammoniak, bei chronischem Verlauf ist der Kot betonfarben, ölig und glänzend Erreger: Bakterien, die mit Kot übertragen werden, befallen werden hauptsächlich Läuferschweine Erreger in Gülle 8 Monate ansteckungsfähig Abb. 1049	medikamentöse Behandlung über Futter oder Tränke und 3 Wochen über die Heilung hinaus in vorbeugender Dosierung, Reinigung und Desinfektion des Stalles und der Gülleanlage vor Neuaufstallung; keine Überbelegung; Nippeltränken, medikamentelle Einstallprophylaxe über 2–3 Wochen bei zugekauften Mastläufern, Bekämpfung von Mäusen, Ratten, Fliegen
Transmissible Gastro-Enteritis (TGE, Oldenburger Schweineseuche) 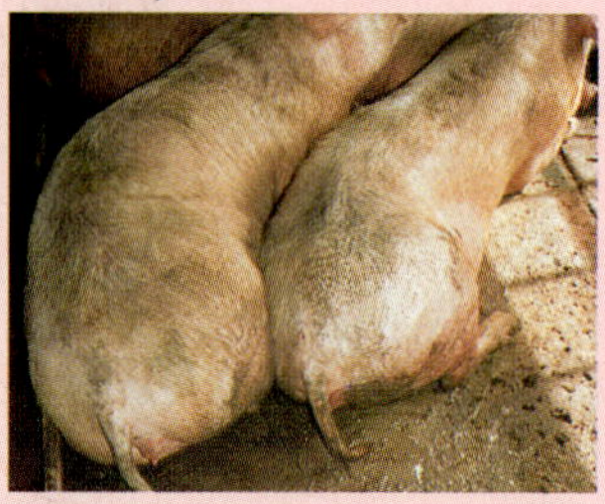	Brechdurchfall, Kot grünlich gelb und wässrig, bei Saugferkeln Massenverluste, ältere Tiere genesen nach 8–14 Tagen, Erreger dieser Magen-Darm-Entzündung sind Viren, die vor allem mit dem Kot übertragen werden – **meldepflichtig!** Abb. 1050	Einschränken des Personenverkehrs, Stallhygiene, reichlich Wasser anbieten, Diätfutter (Kleie, Leinsamen), 3–4 Tage hungern, tragende Sauen mit Kot kranker Ferkel in Kontakt bringen (nicht hochtragende Sauen), Fernhalten von Hunden, Katzen, Vögeln, 14-tägige Quarantäne zugekaufter Tiere
Epizootische Virus-Diarrhoe (EVD) 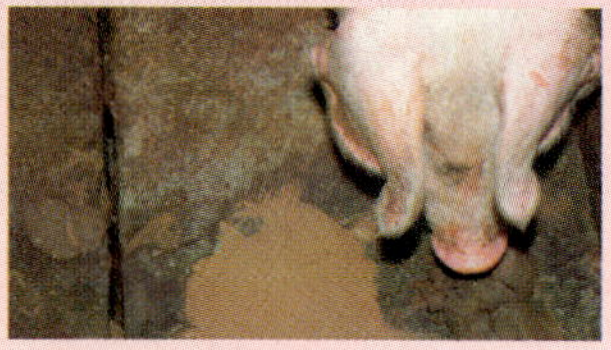	ähnlich wie TGE, aber milder verlaufend; Saugferkel erkranken fast nie Abb. 1051	wie TGE

3.10.5 Anzeigepflichtige Seuchen

Tabelle 94: Übersicht über einige anzeigepflichtige Seuchen bei Schweinen

Krankheit	Krankheitsbild, Ursache	Abhilfe
Schweinepest Abb. 1052 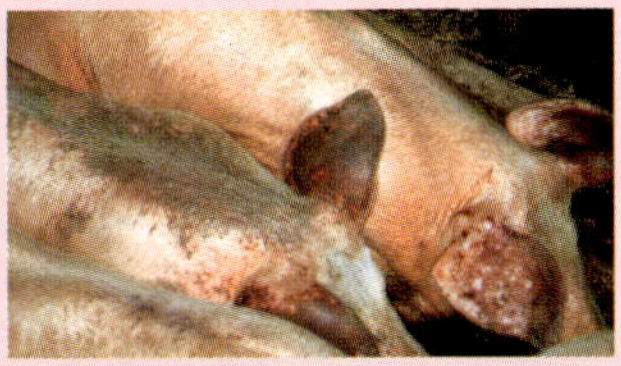	punktförmige Haut- und Schleimhautblutungen, anhaltendes Fieber, typisch schwankender Gang, Durchfall, Aborte; bei der chronischen Form kein typisches Krankheitsbild Erreger: Virus, Inkubationszeit: 3–12 Tage Virus überlebt in gepökeltem und gefrorenem Fleisch mehrere Monate; infizierte Wildschweine als Erregerreservoir	Tötung des gesamten Bestandes, Sperrbezirke, Beobachtungsgebiete, Handelsbeschränkungen, z.Z. Impfverbot; Verfüttern von Küchenabfällen nur nach vorgeschriebener Erhitzung
Afrikanische Schweinepest	ähnliche Erscheinungen wie bei Schweinepest	Tötung des gesamten Bestandes
Aujeszky'sche Krankheit  Abb. 1053	Saugferkel leiden unter Krämpfen und Lähmungen, der Tod tritt rasch ein, bei Läufern, Mastschweinen und Sauen meist gemäßigter Verlauf mit Fieber, Schläfrigkeit, Appetitlosigkeit, Kauen und Schmatzen, Speicheln, eventuell auch Lungenentzündung, bei Sauen Verferkeln, Erreger: Virus, Inkubationszeit: 2–8 Tage, aber auch bis zu 3 Wochen	Maßnahmen werden amtstierärztlich angeordnet, z.B. Tötung erkrankter oder verdächtiger Tiere, Bildung von Sperrbezirken usw., Tilgung der Seuche durch flächendeckende Impfungen und Ausmerzen der blutserologisch positiven Tiere
Maul- und Klauenseuche (MKS) 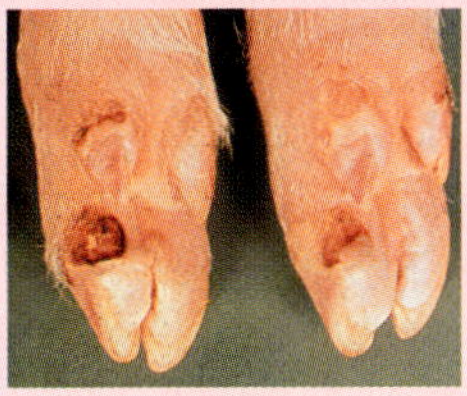	Blasen, vorwiegend an den Klauen, auch an Zitzen und Rüsselscheibe, Ferkel und Läufer können plötzlich an Herzmuskelschäden verenden, Erreger: Viren, Inkubationszeit: 2–12 Tage Abb. 1054	veterinärpolizeiliche Maßnahmen

Weitere **anzeigepflichtige Seuchen** der Schweine sind Tollwut, Milzbrand, ansteckende Schweinelähmung, vesikuläre Schweinekrankheit und die in Deutschland sehr seltene Brucellose.

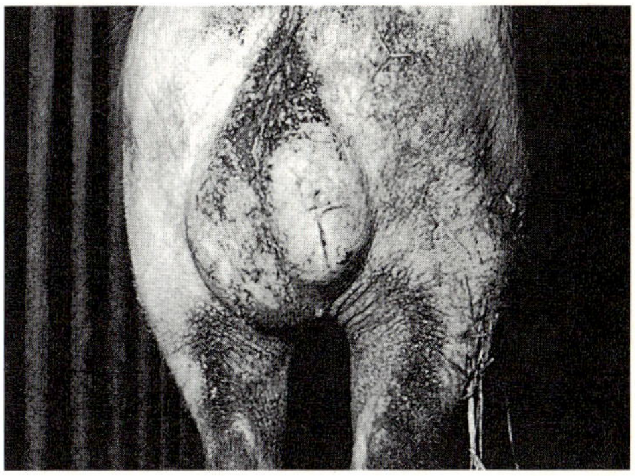

Abb. 1055 Eberhoden mit Brucellose.

Aufgaben:

1. Wie lässt sich der Krankheitsdruck in einem Schweinebestand vermindern?
2. Der Ausfall hochwertiger Zuchttiere ist teuer und Ersatz kaum verfügbar. Wie lässt sich der Bestand gegen Einschleppen von Krankheiten schützen?
3. Welche Seuchen sind bei Schweinen anzeigepflichtig?
4. Welches sind erblich bedingte Schäden bei Schweinen?
5. Beschreiben Sie die Aufgaben des Schweine-Gesundheitsdienstes.

Abb. 1056 Das Verladen sollte so schonend wie möglich erfolgen.

Abb. 1057 Vorschriftsmäßiger Transportwagen mit Einstreu, Lüftung und Abteilungen.

Abb. 1058 Laderampen sind wertvolle Hilfen beim Verladen, besonders wenn sie mit Stroh eingestreut sind.

3.11 Vermarktung von Schweinen

3.11.1 Marktsituation

Schweine werden heute fast ausschließlich über den Fleischhandel und das Schlachtgewerbe vermarktet. Dabei geht die Vermarktung *lebender* Schweine weiter zurück gegenüber der *Fleisch-* oder *Geschlachtetvermarktung*.
In der EU besteht zwar eine **Marktordnung** für Schweine, doch diese lässt *keine* Pflichtintervention zu, so dass sich der Erzeugerpreis für Schweinefleisch nach Angebot und Nachfrage richtet.

3.11.2 Transport, Schlachtung, Fleischbehandlung

Transport – Das auf große Fleischleistung gezüchtete Schwein ist nervöser und anfälliger gegen Herz- und Kreislaufbelastungen. Beim Verlassen des Stalles bis zur Schlachtung unterliegt es großem Stress. Die *Totalverluste* während des Transportes sind höher als die *indirekten* Transportverluste durch Notschlachtung erschöpfter Tiere und Qualitätsverluste am Schlachtkörper.
Transportverluste lassen sich vermindern durch:

- *Vorbereitung der Tiere* zum Transport: keine Fütterung innerhalb der letzten 12 Stunden, aber die Tiere ausreichend tränken. Ein Magengewicht + Inhalt über 4 % des Körpergewichts stellt Überfütterung dar.
- *Tierschutzgerechtes Verladen:* schonende und ruhige Behandlung, Treiben in Gruppen und mit Treibhilfen (Brett, Gitter). Ladebrücken und Rampen mit Stroh abdecken, Schonung der Tiere durch hydraulische Hebebühnen.
- *Tiergerechte Transportfahrzeuge:* Mindest-Platzbedarf 0,4 bis 0,5 m^2/Tier, Trennwände, rutschfester, pflegeleichter Bodenbelag, regulierbare Be- und Entlüftung der Fahrzeuge.
- *Tierfreundlicher Transport:* verhaltene Fahrweise, Nutzung der kühlen Stunden und Parken im Schatten während der warmen Jahreszeit, Tränken bei längerem Transport.

Die Vorbereitung zum Transport ist ausschließlich Sache des Erzeugers. Transportverlust im eigentlichen Sinne ist der Lebendmasse-Verlust des Tieres zwischen Verladung und Ankunft am Bestimmungsort (siehe Abb. 1056–1058).

Tiere sind mehr als nur ein Produktionsmittel. Sie sind Lebewesen und daher in besonderem Maße der menschlichen Verantwortung anvertraut. Dies bedeutet, dass wir Schäden oder Schmerzen so weit als möglich von den Tieren abwenden.

Schlachtung – Die Behandlung der Tiere *vor* dem Schlachten und die *Schlachttechnik* beeinflussen die Fleischqualität erheblich. Die Schlachtung sollte erst nach einer *Wartezeit* von 1,5 bis max. 3 Stunden erfolgen. Die Wartebuchten müssen genügend groß und für die Mastgruppen abgeteilt sein. Die Betäubung geschieht elektrisch oder mit CO_2. Unmittelbar danach sind die

Tiere zu stechen. Die Liegend-Entblutung hat gegenüber der Hängend-Entblutung Vorteile, weil die Muskeln lockerer bleiben.

Fleischbehandlung – Nach der Schlachtung muss der Schlachtkörper *sofort gekühlt* werden. Nach 24 Stunden sollte eine *Kerntemperatur* von 7 °C erreicht sein, um die Keimbelastung zu vermindern (Grenzwerte der CMA für Qualitätsfleisch). Weil die Schweine heute infolge der kurzen Mastdauer sehr jung geschlachtet werden, ist die *Fleischreifung* bereits nach 1–2 Tagen abgeschlossen.

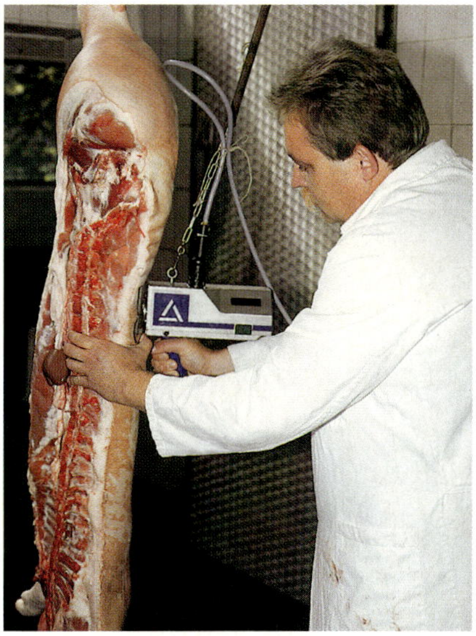

Abb. 1059 Klassifizierungs-Gerät im Einsatz.

3.11.3 Schlachtkörperqualität

Handelsklassen – Das Vieh- und Fleischgesetz legt Handelsklassen für die *Vermarktung lebender Schweine* auf Groß- und Schlachtviehmärkten fest. Dabei handelt es sich im Wesentlichen um *Gewichtsklassen*.

Bei der heute üblichen Vermarktung der **Schlachtkörper** gilt die »Verordnung über die gesetzlichen Handelsklassen für Schweinehälften«. Diese berücksichtigen *Fleischanteil* und *Ausbildung wertvoller Körperpartien*. Alle Betriebe, die Schlachtkörper oder -hälften vermarkten, sind zur Klassifizierung verpflichtet.

Tabelle 95: Handelsklassen bei Schweinen

Lebendvermarktung		Fleischvermarktung	
Klasse	Gewicht in kg	Klasse	Muskelfleischanteil
a b_1 } a b_2 c } c d e } e f	über 150 149,5–135 134,5–120 119,5–100 99,5– 80 79,5– 60 unter 60	E U R O P	55 % und mehr 50–55 % 45–50 % 40–45 % unter 40 %
		M_1 M_2 V	vollfleischige Sauen andere Sauen Eber und Altschneider
g_1 g_2 i	fette Specksauen andere Sauen Altschneider	Unterklasse	Ausbildung der Fleisch tragenden Körperpartien
		1 2 3	hervorragend gut bis sehr gut gering

Abb. 1060 Schlachthälften der Handelsklassen E, U und R (von rechts nach links).

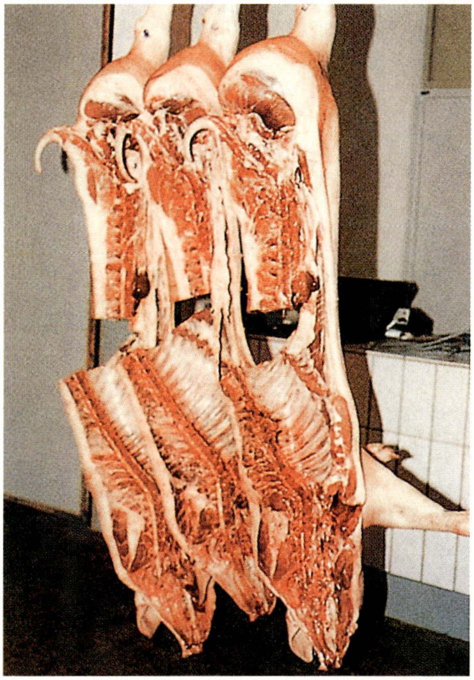

Es sind zwei **Klassifizierungs-Verfahren** möglich, die mit entsprechenden Geräten durchgeführt werden. Sie registrieren *Rückenspeckdicke* und *Muskeltiefe*, der angeschlossene Rechner bestimmt daraus den Muskelfleischanteil und damit die Handelsklasse. Danach sind die Hälften zu kennzeichnen.

Das **Verwiegen** hat binnen 45 Minuten nach dem Stechen zu erfolgen. Als Gewicht gilt die Masse (auf halbe Kilogramm gerundet) des ausgeweideten Tieres einschließlich der Haut, des Kopfes der Füße, der Flomen und der Nieren. Bei Sauen, Altschnei-

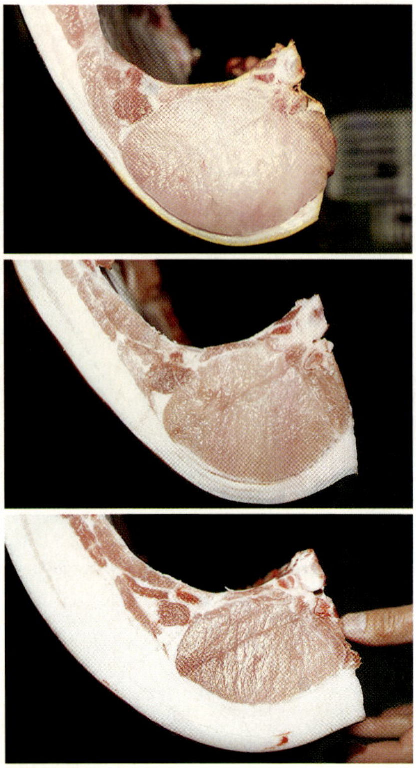

Abb. 1061 Kotelett der Handelsklasse E, U und R (von oben).

Abb. 1062 Grenzwerte der Fleischbeschaffenheit.

Messung 45–50 min p.m.[1]) pH 1-Wert – Fleischbeschaffenheit	Ergebnis der pH-Wert-Messung in Kotelett oder Schinken	Messung 24 h p.m. pH 24-Wert – Fleischbeschaffenheit
gut bis sehr gut	6,20	DFD-Fleisch
gut bis sehr gut	6,10	Verdacht auf DFD-Fleisch
gut bis sehr gut	6,00	Verdacht auf DFD-Fleisch
gut bis sehr gut	5,90	
gut bis sehr gut	5,80	
mäßig	5,70	
mäßig	5,60	
schlecht, PSE-Fleisch		

Ergebnis der Leitfähigkeitsmessung [2]) in Kotelett oder Schinken		
schlecht, PSE-Fleisch	9,42	schlecht, PSE
schlecht, PSE-Fleisch	8,40	mäßig
mäßig	7,80	mäßig
mäßig	5,50	gut bis sehr gut
gut bis sehr gut		gut bis sehr gut

Ergebnis der Reflexionswertmessung bei Klassifizierung am Kotelett	
schlecht, PSE	60
mäßig	45
gut bis sehr gut	

[1]) p. m. = post mortem = nach der Schlachtung.
[2]) Messwert in mS (Millisiemens).

dern und Ebern werden aus hygienischen Gründen vorher die Spitzbeine entfernt.

Jeder Schlachtkörper muss mit einer fortlaufenden **Schlachtnummer** gekennzeichnet werden. Sie dient der eindeutigen Identifizierung des Schlachtkörpers und ermöglicht jederzeit die Kontrolle des Gewichts, der Handelsklasse und der Abrechnung. Der Schlachtbetrieb muss diese Unterlagen mindestens 6 Monate lang für die Überwachungsbehörden aufheben.

Wünsche des Marktes – Der Markt wünscht Frischfleischschweine mit einem hohen Anteil an gut bezahlten Partien (Filet, Schinken, Kotelett, Kamm und Bug). Bei der Verarbeitung zu Wurst sind ebenfalls fleischreiche Schweine, aber aus geschmacklichen Gründen auch Fleisch mit einem entsprechenden Anteil an Fett gesucht. Verarbeitungsbetriebe bevorzugen daher Schweine der Handelsklassen R und O.

3.11.4 Fleischqualität

Die **Wünsche der Verbraucher** hinsichtlich der Fleischqualität decken sich weitgehend mit denen der Verarbeiter. Die Fleischqualität wird von dem *Genusswert*, dem *Nährwert* und der *Fleischbeschaffenheit* bestimmt. Die Züchtung fleischreicher Schweine brachte jedoch Einbußen bei der Fleischqualität.

Genusswert – Schweinefleisch soll eine arteigene rote Farbe haben sowie zart und saftig sein. Der Geschmack wird wesentlich vom Anteil *intramuskulären* Fettes (Marmorierung) bestimmt, er sollte im Rückenmuskel 2,5 % betragen. Die Selektion auf große Muskelfülle hatte auch eine Verringerung des intramuskulären Fettanteils zur Folge.

Nährwert – 100 g rohes Schweinefleisch enthalten im Mittel 19,95 g Eiweiß, 10,5 g Fett und damit einen Energiegehalt von ca. 710 kJ (170 kcal). Schweinefleisch ist reich an Vitaminen. Mineralstoffen und Spurenelementen.

Fleischbeschaffenheit – Hierbei handelt es sich um die *technologischen Eigenschaften* des Fleisches, also um das *Safthaltevermögen,* das eng mit dem *pH-Wert* zusammenhängt, und den *Bindegewebsanteil.*

Bei Schweinen kann vor allem im Kotelett, seltener im Schinken sog. **PSE-Beschaffenheit** (siehe Seite 351) vorkommen. Ursache ist eine überstürzte Fleischreife, die infolge eines erblich bedingten beschleunigten Glykogenabbaus bei Stress (Transport und Schlachtung) erfolgt. Dabei ist es weniger die helle Farbe, die die Käufer bemängeln, als vielmehr der erhöhte Brat- und Kochverlust. Er bewirkt zähes, trockenes Fleisch.

Den Verarbeiter stört bei PSE-Fleisch neben dem geringen Wasserbindevermögen die unbefriedigende *Farbe* bei roher Pökelware.

DFD-Beschaffenheit (siehe Seite 351) ist bei Schweinefleisch selten anzutreffen. Hier ist die Fleischreifung ungenügend, der Gewichtsverlust gering, aber die Haltbarkeit stark vermindert, weil der hohe pH-Wert gute Lebensbedingungen für Mikroorganismen anzeigt.

Die **Beurteilung** der Fleischbeschaffenheit kann mit Hilfe von *Messungen* des *pH-Wertes,* der *elektrischen Leitfähigkeit* und des *Reflexionswertes* erfolgen. Die Preisbildung für den Erzeuger orientiert sich vorerst nur an den Handelsklassen. Eine weitergehende Berücksichtigung der Fleischqualität scheitert vor allem an der Gewinnung der Messdaten. Sie müssten zuverlässig und schnell innerhalb der Schlachtkette erfasst werden können.

Fleischhygiene – Schlachtschweine, die für die menschliche Ernährung bestimmt sind, müssen gemäß dem Fleischhygiene-Gesetz vor und nach der Schlachtung einer amtlichen *Schlachttier-* und *Fleischbeschau* unterzogen werden. Für den Erzeuger ist es wichtig zu wissen, dass immer Stichproben von 0,5 % aller Schlachtkörper auf *Rückstände* von Hemmstoffen, Hormonen oder Thyreostatika erfolgen.

Vermarktungswege – Der überwiegende Teil der Schweine wird geschlachtet vermarktet (Fleisch- oder Geschlachtetvermarktung).

Nachdem die Schwerpunkte der Schweinemast außerhalb der großen Verbrauchszentren liegen, haben sich auch die leistungsfähigen Schlachtbetriebe dorthin verlagert. Mit Fleisch lässt sich die Versorgung der Bevölkerung besser bewerkstelligen als mit Lebendvieh. Hinzu kommen die geringeren Transportverluste und die verbesserte Gesamtverwertung der Schlachtschweine, wenn nicht mehr viele kleine Schlachtereien ganze Tiere verarbeiten und verkaufen müssen, sondern jeder Metzger nur noch einzelne Fleischstücke je nach Bedarf von den Fleischmärkten kaufen kann.

Für den Erzeuger kommt es darauf an, den verfügbaren Vermarktungsweg auszuwählen, der für die angebotene Qualität die höchsten Preise bezahlt und die geringsten Vermarktungskosten berechnet.

In Abb. 1067 sind die Vermarktungswege dargestellt. In Betracht kommen

- **Direktvermarktung** über hofeigene Schlachtung und Verkauf des Fleisches direkt an den Verbraucher (Auflagen sind bei der Kreisverwaltungsbehörde zu erfragen),
- **Vermarktung über Erzeugergemeinschaften,**
- **Vermarktung über** den genossenschaftlichen und privaten **Handel.**

Markenfleisch-Programme – Dabei handelt es sich um einzelne Betriebe oder eine Gemeinschaft von Betrieben, die ihre Schweineproduktion hinsichtlich *Ferkelherkunft, Fütterung, Haltung und Medikamenteneinsatz,* also ihr Produktionsprogramm, so gestalten, dass sie daraus eine höhere Qualität des Fleisches ableiten. Sie versuchen das dem Verbraucher durch entsprechende Werbung (Erzeugerlogo) zu vermitteln und damit höhere Preise zu erzielen, als es mit der Preisgestaltung auf Handelsklassen-Basis möglich wäre.

Markenfleisch-Programme haben in der Regel nur regionale Bedeutung. Um der Verunsicherung der Verbraucher durch die inzwischen sehr zahlreichen Markenprogramme zu begegnen, hat

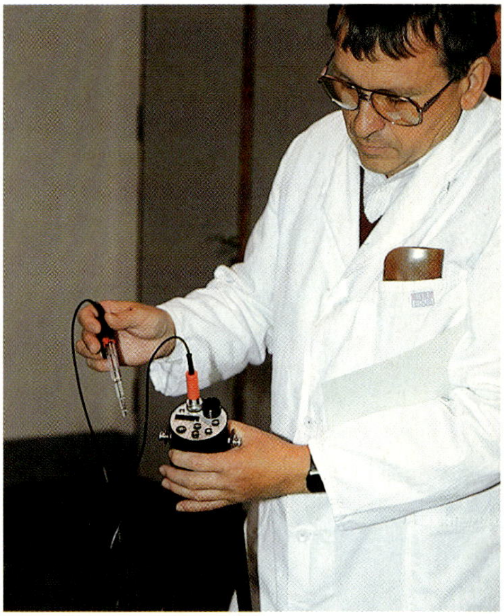

Abb. 1063 Gerät zu pH-Wert-Messung am Fleisch.

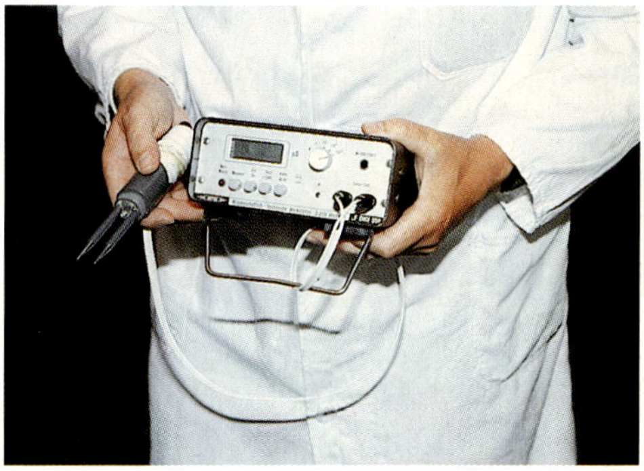

Abb. 1064 Gerät zur Messung der elektrischen Leitfähigkeit des Fleisches.

Abb. 1065 Die Pressmethode (30 g Fleisch zwischen 2 Plexiglasplatten) testet das Safthaltevermögen von Fleisch.

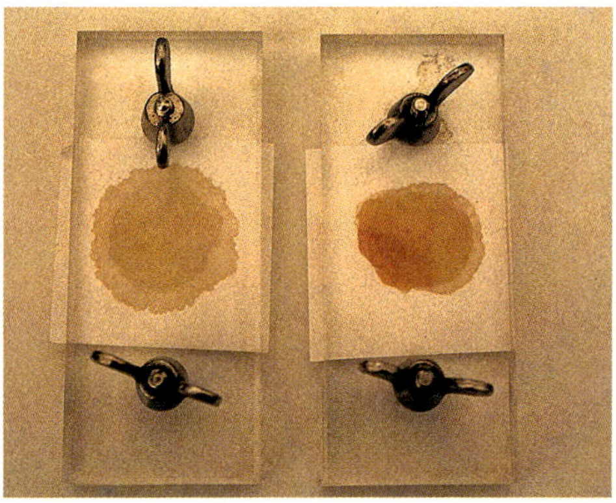

Abb. 1066 **Beispiel** für ein regionales Gütezeichen für Schweinefleisch.

die CMA ein *Gütesiegel* geschaffen, das alle Markenfleisch-Programme erwerben können.

Preisnotierung – Für lebende Schweine findet kaum noch eine Preisnotierung statt, weil diese Vermarktungsform stark rückläufig ist. Künftig müssen die Preise wohl von denen für geschlachtet vermarktete Tiere abgeleitet werden. Auch schlachten viele Metzger heute nicht mehr selbst, sondern kaufen sich Schweinehälften oder Teilstücke in Fleischgroßmärkten.

Alle Betriebe, die wöchentlich mehr als 75 Tiere schlachten, sind verpflichtet, ihren Auszahlungspreis frei Schlachtstätte der zuständigen Landesstelle zu melden. Diese wertet die Meldungen aus und veröffentlicht sie als amtliche Preisnotierung in den Medien.

Abrechnung – Die Abrechnung für verkaufte Schweine muss enthalten

- Lieferdatum,
- die Schlachtnummern der Tiere,
- das jeweilige Schlachtgewicht,
- Preis frei Schlachtstätte,
- Vorkosten, das sind Erfassungsgebühr, Transportkosten, Versicherungskosten, eventuell Wiegekosten, Beiträge für den Absatzfond.

Aufgaben:

1. Welche Vorteile bietet die Fleischvermarktung für den Erzeuger?
2. Nach welchen Gesichtspunkten richten sich die Handelsklassen bei Lebend- und bei Fleischvermarktung?
3. Beschreiben Sie Maßnahmen für den Tierschutz beim Transport von Schweinen.
4. Welche Angaben muss die Abrechnung für gelieferte Schlachtschweine enthalten?

Abb. 1067 Vermarktungsorganisationen und -kanäle für Fleisch (Schema).

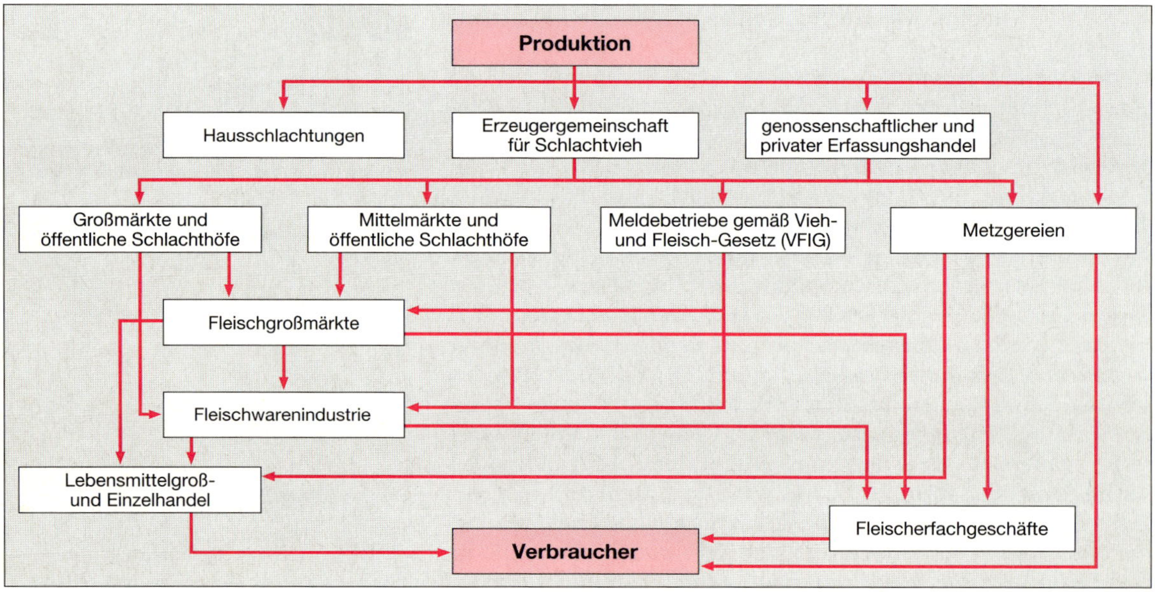

4 Schafhaltung

4.1 Bedeutung und Formen

Bedeutung – Bis in die 50er-Jahre stand die Wolle im Vordergrund des Interesses bei der Schafhaltung. Heute ist es vor allem das Schaffleisch (Lammfleisch). Der *Selbstversorgungsgrad* in Deutschland liegt hier unter 50 %. In der EU ist aber ein Trend zur Selbstversorgung erkennbar, sie soll bis zur Jahrhundertwende erreicht sein.
Ökologische und landschaftspflegerische Gesichtspunkte sprechen für die Schafhaltung. Wenn sich die Rinderhaltung und der Ackerbau aus Grenzertragslagen zurückziehen, könnten Schafe helfen, die Kulturlandschaft offen zu halten. Schafe dienen auch dem Küstenschutz, z. B. durch Festigung der Grasnarbe in Jungmarschen und auf Deichen. Die Erzeugung von Schafsmilch und Schafskäse kann eine lohnende Marktnische sein.
Schafhaltung verbessert auch das ökologische Bild der Landwirtschaft, weil sie nicht mit den in der Öffentlichkeit kritisierten Formen der Intensivhaltung anderer Tierarten verbunden ist.
1980 wurde eine *EG-Marktordnung* für Schaffleisch erlassen. Damit besteht die Möglichkeit von Einfuhrbegrenzungen, wenn der Erzeugerpreis eine Mindestmarke unterschreitet.
Formen – Die Schafhaltung teilt sich etwa zu je einem Drittel in Hütehaltungen, Wanderschafherden und Einzelhaltungen bzw. Koppelhaltungen auf.

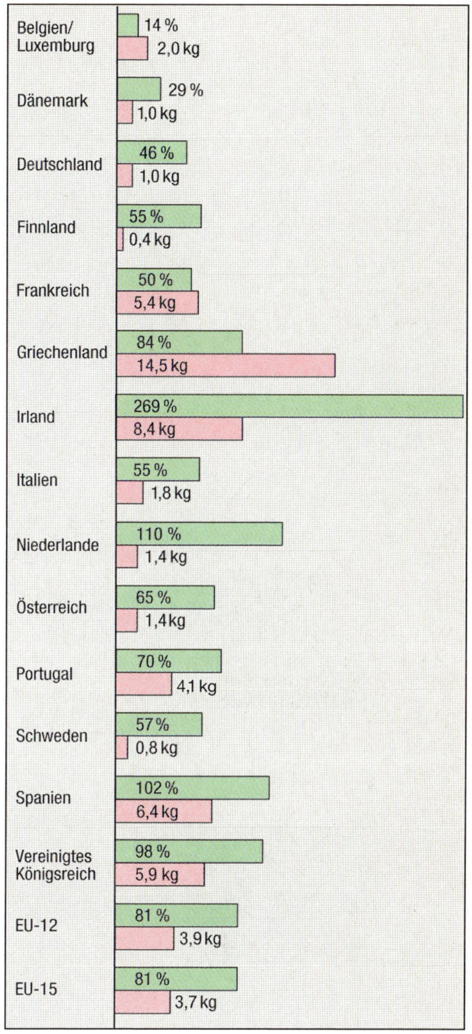

Abb. 1068 Selbstversorgungsgrad (in %) und Pro-Kopf-Verbrauch (in kg, 1997) der EU-Mitgliedsstaaten.

4.2 Rassen

Die Schafrassen haben sich während der langen Zeit der Domestikation (seit etwa 8000 Jahren) aus den Wildtieren entwickelt. Als Stammform des Wollschafes gilt das in den westasiatischen Steppen beheimatete *Arkalschaf*, während die Urform unserer Landschafrassen das *Mufflon* ist.

Abb. 1069 Das Mufflon gehört zu den Urschaf-Typen.

4.3 Zucht

Organisationen – Die 10 Landes-Schafzuchtverbände in Deutschland sind in der Vereinigung Deutscher Landes-Schafzuchtverbände (VDL) mit Sitz in Bonn zusammengeschlossen. Die *Deutsche Wollverwertung* ist eine Selbsthilfeeinrichtung der Schafhalter zur Vermarktung der Wolle.
Leistungsprüfungen – Wie bei Rindern und Schweinen werden auch bei Schafen Leistungsprüfungen durchgeführt, um Anhaltswerte für die Zucht zu gewinnen und so die Leistungsfähigkeit der Tiere zu verbessern.
Zuchtformen – Kreuzungs- und Reinzucht sind auch bei Schafen gebräuchlich. Als Zuchtmethode ist die Selektion nach Eigenschaften oder Anforderungen bzw. Index üblich und stellt die Gewinnung von Nachwuchstieren sicher.

BES:
Name, Vorname, Ort

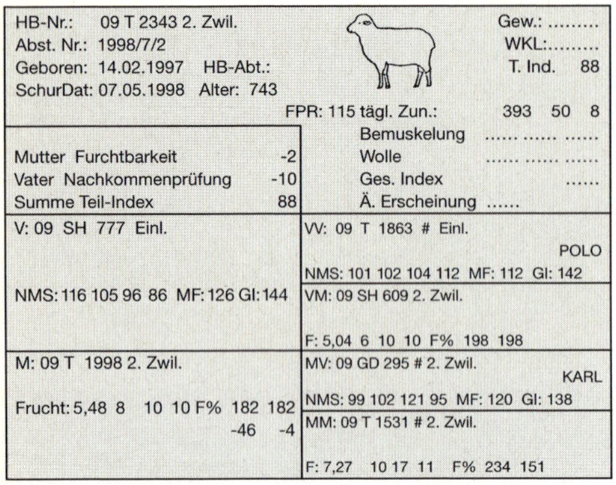

HB-Nr.: 09 T 2343 2. Zwil.
Abst. Nr.: 1998/7/2
Geboren: 14.02.1997 HB-Abt.:
SchurDat: 07.05.1998 Alter: 743
Gew.: ....
WKL:.........
T. Ind. 88
FPR: 115 tägl. Zun.: 393 50 8

Mutter Furchtbarkeit -2
Vater Nachkommenprüfung -10
Summe Teil-Index 88
Bemuskelung ....
Wolle ....
Ges. Index ......
Ä. Erscheinung ......

V: 09 SH 777 Einl.
NMS: 116 105 96 86 MF: 126 GI: 144

VV: 09 T 1863 # Einl.
POLO
NMS: 101 102 104 112 MF: 112 GI: 142

VM: 09 SH 609 2. Zwil.
F: 5,04 6 10 10 F% 198 198

M: 09 T 1998 2. Zwil.
Frucht: 5,48 8 10 10 F% 182 182
-46 -4

MV: 09 GD 295 # 2. Zwil.
KARL
NMS: 99 102 121 95 MF: 120 GI: 138

MM: 09 T 1531 # 2. Zwil.
F: 7,27 10 17 11 F% 234 151

Abb. 1070 **Beispiel** für einen Abstammungsnachweis.

Fruchtbarkeit: **F:** 5.48 / 8 / 10 / 10
Fruchtbk.% 182 182
Abweichung –46 –4
F: bedeutet, das Mutterschaf hat in 5,48 Leistungsjahren* 8-mal gelammt, 10 Lämmer geboren, 10 Lämmer aufgezogen

Fruchtbk.% = Angabe in % der geborenen bzw. aufgezogenen Lämmer.
Abweich. –46 –4

Abweichung = +/- Abweichg. vom Rassedurchschnitt in der betreffenden Leistungsklasse (hier 8. Lammung)
*Leistungsjahre sind Lebensjahre abüglich der rassespezifischen Aufzuchtzeit.

E = Einling
Z = Zwilling
D = Drilling
V = Vierling
+ = Das Tier wurde auf einer Elite- oder Landesschau mit einem Sieger- oder 1. Preis ausgezeichnet.
***** = Das Tier wurde auf einer DLG-Schau mit einem Sieger- oder 1. Preis ausgezeichnet.
# = Tier nicht mehr im Bestand, die Leistung ist bereits abgeschlossen.

MF 126 = Mastleistung Feld Tageszunahme 7% über Vergleichsdurchschnitt

NMS 116/105/96/86 Nachkommenschaftsprüfung auf Station
116 = Tageszunahme 16% über Vergleichsdurchschnitt.
105 = Futterverwertung 5% besser als Vergleichsdurchschnitt.
96 = Bemuskelung 4% schlechter als Vergleichsdurchschnitt.
86 = Verfettung 14% weniger als Vergleichsdurchschnitt.

FPR = Feldprüfung
HB-Nr. = Herdbuchnummer mit Angabe des Betriebes z. B. 09-Bayern
GI = Gesamt-Index (100–180)

Tabelle 96: Wichtige Schafrassen

Rasse	Verbreitung	Anteil am Gesamtbestand in %
Merino-Landschaf	Baden-Württemberg, Hessen, Bayern, Rheinland-Pfalz, Sachsen-Anhalt, Brandenburg	30,1
Deutsches schwarzköpfiges Fleischschaf	Bundesgebiet	16,9
Deutsches Texelschaf	Bundesgebiet	8,6
Deutsches weißköpfiges Fleischschaf	Niedersachsen, Schleswig-Holstein	3,3
Heidschnucken	Bundesgebiet, besonders Niedersachsen	2,1
Bergschaf	Bayern	1,3
Milchschaf	Bundesgebiet, besonders Sachsen	4,0
Merino-Fleischschaf	Sachsen-Anhalt, Berlin-Brandenburg	3,9
Rhönschaf	Bayern, Hessen	0,5
Deutsches blauköpfiges Fleischschaf	Bundesgebiet, besonders Nordrhein-Westfalen	0,2
Kreuzungen		12,7
übrige Rassen		16,4

Die **Zuchtleistungsprüfung** erfasst die Fruchtbarkeit des Mutterschafes. Dabei werden ermittelt:

- Alter des Mutterschafes in Jahren,
- Zahl der geborenen Lämmer,
- Zahl der aufgezogenen Lämmer.

Die **Mast-** und **Schlachtleistungsprüfung** wird als Nachkommenprüfung in Stationen durchgeführt. Sie ermittelt die tägliche Zunahme in g, die Futterverwertung in StE/kg Zuwachs und die Fleischleistung in Punkten (maximal 50). Die Ergebnisse werden als Verhältniszahlen zum Durchschnitt (= 100) der in der Station geprüften Tiere derselben Rasse angegeben.

Zusätzliche Feldprüfungen ermitteln die täglichen Zunahmen von Bocklämmern während bestimmter Altersabschnitte.

Die **Milchleistung** wird von Milchkontrollverbänden geprüft (wie bei Rindern). Die Jahresleistung beträgt 500–900 kg Milch, durchschnittlich 650 kg, Spitze 2000 kg, bei 5,5–7,5 % Fett und 4–6 % Eiweiß.

Zuchtwert – Aus den Ergebnissen der Leistungsprüfungen wird gemäß der Verordnung zum Tierzucht-Gesetz ein Teilzuchtwert berechnet, der bei der Körung durch die Beurteilung von Bemuskelung, äußerer Erscheinung und Wollqualität zum Zuchtwert ergänzt wird **(Index).** Mindestanforderungen für die Körung eines Schafbockes sind:

- *Fleischleistung* (bei Fleischrassen) bzw. *Milchleistung* (bei Milchschafrassen) mindestens 80 Punkte,
- *äußere Erscheinung* und *Wollqualität* mindestens 4 Punkte (ausreichend),

Abb. 1071 Merino-Landschaf.

Abb. 1072 Deutsches schwarzköpfiges Fleischschaf.

Abb. 1073 Deutsche Texelschaf.

Abb. 1074 Deutsches weißköpfiges Fleischschaf.

Abb. 1075 Graue, gehörnte Heidschnucke.

Abb. 1076 Deutsches Bergschaf.

Abb. 1077 Merino-Landschaf.

Abb. 1078 Blauköpfiges Fleischschaf.

Abb. 1079 Koppelschafhaltung.

Abb. 1080 Hüteschafhaltung ist eine Form der Vollerwerbs-Schafhaltung.

Abb. 1081 Tieflaufställe lassen sich in bestehende Gebäude leicht einbauen (Maße in cm).

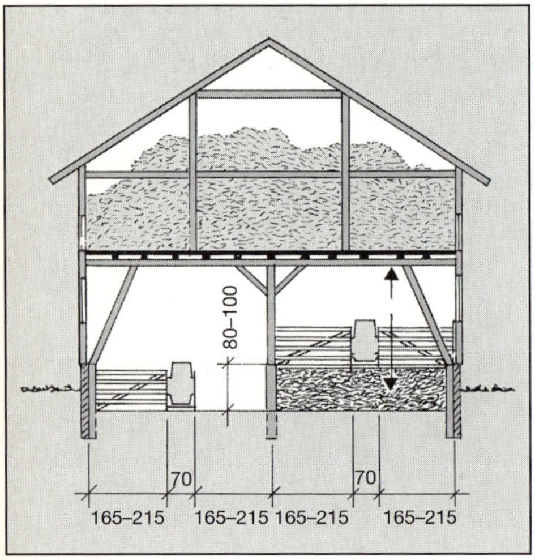

- *Zuchtleistung* der Bockmutter nicht unter 30 % des nach Altersklassen ermittelten Jahrgangs-Durchschnittes,
- *Mindestalter* 5 Monate.

4.4 Haltung

Wanderschäferei – Sie ist mit Herdengrößen von durchschnittlich 400 Tieren die Erwerbsquelle für hauptberufliche Schäfer. Dabei unterscheidet man *standortgebundene Herden*, die meist eigene oder gepachtete Flächen abweiden, und echte *Wanderschäfereien*.

Haltung im landwirtschaftlichen Betrieb – Hier überwiegt die Koppelschafhaltung. Die Besatzdichte/ha Weidefläche kann mit 12 Mutterschafen einschließlich Nachzucht angegeben werden. Für die Ablammung im Winter und in klimatisch ungünstigen Gegenden ist auch ein Stall nötig. Dafür können nicht mehr benutzte Betriebsgebäude eingerichtet werden. Reine Stallhaltung ist ebenso selten wie eine Einzeltierhaltung, die nur der Selbstversorgung dient.

Stall – In der Regel werden Schafe nur während der Wintermonate für ca. 90–100 Tage im Stall gehalten. Die Stalltemperatur für Mutterschafe sollte 8–10 °C bei 65–75 % relativer Luftfeuchte betragen. Der Stall muss zugfrei und trocken sein, da Schafe gegen Feuchtigkeit empfindlich sind.

Tabelle 97: Stallflächen- und Futterplatzbedarf bei Schafen

Tierart	Flächenbedarf[1]) m²/Tier	Krippenlänge m/Tier
Mutterschaf ohne Lamm	0,8–1,0	0,4
Mutterschaf mit Lämmern	1,2–1,6	0,6
Mastlamm	0,5–0,7	0,3
Jährling	0,6–0,8	0,3
Bock in Einzelbucht	3,0–4,0	0,6
Bock in Sammelbucht	1,5–2,0	0,5

[1]) Bei Beständen unter 20 Tieren oder bei ganzjähriger Stallhaltung Stallfläche 10–20 % größer.

Leichtbauställe und andere für die Schafhaltung hergerichtete Gebäude werden in der Regel als *Tieflaufställe* genutzt. Dabei rechnet man je Tier täglich 0,5–0,8 kg Einstreu. Für die Mechanisierung des Futtertransportes und der Entmistung sollten die Ställe entweder eine *Längs-* oder *Querdurchfahrt* erlauben.
Mit Hilfe von Lattenkonstruktionen *(Hürden)* lässt sich der Stall leicht in *Boxen* zum Ablammen (1,5–2,0 m²/Tier) unterteilen. Sie gestatten den Durchschlupf der Lämmer zur gesonderten Fütterung mit Kraftfutter und können beim Entmisten ohne größeren Aufwand wieder entfernt werden.
Einstreulose Haltung auf Vollspaltenböden, Lochböden oder Gitterrosten ist nur für die Intensivmast oder Quarantäneställe zu empfehlen.

Futter wird in Raufen oder Futterbändern vorgelegt. Dabei nimmt der Arbeitsaufwand von Raufen, die im Stallabteil stehen, über begeh- und befahrbare Raufen bis hin zu Futterbändern ab. Für die Tränkwasserversorgung eignen sich auch bei Schafen Selbsttränken am besten.

4.5 Fütterung

Mutterschaf – Schafe verwerten als Wiederkäuer rohfaserreiches Futter. Leere und niedertragende Schafe bekommen in der Regel nur Weide, Heu, Silage und Mineralfutter. Eine *Stoßfütterung* mit eiweißreicher Weide oder zusätzlicher Kraftfuttergabe 4 Wochen vor und nach der Paarung erhöht die Zahl reifender Eier und verringert die Embryonen-Sterblichkeit.
6 Wochen vor der Geburt ist wegen der geringeren Aufnahmefähigkeit des Pansens höher konzentriertes Futter zu verabreichen. Säugende Mutterschafe und besonders Zwillingsmütter sollten deswegen bei geringer Weide- oder Grundfutterqualität zusätzlich Kraftfutter erhalten. Lämmer können ab der 4. Lebenswoche selbst genügend Kraftfutter aufnehmen, so dass sich eine zusätzliche Gabe an die Mutterschafe erübrigt.
Lämmer – Wie Kälber und Ferkel brauchen auch Lämmer innerhalb der ersten 12 Lebensstunden die *Kolostralmilch,* um genügend Antikörper aufzunehmen. In den ersten 4 Lebenswochen sind die Lämmer wegen der ungenügenden Pansenentwicklung auf die *Muttermilch* oder *Milchaustauschtränke* angewiesen. Danach erhalten sie zusätzlich *Kraftfutter* oder junges Gras. Bei einer Mindest-Lebendmasse von 16–18 kg können die Lämmer abgesetzt werden (Frühentwöhnung). Das ist bei anschließender *Intensivmast* nicht vor der 5.–6. Woche, bei anschließender *Weidemast* nicht vor der 7.–9. Woche der Fall.
Bei *natürlicher Aufzucht* laufen die Lämmer 90–120 Tage mit der Mutter und nehmen nebenbei auch Kraft- und Wirtschaftsfutter auf.
Mehrlingslämmer oder Lämmer von Mutterschafen, deren Milchleistung nicht ausreicht, erhalten ab dem 2. Lebenstag *Milchaustauschtränke* (Flasche, Tränkbehälter, Tränkautomaten)! Ab dem 10. Lebenstag gibt man zusätzlich Kraftfutter, Heu und Wasser. Das Absetzen der Tränke erfolgt bei einer Lebendmasse von 16–18 kg.

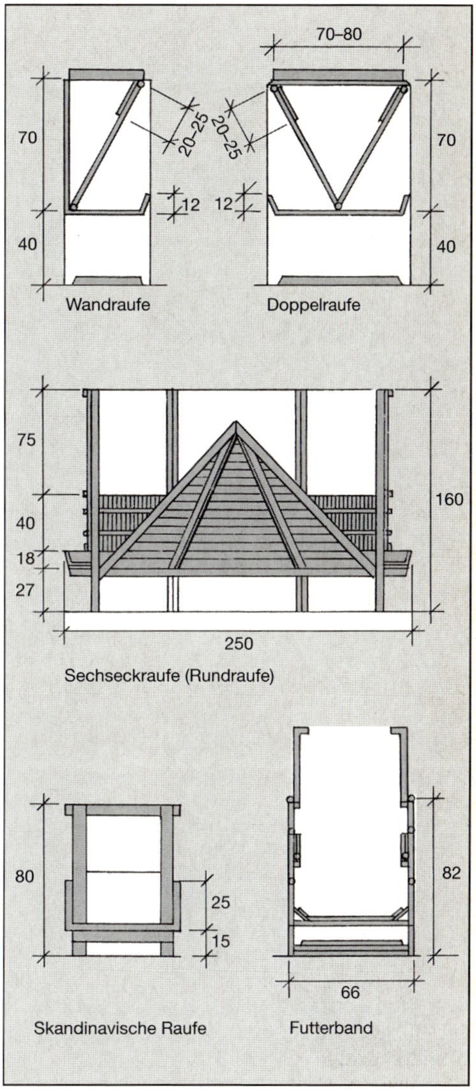

Abb. 1082 Fütterungseinrichtung für Schafe im Querschnitt (Maße in cm).

4.6 Lämmermast

Lammfleisch bringt gegenwärtig ca. 80 % aller Einnahmen aus der deutschen Schafhaltung. Deswegen ist die Lämmermast auch das wichtigste Verfahren. Die Mastlämmer sollen fettarmes Fleisch und möglichst große Anteile wertvoller Fleischteile (Kotelett, Lende, Keule) aufweisen. Dazu ist es wichtig, dass das rassen- und geschlechtsspezifische günstige Mastendgewicht nicht überschritten wird. Die wichtigsten Mastverfahren sind *Kraftfutter-, Wirtschafts-* und *Weidemast.*

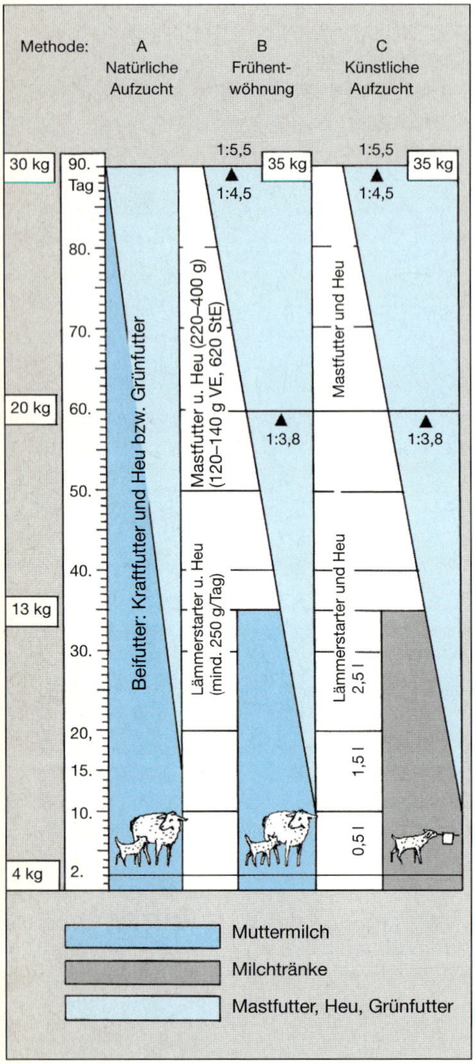

Abb. 1083 Methoden der Lämmer-Aufzucht (Schema).

Kraftfuttermast – Sie ist das intensivste Verfahren. Nach dem Absetzen erhalten die Lämmer Kraftfutter zur freien Aufnahme und täglich ca. 0,2–0,4 kg Heu. Das Mastendgewicht von 40 bis 50 kg bei männlichen und 35–45 kg bei weiblichen Tieren ist mit etwa 4–5 Monaten erreicht.

Das mit hohen Futterkosten belastete Verfahren ist dort angebracht, wo durch die kurze Mastzeit Preisvorteile bei der Lieferung zu bestimmten Terminen zu erzielen sind (z.B. Osterlämmer).

Wirtschaftsmast – Hierbei werden wirtschaftseigenes Grundfutter und preiswertes Zukauffutter (Nassschnitzel, Treber) eingesetzt. Aufgrund der geringeren Zunahmen dauert die Mast zwar bis zum 6. bzw. 7. Lebensmonat, aber die Futterkosten sind geringer und die Tiere verfetten trotz eines um ca. 10 kg höheren Mastendgewichtes nicht.

Weidemast – Sie ist in verschiedenen Formen möglich. Die intensivste Stufe stellt das »creep grazing«[1]) dar, bei der die Lämmer vor dem Auftrieb der Mutterschafe durch den Zaun in die benachbarte frische Weide gelangen können.

Eine andere Form stellt die Beifütterung der Lämmer mit Kraftfutter an nur für sie zugänglichen Stellen dar. Schließlich können auch die Lämmer im Alter von 3–4 Monaten abgesetzt und auf besonders nährstoffreichen Weideflächen gemästet werden.

4.7 Vermehrung

Geschlechtsreife, Zuchtreife – Die *Geschlechtsreife* der Schafe unserer Rassen tritt im 5. Lebensmonat ein. Die *Zuchtreife* ist dagegen bei weiblichen Tieren von der körperlichen Entwicklung und der Rasse abhängig. Milch-, Texel- und Weißkopfschafe können schon im Alter von 1 Jahr zum ersten Mal lammen, Merinoschafe dagegen meist erst mit 2 Jahren.

Brunst – Bei den meisten Schafrassen, außer den Merino- und Bergschafen, tritt die Brunst zu bestimmten Zeiten (saisonal) auf, wobei ein Futterwechsel, die abnehmende Tageslänge oder bei Stallhaltung ein gesteuertes *Lichtprogramm* brunstfördernd wirken. Merino- und Bergschafe haben eine zeitlich nicht festgelegte Brunst (asaisonal).

Die *Brunstanzeichen* sind die gleichen wie bei Rindern. Der Brunstzyklus beträgt 15–19 Tage, die Brunstdauer 20–36 Stunden.

Decken – Einem Lammbock sollten höchstens 30 Mutterschafe, einem Altbock nicht mehr als 50–60 Schafe zugeteilt werden. Beim Einsatz unterscheidet man:

- *Freier Sprung:* Der Bock läuft mit der Herde mit und deckt die brünstigen Schafe. Für die Kontrolle der Belegung ist das Anbringen eines Farbkissens am Bock nötig.
- *Klassensprung:* Jedem Bock wird eine ausgesuchte Zahl von Mutterschafen zugeteilt.
- *Kontrollierter Sprung:* Ein Suchbock ermittelt das brünstige Schaf, das dann vom Zuchtbock gedeckt wird.

[1]) Englisch to creep = kriechen, to graze = abgrasen.

Trächtigkeit – Sie dauert 145–150 Tage. Reiche Bewegung auch im hochträchtigen Zustand und eine ausreichende Ernährung sind Voraussetzungen für störungsfreie Geburten. Sprünge, z. B. über Hindernisse, sollten jedoch vermieden werden.
Geburt – Sie verläuft wie beim Rind. Geburtshilfe ist bei Fleischschafen häufiger nötig. Bei Mehrlingsgeburten werden die Lämmer im Abstand von 20–30 Minuten geboren.
Da die meisten Geburten im Winter stattfinden, sind die Ablammbuchten wegen der Empfindlichkeit der neugeborenen Lämmer gegenüber Kälte und Wind mit Strohballen zu schützen.

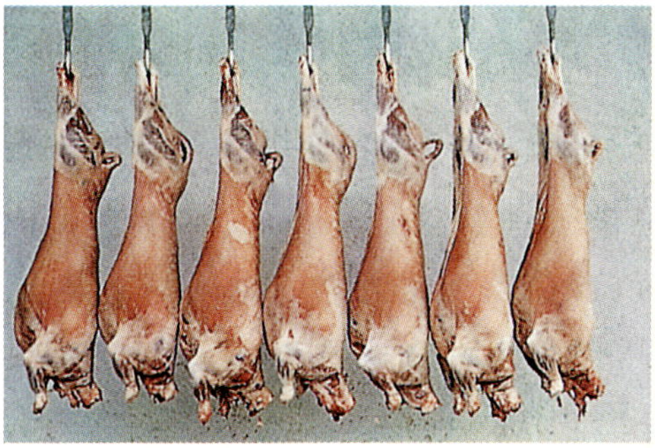

Abb. 1084 Schlachtkörper der Kategorie L.

4.8 Vermarktung

Die **Vermarktung** der Schlachttiere erfolgt heute meist über *Erzeugergemeinschaften*. Schaffleisch wird in *Kategorien* und Schlachtkörper dieser Kategorien je nach Ausbildung der wertbestimmenden Körperpartien wie Keule, Rücken und Schulter eingeteilt. Nach der Handelsklassen-Verordnung der EU werden die in Tabelle 98 genannten Kategorien unterschieden.

Tabelle 98: Kategorien für Schaffleisch

Kategorie	Schlachtkörper
L S	unter 12 Monaten über 12 Monate

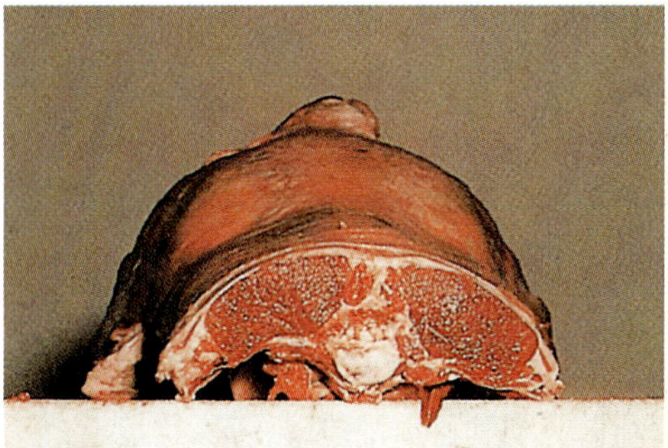

Abb. 1085 Rückenquerschnitt mit optimalem Fleischansatz und geringem Verfettungsgrad.

Die **Fleischigkeitsklassen** beschreiben die Entwicklung der Schlachtkörperprofile und der wertbestimmenden Körperpartien Keule, Rücken und Schulter.

E	vorzüglich	– außergewöhnliche Muskelfülle
U	sehr gut	– sehr gute Muskelfülle
R	gut	– gute Muskelfülle
O	mittel	– durchschnittliche Muskelfülle
P	gering	– geringe Muskelfülle

Daneben wird die Dicke der Fettschicht auf der Außenhaut des Schlachtkörpers und in der Brusthöhle in **Fettgewebeklassen** von 1 (sehr gering) bis 5 (sehr stark) eingeteilt.
Der *Wollertrag* ist rassen- und geschlechtsspezifisch, männliche Tiere 5–8 kg, weibliche 4–5 kg.

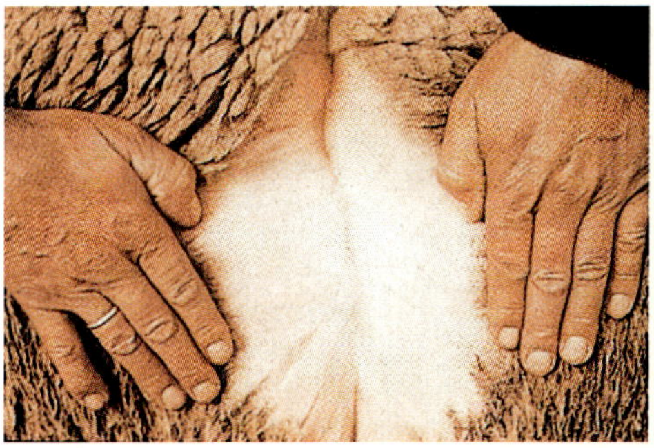

Abb. 1086 Gescheiteltes Wollvlies zur Beurteilung der Wollfeinheit.

Aufgaben:
1. Welche Bedeutung hat die Schafhaltung in der Landwirtschaft?
2. Beschreiben Sie die Aufzucht der Lämmer.
3. Welche Methoden der Lämmermast sind zu unterscheiden?
4. Wie lange sind Schafe trächtig?
5. Welche Kategorien und Handelsklassen gelten für Schlachtkörper von Schafen?

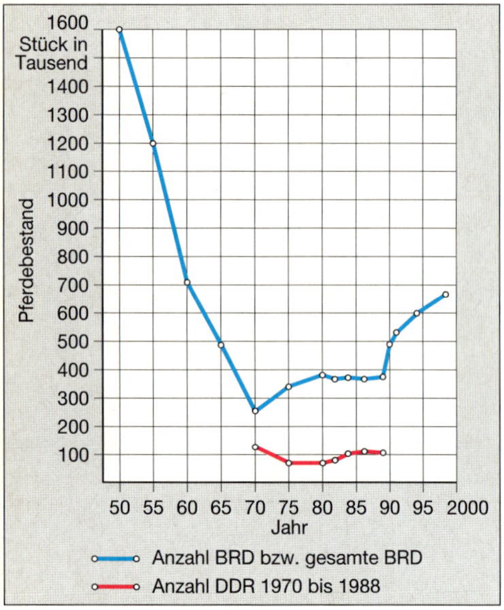

Abb. 1087 Entwicklung des Pferdebestandes in der Bundesrepublik Deutschland.

Abb. 1088 Wichtige Kenngrößen bei Pferdeställen (Maße in cm).

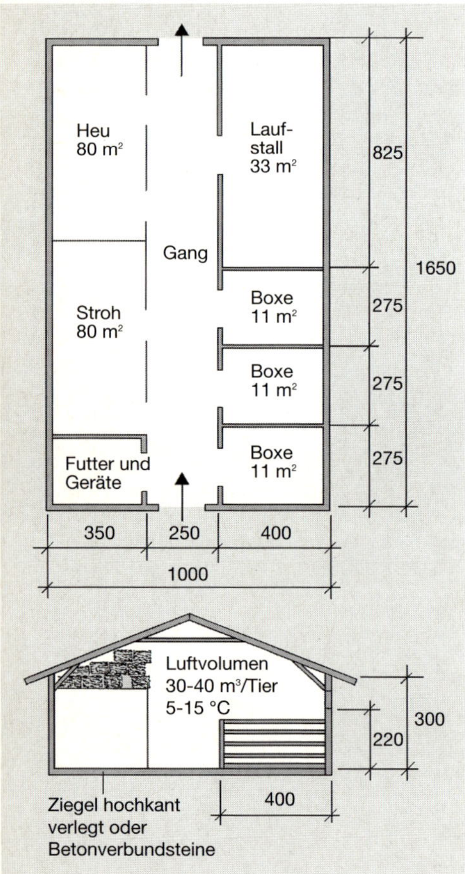

5 Pferdehaltung

5.1 Bedeutung

In der **Pferdehaltung** vollzog sich durch die Mechanisierung der Landwirtschaft ein grundlegender Wandel. Es ging nicht nur der Bestand auf ca. 20 % des ursprünglichen zurück, sondern es veränderten sich auch die Rasseanteile. Noch in den 50er-Jahren herrschte das *Kaltblut* als Arbeitspferd vor, heute sind es die *Sport-* und *Reitpferde.*

In der Landwirtschaft spielt die Pferdehaltung eine untergeordnete Rolle. Die *Zucht* wird nur noch von wenigen Spezialbetrieben wahrgenommen. Häufiger findet man die *Pensionspferdehaltung.* Aber auch in Betrieben, die »Ferien auf dem Bauernhof« anbieten, findet die Pferdehaltung zunehmend Verbreitung.

5.2 Pferderassen

In Europa werden schon seit ca. 4000 Jahren Pferde gezüchtet. Vorfahre unserer Rassen ist das *Przwalski-Pferd.* Neben den *Spezialrassen* (Englisches Vollblut, Arabisches Vollblut, Traber, Trakehner) wird in Deutschland vor allem das *Deutsche Reitpferd,* auch *Deutsches Warmblut* genannt, gehalten. Darunter versteht man alle in den traditionellen Zuchtgebieten Deutschlands gezogenen Warmblutpferde, die im Laufe der Zeit durch Angleichung der Zuchtziele immer einheitlicher geworden sind.

Daneben spielen auch noch *Kleinpferderassen* (Reitpony-Rassen mit Stockmaßen zwischen 115 und 147 cm) eine Rolle, z. B. Shetties, Welsh-Mountains, New Forest, Dartmoor, Isländer, Norweger Fjordpferde, Connemara und Haflinger.

5.3 Haltung

Pferde fühlen sich als Steppentiere auf der Weide am wohlsten. Die Tiere brauchen auch im Winter keinen Stall, soweit ihnen ein trockener und zugfreier Unterstand zur Verfügung steht und die Fütterung bedarfsgerecht ist. Ausnahmen bilden lediglich trächtige Stuten und Turnierpferde. Während Erstere wenigstens einen Auslauf brauchen, hält man Letztere ganzjährig im Stall.

Stall – Man unterscheidet Lauf-, Boxen- und Anbindeställe. Die tiergemäße Unterbringung bietet der *Boxenstall.* Er lässt sich bei einer Raumhöhe von 3 m auch in andere, nicht genutzte Gebäude mit Hilfe von Trennwänden und Türen aus splitterfreiem Holz einrichten. Die Tiere sollen untereinander Sichtkontakt haben.

Anbindeställe sind nicht pferdegemäß, weil sie den Tieren zu wenig Bewegung gestatten und damit Aggressionen fördern.

Laufställe eignen sich für jüngere Pferde, aber auch für Fohlen führende Stuten.

Reitplatz, Auslauf – Für Reitpferde sind ein Reitplatz und ein Auslauf nötig. Der *Reitplatz* kann überdacht als Halle oder als

Abb. 1089 Deutsches Warmblut (Deutsches Reitpferd).

Abb. 1090 Fjordpferd.

Abb. 1091 Arabisches Vollblut.

Abb. 1092 Shetland.

Abb. 1093 Deutsches Kaltblut.

Abb. 1094 Haflinger.

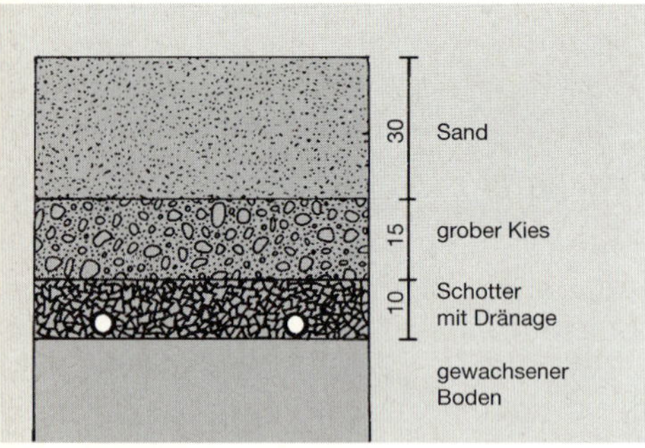

Abb. 1095 Aufbau des Bodens in einem Auslauf (Schema, Maße in cm).

Abb. 1096 Das Säubern der Hufe ist eine wichtige Maßnahme der Pferdepflege.

Geländereitplatz angelegt werden. Er sollte 20 × 60 m oder 20 × 40 m groß sein und eine ebene, tritt- und rutschfeste Oberfläche besitzen. Vertiefungen, die durch wiederholten Ab- und Aufsprung an der gleichen Stelle entstehen können, lassen sich durch öfteres Umsetzen der Hindernisse vermeiden.

Ein *Auslauf* sollte 80–100 m^2/Tier groß sein und entweder mit Holz oder Hartgummibändern eingezäunt sein. Damit die Bodenoberfläche bei Niederschlägen nicht gleich zur Schlammwüste zertreten wird, sollte der Auslauf besonders hergerichtet werden (siehe Abb. 1095).

5.4 Pflege

Umfang und Notwendigkeit von Pflegemaßnahmen sind von der Rasse und der Verwendung der Pferde abhängig. Kaltblutpferde und Ponys sind am anspruchslosesten, während Reitpferde die größte Pflege brauchen.

Fell und Hufe – Das *Fell* sollte täglich mit Bürste und Gummistriegel geputzt werden; das fördert die Durchblutung und entfernt Schweiß- und Schmutzreste.

Auch die *Hufe* sollten wenigstens alle 2–3 Tage gewaschen und mit einem lorbeerölhaltigen Fett eingefettet werden, um die Elastizität zu erhalten. Eine fachgerechte Hufpflege muss mindestens alle 8 Wochen erfolgen.

Hygienemaßnahmen – Dazu zählen vor allem Wurmkuren, aber auch Schutzimpfungen gegen z. B. Tetanus, Virusabort, Influenza, Tollwut. Die Versorgung kleiner Wunden, Prellungen und Sehnenschwellungen gehört ebenfalls zur Pflege.

5.5 Fütterung

Besonderheiten der Verdauung – Pferde sind zwar wie die Rinder Pflanzenfresser, aber keine Wiederkäuer. Die Verdauung der Rohfaser geschieht im besonders ausgeprägten *Dickdarm*. Er hängt an einem langen Gekröse. Pferde besitzen einen einhöhligen Magen, deswegen können sie nicht so viel Futter auf einmal wie die Wiederkäuer aufnehmen.

Bei größeren Leistungsanforderungen muss man deswegen öfter füttern. Dies lässt sich bei Weidegang am einfachsten verwirklichen. Bei rohfaserarmem Futter muss Heu oder Stroh zugefüttert werden. Verdauungsstörungen, ausgelöst z. B. durch rohfaserarme Rationen oder durch verdorbenes Futter, können leicht zu Darmverschlingungen führen.

Futterration – Futter für Pferde wird aufgrund der Besonderheiten in der Verdauung nach Verdaulicher Energie und Verdaulichem Rohprotein bewertet.

Überhöhte Proteinzufuhr belastet den Stoffwechsel unnötig und steigert die Energiezufuhr. Strukturierte Rohfaser gewährleistet sowohl eine ausreichende Kautätigkeit als auch einen reibungslosen Verdauungsablauf.

Die **Bedarfswerte** für die tägliche Versorgung und der Futterwert einiger Futtermittel sind den Tabellen 99 und 100 zu entnehmen. Der Mineralstoffbedarf ist altersabhängig, weil die Ausnützung der Mineralstoffe im Futter mit zunehmendem Alter abnimmt.

Tabelle 99: Täglicher Energie- und Rohproteinbedarf erwachsener Sportpferde je 100 kg LM

Bedarf für	verdauliche Energie MJ	verdauliches Rohprotein g
Erhaltung	19	95
leichte Arbeit, z.B. Freizeitsport	19–24	95–120
mittlere Arbeit, z.B. Breitensport	24–28	120–140
schwere Arbeit, z.B. Leistungsport	28–38	140–190

Tabelle 100: Futterwert einiger Futtermittel für Pferde (g/1000 g Frischfutter)

Futtermittel	T	RP	RP	Rfas	MJ
Wiese 1. Schnitt (Blatt)	150	31	24	25	1,86
Grassilage	400	70	50	75	4,59
Heu	860	110	68	211	9,07
Maissilage	180	18	10	49	1,80
Futterrüben	146	12	8	10	1,99
Haferstroh	860	25	8	343	5,60

Anhaltspunkt für die Berechnung der notwendigen Weidefläche ist der Ertrag von 375 dt/ha Grünfutter. Er liefert ca. 78 400 MJ.

Grundfutter – Es besteht entweder aus *Grünfutter* (Weide) oder *Raufutter* (Heu und Stroh). Der Rohfasergehalt sollte zwischen 16 und 18 % betragen. Zuckerrüben können neben dem Raufutter bis zu 9 kg täglich gegeben werden. Trockenschnitzel weicht man vor dem Füttern über Nacht in Wasser (1 : 4) ein, um Schlundverstopfungen zu vermeiden. Mehr als 3 kg sollte die tägliche Gabe nicht betragen.

Silage kann man in geringen Mengen einsetzen, ausgenommen für Sportpferde.

Kraftfutter – Wirtschaftseigenes Kraftfutter ist *Getreide* und hier vor allem Hafer, der ganz oder gequetscht verfüttert wird. Für energiereiche Rationen lässt sich 1 kg Hafer durch 0,9 kg Gerste ersetzen. Weizenkleie ist als Futter beliebt, weil sie reich an Vitaminen B und E ist.

Als *Zukauffutter* stehen heute auch Fertig- oder Alleinfutter (Normtyp) für Pferde zur Verfügung.

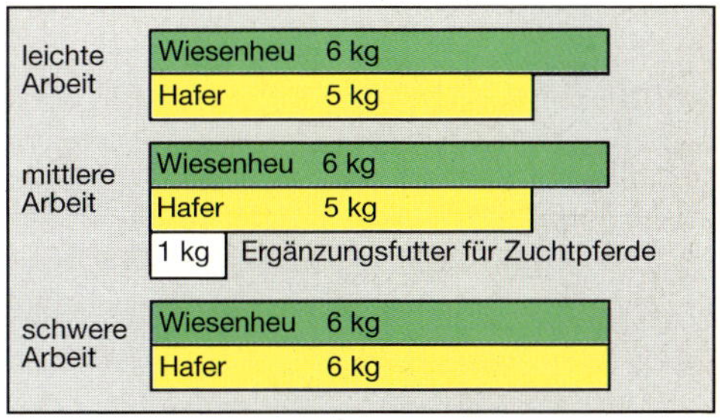

Abb. 1097 **Beispiele** für die tägliche Futterration von Reitpferden.

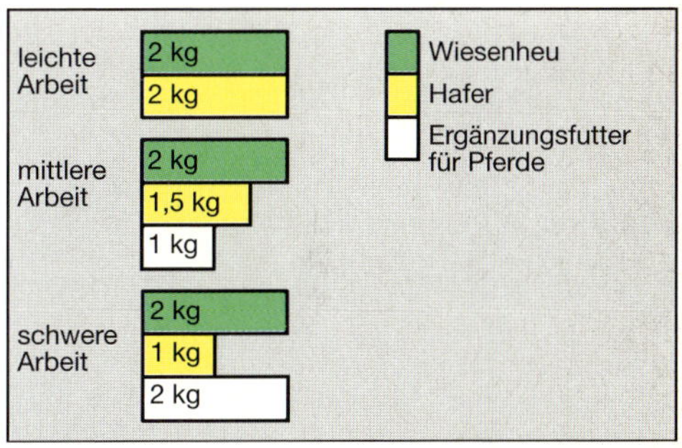

Abb. 1098 **Beispiele** für die tägliche Futterration für Reitponys.

5.6 Zucht und Aufzucht

Pferde werden mit ca. 18 Monaten geschlechtsreif. Das verlangt in diesem Alter ein Trennen von Stuten und Hengsten. Außerdem sind nicht für die Zucht bestimmte Hengste zu diesem Zeitpunkt durch den Tierarzt zu kastrieren.

Stuten werden erst ab 3 Jahren zum ersten Mal gedeckt. Pferde sind 11 Monate trächtig. Nach der Geburt bleiben die Fohlen 4 bis 5 Monate bei der Stute. Diese erhält dann täglich 2–2,5 kg Hafer bzw. Ergänzungsfutter und gutes Heu zur beliebigen Aufnahme.

Fohlen brauchen nach dem Absetzen wegen des hohen Energie-

Abb. 1099 Haltung von Stuten mit Fohlen (**Beispiel:** Hannoveraner).

und Eiweißbedarfs und der gleichzeitig geringen Futteraufnahme hochkonzentriertes Futter.
Außer Vollblütern und Trabern werden Pferde erst mit 3 Jahren allmählich zur *Arbeit* eingesetzt. Warmblutpferde sollten erst mit 5 Jahren voll belastet werden.
Bei der Stute tritt 7–9 Tage nach dem Abfohlen wieder die erste *Rosse* ein (Fohlenrosse), die 3–5 Tage dauert. Sie wiederholt sich jeweils nach 21 Tagen, wenn keine neue Trächtigkeit vorliegt. Die Rosse tritt vorwiegend im Frühjahr und Frühsommer auf.

5.7 Pensions-Pferdehaltung

Bei Pensionspferden handelt es sich hauptsächlich um Reitpferde, deren Eigentümer außerhalb des landwirtschaftlichen Betriebes leben.

Die Annahme eines Pensionspferdes ist eine Dienstleistung und sollte daher am besten vertraglich geregelt sein, damit künftiger Ärger möglichst vermieden wird. Im Wesentlichen sind darin die Verfügbarkeit des Pferdes, z. B. das Einfangen auf der Weide, und haftungsrechtliche Ansprüche, z.B. bei Unfällen mit anderen Pferden oder Personen, zu regeln.

Abb. 1100 Die Pensions-Pferdehaltung ist eine zusätzliche Einnahmequelle, verlangt aber eine vertragliche Regelung, um Ärger zu vermeiden.

Aufgaben:

1. Welche Rolle spielt die Pferdehaltung in der Landwirtschaft Deutschlands?
2. Beschreiben Sie die wichtigsten Pflegearbeiten bei Pferden.
3. Welche Anforderungen werden an einen Pferdestall gestellt?

Landtechnik

4

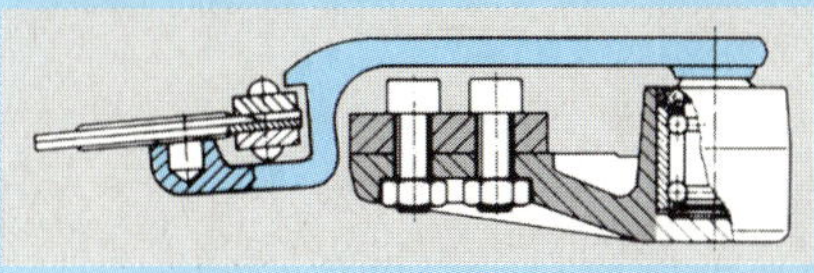

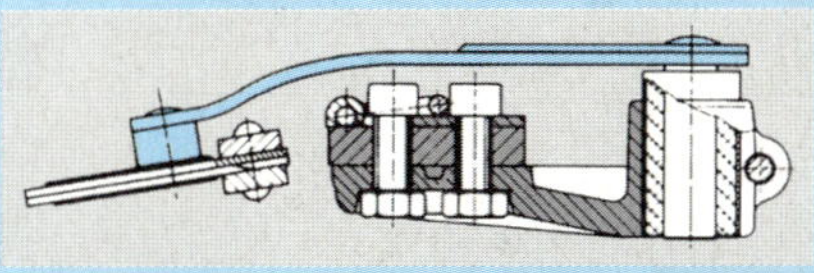

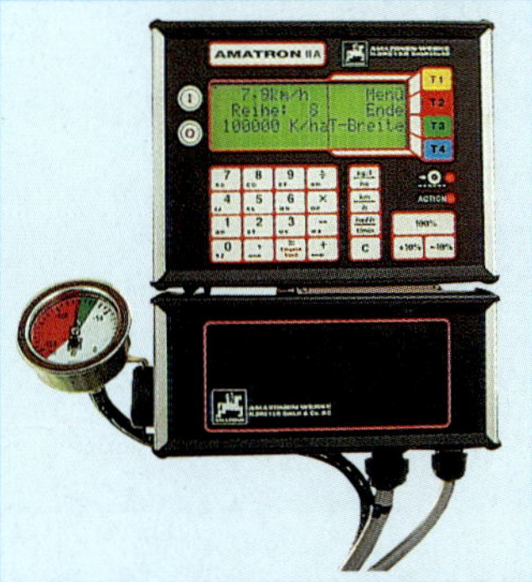

Abb. 1101 Striegel im Einsatz.

Abb. 1102 Abflammgerät zur Unkrautregulierung.

Abb. 1103 Untergrundlockerung durch einen »Zweischichten-Pflug«.

1 Geräte zur Bodenbearbeitung im Ökologischen Landbau (ÖL)

Grundsätzliches – *Jede* Form der ackerbaulichen Nutzung stellt einen Eingriff in das Ökosystem der jeweiligen Fläche dar, der nachteilige Spuren hinterlässt. Diese müssen auch im Ökologischen Landbau (ÖL) immer wieder nach jeder Kultur durch eine *Grundbodenbearbeitung* beseitigt werden.

Außerdem muss der Acker durch Bearbeitungsmaßnahmen für den *Anbau* vorbereitet werden und die *Pflege* der Pflanzenbestände erfordert ebenfalls entsprechende Maßnahmen.

Für alle Bodenbearbeitungsmaßnahmen im Ökologischen Landbau gelten zunächst die gleichen Grundsätze wie im üblichen Landbau. Meistens werden auch ähnliche, wenn nicht gleiche Geräte eingesetzt. Oberstes Ziel ist immer die möglichst schonende Bearbeitung des Bodens (siehe auch »Agrarwirtschaft, Grundstufe«).

Geräte zur Grundbodenbearbeitung – Sie sollen den Boden nur flach (ca. 15 cm) bearbeiten, aber tief lockern. Außerdem sollte die Kontaktfläche zwischen Werkzeug und Boden so klein als möglich sein, um Verschmierungen und Verdichtungen zu vermeiden.

Deswegen sind alle wühlenden Geräte gut geeignet, die den Boden an den natürlichen Risslinien aufbrechen, wie z.B. der **Zweischichten-Pflug** mit einem Anstellwinkel des Pflugschares von mindestens 30°. Auch **Grubber** erfüllen die Anforderungen, wobei allerdings bei zu tiefer Arbeitsweise der Boden am Mittelteil des Schares gepresst und »Würste« ungaren Bodens über die ganze Bearbeitungslänge hochgezogen werden. Sie sind nach dem Trocknen oft nur noch mit Zapfwellen-getriebenen Geräten klein zu bekommen.

Für die Stoppelbearbeitung werden **Schälpflüge**, **Scheiben-** und **Spatenrolleggen** eingesetzt. Letztere eignen sich auch als Pflugfolgegeräte. Scheibeneggen sollten mindestens 60 cm Scheibendurchmesser besitzen, damit sie organische Masse gut einarbeiten. Statt der **Fräse** mit ihrer zwangsweise brechenden Wirkung sollte besser die **Spatenmaschine** eingesetzt werden.

Geräte zur Saatbettbereitung – Das Herrichten des Saatbettes wird auch im Ökologischen Landbau mit den gleichen Geräten vorgenommen wie im üblichen Bereich.

Der Einsatz Zapfwellen-getriebener **Eggen** wird aber wegen der wenig bodenschonenden Wirkung kritisch betrachtet. Dem Grundsatz entsprechend, so wenig als möglich in die Struktur des Bodens einzugreifen. kommen die Maßnahmen der **Minimal-Bestelltechnik** sehr nahe.

Geräte für die Kulturpflege – Zur Regulierung des Unkrautbesatzes und zur Krümelung der Bodenoberfläche in den Kulturen werden vorwiegend **Striegel** (Netzegge, Striegelegge, Federzahn-Hackegge, Hackstriegel) und **Hackgeräte** (Parallelogramm-Hackmaschine, Rollhackgeräte, Reihenfräse, Reihenhackbürste) eingesetzt.

Als neue Entwicklung sind auch **Hackbürsten** mit horizontal arbeitenden Tellerbürsten auf dem Markt. Sie hinterlassen aber häufig sehr feine und damit leicht verschlämmende Oberflächen.
Tabelle 101 gibt einen Überblick über wichtige Hackgeräte und Striegel.

Tabelle 101: Übersicht über wichtige Striegel- und Hackgeräte zur Regulierung des Unkrautbesatzes im Ökologischen Landbau

Gerät	Beschreibung	Einsatzbereich
Netzegge	am klappbaren Tragrahmen sind Zinken von 3 unterschiedlichen Stärken (4, 6, 8 mm) so kombiniert, dass ein Strichabstand von 2 cm entsteht	vielseitig verwendbar, auch in Kombination mit anderen Geräten, z.B. Hacke, Walze; bei verschlämmten Oberflächen nicht immer zufrieden stellende Wirkung
Striegelegge	starrer Rahmen mit 6 und 7 mm starken Federstahlzinken; Zinken einzeln verstellbar	wegen des starren Rahmens schlechte Anpassung an Bodenunebenheiten
Federzahn-Hackegge	Eggenfelder mit 6, 7 oder 8 mm starken Stahlzinken im Strichabstand von 25–40 mm	Einzelfelder und zusätzliche Einstellung ermöglichen gute Anpassung an den Boden; auch für schwere Böden geeignet
Hackstriegel	verstellbare und hochklappbare Stahlzinken an starrem Rahmen mit hohem Durchgang; Strichabstand 4 cm oder pendelnde Rahmenfelder mit gefederten Zinkenträgern und nach vorne gerichteten Zinken	zieht auf schweren, verschlämmten Böden infolge des hohen Gewichts und des großen Zinkenabstandes Rillen; gute Anpassung an die Bodenoberfläche; verursacht in Reihenkulturen Pflanzenschäden, wirkt gut auf schweren und steinigen Böden
Parallelogramm-Hackgerät	Anbau von Hackwerkzeugen unterschiedlicher Bauart und Zahl an teleskopgeführten Parallelogrammhalterungen; Tiefenführung durch Tastrad; Lenkung durch Bedienungsperson, auch selbst steuernde Geräte, Schutzeinrichtungen (Scheiben, Abweisbleche) für Jungpflanzen	beim Einsatz in Flächenkulturen mit schmalen Werkzeugen hohe Lenkgenauigkeit notwendig (Feinsteuerung); bei Reihenkulturen und Selbststeuerung größere Fahrgeschwindigkeit möglich; Unkraut zwischen den Pflanzen in der Reihe wird nicht erfasst

Abb. 1104 Untergrundlockerer an einem Drehpflug.

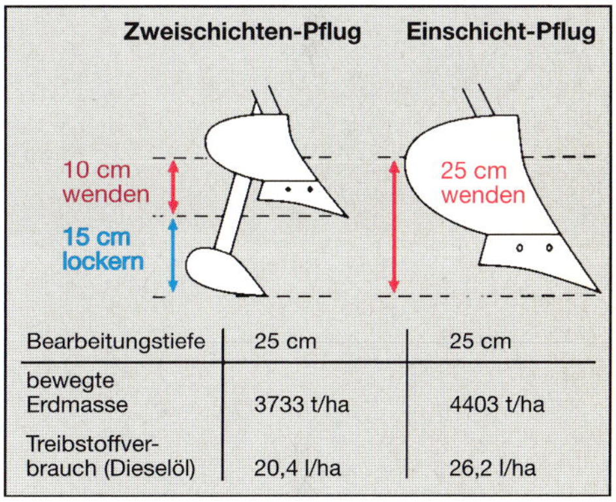

Abb. 1105 Vergleich zwischen ein- und zweischichtigen Pflügen (nach Untersuchungen der LMS Triesdorf).

Abb. 1106 Parallelogramm-Hackgerät mit Tastrad und Schutzscheiben zur mechanischen Pflege in Reihenkulturen.

Abb. 1107 Rollhacke im Einsatz.

Abb. 1108 Reihenhackbürsten.

Abb. 1109 Untersaat bei Getreide.

Fortsetzung Tabelle 101

Gerät	Beschreibung	Einsatzbereich
Rollhacken	auf einer Welle in Gruppen angeordnete Sterne oder Scheiben mit großem Rahmendurchgang; Verstellen der Achse der abrollenden Werkzeuge schräg zur Fahrtrichtung verändert deren Eingriff	für Reihenkulturen zur Hack- und Häufelwirkung; Unkräuter in der Reihe werden nicht erfasst
Reihenfräse	Zapfwellen-getriebene Fräswerkzeuge; mit Schutzhauben abgedeckt; großer Durchgang; Wirkung über Veränderung der Drehzahl einstellbar (Zapfwelle, Getriebe)	für Reihenkulturen; ungeeignet für feuchten Bodenzustand und steinige Böden
Reihen-hackbürsten	horizontal oder vertikal arbeitende Bürstenelemente mit Schutztunnel für die Pflanzen; Zapfwellenantrieb; Zwischenachsgerät oder Heckanbau mit zusätzlicher Feinsteuerung	besonders für Reihenkulturen; schon im Keimlingsstadium Bearbeitung möglich; auf allen Böden mit ebener Oberfläche einsetzbar; Verschlämmungsgefahr bei großer Arbeitsintensität

Für alle übrigen Arbeiten wird im Ökologischen Landbau die gleiche Technik wie im konventionellen Landbau eingesetzt, so dass hier auf eine eigene Darstellung verzichtet werden kann.

Aufgaben:

1. Welcher Grundsatz gilt für die Bodenbearbeitung im Ökologischen Landbau besonders?
2. Weshalb ist auch im Ökologischen Landbau eine Grundbodenbearbeitung nötig?
3. Welche Geräteausstattung ist für einen ökologisch wirtschaftenden Betrieb zur Bodenbearbeitung und Kulturpflege nötig?

2 Maschinen zum Ausbringen von Düngern

Aus wirtschaftlichen, pflanzenbaulichen und umwelttechnischen Gründen wird großer Wert auf sparsame und exakte Ausbringung von Düngern gelegt. Düngerstreuer müssen diesen Anforderungen in einem hohen Maße gerecht werden.

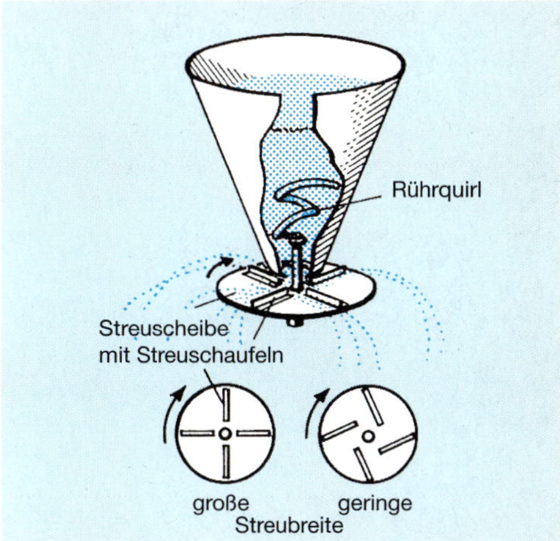

Abb. 1110 Aufbau eines Scheiben-Schleuderstreuers (Schema).

2.1 Mineraldüngerstreuer

Die Düngemittelindustrie bietet **Mineraldünger** in verschiedenen Formen an:

- Mehlförmig,
- gekörnt,
- kristallin (salzförmig),
- flüssig.

An **Düngerstreuer** werden unterschiedliche Anforderungen gestellt. Sie sollen

- die verschiedenen Düngerarten möglichst gleichmäßig auf die Fläche verteilen,
- am Hang genauso gut querverteilen wie in der Ebene,
- die Streumengeneinstellung möglichst einfach und in kleinen Abstufungen ermöglichen,
- ein ausreichend großes Fassungsvermögen des Behälters haben,
- eine große Flächenleistung erzielen,
- an unterschiedlich hohe Pflanzenbestände angepasst werden können,
- Grenzstreuen ermöglichen,
- eine Spätdüngeeinrichtung besitzen,
- gegen Korrosion unempfindlich sein.

Abb. 1111 Zweischeiben-Streuer mit Grenzstreuschirm.

2.1.1 Bauarten

Bei Düngerstreuern unterscheiden sich die Bauarten in der technischen Ausführung der Streuorgane und im Fassungsvermögen des Düngebehälters. Anbaustreuer haben ein Behältervolumen bis ca. 1200 l, Anhängestreuer von über 1200 l.

Scheibenstreuer – Die Anbau-Scheibenstreuer werden mit *1* bzw. *2* Streuscheiben gebaut. Das Fassungsvermögen der Behälter beträgt ca. 250–1200 l. Sie sollen möglichst flach gebaut sein, um das Befüllen mit einem Kipper zu ermöglichen. Ein Rührwerk verhindert das Festsetzen des Düngers. Der Antrieb des Streuorgans und des Rührwerks erfolgt über die Zapfwelle.

Über eine Öffnung rieselt der Dünger auf eine mit Wurfschaufeln bestückte, sich schnell drehende Streuscheibe. Die Wurfschaufeln beschleunigen den Dünger und verteilen ihn breitwürfig. Die Ablage erfolgt damit kreisförmig. An den Rändern dieses Kreises nimmt die Düngermenge ab, darum ist beim Düngen auf die richtige Überlappung zu achten. Beim Säen angelegte Fahrgassen sind hier sehr hilfreich.

Abb. 1112 Arbeitsbreite bei Schleuderstreuern; das richtige Überlappen ist schwierig.

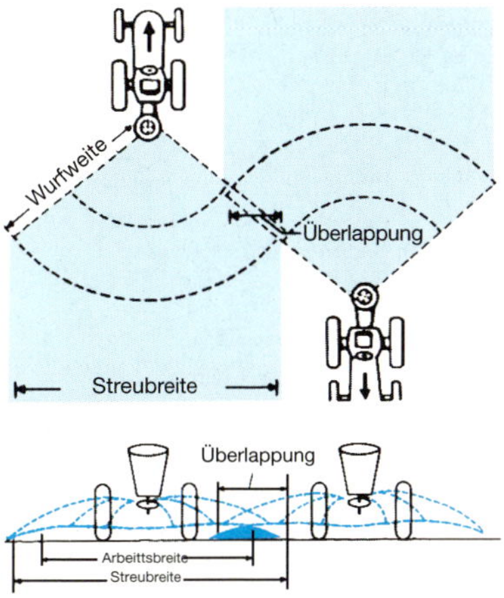

Abb. 1113 Pendelrohr-Düngerstreuer in Ruhestellung.

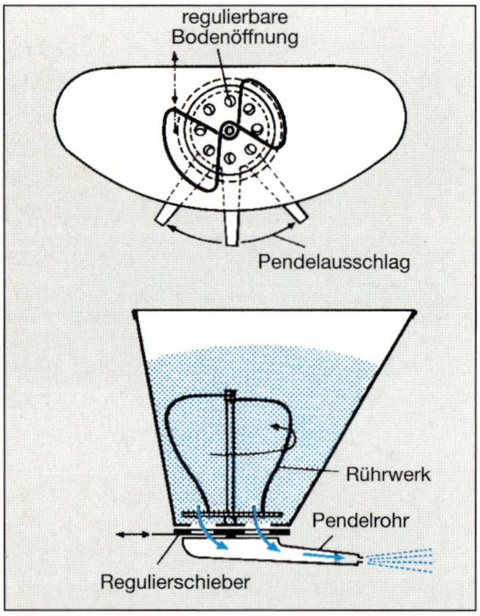

Abb. 1114 Aufbau und Arbeitsweise des Pendelrohr-Streuers (Schema).

Abb. 1115 Aufbau und Arbeitsweise von pneumatischen Düngerstreuern (Schema).

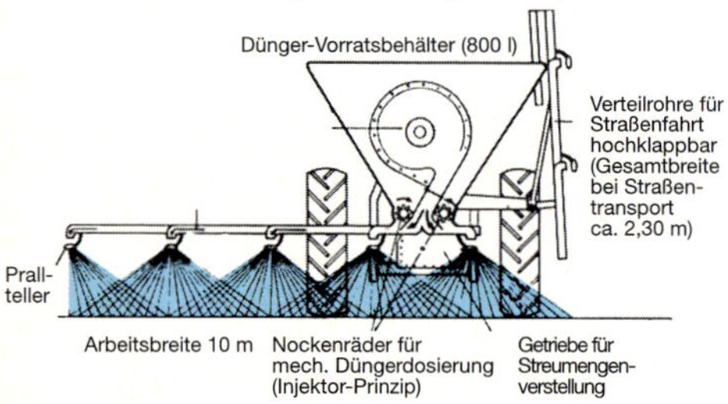

Die **Arbeitsbreite** des Scheibenstreuers ändert sich

- mit der Anbauhöhe des Streuers,
- mit der Neigung der Streuscheibe,
- mit der Stellung und Länge der Streuschaufeln,
- durch die Drehzahl der Streuscheibe,
- durch das unterschiedliche Gewicht der Körner bei den verschiedenen Düngersorten.

Die Angaben in der Streutabelle sind zu beachten.

Die **Ausbringmenge** lässt sich regulieren durch:

- Verändern der Auslauföffnung,
- Verändern der Fahrgeschwindigkeit.

Mit den Scheibenstreuern kann nur gekörnter Dünger ausgebracht werden.

Tabelle 102: Einteilung der Mineraldüngerstreuer nach der Funktion und technischen Bauweise der Streuorgane

Funktionsweise	Bauart des Streuorgans	Antrieb des Streuorgans
mechanisch	Schlitzstreuer Gitterstreuer Walzenstreuer Schneckenstreuer Kettenstreuer Bandstreuer Tellerstreuer Scheibenstreuer Pendelrohr-Streuer	über Bodenrad über Bodenrad über Bodenrad Zapfwelle über Bodenrad Zapfwelle über Bodenrad oder Zapfwelle Zapfwelle Zapfwelle
pneumatisch	Pralltelier	Zapfwelle

Pendelrohr-Streuer – Der Anbau am Traktor und seine Bauweise entsprechen denen des Scheibenstreuers. Das Streuorgan arbeitet jedoch nach einem völlig anderen Prinzip. Ein sich rasch hin- und herbewegendes Pendelrohr verteilt den Dünger breitwürfig. Der Antrieb erfolgt über die Zapfwelle.

Die **Arbeitsbreite** des Pendelrohr-Streuers wird verändert durch:

- Unterschiedliche Länge des Pendelrohrs,
- Verstellen des Pendelrohrausschlages.

Die **Streumenge** lässt sich regulieren durch:

- Verändern der Auslauföffnungen,
- Verändern der Fahrgeschwindigkeit.

Pneumatisch arbeitende Düngerstreuer – Wichtige Bauteile beim pneumatischen Düngerstreuer sind Vorratsbehälter, Gebläse, Zellenrad, Verteilerrohre (für Transport klappbar) und Verteilerteller. Über die Zapfwelle werden das Gebläse und das Zellenrad angetrieben. Das Zellenrad dosiert die Düngermenge.

Der erzeugte Luftstrom fördert den Dünger und verteilt ihn über die Prallteller breitwürfig. Der Abstand der Prallteller beträgt ca. 1–2 m. Mit diesem Streuer können keine mehlförmigen Dünger ausgebracht werden.

Die *Vorteile* des pneumatischen Düngerstreuers sind:

- Exakte Querverteilung des Düngers,
- konstante Arbeitsbreite (Spurschachtverfahren),

■ keine Verluste an den Feldrändern,
■ Teilbreitenschaltung möglich.

Reihendüngerstreuer – Einzelkorn-Sägeräte können zusätzlich mit Reihendüngerstreuern ausgerüstet sein. Über den Bodenantrieb werden die Dosiereinrichtungen angetrieben. Rohre leiten den Dünger zum Düngerschar, das ihn neben den Saatreihen ablegt.

Die *Vorteile* des Reihendüngerstreuers in der Kombination mit dem Einzelkorn-Sägerät sind:
■ Weniger Düngeraufwand als bei Flächendüngung,
■ Zeitersparnis durch Düngen und Säen in einem Arbeitsgang.

Großraum-Düngerstreuer – Zur Grunddüngung werden häufig größere Düngermengen benötigt. Dafür eignet sich der Großflächenstreuer besonders. Der 2–10 m^3 fassende Vorratsbehälter ist auf ein Einachs-Fahrgestell montiert. Eine Schnecke bzw. ein Transportband fördert den Dünger zum Streuaggregat. Zur Verteilung gekörnter Dünger kann ein Scheibenstreuwerk oder ein Pendelrohr-Streuwerk verwendet werden.

Für mehlförmige Dünger werden Schneckenstreuer, Bandstreuer und dergleichen eingesetzt. Der Antrieb der Streuorgane erfolgt über die Zapfwellen. Die Düngerdosierung geschieht bei manchen Streuern durch Bodenantrieb.

Abb. 1116 Reihendüngerstreuer (Einzelaggregat).

Abb. 1117 Großraum-Schnecken-Streuer beim Kalkausbringen.

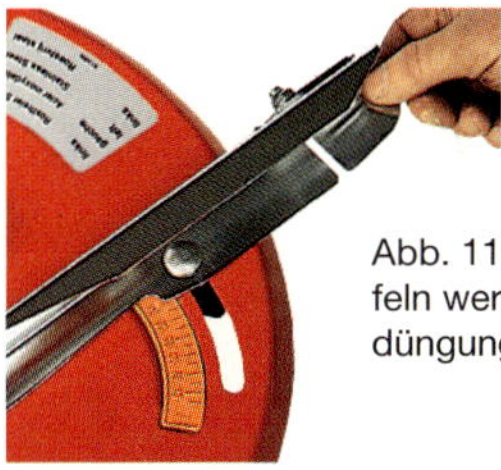

Abb. 1118: Die Wurfschaufeln werden für die Spätdüngung steiler gestellt.

Abb. 1119 Düngerstreuer mit Auffangbehälter bei der Abdrehprobe.

2.1.2 Einstellung und Kontrolle der Streumenge beim Mineraldüngerstreuer

Da die Dünger je nach Feuchtigkeitsgehalt in Form und Rieselfähigkeit sehr unterschiedlich sein können, ist die Streumengenangabe in der Streutabelle nur ein Anhaltswert. Die tatsächliche Streumenge ist nur mit einer Abdrehprobe zu bestimmen.

Einstellung:

1. Düngerstreuer seitenstarr und waagerecht am Traktor anbauen,
2. Höhe und Neigung der Streuscheibe (oder des Pendelrohrs) nach Anleitung einstellen,
3. Streumenge laut Tabelle unter Berücksichtigung der Düngersorte, Fahrgeschwindigkeit und Arbeitsbreite einstellen,
4. Dünger einfüllen und Abdrehprobe durchführen.

Die **Abdrehprobe** nimmt man wie folgt vor:

5. Am Düngerstreuer Auffangbehälter anbringen,
6. Zapfwelle mit vorgeschriebener Drehzahl laufen lassen,
7. Auslaufschieber 1 min öffnen (im Stand),
8. abgedrehte Menge wiegen,
9. Ausbringmenge berechnen,
10. bei Abweichungen von der vorgesehenen Streumenge mit veränderter Einstellung Abdrehprobe wiederholen.

2.1.3 Berechnung von Mengenstrom und Bedeckung

Die Berechnung der Streumenge in einer Zeiteinheit (dafür wird der Begriff *Mengenstrom* benützt) ist in der Landwirtschaft eine häufige Aufgabe und soll deswegen hier grundsätzlich dargestellt werden.

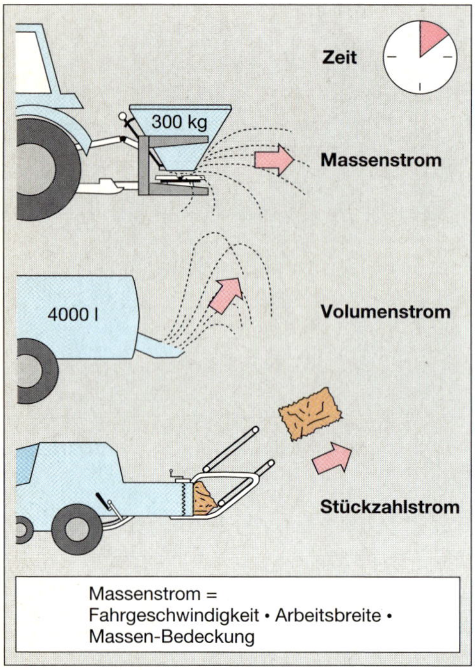

Abb. 1120 Unter dem Massen-, Volumen- oder Stückzahlstrom versteht man die Masse, das Volumen, die Stückzahl, die eine Maschine (Gerät) in einer bestimmten Zeit ausstößt.

Abb. 1121 Unter der Massen-, Volumen- oder Stückzahl-Bedeckung versteht man die Masse, das Volumen oder die Stückzahl, die auf eine Fläche ausgebracht wird.

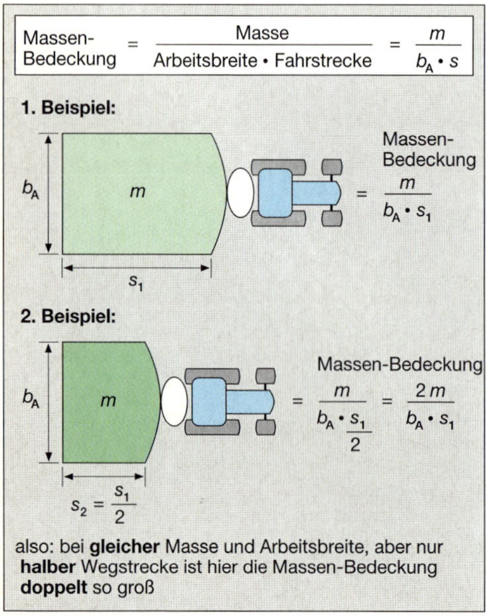

Bei Düngerstreuern handelt es sich um den *Massenstrom*, bei Gülletankwagen und Feldspritzen um den *Volumenstrom*, und bei Kartoffellege- und Pflanzmaschinen um einen *Stückzahlstrom*. Immer wird dabei eine Fläche mit einer Ausbringmenge bedeckt (Massen-, Volumen- oder Stückzahl-Bedeckung).

Tabelle 103: Wichtige Dimensionen und ihre Abkürzungen

Begriffe	Einheiten	Zeichen
Weg	m, km	s
Zeit	s, min, h	t
Geschwindigkeit	$\frac{m}{s}, \frac{m}{min}, \frac{km}{h}$	v
Massenstrom (Durchsatz, Ausstoß)	$\frac{kg}{min}$	m_t
Volumenstrom (Durchfluss, Ausstoß)	$\frac{l}{min}$	V_t
Stückzahlstrom	$\frac{1}{min}$, 1/min	n_t
Massen-	$\frac{kg}{ha}, \frac{dt}{ha}$	m_A
Volumen- Bedeckung (Ausbringmenge)	$\frac{l}{ha}$	V_A
Stückzahl-	$\frac{1}{m^2}, \frac{1}{ha}$	n_A
(effektive) Arbeitsbreite	m	b_A

Es gilt:

Massenstrom = Geschwindigkeit × Arbeitsbreite × Massen-Bedeckung

$$m_t = v \times b_A \times m_A$$

Für Volumenstrom: $V_t = v \times b_A \times V_A$
Für Stückzahlstrom: $n_t = v \times b_A \times n_A$

Beispiel: Mit einem Düngerstreuer sind 5 dt/ha Kalkammonsalpeter auszubringen. Die Streubreite beträgt 10 m.

a) Der Düngerstreuer soll mit einer Geschwindigkeit von 8 km/h gefahren werden. Wie viele kg Dünger sind in 10 Sekunden auszustoßen?

b) In 10 Sekunden wurden 9,3 kg Dünger ausgestoßen. Wie schnell fuhr der Traktor?

zu a)

$$v = 8\ \frac{km}{h},\ b_A = 10\ m,\ m_A = 5\ \frac{dt}{ha}$$

$$m_t = v \cdot b_A \cdot m_A$$

$$= \frac{8000\ m \cdot 10\ m \cdot 500\ kg}{60\ min \cdot 10\,000\ m^2} = 66{,}66\ldots\ \frac{kg}{min}$$

In 10 Sekunden sind $\frac{66{,}66\ kg \cdot 10\ s}{60\ s} \approx 11{,}1$ kg auszustoßen.

zu b)

$$m_t = 6 \cdot 9{,}3 \ \frac{kg}{min} = 55{,}8 \ \frac{kg}{min}; \ b_A = 10 \text{ m}; \ m_A = 5 \ \frac{dt}{ha};$$

$$\text{aus } m_t = v \cdot b_A \cdot m_A \rightarrow v = \frac{m_t}{b_A \cdot m_A}$$

$$= \frac{55{,}8 \ \cancel{kg} \cdot 10\,000 \ m^{\cancel{2}}}{min \cdot 10 \ \cancel{m} \cdot 500 \ \cancel{kg}}$$

$$= 111{,}6 \ \frac{m}{min} = 6{,}696 \ \frac{km}{h}$$

Wird in der Formel $m_t = v \times b_A \times m_A$ für v immer die übliche Einheit km/h, für b_A immer die Einheit m und für m_A immer die Einheit kg/ha eingesetzt, so erhält man das Ergebnis für m_t in kg/min auch mit Hilfe einer Umrechnungszahl, ohne die Maßeinheiten umrechnen zu müssen:

$$m_t = \frac{v \cdot b_A \cdot m_A}{600}$$

Auch bei Düngerstreuern mit elektronisch gesteuerten Dosiereinrichtungen ist vor dem Einsatz eine Abdrehprobe bzw. Eichung durchzuführen. Nach Eingabe der Streumenge in kg/ha prüft, kontrolliert und reguliert ein Mikroprozessor die Ausbringmenge und die eingegebenen Werte in Abhängigkeit von der Fahrgeschwindigkeit des Traktors.
Während der Streuarbeit sind die momentanen Werte (Fahrgeschwindigkeit, Ausbringmenge, bestreute Fläche und ausgebrachte Düngermenge) abzulesen.

2.1.4 Pflege der Düngerstreuer

Düngemittel sind hygroskopisch, das heißt, sie ziehen Wasser an. Die durch die Feuchtigkeit gelösten Salze greifen die Metalle stark an. Folgende **Pflegemaßnahmen** verlängern die Lebensdauer der Düngerstreuer:

- Gründliches Reinigen mit Wasser nach jedem Einsatz,
- Ausbessern beschädigter Anstriche,
- Einsprühen mit Öl nach jeder Wäsche,
- Abschmieren nach jedem Einsatz,
- Kontrolle (Ergänzung oder Wechsel) des Getriebeölstandes.

2.2 Einrichtung für das Ausbringen flüssiger Mineraldünger

Bei flüssigen Mineraldüngern ist es möglich, mit höheren Nährstoffkonzentrationen zu arbeiten. Diese Ausbringungsmethode spart Zeit. Angeboten werden folgende Flüssigdünger:

- Wasserfreies Ammoniak,
- Ammoniakwasser,
- N-Lösungen,
- Volldünger-Lösungen.

Abb. 1122 Elektronische Kontrolle- und Regeleinrichtung für Düngestreuer mit elektronischer Fernbedienung.

Abb. 1123 Dünger sind hygroskopisch und bilden leicht aggressive Salzkrusten. Eine Reinigung ist dringend nötig.

Abb. 1124 Ausbringen der AHL-Lösung mit der Feldspritze.

Mit der Pflanzenschutzspritze können Stickstofflösungen (Harnstoff, Ammonnitrat) ausgebracht werden. Diese Lösungen sind sehr aggressiv. Darum müssen alle Teile, die mit ihr in Berührung kommen, korrosionsfest sein.
Für die Ausbringung von wasserfreiem Ammoniak und Ammoniakwasser sind Geräte mit Injektionszinken oder Scheibenscharen nötig. Damit wird dieser Dünger 10–18 cm tief in den Boden eingebracht und so ein Verdunsten verhindert.
Die Einstellung der Feldspritze zur Ausbringung von Ammoniak-Harnstofflösungen (AHL) erfolgt mit Wasser. Hier ist zu beachten, dass bei der Berechnung des Volumenstroms die Dichte des Düngers (Temperaturabhängigkeit) berücksichtigt wird.
Beispiel: Ein AHL-Flüssigdünger hat eine Dichte von 1,28 l/kg. Der Volumenstrom der Einzeldüse an der Feldspritze beträgt 2,5 l/min Wasser. Wie groß ist der Volumenstrom beim Spritzen des Flüssigdüngers?
Lösung: Der Korrekturfaktor, mit dem der Wasserausstoß berichtigt wird, ist der Kehrwert von $\sqrt{\varrho} = \frac{1}{\sqrt{\varrho}}$

Der Volumenstrom beim Spritzen des Flüssigdüngers beträgt also je Einzeldüse

$$2{,}5 \text{ l/min} \cdot \frac{1}{\sqrt{1{,}28}} \approx 2{,}2 \text{ l/min (bei ca. 15 °C)}$$

Flüssigdünger erfordern bei unterschiedlichen Temperaturen unterschiedliche Druckeinstellungen. Deshalb ist eine Kontrolle der Einstellung auf dem Feld notwendig (siehe Feldspritze Seite 448).

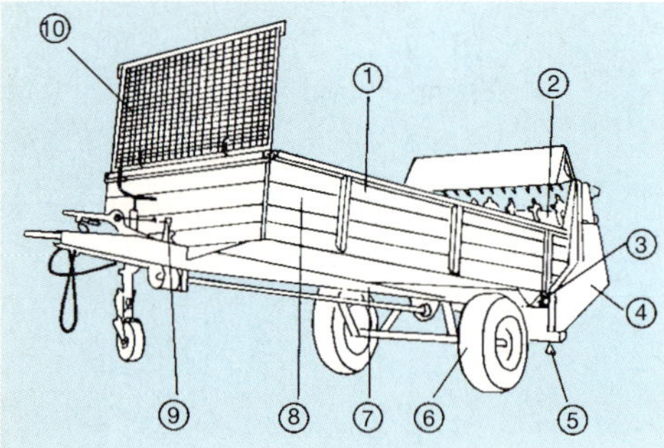

Abb. 1125 Aufbau eines Stallmiststreuers:
1 Bordwände,
2 Streuaggregate,
3 reißfeste Kratzbodenkette,
4 Streuwerkantrieb,
5 Beleuchtungs- und Kennzeichenträger,
6 großdimensionierte Bereifung,
7 tragender Rahmen,
8 abklappbare Bordwände,
9 Streumengenregulierung,
10 Fahrerschutz (umsteckbar als Streuwalzenschutz).

Abb. 1126 Vorwahl der Kratzbodengeschwindigkeit (oben) durch Verstellen des Hubes für das Klinkengetriebe (unten).

2.3 Stallmiststreuer

Betriebe, in denen Festmist anfällt, benötigen zur Ausbringung einen Stallmiststreuer. Mit ihm lässt sich dieser betriebseigene Dünger in der gewünschten Streumenge (100–500 dt/ha) auf die landwirtschaftlichen Nutzflächen verteilen.
Der Antrieb des Stallmiststreuers erfolgt mit der Zapfwelle (540/min) des Traktors. Die möglichst gleichmäßige Beladung geschieht in der Regel mit dem Frontlader oder einem Bagger. Stallmiststreuer werden in verschiedenen Bauarten und mit unterschiedlichen Ausrüstungen angeboten.

2.3.1 Aufbau und Bauarten

Die Stallmiststreuer werden am Zugmaul des Traktors angehängt. Das Fahrgestell kann ein- oder zweiachsig gebaut sein. Je nach Tragfähigkeit ist die Ladefläche mit unterschiedlich hohen Bordwänden ausgestattet.
Mit Hilfe einer Fördereinrichtung (Kratzboden) wird der Stallmist dem Streuaggregat zugeführt. Die Streuwalzen können liegend oder stehend angeordnet sein. Das Streuwerk ist im Ganzen abnehmbar. Dadurch ist der Stallmiststreuer als Universalanhänger mit Kratzboden verwendbar.

2.3.2 Bauteile

Achsen – Bis ca. 8 t Nutzlast sind die Düngerstreuer einachsig gebaut. Diese Achse ist weit nach hinten versetzt, damit gegen Ende des Streuvorgangs noch genügend Gewicht auf der Anhängevorrichtung und damit auf der Traktorhinterachse lastet. Streuer mit größerer Nutzlast sind mit 2 Achsen ausgestattet. Dadurch wird der Bodendruck gemindert. Bei Ausführungen mit Tandemachsen mindert sich ebenfalls der Bodendruck bei ähnlich guten Rangiereigenschaften wie der Einachser.

Bereifung – Für den Stallmiststreuer bevorzugt man eine großvolumige, breite Bereifung (15–18 Zoll). Sie ist in der Lage, trotz der hohen Gewichtsbelastung den schädlichen Bodendruck relativ gering zu halten. Mit der Reifengröße erhöht sich auch die Tragfähigkeit.

Kratzboden – An die Kratzbodenketten sind Leisten aus Profilstahl angeschraubt. Mit ihnen wird der Stallmist zum Streuaggregat gefördert. Der Antrieb des Kratzbodens erfolgt über ein feinstufig regulierbares Klinkenrad oder über hydraulisch stufenlos regelbare Antriebe.

Folgende Faktoren beeinflussen die **Streumenge:**

- Fahrgeschwindigkeit,
- Vorschubgeschwindigkeit des Kratzbodens,
- Ladehöhe und Breite des Streuers,
- Streubreite.

Streuwerk – Die Streuwerke bestehen aus Streuschnecken mit Fräsmessern oder Walzen mit Fräsarmen. Streuwerke mit 1 oder 2 liegend angeordneten Wellen bezeichnet man als *Schmalstreuer*. Die Streubreite beträgt 1,9–2,3 m. Sind die Streuwellen senkrecht angeordnet, spricht man von einem *Breitstreuer*. Seine Streubreite beträgt 4–6 m. Streuwerke mit 2 oder 4 Streutellern erreichen Streubreiten bis zu 30 m.

Die auf den Wellen aufgeschweißten Streuwerkzeuge (Stäbe oder Schnecken) fräsen den Stallmist ab und verteilen ihn auf die Fläche. Die Ladehöhe wird durch die Höhe des Streuwerks begrenzt. Je größer die Streubreite ist, desto weniger Fahrspuren entstehen.

Beim Einsatz des Stallmiststreuers auf dem Grünland muss besonders auf feine Verteilung geachtet werden, um Abdeckungsschäden zu vermeiden. Gleichmäßiges Beladen gewährleistet ein einheitliches Streubild.

2.3.3 Bedienung und Pflege

Stallmiststreuer werden sehr stark beansprucht. Für einen störungsfreien Einsatz gilt es, folgende Regeln zu beachten:

- Streuwalzen beim Beladen frei lassen, damit beim Einschalten keine Überlastung entsteht,
- Ladehöhe nicht überschreiten,
- zulässige Tragfähigkeit nicht überschreiten,
- bei enger Kurvenfahrt Zapfwelle ausschalten,
- Antriebsketten und Kratzbodenketten gleichmäßig spannen,
- nach dem Einsatz gründlich waschen und einölen.

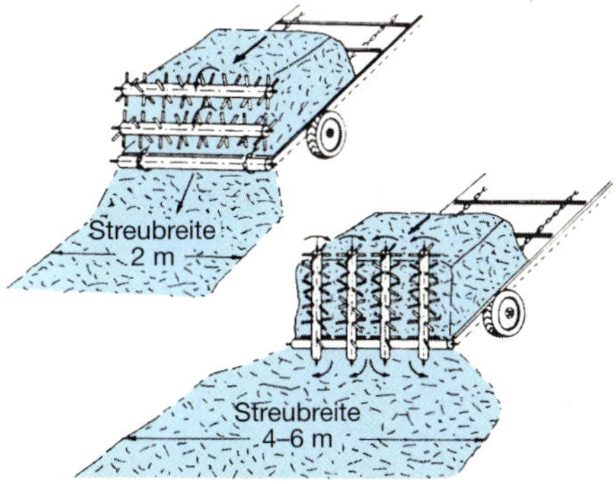

Abb. 1127 Arbeitsweise von Schmal- und Breitstreuern (Schema).

Abb. 1128 Vergleich von Schmal- (links) und Breitstreuer (rechts) mit hydraulisch klappbarem Auffahrschutz.

Abb. 1129 Kompoststreuer mit Teller-Breitstreuwerk und Stauschieber.

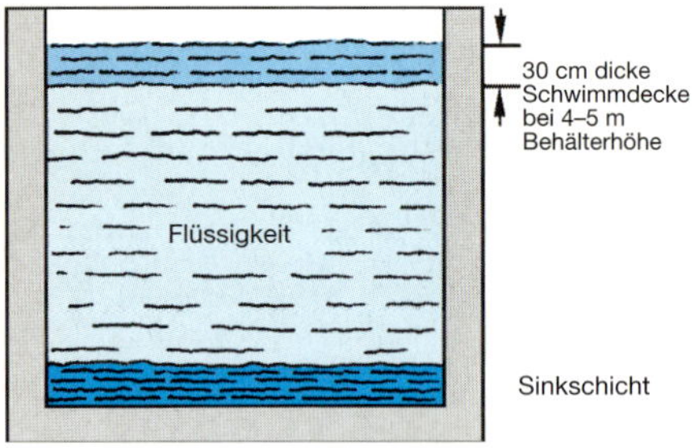

Abb. 1130 Flüssigmist entmischt sich während der Lagerung (Schema).

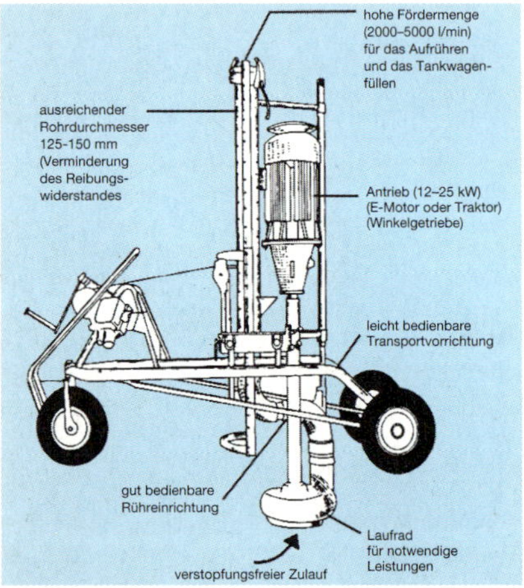

Abb. 1131 Fahrbare Kreiseltauchpumpe in Betriebsstellung.

Abb. 1132 Tauchschneidepumpe mit Schneckeneinzug.

Abb. 1133 Exzenter-Schneckenpumpe (Schnittfoto).

Stallmiststreuer dürfen nur mit den vorgeschriebenen **Schutzeinrichtungen** in Betrieb genommen werden. Diese sind:

- Gelenkwellenschutz,
- Abdeckung der Durchtriebswelle,
- Abdeckung der Antriebsketten,
- Auffahrschutz am Streuwerk im Straßenverkehr,
- Spritzschutz an der vorderen Bordwand.

Vor dem Betreten des Stallmiststreuers Zapfwelle am Traktor ganz ausschalten, sonst besteht Lebensgefahr!

2.4 Behandeln und Ausbringen von Flüssigmist

Arbeitswirtschaftliche Gründe bewegen viele viehhaltende Betriebe, auf Flüssigmistbereitung (Gülle) umzustellen. Das Gemisch aus Harn, Kot, Futterresten und eventuell Wasser wird in einer Güllegrube gesammelt. Die schwereren Bestandteile sinken zu Boden, die leichteren Teile bilden eine Schwimmdecke. Vor der Entnahme muss der Grubeninhalt gemischt (homogenisiert) werden. Dies geschieht durch mechanische Rührwerke oder durch Tauchschneidpumpen.
Die Technik bietet heute z.T. aufwändige technische Lösungen für die Gülleanwendung an, deren Kosten die Höhe des Düngerwertes erreichen oder gar überschreiten. Deswegen sollte stets geprüft werden, ob es nicht betriebswirtschaftlich günstiger ist, das Homogenisieren und Ausbringen der Gülle überbetrieblich zu erledigen.

2.4.1 Flüssigmistentnahme

Die Gülleentnahme aus der Grube erfolgt mit einer fahrbaren Pumpe oder mit einer auf den Tankwagen montierten Pumpe. Drei Pumpenarten haben sich dabei als günstig erwiesen.
Kreiseltauchpumpen – Sie sind häufig auf Fahrgestelle montiert. Über eine lange Welle treibt ein Elektromotor das Laufrad (Pumpe) an. Dieses wird in die Grube abgesenkt. Die schwenkbare Rohrdüse ermöglicht das Aufrühren durch Umpumpen der Gülle bzw. das Befüllen des Güllefasses. Ist die Saugöffnung mit einer Reißvorrichtung zum Zerkleinern von Pflanzenresten ausgerüstet, spricht man von einer *Tauchschneidpumpe*.
Kreiselpumpen können auch für den Anbau am Traktor konstruiert sein. Der Antrieb erfolgt dann über die Zapfwelle.
Die notwendige Antriebsleistung ist von der Förderleistung der Pumpe (1000–7000 l/min) abhängig. Sie beträgt beim Elektromotor 10–25 kW, beim Antrieb mit dem Traktor 25–60 kW.
Exzenter-Schneckenpumpen – Als stationäre Pumpen werden sie mit Elektromotor- oder Zapfwellenantrieb verwendet. Sind sie am Tankwagen angebaut, erfolgt der Antrieb nur über die Zapfwelle. Ein schneckenförmiger Rotor dreht sich in einem elastischen Stator. Dadurch entsteht ein Sog. Die Gülle strömt nach und wird vom Rotor in die Leitung gedrückt.

Diese Pumpenart eignet sich besonders zum Fördern dickflüssiger Gülle. Nachteilig wirkt sich jedoch die Empfindlichkeit gegen Fremdkörper aus. Die Förderleistung reicht bis ca. 2000 l/min.
Drehkolbenpumpen – Mit 2 gummibeschichteten Rotoren haben sie Förderleistungen bis zu 5000 l/min.

Abb. 1134 Drehkolbenpumpe.

2.4.2 Tankwagen

Meist sind Güllefässer auf Einachs- oder Tandemachs-Fahrgestellen mit großvolumigen Reifen aufgebaut. Die 2000–10 000 l fassenden Tanks bestehen in der Regel aus feuerverzinktem Stahlblech oder Kunststoff.

Tabelle 104: Bauarten von Tankwagen und deren Eignung

Bauart	Eignung
Kompressortankwagen, Pumptankwagen	Mischen, Füllen, Transportieren und Verteilen
Schleudertankwagen	Transportieren und Verteilen

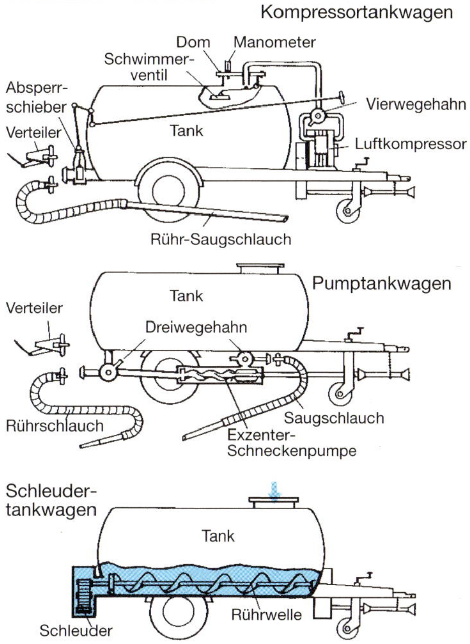

Abb. 1135 Bauarten von Tankwagen (Schema).

Kompressortankwagen – Ein Kompressor saugt die Luft aus dem Tank ab. Der entstehende Unterdruck lässt die Gülle über den Füllschlauch nachströmen.
Durch Umstellen eines Vierwegehahns saugt der Kompressor Umgebungsluft an und drückt sie in den Tank. Im Behälter entsteht Überdruck. Wird jetzt der Auslassschieber geöffnet, wird die Gülle durch den Verteiler herausgedrückt und breitwürfig ausgebracht.
Soll mit dem Vakuumfass der Grubeninhalt aufgerührt werden, muss das Fass zuerst befüllt und dann die Gülle über den Rührschlauch in die Grube zurückgepresst werden. Die Rührwirkung ist allerdings nicht besonders stark, und es kann nur im Wechsel befüllt bzw. aufgerührt werden. Fässer mit mehr als 4000 l Inhalt und einem höheren Druck als 0,5 bar sind überwachungspflichtig.
Pumptankwagen – Dieses drucklose Tankfahrzeug ist mit einer Exzenter-Schnecken- oder Drehkolbenpumpe ausgerüstet. Sie saugt über den Füllschlauch die Gülle aus der Grube und drückt sie in den Tank. Mit dem Pumptankwagen kann die Gülle auch aufgerührt werden. Die Pumpe saugt über den Füllschlauch die Flüssigkeit an und presst sie über den Rührschlauch in die Grube zurück. Beim Entleeren saugt die Pumpe die Gülle aus dem Tank an und drückt sie durch den Verteiler.
Schleudertankwagen – Dieser Tankwagen besitzt selbst keine Füllvorrichtung. Das Befüllen geschieht mit einer externen Pumpe. Die Zapfwellen-angetriebene, schneckenartige Rührwelle am Fassboden fördert die Flüssigkeit zum Auslauf. Eine Schleudereinrichtung verteilt die Gülle breitwürfig.
Pflege der Tankwagen – Gülle greift Metall an. Um Rostbildung an metallischen, nicht verzinkten Teilen zu verhindern, muss der

Abb. 1136 Bauarten von Verteileinrichtungen.

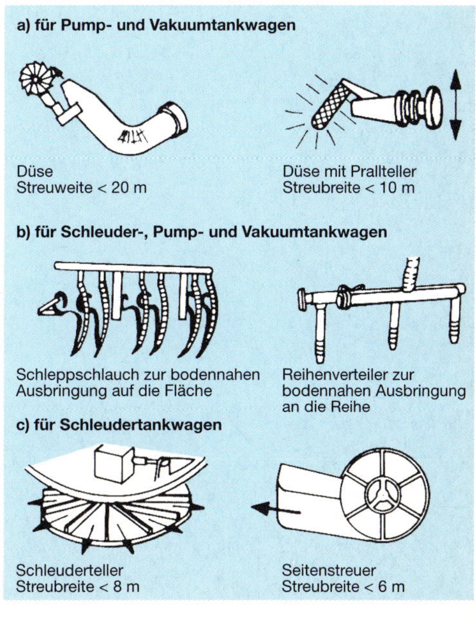

Abb. 1137 Schleppschlauchverteilung mit elektronisch geregelter Dosiertechnik.

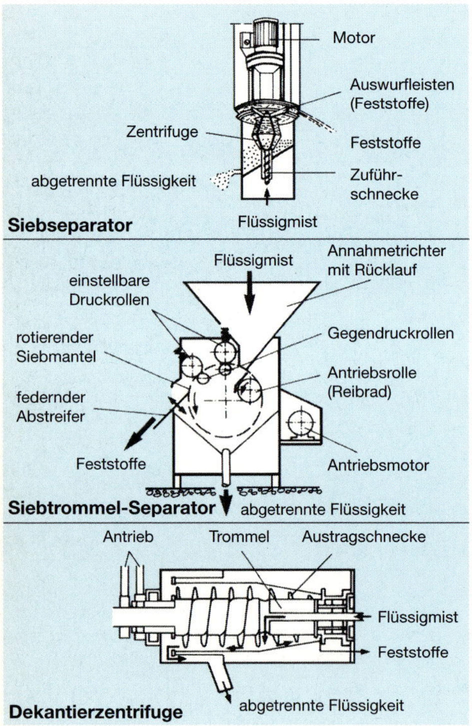

Abb. 1138 Flüssigmist-Separatoren.

Tankwagen nach dem Einsatz gründlich mit Wasser gewaschen und eventuell mit Öl eingesprüht werden.
Der Ölstand im Kompressor des Kompressortankwagens muss regelmäßig kontrolliert und wenn nötig, ergänzt werden.

2.4.3 Technik für die Verteilung

Entscheidend für eine gezielte Flüssigmistdüngung sind

- *Dosiergenauigkeit* für Kopfdüngung im Bereich von 10 m^3/ha,
- *Verteilgenauigkeit* über die Arbeitsbreite (Querverteilung) und in der Fahrtrichtung (Längsverteilung),
- *bodennahe* Ausbringung,
- *Einbringung* in den Boden.

Verteileinrichtungen – Hierbei unterscheidet man folgende Konstruktionen:

- *Prallteller:* Sie sind kostengünstig, Neuentwicklungen erreichen gute Querverteilung.
- *Pendeldüsenverteiler:* Der Antrieb erfolgt hydraulisch über ein Kurbelgetriebe. Der nachträgliche Einbau ist möglich. Sie verteilen über eine große Arbeitsbreite (bis 32 m). Nachteilig sind die hohe Windanfälligkeit des Flüssigkeitsschleiers und die damit verbundene Geruchsemission.
- *Schleppschläuche:* Sie verteilen die Gülle direkt auf den Boden und senken damit die Geruchsbelästigung.
- *Düsenbalkenverteiler:* Die Arbeitsbreite beträgt bis zu 12 m. Die Anbringung von Schleppschläuchen, z.B. für die Reihendüngung von Mais, ist möglich.

Eindrillgeräte – Sie lassen sich an die meisten Tankwagen nachträglich anbauen und verursachen die geringsten Geruchsemissionen und gasförmigen Stickstoffverluste. Auch die Oberflächenabschwemmung wird verhindert. Allerdings sind sie teuer.
Die Injektionswerkzeuge, meist Gänsefuß- oder Rollschare, werden über einen Verteiler durch Schlauchleitungen beschickt.
Beregnungsmaschinen – Hierbei handelt es sich um abgewandelte *Einzugsregner*. Die Schlauchtrommel wird entweder von der Zapfwelle oder über einen Aufbaumotor angetrieben. Die Beregnungsmaschinen können aus Tankwagen, Feldrand-Zwischenlagern oder aus Hydranten gespeist werden.

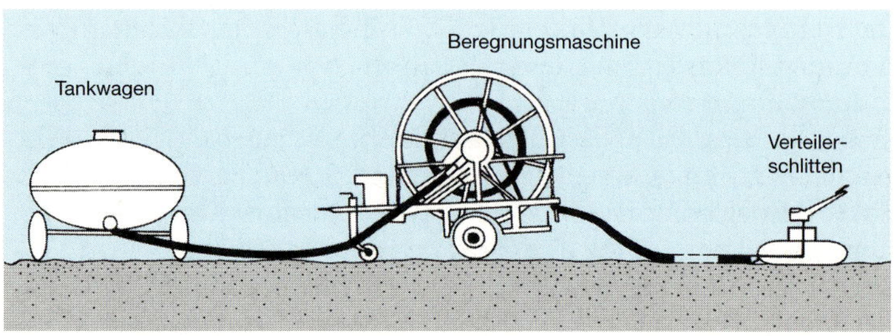

Abb. 1139 Mitte: Schema einer Gülle-Beregnungsmaschine.

2.4.4 Weitergehende Güllebehandlung

Zur Verbesserung seiner Eigenschaften behandeln einige Betriebe ihren Flüssigmist in besonderer Weise. Damit verfolgen sie folgenden **Ziele:**

- Abbau der Geruchsstoffe,
- Verbesserung der Pflanzenverträglichkeit,
- Abbau des Stickstoffes,
- Verringerung des Volumens,
- Verbesserung der Misch- und Verteilfähigkeit.

Verringerung der Trockenmasse – Je höher der Trockenmasse-Gehalt des Flüssigmistes ist, desto schwieriger wird seine gleichmäßige Verteilung beim Ausbringen und desto mehr werden die Pflanzen verschmutzt. Die Verringerung des Feststoffanteils lässt sich durch *Verdünnen* oder *Separieren* lösen.

Die **Verdünnung** mit Wasser ist zwar einfach, verursacht aber Mehrkosten für Wasser und größere Lagerkapazität.

Beim **Separieren** werden mit Hilfe von *Pressen* (Siebband-, Siebtrommel-, Kreisbogen-Siebpressen) oder *Zentrifugen* (Sieb-, Dekantierzentrifugen) die Feststoffe aus dem Flüssigmist abgetrennt. Sie können dann gezielt zur Verbesserung der Bodenstruktur eingesetzt oder als Mulch verwendet werden. Separierte Feststoffe mit mehr als 20 % T lassen sich auch kompostieren. Das Separieren verursacht höhere Kosten als die Verdünnung.

Belüftung – Sie fördert die Umsetzung von fäulnisfähiger organischer Masse in Kohlendioxid und Wasser durch sauerstoffverbrauchende Kleinlebewesen.

Die Verfahren sind aus der Abwassertechnik entlehnt und unterscheiden sich in der Art der *Luftzuführung*, *Ort* und *Dauer* der Belüftung sowie in der *Temperatur* des Flüssigmistes.

Eine Belüftung des Flüssigmistes **im Stall** setzt in der Regel einen Stallneubau voraus.

Die Belüftung **im Lagerbehälter** kann durch *Oberflächenbelüfter*, die auf einem Schwimmergestell montiert sind, durch *Tiefen-* oder *Umwälzbelüfter* auf Schwimmergestell und *Radial-Umwälzbelüfter* erfolgen. Letzterer ist am Behälterrand befestigt. Nach der Dauer unterscheidet man Anlagen, die nur zeitweise in Betrieb sind (Intervallbelüfter), und Dauerbelüfter.

Alle Geräte und Verfahren zur Belüftung von Flüssigmist rechtfertigen ihre Kosten nicht alleine durch die damit erzielten verbesserten technischen und pflanzenbaulichen Eigenschaften des Flüssigmistes, sondern stellen vorwiegend Lösungen für Immissionsschutz-Auflagen dar.

Biogasanlagen – Die Gewinnung von Biogas dient in erster Linie der Bereitstellung von *Energie*. Die Verbesserung der oben genannten Eigenschaften des Flüssigmistes ist lediglich eine willkommene Nebenwirkung.

Biogas besteht zu etwa 60 % aus Methan und 40 % Kohlendioxid sowie Spuren von Wasserstoff und Schwefelwasserstoff. Es bildet sich in einem mehrstufigen Aufbauprozess durch Kleinlebewesen unter Luftabschluss. Die optimale Reaktions-Temperatur liegt bei 32 °C. Die Biogas-Erzeugung liefert ca. 1 m^3/GV und Tag. Der Heizwert erreicht etwa 21 MJ/m^3.

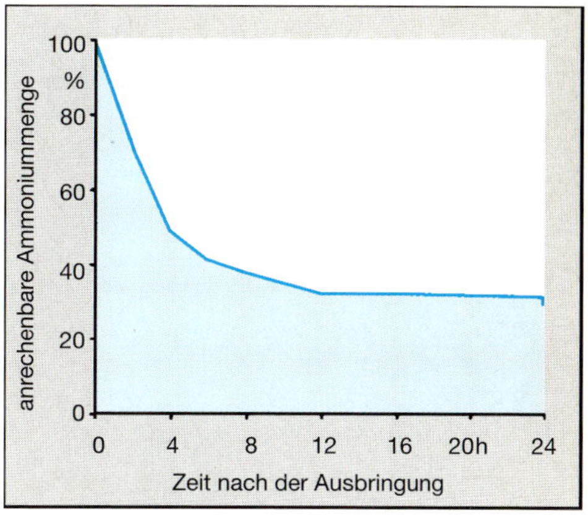

Abb. 1140 Nutzbarer Stickstoff aus der Gülle bei oberflächlicher Ausbringung.

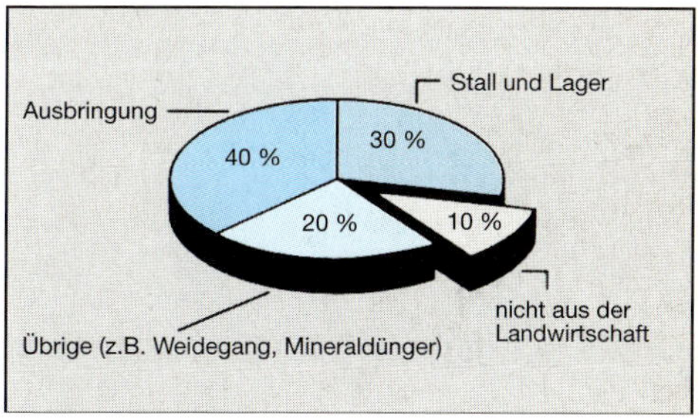

Abb. 1141 Die Ammoniak-Emission beträgt 750 000 t/Jahr.

Abb. 1142 Güllebreitverteilung mit Prallkopfverteiler führt leicht zu erhöhter Ammoniakfreisetzung.

V-förmig angestellte Scheibenseche

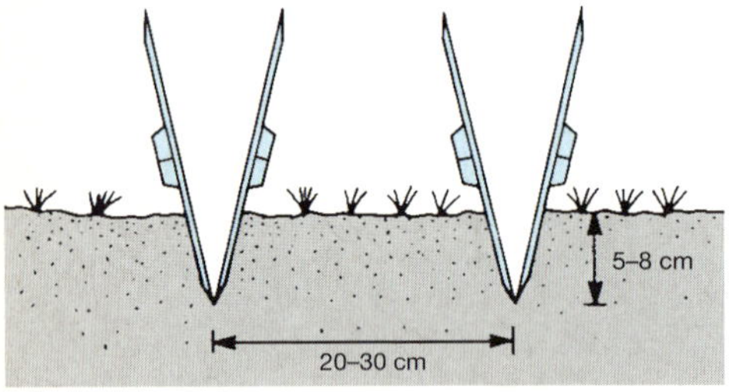

Ein Scheibensech durchschneidet die Grasnarbe, ein stromlinienförmiges Schar öffnet und zwei angestellte Scheiben schließen den Injektionsschlitz.

dicke Injektionsscheibe

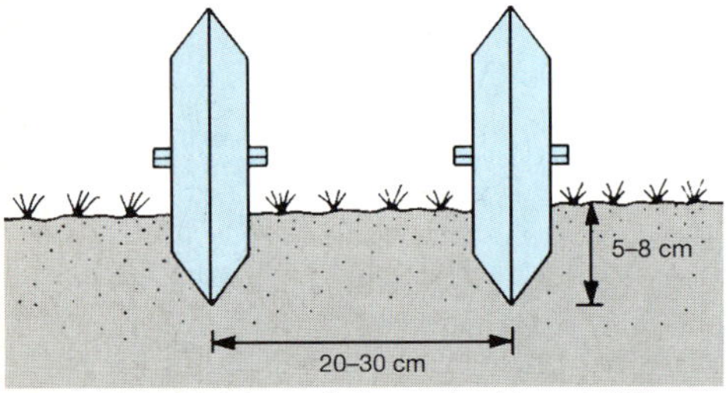

Dicke Injektionsscheiben schneiden und öffnen den Schlitz.

3-teilige Injektionsscheibe

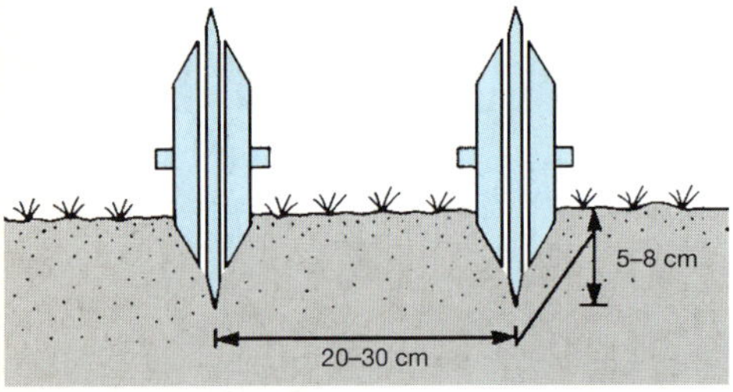

3teilige Injektionsscheiben zum Schneiden und Öffnen.

Abb. 1143 Gülleinjektoren für Grünland (Übersicht).

Abb. 1144 Einarbeiten der Gülle zusammen mit der Stoppelbearbeitung.

Die Planung der Biogasanlagen muss von erfahrenen Spezialisten erfolgen, um die hohen sicherheitstechnischen Anforderungen zu gewährleisten.

Aufgaben:

1. Auf einen Acker wird Gülle gefahren. Das Fassungsvermögen des Tankwagens beträgt 5000 l, die Arbeitsbreite 8 m.
   - **a)** Der Tankwagen entleert eine Füllung auf 400 m Fahrstrecke. Wie hoch ist die Güllegabe in m^3/ha?
   - **b)** 30 m^3/ha sollen ausgebracht werden. Auf wie viel Meter Fahrstrecke ist eine Tankfüllung auszubringen?
2. Ein Ackerschlag soll 150 dt/ha (250 dt/ha) Stallmist erhalten. Der Stalldungstreuer kann ca. 3 Tonnen (5 t) Stallmist aufnehmen. Die Arbeitsbreite beträgt 1,8 m (4 m). Auf wie viel Meter Fahrstrecke soll eine Ladung gestreut werden?
3. Ein Tankwagen mit 8000 l Fassungsvermögen und einer Arbeitsbreite von 12 m wird zur Gülledüngung eingesetzt.
   - **a)** Wie viele Meter ist mit einer Füllung zu fahren, wenn 20 m^3 Gülle je Hektar ausgebracht werden sollen?
   - **b)** Wie viele Liter Gülle werden im Mittel auf einem laufenden Meter Fahrstrecke und wie viel m^3 auf 1 ha ausgebracht, wenn die Fahrstrecke für eine Fassfüllung 400 m; 250 m; 150 m lang ist?
4. Der Behälter eines Düngerstreuers fasst 1000 l. Die Arbeitsbreite beträgt 12 m, die Dichte des Düngers 1,1 kg/l. Wie lang soll die Fahrstrecke für eine Behälterfüllung sein, wenn 5 dt/ha auszubringen sind?
5. 3 dt/ha Mineraldünger sollen ausgebracht werden. Die Arbeitsbreite des Düngerstreuers beträgt 8 m.
   - **a)** Wie viele kg Dünger sollen auf einer Teststrecke von 160 m Länge ausgebracht werden?
   - **b)** Wie lang soll die Teststrecke für 50 kg Dünger sein?
   - **c)** Wie lang soll die Fahrstrecke für eine Behälterfüllung von 800 Liter (ϱ = 0,9 kg/l) sein?
6. Mit einem pneumatischen Düngerstreuer mit 12 m Arbeitsbreite sollen 5 dt Dünger je ha ausgebracht werden. Wie viel kg Dünger müssen bei einer Probefahrt für 2 a aufgefangen werden und welche Teststrecke ist dabei zurückzulegen?
7. Es sollen 300 l/ha Flüssigdünger AHL mit einer Dichte von 1,28 kg/l (bei 15 °C) und einem Gehalt von 28 % N (bezogen auf Masse) ausgebracht werden. Je Düse werden im Mittel 2,5 l/min Wasser ausgestoßen. Die Arbeitsbreite beträgt 12 Meter, der Düsenabstand 50 Zentimeter.
   - **a)** Mit welcher Geschwindigkeit ist die Spritze zu fahren?
   - **b)** Wie viele kg/ha N werden gedüngt?
8. Von einer Mischung zweier Flüssigdünger (AHL- und NP-Lösung) 18–18–0 mit einer Dichte von 1,34 l/kg (bei 15 °C) sollen je 60 kg/ha N und P_2O_5 gedüngt werden.
   - **a)** Wie viele l/ha sind auszubringen?
   - **b)** Die Arbeitsbreite beträgt 9 Meter, der Volumenstrom am Gestänge 32 l/min Wasser. Mit welcher Geschwindigkeit ist die Spritze zu fahren?

3 Drillmaschinen

Für die optimale Entwicklung der Pflanzen ist ein sicheres und gleichmäßiges Auflaufen der Saat von entscheidender Bedeutung. Um diese Voraussetzungen zu erfüllen, hat die Drillmaschine die Aufgabe, die richtige Saattiefe und die gleichmäßige Verteilung im Standraum der Pflanzen zu gewährleisten, sowie den Wasserhaushalt des Bodens in Saattiefe zu regulieren.

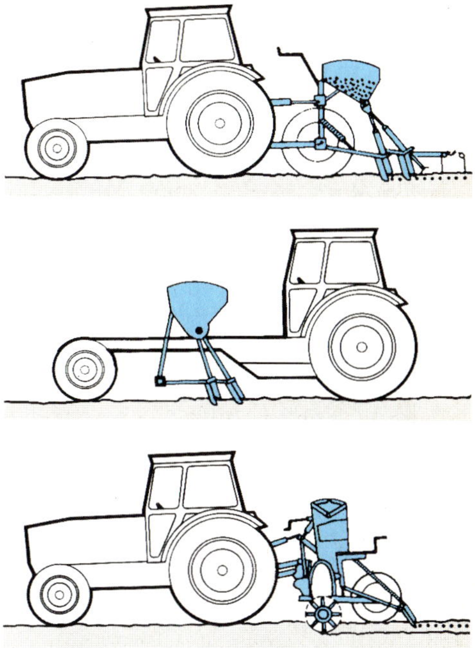

Abb. 1145 Bauarten von Drillmaschinen. Dreipunkt-Heckanbaumaschine (oben). Zwischenachs-Anbaugerät (Mitte), Kombination zur Frässaat (unten).

3.1 Bauarten

Je nach Anlenkung am Traktor lassen sich Drillmaschinen einteilen in:

- **Anbau-Drillmaschinen:** Sie werden am Dreipunktgestänge angelenkt. Laufräder führen das Gerät bei der Arbeit und treiben es gleichzeitig an.
- **Aufsattel-** oder **Anhänge-Drillmaschinen:** Diese Anlenkung wird bei Maschinen mit großer Arbeitsbreite verwendet. Sie laufen auf einem eigenen Fahrwerk.
- **Zwischenachs-Drillmaschinen:** Geräteträger ermöglichen den Anbau dieser Drillmaschine zwischen Vorder- und Hinterachse. Hier ist eine gute Übersicht bei der Arbeit gewährleistet.
- **Kombinationen:** Hier werden Drillmaschine und Saatbett-Bereitungsgeräte kombiniert.

Nach der **Bauweise** des Saatgutbehälters unterscheidet man:

- Kasten-Drillmaschinen,
- Tank-Drillmaschinen.

Außerdem unterscheiden sich Drillmaschinen nach der Art der Saatgutzuteilung in Maschinen mit

- mechanischer Saatgutzuteilung,
- pneumatischer Saatgutzuteilung.

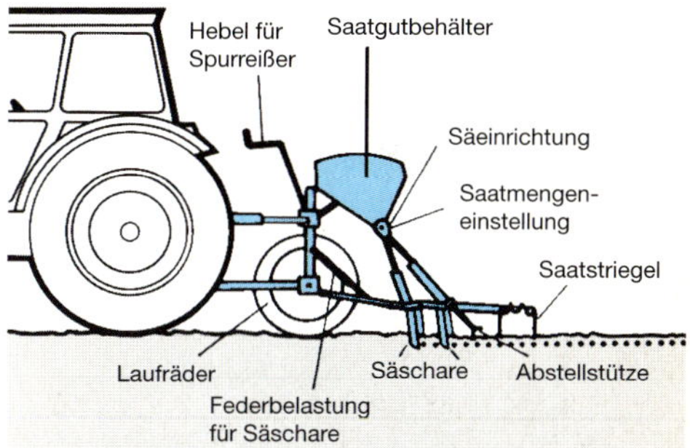

Abb. 1146 Bauteile einer Drillmaschine (Schema).

3.2 Aufbau und Arbeitsweise von Drillmaschinen

Drillmaschinen sollten einen übersichtlichen Aufbau besitzen, die eingestellte Saatmenge exakt einhalten und eine gleichmäßige Querverteilung erreichen.

Die **Bauteile**

- Saatgut-Vorratsbehälter,
- Säorgane,
- Saatgutleitungen,
- Säschare

müssen so angeordnet sein, dass sie eine einfache, zuverlässige und sichere Steuerung und Bedienung zulassen.

Je nach Bauart und Konstruktion arbeiten Drillmaschinen nach unterschiedlichen **Prinzipien:**

- Mechanisch oder
- pneumatisch.

Abb. 1147 Saatgut-Vorratsbehälter im Querschnitt (Schema).

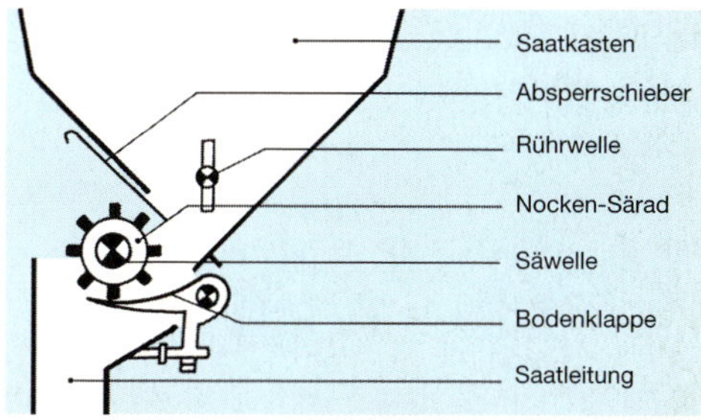

Abb. 1148 Zahnrad-Schaltgetriebe zum Antrieb der Nockensäräder einer Drillmaschine.

Abb. 1149 Nockenrad mit mittig angeordnetem Fein-Särad.

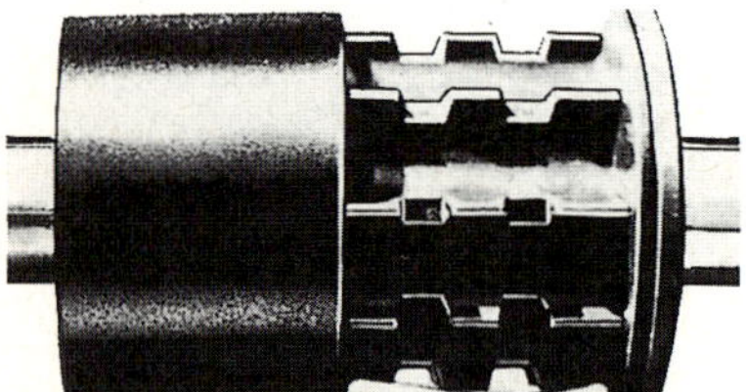

Abb. 1150 Schub-Särad in der Einstellung für Normal-Saatgut.

Abb. 1151 Schub-Särad in der Einstellung für Fein-Saatgut.

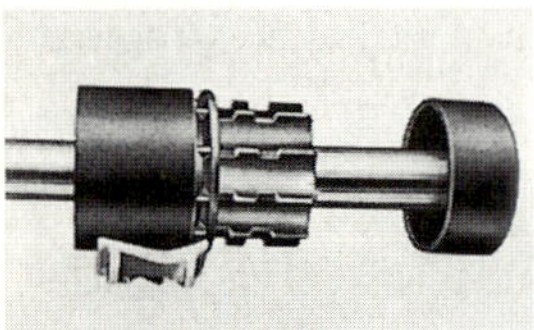

3.2.1 Saatgut-Vorratsbehälter

Das Fassungsvermögen von Kasten-Drillmaschinen sollte mindestens 150 l/m Arbeitsbreite betragen. Dadurch ist die Aussaat auf großen Flächen ohne Nachfüllen möglich. Die Rührwelle im Saatkasten hält das Saatgut in Bewegung und verhindert so eine Brückenbildung.
Mit Hilfe eines Zeigers oder Schaufensters kann die Inhaltsmenge des Saatgutbehälters überwacht werden. Die Auslauföffnungen sind an der Rückseite des Saatgutbehälters angebracht. Die Absperrschieber lassen sich je nach Korngröße halb oder ganz öffnen. Sie können bei Bedarf auch ganz geschlossen werden.
Drillmaschinen mit pneumatischer Saatgutzuteilung besitzen einen zentralen Saatguttank und eine zentral angeordnete Saatgut-Dosiereinrichtung. Das Fassungsvermögen ist der Säbreite entsprechend groß. Der Tankschwerpunkt liegt nahe am Traktor. Die Gewichtsverteilung, die im Hinblick auf die Straßenfahrten und auf den Bodendruck beim Säen von besonderer Bedeutung ist, wird dadurch günstiger.

3.2.2 Säorgane

Mit Hilfe der **Säorgane** wird das Saatgut auf die einzelnen Saatgutleitungen verteilt.
Dies geschieht bei **mechanischen Drillmaschinen** durch
- Nocken-Säräder,
- Schub-Säräder.

Bei **pneumatischen Drillmaschinen** erfolgt die Verteilung durch
- Luftstrom.

Nockenrad-Prinzip – Auf der Säwelle sitzt für jedes Säschar ein Nockenrad. Es fördert das Saatgut über die gefederte Bodenklappe zur Saatgutleitung. Je nach Korngröße wird die Bodenklappe eingestellt. Der Antrieb der Säwelle erfolgt über die Laufräder. Mit einem Stufen- oder stufenlosen Schaltgetriebe kann die Drehzahl der Säräder verändert und damit die Aussaatmenge eingestellt werden.
Diese Nockenräder können mit einem Särad für Feinsämereien wie Raps oder Klee kombiniert werden. Für die Ausbringung von Feinsämereien wird der Arretierungsbolzen gelöst, das Normal-Särad bleibt stehen, es bewegt sich nur noch das Fein-Särad.
Schubrad-Prinzip – Der Antrieb der Schubräder erfolgt über die Säwelle durch die Laufräder. Die Schubrad-Oberfläche enthält Querrillen, die sich mit Saatgut füllen. Beim Drehen fördert es dieses zwischen Bodenklappe und Särad zur Saatleitung. Die Bodenklappe lässt sich je nach Korngröße verstellen.
Durch seitliches Verschieben der Säwelle wird die wirksame Breite der Säräder verändert und die Aussaatmenge variiert.
Pneumatisches Prinzip – Am Auslauf des in der Mitte angeordneten Saatguttanks sitzt ein Zellenrad. Dieses bodenangetriebene Rad dosiert das Saatgut in eine Injektionsschleuse. Ein Luftstrom erfasst die Körner, bläst sie durch ein Wellrohr zum Verteiler und dann in die Saatleitungen.
Diese Drillmaschine ist gleichermaßen für grobes oder feines Saatgut bei stufenloser Einstellung der Saatmenge geeignet.

3.2.3 Saatgutleitungen und Säschare

Saatgutleitungen – Sie haben die Aufgabe, das Saatgut von den Säorganen zum Säschar zu leiten.
Kasten-Drillmaschinen sind in der Regel mit Teleskoprohren ausgerüstet. Diese Rohre können aus Kunststoff oder Metall sein. Sie lassen sich in senkrechter Richtung verschieben und passen sich so den Bewegungen der Säschare an.
Bei *Tank-Drillmaschinen* werden immer Spiralschläuche als Saatleitungen verwendet, in denen das Saatgut im Luftstrom zum Säschar transportiert wird.
Säschare – Sie ziehen Rillen für die Saatgutablage. Die einheitliche Saattiefe als Voraussetzung für einen gleichmäßigen Feldaufgang wird mit der Federdruckbelastung der Säschare erreicht, die zentral oder einzeln eingestellt werden kann. Tiefenbegrenzer an Sämaschinen können auf leichten, sehr lockeren Böden nötig sein. Während der Säarbeit sind die Säschare bezüglich Verstopfungen mehrmals zu überprüfen.
Für unterschiedliche Anbauvoraussetzungen (Bodenstrukturen) werden verschiedene **Bauarten** angeboten:

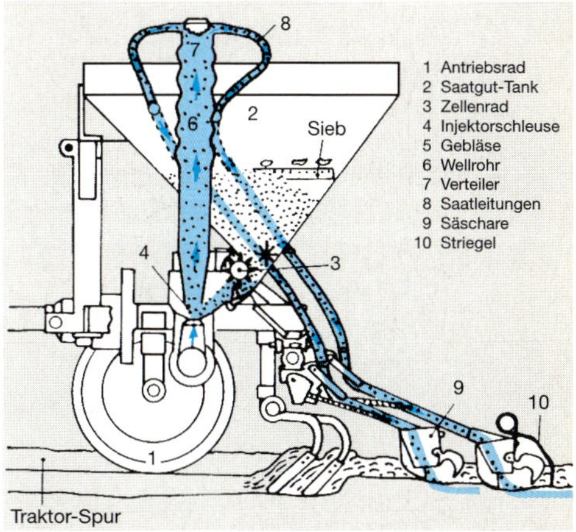

Abb. 1152 Bauteile einer pneumatischen Tank-Drillmaschine (Schema).

Tabelle 105: Bauarten von Säscharen

Schleppschar	feinkrümeliger Boden
Säbelschar	schwere oder mit Ernterückständen besetzte Böden
Zwischenscheiben-Schare	Flächen ohne Bearbeitung
Gänsefußschar (Flügelschar)	bandförmige Saatgutablage

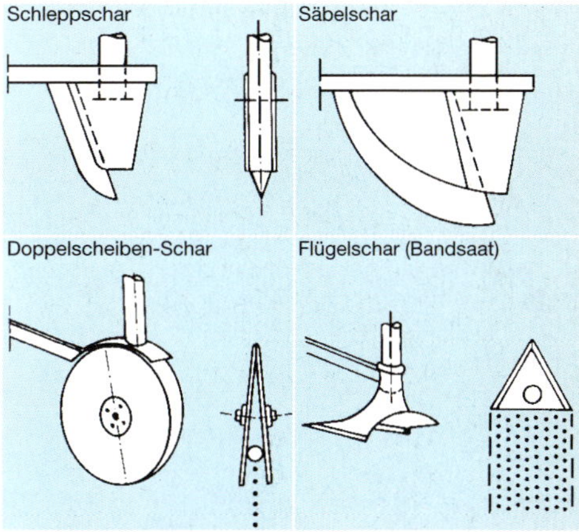

Abb. 1153 Sächarformen.

3.3 Großflächen-Drillmaschinen

Für größere Anbauflächen werden meist Drillmaschinen mit mehr als 3 m Arbeitsbreite eingesetzt. Es handelt sich hier in der Regel um Tank-Drillmaschinen mit einem trichterförmigen, zentralen Saatgutbehälter von mehr als 1000 l Fassungsvermögen.
Diese pneumatischen Drillmaschinen besitzen mehrere Saatgutverteiler, so dass die Beschickung von bis zu 75 Scharen möglich ist. Damit werden Arbeitsbreiten bis 6 m erreicht. Die Transportbreiten liegen unter 3 m. Durch Längsfahrvorrichtungen wird auch die Gewichtsentlastung des Traktors erreicht.

Abb. 1154 Rollschare mit Schleifkufe zur exakten Tiefenführung.

Abb. 1155 (Mitte): Doppelscheiben-Schar mit Druckrollen zur exakten Tiefenführung.

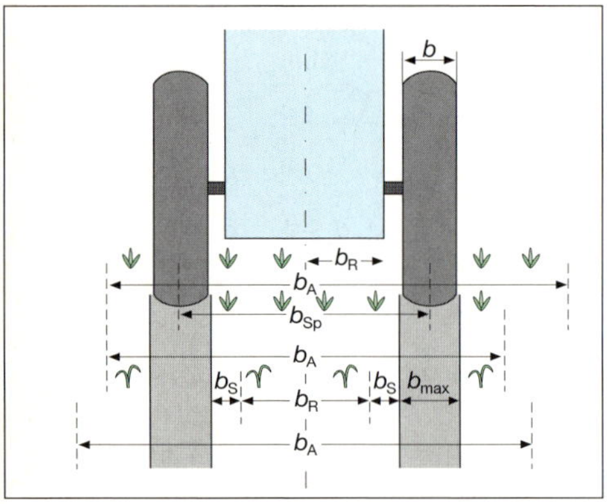

Abb. 1156 Wichtige Größen für die Einstellung der Drillmaschine (siehe auch Tabelle 106).

Abb. 1157 Ein Säbrett erleichtert die Kontrolle und Einstellung der Reihenabstände.

Abb. 1158 Beim Ausheben der Sämaschine werden gleichzeitig der Spuranzeiger und der Fahrgassenautomat betätigt.

3.4 Einstellen der Drillmaschine

Optimale Voraussetzungen für eine gleichmäßige Pflanzenentwicklung und für eine zügige Ernte werden bereits bei der Aussaat durch korrekte Einstellung der Sämaschine geschaffen. Alle in diesem Abschnitt dargelegten Regeln gelten entsprechend auch für Einzelkorn-Sägeräte.

3.4.1 Einstellung von Reihenzahl, Fahrgassen, Spuranzeiger

Tabelle 106: Wichtige Begriffe und ihre Abkürzungen zum Einstellen

Begriffe	Einheiten	Zeichen
Reifenbreite des Traktors	Zoll (") [1]	b
Spurweite des Traktors	cm	b_{Sp}
Reihenabstand, Reihenweite	cm	b_R
(effektive) Arbeitsbreite	cm, m	b_A
Anzahl der Reihen in einer Arbeitsbreite	1	z
Anzahl der Zwischenspurreihen oder Fahrgassenzahl	1	k
Spuranzeigermaß	cm	l_{Spur}
Abstand bis letzte Reihe	cm	a

[1]) 1 Zoll $\triangleq$ 2,54 cm.

$$\text{Arbeitsbreite} = \text{Reihenzahl} \times \text{Reihenabstand}$$
$$b_A = z \times b_R$$

Reihenzahl – Drillmaschinen haben immer eine ungerade Scharenzahl. Durch Umstellung obiger Formel kann die Anzahl der nötigen Säschare bei vorgegebenem Reihenabstand ermittelt werden:

$$\text{Anzahl der Schare} = \frac{\text{Arbeitsbreite}}{\text{Reihenabstand}}$$

Beispiel: Arbeitsbreite 3 m
Reihenabstand 13 cm

$$\text{Anzahl der Säschare} = \frac{300\text{ cm}}{13\text{ cm}} = 23$$

Zum Einstellen der Säschare auf den entsprechenden Scharabstand ist ein **Säbrett** sehr hilfreich. Auf diesem Brett sind die Anzahl der Schare und die entsprechenden Abstände markiert. Beim Einstellen setzt man das erste Schar in die Mitte der Drillmaschine. Darunter legt man das Säbrett mit der Mittenmarkierung. Im gewünschten Abstand werden jetzt die weiteren Säschare nach rechts und links auf die entsprechenden Markierungen eingestellt.
Der geringstmögliche Reihenabstand liegt bei ca. 8 cm. Sonst besteht bei Drillsaat die Gefahr der Verstopfung der Schare. Engsaat-Drillmaschinen, bei denen die Säschare in 3 oder 4 Reihen hintereinander angebracht sind, ermöglichen noch kleinere Reihenabstände.

Zwischenspurreihen – Ihre Anzahl hängt von der Spurweite des Traktors und dem Reihenabstand der Kultur ab:

$$\text{Anzahl Zwischenspurreihen} = \frac{\text{Traktor-Spurweite}}{\text{Reihenabstand Kultur}}$$

$$k = \frac{b_{Spur}}{b_R}$$

Beispiel: Zuckerrübensamen soll mit einem Reihenabstand von 45 cm gesät werden.

$$k = \frac{b_{Sp}}{b_R} \longleftrightarrow b_{Sp} = k \cdot b_R = 3 \cdot 45\text{ cm} = 135\text{ cm (auch 136 cm)}$$
$$4 \cdot 45\text{ cm} = 180\text{ cm}$$

Dabei gilt: Ist der Quotient k eine
- *ungerade Zahl*, so ist die Anhängung symmetrisch, wenn auch die Zahl der Reihen insgesamt eine *ungerade* Zahl ist;
- *gerade Zahl*, so ist die Anhängung symmetrisch, wenn auch die Zahl der Reihen insgesamt eine *gerade* Zahl ist.

Fahrgassen – Sie sichern das exakte *Anschlussfahren* bei Dünge- und Pflanzenschutzmaßnahmen in Reihenkulturen mit engen Reihenabständen. Spurschächte für die Traktorräder werden bei der Saat angelegt. Dabei müssen die Arbeitsbreiten von Düngerstreuer und Feldspritze einem *ganzzahligen Vielfachen* der Arbeitsbreite der Drillmaschine entsprechen.

$$\text{Fahrgassenzahl} = \frac{\text{Arbeitsbreite Düngersteuer/Feldspritze}}{\text{Arbeitsbreite Dillmaschine}}$$

$$k = \frac{b_A\text{ Feldspritze/Düngerstreuer}}{b_A\text{ Drillmaschine}}$$

Ist der Quotient k eine
- *ungerade Zahl*, so verläuft die Symmetrieachse durch die *Mitte* der Drillmaschine. Das Fahrgassenpaar wird in der Mitte der Drillmaschine eingerichtet (Abb. 1161);
- *gerade Zahl*, so verläuft die Symmetrieachse an der *Seite* der Drillmaschine. Die Fahrgassen werden versetzt angelegt.

Die Fahrgassen entstehen durch Schließen von Sperrschiebern bzw. durch einen Säradstopp. Zur automatischen Schaltung und Überwachung beim Anlegen der Fahrgassen ist die Drillmaschine mit einem elektronischen Kontrollgerät ausrüstbar.

Spuranzeiger – Der Spuranzeiger markiert die Fahrspur des Traktor-Vorderrades für die Anschlussfahrt. Seine Einstellung ist abhängig von der Spurweite des Traktors, der Arbeitsbreite und dem Reihenabstand.

$$\text{Spuranzeigermaß} = \frac{\text{Abstand Innenkanten}}{\text{Traktor-Vorderräder}} + \text{Reihenabstand}$$

$$l_{Spur} = a + b_R$$

In der **Praxis** wird a mit dem Meterstab gemessen. Man zählt zu dem Messergebnis eine Reihenweite dazu und hat sofort das Spuranzeigermaß!

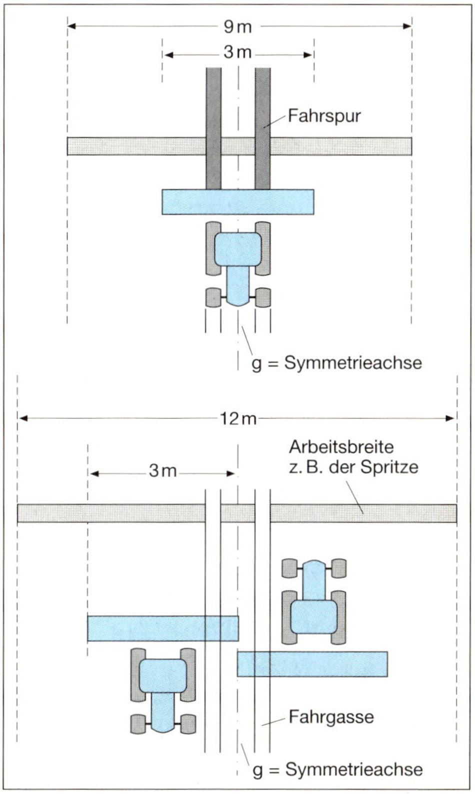

Abb. 1159 Zahl der Zwischenspurreihen (Schema).

Abb. 1160 Fahrgassen im Getreide erleichtern die Pflegearbeiten.

Abb. 1161 Fahrgassenanlage in Abhängigkeit von der Arbeitsbreite der Folgegeräte (Schema).

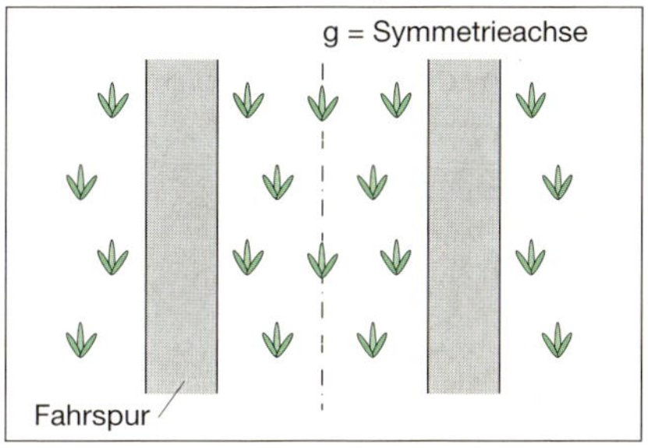

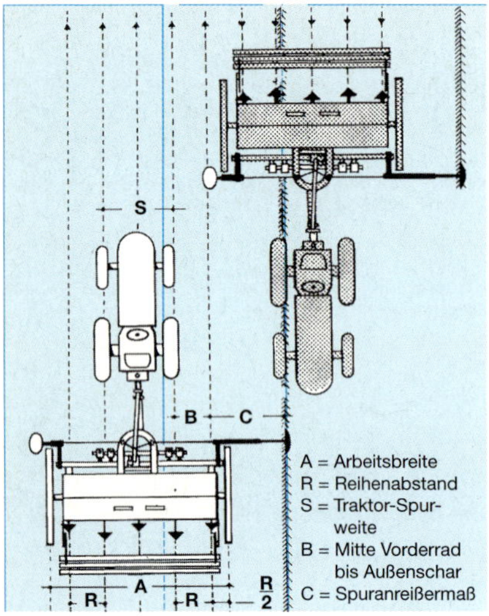

Abb. 1162 Einstellung des Spuranreißers (Schema).

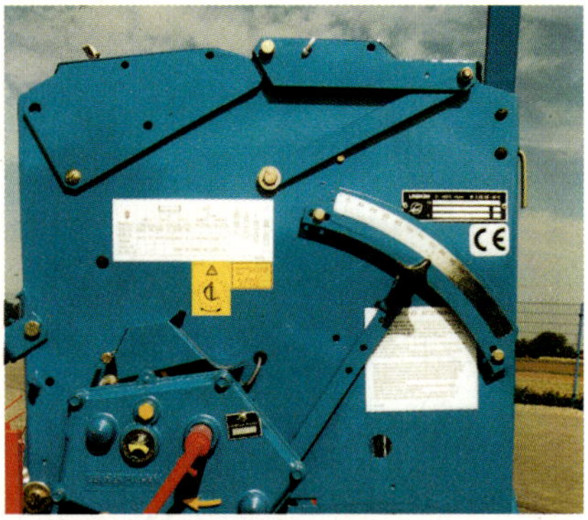
Abb. 1163 Verstellen der Aussaatmenge durch ein stufenloses Getriebe.

Abb. 1164 Abdrehprobe einer Drillmaschine.

Für die *Berechnung* von *a* gilt

$a = \frac{1}{2}\ (b_A - b_{Spur} - b_R) + \frac{1}{2}$ Reifenbreite[1])

[1]) Entfällt, wenn *a* von der Reifenmitte aus gemessen wird.

Beispiel 1: Die Zahl der Sägeräte an der Geräteschiene bei der Aussaat von Mais ist gleich 8. Der Reihenabstand beträgt 75 cm, die Traktor-Spurweite 150 cm, die Größe der Vorderreifen 13,6–28. Welches Spuranzeigermaß ist einzustellen von der letzten Drillreihe bis a) zur Mitte des Vorderrads, b) zur Innenkante des Vorderreifens?

a) $l_{Spur} = \frac{1}{2}(b_A - b_{Spur} - b_R) + b_R = 0{,}5 \cdot (8 \cdot 75\ \text{cm} - 150\ \text{cm} - 75\ \text{cm}) + 75\ \text{cm} = 262{,}5\ \text{cm}$

b) $a = \frac{1}{2}(b_A - b_{Spur} - b_R) + \frac{1}{2}\ b$
$= 0{,}5 \cdot (8 \cdot 75\ \text{cm} - 150\ \text{cm} - 75\ \text{cm}) + 0{,}5 \cdot 13{,}6 \cdot 2{,}54\ \text{cm}$
$= 204{,}8\ \text{cm}$

$l_{Spur} = a + b_R = 204{,}8\ \text{cm} + 75\ \text{cm} = 279{,}8\ \text{cm}$

Beispiel 2: Eine Drillmaschine von 5 m Arbeitsbreite und 12,5 cm Reihenabstand wird von einem Traktor mit einer Spurweite der Vorderräder von 170 cm gezogen. Der Vorderreifen hat die Größe 13,6–28. Welches Spuranzeigermaß ist einzustellen bis zur Mitte und Innenkante des Vorderreifens?

Mitte Vorderrad:

$a_m = \frac{1}{2}(b_A - b_{Spur} - b_R) = 0{,}5 \cdot (500\ \text{cm} - 170\ \text{cm} - 12{,}5\ \text{cm})$
$= 158{,}75\ \text{cm}$

$b_{Spur} = a_m + b_R = 158{,}75\ \text{cm} + 12{,}5\ \text{cm} = 171{,}25\ \text{cm}$

Innenkante Vorderrad:

$a = 158{,}75\ \text{cm} + 0{,}5 \cdot 13{,}6 \cdot 2{,}54\ \text{cm} \approx 176\ \text{cm}$

$l_{Spur} = a + b_R = 176\ \text{cm} + 12{,}5\ \text{cm} = 188{,}5\ \text{cm}$

Bei einer asymmetrischen Anhängung ist das Spuranzeigermaß für jede Seite gesondert zu berechnen.

3.4.3 Einstellen der Aussaatmenge

Die Grundeinstellung der Drillmaschine und die Einstellung der Saatmenge erfolgen zunächst nach den Angaben der Sätabelle. Korngröße, Tausendkorngewicht und Feuchtigkeitsgehalt des Saatgutes können sehr unterschiedlich sein. Aus diesem Grund ist die Durchführung der Abdrehprobe notwendig. Mit ihr wird die genaue Aussaatmenge festgestellt.

Bei der Durchführung der **Abdrehprobe** geht man wie folgt vor:

- Bodenklappe, Absperrschieber und Schaltgetriebe entsprechend den Angaben der Sätabelle einstellen,
- soviel Saatgut einfüllen, dass die Rührwelle bedeckt ist,
- Auffangwanne unter den Auslauföffnungen anbringen,
- mit der Abdrehkurbel die aus der Betriebsanleitung entnommene Anzahl der Umdrehungen für 1/40 ha ausführen,
- das in die Auffangwanne gefallene Saatgut wiegen, durch Mmultiplizieren mit 40 erhält man die Aussaatmenge für 1 ha.

Abb. 1165 Kontrolle der Reihenweite bei Getreide.

- Wenn die bei der Abdrehprobe festgestellte Aussaatmenge mit der gewünschten Aussaatmenge nicht übereinstimmt, Getriebeeinstellung verändern und Abdrehprobe wiederholen.

3.5 Pflege der Drillmaschine

Die einwandfreie Funktion und eine lange Lebensdauer der Maschine setzen eine sorgfältige Pflege voraus. Eine Reihe von wichtigen Pflegemaßnahmen sind deshalb durchzuführen:

- Alle Schmiernippel mit Mehrzweckfett abschmieren,
- Zahnradflanken sowie Antriebsketten mit Öl bzw. Kettenfett behandeln,
- Kontrolle des Ölstands im Ölbadgetriebe, eventuell Ölwechsel,
- Achtung! Alle Bauteile, die mit Saatgut in Berührung kommen, von Fett und Schmierstoffen frei halten (Saatleitungsrohre, Säräder und Bodenklappen),
- Kunststoffteile werden mit Wasser gereinigt,
- Bodenklappen auf ihre Stellung und Gängigkeit überprüfen und eventuell nachstellen,
- Reifendruck gelegentlich kontrollieren,
- nach Beendigung der Säarbeit Saatkasten entleeren und gründlich reinigen.

Aufgaben:

1. Welche Spurweite des Traktors in der Spannweite 125 bis 200 cm ist für die folgenden Reihenweiten zu wählen? Ist die Reihenverteilung bei gerader oder ungerader Anzahl der Reihen symmetrisch zur Traktormitte?

a) 60 cm; **c)** 68 cm; **e)** 42 cm; **g)** 50 cm; **i)** 66,5 cm
b) 40 cm; **d)** 75 cm; **f)** 80 cm; **h)** 45 cm; **k)** 47 cm.

Abb. 1166 Fahrgassenschaltung durch Särad-stopp-Einrichtung.

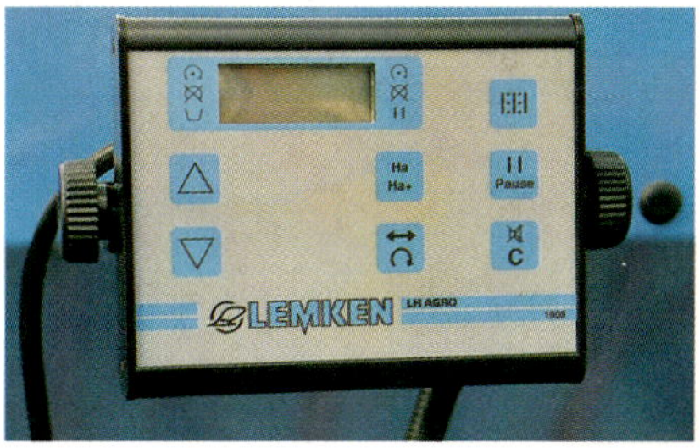

Abb. 1167 Das Bedienen und Steuern der Fahrgassenschaltung erfolgt über die Elektronikbox.

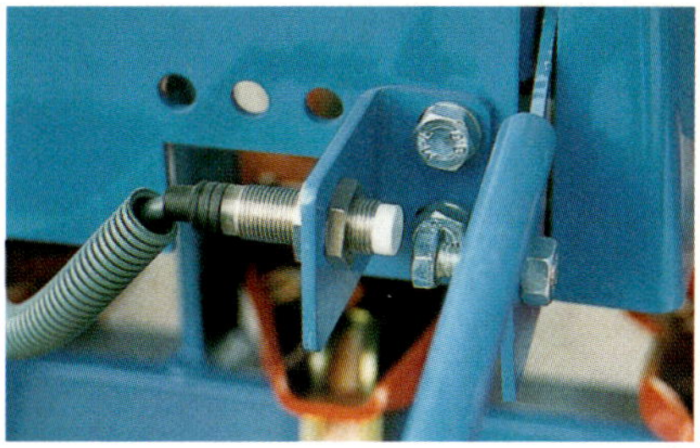

Abb. 1168 Die Ansteuerung der elektronischen Fahrgassenschaltung übernimmt ein Sensor.

Abb. 1169 Drillmaschine mit Beizeinrichtung (Schema).

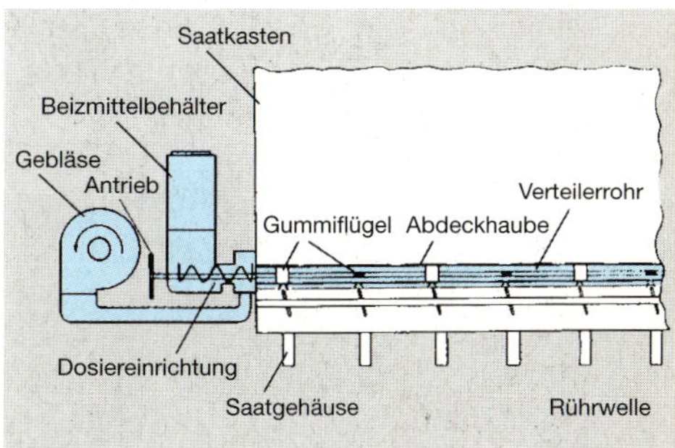

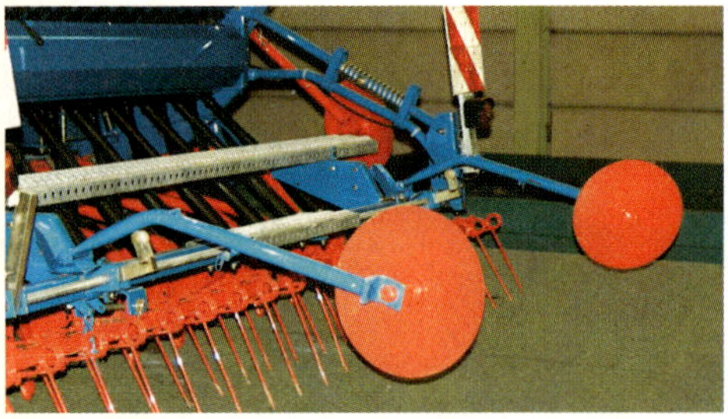

Abb. 1170 Mit der Fahrgassenschaltung kann eine Vorauflauf-Markierung betätigt werden, die die Fahrgassen markiert.

Abb. 1171 Der Saatstriegel übernimmt das Zudecken des Saatguts und das Einebnen der Drillfurchen.

Abb. 1172 Nachjustieren der Bodenklappen.

Abb. 1173 Den Ölstand im Getriebe regelmäßig über das »Auge« kontrollieren.

2. Bestimmen Sie die Spurweite des Traktors unter dem Gesichtspunkt der Symmetrie, und bestimmen Sie die Arbeitsbreite des Gerätesatzes.

	a)	**b)**	**c)**	**d)**	**e)**	**f)**
Reihenabstand	80 cm	45 cm	50 cm	75 cm	70 cm	60 cm
Anzahl der Reihen	12	7	6	4	15	8

3. Ermitteln Sie das Spuranzeigermaß bis zur Mitte des Vorderrads und bis zur Innenkante des Vorderrads (von der letzten Reihe aus gemessen).

	a)	**b)**	**c)**	**d)**
b_R	80 cm	45 cm	15 cm	13 cm
z	4	14	20	30
b_{Sp}	160 cm	180 cm	180 cm	160 cm
b (Vorderreifen)	13,6″	9,5″	11,2″	7,5″

4. Eine Drillmaschine mit einer Arbeitsbreite von 2,5 Metern soll abgedreht werden. Die Testfläche betrage $\frac{1}{50}$ ha.
a) Wie lang ist die Fahrstrecke für die Testfläche?
b) Wie viele Radumdrehungen sind für die errechnete Fahrstrecke nötig, wenn der Außendurchmesser des Antriebsrades 38 Zentimeter beträgt?
c) Wie viele Kilogramm Testmenge entsprechen einer Saatstärke von 160 kg/ha?

5. Eine Drillmaschine soll für eine Saatmenge von 135 kg/ha eingestellt werden. Die Arbeitsbreite beträgt 4,5 Meter.
a) Berechnen Sie die Abdrehmenge für eine Fläche von 250 Quadratmetern.
b) Wie viele Meter müsste die Maschine fahren, um 250 Quadratmeter zu bestellen?
c) Der Durchmesser des Antriebsrades beträgt 61 Zentimeter. Berechnen Sie die Anzahl der Radumdrehungen für die Abdrehfläche.

6. Gegeben sind eine Drillmaschine mit einem festen Scharabstand von 12,5 cm und einer Arbeitsbreite von 3 m sowie ein Traktor mit einer Spurweite von 136 cm und AS-Reifen mit einer Querschnittsbreite von 11,5″. Berechnen Sie für den Einsatz von Düngerstreuer/Feldspritze mit einer Arbeitsbreite von
a) 9 m; **b)** 12 m,
die Fahrgassenzahl und die Nummern der auszuschaltenden Schare für ein Fahrgassenpaar.

7. Auf Kartoffelfeldern sind Kartoffeln mit einer vierreihigen Legemaschine in einem Reihenabstand von 75 cm gepflanzt worden. Die Feldspritze soll die Fahrspuren des Pflanztraktors benutzen. Untersuchen Sie für die Feldspritzen mit Arbeitsbreiten von
a) 9 m; **b)** 12 m; **c)** 18 m; **d)** 15 m,
welche Spritzen vom Feldanfang an mit voller Arbeitsbreite gefahren werden können und welche am Feldrand mit halber Spritzbreite beginnen.

8. Beschreiben Sie den Aufbau einer Drillmaschine.

9. Wie werden Drillmaschinen gepflegt?

4 Einzelkorn-Sämaschinen

Für den Einsatz von Einzelkorn-Sämaschinen sind eine sorgfältige Saatbettvorbereitung und speziell aufbereitetes Saatgut (Pillierung, Kalibrierung) Voraussetzungen. Bei diesen Geräten können die genaue Kornzahl/m², der gewünschte Pflanzenabstand in der Reihe und eine gleich bleibende Saattiefe eingestellt werden. Mit der Kombination von Bandspritz-Einrichtungen oder Granulatstreuern und Einzelkorn-Sämaschinen lassen sich Aussaat, Düngung und Pflanzenschutz mit einem Arbeitsgang erledigen.

Abb. 1174 Zusatzeinrichtungen (hier Aufbauspritze, Frontreihenpacker, Einzelkorn-Sämaschine und Bandspritz-Einrichtung) ermöglichen gleichzeitig Aussaat und Pflanzenschutz.

4.1 Aufbau und Funktion

An einer stabilen Geräteschiene sind 2 große Laufräder befestigt. Über diese Räder erfolgt zentral der Antrieb der Säaggregate. Je nach Arbeitsbreite und Reihenabstand sind 4–12 Säaggregate an der Schiene angebracht. Die Aggregate legen das Saatgut auf mechanischem Weg oder mit Unterstützung von Druck- oder Saugluft in den Boden ab.

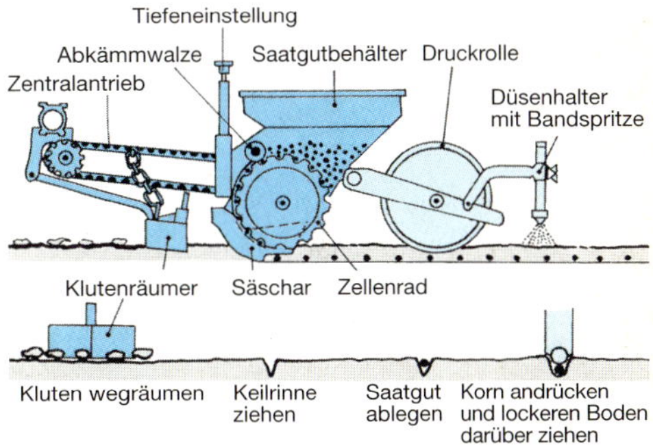

Abb. 1175 Aufbau einer Einzelkorn-Sämaschine (Schema).

4.1.1 Mechanische Geräte

Kalibrierungs-abhängige Geräte – Ein Zellenrad oder eine Lochscheibe nimmt das Saatgut auf. Um sicherzustellen, dass jede Zelle oder Bohrung mit nur einem Korn belegt ist, muss das Saatgut exakt kalibriert und die Säscheibe der Kalibrierung angepasst sein. Sägeräte mit Zellenrädern befüllen die Zellen von außen. Geräte mit Lochscheiben arbeiten mit Innenbefüllung der Zellen.

Das waagerecht, senkrecht oder schräg eingebaute Säorgan dreht sich und fördert dadurch das Saatgut weiter. Über das Säschar fällt das Korn in die Saatrinne. Auswerfer sorgen für die Räumung der Zellen.

Kalibrierungs-unabhängige Geräte – Diese Geräte besitzen eine Löffelscheibe als Säorgan.

Unterschiedliche Korngrößen wirken sich hier nicht negativ aus. Die einzelnen »Löffel« an der sich drehenden Scheibe schöpfen das Saatgut aus dem Saatgutbehälter. Vereinzelungsbürsten verhindern eine Doppelbelegung. Durch die Kombination mit einem Kammerrad wird die Fallhöhe verringert. Dies mindert die Gefahr des Verrollens der Samen in der Saatrinne.

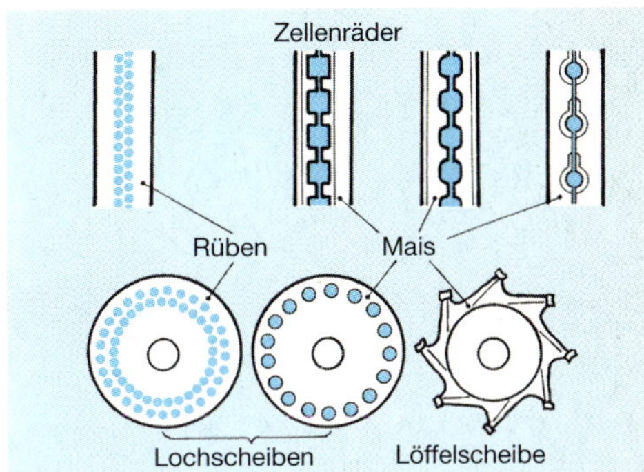

Abb. 1176 Zellräder **(Beispiele)**.

4.1.2 Pneumatische Geräte

Ein Zapfwellen-angetriebenes Gebläse erzeugt, je nach Gerät, Saug- oder Druckluft. Diese Geräte sind kalibrierungs-unabhängig. Die mögliche Fahrgeschwindigkeit, ca. 7–8 km/h, ist etwas höher als bei den mechanischen Geräten.

Druckluftsystem – Die trichterförmigen Bohrungen der Säscheibe füllen sich mit Körnern. Eine Druckluftdüse spült die über-

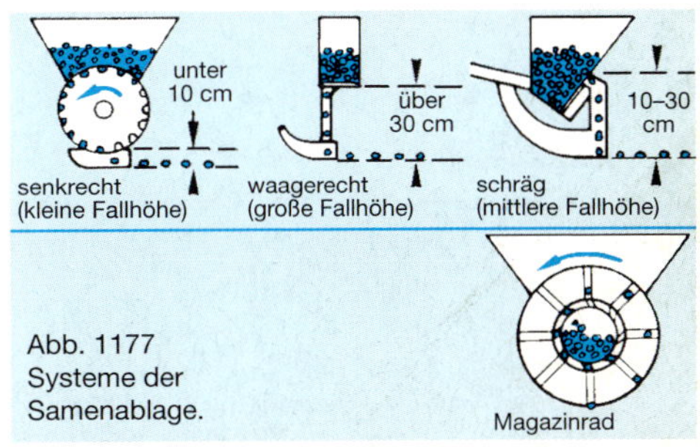

Abb. 1177 Systeme der Samenablage.

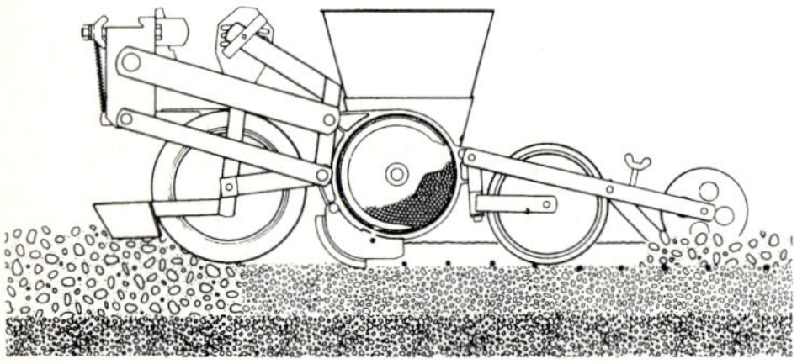

Abb. 1178 Einzelkorn-Sägerät mit Lochscheibe und Innenbefüllung.

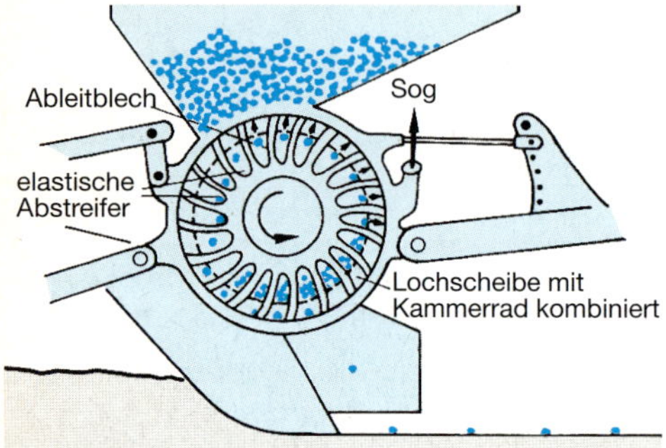

Abb. 1179 Bauweise eines Saugluft-Sägerätes für Einzelkornsaat.

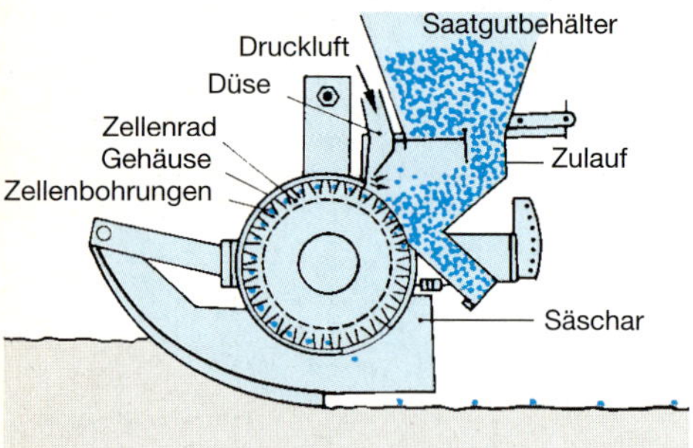

Abb. 1180 Bauweise eines Druckluft-Sägerätes.

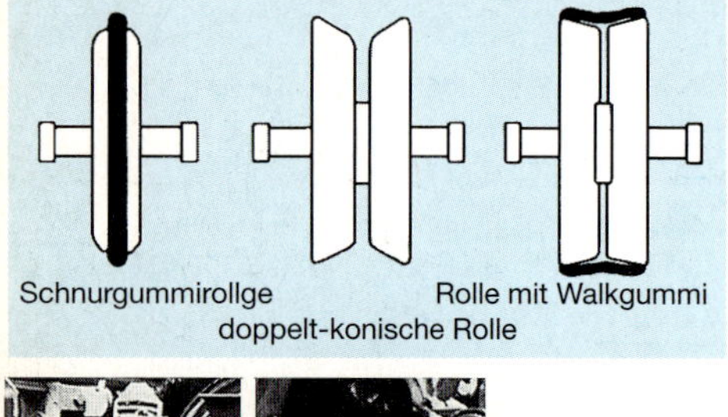

Abb. 1181 Klutenräumer (links), Druckrollen (oben) und Zudeckrolle (unten rechts).

zähligen Körner wieder aus der Bohrung. Erst dicht über dem Boden werden die einzelnen Körner freigegeben, damit die Fallhöhe möglichst gering ist.

Saugluftsystem – Durch einen Saugluftstrom werden die Körner in die Bohrungen der Säscheibe gesaugt. Bei Geraten mit einer Lochreihe auf der Säscheibe verhindern Zackenleisten oder Abstreifer eine Doppelbelegung. Geräte, deren Säscheiben 2 Lochreihen besitzen, sind mit einem Abstreifkeil ausgerüstet. Dieser Keil verschiebt die Körner von der äußeren Lochreihe auf die innere. Mit diesem Vorgang erfolgt die Vereinzelung. Durch den Druckausgleich werden die Körner freigegeben. Ein Kammerrad legt die Saat nahe am Boden ab.

4.1.3 Bauteile

Der **Saatgutbehälter** soll leicht und rasch zu entleeren sein. Für die Maissaat ist ein Inhalt von mindestens 20 l/Reihe notwendig. Für Einzelkorn-Sägeräte zur Rübensaat reicht ein Inhalt von 10 l/Reihe aus.

Der **Klutenräumer** räumt die auf der Oberfläche liegenden Kluten zur Seite. Die Räumtiefe ist einstellbar.

Das **Säschar** soll eine keilförmige, spitzwinklige Saatrille bilden, damit ein Verrollen der Körner verhindert wird.

Bei den **Druckrollen** ist eine sehr große Zahl unterschiedlicher Bauformen vorhanden: glatte, zylindrische oder doppeltkonische Metalldruckrollen, schmale Schnurgummirollen oder breite Druckrollen mit Walkgummiüberzug. Letztere reinigen sich selbst, bei den anderen Bauarten ist ein Abstreifer notwendig.

Druckrollen haben die Aufgabe, einen guten Kontakt zwischen Saatkorn und Boden herzustellen, damit eine ausreichende Wasserversorgung für die Keimung sichergestellt ist.

Für eine gleichmäßige Erdbedeckung des Samenkorns sind **Zustreicher** angebracht. Dies können 2-teilige Metallbügel oder rotierende Werkzeuge sein.

Beim **Antrieb** der Säaggregate wird zwischen Einzel- und Zentralantrieb unterschieden. Der Einzelantrieb erfolgt über die Druckrollen, der Zentralantrieb über 2 gummibereifte Laufräder.

4.2 Einstellen der Einzelkorn-Sämaschine

Reihenabstand – Die Säaggregate sind mit Schraub-Klemm-Verbindungen an der Geräteschiene befestigt. Durch Lösen der Schrauben lassen sich die Einzelgeräte seitlich verschieben. Das Einstellen des Reihenabstands erfolgt von der Mitte ausgehend nach links und rechts.

Kornabstand in der Reihe – Der Ablageabstand wird bei Zentralantrieb durch ein Untersetzungsgetriebe eingestellt. Dieses Getriebe kann ein Zahnrad- oder Kettengetriebe sein. Bei Geräten mit Einzelantrieb werden zum Ändern der Ablageabstände die Kettenräder gewechselt.

Saattiefe – Die Tiefenführung des Säschars geschieht über die Druckrolle. Sie ist in der Höhe verstellbar. Dies bewirkt eine Änderung der Saattiefe. Durch die parallele Anlenkung an der Geräteschiene bleibt der Eingriffswinkel der Schare stets gleich.
Spuranzeiger – Die Einstellung des Spuranzeiger ist abhängig von der Spurweite des Traktors, der Arbeitsbreite und dem Reihenabstand (siehe Seite 441).
Der Spuranzeiger-Abstand ist die Länge zwischen der Mittelachse des äußeren Säaggregates und dem Spuranzeiger.

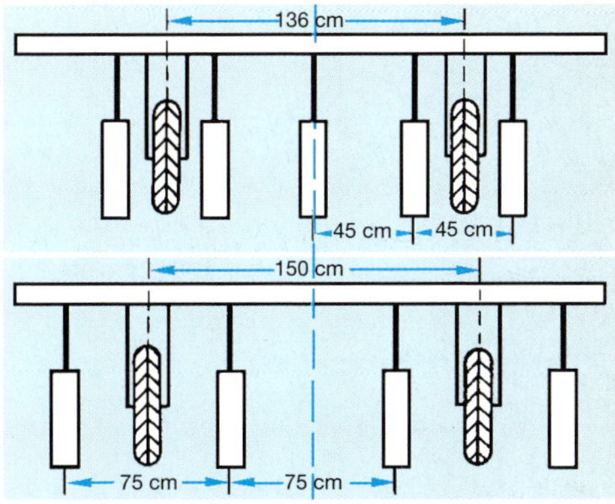

Abb. 1182 Zusammenhang zwischen Reihenabstand und Spurweite.

4.3 Einsatz und Pflege

Während des Einsatzes muss das Gerät stets auf einwandfreies und genaues Arbeiten kontrolliert werden.
Sorgfältige Pflege verlängert die Lebensdauer und begünstigt den fehlerfreien Einsatz.

- Vor dem Einsatz, in der Regel bei der Abdrehprobe, muss der Sämechanismus auf einwandfreie Funktion überprüft werden.
- Die Fahrgeschwindigkeit beim Säen ist bei der Abdrehprobe zu berücksichtigen.
- Ablagetiefe und Ablageabstand der Körner im Boden sowie die Abdeckung mit Erde müssen kontrolliert werden.
- Beim Einsatz sind täglich alle Lager zu schmieren.
- Antriebsketten müssen nachgespannt werden.
- Verschleißteile sind gegebenenfalls auszuwechseln (Säschare).
- Sorgfältiges Reinigen der Geräte nach Beendigung der Arbeit ist unerlässlich.

Abb. 1183 Schaltgetriebe zur Änderung des Kornabstandes.

Aufgaben:
1. Welche Arbeitsweisen sind bei Einzelkorn-Sägeräten zu unterscheiden?
2 Wie wird der Ablageabstand eingestellt?

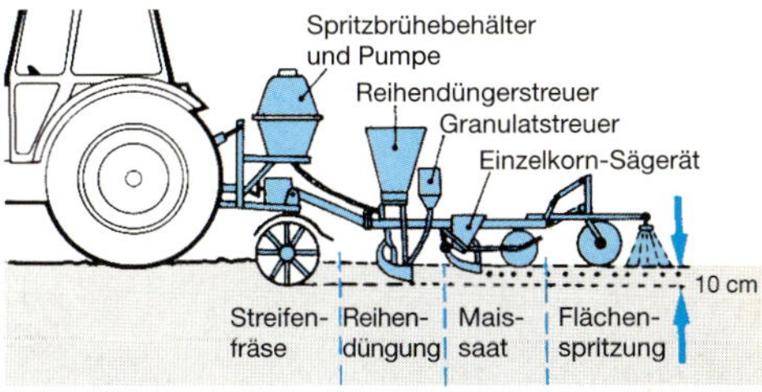

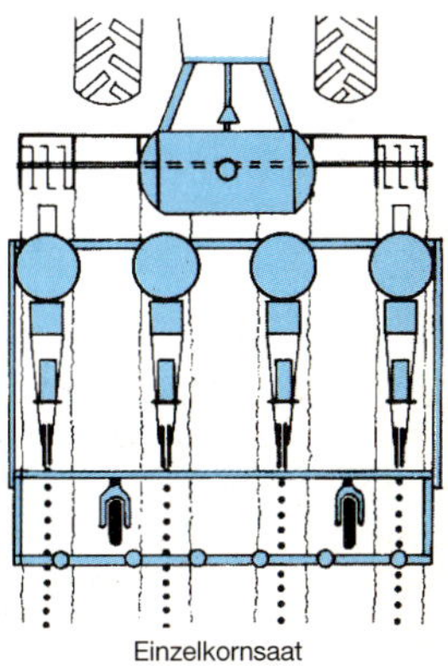

Abb. 1184 Streifenbearbeitung bei Mais: Lockern, Düngen, Säen und Spritzen in einem Arbeitsgang.

Abb. 1185 Mulchsaateinrichtung mit Schneidscheiben für die Maissaat.

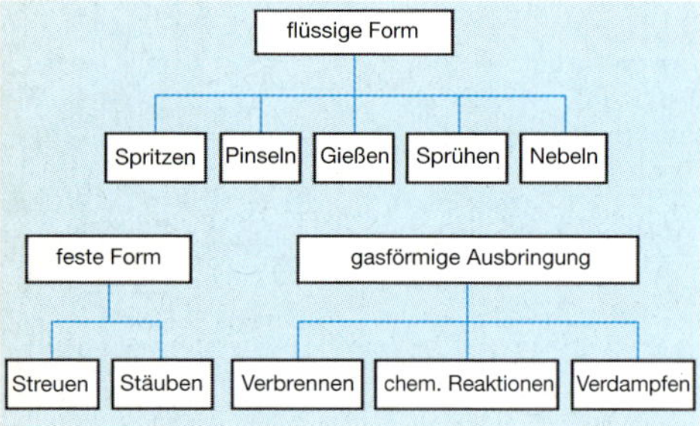

Abb. 1186 Ausbringungsformen von Pflanzenschutzmitteln (Schema).

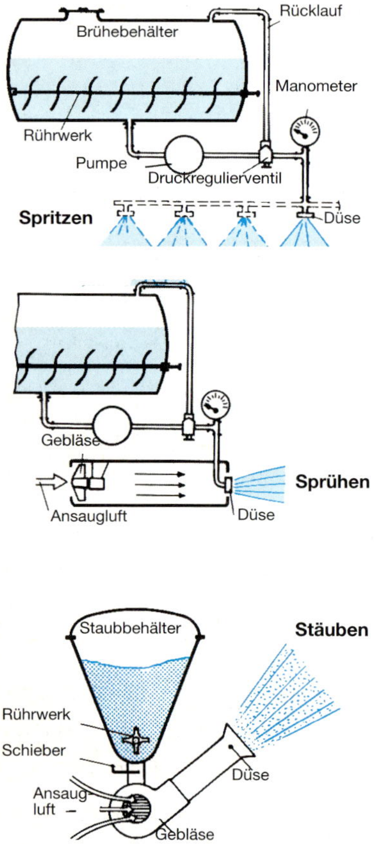

Abb. 1187 Verfahren zur Ausbringung von Pflanzenschutzmitteln (Übersicht).

Abb. 1188 Vergleich der Tröpfchengröße (Schema).

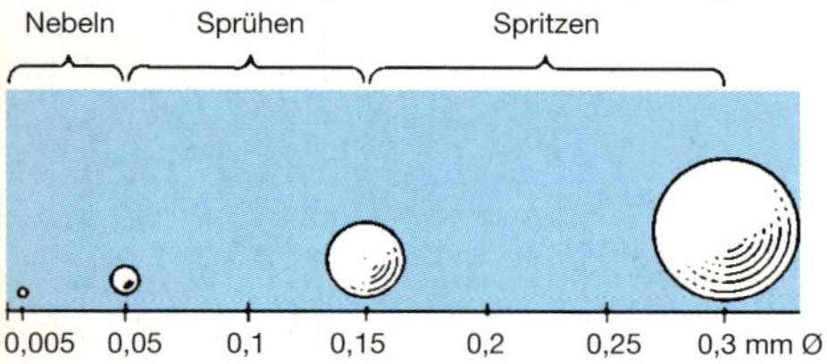

5 Pflanzenschutzspritzen

Pflanzenschutzspritzen haben die Aufgabe, kleine Mengen Pflanzenschutzmittel gleichmäßig auf eine Fläche zu verteilen.

5.1 Ausbringungsmöglichkeiten

Die unterschiedlichen Formen der Pflanzenschutzmittel werden mittels verschiedener Verfahren ausgebracht.
Die geringen Mengen der hochwirksamen Mittel lassen sich nur durch Verwendung von Trägerstoffen mit den Pflanzenschutzgeräten fein verteilen. Wird für die Ausbringung Wasser als Trägerstoff verwendet, spricht man von einer

- **Lösung,** wenn sich eine Flüssigkeit oder ein fester Stoff in Wasser ganz auflöst, z. B. Salz in Wasser.
- **Emulsion,** wenn sich eine Flüssigkeit mit Wasser mischt, aber nicht in Lösung geht, z. B. Öl in Wasser.
- **Suspension,** wenn sich ein fester Stoff in kleinsten Teilchen im Wasser fein verteilt.

Pflanzenschutzgeräte sind in ihrer Arbeitsweise auf den jeweiligen Einsatz abgestimmt. Die **Ausbringungsverfahren** werden eingeteilt in

- **Spritzen:** Mit Düsen wird die Spritzbrühe unter einem Druck von 1–5 bar verteilt. Das Tropfenspektrum bewegt sich zwischen 0,15 und 0,30 mm Durchmesser.
- **Sprühen:** Die Flüssigkeit wird unter Druck mit Düsen fein zerstäubt und durch einen Luftstrom verteilt. Der Tröpfchendurchmesser beträgt 0,05–0,15 mm. Der Wasserbedarf ist geringer als beim Spritzen.
- **Nebeln:** Der Tröpfchendurchmesser beträgt hier nur noch 0,005–0,05 mm. Dieses Verfahren wird vor allem in Gewächshäusern angewendet.
- **Stäuben:** Auf kleinen Flächen und in Gewächshäusern werden pulverisierte Mittel durch Stäuben ausgebracht. Ein Gebläse erzeugt einen Luftstrom und verteilt das Pulver.
- **Streuen:** Granulate können z. B. durch Reihenausbringung gezielt eingesetzt werden.

5.2 Feldspritze

Von den in der Landwirtschaft eingesetzten Pflanzenschutzspritzen sind etwa 80 % Anbaugeräte, ca. 5 % Aufbaugeräte und etwa 10 % Anhängegeräte. Darüber hinaus gibt es Spezialgeräte für Sonderkulturen.

5.2.1 Arbeitsweise und Bauteile

Die Anbaufeldspritze wird am Dreipunktgestänge des Traktors angebaut. Eine Zapfwellen-getriebene Pumpe fördert die Spritzbrühe aus dem Behälter zum Druckregelventil. Mit dem hier eingestellten Druck wird die Flüssigkeit zum Spritzgestänge geleitet und über die Düsen fein verteilt.

Die Befüllung aus der Trinkwasserleitung darf nur im »freien Auslauf«, unter Verwendung einer »Frei-Fließstrecke« oder nach Einbau eines »Rohrtrenners« erfolgen. Nur so ist eine Gefährdung der Trinkwasserversorgung auszuschließen.
Zum Befüllen der Spritze aus Oberflächengewässern ist eine wasserrechtliche Erlaubnis notwendig. Es besteht ebenfalls die Gefahr der Gewässerverunreinigung.

Brühebehälter – Er wird heute fast ausschließlich aus stoßfestem Kunststoff hergestellt. Eine tiefe Auslaufsicke ermöglicht das vollständige Leerspritzen des Behälters. Das durchscheinende Material ermöglicht eine leichte Kontrolle der Füllung.
Die weite Einfüllöffnung und das große Einfüllsieb gestatten das Einspülen pulverförmiger Pflanzenschutzmittel. Durch die schlanke Bauweise rückt der Schwerpunkt näher zum Traktor. Die Vorderachsentlastung wird so geringer.
Rührwerk – Damit sich die Spritzbrühe nicht entmischen kann, ist eine ständige Umwälzung durch ein Rührwerk notwendig.
Die mechanischen Rührwerke sind dabei von den hydraulischen Rührwerken ganz verdrängt worden. Ein Teil der angesaugten Flüssigkeit wird wieder in den Behälter zurückgepumpt. Dies bewirkt eine gute Durchmischung des Tankinhalts. Eine gleich bleibende Konzentration der Brühe ist dadurch gewährleistet.
Pumpen – Ihr Antrieb erfolgt durch die Zapfwelle des Traktors. Die notwendige Pumpenleistung hängt von der Breite des Spritzbalkens und der Größe des Behälters ab:

$$\text{Pumpenleistung (l/min)} = \text{max. Ausstoßmenge (l/min)} \times \text{Düsenzahl} + \text{Rührleistung (l/min)}$$

3–5 % des Fassinhaltes = Rührleistung

3 % von über 2000 l
4 % von 1000–2000 l
5 % von unter 1000 l

Rollen- und Kreiselpumpen haben heute noch Bedeutung. Am häufigsten werden Kolbenpumpe, Kolben-Membranpumpe und Membranpumpe eingesetzt.
Kolbenpumpen erzeugen Drücke bis zu 60 bar. Je nach benötigter Leistung wird eine Ein-, Zwei- oder Dreikolbenpumpe verwendet. Ein Windkessel mindert die entstehenden Druckstöße.
Kolben-Membranpumpen sind unempfindlich gegen aggressive Flüssigkeiten. Ebenso wenig erhöhen eventuelle Verunreinigungen den Verschleiß. Eine Membrane verschließt den Zylinder, weswegen Kolben und Zylinder mit der Flüssigkeit nicht in Berührung kommen. Die Membrane sollte ca. alle 2 Jahre erneuert werden. Auch diese Pumpe arbeitet mit Windkessel.
Membranpumpen erzeugen Drücke bis zu 20 bar und sind hoch belastbar.

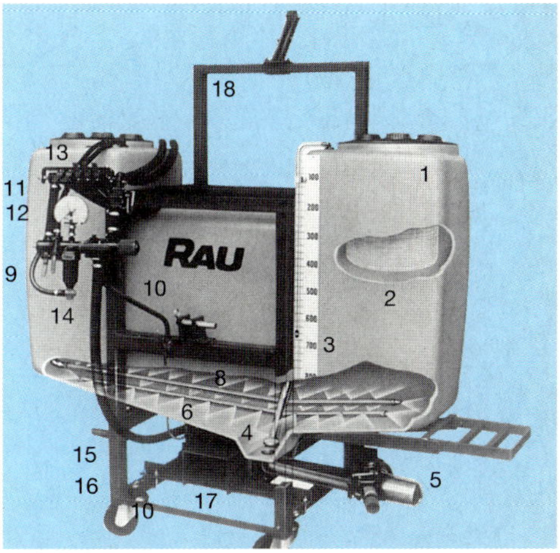

Abb. 1189 Aufbau einer Feldspritze (Schema):
1 Behälter,
2 Einfüllsieb,
3 Mengenanzeiger,
4 Auslaufsicke mit Strudelbremse,
5 Fassfilterhahn,
6 hydraulisches Rücklauf-Rührwerk,
7 Rührwerkabschaltung,
8 schaltbares hydraulisches Druckrührwerk,
9 Schalthahn für Versorgungsleitung,
10 schwenkbare Druckregler-Einheit,
11 Druckregler,
12 Einstellhilfe,
13 Teilbreitenschalter,
14 zentraler Druckfilter,
15 Rahmen für Dreipunkt-Anbau
16 Transportrollen,
17 Pumpe,
18 Leitungsträger.

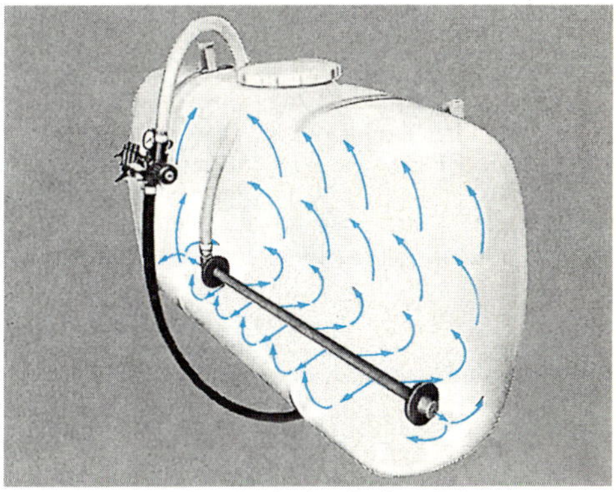

Abb. 1190 Funktion des hydraulischen Rührwerks.

Abb. 1191 Wirkungsweise der Kolbenpumpe (einfach wirkend, bis 60 bar).

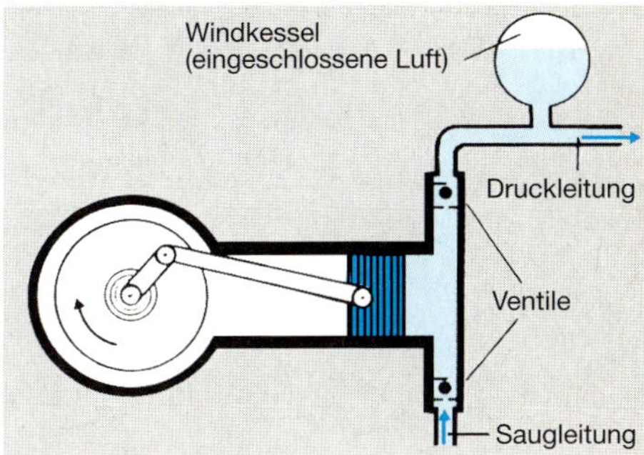

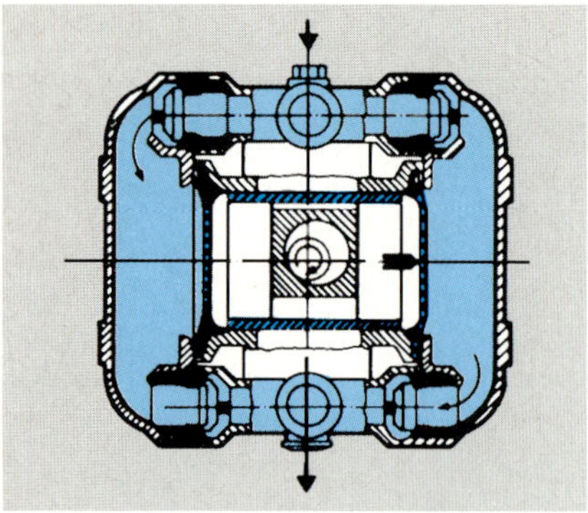

Abb. 1192 Wirkungsweise der Kolben-Membranpumpe (bis 20 bar).

Abb. 1193 Der Pendel- oder Hangausgleich ist an der Gestängeaufhängung vorzuwählen.

Abb. 1194 Führung des Spritzgestänges. Pendelausgleich in ebenem (oben) oder hügeligem Gelände mit Führungskufen (Mitte) und mit hydraulischer Hangverstellung des Spritzrahmens bei gleichzeitiger Pendeleinrichtung.

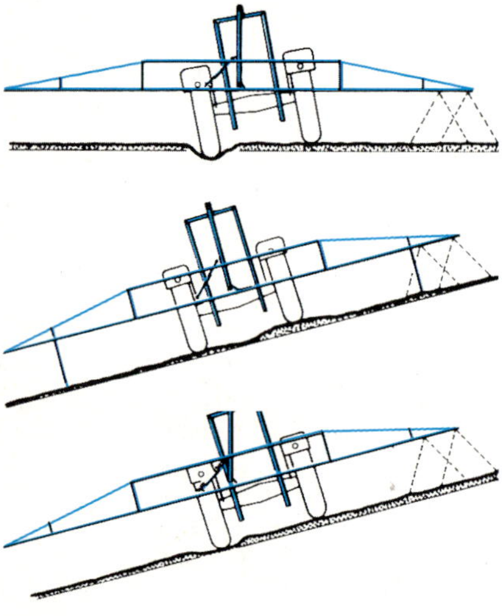

Druckregelung – Eine exakte Druckregelung ist Voraussetzung für die gleich bleibende Ausbringmenge. Die Gleichdruck-Regelarmatur hält selbstständig den eingestellten Druck, auch beim Abschalten von Teilbreiten.

Der zu viel geförderte Flüssigkeitsstrom wird über das hydraulische Rührwerk in den Behälter zurückgeleitet. Mit einem zentralen Schalthebel wird die Spritzleitung eingeschaltet oder abgestellt. Zusätzlich können 3–5 Teilbreiten geschaltet werden.

Eine *Rücksaugeinrichtung* baut beim Abschalten den Druck schlagartig ab. Das Nachtropfen der Düsen wird in Verbindung mit den Rückschlagventilen an den Düsen verhindert.

Spritzgestänge – Die Düsen sind in Abständen von 50 cm am Spritzgestänge angebracht. Je nach Arbeitsbreite sind 3–5 Teilbreitenschaltungen möglich. Jede **Teilbreite** ist durch einen Schlauch mit der Regelarmatur verbunden.

Um eventuell vorhandenen Hindernissen ausweichen zu können, sind die Seitenteile mit einem Anfahrschutz ausgerüstet. Damit eine Anpassung an die Wuchshöhe möglich ist, kann das Gestänge hydraulisch oder mechanisch in der Höhe verstellt werden. Der Pendelausgleich führt das Spritzgestänge in der Ebene immer waagerecht. Bei hügeligem Gelände ist ein mechanischer oder hydraulischer Hangausgleich von großem Vorteil. Für die Straßenfahrt können die Seitenteile des Spritzgestänges eingeklappt werden.

Pendelausgleich bzw. Hangausgleich führt das Spritzgestänge stets parallel über der zu behandelnden Fläche. Dies ist Voraussetzung für eine gleichmäßige Verteilung der Spritzflüssigkeit.

Düsen – Sie haben die Aufgabe, Pflanzenschutzmittel gleichmäßig und in feinen Tropfen auf den Boden bzw. die Pflanzen zu verteilen.

Für die verschiedenen Einsatzbereiche und Präparate werden unterschiedliche Düsen benötigt. Um einen schnellen Wechsel zu gewährleisten, ist es vorteilhaft, Düsenstöcke zu verwenden, die einen Wechsel durch eine Drehung ermöglichen.

Flachstrahldüsen werden auch als Schlitzdüsen bezeichnet. Für die Flächenspritzung verwendet man sie fast ausschließlich. Ihr Spritzwinkel beträgt 110°. Bei einem Abstand von 50 cm zur Zielfläche findet eine doppelte Überlappung statt.

Um der Forderung nach fein-, mittel- oder grobtropfiger Anwendungstechnik gerecht zu werden, stehen bei den Düsenarten mehrere Größenklassen und Typen zur Auswahl. Über die Charakteristik der gängigsten Düsennummern gibt die vereinfachte Tabelle 107 Auskunft.

Zur *Bandspritzung* werden Flachstrahldüsen mit einem Spritzwinkel von 60° verwendet. Ihr Einsatz ist vor allem beim Mais- und Rübenanbau vorteilhaft.

Kegelstrahldüsen (Prall- und Dralldüsen) sind im Feldbau weitgehend durch die Flachstrahldüsen ersetzt. Sie werden vorwiegend bei Sonderkulturen verwendet.

Tabelle 107: Merkmale der gängigsten Düsennummern für Flachstrahldüsen für Flächenspritzung (Beispiele).

l/ha bei 8 km/h	Tee Jet			Lechler	Agrotop	Hardi	Tecnoma
	normal	Doppel-Flachstrahldüse	LP[2]				
100	11 002		11 0015 11 002	11,0[1]		4110/12	AR rot
200	11 003 11 004[1]	2-60-11 002	11 003 11 004	11,2[1]	110-03 110-04	4110/20	AJ gelb
300	11 005 11 006[1]	2-60-11 003	11 004 11 006	11,5[1] 487[1] 517[1]	110-05 110-06	4110/24[1]	AO[1] orange
400	11 006[1] 11 008[1]	2-60-11 003 2-60-11 004	11 006	517[1] 12,0[1]	110-06 110-08	4110/30	AV grün
600	11 010	2-60-11 005	11 008	12,0[1]	110-10	4110/44	AB blau

[1]) Amtlich geprüft und anerkannt. [2]) Low pressure = Niederdruck.

5.2.2 Einstellung und Kontrolle

Die Feldspritze muss vor dem Einsatz genau eingestellt und überprüft werden. Ein fehlerhaftes Spritzbild kann

- zur Schädigung der Kulturpflanzen führen,
- eine ungenügende Wirkung des ausgebrachten Pestizides zur Folge haben,
- die Umwelt gefährden.

Vor jedem Einsatz sind folgende Arbeiten unerlässlich:

- Überprüfung des Spritzbildes aller Düsen,
- Kontrolle aller Leitungen auf Dichtheit,
- Abspritzprobe durchführen.

Das **Einstellen** der Feldspritze sollte so erfolgen:

- Feldspritze seitenstarr und waagerecht am Traktor anbauen,
- Spritzenfass mit Wasser füllen,
- Zapfwelle einschalten und Traktor mit der notwendigen Drehzahl laufen lassen,
- Druck unter Berücksichtigung von Fahrgeschwindigkeit, Ausbringmenge und Düsengröße einstellen,
- Spritzgestänge abschalten (Druckeinstellung und Motordrehzahl nicht verändern) und Spritzenfass mit Wasser bis zum Rand füllen.

Die **Abspritzprobe** geschieht wie folgt:

- Abschaltventil öffnen und im Stand 1 min spritzen,
- Wasser nachlitern,
- Ausbringmenge berechnen,
- bei Abweichungen von der erwarteten Ausbringmenge mit veränderter Einstellung Abspritzprobe wiederholen.

Die Formel zur Berechnung der Ausstoßmenge (des Volumenstroms) lautet

$$V_t = v \cdot b_A \cdot V_A$$

(siehe auch »Einstellung des Düngerstreuers«)

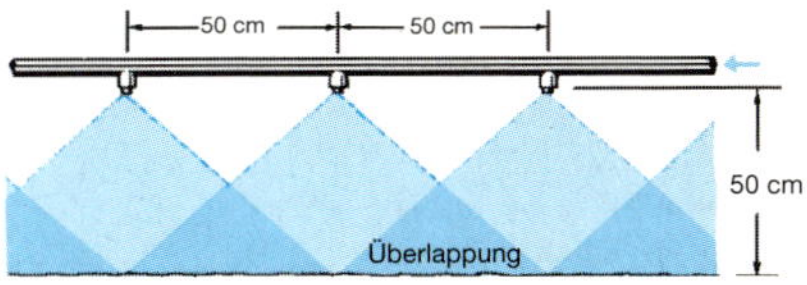

Abb. 1195 Doppelte Überlappung bei Flächenspritzung mit Flachstrahldüsen.

Abb. 1196 Flachstrahldüsen sind aus nicht rostendem Stahl, Sintermaterial, Messing oder Kunststoff.

Abb. 1197 Flachstrahldüse – Schnitt: 1 Verschlusskappe, 2 Membran, 3 großer Strömungsquerschnitt, 4 kompakte Bauweise, 5 Schnellverschluss, 5° Düsenschränkung, 6 geschütztes Düsenmundstück.

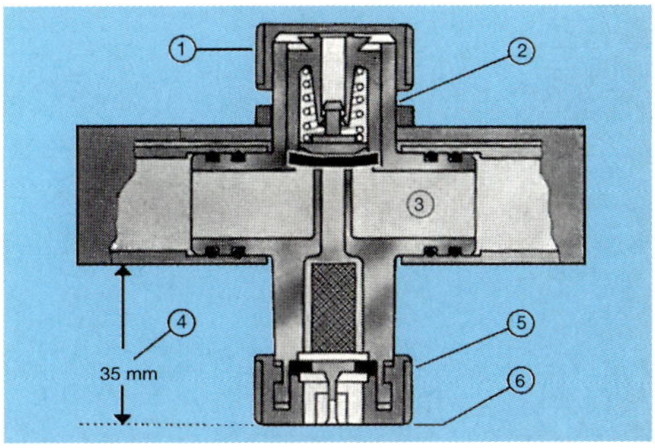

Beispiel: Eine Feldspritze mit 15 m Arbeitsbreite soll bei einer Fahrgeschwindigkeit von 8 km/h 350 l Spritzbrühe auf 1 ha ausbringen.

a) Wie viele Liter je Minute sind am Gestänge auszustoßen?

b) Welche Fläche kann mit einer Behälterfüllung von 950 l gespritzt werden?

Lösung:

zu a) $v = 8$ km/h, $b_A = 15$ m, $V_A = 350$ l/ha, V = 950 l

$$m_t = v \cdot b_A \cdot V_A$$

$$= \frac{8000 \text{ m} \cdot 15 \text{ m} \cdot 350 \text{ l}}{60 \text{ min} \cdot 10\,000 \text{ m}^2} = 70 \text{ l/min}$$

Am Gestänge sind also in jeder Minute 70 l Spritzbrühe auszustoßen.

zu b) $$\text{Ausbringfläche} = \frac{\text{Volumen}}{\text{Volumenbedeckung}}$$

$$A = \frac{V}{V_A}$$

$$= \frac{950 \text{ l}}{350 \text{ l/ha}} = 2{,}71 \text{ ha}$$

Mit einer Behälterfüllung können 2,71 ha gespritzt werden.

Elektronische Steuerung – Neue Spritzen sind mit einem Prozessrechner ausrüstbar. Dieser erfasst die ausgebrachte Menge sowie die Größe der behandelten Flächen und verarbeitet diese Daten in einer Schlagkartei. Über Durchflussmesser werden die Füllmenge und die Spritzmenge bestimmt und daraus die Restmenge berechnet.

Beim Spritzen übernimmt der Rechner die Steuerung der Spritze. Abb. 1201 zeigt schematisch den Ablauf.

In den Prozessrechner wird ein bestimmter Sollwert (l/ha) eingegeben. Ein Radarsensor misst die Fahrgeschwindigkeit (km/h) und übermittelt die Impulse dem Rechner. Dieser berechnet den notwendigen Spritzdruck, damit der eingegebene Sollwert (l/ha) erhalten bleibt.

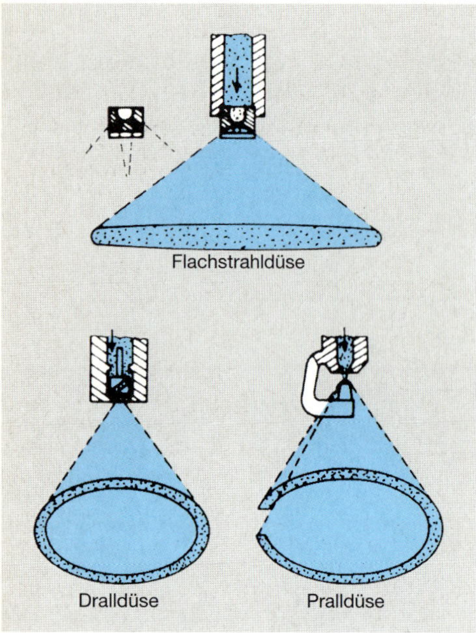

Abb. 1198 **Beispiele** für Düsenarten und ihr Spritzbild.

Abb. 1199 Die verschiedenen Ventile der Feldspritzarmatur werden über Magnete oder Stellmotore elektrisch angesteuert.

Abb. 1200 Prozessrechner für die Pflanzenschutzspritze **(Beispiel)**.

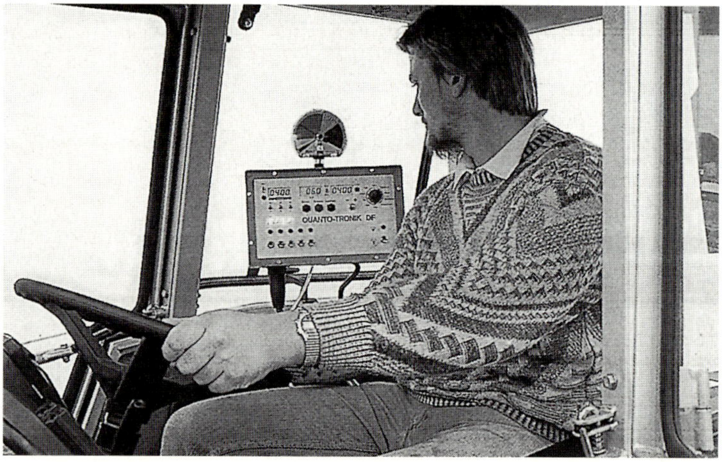

Abb. 1201 Schematischer Ablauf einer elektronischen Steuerung von Pflanzenschutzspritzen.

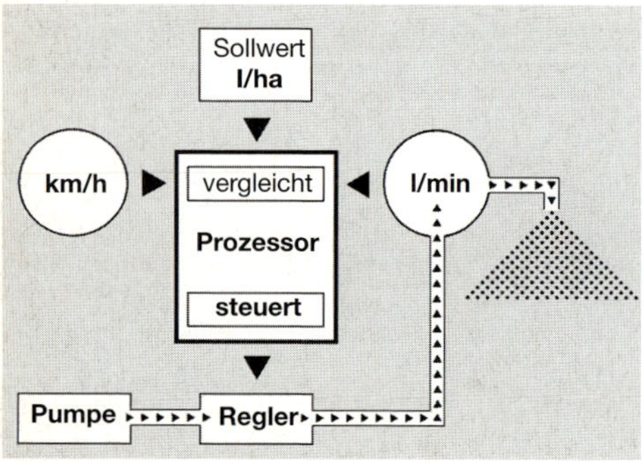

Ein Durchflussmesser misst die ausgebrachte Menge (l/min) und übermittelt die Werte dem Rechner. Dieser vergleicht den Istwert (tatsächlich ausgebrachte Menge) mit dem eingegebenen Sollwert und gibt die nötigen Steuerbefehle an den Regler.

5.2.3 Reihen- und Bandspritzung

Bei der Reihen- und Bandspritzung behandelt man nicht die gesamte Fläche, sondern nur einen ca. 20 cm breiten Streifen, auf dem die Pflanzen stehen. Mit dieser Technik lässt sich die Aufwandmenge an Pflanzenschutzmittel um bis zu ⅔ reduzieren und ein wesentlicher Beitrag zum Boden- und Grundwasserschutz leisten.

Beispiel: In einem Zuckerrübenbestand mit 45 Zentimeter Reihenabstand soll eine Bandspritzung von 18 Zentimeter Breite je Reihe durchgeführt werden. Bei einer Ganzflächenspritzung sind 4 kg/ha Mittelaufwand erforderlich. Die Ausbringmenge der Spritze beträgt 300 l/ha, der Tankinhalt 500 Liter.

a) Wie viel kg Mittel sind für eine Tankfüllung nötig?

b) Wie viel Prozent werden an Mittelkosten eingespart?

Lösung:

zu a) Ansatz:

300 l	45 cm	4 kg
500 l	18 cm	x

Die Zuordnungen sind proportional.

Zusammengesetzter Dreisatz:

$$x = \frac{4\text{ kg} \cdot 18\text{ cm} \cdot 500\text{ l}}{45\text{ cm} \cdot 300\text{ l}} = 2{,}66\ldots\text{ kg} \approx 2{,}65\text{ kg}$$

Quotientengleichung:

$$\frac{x}{18\text{ cm}} = \frac{4\text{ kg}}{45\text{ cm}} \Leftrightarrow x = 1{,}6\text{ kg (auf 300 l)}$$

$$\frac{x}{500\text{ l}} = \frac{1{,}6\text{ kg}}{300\text{ l}} \Leftrightarrow x = 2{,}66\ldots\text{ kg} \approx 2{,}65\text{ kg}$$

2,65 kg Mittel sind für eine Tankfüllung nötig.

zu b) $\frac{p}{100} = \frac{45\text{ cm} - 18\text{ cm}}{45\text{ cm}} = 0{,}6$; 60 % werden eingespart.

Die **Bandbreite** hängt vom Abstand der Düse zum Boden ab. Je höher die Spritzdüsen angebracht sind, desto breiter wird das Band.

Darf bei der Reihenspritzung die Kulturpflanze mit dem Mittel nicht in Berührung kommen, müssen Spritzschirme verwendet werden.

Bandspritzen werden häufig in Kombination mit dem Einzelkorn-Sägerät verwendet.

5.2.4 Pflege der Feldspritze

Folgende Arbeiten sind für die Pflege der Feldspritze notwendig:

- Die Spritze nach jedem Einsatz innen und außen mit Wasser reinigen und Pumpe und Düsen durchspülen.
- Alle Siebe und Filter regelmäßig kontrollieren und wenn nötig reinigen.

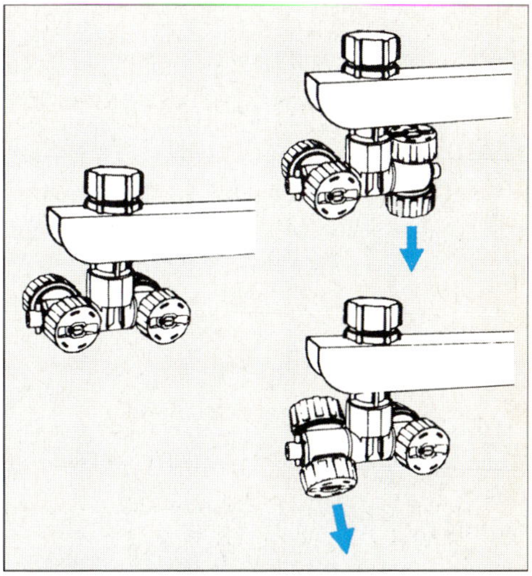

Abb. 1202 Wechseldüsen **(Beispiele)**.

Abb. 1203 Düsenprüfstand: Hier werden die Querverteilung und der gleichmäßige Ausstoß aller Düsen überprüft.

Abb. 1204 Das Litermessgerät ermittelt die Pumpenleistung in l/min (links). Mit dem Manometer-Testgerät sind die Manometer der Feldspritzen zu prüfen (rechts).

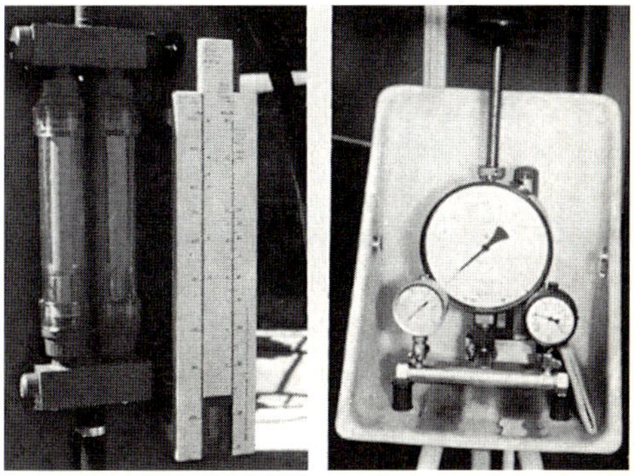

Abb. 1205 Kombinierte Saat und Spritzung verringert den Arbeitsaufwand.

Abb. 1206 Bandspritzeneinrichtung am Einzelkorn-Sägerät.

Abb. 1207 Richtige Fahrtechnik bei Spritzungen, um Überlappungen zu vermeiden (Spritzbalken im Heckenanbau, Schema).

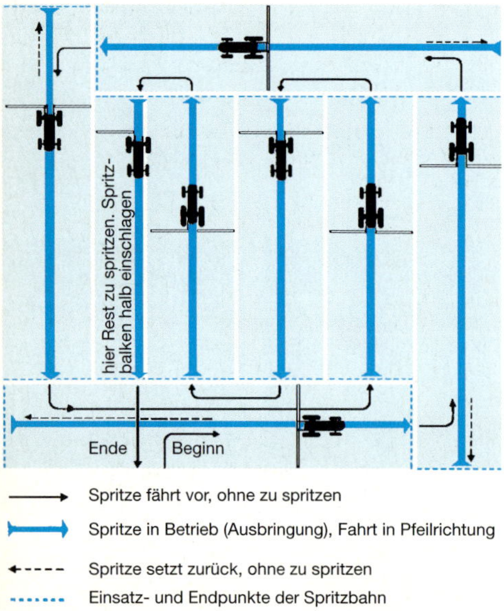

- Druck im Windkessel vor jedem Einsatz prüfen und auf die Größe des Arbeitsdruckes einstellen.
- Ölwechsel in der Pumpe laut Betriebsanleitung durchführen.
- Membrane der Kolben-Membranpumpe ca. alle 2 Jahre bzw. bei Beschädigung sofort erneuern.
- Pflanzenschutz-Gerätekontrolle alle 2 Jahre in einer Werkstatt durchführen lassen.
- Bei Frostgefahr Pumpe und Leitungen entwässern.
- Über Winter Düsen und Filter ausbauen, trocken aufbewahren.
- Regelventil bei längerem Stillstand entspannen.

5.3 Unfallverhütung und Umweltschutz

Die Pflanzenschutzmittel sind gesundheitsschädlich bzw. giftig. Eine genaue Einhaltung der Unfallverhütungs-Vorschriften ist deshalb besonders wichtig. Beim Umgang mit Pflanzenschutzmitteln ist unbedingt Schutzkleidung (Gummihandschuhe, Schutzbrille der Klassen A2, P3, Spritzanzug und Atemschutzmaske) zu tragen.

Spritzbrühe nur nach Gebrauchsanweisung und Dosierungsvorschrift des Mittels ansetzen. Unbedingt zu vermeiden sind ein Benetzen der Haut mit Spritzbrühe oder das Einatmen des Spritznebels, um gesundheitliche Schäden auszuschließen.

Abdrift – Düsengröße und Wind entscheiden im Wesentlichen über das Entstehen von Abdrift. Bereits bei einer Windgeschwindigkeit von 1 m/s kann der Spritznebel 200 m weit getragen werden und in dieser Entfernung noch Schäden an Kulturpflanzen verursachen.

Möglichkeiten zur **Verringerung der Abdriftgefahr:**

- LP-Düsen verwenden,
- Düsen mit größerer Bohrung wählen,
- geringeren Spritzdruck einstellen,
- Morgen- und Abendstunden mit Windstille für Spritzmaßnahmen bevorzugen,
- Sicherheitsstreifen zu empfindlichen Nachbarkulturen einhalten.

Spritzbrühereste – Sie dürfen nicht in offene Gewässer (Gefahr der Vergiftung von Fischen!) oder auf dem Feld abgelassen werden. Schon beim Ansetzen der Brühe ist darauf zu achten, dass nur geringe Restmengen entstehen. Diese Restmengen sind stark verdünnt auf eine große Fläche zu verteilen.

Spritzenprüfung – Bedingung für das fehlerfreie Ausbringen der Pflanzenschutzmittel sind einwandfrei arbeitende Geräte. Alle heute auf den Markt kommenden Feldspritzgeräte dürfen nur verkauft werden, wenn sie von der Biologischen Bundesanstalt für Land- und Forstwirtschaft (BBA) anerkannt wurden. Diese Anerkennung gewährleistet die einwandfreie Funktion der Geräte.

Da die Geräte aber einem gewissen Verschleiß und auch einer

Materialalterung unterliegen, ist alle 2 Jahre der **»Spritzen-TÜV«** vorgeschrieben.

Geprüft werden auch:

- Die Querverteilung mit dem Rillenboden *(Dosistest)*,
- die Druckanzeige mit einem Prüfmanometer *(Manotest)*,
- die Pumpenleistung mit einem Durchflussmessgerät *(Quantotest)*.

Aufgaben:

1. Aus welchen Bauteilen besteht eine Feldspritze?
2. Wie kontrollieren Sie die Einstellung für die Spritzmenge?
3. Welche Pflegearbeiten sind an der Feldspritze notwendig?
4. Was versteht man unter Dosis-, Mano- und Quantotest?
5. Welche beiden Einflussgrößen bestimmen die Auswahl der Düsen?
6. Berechnen Sie die Mittelmenge für die jeweilige Behälterfüllung.

	Mittelaufwand	Spritzbrühenaufwand	Behältergröße
a)	$4 \frac{l}{ha}$	$400 \frac{l}{ha}$	600 l
b)	$1{,}5 \frac{l}{ha}$	$200 \frac{l}{ha}$	1200 l
c)	$800 \frac{ml}{ha}$	$450 \frac{l}{ha}$	800 l

7. **(1)** Berechnen Sie die Mittelmenge für die jeweilige Behälterfüllung bei der Bandspritzung.
   (2) Wie viel Prozent werden jeweils an Mittelkosten eingespart?

	Mittelaufwand Flächenbehandlung	Reihen-abstand	Band-breite	Ganzflächen-spritzung	Behälter-größe
a)	800 ml/ha	40 cm	15 cm	250 l/ha	350 l
b)	1,2 l/ha	75 cm	20 cm	700 l/ha	1500 l
c)	4,5 l/ha	45 cm	18 cm	300 l/ha	800 l
d)	2,5 l/ha	80 cm	22 cm	380 l/ha	900 l

8. Eine Feldspritze mit 12 Meter Spritzbreite stößt 56 l/min am Gestänge aus. Wie viele Liter Spritzbrühe werden je ha ausgebracht, wenn die Spritze 7 km/h schnell gefahren wird?
9. Eine Feldspritze mit 6 Meter Spritzbreite soll 250 l/ha ausbringen. Am Gestänge werden 20 l/min ausgestoßen. Mit welcher Geschwindigkeit ist die Feldspritze zu fahren?
10. Eine Feldspritze mit 18 Meter Spritzbreite soll mit einer Geschwindigkeit von 8 km/h gefahren werden. 300 l/ha Spritzbrühe sind auszubringen. Der Düsenabstand am Gestänge beträgt 50 Zentimeter. Wie viele l/min ist im Mittel von jeder Düse auszustoßen?
11. Der Behälter einer Feldspritze fasst 920 Liter. Die Spritzbreite beträgt 15 Meter, die Fahrgeschwindigkeit 8 km/h und die Ausbringmenge 350 l/ha.
    a) Wie viele Liter je Minute sind am Gestänge auszustoßen?
    b) Welche Fläche kann mit einer Behälterfüllung gespritzt werden?
    c) Nach welcher reinen Fahrzeit ist der Behälter geleert?

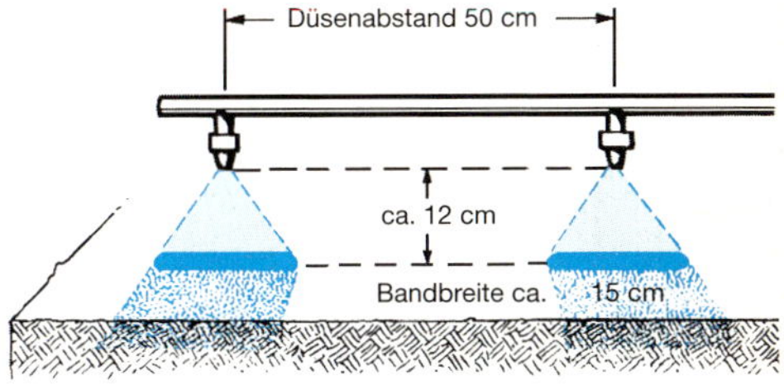

Abb. 1208 Bandspritzung spart Pflanzenschutzmittel.

Abb. 1209 Beim Füllen des Fasses über den Saugschlauch kommt das Wasser gefiltert in den Behälter.

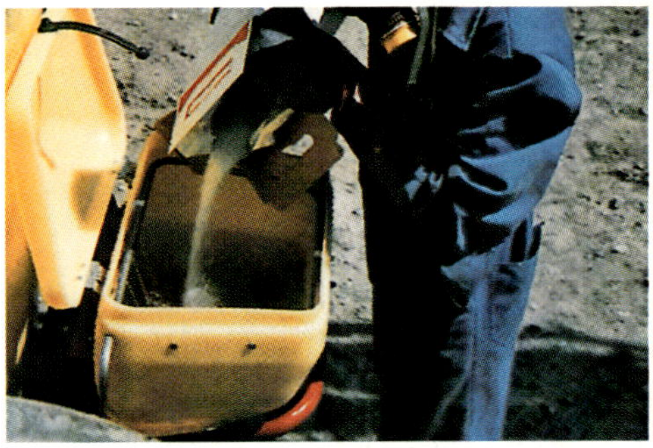

Abb. 1210 Einspeisen der Pflanzenschutzmittel und Behälterreinigung.

Abb. 1211 Zusätzlicher Frischwasserbehälter zur Spritzenreinigung (oben) und zum Waschen der Hände (unten).

6 Mähwerke

Abb. 1212 Front-Kreiselmähwerk.

Mähwerke werden zur Grünfutterernte eingesetzt. Je nach Mähwerksart werden die Futterpflanzen im Scherschnitt oder freien Schnitt abgemäht. Mähwerke müssen sauber und schonend arbeiten. Mit ihnen soll ein schnelles und störungsfreies Mähen, auch dichter Bestände, möglich sein.

6.1 Mähsysteme

Aufgrund ihrer Arbeitsweise werden die Mähwerke in verschiedene Systeme eingeteilt. In Tabelle 106 sind die Funktion und die wichtigsten Vor- und Nachteile der einzelnen Systeme dargestellt.

6.2 Balkenmähwerke

Balkenmähwerke sind einfach und leicht gebaut. Sie werden als Frontmähwerke an der Fronthydraulik oder in der Frontladerschwinge verwendet. Erfolgt der Anbau an der Seite, kann es ständig am Traktor verbleiben. Die Kombination mit anderen Geräten, z. B. Ladewagen oder Zetter, ist gut möglich.

Tabelle 108: Mähsysteme

Aussehen	Mähsystem, Funktion	Vorteile	Nachteile
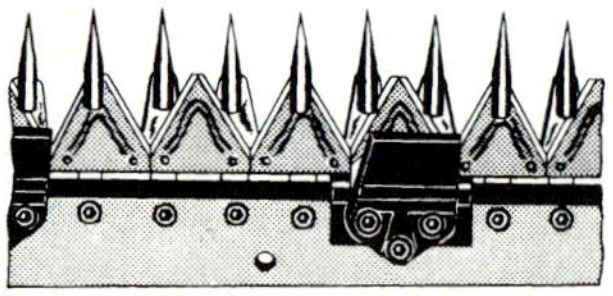 Abb. 1213	**Fingerschneidwerk** hin- und hergleitendes (oszillierendes) Messer schneidet mit Hilfe der Gegenschneide am Finger das Mähgut ab	technisch einfach, gute Übersicht bei Seitenanbau	Verstopfungsgefahr, geringere Flächenleistung
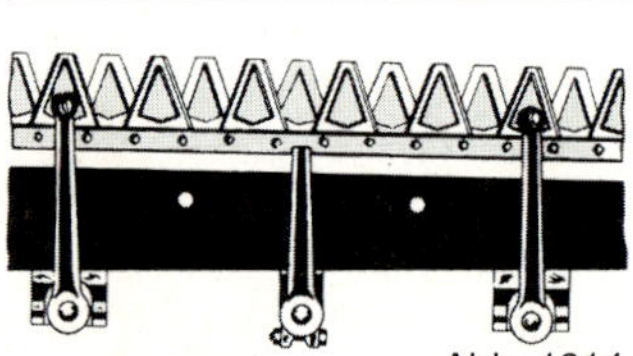 Abb. 1214	**Doppelmesser-Schneidwerk** fingerloser Mähbalken; 2 aufeinander liegende, gegenläufig oszillierende Messer schneiden das Mähgut ab	geringe Verstopfungsgefahr, höhere Flächenleistung, gute Übersicht bei Seitenanbau, kein Nachstellen der Messerführung	höherer Pflegeaufwand, hohe Mähleistung, geringe Verstopfungsgefahr
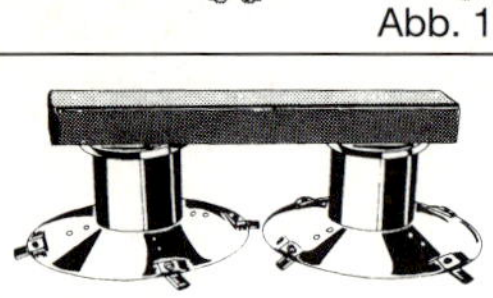 Abb. 1215	**Kreiselmähwerk** horizontal rotierende Klingen ohne Gegenschneide schlagen das Mähgut im freien Schnitt ab	keine Verstopfungsgefahr, hohe Flächenleistung, kein Messerschleifen	hoher Kraftbedarf, Futterverschmutzung und -verluste möglich, höhere Unfallgefahr
 Abb. 1216	**Schlägelmähwerk** vertikal rotierende Schlagwerkzeuge schlagen das Mähgut ab und werfen es gleichzeitig zum Weitertransport nach oben	schnelleres Trocknen durch geknickte Halme	hoher Kraftbedarf, Futterverschmutzung möglich, ungleiche Stoppellänge

Wird das Mähwerk am Dreipunktgestänge angebaut, spricht man von einem Heckmähwerk. Bei dieser Anbauart ist die Kombination mit anderen Geräten nur schwer möglich.
Mit den Balkenmähwerken werden die Pflanzen durch einen »Scherschnitt« abgetrennt. Je nach Bauweise wird zwischen Fingerbalken-Mähwerk und Doppelmesser-Mähwerk unterschieden.

6.2.1 Fingerbalken-Mähwerk

Die wesentlichen Bauteile sind der Balken mit den Mähwerksfingern, das Mähmesser und der Kurbelantrieb.
Balken – Am Fingerbalken aus Federstahl sind die Gleitschuhe, die Mähfinger und die Messerführungen angeschraubt. Zwei Bolzen am Innenschuh verbinden ihn mit dem Anbaubock. Das Mähmesser gleitet entlang den Messerführungen über die Finger. Die Einstellung der Schnitthöhe geschieht durch Verstellen der Gleitkufen an Innen- und Außenschuh.

Tabelle 109: Schnittbalken

<table>
<tr><th>Aussehen</th><th>Finger/Klingen-Verhältnis</th><th>Eignung</th></tr>
<tr><td>Hochschnitt-
(= Normalschnitt)balken
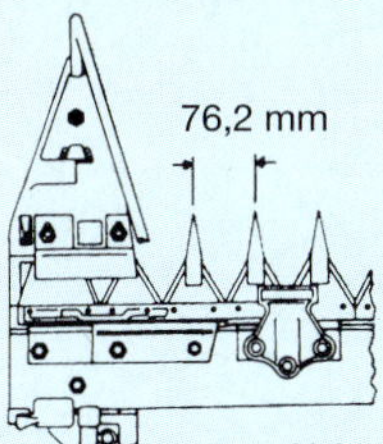
Abb. 1221</td><td>1 Finger : 2 Klingen
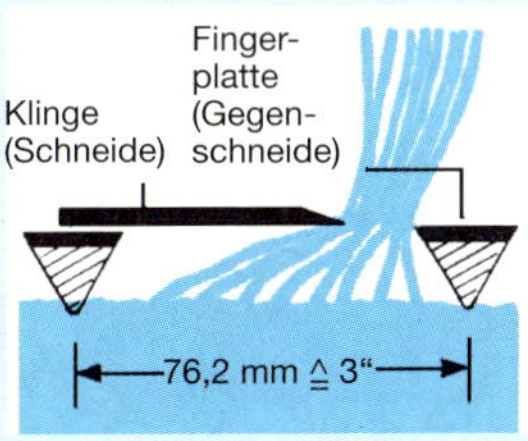</td><td>für Getreide, Acker- und Grünlandfutter, bei uns weit verbreitet</td></tr>
<tr><td>Mittelschnittbalken
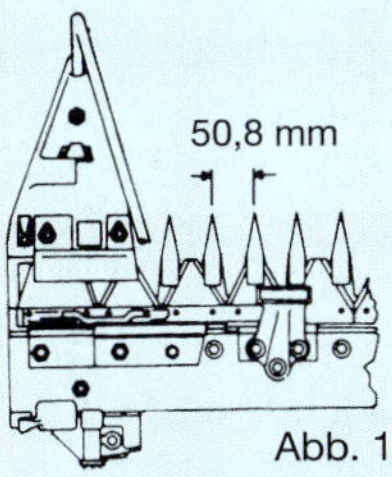
Abb. 1222</td><td>3 Finger : 2 Klingen
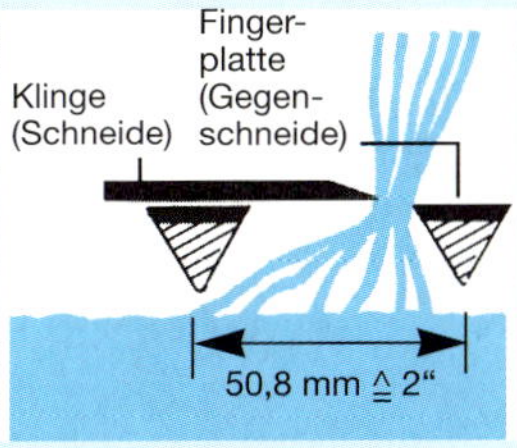</td><td>universell verwendbar</td></tr>
<tr><td>Tiefschnittbalken
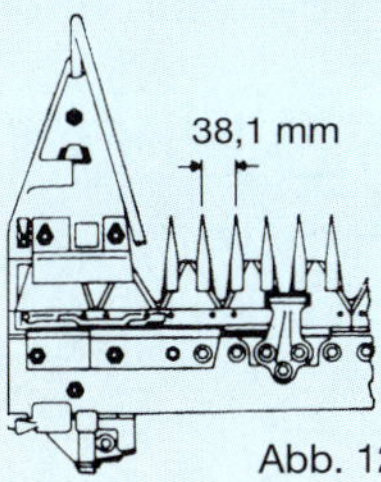
Abb. 1223</td><td>2 Finger : 3 Klingen
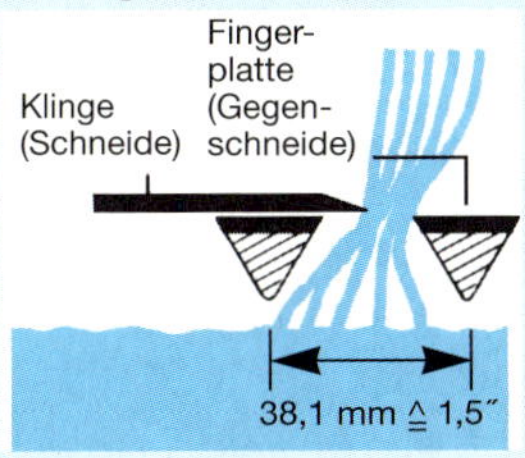</td><td>besonders für kurze Bestände mit dünnen Stängeln</td></tr>
</table>

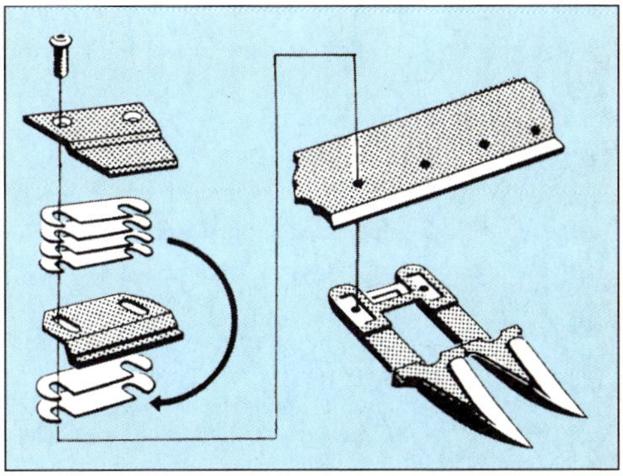
Abb. 1217 Bauteile des Fingerbalken-Mähwerks.

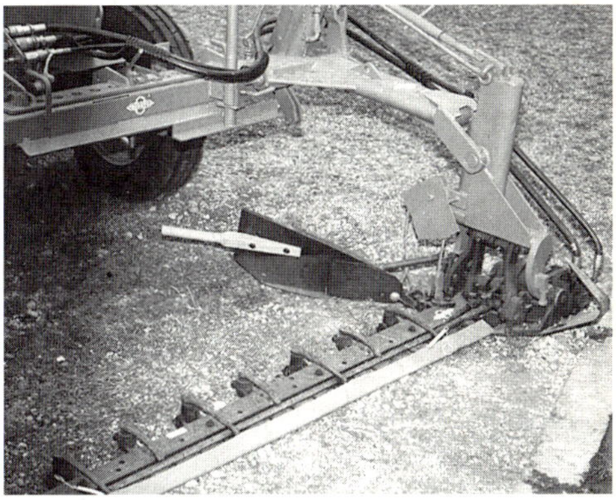
Abb. 1218 Hydraulischer Mähwerksantrieb.

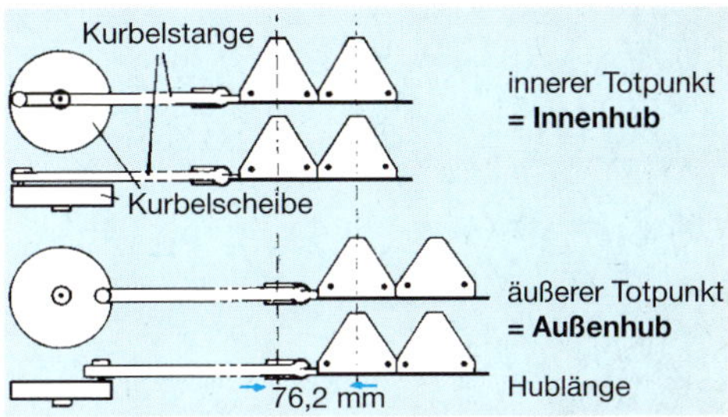

Abb. 1219 Der Hubwechsel beim Fingerschneidwerk beträgt meist 76,2 mm (= Klingenbreite).

Abb. 1220 Scherwinkel und Schleifwinkel dürfen beim Nachschleifen nicht verändert werden.
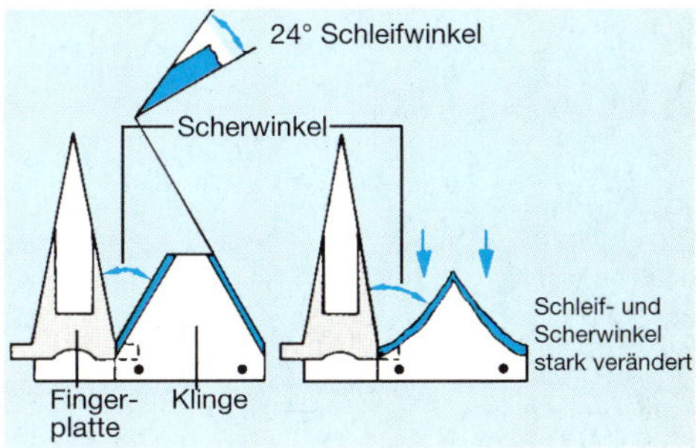

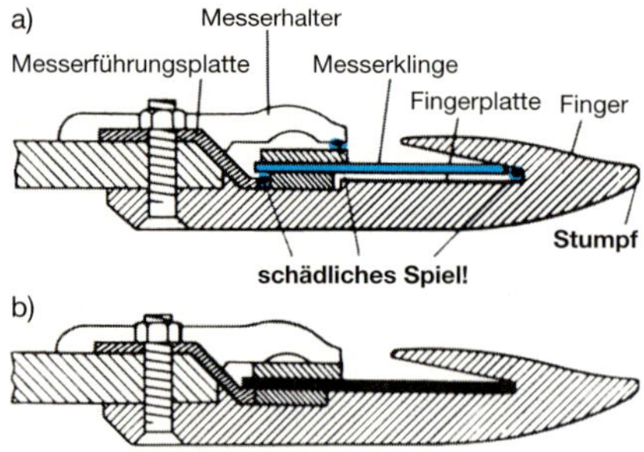

Abb. 1224 Fehlerquellen am Schneidwerk. a) Fehlerhaftes Mähwerk. b) Mähwerk ohne schädliches Spiel.

Abb. 1225 Nachstellen einer Auflaufführung am Mähbalken.

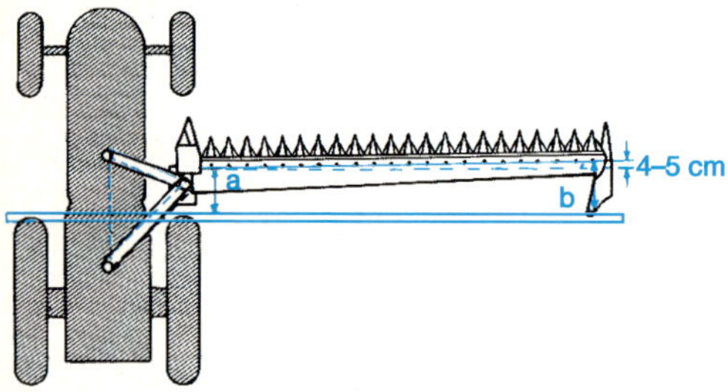

Abb. 1226 Einstellung der Voreilung: auf 1,50 m muss b ca. 5 cm größer sein als a.

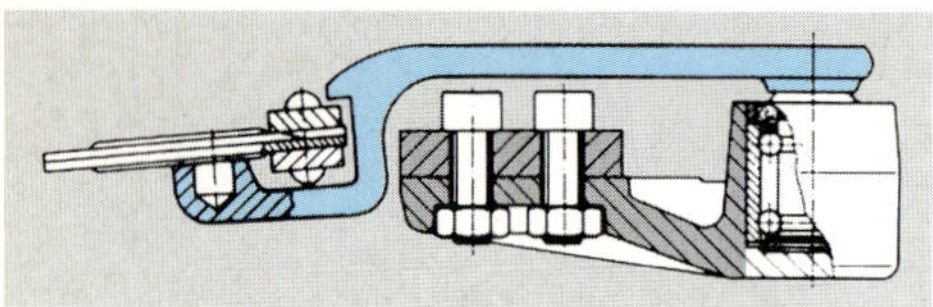

Abb. 1227 Führung des Untermessers (siehe auch Abb. 1228).

Abb. 1228 Führung des Obermessers (siehe auch Abb. 1227).

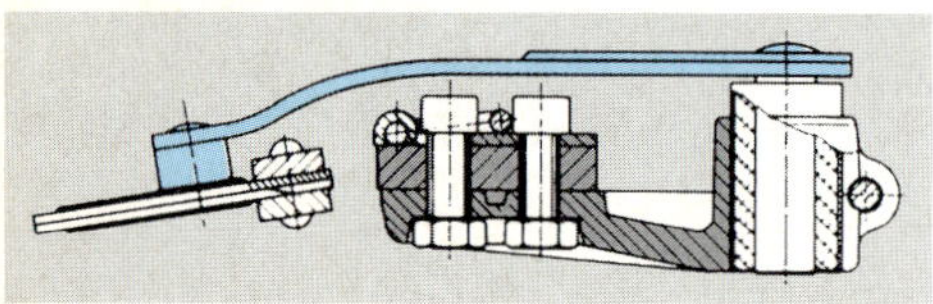

Finger – Sie stellen die Gegenschneide zur Messerklinge dar. Mit Spezialschrauben sind die meist als Doppelfinger ausgebildeten Finger am Balken befestigt. Die am Finger aufgenieteten Fingerplatten können bei Verschleiß erneuert werden.

Mähmesser – Messerkopf, Messerklingen und Räumplatten sind auf den Messerrücken genietet. Das sich hin- und herbewegende Messer biegt die Halme zur Gegenschneide und trennt sie dort ab.

Ein einwandfreier Schnitt entsteht nur dann, wenn die Klingen scharf sind und gut auf den Fingerplatten aufliegen. Dies wird durch das exakte Einstellen der Messerführung erreicht.

Antrieb – Der Antrieb kann mechanisch über eine Kurbelscheibe und eine Kurbelstange erfolgen. Bei hydraulischem Antrieb sorgt ein Ölmotor für die Bewegung des Messers. Der Weg zwischen innerem und äußerem Totpunkt wird als Messerhub bezeichnet.

Einstellung und Pflege – Das Mähgut drückt den Balken beim Mähen zurück. Aus diesem Grund ist ein Voreilung von 1 cm je 30 cm Mähbalkenbreite am Außenschuh notwendig. Die Einstellung des Vorlaufes erfolgt am Anbaubock.

Stumpfe oder verbogene Finger führen zu Verstopfungen beim Mähen. Mit Hammerschlägen können die Finger ausgerichtet werden. Ihre Stellung lässt sich durch Auflegen eines Lineals auf die Fingerplatten überprüfen. Die Einstellung der Messerführung erfolgt durch Umschichten der Ausgleichsbleche.

Alle beweglichen Teile sind in regelmäßigen Abständen zu ölen bzw. zu fetten.

Zum Beseitigen von Störungen am Mähwerk Antrieb immer ausschalten und Motor abstellen.

6.2.2 Doppelmesser-Mähwerk

Bei diesem Mähwerk sind 2 Messer vorhanden. Sie bewegen sich gegenläufig.

Balken – Am Doppelmesserbalken sind die Ober- und Untermesserführungen und die Gleitschuhe angeschraubt. Durch zwei Bolzen ist der Innenschuh mit dem Anbaubock beweglich verbunden. Über die Gleitkufen am Innen- und Außenschuh lässt sich die Schnitthöhe verändern.

Messer – Das Untermesser wird mit Hebeln, deren Lagerung fest am Balken montiert ist, geführt. Die Führungshebel des Obermessers sind federbelastet. Sie drücken die beiden Messer mit ca. 120 N aufeinander. Zum Ausbau der Messer lassen sich die Obermesser-Führungshebel abheben. Der Schleifwinkel für die Klingen beträgt 40°.

Antrieb – Bei mechanischem Antrieb bewegt eine Doppelkurbelscheibe die Mähmesser gegenläufig. Erfolgt der Antrieb hydraulisch, erzeugt ein Ölmotor die oszillierende Bewegung der Messer.

Einstellung und Pflege – Messerklingen sind rechtzeitig und im richtigen Winkel (40°) zu schleifen. Der Auflagedruck (120 N) der Obermesser-Führungsarme ist in regelmäßigen Zeitabständen mit einer Federzugwaage zu überprüfen und nötigenfalls einzustellen. Der notwendige Vorlauf des Balkens beträgt 4–5 cm. Alle Schmierstellen sind bei Bedarf zu fetten oder zu ölen.

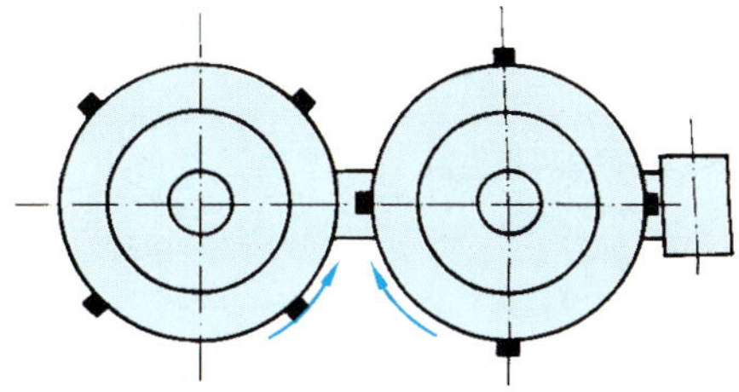

Abb. 1229 Arbeitsweise des Kreiselmähwerks.

6.3 Kreiselmähwerke

Die Messerklingen der Kreiselmähwerke trennen das Mähgut ohne Gegenschneide im freien Schnitt ab. Die Umfangsgeschwindigkeit der Messer beträgt ca. 60–80 m/s.
Durch die zusätzliche Ausrüstung mit einem Conditioner (Mähgut-Aufbereiter) wird die Trocknungszeit von Halmfutter um ca. ½ Tag verkürzt. Der Leistungsbedarf erhöht sich jedoch stark. Die Flächenleistung sinkt aufgrund der dadurch notwendigen geringeren Fahrgeschwindigkeit.
Kreiselmähwerke werden als Front-, Heck- oder Anhängegeräte hergestellt. Je nach Antriebsart bezeichnet man sie als Trommel- oder Scheibenmähwerk.

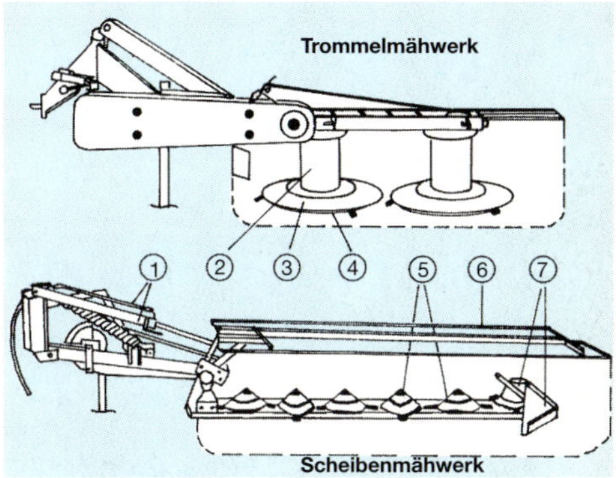

Abb. 1230 Bauteile des Kreiselmähwerks:
1 hydraulische Aushebung,
2 Mähtrommel, 3 Mähscheibe (mit Klingen),
4 Gleitteller, 5 Mähscheibe (mit Klingen),
6 Rahmen für Schutzverkleidung, 7 Außenteiler.

6.3.1 Trommelmähwerk

Trommelmähwerke besitzen 2–4 senkrecht angeordnete, rotierende Trommeln. Ihr Antrieb erfolgt von oben.
Mit der Trommeldrehzahl von ca. 1100/min wird die benötigte Messergeschwindigkeit erreicht. Die Mähgutablage erfolgt in hohen Schwaden. Frei drehende Gleitteller führen das Mähwerk über den Boden.
Diese Mähwerke werden in Arbeitsbreiten von 1,5–3 m gebaut. Ihr Gewicht ist sehr hoch.

Abb. 1231 Wechsel der Messerklinge am Trommelmähwerk (Schnellverschluss).

Abb. 1232 Befestigung der Messerklinge an der Mähscheibe mittels einer Schraube.

6.3.2 Scheibenmähwerk

Je nach Arbeitsbreite sind 3–6 rotierende Scheiben vorhanden. Jede Scheibe ist mit 2 pendelnden Messern ausgestattet. Ihr Antrieb erfolgt durch ein Getriebe, das sich unter den Scheiben befindet. Gleitkufen stützen das Mähwerk auf dem Boden ab.
Beim Mähen entstehen 2 flache Schwaden. Das Gewicht ist geringer als beim Trommelmähwerk.

Tabelle 110: Einstellung der Schnitthöhe bei Kreiselmähwerken

Bauart	Antrieb der Scheiben	Schnitthöhenverstellung
Scheibenmähwerk	unten	Verändern der Gleitkufenhöhe, Verändern der Neigung (Oberlenker)
Trommelmäher	oben	Verändern des Abstandes zwischen Gleit- und Schneidteller durch Zwischenringe oder Schnellverstellung über Spindeln, Verwenden verschiedener Klingen (lang, kurz, gekröpft), Verwenden verschieden geformter Gleitteller, Achtung: Trommelmäher immer waagerecht einstellen (Oberlenker)

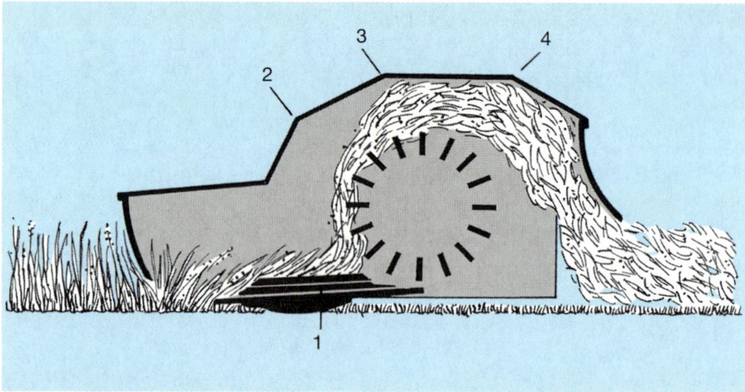

Abb. 1233 Mitte: Arbeitsweise des Mähgut-Aufbereiters: 1 Rotor, 2 Prallblech, 3 Abwurfhaube, 4 Klappe.

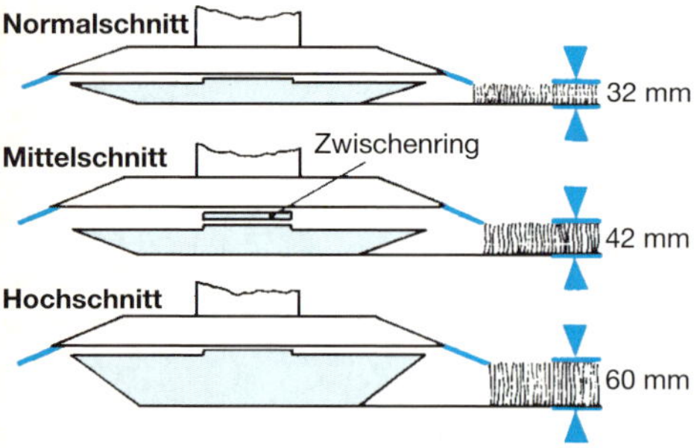

Abb. 1234 Verstellen der Schnitthöhe durch Zwischenringe bzw. verschiedene Gleitteller.

Abb. 1235 Auswechseln der Gleitteller am Trommelmähwerk (oben: integrierter Aufbereiter).

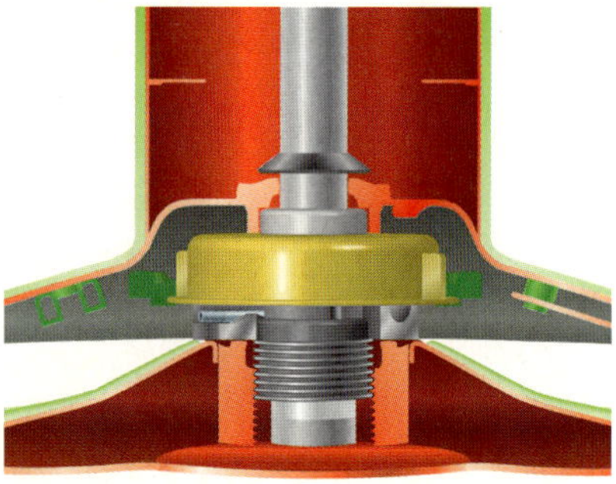

Abb. 1236 Stufenloses Verändern der Schnitthöhe durch Drehen am Gleitteller.

Abb. 1237 Arbeitsweise des Schlägelmähers.

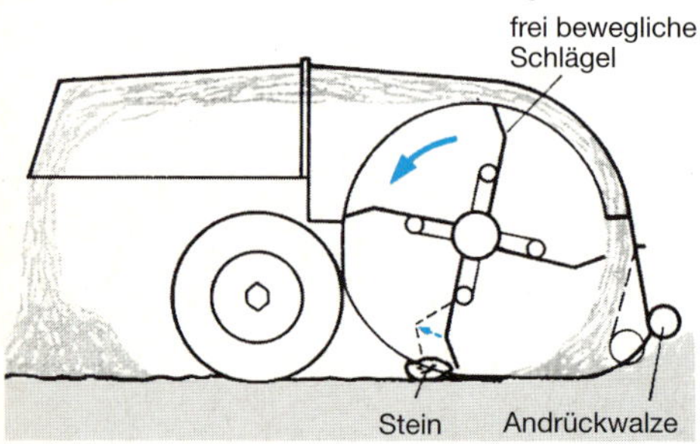

6.3.3 Wartung und Pflege

Der Wartungsaufwand ist im Vergleich zu den Balkenmähwerken geringer. In regelmäßigen Abständen sind alle Lager zu fetten. Das Wechseln des Getriebeöls muss laut Betriebsanleitung erfolgen. Beim Wechseln der Klingen ist darauf zu achten, dass keine Unwucht entsteht. Bei Bedarf müssen die Keilriemen gespannt werden.

Die hohe Umfangsgeschwindigkeit der Mähscheiben bringt eine größere Unfallgefahr mit sich (Wegschleudern von Steinen). Aus diesem Grund sind die *Schutztücher* am Mähwerk ordnungsgemäß anzubringen. *Klingenhalter* müssen regelmäßig auf Verschleiß überprüft werden.
Bei allen Arbeiten am Mähwerk muss dieses ausgeschaltet und der Motor abgestellt sein. Im Arbeitsbereich dürfen sich keine Personen aufhalten.
Um Unfälle mit Wild zu vermeiden, ist immer ein Wildretter zu verwenden.

6.4 Schlägelmäher

Mit einer Umfangsgeschwindigkeit von 25–30 m/s schlagen diese Mähwerke die Pflanzen ab. Durch die Andrückkante wird das Mähgut in Fahrtrichtung gedrückt und von den frei beweglichen Schlägeln abgeschlagen. Bei Arbeitsgeschwindigkeiten unter 5 km/h entstehen hohe Bröckelverluste, über 8 km/h bleiben lange Stoppeln stehen. Unebenes Gelände führt zu starker Futterverschmutzung.
Für die Futterbereitung wird dieses Mähwerk wenig eingesetzt. Es dient vor allem als Mulchgerät.

Aufgaben:
1. Welche Vorteile bieten Kreiselmähwerke gegenüber Balkenmähwerken?
2. Welche Unfallverhütungs-Vorschriften sind beim Einsatz von Kreiselmähwerken zu beachten?

7 Heuwerbungsmaschinen

Heuwerbungsmaschinen müssen in der Lage sein, das Futter sauber und möglichst verlustarm zu gewinnen. Dabei kommen Spezial- und Universalmaschinen zum Einsatz, mit denen das Futter während der Bodentrocknung bearbeitet wird.

7.1 Spezialmaschinen

7.1.1 Kreiselzettwender

Sie werden zum Zetten, Wenden und Schwadstreuen eingesetzt. Es gibt Geräte zum Anbau an die Dreipunkthydraulik und Anhängegeräte. Der Antrieb dieser Geräte erfolgt über die Zapfwelle. Die 2, 4 oder 6 Zinkenkreisel erreichen eine Arbeitsbreite von 3–8 m. Jeder Kreisel wird durch ein Bodenrad abgestützt. Durch den gelenkigen Rahmen passt sich jeder Kreisel den Bodenunebenheiten an.
Die Doppelzinken nehmen das Gut auf und verteilen es locker und gleichmäßig. Um Bröckelverluste bei fortschreitender Abtrocknung zu vermeiden, muss die Drehzahl der Kreisel verringert werden. Durch die Schräglaufeinrichtung ist es möglich, das Futter nach links oder rechts vom Wiesenrand wegzustreuen.
Die Zinkenverlustsicherung verhindert, dass an Folgegeräten Schäden entstehen.

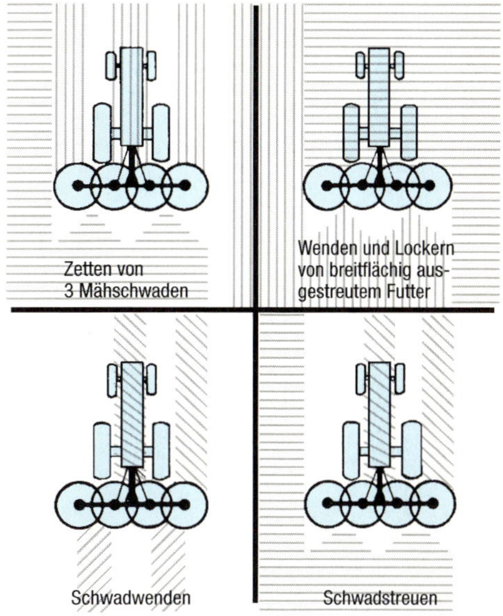

Abb. 1238 Kreiselzettwender (Arbeitsstellungen, Schema).

7.1.2 Trommelschwader

Diese Spezialmaschine dient zum Schwaden des Futters. Es entstehen lockere Schwaden. Die vier senkrechten Trommeln sind mit gebogenen Fingern und einer Rechenscheibe bestückt. Der Antrieb erfolgt mit der Zapfwelle. Jede der Trommeln stützt sich auf einer Führungsrolle ab.
Diese Geräte können an der Front- oder Heckhydraulik angebaut werden. Mit dem Trommelschwader lässt sich eine große Flächenleistung erzielen.

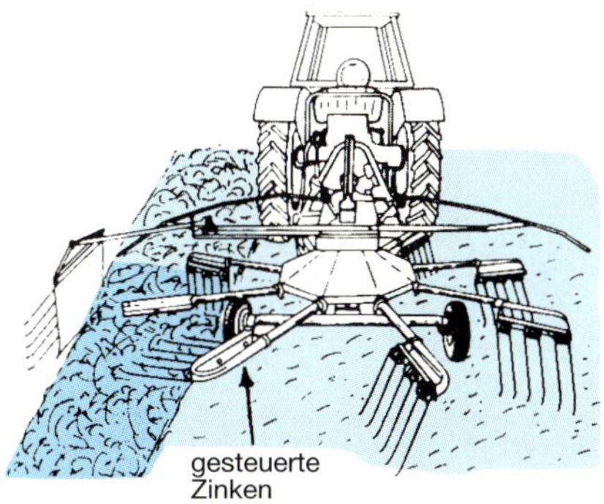

Abb. 1239 Kreiselschwader (Aufbau).

7.1.3 Kreiselschwader

Auch dieses Gerät wird zum Schwaden des Futters verwendet. Durch seine schonende Arbeitsweise entstehen luftige, nicht verzopfte Schwaden. Ein waagerechter, von der Zapfwelle angetriebener Kreisel ist mit mehreren Rechenarmen bestückt. Mit Hilfe einer Kurvenbahn werden die Rechenzinken gesteuert. Stützräder sorgen für eine gleich bleibende Arbeitshöhe.
Mit einer Schwenkeinrichtung für das Fahrgestell können manche Kreiselschwader auch in Rückwärtsfahrt verwendet werden. Für den Anbau an der Traktorfront ist zusätzlich ein Umkehrgetriebe notwendig. Hierbei und bei Rückwärtsfahrt braucht das

Abb. 1240 Front-Kreiselschwader.

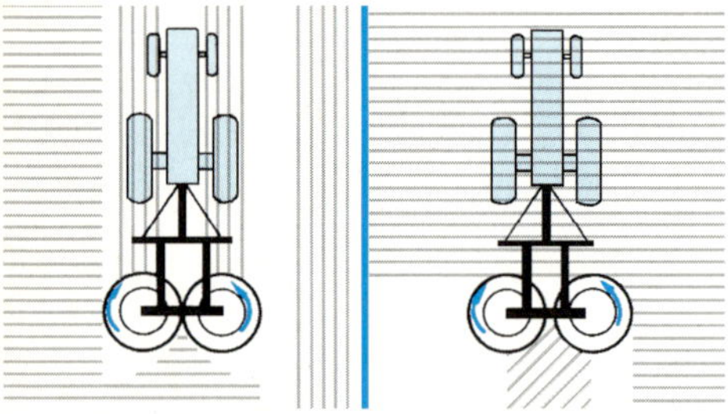

Abb. 1241 Kreiselrechwender im Einsatz (Schema). Links: Zetten und Wenden; rechts: Schwaden.

Abb. 1242 Der Großschwader kann 2 Einzelschwaden oder 1 seitlichen Großschwaden ablegen.

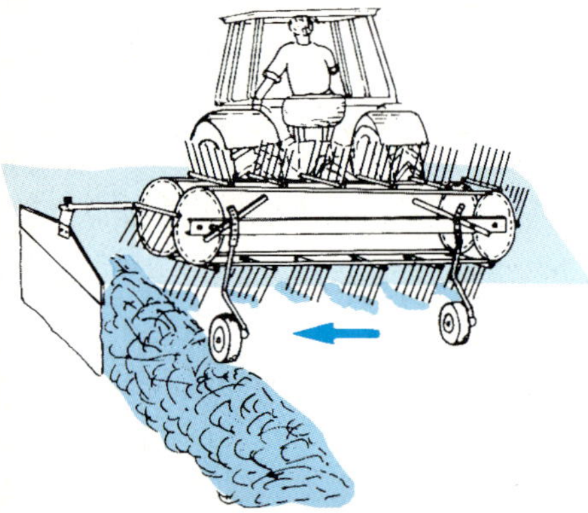

Abb. 1243 Bandrechwender beim Schwaden.

Abb. 1244 Die Tandemachse sorgt beim Kreiselschwader für besonders gute Bodenanpassung und ruhigen Lauf.

Futter nicht mehr überfahren werden, was besonders bei nassen, moorigen Wiesen ein großer Vorteil ist.

7.2 Universalmaschinen

7.2.1 Kreiselrechwender

Mit dieser Universalmaschine können alle Arbeiten für die Futterwerbung durchgeführt werden. Zwei gegenläufige Kreisel nehmen das Mähgut auf und werfen es nach hinten. Je nach Einstellung der Fangkörbe wird das Futter im Schwaden abgelegt oder breit gestreut.
Es gibt Geräte mit starren Zinken, deren Stellung je nach Arbeitsgang verändert werden kann. Bei Kreiselrechwendern mit beweglichen Zinken bewirkt die Fliehkraft das Umstellen aus der Transportstellung in die Arbeitsstellung.

7.2.2 Bandrechwender

Bandrechwender eignen sich zum Wenden und Schwaden. Ein seitlich angebrachter Schwadkorb fängt das Mähgut auf und bildet einen lockeren Schwaden. An 2 quer zur Fahrtrichtung laufenden Gummi- oder Kunststoffriemen sind gesteuerte Zinken befestigt.
Die von der Zapfwelle angetriebenen Riemen führen in einem Rundlauf die Zinken senkrecht über den Boden. Dabei nehmen sie das Futter auf und rechen es quer zur Fahrtrichtung. Durch die leichte Bauweise und als selbst fahrende Maschine ist dieses Gerät besonders für die Hanglage geeignet.

Aufgaben:
1. Wie ist die Bodenanpassung bei Heuwerbemaschinen technisch gelöst?
2. Was sind sog. Universalmaschinen?

8 Ladewagen

Der Ladewagen kann vielseitig eingesetzt werden. Mit ihm ist das tägliche Einbringen des Grünfutters voll mechanisierbar. Er eignet sich auch zum Bergen von Heu und Stroh.
Ist der Ladewagen mit einem Silierschneidwerk ausgerüstet, lässt er sich auch für die Silagebereitung einsetzen.

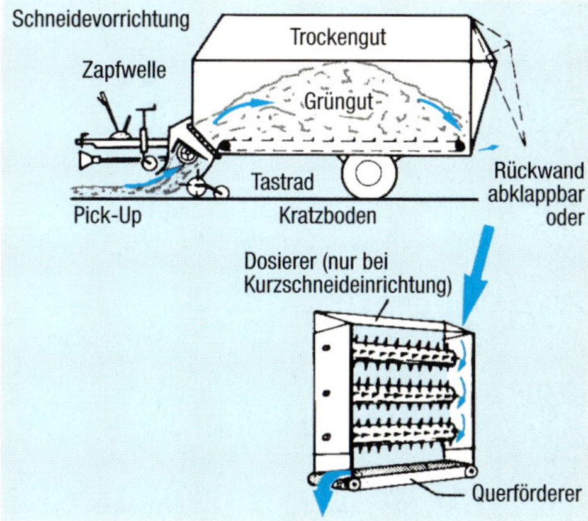

Abb. 1245 Bauteile eines Ladewagens (umrüstbar zum Futterverteilen).

8.1 Arbeitsweise

Der Ladewagen wird am Zugmaul des Traktors angehängt und über die Zapfwelle angetrieben. Unter der Vorderseite des Einachsanhängers befindet sich die Aufsammelvorrichtung, häufig Pick-Up genannt. Sie nimmt das Ladegut auf und führt es dem Förderorgan zu. Dieses schiebt das Futter in den Laderaum. Mit Hilfe des Kratzbodens kann Dürrgut im Laderaum weiter verdichtet werden.
Soll das Erntegut geschnitten sein, können in den Förderkanal Messer eingebaut werden.
Nach dem Öffnen der Rückwand wird der Ladewagen durch den Kratzboden entleert. Bei Ausrüstung mit Dosierwalzen entfällt beim Abladen jegliche Handarbeit.

Abb. 1246 Tieflader-Ladewagen sind besonders bei Hanglagen notwendig (tiefer Standpunkt).

8.2 Bauarten

Bedingt durch die vielen Erntearbeiten gibt es bei den Ladewagen verschiedene Bauweisen. Je nach Höhe oder Ladefläche sind sie eingeteilt in Hoch- oder Tieflader.
Unterschiede bestehen auch bei der Anhängevorrichtung und beim Fahrwerk. Das Ladeorgan wird ebenfalls in mehreren Ausführungen angeboten. Je nach Verwendungszweck des Ladewagens ist er mit einem festen Grünfutteraufbau (Silierwagen) oder mit einem Dürrfutteraufbau (Universal-Ladewagen) ausgerüstet.

Tabelle 111: Hoch- und Tieflader

Bauart	Bemerkungen
Hochlader 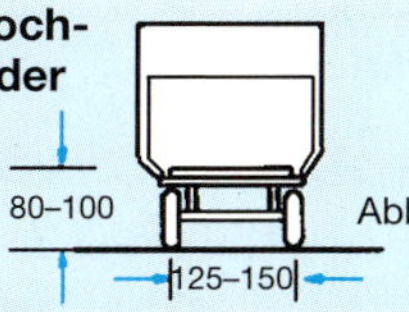 Abb. 1248	Spurweite = Traktorspurweite: kein Überfahren des Futters nötig; direktes Entleeren in Standhäcksler möglich
Tieflader 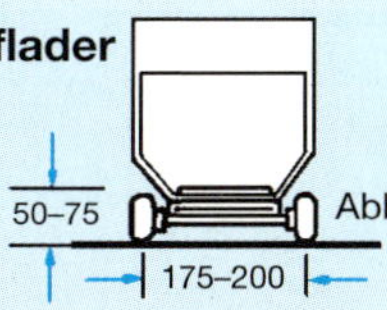 Abb. 1249	tiefe Schwerpunktlage bringt Hangsicherheit; niedrige Aufbauten gestatten das Befahren von Futtertischen

Abb. 1247 Mit Frontmähwerk und Ladewagen kann man das tägliche Grünfutter in einem Arbeitsgang holen.

Abb. 1250 Mitte: Mit der Knickdeichsel wird eine besonders große Bodenfreiheit der Pick-Up erreicht.

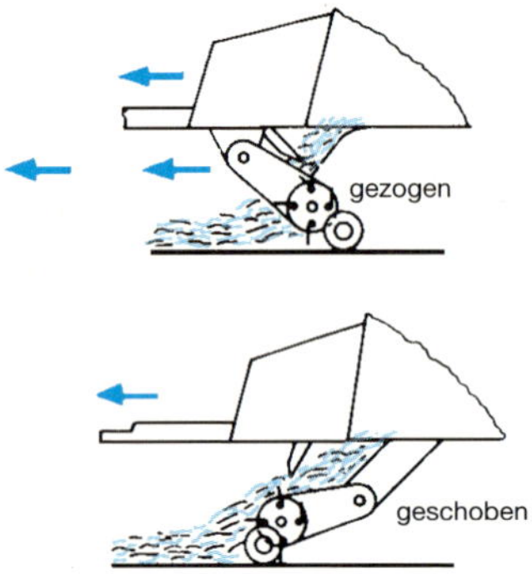

Abb. 1251 Die Pick-Up-Trommel kann gezogen oder geschoben werden.

Abb. 1252 Förderorgane am Ladewagen.

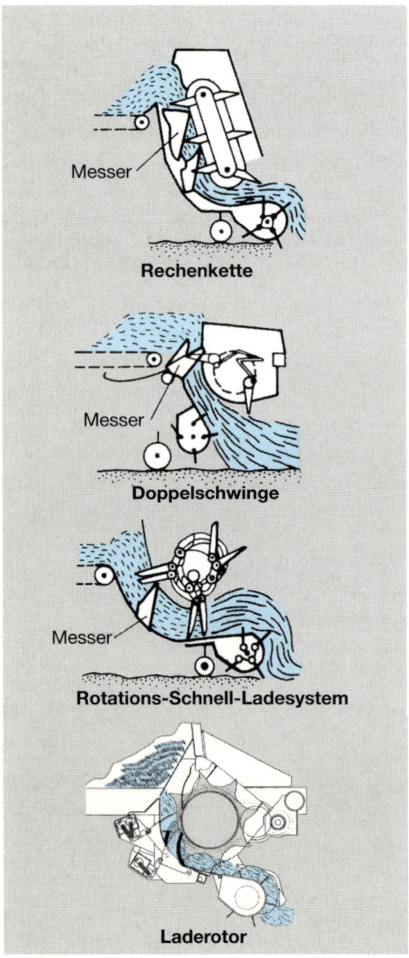

8.3 Bauteile

Anhängevorrichtungen – Die *starre Deichsel* muss in der Höhe regulierbar sein. Dadurch ist sie auf die Höhe des Zugmauls am Traktor einstellbar. Mit der Schwenkdeichsel sind das Mähen mit dem Seitenmähwerk und das gleichzeitige Laden möglich. Das Futter braucht nicht überfahren zu werden. Nachteilig wirkt sich jedoch das Zugverhältnis aus. Am Hang besteht erhöhte Kippgefahr. Das Ausschwenken der Deichsel kann hydraulisch oder mechanisch erfolgen.

Eine weitere Möglichkeit ist die *Knickdeichsel*. Damit kann eine Bodenfreiheit der Pick-Up bis zu 65 cm erreicht werden. Besonders beim Befahren des Fahrsilos ist diese große Bodenfreiheit notwendig.

Pick-Up – Die in der Höhe einstellbaren Tasträder führen die Aufsammelvorrichtung über den Boden. Ein Prallblech über der Pick-Up sorgt dafür, dass auch kurzes Erntegut gleichmäßig und zügig zum Förderorgan gelangt.

Je nach Anlenkung am Ladewagen spricht man von *geschobener* oder *gezogener Pick-Up*. Die geschobene Pick-Up ist am meisten verbreitet. Ihre Vorteile sind die gute Übersicht, der gleichmäßige Ladefluss und die große Bodenfreiheit.

Die Pick-Up wird mechanisch oder hydraulisch ausgehoben. Beim vollständigen Ausheben der Pick-Up werden die Förderorgane automatisch abgeschaltet.

Förderorgane – Sie fördern das Ladegut mit unterschiedlichen Arbeitsweisen in den Laderaum.

Beim *Rechenkettenförderer* sind an 2 umlaufenden Ketten 3–6 gesteuerte Förderrechen befestigt. Dieses System arbeitet besonders futterschonend. Die Kombination mit einer Fördertrommel gewährleistet einen kontinuierlichen Ladefluss.

Die *Förderschwinge* kann lenker- oder kurvenbahngesteuert sein. Diese einfache und wenig störanfällige Konstruktion wird heute am häufigsten eingebaut. Sie kann bis zu 4-mal unterteilt sein. Dadurch wird ein gleichmäßiger Ladefluss erreicht. Diese Bauweise heißt auch *Rotations-Ladesystem*.

Abb. 1253 Mitte: Silierwagen mit Knickdeichsel (Mitte).

Abb. 1254 Die Messer des Schneidwerks lassen sich einzeln ausbauen und sind einzeln gegen Fremdkörper bzw. Überlastung gesichert.

Der *Laderotor* zeichnet sich durch eine hohe Durchsatzleistung aus und wird überwiegend zum Laden von Silage eingesetzt.
Die Förderorgane haben Schneidwerke mit bis zu 40 Messern auf 2 Ebenen. Mit diesen Schneidwerken lässt sich eine Schnittlänge von 35–50 mm erreichen. Jedes Messer ist einzeln ausbaubar und durch einen Fremdkörperschutz vor Bruch gesichert.
Kratzboden – Die Geschwindigkeit des Kratzbodens kann von langsam bis schnell verändert werden. Der Antrieb erfolgt über einen Ölmotor oder über einen Klinkentrieb.
Dosierwalzen – Die Dosierwalzen fräsen das Futter beim Entladen ab, dadurch entfällt jegliche Handarbeit. In Verbindung mit einem Querförderband kann z.B. direkt in ein Gebläse entladen werden.
Fahrwerk – Das Einachs-Fahrwerk ist die Standardausführung. Für größere Ladewagen ist eine Tandemachse oder eine Vierrad-Pendelachse notwendig.
Um den Bodendruck möglichst gering zu halten, sind Breitreifen empfehlenswert, z. B. 19,0/45-17.

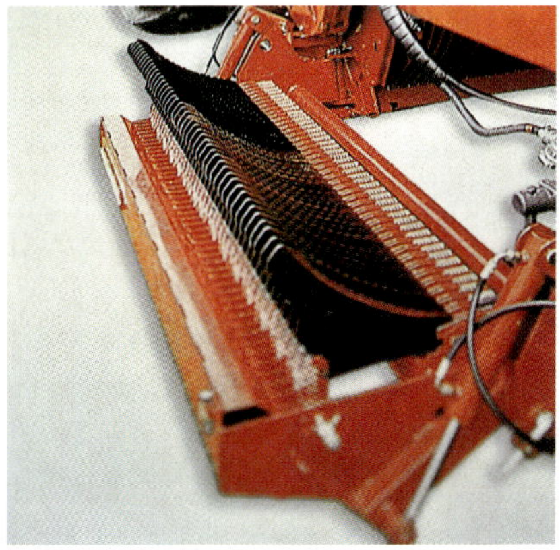

Abb. 1255 Das Silierschneidwerk lässt sich hydraulisch ein- und ausschwenken.

Aufgaben:
1. Welche Vorteile haben die unterschiedlichen Bauformen bei Ladewagen hinsichtlich der Ladehöhe?
2. Wie lässt sich die Bodenfreiheit der Pick-Up-Einrichtung verbessern?
3. Beschreiben Sie die unterschiedlichen Fördersysteme bei Ladewagen!

Abb. 1256 Durch Drehen der Welle lässt sich eine unterschiedliche Messerzahl einschwenken und dadurch die Schnittlänge verändern.

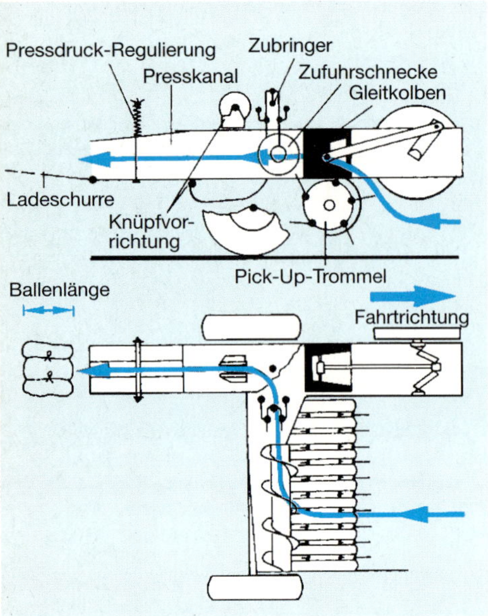

Abb. 1257 Arbeitsweise einer Hochdruckpresse (Schema).

Abb. 1258 Hochdruckpresse mit hydraulisch angetriebener Ballenschleuder.

Abb. 1259 Die Ballenlänge wird über das gezackte Messrad, die Ballendichte über verstellbare Ballenbremsen im Presskanal eingestellt.

9 Sammelpressen

Sammelpressen setzt man zur Heu- und Strohbergung sowie zur Silagebereitung ein. Sie nehmen das lose Erntegut auf, pressen und binden es in verschiedenen Formen. Dadurch wird das Gut besser stapelbar und benötigt weniger Lade- und Lagerraum. Außerdem gewinnt man leichter einen Überblick über die gesamte Erntemenge.

9.1 Bauarten

Tabelle 112: Einteilung von Pressen nach der Form der Ballen

Presse / Ballen	Hochdruck	Rundballen	Großpacken
Form	rechteckig	rund	rechteckig
Pressdichte in kg/m³	120–180	100–150	130–200
Querschnitt Durchmesser Länge Breite in cm	30–36 × 40–50 40–140 	 120–280 120	70–90 × 80–120 100–250
Transport	von Hand möglich	nur mit Ladegerät möglich	

9.1.1 Hochdruckpressen

Arbeitsweise – Die Hochdruckpresse nimmt das Erntegut mit einer Pick-Up aus dem Schwaden auf. Kurbelzubringer oder eine Schnecke fördern das Ladegut in den Presskanal. Ein Messer am Presskolben trennt das Gut an der Kanalöffnung ab.
Der Kolben verdichtet es und formt rechteckige Ballen. Die Pressdichte ist stufenlos einstellbar. Die im Presskanal angebrachten Schienen drücken 2 Rillen in den Ballen. Dadurch kann die vom Knüpfapparat verknotete Schnur nicht abrutschen.
Die Ballenablage erfolgt entweder auf dem Boden oder über eine Ladeschurre auf einem angehängten Wagen. Eine Person stapelt die Ballen auf dem Anhänger.
Ist die Presse mit einer *Ballenschleuder* ausgerüstet, entfällt das Stapeln auf dem Anhänger. Notwendig ist dann aber ein Gitteraufbau auf dem Anhänger. Mit Hilfe der hydraulischen Schwenkvorrichtung und der Veränderung der Wurfweite kann der Anhänger voll ausgeladen werden.

9.1.2 Rundballen-Pressen

Ähnlich wie bei der Hochdruckpresse wird das Pressgut von einer Pick-Up aus einem Schwaden aufgesammelt und dem Roll-

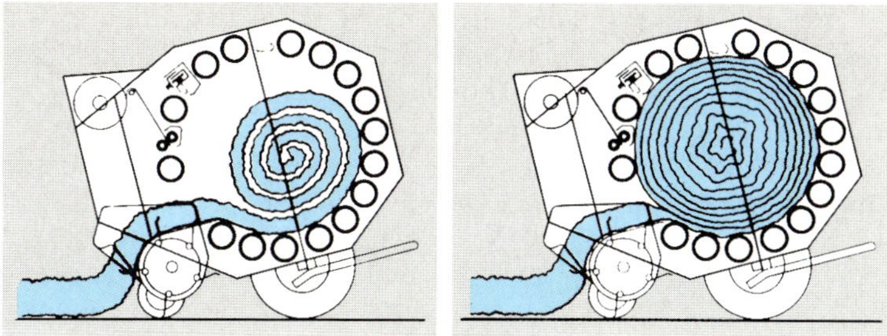

Abb. 1260 Rundballen-Presse mit konstanter Presskammer (Schema).

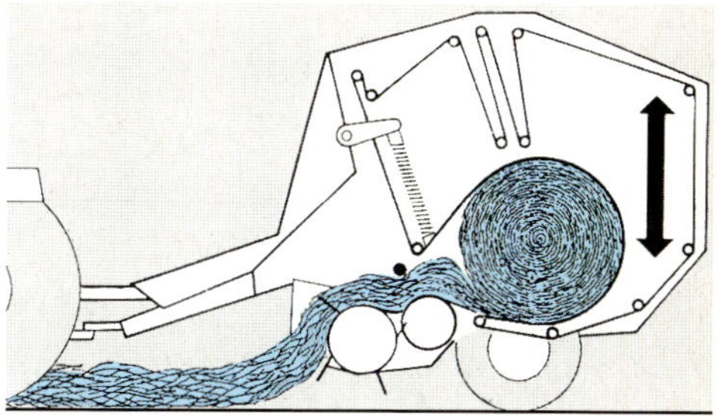

Abb. 1261 Rundballen-Presse mit variabler Presskammer (Schema).

Press-Raum zugeführt. Durch fortwährendes Rollen werden die Rundballen geformt. Ist ein bestimmter Pressdruck oder Ballendurchmesser erreicht, wird die Zufuhr des Erntegutes durch Anhalten unterbrochen und der Rundballen durch wendelförmiges Umwickeln mit einem Bindfaden oder einem Netzgewebe gebunden. Die Netzbindung verkürzt den Bindevorgang.
Bei den Rundballen-Pressen wird unterschieden zwischen Pressen mit *gleich bleibender Presskammer* und solchen mit einer *variablen Presskammer.*
Pressen mit fester Presskammer wickeln das Erntegut mit Stahlrollen oder Gummigurten auf. Diese Rundballen haben einen weichen Kern und werden nach außen immer fester.
Pressen mit variabler Kammer wickeln das Erntegut mit einer federbelasteten Rollkette oder mit federbelasteten Gurten auf. Dadurch werden die Rundballen von Anfang an verdichtet.
Bei Pressen mit variabler Presskammer können der Durchmesser des Ballens und die Pressdichte verändert werden. Bei konstanter Presskammer kann nur die Pressdichte verändert werden.
Silageballen werden in Stretch-Folien in einem getrennten Arbeitsvorgang in einer Wickelmaschine verpackt.

9.1.3 Großpacken-Pressen

Einsatzbereich – Großpackenpressen formen rechteckige Packen für die Ernte von Heu, Stroh und für die Grassilage.
Bei der Ernte von Heu lässt sich eine Pressdichte von ca. 250 kg/m^3 erreichen. Durch diese hohe Pressdichte wird Lagerraum gespart (Abb. 1265, Seite 468). Besonders beim Verkauf von Heu und Stroh (Pressdichte bei Stroh 150 kg/m^3) ist das gute Ausnützen des Transportraumes wichtig. Die hochverdichteten Ballen eignen sich auch bestens zur Ballensilage. Die Ballen lassen sich gut mit dem Frontlader stapeln und im Stapel mit einer Folie abdecken.
Arbeitsweise – Das Erntegut wird von einer Pick-Up aufgenommen. Im Förderkanal wird es von Rafferzinken mehrfach vorverdichtet. Beim Zurückfahren des Presskolbens schieben die Rafferzinken das vorverdichtete Gut in die Presskammer.

Abb. 1262 Ein der Presskammer vorgelagertes Rotorschneidwerk erhöht durch den Schnitt die Pressdichte.

Abb. 1263 Rundballen mit Garnbindung (rechts) und Netzbindung (links).

Abb. 1264 Während des Bindevorgangs und beim Ballenauswurf muss das Fahrzeug anhalten.

Abb. 1265 Großpacken-Presse beim Ablegen von Silagepacken.

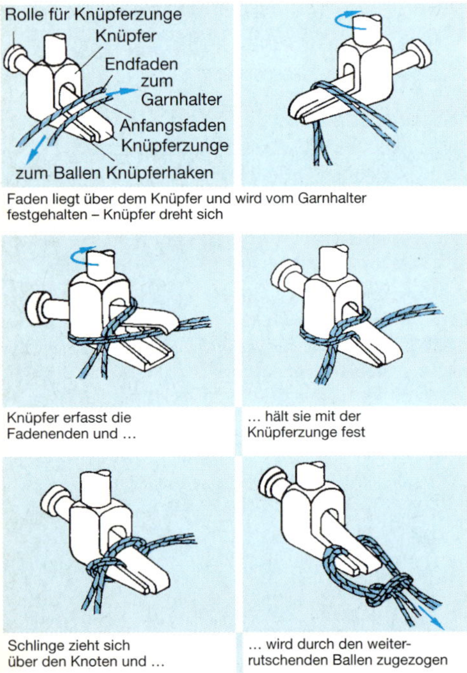

Faden liegt über dem Knüpfer und wird vom Garnhalter festgehalten – Knüpfer dreht sich

Knüpfer erfasst die Fadenenden und ...

... hält sie mit der Knüpferzunge fest

Schlinge zieht sich über den Knoten und ...

... wird durch den weiterrutschenden Ballen zugezogen

Abb. 1266 Ablauf des Knüpfvorganges (Schema).

Abb. 1267 Richtiger Knoten eines Cormick-Knüpfers.

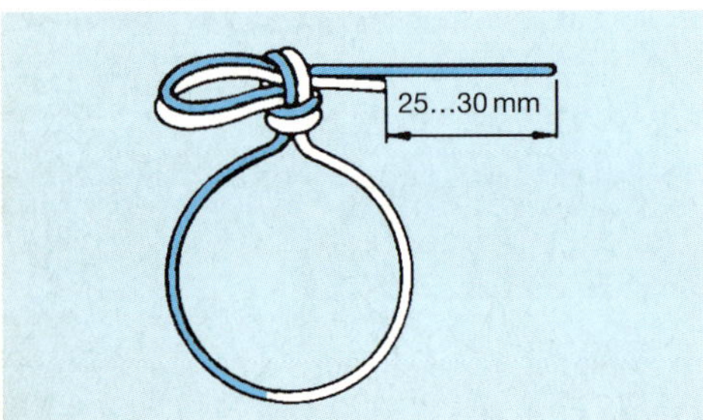

Ist die eingestellte Ballenlänge erreicht, wird der Ballen bis zu 6-mal gebunden und auf dem Feld abgelegt. Die kompakten Packen lassen sich mit dem Frontlader abtransportieren.

9.2 Knüpfapparat

Zum Verknoten der Garne, mit denen die Ballen gebunden werden, sind eigene Knüpfapparate vorhanden. Den inneren Anfang der Garnrolle fädelt man durch die Führungen und die Nadel und bindet dann das freie Ende fest. Durch eine Leerbindung kommt der Faden zum Garnhalter und wird dort festgehalten. Schiebt der Kolben jetzt Erntegut in den Presskanal, umschlingt das Garn allmählich den Ballen.

Beim Erreichen der eingestellten Größe wird der **Knüpfvorgang** ausgelöst. Die Nadel führt das Garn zum Knüpfer und legt es über den Knüpferschnabel. Beim Drehen formt er eine Schlinge, und die sich öffnende Knüpferzunge erfasst die beiden Enden des Garns. Beim Weiterrutschen des Ballens zieht sich der Knoten zu. Ein Messer trennt die Garnenden ab und der Knoten wird frei.

Knüpfer nach dem *Cormick-System* besitzen einen konischen Garnhalter, dagegen wird bei Knüpfern nach dem *Deering-System* der Faden durch drehbare Garnscheiben festgehalten.

9.3 Wartung und Pflege

Um einen störungsfreien Betrieb zu gewährleisten, ist eine ordnungsgemäße Wartung Voraussetzung.

- Lager nach den Angaben im Schmierplan abschmieren.
- Getriebeölstand prüfen bzw. wenn nötig das Öl wechseln.
- Kolbenführungen regelmäßig auf Verschleiß überprüfen und wenn nötig nachstellen oder erneuern.
- Der Abstand zwischen Kolbenmesser und Gegenschneide darf nicht größer als 0,5 mm sein. Bei Bedarf nachstellen.
- Rechtzeitiges Schleifen der Messer sichert einen einwandfreien Schnitt des Erntegutes. Phasenwinkel einhalten.

Um Unfälle beim Umgang mit den Pressen zu verhindern, sind folgende Hinweise zu beachten:
Bei Wartungsarbeiten stets Zapfwelle ausschalten und Traktor abstellen.
Presse nie ohne Schutzvorrichtungen in Betrieb setzen.
Verstopfungen oder Störungen nie bei laufender Maschine beseitigen.

Aufgaben:

1. Beschreiben Sie die Arbeitsweise einer Hochdruckpresse.
2. Welche Unterschiede in der Arbeitsweise bestehen bei Rundballen-Pressen?

10 Feldhäcksler

Das Bereiten von Silage ist eine gute Möglichkeit der Futterkonservierung. Durch sorgfältige Arbeitsweise beim Silieren kann qualitativ hochwertiges Futter gewonnen werden. Dabei stellt das exakte Häckseln des Erntegutes eine wichtige Voraussetzung dar.

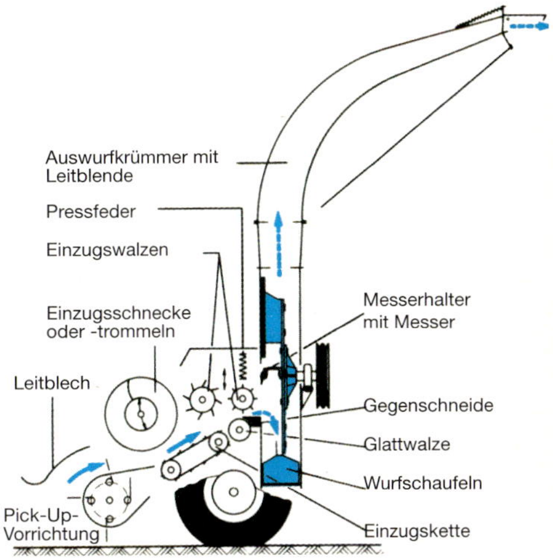

Abb. 1268 Scheibenrad-Feldhäcksler (Schema).

10.1 Arbeitsweise

Ein Vorsatzgerät nimmt das zu erntende Gut auf. Einzugswalzen erfassen es, pressen das Häckselgut und führen es dem Schneidorgan zu. Die Messer des Scheibenrades oder der Messertrommel schneiden die Pflanzen an der Gegenschneide ab. Wurfschaufeln am Häckselaggregat oder spezielle Wurfeinrichtungen fördern das Häckselgut durch den Auswurfkrümmer auf den Anhänger.

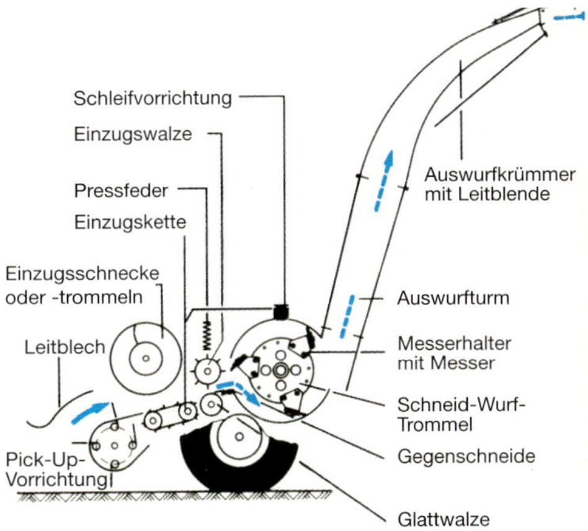

Abb. 1269 Trommel-Feldhäcksler (Schema).

10.2 Bauweise

10.2.1 Einteilung nach den Häckselorganen

Die Häckselorgane der Feldhäcksler werden ganz unterschiedlich gebaut.
Sind die Messer zum Schneiden des Erntegutes an einer Scheibe angebracht, spricht man von einem *Scheibenrad-Feldhäcksler*. Er besitzt eine große Schwungmasse und eine hohe Wurfleistung.
Werden die Messer an einer Trommel befestigt, handelt es sich um einen *Trommel-Feldhäcksler*. Diese Schneidtrommel besitzt eine zu geringe Wurfleistung, aus diesem Grund sind die größeren Häcksler zusätzlich mit einer Wurfeinrichtung ausgestattet. Die geringere Masse der Trommel erfordert eine größere Leistungsreserve beim Antrieb.

10.2.2 Einteilung nach Anhängung und Antriebsart

Die Feldhäcksler werden unterschiedlich am Traktor angebracht. Häcksler mit eigenem Antrieb gelten als Großmaschinen.
Gezogene Feldhäcksler – Sie werden seitlich versetzt hinter dem Traktor mit einer Schwenkdeichsel gezogen. Der Wagen wird am Häcksler angekoppelt. Nachteilig sind die Gespannlänge, der »versetzte Zug« und die geringe Wendigkeit.
Seitenanbau-Feldhäcksler – Sie werden an die Dreipunkthydraulik des Traktors angebaut. Der Wagen wird am Traktorzugmaul angehängt. Einreihige Anbauhäcksler bleiben auch bei Straßenfahrten angebaut. Mehrreihige Anbauhäcksler werden bei der Straßenfahrt nach hinten eingeklappt. Mit einigen Fabrikaten kann so auch rückwärts in den stehenden Bestand gefahren werden.

Abb. 1270 Zweireihiger Anbauhäcksler klappbar (Schema).

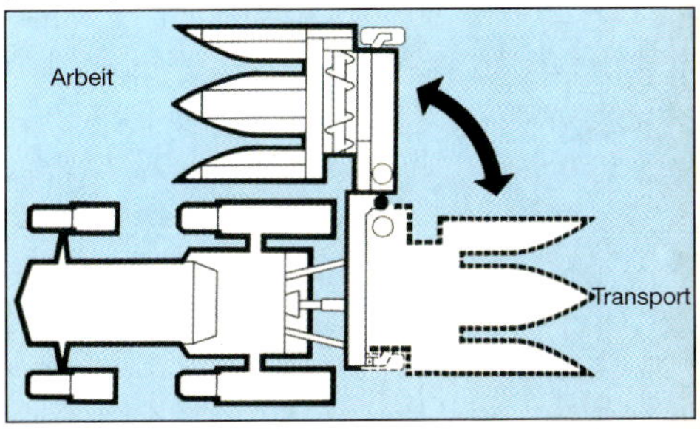

Abb. 1271 Dreireihiger Anbauhäcksler in Arbeitsstellung für Rückwärtsfahrt.

Abb. 1272 Selbstfahr-Feldhäcksler.

Abb. 1273 Reihenunabhängiger Maishäcksler bei Rückwärtsfahrt.

Abb. 1274 Die Intensität der Kornzerkleinerung lässt sich über den Abstand der beiden Walzen zueinander einstellen.

Heckenanbau-Häcksler – Ihr Anbau erfolgt am Dreipunktgestänge der Heckhydraulik. Für diesen Häcksler muss der Traktor mit einer Rückfahreinrichtung ausgestattet sein. Mit dem Heckanbau-Häcksler kann direkt in den Bestand gefahren werden. Sie sind genauso wendig wie die Selbstfahr-Häcksler.

Selbstfahrende Feldhäcksler – Dies sind Großmaschinen, die vor allem für den überbetrieblichen Maschineneinsatz geeignet sind. Universalhäcksler können mit unterschiedlichen Aufnahmeorganen und Zusatzausrüstungen versehen werden.

Bei der *Ganzpflanzen-Silage* (GPS) wird ein Mähvorsatz in Verbindung mit einer Vielmessertrommel und einem Reibboden eingesetzt.

Für die *Silomaisernte* werden 4- bis 8-reihige oder reihenunabhängige Maisgebisse verwendet. Um alle Körner aufzuschließen, werden Corn-Cracker in die Maschine eingebaut. Die Häcksellänge beträgt 4–7 mm.

Zur *Lieschkolbensilage* (LKS) wird der Selbstfahr-Feldhäcksler mit einem Pflückvorsatz ausgerüstet. Durch die Verwendung von Corn-Crackern werden alle Körner aufgeschlossen, was die Verdaulichkeit fördert.

Um *Silage aus Anwelkgut* zu bereiten, wird der Häcksler mit einer Pick-Up-Trommel ausgerüstet. Die Pick-Up gibt es mit 200–360 cm Arbeitsbreite. Eine Pick-Up mit 360 cm Arbeitsbreite ermöglicht eine Doppelschwad- oder eine Flächenaufnahme. Je nach T-Gehalt wird die Häcksellänge zwischen 20 und 40 mm eingestellt.

10.3 Wartung und Pflege

Voraussetzung für eine rasche, störungsfreie Ernte ist die einwandfreie Funktion des Häckslers. Mit Hilfe der eingebauten Schleifeinrichtung werden die Messer geschärft. Danach muss der Abstand zwischen Messer und Gegenschneide auf höchstens 5 mm eingestellt werden.

Beim Trommelhäcksler verschiebt man dabei die Gegenschneide zur Trommel.

Die Einstellung beim Scheibenrad-Häcksler erfolgt durch Verschieben des Scheibenrades zum Schneidrahmen. Die Messer dürfen aber keinesfalls an der Gegenschneide streifen.

Die Einstellung der Schnittlänge ist durch Verändern der Einzugsgeschwindigkeit möglich. Mit der Erhöhung oder Verringerung der Drehzahl des Scheibenrades oder der Messertrommel kann ebenfalls die Schnittlänge variiert werden. Auch der Ausbau von Messern bewirkt eine Schnittverlängerung. Wird die Messerzahl verändert, ist darauf zu achten, dass keine Unwucht entsteht.

Aufgaben:

1. Wie unterscheiden sich Feldhäcksler hinsichtlich
   - der Häckselorgane?
   - ihres Antriebs?
2. Wie werden die Häckselmesser geschärft und eingestellt?

11 Mähdrescher

Der Mähdrescher stellt die zentrale Maschine bei der Körnerernte dar. Mit ihm wird in einem Arbeitsgang gemäht, gedroschen und das Korn vom Stroh getrennt.
Bei den Mähdreschern geht der Trend zu Großmaschinen. Der Kauf dieser teuren Technik lohnt sich aber nur bei entsprechend großer Anbaufläche oder im überbetrieblichen Einsatz.

11.1 Bauarten

Die wesentlichen Bauteile, wie Dreschtrommel, Schüttler und Reinigung, sind bei allen Mähdreschern sehr ähnlich. Ein großer Unterschied besteht aber zwischen den gezogenen (angehängt oder angebaut) und den selbst fahrenden Mähdreschern.
Gezogene **Mähdrescher** werden über die Zapfwelle des Traktors angetrieben. Sie sind entweder an der Ackerschiene angehängt oder am Traktor fest angebaut. Wegen der geringen Flächenleistung und der schlechten Wendigkeit werden die gezogenen Mähdrescher nur noch wenig eingesetzt.
Selbst fahrende Mähdrescher sind mit eigenem Motor, Fahrwerk und Hydrauliksystem ausgestattet. Der hydrostatische Fahrantrieb oder das 3- bis 4-stufige Getriebe in Kombination mit einem Variator ermöglichen eine stufenlose Anpassung der Fahrgeschwindigkeit an die Ernteverhältnisse. Elektronische Bauteile erleichtern die Überwachung der Maschine. Eine Vollsichtkabine schützt den Fahrer vor Staub und Hitze.

selbst fahrender Mähdrescher → Längsfluss-System
Traktor-Mähdrescher → angebaut (Seitenwagen-Bauart) → Längsfluss-Systm
Traktor-Mähdrescher → gezogen → Längsfluss-System
gezogen → Quer-Längsfluss-System

Bei Schnittbreiten über 3 m wird für die Straßenfahrt das Schneidwerk vom Mähdrescher abgekoppelt und auf einem speziellen Schneidwerkswagen transportiert.
Eine weitere Unterscheidung der Mähdrescher ist nach dem Erntefluss-System möglich.

11.2 Baugruppen

Vollständiger Ausdrusch sowie die Vermeidung von Körnerverlusten und -beschädigungen erfordern sowohl eine schonende Behandlung des Erntegutes als auch eine einwandfreie Funktion der Baugruppen:

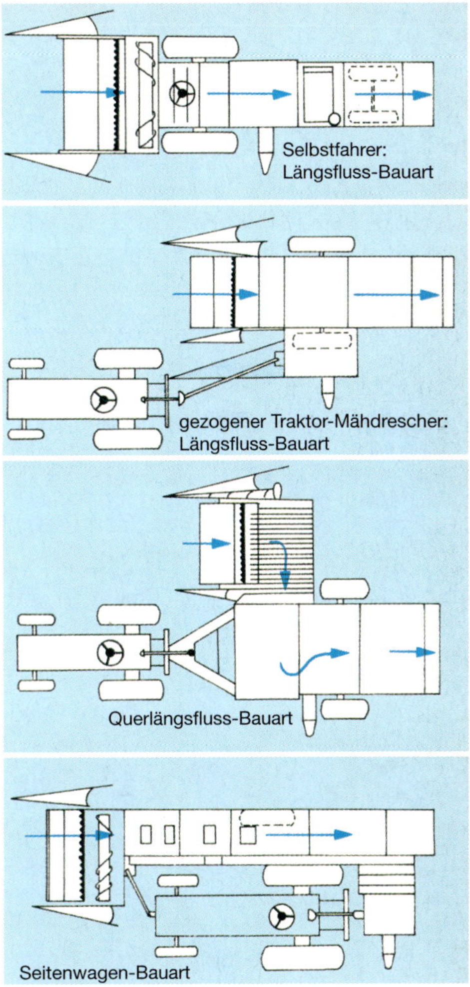

Abb. 1275 Mähdrescher-Bauarten.

Abb. 1276 Mähdrescher (Arbeitsweise und Bauteile):
1 Haspel,
2 Schneidwerk und Ährenheber,
3 Schrägförderer,
4 Fahrwerksantrieb,
5 Dreschtrommel und Dreschkorb,
6 Strohlleittrommel,
7 Spritztuch,
8 Hordenschüttler,
9 Rücklaufboden,
10 Vorbereitungsboden,
11 Druckwindgebläse,
12 Ober- und Untersieb,
13 Körnerelevator,
14 Überkehrelevator,
15 Strohverteiler oder -häcksler,
16 Antriebsmotor,
17 Korntank,
18 Fahrstand mit Kabine.

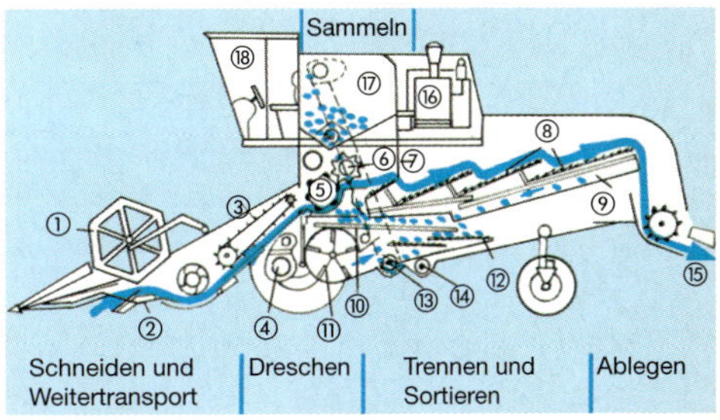

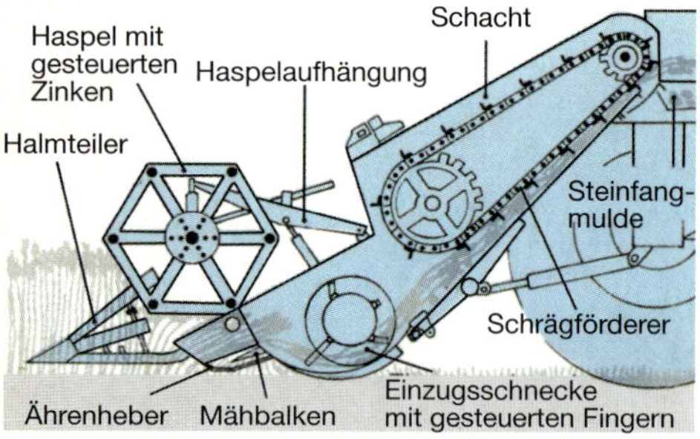

Abb. 1277 Das Schneidwerk (Schema).

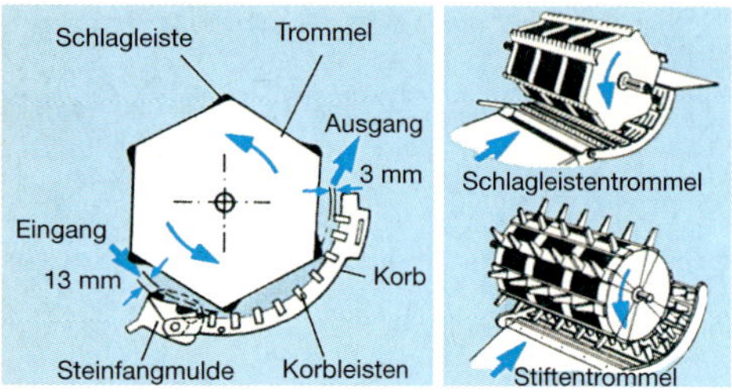

Abb. 1278 Das Dreschwerk (Schema).

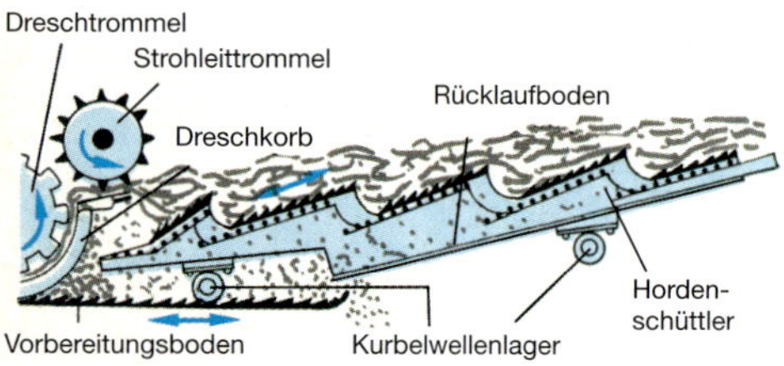

Abb. 1279 Der Hordenschüttler (Schema).

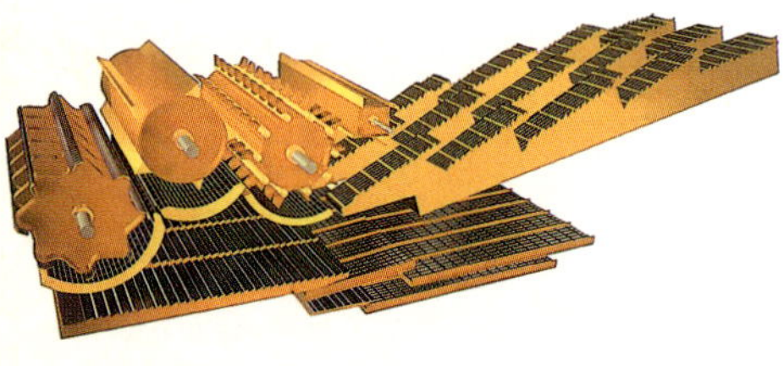

Abb. 1280 Zusätzliche Abscheidevorrichtungen erhöhen die Durchsatzleistung des Mähdreschers.

Abb. 1281 Die Reinigungsanlage (Schema).

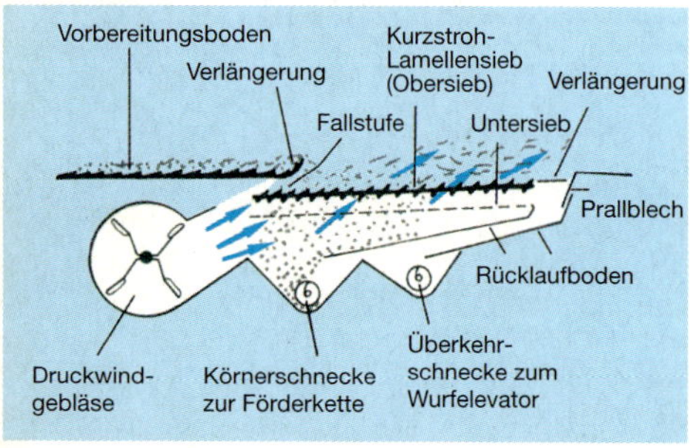

- Schneidwerk → Mähen und Aufnehmen,
- Dreschwerk → Lösen der Körner aus den Ähren,
- Schüttler → Trennen von Korn und Stroh,
- Siebkasten → Reinigen der Körner von Beimengungen,
- Korntank → Sammeln der Körner.

11.2.1 Schneidwerk

Die Halmteiler schieben sich wie Keile in den Bestand und trennen das zu mähende Getreide an der Mähkante. Die über dem Messerbalken angeordnete Haspel unterstützt den Fluss des Erntegutes zur Einzugsschnecke. Ein Messerbalken, der mit Scherenschnitttechnik arbeitet, schneidet die Halme ab. Die Einzugsschnecke fasst das geschnittene Gut auf die Dreschtrommelbreite zusammen. Der Kettenschrägförderer transportiert das Gut zum Dreschwerkzeug.
Über Hydraulikzylinder erfolgen die Schneidwerks-Höhenverstellung und die Höhenverstellung der Haspel. Bei Schnittbreiten über 3 m muss das Schneidwerk für den Straßentransport auf einem besonderen Fahrgestell transportiert werden.

11.2.2 Dreschwerk

Zwischen den auf der Dreschtrommel befestigten Schlagleisten und den Korbleisten entsteht eine Reib- und Schlagwirkung. Dadurch werden die Körner aus den Ähren, Schoten, Hülsen oder Rispen gelöst. Die Drehzahl der Trommel und der Abstand zwischen Schlag- und Korbleisten kann an die unterschiedlichen Früchte und Erntebedingungen angepasst werden.
Ist der Korbabstand zu klein oder die Dreschtrommel-Drehzahl zu hoch, entstehen viele Bruchkörner. Bei ungenügendem Ausdrusch muss die Drehzahl erhöht oder der Korbabstand verringert werden. Stimmt die Einstellung, fallen bereits 80–90 % der Körner durch die Zwischenräume des Korbes auf den Vorbereitungsboden. Der Rest wird mit dem Stroh auf die Schüttler geschleudert.
Die vor der Trommel angeordnete Steinfangmulde muss von Zeit zu Zeit entleert werden, damit sie ihre Wirkung nicht verliert.

11.2.3 Schüttler

Ausgedroschene, aber noch im Stroh verbliebene Körner werden vom Schüttler abgeschieden.
Die heute am meisten verwendeten Hordenschüttler mit je 4 bis 6 Fallstufen sind nebeneinander auf 2 Kurbelwellen gelagert. Das Stroh wird durch die Hubbewegung der Horden hochgeworfen und nach rückwärts weiter transportiert. Die Fallstufen bewirken einen gewissen Wendeeffekt, so dass der Strohteppich gelockert wird. So fallen die Körner durch das Stroh und den gelochten Schüttlerbelag auf den Rücklaufboden.
Einbauten wie Taumelzinken oder Querschüttler lockern das Stroh zusätzlich und unterstützen die Abscheidung der Körner.

11.2.4 Reinigung

Die durch Korb und Schüttler abgeschiedenen Körner fallen auf den Vorbereitungsboden. Seine Schwingbewegungen transportieren das Gemisch aus Körnern, Spreu, Unkrautsamen und Kurzstroh zum Obersieb. An diesem schwingenden Lamellensieb ist die Öffnungsweite einstellbar.
Die schweren Teile, also die Körner, fallen durch, die leichteren Teile nimmt ein von einem Gebläse erzeugter Druckluftstrom mit und bläst sie nach hinten aus der Maschine. Unausgedroschene Ähren wandern über das Obersieb, rutschen zur Überkehrschnecke und werden der Dreschtrommel erneut zugeführt.
Eine Schnecke transportiert die durch das Untersieb gefallenen Körner zum Elevator, der sie in den Korntank. Dieser wird mit einer Schnecke entleert.

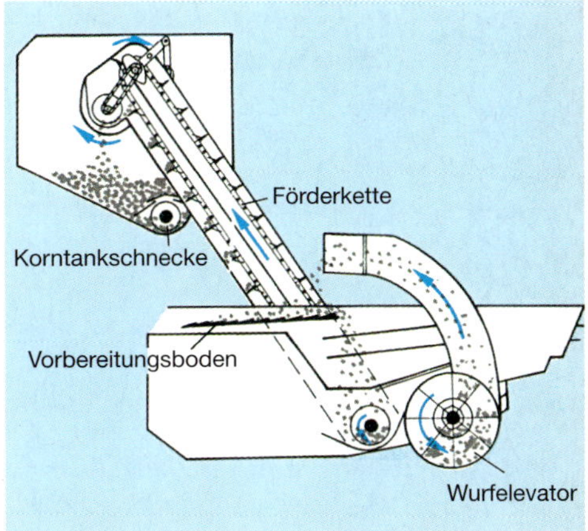

Abb. 1282 Körnerelevatoren: Überkehr mit Wurfelevator, Körnertransport zum Körnertank mit Kettenelevator.

11.3 Sonderausrüstungen

Zur Ernte anderer Körnerfrüchte sind Sonderausrüstungen notwendig.
Für die **Körnermais-Ernte** wird ein Maispflückvorsatz angebaut. Jeweils 2 lange, gegenläufige Reißwalzen erfassen die Maisstängel, ziehen sie nach unten und streifen die Kolben an den Pflückschienen ab. Der Schrägförderer transportiert sie zur Trommel.
Um einen einwandfreien Drusch zu gewährleisten, erhält die Dreschtrommel Abdeckbleche, und der Getreidekorb wird gegen einen Maiskorb ausgetauscht. Die Körner werden mit Hilfe der Siebe und des Gebläsewindes gereinigt und in den Korntank befördert. Spindel und Lieschblätter wandern über die Schüttler nach hinten aus der Maschine. Der unter dem Pflücker angeordnete Häcksler erfasst die Maisstängel, zerschlägt sie und verteilt sie gleichmäßig auf dem Feld.
Für die **Corn-Cob-Mix-Ernte** (CCM) ist der Mähdrescher im Wesentlichen genauso ausgestattet wie für die Körnermais-Ernte. Lediglich das Dreschwerk wird mit einem speziellen Korb und die Reinigung mit einem CCM-Sieb ausgerüstet. Damit ist der Anteil der Spindeln in den Körnern zu verändern.
Das gereinigte Mais-Spindel-Gemisch gelangt über Fördereinrichtungen in den Korntank. Die Lieschblätter werden abgeschieden und verbleiben auf dem Feld.
Beim **Rapsdrusch** wird der Schneidwerkstisch verlängert. Dadurch lassen sich die Kornverluste verringern. Angebaute Seitenmähwerke durchtrennen den Bestand an der Mähkante. Ein sicherer Einzug der abgemähten Pflanzen wird durch die Haspel unterstützt.
Zum Ernten von **Sonnenblumen** wird ein spezielles Schneidwerk angeboten.
Moderne Großmähdrescher besitzen schallgedämmte und klimatisierte Kabinen. Sie benötigen deswegen Kontrollinstrumente für die Drehzahlen der wichtigsten Antriebswellen, für Körnerverluste und Verstopfungen. Außerdem sind sie mit einer automatischen Höhenführung des Schneidwerkes ausgerüstet.

Abb. 1283 Heutige Getreideschneidewerke nehemen auch Lagergetreide gut auf.

Abb. 1284 Schneidewerk für die Rapsernte.

Abb. 1285 Sensoren am Siebkasten und an den Schüttlern zeigen Körnerverluste an.

Abb. 1286 Mit spezieller Pick-Up ist auch ein verlustarmer Erbsendrusch möglich.

Abb. 1287 Ein gleichmäßiges Verteilen der Spreu ist für die folgende Stoppelbearbeitung besonders wichtig.

11.4 Ursachen für Kornverluste beim Mähdrusch

Bei der Ernte mit dem Mähdrescher entstehen immer Verluste an Körnern. Dieser Verlust sollte 2 % nicht übersteigen. Einen Überblick über die häufigsten Ursachen bei den Kornverlusten gibt Tabelle 113.

Tabelle 113: Kornverluste und Ursachen

Beobachtung	Ursachen
ausgeschlagene Körner und abgeschnittene Ähren unter der Maschine	**Schneidwerkverluste** Mähbalken zu hoch eingestellt, Haspel läuft zu schnell, Haspel schlägt in Ährenhöhe, Halmteiler falsch eingestellt
unausgedroschene Ähren im Stroh	**Dreschverluste** Trommeldrehzahl zu niedrig, Korb zu weit eingestellt, Trommel überlastet, Trommel- und Korbleisten verbogen oder abgenutzt
Körner im Stroh, Körner in Siebkastenbreite unter dem Stroh	**Reinigungsverluste** Schüttler überlastet, Gitterstäbe am Dreschkorb mit Erde verklebt, Schüttlersiebe verstopft, Wind falsch eingestellt, Spreuklappe zu niedrig, Siebe falsch ausgewählt
viele Bruchkörner	Dreschkorb zu eng eingestellt, Entgranner zu scharf

11.5 Pflege

Ernten bedeutet immer; unter Zeitdruck zu arbeiten, um den optimalen Erntezeitpunkt zu nutzen. Regelmäßige und sorgfältige Wartung des Mähdreschers trägt dazu bei, dass möglichst keine Stillstandszeiten beim Einsatz entstehen.

- Täglich den Antriebsmotor warten, insbesondere den Luftfilter und den Kühler;
- alle Schmierstellen laut Schmierplan fetten bzw. ölen,
- Keilriemen auf Beschädigung überprüfen und auf richtige Spannung achten,
- Antriebsketten rechtzeitig nachspannen,
- Überlastkupplungen auf korrekte Einstellung überprüfen.

Nach Beendigung der Erntesaison sind folgende Arbeiten zum **»Einwintern«** des Mähdreschers notwendig:

- Mähdrescher innen und außen reinigen,
- Motoröl ablassen und frisches Öl, am besten Korrosionsschutzöl, einfüllen,
- Luftfilter und Auspuff verschließen, damit keine Feuchtigkeit eindringen kann,
- Kühlwasser auf Frostsicherheit überprüfen,

Abb. 1288 Mitte: Sichere Trennung der Restkörner mit einem Zylinder-System.

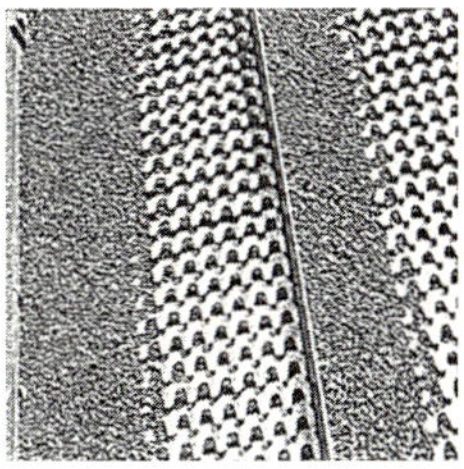

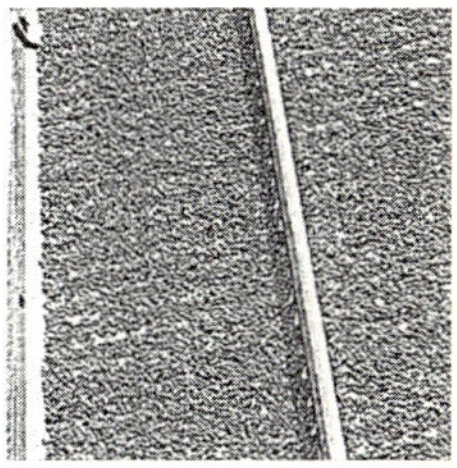

Abb. 1289 Durch einen dynamischen Hangausgleich (oben links ohne, rechts mit) wird das Getreide gleichmäßig auf den Sieben und dem Schüttler verteilt, die Kornverluste werden verringert.

- Batterie ausbauen und in einem kühlen, trockenen Raum aufbewahren, alle 6–8 Wochen nachladen,
- alle Lager fetten.

Unfallverhütung: Verstopfungen des Schneidwerks *nie* bei laufender Maschine beseitigen. Bei Wartungs- oder Reparaturarbeiten im Mähdrescher immer Zündschlüssel abziehen.

11.6 Alternative Abscheidesysteme

Bei der Mähdrescherentwicklung ist der Trend zu leistungsstärkeren Maschinen unverkennbar. Gesetzliche Vorschriften lassen aber eine weitere Vergrößerung der leistungsbestimmenden Organe nicht zu.

Um eine weitere Leistungssteigerung zu ermöglichen, werden technische Lösungen angeboten, die zwar das übliche Schlagleisten-Dreschwerk beibehalten, aber zusätzlich Trennvorrichtungen enthalten oder die leistungsbegrenzenden Hordenschüttler völlig ersetzt haben:

- *Zentrifugal-Abscheider:* Dreschorgan quer, Trennung und Abscheidung besorgen rotierende Zentrifugal-Abscheider mit Korb, verkürzte Hordenschüttler;
- *Abscheidetrommeln* und *-körbe:* Anstelle des Hordenschüttlers trennen 8 Abscheidetrommeln und -körbe die Körner vom Stroh;
- *Zentrifugal-Abscheider* und *Doppelfluss-Abscheiderotor:* statt Hordenschüttler hier Wendetrommel, Zentrifugal-Abscheider und Doppelfluss-Abscheiderotor mit Korb bzw. Körben.

Im *Axialfluss-Mähdrescher* ist längs zur Fahrtrichtung ein Rotor eingebaut für Drusch, Trennung und Abscheidung.

Aufgaben:
1. Beschreiben Sie den Weg des Getreides durch den Mähdrescher.
2. Wie lassen sich Körnerverluste beim Dreschen vermeiden?
3. Welche Wartungsarbeiten sind am Mähdrescher nötig?

Abb. 1290 Der Bordcomputer überwacht viele Funktionen des Mähdreschers, speichert Einstellungen, erfasst Service- und Betriebsdaten und zeigt alles über einen Monitor an.

12 Rübenerntemaschinen

Der Körper der Zuckerrübe befindet sich fast ganz im Boden, während die Futterrübe nur sehr flach im Boden sitzt. Dieser unterschiedliche Wuchs erfordert verschiedene Erntemaschinen.

Abb. 1291 6-reihiger, selbst fahrender Zuckerrüben-Vollernter.

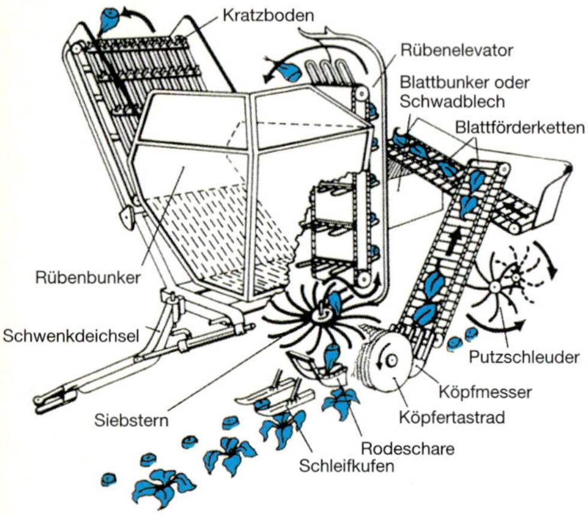

Abb. 1292 Köpf- und Rodeeinrichtung (1-phasige Anordnung, Schema).

Abb. 1293 Köpf- und Rodegruppe eines 6-reihigen SF-Rübenroders (Schema).

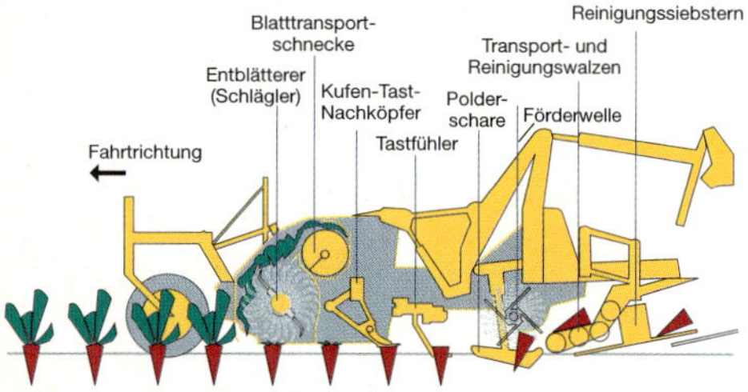

Abb. 1294 Köpfeinrichtung an einem Zuckerrüben-Vollernter.

12.1 Zuckerrüben-Vollerntemaschinen

Bei der Zuckerrübenernte wird zwischen 1- und 2-phasigem Verfahren unterschieden.

- *1-phasiges Verfahren:* In einem Arbeitsgang werden die Rüben geköpft, gerodet und gesammelt.
- *2-phasiges Verfahren:* Köpfen und Roden der Rüben erfolgt in der 1., das Sammeln (Laden) in der 2. Phase.

12.1.1 Köpf-Rode-Bunker (1-phasiges Verfahren)

Für die 1-phasige Ernte werden gezogene und selbst fahrende Maschinen angeboten.

Die **gezogenen Köpf-Rode-Bunker** sind 1- oder 2-reihig. Sie werden in der seitenstarren Ackerschiene oder am Zugmaul angehängt. Ihr Antrieb erfolgt über die Zapfwelle des Traktors.

Die Versorgung der hydraulischen Anlage des Vollernters geschieht mit einer eigenen Hydraulikpumpe.

Die **Selbstfahrer** sind 3- bis 6-reihig. Sie besitzen ein eigenes Fahrwerk. Der Antrieb erfolgt mit einem leistungsstarken Motor. Zur Entlastung des Fahrers ist der Vollernter mit einer Kabine ausgerüstet.

Die Arbeitsweise der einzelnen Bauteile ist bei allen Zuckerrüben-Vollerntern sehr ähnlich.

Bauteile für die Köpfarbeit – Das angetriebene Köpfer-Tastrad tastet die Höhe der Rübenköpfe ab. Das mit ihm gekoppelte Köpfmesser wird dadurch stets in der richtigen Köpfposition geführt. Ein Boden-Tastrad verhindert die Berührung des Messers mit dem Boden. Auf ebener Fläche und bei abgesenktem Köpfer ist das Köpfmesser ca. 2 cm über dem Boden einzustellen.

Förderbänder transportieren die abgeschnittenen Rübenblätter zur Blattablage. Mit Hilfe einer klappbaren Rutsche können mehrere Reihen in einem Längsschwaden abgelegt werden. Wenn die Rübenblätter nicht für die Fütterung benötigt werden, verteilt sie der Vollernter breit auf dem Feld. Dazu werden auch angebaute Häcksler oder Wurfgebläse eingesetzt. An mehrreihigen Rodern kommt der Schlagköpfer mit Nachköpfeinrichtung zum Einsatz. Nach dem Abschlagen der Blätter wird der Rübenkopf abgeschnitten.

Bauteile zum Roden – Mit dem Rodeorgan werden die Zuckerrüben aus dem Boden gehoben. Das soll möglichst schonend geschehen, damit die Rübenwurzeln nicht abbrechen. Bei den Rodescharen wird unterschieden zwischen:

- *Polderschar:* Dieses Universalschar hebt die Rüben schonend aus dem Boden. Es kann auf allen Bodenarten eingesetzt werden. Das Polderschar ist das einzige Schar, bei dem eine »Selbstführung« möglich ist.

- *Doppelzinkenschar:* Die beiden spitzen Rundzinken eignen sich besonders für stark verhärtete Böden, weil sie leicht in den Boden eindringen.
- *Doppelrad-Rodeschar:* 2 von der Zapfwelle angetriebene Rodeschare heben die Rüben aus dem Boden. Dieses Schar ist für gut rodefähige Böden geeignet.
- *Scheiben-Rodeschar:* 2 Scheiben, leicht schräg zur Fahrtrichtung angestellt, schneiden in den Boden und heben ihn mit den Rüben heraus. Dieses Schar ist für trockene, verhärtete Böden geeignet. Bei feuchten Böden besteht hohe Verschmutzungsgefahr.

Mittels Schleifkufen erfolgt die **Tiefenführung** der Rodeschare. Die seitliche Führung geschieht mit Hilfe einer elektro-hydraulischen Steuerung. Immer häufiger übernimmt aber eine Lenkautomatik die Führung der Rodeschare.

Bauteile für die Reinigung – Die Reinigung der Rübenköpfe übernimmt eine Putzschleuder. Sie ist mit Gummischlegeln ausgestattet, die knapp über dem Boden gegenläufig rotieren.

Die Reinigung der gerodeten Rüben erfolgt durch den Siebstern. Die Drehzahl dieses Sieborgans lässt sich auf die jeweils notwendige Reinigungswirkung einstellen.

Bauteile zum Fördern und Sammeln – Mit dem Siebstern werden die Rüben nicht nur gereinigt, sondern auch zum Elevator befördert. Dieser transportiert die Rüben in den Bunker.

Zum Entladen wird der Rübenbunker gekippt und mit einem Kratzboden entleert. Die Zuckerrüben können direkt auf einem Transportfahrzeug oder am Feldrand abgelegt werden. Der Abtransport erfolgt dort mit Hilfe einer »Lademaus«, die mit Reinigungselementen ausgerüstet ist.

Einstellung – Sie wird anhand der Betriebsanleitung vorgenommen, die die notwendigen Einstelldaten enthält.

Nachfolgend sind die Grundeinstellungen aufgeführt.

- Bei mehrreihig arbeitenden Vollerntern sind die Köpf- und Rodeorgane auf den Reihenabstand einzustellen.
- Die Köpfstärke wird durch den Abstand zwischen Köpfmesser und Köpfer-Tastrad festgelegt. Die Drehzahl des Köpfer-Tastrades muss der Fahrgeschwindigkeit angepasst werden.
- Die Höhe der Putzschleuder muss so eingestellt sein, dass die Gummischläger knapp über dem Boden arbeiten.
- Die Arbeitstiefe des Rodeschars beträgt etwa 10 cm.
- Die Einstellung der Drehzahl des Siebsterns richtet sich nach den jeweiligen Bodenverhältnissen. Mit steigender Drehzahl nimmt die Reinigungswirkung, aber auch die Verletzungsgefahr für die Rüben zu.

Wartung und Pflege der Zuckerrüben-Vollernter – Dieses Gerät ist beim Einsatz starker Verschmutzung ausgesetzt. Deshalb müssen alle Lager regelmäßig geschmiert werden. Darüber hinaus ist auf Folgendes besonders zu achten:

- Schneide der Köpfmesser regelmäßig prüfen und schärfen,
- abgenützte oder beschädigte Gummischläger der Putzschleuder ersetzen,

Abb. 1295 Nachköpfer mit Schleiftaster und Köpfstärken-Automatik

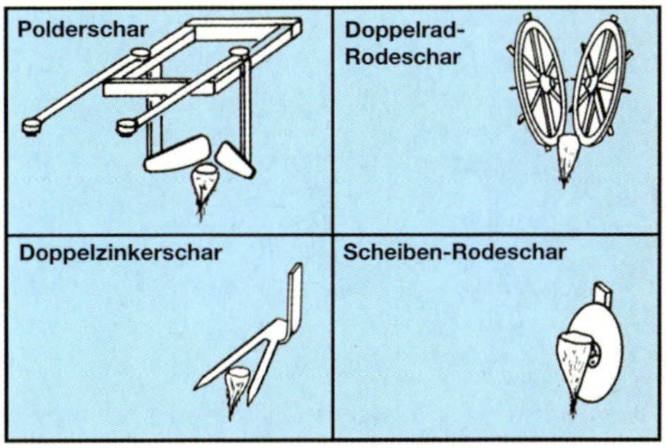

Abb. 1296 Rodeorgane für die Zuckerrüben-Ernte.

Abb. 1297 Die Hub-, Förder-Reinigungssterne aus Gummi heben die vom Polderschar gerodeten Rüben auf den Siebstern.

Abb. 1298 Diese Siebsterne der Reinigungsgruppe sind hydraulisch stufenlos einstellbar.

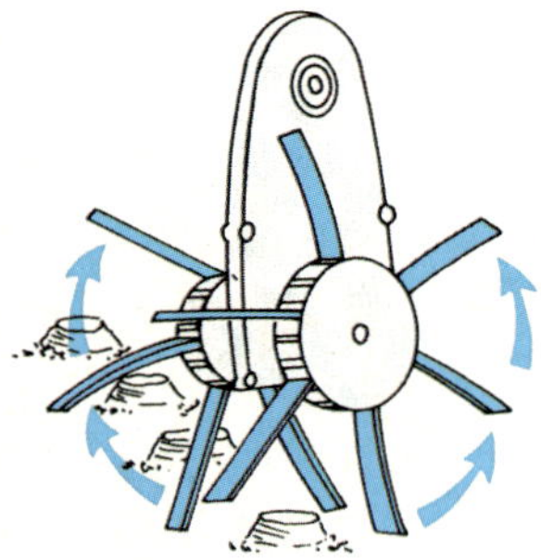

Abb. 1299 Putzschleuder mit gegenläufigen Gummischlägeln (Schema).

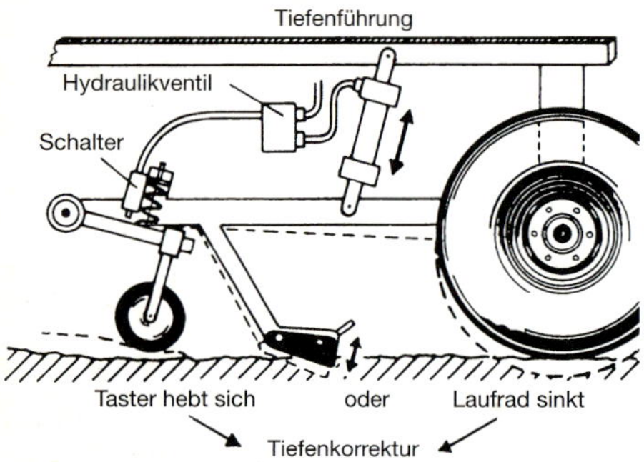

Abb. 1300 Automatische Führung eines Rodeorganes (Schema).

Abb. 1301 Zwischenlagerung der Zuckerrüben in einer Feldrandmiete.

Abb. 1302 Futterrüben-Vollernter.

- bei selbst führenden Rodescharen ist besonders auf die Seitenbeweglichkeit zu achten,
- abgenützte Polderschare sind durch neue zu ersetzen,
- Transportbänder immer gleichmäßig spannen,
- nach Abschluss der Erntearbeiten die Vollernter gründlich reinigen, Lager fetten und Maschine mit Sprühöl vor Rostbildung schützen.

12.1.2 Schwadroder (2-phasiges Verfahren)

Beim 2-phasigen Verfahren werden die Zuckerrüben mit einem Schlägelköpfer geköpft und mit dem Schwadroder in Schwaden abgelegt. Danach nimmt der Schwadlader die gerodeten Rüben auf und lädt sie auf einen Transportwagen über.
Nachteilig bei diesem Verfahren ist die Ablage der Zuckerrüben auf dem Boden (erhöhte Verschmutzungsgefahr).

12.2 Futterrüben-Vollernter

Der *Zuckerrüben-Vollernter* köpft die Rüben zuerst und rodet sie dann.
Der *Futterrüben-Vollernter* rodet zuerst und köpft die Rüben anschließend.
Arbeitsweise – Der Blattheber führt die Blätter der Rüben zwischen Ziehrad und Ziehriemen, wo sie eingeklemmt werden. Während der weiteren Drehung zieht das quer zur Fahrtrichtung geneigte Ziehrad die Rübe und transportiert sie zu den Köpfmessern. Führungsstangen drücken die Rüben vor dem Messer auf die richtige »Köpfhöhe«. Die geköpften Rüben fallen auf das Förderorgan und gelangen in den Rübenbunker.
Die Blätter werden mit Hilfe einer klappbaren Rutsche im Längsschwad abgelegt und danach breit verteilt.

Aufgaben:

1. Beschreiben Sie die unterschiedlichen Rodeschare, die beim Zuckerrüben-Vollernter zum Einsatz kommen.
2. Welche Unterschiede bestehen in der Arbeitsweise zwischen einem Zuckerrüben- und einem Futterrüben-Vollernter?
3. Ein Zuckerrübenschlag ist 300 Meter lang und mit der Breitseite an einen Feldweg angebunden. Wie viele Tonnen Fassungsvermögen müsste der Bunker eines 3-reihigen Köpfroders für Hin- und Rückfahrt bei einem Ernteertrag von 550 dt/ha haben? Der Reihenabstand beträgt 45 Zentimeter.
4. Ein 1-reihiger Zuckerrüben-Vollernter hat nach ca. 1600 Meter Fahrstrecke den 35-dt-Bunker gefüllt. Der Reihenabstand beträgt 45 Zentimeter.
   a) Wie hoch war die Ernte in dt/ha?
   b) Wie viele t/ha Zucker sind bei einem Zuckergehalt von 15,5 % (18 %) geerntet worden?
5. Bei einer Massenrüben-Ernte mit einem 1-reihigen Roder ist der Rodebunker von 1,9 t Fassungsvermögen nach 350 m Fahrstrecke gefüllt. Die Reihenweite beträgt 50 cm. Mit welchem Ertrag in dt/ha kann man ungefähr rechnen?

13 Kartoffel-Erntemaschinen

Kartoffeln sind bei der Ernte einer hohen Verletzungsgefahr ausgesetzt. Um die Verletzungen möglichst gering zu halten und dadurch Qualitätseinbußen zu vermeiden, müssen die Kartoffel-Erntemaschinen sehr schonend arbeiten. Vorratsroder und Schleuderradroder werden wegen geringer Flächenleistung und hohem Handarbeitsaufwand kaum noch verwendet.
Heute stellen die Kartoffel-Rode-Sammler die bevorzugte Erntetechnik dar. Aber auch die 2-phasige Ernte findet immer mehr Interesse.
Die Bedienung moderner Rode-Sammler wird durch hydraulischen Antrieb und hydraulische Steuerung erleichtert.

Abb. 1303 2-reihiger Kartoffel-Rode-Sammler.

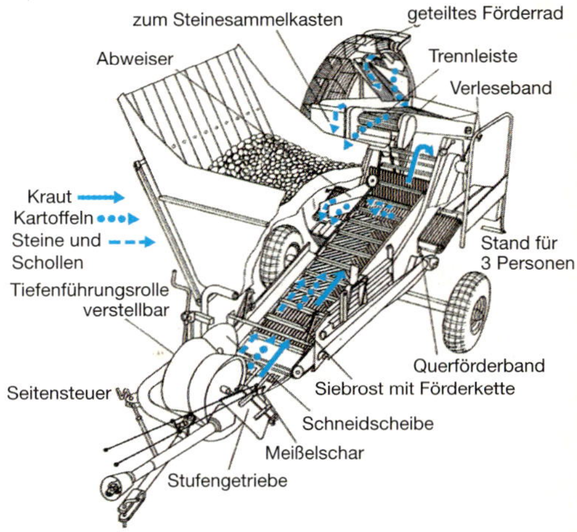

Abb. 1304 Bauteile eines Rode-Sammlers (Schema).

13.1 Rode-Sammler

Der Kartoffel-Rode-Sammler wird am Traktor angehängt und über dessen Zapfwelle angetrieben. Viele Rode-Sammler besitzen eine eigene Hydraulikanlage.
Bei mittiger Dammaufnahme fährt ein Traktorrad zwischen den Kartoffeldämmen. Dadurch besteht die Gefahr, dass die Kartoffeln bereits im Boden verletzt werden. Die vor dem Roden stattfindende Bodenverdichtung bildet zusätzlich Kluten, die das Roden erschweren.
Eine seitliche, neben dem Traktor stattfindende Dammaufnahme vermeidet dies.

13.1.1 Arbeitsweise der Rode-Sammler

Der Kartoffeldamm wird von einem Schar, das in der Arbeitstiefe regulierbar ist, aufgenommen. Verstellbare Schneidscheiben verhindern dabei das seitliche Ausbrechen des Dammes. Der aufgenommene Kartoffeldamm schiebt sich auf die Siebkette. Dort wird die Erde abgesiebt.
Die Krautkette entfernt das Kraut und wirft es hinter der Maschine aufs Feld. Mit dem Hubrad gelangen die Kartoffeln auf das Verleseband. Eine vorgelagerte Trenneinrichtung scheidet Kluten und Steine ab. Auf dem Verleseband wird von Hand nachverlesen. Die Kartoffeln gelangen anschließend ohne Beimengungen in den Bunker.

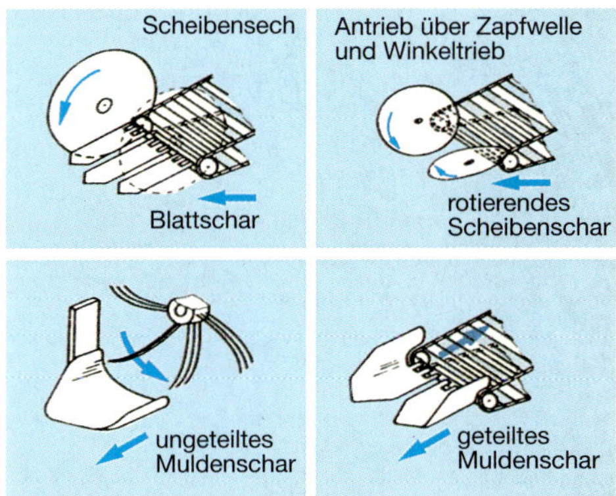

Abb. 1305 Scharformen für Rode-Sammler.

Abb. 1306 Siebvorrichtungen zum Absieben des Bodens.

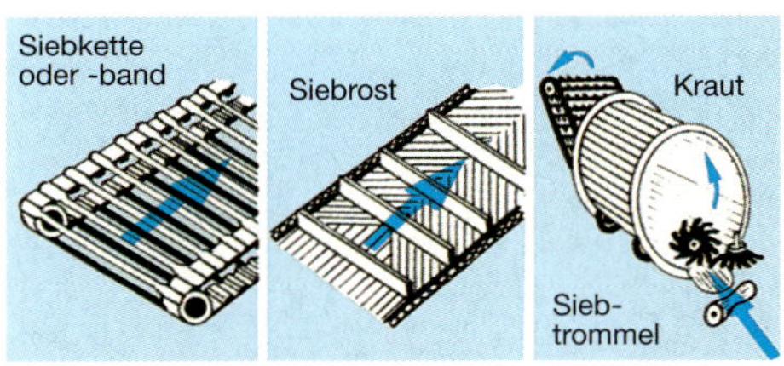

13.1.2 Baugruppen

Dammwalze – Die Dammwalze führt das Rodeschar in der eingestellten Tiefe. Sie rollt dabei über den Kartoffeldamm und zerdrückt die Kruste.
Rodeschar – Es ist in der Rodetiefe stufenlos einstellbar. Mehrteilige Blattschare, auch Spatenschare genannt, nehmen den Erddamm mit den Kartoffeln auf. Seitlich neben dem Schar sind Scheibenseche angeordnet.

Abb. 1307 Bei der seitlichen Aufnahme fährt der Traktor nicht mehr zwischen den Dämmen.

Abb. 1308 Das gleichmäßige Beschicken der Siebkette vermindert Beschädigungen der Kartoffelknollen.

Abb. 1309 Krauttrenneinrichtungen.

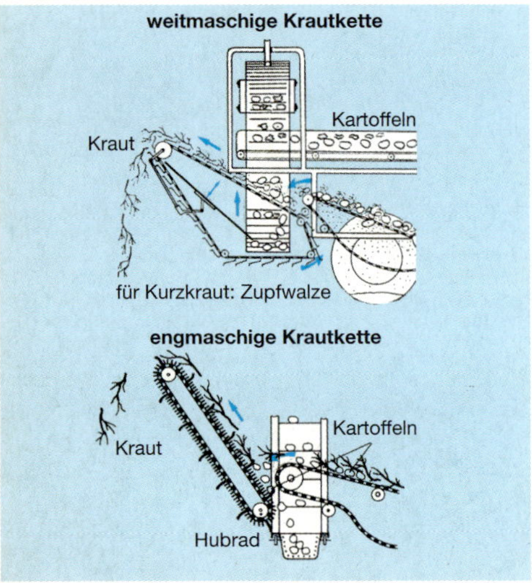

Die Muldenschare und die rotierenden Scheibenschare haben an Bedeutung verloren.

Siebvorrichtungen – Sie dienen der Trennung der Erde von den Kartoffeln. Die umlaufende Siebkette besteht aus 2 Gurten, auf denen kunststoff- oder gummiüberzogene Stäbe befestigt sind. Die Umlaufgeschwindigkeit ist verstellbar. Mit Rüttelrädern oder Klopfern lässt sich die Absiebwirkung verstärken.

Siebroste und Siebtrommeln sind kaum noch im Einsatz.

Krauttrennvorrichtung – Die Krautkette trennt das Kartoffelkraut von den Kartoffeln. *Engmaschige* Ketten bewirken eine intensive Krautabtrennung, es besteht aber eine erhöhte Beschädigungsgefahr für die Knollen. Bei *weitmaschigen* Krautketten ist die Beschädigung geringer.

Die Trennwirkung beider Ketten lässt sich durch Verstellen der Neigung, der Rütteleinrichtung und der Abstreiffinger ändern.

Hubvorrichtung – Ein Hubrad oder ein Hubelevator transportiert die Kartoffeln zur Trenneinrichtung. Die Teile, mit denen die Kartoffeln in Berührung kommen, sind mit Kunststoff oder Gummi überzogen. Die Schüttelwirkung des Klopfers muss den Krautverhältnissen angepasst werden.

Trenn- und Verleseeinrichtungen – Um das Verlesepersonal zu entlasten, sind dem Verleseband mechanische Trenneinrichtungen vorgeschaltet. Diese nützen die unterschiedlichen physikalischen Eigenschaften von Kartoffeln, Kluten und Steinen aus. Die Auswahl der Trenngeräte richtet sich je nach Besatz mit Kluten oder Steinen.

- Mit dem *Gumminoppenband* wird das unterschiedliche Gewicht von Steinen und Kartoffeln ausgenützt. Die Beimengungen sinken aufgrund ihres Gewichts in die Gumminoppen ein und gelangen über den Beimengenkanal auf das Feld zurück. Abstreifer leiten die Kartoffeln vom Gumminoppenband auf das Verleseband.
- *Bürstenwalzen* in Kombination mit einem *Gumminoppenband* eignen sich besonders bei hohem Steinbesatz. Die Steine drücken die Borsten zur Seite, das Noppenband fördert sie in einen Sammelbehälter oder direkt aufs Feld. Die Kartoffeln werden von der Bürstenwalze abgekämmt und wandern auf das Verleseband.
- Beim geneigten *gegenläufigen Band* wird das unterschiedliche Rollvermögen ausgenützt. Die »runden« Kartoffeln rollen über das Band. Kluten und Steine bleiben liegen und werden dadurch vom Band mitgenommen und aufs Feld zurückbefördert.

Der Antrieb dieser Trenneinrichtungen erfolgt meist hydraulisch. Ihre Neigung und die Arbeitsgeschwindigkeit lassen sich stufenlos auf jede Erntebedingung einstellen.

Die noch verbleibenden Beimengungen werden von auf dem Rode-Sammler mitfahrenden Personen ausgelesen. Die Kartoffeln fallen dann vom Verleseband in den Sammelbunker.

Sammeleinrichtung – Der Rollbodenbunker hat sich gegenüber dem Kippbunker durchgesetzt. Der große Vorteil des Rollbodenbunkers ist die veränderbare Abwurfhöhe. Dadurch vermindert sich die Verletzungsgefahr der Kartoffeln.

13.1.3 Wartung

Beim Kartoffel-Vollernter kommen alle Bauteile mit Erde in Berührung. Nur durch sorgfältige Wartung kann der Verschleiß an der Maschine gering gehalten werden:

- Lager täglich fetten,
- Getriebeöle regelmäßig kontrollieren und bei Bedarf ergänzen bzw. erneuern,
- Ölstand in der Hydraulikanlage prüfen,
- Transportbänder gleichmäßig spannen,
- Kunststoff- oder Gummiummantelungen der Siebketten, Förderleisten und Krautketten auf Beschädigung kontrollieren,
- alle Einstellvorrichtungen gängig halten.

Achtung: Hochgehobenen Sammelbunker vor Wartungs- oder Reparaturarbeiten aus Sicherheitsgründen immer mechanisch abstützen.

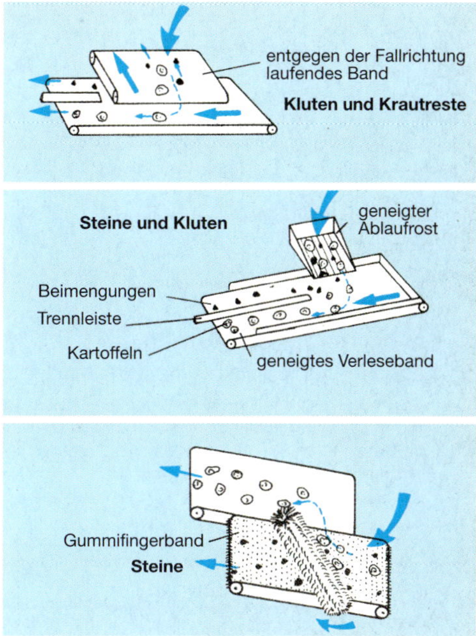

Abb. 1310 Trenneinrichtungen für Beimengungen (Schema).

13.2 Zweiphasige Kartoffelernte

Beim abgesetzten Ernteverfahren sind Roden und Sammeln getrennt. In der 1. Phase werden die Kartoffeln mit 3- bis 4-reihigen Geräten gerodet, vorgereinigt und auf einem Schwaden abgelegt. Nach dem Abtrocknen erfolgten in der 2. Phase die Aufnahme des Schwadens und das Sammeln in einem Bunker bzw. das Laden der Kartoffeln im Parallelbetrieb direkt auf einen Transportwagen.

Die Vorteile dieses Ernteverfahrens sind:

- Trockenes Erntegut,
- bessere Schalenfestigkeit und dadurch geringere Beschädigungsempfindlichkeit,
- helleres Erntegut bei schwarzerdigen Böden,
- hohe Flächenleistung.

Abb. 1311 Der Schwadleger legt mehrere Reihen Kartoffeln in einem Schwaden ab.

Abb. 1312 Bei diesem Kartoffelschwader werden die gerodeten Kartoffeln auf ein weiteres Fahrzeug über geladen.

Aufgaben:

1. Welchen Weg nimmt das Erntegut durch einen Kartoffel-Rode-Sammler?
2. Wodurch können Beimengungen abgeschieden werden?
3. Beschreiben Sie die 2-phasige Kartoffelernte, und geben Sie deren Vorteile an.
4. Ein 1-reihiger Kartoffel-Rode-Sammler fährt 280 Meter Schlaglänge einmal hin und her, bis der Bunker mit ca. 15 Dezitonnen gefüllt ist. Der Reihenabstand beträgt 75 Zentimeter.
   a) Wie viele Tonnen je Hektar Wirtschaftskartoffeln werden geerntet?
   b) Der Stärkegehalt beträgt 17 %. Wie hoch ist der Stärkeertrag in t/ha?

Abb. 1313 Farbige Leuchtanzeigen am Traktormeter bzw. die Stellung des Startschalters ermöglichen dem Fahrer eine Kontrolle der elektrischen Anlage.

Abb. 1314 Das Massekabel muss stets Kontakt zum Pol haben.

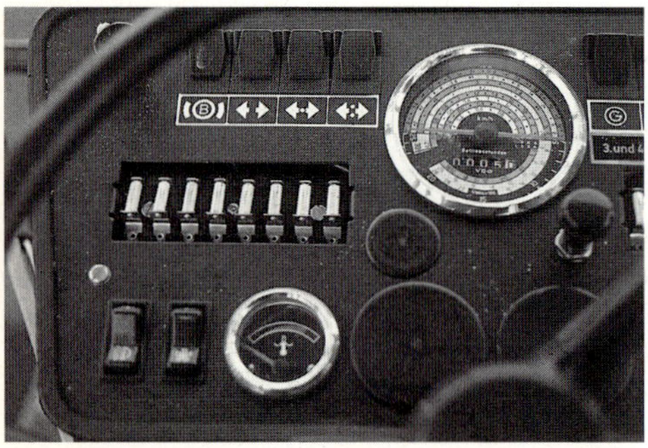

Abb. 1315 Sicherungen für die elektrische Anlage des Traktors dürfen niemals geflickt werden.

14 Elektrische Anlage des Traktors

Der Anlasser, die Beleuchtung, das Signalhorn und der Scheibenwischer, um nur einige zu nennen, sind Geräte, die elektrisch betrieben werden. Für die Versorgung dieser Geräte mit elektrischer Energie wird im Stillstand eine Batterie und bei laufendem Motor ein Generator benötigt.

14.1 Schaltplan

Die Zuordnung der Stromkreise zu den elektrischen Bauteilen kann dem Schaltplan entnommen werden. Dargestellt ist aber immer nur die Zuleitung. Die Rückleitung der Elektronen erfolgt über den Rahmen des Fahrzeugs.
Die Klemmen der Bauteile sind mit genormten Zahlen gekennzeichnet. Verschiedenfarbige Isolierungen unterscheiden die Zuleitungen. Diese Farben sind nicht genormt.
Aus dem Schaltplan können auch die Querschnitte der Leitungen entnommen werden, die für den Widerstand verantwortlich sind.

14.2 Stromquellen

14.2.1 Batterie

Aufgabe – Beim Stillstand des Motors versorgt eine Batterie, auch Bleiakkumulator genannt, die elektrische Anlage des Traktors mit Strom. Vor allen Dingen für den Startvorgang wird der Strom aus der Batterie benötigt.
Aufbau – Das Gehäuse der Starterbatterie besteht aus Kunststoff. Je nach Spannung der Batterie ist das Gehäuse in 3 oder 6 Zellen (6 V oder 12 V) unterteilt. In jeder Zelle sind positiv und negativ geladene Plattensätze ineinander geschoben und durch isolierende Platten, sog. Separatoren, getrennt. Die notwendige Verbindung stellen metallische Zellenverbinder her.
Verdünnte Schwefelsäure (H_2SO_4) ist als Elektrolyt (stromleitende Flüssigkeit) in das Batteriegehäuse eingefüllt.
Um ein Verwechseln beim Anschließen zu verhindern, ist der Plus-Anschlusspol etwas dicker ausgebildet als der Minus-Anschlusspol.
Kennzeichnung – Auf jeder Batterie werden Spannung und Kapazität angegeben.
Beispiel: 58827, 12 V, 88 Ah, 395 A
58827 → Typnummer
12 V → Nennspannung in Volt
88 Ah → Nennkapazität in Amperestunden
395 A → Kälteprüfstrom in Ampere
Funktion – Beim Laden der Batterie wird elektrische Energie in chemische umgewandelt. Das Bleisulfat ($PbSO_4$) der Plusplatten

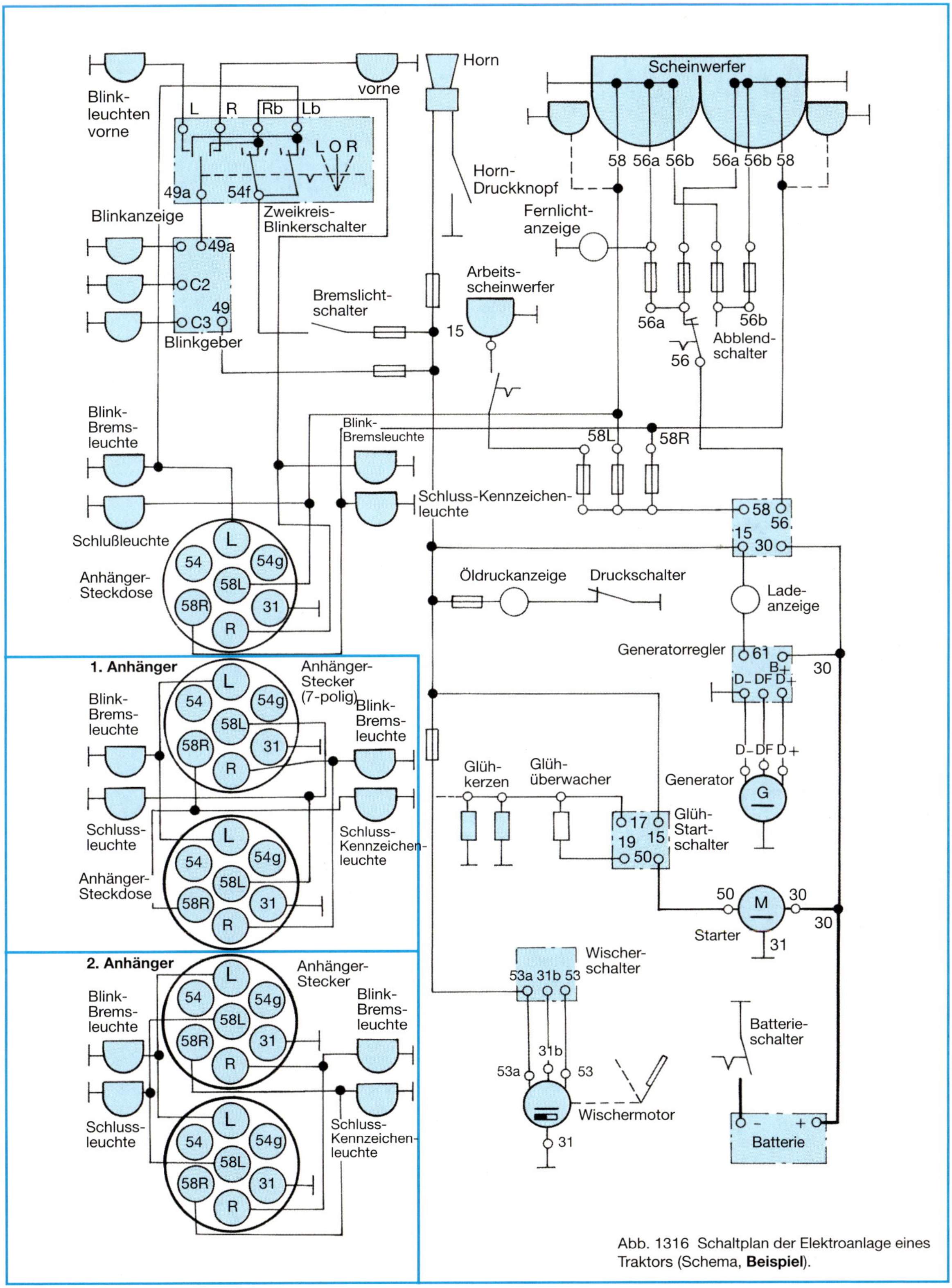

Abb. 1316 Schaltplan der Elektroanlage eines Traktors (Schema, **Beispiel**).

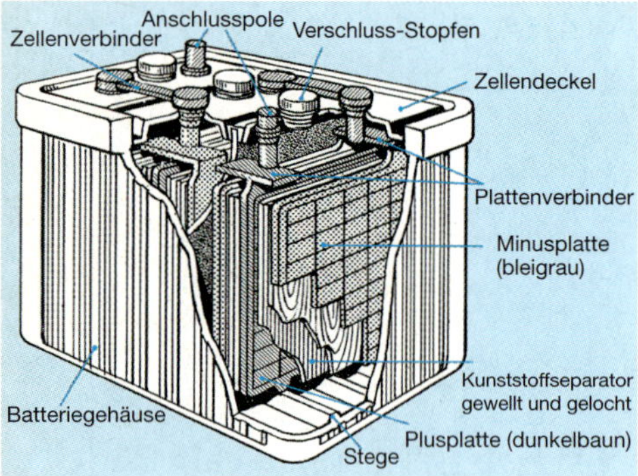

Abb. 1317 Bestandteile und Aufbau einer Akkumulatorenbatterie.

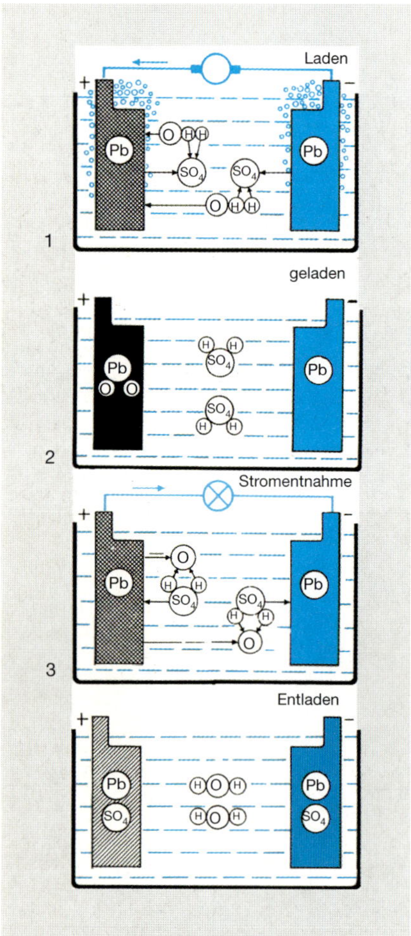

Abb. 1318 Chemische Vorgänge in einer Batterie (Schema).

wird in Bleioxid (PbO_2) umgewandelt. Die Minusplatte, ebenfalls Bleisulfat ($PbSO_4$), wandelt sich in Blei (Pb) um. Aus dem Säurerest (SO_4) und dem durch die Elektrolyse freigesetzten H_2 bildet sich Säure. Die Säuredichte steigt.

Wird Strom entnommen, wandelt sich die chemische Energie in elektrische Energie zurück. Aus dem Bleidioxid der Plusplatten entsteht Bleisulfat und aus dem Blei der Minusplatten entsteht ebenfalls Bleisulfat. Das sich bildende Wasser verdünnt die Schwefelsäure. Also sinkt die Dichte.

Wartung und Pflege – Die Batterie ist ein empfindliches Bauteil. Durch folgende Wartungs- und Pflegearbeiten kann ihre Lebensdauer verlängert werden:

- Batteriegehäuse sauber halten, denn Schmutz und Feuchtigkeit verursachen Kriechströme, die die Batterie entladen.
- Klemmen und Pole mit einem Polreiniger oder einer Bürste reinigen und nach dem Anklemmen mit Polfett bestreichen.
- Stillgelegte Batterien in einem trockenen, frostfreien Raum aufbewahren und alle 6–8 Wochen nachladen.
- Beim Laden der Batterie entsteht ein hochexplosives Gas *(Knallgas)*. Deshalb darf in der Nähe der Batterieladestation kein offenes Licht verwendet werden *(Explosionsgefahr)*.
- Flüssigkeitsstand ca. alle 8 Wochen überprüfen und wenn nötig destilliertes Wasser nachfüllen.

Um beim Ausbau der Batterie einen Kurzschluss zu vermeiden, immer zuerst den Minuspol und dann den Pluspol abklemmen. Beim Anklemmen wird in umgekehrter Reihenfolge (zuerst Plus und dann Minus) vorgegangen.

14.2.2 Lichtmaschine

Der Generator (Lichtmaschine) versorgt den Traktor während des Betriebes mit Strom und lädt die Batterie wieder auf. Die Ladekontrolle zeigt dies an.

Wirkungsweise – Die Spannungserzeugung beruht auf dem elektro-dynamischen Prinzip, d. h., wenn eine Leiterschleife magnetische Feldlinien schneidet, wird in der Leiterschleife eine elektrische Spannung induziert. Dabei ist es gleichgültig, ob die Leiterschleife sich dreht und das Magnetfeld steht (Gleichstrom-Lichtmaschine) oder das Magnetfeld sich dreht und die Leiterschleife steht (Drehstrom-Generator).

Der heute am meisten verwendete **Drehstrom-Generator** erzeugt 3 Wechselspannungen, die jeweils 120° zueinander phasenverschoben sind. Diese 3 Ströme werden als Drehstrom bezeichnet. Durch Leistungsdioden erfolgt die Gleichrichtung der Ströme, d. h., es entsteht ein geglätteter Gleichstrom (siehe »Grundstufe Agrarwirtschaft«).

Drehstrom-Lichtmaschinen haben gegenüber den Gleichstrom-Lichtmaschinen eine Reihe von Vorteilen:

- Hohe Gesamtleistung;
- Leistungsabgabe bereits bei niedriger Drehzahl, dadurch frühzeitiger Ladebeginn der Starterbatterie;

■ verschleißarm, dadurch lange Lebensdauer;
■ geringes Gewicht.

Pflegemaßnahmen – Die Lichtmaschine ist wartungsfrei. Der Antriebskeilriemen muss stets auf richtige Spannung überprüft werden. Leuchtet die Ladekontrolle während des Betriebes auf, muss die Lichtmaschine in einer Fachwerkstatt repariert bzw. der Lichtmaschinenregler erneuert werden.

Regler – Er hat die Aufgabe, die Generatorspannung bei allen Drehzahlen konstant zu halten. Bei einer 12-V-Anlage regelt er die Spannung der Lichtmaschine auf 14 V ein.

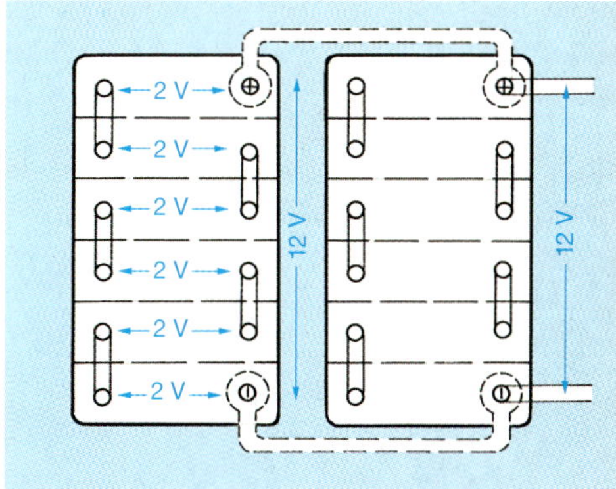

Abb. 1319 Bei gleicher Spannung kann die Kapazität einer Batterie durch Parallelschaltung mit einer weiteren Batterie vergrößert werden.

14.3 Stromverbraucher

Vorglühanlage – Indirekt einspritzende Dieselmotoren benötigen als Starthilfe eine Vorglühanlage. In jeden Zylinder ragt eine Glühkerze, die die Luft anwärmt. Dadurch wird im Zylinder die Zündtemperatur leichter erreicht.

Anlasser – Verbrennungsmotoren werden durch einen Gleichstrom-Elektromotor gestartet. Mit dem Starterschalter wird der Magnetschalter am Anlasser aktiviert. Er spurt das Ritzel des Anlassers in den Zahnkranz der Schwungscheibe ein und schließt den Starterstromkreis. Der Elektromotor setzt den Verbrennungsmotor in Bewegung, bis dieser aus eigener Kraft weiterläuft.

Nach Ausschalten des Starterschalters zieht eine Rückholfeder das Ritzel zurück. Der Elektromotor kommt zur Ruhe.

Beleuchtung – Die notwendigen Beleuchtungseinrichtungen und die vorgeschriebenen Maße, wie sie am Traktor angebracht sein müssen, werden in »Grundstufe Agrarwirtschaft« aufgezeigt.

Speziell bei den **Scheinwerfern** ist auf die richtige Einstellung zu achten. Zur Überprüfung der *Abblendlicht-Einstellung* platziert man den Traktor im Abstand von 5 m zu einer Wand und schaltet das Abblendlicht ein. Jetzt wird an der Wand die Hell-Dunkel-

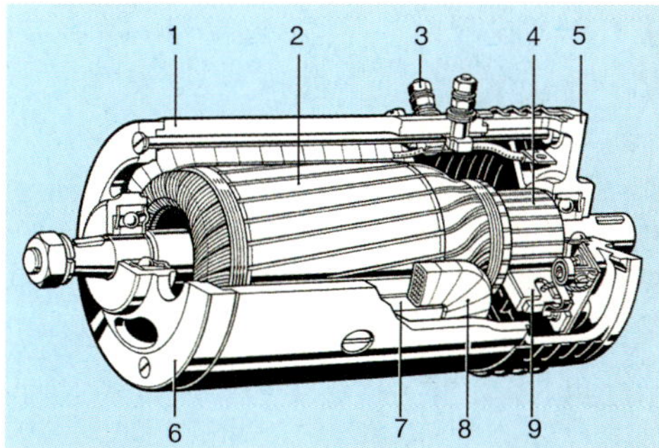

Abb. 1320 Gleichstromgenerator.
1 Polgehäuse, 2 Anker
3 Anschlussklemme, 4 Kommutator,
5 Kommutator-Lagerschild, 6 Antriebslagerschild,
7 Polschuh, 8 Erregerwicklung,
9 Bürstenhalter und Kohlebürste.

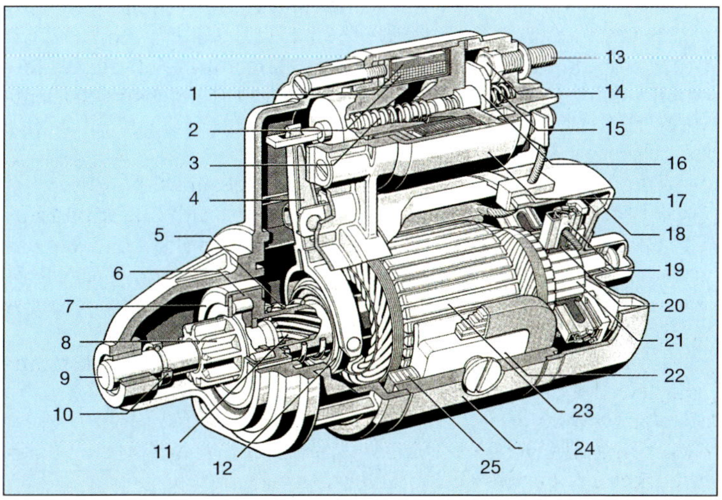

Abb. 1321 Mitte: Schub-Schraubtrieb-Starter (Schema):

1 Haltewicklung,	14 Kontakt,
2 Einzugswicklung,	15 Kontaktabschaltfeder,
3 Rückstellfeder,	16 Kontaktbrücke,
4 Einrückhebel,	17 Einrückrelais,
5 Einspurfeder,	18 Kommutatorlager,
6 Mitnehmer,	19 Bürstenhalter,
7 Rollenfreilauf,	20 Kohlebrüste,
8 Ritzel,	21 Kommutator,
9 Ankerwelle,	22 Polschuh,
10 Anschlagring,	23 Anker,
11 Steilgewinde,	24 Polgehäuse,
12 Führungsring,	25 Erregerwicklung.
13 elektrischer Anschluss,	

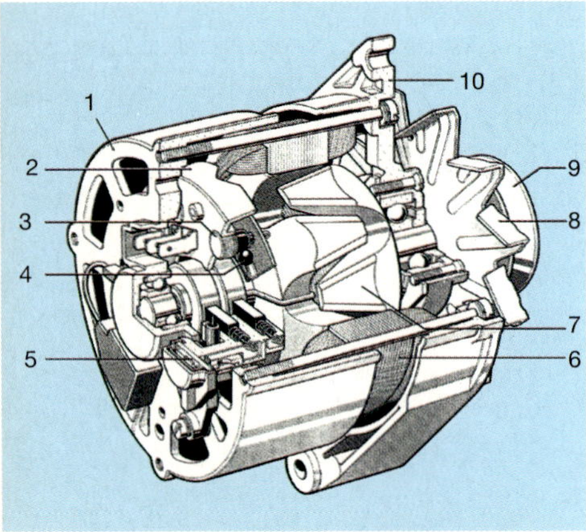

Abb. 1322 Drehstrom-Generator (Schema):
1 Schleifring-Lagerschild, 2 Gleichrichter, 3 Leistungsdiode, 4 Erregerdiode, 5 Regler, Bürstenhalter und Kohlebürsten, 6 Ständer, 7 Läufer, 8 Lüfter, 9 Riemenscheibe, 10 Antriebslagerschild.

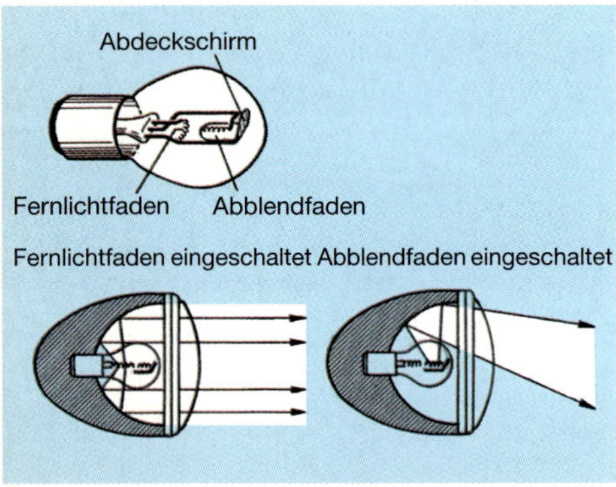

Abb. 1323 Fern- und Abblendlicht einer Biluxlampe (Schema).

Abb. 1324 Beim Auswechseln einer Lampe stets nur den Sockel (B) berühren; die Leuchtweite mit den Schrauben (A) einstellen; Befestigung am Rahmen (C).

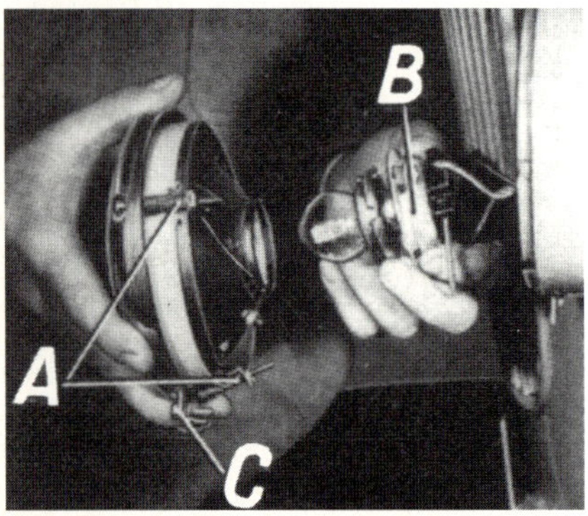

Grenze sichtbar. Sie muss bei richtiger Einstellung 5 cm tiefer liegen als die Scheinwerfermitte.
Durch Verdrehen der Nachstellschrauben kann eine fehlerhafte Einstellung korrigiert werden. Das asymmetrische Abblendlicht hat gegenüber dem symmetrischen den Vorteil, dass der rechte Fahrbahnrand besser ausgeleuchtet wird und somit eventuelle Hindernisse früher gesehen werden.

Der Reflektor und der Lampenkolben dürfen nicht mit den Fingern berührt werden, weil die Schweiß- und Fettspuren verdampfen und sich dann wieder am Reflektor niederschlagen. Der Reflektor wird dadurch allmählich blind. Damit verringert sich die Leuchtkraft.

Aufgaben:

1. Beschreiben Sie die Funktionsweise eines Akkumulators.
2. Welcher Pol ist beim Ausbau der Batterie zuerst abzuklemmen, welcher beim Einbau zuerst anzuklemmen? — Begründen Sie Ihre Entscheidung.
3. Ein Traktor soll mit Hilfe eines Starthilfe-Kabels angelassen werden. Welche Pole der beiden Batterien sind jeweils mit einem Kabel zu verbinden?
4. Welche Unfallverhütungs-Vorschriften sind beim Laden von Batterien in geschlossenen Räumen zu beachten?
5. Weshalb darf der gläserne Lampenkolben beim Auswechseln der Lampe nicht mit den bloßen Fingern berührt werden?

Abb. 1325 Am Lichtkegel auf der Projektionswand kann man die einwandfreie Scheinwerfereinstellung kontrollieren.

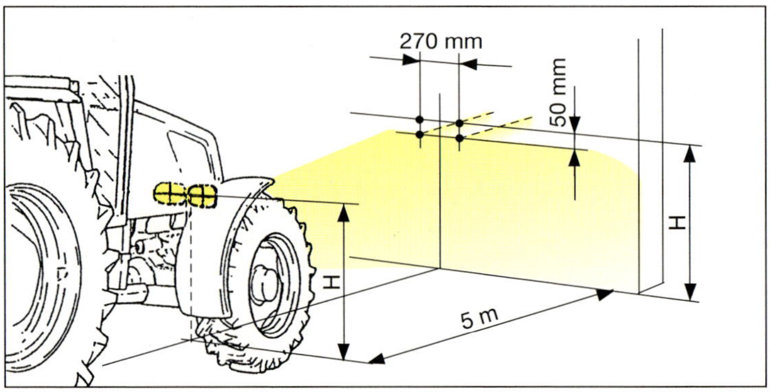

Tabellenanhang

Die angegebenen Tabellen können den unterrichtlichen Einsatz der jeweils aktuellen Zahlen nicht ersetzen; sie bilden aber eine notwendige Grundlage für die Arbeit mit dem Lehrbuch.

Tabelle 110: Futterwerttabelle für Wiederkäuer. Auszug der »DLG-Futterwerttabelle für Wiederkäuer« (Quelle: M. KIRCHGEßNER, Tierernährung, 10. Aufl., 1997)

Futtermittel	Trockenmasse	in 1 kg Trockenmasse						
		VQ[1]) organische Masse	Rohfaser	Rohprotein	nutzbares Rohprotein	ruminale Stickstoffbilanz	ME	NEL
	g/kg	g	g	g	g	g	MJ	MJ
1. Grünfutter – frisch								
Alexandrinenklee, Beginn der Blüte	190	70	257	187	146	6	9,72	5,77
Erbse (Futtererbse), in der Blüte	160	71	282	177	137	6	9,21	5,40
Esparsette, Beginn der Blüte	230	–	267	171	136	6	10,01	5,93
Futterrübe (gehaltvolle), Blätter sauber	160	76	125	157	130	4	9,89	6,03
Gerste								
– Beginn bis volles Ährenschieben	170	81	231	180	155	4	11,25	6,89
– in bis Ende der Blüte	230	68	313	102	122	–2	9,32	5,49
Grünland, 2–3 Nutzungen, grasreich								
1. Aufwuchs								
– Beginn Ähren-/Rispenschieben	170	80	195	180	152	5	11,30	6,90
– Beginn der Blüte	210	71	288	130	131	0	9,91	5,88
– Mitte bis Ende der Blüte	230	68	323	108	123	–1	9,38	5,50
2. und folgende Aufwüchse								
– unter 4 Wochen	180	74	208	183	140	7	10,21	6,12
– 4–6 Wochen	200	72	247	166	135	5	10,01	5,95
Grünland, 2–3 Nutzungen, klee- und kräuterreich								
1. Aufwuchs								
– Beginn Ähren-/Rispenschieben	160	81	188	184	153	5	11,48	7,03
– Beginn der Blüte	200	74	262	177	141	6	10,36	6,18
– Mitte bis Ende der Blüte	220	69	300	165	132	5	9,70	5,71
2. und folgende Aufwüchse								
– unter 4 Wochen	170	80	187	202	153	8	11,27	6,87
– 4–6 Wochen	190	75	225	185	143	7	10,44	6,25
Hafer								
– Beginn Rispenschieben	170	83	210	164	152	2	11,41	7,01
– Beginn der Blüte	220	74	302	111	132	– 2	10,19	6,09
– in der Teigreife, Körneranteil ca. 33 %	300	63	320	83	114	– 4	8,92	5,17
Klee, Persischer								
– Beginn der Blüte	190	74	207	208	148	10	9,86	5,89
Landsberger Gemenge, in der Blüte	160	71	269	148	133	2	9,86	5,86
Lupine, in der Blüte	140	69	222	202	125	12	9,62	5,75
Luzerne								
1. Aufwuchs								
– in der Knospe	170	70	238	219	141	12	9,83	5,82
– Beginn der Blüte	200	68	286	187	139	8	9,37	5,49
– Mitte bis Ende der Blüte	230	63	327	175	135	6	8,77	5,07
2. und folgende Aufwüchse								
– in der Knospe	180	70	247	214	141	12	9,85	5,81
– Beginn der Blüte	210	67	281	204	141	10	9,31	5,43
Mais								
– Beginn der Kolbenbildung	170	71	258	104	131	– 3	10,11	6,04
– in der Milchreife	210	75	223	90	136	– 6	10,70	6,47
– Beginn der Teigreife	270	73	205	86	133	– 6	10,61	6,39
– Ende der Teigreife	350	73	198	81	131	– 7	10,61	6,38
Mais, Restpflanze								
– aus Lieschkolbenernte	300	64	280	74	114	– 5	8,90	5,18

[1]) Verdauungsquotient.

Fortsetzung Tabelle 110

Futtermittel	Trockenmasse	in 1 kg Trockenmasse						
	g/kg	VQ[1]) organische Masse g	Rohfaser g	Rohprotein g	nutzbares Rohprotein g	ruminale Stickstoffbilanz g	ME MJ	NEL MJ
Mais, Restpflanze								
– aus Corn-Cob-Mix-Ernte	350	63	297	70	109	– 5	8,59	4,98
– aus Körnerernte	400	58	336	59	99	– 5	7,81	4,45
Maiskolben								
– mit Hüllblättern	500	82	132	98	153	– 8	12,28	7,61
– ohne Hüllblätter	600	82	91	100	154	– 8	12,52	7,79
Markstammkohl, früh geerntet	120	85	123	193	155	6	11,38	7,07
Obsttrester (Apfel)	220	64	216	66	115	– 7	9,68	5,67
Ölrettich, vor bis in der Blüte	130	78	232	184	139	7	9,20	5,52
Raps (Futterraps), vor der Blüte	110	88	133	194	157	6	11,30	7,00
Roggen								
– Beginn Ährenschieben	150	82	225	182	154	5	11,54	7,08
– Beginn der Blüte	200	71	331	131	130	0	9,87	5,84
– in der Teigreife	300	72	328	109	130	– 2	10,07	5,99
Rotklee								
1. Aufwuchs								
– in der Knospe	160	76	213	193	152	7	10,68	6,44
– Beginn der Blüte	220	70	261	161	138	4	9,82	5,82
– Mitte bis Ende der Blüte	250	66	296	150	135	2	9,34	5,47
2. und folgende Aufwüchse								
– in der Knospe	180	74	209	207	152	9	10,48	6,29
– Beginn der Blüte	220	68	262	177	138	6	9,64	5,67
Rotklee-Gras-Gemenge								
1. Aufwuchs								
– in der Knospe	170	75	223	178	143	6	10,52	6,34
– Beginn der Blüte	200	72	259	155	134	3	9,84	5,84
– Mitte bis Ende der Blüte	240	70	300	134	133	0	9,66	5,70
Rübsen, vor der Blüte	110	84	145	201	152	8	11,15	6,88
Senf, Weißer								
– in der Blüte	150	73	210	267	143	20	9,99	6,06
Sonnenblume, in der Blüte	120	69	216	144	123	3	9,13	5,40
Weißklee, vor der Blüte	120	81	148	256	172	13	11,55	7,08
Weizen								
– Beginn Ährenschieben	210	80	229	133	143	– 1	11,00	6,72
– in bis Ende der Blüte	250	67	343	100	122	– 2	9,35	5,48
– in der Teigreife	300	66	300	89	119	– 4	9,32	5,46
Zuckerrübenblätter, sauer	160	82	108	159	141	3	10,48	6,47
2. Grünfutter – Silage								
Gerste								
– in bis Ende der Blüte	230	68	335	99	122	– 3	9,56	5,65
– in der Teigreife (GPS)	300	63	284	95	115	– 2	8,79	5,10
Grünland, 2–3 Nutzungen, grasreich								
1. Aufwuchs								
– Beginn Ähren-/Rispenschieben	350	79	221	165	145	3	11,09	6,69
– Beginn der Blüte	350	74	299	130	128	0	9,73	5,76
2. und folgende Aufwüchse								
– unter 4 Wochen	350	72	219	175	135	6	10,04	5,98
– 4–6 Wochen	350	70	260	157	130	4	9,62	5,62
Grünland, 2–3 Nutzungen, klee- und kräuterreich								
1. Aufwuchs								
– Beginn Ähren-/Rispenschieben	350	81	212	171	148	4	10,75	6,51
– Beginn der Blüte	350	72	273	149	132	3	9,84	5,84
2. und folgende Aufwüchse								
– unter 4 Wochen	350	76	206	183	142	7	10,43	6,28
– 4–6 Wochen	350	72	242	163	133	5	9,80	5,82
Hafer								
– in der Blüte	220	68	322	88	121	– 4	9,58	5,63
– Ende der Blüte	250	63	361	79	109	– 4	8,43	4,86
– in der Teigreife (GPS)	300	59	312	92	109	– 2	8,38	4,80
Landsberger Gemenge, in der Blüte	350	71	289	144	130	2	9,90	5,88

Fortsetzung Tabelle 110

Futtermittel	Trockenmasse	in 1 kg Trockenmasse						
	g/kg	VQ[1]) organische Masse g	Rohfaser g	Rohprotein g	nutzbares Rohprotein g	ruminale Stickstoffbilanz g	ME MJ	NEL MJ
Luzerne								
1. Aufwuchs								
– in der Knospe	350	66	254	207	132	12	9,28	5,43
– Beginn der Blüte	350	63	294	179	128	8	8,71	5,04
– Mitte bis Ende der Blüte	350	58	342	178	128	8	8,26	4,70
2. und folgende Aufwüchse								
– Beginn der Blüte	350	62	293	213	135	13	8,95	5,17
Mais								
– in der Milchreife	210	70	233	93	129	–5	10,12	6,03
– Beginn der Teigreife	270	72	212	88	131	–6	10,51	6,31
– Ende der Teigreife	350	73	201	81	131	–7	10,70	6,45
– Kolbenanteil > 55 %	380	75	177	80	135	–8	11,06	6,71
Maiskolben								
– mit Hüllblättern	500	80	143	89	146	–8	11,97	7,37
– ohne Hüllblätter	600	82	89	95	152	–8	12,49	7,78
– ohne Hüllblätter, CCM	600	84	52	105	159	–8	12,89	8,08
Markstammkohl, früh geerntet	140	76	179	104	125	–2	9,84	5,97
Raps (Futterraps), in der Blüte	130	79	202	172	138	5	10,37	6,29
Roggen, Beginn der Blüte	210	72	351	105	128	–3	9,98	5,93
Rotklee								
1. Aufwuchs								
– in der Knospe	350	72	234	182	142	6	10,10	6,03
– Beginn der Blüte	350	68	277	155	132	4	9,49	5,58
– Mitte bis Ende der Blüte	350	65	309	150	131	3	9,09	5,32
2. und folgende Aufwüchse								
– in der Knospe	350	73	215	196	145	8	10,16	6,07
– Beginn der Blüte	350	66	276	161	129	5	9,14	5,34
Rotklee-Gras-Gemenge								
1. Aufwuchs								
– in der Knospe	350	76	246	173	145	5	10,86	6,55
– Beginn der Blüte	350	73	278	165	137	5	10,25	6,11
Weizen								
– in bis Ende der Blüte	250	66	346	108	114	0	8,65	5,04
– in der Teigreife (GPS)	300	62	291	95	112	–2	8,59	4,97
Zuckerrübenblätter, sauber	160	76	159	149	130	3	9,71	5,86
3. Grünfutter – getrocknet								
Grünland, 2–3 Nutzungen, grasreich								
1. Aufwuchs								
– volles Ähren-/Rispenschieben	860	65	294	106	121	–1	9,11	5,32
– Beginn der Blüte	860	62	324	94	115	–2	8,55	4,93
– Mitte bis Ende der Blüte	860	58	356	91	108	–2	7,99	4,55
2. und folgende Aufwüchse								
– unter 4 Wochen	860	70	251	151	135	3	9,66	5,71
– 4–6 Wochen	860	66	284	133	125	1	9,05	5,28
– 7–9 Wochen	860	61	312	124	116	1	8,30	4,76
Grünland, 2–3 Nutzungen, klee- und kräuterreich								
1. Aufwuchs								
– volles Ähren-/Rispenschieben	860	68	275	123	127	0	9,41	5,54
– Beginn der Blüte	860	66	301	103	121	–2	9,08	5,31
– Mitte bis Ende der Blüte	860	63	330	101	117	–2	8,59	4,96
2. und folgende Aufwüchse								
– unter 4 Wochen	860	69	231	171	137	5	9,61	5,67
– 4–6 Wochen	860	66	265	147	128	3	9,06	5,28
– 7–9 Wochen	860	59	302	146	118	4	8,17	4,66
Grünmehl (Gras)								
– unter 24 % Rohfaser	900	76	209	197	177	3	10,69	6,44
– über 24 % Rohfaser	900	69	272	185	171	2	9,74	5,75
Grünmehl (Luzerne)								
– unter 26 % Rohfaser	900	70	222	218	194	5	9,61	5,67
– über 26 % Rohfaser	900	62	289	188	168	3	8,57	4,95

Fortsetzung Tabelle 110

Futtermittel	Trockenmasse	in 1 kg Trockenmasse						
		VQ[1]) organische Masse	Rohfaser	Rohprotein	nutzbares Rohprotein	ruminale Stickstoffbilanz	ME	NEL
	g/kg	g	g	g	g	g	MJ	MJ
Graskops, 1. Schnitt[2])								
– Blattstadium	890	–	166	191	175	3	10,72	6,54
– Schossen	890	–	198	183	168	2	10,28	6,21
– Rispenschieben	890	–	242	156	151	1	9,64	5,72
Graskops, 2. und folgende Schnitte[2])								
– Blattstadium	890	–	166	190	168	4	9,97	6,03
– Schossen	890	–	200	172	158	2	9,65	5,76
– Rispenschieben	890	–	238	164	150	2	9,21	5,41
Luzerne, Heu								
1. Aufwuchs								
– in der Knospe	860	64	276	192	141	8	8,92	5,18
– Beginn der Blüte	860	61	326	165	131	5	8,51	4,89
– Mitte bis Ende der Blüte	860	58	366	164	132	5	8,09	4,60
2. und folgende Aufwüchse								
– in der Knospe	860	60	279	181	133	8	8,31	4,77
– Beginn der Blüte	860	57	322	173	127	7	7,97	4,52
– Mitte bis Ende der Blüte	860	56	348	163	129	5	7,79	4,41
Rotklee, Heu								
1. Aufwuchs								
– in der Knospe	860	67	258	157	137	3	9,37	5,51
– Beginn der Blüte	860	66	300	155	134	3	9,01	5,25
– Mitte bis Ende der Blüte	860	63	336	134	130	1	8,73	5,05
Rotklee-Gras-Gemenge, Heu								
1. Aufwuchs								
– in der Knospe	860	71	260	136	134	0	9,85	5,86
– Beginn der Blüte	860	68	300	139	132	1	9,51	5,59
– Mitte bis Ende der Blüte	860	63	336	124	123	0	8,73	5,05
4. Stroh								
Erbse	860	48	409	94	96	0	6,57	3,62
Gerste	860	50	442	39	82	– 6	6,80	3,76
– aufgeschlossen (Natronlauge)	860	63	423	40	96	– 8	8,15	4,70
– aufgeschlossen (Ammoniak)	860	59	457	87	111	– 3	8,11	4,60
Glatthafer	860	53	385	58	93	– 5	7,19	4,02
Hafer	860	50	440	35	80	– 6	6,74	3,73
– aufgeschlossen (Ammoniak)	860	56	428	81	104	– 3	7,67	4,32
Roggen	860	44	472	37	74	– 5	6,00	3,25
– aufgeschlossen (Ammoniak)	860	57	456	71	102	– 4	7,26	4,06
Rotschwingel	860	50	392	59	90	– 4	6,82	3,77
Weidelgras, Deutsches	860	54	380	54	94	– 5	7,42	4,17
Weizen	860	47	429	37	76	– 5	6,37	3,50
– aufgeschlossen (Natronlauge)	860	60	425	37	91	– 8	7,87	4,51
– aufgeschlossen (Ammoniak)	860	55	432	93	105	– 1	7,49	4,21
5. Wurzeln und Knollen, fleischige Früchte								
Futterrübe (gehaltvolle), sauber	150	89	64	77	149	– 11	11,96	7,57
Kartoffel, roh	220	92	27	96	162	– 10	13,08	8,44
– gedämpft	220	84	29	98	150	– 7	11,99	7,56
– gedämpft und siliert	220	89	37	104	157	– 8	12,38	7,88
Kartoffelflocken	880	86	24	89	152	– 9	12,11	7,64
Kartoffelschnitzel	880	86	28	92	152	– 9	11,99	7,56
Kohlrübe, sauber	110	89	101	111	158	– 7	12,41	7,88
Maniokmehl/Maniokschnitzel								
– Typ 55	880	85	59	29	132	– 15	11,95	7,55
Massenrübe, sauber	120	89	69	89	150	– 9	11,96	7,60
Mohrrübe	110	88	93	92	150	– 8	12,15	7,71
Stoppelrübe								
– ohne Blätter, sauber	90	89	114	133	158	– 3	12,07	7,65
– mit Blätter, sauber, siliert	130	83	209	172	151	3	11,34	6,95
Zuckerrübe, sauber	230	89	54	62	152	– 13	12,56	8,01
Zuckerrübenschnitzel, Vollschnitzel	900	88	54	53	145	– 14	12,47	7,93

Fortsetzung Tabelle 110

Futtermittel	Trockenmasse	in 1 kg Trockenmasse						
	g/kg	VQ[1]) organische Masse g	Rohfaser g	Rohprotein g	nutzbares Rohprotein g	ruminale Stickstoffbilanz g	ME MJ	NEL MJ
6. Körner und Samen								
Ackerbohne	880	91	89	298	195	17	13,62	8,61
Erbse	880	90	67	251	187	10	13,48	8,53
Gerste (Sommer)	880	87	52	119	165	– 6	12,93	8,16
Gerste (Winter)	880	85	57	124	164	– 5	12,84	8,08
Hafer	880	74	116	121	140	– 2	11,48	6,97
Lein	880	83	71	249	122	20	17,34	10,75
Lupine blau, süß	880	90	162	333	212	19	14,19	8,91
Lupine gelb, süß	880	90	168	438	232	33	14,31	8,95
Mais	880	86	26	106	164	– 8	13,29	8,39
Maiskolbenschrot								
– mit Hüllblättern	880	72	171	84	133	– 7	10,61	6,38
– ohne Hüllblätter	880	76	82	92	144	– 7	11,70	7,17
– ohne Hüllblätter, CCM	880	87	59	100	161	– 9	13,29	8,40
Milo (Sorghum)	880	86	24	117	169	– 7	13,12	8,28
Raps	880	74	89	221	98	20	17,51	10,72
Reis (Bruchreis)	880	89	9	89	161	– 11	13,59	8,72
Roggen	880	90	27	112	167	– 8	13,31	8,49
Sojabohne, dampferhitzt	880	86	62	398	189	33	15,88	9,90
Weizen (Winter)	880	89	29	138	172	– 4	13,37	8,51
7. Nebenerzeugnisse der Müllerei								
Gerstenfuttermehl	880	76	89	151	154	0	11,50	7,01
Gerstenkleie	890	71	153	138	146	0	10,81	6,50
Gerstenschälkleie	900	57	207	129	121	1	8,67	4,97
Haferfutterflocken	910	86	22	139	160	– 2	13,64	8,58
Haferschälkleie, über 20 % Rohfaser	910	61	270	68	108	– 5	8,65	4,99
Haferspelzen	910	54	326	56	94	– 5	7,47	4,20
Maisfuttermehl	890	85	59	118	162	– 6	13,36	8,38
Maiskleie	890	81	121	114	161	– 7	12,43	7,66
Reisfuttermehl, gelb	900	67	105	143	127	3	11,04	6,56
Reisfuttermehl, weiß	890	85	59	145	151	0	13,26	8,23
Roggenfuttermehl	880	84	37	173	164	1	12,37	7,68
Roggengrießkleie	880	74	66	164	145	3	11,05	6,69
Roggenkleie	880	73	83	163	143	3	10,67	6,42
Roggennachmehl	880	–	25	154	174	– 2	13,49	8,59
Weizenfuttermehl	880	85	52	192	173	3	13,07	8,18
Weizengrießkleie	880	74	97	175	151	4	11,17	6,76
Weizenkleie	880	67	134	160	140	3	9,92	5,86
Weizennachmehl	880	87	33	192	177	2	13,52	8,53
8. Nebenerzeugnisse der Zucker- und Stärkeherstellung								
Futterzucker	990	96	0	1	–	–	14,15	9,30
Kartoffelpülpe, getrocknet	880	80	216	71	142	– 10	11,18	6,84
Kartoffelstärke	830	92	0	2	0	0	13,51	8,77
Maiskleber, getrocknet	900	92	13	708	482	36	15,27	9,52
Maiskleberfutter								
– 20–23 % Protein	900	82	85	220	178	7	12,48	7,77
– 23–35 % Protein	890	82	90	258	189	11	12,46	7,71
Maisstärke	880	96	3	6	0	0	13,97	9,13
Melasse (Zuckerrübe), zuckerreich	770	89	0	136	160	– 3	12,29	7,88
Melasserest (Zuckerrübe)	670	78	0	325	148	28	9,16	5,59
Melasseschnitzel	910	89	157	126	156	– 7	12,09	7,61
Nassschnitzel, siliert	140	84	237	117	156	– 5	11,70	7,23
Pressschnitzel, siliert	220	86	208	111	157	– 6	11,87	7,40
Trockenschnitzel	900	86	205	99	156	– 8	11,93	7,43
Weizenkleber	910	95	5	813	322	79	15,63	9,81

Fortsetzung Tabelle 110

Futtermittel	Trockenmasse	in 1 kg Trockenmasse						
	g/kg	VQ[1]) organische Masse g	Rohfaser g	Rohprotein g	nutzbares Rohprotein g	ruminale Stickstoffbilanz g	ME MJ	NEL MJ
9. Nebenerzeugnisse des Gärungsgewerbes								
Biertreber,								
– frisch	240	66	178	253	185	11	10,91	6,44
– siliert	260	68	193	249	185	10	11,22	6,66
– getrocknet	900	66	170	259	198	10	10,57	6,19
Hefe (Bierhefe), getrocknet	900	84	25	521	324	32	12,40	7,61
Hefe (Sulfitablaugenhefe)	910	78	31	502	307	31	12,27	7,48
Malzkeime	920	70	145	297	180	19	10,36	6,17
Schlempe (Kartoffel), getrocknet	900	73	106	284	194	14	9,81	5,86
Schlempe (Mais), getrocknet	900	79	104	297	242	9	12,68	7,75
10. Nebenerzeugnisse der Ölgewinnung								
Baumwollsaat-Extraktionsschrot								
– aus geschälter Saat	900	76	96	501	285	35	11,85	7,15
– aus teilgeschälter Saat	900	69	185	412	243	27	10,95	6,52
– aus ungeschälter Saat	900	63	258	358	215	23	9,56	5,55
Baumwollsaatkuchen/Expeller, 4–8 % Fett								
– aus geschälter Saat	910	73	103	473	291	29	12,62	7,66
– aus teilgeschälter Saat	910	73	174	400	191	13	11,71	7,00
– aus ungeschälter Saat	910	59	267	273	245	23	9,77	5,65
Erdnuss-Extraktionsschrot								
– aus enthülster Saat	880	89	57	568	279	46	13,76	8,60
– aus teilenthülster Saat	920	85	117	521	261	42	13,10	8,09
Erdnusskuchen/Expeller, 4–8 % Fett								
– aus teilenthülster Saat	920	79	108	451	252	32	13,10	8,03
– aus unenthülster Saat	920	62	241	380	206	28	10,66	6,25
Kokos-Extraktionsschrot	900	83	161	238	222	2	12,21	7,56
– aufgefettet	900	80	152	232	216	3	12,22	7,52
Kokoskuchen/Expeller								
– 4–8 % Fett	900	80	152	229	222	1	12,50	7,69
– 8–12 % Fett	900	80	144	227	211	2	12,97	8,00
Lein-Extraktionsschrot	890	79	103	385	232	24	12,04	7,34
Leinkuchen/Expeller, 4–8 % Fett	900	77	107	373	240	21	12,36	7,52
Maiskeim-Extraktionsschrot								
– Maismühlenindustrie	890	85	81	132	164	– 4	12,44	7,81
– Stärkeindustrie	890	89	96	258	200	9	13,10	8,23
Maiskeimkuchen/Expeller								
– Maismühlenindustrie	910	83	70	134	163	– 4	12,75	7,94
– Stärkeindustrie	920	78	108	228	187	7	12,52	7,67
Palmkern-Extraktionsschrot	890	76	199	188	185	0	11,20	6,77
Palmkernkuchen/Expeller, 4–8 % Fett	910	76	169	207	194	2	12,26	7,47
Raps-Extraktionsschrot, 00-Typ	890	80	131	399	219	29	11,99	7,31
Rapskuchen/Expeller, 00-Typ, 4–8 % Fett	900	80	121	396	236	26	12,35	7,54
Soja-Extraktionsschrot aus geschälter Saat, dampferhitzt	890	92	39	548	324	36	13,73	8,59
Soja-Extraktionsschrot aus ungeschälter Saat, dampferhitzt	880	91	67	510	308	32	13,75	8,63
Sonnenblumen-Extraktionsschrot								
– aus geschälter Saat	910	80	135	439	229	33	11,88	7,22
– aus teilgeschälter Saat	900	65	223	379	193	30	10,24	6,02
Sonnenblumenkuchen/Expeller, 4–8 % Fett								
– aus geschälter Saat	900	75	112	492	259	37	12,14	7,29
– aus teilgeschälter Saat	910	65	206	390	213	28	11,05	6,53

Fortsetzung Tabelle 110

Futtermittel	Trockenmasse	in 1 kg Trockenmasse						
	g/kg	VQ[1]) organische Masse g	Rohfaser g	Rohprotein g	nutzbares Rohprotein g	ruminale Stickstoffbilanz g	ME MJ	NEL MJ
11. Tierische und sonstige Futtermittel								
Fischmehl, Typ 55								
– 60–65 % Protein, 3–8 % Fett	920	88	14	641	476	26	11,93	7,33
– 60–65 % Protein, über 8 % Fett	910	88	13	637	464	28	12,86	7,97
Fischmehl, Typ 60								
– 65–70 % Protein, 3–8 % Fett	900	88	9	685	506	29	12,50	7,70
Fischpresssaft, eingedickt	530	92	11	640	357	45	13,23	8,09
Milchprodukte								
– Buttermilchpulver	960	96	0	320	177	23	14,29	9,13
– Magermilch, frisch	85	96	0	368	179	30	13,94	8,96
– Magermilchpulver	960	96	0	365	179	30	13,75	8,82
– Vollmilch, frisch	140	97	0	264	128	22	19,31	12,47

[2]) Ergänzt aus »Fütterung der Milchkühe, Zuchtrinder, Mastrinder, Schafe, Ziegen«, BLT Grub, 1998.

Tabelle 111: Gehaltswerte von Misch- und Mineralfuttermittel[1])

Futtermittel	1. Zeile: in 1000 g Trockenmasse (T) *2. Zeile: in 1000 g Frischfutter*								
	T g	Rohfaser g	Rohprotein g	nutzbares Rohprotein g	ruminale Stickstoffbilanz g	NEL MJ	ME MJ	Ca g	P g
Mischfuttermittel									
Kälberaufzuchtfutter 18 % RP		102	205	176	5	7,65	12,21	9,1	5,7
	880	*90*	*180*	*155*	*4*	*6,73*	*10,75*	*8,0*	*5,0*
Kälberaufzuchtfutter 24 % RP		102	273	196	12	7,81	12,49	9,1	5,7
	880	*90*	*240*	*172*	*11*	*6,88*	*10,99*	*8,0*	*5,0*
Milchaustauscher Aufzucht 15 % Fett		1	234	164	11	10,38	16,11	9,6	6,4
	940	*1*	*220*	*154*	*10*	*9,76*	*15,15*	*9,0*	*6,0*
Milchaustauscher Mast 20 % Fett		1	234	157	12	10,89	16,88	9,6	6,4
	940	*1*	*220*	*148*	*12*	*10,24*	*15,86*	*9,0*	*6,0*
Rindermastfutter I 20 % RP		125	227	176	8	7,20	11,66	11,4	5,7
	880	*110*	*200*	*155*	*7*	*6,33*	*10,26*	*10,0*	*5,0*
Rindermastfutter II 32 % RP		136	364	208	25	7,00	11,42	22,7	8,0
	880	*120*	*320*	*183*	*22*	*6,16*	*10,05*	*20,0*	*7,0*
Milchleistungsfutter I 16 % RP Est. 2		131	182	162	3	7,04	11,40	8,0	4,5
	880	*115*	*160*	*143*	*3*	*6,20*	*10,03*	*7,0*	*4,0*
Milchleistungsfutter II 18 % RP Est. 2		131	205	168	6	7,04	11,43	8,0	4,5
	880	*115*	*180*	*148*	*5*	*6,20*	*10,06*	*7,0*	*4,0*
Milchleistungsfutter II 18 % RP Est. 3		114	205	176	5	7,61	12,18	8,0	4,5
	880	*100*	*180*	*155*	*4*	*6,70*	*10,72*	*7,0*	*4,0*
Milchleistungsfutter III 24 % RP Est. 2		136	273	186	14	7,05	11,51	17,0	6,8
	880	*120*	*240*	*164*	*12*	*6,20*	*10,13*	*15,0*	*6,0*
Milchleistungsfutter IV 32 % RP		136	364	209	25	7,05	11,51	20,4	10,2
	880	*120*	*320*	*184*	*22*	*6,20*	*10,13*	*18,0*	*9,0*
Mineralfutter									
10 % Ca, 10 % P								108,7	108,7
	920							100,0	100,0
12 % Ca, 8 % P								*130,4*	*87,0*
	920							*120,0*	*80,0*
20 % Ca, 5 % P								217,4	54,3
	920							200,0	50,0

[1]) Aus »Fütterung der Milchkühe, Zuchtrinder, Mastrinder, Schafe, Ziegen«, BLT Grub, 1998.

Tabelle 112: Durchschnittliche Gewichtsentwicklung und Beifutteraufnahme wachsender Ferkel

Lebenswoche	mittleres Gewicht zum Ende der Woche kg	Zunahme g/Tag	Futteraufnahme (13 MJ ME/kg) je Tag g	Futteraufnahme (13 MJ ME/kg) gesamt kg
1	2,6	180	–	–
2	4,1	210	–	–
3	5,8	240	20–50	
4	7,7	270	100	1–2 Prestarter
5	9,8	300	200	
6	12,3	350	600	
7	15,4	450	700	30–35 Ferkelaufzuchtfutter
8	19,0	510	840	
9	23,0	580	1000	
10	27,8	670	1200	

Zunahmen: 1.–10. Woche ca. 370 g (350–400 g); 5.–10. Woche ca. 480 g (420–520 g).
Ferkelfutterverbrauch: 1.–5. Woche ca. 1–2 kg Ergänzungsfutter für Saugferkel; 5.–10. Woche ca. 33–36 kg Ferkelaufzuchtfutter; pro Zuchtsau und Jahr 650–750 kg. Quelle: BLT Grub 7/99

Tabelle 113: Auszug aus der Futterwerttabelle für Schweine (Quelle: BLT Grub 7/99)

1. Zeile: in 1 kg Frischmasse
2. Zeile: in 1 kg Trockenfutter (870 g T)

Nr.	Futtermittel	T g	ME MJ	RP g	Lys g	M+C g	Thre g	Tryp g	Rohfaser g	Ca g	P g	Na g	K g
Grünfutter													
1205	Grünmais	280	2,62	24	0,8	0,7	0,9	0,2	59	0,6	0,6	0,0	3,1
		870	*8,13*	*74*	*2,6*	*2,1*	*2,9*	*0,7*	*183*	*1,8*	*1,9*	*0,1*	*9,6*
1714	Luzerne	180	1,55	39	2,1	0,9	1,8	0,7	41	3,1	0,4	0,1	4,9
		870	*7,48*	*188*	*10,0*	*4,1*	*8,6*	*3,6*	*198*	*14,9*	*2,1*	*0,3*	*23,5*
1614	Rotklee	140	1,26	29	1,6	0,7	1,4	0,5	27	1,8	0,5	0,1	5,4
		870	*7,83*	*183*	*9,9*	*4,4*	*9,0*	*2,9*	*167*	*10,9*	*3,2*	*0,3*	*33,5*
1014	Wiesengras	160	1,40	30	1,5	0,7	1,2	0,4	32	1,1	0,6	0,1	5,1
		870	*7,62*	*165*	*8,3*	*3,8*	*6,8*	*2,3*	*174*	*5,9*	*3,5*	*0,5*	*27,7*
1505	Zuckerrübenblatt	160	1,51	26	1,0	0,6	0,9	0,3	17	2,0	0,4	1,5	5,6
		870	*8,19*	*131*	*5,6*	*3,5*	*5,0*	*1,4*	*95*	*10,8*	*2,2*	*8,2*	*30,4*
Raufutter													
3014	Heu	860	5,47	110	4,6	2,9	4,7	0,0	211	4,8	3,1	0,4	24,4
3145	Haferstroh	860	1,88	31	0,0	0,2	0,0	0,0	381	3,5	1,2	1,9	18,1
Gärfutter													
5205	Maiskorn-Silage (MKS)	650	10,17	68	1,8	2,8	2,6	0,6	17	0,3	2,6	0,1	3,1
		870	*13,61*	*90*	*2,5*	*3,7*	*3,5*	*0,8*	*23*	*0,3*	*3,5*	*0,1*	*4,2*
5224	CCM (3,5 % Rohfaser)	650	9,93	68	1,8	2,2	2,4	0,4	23	0,5	2,0	0,1	3,3
		870	*13,29*	*91*	*2,4*	*2,9*	*3,2*	*0,6*	*30*	*0,7*	*2,6*	*0,1*	*4,4*
5225	CCM (5,3 % Rohfaser)	600	8,95	63	1,6	2,0	2,2	0,4	32	0,5	1,8	0,1	3,0
		870	*12,98*	*91*	*2,4*	*2,9*	*3,2*	*0,6*	*46*	*0,7*	*2,6*	*0,1*	*4,4*
5235	Maiskolbenschrot	550	7,80	52	1,4	2,1	2,0	0,5	51	0,4	1,5	0,1	3,3
	(7,6 % Rohfaser)	*870*	*12,34*	*83*	*2,2*	*3,3*	*3,2*	*0,8*	*81*	*0,7*	*2,4*	*0,1*	*5,2*
5245	Lieschkolbensilage	500	7,08	48	1,3	1,9	1,9	0,4	47	0,4	1,4	0,0	3,0
	(LKS), gesiebt	*870*	*12,31*	*83*	*2,2*	*3,3*	*3,2*	*0,8*	*81*	*0,7*	*2,4*	*0,1*	*5,2*
2235	Lieschkolbensilage	450	5,40	44	1,0	1,8	1,7	0,4	72	0,2	1,3	0,0	2,7
	(LKS)	*870*	*10,45*	*84*	*1,9*	*3,4*	*3,3*	*0,8*	*138*	*0,4*	*2,4*	*0,0*	*5,2*
2225	Maissilage	300	2,97	24	0,6	0,7	0,9	0,2	57	0,7	0,8	0,1	3,6
		870	*8,62*	*70*	*1,7*	*2,0*	*2,7*	*0,7*	*165*	*2,1*	*2,2*	*0,2*	*10,4*
2014	Grassilage	400	2,98	67	2,7	1,3	2,7	0,9	89	2,8	1,5	0,4	11,7
		870	*6,49*	*145*	*6,0*	*2,8*	*6,0*	*2,0*	*193*	*6,0*	*3,4*	*0,9*	*25,5*

Fortsetzung Tabelle 113

Nr.	Futtermittel	T g	ME MJ	RP g	Lys g	M+C g	Thre g	Tryp g	Rohfaser g	Ca g	P g	Na g	K g
		1. Zeile: in 1 kg Frischmasse *2. Zeile: in 1 kg Trockenfutter (870 g T)*											
2505	Zuckerrübenblatt-Silage	180	1,22	28	1,1	0,7	1,0	0,3	26	2,7	0,4	1,8	6,4
		870	*5,91*	*136*	*5,4*	*3,4*	*4,9*	*1,4*	*126*	*13,0*	*2,1*	*8,6*	*31,0*
	Rüben und Nebenerzeugnisse der Zuckerherstellung												
5555	Gehaltsfutterrübe	146	1,81	12	0,4	0,5	0,3	0,1	10	0,4	0,4	0,6	4,4
		870	*10,81*	*74*	*2,5*	*3,1*	*1,8*	*0,5*	*57*	*2,3*	*2,1*	*3,5*	*26,1*
5565	Massenfutterrübe	110	1,27	10	0,4	0,4	0,2	0,1	9	0,3	0,3	0,4	3,9
		870	*10,05*	*82*	*2,8*	*3,4*	*2,0*	*0,6*	*69*	*2,2*	*2,2*	*2,9*	*30,4*
5505	Zuckerrübe	232	3,02	16	0,6	0,6	0,3	0,1	13	0,5	0,3	0,2	1,9
		870	*11,31*	*59*	*2,4*	*2,3*	*1,1*	*0,4*	*47*	*2,0*	*1,3*	*0,8*	*7,0*
7545	Melasse	770	10,23	99	2,5	2,9	5,1	0,8	4	4,2	0,2	5,6	35,4
		870	*11,56*	*112*	*2,8*	*3,3*	*5,7*	*0,9*	*4*	*4,7*	*0,3*	*6,4*	*40,0*
7515	Nassschnitzel	127	1,02	14	0,6	0,4	0,7	0,2	32	1,2	0,1	0,5	0,9
		870	*6,99*	*98*	*3,9*	*2,9*	*5,0*	*1,1*	*217*	*8,4*	*0,8*	*3,3*	*6,1*
7525	Pressschnitzel	200	1,64	23	0,9	0,7	1,2	0,2	42	1,9	0,2	0,8	1,6
		870	*7,13*	*98*	*3,9*	*2,9*	*5,0*	*1,1*	*184*	*8,4*	*0,8*	*3,3*	*7,0*
	Kartoffeln und Nebenerzeugnisse der Stärkeherstellung												
5605	Kartoffel, roh, 16 % Stärke	220	2,57	21	1,1	0,7	0,9	0,3	6	0,1	0,6	0,1	4,8
		870	*10,15*	*84*	*4,4*	*2,7*	*3,4*	*1,2*	*23*	*0,3*	*2,2*	*0,5*	*19,1*
5615	Kartoffel, roh, siliert, 16 % Stärke	300	3,66	27	1,4	0,6	1,1	0,4	8	0,1	0,8	0,2	6,6
		870	*10,61*	*78*	*4,1*	*2,5*	*3,1*	*1,1*	*24*	*0,3*	*2,2*	*0,5*	*19,1*
5625	Kartoffel, gedämpf,t 16 % Stärke	220	3,30	22	1,1	0,6	0,8	0,2	6	0,2	0,6	0,0	4,8
		870	*13,05*	*85*	*4,4*	*2,2*	*3,0*	*0,9*	*24*	*0,7*	*2,2*	*0,0*	*19,1*
5635	Kartoffel, gedämpft, siliert, 16 % Stärke	220	3,30	24	1,2	0,8	0,8	0,3	8	0,2	0,4	0,0	4,8
		870	*13,03*	*94*	*4,9*	*3,2*	*3,3*	*1,0*	*32*	*0,7*	*1,7*	*0,0*	*19,1*
7605	Kartoffelschälabfälle, roh	110	1,22	12	0,6	0,4	0,5	0,2	5	0,0	0,3	0,1	2,4
		870	*9,64*	*91*	*4,8*	*2,9*	*3,7*	*1,3*	*39*	*0,3*	*2,2*	*0,5*	*19,1*
7625	Kartoffelschälabfälle, gedämpft	108	1,51	17	0,9	0,4	0,6	0,2	7	0,1	0,3	0,0	2,4
		870	*12,15*	*134*	*7,0*	*3,5*	*4,7*	*1,5*	*53*	*0,7*	*2,2*	*0,0*	*19,1*
7635	Kartoffelpresspülpe, siliert	180	1,97	9	0,5	0,3	0,4	0,1	37	0,1	0,5	0,0	4,0
		870	*9,54*	*43*	*2,2*	*1,4*	*1,7*	*0,6*	*181*	*0,6*	*2,3*	*0,1*	*19,1*
	Brauerei- und Brennereiprodukte												
7015	Bierhefe	100	1,38	53	3,3	1,4	2,4	0,7	2	0,2	0,5	0,0	1,5
		870	*12,04*	*457*	*28,3*	*11,9*	*21,1*	*6,5*	*15*	*1,6*	*3,9*	*0,3*	*12,8*
7025	Biertreber	237	2,18	59	2,5	1,5	2,2	0,4	43	0,9	1,6	0,1	0,2
		870	*8,00*	*217*	*9,1*	*5,5*	*8,0*	*1,3*	*159*	*3,3*	*5,8*	*0,4*	*0,9*
7026	Biertreber, siliert	262	2,44	65	2,7	1,6	2,4	0,4	51	0,9	1,5	0,1	0,3
		870	*8,11*	*215*	*9,0*	*5,4*	*8,0*	*1,3*	*170*	*2,9*	*5,0*	*0,3*	*0,9*
7645	Kartoffelschlempe	72	0,77	25	1,2	0,3	0,9	0,1	5	0,2	0,5	0,0	4,0
		870	*9,28*	*307*	*14,4*	*4,0*	*11,1*	*1,5*	*58*	*2,4*	*6,4*	*0,5*	*47,8*
7205	Maisschlempe	72	0,99	20	0,5	0,4	0,7	0,1	7	0,2	0,6	0,1	0,7
		870	*11,96*	*247*	*6,2*	*4,5*	*8,9*	*1,5*	*81*	*2,2*	*7,5*	*1,1*	*7,9*
7145	Weizenschlempe	56	0,63	21	0,6	0,6	0,7	0,0	6	0,2	0,3	0,2	0,4
		870	*9,86*	*321*	*9,6*	*8,5*	*10,3*	*0,0*	*97*	*3,0*	*4,6*	*2,7*	*7,0*
	Molkereiprodukte, frisch												
7715	Buttermilch	80	1,33	30	2,3	1,0	1,4	0,4	0	0,9	0,7	0,3	1,4
		870	*14,48*	*325*	*25,1*	*10,7*	*15,3*	*4,6*	*0*	*9,4*	*7,5*	*3,1*	*15,7*
7725	Magermilch	86	1,36	31	2,4	1,1	1,5	0,4	0	1,2	0,9	0,3	1,0
		870	*13,72*	*314*	*24,2*	*10,5*	*14,8*	*4,4*	*0*	*11,8*	*9,5*	*3,2*	*10,4*
7735	Labmolke	50	0,70	7	0,5	0,3	0,4	0,1	0	0,4	0,5	0,3	1,3
		870	*12,23*	*119*	*8,5*	*4,0*	*7,3*	*1,9*	*0*	*7,1*	*7,5*	*5,6*	*21,7*
7736	Labmolke, eingedickt	120	1,69	16	1,2	0,6	1,0	0,3	0	1,0	1,0	0,8	3,0
		870	*12,23*	*119*	*8,5*	*4,0*	*7,3*	*1,9*	*0*	*7,1*	*7,5*	*5,6*	*21,7*
7745	Sauermolke	50	0,68	8	0,6	0,3	0,5	0,1	0	1,1	0,8	0,3	1,3
		870	*11,91*	*136*	*9,6*	*4,4*	*8,3*	*2,4*	*0*	*17,1*	*14,0*	*5,6*	*21,7*
7746	Sauermolke, eingedickt	120	1,64	19	1,3	0,6	1,1	0,3	0	2,4	1,9	0,8	3,0
		870	*11,91*	*136*	*9,6*	*4,4*	*8,3*	*2,4*	*0*	*17,1*	*14,0*	*5,6*	*21,7*

Fortsetzung Tabelle 113

Nr.	Futtermittel	1. Zeile: in 1 kg Frischmasse *2. Zeile: in 1 kg Trockenfutter (870 g T)*											
		T g	ME MJ	RP g	Lys g	M+C g	Thre g	Tryp g	Rohfaser g	Ca g	P g	Na g	K g
7755	Permeatmolke	40	0,51	2	0,1	0,0	0,1	0,0	0	1,0	0,5	0,3	1,1
		870	*11,17*	*37*	*1,5*	*0,6*	*1,1*	*0,3*	*0*	*20,7*	*11,7*	*7,4*	*21,7*
7765	Milchzuckermelasse	300	3,42	68	4,8	2,4	4,1	1,2	0	10,2	5,4	4,8	12,0
		870	*9,91*	*196*	*13,9*	*6,9*	*11,9*	*3,5*	*0*	*29,6*	*15,7*	*13,9*	*34,8*
7766	Milchzuckermelasse,	225	3,43	24	1,2	0,4	1,4	0,1	0	11,0	7,1	4,7	11,4
	proteinarm	*870*	*9,91*	*93*	*4,6*	*1,5*	*5,4*	*0,3*	*0*	*42,5*	*27,5*	*18,2*	*44,0*
5705	Vollmilch (Kuh)	135	3,01	35	2,7	1,4	1,7	0,5	0	1,2	1,0	0,4	1,5
		870	*19,39*	*228*	*17,3*	*8,9*	*11,2*	*3,2*	*0*	*7,5*	*6,2*	*2,8*	*9,5*
	Nebenprodukte der Lebensmittelverarbeitung (Schlacht-, Back- und Küchenabfälle)												
5835	Blut	180	2,90	166	14,1	3,7	7,7	1,5	0	0,1	0,3	2,5	0,9
		870	*14,02*	*804*	*68,3*	*17,7*	*37,0*	*7,2*	*0*	*0,3*	*1,3*	*12,0*	*4,4*
4835	Blutmehl	893	14,06	824	70,1	20,2	32,1	6,5	11	1,6	1,4	7,3	1,8
5185	Altbrot	650	10,91	80	2,4	1,7	2,1	0,6	9	0,6	1,6	2,7	3,3
		870	*14,61*	*107*	*3,2*	*2,3*	*2,8*	*0,9*	*12*	*0,8*	*2,1*	*3,6*	*4,4*
7824	Speisereste, fettarm	144	1,72	47	2,5	1,2	1,6	0,4	7	7,2	3,5	1,7	1,4
		870	*10,41*	*283*	*15,0*	*7,2*	*9,6*	*2,2*	*44*	*43,6*	*21,1*	*10,4*	*8,7*
7825	Speisereste, mittelfett	156	2,30	45	2,4	1,2	1,6	0,4	10	4,5	1,8	1,7	1,6
		870	*12,82*	*250*	*13,3*	*6,5*	*8,7*	*2,3*	*56*	*25,0*	*10,0*	*9,2*	*8,7*
7826	Speisereste, fettreich	180	3,59	43	2,5	1,3	1,6	0,4	5	1,9	0,8	1,6	1,8
		870	*17,36*	*206*	*12,2*	*6,2*	*7,6*	*1,9*	*25*	*9,4*	*4,0*	*7,9*	*8,7*
6185	Backabfälle	877	14,60	106	2,7	3,9	3,1	1,1	11	0,1	2,3	10,9	8,8
6835	Griebenkuchen	925	22,27	580	29,6	18,0	16,2	4,1	0	0,9	20,9	10,0	4,0
4535	Futterzucker	965	14,63	14	0,0	0,0	0,0	0,0	0	0,4	0,1	0,1	1,0
	Trockenfutter												
4305	Ackerbohnen	870	12,52	260	16,7	4,8	9,1	2,3	78	1,4	4,2	0,2	11,3
6015	Bierhefe	900	12,47	469	29,1	11,2	21,7	6,7	22	1,6	4,1	0,3	13,2
6025	Biertreber	900	8,51	238	8,9	10,0	8,7	1,4	152	4,1	6,5	0,5	0,9
4345	Erbsen	870	13,48	225	15,7	5,2	8,1	2,0	59	0,8	4,2	0,2	9,6
6456	Erdnuss-Extraktions-schrot, entschält	886	13,94	503	18,1	13,0	12,9	4,9	51	1,4	5,9	0,4	11,5
6455	Erdnuss-Extraktionsschrot, teilentschält	908	13,32	481	16,3	12,5	12,6	4,7	104	2,3	5,3	0,3	12,7
4846	Fischmehl, 65–70 % RP	910	14,11	656	50,0	24,3	27,5	6,8	7	38,9	24,8	7,7	6,8
4845	Fischmehl, 60–65 % RP	900	13,48	608	46,3	22,5	25,5	6,3	9	42,8	25,4	8,8	7,2
4844	Fischmehl, 55–60 % RP	920	13,04	581	45,9	21,5	24,3	6,0	14	50,1	32,8	6,3	8,3
6815	Fleischknochenmehl, 50–55 % RP	946	9,80	505	25,8	12,7	16,3	2,8	15	69,1	38,6	7,0	4,7
6814	Fleischknochenmehl, 40–45 % RP	949	7,87	408	23,7	9,7	13,2	2,3	28	154,4	74,4	9,5	2,8
6825	Futterknochenschrot	932	6,81	331	12,6	5,0	8,3	0,7	38	181,3	87,8	6,8	2,8
4025	Gerste, 2-zeilig	870	12,54	104	3,8	4,1	3,6	1,2	46	0,7	3,4	0,3	4,4
4026	Gerste, 4-zeilig	870	12,48	109	3,9	5,2	3,7	1,3	50	0,6	3,6	0,7	3,5
3074	Grascobs, Blattstadium	890	6,94	170	6,6	3,9	7,3	2,7	148	7,3	3,8	0,5	28,2
4065	Hafer	870	11,09	107	4,6	4,8	3,7	1,3	98	1,0	3,0	0,3	4,4
4075	Haferflocken	910	15,07	117	4,5	5,0	3,3	1,5	16	0,9	4,0	0,3	3,8
6635	Kartoffelpülpe	880	9,74	61	3,2	1,9	2,4	0,9	166	0,2	2,2	0,1	19,4
4625	Kartoffelstärke	836	13,58	3	0,0	0,0	0,0	0,0	4	0,2	0,5	0,2	0,8
4405	Leinsamen	910	16,68	226	9,0	7,9	8,8	3,4	66	2,5	4,9	0,8	7,3
6406	Leinkuchen, -expeller	899	10,86	337	11,8	11,8	12,8	6,4	99	3,8	7,4	0,9	10,8
6405	Lein-Extraktionsschrot	886	10,40	340	12,2	11,9	13,9	5,4	91	4,0	8,4	1,0	10,6
4365	Lupine, weiß, süß	870	13,45	327	17,0	9,5	13,4	3,3	118	2,5	4,4	0,5	8,3
3774	Luzernecobs, jung	900	7,79	174	7,5	4,0	7,1	2,4	169	12,0	3,3	0,4	30,8
4205	Mais	870	13,93	92	2,4	4,0	3,3	0,6	23	0,3	3,5	0,2	4,2
6035	Malzkeime	920	7,99	272	13,3	7,6	9,8	2,4	133	2,4	7,5	0,6	19,3
4665	Maniokmehl, -schnitzel	871	13,34	23	1,1	0,6	0,9	0,2	28	1,4	1,0	0,4	7,0
4664	Maniokmehl Typ 55	866	12,58	23	1,2	0,6	0,9	0,2	48	1,6	0,7	0,2	7,8
4285	Milokorn, Hirse	870	12,76	113	2,4	4,1	4,2	1,6	45	0,8	2,8	0,6	2,7
6425	Raps-Extraktionsschrot	886	9,85	360	20,1	16,2	15,7	4,7	114	6,1	10,5	0,1	13,3
4105	Roggen	870	13,29	98	4,0	4,4	3,5	0,9	24	0,8	2,9	0,2	5,2
6105	Roggennachmehl	878	13,53	147	5,3	4,7	5,7	0,9	18	0,8	4,6	0,1	7,0
6135	Roggenkleie	881	8,89	144	6,7	3,4	6,5	1,1	73	1,5	10,0	0,7	12,3

Fortsetzung Tabelle 113

		1. Zeile: in 1 kg Frischmasse *2. Zeile: in 1 kg Trockenfutter (870 g T)*											
Nr.	Futtermittel	T g	ME MJ	RP g	Lys g	M+C g	Thre g	Tryp g	Rohfaser g	Ca g	P g	Na g	K g
6436	Soja-Extraktionsschrot, 48 % RP HP	870	14,10	480	30,1	14,4	19,1	6,2	34	2,8	6,6	0,3	20,0
6435	Soja-Extraktionsschrot, 44 % RP NT	870	12,75	437	26,4	12,3	16,9	5,8	69	4,1	5,6	0,3	18,8
6448	Sonnenblumenkuchen (high oleic)	910	13,56	273	9,8	9,6	9,0	2,7	161	3,8	9,7	0,1	16,0
6446	Sonnenblumen-Extraktionsschrot, entschält	894	11,88	409	14,7	16,3	15,1	6,1	114	3,9	8,9	0,1	11,6
6445	Sonnenblumen-Extraktionsschrot, teilentschält	899	10,78	344	12,4	13,8	12,1	4,8	200	3,6	9,6	0,4	11,7
4805	Tiermehl, 55–60 % RP fettreich	940	14,19	587	32,6	14,1	20,9	4,7	36	60,0	31,4	8,1	7,5
4804	Tiermehl, 50–55 % RP fettreich	950	11,71	548	26,9	13,2	18,6	6,0	29	58,9	38,7	5,4	6,7
4125	Triticale	870	13,64	112	3,4	3,5	2,9	1,2	23	0,5	3,0	0,2	4,9
6505	Trockenschnitzel	906	8,19	91	3,5	2,1	3,0	0,7	187	8,8	1,0	2,2	8,2
4145	Weizen	870	13,63	120	3,4	3,8	3,5	1,6	25	0,6	3,3	0,1	4,4
6145	Weizennachmehl	881	14,25	170	6,0	6,8	5,6	2,2	29	0,8	6,5	0,1	7,9
6175	Weizenkleie	880	8,33	141	5,8	5,1	4,7	2,0	118	1,6	11,4	0,5	10,6
Orientierungswerte für Ergänzungsfutter													
8265	Ergänzungsfutter Mast	870	12,70	400	30,0	12,0	16,0	5,0	25	27,0	10,0	5,0	15,0
8264	Ergänzungsfutter Mast (mit Phytase)	870	12,70	400	30,0	12,0	16,0	5,0	25	25,0	5,5	5,0	16,5
8355	Ergänzungsfutter Zuchtsauen	870	12,70	350	25,0	9,0	12,0	4,5	60	35,0	12,0	7,0	15,0
8216	Ergänzungsfutter Ferkel (mit Phytase)	870	12,50	450	45,0	17,0	24,0	8,0	40	40,0	20,0	7,0	15,0
Fette und Öle													
5435	Sojaöl	999	37,32	0	0	0	0	0	0	0	0	0	0
5425	Rapsöl	999	36,58	0	0	0	0	0	0	0	0	0	0
Mineralfutter													
8284	Mineralfutter Ferkel	900	–	–	70	20	25	0	0	180	40	50	–
8295	Mineralfutter Mast	900	–	–	50	5	10	0	0	250	40	50	–
8294	Mineralfutter Molkemast	900	–	–	50	0	0	0	0	250	20	20	–
8385	Mineralfutter Zuchtsauen, säugend	900	–	–	50	20	10	0	0	200	40	50	–
4925	Kohlensaurer Kalk	997	0,00	0	0	0	0	0	0	380	0,4	0	–
4905	Dicalciumphosphat	950	0,00	0	0	0	0	0	0	228	176	0	–
4945	Viehsalz	900	0,00	0	0	0	0	0	0	0	0	356	–

Tabelle 114: Pflanzen für den Zwischenfruchtbau

Pflanze	Merkmale, besondere Eignung	Saatgutbedarf kg/ha	Ertrag dt/ha Trockenmasse	Brutto-Nährstoffertrag[1])	
				kStE/ha	GJ NEL
Untersaaten					
Weißklee	für bessere Böden; schlecht mähfähig, daher besser im Gemisch anbauen; Morsö-Typ	8–12	15–20	1000–1300	9
Gelbklee	auch für trockene Lagen; nur zur Gründüngung	10	15–20	1000–1300	–
Welsches Weidelgras	bringt große Wurzelmasse, daher gut zur Gründüngung geeignet	20	25–30	1500–1800	20

Fortsetzung Tabelle 114

Pflanze	Merkmale, besondere Eignung	Saatgutbedarf kg/ha	Ertrag dt/ha Trockenmasse	Brutto-Nährstoffertrag[1])	
				kStE/ha	GJ NEL
Stoppelsaaten					
Erbsen, Wicken, Ackerbohnen, (Gemische)	sehr gute Vorfruchtwirkung, aber langsames Jugendwachstum, daher Aussaat schon im Juli nötig	Erbsen 90 Wicken 50 Bohnen 30	35–45	–	16
Perserklee mit Einjährigem Weidelgras	rasches Wachstum; Saatzeit spätestens Anfang August	15–20	25–35	1500–2000	14
Winterraps, Winterrübsen	schnelles Wachstum, ertragssicher; für Gründüngung oft Kurzschlegeln nötig	10–15	15–35	–	16
Senf	Saat bis Mitte September möglich, Ernte vor Blühbeginn (Senfölbildung!)	18–20	30–40	–	–
Ölrettich	für alle Böden geeignet, schnelles Wachstum; für Gründüngung Kurzschlägeln nötig	18–24	40–50	–	14
Sonnenblumen	hohe Erträge, wenn die Saat spätestens Anfang August erfolgt; auch für trockenere Lagen; Vorfruchtwirkung gering; verfüttern nur in siliertem Zustand	40	40–70	–	–
Phacelia	gute Gründüngungswirkung; Bodengesundungspflanze, da sie weder Kreuz- noch Schmetterlingsblütler und daher auch kein Zwischenwirt für Krankheiten und Schädlinge ist; keine Futterpflanze	10–15	25–35	–	–
Markstammkohl	braucht genügend Bodenfeuchtigkeit und viel Stickstoff (150 kg/ha); Saat spätestens bis Ende Juli	4–6	50–60	–	33
Stoppelrüben	für feuchte Lagen; bringt hohe Erträge; geringe Bodenansprüche	2–3	50–65	–	19
Winterzwischenfrüchte					
Winterrübsen, Winterraps	geringe Bodenansprüche; schnelles Wachstum im Frühjahr; Nutzung höchstens bis Blühbeginn (bis Anfang Mai)	12	30–45	1800–2700	17
Grünroggen	geringe Bodenansprüche; frosthart; Nutzung bis zum Spitzen der Grannen	140–200	50–70	2500–3500	26
Wickroggen	größerer Eiweißgehalt wegen des Leguminosenanteils	Wicken 50 Roggen 80	50–70	2700–3800	–
Landsberger Gemenge	für bessere Böden; wintert besonders bei häufigen Kahlfrösten leicht aus; bringt hohe Erträge, wird gern gefressen	Winterwicken 21 Inkarnatklee 9 Welsches Weidelgras 30	50–70	3000–4300	–

[1]) Soweit Angaben in der Fachliteratur vorhanden.

Tabelle 115: Vorfruchtschema (nach Unterlagen von DIJKEMA, KLAPP und KÖNNECKE)

Vorfrucht	Weizen	Wintergerste	Sommergerste	Roggen	Hafer	Mais	Erbsen	Gartenbohnen	Ackerbohnen	Luzerne, Klee	Gräser, Grünland	Spätkartoffeln	Frühkartoffeln	W.-Raps, Rübsen	Z.- und F.-Rüben	Kohlrüben
Winterweizen	●	●	●	+	+	+				+	+				+	+
Sommerweizen	●	●	●	+	+		△						△	△		
Wintergerste	+	●	●	+	+	●			○	+	+	●			●	●
Sommergerste	+	●	+	+	+		○	○	○	●	+	△	△			
Winterroggen	+	+	+	+	+	+				+	+	+				
Sommerroggen	+	+	+	+	+		△						△	△		
Hafer	+	+	+	+	○								△	△		
Mais						○							△	△		
Erbsen, Bohnen		△					●	●	●	●			△	△		
Ackerbohnen		△					●	●	●	●			△	△		
Luzerne[1])	○	+			+	+	●	●	●	●	●			+		
Rotklee[1])	+	+			+	+	●	●	●	●	●			+		
Gräser[1])	+	+				+					+	+				
Spätkartoffeln		△										○	○	△		
Frühkartoffeln		△										○	○	△		
W.-Raps, Rübsen	●			+	○	●		○	●			●		○	●	●
Zuckerrüben										○	○		△	●	●	●
Runkelrüben													△	●	●	●
Kohlrüben (Hauptfrucht)													△	●	●	●

[1]) Nach Getreide und Raps als Untersaat, sonst als Blanksaat gewertet.

□ = Günstig.
△ = Günstig, aber Luxusfolge; andere Nachfrüchte nutzen die Vorfrucht besser aus; mit Zweit- oder Zwischenfrucht eventuell vertretbar.
+ = Möglich.
○ = Bedingt möglich; nicht bei später Vorfruchternte oder in Trockenlagen oder bei Schädlingsgefahr (meist Nematoden) oder bei Lagergefahr (Sommergerste nach Leguminosen).
● = Sehr schlecht oder unmöglich oder ungebräuchlich.

Tabelle 116: Beurteilung des Feuchtegehaltes bei Grüngut (aus: Lehrbuch »Die Landwirtschaft«, Band 1)

Feuchtegehalt %	Merkmale	Feuchtegehalt %	Merkmale
85–75	frisch geschnitten, keine Welkeerscheinungen;	40–30	Blätter bereits trocken, rascheln, bei Nagelprobe Saftaustritt am Stängel, Bröckelverlustgefahr;
75–60	Blätter welken, Farbe blass, Stängel noch prall und grün;	30–25	Stängel noch weich, aber bei Nagelprobe kein Saftaustritt mehr, Bröckelverlustgefahr;
60–50	Blätter noch weich, Stängel welken und blassen, Gut gabelt sich schwer;	20	Stängel sperrig, bricht mit glattem Bruch, größte Bröckelverluste, Heu lagerfähig
50–40	Blätter beginnen zu rascheln, Stängel noch zäh, Farbe bereits einheitlich, gabelt sich leichter;		

Tabelle 117: Umrechnung des Viehbestandes in Großvieheinheiten (nach DLG, 1 GV = 500 kg LM)

Pferde, schwer	1,2[1]	GV	Kühe	1,0[2]	GV	Schafe unter 1 Jahr	0,05	GV
Pferde, mittel	1,0[1]	GV	Jungvieh über 2 Jahre	1,0	GV	Zuchteber	0,3	GV
Pferde, leicht	0,8[1]	GV	Jungvieh, 1–2 Jahre	0,7	GV	Zuchtsauen	0,3[3]	GV
Fohlen, 1–2 Jahre	0,7	GV	Jungvieh unter 1 Jahr	0,3	GV	Mastschweine 50–115 kg	0,16	GV
Zugochsen	1,2	GV	Mastvieh über 2 Jahre	1,0	GV	Läufer 20–50 kg	0,06	GV
Zuchtbullen	1,2	GV	Schafe über 1 Jahr	0,1	GV	Ferkel bis 20 kg	0,02	GV

[1] Die Schlüsselzahlen für Pferde sind aus Gründen der rechnerischen Vereinfachung um 15–20 % niedriger angesetzt, als es dem durchschnittlichen LM entspricht, um Übereinstimmung mit den Zahlen des ZK-Schlüssels zu erreichen.

[2] Bei 500 kg LM.

[3] Wenn die gesamte Nachzucht einer Zuchtsau (2 Würfe mit insgesamt 14 aufgezogenen Ferkeln im Jahr) im Betrieb gemästet wird, kann 1 Zuchtsau einschließlich Nachzucht gleich 1 GV gesetzt werden.

Tabelle 118: Trächtigkeitskalender

Tierart	Trächtigkeitsdauer		Eintritt der Brunft nach Geburt	Dauer der der Brunft	Wiedereintritt der Brunft nach erfolglosem Deckakt/Tage
	Tage	Wochen	Tage	Stunden	
Rind Höhenrassen	245–289–316	41	28	24–36	21–28
– Niederungsrassen	235–280–305	40	28	24–36	21–28
Schwein	112–116–130	16½	35–42	30–40	21–28
Pferd	307–340–412	48½	9	24–36	8–10
Schaf	146–152–157	22	185	24–36	14–21
Ziege	146–152–157	22	11	24–36	14–21
Hund	63–65	9	120	4–14	–
Brütedauer Hühner	19–24	3	–	–	–

Beginn der Trächtigkeit	Ende der Trächtigkeit			Beginn der Trächtigkeit	Ende der Trächtigkeit			Beginn der Trächtigkeit	Ende der Trächtigkeit		
	Rind	Schwein	Pferd		Rind	Schwein	Pferd		Rind	Schwein	Pferd
Jan. 1.	Okt. 11.	April 25.	Dez. 6.	Mai 5.	Febr. 12.	Aug. 27.	April 9.	Sept. 6.	Juni 16.	Dez. 29.	Aug 11.
5.	15.	29.	10.	9.	16.	31.	13.	10.	20.	Jan. 2.	15.
9.	19.	Mai 3.	14.	13.	20.	Sept. 4.	17.	14.	24.	6.	19.
13.	23.	7.	18.	17.	24.	8.	21.	18.	28.	10.	23.
17.	27.	11.	22.	21.	28.	12.	25.	22.	Juli 2.	14.	27.
21.	31.	15.	26.	25.	März 4.	16.	29.	26.	6.	18.	31.
25.	Nov. 4.	19.	30.	29.	8.	20.	Mai 3.	30.	10.	22.	Sept. 4.
29.	8.	23.	Jan. 3.	Juni 2.	12.	24.	7.	Okt. 4.	14.	26.	8.
Febr. 2.	12.	27.	7.	6.	16.	28.	11.	8.	18.	30.	12.
6.	16.	31.	11.	10.	20.	Okt. 2.	15.	12.	22.	Febr. 3.	16.
10.	20.	Juni 4.	15.	14.	24.	6.	19.	16.	26.	7.	20.
14.	24.	8.	19.	18.	28.	10.	23.	20.	30.	11.	24.
18.	28.	12.	23.	22.	April 1.	14.	27.	24.	Aug. 3.	15.	28.
22.	Dez. 2.	16.	27.	26.	5.	18.	31.	28.	7.	19.	Okt. 2.
26.	6.	20.	31.	30.	9.	22.	Juni 4.	Nov. 1.	11.	23.	6.
März 2.	10.	24.	Febr. 4.	Juli 4.	13.	26.	8.	5.	15.	27.	10.
6.	14.	28.	8.	8.	17.	30.	12.	9.	19.	März 3.	14.
10.	18.	Juli 2.	12.	12.	21.	Nov. 3.	16.	13.	23.	7.	18.
14.	22.	6.	16.	16.	25.	7.	20.	17.	27.	11.	22.
18.	26.	10.	20.	20.	29.	11.	24.	21.	31.	15.	26.
22.	30.	14.	24.	24.	Mai 3.	15.	28.	25.	Sept. 4.	19.	30.
26.	Jan. 3.	18.	28.	28.	7.	19.	Juli 2.	29.	8.	23.	Nov. 3.
30.	7.	22.	März 4.	Aug 1.	11.	23.6.	Dez.	3.	12.	27.	7.
April 3.	11.	26.	8.	5.	15.	27.	10.	7.	16.	31.	11.
7.	15.	30.	12.	9.	19.	Dez. 1.	14.	11.	20.	April 4.	15.
11.	19.	Aug. 3.	16.	13.	23.	5.	18.	15.	24.	8.	19.
15.	23.	7.	20.	17.	27.	9.	22.	19.	28.	12.	23.
19.	27.	11.	24.	21.	31.	13.	26.	23.	Okt. 2.	16.	27.
23.	31.	15.	28.	25.	Juni 4.	17.	30.	27.	6.	20.	Dez. 1.
27.	Febr. 4.	19.	April 1.	29.	8.	21.	Aug. 3.	31.	10.	24.	5.
Mai 1.	8.	23.	5.	Sept. 2.	12.	25.	7.				

Fachbegriffe

Abdrehen: Einstellung der Ausbringmengen bei Sämaschinen und Mineraldünger-Streuern.

Abschreibung: Aufteilung der Anschaffungskosten abnutzbarer Wirtschaftsgüter auf die Nutzungsjahre, meist nach Normsätzen festgelegt.

Absolutes Grünland: Wegen ungünstiger klimatischer Verhältnisse, Überflutungsgefahr; Staunässe, flacher Krume oder starker Hangneigung nicht zur Ackernutzung geeignete Flächen.

ad libitum-Fütterung: Freie und unbeschränkte Futteraufnahme.

Alleinfutter: Mischfutter, dessen Nährstoffverhältnis dem Bedarf der Tiere angepasst ist.

Ammenkuhhaltung: Kühe ziehen neben dem eigenen Kalb noch 1–2 fremde Kälber auf – Extensivform der Rinderhaltung.

Aufmischweizen: Weizensorten, die zur Mischung mit anderen geeignet sind, weil sie deren Backqualität verbessern.

Aufstallung: Form der Stalleinrichtung und Unterbringung der Tiere.

Bagasse: Fester Rückstand beim Auspressen von zuckerhaltigen Pflanzen.

Beizung: Umhüllung des Saatgutes mit chemischen Mitteln zur Abtötung bzw. Abschreckung von Krankheitserregern und Schädlingen.

Bestandesdichte: Zahl der Einzelpflanzen/m^2 bzw. ha.

Bestandesführung: Sammelbegriff für alle Maßnahmen von der Aussaat bis zur Ernte, die zur Sicherung des Ertrages dienen.

Bestockung: Fähigkeit von Gräsern und damit auch der Getreidearten, aus dem ersten Halmknoten mehrere Seitensprosse zu entwickeln, die dann zu ährentragenden Halmen werden.

Betarüben: Zucker- und Futterrüben.

Biestmilch (Kolostralmilch): Erste Muttermilch nach der Geburt, reich an Eiweiß, Mineralstoffen, Vitaminen und Schutzstoffen, die z. B. bei Kühen nicht an die Molkerei abgeliefert werden darf.

Biologische Schadensregulierung: Einsatz aller pflanzenbaulichen Maßnahmen und Einsatz von tierischen Nützlingen zur Schädlingsbekämpfung.

BLUP (Best Linear Unbiased Prediction): Direkter Vergleich der Leistungsdaten von Zuchttieren (über ein EDV-Programm).

Breitband-Herbizid: Auf eine ganze Gruppe von Unkräutern gleichzeitig wirkendes Mittel.

Brunstsynchronisation: Auslösung der Brunst weiblicher Tiere durch Hormonbehandlung zur Erreichung von gleichzeitigen Trächtigkeits- und Geburtszeiten in einem Bestand (z. B. für Embryotransfer nötig).

Brunstzyklus: Durch Hormone gesteuerter Geschlechtszyklus weiblicher Tiere.

Corn-Cob-Mix (CCM): Gemisch aus Kolbenspindeln und Maiskörnern, das als Silage vorwiegend in der Bullen- und Schweinemast eingesetzt wird.

Deckungsbeitrag: Mathematisch die Differenz zwischen Marktleistung und variablen Kosten eines Produktionsverfahrens; Beitrag des einzelnen Produktionsverfahrens zur Deckung der Fest- und Gemeinkosten eines Betriebes; Wettbewerbsmaßstab der Produktionsverfahren eines Betriebes.

Dickung: Dichter Waldbestand aus mehr als mannshohen Bäumchen.

Draufholz: Bei der Heilbronner Sortierung das Aushalten des Stammes bis zur nächstniederen Klasse.

Druckrollen: Aggregate an Sägeräten, die die obere Bodenschicht andrücken und so die Kapillarität des Bodens (Wasserleitfähigkeit) herstellen.

Durchforstung: Waldbauliche Pflegemaßnahme im Stangenholzalter, bei der die Förderung der Zukunftsstämme im Vordergrund steht.

Embryotransfer (ET): Übertragung von Embryonen aus weiblichen Spendertieren an weibliche Empfängertiere, die diese Embryonen austragen; damit lassen sich von einem wertvollen Muttertier mehr Nachkommen gleichzeitig erreichen.

Erhaltungsbedarf: Energie- und Proteinbedarf zur Aufrechterhaltung der Lebensfunktionen eines Tieres (ohne jegliche Leistung).

Erhaltungszucht: Sicherstellung des Saatgutvorrates einer Sorte durch fortwährende Auslese und Vermehrung.

Ertragspotenzial: Summe der erblich bedingten und durch die Standortfaktoren gegebenen Ertragsvoraussetzungen.

Ethanol (Äthanol): Chemische Bezeichnung für eine Gruppe der Alkohole.

Exterieur: Äußeres Erscheinungsbild (Phänotyp).

Faktoransprüche: Umfang und Zusammensetzung der Ansprüche eines Produktionsverfahrens an die im Betrieb begrenzt verfügbaren Produktionskapazitäten, z. B. AKh/ha insgesamt und in den Zeitspannen, Kapitalbedarf/Mastplatz, Futterfläche/Milchkuh.

FAO-Zahl: Zahlencode für die Kennzeichnung der Reifezeit und Kornfarbe bei Maissorten.

Feldaufgang: In % angegebener Anteil der nach erfolgter Saat aufgelaufenen Pflanzen von den insgesamt ausgesäten keimfähigen Samen.

Fließfutter: Verarbeitung der Futterkomponenten in der Schweinemast zu einem pumpfähigen Brei (Flüssigfütterung).

Fremdbesatz: Prozentanteil von artfremden Samen in einer Saatgutpartie.

Fresser: Für die Mast aufgezogene Jungrinder von 150 bis 200 kg Lebendmasse.

Fruchtfolge: Fachlich begründete, periodisch wiederkehrende Aufeinanderfolge von Fruchtarten auf ein und demselben Feld.

Frühentwöhnung: Begrenzung der Tränkdauer z.B. der Kälber mit Vollmilch bzw. der Säugedauer bei Ferkeln auf eine bestimmte Anzahl von Tagen.

Genzentrum: Heimat der jeweiligen Kulturpflanze.

Gesamtdeckungsbeitrag: Summe aller Deckungsbeiträge der verschiedenen Produktionsverfahren eines Betriebes.

Gezielte Paarung: Zucht mit den besten Tieren einer Rasse.

Göfo-Wert: Der mit dem **G**öttinger **f**otoelektrischen Messgerät festgestellte Farbhelligkeits**w**ert bei Schweinefleisch.

Grundfutter: Wirtschaftseigenes Raufutter, z. B. Gras.

Halothan-Test: Verfahren zur Ermittlung stressresistenter Ferkel für die Zucht.
Haploidiezucht: Züchtung von Pflanzen mit einfachem Chromosomensatz aus Staubgefäßen auf Nährböden.
Herdbuchzucht: Zusammenschluss von Züchtern, die sich ein gemeinsames Zuchtziel gesetzt haben. Ihre Vereinigung (Zuchtverband) führt das gemeinsame Herdbuch.
Herdenführung: Übersicht über die sich wiederholenden Arbeiten und Maßnahmen in einem Tierbestand.
Heritabilität: Anteil der Erblichkeit an einem Leistungsmerkmal.
Heterosiseffekt: Besondere Leistungssteigerung bei Nachkommen aus Hybridzucht (nicht vererbbar).
Index: Zahlenwert, der die Zusammenfassung aller Leistungsmerkmale eines Tieres unter Berücksichtigung der wirtschaftlichen Bedeutung der Merkmale darstellt und damit den direkten Vergleich der Tiere untereinander ermöglicht.
Integrierter Pflanzenbau: Ausnützen aller ökologischen Maßnahmen beim Pflanzenbau.
Kalibrierung: Herstellung gleicher Samendurchmesser beim Saatgut, in der Regel durch Absieben oder Pillieren.
Keimfähigkeit: In % angegebener Anteil gekeimter Samen bei einer Probe.
Klassifizierung: Einreihung von Marktprodukten bzw. Tieren in Handelsklassen, z.B. bei Schlachtkörpern.
Kleemüdigkeit: Gesamtwirkung aus der Vermehrung pflanzlicher und tierischer Schädlinge bei ununterbrochenem oder mit zu kurzen Pausen betriebenem Anbau von Leguminosen.
Klon: Von einer Mutterpflanze abstammende, reinerbige Pflanzen.
Kraftfutter: Futtermittel mit höherer Nährstoffkonzentration als im Grundfutter.
Laktation: Zeitabschnitt, in dem Muttertiere Milch geben.
Leguminosen: Zur Familie der Schmetterlingsblütler gehörende Pflanzen, die in Gemeinschaft mit N-sammelnden Knöllchenbakterien an ihren Wurzeln leben.
Leistungsprüfungen im Feld: Prüfung möglichst vieler Nachkommen eines Zuchttieres in deren Betrieben.
Lieschkolbenschrot (LKS): Gemisch aus geschroteten Maiskolben und Lieschen, das siliert in der Rinderfütterung und abgesiebt in der Schweinefütterung eingesetzt wird.
Lineare Beschreibung: Exakte Erfassung des äußeren Erscheinungsbildes eines Tieres durch ziffernmäßige Bewertung der einzelnen Merkmale.
Liquidität: Zahlungsfähigkeit zu einem bestimmten Zeitpunkt.
Marketing: Summe aller Maßnahmen, die auf die Erhaltung und Steigerung des Absatzes sowie das Erzielen höherer Preise ausgerichtet sind.
Massen-, Volumen-, Stückzahlbedeckung: Masse, Volumen, Stückzahl von Ausbringgütern auf eine Flächeneinheit.
Melasse: Restsirup, aus dem der Zucker nicht mehr herauskristallisiert werden kann (wird als Futtermittel eingesetzt).
Mengenstrom: Menge (Masse, Volumen, Stückzahl), die eine Maschine in einer Zeiteinheit ausstößt.
Meristemkultur: Gewinnung neuer Pflanzen aus dem Teilungsgewebe (Meristem) einer Pflanze z. B. zur Resistenzzüchtung.
Milchfluss: Milchmenge in kg, geteilt durch die Melkdauer (in Minuten).
Monogerm-Saatgut: Erblich einkeimiges Saatgut (bei Rüben).
Mulchsaat: Direktsaat ohne vorherige Saatbettbereitung in die abgestorbenen Reste einer Zwischenfrucht oder die Stoppeln der Vorfrucht.
Mutterkuhhaltung: Kühe werden nicht gemolken, sondern säugen ihre Kälber.
Nachgemelk: Restliche Milchmenge in cm^3, die nach dem Nachlassen des normalen Milchflusses und dem Absetzen der Melkmaschine ein Nachmelken erfordert.
Narbe: Pflanzendecke der Grünlandflächen.
NEL (Nettoenergie-Laktation): Futterbewertungs-System für Milchkühe.
Normtyp: Standardisierte Handelsfuttermittel.
NRR: Non-Return-Rate.
Null-null-Sorten (Doppel-Null-Sorten): Erucasäure-freie und Glucosinolat-arme Rapssorten.
nXP: Nutzbares Protein.
Pick-Up: Trommel mit gesteuerten Zinken zur Aufnahme von Ernteschwaden.
Pillierung: Umhüllung der Samen mit einem Mantel aus nährstoffhaltigen und/oder schützenden Stoffen, dient auch der Kalibrierung.
Produktionsverfahren: Kleinste Produktionseinheit innerhalb eines Betriebszweiges, für die Art und Weise der Produktion (Hauptprodukt, zuteilbare Kosten, Faktoransprüche) genau beschrieben sind.
Proteide: Zusammengesetzte Proteine, die aus einem Proteinanteil und einem Nicht-Proteinanteil bestehen.
Rasse: Gruppe von Tieren derselben Art, die sich durch bestimmte Merkmale von anderen Rassen unterscheiden und diese Merkmale auch weitervererben.
Rentabilität: Erwirtschaftung einer positiven Ertrags-Aufwands-Differenz.
Reparaturkostenfaktor: Verhältniszahl, die man mit dem Neuwert der Maschine multipliziert, um die wirtschaftlich vertretbaren Reparaturkosten für die gesamte Lebensdauer einer Maschine zu berechnen.
RNB: Ruminale Stickstoffbilanz.
Rohfaser: Cellulose, schwer verdauliches, nur von Wiederkäuern verwertbares Kohlenhydrat.
Rohprotein: Sammelbegriff für alle Futterbestandteile, die sich aus Proteinen, Proteiden sowie nicht eiweißartigen Stoffen zusammensetzen.
Ruminantia: (lateinische) Bezeichnung für Wiederkäuer.
Saatgutkategorien: Vorstufen-, Basis-, Zertifiziertes Saatgut.
Saatstärke: Masse des auszubringenden Saatgutes in kg/ha unter Berücksichtigung der Keimfähigkeit.
Schadensschwelle: Grenze, unterhalb der die Bekämpfung von Schädigern teurer ist als der durch sie angerichtete Schaden.
Schossen: Streckungsphase der Getreidehalme.
Selektion: Immer wiederholte Auswahl von Pflanzen und Tieren derselben Art zu züchterischen Zwecken.
Selektive Wirkung: Eigenschaft der Pflanzenbehandlungsmittel, nur auf wenige oder gar auf eine Pflanzenart zu wirken.
Silomais: Mais für die Silagegewinnung aus den oberirdischen Pflanzenteilen.
Sortenschutz: Gesetzliche Regelung (Sortenschutz-Gesetz) zur Sicherung der finanziellen Rechte des Züchters.
SPE-Verfahren (specific pathogen free): Geburt und Aufzucht hochwertiger Zuchtferkel unter besonderen hygieni-

schen Bedingungen (keimfrei), um die Infektion mit bestimmten Krankheiten zu verhindern.
Spritzenprüfung: (Freiwillige) Überprüfung der Querverteilung (Dosistest), der Druckanzeige (Manotest) und der Pumpenleistung (Quantotest) an einer Feldspritze.
Stabilität: Nachhaltige Existenzfähigkeit eines (landwirtschaftlichen) Betriebes.
Standard-Deckungsbeitrag: Aufgrund von Buchführungsunterlagen ermittelter Durchschnitts-Deckungsbeitrag, der überschlägige Einkommensberechnungen ermöglicht.
Standweide: Haltung der Tiere während der ganzen Weideperiode auf derselben Fläche.
Stärkeeinheit (StE): Maßeinheit für die Futterbewertung bei Schafen.
Stoppelsaat: Saat von Zwischenfrüchten auf die flach eingegrubberten Stoppeln der Hauptfrucht.
Strip-Grazing: Streifenweise Kurzzeit-Weidenutzung.
Tausendkorngewicht (TKG): Masse von 1000 Körnern (Früchten, Samen) einer Pflanze in g.
Totalherbizid: Herbizid, das den gesamten Aufwuchs vernichtet.
Trockenmasse (T): Masse aller organischen und anorganischen Stoffe, die nach der Trocknung über 3 Stunden bei 105 °C von einer Pflanze übrig bleibt.
Überlänge: Bei der Heilbronner Sortierung das Aushalten des Stammes über die Mindestlänge hinaus bis zum Erreichen des Klassenzopfes.
UDP: Nicht abgebautes Protein.
Umsetzbare Energie (ME): Maßstab der Energiebewertung von Futter.
Umtriebsweide: Nutzung der Weidefläche durch Aufteilung in Koppeln.
Untersaat: Zusätzlicher Anbau einer zweiten Frucht in eine schon bestehende Aussaat oder gleichzeitiger Anbau zweier Früchte.
Variable Kosten (auch veränderliche Kosten oder Spezialkosten): Alle einem Produktionsverfahren tatsächlich zuteilbaren Kosten.
Verjüngung: 1. Natürliche Begründung eines Waldbestandes durch Verbreitung des Samens aus dem Altbestand über Wind und Tiere (Naturverjüngung). 2. Künstliche Verjüngung durch Saat oder Pflanzen.
Wachstumsregulatoren: Chemische Mittel, die vor allem der Halmverkürzung und damit der Standfestigkeit bei Getreide dienen.
Waldsterben: Sammelbegriff für Schäden an Waldbäumen, die vorwiegend durch die zunehmende Luftverschmutzung hervorgerufen werden.
Wild- oder Beikräuter: Bezeichnung für Unkräuter im ökologischen Sprachgebrauch.
Zeitwert: Anschaffungswert abzüglich der bis zum Stichtag vorgenommenen Abschreibungen.
Zertifiziertes Saatgut: Saatgut einer in der Sortenliste des Bundessortenamtes eingetragenen Sorte, amtlich überprüft (Feldbesichtigung) und vor dem Verkauf anerkannt.
Zopf: Dünneres Ende eines Baumstammes.
Zuchtreife: Zeitpunkt für die erste Paarung von Tieren.
Zwischenfruchtbau: Anbau von Früchten zur Fütterung oder Gründüngung zwischen zwei Hauptfrüchten.

Verwendete und weiterführende Literatur

Fachbücher

AUER, ST., KLETZL, W., 2000: Handbuch für Reparaturen an Landmaschinen und Traktoren, Verlagsunion Agrar, München, Frankfurt/M., Münster-Hiltrup, 5. Auflage.

BECVAR, W., 1995: Nutztiere natürlich heilen, Verlagsunion Agrar, München, Frankfurt/M., Münster-Hiltrup.

BEHRENS, H., DOEHNER, H., SCHEELJE, R., WASSMUTH, R., 1983. Lehrbuch der Schafzucht, Verlag Paul Parey, Berlin und Hamburg, 6. Auflage.

BIEDERMANN, G., GRANZ, E., 1976: Rinderproduktion, Verlag Paul Parey, Berlin und Hamburg.

BURGKART, M., 1998; Praktische Schafhaltung, Verlagsunion Agrar, München, Frankfurt/M., Münster-Hiltrup, 4. Auflage.

BURGSTALLER, G., 1985: Praktische Schweinefütterung, Verlag Eugen Ulmer, Stuttgart, 2. Auflage.

DEBRUCK, FISCHBECK, KAMPE, 1983:; Getreidebau aktuell, Verlagsunion Agrar, München, Frankfurt/M., Münster-Hiltrup, 7. Auflage.

DEURINGER, J., DREXEL, P., 1998: Nachbarrecht für Landwirte, Verlagsunion Agrar, München, Frankfurt/M., Münster-Hiltrup, 2. Auflage.

Deuringer, J., Fischer, R., Fauch, M., 1999: Verträge in der Landwirtschaft, Verlagsunion Agrar, München, Frankfurt/ M., Münster-Hiltrup.

DIERCKS, R., HEITEFUSS, R., 1994: Integrierter Landbau, Verlagsunion Agrar, München, Frankfurt/M., Münster-Hiltrup, 2. Auflage.

EICH, K.-O., 1991: Handbuch Schweinekrankheiten, Verlagsunion Agrar, München, Frankfurt/M., Münster-Hiltrup, 3. Auflage.

ERTL, J., BIRNBECK ST., 1999: 1000 Fragen für den jungen Landwirt, Verlagsunion Agrar, München, Frankfurt/M., Münster-Hiltrup, 13. Auflage

FRANZ, J. M., KRIEG, A., 1982: Biologische Schädlingsbekämpfung, Verlag Paul Parey, Berlin und Hamburg, 3. Auflage.

FRIESECKE, H., 1984: Handbuch der praktischen Fütterung, Verlagsunion Agrar, München, Frankfurt/M., Münster-Hiltrup.

GEISLER, G., 1991: Farbatlas landwirtschaftliche Kulturpflanzen, Verlag Eugen Ulmer, Stuttgart.

GOLD, M., 1998: Der Pferdewirt, BLV Verlagsgesellschaft mbH, München, 5. Auflage.

GOTTSCHALK, A., ALPS, H., ROSENBERGER, E., 1992: Praktische Rinderzucht und Rinderhaltung, Verlagsunion Agrar, München, Frankfurt/M., Münster-Hiltrup, 2. Auflage.

GRANZ, E., 1985: Tierproduktion, Verlag Paul Parey, Berlin und Hamburg, 10. Auflage.

HANF, M., Ackerunkräuter Europas: 1999, Verlagsunion Agrar, München, Frankfurt/M., Münster-Hiltrup, 4. Auflage.

HERRMANN, G., PLAKHOLM, G., 1993: Ökologischer Landbau, Verlagsunion Agrar, München, Frankfurt/M. Münster-Hiltrup, 2. Auflage.

HOFMEISTER, H., GARVE, E., 1998: Lebensraum Acker, Verlag Paul Parey, Berlin und Hamburg, 2. neubearbeitete Auflage.

HOFFMANN, NIENHAUS, SCHÖNBECK, WELTZIEN, WILBERT, 1985: Lehrbuch der Phytomedizin, Verlag Paul Parey, Berlin und Hamburg, 2. Auflage.

HUITH, M., SICHLER, G., 1995: Betriebsmanagement für Landwirte, Verlagsunion Agrar, München, Frankfurt/M., Münster-Hiltrup.

KIRCHGESSNER, M., 1997: Tierernährung, Verlagsunion Agrar, München, Frankfurt/M., Münster-Hiltrup, 10. Auflage.

KÖNIG, K., KLEIN, W., GRABLER, W., 2000: Sachkundig im Pflanzenschutz, Verlagsunion Agrar, München, Frankfurt/M., Münster-Hiltrup, 7. Auflage.

KOLLER, HAMMER, MITTRACH, SÜSS, 1981: Rindviehställe Verlagsunion Agrar, München, Frankfurt/M., Münster-Hiltrup, 2. Auflage.

KOLLER, HAMMER, MITTRACH, SÜSS, 1981: Schweineställe, Verlagsunion Agrar, München, Frankfurt/M., Münster-Hiltrup.

LINDERMAYER, H. PROBSTMEIER, G., STRAUB, K., 1994: Fütterungsberater Schwein, Verlagsunion Agrar, München, Frankfurt/M., Münster-Hiltrup.

MATZKE, P., GRASER H.-U., PUTZ, M., RÖHRMOSER, G., SCHLICHTING, M., SPANN, B., STOCKINGER, CHR., 1996: Wirtschaftliche Milchviehhaltung und Rindermast, Verlagsunion Agrar, München, Frankfurt/M., Münster-Hiltrup, 3. Auflage.

MÜLLER, E., ZIPPERLEN, W., 1982: Krankheiten bei Rinder, Schafen und Schweinen, Verlagsunion Agrar, München, Frankfurt/M., Münster-Hiltrup, 6. Auflage.

NEUERBURG, W., PADEL, S., 1992: Organisch biologischer Landbau, Verlagsunion Agrar, München, Frankfurt/M., Münster-Hiltrup.

NÖSBERGER, J., OPITZ VON BOBERFELD, W., 1986: Grundfutterproduktion, Verlag Paul Parey, Berlin und Hamburg.

POTTEBAUM, P., BULLERDIEK, A., 1994: Handbuch Direktvermarktung, Verlagsunion Agrar, München, Frankfurt/M., Münster-Hiltrup, 3. Auflage.

OEHMICHEN, J., 1986: Pflanzenproduktion, Verlag Paul Parey, Berlin und Hamburg.

RIEDL, H., 2000: Handbuch praktische Traktorentechnik, Verlagsunion Agrar, München, Frankfurt/M. Münster-Hiltrup, 3. Auflage.

RÜSSE, M. W., 1987: Geburten im Stall, Verlagsunion Agrar, Frankfurt/M., Münster-Hiltrup, 2. Auflage.

RÜSSE, M. W., 1992: Bessere Fruchtbarkeit beim Rind, Verlagsunion Agrar, München, Frankfurt/M., Münster-Hiltrup, 3. Auflage

SCHAUER TH., CASPARI C., 1996: Der große BLV Pflanzenführer, BLV-Verlag München, 7. Auflage.

SCHEUERLEIN, A., 1997: Finanzmanagement für Landwirte, Verlagsunion Agrar, München, Frankfurt/M., Münster-Hiltrup.

SCHMAUZ, F., 2000: Buchführung in der Landwirtschaft, Verlagsunion Agrar, München, Frankfurt/M., Münster-Hiltrup, 3. Auflage.

SCHÜTT, KOCH, BLASCHKE, LANG, SCHUCK, SUMMERER, 1986: So stirbt der Wald, BLV Verlag München, 5. Auflage.

SPANN, B., 1993: Fütterungsberater Rind, Verlagsunion Agrar, München, Frankfurt/M., Münster-Hiltrup.

STRAITON, E. C., 1982: Schweinekrankheiten, Verlagsunion Agrar, München, Frankfurt/M., Münster-Hiltrup, Wien, Bern, 2. Auflage.

STRAITON, E. C., HOLLWICH, W., 1996: Rinder- und Kälberkrankheiten + Geburtshilfe, Verlagsunion Agrar, München, Frankfurt/M., Münster-Hiltrup, 5. Auflage.

Handbuch Schweineproduktion 1999, Verlagsunion Agrar, München, Frankfurt/M., Münster-Hiltrup, 4. Auflage.

Die Landwirtschaft, Lehrbuch in 6 Bänden, BLV Verlag München, Landwirtschaftsverlag Münster-Hiltrup.

Faustzahlen für Landwirtschaft und Gartenbau, Verlagsunion Agrar, München Frankfurt/M., Münster-Hiltrup.

Öffentliche und industrielle Beratung

Agrarberichte (verschiedene Jahre) der Bundesregierung

Broschüren des Auswertungs- und Informationsdienstes (AID), Bonn

Mitteilungsblätter der Landwirtschaftskammern bzw. Landesämter für Bodenkultur, Tierzucht usw.

Informationsschriften der Centralen Marketinggesellschaft der Deutschen Agrarwirtschaft (CMA), Bonn

Veröffentlichungen der Herstellerfirmen von Düngern, Pflanzenbehandlungsmitteln, Saatgut, Maschinen

Veröffentlichungen des Tiergesundheitsdienstes

Veröffentlichungen/Beratungsunterlagen der Bayerischen Landesanstalt für Tierzucht, (BLT) Grub

Fachzeitungen und Fachzeitschriften

Agrartechnik, BLV Verlag, München

Bauernzeitung, Deutscher Bauernverlag, Berlin

Bayer. Landwirtschaftliches Wochenblatt, BLV Verlag, München

DLG-Mitteilungen, Frankfurt/M.

dlz, BLV Verlag, München

Neue Landwirtschaft, Deutscher Landwirtschaftsverlag, Berlin

Pflanzenschutz-Praxis, DLG Verlag, Frankfurt/M.

Rinderzucht Braunvieh, BLV Verlag, München

Rinderzucht Fleckvieh, BLV Verlag, München

top agrar, Landwirtschaftsverlag Münster-Hiltrup

Interessante Internet-Adressen (Auswahl)

Adressat	Internet-Adresse
Agar-europe Pressedienst	*http://www.agra-europe.de*
Agrar- und Forstinformationssystem Sachsen	*http://www.afis.de*
Agrar-Datenbanken	*http://dainet.de/FIZ-AGRAR/*
Arbeitsgemeinschaft für landwirtschaftliches Bauwesen (ALB) in Bayern e.V., Grub	*http://www.alb.bayern.de*
Auswertungs- und Informationsdienst für Ernährung, Landwirtschaft und Forsten (aid)	*http://www.aid.de*
Bayerische Landesanstalt für Bodenkultur und Pflanzenbau (LBP), Freising-München	*http://www.lbp.bayern.de*
Bayerisches Staatsministerium für Ernährung, Landwirtschaft und Forsten, München	*http://www.stmelf.bayern.de*
Biologische Bundesanstalt für Land- und Forstwirtschaft (BBA) Braunschweig	*http://www.bba.de*
BLV Verlagsgesellschaft mbH, München	*http://www.blv.de*
Centrale Marketinggesellschaft der deutschen Agrarwirtschaft (CMA), Bonn	*http://www.cma.de*
Deutsche Landwirtschafts-Gesellschaft (DLG), Frankfurt/M.	*http://www.dlg-frankfurt.de*
Deutscher Bauernverband (DBV), Bonn	*http://www.bauernverband.de*
EU-Kommission, Generaldirektion VI (Landwirtschaft)	*http://europa.eu.int/comm/dg06/index_de.htm*
Europäischer Bauernverband (Copa)	*http://www.copa.be*
Forschungsinstitut für die Biologie landwirtschaftlicher Nutztiere (FBN), Dummerstorf	*http://www.fbn.uni-rostock.de*
Hauptverband landwirtschaftlicher Buchstellen und Sachverständiger (HLBS)	*http://www.hlbs.de*
Haus Düsse (Lehr- und Versuchsanstalt der LK Westfalen-Lippe)	*http:/www.lwk-wl.de/duesse/index.htm*
Inaro – Informationssystem Nachwachsende Rohstoffe	*http://www.inaro.de/deutsch/d_index.htm*
Informationsdienst der Landwirtschaftsverwaltung Baden-Württemberg	*http://www.landwirtschaft-mlr.baden.wuerttemberg.de/*
Kuratorium für Technik und Bauwesen in der Landwirtschaft (KTBL), Darmstadt	*http://www.ktbl.de*
Landwirtschaftskammer für das Saarland	*http://www.lwk-saar.saarland.de*
Landwirtschaftskammer Hannover	*http://www.lwk-hannover.de*
Landwirtschaftskammer Rheinland	*http://www.landwirtschaftskammer.de*
Landwirtschaftskammer Weser-Ems, Oldenburg	*http://www.lwk-we.de*
Landwirtschaftskammer Westfalen-Lippe	*http://www.lwk-wl.de*
Landwirtschaftsverlag Münster-Hiltrup	*http://www.landwirtschaftsverlag.com*
Statistisches Bundesamt Wiesbaden	*http://www.statistik-bund.de*
Stiftung Ökologie und Landbau (SÖL), Bad Türkheim	*http://www.umwelt.de/stiftung/sol*
Suchmaschinen: Deutsche Meta Suchmaschine	*http://meta.rrnz.uni-hannover.de*
FIREBALL Express Suche	*http://www.fireball.de*
Wetterfax	*http://www.wetterfax.de*
Zentrale Markt- und Preisberichtstelle (ZMP), Bonn	*http://www.zmp.de*
Zentralstelle für Agrardokumentation und -information (ZADI) und DAINet (Deutsches Agrar-Informations-Netz), Bonn	*http://www.dainet.de*
Zuchtwertdatenbank Schweinezucht, München (Bayern)	*http://www.stmelf.bayern.de/eberdb*
Zuchwertdatenbank Rinderzucht, München (Baden-Württemberg, Bayern, Hessen)	*http://www.stmelf.bayern.de/rinddb*

Lösungen der Rechenaufgaben

Seite 16 Nr. **4** 3652,00 DM/ha

Seite 21 Nr. **2** 703,– DM/Jahr; 70,30 DM/ha

Nr. **3** Kosten bei 30 ha 80,86 DM/ha
70 ha 46,08 DM/ha
110 ha 36,60 DM/ha

Nr. **4** Kosten bei 50 ha 567,00 DM/ha
120 ha 262,50 DM/ha
160 ha 208,12 DM/ha
210 ha 169,29 DM/ha

Seite 39 Nr. **4** 2,1 %

Nr. **7** DB konv. 4145 DM/ha;
ökol. 7014 DM/ha

Seite 57 Nr. **5 a)** 3,6 kg
b) ≈ 1667 l

Nr. **6** 2 l/min

Seite 70 Nr. **4** 485 Halme/m²

Nr. **5** ≈ 83 dt

Nr. **6** 42; 54; 84

Nr. **7 a)** 2 g/Ähre
b) 470 Halme/m²

Nr. **8 a)** 80 %
b) 1,78

Nr. **9** 223,5 kg/ha

Nr. **10** 192 kg/ha; 2881 kg

Nr. **11** 1794 kg

Nr. **12** ≈ 685 kg

Nr. **13** 351 Pflanzen/m²

Seite 83 Nr. **4** ≈ 223 kg/ha

Seite 89 Nr. **7** 1435 kg KAS im Frühjahr
3444 kg KAS zur Spätdüngung

Nr. **8** 324 l

Seite 90 Nr. **9** 90 kg N, 120 kg P_2O_5, 90 kg K_2O

Nr. **10** 18,75 l bzw. 1,69 kg

Nr. **12 a)** 41,25 m²
b) 6 Behälter mit je 2,62 m Grundflächen-Länge

Nr. **13** 216,3 dt ≈ 21,5 t

Nr. **14** ≈ 116 dt

Nr. **15** 195,3 dt Trockengut
Masseverlust 4,7 dt

Nr. **16 a)** 7,92 dt/m³
b) 5,83 dt/m³
c) 5,20 dt/m²

Nr. **17** 7,63 dt/m³

Nr. **18** 6,8 dt/m³

Nr. **19 a)** ca. 220 dt
b) ca. 140 dt
c) ca. 18 dt

Nr. **20 a)** 71,6 dt
b) 58,7 dt
c) 77,0 dt

Seite 94 Nr. **5 a)** 0,83
b) 0,69
c) 0,87
d) 0,91
e) 0,925

Nr. **6 a)** 27 000 kgT 3 000 kg Wasser
b) 64 000 kgT 16 000 kg Wasser
c) 63 000 kgT 27 000 kg Wasser
d) 20 400 kgT 3 600 kg Wasser
e) 121 175 kgT 63 825 kg Wasser
f) 38 724 kgT 3 276 kg Wasser

Nr. **7** ≈ 115,8 dt Trockengut;
≈ 424 kg Wasser

Nr. **8** 21 395 l Wasser; 58,6 t

Nr. **9 a)** 71,6 dt
b) 58,7 dt
c) 77,0 dt

Seite 95 Nr. **10**

	bezogen auf Feuchtgut	bezogen auf Trockengut
a	4,71 dt	4,82 dt
b	5,84 t	6,84 t
c	26,63 t	35,5 t
d	23,4 dt	24,5 dt

Nr. **11**

	bereinigte Masse	Auffeuchtemenge Wasser
a	527 dt	≈ 1197 l
b	74,94 t	≈ 2104 l
c	130,3 dt	224 l

Nr. 12 a) 178 dt
b) 91,7 dt
c) 44,4 t
d) 256,4 dt

Nr. 13 a) 210,1 dt
b) 1526,25 DM

Nr. 14 a) 1,176
b) 1,183
c) 1,190
d) 1,087
e) 1,093
f) 1,099

Nr. **15**

	a	b	c
% Gewichtsabzug	2,88	7,03	16,1
von 100 dt Feuchtgut kg zuviel abgezogen	74,70	262,70	353,2

Seite 106
Nr. **5** 1,65 U/ha
Nr. **8** 109,9 t
Nr. **9** 8,0 km/h
Nr. **10 a)** 1,71 kg
b) ≈ 74 %

Seite 120
Nr. **4** 111 765 Körner
Nr. **10 a)** 1,5 U/ha
b) 2 U/ha
Nr. **11 a)** 18,5 cm
b) 13,8 cm
Nr. **12** 188,2 m^3
Nr. **13** DB = 3638,00 DM

Seite 129
Nr. **2** 0,7 dt Schwefels. Amm.
4,0 dt Novaphos
2,8 dt Kalimagnesia
Nr. **6 a)** 37 cm
b) 16,8 t
Nr. **7 a)** Pflanzabstand ≈ 37 cm
Pflanzgutbedarf 21,2 dt/ha
b) Pflanzabstand ≈ 30 cm
Pflanzgutbedarf 28,8 dt/ha
Nr. **8 a)** 71 %
b) 114,2 m^2
Nr. **9** DB = 7539,00 DM

Seite 137
Nr. **1** 21,4 kg
Nr. **2** 8,8 cm
Nr. **3** 33,2 dt/ha
Nr. **4** 1078,00 DM

Seite 142
Nr. **3 a)** 146 kg/ha
b) 165 kg/ha
Nr. **4** ca. 5 cm

Seite 154
Nr. **3**

5,72 kg Weißklee ·	9,80 DM/kg =	56,06 DM
29,29 kg D-Weidelgras ·	4,85 DM/kg =	127,51 DM
13,73 kg Bastard-Weidelgras ·	4,20 DM/kg =	57,62 DM
22,86 kg Welsches Weidelgras ·	7,90 DM/kg =	180,59 DM
3,43 kg Wiesenrispe ·	8,10 DM/kg =	27,78 DM
1,14 kg Knaulgras ·	7,40 DM/kg =	8,44 DM
8,00 kg Glatthafer ·	8,50 DM/kg =	68,00 DM
81,67 kg		
32,63 kg Lieschgras ·	4,80 DM/kg =	156,62 DM
114,30 kg Mischung		= 682,62 DM

Seite 180
Nr. **1 a)** M/J 7,46 GV/ha
J/A 5,70 GV/ha
S/O 3,07 GV/ha
b) 14,66 ha
c) M/J Mähfläche 8,66 ha ≙ 58,8 %
Weidefläche 6,04 ha ≙ 41,2 %
J/A Mähfläche 6,61 ha ≙ 46,2 %
Weidefläche 7,89 ha ≙ 53,8 %

Seite 190
Nr. **1 a)** 132,4 dt Heu; 650,6 dt Silage
≈ 132 dt ≈ 650 dt
b) 110 m^3
c) Heu 15,5 % RP
5,16 MJ NEL
Silage 6,3 % RP
2,10 MJ NEL
Nr. **2** 294 m^3
Nr. **3** ≈ 395 dt
Nr. **4** 338 m^3

Seite 214
Nr. **9** Fichtenstamm 0,66 m^3/ 101,64 DM
Eichenstamm 3,97 m^3/1593,56 DM
Buchenstamm 2,90 m^3/ 508,95 DM
Birkenstamm 0,36 m^3/ 26,84 DM
Nr. **10** Stamm 1: 0,46 m^3/L2b/ 82,80 DM
Stamm 2: 0,61 m^3/L3b/150,98 DM
Stamm 3: 0,31 m^3/L1b/ 39,06 DM

Seite 260
Nr. **3 a)** 250 kg LM 5,840 kg T
350 kg LM 7,580 kg T
500 kg LM 8,580 kg T
b) 250 kg LM 563 g RP;
32,14 MJ NEL; 20,7 g Ca; 14,5 g P
350 kg LM 656 g RP;
23,10 MJ NEL; 31,5 g Ca; 18,9 g P
500 kg LM 1211 g RP;
46,67 MJ NEL; 43,4 g Ca; 21,4 g P
Nr. **4** DB Schwarzbunte 1168,00 DM
DB Fleckvieh 873,00 DM
DB Braunvieh 841,00 DM

Seite 278[1])
Nr. **3 a)** T = 15,8 kg, RF = 2,529 kg,
101,6 MJ NEL, 2193 g nXP, –15 g RNB
b) nach NEL 20,8 kg Milch;
nach nXP 20,6 kg Milch
c) 16 %
Nr. **4** T = 20,3 kg, RF = 3,917 kg,
133,8 MJ NEL, 3108 g nXP, +69 g RNB
Milcherzeugungswert nach NEL
32,4 kg, nach nXP 32,5 kg, 19% RF
Nr. **5 a)** Milcherzeugungswert Grundfutter
nach NEL 13,7 kg Milch,
nach nXP 15,1 kg Milch, 0,7 kg AKF
b) 2,5 kg AKF, 19,4 kg Milch,
–2 g RNB, 20 % RF
Nr. **6 a)** Milcherzeugungswert Grundfutter
nach NEL 6,9 kg, nach nXP 10,5 kg
1,7 kg AKF
b) 0,6 kg AKF, 14 kg Milch,
+ 40 g RNB, 20 % RF

Seite 307 Nr. **3 a)** 1563,72 DM
b) 1507,51 DM
c) 1451,30 DM

Seite 308 Nr. **4 a)** ① 0,185 DM
② 0,208 DM
b) ① 0,298 DM
② 0,285 DM
Nr. **5 a)** ① 0,492 DM/kg
② 0,473 DM/kg
b) ① 0,381 DM/kg
② 0,401 DM/kg
Nr. **6 a)** ① 3280,00 DM
② 4010,00 DM
③ 5065,00 DM
Fall A ① 1469,38 DM
② 1856,77 DM
③ 2115,03 DM
b) Erhaltungsbedarf für alle Fälle gleich 518,30 DM
Mineralfutterkosten für A und B gleich
① 82,50 DM
② 99,00 DM
③ 110,00 DM
Fall B ① 1228,46 DM
② 1615,85 DM
③ 1874,11 DM
c) für alle Fälle 270,00 DM
für A und B ① 550,00 DM
② 685,00 DM
③ 815,00 DM
Fall A ① 990,62 DM ≙ 30 %
② 1198,23 DM ≙ 30 %
③ 1864,97 DM ≙ 37 %
Fall B ① 1231,54 DM ≙ 38 %
② 1439,15 DM ≙ 36 %
③ 2105,89 DM ≙ 42 %

Seite 323 Nr. **2 a)** 5035 g T
788 g RP
59,43 MJ ME
37,1 g Ca
33,2 g P
Nr. **2 b)** ≈ 1000 g
Nr. **3 a)** 1178 g/Tier und Tag
b) 18,9 kg Maissilage
1,1 kg Sojaschrot
0,2 kg Gerste
0,2 kg Weizen
c) 70 MJ/kg Zuwachs
Nr. **4 a)** 538,85 DM ≈ 539 DM
b) 108 DM

Seite 375 Nr. **3** 165 g RP; 12,5 MJ ME
Nr. **4** T = 856 g, RP = 157 g
ME = 12,3 MJ, RF = 48 g
Nr. **5 a)** 112 g RP; 12,9 MJ ME
b) 14 % Sojaschrot und
86 % Getreideschrot
c) 12,9 MJ/kg
d) ME:RP ≈ 1:12,4
Nr. **6** 89 % Gerste und 11 % Fischmehl
Nr. **7** 15 % Eiweißkonzentrat und
35 % Weizen sind einzumischen
Nr. **8** 10 % Eiweißkonzentrat und
40 % Weizen sind einzumischen
Nr. **9** 29 % Gerste, 8 % Weizenkleie,
12,5 % Hafer, 33 % Weizen,
17,5 % Eiweißkonzentrat
Nr. **10 a)** 12,5 % Eiweißkonzentrat und
87,5 % CCM
b) 167 g RP/kg, 13,0 MJ/kg

Seite 382 Nr. 1 1 kg enthält 11,19 MJ ME,
140 g RP und 6,4 g Lysin

Seite 384 Nr. **4** 47 Pf/kg
Nr. **5 a)** 214 g RP, 12,75 MJ ME, 39 g RF,
11,1 g Lysin, 9,6 g Ca, 6,9 g P,
2,2 g Na
Nr. **6** 213 g RP, 12 g Lysin, 41,3 g RF
13,03 MJ ME, 9,3 g Ca, 7,1 g P,
2,2 g Na

Seite 385 Nr. **2** 140 g RP, 6 g Lysin, 10,89 MJ ME,
6,6 g Ca, 4,8 g P, 2,5 g Na

Seite 397 Nr. **3** 11,7 kg
Nr. **4** 423 kg
Nr. **5 a)** 634 g/Tag
b) 2,15 g/Tag
c) 3,38 kg/Tag
d) 43,3 MJ
Nr. **6** 1350 kg Vormischung,
2150 l Wasser
Nr. **7** 1590 kg Fließfutter; 1090 l Wasser
Nr. **8** 0,67 kg T ≙ 67 %
9,8 MJ, 33,5 g RF ≙ 3,4 %
136 g RP ≙ 13,6 %
6,5 g Ca ≙ 0,65 %
3,9 g P ≙ 0,4 %
1,6 g Na ≙ 0,16 %
Nr. **9** 1,688 t

Seite 436 Nr. **1 a)** 15,5 m³/ha
b) 208,3 … m ≈ 210 m
Nr. **2** 1111,1 … m ≈ 1110 m
Nr. **3 a)** 333,3 … m ≈ 335 m
b) 1,66 … l/m² ≈ 16,5 m³/ha bei 400 m
2,66 … l/m² ≈ 26,5 m³/ha bei 250 m
53,33 … l/m² ≈ 44,5 m³/ha bei 150 m
Nr. **4** 1833,3 … m ≈ 1850 m
Nr. **5 a)** 38,5 kg
b) 210 m
Nr. **6** 10 kg; 16,6 … m ≈ 17 m
Nr. **7 a)** 8,8 km/h
b) ca. 105 kg/ha
Nr. **8 a)** ca. 250 l/ha
b) ≈ 7,4 km/h

Seite 443 Nr. **1 a)** 180 cm ungerade
b) 160 cm gerade oder
200 cm ungerade
c) 136 cm gerade
d) 150 cm gerade
e) 216 cm bzw. 125 cm ungerade oder
168 cm gerade

f) 160 cm gerade
g) 150 cm ungerade oder 200 cm gerade
h) 135 cm (auch 136 cm) ungerade oder 180 cm gerade
i) 133 cm (auch 135 cm oder 136 cm) gerade oder 200 cm ungerade
k) 141 cm (140 cm) ungerade oder 188 cm (185 cm oder 190 cm) gerade

Seite 444 Nr. **2 a)** b_{sp} = 160 cm; b_A = 9,6 m
b) b_{sp} = 135 cm; b_A = 3,15 m
c) b_{sp} = 200 cm; b_A = 3,0 m
d) b_{sp} = 150 cm; b_A = 3,0 m
e) b_{sp} = 140 cm; b_A = 10,5 m
f) b_{sp} = 120 cm oder 240 cm; b_A = 4,8 m bei as. Anhängung; b_{sp} = 180 cm; b_A = 4,8 m

Nr. **3**

	a	b	c	d
l_{Spur} (Mitte V.)	120 cm	247,5 cm	67,5 cm	121,5 cm
l_{Spur} (Innenkante V.)	137,3 cm	259,6 cm	81,7 cm	131 cm

Nr. **4 a)** 80 m
b) 67 Umdr.
c) 3,2 kg
Nr. **5 a)** 3,375 kg
b) 55,5 m
c) 29 Umdr.
Nr. **6 a)** Schar Nr. 6, 7, 8 und 17, 18, 19 am Anfang der zweiten Fahrt und weiterhin jede 3. Fahrt schließen
b) Nr. 14, 15, 16 oder Nr. 5, 6, 7 an der Seite schließen, die bei der ersten Fahrt zum Feldrand zeigt. Anfang 2. und 3. Fahrt und weiterhin je 2 Fahrten ohne und je 2 Fahrten mit Abstellen der betreffenden Schare, entweder nur Nr. 5, 6, 7 oder nur 14, 15, 16.

Nr. **7 a)** k = 3 ungerade; volle Breite am Feldrand
b) k = 4 gerade; 1. Fahrt am Feldrand mit halber Breite
c) k = 6 gerade, 1. Fahrt am Feldrand mit halber Breite
d) k = 5 ungerade, volle Breite am Feldrand

Seite 455 Nr. **6 a)** 6 l
b) 9,0 l usw.
c) 1,4 l
Nr. **7 a)** (1) 1,875 kg (2) 50 %
b) (1) 420 ml (2) 62,5 %
c) (1) 686 ml (2) 73,3 %
d) (1) 4,8 l (2) 60,0 %
e) (1) 1,628 l (2) 72,5 %
Nr. **8** 400 l/ha
Nr. **9** 8 km/h
Nr. **10** 2 l/min
Nr. **11 a)** 70 l/min
b) 2,628 … ha ≈ 2,65 ha
c) 13,25 min

Seite 478 Nr. **3** 4,45 t
Nr. **4 a)** 485 dt/ha
b) 7,5 t/ha
Nr. **5** 1100 dt/ha

Seite 481 Nr. **4** 35,5 t/ha

[1]) Mögliche Lösungen in Abhängigkeit von den ausgewählten Futtermitteln.

Verzeichnis verwendeter wissenschaftlicher Namen

U

V

Z

Stichwortverzeichnis

G

L

M

N

O

P

Q

R

S

T

Z